STANISLAWSKI

DIE ARBEIT DES SCHAUSPIELERS
AN SICH SELBST

STANISLAWSKI

DIE ARBEIT DES SCHAUSPIELERS AN SICH SELBST

TAGEBUCH EINES SCHÜLERS

TEIL I
DIE ARBEIT AN SICH SELBST
IM SCHÖPFERISCHEN PROZESS
DES ERLEBENS

HENSCHEL VERLAG BERLIN

Titel der Originalausgabe: К. С. Станиславский, РАБОТА АКТЕРА НАД СОБОЙ, часть I, Работа над собой в творческом процессе переживания Искусство, Москва 1954

Übersetzung: Ingrid Tintzmann
Übersetzung des Anhangs, der Anmerkungen und der Einführung: Ruth Elisabeth Riedt
Redaktion der deutschen Ausgabe: Heinz Hellmich und Hans Kohlus

Die Übersetzung erfolgte nach dem 2. Band der „Gesammelten Werke in 8 Bänden"
Redaktionskollegium: M. Kedrow (Hauptredakteur), O. Knipper-Tschechowa, A. Popow, J. Sewerin, N. Gortschakow, P. Markow, W. Prokofjew, N. Abalkin, N. Tschuschkin
Redaktion, Einführung und Anmerkungen von G. Kristi

ISBN 3-89487-000-1 (Gesamtausgabe)
ISBN 3-89487-001-X (Bd. 1)

© Henschel Verlag Berlin 1961
3. Auflage 1993
Schutzumschlaggestaltung: Günter Hennersdorf
Fotomechanischer Nachdruck, verminderte Druckqualität
Gesamtherstellung: INTERDRUCK Leipzig GmbH

VORBEMERKUNG ZUR DEUTSCHEN AUSGABE

Dieses Lehrbuch der Schauspielkunst ist eine Anleitung zum Studium für Schauspielschüler – und doch werden es Anfänger beim bloßen Lesen kaum verstehen können. Schon eher wird der erfahrene, an methodischen Fragen interessierte Schauspieler erfühlen, was Stanislawski im einzelnen meint und will, wenn er den Schauspieler seine Bühnenhandlung immer wieder unter neuen Gesichtspunkten betrachten läßt und ihn durch ständiges Training zu befähigen sucht, auf der Bühne wie die Figur zu handeln und so das Leben der Rolle zu schaffen. Diese Kunst lernt sich nicht aus Büchern, sie muß in täglicher praktischer methodischer Auseinandersetzung mit den Aufgaben, die die verschiedensten Rollen stellen, erworben werden. Der Schauspielschüler bedarf des Lehrers, der mit ihm erprobt, was Stanislawski erforscht und niedergeschrieben hat. Der reife Künstler wird sich bestätigt finden und zugleich angeregt werden, seine Tätigkeit unter neuem Aspekt weiterzuentwickeln.
Um Stanislawskis Methode zu erfassen, genügt dieses „Tagebuch eines Schülers" nicht, wenn es auch die methodischen, ästhetischen und ethischen Ansichten Stanislawskis umfassend darlegt. Man muß wissen, wie er selbst sie in der Theaterpraxis angewandt hat, wie sie entstanden sind und wie sie von ihm weiterentwickelt wurden.
Sonst wird man unweigerlich an einzelnen Formulierungen hängenbleiben, die nicht die letzten Erkenntnisse Stanislawskis ausdrücken und daher das Verständnis des Richtigen und Wesentlichen erschweren. Das könnte sich für unsere Schauspielererziehung hinderlich auswirken und die Diskussion um die Stanislawski-Methode nur belasten und verwirren. Darum verweisen wir nicht nur auf die Anmerkungen und die Einführung zur 5. russischen Ausgabe von G. Kristi, die wir, um Wiederholungen zu vermeiden, gekürzt im Anhang bringen, sondern auch auf einige frühere deutsche Veröffentlichungen, auf „Mein Leben in der Kunst", Stanislawskis Bericht über seine Lebensarbeit bis zum Jahre 1925 (Henschelverlag Berlin 1951), den 1. Band des Gesamtwerkes, und auf den 4. Band, nämlich „Die Arbeit des Schauspielers an der Rolle" (Henschelverlag Berlin 1955). – Die deutsche Ausgabe von 1955 wurde dem Jahrbuch des Moskauer Künstlertheaters für 1948, Moskau-Leningrad 1950, entnommen. Der 1957 erschienene 4. Band der sowjetischen Gesamtausgabe erschließt ein weitaus reichhaltigeres Material. Er umfaßt außer dem

1948 veröffentlichten Teil noch mehrere zum Thema gehörende Manuskripte, unter anderem solche über die Arbeit an „Verstand schafft Leiden" und am „Revisor".) Dem vorliegenden 1. Teil der „Arbeit des Schauspielers an sich selbst", dem 2. Band des Gesamtwerkes, soll die deutsche Ausgabe des 2. Teils folgen, der innerhalb des Gesamtwerkes nach Stanislawskis Plan der 3. Band ist. „Die Arbeit an sich selbst im schöpferischen Prozeß des Erlebens" (Teil 1) und „des Verkörperns" (Teil 2) – die zwei untrennbar zusammengehörigen Seiten der Arbeit an der Rolle – gestatten erst gemeinsam ein Urteil über Stanislawskis Ansichten und Absichten. Auch die Berichte von W. Toporkow, „K. S. Stanislawski bei der Probe" (Henschelverlag Berlin 1952), und N. Gortschakow, „Regie, Unterricht bei Stanislawski" (Henschelverlag Berlin 1959), über Stanislawskis pädagogische und Regietätigkeit im Theater bereiten, gerade weil sie spätere Erkenntnisse enthalten, dieses Buch beim deutschen Leser vor und helfen, Stanislawskis Methode zu verstehen und seine Schriften richtig zu erfassen.

Dabei könnten in unserer deutschen Theaterpraxis gebräuchliche Fachausdrücke, die den von Stanislawski benutzten entsprechen, große Dienste leisten. Wo sie vorliegen, sind sie bei der Übertragung verwandt worden. Aber es erscheint unmöglich, einen in unserer Sprache nicht vorgeformten Begriff, dessen Inhalt von Stanislawski im Verlauf eines ganzen Kapitels möglichst anschaulich entwickelt wird, in kurzen Worten zu umreißen und ein gleichbedeutendes deutsches Wort anzugeben. Stanislawski arbeitet nicht mit der gängigen Münze, und für uns, die wir seine methodischen Aufzeichnungen in der Übersetzung kennenlernen, ist das Verständnis für den genauen Inhalt bestimmter Termini nicht leicht. Aber gerade darin liegt auch der Reiz und der Wert der Auseinandersetzung mit seinem Werk: Wir müssen das Gewohnte – unsere tägliche Praxis am Theater – neu durchdenken, wenn wir Stanislawskis Sprache verstehen und mit ihm Neues erproben wollen.

Heinz Hellmich

*Maria Petrowna Lilina gewidmet,
meiner besten Schülerin,
der geliebten Schauspielerin und
treuen Helferin
bei meinen Bemühungen
um das Theater*

VORWORT

1

Ich habe die Absicht, ein umfangreiches, mehrbändiges Werk über die Schauspielkunst – das sogenannte Stanislawski-System – herauszugeben.
Das bereits erschienene Buch „Mein Leben in der Kunst" ist der *erste* Band, die Einführung in das gesamte Werk.
Das vorliegende Buch über die „*Arbeit des Schauspielers an sich selbst im schöpferischen Prozeß des Erlebens*" ist der *zweite* Band.
In nächster Zukunft will ich den *dritten* Band zusammenstellen, in dem von der „*Arbeit des Schauspielers an sich selbst im schöpferischen Prozeß des Verkörperns*" die Rede sein wird.
Der *vierte* Band soll der „*Arbeit des Schauspielers an der Rolle*" gewidmet sein.
Gleichzeitig mit diesem Buch müßte ich eigentlich ein „Aufgabenbuch" mit empfehlenswerten Übungen („Training und Drill") als Hilfsmaterial herausgeben.[1]
Wenn ich im Augenblick davon absehe, dann nur, um mich durch nichts von der Grundlinie meines großen Vorhabens ablenken zu lassen, die ich für wichtiger und eiliger halte. Sobald jedoch die wesentlichen Grundlagen des „Systems" veröffentlicht sind, werde ich mit der Arbeit an diesem „Aufgabenbuch" beginnen.

2

Weder das vorliegende Buch noch die nachfolgenden Bände erheben den Anspruch darauf, als wissenschaftliche Werke zu gelten. Sie sollen ausschließlich praktischen Zwecken dienen. Ich versuche, das weiterzugeben, was mich langjährige Erfahrung als Schauspieler, Regisseur und Pädagoge gelehrt hat.

3

Die Terminologie dieses Buches ist keine Erfindung von mir. Sie stammt aus der Praxis und wird von Schülern und angehenden Schauspielern verwandt, die alles, was sie bei der Arbeit empfinden, mit Hilfe dieser Begriffe auszudrücken versuchen. Der Wert dieser Terminologie besteht darin, daß sie den Anfängern vertraut und verständlich ist.

Es wäre vergebliche Mühe, nach den wissenschaftlichen Wurzeln dieser Terminologie zu forschen. Wir haben unseren eigenen Schauspielerjargon, das Leben im Theater schuf sich seinen eigenen Wortschatz. Zwar bedienen auch wir uns wissenschaftlicher Begriffe, wie zum Beispiel das „Unbewußte" oder die „Intuition". Wir tun es aber nicht im philosophischen Sinne, sondern gebrauchen sie in ihrer ganz einfachen, alltäglichen Bedeutung. Es ist nicht unsere Schuld, daß es die Wissenschaft noch nicht der Mühe wert befunden hat, die Schauspielkunst zu erforschen und uns die für die Praxis notwendigen Begriffe zu geben. Daher mußten wir uns mit unseren eigenen, „familiären" Mitteln behelfen.

4

Es ist eine der wichtigsten Aufgaben des „Systems", das aus der Natur des Schauspielers organisch erwachsende Schaffen mit natürlichen Mitteln anzuregen.

Davon ist im letzten, im sechzehnten Kapitel des Buches die Rede. *Diesem Abschnitt sollte man außerordentliche Aufmerksamkeit schenken, denn er zeigt das Wesen des Schaffens und enthält gleichsam die Quintessenz des „Systems".*

5

Über Kunst muß man einfach und verständlich reden und schreiben. Weise Redensarten erschrecken den Schüler. Sie rühren zwar das Gehirn an, finden aber nicht den Weg zum Herzen. So werden im Augenblick des Schaffens die Emotion und das Unbewußte des Schauspielers – zwei Dinge, die in unserer Kunst eine wesentliche Rolle spielen – durch den reinen Intellekt unterdrückt.

Es ist sehr schwer, „einfach" über den komplizierten Schaffensprozeß zu sprechen und zu schreiben. Worte sind zu konkret, zu plump, um nicht greifbare, unbewußte Empfindungen wiederzugeben.

Dieser Umstand zwang mich, eine besondere Form für dieses Buch zu wählen, die dem Leser helfen soll, das gedruckte Wort zu erfühlen. Ich bemühe mich, dieses Ziel durch Beispiele und durch Schilderung der Übungen und Etüden in der Schauspielschule zu erreichen.

Wenn diese Methode Erfolg hat, werden die gedruckten Worte des Buches durch die eigenen Empfindungen der Leser lebendig werden. Dann wird es mir auch möglich sein, meinen Lesern das Wesen unserer schöpferischen Arbeit und die Grundlagen der Psychotechnik zu erläutern.

6

Die Schauspielschule und die Menschen in meinem Buch gibt es in Wirklichkeit nicht. Meine Arbeit am sogenannten Stanislawski-System hat bereits vor langer Zeit begonnen. Anfangs machte ich mir meine Notizen durchaus nicht im Hinblick auf eine spätere Veröffentlichung. Ich wollte sie als Hilfsmittel für Untersuchungen verwenden, die ich über unsere Kunst und ihre Psychotechnik anstellte. Die Menschen, Ausdrücke und Beispiele, die ich brauchte, um meine Gedanken zu veranschaulichen, stammen aus der damaligen, längst vergangenen Zeit vor dem Kriege, den Jahren 1907 bis 1914.

Auf diese Weise habe ich im Lauf vieler Jahre umfangreiches Material über das „System" zusammengetragen. Aus diesem Stoff ist jetzt ein Buch entstanden.
Es würde ein zeitraubendes Unterfangen sein, alle im Buch auftretenden Personen abzuändern. Noch schwieriger wäre es, die aus der Vergangenheit genommenen Beispiele und einzelnen Ausdrücke mit dem Leben und dem Charakter der neuen sowjetischen Menschen in Einklang zu bringen. Dazu müßte ich die Beispiele abwandeln und nach einer anderen Ausdrucksweise suchen. Das wäre eine noch langwierigere und mühevollere Arbeit.
Alles, worüber ich in meinem Buche schreibe, bezieht sich aber nicht auf eine bestimmte Epoche und die darin lebenden Menschen, sondern trifft auf die schauspielerisch begabten Menschen aller Nationen und Epochen zu.[3]
Die häufige Wiederholung bestimmter mir wichtig erscheinender Gedanken geschieht absichtlich.
Meine Leser mögen mir diese Aufdringlichkeit verzeihen.

7

Schließlich habe ich noch die angenehme Pflicht, allen zu danken, die mich durch Ratschläge, Hinweise, durch Überlassen von Material und so weiter in irgendeiner Form bei der Arbeit an diesem Buch unterstützt haben.
In „Mein Leben in der Kunst" sprach ich bereits von der Rolle, die meine ersten Lehrer G. N. und A. F. Fedotow, N. M. Medwedewa und F. P. Komissarshewski in meiner Schauspielerlaufbahn gespielt haben. Sie waren es, die mich bei meinen ersten Schritten in der Kunst anleiteten. Ich habe aber auch von meinen Gefährten im Moskauer Künstlertheater, vor allem von W. I. Nemirowitsch-Dantschenko[3], in unserer gemeinsamen Arbeit sehr vieles und Wichtiges gelernt. An sie dachte und denke ich stets, aber ganz besonders jetzt bei der Herausgabe dieses Buches, mit herzlicher Dankbarkeit.
Wenn ich nun von den Menschen spreche, die mich bei der Einführung des sogenannten Systems in die Praxis und bei der Arbeit am Buch unterstützt haben, möchte ich in erster Linie die unermüdlichen Weggenossen und treuen Gehilfen meiner Bühnentätigkeit erwähnen. Mit ihnen habe ich in früher Jugend meinen Weg als Schauspieler begonnen, mit ihnen zusammen stehe ich auch heute im Alter noch im Dienst unserer gemeinsamen Sache. Ich meine hier die Verdiente Künstlerin der Republik S. S. Sokolowa und den Verdienten Künstler der Republik W. S. Alexejew, die mir geholfen haben, das „System" in die Tat umzusetzen.
Voll Liebe und Dankbarkeit gedenke ich meines verstorbenen Freundes L. A. Sulershizki. Er war der erste, der meine anfänglichen Versuche zur Begründung eines „Systems" guthieß, er half mir in der ersten Zeit bei der Ausarbeitung und praktischen Erprobung des „Systems", er ermutigte mich in Augenblicken des Zweifels.
Tatkräftige Hilfe bei der praktischen Anwendung des „Systems" und der Arbeit an diesem Buch fand ich auch bei N. W. Demidow, Regisseur und Lehrer an dem nach mir benannten Opernheater. Er gab mir wertvolle Hinweise, überließ mir Material und teilte mir Beispiele mit. Er sagte offen seine Ansichten über mein Buch und

machte mich auf Fehler aufmerksam. Es ist mir eine Freude, ihm für diese Unterstützung hier meinen aufrichtigen Dank auszusprechen.

Von Herzen danke ich dem Verdienten Künstler der Republik, dem Schauspieler des Moskauer Künstlertheaters M. N. Kedrow[6] für seine Mitarbeit an der Einführung des „Systems", ebenso für seine Hinweise und seine Kritik bei der Durchsicht des Manuskripts.

Dem Verdienten Künstler der Republik, dem Schauspieler des Moskauer Künstlertheaters N. A. Podgorny, der mir bei der Überprüfung des Manuskripts manchen Hinweis gegeben hat, möchte ich hiermit ebenfalls meinen aufrichtigen Dank abstatten.

Schließlich gilt mein tiefempfundener Dank J. N. Semjanowskaja, die sich der mühevollen Redaktion dieses Buches unterzogen und die verantwortungsvolle Arbeit mit Sachkenntnis und Talent ausgeführt hat.

K. Stanislawski

DIE ARBEIT DES SCHAUSPIELERS
AN SICH SELBST
IM SCHÖPFERISCHEN PROZESS DES ERLEBENS

EINFÜHRUNG

Am ... Februar 19 ... wurde ich in der Stadt N., in der ich als Stenograf arbeitete, aufgefordert, zusammen mit einem Kollegen – ebenfalls Stenograf – eine öffentliche Vorlesung des berühmten Schauspielers, Regisseurs und Pädagogen Arkadi Nikolajewitsch Torzow aufzunehmen. Die Vorlesung wurde bestimmend für mein Leben: Ich verspürte plötzlich einen unwiderstehlichen Hang zur Bühne, und heute, während ich diese Zeilen niederschreibe, bin ich bereits in die Theaterschule aufgenommen. In Kürze beginnt der Unterricht, den Arkadi Nikolajewitsch mit seinem Assistenten Iwan Platonowitsch Rachmanow erteilen wird.
Ich bin unendlich glücklich, daß ich mein altes Leben abgeschlossen und einen neuen Weg eingeschlagen habe.
Aber einiges aus meiner Vergangenheit kann mir zugute kommen, zum Beispiel die Stenografie.
Wie wäre es, wenn ich mir über alle Unterrichtsstunden systematische Aufzeichnungen machen oder sogar nach Möglichkeit mitstenografieren würde? Auf diese Weise entstünde ja ein ganzes Lehrbuch, mit dessen Hilfe ich den behandelten Stoff wiederholen könnte! Und später, wenn ich bereits Schauspieler bin, könnten diese Aufzeichnungen bei allen Schwierigkeiten in der Arbeit mein Kompaß sein.
Abgemacht – ich werde die Aufzeichnungen in Tagebuchform niederschreiben.[5]

I. DILETTANTISMUS

Ungeduldig warteten wir heute auf Torzows erste Unterrichtsstunde. Als Arkadi Nikolajewitsch den Klassenraum betrat, machte er uns eine höchst unerwartete Mitteilung. Er kündigte eine Vorstellung an, in der wir nach eigener Auswahl Szenen aus verschiedenen Stücken spielen dürften. Die Vorstellung sollte auf der großen Bühne stattfinden, vor Zuschauern – vor dem Ensemble und der künstlerischen Leitung des Theaters. Arkadi Nikolajewitsch wollte uns gern auf der Bühne sehen, in Dekorationen, Maske, Kostüm – im Rampenlicht. Nur eine Vorstellung, meinte er, könne ihm ein klares Bild vom Grad unserer Eignung für die Bühne geben.[6]
Die Schüler waren sprachlos. Auftreten in den geheiligten Räumen unseres Theaters? Gotteslästerung, Profanierung der Kunst! Ich wollte Arkadi Nikolajewitsch bitten, die Vorstellung an einen anderen, weniger verpflichtenden Ort zu verlegen. Ehe ich dazu kam, war er schon hinausgegangen.
Die Stunde wurde abgesagt. Wir sollten in der Freizeit die Szenen aussuchen, die wir vorspielen wollten.
Torzows Einfall wurde lebhaft diskutiert. Zuerst fanden ihn nur wenige gut. Besonders nachdrücklich unterstützten ihn der schlanke Goworkow, der meines Wissens schon in einer kleinen Stadt Theater gespielt hatte, die hochgewachsene, schöne Blondine Weljaminowa und der fixe, vorlaute Wjunzow.
Allmählich gewöhnten sich aber auch die anderen an den Gedanken der bevorstehenden Aufführung. Wir sahen uns schon im Rampenlicht. Allein der Gedanke daran ließ unsere Herzen höher schlagen.
Schustow, Pustschin und ich waren anfangs sehr bescheiden. Unsere Wünsche bewegten sich im Bereich von Vaudevilles und leichten Komödien, denen wir uns gewachsen glaubten. Aber um uns herum klangen immer häufiger und bestimmter die Namen russischer Dichter auf – Gogol, Ostrowski, Tschechow. Dann fielen Namen von Dichtern der Weltliteratur. Unbewußt verließen wir unseren bescheidenen Standpunkt und träumten uns in etwas Romantisches, Farbenreiches, Poetisches hinein. Mich lockte der Mozart, Pustschin der Salieri in Puschkins „Mozart und Salieri". Schustow ließ sich Don Carlos durch den Kopf gehen. Dann kam die Sprache auf

Shakespeare, und schließlich fiel meine Wahl auf den Othello.[7] Ich entschied mich eigentlich dafür, weil ich Shakespeares Werke besaß; Puschkins Stücke hatte ich nicht. Es drängte mich so sehr, sofort an das Studium der Rolle zu gehen, daß ich keine Zeit darauf verschwenden konnte, erst das Buch aufzutreiben. Schustow übernahm den Jago.
Morgen soll die erste Probe stattfinden.
Zu Hause schloß ich mich in meinem Zimmer ein, holte den „Othello" hervor, setzte mich behaglich auf das Sofa, schlug das Buch ehrfürchtig auf und begann eifrig zu lesen.
Schon auf der zweiten Seite drängte es mich zum Spielen. Wider Willen begannen Hände, Füße, Gesicht zu zucken, ich konnte mir das Deklamieren nicht länger verkneifen, und schon kam mir ein großer elfenbeinerner Brieföffner zwischen die Finger, den ich als Dolch am Gürtel befestigte. Ein Frottierhandtuch war der Turban, mit der bunten Kordel vom Vorhang wurde er umwunden, aus Laken und Bettdecke fabrizierte ich ein hemdartiges Obergewand, der Regenschirm wurde zum Schwert. Ein Schild fehlte noch: ich nahm das große Tablett aus dem Eßzimmer. Dann wagte ich einen Ausfall. In meiner Ausrüstung fühlte ich mich als stolzer Krieger, majestätisch und schön. Doch im ganzen war ich eben doch nur ein moderner Mitteleuropäer, aber Othello ist Afrikaner! Er muß etwas von einem Tiger haben. Um die charakteristischen Bewegungen eines Tigers herauszufinden, probierte ich allerlei aus: ich ging schleichenden, gleitenden Schrittes durchs Zimmer – mich geschickt zwischen den Möbeln hindurchschlängelnd –, sprang mit einem Satz aus dem Hinterhalt auf den Gegner los, den mir ein großes Kissen ersetzte; ich erwürgte es, packte es „tigerhaft" mit den „Klauen". Dann wurde es zu Desdemona, ich umarmte sie leidenschaftlich, ich küßte ihre Hand – einen Zipfel des Kissenbezuges –, stieß sie dann verachtungsvoll von mir und umarmte sie wieder. Dann erwürgte ich sie und weinte über der Leiche. Vieles gelang mir ausgezeichnet.
Ohne es zu merken, hatte ich fast fünf Stunden gearbeitet. Unter Zwang schafft man das nicht. Nur im schöpferischen Rausch werden Stunden zu Minuten. Ein Beweis, daß der durchlebte Zustand echt war.
Bevor ich mein Kostüm auszog, schlüpfte ich – in der Wohnung schliefen schon alle – auf den Flur hinaus vor den großen Spiegel und machte Licht. Was ich nun erblickte, erreichte meine Erwartungen durchaus nicht. Gesten und Stellungen, die mir in der Arbeit gekommen waren, sahen ganz anders aus, als ich sie mir vorgestellt hatte. Mehr als das: im Spiegel kam ich mir hölzern und eckig vor, meine Figur hatte so unschöne Linien, wie ich mir's früher nie hatte träumen lassen. Diese Enttäuschung machte meine Energie mit einem Schlage zunichte.

Ich erwachte wesentlich später als gewöhnlich, zog mich rasch an und eilte in die Schule. Beim Eintritt in den Probenraum, wo man schon auf mich wartete, wurde ich derart verlegen, daß ich, statt mich zu entschuldigen, nur automatisch den dummen Satz herausbrachte:
„Ich glaube, ich habe mich etwas verspätet."
Rachmanow sah mich vorwurfsvoll an:

„Wir sitzen hier und warten, werden nervös, wütend. Und Sie glauben, daß Sie sich nur ein wenig verspätet haben. Alle waren fieberhaft auf die bevorstehende Arbeit gespannt, aber Sie haben sich benommen, daß mir die Lust vergangen ist, Sie zu unterrichten. Es ist schwer, den Schaffensdrang zu wecken, ihn zu vernichten – das ist sehr leicht. Welches Recht haben Sie, die Arbeit einer ganzen Gruppe aufzuhalten? Ich achte unsere Tätigkeit zu hoch, um diese Disziplinlosigkeit zu dulden. Ich nehme mir das Recht, unsere gemeinsame Arbeit militärisch streng zu betrachten. Der Schauspieler braucht wie der Soldat eiserne Disziplin. Das erste Mal lasse ich's bei einer Strafpredigt bewenden, ich trage Sie nicht ins Probenbuch ein. Aber Sie müssen Ihre Mitschüler sofort um Entschuldigung bitten und sich selbst in Zukunft zur Regel machen, stets eine Viertelstunde vor Beginn der Probe zu erscheinen. Heute kamen Sie eine Viertelstunde später!"
Ich stotterte meine Entschuldigung herunter und beteuerte, daß ich nie wieder zu spät kommen würde. Aber Rachmanow wollte nun nicht mehr an die Arbeit gehen. Seiner Meinung nach ist die erste Probe ein Ereignis im Leben des Schauspielers, das er stets in bester Erinnerung behalten muß. Die heutige Probe wäre durch meine Schuld verdorben worden. Mit dem Wunsch, daß die morgige Zusammenkunft unsere wichtige erste Probe werden möge, verließ Rachmanow die Klasse.
Der Vorfall war damit nicht erledigt. Es kam noch eine andere „Abreibung" – die meiner Kameraden unter Führung Goworkows. Und diese „Abreibung" war heftiger als die erste. Ich werde die ausgefallene Probe nie im Leben vergessen.[8]
Eigentlich wollte ich früh schlafen gehen, denn nach dem heutigen Donnerwetter und der gestrigen Enttäuschung hatte ich Angst, mir die Rolle vorzunehmen. Aber da entdeckte ich eine Tafel Schokolade. Ich vermischte sie mit Butter. Eine braune Masse entstand, die sich gut auf die Haut schmieren ließ. Sie verwandelte mich in einen Mohren. Der Kontrast zur dunklen Haut ließ die Zähne weißer erscheinen. Lange saß ich vor dem Spiegel, freute mich am Blitzen der Zähne, fletschte sie und rollte die Augen.
Um die Maske besser zu erfassen und zu nutzen, bedurfte es des Kostüms, und als ich es angezogen hatte, trieb es mich wieder zum Spielen. Etwas Neues fiel mir nicht ein, ich wiederholte nur die Übungen von gestern, die aber ihren Reiz schon eingebüßt hatten. Trotzdem – es war mir gelungen, das Äußere meines Othello zu entdecken. Das ist wichtig!

Heute erschien ich lange vor Beginn der ersten Probe. Rachmanow überließ es uns, die Möbel nach Belieben zu stellen. Zum Glück willigte Schustow in meine Vorschläge ein, da ihn die äußeren Umstände nicht interessierten. Mir aber war es sehr wichtig, die Möbel so zu stellen wie in meinem Zimmer. Sonst würde es mir ja unmöglich sein, mich in schöpferische Stimmung zu versetzen. Aber es gelang mir nicht. Ich redete mir krampfhaft ein, daß ich mich in meinem Zimmer befände – vergebens! Ich glaubte es nicht, und so störte es mich nur beim Spielen.
Schustow konnte schon den ganzen Text auswendig. Ich war gezwungen, die Rolle bald abzulesen, bald mit eigenen Worten den Sinn, soweit ich ihn behalten hatte, wiederzugeben. Erstaunlicherweise hemmte mich der Text, statt mir zu helfen. Gern

hätte ich darauf verzichtet oder wenigstens die Hälfte weggelassen. Nicht nur die Worte der Rolle, sondern auch die mir fremden Gedanken des Dichters und die Handlungen, die er vorschrieb, schränkten die Freiheit ein, die ich bei den Übungen zu Hause genossen hatte.
Noch peinlicher war, daß ich meine Stimme nicht wiedererkannte. Außerdem stellte es sich heraus, daß weder das häusliche Arrangement noch die zu Hause entstandene Gestalt mit Shakespeares Stück übereinstimmten. Wie sollte man zum Beispiel Zähnefletschen, Augenrollen und die „tigerhaften" Bewegungen, die mich ja erst zur Rolle führten, in die verhältnismäßig ruhige Anfangsszene zwischen Jago und Othello hineinbringen?
Aber ich konnte nicht auf das wilde Gebaren und die selbstgeschaffene szenische Anlage verzichten. Ich hatte ja nichts anderes. Ich las den Text und spielte den Wilden, ohne das eine mit dem anderen zu verbinden. Der Text störte das Spiel, das Spiel störte den Text – das Ganze ergab eine mißliche Disharmonie.
Zu Hause fiel mir wieder nichts Neues ein, ich wiederholte das Alte, das mich nicht mehr befriedigte. Was ist das für eine Wiederholung der gleichen Gefühle und Gesten? Wem gehören sie – mir oder dem wilden Mohren? Warum gleicht das gestrige Spiel dem heutigen und das heutige dem von morgen? Ist meine Phantasie erschöpft? Oder bietet mir mein Gedächtnis kein Material mehr für die Rolle? Warum ging die Arbeit erst so munter vonstatten, warum blieb sie plötzlich an einem Punkt stehen?
Während mir das alles durch den Kopf ging, setzten sich meine Wirtsleute nebenan zum Abendbrot. Um nicht ihre Aufmerksamkeit zu erregen, mußte ich meine Übungen in einer anderen Ecke des Zimmers vornehmen und den Text möglichst leise sprechen. Zu meinem Erstaunen regte mich diese kleine Veränderung an und brachte mich dazu, meine Übungen und die Rolle neu zu betrachten.
Ich bin dem Geheimnis auf die Spur gekommen! Es besteht darin, daß man sich nicht festrennen, nicht immer das gleiche unaufhörlich wiederholen darf.
So ist es denn beschlossene Sache, daß ich morgen auf der Probe improvisieren werde – ganz und gar: die Anlage der Szene, die Art und Weise, wie ich die Rolle anpacke und Zugang zu ihr finde.

Gleich beim ersten Auftritt habe ich heute improvisiert: statt hin und her zu gehen, setzte ich mich, fest entschlossen, ohne Gesten, ohne Bewegung zu spielen und die üblichen Mätzchen des Wilden fallenzulassen. Und der Erfolg? Ich verhedderte mich gleich bei den ersten Worten, verlor den Text, die gewohnten Betonungen – ich blieb stecken! Schleunigst kehrte ich zu meiner ursprünglichen Spielart und Anlage der Szene zurück. Offenbar kann ich auf die angelernten Kunstgriffe in der Darstellung eines Wilden nicht mehr verzichten. Ich beherrsche sie nicht, sie beherrschen mich. Was ist das? Hörigkeit?

Im ganzen war meine Verfassung heute auf der Probe besser: Ich fange an, mich an den Raum, in dem geprobt wird, und an die anwesenden Menschen zu gewöhnen. Außerdem gleichen sich die Gegensätze allmählich an. Früher stimmte meine Darstellung eines Wilden nicht mit Shakespeare überein, ich empfand während der Proben, wie falsch und gewaltsam ich der Rolle das ausgedachte „charakteristische" Gehabe eines Afrikaners aufzwang. Nun aber war es, als gelinge es mir doch, in die Szene dieses und jenes hineinzuflechten. Wenigstens empfinde ich den Widerspruch zum Dichter nicht mehr so stark.

Heute war Probe auf der großen Bühne. Ich rechnete mit dem wunderwirkenden, erregenden Zauber der Kulissen. Und was war? Statt der hell erleuchteten Rampe, des Gewirrs der Dekorationen, des wilden Durcheinanders, das ich erwartet hatte – Stille, Leere, Halbdunkel. Die riesige Bühne lag offen da. Nur an der Rampe standen ein paar Stühle, die die Stellung der späteren Dekoration markierten. Rechts stand ein Gestell, an dem drei elektrische Birnen brannten.

Als ich die Bühne betreten hatte, wuchs vor mir die riesige Öffnung des Prosceniums empor und dahinter der dunkle, unendlich weite Zuschauerraum. Zum erstenmal sah ich ihn von der Bühne aus, bei geöffnetem Vorhang, menschenleer und tot. Irgendwo – sehr weit entfernt, wie mir schien – brannte unter einem Lampenschirm eine Glühbirne. Sie beleuchtete einen Tisch, auf dem weiße Blätter lagen; Hände warteten darauf, unsere Vergehen genau zu notieren... Ich wurde ganz klein. Jemand rief: „Anfangen!" Ich sollte Othellos Zimmer mit den Wänden aus Stühlen betreten und mich auf meinen Platz setzen. Ich setzte mich, aber nicht auf den Stuhl, den ich nach meinen eigenen Angaben zu benutzen hatte – ich erkannte den Grundriß meines Zimmers nicht wieder. Andere mußten mich belehren, *welcher* Stuhl *was* darstellte. Lange wollte es mir nicht gelingen, mich auf den kleinen, von Stühlen umzäunten Raum zu beschränken, lange konnte ich meine Aufmerksamkeit nicht auf die Vorgänge um mich herum konzentrieren. Nur mit Mühe vermochte ich Schustow anzusehen, der als Jago neben mir stand. Meine Aufmerksamkeit wurde bald vom Zuschauerraum, bald von den an die Bühne grenzenden Räumen angezogen – es waren die Werkstätten, in denen trotz unserer Probe die Arbeit weiterging. Dort ging man umher, trug Lasten, sägte, hämmerte, stritt sich... Trotzdem redete ich automatisch weiter und versuchte zu agieren. Hätten mir die langen häuslichen Übungen nicht den Text, den Tonfall, die Darstellungsart eines Wilden eingehämmert, ich wäre unweigerlich bei den ersten Worten steckengeblieben. Übrigens passierte es schließlich doch. Schuld daran war der Souffleur. Und ich erfuhr, daß dieser Herr ein abscheulicher Intrigant und nicht etwa ein Freund der Schauspieler ist. Meiner Meinung nach ist ein Souffleur gut, wenn er den ganzen Abend lang schweigen kann und im kritischen Augenblick nur das eine Wort sagt, das dem Schauspieler entfallen ist. Unser Souffleur aber zischte ohne Unterlaß und störte schrecklich. Man weiß nicht, wohin man entrinnen, wie man sich vor diesem übereifrigen Helfer retten soll, der einem durch das Ohr direkt in die Seele zu dringen scheint. Schließlich hatte er mich besiegt. Ich kam durcheinander, blieb stecken und bat ihn, mich nicht zu stören.

Zweite Bühnenprobe. In aller Frühe ging ich ins Theater, entschlossen, mich nicht in der Einsamkeit der Garderobe auf den Auftritt vorzubereiten, sondern auf der

Bühne selbst. Dort wurde eifrig gearbeitet, man hantierte mit Dekorationen und Requisiten für die Probe. Ich begann mit meinen Vorbereitungen.
Es wäre sinnlos gewesen, in diesem Chaos jene Gemütlichkeit zu suchen, an die ich mich bei den häuslichen Übungen gewöhnt hatte. Vor allem mußte ich also mit der neuen Umgebung vertraut werden. Darum näherte ich mich dem Proszenium und starrte in das drohende schwarze Loch, um mich daran zu gewöhnen und mich vom Sog des Zuschauerraums zu befreien. Doch je mehr ich mich bemühte, den unendlichen Raum nicht zu bemerken, um so mehr dachte ich an ihn, um so stärker zog mich diese gähnende Finsternis, dieses schwarze Loch an. Da ließ neben mir ein Bühnenarbeiter Nägel fallen, ich half ihm beim Aufsammeln. Und plötzlich wurde mir wohl, es war fast gemütlich auf der großen Bühne. Doch als die Nägel eingesammelt waren und mein Partner wieder weggegangen war, bedrückte mich der dunkle Raum erneut und drohte mich zu verschlucken. Und ich hatte mich eben erst so wohl gefühlt! Natürlich, klar: beim Aufsammeln der Nägel hatte ich nicht an das schwarze Loch gedacht. Ich verließ schnell die Bühne und setzte mich ins Parkett.
Die Probe der anderen Szenen begann, aber ich sah und hörte nicht, was oben vor sich ging – zitternd erwartete ich meinen Auftritt.
Die Qual der Erwartung hat auch ihr Gutes. Man erreicht die Grenze, an der man das gefürchtete Ereignis geradezu herbeisehnt, damit alles vorbei ist. Diesen Zustand hatte ich heute erreicht.
Als ich an die Reihe kam und die Bühne betrat, stand da bereits die Dekoration, bestehend aus ein paar Versatzstücken. Einige Teile waren mit der Rückseite nach vorn gedreht, die Möbel bunt zusammengewürfelt. Trotzdem hatte ich durch die Beleuchtung einen recht angenehmen und gemütlichen Eindruck von Othellos Zimmer. Mit sehr viel Phantasie hätte man in dieser Umgebung wohl etwas finden können, was an mein Zimmer zu Hause erinnerte.
Kaum war der Vorhang offen, kaum lag der Zuschauerraum vor mir – da war ich auch schon völlig in seinem Bann. Dabei hatte ich eine ganz neue Empfindung: Es ist nämlich so, daß die Wände und der Plafond den Schauspieler abschirmen, nach hinten von der großen Hinterbühne, nach oben vom riesigen dunklen Schnürboden, seitlich von den angrenzenden Magazinräumen. Diese Abschirmung ist wohltuend. Schlimm ist nur, daß diese „isolierte" Bühne zu einer Art Reflektor wird, der die ganze Aufmerksamkeit des Schauspielers in den Zuschauerraum wirft, ähnlich der Muschel des Konzertpodiums, welche die Töne des Orchesters ins Publikum reflektiert. Und noch etwas Neues kam hinzu: Die Angst löste in mir das Bestreben aus, die Zuschauer zu unterhalten, damit sie sich um Gottes willen auch ja nicht langweilten. Das machte mich nervös, ich konnte mich nicht mehr konzentrieren. Der eingelernte Text und die geübten Bewegungen eilten den Gedanken und Gefühlen voraus. Haspelei, überstürztes Sprechen waren die Folge. Die Hast übertrug sich auf Handlung und Bewegungen. Ich ratterte, ohne zu atmen, den Text herunter und konnte das Tempo einfach nicht ändern. Selbst die Lieblingsstellen rasten an mir vorüber wie Telegrafenstangen am Fenster eines fahrenden Zuges. Eine winzige Pause – und die Katastrophe wäre geschehen! Flehentlich sah ich zum Souffleur, aber der zog völlig unbeteiligt seine Uhr auf! Das war die Rache fürs letztemal!

Zur Generalprobe kam ich noch früher als sonst ins Theater, da ich mich noch um Kostüm und Maske kümmern mußte. Man brachte mich in eine herrliche Garderobe und legte das kostbare Obergewand des marokkanischen Prinzen aus dem „Kaufmann von Venedig" bereit. Das verpflichtete!
Ich setzte mich vor den Schminktisch, auf dem Perücken, Bärte und die verschiedensten Schminkutensilien bereitlagen.
Womit beginnen? ... Ich tauchte einen Pinsel in braune Farbe, aber sie war so hart geworden, daß der Pinsel kaum etwas aufnahm. Ich vertauschte den Pinsel mit einem Schminkstift – das Resultat blieb das gleiche. Ich beschmierte einen Finger mit Farbe und strich damit über die Haut. Diesmal gelang es mir, sie ein wenig zu färben. Ich wiederholte das Manöver mit anderen Farben, Hellblau hinterließ die deutlichsten Spuren, was jedoch für einen Mohren kaum passend sein dürfte. Ich versuchte, die Wange mit Mastix zu beschmieren und eine kleine Haarsträhne anzukleben. Der Mastix brannte auf der Haut, die Haare sträubten sich nach allen Seiten ... Ich probierte unsicher eine Perücke, eine zweite, eine dritte, alle drei wirkten bei ungeschminktem Gesicht wie falsche Haare. Ich wollte das bißchen Schminke, das ich mir so mühevoll ins Gesicht geschmiert hatte, abwaschen – aber wie?
Da betrat ein großer, hagerer Mann mit Brille, weißem Kittel und struppigem Spitzbart die Garderobe. Dieser Don Quichote machte eine Verbeugung und begann ohne weitere Umstände mein Gesicht zu bearbeiten. Rasch entfernte er mein Werk mit Vaseline und legte neue Farben auf, wobei er den Pinsel vorher anfettete. Auf der eingefetteten Haut verteilten sich die Farben mühelos und gleichmäßig. Dann schminkte er das Gesicht so, daß es tief sonnengebräunt wirkte, wie es sich für einen Mohren gehört. Aber es tat mir leid, daß es nicht so dunkel war wie meine Schokoladenfarbe, bei der das Weiß der Augen und der Zähne viel heller geleuchtet hatte.
Als ich geschminkt und angezogen in den Spiegel blickte, bewunderte ich die Kunstfertigkeit des Don Quichote und war entzückt von meinem Aussehen. Die eckige Unbeholfenheit meines Körpers verschwand unter den Falten des Gewandes, die Gesten des Wilden, die ich ausgearbeitet hatte, paßten sehr gut zum Gesamteindruck.
Schustow und einige andere besuchten mich in der Garderobe. Sie waren überrascht über mein Aussehen und lobten es einstimmig, ohne eine Spur von Neid. Das ermunterte mich und gab mir meine Selbstsicherheit wieder. Auf der Bühne überraschte mich die ungewohnte Aufstellung der Möbel: Ein Sessel war von der Wand weit zur Bühnenmitte hingeschoben worden, den Tisch hatte man zu nah an den Souffleurkasten gerückt. Er stand gleichsam auf dem Präsentierteller. Vor Aufregung ging ich immerzu auf und ab, blieb alle Augenblicke mit den weiten Schößen des Obergewandes und mit der Waffe hängen. Aber nichts hinderte mich dabei am mechanischen Abhaspeln der Rolle. Es schien, als ob ich die Szene recht und schlecht hinter mich bringen würde. Doch als ich mich dem Höhepunkt näherte, dachte ich plötzlich: ‚Gleich bleibe ich stecken!' Entsetzen packte mich, ich verstummte – verwirrt, leere weiße Kreise vor den Augen ... Ich weiß nicht, was mich wieder in das automatische Abhaspeln des Textes hineinstieß, es rettete mich auch diesmal vor dem Ertrinken.

Dann gab ich mich völlig auf und hatte nur den einen Gedanken: möglichst rasch ans Ende kommen, abschminken – Flucht!
Und nun war ich zu Hause. Allein. Ich könnte jetzt keinen ärgeren Partner haben als mich selbst. Speiübel war mir. Zuerst wollte ich zu Bekannten gehen, mich ablenken, aber ich tat es nicht: Mir war, als wüßten schon alle von meiner Schande, als würden sie mit Fingern auf mich zeigen.
Zum Glück kam der liebe, rührende Pustschin, der meine Meinung über seine Darstellung des Salieri wissen wollte. Ich konnte ihm nichts sagen. Obwohl ich ihm aus der Kulisse zugesehen hatte, war ich in Erwartung meines eigenen Auftritts zu aufgeregt, um noch wahrnehmen zu können, was sich draußen auf der Bühne ereignete.
Ich fragte ihn nicht nach meinem Spiel – die Angst vor einer Kritik, die das bißchen Glauben an mich selbst zerstört hätte, war zu groß.
Pustschin sprach sehr gut über Shakespeares Werk und die Rolle des Othello. Er stellt Forderungen, die ich nicht erfüllen kann. Ausgezeichnet erzählte er von der Bitterkeit und der fassungslosen Erschütterung des Mauren, wenn ihm zu Bewußtsein kommt, daß sich unter der schönen Larve Desdemonas ein furchtbares Laster verbirgt. Das macht sie in Othellos Augen noch entsetzlicher.
Als mein Freund gegangen war, versuchte ich, mich einigen Stellen der Rolle in seinem Sinne zu nähern – und mir kamen die Tränen: So leid tat mir Othello.

Heute ist der Tag der Vorstellung. Ich weiß alles im voraus: wie ich ins Theater komme, wie ich mich zum Schminken hinsetze, wie Don Quichote eintritt und sich tief verbeugt. Doch selbst wenn ich mir in der Maske gefalle und Lust zum Spielen bekomme – es wird doch nichts! Ich war völlig gleichgültig, bis ich die Garderobe betrat. Da begann mein Herz so rasend zu klopfen, daß mir das Atmen schwer wurde. Übelkeit befiel mich, ich fühlte mich sehr schwach. Ich glaubte, ich sei krank. Wie gut! Mit Krankheit hätte man den Mißerfolg beim ersten Auftreten entschuldigen können.
Auf der Bühne verwirrte mich die ungewöhnliche feierliche Stille und Ordnung. Als ich aus dem Dunkel der Kulissen in das volle Rampenlicht hinaustrat, wurde ich benommen und blind. Das Licht war so grell, daß es wie ein Vorhang zwischen mir und dem Zuschauerraum hing. Ich fühlte mich vor der Menge geschützt und atmete erleichtert auf. Doch bald hatte sich das Auge an das Licht gewöhnt, und nun wurde die Schwärze des Zuschauerraums noch furchtbarer, sein Sog noch stärker. Mir war, als wäre das Theater überfüllt, als richteten sich unzählige Augenpaare auf mich, bewaffnet mit Operngläsern. Sie schienen ihr Opfer zu durchbohren, und ich fühlte mich als Sklave dieser tausendköpfigen Menge, wurde untertänig, prinzipienlos und war zu jedem Kompromiß bereit. Ich hätte mein Innerstes nach außen kehren, ich hätte schmeicheln und der Menge viel mehr geben mögen, als ich zu geben hatte. Doch mein Inneres war so leer wie noch nie.
Das übersteigerte Bemühen, Empfindungen hervorzuzaubern, die Unmöglichkeit, das Ziel zu erreichen, erzeugten im ganzen Körper eine Spannung, die sich bis zum Krampf steigerte. Gesicht, Arme, der ganze Körper waren verkrampft, Bewegungen

und Gänge wie gelähmt, alle Kräfte einzig auf diese sinnlose, unfruchtbare Anspannung gerichtet. Ich suchte der Starre des Körpers und des Gefühls mit der Stimme zu Hilfe zu kommen und steigerte sie bis zum Schreien. Doch die Verkrampfung übertrug sich auch auf die Sprechwerkzeuge: die Kehle zog sich zusammen, der Atem stockte, der Ton erreichte die höchste Höhe, von der ich nicht wieder herunterkam. Resultat: Heiserkeit. Es war also nötig, das äußere Agieren und Spielen zu steigern. Schon war ich nicht mehr imstande, Arme, Beine und Wortschwall zu bremsen. Ich schämte mich für jedes Wort, das ich sprach, für jede Geste, die ich machte und sofort wieder kritisierte. Ich wurde rot, krallte Finger und Fußzehen zusammen und stemmte mich mit aller Kraft gegen die Sessellehne. Plötzlich wurde ich vor Hilflosigkeit und Verlegenheit wütend – ich weiß nicht auf wen – auf mich selbst oder auf die Zuschauer –, jedenfalls fühlte ich mich minutenlang frei von meiner Umgebung und wurde hemmungslos kühn. Das berühmte: „Blut, Jago, Blut!" brach ohne mein Zutun aus mir hervor, der Schrei eines Verzweifelten und Gepeinigten. Woher er kam, weiß ich nicht. Vielleicht empfand ich bei diesen Worten das verwundete Herz eines arglos Vertrauenden und fühlte aufrichtig Mitleid mit ihm, wobei ich mich deutlich an Pustschins Auffassung des Othello erinnerte, die meine Gedanken und Empfindungen beflügelte.

Mir war, als horche der Zuschauerraum einen Augenblick auf, als ginge ein Raunen durch die Menge wie Wind über Bäume hin.

Kaum hatte ich die Anerkennung gespürt, schoß eine Energie in mir auf, mit der ich nichts anzufangen wußte. Sie riß mich fort. Ich weiß nicht mehr, wie ich den Schluß der Szene gespielt habe, ich entsinne mich nur, daß die Rampe und das schwarze Loch aus dem Bewußtsein verschwunden waren, daß ich überhaupt keine Angst mehr hatte und daß ein neues, mir bisher unbekanntes, mich berauschendes Leben auf der Bühne erwachte. Ich kenne keinen größeren Genuß als diese wenigen Augenblicke, die ich auf den Brettern erlebte. Ich merkte, daß Schustow über meine Neugeburt erstaunt war, ich hatte ihn entzündet, und er spielte nun auch mit größerer Begeisterung.

Der Vorhang fiel, im Zuschauerraum wurde applaudiert. Mir wurde froh und leicht ums Herz. Der Glaube an mein Talent erstarkte sofort. Ich wurde selbstbewußt. Als ich triumphierend in die Garderobe ging, hatte ich das Gefühl: Alle sind von mir entzückt.

Elegant und überlegen, wie es sich für einen gastierenden Schauspieler gehört, betrat ich würdig und mit einer, wie mir jetzt scheint, schlecht gespielten Gleichgültigkeit während einer Pause den Zuschauerraum. Zu meinem Erstaunen fand ich da weder die festliche Stimmung noch die volle Beleuchtung vor, die zu einer „echten" Aufführung gehört. Statt der tausendköpfigen Menge, die ich von der Bühne her vermutet hatte, sah ich etwa zwanzig Menschen im Parkett sitzen. Für wen hatte ich mich denn abgemüht? Übrigens tröstete ich mich rasch. ‚Wenn es heute auch nur wenige Zuschauer sind', sagte ich mir, ‚so sind es doch wirkliche Kunstkenner – Torzow, Rachmanow, die größten Schauspieler unseres Theaters. Und die haben bei mir applaudiert! Ich tausche ihren dünnen Applaus nicht gegen die stürmischsten Ovationen einer tausendköpfigen Menge!'… Ich suchte mir im Parkett

einen Platz, den Torzow und Rachmanow gut sehen konnten, und setzte mich in der Hoffnung, sie würden mich heranrufen und mir vielleicht sogar etwas Schmeichelhaftes sagen.
Das Rampenlicht flammte auf. Vorhang! Und von Stufen, die an die Dekoration herangerückt waren, stürzte wie im Flug die Schülerin Maloletkowa auf die Bühne. Sie fiel auf den Boden, bebte am ganzen Körper und rief das „Rettet mich!" so erschütternd und gellend, daß es mich eiskalt überlief. Danach begann sie etwas zu reden, so schnell, daß nichts zu verstehen war. Plötzlich blieb sie mitten im Wort stecken, schlug die Hände vors Gesicht und rannte hinter die Kulissen. Man hörte aufmunternde und tröstende Stimmen. Der Vorhang fiel, aber mir klang immer noch dieses „Rettet mich!" in den Ohren. Das ist Talent! Ein Auftritt, ein einziges Wort genügt – und man spürt es.
Torzow war scheinbar sehr beeindruckt. ‚Ja, mir ist es ja ebenso gegangen wie der Maloletkowa', überlegte ich. ‚Ein einziger Satz: „Blut, Jago, Blut!" – und ich hatte die Zuschauer in meinem Bann.'
Diese Zeilen niederschreibend, zweifle ich nicht mehr an meiner Zukunft. Aber die Zuversicht macht mich nicht blind für die Erkenntnis, daß ich wohl doch nicht so großen Erfolg gehabt habe, wie ich mir zuerst einbildete. Und trotzdem – im tiefsten Innern verkündet der Glaube an mich selbst triumphierend einen Sieg!

II. BÜHNENKUNST – BÜHNENHANDWERK

Heute kamen wir zu Torzows Kritik an unserer Schüleraufführung zusammen. Er sagte:
„In der Kunst muß man vor allem das Schöne sehen und begreifen lernen. Wir wollen darum von den positiven Augenblicken der Vorstellung ausgehen. Es gab nur zwei: die Maloletkowa, mit dem verzweifelten Aufschrei ‚Rettet mich!' die Treppe hinunterstürzend, und Naswanow bei ‚Blut, Jago, Blut!'. In beiden Fällen haben sich Darsteller und Zuschauer dem Vorgang auf der Bühne ganz hingegeben, waren atemlos von der gleichen Erregung gepackt.
Diese gelungenen Augenblicke können – aus dem Ganzen herausgelöst und allein für sich betrachtet – als *Kunst des Erlebens* gelten. Diese Kunst wird an unserem Theater gepflegt und hier in der Schule gelehrt."
„Was ist denn das – Kunst des Erlebens?" fragte ich interessiert.
„Sie haben es ja selbst erfahren. Erzählen Sie uns doch, was Sie in diesem wahrhaft schöpferischen Augenblick empfunden haben."
„Ich kann mich auf nichts mehr besinnen", sagte ich, von Torzows Lob berauscht. „Ich weiß bloß, daß es unvergeßliche Augenblicke waren und daß ich nur so spielen und dieser Kunst mein ganzes Leben widmen möchte..."
Ich verstummte, sonst wären mir die Tränen gekommen.

„Wie?! Sie entsinnen sich nicht mehr Ihrer seelischen Zerrissenheit bei der Suche nach etwas Furchtbarem? Sie wissen nicht mehr, wie Ihre Hände, Ihre Augen, Ihr ganzes Wesen irgendwohin drängten, etwas erfassen wollten? Sie wissen nicht mehr, wie Sie sich die Lippen zerbissen und die Tränen nur mit Mühe zurückhalten konnten?" forschte Arkadi Nikolajewitsch.
„Jetzt, wo Sie mir's erzählen, besinne ich mich."
„Und ohne mich wären Sie nicht darauf gekommen?"
„Nein!"
„Sie handelten also unbewußt?"
„Ich weiß nicht, vielleicht. Ist das nun gut oder schlecht?"
„Sehr gut, für den Fall, daß das Unbewußte Ihnen den richtigen Weg gewiesen hat, sehr schlecht, wenn es sich geirrt hat. Bei der Aufführung hat es Sie nicht getäuscht. Was Sie uns in den wenigen gelungenen Augenblicken gegeben haben, war hervorragend, besser, als man zu hoffen wagte."
„Wirklich?" fragte ich atemlos vor Glück.
„Ja! Es ist immer das beste, wenn der Schauspieler vom Stück ganz ergriffen ist. Dann lebt er unwillkürlich das Leben der Rolle, ohne zu merken, *wie* er fühlt, ohne zu denken, *was* er tut – alles geschieht von selbst, aus dem Unbewußten heraus. – Doch leider können wir diese Art des Schaffens nicht immer lenken."
„Tja, wissen Sie, das ist ja eine hoffnungslose Situation: schaffen muß man intuitiv, und das kann nur das Unbewußte, aber wir haben es nicht in der Gewalt. Verzeihen Sie, wo ist da der Ausweg?" fragte Goworkow mit leichter Ironie.
„Zum Glück gibt es einen Ausweg!" unterbrach Arkadi Nikolajewitsch. „Er liegt im indirekten, mittelbaren Einfluß des Bewußten auf das Unbewußte. Manche Bereiche der menschlichen Seele sind nämlich dem Bewußtsein und dem Willen unterworfen. Sie können dann auf jene psychischen Vorgänge einwirken, die außerhalb des Willens liegen.
Freilich erfordert das eine recht komplizierte schöpferische Arbeit, die nur teilweise unter der Kontrolle und dem unmittelbaren Einfluß des Bewußtseins geschieht. Im wesentlichen verläuft diese Arbeit unbewußt, außerhalb des Willens. Es gibt nur eine Künstlerin, die sie leisten kann: es ist die meisterlichste, genialste, nuancenreichste Künstlerin, die unerreichbare, wundertätige, organische Natur. Mit ihr kann sich keine noch so raffinierte schauspielerische Technik messen. Sie soll bei uns die Führung haben. Ein solcher Standpunkt, ein solches Verhältnis zum Wesen der Schauspielkunst ist charakteristisch für die Kunst des Erlebens", sagte Torzow eindringlich.
„Und wenn die Natur launisch wird?" fragte jemand.
„Man muß sie anregen und lenken können. Dafür gibt es bestimmte psychotechnische Methoden, die erlernbar sind. Ihre Aufgabe besteht darin, mit bewußten, indirekten Mitteln das Unbewußte zu wecken und in den Schaffensprozeß einzubeziehen. Es ist einer der wesentlichsten Grundsätze unserer Kunst des Erlebens, *das unbewußte Wirken der Natur durch die bewußte Psychotechnik des Schauspielers anzuregen*. Also: das Unbewußte durch das Bewußte, das dem Willen nicht Unterworfene durch das dem Willen Erreichbare. Überlassen wir alles Unbewußte der Zauberin Natur,

nehmen wir das uns Zugängliche – *das bewußte Herangehen an das künstlerische Schaffen, die bewußten Methoden der Psychotechnik.* Sie werden uns vor allem lehren, das Unbewußte nicht zu stören, sobald es in die Arbeit eintritt."
„Seltsam, daß das Unbewußte des Bewußten bedarf!" staunte ich.
„Mir erscheint es normal", erwiderte Arkadi Nikolajewitsch. „Elektrizität, Wind, Wasser und andere elementare Kräfte der Natur bedürfen des erfahrenen, klugen Ingenieurs, um den Menschen dienstbar zu werden. Unsere unbewußte schöpferische Kraft kann auch nur durch eine Art Ingenieur nutzbar gemacht werden – durch die bewußte Psychotechnik. Erst wenn der Schauspieler begreift und fühlt, daß sein inneres und äußeres Leben auf der Bühne so natürlich wie irgend möglich verläuft, so wie es die menschliche Natur verlangt, erst dann werden sich die Geheimgänge des Unbewußten langsam öffnen und die nicht immer faßlichen Gefühle zutage kommen. Für einen kürzeren oder auch für einen längeren Zeitraum gewinnen sie Macht über uns und streben in die Richtung, die ihnen etwas in unserem Innern befiehlt. Nicht wissend, welche Macht uns da führt, und auch nicht in der Lage, sie mit unseren Kenntnissen zu erforschen – nennen wir sie in unserer Bühnensprache einfach ‚Natur'.
Stört man aber das normale organische Leben, das wahrhafte Schaffen auf der Bühne, dann erschrickt das äußerst empfindliche Unbewußte vor der Vergewaltigung und zieht sich wieder in unzugängliche Tiefen zurück. Um das zu vermeiden, müssen wir vor allem echt und wahrhaftig schaffen.
Also ist für den Schauspieler Realistik, höchste Natürlichkeit des inneren Lebens notwendig, um die Arbeit des Unbewußten und die Inspiration zu wecken."
„Für unsere Kunst ist also ein ständiges unbewußtes Schaffen notwendig", schlußfolgerte ich.
„Es ist unmöglich, immer unbewußt und intuitiv zu schaffen", bemerkte Arkadi Nikolajewitsch, „solche Genies gibt es nicht. Unsere Kunst verlangt von uns nur, daß wir den Boden für das unbewußte Schaffen vorbereiten."
„Und wie macht man das?"
„Vor allem muß man bewußt und richtig schaffen. Das ist der beste Boden für das Aufkeimen des Unbewußten und der Inspiration."
Ich begriff nicht.
„Das Bewußte und Richtige erzeugt Wahrhaftigkeit, der Wahrhaftigkeit aber kann die Natur glauben; und glaubt sie erst an das, was im Menschen vorgeht, dann tritt sie selbst in Aktion. In ihrem Gefolge kommt das Unbewußte und vielleicht sogar die Inspiration."
„Was bedeutet ‚eine Rolle wahrhaftig spielen'?" Ich ließ nicht locker.
„Das heißt in den Lebensbedingungen der Rolle in völliger Übereinstimmung mit der Rolle auf der Bühne logisch, folgerichtig, menschlich denken, wollen, streben, handeln. Hat der Schauspieler das erreicht, nähert er sich der Rollengestalt und beginnt, analog mit ihr zu empfinden.
In unserer Sprache heißt das: *die Rolle erleben.* Dieser Vorgang und das Wort, das ihn bezeichnet, sind in unserer Kunst von ganz außergewöhnlicher Bedeutung. Das Erleben hilft dem Schauspieler, die wichtigste Aufgabe der Bühnenkunst zu

erfüllen: *das geistige Leben der Rolle zu schaffen und dieses Leben auf der Bühne in künstlerischer Form wiederzugeben.*[9]
Sie sehen, unsere Hauptaufgabe ist nicht nur, das Leben der Rolle in ihrer äußeren Erscheinung wiederzugeben, sondern vor allem auch das innere Leben des dargestellten Menschen und des ganzen Stückes auf der Bühne erstehen zu lassen, wobei die eigenen menschlichen Gefühle dem Leben der Rollengestalt angepaßt und diesem fremden Leben alle organischen Elemente der eigenen Seele gegeben werden müssen.
Sie müssen sich in jedem Augenblick des Schaffens, in Ihrem ganzen Dasein auf der Bühne von dieser wesentlichsten Aufgabe unserer Kunst leiten lassen. Das ist der Grund, weshalb wir in erster Linie an die innere Seite der Rolle, das heißt an ihr psychisches Leben, denken, das mit Hilfe des inneren Erlebnisprozesses entsteht. Das innere Erleben ist der springende Punkt des Schaffens, ihm gilt die Hauptsorge des Schauspielers. Die Rolle muß man erleben – das heißt die ihr entsprechenden Empfindungen verspüren, bei jeder Wiederholung.
„Jeder große Schauspieler muß fühlen, was er darstellt, und er fühlt es wirklich', sagt Tomaso Salvini, der beste Vertreter dieser Richtung. ‚Ich meine sogar, daß er diese innere Bewegung nicht nur ein- oder zweimal während des Rollenstudiums empfinden sollte, sondern mehr oder weniger bei jeder Vorstellung, sei es das erste oder das tausendste Mal.'" Arkadi Nikolajewitsch zitierte aus dem Antwortartikel Tomaso Salvinis[10] an Coquelin, den Iwan Platonowitsch ihm zuschob. „Unser Theater hat die gleiche Auffassung von der Schauspielkunst."

Angeregt durch lange Streitgespräche mit Schustow, fragte ich Torzow bei der ersten günstigen Gelegenheit:
„Ich verstehe nicht, wie man einem Menschen beibringen kann, etwas wirklich zu erleben und zu fühlen, wenn er es nicht von selbst fühlt und erlebt!"
„Was meinen Sie: kann man es sich oder anderen beibringen, sich für die Rolle und alles, was an ihr wesentlich ist, zu interessieren?" entgegnete Arkadi Nikolajewitsch.
„Vielleicht. Wir wollen es annehmen, wenn es auch nicht einfach ist", erwiderte ich.
„Kann man die interessanten und wichtigen Ziele der Rolle umreißen? Kann man versuchen, den richtigen Zugang zu ihr zu finden? Kann man die richtigen Bestrebungen in sich wecken und die entsprechenden Handlungen ausführen?"
„Das kann man", gab ich zu.
„Versuchen Sie mal, eine solche Vorarbeit – aber ganz aufrichtig, gründlich, wirklich bis ins letzte – zu machen und dabei kalt und unbeteiligt zu bleiben. Es wird Ihnen nicht gelingen. Sie geraten unweigerlich in Erregung, Sie werden sich in die Lage der handelnden Person versetzt fühlen, Ihre Empfindungen werden sich denen der Figur annähern. Arbeiten Sie auf diese Weise die ganze Rolle durch, und dann wird es sich erweisen, daß jeder Moment Ihres Lebens auf der Bühne eine entsprechende Empfindung in Ihnen wachruft. Eine ununterbrochene Reihe solcher Momente ergibt die durchgehende Linie des Erlebens, das geistige Leben der Rolle. Dieses ganz bewußte Bühnendasein des Schauspielers, das von innerer Wahrhaftig-

keit getragen wird, ist am geeignetsten, das Empfinden anzuregen und den fruchtbarsten Boden für eine mehr oder minder lange Tätigkeit des Unbewußten und für das Aufglühen der Inspiration zu schaffen."

„Aus allem, was Sie gesagt haben, entnehme ich, daß das Studium unserer Kunst darauf hinausläuft, die Psychotechnik des Erlebens beherrschen zu lernen. Das Erleben seinerseits hilft uns, die Hauptaufgabe der Kunst zu erfüllen – ‚das Leben des menschlichen Geistes' zu schaffen", folgerte Schustow.

„Die Hauptaufgabe unserer Kunst besteht nicht nur darin, das ‚Leben des menschlichen Geistes' in der Rolle zu schaffen, sondern auch darin, dieses Leben in künstlerischer Form auf der Bühne sichtbar zu machen", verbesserte ihn Torzow. „Darum muß der Schauspieler nicht nur die Rolle innerlich erleben, sondern auch das Erlebte äußerlich sichtbar verkörpern. Dabei müssen Sie immer bedenken, daß gerade in unserer Kunstrichtung die äußere Verkörperung ganz besonders vom inneren Erleben abhängig ist. Um die unwägbaren, meist unbewußten Spannungsverhältnisse des Lebens wiederzugeben, muß man vorzüglich geschulte stimmliche und körperliche Mittel besitzen. Stimme und Körper müssen mit größter Feinfühligkeit und Präzision unmittelbar die feinsten, verborgensten inneren Vorgänge wiedergeben können. Darum muß sich ein Meister unserer Kunst viel mehr, als es in anderen Kunstrichtungen notwendig ist, nicht nur um die inneren, das Erleben fördernden Mittel bemühen, sondern er muß sich gerade auch um die äußeren, physischen Mittel, mit deren Hilfe die Ergebnisse der schöpferischen Arbeit des Gefühls genau wiedergegeben werden – also um die äußere Form der *Verkörperung* –, kümmern. Auf diese Arbeit hat das Unbewußte großen Einfluß. Im Bereich des Verkörperns kann sich selbst die raffinierteste Schauspielertechnik, die selbstsicher den Anspruch auf Vollkommenheit erhebt, nicht mit dem Unbewußten messen.

Ich habe Ihnen in großen Zügen anzudeuten versucht, worin unsere Kunst des Erlebens besteht", schloß Arkadi Nikolajewitsch.

„Wir glauben und wissen aus Erfahrung ganz sicher, daß nur eine Bühnenkunst, die aus der lebendigen, organischen Gefühlswelt der Schauspielerpersönlichkeit gespeist wird, die vielfältigen feinen Nuancen, die innere Tiefe einer Rolle künstlerisch vermitteln kann. Nur eine solche Kunst kann den Zuschauer ergreifen, kann ihn dazu bringen, die Ereignisse auf der Bühne nicht nur zu verstehen, sondern mitzuerleben, kann ihn unauslöschlich beeindrucken und bereichern.

Außerdem – und das ist außerordentlich wichtig – bewahren die wesentlichen Grundsätze des Schaffens und die organischen Naturgesetze, auf denen unsere Kunst basiert, den Schauspieler vor Entgleisungen. Was wissen Sie, an welchen Theatern, unter welchen Regisseuren Sie spielen müssen? Die Gegebenheiten der Natur werden bei weitem nicht überall und durchaus nicht von allen als Richtschnur des Bühnenschaffens akzeptiert. Meistens werden sie roh vergewaltigt, und der Schauspieler gleitet in Manieriertheit ab. Wenn Sie aber die Grenzen der wahren Kunst und ihre organischen Naturgesetze genau kennen, dann werden Sie nicht abirren, dann können Sie Ihre Fehler erkennen und berichtigen. Ohne die festen Grundsätze der von den natürlichen Gegebenheiten ausgehenden Kunst des Erlebens werden Sie unsicher, irren ab, verlieren den Maßstab. Darum ist es – meines Erachtens – für sämtliche Schauspieler aller Richtungen unerläßlich, die Grundsätze unserer Kunst des Erlebens zu erlernen. Damit sollte jeder Schauspieler seine Ausbildung beginnen."

„Ja, ja, das ist es ja gerade, was ich will!" rief ich begeistert. „Und wie glücklich bin ich, daß es mir wenigstens zum Teil gelungen ist, bei der Schüleraufführung die wesentlichste Aufgabe unserer Kunst zu erfüllen!"

„Freuen Sie sich nicht zu früh", dämpfte Torzow meinen Überschwang, „sonst erleben Sie später die bitterste Enttäuschung. Verwechseln Sie nicht die wahre Kunst des Erlebens mit dem, was Sie bei der Schüleraufführung in der ganzen Szene gezeigt haben."

„Was hab' ich denn gezeigt?" fragte ich wie ein Angeklagter vor dem Richter.

„Ich sagte schon, daß Ihre ganze lange Szene nur ein paar wenige glückliche Augenblicke echten Erlebens enthielt, in denen Sie unserer Kunstauffassung gerecht wurden. Ich habe diese Augenblicke als Beispiel genommen, um Ihnen und den anderen Schülern die Grundzüge unserer Kunstrichtung, über die wir jetzt sprechen, zu verdeutlichen. Was aber die ganze Szene zwischen Othello und Jago betrifft, so kann sie unmöglich als Kunst des Erlebens gewertet werden."

„Wie kann man sie denn werten?"

„Als *triebhaftes Spiel*."

„Was ist denn das?" Ich fühlte den Boden unter mir schwanken. Torzow fuhr fort: „Bei einer solchen Darstellung erreichen einzelne Augenblicke plötzlich eine unerwartete künstlerische Höhe und erschüttern den Zuschauer. Dann lebt oder schafft der Schauspieler aus dem Rausch der Eingebung heraus, befindet sich im Bereich der Improvisation. Glauben Sie aber, daß Sie fähig, daß Sie geistig und auch physisch kräftig genug sind, die fünf Akte des ‚Othello' mit der gleichen Hingabe zu spielen, mit der Sie zufällig die winzige Szene ‚Blut, Jago, Blut!' gespielt haben?"

„Ich weiß nicht..."

„Ich weiß aber ganz genau, daß eine solche Leistung selbst für einen Schauspieler mit außerordentlichem Temperament und enormer physischer Kraft undurchführbar ist!" nahm mir Torzow die Antwort ab. „Es bedarf zur Unterstützung der Natur auch einer gut geschulten Psychotechnik. Sie aber besitzen das alles nicht, genausowenig wie die ‚Trieb-Schauspieler', die keine Technik anerkennen wollen. Die Triebhaften verlassen sich, genau wie Sie, nur auf die Eingebung. Stellt sie sich nicht ein, dann habt Ihr nichts, womit Ihr die leeren, nicht erlebten Stellen der Rolle ausfüllen könnt. Die Folge sind nervöse Depressionszustände bei der Darstellung der Rolle, künstlerisches Unvermögen, naiv dilettantische Übertreibung. An diesen Stellen war Ihre Darstellung wie bei jedem triebhaften Schauspieler unlebendig, gequält, hochtrabend. So wechselten Augenblicke echter Begeisterung und Stellen voller Übertreibung unvermittelt einander ab. Eine derartige Darstellung heißt in der Schauspielersprache triebhaftes Spiel."

Torzows Kritik an meinen Fehlern beeindruckte mich sehr. Sie machte mich nicht nur traurig, sondern erschreckte mich auch. In meiner Niedergeschlagenheit hörte ich nicht mehr, was er weiter sagte.

Heute sprach Torzow wieder über unser Spiel bei der Schüleraufführung. Als er die Klasse betrat, wandte er sich an Schustow:
„Auch bei Ihnen gab es beachtenswerte Augenblicke echter Kunst, freilich nicht der Kunst des Erlebens, sondern, so seltsam es klingen mag, der *Kunst der Wiedergabe*."
„Der Wiedergabe?" wunderte sich Schustow.
„Was ist denn das für eine Kunst?" fragten die Schüler.
„Das ist gewissermaßen die zweite Richtung der Schauspielkunst. Worin sie besteht, wird uns am besten der erzählen, der sie uns bei der Schüleraufführung in ein paar gelungenen Augenblicken vorgeführt hat. Schustow! Erinnern Sie sich, wie sich die Rolle des Jago bei Ihnen geformt hat."
„Da ich von meinem Onkel einiges über Schauspielkunst wußte, ging ich gleich daran, den inneren Gehalt der Rolle kennenzulernen und mich damit auseinanderzusetzen", sagte Schustow, sich gleichsam rechtfertigend.
„Hat der Onkel dabei geholfen?" erkundigte sich Torzow.
„Ein bißchen. Zu Hause schien es mir, als wäre ich zum wahren Erleben vorgedrungen, und auch auf den Proben empfand ich einzelne Stellen der Rolle. Darum verstehe ich nicht, wieso es die Kunst der Wiedergabe gewesen sein soll", fuhr Schustow in seiner Rechtfertigung fort.
„Auch bei der Kunst der Wiedergabe wird die Rolle richtig erlebt, sei es ein einziges Mal oder mehrmals, sei es zu Hause oder auf den Proben. Das Vorhandensein dieses wesentlichsten Prozesses – des Prozesses des Erlebens – gibt uns ja gerade das Recht, auch diese Richtung für echte Kunst zu halten."
„Wie erlebt man denn dort die Rolle? So, wie in unserer Kunst des Erlebens?" fragte ich.
„Ganz genauso, nur das Ziel ist ein anderes. Man kann die Rolle jedesmal neu erleben, wie wir es in unserer Kunstrichtung tun. Man kann aber auch die Rolle nur einmal oder auch mehrere Male erleben, um die sichtbare Form einer natürlichen Gefühlsäußerung zu fixieren und sie dann mechanisch, mit Hilfe geschulter Muskeln, zu wiederholen. Das ist die Wiedergabe der Rolle.
Bei der Kunst der Wiedergabe steht also der Prozeß des Erlebens nicht im Mittelpunkt des Schaffens, sondern ist nur eine Vorstufe für die weitere künstlerische Arbeit. Diese Arbeit besteht darin, für die Bühnengestalt eine künstlerisch richtige äußere Form zu finden, die das Innenleben der Gestalt veranschaulicht. Der Schauspieler muß dabei vor allem innerlich das Dasein dieser Gestalt nachleben, nachempfinden. Aber ich muß noch einmal darauf hinweisen, daß er sich dieses Nachempfinden nicht während der Vorstellung, nicht beim Schaffen vor der Öffentlichkeit gestattet, sondern nur zu Hause und auf den Proben."
„Schustow aber hat es doch während der Schülervorstellung gemacht, also war's doch Kunst des Erlebens!" Ich ergriff Partei für Pascha Schustow.
Ein anderer pflichtete mir bei und sagte, Schustows Spiel hätte Augenblicke echten Erlebens enthalten, die unserer Kunst würdig seien.
„Nein", widersprach Arkadi Nikolajewitsch. „In unserer Kunst des Erlebens muß jeder Augenblick der Rolle jedesmal neu erlebt und jedesmal neu verkörpert wer-

den. In unserer Kunst gibt es das Element der Improvisation über ein fest fixiertes Thema. Dieses Element der Improvisation erhält die Darstellung frisch und unmittelbar, wie es in einigen gelungenen Augenblicken bei Naswanow der Fall war. Bei Schustow aber habe ich diese Frische und Improvisation im Erleben der Rolle nicht gespürt. Im Gegenteil, er entzückte mich an einigen Stellen durch Prägnanz, durch artistisches Können. Aber – über seinem Spiel lag eine gewisse Kühle. Da kam mir der Verdacht, er verfüge bereits über feste Spielformen, die der Improvisation keinen Raum mehr lassen und dem Spiel die Frische und Unmittelbarkeit nehmen. Aber ich empfand immer wieder, daß das Original, das hier sehr gekonnt kopiert wurde, gut und echt war, erfüllt vom echten geistigen Leben der Rolle. Dieser Widerschein früheren Erlebens machte die Wiedergabe für Augenblicke zu wirklicher Kunst."

„Aber wie sollte ich, der Neffe des großen Schauspielers Schustow, denn zur Kunst der Wiedergabe kommen?"

„Das wollen wir ja gerade untersuchen, und darum müssen Sie uns weitererzählen, wie Sie an der Rolle des Jago gearbeitet haben."

„Um festzustellen, wie mein inneres Erleben äußerlich wirkt, griff ich zum Spiegel", entsann sich Schustow.

„Das ist gefährlich, aber zugleich typisch für die Kunst der Wiedergabe. Vergessen Sie nie, daß man mit dem Spiegel sehr vorsichtig umgehen muß; er verleitet den Schauspieler, nicht auf das Innere, sondern auf das Äußere bedacht zu sein."

„Immerhin habe ich mit Hilfe des Spiegels wahrnehmen und begreifen können, wie sich bei mir inneres Erleben äußerlich zeigt", rechtfertigte sich Schustow.

„Ihre eigenen Gefühle oder das der Rollengestalt entsprechende Erleben?"

„Mein eigenes Erleben, aber soweit es für Jago zutrifft."

„Bei der Arbeit vor dem Spiegel interessierten Sie also weniger Ihr Aussehen und Ihre Bewegungen als vielmehr die äußere Form, in der Ihr Körper das Wesen der Rolle, ihr geistiges Leben ausdrückte?" forschte Arkadi Nikolajewitsch.

„Ja, ja, das war es!"

„Auch das ist typisch für die Kunst der Wiedergabe. Und gerade weil sie eine Kunst ist, braucht sie eine bühnengerechte Form, die nicht nur das Äußere einer Rolle, sondern vor allem deren inneren Gehalt, ihr geistiges Leben wiedergibt."

„Ich weiß, daß ich an manchen Stellen mit mir zufrieden war, als ich im Spiegel die genaue Wiedergabe dessen erblickte, was ich empfand", fuhr Schustow fort.

„Und Sie fixierten nun ein für allemal die Mittel zur Äußerung dieser Empfindungen?"

„Durch häufiges Wiederholen ergab sich dieses Fixieren von selbst."

„Und schließlich hat sich bei Ihrer Arbeit eine bestimmte äußere Form für die szenische Interpretation der gelungenen Stellen herausgebildet, und Sie lernten die Technik Ihrer Darstellung gut beherrschen?"

„Offenbar ja."

„Und Sie bedienten sich dieser Form jedesmal, bei jeder Wiederholung der Rolle zu Hause und auf den Proben?" forschte Torzow weiter.

„Vermutlich. Aus Gewohnheit", gestand Pascha.

„Jetzt sagen Sie mir noch eins: Bildete sich diese feststehende Form von selbst, jedesmal erneut durch das Erleben, oder wurde sie, einmal entstanden und für immer erstarrt, mechanisch wiederholt, ohne jegliche Beteiligung des Gefühls?"
„Mir schien es, als erlebte ich sie jedesmal neu."
„Nein, bei der Schülervorstellung kam das nicht über die Rampe. In der Kunst der Wiedergabe macht man es genauso, wie Sie es gemacht haben: Man ist bemüht, die typischen menschlichen Züge, die das innere Leben der Rolle kennzeichnen, in sich wachzurufen und sich zu merken. Nachdem der Schauspieler für jeden Zug die endgültig beste Form geschaffen hat, lernt er sie auf mechanische Weise ganz natürlich darzustellen, ohne Mitwirkung des Gefühls beim Spielen vor Publikum. Es wird erreicht mit Hilfe geübter Körper- und Gesichtsmuskeln, mit Hilfe der Stimme, der Betonung, durch virtuose Technik und alle Kunstgriffe der Schauspielkunst, durch ständige Wiederholungen. Das Muskelgedächtnis solcher Schauspieler ist durch die Kunst der Wiedergabe bis zum äußersten entwickelt.

Sobald er an die mechanische Wiedergabe der Rolle gewöhnt ist, kann sie der Schauspieler wiederholen, ohne seine Nerven oder seine seelischen Kräfte zu beanspruchen. Eine solche Beanspruchung gilt nicht nur als überflüssig, sondern sogar als schädlich bei einer öffentlichen Aufführung, da jede Erregung die Selbstbeherrschung des Schauspielers zerstört und die ein für allemal festliegende Form verändert. Unklarheit der Form und Unsicherheit in ihrer Wiedergabe beeinträchtigen die Gesamtwirkung.

Das gilt alles mehr oder minder auch für die besagten Stellen in Ihrer Jagodarstellung. Und nun besinnen Sie sich, bitte, auf den weiteren Verlauf Ihrer Arbeit."
„Andere Momente der Rolle und die Gesamtfigur des Jago befriedigten mich nicht, davon überzeugte ich mich gleichfalls mit Hilfe des Spiegels", fuhr Schustow fort. „Als ich mein Gedächtnis nach einem passenden Modell durchforschte, kam mir ein Bekannter in den Sinn, der zwar keinerlei Beziehung zur Rolle hat, der aber, wie mir schien, ihre Verschlagenheit, Bosheit und Tücke verkörperte."
„Und da rekonstruierten Sie ihn nun, um sich ihm anzupassen?"
„Ja."
„Und was taten Sie mit dieser Erinnerung?"
„Ehrlich gesagt, suchte ich einfach die äußeren Gewohnheiten dieses Bekannten zu kopieren", gestand Pascha. „Ich sah mich im Geist an seiner Seite. Er ging, er stand, er saß, und ich beobachtete ihn und wiederholte alles, was er machte."
„Das war ein großer Fehler! In diesem Augenblick wurden Sie der Kunst der Wiedergabe untreu und verlegten sich auf einfaches Nachäffen, auf Kopieren, auf Imitation. Das hat überhaupt keine Beziehung zu schöpferischer Arbeit."
„Was hätte ich denn tun müssen, um meinem Jago die zufällige, von außen genommene Gestalt überzustreifen?"
„Sie hätten das neue Material in sich aufnehmen und mit entsprechenden Erfindungen der Phantasie beleben müssen, wie es in unserer Kunst des Erlebens gemacht wird.
Nachdem dann das belebte Material in Sie eingegangen und die Rollengestalt gedanklich geschaffen war, hätten Sie an eine neue Arbeit herangehen müssen, über

die einer der besten Vertreter der Kunst der Wiedergabe, der berühmte französische Schauspieler Coquelin der Ältere, sehr einprägsam spricht."
Arkadi Nikolajewitsch las aus Coquelins[11] Broschüre vor, die ihm Iwan Platonowitsch gereicht hatte:
„‚Der Schauspieler schafft sich in seiner Phantasie ein Modell, das er dann »wie ein Maler bis in die winzigsten Züge erfaßt und nicht auf eine Leinwand, sondern auf sich selbst überträgt«. Er sieht Tartuffe in einem bestimmten Kostüm vor sich und zieht es sich selber an. Er sieht Tartuffes Gang und ahmt ihn nach. Er prägt sich die Gesichtszüge ein und übernimmt sie, paßt sein eigenes Gesicht diesem Modell an, er schneidert gewissermaßen seine Haut nach Maß, trennt sie auf und näht sie neu zusammen, bis der in seinem ersten »Ich« verborgene Kritiker befriedigt ist und eine vollkommene Ähnlichkeit mit Tartuffe feststellt. Doch das ist noch nicht alles, das wäre ja nur die äußere Ähnlichkeit, eine Nachahmung der darzustellenden Figur, nicht aber diese Figur selbst. Es ist notwendig, daß der Schauspieler den Tartuffe mit einer Stimme sprechen läßt, wie er sie von Tartuffe hören würde. Um aber den ganzen Ablauf der Rolle zu bestimmen, muß er seinen Tartuffe dazu bringen, sich so zu bewegen, zu gehen, zu gestikulieren, zu lauschen, zu denken, wie es Tartuffe tun würde, er muß die Seele Tartuffes fest in sich aufnehmen. Erst dann ist das Porträt vollendet. Jetzt kann es in den Rahmen – auf die Bühne – gestellt werden, und der Zuschauer wird sagen: »Das ist Tartuffe ...« Anderenfalls hat der Schauspieler schlecht gearbeitet.'"
„Aber das ist doch entsetzlich schwer und kompliziert", rief ich erregt.
„Ja. Coquelin gesteht es selber ein. Er sagt: ‚Der Schauspieler lebt nicht, sondern spielt. Der Gegenstand seines Spiels läßt ihn kalt, aber seine Kunst muß vollendet sein.'
Und wirklich", fügte Torzow hinzu, „die Kunst der Wiedergabe erfordert Vollendung, um wahre Kunst zu bleiben."
„Ist es dann nicht einfacher, sich auf die Natur zu verlassen, auf das natürliche Schaffen und das wahre Erleben?" fragte ich weiter.
„Darauf gibt Coquelin die selbstsichere Antwort: ‚Die Kunst ist nicht reales Leben, sie ist nicht einmal dessen Widerspiegelung. Die Kunst selbst ist die Schöpferin. Sie schafft sich ein eigenes Leben, das, außerhalb von Zeit und Raum, vollendet schön ist in seiner Abstraktion.' Natürlich können wir dieser überheblichen Herausforderung der einzigen wirklich vollkommenen und unerreichbaren Künstlerin, der schöpferischen Natur, nicht beipflichten."
„Glauben sie denn wirklich, daß ihre Technik stärker ist als die Natur selbst? Welche Verirrung!" Ich konnte mich nicht beruhigen.
„Sie glauben, daß sie auf der Bühne ein eigenes, besseres Leben erschaffen. Nicht jenes reale, menschliche, das wir aus der Wirklichkeit kennen, sondern ein anderes, für die Bühne verbessertes.
Das ist der Grund, warum die Schauspieler der Wiedergabe jede Rolle nur am Anfang, nur im vorbereitenden Stadium der Arbeit wahrhaftig, menschlich durchleben, aber im eigentlichen Augenblick des Schaffens, auf der Bühne, zu einem bedingten Erleben übergehen. Zur Rechtfertigung ihrer Methode führen sie folgende

Argumente an: Das Theater und das Schauspiel sind Konventionen unterworfen, und die Bühne verfügt über zu geringe Mittel, um die Illusion echten Lebens zu geben. Das Theater muß also die Konventionen nicht nur nicht vermeiden, sondern muß sie bevorzugen.
Eine solche Kunst ist schön, aber nicht tief. Sie ist eher effektvoll als nachhaltig. Ihre Form ist fesselnder als ihr Inhalt. Sie beeindruckt Augen und Ohren mehr als die Seele, und darum entzückt sie mehr, als daß sie erschüttert.
Gewiß, auch diese Kunst kann starken Eindruck machen, einen Eindruck, der ergreift, solange man ihn aufnimmt, einen Eindruck, der eine schöne Erinnerung hinterläßt, aber keinen, der das Herz warm macht und tief in die Seele dringt. Die Wirkung ist heftig, aber nicht nachhaltig. Man bewundert sie mehr, als daß man ihr glaubt. Darum ist ihr auch nicht alles zugänglich. Wo unerwartete Effekte und szenische Schönheit überraschen sollen, wo klangvoll-dekoratives Pathos gefordert wird, werden die Mittel dieser Kunst ausreichen. Für die Darstellung tiefer Leidenschaften sind diese Mittel aber entweder zu pompös oder zu oberflächlich. Feinheit und Tiefe des menschlichen Gefühls sind durch technische Kunstgriffe nicht erfaßbar. Es braucht die unmittelbare Hilfe der Natur im Augenblick des organischen Erlebens und seiner Verkörperung. Dennoch muß die Wiedergabe einer Rolle, soweit sie durch einen Prozeß echten Erlebens geformt worden ist, als schöpferische Kunst anerkannt werden."[12]

In der heutigen Stunde verkündete Goworkow mit Enthusiasmus, die Kunst der Wiedergabe sei für ihn das Richtige, die Grundsätze dieser Kunstrichtung lägen ihm ganz besonders, gerade nach ihnen lechze sein schauspielerisches Gefühl, das und nichts anderes verstände er unter Schöpfertum.
Arkadi Nikolajewitsch äußerte einige Zweifel an diesen Behauptungen und erinnerte daran, daß die Kunst der Wiedergabe unbedingt auf dem Erleben basieren müsse; er wäre indessen keineswegs davon überzeugt, daß Goworkow eines solchen Prozesses fähig sei, weder bei der Arbeit auf der Bühne noch zu Hause. Doch der Streitsüchtige versicherte, daß er das, was er auf den Brettern zeige, immer stark empfinde und durchlebe.
„Jeder Mensch muß in jedem Augenblick seines Lebens etwas empfinden, etwas durchleben", sagte Arkadi Nikolajewitsch. „Empfände er nichts, so wäre er tot. Nur die Toten empfinden nichts. Wesentlich ist, *was* Sie auf der Bühne durchleben – eigene Gefühle, die dem Leben der Rolle analog sind, oder irgend etwas anderes, was gar keine Beziehung zu der Rolle hat.
Oft genug passiert es selbst den erfahrensten Schauspielern, daß sie nicht das zu Hause erarbeiten und auf die Bühne bringen, was für die Rolle und für die Kunst wesentlich und entscheidend ist. Das gleiche ist auch Ihnen widerfahren. Die einen zeigten uns bei der Aufführung ihre gute Stimme, effektvolle Intonationen, die Technik des Spiels; andere belustigten die Zuschauer durch aufgeregtes Herumlaufen, durch Ballettsprünge und verzweifeltes Übertreiben, suchten durch effektvolle Bewegungen und Posen zu gefallen – kurz und gut, alle brachten etwas auf die Bühne, was für die Darstellung der gegebenen Personen gar nicht notwendig ist.

Auch Sie, Goworkow, sind an Ihre Rolle nicht vom Inhalt, nicht vom Erleben und von der lebendigen Verkörperung aus, sondern unter ganz anderen Gesichtspunkten herangegangen und glauben nun, etwas in der Kunst erreicht zu haben. Fehlt aber die eigene, lebendige, der darzustellenden Person gemäße Empfindung, kann von wahrem Schaffen keine Rede sein.
Darum betrügen Sie sich nicht erst, sondern versuchen Sie gleich tiefer einzudringen und zu begreifen, wo die wahre Kunst beginnt und wo sie aufhört. Das wird Sie davon überzeugen, daß Ihr Spiel nichts damit zu tun hat."
„Was ist es aber dann?"
„Handwerk. Kein schlechtes freilich, mit recht gut durchgearbeiteter Methode, die Rolle vorzutragen und ‚bühnengerecht' zu illustrieren."
Den langen Streit, den Goworkow vom Zaune brach, übergehe ich und berichte gleich, was Torzow über die Grenzen sagte, die wahre Kunst und Handwerk trennen.
„Ohne Erleben gibt es keine wahre Kunst. Darum beginnt sie dort, wo das Gefühl in seine Rechte tritt."
„Und das Handwerk?" fragte Goworkow.
„Es beginnt dort, wo das schöpferische Erleben oder die künstlerische Wiedergabe seiner Resultate aufhört.
Während sowohl in der Kunst des Erlebens als auch in der Kunst der Wiedergabe der Prozeß des Erlebens unumgänglich ist, ist er beim Handwerk nicht notwendig und bestenfalls zufällig vorhanden. Schauspieler dieser Art sind nicht imstande, jede Rolle einzeln zu erschaffen. Sie können nicht erleben und das Erlebte organisch verkörpern. Die Handwerker vermögen nur den Text der Rolle vorzutragen und ihn mit endgültig festgelegten Mitteln des Bühnenspiels zu begleiten. Das vereinfacht die Aufgaben des Handwerks wesentlich."
„Worin liegt denn diese Vereinfachung?" fragte ich.
„Das werden Sie besser begreifen, wenn Sie erfahren, woher die Kunstgriffe des handwerklichen Spiels, die wir in unserer Sprache die *schauspielerischen Schablonen* nennen, kommen und wie sie entstanden sind.
Um die in der Rolle enthaltenen Gefühle wiederzugeben, muß man sie notwendigerweise selbst erfahren, muß man selbst analoge Gefühle durchlebt haben. Man kann das Gefühl selbst nicht nachäffen, man kann nur seinen Ausdruck nachmachen. Und weil die Handwerker nicht imstande sind, eine Rolle zu erleben, lernen sie auch nicht den Ausdruck dieses schöpferischen Prozesses kennen.
Was nun? Wie soll man die äußere Form finden, wenn sie das Innere nicht souffliert. Wie soll man mit Stimme und Bewegung ein nicht vorhandenes Erleben wiedergeben? Als einziger Ausweg bleibt da die simpelste *Schauspielerroutine*. Das ist eine sehr primitive, formale, äußerliche Wiedergabe fremder Gefühle, die nicht erlebt und darum von dem Schauspieler, der die Rolle spielt, auch nicht begriffen worden sind. Das ist ganz einfach Nachäffen.
Mit Hilfe der Mimik, der Stimme, der Bewegungen zeigt der Handwerker-Schauspieler dem Zuschauer nur die äußere Schablone, die angeblich das geistige Leben der Rolle wiedergeben soll – eine erstarrte Grimasse des nicht vorhandenen Ge-

fühls. Für die äußerliche Routine hat sich ein riesiges Sortiment aller möglichen Ausdrucksmittel herausgebildet, die angeblich sämtliche in der Bühnenpraxis vorkommenden Gefühle wiederzugeben vermögen. Diese handwerklichen Ausdrucksmittel enthalten nicht das Gefühl selbst, sondern sind nur ein Nachäffen, eine Nachahmung seines vermutlichen äußeren Resultats. Der geistige Gehalt fehlt, nur der äußere Kunstgriff, der ihn angeblich ausdrückt, ist vorhanden.
Einige dieser eingefrorenen Kunstgriffe werden von Vorgängern übernommen und gehen in die handwerkliche Tradition ein, zum Beispiel die aufs Herz gepreßte Hand bei Liebeserklärungen oder das Aufreißen des Kragens bei der Darstellung des Sterbens. Andere werden in fertigem Zustand von begabten zeitgenössischen Schauspielern übernommen (das Reiben der Stirn mit dem Handrücken, wie es Vera Fedorowna Komissarshewskaja in tragischen Momenten einer Rolle machte). Andere Kunstgriffe werden von den Handwerkern selbst erfunden.
Es gibt ein besonderes handwerkliches Schema für den Vortrag einer Rolle, das heißt für die Stimme, die Diktion und die Betonung der Worte (übertriebene Klanghöhen und -tiefen an Höhepunkten der Rolle, mit dem eigentümlichen schauspielerhaften Tremolo oder mit besonderen deklamatorischen Verschnörkelungen). Es gibt bestimmte Gangarten (Handwerker gehen nicht über die Bretter, sie schreiten drüberhin), bestimmte Möglichkeiten für Bewegungen, für Handlungen, für den plastischen Ausdruck und für das äußere Spiel, die bei den Handwerkern besonders ausgeprägt sind und nicht auf Schönheit, sondern auf prunkvollem Wirkenwollen basieren. Es gibt Kunstgriffe für die verschiedensten menschlichen Gefühle und Leidenschaften (Zähnefletschen und Augenrollen bei Eifersucht, wie bei Naswanow; Augen und Gesicht mit der Hand bedecken, anstatt zu weinen; Haareraufen bei Verzweiflung). Es gibt auch Kunstgriffe für die Nachahmung standesgebundener Typen und Vertreter verschiedener Gesellschaftsschichten (die Bauern spucken auf den Boden und wischen sich die Nase mit dem Rockschoß ab, Militärs klirren mit den Sporen, Aristokraten spielen mit dem Lorgnon); Kunstgriffe für bestimmte Epochen (opernhafte Gesten im Mittelalter, Tänzeln im 18. Jahrhundert); Kunstgriffe für bestimmte Stücke und Rollen; ein gewisses Hinneigen des Körpers zum Zuschauerraum beim Beiseitesprechen, wobei die Hand vor den Mund gehalten wird. Diese schauspielerischen Kunstgriffe sind im Laufe der Zeit Tradition geworden.
So hat sich eine allgemein übliche Redeweise geformt, eine bestimmte Art, die Rolle mit vorausberechneten Effekten vorzutragen, ein bestimmter Bühnengang, ein wirkungssicherer Schönheitskodex für Bewegungen und Stellungen.
Die fertigen mechanischen Spielmanieren werden von den trainierten Muskeln der Handwerker immer wieder spielend reproduziert, werden zur Gewohnheit und schließlich zu ihrer zweiten Natur, die ihnen auf der Bühne die menschliche Natur ersetzt.
Diese ein für allemal fixierte Grimasse des Gefühls ist bald abgetragen, verliert ihre flüchtige Ähnlichkeit mit dem Leben und wird zur simplen mechanischen Schauspielerschablone, zum Trick, zum konventionellen äußeren Zeichen. Eine lange Reihe solcher Schablonen, für die Wiedergabe jeder beliebigen Rolle endgültig festliegend, ergibt einen gewissen schauspielerischen Darstellungsritus, der den konven-

tionellen Vortrag des Textes begleitet. Durch diese äußeren Spieltricks wollen die Handwerker-Schauspieler das lebendige, echte innere Erleben und Schaffen ersetzen. Aber nichts läßt sich mit dem wirklichen Erleben vergleichen, mit mechanischen Kunstgriffen ist ihm nicht beizukommen.
Manche Schablonen haben noch eine gewisse Bühnenwirksamkeit, aber die meisten sind von beleidigender Geschmacklosigkeit, erstaunlich begrenzt und simpel in der Auffassung menschlicher Gefühle – oder einfach dumm.
Zeit und jahrzehntelange Gewohnheit freilich machen sogar das Häßliche und Sinnlose lieb und vertraut, und so glaubt denn zum Beispiel mancher, daß die in Ehren ergrauten Mätzchen der Operettenkomiker und der komischen Alten, daß die von selbst aufgehenden Türflügel beim Abgang eines erlauchten gastierenden Helden ganz normale Erscheinungen auf der Bühne sind.
Das ist der Grund, warum sogar die widernatürliche Schablone nunmehr zum Handwerk und zum Ritus des Schauspielers gehört; manche Schablone ist so entwertet, daß man ihren Ursprung kaum noch feststellen kann. Ein Kunstgriff, der den inneren Sinn verloren hat, aus dem er geboren ist, wird zu einer leeren Bühnenkonvention, hat nichts mehr mit dem wirklichen Leben zu tun und verbiegt die menschliche Natur des Schauspielers. Auf Schritt und Tritt begegnet man dieser konventionellen Bühnenschablone im Ballett, in der Oper und besonders in der pseudoklassischen Tragödie, wo man die kompliziertesten und erhabensten Gefühle mit den ein für allemal feststehenden handwerklichen Kunstgriffen wiedergeben will – mit übertrieben schönen, plastischen Stellungen, mit Fäusteschütteln bei Racheschwüren, Händeringen beim Flehen, ‚Herausreißen' des Herzens bei Verzweiflungsausbrüchen.
Die auf der Bühne allgemein verbreitete Art des Redens und Posierens (zum Beispiel der süßliche Ton bei lyrischen Stellen, die langweilige Monotonie bei der Wiedergabe erzählender Partien, der rollende Ton für Haß, die falschen Tränen in der Stimme bei Leid) dient dazu, so beteuern die Handwerker, Stimme, Diktion und Bewegungen des Schauspielers zu veredeln, seine Bühnenwirkung und Ausdruckskraft zu steigern. Leider aber wird der Begriff ‚edel' gelegentlich mißverstanden; der Begriff ‚schöne Wirkung' ist dehnbar, und der ‚Ausdruck' wird oft genug vom schlechten Geschmack bestimmt, der leider viel verbreiteter in der Welt ist als der gute. Und so wird Edelsinn zu Schwulst, Schönheit zu Kitsch, Ausdruckskraft zu theatralischem Getue. Und wirklich – von der konventionellen Redeweise bis hin zu den Gängen und Bewegungen des Schauspielers – dient alles der marktschreierischen Seite des Theaters, die nie bescheiden genug ist, um Kunst zu werden.
Das handwerkliche Reden und Posieren hat zu rein äußerlichen Bühneneffekten und zu schwülstigem Pathos geführt, die eine gewisse, nur am Theater geltende Vorstellung von ‚Schönheit' aufkommen ließen.
Erleben läßt sich nicht durch Schablone ersetzen. Zu allem Unglück ist außerdem jede Schablone noch penetrant aufdringlich. Sie frißt sich wie Rost in den Schauspieler. Hat sie einmal ein Schlupfloch gefunden, dringt sie immer tiefer ein, breitet sich aus und will sich aller Stellen der Rolle und aller Teile des schauspielerischen Gestaltungsapparates bemächtigen. Jede nichterlebte Stelle füllt die Schablone aus

und nistet sich ein. Mehr – oft genug ist sie schon vor dem Gefühl da und verrammelt ihm den Weg. Darum muß sich der Schauspieler wachsam vor der sich aufdringlich anbietenden Schablone hüten.
Was ich hier sage, gilt auch für die begabten Schauspieler, die zum echten, organischen Schaffen fähig sind. Von den Handwerker-Schauspielern kann man behaupten, daß ihre Bühnentätigkeit fast vollständig auf geschickter Auswahl und Kombination von Schablonen aufgebaut ist. Manche Schalonen haben eine gewisse Schönheit und Spannung, und ein unerfahrener Zuschauer wird gar nicht bemerken, daß es sich dabei lediglich um mechanische Schauspielerei handelt.
Aber so vollendet die Schablone auch sein mag, sie allein kann die Zuschauer nicht in Erregung versetzen. Dazu müssen noch zusätzliche Erreger kommen, und das sind bestimmte Kunstgriffe, die wir ‚theatralische Emotion' nennen. Theatralische Emotion ist nicht die echte Emotion, nicht das echte künstlerische Erleben einer Rolle auf der Bühne. Sie ist ein künstliches Aufpeitschen der Peripherie des Körpers.
Ballt man zum Beispiel die Fäuste, zieht man die Muskeln gewaltsam zusammen oder atmet man krampfhaft, dann kann man sich in eine heftige physische Spannung hineinsteigern, die im Zuschauerraum oft als Ausbruch eines großen, von Leidenschaften durchwühlten Temperaments aufgenommen wird. Man kann rein äußerlich und mechanisch in Verzückung geraten, völlig unbeteiligt, ohne Grund, nur so ‚allgemein'. Das ist dann eine Art ‚physischer Koller'.
Schauspieler von nervöserem Typ versetzen sich in theatralische Emotionen durch künstliches Aufpeitschen der Nerven; es entsteht eine Art Bühnenhysterie, eine ungesunde Ekstase, die innerlich meistens genauso leer ist wie der künstliche physische Koller. In beiden Fällen handelt es sich nicht um künstlerisches Spiel, sondern um Routine, nicht um die lebendigen menschlichen Gefühle des Schauspielers in der Rolle, sondern um theatralische Emotion. Immerhin erreicht diese Emotion ihr Ziel. Sie hat entfernte Ähnlichkeit mit dem Leben, macht einen gewissen Eindruck. Menschen, in denen der künstlerische Sinn nicht entwickelt ist, werden sich über die Qualität solcher Eindrücke nicht klar und begnügen sich mit der groben Imitation. Und auch Schauspieler dieser Art sind oft davon überzeugt, daß sie der wahren Kunst dienen. Sie wissen nicht, daß sie Handwerker sind."[13]

Heute befaßte sich Arkadi Nikolajewitsch weiter mit der Kritik an unserer Schüleraufführung.
Der arme Wjunzow kam am schlechtesten weg. Arkadi Nikolajewitsch erkannte sein Spiel nicht einmal als Handwerk an.
„Was war es dann?" fragte ich dazwischen.
„Er hat die scheußlichsten Faxen gemacht."
„Ich doch nicht?" fragte ich für alle Fälle.
„Doch!"
„Wann denn?!" rief ich entsetzt. „Sie sagten doch, daß ich triebhaft gespielt habe."
„Und habe darauf hingewiesen, daß in diesem Spiel zwei Dinge dicht beieinander liegen: Augenblicke echten Schaffens und ..."

„Handwerk?"

„Über Handwerk verfügen Sie nicht, Handwerk muß, wie bei Goworkow, in einem langen Arbeitsprozeß errungen werden, dazu hatten Sie noch gar keine Zeit. Und darum ahmten Sie den Wilden mit den dilettantischsten Schablonemitteln nach, die mit Technik nicht das geringste zu tun haben. Ohne Technik aber kann weder Kunst noch Handwerk bestehen."

„Woher hatte ich denn die Schablone, ich stand doch zum erstenmal auf den Brettern?"

„Ich kenne zwei Mädchen, die nie in ihrem Leben ein Theater, nie eine Aufführung, nie eine Probe gesehen haben, aber dennoch Tragödien mit den banalsten und abgedroschensten Mitteln der Schablone aufführten."

„Also nicht einmal Handwerk, sondern einfach dilettantische Faxerei?"

„Ja! Zum Glück nur Faxerei", bestätigte Arkadi Nikolajewitsch.

„Wieso ,zum Glück'?"

„Weil man gegen die dilettantischen Faxen besser ankämpfen kann als gegen das eingewurzelte Handwerk. Anfänger wie Sie können, wenn sie begabt sind, zufällig und einen Augenblick lang die Rolle gut und richtig erfühlen, aber nicht in einer ausgewogenen künstlerischen Form wiedergeben. Sie verfallen deshalb immer aufs Faxenmachen. Anfangs ist das etwas ganz Harmloses, aber man darf nicht vergessen, daß eine große Gefahr dahinter lauert. Man muß sie von Anfang an bekämpfen, um nicht Gewohnheiten zu entwickeln, die den Schauspieler verbiegen und sein natürliches Talent verzerren.
Versuchen Sie also zu begreifen, wo das Handwerk und wo das bloße Faxenmachen beginnt und aufhört."

„Wo beginnt denn das Faxenmachen?"

„Ich will versuchen, es Ihnen an Ihrem eigenen Beispiel zu erklären. Sie sind ein gescheiter Mensch. Aber warum war das, was Sie bei der Schüleraufführung zeigten, mit Ausnahme weniger Augenblicke so unsinnig? Glauben Sie allen Ernstes, daß die Mauren, die seinerzeit eine hochstehende Kultur hatten, sich wie wilde Tiere im Käfig gebärdeten? Der Wilde, den Sie darstellten, hat sogar in einem ruhigen Gespräch mit seinem Adjutanten die Zähne gefletscht, mit den Augen gerollt und den Partner angeknurrt. Wie kamen Sie zu dieser Rollenauffassung? Erklären Sie uns, wie Sie auf den Unsinn kommen konnten! Vielleicht, weil für einen Schauspieler, der vom schöpferischen Weg abgeirrt ist, jede Sinnlosigkeit möglich wird?"

Ich berichtete bis in alle Einzelheiten über meine häusliche Arbeit, fast ebenso ausführlich, wie ich es im Tagebuch niedergeschrieben habe. Manches konnte ich sogar anschaulich demonstrieren, etwa indem ich die Stühle so aufstellte, wie die Möbel in meinem Zimmer stehen.

Manches brachte Arkadi Nikolajewitsch zum Lachen.

„Das ist dann der Keim für allerschlechtestes Handwerk", sagte er, als ich fertig war. „Es passiert vor allem, wenn man etwas übernimmt, dem man nicht gewachsen ist, was man nicht kennt, was man nicht fühlt.
Bei der Schüleraufführung hatte ich den Eindruck, als ginge es Ihnen vor allem darum, die Zuschauer zu verblüffen und zu erschüttern. Wodurch? Durch wahre,

organische Gefühle, die der darzustellenden Person entsprochen hätten? Die waren nicht vorhanden. Es war auch keine lebendige Vorstellung von einer Figur vorhanden, die Sie hätten kopieren können. Was blieb Ihnen also? Sie ergriffen das erste beste Detail, das Ihnen zufällig in den Sinn kam und wovon Sie, wie jeder Mensch, eine große Auswahl für alle Lebenslagen zur Verfügung haben. Denn jeder Eindruck bleibt ja in dieser oder jener Form in unserem Gedächtnis haften und kann, wenn nötig, anschaulich wiedergegeben werden. Bei einer so zufällig aufgegriffenen ‚allgemeinen' Wiedergabe kümmern wir uns wenig darum, ob sie auch der Wirklichkeit entspricht. Wir begnügen uns mit einem flüchtigen Zug, mit einer Andeutung. Für die Verkörperung solcher Gestalten hat die Gewohnheit sogar fertige Muster und äußere Erkennungszeichen herausgebildet. Sagen Sie einem von uns: ‚Spielen Sie jetzt, sofort, ohne jede Vorbereitung einen Wilden', und ich bin sicher, daß die meisten das gleiche tun werden wie Sie bei der Schüleraufführung. Aufundabrennen, Knurren, Zähnefletschen und Augenrollen sind ja in unserer Phantasie seit undenklichen Zeiten mit der falschen Vorstellung vom ‚Wilden' verquickt.

Über solche Mittel des ‚Allgemeinen' verfügt jeder Mensch – Wiedergabe von Eifersucht, Zorn, Erregung, Freude, Verzweiflung und so weiter. Und dieser Mittel bedient man sich ohne Rücksicht darauf, wann, wo, unter welchen Umständen der Mensch von einem Gefühl ergriffen wird. Solches ‚Spiel', oder, besser gesagt, ‚Klamotte', wird auf der Bühne auf lächerlich primitive Weise geboten. Um die Kraft eines in Wirklichkeit gar nicht vorhandenen Gefühls darzutun, wird geschrien, bis sich die Stimme überschlägt, die Mimik steigert sich zur Verzerrung, Bewegungen und Handlungen werden im Ausdruck überspitzt, man schüttelt die Fäuste, man preßt den Kopf mit beiden Händen und was derlei mehr ist. Diese Kunstgriffe haben Sie auch, zum Glück sind sie nicht allzu reichhaltig. Darum ist es nicht erstaunlich, daß Sie sie alle im Verlauf einer Stunde verwendet haben. Solche Kunstgriffe entstehen auf Anhieb, ganz von selbst, und man ist ihrer sehr bald überdrüssig.

Ganz im Gegensatz dazu sind die wirklich künstlerischen Mittel für die Wiedergabe des Gehalts einer Rolle schwer zu erringen, sie bilden sich langsam, aber ihrer wird man auf der Bühne niemals überdrüssig. Sie erneuern sich von selbst, sie ergänzen sich immer wieder, sie packen den Schauspieler und die Zuschauer unweigerlich. Und deshalb kann die Rolle, die auf natürlichem Spiel basiert, wachsen, während die auf Übertreibung und dilettantischer Faxenmacherei aufgebaute Rolle sofort leblos und mechanisch wird.

‚Allgemein menschliche Schablonen' sind – wie dienstbeflissene Dummköpfe – gefährlicher als Feinde. Wie in jedem Menschen sitzen diese Schablonen auch in Ihnen, und Sie haben sich ihrer auf der Bühne bedient, weil Sie über keine fertigen, von der handwerklichen Technik erarbeiteten Schablonen verfügten.

Wie Sie sehen, beginnen Faxenmacherei und Handwerk dort, wo das Erleben aufhört, wobei das Handwerk für das Gefühl eine dem Gefühl angepaßte wohlgeordnete Routine einsetzt und mit durchgeformten Schablonen operiert, während die Faxenmacherei nicht einmal darüber verfügt und wahllos die ersten besten ‚allgemein

menschlichen', ‚übernommenen' Schablonen zu Hilfe nimmt, die weder für die Bühne präpariert noch sonstwie bearbeitet sind.
Was Ihnen da widerfahren ist, ist beim Anfänger begreiflich und entschuldbar. Aber seien Sie in Zukunft vorsichtig! Aus dilettantischem Faxenmachen, aus ‚allgemein-menschlichen' Schablonen entsteht schließlich das übelste Handwerk. Geben Sie ihm keine Entwicklungsmöglichkeit. Deshalb müssen Sie einerseits hartnäckig gegen jede Schablone ankämpfen und andererseits gleichzeitig lernen, die Rolle nicht nur in einzelnen Augenblicken während der Aufführung zu erleben, wie es beim ‚Othello' der Fall war, sondern während der ganzen Zeit, in der Sie das Leben der darzustellenden Person verkörpern. So werden Sie vom triebhaften Spiel zur Kunst des Erlebens kommen."

Die Worte Arkadi Nikolajewitschs machten großen Eindruck auf mich. Es gab Augenblicke, in denen ich überzeugt war, von der Schule abgehen zu müssen. Deshalb bestürmte ich Torzow auch in der heutigen Stunde mit weiteren Fragen. Ich wollte aus allem, was in den letzten Stunden gesagt worden war, einen gültigen Schluß ziehen. Endlich kam ich zu dem Ergebnis, daß mein Spiel aus dem Besten, was es in unserem Beruf gibt – aus Augenblicken echter Inspiration –, und aus dem Übelsten – aus Faxenmacherei – gemischt war.
„Das ist noch nicht das Übelste", berichtete Torzow. „Was andere taten, war übler. Ihr Dilettantismus ist ausmerzbar, die Fehler der anderen basieren aber auf einem bewußten Prinzip, das man durchaus nicht immer verändern oder mit den Wurzeln ausreißen kann."
„Was war es denn?"
„Der Mißbrauch der Kunst."
„Worin besteht er denn?" fragten die Schüler.
„Zum Beispiel war es bei der Weljaminowa der Fall."
„Ich?!" Die Weljaminowa fuhr völlig überrascht in die Höhe. „Was habe ich denn getan?"
„Sie haben uns Ihre Hände gezeigt, Ihre Beine, Ihre Figur, die sich da oben auf der Bühne – Gott sei Dank! – besonders gut macht", antwortete Arkadi Nikolajewitsch.
„Ich? Meine Beine? Meine Figur?" staunte die bedauernswerte Schöne.
„Ja. Die Beine, die Figur."
„Entsetzlich! Unheimlich! Seltsam", wiederholte die Weljaminowa ratlos. „Ich weiß nichts davon!"
„So ist es immer mit Gewohnheiten, die sich eingefressen haben."
„Warum wurde ich dann so gelobt?"
„Weil Sie schöne Beine und eine schöne Figur haben."
„Und was ist nun das Üble?"
„Daß Sie mit dem Zuschauerraum kokettiert, aber nicht die Katharina gespielt haben. Schließlich hat ja Shakespeare ‚Der Widerspenstigen Zähmung' nicht geschrieben, damit die Schülerin Weljaminowa den Zuschauern ihre Beinchen zeigen und mit ihren Verehrern kokettieren kann. Shakespeare hatte eine andere Absicht, die Sie nicht begriffen und uns vorenthalten haben.

Leider wird unsere Kunst oft für etwas ausgenutzt, was ihr wesensfremd ist. Sie nutzten sie aus, um Ihre Schönheit zu zeigen, andere nutzen sie aus, um populär zu werden, um äußeren Erfolg zu erringen und Karriere zu machen. In unserem Beruf kommt das sehr oft vor. Ich möchte Sie unbedingt davor bewahren. Behalten Sie gut, was ich Ihnen jetzt sage: Als Institution, die sich an die Öffentlichkeit wendet, und weil eine Aufführung zugleich eine Schaustellung ist, ist das Theater ein zweischneidiges Schwert. Einerseits hat es eine ganz wichtige öffentliche Mission zu erfüllen, andererseits kommt es denen entgegen, die unsere Kunst für ihre Karriere ausbeuten wollen. Diese Leute nützen das Unverständnis der einen, den perversen Geschmack der anderen für sich aus; sie benutzen Protektion, Intrige, alle möglichen Mittelchen, die nichts mit Schöpfertum zu tun haben. Diese Ausbeuter sind die schlimmsten Feinde der Kunst, man muß sie mit aller Entschiedenheit bekämpfen und – wenn es nichts nützt – von der Bühne verjagen. Und darum", sagte er wieder zur Weljaminowa, „entscheiden Sie sich ein für allemal: Sind Sie hierhergekommen, um der Kunst zu dienen und ihr Opfer zu bringen, oder wollen Sie die Kunst für Ihre persönlichen Ziele ausbeuten?

Indessen läßt sich die Kunst nur theoretisch in Kategorien einteilen", fuhr Torzow fort, sich wieder an alle wendend. „Die Wirklichkeit und die Praxis nehmen keine Rücksicht auf Rubriken. Sie bringen alle Richtungen durcheinander. In der Tat sehen wir oft genug, wie sich große Künstler aus menschlicher Schwäche bis zum Handwerk erniedrigen, Handwerker sich aber zuweilen zur wahren Kunst erheben.

Das gleiche geschieht auch bei der Darstellung jeder Rolle, während jeder Aufführung. Neben wahrem Erleben stehen Augenblicke der Wiedergabe, des handwerklichen Faxenmachens und des Mißbrauchs der Kunst. Um so notwendiger ist es, daß die Schauspieler die Grenzen ihrer Kunst kennen, um so wichtiger sollte es den Handwerkern sein, die Schranken zu erkennen, hinter denen die Kunst beginnt.

So gibt es also in unserem Fach zwei Richtungen: *die Kunst des Erlebens* und *die Kunst der Wiedergabe*. Ihr gemeinsamer Hintergrund, von dem sie sich strahlend abheben, ist das gute oder das schlechte Bühnenhandwerk. Außerdem muß erwähnt werden, daß in Augenblicken innerer Begeisterung das Aufblitzen wahrer Kunst durch gewohnheitsmäßige Schablone und Routine hindurchdringen kann.

Unerläßlich ist es auch, die Kunst vor dem Mißbrauch zu schützen, da dieses Übel sich zumeist unbemerkt einzuschleichen pflegt.

Was den Dilettantismus betrifft, so ist er ebenso nützlich wie gefährlich – je nachdem, welchen Weg er wählt."

„Wie vermeidet man denn die Gefahren, die uns bedrohen?" wollte ich wissen.

„Es gibt, wie ich bereits gesagt habe, nur ein einziges Mittel: unbeirrbar die Grundbedingung unserer Kunst erfüllen, *das geistige Leben der Rolle und des Stücks zu schaffen und dieses Leben in vollendeter szenischer Form künstlerisch zu verkörpern*. In diesen Worten ist das Ideal eines wahren Schauspielers beschlossen."

Aus den Gesprächen mit Torzow wurde mir klar, daß es für uns noch zu früh war, auf der Bühne aufzutreten, und daß uns die Schülervorstellung eher geschadet als genützt hatte.

„Sie hat Ihnen genützt", sagte Arkadi Nikolajewitsch, als ich damit herausrückte. „Die Aufführung hat gezeigt, was man nie auf der Bühne tun soll, was Sie in Zukunft vermeiden müssen."
Abschließend gab Torzow bekannt, daß wir ab morgen mit Unterrichtsstunden beginnen, die die Entwicklung unserer Stimme und unseres Körpers zum Ziel haben – also Unterricht in Gesang, Sprechen, Gymnastik, Rhythmik, plastischem Ausdruck, Tanz, Fechten und Akrobatik haben werden. Dieser Unterricht wird täglich sein, weil die Muskeln des menschlichen Körpers zu ihrer Entwicklung systematische, beharrliche und langdauernde Übung brauchen.[14]

III. HANDLUNG · „WENN" · VORGESCHLAGENE SITUATIONEN

Heute versammelten wir uns im Studiotheater – es ist nicht groß, aber ausgestattet wie ein richtiges Theater. Torzow trat ein, blickte uns aufmerksam an und sagte: „Maloletkowa, gehen Sie auf die Bühne."
Das Entsetzen ist nicht zu beschreiben, das sich des armen Mädchens bemächtigte. Ratlos stolperte sie hin und her, sie glitt auf dem glatten Parkettboden aus wie ein junger Hund. Wir mußten sie schließlich einfangen und zu Torzow führen, der dastand und wie ein Kind lachte. Sie bedeckte das Gesicht mit beiden Händen und sprudelte immer wieder hervor:
„Ich kann nicht, ihr Lieben, Guten, ich kann nicht! Ich habe solche Angst, solche Angst!"
„Beruhigen Sie sich, wir wollen anfangen zu spielen. Der Inhalt unseres Stückes ist folgender", sagte Torzow, ohne ihre Verlegenheit weiter zu beachten. „Der Vorhang geht auf, und Sie sitzen auf der Bühne. Allein. Sitzen da, sitzen, sitzen... Schließlich fällt der Vorhang. Das ist alles. Etwas Leichteres kann es gar nicht geben. Nicht wahr?"
Die Maloletkowa gab keine Antwort. Da nahm Torzow ihren Arm und führte sie auf die Bühne. Wir grölten vor Lachen.
Arkadi Nikolajewitsch drehte sich rasch um.
„Meine Freunde", sagte er, „Sie befinden sich unten in der Klasse. Und die Maloletkowa erlebt jetzt einen sehr wichtigen Augenblick ihres Schauspielerlebens. Man muß wissen, wann und worüber man lachen kann."
Die Maloletkowa und Torzow verschwanden auf die Bühne. Jetzt saßen wir alle in schweigender Erwartung. Feierliche Stille herrschte, wie vor Beginn einer Aufführung.
Endlich ging der Vorhang langsam auf. In der Mitte, ganz vorn an der Rampe, saß die Maloletkowa. Aus Angst vor dem Anblick der Zuschauer hielt sie die Hände vors Gesicht. Die lautlose Stille war wohl daran schuld, daß man von dem Menschen auf der Bühne etwas Besonderes erwartete. Die Pause verpflichtete.

Wahrscheinlich empfand es die Maloletkowa auch, sicher begriff sie, daß sie unbedingt etwas tun müsse. Vorsichtig zog sie erst die eine, dann die andere Hand vom Gesicht, senkte aber dabei den Kopf so tief, daß wir nur ihren Scheitel sahen. Wieder entstand eine gespannte Pause.

Als sie die erwartungsvolle Spannung empfand, blickte die Maloletkowa in den Zuschauerraum, wandte sich, jedoch sofort wieder ab, wie geblendet von grellem Licht. Sie rutschte im Sessel hin und her, setzte sich zurecht, nahm sinnlose Stellungen ein, lehnte sich zurück, beugte sich nach allen Seiten vor, zupfte angestrengt an ihrem kurzen Rock, betrachtete angelegentlich irgend etwas auf dem Fußboden.

Endlich erbarmte sich Arkadi Nikolajewitsch ihrer und gab das Zeichen, den Vorhang zu schließen.

Ich stürzte zu Torzow und bat ihn, die gleiche Übung mit mir zu machen.

Ich mußte mitten auf der Bühne Platz nehmen, und ich hatte dabei, ehrlich gesagt, keine Angst – schließlich war es ja keine richtige Vorstellung. Doch war mir nicht ganz wohl zumute, ein zwiespältiges Gefühl beherrschte mich, als wären mir zwei miteinander unvereinbare Forderungen gestellt: Es lag im Wesen des Theaters, daß die Bühne zur Schau stellte, die menschlichen Empfindungen aber, denen ich auf der Bühne nachgehen wollte, erforderten Alleinsein. Irgend jemand in mir wollte, daß ich die Zuschauer unterhielt, ein anderer aber befahl, sie nicht weiter zu beachten. Beine, Arme, Kopf, Körper gehorchten zwar, fügten aber von sich aus gegen meinen Willen noch etwas hinzu, eine völlig überflüssige Übertreibung. Ich brauchte nur ganz natürlich den Arm in den Schoß zu legen, da bekam er plötzlich einen verkrampften Knick, und ich saß steif da wie beim Fotografen.

Seltsam! Ein einziges Mal erst bin ich auf dem Theater aufgetreten, die ganze übrige Zeit habe ich ein normales menschliches Leben geführt, und doch fiel es mir unvergleichlich viel leichter, nicht wie im Alltag, sondern theatralisch unnatürlich auf der Bühne zu sitzen. Die Theaterlüge war mir auf den Brettern näher als die natürliche Wahrhaftigkeit. Später erzählte man mir, daß mein Gesicht töricht, schuldbewußt gewesen sei, daß es um Nachsicht gebeten habe. Ich wußte nicht, was ich beginnen, wohin ich blicken sollte. Torzow aber gab sich noch immer nicht zufrieden und ließ mich zappeln.

Nach mir machten die anderen Schüler die gleiche Übung.

„Jetzt gehen wir weiter", verkündete Arkadi Nikolajewitsch schließlich. „Mit der Zeit kommen wir wieder auf diese Übung zurück, wir werden es lernen, auf der Bühne zu sitzen."

„Einfach sitzen lernen!" staunten die Schüler völlig verdutzt. „Wir haben doch schon gesessen..."

„Nein", erklärte Torzow bestimmt, „Sie haben nicht einfach gesessen."

„Wie hätten wir denn sitzen müssen?"

Statt einer Antwort stand Torzow auf und ging rasch auf die Bühne. Dort ließ er sich schwer in den Sessel fallen, als wäre er zu Hause.

Er tat gar nichts, er bemühte sich nicht einmal, etwas zu tun, aber sein einfaches Sitzen zog unsere Aufmerksamkeit an. Wir wollten genau hinsehen und begreifen, was in ihm vorging: Er lächelte, wir lächelten mit; er wurde nachdenklich, und wir

versuchten zu ergründen, worüber er wohl nachdenken mochte, er blickte interessiert auf irgend etwas, und wir wollten wissen, was ihn dort fesselte.
Im Leben würde man sich für Torzows einfaches Sitzen bestimmt nicht interessieren, aber wenn es auf der Bühne geschieht, schaut man erstaunlicherweise mit größter Aufmerksamkeit hin und empfindet dabei sogar einige Befriedigung. Bei den Schülern vorhin konnte davon keine Rede sein: Da hatte man keine Lust gehabt, genau hinzusehen, war es uninteressant zu wisssen, was in ihrem Innern vor sich gehen mochte. Sie brachten uns zum Lachen durch ihre Hilflosigkeit und den deutlichen Wunsch, zu gefallen. Torzow beachtete uns nicht im gerinsten, und doch wurden wir von ihm angezogen. Worin lag sein Geheimnis? Arkadi Nikolajewitsch verriet es uns:
„Alles, was auf der Bühne vor sich geht, muß zu irgend etwas gut sein. Auch hier oben sitzen muß man zu irgendeinem Zweck, nicht nur einfach, um sich den Zuschauern zu zeigen. Es ist nicht leicht, man muß es lernen."
„Zu welchem Zweck haben Sie denn jetzt da oben gesessen?" forschte Wjunzow.
„Um auszuruhen – von euch, von der Probe im Theater, die ich eben gehabt habe. Kommen Sie jetzt zu mir herauf, wir wollen ein neues Stück spielen", sagte er zur Maloletkowa. „Ich werde mit Ihnen spielen."
„Sie?!" brachte sie nur heraus und flog auf die Bühne.
Wieder wurde sie in den Sessel in der Mitte der Bühne gesetzt, wieder begann sie sich krampfhaft zurechtzusetzen. Torzow stand neben ihr und suchte ganz in sich vertieft irgendeine Aufzeichnung in seinem Notizbuch. Inzwischen wurde die Maloletkowa allmählich ruhiger und saß schließlich regungslos da, den Blick aufmerksam zu Torzow emporgerichtet. Sie fürchtete, ihn zu stören, und wartete geduldig auf die weiteren Weisungen des Lehrers. Ihre Haltung wurde entspannt und natürlich. Die Bühne ließ die guten Voraussetzungen zur Geltung kommen, die sie für eine Schauspielerin mitbrachte, ich freute mich an ihrem Anblick.
Es verging eine geraume Zeit. Dann schloß sich der Vorhang.
„Wie haben Sie sich gefühlt?" fragte Torzow, als sie in den Zuschauerraum zurückgekehrt waren.
„Ich?" fragte sie erstaunt. „Wieso, haben wir denn gespielt?"
„Natürlich."
„Und ich habe gedacht, daß ich einfach dasitze und warte, bis Sie Ihre Notiz gefunden haben und mir sagen, was zu tun ist. Ich habe gar nichts gespielt!"
„Das war ja gerade das Gute, daß Sie um eines Zweckes willen dasaßen und nichts dazuspielten", griff Torzow ihre Worte auf. „Was ist Ihrer Meinung nach besser", wandte er sich an uns, „oben auf der Bühne zu sitzen und Beinchen zu zeigen wie die Weljaminowa – oder sich im ganzen zu zeigen wie Goworkow – oder dazusitzen und etwas zu tun, sei es auch noch so unbedeutend. Selbst wenn es wenig belangvoll ist, schafft es doch Leben auf der Bühne, während die Schaustellung unserer selbst in dieser oder jener Form uns einfach außerhalb des Bereiches der Kunst setzt.
Auf der Bühne muß man handeln. Handlung, Aktivität – das ist es, worauf die dramatische Kunst, die Kunst des Schauspielers basiert. Das Wort ‚Drama' bedeutet im Altgriechischen ‚sich vollziehende Handlung'. Im Lateinischen entspricht ihm ein

Wort, dessen Wurzel in unsere Worte ‚Aktivität', ‚Akt', ‚Akteur' übergegangen ist. Also: Das Drama auf der Bühne ist die sich vor unseren Blicken vollziehende Handlung, und der Schauspieler, wenn er auf die Bühne hinaustritt, wird zu einem Handelnden."

„Entschuldigen Sie bitte", begann plötzlich Goworkow. „Sie haben gesagt, auf der Bühne müsse man handeln. Darf ich fragen, wieso Ihr Sitzen im Sessel Handlung ist? Meines Erachtens war es absolute, völlige Untätigkeit."

„Ich weiß nicht, ob Arkadi Nikolajewitsch auf der Bühne gehandelt hat oder nicht", wandte ich erregt ein, „jedenfalls war seine ‚Untätigkeit' bei weitem interessanter als Ihre ‚Handlung'."

„Die Regungslosigkeit eines auf der Bühne Sitzenden ist noch kein Maßstab für seine Passivität", erklärte Arkadi Nikolajewitsch. „Man kann regungslos sein und trotzdem wirklich handeln, freilich nicht äußerlich, nicht physisch, sondern innerlich – psychisch. Und nicht nur das. Oft genug resultiert physische Regungslosigkeit aus gesteigerter innerer Aktivität, die in der Kunst so besonders wesentlich und interessant ist. Darum will ich meine Formel ein wenig ändern und sie so formulieren: *Auf der Bühne muß man handeln – innerlich und äußerlich.*
Darin erfüllt sich einer der wesentlichsten Grundgedanken unserer Kunst, der Gedanke der Aktivität und Wirksamkeit unseres Bühnenschaffens."

„Wir wollen ein neues Stück spielen", sagte Torzow zur Malöletkowa. „Es hat folgenden Inhalt: Ihre Mutter hat ihre Arbeit verloren, sie hat also keinen Verdienst mehr. Sie besitzt nicht einmal etwas, was sie verkaufen könnte, um die Schauspielschule zu bezahlen, aus der Sie morgen ausgeschlossen werden sollen, weil Sie nicht bezahlt haben. Aber Ihre Freundin kommt Ihnen zu Hilfe und bringt – sie hat auch kein Geld mehr – eine mit Edelsteinen besetzte Nadel, das wenige Kostbare, was sie besitzt. Diese selbstlose Tat hat Sie tief gerührt und erschüttert. Aber kann man denn dieses Opfer annehmen?! Sie können sich nicht dazu entschließen, Sie lehnen ab. Da steckt die Freundin die Nadel in den Fenstervorhang und geht in den Flur. Sie eilen ihr nach. Draußen redet die Freundin lange auf Sie ein; es folgen Tränen, große Rührung, Dankbarkeit. Das Opfer wird schließlich angenommen; die Freundin geht, und Sie kehren ins Zimmer zurück, um die Nadel zu holen. Doch ... wo ist sie denn? Sollte jemand ins Zimmer gekommen sein und sie weggenommen haben? Die Wohnung hat viele Untermieter, es wäre durchaus möglich. Zitternd vor Aufregung, beginnen Sie zu suchen.
Gehen Sie auf die Bühne. Ich stecke eine Nadel in den Vorhang und Sie müssen sie dann in den Falten suchen."

Die Malöletkowa ging hinter die Kulissen, Torzow hatte aber keine Nadel eingesteckt, als er ihr kurz darauf das Zeichen zum Auftritt gab ... Als hätte man sie herausgestoßen, stürzte sie auf die Bühne, lief auf den Vorhang zu, zuckte sofort wieder zurück, faßte sich mit beiden Händen an den Kopf und wand sich vor Entsetzen   taumelte dann in die entgegengesetzte Richtung, packte den Vorhang, zerrte verzweifelt daran, steckte dann ihren Kopf in die Falten, so das Suchen nach der Nadel andeutend. Sie fand sie aber nicht, stürzte wieder hinter die Kulissen, die

Hände krampfhaft gegen die Brust gepreßt, was offenbar das Tragische der Situation ausdrücken sollte.
Wir konnten uns nur mit Mühe das Lachen verbeißen.
Bald darauf eilte die Maloletkowa triumphierend von der Bühne in den Zuschauerraum. Ihre Augen glänzten, die Wangen glühten.
„Wie haben Sie sich gefühlt?" fragte Torzow.
„Ach, ihr Lieben! War das schön! So schön ... gar nicht zu sagen. Ich kann nicht, ich kann nicht mehr! ... Ich bin so glücklich!" sprudelte sie heraus, sprang auf, setzte sich hin, sprang wieder auf, griff sich an den Kopf. „Ich habe es so empfunden, so sehr empfunden!"
„Um so besser", lobte Torzow. „Wo ist denn die Nadel?"
„Ach ja! Ich habe ja ganz vergessen..."
„Seltsam!" sagte Torzow. „Sie haben sie so sehr gesucht und... vergessen."
Im Nu war die Maloletkowa wieder auf der Bühne und durchsuchte die Falten des Vorhangs.
„Aber denken Sie daran", erinnerte Torzow, „wird die Nadel gefunden, sind Sie gerettet und können weiter in die Schule gehen, andernfalls ist alles vorbei – Sie werden ausgeschlossen."
Sofort wurde ihr Gesicht ganz ernst. Sie heftete den Blick fest auf den Vorhang und begann aufmerksam und systematisch Falte für Falte zu untersuchen.
Diesmal ging das Suchen in ganz anderem, wesentlich langsamerem Tempo vor sich; wir waren davon überzeugt, daß die Maloletkowa keinen Augenblick ungenutzt verstreichen ließ, daß sie wirklich aufgeregt und beunruhigt war.
„Meine Lieben! Wo ist sie nur? ... Weg!" sprach sie halblaut vor sich hin. „Weg!" rief sie verzweifelt und fassungslos aus, nachdem sie alle Falten des Vorhangs durchsucht hatte.
Ihr Gesicht drückte größte Sorge aus, starr vor Entsetzen stand sie da, den Blick regungslos auf einen Punkt gerichtet. Atemlos beobachteten wir sie.
„Sehr sensibel!" sagte Torzow halblaut zu Iwan Platonowitsch.
„Wie fühlten Sie sich jetzt, beim zweitenmal?" fragte er die Maloletkowa.
„Wie ich mich fühlte?" fragte sie apathisch zurück. „Ich weiß nicht, ich habe gesucht", erwiderte sie nach kurzem Nachdenken.
„Das ist wahr, jetzt haben Sie gesucht. Und was taten Sie beim erstenmal?"
„Oh, das erste Mal! Ich war so aufgeregt, ich habe Entsetzliches durchgemacht! Ach, ich kann nicht, ich kann nicht ...!" entsann sie sich voller Entzücken und Stolz, und ihre Wangen begannen wieder zu glühen.
„Und welcher Zustand war Ihnen denn angenehmer? Als Sie wie besessen umherrannten und am Vorhang zerrten oder als Sie ihn viel ruhiger durchsuchten?"
„Natürlich als ich das erste Mal nach der Nadel suchte!"
„Nein. Versuchen Sie nicht, uns davon zu überzeugen, daß Sie das erste Mal die Nadel gesucht haben", sagte Torzow. „An die Nadel haben Sie nicht einmal gedacht, Sie wollten nur leiden – um des Leidens willen. Das zweite Mal haben Sie wirklich gesucht. Wir haben es alle deutlich gesehen, wir haben es verstanden und geglaubt, daß Ihr Erstaunen und Ihre Ratlosigkeit einen Grund hatten. Darum war Ihr erstes

Suchen überhaupt nichts wert; es war die übliche Faxenmacherei. Das zweite Suchen war wirklich gut."

Die Maloletkowa war fassunglos.

„Auf der Bühne soll man nicht sinnlos herumrennen", fuhr Torzow fort. „Dort darf man weder herumrennen um des Rennens willen noch leiden um des Leidens willen. Auf der Bühne darf man nicht ‚allgemein' handeln, um des Handelns willen, sondern das Handeln muß *begründet, zweckmäßig und produktiv* sein."

„Und wahrhaftig", fügte ich von mir aus hinzu.

„Wahrhaftiges Handeln ist ja eben immer begründet und zweckmäßig", bemerkte Torzow. „Da man also auf der Bühne wirklich handeln soll", fuhr er fort, „so geht doch alle einmal auf die Bühne und ... handelt."

Wir gingen auf die Bühne, wußten aber nicht, was wir unternehmen sollten.

Auf der Bühne muß man so handeln, daß ein Eindruck entsteht, mir aber wollte es lange nicht gelingen, eine interessante Handlung zu finden, die der Aufmerksamkeit der Zuschauer wert gewesen wäre. Also fing ich an, den Othello zu wiederholen, sah aber bald ein, daß ich Faxen machte wie damals bei der Schülervorstellung, und gab das Spielen auf.

Pustschin stellte einen General dar, dann einen Bauern. Schustow setzte sich auf einen Stuhl, nahm eine Hamlethaltung ein und mimte Schmerz oder Enttäuschung. Die Weljaminowa kokettierte, und Goworkow machte ihr eine Liebeserklärung auf traditionelle Weise, wie es auf allen Bühnen der Welt gemacht wird.

Als mein Blick in eine entfernte Ecke der Bühne fiel, in die sich Umnowych und die Dymkowa verzogen hatten, stieß ich beinahe einen Schrei der Überraschung aus: ihre Gesichter waren bleich und gespannt, die Blicke starr, die Körper verkrampft. Es stellte sich heraus, daß sie dort die Szene mit den Windeln aus Ibsens „Brand" spielten.[15]

„So, jetzt wollen wir untersuchen, was Sie uns eben gezeigt haben", sagte Torzow. „Ich möchte mit Maloletkowa, Schustow und mit Ihnen beginnen, Naswanow. Setzen Sie sich auf die Stühle dort, damit ich Sie besser sehen kann, und empfinden Sie bitte das gleiche, was Sie eben dargestellt haben: Sie – Eifersucht, Sie – Schmerz, Sie – Trauer."

Wir setzten uns hin und versuchten die genannten Gefühle in uns zu erwecken, aber es wollte uns nicht gelingen. Als ich mich auf der Bühne bewegte und den Wilden spielte, fiel mir die Sinnlosigkeit meiner Handlungen bei völliger innerer Leere nicht auf. Als man mich aber auf einen Stuhl gebannt hatte, als ich keine Faxen mehr machen konnte, wurde mir die ganze Sinnlosigkeit und Undurchführbarkeit der Aufgabe klar.

„Was meinen Sie", fragte Torzow, „kann man sich auf den Stuhl setzen und mir nichts, dir nichts eifersüchtig, aufgewühlt oder traurig sein wollen? Kann man eine solche ‚schöpferische Handlung' kommandieren? Sie haben eben versucht, es zu tun, aber es ist Ihnen nicht gelungen. Das Gefühl ist nicht lebendig geworden, darum mußte es gemimt werden, das Gesicht sollte ein nicht vorhandenes Erleben vortäuschen. Man kann kein Gefühl aus sich herauspressen, man kann nicht lieben, leiden, eifersüchtig sein um der Liebe, um des Leidens, um der Eifersucht willen.

Man kann die Gefühle nicht vergewaltigen. Das läuft auf widerwärtigste Komödianterei hinaus. Und so lassen Sie denn bei der Wahl einer Handlung Ihr Gefühl in Ruhe. Es meldet sich ganz von selbst als Reaktion auf einen Vorgang, der Liebe, Leid und Eifersucht erst auslöst. Konzentrieren Sie Ihre Gedanken auf diesen Vorgang und trachten Sie danach, ihn in Ihrer Umgebung zu schaffen. Um das Resultat machen Sie sich keine Sorgen. Die übertrieben gemimten Leidenschaften, wie bei der Maloletkowa, bei Naswanow und bei Schustow, die übertrieben gemimten Typen, wie bei Pustschin und bei Wjunzow, das mechanische Mimen, wie bei Wesselowski und Goworkow, sind Fehler, die in unserem Beruf weit verbreitet sind. Es sind die Sünden derer, die gewohnt sind, auf der Bühne ‚Theater zu spielen‘, zu ‚mimen‘, schauspielerhafte Faxen zu machen. Der wahre Schauspieler muß aber nicht die äußeren Erscheinungsformen der Leidenschaften nachäffen, nicht die Gestalten von außen kopieren, nicht nach dem Schauspielerritus mechanisch mimen, sondern menschlich wahrhaftig handeln. Man kann nicht Leidenschaften und Gestalten spielen, sondern man muß unter dem Einfluß der Leidenschaften in der Gestalt handeln."
„Wie soll man denn auf den nackten Bühnenbrettern mit den paar Stühlen handeln?" rechtfertigten sich die Schüler.
„Weiß Gott, wenn wir mit Dekorationen arbeiten könnten, mit Möbeln, mit einem Kamin, mit Aschenbechern, mit allerhand Krimskrams, also wahrhaftig, dann würden wir großartig handeln! Ehrenwort!" beteuerte Wjunzow.
„Schön!" sagte Arkadi Nikolajewitsch und verließ den Raum.

Der heutige Unterricht sollte im Studiotheater stattfinden, der Haupteingang zum Zuschauerraum war aber verschlossen. Zur angesetzten Zeit öffnete man uns eine andere Tür, die unmittelbar auf die Bühne führte. Als wir die Bühne betraten, befanden wir uns zu unserem Erstaunen in einem Flur. Dahinter lag ein gemütlich möbliertes Wohnzimmer mit zwei Türen: die eine führte in ein kleines Eßzimmer und in ein Schlafzimmer, die andere auf einen Korridor, an den links ein hell erleuchteter Saal grenzte. Die ganze Wohnung war teils aus Stoffhängern, teils aus den verschiedensten Dekorationswänden aufgebaut; die Möbel und Requisiten stammten auch aus den Stücken, die das Theater im Repertoire hatte; der Vorhang war geschlossen und so durch Möbel verstellt, daß man nicht recht herausbekam, wo sich Rampe und Proszenium befanden.
„Da habt ihr eine ganze Wohnung, in der man nicht nur handeln, sondern auch leben kann", verkündete Arkadi Nikolajewitsch.
Da wir die Bühne nicht mehr empfanden, benahmen wir uns ungezwungen wie im Alltag. Erst besichtigten wir die Zimmer, dann fand jeder ein gemütliches Plätzchen, Gruppen bildeten sich, man begann zu plaudern. Torzow mußte uns erst daran erinnern, daß wir hier nicht zu einem Schwätzchen, sondern zum Unterricht zusammengekommen waren.
„Was sollen wir denn tun?" fragten wir.
„Das gleiche wie in der vorigen Stunde", erklärte Arkadi Nikolajewitsch. „Wahrhaftig, begründet und zweckmäßig handeln."
Aber wir rührten uns immer noch nicht von der Stelle.

„Ich weiß nicht so recht ... wie geht denn das ... So plötzlich, mir nichts, dir nichts, zweckmäßig handeln", begann Schustow.
„Wenn Sie nicht mir nichts, dir nichts handeln wollen, dann handeln Sie doch bitte mit einem Zweck. Ist es Ihnen denn sogar in dieser häuslichen Umgebung nicht möglich, Ihre äußere Handlung zu motivieren? Wenn ich Sie, Wjunzow, zum Beispiel jetzt bitten würde, die Tür dort zu schließen, würden Sie es tun?"
„Die Tür schließen? Aber mit Vergnügen", erwiderte Wjunzow mit seinen üblichen Mätzchen.
Im Nu war er an der Tür, schlug sie zu und kehrte auf seinen Platz zurück.
„Das nennt man nicht ‚die Tür schließen'", bemerkte Torzow, „sondern ‚die Tür zuschlagen', um in Frieden gelassen zu werden. Unter ‚Tür schließen' versteht man doch wohl vor allem die innere Absicht, sie zu schließen, damit es nicht zieht, wie es jetzt der Fall ist, oder damit man im Flur nicht hören kann, was wir hier reden."
„Sie schließt nicht! Ehrenwort! Da, bitte!"
Und er demonstrierte zu seiner Rechtfertigung, daß die Tür von selbst wieder aufging.
„Um so mehr Zeit und Mühe muß man darauf verwenden, meine Bitte zu erfüllen."
Wjunzow ging hin, plagte sich lange mit der Tür ab und brachte es schließlich auch fertig, sie zu schließen.
„Sehen Sie, das ist eine wirkliche Handlung", spornte Torzow ihn an.
„Geben Sie mir auch eine Aufgabe", bat ich.
„Und von selbst können Sie sich nichts ausdenken? Da ist ein Kamin, dort liegt Holz. Gehen Sie hin, heizen Sie."
Ich gehorchte und schichtete die Holzscheite im Kamin auf, merkte dann aber, daß ich keine Streichhölzer hatte und daß auf dem Kamin auch keine lagen. Wieder mußte ich mich an Torzow wenden.
„Wozu brauchen Sie Streichhölzer?" staunte er.
„Wozu?! Zum Feuermachen."
„Danke bestens! Der Kamin ist doch Dekoration, Pappe! Wollen Sie das Theater in Brand stecken?"
„Doch nicht wirklich, nur ‚Als-ob'", erläuterte ich.
„Um ‚Als-ob' Feuer zu machen, brauchen Sie auch nur ‚Als-ob' Streichhölzer. Hier, bitte, nehmen Sie!"
Er streckte mir die leere Handfläche entgegen.
„Als ob es sich darum handelte, mit dem Streichholz über die Reibfläche zu fahren! Sie brauchen etwas ganz anderes. Wesentlich ist: zu glauben, daß Sie, hätten Sie richtige Streichhölzer in der Hand und nicht nur vorgestellte, genauso handeln würden wie jetzt mit den gedachten. Wenn Sie einmal den Hamlet spielen werden und durch seine ganze schwierige Psychologie bis zu dem Augenblick kommen, in dem er den König tötet – wird es sich dann etwa darum handeln, einen geschliffenen Degen in der Hand zu halten? Und werden Sie dann vielleicht, wenn kein solcher Degen vorhanden ist, außerstande sein weiterzuspielen? Darum können Sie einen König ohne Degen erstechen und ohne Streichhölzer im Kamin Feuer machen. Statt der Streichhölzer soll Ihre Phantasie brennen und leuchten."

Ich ging also hin, um Feuer zu machen, und hörte flüchtig, wie Torzow den anderen Aufgaben erteilte: Wjunzow und die Maloletkowa schickte er in den Saal, um dort Gesellschaftsspiele zu machen; Umnowych, der früher technischer Zeichner war, ließ er den Plan der Wohnung aufzeichnen und die Maße mit Schritten abmessen. Der Weljaminowa nahm er irgendeinen Brief ab und sagte, sie solle ihn in einem der fünf Zimmer suchen; Goworkow aber erzählte er, er hätte diesen Brief Pustschin gegeben mit der Bitte, ihn möglichst geschickt zu verstecken, und Goworkow sollte nun Pustschin nachspionieren. So brachte er uns alle in Bewegung und zwang uns, eine Zeitlang wirklich zu handeln.

Was mich betrifft, so tat ich weiterhin so, als ob ich Feuer machte. Mein vorgestelltes Streichholz ging „vorgestellt" mehrmals aus. Dabei gab ich mir Mühe, es zu sehen und zwischen den Fingern zu fühlen. Aber es wollte mir nicht gelingen. Ich gab mir auch Mühe, das Feuer im Kamin zu sehen, seine Wärme zu spüren. Es wurde aber nichts. Bald hatte ich das Feuermachen satt. Also mußte ich nach einer neuen Handlung suchen. Ich fing an, Möbel und andere Gegenstände umzustellen, doch da diese künstlichen Aufgaben ganz ohne Grund waren, führte ich sie rein mechanisch aus.

Torzow machte mich darauf aufmerksam, daß sich solche mechanischen, grundlosen Handlungen auf der Bühne außerordentlich rasch abspielen, viel rascher als bewußte, begründete Handlungen.

„Das ist nicht weiter erstaunlich", erläuterte er. „Handeln Sie mechanisch, ohne ein bestimmtes Ziel, dann haben Sie nichts, was Ihre Aufmerksamkeit fesseln könnte. Wie lange dauert es schon, ein paar Stühle umzustellen! Muß man es aber mit einer bestimmten Absicht tun, etwa um wichtige und unwichtige Gäste in einem Raum entsprechend zu plazieren, wird man in ein paar Stunden die gleichen Stühle immer wieder hin und her schieben."

Doch meine Phantasie war wie ausgelaufen, ich konnte mir nichts ausdenken, steckte meine Nase in irgendeine Illustrierte und sah mir die Bilder an.

Als auch die anderen ruhiger wurden, versammelte uns Torzow alle im Wohnzimmer.

„Ihr solltet euch schämen", sagte er eindringlich. „Was seid Ihr für Schauspieler, wenn Ihr eure Phantasie nicht anfeuern könnt! Gebt mir ein Dutzend Kinder – ich werde ihnen erzählen, hier sei ihre neue Wohnung! Ihr werdet staunen über ihre Phantasie. Sie werden so ins Spielen kommen, daß es gar kein Ende nimmt. Also seid doch wie die Kinder!"

„Leicht gesagt: wie Kinder!" seufzte Schustow. „Sie müssen und wollen ja von Natur aus spielen, wir müssen uns dazu zwingen."

„Freilich, wenn man keine Lust dazu hat, braucht man kein Wort darüber zu verlieren", erwiderte Torzow. „Aber wenn es so ist, fragt man sich doch unwillkürlich: Seid Ihr Schauspieler?"

„Entschuldigen Sie bitte! Machen Sie den Vorhang auf, lassen Sie Zuschauer herein, dann werden wir schon Lust bekommen", erklärte Goworkow.

„Nein! Wenn Ihr Schauspieler seid, werdet Ihr auch ohne Zuschauer handeln. Sagen Sie doch ehrlich: Was hindert Sie daran, ins Spielen zu kommen?" fragte Torzow.

Ich versuchte, meinen Zustand zu erklären: Man kann Feuer im Kamin machen, man kann die Möbel hin und her rücken, aber diese kleinen Handlungen sind nicht fesselnd. Sie sind zu kurz: Man hat das Feuer angezündet, man hat die Tür zugemacht, und schon ist die Handlung verpufft. Wenn die zweite Handlung eine Folge der ersten wäre und aus ihr dann die dritte entstehen würde – das wäre natürlich schon etwas anderes.

„Demnach brauchen Sie keine kurzen, äußerlichen, fast mechanischen Handlungen, sondern große, tiefgründige, komplizierte mit weiten, ausladenden Perspektiven?" folgerte Torzow.

„Nein, das wäre wohl zu viel und zu schwer. Daran denken wir vorläufig noch nicht. Geben Sie uns etwas Einfaches, aber Interessantes", meinte ich.

„Das hängt nicht von mir, sondern von Ihnen ab", sagte Torzow. „Sie können jede Handlung langweilig oder interessant gestalten, kurz oder lang. Handelt es sich denn um die äußere Zielsetzung und nicht vielmehr um die inneren Gründe, Anlässe, Umstände, aus denen heraus die Handlung vollzogen wird? Was könnte sinnloser sein als eine mechanische Aufgabe? Stellen Sie sich aber nun einmal vor, daß in dieser Wohnung, die die Maloletkowa bezogen hat und festlich einweihen will, vor ihr ein Mann gewohnt hat, der tobsüchtig war und in eine Heilanstalt gebracht worden ist. Wenn es sich herausstellt, daß er dort ausgebrochen ist und jetzt hinter der Tür steht, was würden Sie dann tun?"

Bei dieser Art der Fragestellung änderte sich unser Verhältnis zur Handlung sofort oder, wie Torzow es später ausdrückte, unser inneres Aufs-Korn-Nehmen. Wir überlegten schon nicht mehr, wie wir das Spiel in die Länge ziehen könnten, kümmerten uns nicht mehr um die äußere Wirkung, sondern erwogen innerlich – vom Standpunkt der gestellten Aufgabe – die Zweckmäßigkeit dieser oder jener Handlung. Unsere Blicke schätzten, wie weit wir von der Tür entfernt waren und wie man sich ihr am sichersten nähern könnte. Wir betrachteten den Raum, in dem wir uns befanden, um mit der Möbelanordnung vertraut zu werden und festzustellen, wohin wir fliehen könnten, falls der Wahnsinnige ins Zimmer stürzen sollte. Der Selbsterhaltungstrieb ließ uns die Gefahren voraussehen und Mittel ausdenken, wie ihnen zu begegnen war.

Die folgende kleine Begebenheit verdeutlicht unseren damaligen Zustand am besten: Wjunzow fuhr – absichtlich oder instinktiv – ganz plötzlich von der Tür zurück und stürzte davon, und wir alle taten im Nu dasselbe. Die Mädchen kreischten laut auf und rannten ins Nebenzimmer. Ich selber hockte plötzlich unter dem Tisch und hielt einen schweren Aschenbecher aus Bronze in der Hand. Wir hörten auch nicht auf zu handeln, als die Tür geschlossen war. Da wir keinen Schlüssel hatten, verbarrikadierten wir sie mit Tischen und Stühlen. Jetzt mußten wir noch mit der Heilanstalt telefonieren, damit von dort aus alles unternommen würde, um den Tobsüchtigen einzufangen.

Ich war in Rage gekommen. Sobald die Übung beendet war, stürzte ich auf Torzow zu und bat ihn:

„Bringen Sie mich dazu, daß ich mich für das Heizen begeistere! Es langweilt mich so. Wenn es uns gelingt, Leben in diese Übung zu bringen, werde ich ein glühender Verehrer des ‚Systems' werden."

Ohne sich einen Augenblick zu besinnen, erzählte uns Arkadi Nikolajewitsch, die Maloletkowa feiere heute ihren Einzug in die neue Wohnung und habe dazu Schulfreunde und Bekannte eingeladen. Einer von ihnen, der mit Moskwin, Katschalow und Leonidow[16] gut bekannt sei, habe versprochen, einen von ihnen mitzubringen, um unseren Schauspielschülern eine Freude zu machen. Leider stellt sich heraus, daß die Wohnung sehr kalt ist. Die Fenster sind noch nicht winterfest, das Holz noch nicht angefahren, die Räume sind durch den plötzlichen Frost so ausgekühlt, daß man unmöglich so bedeutende Gäste darin empfangen kann. Was tun? „Sie haben sich bei Nachbarn Holz ausgeborgt, haben im Wohnzimmer Feuer gemacht, aber der Kamin will nicht brennen, er qualmt. Sie mußten die Holzscheite mit Wasser ablöschen und in aller Eile den Ofensetzer holen. Bis dieser den Schaden repariert hat, ist es draußen schon dunkel geworden. Jetzt, wo man den Kamin heizen könnte, ist das Holz naß, es will nicht brennen. Und jeden Augenblick müssen die Gäste kommen...
Und nun sagen Sie mir, was Sie tun würden, wenn diese Situation wirklich eintreten würde."
Der Knoten der miteinander verknüpften Tatsachen war fest geschürzt. Um ihn zu lösen und einen Ausweg aus der peinlichen Situation zu finden, mußten wir wieder unsere ganzen Fähigkeiten zu Hilfe rufen.
Besonders regte uns unter diesen Umständen der zu erwartende Besuch von Moskwin, Katschalow und Leonidow auf. Sich vor ihnen zu blamieren erschien uns als besonders schrecklich. Es war uns völlig klar, „*wenn*" diese peinliche Situation in Wirklichkeit vorkommen würde, hätte sie uns sehr aufgeregt und geärgert. Jeder war bestrebt, die Situation zu retten, entwarf Pläne, beratschlagte sie mit seinen Freunden, suchte sie auszuführen.
„Diesmal kann ich Ihnen sagen", erklärte Arkadi Nikolajewitsch, „daß Sie wahrhaftig gehandelt haben, das heißt zweckmäßig und produktiv. Und was hat Sie dazu gebracht? Das eine kleine Wörtchen ‚*wenn*'."
Die Schüler waren hell begeistert.
Es schien, als hätte man uns die Zauberformel offenbart, mit deren Hilfe uns alles in der Kunst zugänglich wird. Will eine Rolle oder eine Übung nicht gelingen, so genügt es, das Wörtchen „wenn" zu sagen, und alles geht wie geschmiert.
„Sie haben also heute gelernt", faßte Torzow zusammen, „daß *die Handlung auf der Bühne innerlich begründet, logisch, folgerichtig und in der Wirklichkeit möglich sein muß*."

Das Wörtchen „wenn" hatte uns erobert, wir schlossen es in unser Herz, redeten bei jeder passenden Gelegenheit davon, sangen Lieder zu seinem Preis, und die heutige Stunde war fast vollständig seinem Lobe gewidmet.
Kaum hatte Arkadi Nikolajewitsch den Raum betreten und sich auf seinen Platz gesetzt, als die Schüler ihn schon umringten und begeistert ihr Entzücken verkündeten.
„Sie haben an einem gelungenen Versuch gesehen und selber erfahren, wie die inneren und äußeren Handlungen durch das ‚Wenn' organisch, normal, natürlich, ganz von selbst entstehen.

Wollen wir doch an diesem lebendigen Beispiel der Funktion jedes Faktors, jeder Triebkraft in unserem Versuch nachgehen.
Beginnen wir mit dem ‚Wenn'.
Es zeichnet sich vor allem dadurch aus, daß es jedes schöpferische Schaffen einleitet", erläuterte Arkadi Nikolajewitsch. „Das ‚Wenn' ist für Künstler der Umschalthebel, der uns aus der Wirklichkeit in jene Welt versetzt, in der sich einzig und allein das Schaffen vollziehen kann.
Es gibt ‚Wenns', die nur Anstoß sind für eine weitere, allmähliche, folgerichtige Entwicklung der Tätigkeit. Zum Beispiel..."
Torzow streckte die Hand gegen Schustow aus und wartete auf etwas. Beide sahen sich erstaunt an.
„Wie Sie sehen, entsteht zwischen uns keinerlei Handlung", sagte Arkadi Nikolajewitsch. „Darum schalte ich nun das ‚Wenn' ein und sage: ‚wenn' das, was ich Ihnen entgegenstrecke, nicht eine leere Handfläche wäre, sondern ein Brief, was würden Sie dann tun?"
„Ich würde ihn nehmen und nachsehen, an wen er adressiert ist. *Wenn* er an mich wäre, dann würde ich ihn − wenn Sie nichts dagegen haben − öffnen und lesen. Doch da es ein intimer Brief ist, da meine Erregung beim Lesen mich möglicherweise verraten könnte..."
„*Da* es darum gescheiter wäre, aus dem Zimmer zu gehen", soufflierte Torzow.
„...*so* würde ich ins Nebenzimmer gehen und dort lesen."
„Sehen Sie, wie viele bewußte und folgerichtige Gedanken, wie viele logische Stufen − *wenn, da, so* −, wie viele verschiedene Handlungen das kleine Wörtchen ‚wenn' ausgelöst hat. So wirkt es meistens.
Es kommt aber auch vor, daß das ‚Wenn' seine Wirkung sofort, von selbst, ohne Zusatz, ohne Hilfe ausübt. Zum Beispiel..."
Arkadi Nikolajewitsch reichte mit einer Hand der Maloletkowa einen metallenen Aschenbecher, mit der anderen der Weljaminowa einen wildledernen Handschuh und sagte:
„Für Sie − einen kalten Frosch, für Sie − eine weiche Maus."
Er hatte es kaum ausgesprochen, als die beiden Mädchen zurückwichen.
„Dymkowa, trinken Sie das Wasser", sagte Arkadi Nikolajewitsch, und die Dymkowa führte das Glas mit Wasser an die Lippen.
„Es ist Gift drin!" warnte Torzow.
Instinktiv hielt die Dymkowa mitten in der Bewegung inne.
„Sehen Sie!" triumphierte Arkadi Nikolajewitsch. „Das sind schon keine einfachen, sondern ‚magische Wenns', die sofort instinktiv die Handlung auslösen. In der Übung mit dem Wahnsinnigen war das Resultat, das Sie erreichten, zwar nicht ganz so bestimmt und effektvoll, aber von der gleichen Kraft. Die Vorstellung des Wahnsinns löste große, echte Erregung und eine durchaus aktive Handlung aus. Ein solches ‚Wenn' läßt sich auch mit ‚magisch' bezeichnen.
Wenn man die Eigenschaften und Wirkungsweisen des ‚Wenn' weiter untersucht, muß man darauf achten, daß es sozusagen einschichtige und mehrschichtige ‚Wenns' gibt. Bei den Experimenten mit Aschenbecher und Handschuh haben wir ein ein-

schichtiges ‚Wenn' benutzt. Man brauchte bloß zu sagen: wenn der Aschenbecher ein Frosch und der Handschuh eine Maus wäre..., und sofort ergab sich eine andere Handlungsreaktion.
In komplizierten Theaterstücken verflechten sich eine große Anzahl verschiedener, sowohl vom Autor als auch von anderer Seite stammender ‚Wenns' miteinander, die diese oder jene Reaktion, diese oder jene Handlungsweise der betreffenden Person rechtfertigen. Wir haben es nicht mehr mit einschichtigen, sondern mit mehrschichtigen ‚Wenns' zu tun, das heißt mit einer großen Anzahl von Voraussetzungen und ergänzenden Einfällen, die sich sinnreich verflechten. Da sagt sich der Autor beim Schreiben: ‚Wenn die Handlung zu der und der Zeit spielt, in dem und dem Land, an dem und dem Ort, in dem und dem Hause; wenn dort so geartete Menschen, mit diesen und jenen inneren Veranlagungen, mit diesen und jenen Gedanken und Gefühlen leben; wenn sie unter den und jenen Umständen aufeinanderstoßen...' und so weiter.
Der Regisseur des Stückes ergänzt die glaubwürdige Dichtung des Autors mit seinen ‚Wenns' und sagt sich: ‚Wenn zwischen den handelnden Personen diese und jene Beziehungen beständen, wenn sie diese oder jene typische Angewohnheit hätten, wenn sie in dieser und jener Umgebung lebten und so weiter – wie würde unter diesen Umständen der an ihrer Stelle stehende Schauspieler handeln?'
Ihrerseits ergänzen auch der Bühnenbildner, der den Ort der Handlung zeigt, der Beleuchtungsmeister, der diese oder jene Beleuchtung gibt, und die anderen Mitarbeiter der Aufführung die Lebensbedingungen des Stücks mit ihren künstlerischen Einfällen.
Beachten Sie ferner, daß in dem Wörtchen ‚wenn' eine gewisse Eigenschaft, eine gewisse Kraft verborgen ist, die Sie bei der Übung mit dem Wahnsinnigen selbst gespürt haben. Diese Eigenschaften, diese Kraft des ‚Wenn' lösten in Ihrem Innern eine sofortige Umstellung, eine Verschiebung aus."
„Ja, eben eine Verschiebung, eine Umstellung!" bestätigte ich die gelungene Formulierung des erlebten Gefühls.
Torzow fuhr fort:
„Durch das ‚Wenn' geht wie im ‚Blauen Vogel' beim Umdrehen des Zaubersteins[17] etwas vor sich, was die Augen anders blicken, die Ohren anders hören, den Geist anders urteilen läßt. Resultat ist, daß der Einfall, den man gehabt hat, auf natürliche Weise die entsprechende reale Handlung hervorruft, die unerläßlich ist, um das gesteckte Ziel zu erreichen."
„Und wie unmerklich vollzieht sich das alles!" redete ich entzückt dazwischen.
„Wahrhaftig: was ging mich der Pappkamin schon an? Als ich ihn aber in Beziehung zum ‚Wenn' setzte, als ich den Besuch berühmter Schauspieler als Voraussetzung nahm und mir klarmachte, daß der bockige Kamin uns alle blamieren würde, bekam er eine überragende Bedeutung für diesen Moment meines Lebens auf der Bühne. Ich haßte diese elende Pappdekoration aufrichtig, ich verfluchte den unzeitigen Frost, meine Zeit reichte nicht aus, alles zu tun, was mir die Phantasie zuflüsterte."
„Das gleiche war auch in der Übung mit dem Wahnsinnigen der Fall", meinte Schustow. „Da wurde die Tür, der Ausgangspunkt der Übung, nur zu einem Mittel,

zum eigentlichen Kern aber, der die Aufmerksamkeit fesselte, wurde der Selbsterhaltungstrieb. Das vollzog sich ganz natürlich, ganz von selbst..."
„Und warum?" unterbrach ihn Arkadi Nikolajewitsch lebhaft. „Weil Gedanken an eine Gefahr uns immer aufregen. Jeden Augenblick können sie wie Hefe in Gärung geraten. Tür und Kamin regen uns nur insofern auf, als etwas anderes, für uns Wesentlicheres mit ihnen verbunden ist.
Das Geheimnis der Wirkung des ‚Wenn' liegt auch noch darin, daß es nicht von einer realen Tatsache spricht, nicht von dem, was ist, sondern nur von dem, was sein könnte... ‚wenn'... Dieses Wort stellt keine Behauptung auf. Es nimmt nur an, es stellt die Frage zur Entscheidung. Und die Antwort darauf versucht der Schauspieler zu geben.
Dadurch werden Verschiebung und Entschluß ohne Vergewaltigung und ohne Betrug erreicht. Tatsächlich, ich suchte Sie nicht davon zu überzeugen, daß hinter der Tür ein Wahnsinniger stände. Ich log nicht, sondern gestand im Gegenteil durch das Wort ‚wenn' ganz aufrichtig, daß ich nur eine Annahme äußerte und daß sich in Wirklichkeit niemand hinter der Tür befand. Ich wollte nur, daß Sie mir nach bestem Wissen und Gewissen antworteten, wie Sie wohl handeln würden, wenn mein Einfall mit dem Wahnsinnigen wahr sein sollte. Ich schlug Ihnen auch nicht vor, Gespenster zu sehen, und wollte Ihnen meine Gefühle auch nicht aufdrängen, sondern ließ jedem von Ihnen volle Freiheit zu empfinden, was für ihn das Natürliche war, was jeder von sich aus empfand. Und Sie taten sich auch keine Gewalt an, zwangen sich nicht, meinen Einfall mit dem Wahnsinnigen für reale Wirklichkeit zu halten, sondern behandelten ihn nur als Annahme. Ich zwang Sie nicht, an die Wahrhaftigkeit des erdichteten Vorfalls mit dem Wahnsinnigen zu glauben, Sie selbst haben freiwillig die Möglichkeit eines solchen Vorfalls im Leben anerkannt."
„Ja, das ist sehr gut, daß das ‚Wenn' aufrichtig und ehrlich ist, daß es ein offenes Spiel spielt. Das beseitigt den Beigeschmack des Schwindels, der Heuchelei, den man beim Bühnenspiel so oft spürt!" sagte ich begeistert.
„Wie wäre es nun gewesen, wenn ich, statt es offen als Einfall zuzugeben, Ihnen beteuert hätte, hinter der Tür stände tatsächlich ein richtiger Tobsüchtiger?"
„Ich hätte diese offensichtliche Lüge nicht geglaubt und mich nicht von der Stelle gerührt", gestand ich. „Das ist ja gerade das Gute, daß das wunderbare ‚Wenn' einen Zustand schafft, der jeden Zwang ausschließt. Nur unter diesen Bedingungen kann man ernsthaft über etwas nachdenken, was zwar nicht ist, was aber in Wirklichkeit geschehen könnte", fuhr ich in meinem Loblied fort.
„Da ist noch eine weitere Eigenschaft des ‚Wenn'", erinnerte Arkadi Nikolajewitsch. „Es ruft im Schauspieler eine äußere und eine innere Aktivität hervor, sie wird ohne Zwang erreicht, auf natürlichem Wege. Das Wort ‚wenn' hat Stoßkraft, es ist der Auslöser der schöpferischen Aktivität in unserem Innern. Tatsächlich, Sie brauchten sich nur zu sagen: ‚Was würde ich tun und wie würde ich handeln, wenn sich der Einfall mit dem Wahnsinnigen als Wirklichkeit erwiese?', und sofort begann die Aktivität in Ihnen zu wirken. Statt einer einfachen Antwort auf eine gestellte Frage überkam Sie, aus der Gegebenheit Ihrer schauspielerischen Natur her-

aus, das Verlangen, zu handeln. Es war so stark, daß Sie nicht widerstehen konnten und die Aufgabe, die vor Ihnen stand, zu erfüllen begannen. Dabei wurde Ihr Handeln bestimmt vom ganz realen menschlichen Selbsterhaltungstrieb, wie es auch im Leben selbst der Fall gewesen wäre...
Diese außerordentlich wichtige Eigenschaft des Wortes ‚wenn' verbindet es mit einer der Grundtendenzen unserer Kunstrichtung, die in der Aktivität und Wirkungskraft der schöpferischen Gestaltung und der Kunst besteht."
„Aber das ‚Wenn' kann offenbar nicht immer frei und ungehindert wirken", kritisierte ich. „Zwar hat sich in mir, zum Beispiel, die Verschiebung sofort, ganz plötzlich, vollzogen, aber es hat dann lange gedauert, bis sie sich festigte. Im ersten Augenblick habe ich dem wunderbaren ‚Wenn' sofort geglaubt, und die Verschiebung vollzog sich. Dieser Zustand hielt aber nicht lange an. Schon im nächsten Augenblick meldeten sich Zweifel, und ich sagte mir: ‚Was regst du dich so auf? Du weißt doch ganz gut, daß jedes »Wenn« nur ein Hirngespinst ist, ein Spiel, kein wirkliches Leben.' Aber eine andere Stimme in mir ging nicht darauf ein. Sie sagte: ‚Das »Wenn« ist zwar ein Spiel, ein Einfall, ohne Zweifel aber doch ein Einfall, der in Wirklichkeit durchaus möglich und ausführbar ist. Außerdem will dich ja keiner dazu zwingen. Man bittet dich nur zu antworten, wie du handeln würdest, wenn du an diesem Abend bei der Maloletkowa wärst und dich in der Lage ihrer Freunde befändest.'
Als ich die Realität des Einfalls empfand, behandelte ich ihn mit größter Ernsthaftigkeit und konnte überlegen, was mit dem Kamin zu geschehen habe und wie man sich den eingeladenen Berühmtheiten gegenüber verhalten müßte."

„Das magische oder das einfache ‚Wenn' leitet also den schöpferischen Prozeß ein. Es gibt den ersten Anstoß zur weiteren Entwicklung des Wachsens einer Rolle. Wie dieser Prozeß verläuft, soll Ihnen statt meiner Alexander Sergejewitsch Puschkin sagen. In seiner Notiz ‚Über das Volksstück und über die »Marfa Possadniza« von M. P. Pogodin' schreibt er: ‚Die Echtheit der Leidenschaften, die Wahrscheinlichkeit der Empfindungen unter den vorausgesetzten Situationen – das ist es, was unser Verstand vom Dramatiker verlangt.'
Ich kann nur von mir aus hinzufügen, daß unser Verstand genau das gleiche auch vom Schauspieler fordert, nur daß die Situationen, die der Dichter angenommen hat, für uns Schauspieler bereits festliegen, also die uns vom Dichter vorgeschlagenen sind. Und so hat sich bei unserer praktischen Arbeit der Terminus ‚vorgeschlagene Situationen' eingebürgert, den wir nun auch benutzen wollen."
„Vorgeschlagene Situationen... tja...", begann Wjunzow irritiert.
„Denken Sie gut über Puschkins wunderbaren Ausspruch nach. Später will ich Ihnen an einem verständlichen Beispiel erklären, wie uns unser liebes gutes ‚Wenn' hilft, Puschkins Vermächtnis zu erfüllen."
„Die Echtheit der Leidenschaften, die Wahrscheinlichkeit der Empfindungen unter den vorausgesetzten Situationen...", las ich den Satz in jeder nur möglichen Betonung laut vor.
„Es hat keinen Sinn, den genialen Satz so zu zerrupfen", unterbrach mich Torzow.

„Seinen inneren Kern erschließt man damit nicht. Wenn es Ihnen nicht gelingen will, den ganzen Gedanken sofort zu erfassen, nehmen Sie ihn in logischen Teilen in sich auf."
„Vor allem muß klarwerden, was unter den ‚vorgeschlagenen Situationen' zu verstehen ist?" fragte Schustow.
„Das sind die Fabel des Stücks, die Tatsachen, Ereignisse, das Zeitalter, in dem es spielt, Ort und Zeit der Handlung, die Lebensumstände, die Auffassung des Schauspielers und des Regisseurs vom Stück, die Ergänzungen, die sie hinzugefügt haben, das Arrangement, die Form der Inszenierung, die Dekorationen und Kostüme, die Requisiten, Beleuchtung, Geräuscheffekte und alle übrigen Umstände, die den Schauspielern gegeben sind.
Die ‚vorgeschlagenen Situationen' sind wie das ‚Wenn' eine Annahme, ein ‚Phantasiegebilde'. Sie sind gleichen Ursprungs: Sie sind dasselbe wie das ‚Wenn', das ‚Wenn' ist dasselbe wie die ‚vorgeschlagenen Situationen'. Das eine ist die Annahme (‚wenn'), das andere die Ergänzung dazu (die ‚vorgeschlagenen Situationen'). Das ‚Wenn' leitet immer das Schaffen ein, die ‚vorgeschlagenen Situationen' entwickeln es. Eins kann ohne das andere nicht bestehen, nicht den nötigen Auftrieb bekommen. Aber die Funktionen sind ein wenig verschieden: das ‚Wenn' versetzt der schlummernden Phantasie einen Stoß, die ‚vorgeschlagenen Situationen' aber geben dem ‚Wenn' die eigentliche Begründung."
„Und was ist ‚Echtheit der Leidenschaften'?" wollte Wjunzow wissen.
„Echtheit der Leidenschaften ... ist eben Echtheit der Leidenschaften, das heißt eine echte, lebendige, menschliche Leidenschaft, das Erleben, die Gefühle des Schauspielers."
„Und was ist ‚Wahrscheinlichkeit der Empfindungen'?" Wjunzow ließ nicht locker.
„Das sind nicht die eigentlichen Leidenschaften, Gefühle und Erlebnisse, sondern sozusagen ihre Vorahnungen, ein Zustand, der ihnen nahe und verwandt ist, der Wahrheit gleichend und darum wahrscheinlich. Es ist jedoch nicht die gradlinige, unmittelbare, aus dem Unbewußten kommende Leidenschaft, sondern eine Leidenschaft, die sich sozusagen erst unter der Einflüsterung der Empfindungen anbahnt. Was nun aber den Ausspruch Puschkins im ganzen betrifft, so werden Sie ihn besser begreifen, wenn Sie den Satz umstellen:
‚In den vorgeschlagenen Situationen liegt die Echtheit der Leidenschaften.' Mit anderen Worten: Schaffen Sie erst die ‚vorgeschlagenen Situationen', versuchen Sie ehrlich daran zu glauben, dann entsteht die ‚Echtheit der Leidenschaften' von selbst."
„In den vor-ge-schlagenen Situationen..." Wjunzow mühte sich eifrig um das richtige Verständnis. Arkadi Nikolajewitsch kam ihm rasch zu Hilfe:
„In der Praxis sieht es für Sie etwa folgendermaßen aus: Erst einmal werden Sie sich auf Ihre Weise alle vorgeschlagenen Situationen vorstellen müssen, die aus dem Stück selbst, aus den Anweisungen des Regisseurs und aus Ihrer eigenen schauspielerischen Phantasie stammen. Das gesamte Material wird eine allgemeine Vorstellung vom Leben der darzustellenden Gestalt in ihrer Umwelt geben ... Man muß ganz aufrichtig an die reale Möglichkeit eines solchen Lebens in der realen Wirklichkeit

glauben können; man muß sich so weit daran gewöhnen, daß man mit diesem fremden Leben ganz und gar vertraut wird. Wenn Ihnen das gelingt, entsteht in Ihrem Innern ganz von selbst Echtheit der Leidenschaften oder Wahrscheinlichkeit der Empfindungen."

„Es wäre gut, ein konkreteres, praktisches Verfahren zu haben", meinte ich.

„Nehmen Sie Ihr geliebtes ‚Wenn' und stellen Sie es vor jede ‚vorgeschlagene Situation', über die Sie verfügen. Sagen Sie sich dabei folgendes: ‚Wenn der Eingedrungene ein Wahnsinniger wäre, wenn die Schüler zur Einweihung in Maloletkowas Wohnung versammelt wären, wenn das Türschloß entzwei und nicht mehr verschließbar wäre, wenn man die Tür verrammeln müßte und so weiter – was würde ich dann tun und wie würde ich dann handeln?'

Diese Frage löst sofort Ihre Aktivität aus. Beantworten Sie die Frage, indem Sie handeln, sagen Sie: ‚Das würde ich tun!' Und tun Sie das, was Sie tun möchten, wozu es Sie drängt, überlegen Sie nicht im Augenblick des Handelns.

Und dann werden Sie in Ihrem Innern – sei es bewußt oder unbewußt – fühlen, was Puschkin die ‚Echtheit der Leidenschaften' nennt, oder zumindest eine ‚wahrscheinliche Empfindung' haben. Das Geheimnis dieses Prozesses liegt darin, daß das eigene Gefühl keineswegs vergewaltigt, sondern ganz und gar sich selbst überlassen werden soll, ohne daß man dabei an die ‚Echtheit der Leidenschaften' denkt. Denn diese Leidenschaften hängen nicht von uns ab, sie kommen ganz von selbst und fügen sich nicht gewaltsamen Befehlen.

Die ganze Aufmerksamkeit des Schauspielers sollte auf die ‚vorgeschlagenen Situationen' gerichtet sein. Versuchen Sie ganz aufrichtig in ihnen zu leben, dann wird die ‚Echtheit der Leidenschaften' ganz von selbst in Ihrem Innern entstehen."

Nachdem uns Arkadi Nikolajewitsch erklärt hatte, wie aus den verschiedensten „vorgeschlagenen Situationen" und „Wenns" des Autors, des Schauspielers, des Regisseurs, des Bühnenbildners, des Beleuchters und der anderen Mitarbeiter einer Theateraufführung auf der Bühne eine Atmosphäre entsteht, die dem lebendigen Leben gleicht, empörte sich Goworkow dagegen und trat für den Schauspieler ein.

„Aber, entschuldigen Sie bitte", protestierte er, „was bleibt denn da dem Schauspieler noch zu tun, wenn alles von anderen geschaffen wird? Lächerliche Kleinigkeiten!"

„Wieso Kleinigkeiten?" fiel Torzow über ihn her. „Einer fremden Erfindung zu glauben und aufrichtig darin zu leben – das, meinen Sie, ist eine Kleinigkeit? Aber wissen Sie denn auch, daß ein Schaffen nach einem fremden Thema oft schwieriger ist als das Gestalten nach eigener Erfindung? Es gibt Fälle, in denen ein schlechtes Stück durch das eigenschöpferische Spiel eines großen Schauspielers weltberühmt geworden ist. Wir wissen auch, daß Shakespeare ausländische Novellen umgeschaffen hat, und wir Schauspieler schaffen die Werke der großen Dramatiker auf der Bühne neu; wir decken das auf, was unter den Worten versteckt ist. Wir legen dem fremden Text unseren Text unter, bestimmen unsere Beziehung zu den Menschen und ihrer Umwelt. Wir lassen in uns das ganze Material vorüberziehen, das wir vom Autor und Regisseur bekommen. Wir verarbeiten es, beleben und ergänzen es mit unserer Phantasie. Wir werden mit ihm verwandt, wir leben psychisch und physisch in ihm. Wir erzeugen in uns die ‚Echtheit der Leidenschaften'. Wir schaffen als Ergebnis unserer schöpferischen Arbeit die echte produktive Handlung, die eng mit der verborgenen Idee des Stückes verbunden ist; wir schaffen lebendige typische Gestalten in den Leidenschaften und Gefühlen der dargestellten Person. Und diese ganz ungeheure Arbeit wäre eine ‚Kleinigkeit'! Nein, das ist eine große schöpferische Tätigkeit, echte Kunst!" schloß Arkadi Nikolajewitsch.

Als Arkadi Nikolajewitsch die Klasse betrat, teilte er uns das Programm der heutigen Unterrichtsstunde mit. Er sagte:
„Nach dem ‚Wenn' und den ‚vorgeschlagenen Situationen' werden wir heute über die innere und äußere Handlung auf der Bühne sprechen.
Verstehen Sie, welche Bedeutung sie für unsere Kunst hat, die ihrer Natur nach auf Aktivität beruht?
Aktivität zeigt sich auf der Bühne in der Handlung, und in der Handlung ist das Wesen der Rolle verkörpert, das Erleben des Schauspielers und die innere Welt des Stückes. Nach den Handlungen und dem Verhalten beurteilen wir die auf der Bühne dargestellten Menschen, wir verstehen, wer sie sind.
Das gibt uns die Handlung, das erwartet der Zuschauer von ihr.
Und was bekommt er in den meisten Fällen von uns? Vor allem großes Hin- und Herlaufen, unzählige unbeherrschte Gesten, nervöse, mechanische Bewegungen. Damit sind wir auf dem Theater unvergleichlich freigebiger als im wirklichen Leben.
Diese schauspielerhaften Handlungen sind aber ganz anders als die Handlungen des Menschen im wirklichen Leben. Ich will Ihnen den Unterschied an einem Beispiel zeigen: Wenn sich ein Mensch in wichtigen, geheimen, intimen Gedanken und Erlebnissen wie ‚Sein oder Nichtsein' im ‚Hamlet' zur Klarheit durchringen will, sucht er die Einsamkeit, versenkt sich in sein Innerstes und bemüht sich, seinen Gedanken und Gefühlen durch Worte Ausdruck zu geben.
Auf der Bühne handeln die Schauspieler anders. In intimen Augenblicken des Lebens kommen sie nach vorn, wenden sich an die Zuschauer und deklamieren laut, effektvoll, pathetisch über ihre nicht vorhandenen Erlebnisse."
„Was heißt, entschuldigen Sie, ‚über ihre nicht vorhandenen Erlebnisse deklamieren'?"
„Das heißt, sie tun dasselbe, was Sie tun, wenn Sie mit effektvoller schaupielerhafter Übertreibung die seelische Leere Ihres Spiels füllen wollen.
Die Rolle, die man innerlich nicht fühlt, dem Zuschauer äußerlich, effektvoll, mit großem Gepränge darzubieten, ist vorteilhafter. Aber der ernsthafte Schauspieler wird schwerlich die theatralische Sensation an einer Stelle wünschen, an der er die allerteuersten Gedanken, Gefühle, die intimsten inneren Tiefen eröffnet. In ihnen sind doch eigene, mit der Rolle übereinstimmende Empfindungen des Schauspielers verborgen. Und man offenbart sie nicht gern unter vulgärem, prasselndem Händeklatschen, sondern man wünscht sich eindringliche Stille, große Intimität. Wenn der Schauspieler darauf verzichtet und sich nicht scheut, den höchsten Augenblick geschmacklos zu gestalten, dann beweist er, daß sein Rollentext leer ist, daß er von sich aus nichts Teures, Besonderes hineingelegt hat. Bei leeren Worten gibt es keine

gehobene Einstellung. Sie sind dann nur Laute, mit denen man Stimme, Tonfall, Sprechtechnik, ein gewisses schauspielerisches Temperament zeigen kann. Aber die Gedanken und Gefühle, um derentwillen das Stück geschrieben wurde, kann man bei solchem Spiel nur ‚allgemein' traurig, ‚allgemein' lustig, ‚allgemein' tragisch, ‚allgemein' hoffnungslos und so weiter darstellen. Diese Darstellungsweise ist leblos, formal, handwerklich.
Mit der äußeren Handlung geschieht dasselbe wie mit der inneren. Wenn der Schauspieler sein Tun nicht für notwendig hält, wenn die Rolle, wenn seine ganze Kunst nicht einer großen Aufgabe gewidmet sind, dann sind die Handlungen leer, nicht durchlebt, sie sagen nichts Wesentliches aus. Es bleibt dann nichts anderes übrig, als ‚allgemein' zu handeln. Wenn der Schauspieler leidet, um zu leiden, wenn er liebt, um zu lieben, wenn er eifersüchtig ist oder um Gnade fleht, um eifersüchtig zu sein oder um Gnade zu flehen, wenn alles nur gemacht wird, weil es nun einmal im Stück steht und nicht, weil es im Innersten erlebt und das Leben der Rolle auf der Bühne daraus geboren wurde, dann hat der Schauspieler keinerlei inneren Spielraum, und das ‚Allgemeinspielen' bleibt der einzige Ausweg.
Was für ein fürchterliches Wort: ‚allgemein'! Wieviel Unordnung, Unkonkretheit, Unmotiviertheit, Schlamperei enthält es doch!
Wollen Sie etwas ‚allgemein' essen? Wollen Sie ‚allgemein' reden, lesen, ‚allgemein' fröhlich sein?
Wie langweilig und inhaltlos sind doch solche Angebote! Bewertet man das Spiel eines Schauspielers mit dem Ausdruck ‚im allgemeinen' – zum Beispiel ‚Der Schauspieler X spielte den Hamlet im allgemeinen nicht übel!' –, so ist das beleidigend für den Darsteller.
Spielen Sie mir Liebe, Eifersucht, Haß ‚im allgemeinen' vor!
Was würde es bedeuten? Ein Sammelsurium aus diesen Leidenschaften und ihren Bestandteilen? Und gerade das, dieses Sammelsurium aus Leidenschaften, Gefühlen, Gedanken, folgerichtigen Handlungen und Rollengestalt bieten uns auf der Bühne die Schauspieler ‚im allgemeinen'.
Besonders komisch ist, daß sie sich ehrlich erregen und ihr Spiel ‚im allgemeinen' als stark empfinden. Sie lassen sich nicht davon überzeugen, daß keine Leidenschaft, kein Erleben, kein Gedanke vorhanden ist, sondern eben nur ein Sammelsurium aus allem. Diese Schauspieler geraten in Schweiß, regen sich auf, sind hingerissen vom Spiel, obwohl ihnen gar nicht klar ist, *was* sie eigentlich so aufregt und entzückt. Das ist eben jene ‚Theater-Emotion', jene Hysterie, von der ich Ihnen schon erzählt habe. Es ist die Erregung ‚im allgemeinen'.
Wahre Kunst läßt sich mit dem Spiel ‚im allgemeinen' nicht vereinen. Die Kunst liebt Ordnung und Harmonie, das ‚Allgemeine' bevorzugt Unordnung und Chaos. Wie soll ich Sie vor diesem unserem Erzfeind, dem ‚Allgemeinen', bewahren?
Der Kampf besteht darin, daß man in das verwässerte ‚allgemeine' Spiel etwas einführen muß, was es auslöscht, was ihm entgegengesetzt ist.
Das ‚Allgemeine' ist oberflächlich und leichtfertig. Bringen Sie darum Ihr Spiel auf ein höheres Niveau, behandeln Sie alles, was auf der Bühne vorgeht, mit größerem Ernst. Er wirkt vernichtend auf Oberflächlichkeit und Leichtfertigkeit.

Das ‚Allgemeine' ist chaotisch und sinnlos. Bringen Sie Logik und Folgerichtigkeit in Ihre Rolle, es wird die schlechten Eigenschaften des ‚Allgemeinen' verdrängen. Das ‚Allgemeine' tippt alles an, aber es führt nichts zu Ende. Bringen Sie Abrundung und Vollendung in Ihr Spiel.
Im Verlauf des ganzen Kurses, während wir uns das ‚System' zu eigen machen, werden wir uns darum bemühen, im Endresultat statt der Handlung ‚im allgemeinen' auf der Bühne ein für allemal die wahrhaftige, produktive, zweckmäßige menschliche Handlung zu erreichen.
Nur diese Handlung erkenne ich in der Kunst an, nur sie unterstütze und entwickle ich.
Warum ich so unnachsichtig hart bin gegen das ‚Allgemeine'? Aus folgendem Grund: Wie viele Aufführungen werden täglich auf der ganzen Welt auf ihren inneren, wesentlichen Kern hin gespielt, wie es die wahre Kunst verlangt? Einige Dutzend. Wie viele Aufführungen werden täglich auf der ganzen Welt nicht auf das Wesentliche hin, sondern nach dem Prinzip ‚im allgemeinen' gespielt? Zehntausend. Seien Sie nicht erstaunt, wenn ich Ihnen sage, daß sich täglich auf der Welt hunderttausend Schauspieler innerlich verrenken, indem sie systematisch falsche, schädliche Bühnengewohnheiten in sich entwickeln. Das ist um so bedrohlicher, weil einerseits das Theater selbst und die Bedingungen der Bühnentätigkeit den Schauspieler zu dieser gefährlichen Gewohnheit verlocken, andererseits der Schauspieler aus dem Drang, den Weg des geringsten Widerstandes zu gehen, nur allzugern nach dem handwerklichen ‚Verallgemeinern' greift.
So locken von allen Seiten allmählich und systematisch die Unwissenden den Schauspieler in sein Verderben hinein, das heißt, sie bringen ihn dazu, den Sinn seines Schaffens zugunsten der schlechten, konventionellen, äußeren Form des Spiels ‚im allgemeinen' aufzugeben.
Wie Sie sehen, steht uns ein Kampf mit der ganzen Welt bevor, mit den Bedingungen des öffentlichen Auftretens, mit den Arbeitsmethoden der Schauspieler und insbesondere mit dem falschen, festgefahrenen Begriff des Handelns auf der Bühne.
Um diese Schwierigkeiten mit Erfolg zu meistern, müssen wir uns vor allem mutig eingestehen, daß wir aus vielerlei Gründen auf den Brettern, vor der Zuschauermenge, unter den Bedingungen des öffentlichen Schaffens das Empfinden für das wirkliche Leben ganz verlieren. Wir vergessen alles: wie wir gewöhnt sind zu gehen, zu sitzen, zu essen, zu trinken, zu schlafen, zu reden, zu sehen, zu lauschen – kurz, wie wir im Leben innerlich und äußerlich handeln. Alles muß auf den Brettern neu gelernt werden, so wie ein Kind gehen, sprechen, sehen und hören lernen muß.
Im Verlauf unseres Unterrichts werde ich Sie noch oft an diese Sie sicher überraschende, aber wichtige Schlußfolgerung erinnern müssen. Vorläufig wollen wir aber zu verstehen versuchen, wie wir lernen können, auf der Bühne nicht schauspielerisch ‚im allgemeinen', sondern menschlich zu handeln – einfach, natürlich, organisch; folgerichtig, frei, nicht nach den Konventionen des Theaters, sondern nach den Gesetzen der lebendigen, organischen Natur."
„Kurz, wie wir lernen können, aus dem Theater, wenn es Ihnen recht ist, das ‚Theater' auszumerzen", fügte Goworkow hinzu.

„Ja, richtig: wie man aus dem echten Theater falsches Theater ausmerzen kann. Diese Aufgabe ist nicht auf einmal zu bewältigen, sondern nur allmählich, im Verlauf des Wachstumsprozesses eines Schauspielers und der Entwicklung seiner Psychotechnik.

Vorläufig bitte ich dich, Wanja", wandte sich Arkadi Nikolajewitsch an seinen Assistenten Rachmanow, „ständig darauf zu achten, daß die Schüler auf der Bühne immer wahrhaftig, produktiv und zweckmäßig handeln und auf keinen Fall die Handelnden nur vorspielen. Sobald du also merkst, daß sie ins ‚Theaterspielen' oder, was noch schlimmer ist, ins Faxenmachen geraten, unterbrichst du sie sofort. Sobald dein Unterricht begonnen hat – es liegt mir daran, daß es möglichst bald geschieht –, mußt du bestimmte Übungen ausarbeiten, die sie dazu bringen, auf den Brettern unter allen Umständen zu handeln. Führe diese Übungen recht häufig und ausgiebig – Tag für Tag – durch, um die Schüler allmählich und methodisch an das wahrhaftige, produktive und zweckmäßige Handeln auf Bühne zu gewöhnen. Die *menschliche* Aktivität muß in ihrem Bewußtsein mit dem Zustand verschmelzen, den sie auf den Brettern, in Gegenwart der Zuschauer, unter den Bedingungen des öffentlichen Schaffens oder der Unterrichtsstunde *durchmachen*. Wenn du ihnen in täglicher Arbeit anerziehst, auf der Bühne stets *menschlich* aktiv zu sein, machst du es ihnen zur guten Gewohnheit, in der Kunst ein normaler Mensch und keine Gliederpuppe zu sein."

„Was denn für Übungen?"

„Sei ernsthaft und streng im Unterricht, damit sich die Spielenden zusammennehmen wie bei einer Aufführung. Das verstehst du gut."

„Jawohl!" bestätigte Rachmanow.

„Laß sie einzeln auf die Bühne kommen und gib jedem etwas zu tun."

„Was denn?"

„Zum Beispiel die Zeitung durchsehen und berichten, was drin steht."

„Das dauert zu lange bei Gruppenunterricht. Ich muß jeden drannehmen."

„Aber es handelt sich ja nicht darum, den Inhalt der ganzen Zeitung zu erfahren! Wesentlich ist, eine wahrhaftige, produktive und zweckmäßige Handlung zu erreichen. Sobald du siehst, daß so etwas zustande gekommen ist, daß der Schüler in seine Aufgabe vertieft ist und das Milieu des Klassenzimmers ihn nicht mehr stört, läßt du einen anderen kommen und schickst den ersten weiter in den Hintergrund. Dort soll er dann ruhig weiter üben und sich daran gewöhnen, auf der Bühne menschlich und lebenswahr zu handeln. Um sich diese Gewohnheit für immer zu eigen zu machen, muß man eine lange Zeit – sozusagen einen Zeitraum X – mit wahrhaftigem, produktivem und zweckmäßigem Handeln auf der Bühne verbringen. Und du sollst ihnen nun dabei behilflich sein, diesen Zeitraum X zu gewinnen."

Abschließend erklärte uns Arkadi Nikolajewitsch:

„Das ‚Wenn', die ‚vorgeschlagenen Situationen'. die innere und äußere Handlung – das sind wichtige Faktoren in unserer Arbeit. Sie sind aber nicht die einzigen. Wir brauchen noch sehr viele spezielle, schöpferische schauspielerische Fähigkeiten, Eigenschaften, Begabungen – Phantasie, Aufmerksamkeit. Gefühl für die Wahrheit. Aktivität, Bühneneignung und anderes mehr."

Einigen wir uns darauf, daß wir sie der Bequemlichkeit und der Kürze halber mit einem Wort bezeichnen, als die *Elemente.*"
„Die Elemente wovon?" fragte jemand.
„Vorläufig will ich diese Frage nicht beantworten. Im Lauf der Zeit wird sie sich von selbst klären. Die Kunst, mit diesen Elementen – vor allem mit dem ‚Wenn', den ‚vorgeschlagenen Situationen', der inneren und äußeren Handlung – zu operieren, sie miteinander zu kombinieren und zu verknüpfen, sie gegeneinander auszutauschen, erfordert lange Praxis und große Erfahrung, folglich also auch viel Zeit. Wollen wir in diesem Sinne geduldig sein und unsere Bemühungen zuerst auf das Erforschen und Erlernen jedes einzelnen Elements richten. Das ist die große Hauptaufgabe dieses Jahreskurses in unserer Schule."

IV. PHANTASIE

Torzow fühlte sich nicht wohl, der Unterricht fand heute in seiner Wohnung statt. Arkadi Nikolajewitsch ließ uns in seinem behaglichen Arbeitszimmer Platz nehmen. Dann begann er:
„Wie Sie nun schon wissen, fängt unsere Arbeit auf der Bühne damit an, daß wir in das Stück, wie auch in unsere Rolle, das ‚magische Wenn' einführen, unseren ‚Umschalthebel', der den Schauspieler aus dem nüchternen Alltag auf die Ebene der *Phantasie* erhebt. Das Stück, die Rolle sind ein Phantasiegebilde des Autors, sind eine Reihe ‚vorgeschlagener Situationen', ‚magischer' und anderer ‚Wenns', von ihm erdacht. Echten Alltag, natürliche Wirklichkeit gibt es auf der Bühne nicht: Natürliche Wirklichkeit ist keine Kunst. Kunst braucht, ihrem ganzen Wesen nach, ein erdachtes künstlerisches Gebilde, wie es das Werk des Autors vor allem ist. Die Aufgabe des Schauspielers besteht darin, das erdachte Gebilde ‚Stück' in künstlerische *Bühnenwirklichkeit* umzusetzen. In diesem Prozeß spielt unsere Phantasie eine entscheidende Rolle. Darum lohnt es sich wohl, länger bei ihr zu verweilen und ihren Funktionen im Schaffensprozeß nachzugehen.
Torzow zeigte auf Bühnenbildentwürfe, die die Wände des Zimmers schmückten.
„Das sind Bilder eines verstorbenen jungen Malers, den ich sehr schätzte. Er war ein seltsamer Kauz: Er entwarf Bühnenbilder für noch nicht geschriebene Stücke. Hier ist zum Beispiel der Entwurf für den letzten Akt eines gar nicht existierenden Dramas von Tschechow, das dieser kurz vor seinem Tode hatte schreiben wollen: eine zwischen Eisblöcken steckengebliebene Expedition im hohen, unheimlichen Norden. Der große Dampfer ist ins Eis eingekeilt. Die verrußten Schornsteine stehen schwarz und unheilverkündend vor dem Weiß. Klirrender Frost. Eisiger Wind wirbelt Schnee empor, formt aufsteigend die Gestalt einer Frau im Totenhemd. Und diese beiden aneinandergedrängten Gestalten hier sind der Mann und der Geliebte

der gleichen Frau, die aus dem Leben geflohen und zu dieser Expedition aufgebrochen sind, um die Tragödie ihres Herzens zu vergessen.
Wer würde annehmen, daß dieser Entwurf von einem Menschen gemalt wurde, der nie über Moskau und Umgebung hinausgekommen ist! Er hat die Polarlandschaft geschaffen, indem er unsere Winterlandschaft mit Dingen kombinierte, die er aus Erzählungen, aus der schönen Literatur, aus wissenschaftlichen Werken und von Fotos über die Verhältnisse am Pol kannte. Aus diesem Material ist das Bild entstanden. Die Hauptarbeit mußte die Phantasie leisten."
Torzow führte uns an eine andere Wand, an der mehrere Landschaften hingen. Besser – es war die Wiederholung ein und derselben Landschaft – eine ländliche Vorstadtgegend –, aber jedesmal verwandelt von der Phantasie des Künstlers. Stets dieselbe Reihe hübscher Häuschen im Tannenwald, zu verschiedenen Tages- und Jahreszeiten, brütend in greller Sonne, hingeduckt im Sturm. Weiter – die gleiche Landschaft, aber der Wald war gerodet, an seiner Stelle waren Teiche angelegt und andere Bäume angepflanzt worden. Der Maler hatte Spaß daran, mit der Natur und mit dem Leben der Menschen nach seinem Gutdünken zu verfahren. In seinen Entwürfen baute er Häuser und Städte auf, riß sie wieder ein, verwandelte die ganze Gegend, trug Berge ab.
„Seht mal, wie schön!" rief jemand. „Der Moskauer Kreml am Ufer des Meeres!"
„Auch das hat die Phantasie des Künstlers geschaffen."
„Und hier sind Entwürfe zu Stücken, die es gar nicht gibt, die im Weltraum spielen", sagte Torzow und führte uns vor eine neue Serie von Zeichnungen und Aquarellen. „Hier ist eine Zwischenstation für Apparate dargestellt, die den interplanetarischen Verkehr aufrechterhalten. Sehen Sie: ein riesiger Metallkasten mit großen Balkons und mit Gestalten, mit merkwürdigen, schönen Geschöpfen. Hier ist der Bahnhof. Er hängt im Raum. Hinter den Fensterscheiben erkennt man Menschen – Fahrgäste von der Erde ... Sie sehen eine ganze Reihe solcher Bahnhöfe, die – sich verjüngend – oben und unten im unendlichen Raum verschwinden. Die Anziehungskraft riesiger Magneten hält sie im Gleichgewicht. Im Hintergrund schweben einige Sonnen oder Monde. Ihr Licht ergibt phantastische Effekte, wie man sie auf der Erde nicht kennt. Um ein solches Bild zu schaffen, muß man nicht nur Vorstellungskraft im landläufigen Sinne, sondern schöpferische Phantasie besitzen."
„Was ist denn da der Unterschied?" fragte jemand.
„Die landläufige Phantasie schöpft aus dem, was ist, was vorkommen kann, was wir kennen. Die schöpferische Phantasie aber schafft etwas, was nicht da ist, was wir in der Wirklichkeit nicht kennen, was niemals war und niemals sein wird. Oder was vielleicht doch einmal sein wird, wer weiß! Als die Volksphantasie den fliegenden Teppich des Märchens schuf, wäre es ja auch noch keinem in den Sinn gekommen, daß die Menschen einst in Flugzeugen durch die Luft schweben werden. Schöpferische Phantasie weiß alles und kann alles. Sie ist für den Künstler genauso unentbehrlich wie die landläufige Phantasie, die Vorstellungskraft."
„Und für den Schauspieler?" fragte Schustow.
„Was glauben Sie, wozu der Schauspieler die Vorstellungskraft braucht?" fragte Arkadi Nikolajewitsch zurück.

„Wozu? Um das ‚magische Wenn' und die ‚vorgeschlagenen Situationen' zu schaffen", erwiderte Schustow.
„Die hat ohnehin schon der Autor geschaffen. Sein Stück ist das Produkt seiner Vorstellungskraft und ein Phantasiegebilde."
Schustow schwieg.
„Gibt der Dramatiker den Schauspielern alles, was sie vom Stück wissen müssen?" fragte Torzow. „Kann man auf hundert Seiten das Leben aller handelnden Personen in seiner ganzen Fülle darlegen? Oder bleibt vieles ungesagt? Zum Beispiel, spricht denn der Autor überall und ausführlich genug darüber, was sich vor Beginn des Stückes ereignet hat? Spricht er erschöpfend über das, was nach Beendigung des Stückes vor sich gehen wird? Über das, was hinter den Kulissen geschieht, darüber, woher die handelnde Person kommt, wohin sie geht? Der Dramatiker ist sparsam mit solchen Hinweisen. Im Text heißt es nur ‚Petrow tritt auf' oder ‚Petrow geht ab'. Aber wir können nicht aus unbekannten Räumen kommen und in unbekannte Räume gehen, ohne über den Zweck dieser Ortsveränderung nachzudenken. Eine solche Handlung ‚im allgemeinen' ist nicht glaubhaft. Wir kennen auch die anderen Bemerkungen des Autors: ‚steht auf', ‚geht erregt auf und ab', ‚lacht', ‚stirbt'. Wir bekommen eine lakonische Charakteristik der Person: ‚Ein junger Mann, von angenehmem Äußeren, raucht viel.'
Reicht das aber aus, um den ganzen Menschen sichtbar zu schaffen, seine Art, seinen Gang, seine Gewohnheiten? Und auch der Text der Rolle – genügt es denn, wenn man ihn einpaukt und auswendig hersagen kann?
Und alle anderen Bemerkungen des Autors? Die Forderungen des Regisseurs? Die Arrangements auf der Bühne, die ganze Inszenierung? Genügt es, alles zu behalten und dann in der gleichen Form auf der Bühne auszuführen?
Vermag denn das alles den Charakter der handelnden Person zu umreißen, alle Nuancen ihrer Gedanken, Gefühle, Impulse und Handlungen fühlbar zu machen? Nein, es muß vom Schauspieler selbst ergänzt und vertieft werden. Erst dann wird die Absicht des Autors und der übrigen Schöpfer einer Aufführung lebendig werden und die Seele des Darstellers auf der Bühne und des Zuschauers im Parkett bis in die entferntesten Winkel zum Schwingen bringen. Erst dann wird das Innenleben der darzustellenden Person in seiner ganzen Fülle vom Schauspieler erlebt werden, erst dann handelt er so, wie es der Autor, der Regisseur und das eigene lebendige Gefühl ihm eingeben.
Bei dieser Arbeit ist die Phantasie mit ihrem ‚magischen Wenn' und den ‚vorgeschlagenen Situationen' unser bester Assistent. Sie ergänzt nicht nur, was Autor, Regisseur und die übrigen offengelassen haben, sie belebt auch die Arbeit aller an der Aufführung Beteiligten, deren Werk erst durch den Erfolg des Schauspielers beim Publikum ankommt.
Verstehen Sie nun, wie wichtig es für den Schauspieler ist, eine kräftige, blühende Phantasie zu haben? Er braucht sie unbedingt in jedem Augenblick seiner Arbeit und seines Lebens auf der Bühne, sowohl beim Studium der Rolle als auch bei ihrer Verkörperung. Im Schaffensprozeß ist die Phantasie der Führer, der den Schauspieler mit sich zieht."

Die Unterrichtsstunde wurde durch den unerwarteten Besuch des großen Tragöden U. unterbrochen, der zur Zeit in Moskau gastierte. Der berühmte Gast erzählte von seinen Erfolgen, und Arkadi Nikolajewitsch übersetzte ins Russische.
Als er seinen Gast hinausbegleitet hatte und zu uns zurückgekehrt war, sagte Torzow lächelnd:
„Der Tragöde übertreibt natürlich gehörig, aber wie Sie sehen, ist er ein begeisterungsfähiger Mensch und glaubt ehrlich an alles, was er erfindet. Wir Schauspieler sind so gewöhnt, auf der Bühne den Tatbestand aus unserer Phantasie heraus zu ergänzen, daß wir diese Gewohnheit auch auf das Leben übertragen. Hier ist sie natürlich fehl am Platze, auf der Bühne ist sie aber unerläßlich.
Glauben Sie, es ist einfach, so zu fabulieren, daß man atemlos zuhört? Auch das ist ein Schaffen, das aus dem ‚magischen Wenn', den ‚vorgeschlagenen Situationen' und einer gut entwickelten Phantasie entsteht.
Von Genies kann man wohl nicht sagen, daß sie übertreiben oder lügen, solche Menschen betrachten die Wirklichkeit mit anderen Augen als wir. Sie sehen das Leben anders als wir normalen Sterblichen. Kann man sie dann dafür tadeln, daß ihnen die Phantasie bald eine rosa, bald eine himmelblaue, bald eine graue oder eine schwarze Brille vor die Augen setzt? Und wäre es denn gut für die Kunst, wenn diese Menschen ihre Brillen abnehmen würden und Wirklichkeit und Dichtung mit nüchternem Blick, in alltäglichem Lichte sehen würden?
Ich muß gestehen, daß auch ich oft lüge, wenn ich als Schauspieler oder Regisseur mit einer Rolle oder einem Stück zu tun habe, die mich nicht genügend begeistern. In solchen Fällen verliere ich jede Lust, meine schöpferischen Fähigkeiten erlahmen. Also ist ein Anstoß nötig. Dann rede ich allen ein, daß ich von meiner Arbeit ganz erfüllt bin und das neue Stück hinreißend finde. Dazu muß ich Dinge erfinden, die das Stück gar nicht enthält. Diese Notwendigkeit spornt die Phantasie an. Für mich selbst würde ich es nicht tun, doch anderen Menschen gegenüber muß ich nun meine Lüge so gut wie möglich rechtfertigen und die Sache retten. Und später kann ich dieses Gespinst oft als Material für die Rolle oder die Inszenierung mitverwenden und sie dem Stück einverleiben."
„Wenn die Phantasie für den Schauspieler so besonders wichtig ist, was soll dann einer tun, der keine hat?" fragte Schustow beklommen.
„Entweder Phantasie entwickeln oder von der Bühne abgehen. Andernfalls gerät er in die Hände von Regisseuren, die anstelle seiner fehlenden Phantasie ihre eigene setzen. Für den Schauspieler würde das bedeuten, daß er auf ein eigenes Schaffen verzichten muß und zur bloßen Schachfigur auf der Bühne wird. Ist es da nicht besser, die eigene Phantasie zu entwickeln?"
„Es ist aber wahrscheinlich sehr schwer", seufzte ich.
„Je nachdem, was für eine Phantasie man hat. Es gibt eine Phantasie mit Initiative, die selbständig arbeitet. Sie läßt sich ohne große Anstrengung entwickeln und arbeitet hartnäckig, unermüdlich im Wachen und im Träumen. Es gibt eine Phantasie, die zwar keine Initiative hat, aber alles sehr leicht auffaßt, was man ihr souffliert. Sie entwickelt das Vorgesagte dann selbständig weiter. Auch mit dieser Phantasie hat man es noch verhältnismäßig leicht. Aber wenn die Phantasie zwar aufnimmt,

doch das Aufgenommene nicht entwickelt, wird die Arbeit schon schwieriger. Es gibt auch Menschen, die selber nichts schaffen und auch das, was man ihnen vorsagt, nicht aufnehmen. Wenn ein Schauspieler von dem, was ihm geboten wird, nur die äußere, formale Seite auffaßt, ist es ein Zeichen dafür, daß er keine Phantasie besitzt. Ohne Phantasie kann man aber kein Künstler sein."

Mit Initiative oder ohne Initiative? Kann sie auffassen und entwickeln oder kann sie nicht auffassen? Das sind die Fragen, die mir keine Ruhe lassen.
Als es nach dem Abendbrot still in der Wohnung wurde, schloß ich mich in mein Zimmer ein, setzte mich bequem aufs Sofa, packte Kissen rings um mich her, schloß die Augen und begann – ungeachtet der Müdigkeit – zu träumen. Doch vom ersten Augenblick an wurde meine Aufmerksamkeit von Lichtkreisen und farbigen Flecken abgelenkt, die im Dunkeln vor den geschlossenen Augen auftauchten und vorüberzogen.
Ich löschte die Lampe, weil ich annahm, daß sie daran schuld sei.
‚Wovon will ich denn träumen?' überlegte ich. Meine Phantasie war nicht träge. Sie gaukelte mir die Wipfel eines großen Kiefernwaldes vor, die ruhig und gemessen im leichten Winde schaukelten. Es war sehr angenehm.
Mir war, als streifte mich ein frischer Lufthauch.
Von weither ... drang ein Geräusch in die Stille ... das Ticken einer Uhr ...
Ich war eingenickt.
‚Nun ja, natürlich', fuhr ich entschlossen auf, ‚man kann doch nicht ohne Initiative träumen! Ich werde im Flugzeug über die Wipfel des Waldes fliegen. Da, jetzt fliege ich schon drüberhin, Wiesen kommen, Flüsse, Städte, Dörfer ... Wälder ... Baumwipfel ... Langsam, ganz langsam wiegen sie sich hin und her ... die Luft ist frisch ... duftet nach Kiefern ... die Uhr tickt ...
Wer schnarcht denn da? Bin ich das selber? Bin ich eingeschlafen? Schon lange?'
Im Eßzimmer wurde gefegt ... die Stühle wurden hin und her gerückt ... durch die Vorhänge fiel das Morgenlicht ins Zimmer ...
Die Uhr schlug acht ... Initiati-i-i-ve ...!

Der Mißerfolg meiner häuslichen Träume hatte mich so irritiert, daß ich mich in der heutigen Stunde – sie fand wieder in „Maloletkowas Wohnzimmer" statt – nicht enthalten konnte, Arkadi Nikolajewitsch davon zu erzählen.
„Ihr Experiment ist fehlgeschlagen, weil Sie einige Fehler gemacht haben", gab er mir zur Antwort. „Der erste war, daß Sie Ihrer Phantasie Gewalt antun wollten, statt sie anzuregen. Der zweite war, daß Sie sich der Phantasie ‚ohne Segel und Ruder', auf gut Glück überlassen haben. Man kann nicht handeln um des Handelns willen, man kann nicht träumen um des Träumens willen. In Ihrer Phantasiearbeit lag kein Sinn, es gab keine interessante Aufgabe, die für das Schaffen unerläßlich ist. Ihr dritter Fehler war, daß Ihre Träumereien passiv und nicht aktiv waren. Dabei ist die Aktivität des vorgestellten Lebens für den Schauspieler von ganz großer Bedeutung. Seine Phantasie muß ihn anstoßen, muß erst die innere und dann die äußere Handlung hervorrufen."

„Ich habe ja gehandelt, denn ich flog mit rasender Geschwindigkeit über Wälder dahin."

„Wenn Sie im Schlafwagen eines D-Zuges liegen, der auch mit rasender Geschwindigkeit dahinjagt, handeln Sie denn da?" fragte Torzow. „Die Lokomotive, der Lokomotivführer sind es, die arbeiten, der Reisende aber ist passiv. Anders wäre es, wenn Sie während der Fahrt ein lebhaftes geschäftliches Gespräch führten, einen Streit hätten oder einen Bericht konzipierten – dann könnte man von Arbeit und Handlung reden. Das gleiche gilt auch von Ihrem Flug. Gearbeitet hat der Pilot, nicht Sie. Hätten Sie das Flugzeug selber gesteuert oder hätten Sie die Gegend von oben fotografiert, dann könnte man von Aktivität reden. Wir brauchen eine aktive, keine passive Phantasie."

„Wie kann man denn diese Aktivität erreichen?" fragte Schustow.

„Ich will Ihnen das Lieblingsspiel meiner sechsjährigen Nichte erzählen. Es heißt ‚Wenn nun aber' und hat folgende Spielregeln: ‚Was machst du?' fragt sie mich. ‚Ich trinke Tee', antworte ich. ‚Wenn es nun aber nicht Tee wäre, sondern Lebertran, wie würdest du dann trinken?' Ich muß mir den Geschmack von Lebertran ins Gedächtnis rufen. Und wenn es mir gelingt, wenn ich voll Abscheu das Gesicht verziehe, bricht sie in helles Lachen aus. Dann kommt eine andere Frage: ‚Worauf sitzt du?' – ‚Auf dem Sessel.' – ‚Wenn du nun aber auf einer heißen Herdplatte sitzen würdest, was tätest du dann?' Ich muß mich in Gedanken auf eine heiße Herdplatte setzen und meinen Körper möglichst geschickt vor dem Verbrennen retten. Gelingt es, bekommt die Kleine Mitleid, winkt mit beiden Händen ab und ruft: ‚Ich will nicht mehr spielen!' Und setzt man das Spiel dennoch fort, endet die Sache mit Tränen. Sie sollten sich auch zur Übung so ein Spiel ausdenken, das die aktive Handlung hervorruft."[18]

„Mir scheint das doch ein recht primitives, grobes Mittel", meinte ich, „ich möchte etwas Feineres finden."

„Nur keine Hast! Das hat noch Zeit. Begnügen Sie sich vorläufig mit ganz simplem, elementarem Phantasieren. Haben Sie es nicht so eilig, sich in die Lüfte zu erheben, leben Sie nur ein Weilchen mit uns hier auf der Erde, inmitten aller Dinge, die Sie in der Wirklichkeit umgeben. Die Möbel, alle Gegenstände, die Sie sehen und fühlen, sollen an Ihrer Arbeit teilnehmen. Nehmen Sie zum Beispiel die Übung mit dem Wahnsinnigen. Dabei war der Einfall der Phantasie in das reale Leben eingefügt, das uns damals umgab. Tatsächlich: das Zimmer, in dem wir uns damals befanden, die Möbel, mit denen wir die Tür verrammelten – kurz, die Welt der Dinge blieb unverändert. Eingefügt wurde lediglich der Einfall mit dem in Wirklichkeit nicht existierenden Wahnsinnigen. In allem übrigen stützte sich die Übung auf reale Dinge und hing nicht in der Luft.

Versuchen wir ein analoges Experiment: Wir befinden uns jetzt in der Klasse beim Unterricht. Das ist die tatsächliche Wirklichkeit. Das Zimmer, die Einrichtung, der Unterricht, alle Schüler und der Lehrer sollen nun unverändert am gleichen Ort und in der gleichen Situation bleiben. Mit Hilfe des ‚Wenn' versetze ich uns in das nichtvorhandene, gedachte Leben und ändere zu diesem Zweck vorläufig nur die Zeit, indem ich sage: ‚Es ist jetzt nicht drei Uhr nachmittags, sondern drei Uhr nachts.' Rechtfertigen Sie mit Ihrer Phantasie, daß sich die Stunde derartig in die Länge gezogen hat. Das ist nicht schwer. Nehmen Sie an, daß Sie morgen Examen haben, daß aber manches noch nicht fertig ist, und das hat uns so lange im Theater aufgehalten. Daraus ergeben sich weitere Situationen und Sorgen: Ihre Angehörigen zu Hause regen sich auf. Weil sie kein Telefon haben, konnte man sie nicht benachrichtigen. Ein Schüler war zu einer kleinen Feier geladen und hat nun nicht hingehen können, ein anderer wohnt sehr weit entfernt und weiß nun nicht, wie er in der Nacht ohne Straßenbahn nach Hause kommen soll und so weiter. Der Einfall erzeugt noch viele andere Gedanken, Gefühle, Stimmungen. Sie beeinflussen die allgemeine Stimmung, die ihrerseits allem, was weiter geschieht, den bestimmenden Ton verleihen wird. Das ist eine der vorbereitenden Stufen für das Erleben. Im Endresultat schaffen wir mit Hilfe solcher Einfälle den Boden, die ‚vorgeschlagenen Situationen' für eine Übung, die man weiterentwickeln und ‚Nächtlichen Unterricht' nennen könnte.

Versuchen wir ein weiteres Experiment: Führen wir in unsere Wirklichkeit, in die jetzt ablaufende Stunde, ein neues ‚Wenn' ein. Die Tageszeit soll die gleiche – drei Uhr nachmittags – bleiben, aber die Jahreszeit soll sich ändern: es ist nicht mehr Winter, nicht fünfzehn Grad Frost, sondern Frühling, wundervolle Luft und Wärme. Sehen Sie, Ihre Stimmung ist schon ganz anders. Sie lächeln allein schon bei der Vorstellung, daß Sie nach der Stunde einen Spaziergang durch die Stadt machen werden. Entscheiden Sie, was Sie unternehmen wollen, rechtfertigen Sie alles durch Ihre Einfälle, und es entsteht eine neue Übung zur Entwicklung Ihrer Phantasie.

Ich gebe Ihnen noch ein ‚Wenn': Die Tages- und die Jahreszeit, dieses Zimmer, unsere Schule, unser Unterricht bleiben bestehen, werden aber von Moskau auf die Krim versetzt, das heißt, es ändert sich der Ort der Handlung außerhalb dieses Zimmers. Wo jetzt die Straße ist, rauscht das Meer, in dem Sie nach der Stunde baden werden. Es fragt sich, wie wir plötzlich in den Süden gekommen sind. Erklären Sie das durch ‚vorgeschlagene Situationen', durch beliebige Einfälle. Vielleicht geben wir Gastvorstellungen auf der Krim und wollten unseren Unterricht nicht unterbrechen? Rechtfertigen Sie die verschiedensten Momente dieses erdachten Lebens in Übereinstimmung mit den eingeführten ‚Wenns', und Sie bekommen eine ganze Reihe neuer Anlässe für Phantasieübungen.

Ich führe ein neues ‚Wenn' ein – und versetze uns alle in den höchsten Norden, in eine Jahreszeit, wo dort ununterbrochen Tag ist. Wie ist diese Umsiedlung zu begründen? Drehen wir dort einen Film! Die Aufnahmen erfordern vom Schauspieler größte Schlichtheit und Natürlichkeit, weil jede Übertreibung dem Film schadet. Da aber nicht jeder von Ihnen ohne Übertreibung auskommt, muß ich, der Regisseur, mich um den weiteren Unterricht kümmern. Haben Sie jeden Einfall mit Hilfe des ‚Wenn' angenommen und ihm Glauben geschenkt, dann fragen Sie sich: ‚Was würde ich unter den gegebenen Umständen tun?' Indem Sie die Frage beantworten, regen Sie die Tätigkeit der Phantasie an.

Und jetzt – in einer neuen Übung – wollen wir uns alle ‚vorgeschlagene Situationen' ausdenken. Aus dem realen Leben, das uns augenblicklich umgibt, behalten wir nur diesen Raum, und auch dieser Raum wird durch unsere Phantasie noch sehr verändert. Nehmen wir an, wir sind alle Mitglieder einer wissenschaftlichen Expedition und haben einen weiten Weg im Flugzeug zurückzulegen. Während des Fluges über eine unerforschte, wilde Gegend geschieht die Katastrophe – der Motor setzt aus, das Flugzeug ist zur Notlandung in einem Gebirgstal gezwungen. Der Motor muß repariert werden. Die Reparatur wird die Expedition lange aufhalten. Lebensmittel sind zum Glück vorhanden, aber nicht allzu reichlich. Man wird also auf die Jagd gehen müssen. Außerdem muß eine Art Behausung geschaffen werden, das Essenkochen muß organisiert, eine Wache für einen möglichen Überfall durch Eingeborene oder wilde Tiere aufgestellt werden. So entsteht in der Vorstellung ein Leben voller Sorgen und Gefahren. Jeder Augenblick dieses Lebens erfordert unbedingt notwendige, zweckmäßige Handlungen, die sich logisch und folgerichtig in unserer Phantasie ergeben. An ihre Notwendigkeit muß man glauben, andernfalls verliert das Phantasieren Sinn und Reiz.

Doch das Schaffen des Schauspielers besteht nicht nur aus der inneren Tätigkeit der Phantasie, sondern auch aus der äußeren Verkörperung seines schöpferischen Phantasierens. Wandeln Sie also den Einfall in Wirklichkeit um, spielen Sie mir eine Episode aus dem Leben der Expeditionsteilnehmer vor."

„Wo? Hier? In der Wohnzimmereinrichtung?" staunten wir.

„Ja, wo denn sonst? Sollen wir etwa besondere Dekorationen bestellen? Wir haben für solche Fälle unseren eigenen Bühnenbildner. In einer Sekunde wird er uns gratis jede Forderung erfüllen. Es macht ihm überhaupt nichts aus, das Wohnzimmer, den Korridor, den Saal zu verwandeln, wie es uns gefällt. Dieser Bühnenbildner ist unsere Phantasie. Geben Sie ihm einen Auftrag. Entscheiden Sie, was Sie nach der Notlandung tun würden, wenn diese Wohnung ein Gebirgstal, dieser Tisch ein riesiger Stein, die Lampe mit dem Lampenschirm ein tropisches Gewächs, der Kronleuchter ein Zweig mit Früchten, der Kamin eine längst verlassene Herdstätte wären."

„Und der Korridor?" fragte Wjunzow.

„Eine Schlucht."

„Donnerwetter!" freute sich der exaltierte Jüngling. „Und das Eßzimmer?"

„Eine Höhle, in der wahrscheinlich irgendwelche Urmenschen gehaust haben."

„Und der Saal?"

„Ein offenes Plateau mit einem weiten, herrlichen Ausblick. Schauen Sie, die hellen Wände des Zimmers geben die Illusion von Luft. Später werden wir von diesem Plateau aus starten können."

„Und der Zuschauerraum?" Wjunzow ließ nicht locker.

„Ein tiefer Abgrund. Von dort ist, wie vom Hochplateau und von der Meeresseite her, kein Überfall von Eingeborenen oder Raubtieren zu erwarten. Die Wache muß also dort drüben aufgestellt werden, an der Tür zum Korridor, der die Schlucht darstellt."

„Und was geht hier im Wohnzimmer vor?"

„Hier wird das Flugzeug repariert."

„Und wo ist das Flugzeug selbst?"

„Da!" Torzow zeigte auf das Sofa. „Der Sitz ist der Platz für die Passagiere, die Fenstervorhänge sind die Tragflächen. Ziehen Sie sie mehr in die Breite. Der Tisch ist der Motor. Als erstes muß der Vergaser untersucht werden, da ist der Schaden am größten. In der Zwischenzeit sollen die übrigen Expeditionsteilnehmer das Nachtlager vorbereiten. Hier sind die Decken."
„Wo?"
„Die Tischtücher."
„Hier sind die Konserven und das Fäßchen mit Wein." Arkadi Nikolajewitsch wies auf die dicken Bücher, die auf dem Regal lagen, und auf die große Blumenvase.
„Sehen Sie sich aufmerksam im Zimmer um, und Sie werden viele Dinge entdecken, die Sie in der neuen Umgebung brauchen können."
Die Sache kam rasch in Schwung, und bald führten wir in dem gemütlichen Wohnzimmer das harte Leben einer in den Bergen notgelandeten Expedition. Wir paßten uns der Umgebung an, wir orientierten uns mühelos.
Ich kann nicht behaupten, daß ich an die Verwandlung geglaubt hätte, ich übersah einfach alles, was ich nicht wahrnehmen sollte. Wir hatten gar keine Zeit, es zu bemerken. Wir waren vollauf beschäftigt. Die Unwahrheit des Einfalls wurde übertönt, weil wir an die Wahrheit unseres Empfindens und unseres physischen Handelns glaubten.
Nachdem wir die Szene recht ordentlich zu Ende gespielt hatten, sagte Arkadi Nikolajewitsch:
„In dieser Übung ist die Welt der Phantasie noch heftiger in die reale Wirklichkeit eingedrungen: Der Einfall mit der Katastrophe und der Gebirgslandschaft drängte sich in das Wohnzimmer hinein. Das ist eins der unzähligen Beispiele dafür, wie man mit Hilfe der Phantasie die Welt der Dinge innerlich umwandeln kann. Man darf die Welt der Dinge nicht beiseite schieben, im Gegenteil, sie muß miteinbezogen werden ins Leben, das von der Phantasie geschaffen wird.
Dieser Prozeß vollzieht sich stets bei unseren intimen Proben. Wirklich, wir stellen mit ein paar Stühlen alles zusammen, was die Phantasie des Autors und Regisseurs nur erdenken kann: Häuser, Plätze, Schiffe, Wälder. Dabei glauben wir nicht, daß die Stühle wirklich ein Baum oder ein Felsen sind, aber wir glauben an die Wahrhaftigkeit unseres Verhaltens zu den unterstellten Dingen, so, als wären sie Baum oder Felsen."

Die Stunde begann mit einer kleinen Einleitung von Arkadi Nikolajewitsch. Er sagte:
„Bis jetzt ergaben sich unsere Übungen zur Entwicklung der Phantasie mehr oder weniger aus der Berührung mit der Welt der Dinge um uns herum (Zimmer, Kamin, Tür) oder mit einer wirklichen, aus dem Alltag bekannten Handlung (unser Unterricht). Jetzt verlege ich die Arbeit aus der Welt der Dinge, die uns umgeben, in das Reich der Phantasie. Dort wollen wir ebenso aktiv handeln, aber nur in Gedanken. Lösen wir uns von unserem jetzigen Standort, von der gegenwärtigen Zeit, versetzen wir uns in eine andere, uns gut bekannte Umgebung, und handeln wir dort so, wie es die Phantasie uns eingibt. Entscheiden Sie, wohin Sie sich im Geiste versetzen

möchten", wandte sich Arkadi Nikolajewitsch an mich. „Wo und wann findet die Handlung statt?"
„In meinem Zimmer, am Abend", sagte ich.
„Vorzüglich", lobte Arkadi Nikolajewitsch. „Ich weiß nicht, wie es Ihnen geht, aber ich muß, um mich in der vorgestellten Wohnung zu befinden, erst in Gedanken die Treppe emporsteigen, an der Wohnungstür klingeln – kurz, eine Reihe logischer Handlungen ausführen. Denken Sie an die Türklinke, die Sie herabdrücken müssen. Erinnern Sie sich, wie sie sich bewegt, wie die Tür aufgeht, wie Sie ins Zimmer treten. Was sehen Sie?"
„Geradeaus den Schrank, den Waschtisch..."
„Und links?"
„Das Sofa, den Tisch..."
„Versuchen Sie, durch das Zimmer zu gehen und darin zu leben. Warum verziehen Sie das Gesicht?"
„Ich habe auf dem Tisch einen Brief liegen sehen, und mir ist eingefallen, daß ich ihn noch nicht beantwortet habe. Das ist mir peinlich."
„Gut! Offenbar können Sie jetzt schon sagen: ‚Ich bin in meinem Zimmer.' Das heißt also: ‚Ich habe mich in das Zentrum der gedachten Bedingungen versetzt, ich fühle mich mitten unter ihnen, ich existiere in der Fülle des gedachten Lebens, in der Welt gedachter Dinge und beginne nun von mir aus, auf eigene Verantwortung zu handeln.' Jetzt sagen Sie mir, was Sie tun wollen."
„Das hängt davon ab, wie spät es ist."
„Begreiflich. Nehmen wir an, es ist jetzt elf Uhr abends."
„Das ist die Zeit, wo es in der Wohnung still wird", bemerkte ich.
„Was möchten Sie nun tun in dieser Stille?"
„Mich davon überzeugen, daß ich kein Komiker, sondern ein Tragöde bin."
„Schade, daß Sie Ihre Zeit so unproduktiv verschwenden wollen. Wie machen Sie das?"
„Ich spiele ganz für mich allein irgendeine tragische Rolle", gestand ich.
„Welche denn? Othello?"
„Oh, nein! An Othello kann ich in meinem Zimmer nicht mehr arbeiten. Jedes Eckchen verleitet mich, alles zu wiederholen, was ich schon früher gemacht habe."
„Was werden Sie also spielen?"
Ich schwieg, da ich die Frage selbst noch nicht entschieden hatte.
„Was tun Sie im Augenblick?"
„Ich sehe mich im Zimmer um. Vielleicht gibt mir irgendein Gegenstand ein interessantes Thema ein... Zum Beispiel fällt mir die dunkle Ecke hinterm Schrank ins Auge. Das heißt, sie ist an und für sich nicht dunkel, sie wirkt nur so bei Abendbeleuchtung. Ein Haken steckt dort in der Wand, als biete er einem Selbstmörder seine Dienste an. Ja, wenn ich mir nun wirklich das Leben nehmen wollte, was täte ich dann jetzt?"
„Was denn?"
„Zuerst müßte man natürlich einen Strick oder einen Gurt suchen, deshalb durchstöbere ich meine Sachen auf den Regalen und in den Schubfächern."

„Haben Sie etwas gefunden?"
„Ja ... Aber nun stellt sich heraus, daß der Haken zu niedrig ist, meine Füße würden den Boden berühren."
„Das geht nicht, suchen Sie einen anderen."
„Es ist kein anderer da."
„Wäre es unter diesen Umständen nicht am besten, Sie blieben am Leben?"
„Ich weiß nicht ... Ich bin 'rausgekommen, meine Phantasie gibt nichts mehr her", gestand ich.
„Weil der Einfall unlogisch ist. In der Natur ist alles folgerichtig und logisch (mit wenigen Ausnahmen), und darum muß auch ein solcher Einfall logisch sein. Es ist nicht weiter erstaunlich, daß Ihre Phantasie sich geweigert hat, den Einfall ohne jede logische Voraussetzung bis zu einer dummen Schlußfolgerung zu führen. Dennoch hat das Experiment mit der Selbstmordidee, das Sie eben gemacht haben, alles erfüllt, was davon zu erwarten war: Es hat Ihnen anschaulich eine neue Art des Phantasierens demonstriert. Dabei löst sich der Künstler von der realen Welt um ihn herum (in diesem Fall von diesem Zimmer) und versetzt sich im Geist in eine gedachte Welt (also in Ihr Zimmer). In dieser gedachten Umgebung ist Ihnen alles bekannt, da Sie das Material zum Phantasieren aus Ihrer alltäglichen Umgebung genommen haben. Dadurch wird Ihre Gedächtnisarbeit erleichtert. Aber was tut man, wenn man es beim Phantasieren mit einem unbekannten Leben zu tun hat? Das verlangt eine neue Art der Phantasietätigkeit.
Um sie zu verstehen, müssen Sie sich wieder von der Wirklichkeit um Sie herum lösen und sich im Geiste in andere, unbekannte, im Augenblick nicht vorhandene, wohl aber im realen Leben existente Bedingungen versetzen. Zum Beispiel, es dürfte wohl kaum einer der Anwesenden eine Weltreise gemacht haben. Aber es ist möglich, in der Wirklichkeit und in der Phantasie. Man darf nicht ‚irgendwie', nicht ‚im allgemeinen', nicht ‚ungefähr' phantasieren (jedes ‚Irgendwie', ‚Im allgemeinen' und ‚Ungefähr' ist in der Kunst verboten), sondern nur in allen Einzelheiten, aus denen sich jede große Unternehmung zusammensetzt.
Unterwegs begegnen Sie den verschiedenartigsten Bedingungen, den Sitten und Lebensgewohnheiten fremder Länder und Völker. Es ist kaum anzunehmen, daß Ihr Gedächtnis Ihnen alles nötige Material geben kann. Darum wird man aus Büchern, Bildern, Fotos und anderen Quellen schöpfen müssen, die Wissen vermitteln oder die Eindrücke anderer Menschen wiedergeben. Diesen Quellen werden Sie entnehmen, welche Orte Sie im Geiste aufsuchen wollen und zu welcher Jahreszeit; welche Strecken Sie auf dem Dampfer zurücklegen und in welchen Städten Sie Station machen werden. Sie gewinnen Kenntnis von Lebensbedingungen und Sitten dieser oder jener Länder, Städte und so weiter. Was am Erschaffen einer Weltreise im Geiste noch fehlt, mag dann die Phantasie ergänzen. Die gründlichen Kenntnisse machen die Arbeit fundierter und nicht so haltlos, wie es das Phantasieren ‚im allgemeinen' ist, das den Schauspieler zu Übertreibungen und zum Handwerk verleitet. Nach dieser umfassenden Vorbereitung kann man die Reiseroute festlegen und sich auf den Weg machen. Vergessen Sie aber nicht, daß Sie die ganze Zeit in Übereinstimmung mit der logischen Folgerichtigkeit sein müssen. Das wird Ihnen helfen, das schwan-

kende, labile Phantasiegebilde mit der unverrückbaren, stabilen Wirklichkeit in Einklang zu bringen.
Wenn ich zu dieser neuen Art des Phantasierens übergehe, denke ich daran, daß der Phantasie von Natur aus mehr Möglichkeiten gegeben sind als der realen Wirklichkeit selbst. Tatsächlich, die Phantasie malt etwas aus, was im realen Leben nicht durchführbar ist. Zum Beispiel können wir uns in der Phantasie auf andere Planeten versetzen und dort Märchenprinzessinnen entführen; wir können zum Kampf gegen gar nicht vorhandene Drachen ausziehen; wir können hinuntersteigen auf den Meeresboden und die Nixenkönigin heiraten. Versuchen Sie das doch alles mal in Wirklichkeit – Sie dürften kaum fertiges, brauchbares Material für solche Phantasien finden. Wissenschaft, Literatur, Malerei, Erzählungen geben uns nur eine Andeutung, einen Anstoß, einen Ausgangspunkt für einen Ausflug in das vorgestellte Märchenreich. Darum hat hier die hauptsächliche schöpferische Arbeit die Phantasie zu leisten, und um so mehr brauchen wir dabei Mittel, die das Märchenhafte der Wirklichkeit angleichen – nämlich Logik und Folgerichtigkeit. Sie haben, wie gesagt, bei dieser Arbeit eine wesentliche Funktion. Sie nähern das Unmögliche dem Wahrscheinlichen an. Seien Sie darum beim Erschaffen märchenhafter und phantastischer Einfälle immer logisch und folgerichtig.
Und jetzt", fuhr Arkadi Nikolajewitsch nach kurzem Überlegen fort, „möchte ich Ihnen noch erklären, daß man sich der Übungen, die Sie schon gemacht haben, in verschiedenen Kombinationen und Variationen bedienen kann. So können Sie sich zum Beispiel sagen: ‚Ich möchte doch mal sehen, wie meine Mitschüler und Arkadi Nikolajewitsch und Iwan Platonowitsch ihren Unterricht auf der Krim oder im hohen Norden halten. Möchte doch mal sehen, wie sie ihre Flugzeugexpedition überstehen.' In diesem Fall sind Sie nur Zuschauer Ihrer Phantasie und spielen in dem gedachten Leben gar keine Rolle.
Doch nun möchten Sie selbst an der gedachten Expedition oder an dem Unterricht am Südufer der Krim teilnehmen. ‚Wie würde ich in dieser Lage aussehen?' fragen Sie sich, treten wieder beiseite und sehen nun Ihre Mitschüler und sich selbst beim Unterricht auf der Krim oder bei der Expedition. In diesem Fall sind Sie auch passiver Zuschauer Ihres Phantasiegebildes, Zuschauer Ihrer selbst, der eigene Zuschauer.
Schließlich aber wird es Ihnen über, sich nur zu betrachten, Sie wollen selber handeln, und dazu versetzen Sie sich in Ihre Phantasiegebilde, nehmen selber teil am Unterricht, reparieren das Flugzeug oder stehen Wache. Jetzt, in Ihrer Eigenschaft als handelnde Person in dem gedachten Leben, können Sie sich selbst nicht mehr sehen, sondern Sie sehen das, was Sie umgibt, und reagieren innerlich auf alles, was um Sie herum vorgeht, als nähmen Sie wirklich an diesem Leben teil. In solchen Augenblicken Ihres aktiven Phantasierens entsteht in Ihnen der Zustand, den wir mit ‚Ich bin' bezeichnen wollen."

„Horchen Sie in sich hinein und sagen Sie mir: Was geht in Ihnen vor, wenn Sie, wie in der letzten Stunde, an einen Unterricht auf der Krim denken?" fragte Arkadi Nikolajewitsch zu Beginn der heutigen Stunde Schustow.

„Was geht denn in mir vor?" überlegte Schustow. „Seltsamerweise habe ich eine Vorstellung von einem kleinen, schäbigen Gasthauszimmer, einem offenen Fenster zum Meer hin ... es ist sehr eng, viele Schüler sind im Zimmer, und einer macht Übungen zur Entwicklung der Phantasie."

„Und was", wandte sich Arkadi Nikolajewitsch an die Dymkowa, „was geht in Ihnen vor beim Gedanken an dieselbe Gruppe, die die Phantasie in den hohen Norden versetzt hat?"

„Ich habe eine Vorstellung von Eisbergen, von Zelten und einem Lagerfeuer, alle tragen Pelzkleidung..."

„Ich brauche also nur ein Thema zu nennen, und schon löst das vor dem sogenannten inneren Auge die entsprechenden Bildvorstellungen aus. Sie heißen in unserer Schauspielersprache *Vorstellungsbilder*.

Soweit man es von sich aus beurteilen kann, bedeutet sich etwas vorstellen phantasieren, träumen, also erblicken mit dem inneren Auge, sehen, woran man denkt. Und was ging in Ihrem Inneren vor, als Sie sich im Geiste in einer dunklen Ecke Ihres Zimmers aufhängen wollten?" wandte sich Arkadi Nikolajewitsch an mich.

„Als ich die vertraute Umgebung im Geiste vor mir sah, stiegen wieder die wohlbekannten Zweifel in mir auf, die mich in meiner Einsamkeit so oft befallen. Als ich wieder den nagenden Schmerz in meinem Innern fühlte, wollte ich endlich von dem ständigen Zweifel frei werden und glaubte – aus Ungeduld und Charakterschwäche – im Selbstmord einen Ausweg gefunden zu haben", erklärte ich mit einiger Erregung.

„Sie brauchten also nur mit dem inneren Auge die vertraute Umgebung zu sehen, ihre Stimmung zu erfühlen, und sofort lebten in Ihnen die wohlbekannten, mit dem Ort der Handlung verbundenen Gedanken auf. Die Gedanken lösten das Gefühl und das Erleben und in der Folge auch den Drang zum Handeln aus. Und welche Bilder sieht Ihr inneres Auge, wenn Sie an die Übung mit dem Wahnsinnigen denken?" wandte sich Arkadi Nikolajewitsch an alle Schüler.

„Ich sehe Maloletkowas Wohnung, viele junge Menschen, im Saal wird getanzt, im Eßzimmer ist das Abendbrot aufgetragen. Es ist hell, warm, fröhlich! Aber draußen, auf der Treppe, vor der Wohnungstür, lehnt ein riesenlanger, völlig erschöpfter Mann mit zerzaustem Bart, in der dünnen Anstaltskleidung, mit Pantoffeln, durchfroren, hungrig", berichtete Schustow.

„Sehen Sie denn nur den Anfang der Übung?" fragte Arkadi Nikolajewitsch, als Schustow verstummte.

„Nein, ich sehe auch den Schrank, den wir heranschleppten, um die Tür zu verbarrikadieren, ich entsinne mich auch, wie ich im Geiste mit der Anstalt telefonierte, aus der der Kranke entflohen war."

„Und weiter, was sehen Sie noch?"

„Ehrlich gesagt – weiter nichts."

„Sehr bedauerlich! Denn aus diesem kargen, unzusammenhängenden Bildmaterial kann man keine ununterbrochene Bilderreihe machen, die für die ganze Übung nötig ist. Was tun?"

„Man müßte sich etwas ausdenken, hinzudichten, was fehlt", schlug Schustow vor.

„Ja, das ist es, hinzudichten! Das muß man immer tun an Stellen, an denen Autor, Regisseur und die anderen Schöpfer der Aufführung nicht alles ausgesprochen haben, was der schaffende Schauspieler wissen muß.

Wir brauchen erstens eine ununterbrochene Folge ‚vorgeschlagener Situationen', denen das Leben der betreffenden Übung unterworfen ist; zweitens brauchen wir einen ununterbrochenen Bildstreifen, der mit den ‚vorgeschlagenen Situationen' verbunden ist – kurz, wir brauchen *eine ununterbrochene Folge nicht einfacher, sondern bebilderter ‚vorgeschlagener Situationen'.* Darum müssen Sie sich folgendes ein für allemal gut merken: In jedem Augenblick auf der Bühne, in jedem Augenblick der äußeren und inneren Entwicklung des Stückes, der Handlung muß der Schauspieler sehen, was außerhalb seiner selbst auf der Bühne vorgeht (das heißt die äußeren gegebenen Umstände, die vom Regisseur, Bühnenbildner und den übrigen Schöpfern der Aufführung geschaffen worden sind) und was innen, in seiner eigenen Phantasie vorgeht, das heißt jene Bilder, die die ‚vorgeschlagenen Situationen' illustrieren. Aus diesen Momenten entsteht – teils in uns, teils außerhalb von uns – ein ununterbrochener unendlicher Streifen innerer und äußerer Bildmomente, eine Art Film. Während des Schaffens läuft er pausenlos ab und wirft auf die Leinwand unserer inneren Sicht die illustrierten ‚vorgeschlagenen Situationen' der Rolle, unter denen der Darsteller der Rolle auf der Bühne auf eigene Verantwortung lebt.

Diese Bilder werden uns innerlich in die entsprechende Stimmung versetzen. Die Stimmung wird ihren Einfluß auf Ihre Seele ausüben und das entsprechende Erlebnis hervorrufen.

Das ständige Betrachten des inneren Filmstreifens wird Sie einerseits an den Lebensbereich des Stückes fesseln und andererseits Ihr Schaffen stetig und sicher lenken.

Übrigens Vorstellungsbilder! Ist es eigentlich richtig zu behaupten, daß wir sie in unserem Innern empfinden? Wir haben die Fähigkeit, etwas zu sehen, was in Wirklichkeit nicht vorhanden ist, was wir uns nur vorstellen. Diese Fähigkeit läßt sich unschwer nachweisen. Da hängt ein Kronleuchter. Er befindet sich außerhalb von mir. Er ist da, er existiert in der Welt der Materie. Ich sehe ihn an und spüre, wie ich, wenn man so sagen kann, die ‚Fühler meiner Augen' nach ihm ausstrecke. Nun läßt mein Blick den Kronleuchter los, ich schließe die Augen und möchte den Kronleuchter wieder sehen – im Geiste, ‚aus dem Gedächtnis'. Dazu ist es unerläßlich, sozusagen die ‚Fühler der Augen' wieder einzuziehen und sie dann nach innen, nicht auf einen realen Gegenstand, sondern auf eine gedachte Leinwand der inneren Sicht zu richten, wie wir es in unserer Schauspielersprache nennen.

Wo befindet sich nun diese Leinwand oder, genauer gesagt, wo empfinde ich sie – innerhalb oder außerhalb meiner selbst? Nach meinem Empfinden ist sie irgendwo außerhalb, in einem leeren Raum vor mir. Der Film selbst läuft tatsächlich in mir ab, aber seine Projektion sehe ich außerhalb von mir.

Um es ganz deutlich zu machen, möchte ich dasselbe mit anderen Worten, in anderer Form sagen.

Die Umrisse der Bilder entstehen in uns, in unserer Phantasie, in unserem Gedächtnis. Sie bieten sich uns dann außerhalb unserer selbst gleichsam zur Durchsicht. Aber

wir sehen diese vorgestellten Objekte von innen heraus an, sozusagen nicht mit den äußeren, sondern mit den inneren Augen, mit der inneren Sicht.
Das gleiche geht auch im Bereich des Hörens vor sich: Wir hören die gedachten Töne nicht mit den äußeren Ohren, sondern mit dem inneren Ohr, empfinden aber den Ausgangspunkt dieser Töne meistens nicht in uns, sondern außerhalb von uns selbst.
Ich sage jetzt dasselbe, drehe den Satz aber um: Die gedachten Objekte und Bilder schweben uns zwar außerhalb unserer selbst vor, entstehen aber doch vorher in uns, in unserem Gedächtnis und unserer Phantasie. Wir wollen das an einem Beispiel kontrollieren.
Naswanow!" wandte sich Arkadi Nikolajewitsch an mich, „erinnern Sie sich an meinen Vortrag in N.? Sehen Sie jetzt das Podium vor sich, auf dem wir beide saßen? Empfinden Sie dieses Bild innerhalb oder außerhalb Ihrer selbst?"
„Ich empfinde es außerhalb, wie damals, als es wirklich war", antwortete ich ohne Zögern.
„Und mit welchen Augen betrachten Sie jetzt das gedachte Podium? Mit den inneren oder mit den äußeren?"
„Mit den inneren."
„Nur mit solchen Umschreibungen und Erklärungen läßt sich der Begriff ,innere Sicht' erfassen."
„Innere Vorstellungsbilder für jeden Augenblick eines langen Stückes erschaffen! Das ist ja furchtbar kompliziert und schwer!" rief ich erschrocken.
„Kompliziert und schwer? Zur Strafe erzählen Sie mir jetzt Ihr ganzes Leben, soweit Sie sich dessen entsinnen", forderte Arkadi Nikolajewitsch mich plötzlich auf.
Ich begann:
„Mein Vater pflegte zu sagen: ,An die Kindheit erinnert man sich – als wären's Jahrzehnte, an die Jugend – als wären es Jahre, an die besten Jahre – als wären es Monate, und an das Alter – als wären es Wochen.'
So empfinde auch ich meine Vergangenheit. Dabei sehe ich vieles von dem, was mein Gedächtnis aufgenommen hat, bis in jede Einzelheit genau, zum Beispiel die ersten Eindrücke meines Lebens, auf die ich mich besinne – die Schaukel im Garten. Sie erschreckte mich. Ebenso deutlich sehe ich einige Szenen im Kinderzimmer, im Zimmer meiner Mutter, meiner Kinderfrau, auf dem Hof, auf der Straße. Der neue Lebensabschnitt, meine Knabenzeit, hat sich mir mit besonderer Schärfe eingeprägt. Er begann mit meiner Einschulung. Von diesem Augenblick an sehe ich vor meinem inneren Auge zwar kürzere Lebensabschnitte, dafür aber wesentlich mehr. So gehen die großen Abschnitte und die einzelnen Episoden des Lebens als eine lange, lange Reihe von der Gegenwart in die Vergangenheit zurück."
„Und Sie sehen sie?"
„Wen?"
„Die ununterbrochene, aus Abschnitten und Episoden bestehende Reihe, die sich durch Ihre ganze Vergangenheit zieht?"
„Ja, wenn auch nur mit Unterbrechungen", gestand ich.
„Da hören Sie's!" rief Arkadi Nikolajewitsch triumphierend aus. „In wenigen Minuten

hat Naswanow den Film seines Lebens geschaffen und ist nicht imstande, dasselbe mit dem Leben der Rolle in einem Zeitraum von etwa drei Stunden zu tun, die ihre Verkörperung auf dem Theater normalerweise erfordert!"

„Ja, habe ich mich denn an das ganze Leben erinnert? Doch nur an vereinzelte Augenblicke!"

„Sie haben das ganze Leben durchlebt und davon die Erinnerung an die wesentlichen Augenblicke behalten. Durchleben Sie das ganze Leben der Rolle und behalten Sie davon auch die wesentlichsten Abschnitte und Momente im Gedächtnis. Warum halten Sie diese Arbeit für so schwierig?"

„Ja, weil das richtige Leben ganz von selbst, auf natürliche Weise den Film der Vorstellungsbilder entstehen läßt, in dem gedachten Leben der Rolle aber muß es der Schauspieler selbst tun, und das ist sehr kompliziert und schwer!"

„Sie werden sich bald selbst davon überzeugen, daß diese Arbeit in Wirklichkeit nicht so kompliziert ist. Hätte ich Sie aber aufgefordert, die ununterbrochene Reihe nicht aus Vorstellungsbildern, sondern aus Ihren seelischen Erlebnissen und Empfindungen zu bilden, so hätte sich diese Arbeit nicht nur als ‚kompliziert' und ‚schwer', sondern als undurchführbar herausgestellt."

„Warum?" Die Schüler verstanden nicht.

„Weil unser Fühlen und Erleben nicht zu greifen ist, es ist launisch, veränderlich, es läßt sich nicht festlegen oder, wie wir sagen, ‚fixieren'. Das Sehen kommt uns da mehr entgegen. Die Vorstellungsbilder prägen sich unserem optischen Gedächtnis leichter und fester ein und leben schneller und sicherer in unserer Vorstellung wieder auf.

Außerdem sind bildhafte Vorstellungen unserer Phantasie, ungeachtet ihres imaginären Charakters, immerhin realer, faßlicher, gewissermaßen ‚materieller' (soweit man das von Phantasien sagen kann) als die Vorstellung von Gefühlen, die uns unser emotionales Gedächtnis undeutlich souffliert. Deshalb wollen wir die zugänglicheren und faßlicheren optischen Vorstellungen dazu benutzen, das labilere, rasch entgleitende seelische Empfinden hervorzurufen und zu fixieren.

Der Filmstreifen der inneren Bilder soll uns stets in entsprechenden, dem Stück analogen Stimmungen erhalten. Die Stimmungen sollen uns tragen und die entsprechenden Erlebnisse, Sehnsüchte, Impulse und sogar Handlungen in uns auslösen.

Das ist der Grund, weshalb Sie für jede Rolle keine einfachen, sondern illustrierte ‚vorgeschlagene Situationen' brauchen", schloß Arkadi Nikolajewitsch.

„Wenn ich also", versuchte ich zu einem endgültigen Schluß zu kommen, „in mir den Film von jedem Augenblick im Leben Othellos schaffe und ihn auf der Leinwand meiner inneren Sicht ablaufen lasse –"

„Und wenn", fiel Arkadi Nikolajewitsch mir ins Wort, „die Illustration, die Sie geschaffen haben, die ‚vorgeschlagenen Situationen' und das ‚magische Wenn' des Stückes richtig wiedergibt, wenn diese in Ihnen Stimmungen und Empfindungen auslösen, die denen der Rolle analog sind, dann werden Sie wahrscheinlich jedesmal von diesen Vorstellungsbildern angesteckt werden und die Empfindungen Othellos bei jeder Durchsicht des Films richtig miterleben."

„Wenn dieser Film hergestellt ist, ist es nicht weiter schwierig, ihn ablaufen zu lassen. Das Problem ist nur, wie man ihn schaffen soll!" Ich ließ nicht locker.
„Darüber sprechen wir das nächste Mal", sagte Arkadi Nikolajewitsch und verließ den Klassenraum.

„Jetzt wollen wir unsere Phantasie spielen lassen und Filme herstellen!" verkündete Arkadi Nikolajewitsch.
„Worüber denn?" fragten die Schüler.
„Ich wähle absichtlich ein passives Thema, weil ein aktives schon von sich aus die Aktivität wecken könnte, ohne Hilfe der Phantasie. Ein Thema ohne eigentliche Handlung dagegen bedarf einer gründlichen vorbereitenden Phantasietätigkeit. Und im Augenblick interessiert mich nicht so sehr die Aktivität als die Vorarbeit dafür. Deswegen nehme ich ein möglichst inaktives Thema. Ich schlage Ihnen vor, das Leben eines Baumes zu leben, dessen Wurzeln tief in die Erde greifen."
„Großartig! Ich bin ein Baum, eine hundertjährige Eiche", stellte Schustow fest.
„Übrigens, obwohl ich es eben behauptet habe, kann ich doch nicht so recht glauben, daß es möglich ist."
„In diesem Fall sagen Sie sich folgendes: Ich – das bin ich, aber wenn ich eine Eiche wäre, wenn die Umstände um mich herum und in mir sich so und so gestalten würden – was würde ich dann tun?" suchte Torzow ihm zu helfen.
„Aber wie kann man denn in Untätigkeit handeln, regungslos an einem Fleck stehend?" zweifelte Schustow.
„Ja, Sie können sich natürlich nicht fortbewegen, nicht von einem Ort zum andern gehen. Darüber hinaus gibt es aber noch andere Tätigkeiten. Um sie auszulösen, müssen Sie zuallererst entscheiden, wo Sie sich befinden. Im Walde, zwischen Wiesen oder auf einem Bergeshang? Wählen Sie, was Sie am meisten reizt."
Schustow hatte die Vorstellung, daß er eine Eiche auf einer Bergwiese irgendwo in den Alpen sei. Von dort hat man einen freien, weiten Ausblick. Links in einiger Entfernung ragt ein Schloß auf, in weiter Ferne glitzern schneebedeckte Gipfel, davor dehnen sich unabsehbare Hügelketten, die von oben wie versteinerte Wogen aussehen. Hier und da verstreut liegen kleine Dörfer.
„Jetzt erzählen Sie mir, was Sie in nächster Nähe erblicken."
„Ich sehe an mir selbst eine dichte Laubkrone, die mächtig rauscht, wenn sich die Äste bewegen."
„Ganz gewiß! Da oben haben Sie häufig heftigen Wind."
„Ich sehe in meinen Ästen Vogelnester."
„Das ist gut in Ihrer Einsamkeit."
„Nein, besonders gut ist es nicht. Mit diesen Vögeln kann man nicht recht in Frieden leben. Sie machen Lärm mit den Flügeln, wetzen die Schnäbel an meiner Rinde, und manchmal zanken und schlagen sie sich. Das stört mich sehr... Unten fließt ein Bach vorüber, er ist mein bester Freund und Gesprächspartner. Er bewahrt mich vor dem Verdorren", phantasierte Schustow.
Torzow ließ ihn jede Einzelheit des gedachten Lebens zu Ende zeichnen.
Dann wandte sich Arkadi Nikolajewitsch an Pustschin, der, ohne seine Phantasie

allzusehr anzustrengen, ein ganz alltägliches, wohlvertrautes Objekt wählte, das sich leicht aus dem Gedächtnis reproduzieren läßt. Seine Phantasie ist schwach entwickelt. Er stellte sich ein Sommerhäuschen mit Garten im Petrowskipark vor.
„Was sehen Sie?" fragte Arkadi Nikolajewitsch.
„Den Petrowskipark."
„Den ganzen Petrowskipark kann man nicht auf einmal überblicken. Wählen Sie für Ihr Sommerhaus eine bestimmte Stelle. Nun, was sehen Sie vor sich?"
„Einen Gitterzaun."
„Was für einen Zaun?"
Pustschin schwieg.
„Aus was für Material ist er hergestellt?"
„Aus was für Material? Aus Schmiedeeisen."
„Was für ein Muster hat er? Zeichnen Sie es auf."
Pustschin malte lange mit dem Finger auf dem Tisch herum, wobei es deutlich wurde, daß er sich das, worüber er sprach, zum erstenmal überlegte.
„Ich kann nichts erkennen. Zeichnen Sie deutlicher." Torzow versuchte alles mögliche, um Pustschins optisches Gedächtnis anzufeuern. „Na schön, nehmen wir an, Sie sehen es ... Jetzt sagen Sie mir, was jenseits des Zaunes ist."
„Ein Fahrweg."
„Und wer fährt und geht darauf?"
„Die Sommerfrischler."
„Und außerdem?"
„Mietdroschken."
„Und sonst noch?"
„Lastfuhren."
„Und sonst noch?"
„Reiter."
„Vielleicht auch Radfahrer?"
„Ja, ja, eben! Radfahrer, Autos ..."
Es war klar, daß sich Pustschin gar keine Mühe gab, seine Phantasie zu wecken. Was nützt denn das passive Träumen, wenn der Lehrer für den Schüler arbeitet. Ich teilte Torzow meine Bedenken mit.
„Meine Methode, die Phantasie anzuregen, hat einige Punkte, die zu beachten sind", erwiderte er. „Wenn die Phantasie des Schülers nicht arbeitet, stelle ich ihm eine einfache Frage. Man kann ja nicht gut schweigen, wenn man angesprochen wird. Der Schüler gibt also eine Antwort – zuweilen aufs Geratewohl, nur um seine Ruhe zu haben. So eine Antwort erkenne ich nicht an und decke ihre Oberflächlichkeit auf. Um eine befriedigendere Antwort zu geben, muß der Schüler entweder sofort seine Phantasie anspornen und sich dazu zwingen, mit dem inneren Auge zu sehen, wonach er gefragt wird, oder er muß die Frage vom Verstand her anpacken, aus einer Reihe folgerichtiger Betrachtungen. Die Tätigkeit der Phantasie wird sehr häufig von dieser Art der bewußten Verstandesarbeit vorbereitet und gelenkt. Doch nun hat der Schüler endlich in seinem Gedächtnis oder in seiner Phantasie etwas erblickt, bestimmte optische Umrisse entstehen vor ihm. Ein kurzer Augenblick des Phanta-

sierens ist gekommen. Danach wiederhole ich mit Hilfe einer neuen Frage den gleichen Vorgang. Es entsteht ein zweiter kurzer Augenblick der inneren Sicht, dann ein dritter. So unterstütze und erweitere ich seine Phantasietätigkeit, rufe eine ganze Serie belebender Momente in ihm hervor, die – zusammengenommen – den ganzen Film des gedachten Lebens ergeben. Mag er auch fürs erste noch uninteressant sein, genügt es doch schon, daß er aus Bildern zusammengesetzt ist, die aus der eigenen inneren Sicht des Schülers stammen. Ist die Phantasie einmal geweckt, so kann er das gleiche zweimal, dreimal und öfters wiedersehen. Durch die Wiederholung prägt sich der Film seinem Gedächtnis immer fester ein, er wird damit vertraut. Es gibt allerdings eine träge Phantasie, die selbst auf die einfachsten Fragen nicht immer reagiert. Dann bleibt dem Lehrer nichts weiter übrig, als auf die Frage, die er selbst gestellt hat, die Antwort zu soufflieren. Wenn solche Antworten den Schüler befriedigen, nimmt er die fremden Bilder an und fängt an – auf seine Weise –, dieses und jenes zu sehen. Befriedigen sie ihn nicht, dann verändert er das Vorgesagte nach seinem Geschmack, was ihn gleichfalls zwingt, mit dem inneren Auge zu sehen und wahrzunehmen. Auch das ergibt dann schließlich eine Art gedachtes Leben, das immerhin teilweise aus dem eigenen Material des Phantasierenden besteht... Wie ich sehe, scheint dieses Resultat Sie kaum zu befriedigen. Immerhin bringt aber auch diese erzwungene Phantasietätigkeit einiges ein."
„Was denn?"
„Zum Beispiel, vorher hatte der Schüler gar keine bildhafte Vorstellung vom Leben, das erschaffen werden sollte, es war alles ganz vage, undeutlich. Nach dieser Arbeit beginnt sich etwas Lebendiges abzuzeichnen und zu festigen. Es entsteht ein Boden, auf den der Lehrer oder der Regisseur neue Samen werfen können, eine unsichtbare Grundierung, auf der das Bild gemalt werden kann. Außerdem übernimmt bei meiner Methode der Schüler vom Lehrer die Art, seine Phantasie anzuspornen, er lernt, sie mit Fragen wachzurütteln, die ihm nunmehr der eigene Verstand eingibt. Es wird ihm zur Gewohnheit, bewußt gegen die Untätigkeit und Trägheit seiner Phantasie anzukämpfen. Und das ist schon viel."

Arkadi Nikolajewitsch setzte heute die Übungen zur Entwicklung der Phantasie fort.
„In der letzten Stunde", sagte er zu Schustow, „haben Sie mir erzählt, *wer* Sie sind, *wo* Sie sich in Ihrer Phantasie befinden und was Sie um sich herum *sehen*... Erzählen Sie mir jetzt, was Sie mit Ihrem inneren Ohr im gedachten Leben der alten Eiche *hören*."
Erst hörte Schustow gar nichts. Torzow erinnerte ihn an das Treiben der Vögel, die sich in seiner Krone Nester gebaut hatten, und fügte hinzu:
„Nun, und auf der Bergwiese, was hören Sie da?"
Jetzt vernahm Schustow das Blöken der Schafe, das Brüllen der Kühe, das Geläut der Glocken, den Klang der Hirtenschalmei, das Gespräch der Frauen, die sich im Schatten der Eiche von der schweren Feldarbeit ausruhten.
„Sagen Sie mir jetzt, *wann* alles vorgeht, was Sie in Ihrer Phantasie sehen und hören. Welche geschichtliche Epoche ist es? Welches Jahrhundert?"

Schustow wählte das Zeitalter des Feudalismus.
„Gut. Wenn das so ist, dann werden Sie ja als alte Eiche noch irgendwelche Töne hören, die charakteristisch sind für diese Zeit."
Nach kurzem Schweigen sagte Schustow, er höre das Lied eines fahrenden Sängers, eines Minnesängers, der sich zu einem Fest auf das Schloß begebe. Hier, unter der Eiche am Bach, mache er Rast, wasche sich, lege festliche Gewänder an und bereite sich auf seinen Auftritt vor. Er stimme seine Harfe und übe zum letztenmal ein neues Lied von Frühling, Liebe und Herzeleid. In der Nacht aber hört die Eiche das Liebesgeständnis eines Ritters an eine verheiratete Dame, die langen Küsse der beiden. Dann erklingen die wilden Verwünschungen zweier geschworener Feinde, zweier Rivalen, Waffen klirren, der Verwundete stößt einen Todesschrei aus. Im Morgendämmern werden die erregten Stimmen der Leute hörbar, die auf der Suche nach dem Toten sind. Als sie ihn finden, erhebt sich ein allgemeiner Tumult, gellende Schreie ertönen. Der Leichnam wird aufgehoben, man hört die schweren, gleichmäßigen Schritte der Träger, die sich langsam entfernen.
„*Warum?*"
„Was denn: warum?" staunten wir.
„Warum ist Schustow eine Eiche? Warum wächst er im Mittelalter in den Alpen?"
Für Torzow ist diese Frage von großer Bedeutung. Er meint, mit ihrer Beantwortung kann man in seiner Phantasie die Vergangenheit des Lebens rekonstruieren, das man bereits erschaffen hat.
„Warum stehen Sie einsam auf dieser Bergwiese?"
Schustow dachte folgendes über die Vergangenheit der alten Eiche aus: Einstmals war die ganze Bergkuppe mit dichtem Wald bedeckt. Doch der Graf, dem das Schloß dort drüben auf der anderen Seite des Tals gehörte, mußte ständig auf einen Überfall seines streitsüchtigen Nachbarn gefaßt sein. Der Wald hätte das Anrücken des feindlichen Heeres seinen Blicken verborgen und dem Feind als Hinterhalt dienen können. Er wurde abgeholzt. Nur die mächtige Eiche ließ man stehen, weil in ihrem Schatten eine Quelle aus der Erde hervorsprudelte. Wäre die Quelle ausgetrocknet, dann wäre mit der Zeit auch der Bach versiegt, der die Herden des Grafen tränkte.
Eine neue Frage Torzows – *zu welchem Zweck* – ließ uns alle wieder aufhorchen.
„Ich begreife Ihre Verlegenheit, da es sich in diesem Falle um einen Baum handelt. Im allgemeinen aber hat die Frage – zu welchem Zweck – große Bedeutung. Sie zwingt uns, uns über Ziel und Zweck unserer Bestrebungen klarzuwerden. Dieses Ziel weist aber in die Zukunft und treibt zur Aktivität, zum Handeln. Der Baum kann sich natürlich keine Ziele setzen, aber er kann eine Bestimmung haben, eine Art Tätigkeit ausüben, indem er einem Zwecke dient."
Schustow dachte sich folgende Antwort aus: Die Eiche ist der höchste Punkt in der ganzen Umgebung. So eignet sie sich also vorzüglich als Beobachtungsstand gegen den feindlichen Nachbarn. Dabei hat die Eiche auch früher schon viele gute Dienste geleistet. So ist es also nicht weiter erstaunlich, daß sie von den Bewohnern des Schlosses und der umliegenden Dörfer hochgeachtet wird. Ihr zu Ehren wird in jedem Frühjahr ein besonderes Fest veranstaltet. Der Graf erscheint persönlich auf

diesem Fest und leert einen riesigen Becher Wein bis auf den Grund. Die Eiche wird mit Blumen geschmückt, umtanzt und besungen.

„Und nun", sagte Torzow, „da sich die ‚vorgeschlagenen Situationen' in unserer Phantasie abgezeichnet und mit Leben gefüllt haben, wollen wir das, was zu Beginn unserer Arbeit vorhanden war, mit dem vergleichen, was wir jetzt haben. Als wir lediglich wußten, daß Sie auf einer Bergwiese standen, war Ihre innere Sicht allgemein, unscharf, wie ein unentwickeltes Fotonegativ. Durch unsere Arbeit ist es jetzt schon bedeutend schärfer geworden. Sie haben erkannt, *wann, wo, warum* und *zu welchem Zweck* Sie sich dort befinden. Sie bemerken schon die Konturen eines neuen, Ihnen bisher unbekannten Daseins, Sie fühlen Boden unter den Füßen, Sie beginnen zu leben. Aber es ist noch zu wenig. Die Bühne verlangt Handlung. Also muß eine Handlung entwickelt werden durch eine Aufgabe und das Bestreben, sie zu erfüllen. Dazu brauchen wir neue ‚vorgeschlagene Situationen' in Verbindung mit dem ‚magischen Wenn', neue erregende Einfälle der Phantasie."

Schustow fiel nichts ein.

„Fragen Sie sich und beantworten Sie die Frage ganz aufrichtig: Was für ein Ereignis, was für eine erfundene Katastrophe könnte Sie aus dem gleichmütigen Zustand herausreißen, könnte Sie erregen, erschrecken, erfreuen? Versetzen Sie sich mit Ihrem ganzen Empfinden auf die Bergwiese, schaffen Sie den Zustand des ‚Ich bin' und antworten Sie mir dann erst", riet ihm Arkadi Nikolajewitsch.

Schustow versuchte es auszuführen, aber es gelang ihm nicht.

„Dann wollen wir versuchen, die Aufgabe auf Umwegen zu lösen. Dazu müssen Sie mir erst sagen, worauf Sie im Leben am meisten reagieren. Was erregt Sie am häufigsten, was erschreckt Sie, was entzückt Sie? Wenn man Ihre natürlichen Neigungen kennt, dürfte es nicht schwierig sein, sie mit dem schon vorhandenen Phantasiegebilde in Einklang zu bringen. Also nennen Sie mir eins Ihrer natürlichen, besonders typischen Merkmale, eine Eigenschaft, ein Interesse."[19]

„Mich regt jeder Kampf auf. Darüber wundern Sie sich wohl, weil ich sonst so ruhig aussehe?" sagte Schustow nach einigem Überlegen.

„So! Nun, dann gibt es einen Überfall! Das Heer des feindlichen Herzogs steigt schon auf dem Wege zu den Besitzungen Ihres Grafen den Berg hinan, auf dem Sie stehen. Die Speere glänzen in der Sonne, Wurfmaschinen rumpeln, Sturmleitern ragen auf. Der Feind weiß, daß Ihre Krone oft von Spähern erklommen wird. Sie werden gefällt und verbrannt!" versuchte Torzow Schustow zu erschrecken.

„Das wird Ihnen nicht gelingen!" entgegnete Schustow lebhaft. „Man wird mich nicht preisgeben. Ich werde gebraucht, unsere Leute sind wachsam. Da kommen sie schon gelaufen, Reiter sprengen heran. Die Späher schicken alle Augenblicke Melder aus..."

„Gleich wird hier der Kampf toben. Auf Sie und die Späher werden Hunderte von Pfeilen abgeschossen, sie sind mit brennendem Werg umwickelt und mit Pech beschmiert... Halten Sie aus und entscheiden Sie, was Sie wohl unter den gegebenen Umständen machen würden, wenn sie sich wirklich abspielten."

Man merkte, wie Schustow fieberhaft nach einem Ausweg aus der Situation suchte, die Torzows ‚magisches Wenn' geschaffen hatte.

„Was kann denn ein Baum zu seiner Rettung tun. Er ist doch fest in der Erde verwurzelt und kann sich nicht von der Stelle bewegen?" rief er schließlich empört über die hoffnungslose Lage.
„Ich bin schon mit Ihrer Erregung zufrieden", lobte Torzow. „Die Aufgabe ist unlösbar, und es ist nicht Ihre Schuld, daß Sie zum Phantasieren ein Thema ohne Handlung bekommen haben."
„Warum haben Sie es dann gestellt?" fragten wir.
„Es sollte Ihnen beweisen, daß Phantasiegebilde sogar bei einem Thema ohne Handlung erregen können. Selbst in solchen Fällen kommt die innere Verschiebung zustande, das Bild ruft den lebendigen Drang zum Handeln hervor. Vor allem sollten uns aber die Phantasieübungen zeigen, wie das Material, wie die inneren Vorstellungsbilder[20], wie der ‚Film' entsteht. Sie sollten klarmachen, daß diese Arbeit bei weitem nicht so kompliziert ist, wie sie sich Ihnen ursprünglich darstellte."

Heute hat uns Arkadi Nikolajewitsch erklärt, daß der Schauspieler seine Phantasie nicht nur bei jeder neuen Aufgabe braucht, sondern auch zur Belebung des Geschaffenen und schon wieder Verblassenden. Es geschieht durch einen neuen Einfall oder durch einzelne Ideen, die das alte Material beleben.
„Sie werden es an einem praktischen Beispiel besser begreifen: Nehmen wir eine alte Übung, die sich – ohne daß Sie sie ganz abgeschlossen haben – doch schon abnutzte. Ich meine die Übung mit dem Wahnsinnigen."
Keinem wollte etwas Neues einfallen.
„Hören Sie mal", sagte Torzow, „woher wissen Sie eigentlich, daß der Mann hinter der Tür tobsüchtig ist? Hat es Ihnen die Maloletkowa gesagt? Ja, sie hat die Tür zum Treppenhaus aufgemacht und den früheren Wohnungsinhaber dort erblickt. Es heißt, er sei in einem Anfall von Tobsucht in die Anstalt gebracht worden ... Doch als Sie die Tür verrammelten, war Goworkow zum Telefon gelaufen und hatte die Anstalt angerufen. Man hat ihm gesagt, der Mann sei gar nicht irrsinnig, sondern habe nur ein bißchen Delirium durchgemacht, weil er zu viel getrunken hatte. Er sei aber als geheilt aus der Anstalt entlassen und nach Hause geschickt worden. Aber wer weiß! – Vielleicht haben sich die Ärzte geirrt, vielleicht stimmt's gar nicht!
Was würden Sie tun, wenn es wirklich so wäre?"
„Die Maloletkowa muß zu ihm hinausgehen und ihn fragen, warum er gekommen ist", sagte Wesselowski.
„Allmächtiger Gott, das kann ich nicht, liebe Freunde, das kann ich nicht! Ich habe Angst, solche Angst!" rief die Maloletkowa erschrocken aus.
„Pustschin geht mit. Er ist ein kräftiger Kerl", ermutigte Torzow das Mädchen.
„Eins, zwei drei – los!" kommandierte er. „Berücksichtigen Sie die neue *Situation*, folgen Sie Ihrem Tatendrang, handeln Sie!"
Wir spielten die Übung mit viel Lust und echter Erregung. Torzow und Rachmanow lobten uns. Die neue Variante wirkte belebend und erfrischend.
Torzow widmete den Rest der Stunde den Ergebnissen unserer Arbeit zur Entwicklung der schöpferischen Phantasie. Nachdem er uns die einzelnen Etappen der Ar-

beit wieder ins Gedächtnis gerufen hatte, schloß er: „Jeder Einfall der Phantasie muß genau begründet und fest fundiert sein. Die Fragen *wer, wann, wo, warum, zu welchem Zweck, wie,* die wir uns stellen, um die Phantasie anzuregen, schaffen nach und nach ein immer genaueres Bild des gedachten, imaginären Lebens. Es gibt natürlich Fälle, in denen dieses Bild von selbst, ohne Mithilfe der bewußten Verstandesarbeit, ohne Suggestivfragen, sondern intuitiv entsteht. Sie haben sich aber selbst davon überzeugen können, daß man auf die Aktivität der sich selbst überlassenen Phantasie nicht vertrauen kann, selbst dann nicht, wenn ein bestimmtes Thema zum Phantasieren gegeben ist. Das Phantasieren ‚im allgemeinen' – ohne ein bestimmtes und fest umrissenes Thema – ist aber fruchtlos.

Wenn man indessen an die Erschaffung eines Phantasiegebildes mit Hilfe des Verstandes herangeht, entsteht sehr häufig nur eine vage, blasse Vorstellung. Das ist zu wenig für das Bühnenschaffen, das vom Schauspieler als Künstler und Mensch verlangt, daß sein ganzes Wesen, sein lebendiger Organismus – nicht nur der psychische, sondern auch der physische – zu ‚kochen' beginnt und sich ganz der Rolle hingibt. Was tut man da? Stellen Sie eine weitere, Ihnen jetzt schon gut bekannte Frage: ‚Was würde ich tun, wenn mein Einfall Wirklichkeit würde?' Sie wissen bereits aus Erfahrung, daß Sie Ihre schauspielerische Natur drängen wird, diese Frage mit einer Handlung zu beantworten. Die Handlung ist ein guter Ansporn für die Phantasie, selbst wenn sie fürs erste noch nicht in die Tat umgesetzt wird, sondern vorläufig noch unausgeführt bleibt. Wesentlich ist, daß der Drang zum Handeln hervorgerufen worden ist, daß wir ihn nicht nur psychisch, sondern auch physisch empfinden. Diese Empfindung befestigt den Einfall.

Man muß sich unbedingt bewußt werden, daß das Phantasieren, das körper- und gestaltlos ist, die Eigenschaft hat, reflexartig Handlungen unseres Körpers auszulösen. Diese Eigenschaft spielt eine große Rolle in unserer Psychotechnik.

Merken Sie sich gut, was ich Ihnen jetzt sage: *Jede unserer Bewegungen auf der Bühne, jedes unserer Worte muß das Resultat eines richtigen Lebens unserer Phantasie sein.*

Wenn Sie auf der Bühne ein Wort mechanisch sagen oder etwas mechanisch tun, ohne zu wissen, wer Sie sind, woher und warum Sie kommen, was Sie hier brauchen, wohin Sie gehen und was Sie dort tun werden, dann haben Sie phantasielos gehandelt, und Ihr Aufenthalt auf der Bühne, ob kurz oder lang, war für Sie keine Wahrheit – sie handelten wie ein aufgezogener Mechanismus, wie ein Automat.

Wenn ich Sie jetzt nach einer ganz einfachen Sache frage – ob es heute draußen kalt ist oder nicht –, werden Sie sich, bevor Sie ‚kalt', ‚warm' oder ‚ich habe nicht darauf geachtet' antworten, erst einmal im Geist auf die Straße begeben, werden sich zu erinnern suchen, wie Sie gegangen oder gefahren sind, werden Ihre Empfindungen prüfen, sich darauf besinnen, wie sich die Leute auf der Straße in ihre Mäntel hüllten und die Kragen hochschlugen, wie der Schnee unter den Füßen knirschte – und werden dann erst *das* eine Wort aussprechen, auf das es ankommt.

Diese Bilder werden vielleicht blitzschnell an Ihnen vorüberziehen. Von außen wird es den Anschein haben, als antworteten Sie fast ohne nachzudenken, aber die Bilder waren vorhanden, Ihre Empfindungen waren vorhanden, Sie haben dieses und jenes

kontrolliert und die Antwort erst als Resultat dieser komplizierten Arbeit Ihrer Vorstellungskraft gegeben.
Keine Übung, kein einziger Schritt auf der Bühne darf also mechanisch gemacht werden, ohne innere Begründung, das heißt ohne Phantasiearbeit.
Wenn Sie sich strikt an diese Regel halten, werden Ihre Schulübungen, zu welchem Abschnitt unseres Programms sie auch gehören mögen, Ihre Phantasie entwickeln und kräftigen.
Und im Gegensatz dazu wird Sie alles, was Sie auf der Bühne mit ungerührtem Herzen, mit ‚kalter Mache' tun, verderben, weil es Ihnen die Gewohnheit anerzieht, automatisch, phantasielos, mechanisch zu handeln.
Die schöpferische Arbeit an der Rolle und an der Umwandlung des Stückmanuskripts in Bühnengeschehen vollzieht sich von Anfang bis Ende unter Mitwirkung der Phantasie.
Was könnte denn mehr erwärmen und innerlich erregen als das Phantasiegebilde, das von uns Besitz ergriffen hat! Damit es allen Anforderungen gerecht wird, muß es unbedingt beweglich, aktiv, sensibel und gut entwickelt sein.
Achten Sie darum in besonderem Maße auf die Entwicklung Ihrer Phantasie, betreiben Sie Phantasieschulung auf verschiedenartigste Weise – mit Hilfe der Übungen, die Sie hier kennengelernt haben, wobei Sie sich also mit der Phantasie als solcher beschäftigen, und auch auf Umwegen, indem Sie es sich zur Regel machen, nichts auf der Bühne mechanisch und nur formal zu tun."

V. AUFMERKSAMKEIT AUF DER BÜHNE

Der Unterricht fand in „Maloletkowas Wohnung" statt, genauer gesagt auf der Bühne, also in dem möblierten Raum, hinter geschlossenem Vorhang.
Wir arbeiteten weiter an den Übungen „Wahnsinniger" und „Kaminheizen".
Dank Arkadi Nikolajewitschs Hinweisen gelangen uns die Etüden gut. Das Spielen war so angenehm und lustig, daß wir ihn baten, beide Übungen noch einmal von Anfang an wiederholen zu dürfen.
In Erwartung dieser Wiederholung setzte ich mich an eine Wand.
Da fielen plötzlich ohne jeden ersichtlichen Grund zwei neben mir stehende Stühle um. Keiner hatte sie berührt, und doch waren sie umgefallen. Ich stellte sie wieder hin und konnte noch rechtzeitig zwei andere festhalten, die sich auch zur Seite geneigt hatten. Dabei fiel mir ein langer, schmaler Spalt in der Wand auf. Er wurde immer breiter und immer länger und wuchs vor meinen Augen bis zur Decke empor. Da wurde mir klar, warum die Stühle umgefallen waren: die Stoffbahnen, die die Wand des Zimmers darstellten, schoben sich auseinander, zogen dabei die Gegenstände mit, die in der Nähe standen, und warfen sie um. Irgend jemand zog den Vorhang auf.

Da war es, das schwarze Loch mit Torzow und Rachmanow im dämmerigen Hintergrund.
Während der Vorhang aufging, veränderte sich etwas in mir.
Womit soll ich dieses Gefühl vergleichen?
Man stelle sich vor, ich wäre mit meiner Frau – so ich eine hätte – in einem Hotelzimmer. Wir reden ungezwungen miteinander, wir ziehen uns aus, um zu Bett zu gehen – da sehen wir plötzlich, wie die große Tür, die wir gar nicht beachtet hatten, aufgeht und von dort, aus dem Dunkel, fremde Menschen – unsere Nachbarn – zu uns herüberblicken. Wie viele es sind, ist ungewiß, im Dunkeln hat man immer das Gefühl, daß es sehr viele sind. Rasch greifen wir wieder nach unseren Kleidern, kämmen uns, sind bemüht, uns mit Anstand zu benehmen, als wäre Besuch da.
So ging auch mit mir ruckartig eine Veränderung vor, alle Saiten spannten sich, und nachdem ich mich eben noch wie zu Hause gefühlt hatte, stand ich jetzt gewissermaßen im Hemd vor allen Leuten.
Erstaunlich, wie das schwarze Loch alles Intime zerstört. Solange wir in dem lieben Wohnzimmer waren, hatten wir nicht das Gefühl, als gäbe es eine wichtige und eine unwichtige Seite. Wie man auch stand, wohin man sich auch wandte, alles war gleich gut. Bei geöffneter vierter Wand wird das schwarze Loch zur wichtigen Seite, auf die man sich einzustellen versucht. Die ganze Zeit muß man an diese vierte Wand denken, von dorther kommen die Blicke, auf die man Rücksicht nehmen will. Unwesentlich wird, ob es dem Partner paßt, ob es einem selbst paßt, wesentlich ist nur, daß die dort alles sehen und hören, die nicht mit im Zimmer sind, aber unsichtbar jenseits der Rampe in der Dunkelheit sitzen.
Torzow und Rachmanow, die eben erst mit uns im Wohnzimmer gesessen hatten und uns so natürlich und vertraut waren, erschienen uns nun, in die Dunkelheit des „schwarzen Loches" versetzt, ganz verändert – streng und anspruchsvoll.
Dieselbe Verwandlung, die mir widerfuhr, vollzog sich auch an meinen Kameraden, soweit sie an der Übung teilnahmen. Nur Goworkow blieb sich bei geschlossenem und offenem Vorhang gleich. Es braucht wohl kaum noch erwähnt zu werden, daß unser Spiel ganz auf die Zuschauer berechnet war und darum schlecht wurde.
‚Nein, wahrhaftig, solange wir nicht gelernt haben, das schwarze Loch nicht zu beachten, kommen wir mit der schauspielerischen Arbeit nicht vom Fleck!' entschied ich in meinem Innern.
Ich sprach mit Schustow darüber. Er meinte, wenn wir eine neue, mit Torzows zündenden Kommentaren gewürzte Übung bekämen, könnten wir uns vom Zuschauerraum ablenken.
Als ich Arkadi Nikolajewitsch erzählte, was Schustow meinte, sagte er:
„Gut, wir wollen es versuchen. Ich erzähle Ihnen jetzt eine erschütternde Tragödie, die Sie hoffentlich die Zuschauer vergessen läßt.
Sie spielt ebenfalls in Maloletkowas Wohnung. Sie hat inzwischen Naswanow geheiratet, der als Kassierer bei irgendeinem Amt arbeitet. Sie haben ein entzückendes Baby. Die Mutter ist hinausgegangen, um das Kind zu baden, der Vater ordnet seine Akten und zählt das Geld nach – wohlbemerkt: Es sind Dienstpapiere und amtliche Gelder. Er war am Abend durch Dienstwege aufgehalten worden und hatte es nicht

mehr geschafft, sie im Amt abzugeben. Ein Haufen abgegriffener, schmutziger Geldscheine liegt auf dem Tisch.
Vor Naswanow steht Maloletkowas jüngerer Bruder, er ist bucklig, schwachsinnig – ein Halbidiot. Er sieht zu, wie Naswanow die bunten Papierstreifen – die Banderolen – von den Geldbündeln abreißt und in den Kamin wirft, wo sie in hellen Flammen rasch verbrennen. Dem Schwachsinnigen gefällt dieses lustig aufflackernde Feuer.
Das Geld ist gezählt. Es sind über zehntausend Rubel.
Da der Mann mit seiner Arbeit fertig ist, ruft ihn die Maloletkowa zu sich ins Nebenzimmer, damit er das Kind bewundere, das sie dort badet. Naswanow geht weg, der Idiot wirft, so wie er es gesehen hat, weiterhin Papierchen ins Feuer. Und weil keine Banderolen mehr da sind, wirft er die Geldscheine hinein. – Die brennen ja noch lustiger als die bunten Streifen! Hingerissen von diesem Spiel, hat der Idiot das ganze Geld ins Feuer geworfen und die Rechnungen und die übrigen Papiere dazu – den ganzen staatlichen Besitz.
Naswanow kommt zurück, als der letzte Stoß Feuer fängt. Als er begreift, was los ist, stürzt er außer sich auf den Buckligen zu und stößt ihn heftig vom Tisch zurück. Der Idiot fällt hin und schlägt mit der Schläfe auf das Kamingitter. Wie ein Irrsinniger reißt Naswanow das letzte, schon halb verbrannte Bündel aus der Glut und stößt einen verzweifelten Schrei aus. Die Frau kommt herbeigelaufen und erblickt den vor dem Kamin liegenden Bruder. Sie versucht ihn aufzurichten, es gelingt ihr aber nicht. Als sie das Blut auf seinem Gesicht sieht, befiehlt sie ihrem Mann, Wasser zu holen. Aber Naswanow starrt verständnislos vor sich hin, er ist gelähmt vor Entsetzen. Da stürzt die Frau selber nach Wasser, und sofort ertönt aus dem Nebenzimmer ihr Schrei – ihr Kind, ihr geliebtes, entzückendes Baby ist in der Badewanne ertrunken.
Wenn Sie diese Tragödie nicht vom schwarzen Loch des Zuschauerraums ablenkt, sind Ihre Herzen aus Stein."
Das Tragisch-Traurige, das Überraschende der neuen Übung regte uns an, aber es stellte sich heraus, daß unsere Herzen aus Stein waren. Wir konnten die Übung nicht spielen.
Arkadi Nikolajewitsch schlug uns vor, ordentlich, wie es sich gehört, mit dem „Wenn" und den „vorgeschlagenen Situationen" zu beginnen. Wir erzählten uns daraufhin dieses und jenes, doch es war kein freies Spiel der Phantasie, sondern ein gewaltsames Auswringen des Gefühls, künstliche Gedankenkonstruktionen, die uns natürlich nicht zum Schaffen anregen konnten.
Die Anziehungskraft des Zuschauerraums war also stärker als die tragischen Schrecknisse auf der Bühne.
„Dann verzichten wir also wieder auf den Zuschauerraum und spielen die ‚Schrecknisse' bei geschlossenem Vorhang."
Der Vorhang wurde zugezogen, unser liebes Wohnzimmer wurde wieder gemütlich. Torzow und Rachmanow kamen herauf und waren wieder freundlich und wohlgesonnen. Wir fingen an zu spielen. Die ruhigen Teile der Übung gelangen leidlich, als wir aber ans Dramatische kamen, befriedigte mich mein Spiel nicht mehr, ich wollte

viel mehr geben, aber weder Gefühl noch Temperament reichten aus. Mir selbst unbewußt, entgleiste ich und geriet auf das Niveau der billigen Schaustellung. Torzows Urteil bestätigte mein Empfinden. Er sagte:
„Am Anfang der Übung handelten Sie richtig, gegen Ende aber markierten Sie nur den Handelnden, in Wirklichkeit quetschten Sie bloß die Gefühle aus sich heraus oder ‚rissen die Leidenschaft in Fetzen‘, wie Hamlet sagt. Deshalb ist es müßig, über das schwarze Loch zu klagen. Das ist es nicht allein, was Sie hindert, auf der Bühne richtig zu leben. Das Resultat bei geschlossenem Vorhang war ja das gleiche!"
„Wenn mich bei geöffnetem Vorhang der Zuschauerraum gestört hat, so waren es bei geschlossenem, ehrlich gesagt, Sie und Iwan Platonowitsch", gestand ich.
„Da haben wir's!" rief Torzow mit komischem Entsetzen aus. „Iwan Platonowitsch! Das haben wir nun davon. Jetzt werden wir auch noch zum schwarzen Loch gemacht! Kommen Sie, wir sind beleidigt und gehen weg. Sollen sie allein spielen."
Arkadi Nikolajewitsch und Iwan Platonowitsch stolzierten mit tragikomischer Würde davon. Die übrigen Schüler folgten ihnen. Wir blieben allein und versuchten die Übung ungestört und ohne Zeugen zu spielen.
Merkwürdig: In unserer Einsamkeit fühlten wir uns noch übler. Meine Aufmerksamkeit richtete sich nun auf den Partner. Ich beobachtete sein Spiel ganz genau, kritisierte es und wurde Zuschauer wider Willen. Ihrerseits beobachteten mich auch die Partner sehr genau. So empfand ich mich gleichzeitig als Zuschauer und als Schmierenkomödiant.
Und schließlich ist es ja auch dumm, langweilig und vor allem sinnlos, nur füreinander zu spielen.
Da blickte ich zufällig in einen Spiegel und gefiel mir. Es gab mir frischen Mut und erinnerte mich an meine häusliche Arbeit am Othello, bei der ich ja zeitweise, so wie heute, für mich selbst spielen mußte und mich im Spiegel kontrollierte. So gefiel es mir plötzlich, „mein eigener Zuschauer" zu sein, der Glaube an meine Kräfte erwachte wieder, und so willigte ich in Schustows Vorschlag ein, Torzow und Rachmanow hereinzuholen, um ihnen die Resultate unserer Arbeit zu zeigen.
Indessen stellte sich das als überflüssig heraus, da sie durch eine Türritze alles beobachteten, was wir da allein getrieben hatten.
Sie meinten, die Darstellung wäre schlechter gewesen als bei geöffnetem Vorhang. Vorhin sei es zwar schlecht, aber wenigstens zurückhaltend und bescheiden gewesen, diesmal auch schlecht, aber aufdringlich und vorlaut.
Torzow zog folgendes Fazit aus der heutigen Arbeit: Bei geöffnetem Vorhang stört der Zuschauer, der dort unten in der Dunkelheit sitzt; bei geschlossenem Vorhang störten uns Arkadi Nikolajewitsch und Iwan Platonowitsch, die hier im gleichen Zimmer wie wir saßen; alleingelassen störte uns der Partner, der zum Zuschauer wurde, und als ich für mich selbst spielte, störte der Zuschauer in mir den Schauspieler. Wohin man sich also auch wenden mag, überall stört irgendein Zuschauer. Und zugleich ist es langweilig, ohne ihn zu spielen.
„Schlimmer als die kleinen Kinder!" beschämte uns Torzow.
„Nun, da kann man nichts machen", entschied er nach kurzem Nachdenken, „wir werden die Übungen vorübergehend vertagen und uns den Aufmerksamkeitspunk-

ten zuwenden. Sie sind die Hauptschuldigen an dem Vorgang, mit ihnen wollen wir das nächste Mal beginnen."

Heute hing im Zuschauerraum ein Plakat:

SCHÖPFERISCHE AUFMERKSAMKEIT

Der Vorhang, der die vierte Wand des gemütlichen Wohnzimmers gebildet hatte, war aufgezogen, die Stühle, die dort gestanden hatten, fehlten. Unser liebes Zimmer hatte eine Wand verloren und stand nun auf dem Präsentierteller. Es war mit dem Zuschauerraum verbunden und hatte sich in die übliche Dekoration verwandelt und alle Gemütlichkeit eingebüßt.
An den Wänden der Dekoration hingen hier und da elektrische Leitungsdrähte mit Birnen wie für eine Illumination.
Wir mußten uns in einer Reihe an der Rampe hinsetzen. Feierliches Schweigen trat ein.
„Wer hat denn da einen Absatz verloren?" fragte Arkadi Nikolajewitsch uns plötzlich.
Jeder untersuchte sofort sein Schuhwerk und schaute nach dem der anderen. Wir waren ganz in diese Beschäftigung vertieft.
Torzow stellte eine neue Frage:
„Was ist eben im Zuschauerraum passiert?"
Darauf wußten wir keine Antwort.
„Wie, haben Sie meinen Sekretär nicht bemerkt, diesen lauten und betriebsamen Menschen? Er hat mir Papiere zur Unterschrift gebracht."
Es stellte sich heraus, daß wir ihn nicht gesehen hatten.
„Na, so was!" rief Torzow aus. „Wie war denn das möglich? Und das bei offenem Vorhang! Haben Sie nicht selber behauptet, der Zuschauerraum ziehe Sie unwiderstehlich an?"
„Ich war mit dem Absatz beschäftigt", rechtfertigte ich mich.
„Wie?!" staunte Torzow noch mehr. „Der lächerliche kleine Absatz war also stärker als das riesige schwarze Loch?! Es ist demnach gar nicht so schwer, es zu übersehen? Das Geheimnis ist also ganz einfach: *Um den Zuschauerraum zu vergessen, muß man sich für das interessieren, was auf der Bühne vorgeht.*"
‚Tatsächlich', überlegte ich, ‚es genügte, daß ich mich einen Augenblick lang für etwas diesseits der Rampe interessierte, und schon dachte ich unwillkürlich nicht mehr an das, was jenseits vor sich ging.'
Da fielen mir die auf der Bühne verstreuten Nägel und die Unterhaltung mit dem Arbeiter ein, damals auf der Probe für unsere Schüleraufführung. Ich war so von den Nägeln und von der Unterhaltung in Anspruch genommen, daß ich das gähnende schwarze Loch ganz vergessen hatte.
„Ich hoffe, jetzt haben Sie verstanden, daß der Schauspieler ein Objekt für seine Aufmerksamkeit braucht, nicht im Zuschauerraum, sondern auf der Bühne. Und je interessanter dieses Objekt ist, um so größere Macht übt es auf die Aufmerksamkeit des Schauspielers aus.

Es gibt keinen Augenblick im Leben des Menschen, in dem sich seine Aufmerksamkeit nicht irgendeinem Objekt zuwendet. Und – je interessanter das Objekt, um so größer seine Macht über die Aufmerksamkeit des Schauspielers. Um sie vom Zuschauerraum abzulenken, muß man sie geschickt mit einem interessanten Objekt hier auf der Bühne ködern. Wissen Sie, so wie die Mutter die Aufmerksamkeit des Kindes mit einem Spielzeug ablenkt. Auch der Schauspieler muß sich so ein Spielzeug verschaffen, das ihn vom Zuschauerraum ablenkt."
‚Aber wozu sich künstlich Objekte schaffen, wenn es auch so genug auf der Bühne gibt?' dachte ich. „Wenn ich das *Subjekt* bin, so ist doch alles, was außerhalb meiner Person ist – ein *Objekt*. Und außerhalb meiner Person ist die ganze Welt! ... Welch eine Unmenge verschiedener Objekte! Wozu sie also künstlich erfinden?"
Torzow entgegnete, so sei es zwar im Leben. Die Objekte entständen und fesselten unsere Aufmerksamkeit da tatsächlich von selbst, auf natürliche Weise. Dort wüßten wir sehr gut, *wohin* man in jeder Minute seines Daseins blicken muß und *wie* man das macht. Aber im Theater wäre es nicht so – im Theater gäbe es einen Zuschauerraum, ein schwarzes Loch, das den Schauspieler hindert, normal zu leben.
Ich selber, meinte Torzow, müßte es ja am besten wissen nach der Aufführung des „Othello". Und dabei haben wir auf unserer Seite der Rampe, auf der Bühne, eine Menge Objekte, die viel interessanter sind als das schwarze Loch. Man muß es nur verstehen, alles wirklich wahrzunehmen, was es auf den Brettern gibt; man muß mit Hilfe systematischer Übungen lernen, die Aufmerksamkeit auf die Bühne zu bannen. Man muß eine besondere Technik entwickeln, die es einem ermöglicht, sich derartig in das Objekt zu verkrallen, daß uns dann später dieses auf der Bühne befindliche Objekt von allem ablenkt, was außerhalb der Bühne ist. Kurz gesagt, meinte Torzow, gehe es jetzt darum, auf der Bühne sehen und wahrnehmen zu lernen.
Statt eines Vortrages darüber, was für Objekte es im Leben und also auch auf der Bühne gibt, werde er sie uns auf der Bühne praktisch vorführen.
„Die Lichtpunkte und Lichtflecke, die Sie gleich sehen werden, sollen die verschiedenen Arten der Objekte veranschaulichen, die uns im Leben begegnen, infolgedessen also auch auf der Bühne notwendig sind."
Zuschauerraum und Bühne wurden vollständig dunkel. Nach einigen Sekunden flammte direkt vor unserer Nase, auf dem Tisch, um den wir herumsaßen, eine kleine elektrische Birne auf, die in einem Kästchen versteckt gewesen war. Inmitten der völligen Finsternis war dieser Lichtpunkt der einzige helle, sichtbare Blickfang, der unsere ganze Aufmerksamkeit anzog.
„Dieses in der Dunkelheit leuchtende Lämpchen demonstriert uns einen *nahen Aufmerksamkeitspunkt*. Wir gebrauchen ihn in Situationen, wo wir unsere Aufmerksamkeit konzentrieren müssen, sie nicht abschweifen und entgleiten lassen dürfen."
Als das Licht wieder eingeschaltet war, wandte sich Torzow an die Schüler:
„Die Aufmerksamkeit in der Dunkelheit auf einen Lichtpunkt zu konzentrieren fällt Ihnen verhältnismäßig leicht. Versuchen wir jetzt die gleiche Übung zu wiederholen, aber nicht im Dunkeln, sondern im Hellen."

Torzow ließ einen Schüler die Sessellehne gründlich untersuchen, ich sollte das gemalte Email des Tisches betrachten, einem dritten gab er eine Nippesfigur, dem vierten einen Bleistift, dem fünften einen Bindfaden, dem sechsten ein Streichholz und so weiter.
Schustow fing an, seinen Bindfaden aufzuwirbeln, aber ich hielt ihn zurück mit dem Argument, daß es bei der Übung nicht auf das Handeln, sondern nur auf die Aufmerksamkeit ankäme, so daß wir die Gegenstände also nur betrachten, über sie nachdenken sollten. Schustow war damit nicht einverstanden und bestand auf seiner Meinung. Wir baten Torzow, unseren Streit zu entscheiden. Er sagte:
„Die Konzentration auf ein Objekt löst das natürliche Bedürfnis aus, sich damit zu beschäftigen. Und die Handlung konzentriert die Aufmerksamkeit dann noch stärker auf das Objekt. Indem also die Aufmerksamkeit mit der Handlung zusammenfließt und verknüpft wird, entsteht eine feste Beziehung zum Objekt."[21]
Als ich mich der Tischplatte mit dem aufgemalten Emailmuster wieder zuwandte, überkam mich der Wunsch, den Linien der Zeichnung mit der Spitze eines Gegenstandes, der mir gerade in die Hände fiel, nachzugehen.
Durch diese Beschäftigung betrachtete ich die Zeichnung tatsächlich noch aufmerksamer und eingehender. Zu gleicher Zeit knipperte Schustow konzentriert und voller Eifer an dem verknoteten Bindfaden herum. Die anderen Schüler waren auch mit einer Handlung oder mit konzentrierter Betrachtung des Objektes beschäftigt.
Schließlich mußte Torzow anerkennen:
„Der nahe Objektpunkt fesselt Sie nicht nur in der Dunkelheit, sondern auch bei Licht. Das ist gut so!"
Danach demonstrierte er uns zuerst bei völliger Dunkelheit, dann auch bei Licht den *mittleren* und den *fernen Aufmerksamkeitspunkt*. Wie schon beim ersten Beispiel mit dem nahen Aufmerksamkeitspunkt mußten wir, um die Aufmerksamkeit möglichst lange auf ein Objekt zu konzentrieren, unsere Betrachtung aus unserer Phantasie heraus unterbauen.
Bei Dunkelheit gelangen uns die neuen Übungen gut.
Das Licht wurde voll eingeschaltet.
„Jetzt betrachten Sie aufmerksam die Welt der Dinge, die Sie umgeben, suchen Sie sich irgendeinen mittleren oder fernen Aufmerksamkeitspunkt und konzentrieren Sie Ihre ganze Aufmerksamkeit darauf", schlug Arkadi Nikolajewitsch vor.
Es gab viele nahe, mittlere und ferne Gegenstände, so daß unsere Blicke im ersten Moment ganz ratlos umherschweiften.
Statt eines Aufmerksamkeitspunktes kamen mir Dutzende von Gegenständen vor die Augen, und hätte ich Lust zum Kalauern gehabt, dann hätte ich von einer Aufmerksamkeitsinterpunktion gesprochen. Schließlich heftete ich den Blick auf eine Nippesfigur auf dem Kamin dort drüben, konnte mich jedoch nicht lange darauf konzentrieren, weil mich die ganze Umgebung ablenkte, und bald darauf verlor sich die Nippesfigur unter Hunderten anderer Gegenstände.
„Hoho!" rief Torzow aus. „Bevor wir uns den mittleren und den fernen Aufmerksamkeitspunkt schaffen, müssen wir offenbar einfach lernen, auf der Bühne zu sehen und zu erkennen!"

„Was gibt es denn dabei zu lernen?" fragte jemand.
„Was es dabei zu lernen gibt? Das ist sehr schwer vor versammeltem Publikum, vor dem schwarzen Loch des Zuschauerraums. Eine meiner Nichten zum Beispiel spielt gern, tollt gern herum, schwatzt viel, ißt gern. Bisher aß sie immer in ihrem Kinderzimmer, aber jetzt setzte man sie an die gemeinsame Tafel, und im Nu hatte sie das Spielen, Schwatzen und Essen verlernt. ‚Warum ißt du nicht, warum erzählst du nichts?' fragte man sie. ‚Was guckt ihr denn alle zu?' antwortete das Kind. Muß man es denn da nicht anleiten, wieder zu essen, zu schwatzen und zu spielen – vor Publikum?
Ihnen passiert das gleiche. Im Leben können Sie gehen, sitzen, reden, sehen, auf dem Theater verlieren Sie diese Fähigkeiten, fühlen die Nähe der Menge und sagen sich: ‚Was gucken die denn alle zu?!' Auch Ihnen muß alles von Anfang an beigebracht werden – auf der Bühne, vor versammeltem Publikum.
Merken Sie sich also: Alles, sogar die einfachsten, elementarsten Tätigkeiten, die wir im Leben vorzüglich beherrschen, setzen aus, sobald der Mensch auf die Bühne tritt, vor die erleuchtete Rampe, vor eine tausendköpfige Menge. Deshalb müssen Gehen, Sitzen, Liegen, Sichbewegen auf der Bühne neu erlernt werden. Darüber sprach ich schon in den ersten Stunden. Heute – im Zusammenhang mit der Konzentrationsübung – füge ich noch hinzu, daß Sie unbedingt auf der Bühne sehen und wahrnehmen, hören und aufnehmen lernen müssen."

„Fassen Sie irgendeinen Gegenstand ins Auge!" sagte Torzow, als die Schüler bei geöffnetem Vorhang auf der Bühne Platz genommen hatten. „Wählen Sie als Objekt zum Beispiel dieses Handtuch, das da an der Wand hängt, mit dem bunten, auffälligen Muster."
Alle betrachteten sehr angelegentlich das Handtuch.
„Nein!" unterbrach uns Torzow, „das ist kein Sehen, Sie stieren."
Wir lockerten die Spannung, aber es überzeugte Arkadi Nikolajewitsch noch lange nicht, daß wir auch sahen, worauf unser Blick gerichtet war.
„Aufmerksamer!" befahl er.
Alle beugten sich weiter vor.
„Und es ist immer noch zu wenig Aufmerksamkeit, zu viel mechanisches Stieren."
Wir runzelten die Stirn und gaben uns Mühe, aufmerksam hinzusehen.
„Aufmerksam sein und aufmerksam scheinen ist nicht dasselbe. Prüfen Sie sich selbst: Was ist ‚gemachtes' und was ist wirkliches Sehen?"
Nach langen Versuchen setzten wir uns ruhig hin und versuchten, ohne Anstrengung auf das Handtuch zu blicken.
Plötzlich lachte Arkadi Nikolajewitsch auf und wandte sich zu mir.
„Wenn man Sie jetzt fotografieren könnte, würden Sie es nicht für möglich halten, daß ein Mensch vor lauter Eifer sich in diesen absurden Zustand steigern kann, wie Sie es eben getan haben. Ihre Augäpfel sind ja im wahrsten Sinne des Wortes aus den Höhlen getreten. Muß man sich denn so sehr anstrengen, um zu schauen? Lockerer. lockerer! Viel lockerer! Die Spannung ganz ausschalten! Fünfundneunzig Prozent weg! Noch mehr ... noch mehr ... Warum müssen Sie sich denn so vorbeugen,

sich so auf das Objekt stürzen? Lehnen Sie sich zurück! Zu wenig! Noch mehr, noch mehr! Viel mehr!" Arkadi Nikolajewitsch ließ nicht locker.
Je hartnäckiger er das „Noch mehr, noch mehr!" wiederholte, desto geringer wurde die Spannung, die mich daran hinderte, „zu sehen und wahrzunehmen". Das Übermaß an Spannung ist enorm, ist sagenhaft, man hat gar keine Vorstellung von seinem Ausmaß, wenn man ganz verkrampft vor dem schwarzen Loch sitzt. Torzow hatte recht, wenn er von fünfundneunzig Prozent überflüssiger Anspannung beim Sehen des Schauspielers auf der Bühne sprach.
„Wie einfach ist das, und wie wenig braucht man, um zu sehen und wahrzunehmen!" rief ich in heller Begeisterung aus. „Das ist kinderleicht im Vergleich zu dem, was ich bisher auf der Bühne gemacht habe! Wieso bin ich bloß nicht von selbst darauf gekommen, daß man so – mit stierem Blick und angespanntem Körper – nicht sehen kann, so aber – ohne jede Anstrengung – alles bis in die kleinsten Kleinigkeiten wahrnimmt. Doch das ist ja gerade das schwierige – nichts, absolut nichts auf der Bühne zu machen."
„Ja, freilich", fiel mir Arkadi Nikolajewitsch ins Wort, „weil man dabei immer denken muß: Wofür zahlen denn die Zuschauer ihr Geld, wenn ich mir keine Mühe gebe, ihnen was zu zeigen? Man muß doch seine Gage verdienen, man muß doch die Zuschauer unterhalten!"
Was für ein angenehmes Gefühl ist es, ohne Anspannung auf der Bühne zu sitzen, ruhig zu sehen und wahrzunehmen! Und ein Recht darauf zu haben – vor diesem gierig aufgesperrten schwarzen Loch! Sobald man seinen Aufenthalt auf den Brettern als gerechtfertigt empfindet, hat man keinerlei Angst. Ich genoß heute auf der Bühne das einfache, natürliche menschliche Sehen und erinnerte mich an Torzows Sitzen in der ersten Stunde, das ebenso einfach war. Im Leben ist mir dieser Zustand gut bekannt, aber da genieße ich ihn nicht bewußt; ich habe mich zu sehr daran gewöhnt. Auf der Bühne lernte ich ihn heute zum ersten Male kennen. Ich bin Torzow sehr dankbar dafür.
„Bravo!" rief er mir zu. „Das nennt man sehen und wahrnehmen. Wie oft aber gucken wir auf der Bühne und nehmen doch nichts wahr. Was ist schrecklicher als der leere Blick eines Schauspielers! Er beweist untrüglich, daß die Seele des Darstellers untätig schlummert oder daß seine Gedanken irgendwo außerhalb des Theaters und des auf der Bühne dargestellten Lebens sind, daß der Schauspieler von etwas erfüllt ist, was keine Beziehung zur Rolle hat.
Die lustig plappernde Zunge und die automatisch sich bewegenden Arme und Beine können das bewußt blickende, lebenspendende Auge nicht ersetzen. Es heißt ja auch nicht umsonst ‚Spiegel der Seele'.
Das sehende und wahrnehmende Auge des Schauspielers fesselt die Aufmerksamkeit der Zuschauer und lenkt sie auf das Objekt, das sie betrachten sollen. Der leere Blick des Schauspielers lenkt dagegen die Aufmerksamkeit des Zuschauers von der Bühne ab." Nach dieser Erklärung sagte Arkadi Nikolajewitsch weiter:
„Ich habe Ihnen die elektrischen Birnen gezeigt, die die nahen, mittleren und fernen Aufmerksamkeitspunkte versinnbildlichen, die jedes sehende Wesen, also auch jede Bühnengestalt und jeder Darsteller unbedingt braucht.

Die bisher gezeigten Birnen stellten die Objekte auf der Bühne so dar, wie sie der Schauspieler zu sehen hätte. So *sollte* es auf dem Theater sein, doch so *ist* es sehr *selten.*

Jetzt zeige ich Ihnen, wie es auf der Bühne *nicht sein soll*, leider aber *fast immer* bei den meisten Schauspielern *ist*. Ich zeige Ihnen die Objekte, denen fast immer die Aufmerksamkeit der Schauspieler auf der Bühne gilt."

Nach dieser Einleitung huschten plötzlich Lichtpunkte über die Bühne und über den ganzen Zuschauerraum, die die zerstreute Aufmerksamkeit des Schauspielers veranschaulichen.

Dann verschwanden die flackernden Punkte, und im Parkett strahlte eine einzige, hundertkerzige Birne auf.

„Was ist das?" fragte jemand.

„Der gestrenge Kritiker", erwiderte Torzow. „Ihm gilt bei der öffentlichen Aufführung ein sehr großer Teil der Aufmerksamkeit."

Erneut huschten Lichtpunkte, verschwanden wieder, und dann leuchtete eine andere starke Birne auf.

„Das ist der Regisseur."

Kaum war diese Birne erloschen, als eine ganz kleine und trübselige Birne auf der Bühne mühsam aufflackerte.

„Das ist der arme Partner. Ihm wird sehr wenig Aufmerksamkeit geschenkt."

Die trübe Birne erlosch bald, und ein Rampenscheinwerfer blendete uns.

„Das ist der Souffleur."

Und wieder huschten Lichtpunkte, flackerten auf und erloschen wieder. Ich erinnerte mich meines Zustandes bei der Schüleraufführung des „Othello".

„Verstehen Sie jetzt, wie wichtig es für den Schauspieler ist, auf der Bühne sehen und wahrnehmen zu können?" fragte Arkadi Nikolajewitsch am Ende der Stunde. „Diese schwierige Kunst werden Sie erlernen müssen."

Anstelle von Arkadi Nikolajewitsch erschien zur allgemeinen Enttäuschung Iwan Platonowitsch allein zur Stunde und verkündete, daß er uns heute auf Torzows Anordnung unterrichten würde.

Es war also heute Rachmanows erste Stunde.

Wie ist er nun als Lehrer?

Natürlich ist Iwan Platonowitsch ganz anders als Arkadi Nikolajewitsch. Aber keiner von uns hätte gedacht, daß er so ist, wie wir ihn heute kennengelernt haben.

In Gegenwart Torzows, den er vergöttert, ist Rachmanow still, bescheiden, schweigsam, ohne Torzow energisch, entschlossen, streng.

„Konzentrieren Sie die Aufmerksamkeit! Nicht abschweifen!" kommandierte er mit sicherer, befehlsgewohnter Stimme. „Die Übung besteht in Folgendem: Ich gebe jedem von Ihnen ein Objekt zum Betrachten. Sie merken sich seine Form, seine Linien, die Farben, die Details, die Besonderheiten – alles, indem ich bis dreißig zähle. Dreißig!! sage ich, dann erlischt das Licht, damit Sie das Objekt nicht länger sehen können, und Sie sollen mir nun davon berichten. Im Dunkeln beschreiben Sie mir alles, was Ihr optisches Gedächtnis behalten hat. Ich kontrolliere und vergleiche am Objekt, was Sie mir erzählen. Dazu wird das Licht wieder eingeschaltet. Achtung! Ich fange an. Maloletkowa – der Spiegel!"

„Lieber Himmel!" Die Maloletkowa wies verwirrt und eilig auf den Spiegel: „Der da?"

„Keine überflüssigen Fragen. Das Zimmer hat nur diesen einen Spiegel, es ist kein anderer da! Ein Schauspieler muß rasch auffassen können. Pustschin – das Bild. Goworkow – der Kronleuchter. Weljaminowa – das Album."

„Das samtene?" fragte sie mit honigsüßer Stimme.

„Ich habe es Ihnen gezeigt. Ich sage es nicht zweimal. Der Schauspieler muß das Wort im Fluge auffangen. Naswanow – der Teppich."

„Es sind mehrere da. Welcher?"

„Bei Mißverständnissen müssen Sie selbst die Entscheidung treffen. Sie können sich irren, aber zweifeln Sie nicht, zögern Sie nicht, fragen Sie nicht! Ein Schauspieler muß findig sein. Findig, sage ich!

Wjunzow – die Vase. Umnowych – das Fenster. Dymkowa – das Kissen. Wesselowski – der Flügel. Eins, zwei, drei, vier, fünf..." Iwan Platonowitsch zählte gemächlich bis dreißig und befahl dann:

„Licht aus!"

Als es dunkel wurde, rief er mich auf und ließ mich beschreiben, was ich gesehen hatte.

„Sie hatten mir einen Teppich bestimmt", begann ich umständlich. „Ich habe mich nicht gleich für einen entschieden und verlor dadurch Zeit."

„Knapper, nur das Wesentliche", befahl Iwan Platonowitsch. „Nur soweit es den Gegenstand selbst betrifft!"

„Es ist ein Perserteppich. Der Grundton ist rötlichbraun. Außen hat er einen breiten Rand", beschrieb ich, bis Rachmanow dazwischenrief:

„Licht! Nicht richtig behalten, mein Lieber! Falsch! Durchgefallen! Licht aus! Pustschin!"

„Der Gegenstand des Bildes ist mir unklar geblieben. Ich bin kurzsichtig, die Entfernung ist zu groß. Ich sah nur die Farbe: gelb auf rotem Grund."

„Licht!" kommandierte Iwan Platonowitsch. „Das Bild hat weder Gelb noch Rot."

„Wahrhaftig durchgefallen, falsch", klagte Pustschin in tiefstem Baß.

„Goworkow!" rief Rachmanow.

„Ein goldener Kronleuchter, wissen Sie, billiges Zeug. Mit Glasbommeln."

„Licht!" kommandierte Iwan Platonowitsch. „Der Kronleuchter ist echt, ein Museumsstück. Empire, aus der Zeit Alexanders I. Durchgefallen.

Licht aus! Naswanow, beschreiben Sie den Teppich!"

„Ich dachte nicht, daß ich noch mal drankomme, Verzeihung, ich habe wirklich nicht daran gedacht", stotterte ich überrascht.

„Nächstes Mal denken Sie eben daran. Korrigieren Sie Ihre Fehler und sitzen Sie keine Sekunde müßig da. Merken Sie sich alle: Ich werde zwei-, drei-, viermal zurückfragen, bis ich eine genaue Beschreibung Ihres Eindrucks bekomme. Pustschin!"

„Ich bin durchgefallen! Zum zweitenmal durchgefallen."

Schließlich erreichte Rachmanow doch, daß wir die bezeichneten Gegenstände bis ins kleinste Detail aufgenommen und beschrieben hatten. Mich hatte er fünfmal aufrufen müssen. Die nervenanspannende Arbeit ging in schnellem Tempo vor sich, sie dauerte eine halbe Stunde. Die Augen waren sehr müde geworden und die Aufmerksamkeit recht angestrengt. Mit dieser äußersten Intensität lassen sich Übungen nicht lange durchführen. Rachmanow weiß das und teilt darum seine Stunde in zwei halbe Stunden ein.

Wir unterbrachen also unsere Übungen und gingen zum Tanzunterricht. Danach hatten wir wieder Unterricht bei Rachmanow und machten dasselbe wie in der ersten halben Stunde. Diesmal zählte er nicht mehr bis dreißig, sondern nur noch bis zwanzig. Iwan Platonowitsch behauptete, er würde die Übungen bis auf drei bis vier Sekunden bringen.

„So sehr werden wir die Aufmerksamkeit schärfen!" versprach er.

Jetzt, wo ich Iwan Platonowitschs heutige Unterrichtsstunde in mein Tagebuch eintrage, kommen mir Zweifel, ob es wohl nötig ist, ein Stenogramm von Rachmanows Stunden aufzunehmen. Ob ich diese Übungen vielleicht lieber in ein Extraheft schreibe? Dann werden diese Aufzeichnungen eine Sammlung der praktischen Übungen sein, eine Art Übungsbuch oder „Training und Drill", wie Iwan Platonowitsch selbst seine Stunden nennt. So eine Sammlung wird mir zunächst für die täglichen Übungen zustatten kommen und später vielleicht auch beim Regieführen und Unterrichten ...

Also ab heute habe ich zwei Hefte: In diesem Heft hier führe ich mein Tagebuch weiter und trage die *Theorie* der Schauspielkunst ein, wie sie Torzow uns lehrt; im anderen werden die *praktischen Übungen* stehen, die Rachmanow mit uns macht. Das wird ein Übungsbuch zum „System" sein. Es heißt „Training und Drill".

Torzow setzte heute die Lichtillustration der Aufmerksamkeitsobjekte auf der Bühne fort. Er sagte:

„Bisher hatten wir es mit Objekten in Form von Punkten zu tun. Jetzt zeige ich Ihnen den sogenannten *Kreis der Aufmerksamkeit*. Das ist kein Punkt, sondern ein ganzer Kreis von beschränktem Umfang. Er enthält viele selbständige Objekte. Der Blick wandert von einem zum andern, bleibt aber stets innerhalb der Grenzen des Kreises."

Nach dieser Einleitung wurde es dunkel, und einen Augenblick später brannte die große Lampe auf dem Tisch, an dem ich saß. Ein Lichtkegel fiel auf Kopf und Arme, beleuchtete die Mitte des Tisches, auf dem allerhand Kram stand, während die riesige Ausdehnung der Bühne und des Zuschauerraums in unheimlichem Dunkel lag. Um so geborgener fühlte ich mich in dem Lichtkreis der Lampe, der gleichsam meine ganze Aufmerksamkeit in seinen hellen, von Dunkelheit umschlossenen Bereich bannte.

„Dieser Lichtkegel auf dem Tisch bezeichnet den *kleinen Kreis der Aufmerksamkeit*. Sie selbst, oder besser Ihre Köpfe und Arme, die in dem Lichtkreis gefangen sind, befinden sich in seinem Zentrum. Dieser Kreis ist der Blende des Fotoapparates vergleichbar, die das Objekt bis in alle Einzelheiten wiedergibt."

Torzow hatte recht: Jeder belanglose Gegenstand, der in dem engen Lichtkreis auf dem Tische stand, zog die Aufmerksamkeit auf sich.
Gerät man bei vollständiger Dunkelheit in einen Lichtkreis, fühlt man sich sofort von allem isoliert. Man sitzt darin so ungezwungen wie zu Hause, fühlt keine Angst, keine Verlegenheit. Man vergißt, daß man aus der Dunkelheit von vielen Augen und von allen Seiten beobachtet wird, ja, ich fühle mich in einem kleinen Lichtkreis mehr zu Hause als in meinem eigenen Zimmer. Dort schaut die neugierige Wirtin durchs Schlüsselloch, die finsteren schwarzen Wände aber, die den Lichtkreis umgeben, erscheinen undurchdringlich. Genau wie bei konzentrierter Aufmerksamkeit ist es in einem eng begrenzten Lichtkreis nicht nur einfach, die Gegenstände bis ins Detail zu betrachten, sondern auch in seinen geheimsten Gefühlen und Gedanken zu leben und die schwierigsten Handlungen auszuführen; man kann komplizierte Aufgaben lösen, den Gedanken und Gefühlen bis in jede Verästelung nachgehen; man kann mit einem andern Menschen Kontakt haben, auf ihn eingehen, ihm die verschwiegensten Gedanken anvertrauen, Bilder der Vergangenheit wachrufen, von der Zukunft träumen.
Torzow verstand meinen Zustand. Er trat dicht an die Rampe heran und sagte lebhaft:
„Merken Sie sich rasch: Der Zustand, in dem Sie sich jetzt befinden, heißt in unserer Sprache ‚öffentliche Einsamkeit'. Er ist öffentlich, weil wir alle um Sie herum dabei sind; er ist Einsamkeit, weil Sie der kleine Kreis der Aufmerksamkeit isoliert. Während der Vorstellung, unter den Blicken einer tausendköpfigen Menge, können Sie sich immer in Ihre Einsamkeit zurückziehen wie die Schnecke in ihr Gehäuse.
Jetzt zeige ich Ihnen den *mittleren Kreis der Aufmerksamkeit.*"
Es wurde wieder dunkel.
Dann fiel der Schein auf einen verhältnismäßig großen Raum mit dem Tisch, einigen Stühlen, einer Ecke des Flügels, dem Kamin und dem großen Sessel davor. Ich befand mich im Zentrum dieses Kreises.
Es war nicht möglich, den ganzen Raum mit einem Blick zu erfassen, man mußte ihn nach und nach, in einzelnen Abschnitten betrachten. Jeder Gegenstand im Kreis war ein einzelner, selbständiger Aufmerksamkeitspunkt. Das bedauerliche war nur, daß sich durch den vergrößerten Lichtkegel Halbtöne bildeten, die über die Grenzen des Kreises hinausgingen, so daß die dunklen Wände weniger dicht wurden. Außerdem hatte meine Einsamkeit zu viel Raum bekommen. Hätte man den kleinen Kreis mit einer Junggesellenwohnung vergleichen können, so kam der mittlere einer Wohnung für eine große Familie gleich. Und da man in einer menschenleeren kalten Pracht von zehn Zimmern nicht gern allein wohnt, so wäre auch ich gern in meinen lieben kleinen Kreis der Aufmerksamkeit zurückgekehrt.
Doch ich empfand und dachte es nur so lange, wie ich allein war. Als Schustow, Pustschin, die Maloletkowa, Wjunzow und die anderen zu mir in den beleuchteten Kreis traten, fanden wir kaum Platz genug. Es bildete sich eine Gruppe, die sich auf Sessel, Stuhl und Sofa verteilte.
Eine große Fläche bietet die Möglichkeit für eine große Handlung. In einem großen Raum ist es das Gegebene, über allgemeine Dinge zu reden, dort erörtert man ungern

persönliche, vertrauliche Fragen. Und so entstand im mittleren Kreis ohne große Mühe eine jugendlich lebendige Szene. Auf Befehl könnte man sie bestimmt nicht wiederholen. Wie der kleine zeigte mir auch der mittlere Lichtkreis, den Torzow uns heute vorführte, wie einem Schauspieler bei der Erweiterung seines Aufmerksamkeitsbereichs zumute ist.

Übrigens, ein bemerkenswerter Zug: Während der ganzen heutigen Stunde ist mir mein erbitterter Feind – das schwarze Loch – kein einziges Mal in den Sinn gekommen. Erstaunlich!

„Und nun haben Sie den *großen Kreis!*" sagte Torzow, als das ganze Wohnzimmer von Licht überflutet wurde. Die anderen Zimmer blieben noch dunkel, doch die Aufmerksamkeit hatte sich im großen Raum schon verloren.

„Und hier ist der *ganz große Kreis!*" rief Arkadi Nikolajewitsch aus, und alle anderen Zimmer wurden plötzlich hell.

Ich löste mich im großen Raum auf.

„Das Ausmaß des ganz großen Kreises hängt von der Weite des Blickfelds ab. Hier im geschlossenen Raum habe ich die Fläche der Aufmerksamkeit so weit ausgedehnt, wie es nur irgend möglich war. Wären wir aber jetzt nicht im Theater, sondern in der Steppe oder auf dem Meer, so würde einzig die weite Linie des Horizonts das Ausmaß unseres Kreises bestimmen. Auf der Bühne zeichnet der Maler diese Linie der fernen Perspektive auf den Hintergrund.

Jetzt wiederhole ich die gleichen Übungen, aber nicht im Dunkeln, sondern bei Licht", sagte Arkadi Nikolajewitsch nach einer kleinen Pause.

„Schaffen Sie mir jetzt bei vollem Rampenlicht erst den kleinen Kreis der Aufmerksamkeit und die öffentliche Einsamkeit und danach den mittleren und den großen Kreis."

Um den Schülern zu helfen, zeigte Torzow technische Hilfsmittel, die die Aufmerksamkeit auch bei vollem Licht zu erhalten erleichtern. Sie müssen die betreffende Fläche oder den Kreis der optischen Aufmerksamkeit durch die Gegenstände im Zimmer selbst abgrenzen. Da ist zum Beispiel der runde Tisch, auf dem allerlei Sachen stehen. Seine Platte ist der Umriß des kleinen Lichtkreises. Der große Teppich, der auf dem Boden liegt, und die Möbel darauf bilden den mittleren Kreis. Der andere, noch größere Teppich bezeichnet deutlich den großen Lichtkreis.

Wo der Fußboden unbedeckt ist, zählt Torzow die Fläche, die ihm nötig erscheint, nach den Quadraten des aufgezeichneten Parketts ab. Freilich ist es schwierig, darauf die Linien eines gedachten Kreises zu fixieren und die Aufmerksamkeit in diesen Kreis zu bannen, aber ein wenig helfen die Quadrate doch.

„Und nun haben Sie die ganze Wohnung, das ist der ganz große Lichtkreis der Aufmerksamkeit."

In dem Maße, wie die Fläche wuchs, drängte sich zu meiner Verzweiflung das schwarze Loch wieder vor und bemächtigte sich meiner Aufmerksamkeit. Und so verloren alle vorhergehenden Übungen, bei denen ich schon Mut geschöpft hatte, ihren Wert. Wieder fühlte ich mich hilflos.

Arkadi Nikolajewitsch merkte das und sagte:

„Ich will Ihnen noch ein technisches Hilfsmittel nennen, um die Aufmerksamkeit zu

lenken. Es besteht in Folgendem: Während sich der Kreis bei vollem Licht erweitert, vergrößert sich die Fläche Ihrer Aufmerksamkeit. Das kann sie jedoch nur so lange, wie Sie fähig sind, die gedachte Linie des Kreises einzuhalten. Sobald die imaginäre Linie zu schwanken und sich zu verwischen beginnt, muß der Kreis rasch so weit verengt werden, wie die optische Aufmerksamkeit reicht.
Doch gerade in diesem Augenblick tritt oft die Katastrophe ein: Die Aufmerksamkeit entschlüpft Ihrer Kontrolle und löst sich im Raum auf. Sie muß wieder gesammelt und auf etwas gerichtet werden. Und dazu müssen Sie sich nun rasch einen Aufmerksamkeitspunkt suchen, zum Beispiel diese Birne da im Körbchen auf dem Tisch, die jetzt wieder aufgeflammt ist. Selbst wenn sie jetzt nicht so hell erscheint wie vorher in der Dunkelheit, wird sie doch Ihre Aufmerksamkeit anziehen können. Wenn Sie die Aufmerksamkeit auf diese Weise gefesselt haben, schaffen Sie erst bei vollem Licht einen kleinen Kreis mit der Tischlampe als Mittelpunkt. Umreißen Sie dann einen mittleren Kreis und darin einige kleinere."
Wir führten alles wie befohlen aus. Als sich die Fläche bis zum ganz großen Kreis erweitert hatte, verlor ich mich wieder im riesigen Bühnenraum.
Auf dem runden Tisch flammte bei voller Beleuchtung das Lämpchen auf.
„Blicken Sie rasch auf diesen Aufmerksamkeitspunkt!" rief uns Torzow zu.
Ich saugte mich mit den Blicken an dem Lichtpunkt inmitten der Helligkeit fest und bemerkte kaum, wie um mich herum alles dunkel und aus dem großen Kreis der mittlere wurde.
Dann verengte sich der mittlere zum kleinen. Um so besser! Das ist mein Lieblingskreis, den beherrsche ich ganz und gar.
Danach führte Arkadi Nikolajewitsch im Dunkeln die schon bekannten Übergänge vor, vom kleinen zum großen Kreis und zurück. Und dann noch mal vom kleinen zum großen und zurück.
Das wiederholte sich etwa zehnmal und wurde uns schließlich recht vertraut.
Doch da, beim zehntenmal, beim ganz großen Kreis, als die ganze Bühne hell erleuchtet war, rief Torzow plötzlich:
„Suchen Sie den mittleren Kreis bei vollem Licht, Ihr Blick muß sich frei darin bewegen können! Halt! Sie haben die Aufmerksamkeit verloren! Rasch, greifen Sie wieder zur rettenden Lampe! Darum brennt sie ja auch bei Licht. So! Vorzüglich! Und jetzt den kleinen Kreis bei Licht. Das ist nicht schwer, mittendrin brennt ja die Birne."
Danach kehrten wir in der umgekehrten Reihenfolge zum großen Kreis bei vollem Licht zurück, wobei wir in kritischen Augenblicken auf die brennende Birne, den Aufmerksamkeitspunkt, zurückgriffen. Diese Übergänge bei Licht wurden auch mehrfach geübt.
„Wenn Sie sich im großen Kreis verirrt haben, klammern Sie sich rasch an den Aufmerksamkeitspunkt", schärfte uns Torzow ein. „Haben Sie sich daran gefangen, dann schaffen Sie sich erst den kleinen, dann den mittleren Kreis."
Torzow will eine unbewußte, selbstverständliche Gewohnheit in uns ausbilden, vom kleinen Kreis zum großen überzugehen und zurück, ohne daß unsere Aufmerksamkeit geringer wird.

Es ist mir zwar noch nicht zur Gewohnheit geworden, immerhin habe ich aber begriffen, daß mir der Kunstgriff, sich bei Vergrößerung des Kreises in die öffentliche Einsamkeit zurückzuziehen, auf der Bühne zum natürlichen Bedürfnis werden kann.
Als ich es Torzow sagte, meinte er:
„Diesen Kunstgriff werden Sie erst ganz schätzen lernen, wenn Sie auf der riesigen Fläche eines Konzertpodiums stehen. Der Schauspieler fühlt sich hilflos wie in der Wüste. Da werden Sie begreifen, daß man zu seiner Rettung unbedingt die mittleren und kleinen Kreise der Aufmerksamkeit beherrschen muß.
In den furchtbaren Augenblicken der Panik und der Verlassenheit müssen Sie sich immer bewußt machen: je ausgedehnter und leerer der große Kreis ist, um so fester müssen die mittleren und kleinen Kreise umrissen sein, um so gesammelter muß die öffentliche Einsamkeit sein."
Nach einer kurzen Pause ging Torzow dazu über, uns mit Hilfe des Lichts andere, außerhalb unserer selbst liegende kleine, mittlere und große Kreise der Aufmerksamkeit zu demonstrieren.
Bis dahin hatten wir uns immer im Zentrum der jeweiligen Kreise befunden, jetzt standen wir in der Dunkelheit, außerhalb des Lichtkreises.
Alle Lampen erloschen, dann wurde im anstoßenden Eßzimmer die Lampe über dem Tisch eingeschaltet. Ihr Lichtkreis fiel auf die weiße Tischdecke.
„Das ist der kleine, außerhalb von uns liegende Kreis der Aufmerksamkeit."
Dann wuchs der Lichtkreis bis zum mittleren, außerhalb von uns liegenden Kreis. Er beleuchtete die ganze Fläche des angrenzenden Zimmers und ging dann auf die übrigen Räume über, mit Ausnahme des dunklen Zimmers, in dem wir standen.
„Da haben Sie den großen, außerhalb von uns liegenden Kreis."
Vom dunklen Wohnzimmer aus ließ sich alles sehr bequem beobachten, was außerhalb von uns vorging, selbst die entferntesten, für uns gerade noch erkennbaren Punkte. Ich war imstande, mir für meine Beobachtungen sowohl einzelne außerhalb von uns liegende Aufmerksamkeitspunkte auszusuchen als auch die kleinen, mittleren und großen Kreise.
Solche Übungen mit außerhalb von uns liegenden Kreisen aller Größen wurden auch bei voller Beleuchtung gemacht. Diesmal waren das Wohnzimmer und die übrigen Räume hell. Wir mußten die außerhalb von uns liegende Kreise der Aufmerksamkeit verengen und erweitern, wie wir es schon früher gemacht hatten, als wir uns in ihrer Mitte befanden.

Zu Beginn der heutigen Stunde rief ich in einem Anfall von Begeisterung aus:
„Wenn man sich doch auf der Bühne nie von dem kleinen Kreis zu trennen brauchte!"
„Brauchen Sie auch nicht! Ist ja Ihre Sache", erwiderte Torzow.
„Ja, aber ich kann doch nicht immerzu die Lampe mit mir herumtragen, der Lampenschirm ist ja kein Regenschirm."
„Das würde ich Ihnen freilich nicht empfehlen. Aber Sie können immer den kleinen Kreis der Aufmerksamkeit mit sich herumtragen, nicht nur auf der Bühne, sondern auch im täglichen Leben."

„Aber wie denn?"
„Das werden Sie gleich sehen. Gehen Sie auf die Bühne und benehmen Sie sich dort wie zu Hause – gehen Sie umher, bleiben Sie zwischendurch mal stehen, setzen Sie sich mal hier, mal dort."
Ich ging auf die Bühne. Es wurde vollständig dunkel. Dann leuchtete plötzlich ein Lichtkegel auf und wanderte mit mir mit. Ich ging durchs Zimmer, der Lichtkegel folgte mir.
Und da geschah das Unfaßbare: Ich setzte mich an den Flügel und fing an, eine Melodie aus Rubinsteins „Dämon" zu spielen – die einzige, die ich überhaupt spielen kann.
Um diese außergewöhnliche Tatsache richtig würdigen zu können, muß man wissen, daß ich musikalisch eine Null bin und zu Hause nur dann zu spielen wage, wenn ich ganz allein bin. Schrecklich, wenn einer mein Klimpern hört und ins Zimmer tritt! Ich lasse dann schnell den Deckel fallen, springe puterrot auf und benehme mich wie ein beim Rauchen ertappter Schuljunge. Und heute trat ich nun in aller Öffentlichkeit als Pianist auf, empfand keinerlei Verlegenheit, spielte ohne Stocken und hatte sogar einiges Vergnügen daran. Womit ließ sich das erklären? Vielleicht bietet uns der Kreis der Aufmerksamkeit auf der Bühne einen größeren Schutz als im Leben, vielleicht empfindet ihn der Schauspieler dort deutlicher als in der Wirklichkeit. Oder hat der Kreis der Aufmerksamkeit vielleicht noch andere Eigenschaften, die ich nicht kenne?
Von allen schöpferischen Geheimnissen, in die wir während dieser kurzen Unterrichtszeit eingeweiht worden sind, erscheint mir der veränderbare kleine Kreis der Aufmerksamkeit als das wesentlichste und praktisch wertvollste. Der veränderbare Kreis der Aufmerksamkeit und die öffentliche Einsamkeit – das sind von jetzt ab meine Schutzhäfen vor allen Stürmen der Bühne.
Um uns ihre Bedeutung besser zu erklären, erzählte Torzow ein indisches Märchen: Der Maharadscha war auf der Suche nach einem Minister und verkündete, er würde denjenigen nehmen, der mit einem bis an den Rand mit Milch gefüllten Gefäß auf der Mauer um die Stadt herumgehen würde, ohne einen einzigen Tropfen zu vergießen. Viele unternahmen den Gang, wurden auf alle mögliche Weise abgelenkt, laut beim Namen gerufen und erschreckt, und alle vergossen die Milch.
„Das sind keine Minister", sprach der Maharadscha.
Doch es kam einer, der sich durch nichts erschrecken ließ – kein Rufen, keine List vermochte seinen Blick von dem weißen Gefäß abzulenken.
„Schießen!" befahl der Gebieter.
Schüsse ertönten – ohne Erfolg!
„Das ist der Minister!" sagte der Maharadscha.
„Hast du die Rufe gehört?" fragte er ihn.
„Nein!"
„Hast du gesehen, wie man dich erschrecken wollte?"
„Nein. Ich blickte auf die Milch."
„Hast du die Schüsse gehört?"
„Nein, Herr. Ich blickte auf die Milch."

„Das nenne ich im Kreis sein! Das ist echte, konzentrierte Aufmerksamkeit, und dabei nicht im Dunkel, sondern bei Licht!" schloß Torzow seine Erzählung. „Versuchen Sie mal, Ihr Experiment bei voller Rampenbeleuchtung zu machen."
Leider stellte sich heraus, daß wir nicht mit dem Posten eines Ministers beim Maharadscha rechnen konnten! Bei Licht gelang es mir nicht, mich in den Kreis zurückzuziehen und dort die öffentliche Einsamkeit zu schaffen.
Da kam uns Iwan Platonowitsch mit einer neuen Idee zu Hilfe. Er verteilte Reifen, etwa in der Art, wie sie Zirkusreiter zum Hindurchspringen benutzen. Einige Reifen waren größer, andere kleiner. Hält man nun einen solchen Reifen in beiden Händen, so daß man sich in seinem Mittelpunkt befindet, dann ist man im Kreis. Der deutlich sichtbare Umriß hilft, die Aufmerksamkeit in festen Grenzen zu halten. Geht man mit dem Reifen im Zimmer umher, sieht und fühlt man deutlich den veränderbaren Kreis der Aufmerksamkeit, den man eigentlich im Geist um sich zu sehen hätte.
Rachmanows Einfall half vielen, zum Beispiel dem dicken Pustschin, der im tiefen Baß erklärte:
„Ich fühle mich als Diogenes im Faß. Bei meinem Leibesumfang ist es etwas knapp, aber der Einsamkeit und der Kunst zuliebe will ich es gern ertragen."
Was mich betrifft, so bin ich dem schweren Problem des veränderbaren Kreises von einer anderen Seite her zuleibe gegangen.
Es wurde mir heute auf der Straße klar.
Seltsam: Mitten unter den vielen Passanten, den vorübersausenden Straßenbahnen und Automobilen fiel es mir leichter als auf der Bühne, im Geiste die Linie des gedachten Kreises zu ziehen und mich darin auf der Straße zu bewegen.
Mit Leichtigkeit führte ich das auf dem Arbat, in einer verkehrsreichen Gegend, aus.
„Hier läuft die Linie des Kreises, den ich mir bestimme: über die beiden Ellbogen, über die Ecke der Aktentasche, die ich unter dem Arm trage, vorn über die Fußspitze des ausschreitenden Beines. Weiter darf die Aufmerksamkeit nicht gehen." Zu meinem Erstaunen gelang es mir, die Aufmerksamkeit in diesen Grenzen zu halten, aber es zeigte sich, daß es an einem sehr belebten Ort recht unbequem und nicht ohne bedrohliche Folgen war: Ich trat jemand auf den Fuß, grüßte einen Bekannten nicht und hätte beinahe einen Obststand umgeworfen. Das zwang mich, den gedachten Raum bis zum mittleren Kreis zu erweitern, der weit über die Grenzen meines eigenen Körpers hinausging.
Dieser Kreis war weniger gefährlich, bot aber größere Schwierigkeiten für die Aufmerksamkeit, weil die an mir vorüberhastenden Menschen ständig seine Grenzen überschritten. Ohne den gedachten Kreis – in einem großen Raum – hätte ich sie kaum gesehen, doch in den engen Grenzen, die meiner Beobachtung gezogen waren, wurden die an sich bedeutungslosen Unbekannten plötzlich gewichtiger, als mir lieb war. Sie zogen meine Aufmerksamkeit auf sich, so wie im Ausschnitt eines Mikroskops oder einer Lupe jede winzige Kleinigkeit ins Auge fällt. Dasselbe ging in meinem veränderbaren Kreis vor sich. Die gesteigerte Aufmerksamkeit umfaßte buchstäblich alles, was mir ins Blickfeld geriet.

Ich versuchte übungsweise den Kreis der Aufmerksamkeit zu erweitern und zu verengen, mußte aber die Übung bald einstellen, weil ich nahe daran war, sämtliche Treppenstufen zu zählen, die in einen Keller führten.
Als ich auf einen großen Platz kam, nahm ich, so weit der Blick reichte, den ganz großen Kreis, und sofort verwischten sich alle Linien und Konturen. Im gleichen Augenblick hörte ich rasendes Autohupen, wildes Fluchen eines Chauffeurs und sah dicht vor mir den Kühler eines Wagens, der mich beinahe überfahren hätte.
„Hat man sich im großen Kreis verirrt, soll man sich so rasch wie möglich in den kleinen zurückziehen", hatte Torzow gesagt. Ich handelte danach.
„Seltsam", grübelte ich später, „warum ist denn auf dem riesigen Platz und auf der belebten, verkehrsreichen Straße die Einsamkeit leichter herstellbar als auf der Bühne? Vielleicht, weil ich hier keinen etwas angehe, während auf der Bühne alle auf den Schauspieler blicken – das ist ja eine unumgängliche Vorbedingung des Theaters. Dazu ist es ja da, daß alle auf die Bühne sehen und der öffentlichen Einsamkeit des Schauspielers beiwohnen."
Am Abend wollte es der Zufall, daß mir eine noch entscheidendere Lehre zuteil wurde: Ich wollte in die Vorlesung des Professors X, kam zu spät und trat gerade in den überfüllten Saal, als der Professor mit leiser Stimme die grundlegenden Ausgangspunkte seiner Vorlesung darlegte.
„Pst ... leiser! Sie stören!" zischte man mir von allen Seiten zu.
Als ich die allgemeine Aufmerksamkeit auf mich gerichtet fühlte, wurde ich so verlegen, daß ich, genau wie damals bei der Schüleraufführung von „Othello", jede Fassung verlor. Doch sofort verengte ich in gewohnter Weise den Kreis der Aufmerksamkeit auf die Fläche eines beweglichen kleinen Kreises, und darin zeichneten sich dann alle Aufmerksamkeitspunkte so deutlich ab, daß ich mühelos meinen Platz finden konnte. Das beruhigte mich so sehr, daß ich auf der Stelle in aller Öffentlichkeit übte, den Kreis der Aufmerksamkeit zu vergrößern und zu verringern, mehrmals und mit Bedacht. Ich fühlte, daß meine Ruhe, meine Gelassenheit, meine Selbstsicherheit der Menge imponierten, die Zischer verstummten. Sogar der Vortragende hielt einen Augenblick inne. Mir aber tat es wohl, die allgemeine Aufmerksamkeit auf mich zu ziehen und die Menschen in meiner Macht zu spüren.
Heute habe ich nicht in der Theorie, sondern in der Praxis den Nutzen des veränderbaren Aufmerksamkeitskreises erfaßt oder besser erfühlt.

Arkadi Nikolajewitsch sagte:
„Bis jetzt hatten wir es mit einer Aufmerksamkeit zu tun, die auf Objekte außerhalb unserer selbst gerichtet war, wobei diese Objekte tot waren, vom ‚Wenn‘, von den ‚vorgeschlagenen Situationen‘, vom Einfall der Phantasie nicht erwärmt und durchpulst. Wir brauchten die Aufmerksamkeit um der Aufmerksamkeit, das Objekt um des Objektes willen. Jetzt wollen wir uns nicht mit den Objekten des äußeren, wirklichen Lebens beschäftigen, sondern mit denen des inneren, von der Phantasie geschaffenen Lebens und mit der auf sie gerichteten Aufmerksamkeit.
Was sind das denn für Objekte? Mancher glaubt, wenn man in sein Inneres blickt, sähe man dort alle Bestandteile des Innern – den Geist, das Gefühl und auch die

Aufmerkamkeit, die Phantasie. Wjunzow, gucken Sie mal in Ihr Inneres, finden Sie da Aufmerksamkeit und Phantasie!"
„Wo soll ich denn da suchen?"
„Wie kommt es, daß ich Iwan Platonowitsch nicht sehe? Wo ist er?" fragte Torzow plötzlich.
Alle schauten sich um und wurden nachdenklich.
„Worauf konzentriert sich denn jetzt Ihre Aufmerksamkeit?" fragte Torzow.
„Sie sucht Iwan Platonowitsch im ganzen Theater, ... war sogar bei ihm zu Hause...", antwortete Wjunzow.
„Und Ihre Phantasie?"
„Sucht auch, zusammen mit der Aufmerksamkeit", erklärte Wjunzow sehr befriedigt.
„Rufen Sie sich jetzt den Geschmack von frischem Kaviar ins Gedächtnis."
„Ich habe ihn", erwiderte ich.
„Wo befindet sich das Objekt Ihrer Aufmerksamkeit?"
„Ich sah erst einen großen Teller mit Kaviar auf dem kalten Büfett vor mir stehen."
„Das Objekt war also im Geiste außerhalb Ihrer selbst."
„Aber dieses innere Vorstellungsbild hat sofort ein Geschmacksempfinden auf der Zunge ausgelöst...", entsann ich mich.
„... das heißt also: in Ihnen", bemerkte Arkadi Nikolajewitsch. „So wurde also die Aufmerksamkeit nach innen gelenkt. Schustow, stellen Sie sich den Geruch von Lachs vor!"
„Ja, ich habe ihn."
„Wo ist das Objekt?"
„Auch erst auf dem Teller", erwiderte Schustow.
„Also außerhalb Ihrer selbst."
„Und dann irgendwo da in der Nase, im Mund, kurz, in mir."
„Erinnern Sie sich an Chopins Trauermarsch. Wo ist das Objekt?" kontrollierte Torzow.
„Außerhalb, in einem Trauerzug. Aber die Klänge, die das Orchester spielt, höre ich irgendwo tief in den Ohren, in mir", erklärte Schustow.
„Und darauf richtet sich auch Ihre Aufmerksamkeit?"
„Ja."
„Wir schaffen uns also erst Vorstellungsbilder in unserm Innern: vom Aufenthaltsort Iwan Platonowitschs, vom kalten Büfett, vom Trauerzug; dann wird durch diese Vorstellungen die innere Reaktion eines der fünf Sinne angeregt, und darauf fixieren wir unsere Aufmerksamkeit endgültig. Auf diese Weise gelangt die Aufmerksamkeit in unserer Phantasie nicht auf direktem Weg zum Objekt, sondern indirekt, durch ein anderes, sozusagen durch ein Hilfsobjekt. So verhält es sich mit unseren fünf Sinnen. – Weljaminowa, was empfinden Sie, wenn Sie jetzt in Gedanken die Bühne betreten?" fragte Torzow.
„Ich weiß wirklich nicht, wie ich das sagen soll", erklärte unsere Schöne aufgeregt.
„Und worauf ist jetzt Ihre Aufmerksamkeit gerichtet?"

„Ich weiß wirklich nicht... ich glaube, auf die Garderobe... hinter den Kulissen unseres Theaters... vor Beginn einer Aufführung... unserer Schüleraufführung."
„Und was machen Sie in der Garderobe?"
„Ich weiß nicht, wie ich's sagen soll... ich bin aufgeregt... wegen des Kostüms."
„Und nicht wegen der Rolle der Katharina?" fragte Arkadi Nikolajewitsch.
„Wegen der Katharina auch."
„Und was empfinden Sie?"
„Ich beeile mich... alles fällt mir aus den Händen... ich schaff's nicht... es klingelt! Und hier, hier in der Gegend, und da oben auch... krampft sich etwas zusammen... eine Schwäche, als würde ich krank... Oh! Mir ist sogar wirklich ganz schwindlig geworden." Die Weljaminowa lehnte sich weit zurück und bedeckte die Augen mit ihren schönen Händen.

„Wie Sie sehen, wiederholte sich auch diesmal dasselbe: Es entstanden optische Vorstellungen vom Theaterleben hinter den Kulissen vor einer Aufführung. Sie riefen eine Reaktion des Innenlebens hervor, oder, mit anderen Worten, sie lösten einen inneren Vorgang aus, der sich im weiteren Verlauf möglicherweise bis zu einer richtigen Ohnmacht gesteigert hätte.

Die Objekte unserer Aufmerksamkeit sind sowohl im realen Leben als auch – und dort ganz besonders – in unserer Phantasie reichlich vorhanden. Die Phantasie malt uns nicht nur die wirklich vorhandene, sondern auch eine phantastische, in der Wirklichkeit nicht existierende Welt. Im Leben wird das Märchen nie wahr, aber es lebt in der Phantasie. Ihr Bereich ist von einer unvergleichlich größeren Vielfalt der Objekte als die Wirklichkeit.

Sie werden sich also wohl ein Bild davon machen können, wie unerschöpflich das Material für unsere innere Aufmerksamkeit ist.

Die Schwierigkeit liegt darin, daß die Objekte unserer Phantasie unbeständig und oft nicht greifbar sind. Braucht schon die faßbare Welt der Dinge, die uns auf der Bühne umgibt, eine gut trainierte Aufmerksamkeit, so wachsen die Forderungen an die Aufmerksamkeit für die flüchtigen vorgestellten Objekte noch um ein Vielfaches."

„Wie kann man sich denn dazu erziehen, daß die Objekte der inneren Aufmerksamkeit stabiler werden?" fragte ich.

„Genau so, wie Sie Ihre äußere Aufmerksamkeit erzogen haben. Alles, was Sie davon wissen, gilt in gleichem Maße auch für die inneren Objekte und für die innere Aufmerksamkeit."

„So können wir uns also auch im inneren Leben der Phantasie der nahen, mittleren und fernen Aufmerksamkeitspunkte und der kleinen, mittleren und großen Kreise der Aufmerksamkeit bedienen?" fragte ich weiter.

„Sie fühlen sie ja in Ihrem Innern. Also sind sie vorhanden, und man muß sich ihrer bedienen."

Arkadi Nikolajewitsch fuhr fort, die inneren und äußeren Objekte, die innere und äußere Aufmerksamkeit einander gegenüberzustellen, und sagte:

„Wissen Sie noch, wie das schwarze Loch Sie dauernd vom Bühnengeschehen ablenkte?"

„Natürlich weiß ich es noch!" rief ich.

„So wird auch die innere Aufmerksamkeit auf der Bühne dauernd durch die Erinnerung an das persönliche, menschliche Leben des Schauspielers vom Leben der Rolle abgelenkt. Darum geht auch im Bereich der inneren Aufmerksamkeit ein ständiger Kampf zwischen der für die Rolle richtigen und falschen, zwischen der nützlichen und schädlichen Aufmerksamkeit vor sich.

Die schädliche Aufmerksamkeit lenkt uns von der richtigen Linie ab und führt uns entweder über die Rampe hinaus in den Zuschauerraum oder gänzlich weg vom Theater."

„Demnach muß man also zur Entwicklung der inneren Aufmerksamkeit im Geiste die gleichen Übungen machen, die Sie uns seinerzeit für die äußere Aufmerksamkeit gezeigt haben?" wollte ich es genau wissen.

„Ja", bestätigte Arkadi Nikolajewitsch. „Wie damals braucht man auch jetzt vor allem Übungen, die helfen, die Aufmerksamkeit auf der Bühne von dem abzulenken, was nicht bemerkt, was nicht gedacht werden soll. Und in zweiter Linie braucht man Übungen, die die innere Aufmerksamkeit an das fesseln, was der Rolle dienlich ist. Nur unter dieser Bedingung wird die Aufmerksamkeit kräftig, scharf umrissen, gesammelt, stabil – sowohl äußerlich als auch innerlich. Das erfordert eine große, lange und systematische Arbeit.

Für unseren Beruf ist natürlich in erster Linie die innere Aufmerksamkeit wesentlich, da ja der größte Teil des Lebens, das der Schauspieler auf der Bühne im schöpferischen Prozeß verbringt, auf der Ebene der schöpferischen Phantasie, des Einfalls, der erdachten ‚vorgeschlagenen Situationen' verläuft. All das lebt ja unsichtbar im Innern des Schauspielers und ist nur der inneren Aufmerksamkeit zugänglich.

Bei den vielen verwirrenden Begleitumständen des öffentlichen Schaffens, unter den Blicken einer tausendköpfigen Menge, ist es schwer, das ganze Wesen auf das labile innere Objekt zu konzentrieren, man lernt nur mit Mühe, es auf der Bühne mit dem inneren Auge zu sehen. Gewohnheit und Arbeit indessen überwinden alle Hindernisse."

„Offenbar gibt es dafür spezielle Übungen?" fragte ich.

„Es gibt ihrer mehr als genug im Verlauf der Studienzeit und später bei der Arbeit am Theater. Die Arbeit auf der Bühne erfordert, wie das Schaffen selbst, eine unausgesetzte Tätigkeit der äußeren und vor allem der inneren Aufmerksamkeit. Der Schüler oder der Schauspieler, der das begreift, der sich bewußt und ernsthaft seiner Sache widmet – zu Hause, beim Unterricht und auf der Bühne –, der in dieser Beziehung diszipliniert genug und innerlich immer gesammelt ist, kann ganz sicher sein, daß seine Aufmerksamkeit bei der laufenden Arbeit auch ohne spezielle Übungen das notwendige Training haben wird.

Doch eine so gründliche tägliche Arbeit erfordert starke Willenskraft, Ausdauer und Konsequenz, über die lange nicht alle verfügen. Aber man kann die Aufmerksamkeit auch außerhalb der Bühnenarbeit, im täglichen Leben trainieren, indem Sie zum Beispiel dieselben Übungen machen wie zur Entwicklung der Phantasie – sie gelten gleichermaßen auch für die Aufmerksamkeit.

Gewöhnen Sie sich an, jeden Abend vor dem Einschlafen, nachdem Sie das Licht

ausgemacht haben, den Ablauf des vergangenen Tages im Geiste an sich vorbeiziehen zu lassen. Detaillieren Sie dabei Ihre Erinnerungen so weit, wie es irgend geht. Denken Sie, zum Beispiel, an das Mittagessen oder an das Frühstück, versuchen Sie nicht nur, die Gerichte zu sehen, sondern auch das Geschirr, in dem sie gereicht wurden, das Arrangement auf dem Tisch. Besinnen Sie sich auf die Gedanken, auf das Empfinden, das das Tischgespräch in Ihnen ausgelöst hat, an den Geschmack der Speisen.
Rufen Sie sich an einem andern Abend nicht den vergangenen Tag, sondern ein länger zurückliegendes Ereignis Ihres Lebens ins Gedächtnis.
Noch genauer, gehen Sie mit Ihrem inneren Auge die Wohnungen, Zimmer und alle Orte durch, an denen Sie einmal gewohnt, die Sie einmal besucht haben, wobei Sie sich der einzelnen Gegenstände erinnern und sich ihrer im Geist bedienen sollen. Das versetzt Sie in die einst vertrauten Umstände, in die Folgerichtigkeit der Handlungen, in den Tagesablauf eines vergangenen Lebensabschnitts zurück. Und so sollen Sie auch diesen Lebensabschnitt bis ins Detail mit der inneren Aufmerksamkeit betrachten.
Versuchen Sie, sich Ihre Angehörigen, die lebenden und die toten, so intensiv wie nur möglich ins Gedächtnis zu rufen. Die Aufmerksamkeit wird bei dieser Arbeit gründlich beschäftigt und hat immer neue Anlässe, sich zu üben."
Heute setzte Arkadi Nikolajewitsch das gestern nicht abgeschlossene Thema fort. Er sagte:
„Aufmerksamkeit und Objekte müssen, wie Sie nunmehr wissen, in der Kunst außerordentlich bestimmt sein. Flüchtige Aufmerksamkeit können wir nicht brauchen. Schöpferische Arbeit verlangt vollkommene Konzentration des gesamten Organismus. Wie können wir nun die Bestimmtheit eines Objekts und der darauf gerichteten Aufmerksamkeit erreichen? Sie wissen es bereits, wir wollen es an einem Beispiel kontrollieren. Naswanow, gehen Sie auf die Bühne und betrachten Sie dort die elektrische Birne im Körbchen auf dem runden Tisch."
Ich ging auf die Bühne. Bald darauf erlosch das Licht bis auf die eine Birne, die nun das einzige Objekt für mich war. Aber im nächsten Augenblick haßte ich sie bereits und hätte sie auf den Boden werfen mögen, so aufdringlich erschien sie mir.
Als ich es Arkadi Nikolajewitsch sagte, erinnerte er mich:
„Sie wissen doch, daß nicht das Objekt selbst, nicht diese Birne, sondern der anregende Phantasieeinfall die Aufmerksamkeit auf der Bühne an das Objekt fesselt. Der Einfall verwandelt das Objekt und macht es mit Hilfe der ‚vorgeschlagenen Situationen' anziehend. Schmücken Sie es also rasch mit den erregenden Einfällen Ihrer Phantasie aus, und die aufdringliche Birne macht eine Verwandlung durch und regt Sie zum Handeln an."
Längere Zeit starrte ich die Birne an, konnte aber keine Begründung finden, weshalb ich sie betrachtete.
Schließlich erbarmte sich Torzow meiner.
„Ich will Ihnen helfen. Die Birne soll für Sie das halbgeöffnete Auge eines schlafenden Drachen sein. In der tiefen Dunkelheit sind die Umrisse seines riesigen

Körpers nicht zu erkennen. Um so unheimlicher wirkt er auf Sie. Fragen Sie sich: ‚Wenn der Einfall Wirklichkeit wäre, was würde ich dann tun?' Darüber mag auch der Märchenprinz nachgedacht haben, der zum Zweikampf mit dem Drachen ausgezogen war. Stellen Sie sich die Frage nach der einfachen, menschlichen Logik: von welcher Seite greift man den Drachen an, wenn sein Rachen Ihnen zugewandt ist und der Schweif irgendwo ganz hinten liegt. Wenn Ihr Schlachtplan auch viel schlechter wird als der eines Märchenprinzen, so werden Sie immerhin irgend etwas zustande bringen und damit die Aufmerksamkeit und die Gedanken auf das Objekt lenken. Die Phantasie wird angeregt, sie reißt Sie mit, weckt in Ihnen den Wunsch zu handeln. Haben Sie aber zu handeln begonnen, dann haben Sie auch das Objekt anerkannt, in sich aufgenommen, sich mit ihm eingelassen. Das Ziel ist gegeben und Ihre Aufmerksamkeit von allem abgelenkt, was außerhalb der Bühne vor sich geht. Doch das ist erst der Beginn der Umwandlung des zu betrachtenden Objekts."

Die Aufgabe, die ich da gestellt bekam, schien mir recht schwierig. Ich entsann mich also, daß das „Wenn" dem Gefühl keine Gewalt antut, sondern nur eine menschlich logische Antwort erwartet, wie Arkadi Nikolajewitsch gesagt hatte. Als erstes war zu entscheiden, von welcher Seite das Untier am geschicktesten anzugreifen ist. Dann überlegte ich folgerichtig und logisch: ‚Was ist das für ein Licht in der Dunkelheit? Das ist das halbgeöffnete Auge des schlummernden Drachen. Demnach blickt er mich geradewegs an. Ich muß mich verstecken.' Doch ich hatte Angst, mich zu rühren. Was nun? Je ausgiebiger und gründlicher ich über die gestellte Aufgabe nachdachte, desto wichtiger wurde das Objekt der Aufmerksamkeit. Je mehr ich mich mit ihm beschäftigte, desto stärker schlug es mich in seinen Bann. Plötzlich flackerte das Lämpchen, ich zuckte zusammen. Immer heller brannte es, blendete mich, ich wurde aufgeregt, ängstlich und fuhr zurück, weil ich glaubte, das Ungeheuer hätte mich erblickt und sich bewegt. Ich sagte es Arkadi Nikolajewitsch.

„Endlich ist es Ihnen gelungen, das bezeichnete Objekt richtig zu erfassen! Es existierte nicht mehr in seiner ursprünglichen Form, es war gleichsam verschwunden. An seiner Stelle erschien ein neues, viel stärkeres, vom erregenden Phantasieeinfall verwandeltes. Die elektrische Birne wurde nun zum Auge. Das verwandelte Objekt ruft eine innere, emotionale Reaktion hervor. Die Aufmerksamkeit ist jetzt nicht nur am Objekt interessiert, sie zieht alle schöpferischen Kräfte des Schauspielers zur Mitarbeit heran.

Man muß das Objekt verwandeln können. Und auch die Aufmerksamkeit muß aus einer kühlen, intellektuellen zu einer warmen, *sinnlichen* werden. Diese Terminologie hat sich in unserem Schauspielerjargon eingebürgert. Die Bezeichnung ‚sinnliche Aufmerksamkeit' stammt übrigens nicht von uns, sondern von dem Psychologen I. I. Lapschin, der sie zuerst in seinem Buch „Das künstlerische Schaffen"[22] verwendete.

Abschließend möchte ich Ihnen noch sagen, daß wir die sinnliche Aufmerksamkeit besonders brauchen und besonders hochschätzen bei der schöpferischen Arbeit am geistigen Leben der Rolle, das heißt bei der Erfüllung der Hauptaufgabe unserer Kunst. Daran erkennen Sie die Bedeutung der sinnlichen Aufmerksamkeit für unsere Kunst."

Nach mir ließ er Schustow, Wesselowski und Pustschin auf die Bühne kommen und ähnliche Übungen machen. Ich beschreibe sie nicht, um Wiederholungen zu vermeiden.

Mein Onkel ist krank geworden. Ich kam zu spät zum Unterricht. Während der Stunde wurde ich mehrmals ans Telefon gerufen. Schließlich mußte ich noch vor Schluß weggehen. Ich war aufgeregt und zerstreut und konnte Torzows Worten nicht genau folgen. Deshalb sind meine Aufzeichnungen heute unvollständig und abgerissen. Als ich in die Klasse kam, war eine hitzige Debatte zwischen Torzow und Wesselowski im Gange. Offenbar hatte Wesselowski gesagt, daß er es nicht nur für schwierig, sondern für unmöglich hielt, gleichzeitig auf die Rolle, auf die technischen Mittel, auf die Zuschauer – die man ja doch nicht aus dem Sinn verliert –, auf den eigenen Text, auf die Stichworte des Partners, auf den Souffleur und zuweilen noch auf mehrere Objekte gleichzeitig zu achten.
„Wieviel Aufmerksamkeit soll man denn nur haben?" rief er verzweifelt.
„Sie glauben also, diese Arbeit nicht bewältigen zu können. Der Kunstreiter im Zirkus bewältigt aber spielend eine weitaus schwierigere und riskiert obendrein noch sein Leben. Bedenken Sie: Beine und Körper balancieren auf dem Rücken des galoppierenden Pferdes, die Blicke sind auf den Stab gerichtet, der auf der Stirn balanciert und auf dessen Spitze noch eine Scheibe rotiert, und außerdem jongliert er mit drei oder vier Bällen. So viele Objekte auf einmal! Und doch ist es ihm noch möglich, das Pferd durch flotte Zurufe anzufeuern.
Der Kunstreiter kann es, weil der Mensch eine *mehrschichtige Aufmerksamkeit* besitzt und weil die eine Schicht die andere nicht beeinträchtigt.
Schwierig ist es nur am Anfang. Zum Glück läßt uns die Gewohnheit vieles automatisch machen, und so wird auch die Aufmerksamkeit zur automatischen Gewohnheit. Freilich, wenn Sie bis jetzt geglaubt haben, ein Schauspieler braucht bloß begabt zu sein, um intuitiv schaffen zu können, müssen Sie Ihre Meinung ändern. Begabung ohne gründliche Arbeit ist lediglich Rohmaterial."
Hier wurde ich ans Telefon gerufen, mußte zum Arzt fahren und weiß nicht, wie der Disput ausgegangen ist.
Als ich wieder zurückkam, stand Goworkow mit unnatürlich aufgerissenen Augen an der Rampe, während Arkadi Nikolajewitsch leidenschaftlich auf ihn einredete.
„Was ist? Worüber reden sie?" fragte ich meinen Nachbarn.
„Goworkow hat gesagt, man muß das Publikum immer im Auge behalten", erwiderte dieser lachend.
„Wir produzieren uns vor der Menge!" rief der streitsüchtige Goworkow.
Arkadi Nikolajewitsch protestierte: Man dürfe nicht „ins Publikum" blicken.
Ich übergehe die Schilderung der Debatte und notiere nur Torzows Meinung darüber, unter welchen Bedingungen man den Blick in den Zuschauerraum werfen darf.
„Nehmen Sie an, Sie blickten auf die gedachte Wand, die den Schauspieler vom Zuschauerraum trennen müßte. Wie müßte die Stellung der Augen sein, wenn der Blick auf einen sehr nahen Blickpunkt an der gedachten Wand gerichtet wäre? Sie müßten fast ebenso schielen, als wenn Sie auf die eigene Nasenspitze blickten.

Was aber tut der Schauspieler in den meisten Fällen? Wenn er auf die gedachte Wand blickt, richtet er seine Blicke gewohnheitsmäßig ins Parkett, dorthin, wo der Regisseur, der Kritiker oder seine Verehrerinnen sitzen. Dabei haben seine Pupillen nicht den Blickwinkel, den sie natürlicherweise bei einem nahen Aufmerksamkeitspunkt haben müßten. Glauben Sie wirklich, daß der Schauspieler, sein Partner und der Zuschauer so einen physiologischen Fehler übersehen? Hoffen Sie wirklich, dieser widernatürliche Anblick könnte sowohl Ihre eigene als auch unsere menschliche Erfahrung irreführen?
Jetzt nehme ich einen andern Fall an: Der Rolle nach müssen Sie weit in die Ferne, auf die verschwimmende Linie des Horizonts schauen, wo das Segel eines davonfahrenden Bootes zu erkennen ist.
Überlegen Sie, welche Stellung die Pupillen haben, wenn der Blick in die Ferne gerichtet ist.
Sie sehen ganz geradeaus, so daß die Blicklinien beider Augen fast parallel zueinander laufen.
Um diese Pupillenstellung zu erreichen, müßte man gleichsam die Wand des Zuschauerraums durchbohren, einen weit entfernten gedachten Punkt ins Auge fassen und die Aufmerksamkeit darauf konzentrieren.
Was tut der Schauspieler statt dessen? Er richtet den Blick wiederum, wie immer, auf den Regisseur, den Kritiker oder die Verehrerin.
Glauben Sie, daß man auch in diesem Fall sich und den Zuschauer betrügen kann?
Haben Sie erst mit Hilfe der Technik erlernt, das Objekt den Platz einnehmen zu lassen, der ihm zukommt, und Ihre Aufmerksamkeit darauf zu konzentrieren, haben Sie erst die Bedeutung des Raumes für den Blickwinkel auf der Bühne begriffen, dann mögen Sie den Blick auf die Zuschauer richten, ihn weit über sie hinschweifen oder ihn im Gegenteil nicht so weit kommen lassen. Vorläufig hüten Sie sich davor, sich eine physische Lüge anzugewöhnen. Diese Angewohnheit verbiegt die Aufmerksamkeit in einem jungen, noch nicht fertigen schauspielerischen Apparat."
„Und wohin, ich bitte Sie, soll man die Blicke richten?" fragte Goworkow.
„Vorläufig nach links, nach rechts oder über die Rampe nach oben. Keine Bange – der Zuschauer sieht Ihre Augen schon. Sobald es sich ergibt, wendet sich der Blick unwillkürlich auf ein gedachtes Objekt jenseits der Rampe, und das geschieht dann ganz von selbst, instinktiv und darum richtig Ohne diese innere, unbewußte Notwendigkeit aber vermeiden Sie den Blick nach vorn, sei es auf die gedachte Wand oder in die Ferne. Vermeiden Sie es so lange, bis Sie sich die notwendige Psychotechnik erarbeitet haben."
Ich wurde wieder abgerufen und kam an diesem Tag nicht mehr zum Unterricht zurück.

Heute sagte Arkadi Nikolajewitsch:
„Um die praktische Seite der schauspielerischen Aufmerksamkeit voll auszuwerten, muß man sie auch als ein Mittel zur Beschaffung von Material für die Arbeit an Rollen betrachten.
Der Schauspieler muß nicht nur auf der Bühne, sondern auch im Leben aufmerksam

sein, er muß sich mit seinem ganzen Wesen auf alles konzentrieren, was ihn anzieht. Sein Sehen darf nicht so flüchtig sein wie das eines oberflächlichen Betrachters, sondern muß in die Tiefe des jeweiligen Objekts eindringen.
Ohne intensives Beobachten wäre unsere schöpferische Methode einseitig, unecht, lebensfern, ohne Verbindung mit der Gegenwart.
Es gibt Menschen mit natürlicher Beobachtungsgabe. Sie bemerken unwillkürlich, ohne Willensanstrengung alles, was um sie herum vorgeht. Es prägt sich fest in ihr Gedächtnis ein. Ihnen ist es gegeben, die wichtigste, interessanteste, typischste, farbigste Seite herauszufinden. Wenn man solche Menschen erzählen hört, erkennt und begreift man Dinge, die der Aufmerksamkeit der unachtsamen Menschen entgehen, die nicht sehen, nicht erkennen und das Geschaute nicht plastisch wiedergeben können.
Leider verfügen bei weitem nicht alle über diese für den Schauspieler notwendige Aufmerksamkeit, die das Wesentliche und Charakteristische im Leben zu sehen vermag.
Meistens können es die Menschen nicht einmal im Interesse ihrer eigenen, elementaren Belange, noch weniger aber sind sie imstande, aufmerksam zu sehen und zu lauschen, um die Wahrheit des Lebens zu erkennen, um den Mitmenschen feinfühlig und behutsam zu begegnen, um wahrhaft und künstlerisch zu schaffen. Das ist nur ganz wenigen gegeben. Wie oft wird man deprimiert beim Anblick menschlicher Unachtsamkeit, die manchmal selbst gute Menschen zu Peinigern ihrer Umgebung macht, die die Klugen so stumpfsinnig macht, daß sie nicht merken, was vor ihren Augen geschieht.
Die Menschen können am Gesicht, an den Augen, am Klang der Stimme nicht ablesen, in welcher Stimmung ihr Gesprächspartner ist. Sie verstehen nicht, die komplizierte Wahrheit des Lebens aktiv zu sehen und wahrzunehmen, sie können nicht aufmerksam lauschen und das Erlauschte wirklich in sich aufnehmen. Wenn sie es könnten, wäre das Schaffen unendlich reicher, feiner und tiefer. Man kann aber keinem Menschen geben, was ihm die Natur versagt hat; man kann nur zu entwickeln und zu ergänzen versuchen, was in ihm ist, und sei es auch nur wenig.
Im Bereich der Aufmerksamkeit erfordert diese Tätigkeit eine Menge Arbeit und Zeit, starken Willen und systematische Übung.
Wie bringt man es nun den Unachtsamen bei, alles zu erfassen und wahrzunehmen, was Natur und Leben zu geben haben? Vor allem muß man ihnen erklären, wie man sehen und hören muß, und zwar nicht nur das Negative, sondern vor allem das Schöne. Das Schöne erhebt die Seele, löst die erhabensten Gefühle in ihr aus, die sich dem emotionalen und dem geistigen Gedächtnis tief und unauslöschlich einprägen. Am schönsten ist die Natur selbst. Die Natur sollten Sie besonders genau beobachten. Nehmen Sie für den Anfang eine Blume, ein Blatt, ein Spinngewebe, Eisblumen am Fenster und so weiter. Es sind Werke der großen Künstlerin Natur. Versuchen Sie, das, was Sie daran schön finden, mit Worten zu benennen. Dadurch wird die Aufmerksamkeit gezwungen, sich intensiver mit dem betrachteten Objekt zu befassen, es bewußter zu werten, tiefer in sein Wesen einzudringen. Scheuen Sie auch nicht vor den düsteren Seiten der Natur zurück, wobei Sie nicht vergessen dür-

fen, daß unter den negativen Erscheinungen auch positive verborgen sind, daß auch das Häßlichste Schönes enthält, wie das Schöne manches Häßliche. Doch das wahrhaft Schöne fürchtet das Häßliche nicht, oft genug wird es durch das Häßliche betont und gesteigert.
Spüren Sie dem einen und dem anderen nach, bezeichnen Sie es mit Worten, verstehen Sie es und lernen Sie, es zu sehen, sonst wird Ihre Vorstellung vom Schönen einseitig, süßlich, hübsch, sentimental – eine große Gefahr für die Kunst.
Betrachten Sie ebenso gründlich die Werke der Kunst – Literatur, Musik, Museumsstücke, schöne Gegenstände, alles, was Ihnen vor die Augen kommt und zur Ausbildung eines guten Geschmacks und der Liebe zum Schönen beiträgt.
Tun Sie es aber nicht mit dem kalten Blick eines Analytikers, nicht mit dem Bleistift in der Hand! Der wahre Künstler ist leidenschaftlich durchglüht von allem, was um ihn herum vorgeht. Er ist besessen vom Leben, das zum Objekt seiner intensiven Beobachtung wird. Begierig nimmt er alles Gesehene in sich auf, versucht festzuhalten, was er innerlich gewonnen hat – nicht im Notizbuch, wie ein Statistiker, sondern im Herzen, wie ein Künstler. Was er gewinnt, ist ja lebendiges, durchblutetes, schöpferisches Material. Kurz – es ist in der Kunst nicht möglich, kalt und unbeteiligt an die Arbeit heranzugehen. Wir brauchen einen gewissen Grad innerer Erwärmung, wir brauchen sinnliche Aufmerksamkeit. Das bezieht sich auch auf den Vorgang der Materialsammlung für das künstlerische Schaffen. Wenn zum Beispiel ein Bildhauer Marmorstücke für eine Venus betrachtet und auswählt, ist er innerlich erregt. In der Tönung des Marmors, in einem feinen Äderchen ahnt und empfindet er schon den Körper der zukünftigen Gestalt. So ist auch bei uns Bühnenkünstlern die hingegebene Erregung der Kern jeder schöpferischen Suche nach Material. Das schließt natürlich nicht die umfassende Tätigkeit des Verstandes aus. Doch man kann ja nicht nur kühl denken, man muß es auch mit leidenschaftlicher Wärme tun. Oft genug löst im Leben ein Zufall einen natürlichen und heftigen Ausbruch der Aufmerksamkeit aus, wobei sogar ein unachtsamer und zerstreuter Mensch zum aufmerksamen Beobachter werden kann. Ich will Ihnen ein Beispiel aus meinem Leben erzählen. Ich mußte im Verlauf einer Arbeit einen mir sehr lieben, berühmten Schriftsteller aufsuchen. Als ich sein Arbeitszimmer betrat, blieb ich fassungslos stehen: Der Schreibtisch war mit Manuskripten, Papierbogen und Büchern bedeckt, alles zeugte von schöpferischer Arbeit. Und neben dem Schreibtisch standen eine riesige Trommel, Pauken, Posaunen und Orchesterpulte, die in dem anstoßenden Wohnzimmer keinen Platz mehr gefunden hatten und durch die weitgeöffnete Tür ins Arbeitszimmer eingedrungen waren. Im Nebenzimmer herrschte ein richtiges Chaos: Die Möbel waren unordentlich an die Wand gerückt und die frei gewordene Fläche mit Pulten vollgestellt.
Sollte es möglich sein, daß hier der Dichter – umgeben vom Klang der Trommeln, Pauken und Posaunen – arbeitet? ging es mir durch den Kopf. Es war eine ungewöhnliche, überraschende Entdeckung, die selbst die Aufmerksamkeit eines gänzlich unachtsamen Menschen angezogen und ihn veranlaßt hätte, alles mögliche zu denken, um hinter dieses Rätsel zu kommen. Begreiflicherweise wurde auch meine Aufmerksamkeit angeregt und begann mit aller Energie zu arbeiten.

Oh, wenn doch die Schauspieler sich ebensosehr für das Stück und die Rolle interessieren würden, wie ich mich damals für alles interessierte, was im Hause meines Lieblingsschriftstellers vor sich ging! Wenn sie doch immer mit dem gleichen Scharfblick in alles eindringen würden, was im wirklichen Leben um sie herum geschieht! Wie reich wären wir dann an schöpferischem Material! Unter diesen Bedingungen würde der Vorgang des Aufspürens sich so vollziehen, wie es bei einem wahren Künstler sein soll.
Wir dürfen aber nicht vergessen, daß das Beobachten nicht schwierig ist, wenn die Umgebung unsere Aufmerksamkeit von selbst anzieht und fesselt. Dann vollzieht sich ja alles von allein, auf natürliche Weise. Was tut man aber, wenn nichts unsere Neugier reizt, wenn nichts uns erregt, nichts zu Fragen, Vermutungen, Erkundungen veranlaßt?
Stellen Sie sich zum Beispiel vor, ich wäre nicht am Tage einer Orchesterprobe in die Wohnung des berühmten Schriftstellers geraten, sondern an einem gewöhnlichen Tag, an dem die Pulte hinausgeräumt waren und die Möbel an Ort und Stelle standen. Ich würde die Wohnung in der üblichen, gutbürgerlichen Art möbliert vorfinden, in einer Weise, die meinem Gefühl auf den ersten Blick nichts zu sagen hätte, keineswegs charakteristisch für das Leben des berühmten Wohnungsinhabers, durch nichts die Aufmerksamkeit, die Neugier, die Phantasie anreizend, nicht zu Fragen, Vermutungen, Beobachtungen zwingend.
In diesem Fall hätte man entweder eine ganz außergewöhnliche natürliche Beobachtungsgabe, eine geschärfte Aufmerksamkeit haben müssen, die die fast unmerklichen typischen Züge und Äußerungen im Dasein dieses Menschen aufzuspüren hilft, oder man hätte ein technisches Hilfsmittel, einen Anstoß, ein Aufpeitschen gebraucht, das die schlummernde Aufmerksamkeit aufrütteln könnte.
Die außergewöhnliche natürliche Veranlagung hängt nicht von uns ab. Und das technische Hilfsmittel muß man erst finden, erkennen und beherrschen lernen. Gebrauchen Sie vorläufig, was Sie schon in der Praxis erprobt haben und gut kennen. Ich meine das Kurbeln der Phantasie, das Ihnen seinerzeit behilflich war, die schlummernde Phantasie anzuregen. Dieser Kunstgriff wird auch die Aufmerksamkeit wachrütteln, wird Sie über den Zustand des kühlen Beobachters hinausführen und den Grad Ihrer schöpferischen Anteilnahme erhöhen.
Stellen Sie sich wie damals Fragen und versuchen Sie diese Fragen ehrlich und aufrichtig zu beantworten: *Wer, was, wann, wo, warum, wozu* geht das vor, was Sie beobachten? Bezeichnen Sie mit Worten, was Sie an der Wohnung, am Zimmer, an den Gegenständen, die Sie interessieren, schön und typisch finden, was den Besitzer am deutlichsten charakterisiert. Um bei meinem vorhin angeführten Beispiel zu bleiben, fragen Sie sich also:
‚Warum liegt ein Geigenbogen, ein türkischer Schal und ein Tamburin auf dem Sofa? Wer tanzt hier, wer macht hier Musik? Der Dichter selbst oder ein anderer?' Um die Frage zu beantworten, werden Sie diesen ‚anderen' suchen müssen. Wie macht man das? Soll man fragen, untersuchen, kombinieren? Ein Damenhut auf dem Fußboden beweist, daß eine Frau in der Wohnung ist. Die Gemälde auf dem Schreibtisch – sie sind noch nicht aufgehängt, aber schon gerahmt: Die Wohnung wurde erst

vor kurzem bezogen – bekräftigen es. Versuchen Sie auch, in die Alben hineinzuschauen, die auf den Tischen liegen. Sie stoßen immer wieder auf Fotografien derselben Frau, die auf den einen sehr schön, auf den anderen von einer interessanten Häßlichkeit ist, aber immer sehr originell. Das enträtselt das Geheimnis, wessen Launen das Haus regieren, wer hier Bilder malt, wer hier tanzt und ein Orchester dirigiert. Vieles ergänzt Ihr Einfühlungsvermögen, Ihre Phantasie, vorsichtiges Fragen, die Gerüchte, die über den berühmten Mann im Umlauf sind. Sie erfahren, daß der Dichter in jene Frau verliebt ist, die ihm das Vorbild für die Heldinnen seiner Dramen, Romane und Erzählungen ist. Vielleicht wird es Sie erschrecken, daß diese Ergänzungen und Vermutungen, die Sie von sich aus unwillkürlich hinzutun müssen, das dem Leben entnommene Material verzerren. Keine Angst! Häufig steigern die eigenen Ergänzungen, sobald man ihnen Glauben schenkt, das gefundene Material.

Um das zu bestätigen, führe ich noch folgendes Beispiel an: Als ich einmal die Passanten auf einem Boulevard beobachtete, erblickte ich eine dicke, alte Frau, die einen kleinen Kinderwagen vor sich herschob, in dem sich statt eines Kindes ein Vogelbauer mit einem Zeisig befand. Am wahrscheinlichsten ist, daß die Frau den Käfig einfach hineingesetzt hatte, um ihn nicht in der Hand schleppen zu müssen. Aber ich wollte die Wirklichkeit anders sehen und dachte mir aus, die Alte habe nach und nach alle ihre Kinder und Enkelkinder zu Grabe getragen und habe nun auf der ganzen Welt nur noch ein einziges geliebtes Wesen – diesen Zeisig im Bauer, den sie jetzt auf dem Boulevard spazierenfährt, wie sie noch vor kurzem das geliebte Enkelkind spazierengefahren hatte. Diese Deutung ist zugespitzter, bühnengemäßer als die Wirklichkeit. Warum also sollte mein Gedächtnis die Beobachtungen nicht in dieser Form behalten? Ich bin ja kein Statistiker, dem es auf Genauigkeit der Informationen ankommt, sondern ein Schauspieler, der schöpferische Anregungen braucht. Das von meiner Phantasie ausgeschmückte Bild des Lebens lebt bis heute in meinem Gedächtnis und verlangt nach szenischer Darstellung.

Wenn Sie gelernt haben, das Leben, das Sie umgibt, zu beobachten und schöpferisches Material auszusuchen, müssen Sie an die Erforschung des Materials gehen, das wir am dringendsten brauchen, auf dem unsere Kunst in der Hauptsache basiert. Ich meine die Emotionen, die wir aus der persönlichen, unmittelbaren, von Herz zu Herz gehenden Beziehung zu lebendigen Objekten, also aus der Beziehung zu Menschen, gewinnen.

Das emotionale Material ist besonders wertvoll, weil das geistige Leben der Rolle daraus zusammengesetzt ist – und das ist ja die wesentlichste Aufgabe unserer Kunst. Es ist besonders schwierig, dieses Material aufzuspüren, weil es unsichtbar, nicht faßbar, nicht zu bezeichnen und nur innerlich fühlbar ist.

Natürlich spiegelt sich vieles aus dem unsichtbaren seelischen Erleben in der Mimik, in den Augen, in der Stimme, in den Bewegungen, in unserem ganzen physischen Apparat wider. Es erleichtert das Beobachten, aber auch unter diesen Umständen ist es nicht einfach, das Wesen der Menschen zu erkennen, weil sie ja selten ganz offen sind und ihre Seele so zeigen, wie sie ist. In den meisten Fällen verbergen sie ihre Empfindungen. Dann trügt der äußere Schein, hilft dem Beobachtenden nicht, sondern macht es ihm noch schwerer, das verborgene Gefühl zu erraten. Unsere Psychotechnik kennt noch keine Hilfsmittel, die es erleichtern, die geschilderten Vorgänge zu bewerkstelligen. Deshalb beschränke ich mich auf einige praktische Ratschläge, die zuweilen von einigem Nutzen sind. Meine Ratschläge sind nicht neuartig. Wenn die innere Welt des Menschen, den Sie beobachten, sich in seinen Handlungen, Gedanken, Impulsen unter den vom Leben gegebenen Umständen offenbart, verfolgen Sie aufmerksam diese Äußerungen, untersuchen Sie die gegebenen Umstände, wägen Sie das eine gegen das andere ab und fragen Sie sich: ‚Warum hat dieser Mensch dieses oder jenes getan, was hatte er im Sinn?' Ziehen Sie daraus entsprechende Schlüsse, bestimmen Sie Ihr eigenes Verhältnis zum beobachteten Objekt und versuchen Sie mit Hilfe dieser Vorarbeiten, die Struktur seines Innern zu erkennen. Gelingt es dem Schauspieler nach langer, intensiver Beobachtung, gewinnt er gutes Material für das Schaffen.

Es kommt auch vor, daß das Innenleben des beobachteten Menschen nicht unserem Verstand, sondern nur der Intuition zugänglich ist. In solchen Fällen muß man versuchen, in die Tiefen der menschlichen Seele einzudringen und dort gewissermaßen mit den Fühlern des eigenen Empfindens Material für die schöpferische Arbeit zu sammeln.

Dabei haben wir es mit der sublimsten, tief im Unbewußten wurzelnden Art der Aufmerksamkeit und Beobachtung zu tun, denn unsere übliche Aufmerksamkeit ist nicht eindringlich genug, um das schöpferische Material in einer fremden, lebendigen Seele aufzuspüren.

Wenn ich Ihnen versichern wollte, daß unsere schauspielerische Psychotechnik über Hilfsmittel für ein derartiges Unterfangen verfügt, müßte ich lügen. Diese Lüge hat keinen praktischen Wert für unsere Arbeit.

Bei dem komplizierten Vorgang des Aufspürens von sublimstem emotionalem Schaffensmaterial, das unserem Bewußtsein nicht zugänglich ist, können wir uns nur auf unsere menschliche Erfahrung, auf unsere Lebensweisheit, Feinfühligkeit und Intuition verlassen. Wir müssen warten, bis uns die Wissenschaft hilft, praktisch benutzbare Zugänge zu einer fremden Seele zu finden. Wir wollen lernen, uns in der logischen Folgerichtigkeit ihrer Gefühle, in der Psychologie, in der Charakterologie zu üben. Das könnte uns helfen, Methoden zum Aufspüren emotionalen Schaffensmaterials nicht nur in den äußeren Erscheinungen des Lebens, sondern auch im Innenleben der Menschen zu finden."

VI. MUSKELENTSPANNUNG

Folgendes ist geschehen:
Als er die Klasse betreten hatte, ließ Arkadi Nikolajewitsch die Maloletkowa, Wjunzow und mich auf die Bühne gehen und die Übung mit dem verbrannten Geld wiederholen. Wir fingen an.

Im ersten Teil ging alles gut. Als ich mich aber dem tragischen Punkt näherte, fühlte ich, wie etwas in mir ins Schwanken geriet, sich verschloß, verkrampfte ... erst hier, dann dort ... ich wurde wütend. „Nein, ich gebe nicht nach!" sagte ich entschlossen und drückte, um mir von außen zu helfen, mit aller Gewalt auf irgendeinen Gegenstand – es war ein gläserner Aschenbecher. Doch je heftiger ich die Hand darauf preßte, um so fester schlossen sich die seelischen Ventile. Und umgekehrt: Je fester sich die Ventile schlossen, um so stärker preßte ich den Aschenbecher. Plötzlich gab es ein Knirschen, ein Nachgeben, ich empfand einen heftigen, stechenden Schmerz, warme Flüssigkeit netzte die Hand. Der Bogen Papier auf dem Tisch, meine Manschetten wurden rot. Das Blut sprudelte aus der Hand.
Ich erschrak, Schwindel und Übelkeit befielen mich. Ich weiß nicht, ob ich ohnmächtig wurde, ich weiß nur, daß ein Tumult entstand, und sah noch Rachmanow und Torzow vor mir. Einer drückte meinen Arm zusammen, es schmerzte. Der andere band den Arm ab. Erst wurde ich geführt, dann getragen. Ich hörte, wie Goworkow schwer unter meiner Last keuchte, und ich war gerührt, wie er sich um mich mühte. Vom Arzt und den Schmerzen, die er mir zufügte, habe ich nur noch eine nebelhafte Vorstellung. Ich wurde immer schwächer, immer schwindeliger ... wahrscheinlich wurde ich ohnmächtig.
Mein Theaterleben und damit auch meine Eintragungen ins Tagebuch sind vorübergehend unterbrochen, denn im Tagebuch ist kein Platz für mein persönliches Leben, schon gar nicht, wenn es aus langweiliger und eintöniger Bettruhe besteht.

Eben hat mich Schustow besucht und sehr ausführlich über die Schule berichtet. Mein Unfall hat sich auf das ganze Unterrichtsprogramm ausgewirkt und die Veranlassung gegeben, in das Gebiet der Körperbeherrschung vorzustoßen.
Torzow hatte gesagt:
„Ich muß vom streng systematischen, theoretisch folgerichtigen Unterrichtsprogramm abweichen und Ihnen jetzt schon einiges von einem der wichtigsten Momente in der schauspielerischen Arbeit sagen – von der *Entspannung der Muskeln*.
Eigentlich gehört dieses Thema dahin, wo von äußerer Technik, das heißt von der Arbeit an der Körperbeherrschung, gesprochen wird. Doch die Tatsachen machen es wohl notwendig, sich dieser Frage schon jetzt, am Anfang unseres Programms zuzuwenden, solange noch von innerer Technik oder, genauer, von Psychotechnik die Rede ist.
Sie können sich gar nicht vorstellen, was für ein Übel der Muskelkrampf ist, was körperliche Verklemmungen für den Schauspieler bedeuten. Wenn Sie in den Stimmorganen auftreten, müssen Menschen mit den wunderbarsten Stimmen piepsen und krächzen, zuweilen verlieren sie sogar ganz die Fähigkeit zu sprechen. Wenn die Verkrampfung sich in den Beinen festsetzt, bewegt sich der Schauspieler, als wäre er gelähmt; trifft sie die Arme, sterben sie ab, werden zu leblosen Stöcken, die wie hölzerne Schranken hochgehen. Solche Verkrampfungen mit ihren Folgen gibt es in der Wirbelsäule, im Hals, in den Schultern, jede verzerrt den Schauspieler auf besondere Weise und hindert ihn beim Spielen. Am schlimmsten ist es, wenn sich die Verkrampfung im Gesicht festsetzt, es verzerrt, paralysiert, die Mimik völlig er-

starren läßt. Dann quellen die Augäpfel hervor, das Zucken der Muskeln gibt dem Gesicht einen unangenehmen Ausdruck, der dem Gefühl des Schauspielers gar nicht entspricht. Der Krampf kann im Zwerchfell oder in anderen Atmungsorganen auftreten, störend in den Atmungsprozeß eingreifen und Kurzatmigkeit verursachen. Alles zusammen bleibt nicht ohne schädliche Auswirkung auf das Erleben, auf die äußere Verkörperung dieses Erlebens und auf das allgemeine Befinden des Schauspielers.

Wollen Sie sich davon überzeugen, wie physische Anstrengung unsere Arbeit und unsere Aktivität lähmt, wie die Verkrampfung der Muskeln das psychische Leben des Menschen hemmt? Machen wir ein Experiment: Auf der Bühne steht ein Flügel, versuchen Sie ihn anzuheben."

Die Schüler hoben nacheinander unter großer physischer Anstrengung eine Ecke des schweren Flügels an.

„Rasch, solange Sie noch den Flügel halten können: Wieviel ist siebenunddreißig mal neun?" rief Torzow einem der Schüler zu. „Geht nicht? Dann besinnen Sie sich mal auf alle Geschäfte in unserer Straße, von der Ecke an. Können Sie auch nicht? Singen Sie mal die Kavatine aus ‚Margarethe'. Wird's nichts? Rufen Sie sich den Geschmack von geschmorten Nieren ins Gedächtnis. Oder Brandgeruch. Oder wie sich Seidensamt anfühlt."

Um diese Aufgaben auszuführen, mußte der Schüler die mühsam angehobene Ecke des Flügels erst wieder hinstellen und einen Augenblick Luft holen. Dann besann er sich auf alle Fragen, nahm sie auf, rief die Empfindungen, die von ihm verlangt wurden, in sich wach, und antwortete.

Torzow zog daraus folgenden Schluß:

„Um die Fragen beantworten zu können, mußten Sie also erst den schweren Flügel hinstellen, die Muskeln entspannen, und erst dann konnten Sie sich erinnern. Zeigt das nicht deutlich, daß die Muskelanspannung jeder inneren Arbeit, besonders aber dem Erleben, hinderlich ist? Solange der Körper angespannt ist, kann von richtigem, feinfühligem Empfinden und von einer normalen seelischen Entwicklung der Rolle gar keine Rede sein. Bevor man also mit dem Schaffen beginnt, muß man die Muskeln soweit in Ordnung haben, daß sie die Freiheit des Handelns nicht einschränken. Andernfalls kommt man auf der Bühne so weit, wie es in dem Buch ‚Mein Leben in der Kunst' geschildert wird. Da ist von einem Schauspieler die Rede, der vor Anspannung die Fäuste ballte und die Nägel in die Handflächen bohrte oder die Zehen verkrampfte und das volle Gewicht des Körpers auf ihnen lasten ließ.[23]

Und nun ein neues, noch überzeugenderes Beispiel – Naswanows Unfall! Er war die Folge davon, daß Naswanow seine Natur vergewaltigte und ihre Gesetze mißachtete. Möge er nur bald gesund werden, aber das Unglück, das ihm passiert ist, möge ihm selbst und Ihnen allen als warnendes Beispiel dafür dienen, was auf der Bühne unter gar keinen Umständen gemacht werden darf und was man für immer in sich ausmerzen muß."

„Und das sollte möglich sein – sich für immer von Verkrampfungen und physischer Angestrengtheit zu befreien? Was hat denn Arkadi Nikolajewitsch darüber gesagt?"

„Arkadi Nikolajewitsch wies wieder auf jenen Schauspieler in dem Buch ‚Mein Leben in der Kunst' hin, der unter heftiger Muskelverkrampfung litt, sich aber dann eine dauernde automatische Selbstkontrolle erarbeitete. Wenn er die Bühne betrat, lockerten sich seine Muskeln von selbst, wurden frei von jeder überflüssigen Anspannung. Dasselbe geschah in jedem für das Schaffen schwierigen Moment auf der Bühne."
„Das ist ja erstaunlich!" Ich beneidete den Glücklichen.
Schustow zitierte Torzow weiter aus dem Gedächtnis:
„Es ist nicht nur der starke Muskelkrampf, der die Arbeit des Schauspielers stört. Selbst die kleinste Verklemmung irgendwo, die man gar nicht sofort festzustellen vermag, kann das Schaffen hemmen. Ich will Ihnen zur Bestätigung ein praktisches Beispiel erzählen: Eine Schauspielerin konnte ihre wunderbare Begabung und ihr lebhaftes Temperament nicht recht beweisen, es gelang ihr nur in vereinzelten, seltenen Augenblicken. Meistens ersetzte sie das Gefühl einfach durch physische Anstrengung, sie ‚drückte', ‚setzte auf', wie es bei uns heißt. Man arbeitete intensiv mit ihr an der Entspannung der Muskeln und erreichte auch eine ganze Menge in dieser Hinsicht, aber es half ihr nur bedingt. Ganz zufällig bemerkte man, daß sich ihre rechte Augenbraue an dramatischen Stellen leicht spannte. Da empfahl man ihr, daß sie es sich zur mechanischen Gewohnheit machen solle, vor jeder schwierigen Stelle das Gesicht zu entspannen, völlig frei zu machen. Als ihr das gelang, ließ die Spannung im ganzen Körper von selbst nach. Sie war dann wie umgewandelt, ihr Körper wurde locker, ausdrucksvoll, das Gesicht spiegelte das Erleben der Rolle lebendig wider: Das innerste Gefühl hatte einen Ausgang aus den Tiefen des Unbewußten gefunden. Es war jetzt, als lasse man es aus einem dunklen Sack heraus in die Freiheit. Im Bewußtsein dieser Freiheit ließ die Schauspielerin das angestaute Gefühl freudig ausströmen, und das gab ihr neuen Auftrieb."

Umnowych, der mich heute besuchte, behauptet, Torzow hätte gesagt, man könnte den Körper nicht vollständig von unnötigen Spannungen befreien. Ein derartiges Unterfangen wäre angeblich nicht nur unausführbar, sondern sogar überflüssig. Schustow dagegen behauptet unter Berufung auf Torzow, daß es unbedingt notwendig sei, die Muskeln zu entspannen, und zwar ständig, sowohl im Leben als auch auf der Bühne, sonst könnten sich die Verklemmungen und Krämpfe bis zum äußersten steigern und den Keim des lebendigen Gefühls während des Schaffens ersticken.
Wie soll man nun diesen Widerspruch verstehen: Einerseits kann man die Muskeln nicht völlig lockern, andererseits müssen sie unbedingt gelockert werden.
Darauf antwortete Schustow, der nach Umnowych gekommen war, etwa folgendes:
„Bei nervösen Menschen ist es unvermeidlich, daß ihre Muskeln in allen Augenblicken ihres Lebens gespannt sind.
Bei einem Schauspieler werden sie – er ist ja ein Mensch – bei öffentlichem Auftreten immer gespannt sein. Lockert man die Anspannung im Rücken, taucht sie in den Schultern auf, beseitigt man sie dort, stellt sie sich im Zwerchfell ein. Die ganze Zeit über werden Muskelverklemmungen bald hier, bald dort auftreten. Folglich muß man ständig gegen dieses Übel ankämpfen. Es ist notwendig, obwohl man es

nie ganz ausrotten wird. Der Kampf besteht darin, daß man einen Beobachter oder Kontrolleur in sich entwickelt.
Die Aufgabe des Kontrolleurs ist schwierig: er muß unermüdlich – im Alltag und auf der Bühne – darauf achten, daß nirgends überflüssige Anspannungen, Muskelverklemmungen und -krämpfe auftreten. Sobald Verklemmungen auftauchen, muß sie der Kontrolleur beseitigen. Dieser Vorgang der Selbstkontrolle muß zu mechanischer, unbewußter Gewohnheit werden. Mehr noch – man muß ihn zur normalen Gewohnheit machen, zu einem natürlichen Bedürfnis – nicht nur für die ruhigen Augenblicke der Rolle, sondern vor allem in den Augenblicken der höchsten nervlichen und physischen Steigerung."
„Wie?!" staunte ich, „bei Erregung nicht anspannen?"
„Nicht nur nicht anspannen, sondern im Gegenteil, die Muskeln so weit wie möglich lockern", bestätigte Schustow und fuhr dann fort:
„Arkadi Nikolajewitsch sagte, daß sich die Schauspieler in Augenblicken höchster Steigerung unter dem Einfluß übertriebener Anspannung um so mehr anstrengen. Wie sich das auswirkt, wissen wir ja nun. Um also bei großen Ausbrüchen nicht auszurutschen, muß man sich ganz besonders um vollständige, um äußerste Entspannung der Muskeln bemühen. Ständige Selbstkontrolle und Kampf gegen die Verkrampfung müssen für den Schauspieler auf der Bühne zum Normalzustand werden. Beharrliche Übung und systematisches Training helfen dazu. Man muß sich soweit erziehen, daß es zur Gewohnheit wird, bei großen Ausbrüchen die Muskeln zu lockern, anstatt anzuspannen."
„Und das ist möglich?"
„Arkadi Nikolajewitsch behauptet, ja. Er meint: Die Anspannung mag entstehen, wenn sie nicht zu vermeiden ist, aber unmittelbar nach ihrem Auftreten muß die Kontrolle einsetzen.
Freilich, während man die mechanische Gewohnheit in sich ausbildet, muß man anfangs oft an den Kontrolleur denken und seine Tätigkeit regeln. Man wird dadurch zunächst vom Schaffen abgelenkt. Später aber wird die Entspannung der Muskeln, oder zumindest das Streben danach, in Augenblicken der Erregung zu einer ganz normalen Erscheinung. Diese Gewohnheit muß tagtäglich systematisch ausgebildet werden, nicht nur im Unterricht und bei den häuslichen Übungen, sondern auch im Leben, außerhalb der Bühne, wenn der Mensch sich hinlegt, aufsteht, ißt, spazierengeht, arbeitet, ruht – kurz, in jedem Augenblick des Lebens. Der Muskelkontrolleur muß in Fleisch und Blut übergehen, zur zweiten Natur werden. Nur dann wird er uns beim Schaffen behilflich sein. Arbeiten wir an der Muskelentspannung nur in bestimmten Stunden oder Augenblicken, wird man das gewünschte Resultat nicht erreichen. Zeitlich begrenzte Übungen werden nicht zur Gewohnheit, nicht zum unbewußten, selbstverständlichen Dauerzustand führen."
Als ich die Ausführbarkeit dessen bezweifelte, was mir Schustow da erzählte, führte er als Beispiel Torzow selber an. In den ersten Jahren seiner künstlerischen Tätigkeit steigerte sich bei ihm im Zustand erhöhter nervlicher Anstrengung die Muskelanspannung fast bis zur Grenze des Krampfes. Seitdem er aber den mechanischen Kontrolleur in sich ausgebildet hat, ist es ihm zum Bedürfnis geworden, im Zustand

erhöhter nervlicher Anstrengung die Muskeln nicht anzuspannen, sondern zu lockern.
Heute hat mich auch der liebe Rachmanow besucht. Er sagte, Arkadi Nikolajewitsch ließe mich grüßen und hätte ihm den Auftrag gegeben, mir einige Übungen zu zeigen. „Naswanow hat, solange er liegt, doch nichts zu tun", hätte er gesagt, „da kann er sich ruhig mal ein bißchen abplacken. Das ist jetzt genau die richtige Beschäftigung für ihn."
Die Übung besteht darin, daß man sich mit dem Rücken auf eine harte, glatte Unterlage – zum Beispiel auf den Fußboden – legt und die Muskelgruppen feststellt, die sich dabei ganz überflüssigerweise anspannen.
Um sich dabei das Empfinden zu verdeutlichen, kann man die angespannten Stellen mit Worten bezeichnen, indem man sich sagt: „Anspannung in den Schultern, am Halse, in den Schulterblättern, im Kreuz."
Die festgestellten Spannungen müssen sofort – eine nach der andern – gelockert werden, wobei man immer weiter nach neuen Verklemmungen fahnden soll.
Ich versuchte diese einfache Liegeübung in Rachmanows Gegenwart auszuführen, allerdings nicht auf dem harten Fußboden, sondern im weichen Bett.
Ich lockerte die Muskeln und ließ nur jene angespannt, auf die, wie ich glaubte, sich mein Körper stützen müsse; dann nannte ich Rachmanow diese Stellen.
„Die beiden Schulterblätter und das Kreuz."
Iwan Platonowitsch war nicht einverstanden.
„Die Inder lehren uns, mein Bester, daß man so liegen muß wie kleine Kinder und Tiere. Wie Tiere!" wiederholte er zur Bekräftigung. „Ganz gewiß!"
Iwan Platonowitsch erklärte auch, wozu man das braucht. Wenn man ein Kind oder eine Katze in den Sand legt, ihnen Zeit läßt, ganz zur Ruhe zu kommen oder gar einzuschlafen, und sie dann vorsichtig hochhebt, hat man im Sande den Abdruck des ganzen Körpers. Macht man dasselbe Experiment mit einem erwachsenen Menschen, bleibt im Sand nur der Abdruck vom Kreuz und den Schulterblättern zurück, die übrigen Körperteile berühren den Sand infolge der ständigen, chronischen, gewohnheitsmäßigen Muskelanspannung kaum und hinterlassen keine Spur.
Um wie die Kinder zu liegen, um in weichem Untergrund den Abdruck des ganzen Körpers zu erzielen, muß man sich von jeder Muskelanspannung frei machen. In diesem Zustand ruht der Körper am besten. Ruht man auf diese Weise eine oder auch nur eine halbe Stunde, ist man so erfrischt wie manchmal nicht nach einer ganzen Nachtruhe. Die Karawanenführer wenden dieses Mittel nicht umsonst an. Sie dürfen sich nicht lange in der Wüste aufhalten und sind daher gezwungen, ihren Schlaf auf ein Minimum zu reduzieren. So ersetzen sie die fehlende Zeit der Erholung durch die völlige Befreiung des ganzen Körpers von jeder Muskelanspannung, wodurch der ermüdete Organismus neue Kraft schöpft.
Iwan Platonowitsch bedient sich dieser Methode täglich in der Zeit zwischen seiner Tages- und Abendbeschäftigung. Nach einer Ruhepause von zehn Minuten fühlt er sich vollkommen frisch. Ohne diese Pause könnte er das tägliche Arbeitspensum gar nicht bewältigen.
Als Iwan Platonowitsch gegangen war, lockte ich unsere Katze ins Zimmer und

setzte sie auf ein weiches Sofakissen, in dem ihr Körper einen deutlichen Abdruck hinterließ. Ich wollte von ihr lernen, wie man mit entspannten Muskeln liegen und sich ausruhen muß.

„Der Schauspieler muß wie ein Säugling alles von Anbeginn an lernen – sehen, gehen, sprechen und so weiter", rekapitulierte ich Arkadi Nikolajewitschs Worte. „Im Leben können wir das alles, aber wir machen es leider in den meisten Fällen schlecht, nicht so, wie es von Natur aus sein müßte. Auf der Bühne muß man anders gehen, sprechen, sehen können – besser als im Leben, normaler, natürlicher. Erstens, weil alle Mängel im Rampenlicht besonders deutlich werden, und zweitens, weil sich diese Mängel auf das Gesamtbefinden des Schauspielers auf der Bühne auswirken."

Diese Worte gelten also auch für das Liegen. Darum liege ich nun mit der Katze zusammen auf dem Sofa. Ich beobachte, wie sie schläft, und versuche, es ihr gleichzutun. Es ist aber gar nicht leicht, so zu liegen, daß kein einziger Muskel sich spannt und alle Teile des Körpers die Unterlage berühren. Nicht etwa, daß es schwer wäre, diesen oder jenen gespannten Muskel festzustellen und zu bezeichnen. Die übertriebene Spannung zu lockern ist auch kein großes Kunststück. Kaum aber hat man sich von der einen Spannung befreit, taucht schon eine zweite, eine dritte auf, und so geht es ohne Ende weiter. Je aufmerksamer man auf die Verklemmungen und Verkrampfungen des Körpers achtet, um so mehr entstehen sie. Dabei nimmt man Empfindungen in sich wahr, die man früher niemals bemerkt hat, und das wiederum hilft, immer neue und andere Verklemmungen zu entdecken. Jede neue Spannung eröffnet die Perspektive auf einige andere. Es gelang mir in kurzer Zeit, mich von der Spannung in Rücken und Nacken zu befreien. Ich kann nicht behaupten, daß mir das eine physische Erfrischung brachte. Immerhin wurde mir dabei klar, wie viele überflüssige, schädliche Muskelanspannungen wir machen, ohne es auch nur zu ahnen.

Fällt einem dabei noch das tückische Verkrampfen der Augenbraue ein, beginnt man, die physische Spannung ernsthaft zu fürchten. Obwohl ich die völlige Entspannung aller Muskeln nicht erreichte, bekam ich doch einen Vorgeschmack des Vergnügens, das ich später, bei völliger Muskelfreiheit, einmal genießen werde.

Das schlimme ist, daß sich meine Muskelempfindungen verwirren. Schließlich weiß man gar nicht mehr, wo Kopf und Arme sind.

Was bin ich von der heutigen Übung müde geworden! Solches Liegen ist nicht erholsam!

... Eben ist es mir im Liegen gelungen, die Hauptspannungen zu lockern und den Kreis der Aufmerksamkeit bis zu meiner Nase zu verengen. Dabei wurde mein Kopf schwer wie vor einem Schwindelanfall, und ich schlief ein wie meine Miezekatze. Muskelentspannung und gleichzeitige Verengung des Aufmerksamkeitsbereichs ist also ein gutes Mittel gegen Schlaflosigkeit.

Heute besuchte mich Pustschin. Er berichtete über „Training und Drill". Iwan Platonowitsch hat nach Anweisung Torzows die Schüler verschiedenartige Stellungen einnehmen lassen, nicht nur senkrechte, sondern auch waagerechte – sitzend, halbsitzend, stehend, kniend, allein, in Gruppen, mit Stühlen, Tischen und anderen

Möbelstücken. In diesen Stellungen muß man, wie im Liegen, die unnötig gespannten Muskeln wahrnehmen und bezeichnen. Es versteht sich von selbst, daß einige Muskeln in jeder Stellung mehr oder minder gespannt sein müssen. Sie sollen es auch, aber nur sie allein, nicht die benachbarten Partien, die in Ruhestellung sein müßten. Man darf auch nicht vergessen, daß Spannung und Anspannung zweierlei ist: Der in einer bestimmten Stellung betätigte Muskel kann gerade so weit gespannt sein, wie es die Stellung erfordert, die Spannung kann aber auch bis zur Verkrampfung gesteigert werden. Eine derartige Überspannung ist sowohl für die Haltung als auch für das ganze Schaffen außerordentlich schädlich.

Nachdem der gute Pustschin alles, was im Unterricht vorgekommen war, genau geschildert hatte, schlug er mir vor, diese Übungen mit ihm durchzuexerzieren. Ich war natürlich einverstanden, trotz meiner Schwäche und der Gefahr, die heilende Wunde aufzureißen. Die folgende Szene wäre nun der Feder eines Jerome Jerome[24] würdig gewesen. Der dicke Pustschin, rot und schwitzend vor Anstrengung, turnte keuchend und schnaufend auf dem Fußboden herum und nahm die unwahrscheinlichsten Stellungen ein. Und ich, mager, lang, blaß, den Arm in der Schlinge, machte im gestreiften Pyjama wie ein Zirkusclown die seltsamen Purzelbäume des lieben Dicken mit. Und was waren das für Purzelbäume! Wir lagen Seite an Seite, dann getrennt, dann nahmen wir die Stellungen kämpfender Gladiatoren an; wir standen einzeln und zusammen wie eherne Standbilder; bald stand ich, und Pustschin lag getroffen zu meinen Füßen, bald stand er, während ich kniete, dann knieten wir wieder wie Betende oder standen stramm wie zwei Grenadiere.

In diesen Stellungen war es jeweils nötig, bestimmte Muskelgruppen zu entspannen und den Kontrolleur zu verschärfter Beobachtung anzuhalten. Dazu braucht man eine gut geübte Aufmerksamkeit, die sich rasch orientieren, physische Empfindungen wahrnehmen und unterscheiden kann. Bei einer komplizierten Stellung sind nötige und unnötige Muskelspannungen viel schwieriger auseinanderzuhalten als im Liegen. Man bringt es kaum fertig, die betreffenden Partien festzuhalten und die überflüssigen zu lockern. Nach einer Weile weiß man nicht mehr, was wovon dirigiert wird.

Als Pustschin gegangen war, holte ich sofort die Katze wieder zu mir herein. Von wem könnte man freie und geschmeidige Bewegungen besser lernen als von ihr? Und wirklich, sie ist unnachahmlich! Unerreichbar!

Was für Stellungen ließ ich sie einnehmen – auf dem Rücken, auf der Seite, mit dem Kopf nach unten! Sie hing an jeder einzelnen Pfote, an allen vieren auf einmal und am Schwanz. Und bei all diesen Stellungen konnte man beobachten, wie sie, im ersten Augenblick voll abwehrender Spannung, sich sofort mit erstaunlicher Leichtigkeit lockerte, alles Überflüssige löste und nur die notwendige Spannung beibehielt. Als hätte sie begriffen, was von ihr verlangt wurde, paßte sich meine Katze der Stellung sofort an und wandte nur soviel Kraft dafür auf wie nötig war. Was für eine unwahrscheinliche Anpassungsfähigkeit!

Während meiner Übungen mit der Katze erschien plötzlich ... was glaubst du wohl, wer?! Wie soll man sich das Wunder erklären?! Es erschien ... Goworkow!!!
Wie habe ich mich über seinen Besuch gefreut!

Als ich damals blutend und halb ohnmächtig in seinen Armen hing, als er mich trug und ich ihn keuchen hörte, spürte ich etwas von der menschlichen Wärme, die von ihm ausging. Heute hatte ich diese Empfindung wieder. Ich entdeckte etwas anderes in ihm, als wir gewöhnlich sahen. Er äußerte sich auch ganz anders als sonst über Torzow und erzählte mir einige interessante Einzelheiten aus dem Unterricht.

Als er von der Lockerung der Muskeln und der für die jeweilige Stellung nötigen Spannung sprach, erinnerte sich Arkadi Nikolajewitsch an ein Beispiel aus seinem Leben: In Rom wohnte er einmal in einem Privathaus dem Vortrag einer Amerikanerin bei. Sie interessierte sich für die Restaurierung antiker Statuen, Torsos ohne Arme, ohne Beine, ohne Kopf, mit zerbrochenem Körper, nur noch in Einzelteilen existierend. Aus den erhaltenen Teilen versuchte die Amerikanerin die Haltung der Statue zu erraten. Dazu hatte sie die Gleichgewichtsgesetze des menschlichen Körpers studieren müssen. Sie lernte am eigenen Körper die Bestimmung des Schwerpunktes bei der jeweils eingenommenen Stellung. Dabei bildete sich in ihr ein ganz außergewöhnliches Feingefühl für das Aufspüren des Schwerpunktes heraus, und es war völlig unmöglich, sie aus dem Gleichgewicht zu bringen. Sie wurde gestoßen und hin und her geworfen, man ließ sie stolpern und Stellungen einnehmen, in denen man sich scheinbar unmöglich halten konnte, doch sie ging immer als Siegerin hervor. Mehr als das – klein und schwächlich, konnte sie mit einem leichten Stoß einen recht gewichtigen Mann umwerfen, eben durch die Kenntnis der Gleichgewichtsgesetze. Die Amerikanerin fand die schwachen Stellen heraus, auf die der Stoß geführt werden mußte, um den Gegner mühelos aus dem Gleichgewicht zu bringen und umzuwerfen.

Torzow war es nicht gelungen, hinter das Geheimnis ihrer Kunst zu kommen. Doch ihm war durch einige ihrer Beispiele klargeworden, wie wichtig es ist, den jeweiligen das Gleichgewicht sichernden Schwerpunkt zu finden. Er sah, bis zu welchem Grade man Beweglichkeit, Biegsamkeit und Anpassungsfähigkeit des Körpers steigern kann, wenn die Muskeln nur die Arbeit leisten, die ihnen von einem hochentwickelten Gleichgewichtssinn vorgeschrieben wird. Torzow empfiehlt uns dringend, diese Kunst – das Auffinden des Schwerpunkts im eigenen Körper – zu erlernen.

Und mit wem sollte man es tun, wenn nicht mit der Katze? Als Goworkow gegangen war, begann ich ein neues Spiel mit dem Tier: Ich stieß es, ich warf es, ich ließ es purzeln, versuchte es umzuwerfen – alles umsonst. Die Katze fiel nur, wenn sie es selbst wollte.

Pustschin war da und erzählte, daß Arkadi Nikolajewitsch den Unterricht in Training und Drill geprüft und wichtige Ergänzungen gemacht hatte. Er verlangte, jede Stellung müsse nicht nur vom inneren Kontrolleur geprüft, nicht nur mechanisch von der Spannung befreit, sondern auch mit Hilfe der Phantasie, der „vorgeschlagenen Situationen" und des „Wenn" begründet werden. Von diesem Augenblick an ist sie nicht mehr Stellung an sich, nicht mehr Pose, sondern erhält eine aktive Aufgabe und wird zur Handlung. Wirklich, nehmen wir an, ich hebe meinen Arm und sage mir: „Wenn ich so dastände und hoch über mir ein Pfirsich an einem Zweig hinge, wie müßte ich stehen und handeln, um ihn zu pflücken?"

„Sie brauchen nur diesem Einfall Glauben zu schenken, und die leblose Haltung verwandelt sich an der lebendigen Aufgabe – dem Abpflücken des Pfirsichs – in eine echte, lebendige Handlung. Empfinden Sie nur die Wahrhaftigkeit dieser Handlung, und sofort kommt Ihnen die Natur zu Hilfe: Die überflüssige Spannung verschwindet, die notwendige festigt sich – und das ohne Einmischung der bewußten Technik.

Auf der Bühne darf es keine unbegründete Haltung geben. Theatralische Konvention hat im echten Schaffen und in der ernsthaften Kunst keinen Platz. Ist aber die Konvention aus irgendeinem Grunde notwendig, so muß sie begründet sein, muß dem wesentlichen Kern dienen, aber nicht einer äußerlichen Schönheitlichkeit."

Pustschin berichtete von neuen Probenübungen, die er mir auch gleich vorführte. Der Dicke packte sich sehr komisch aufs Sofa und nahm die erste beste Pose ein: Er ließ den Körper halb überhängen, neigte das Gesicht zum Fußboden hinab und streckte den Arm vor. Das ergab eine sinnlose, blödsinnige Stellung, die ihm sichtlich unbequem war, und er wußte nicht, welche Muskeln gespannt und welche gelockert werden sollten. Dann setzte er den Kontrolleur ein, der ihm die notwendige und die überflüssige Spannung zeigte. Aber es wollte ihm nicht gelingen, eine freie, natürliche Stellung einzunehmen, bei der alle Muskeln entsprechend richtig funktioniert hätten.

Plötzlich rief er: „Da kommt eine große Schabe gekrochen! Rasch, hauen wir ihr eins auf den Hut!"

Im gleichen Augenblick streckte er sich nach einem bestimmten Punkt, um die gedachte Schabe zu zerquetschen, und sofort kamen seine Muskeln in ihre natürliche Lage und funktionierten richtig. Die Stellung wurde begründet, alles erschien glaubwürdig – der ausgestreckte Arm, der überhängende Körper, der gegen die Rückenlehne gestützte Fuß. Pustschin brauchte einige Zeit, um die Schabe zu zerquetschen, es war deutlich zu sehen, daß sein Körper die Aufgabe richtig erfüllte.

Die Natur führt den Organismus sicherer als die vielgepriesene bewußte Schauspielertechnik!

Alle Übungen, die Torzow heute machen ließ, sollten den Schülern zum Bewußtsein bringen, daß es auf der Bühne bei jeder eingenommenen Stellung oder Pose drei Momente gibt:

Das erste ist die überflüssige Spannung, unvermeidlich bei jeder neuen Stellung und unter den erregenden Bedingungen des öffentlichen Auftretens.

Das zweite ist die Befreiung von der überflüssigen Spannung mit Hilfe des Kontrolleurs.

Das dritte ist die Begründung oder Rechtfertigung der Stellung, sofern sie dem Schauspieler nicht von sich aus glaubwürdig erscheint.

Spannung, Befreiung, Rechtfertigung. „Spannung, Befreiung, Rechtfertigung", wiederholte Pustschin immer wieder beim Abschied.

Er ging weg. Und mir gab die Katze ganz von ungefähr Gelegenheit, die neuen Übungen zu überprüfen und ihren Sinn einzusehen.

Das ging folgendermaßen vor sich: Um die Gunst meiner Lehrerin zu erwerben, legte ich sie neben mich und fing an, sie zu streicheln und zu liebkosen.

Sie blieb nicht liegen, sprang über meinen Arm hinweg auf den Fußboden, spitzte die Ohren und schlich dann unhörbar auf weichen Pfoten auf die Zimmerecke zu, wo sie wohl ein Opfer witterte.
Es war unmöglich, nicht entzückt von ihr zu sein. Aufmerksam verfolgte ich jede Bewegung. Um sie nicht aus den Augen zu verlieren, mußte ich mich wie ein „Schlangenmensch" verrenken. Mit meinem verletzten Arm in der Schlinge gab das eine recht komplizierte Stellung. Ich nutzte sie gleich als Übung aus und ließ den Kontrolleur in der ganzen Länge des Körpers die Muskelfunktionen prüfen. Im ersten Augenblick war alles in bester Ordnung, nur das Notwendige war gespannt. Es war ja auch klar – eine lebendige Aufgabe war vorhanden, und die Natur selbst war am Werk. Doch sobald ich meine Aufmerksamkeit statt auf die Katze auf mich selbst konzentrierte, war mit einem Schlag alles verändert. Meine Aufmerksamkeit zerstreute sich, hier und dort machten sich Muskelverklemmungen bemerkbar, die notwendige Spannung steigerte sich überflüssigerweise fast bis zur Muskelverkrampfung. Auch die benachbarten Muskeln gerieten in ganz unnötige Tätigkeit. Die lebendige Aufgabe und die Handlung brachen ab, und der übliche Schauspielerkrampf trat ein, den man mit „Muskelentspannung" und „Rechtfertigung" bekämpfen muß.
In diesem Augenblick fiel mein Pantoffel auf den Boden. Ich mußte den Oberkörper tief hinunterbeugen, um ihn wieder anzuziehen und die Spange zu schließen. Mit dem kranken Arm in der Binde ergab das ganz von selbst wieder eine schwierige, gespannte Stellung. Auch sie überprüfte ich mit Hilfe des Kontrolleurs!
Und was stellte sich heraus? Solange sich meine Aufmerksamkeit auf die Handlung richtete, war alles in Ordnung: Die für die Stellung nötigen Muskelgruppen waren fest gespannt, in den freien Muskeln war kaum eine Anstrengung zu merken. Sobald ich aber von der eigentlichen Handlung abgelenkt war und die Aufgabe vergaß, sobald ich mich der physischen Selbstbeobachtung zuwandte, tauchten sofort überflüssige Spannungen auf, und die notwendigen wurden zu Verklemmungen.
Und noch ein gutes Beispiel lieferte mir der Zufall wie auf Bestellung. Als ich mich vorhin wusch, glitt mir die Seife aus der Hand und geriet zwischen Waschtisch und Schrank. Ich mußte mit dem gesunden Arm danach angeln und den kranken so lange in der Schwebe halten. Wieder ergab sich eine schwierige Stellung. Mein Kontrolleur war wachsam, aus eigener Initiative prüfte er die Spannung der Muskeln. Alles war in Ordnung: Gespannt war nur der Muskelkomplex für diese Bewegung.
„Und nun will ich auf Befehl die Stellung wiederholen", sagte ich mir. Und ich wiederholte sie. Aber ... die Seife war ja aufgehoben, und der reale Anlaß für die Stellung fehlte. Es war keine lebendige Aufgabe mehr da. Eine leblose Pose blieb. Als ich die Tätigkeit der Muskeln nachprüfte, zeigte sich folgendes: Je bewußter ich mich ihr zuwandte, desto zahlreicher wurden die überflüssigen Spannungen, desto schwieriger konnte man sich darin zurechtfinden und die notwendigen Muskelspannungen entdecken.
Da fiel mir ein dunkler Streifen auf, etwa an der gleichen Stelle, wo vorhin die Seife gelegen hatte. Ich reckte mich, um ihn zu berühren und festzustellen, ob es eine Spalte im Fußboden war. Meine Muskeln und ihre natürliche Spannung waren

wieder ganz in Ordnung. Nach diesen Erfahrungen wurde mir klar, daß die lebendige Aufgabe und die wahrhafte Handlung – im realen oder im gedachten Leben, gut begründet durch die vorgeschlagenen Situationen, an die der schaffende Schauspieler voll und ganz glaubt – auf natürliche Weise die Natur selbst zur Mitarbeit heranziehen. Nur die Natur hat volle Gewalt über unsere Muskeln, kann sie richtig anspannen oder lockern.

Eben bin ich auf dem Sofa eingenickt.
Irgend etwas beunruhigte mich im Halbschlaf. Es mußte etwas getan werden ... War es ein Brief, der abgeschickt werden mußte? ... An wen? ... Dann fiel mir ein, daß das ja gestern war, heute aber ... heute bin ich krank und muß meine Hand verbinden.
Nein, das Verbinden ist es nicht, sondern ... Pustschin war da, hat etwas gesagt ... und ich habe es nicht aufgeschrieben. Etwas sehr Wichtiges ... Ja, richtig: Morgen ist Generalprobe ... Othello ... aber ich liege unbequem ... nun verstehe ich, alles ist klar ...
Beide Schultern sind vor Anstrengung hochgezogen, weil irgendwelche Muskeln wieder kräftig gespannt sind ... so fest, daß ich sie nicht lockern kann ... Und der Kontrolleur rast im ganzen Körper herum ... und weckt mich. So, Gott sei Dank, jetzt sind sie locker! Ich habe einen anderen Stützpunkt gefunden, und mir wird wieder wohl, bequem und viel, viel besser ... Ich ließ mich tiefer in das weiche Sofa sinken, auf dem ich lag ... Aber jetzt habe ich wieder etwas vergessen. Eben wußte ich's noch und habe es wieder vergessen.
Ja ... richtig, wieder der Kontrolleur, oder nein, der Inspektor, der Muskelinspektor ... das ist gewichtiger. Wieder bin ich für einen Augenblick aufgewacht und habe eine Verklemmung im Rücken festgestellt. Und nicht nur im Rücken, sondern auch in den Schultern ... Und die Zehen am linken Fuß sind verkrampft.
Und so habe ich im Halbschlaf die ganze Zeit über mit dem Kontrolleur meinen Verklemmungen nachgespürt. Auch jetzt beim Schreiben hören sie nicht auf.
Jetzt erinnere ich mich, daß auch gestern diese unbegreifliche Unruhe in mir war, als Pustschin da war. Und vorgestern, als der Arzt kam, hatte ich ein unbehagliches Gefühl im Rückgrat, so daß ich mich hinsetzen mußte. Daraufhin ließ es nach.
Was ist denn das? Immerzu verklemmt sich etwas in mir? Ununterbrochen? Warum kam es denn früher nie vor? Weil ich es nicht merkte und noch keinen Kontrolleur hatte? Er ist also schon da, er lebt schon in mir? Und mehr als das: Gerade weil er tätig ist, finde ich immer wieder neue Verklemmungen, die ich früher nicht wahrnahm? Oder sind es alte, ewige Verklemmungen, die ich jetzt erst bewußt empfinde? Wer kann das entscheiden?
Fest steht nur, daß in mir etwas Neues vor sich geht, etwas, was es früher nicht gab.

Laut Schustow ist Torzow heute von der Ruhe zur Bewegung übergegangen.
Der Unterricht fand im Zuschauerraum statt.
Die Schüler wurden in Reih und Glied aufgestellt, wie zum Appell. Torzow befahl ihnen, den rechten Arm zu heben. Sie taten es wie ein Mann.

Die Arme hoben sich schwerfällig, wie Schlagbäume in die Höhe. Rachmanow tastete bei allen die Schultermuskeln ab und sagte immer wieder: „So ist das nichts, Nacken lockern, Rücken lockern, der ganze Arm ist gespannt...", und so weiter.
„Sie können eben den Arm nicht heben", entschied Torzow.
Die Aufgabe schien ganz einfach zu sein, und doch konnte sie keiner richtig ausführen. Es wurde ausschließlich die Tätigkeit der Muskelgruppe, die die Schulterbewegung ausführt, von den Schülern verlangt. Alle anderen Muskeln – des Nackens, des Rückens oder gar des Kreuzes – mußten frei von jeder Spannung sein, während sie bekanntlich oft den Körper in die dem gehobenen Arm entgegengesetzte Richtung streben lassen, gleichsam zur Unterstützung der geforderten Bewegung.
Diese unnötige Spannung benachbarter Muskeln erinnert Torzow an schlecht funktionierende Klaviertasten, die beim Anschlagen die Nachbartaste mit sich ziehen. Schlägt man das „c" an, klingen „h" und „cis" noch mit. Das gäbe eine schöne Musik auf so einem Instrument! „Schön" ist auch die Musik unserer Bewegungen, wenn sie funktionieren wie schlecht angeschlagene Tasten. Ist es verwunderlich, daß unsere Bewegungen unter diesen Bedingungen unpräzis und unsauber sind wie bei einer schlecht geölten Maschine? Es ist unbedingt erforderlich, Bewegungen bestimmt und deutlich auszuführen wie die reinen Töne eines Klaviers. Andernfalls wird die Zeichnung der Bewegungen in der Rolle verschmiert und die Wiedergabe des inneren und äußeren Lebens der Rolle undeutlich und unkünstlerisch. Je feiner das Empfinden ist, desto klarer, präziser und plastischer muß es körperlich wiedergegeben werden.
„Mein Eindruck von der heutigen Stunde ist", erzählte Schustow weiter, „daß Arkadi Nikolajewitsch uns wie ein Mechaniker auseinandergeschraubt hat, uns bis in jedes Knöchelchen, bis in jedes Gelenk und jeden Muskel zerlegt, alles geputzt, geölt, wieder zusammengesetzt und richtig verschraubt hat. Ich fühle mich nach der heutigen Stunde geschmeidiger, geschickter, ausdrucksfähiger als sonst."
„Und was war sonst noch los?" fragte ich, angeregt von seinem Bericht.
„Er verlangte also von uns", rekapitulierte Schustow, „daß bei der Tätigkeit der einzelnen, ‚isolierten' Muskelgruppen – der Schulter, des Arms, des Rückens, der Beine – alle anderen frei von jeder Spannung blieben. Wenn der Arm zum Beispiel von der Muskelgruppe der Schulter mit der notwendigen Spannung gehoben wurde, mußte der Arm selbst im Ellbogen, im Handgelenk, in der Hand und in den Fingergelenken gelöst bleiben und alle entsprechenden Muskelgruppen locker, frei, entspannt."
„Und habt ihr diese Forderung erfüllen können?" fragte ich gespannt.
„Ehrlich gesagt, nein", gestand Schustow. „Wir konnten nur die Empfindungen, die sich mit der Zeit bei uns ausbilden werden, voraussahnen, vorauskosten."
„Ist es denn so schwer, was von euch verlangt wurde?" fragte ich erstaunt.
„Auf den ersten Blick, nein. Und doch konnte keiner die Aufgabe richtig ausführen. Sie verlangt spezielle Vorbereitung. Was bleibt einem weiter übrig, als sein ganzes Ich von Kopf bis Fuß, Körper und Seele umzugestalten und den Forderungen unserer Kunst unterzuordnen? Oder genauer: den Forderungen der organischen Natur – denn die Kunst steht ja in Übereinstimmung mit ihr. Das Leben und die

schlechten Angewohnheiten, die es mit sich bringt, verbiegen unsere Natur. Die Mängel, die im Leben ohne weiteres übersehen werden, werden im Rampenlicht sichtbar und drängen sich den Blicken der Zuschauer auf.
Übrigens ist das begreiflich: Auf den Brettern präsentiert sich das menschliche Leben im begrenzten Rahmen des Bühnenausschnittes wie in der Blende des Fotoapparats. Auf dieses in einen engen Rahmen gezwängte Leben blickt man durch Operngläser, man betrachtet es wie Miniaturmalerei, wie durch eine Lupe. Kein Detail, keine noch so winzige Kleinigkeit entgeht der Aufmerksamkeit der Zuschauer. Wenn sich die Arme stocksteif wie Schlagbäume heben, so mag das im Leben zur Not angehen, auf der Bühne ist es unerträglich. Dadurch erscheint die Figur des betreffenden Menschen hölzern wie eine Gliederpuppe. Man hat den Eindruck, die Seele eines solchen Schauspielers wäre genauso beschaffen wie seine Arme – hölzern. Bedenkt man dazu noch den stocksteifen Rücken, so gibt das Ganze ein ‚Brett' und keinen Menschen. Und was kann so ein ‚Brett' vermitteln? Was für ein Erleben?"
Nach Schustows Bericht war es in der heutigen Stunde tatsächlich nicht gelungen, eine einfache Übung wie das Heben des Armes mit Hilfe der entsprechenden Muskelgruppe der Schulter auszuführen. Dieselbe Übung wurde ebenso erfolglos mit dem Beugen des Ellbogens, des Handgelenks, des ersten, zweiten und dritten Fingergelenks und so weiter versucht. Auch dabei wollte der ganze Arm an der Bewegung seiner einzelnen Glieder teilnehmen. Und als Torzow vorschlug, diese Bewegungen nacheinander von der Schulter bis in die Fingerspitzen und zurück – von den Fingerspitzen zur Schulter – zu versuchen, war das Resultat noch jämmerlicher. Begreiflicherweise, wenn schon die Einzelübungen nicht gelingen wollten, war es noch schwerer, sie nacheinander in logischer Folgerichtigkeit auszuführen.
Im übrigen hatte Torzow diese Übungen nicht gezeigt, damit sie sofort ausgeführt werden sollten. Er gab damit Rachmanow nur den nunmehr folgenden Aufgabenkomplex für seinen Unterricht in Training und Drill an. Die gleichen Übungen wurden auch mit dem Hals bei all seinen Drehungen, mit der Wirbelsäule, mit dem Kreuz, mit den Beinen und vor allem mit den Handgelenken – die Torzow die „Augen des Körpers" nennt – ausgeführt.
Pustschin kam. Er war so nett, alles zu demonstrieren, was mir Schustow nur geschildert hatte. Seine Gymnastik war außerordentlich komisch, besonders das Krümmen und Aufrichten der Wirbelsäule, Glied für Glied, oben am Nacken anfangend und unten am Becken endend. Bei der Rundlichkeit seiner Figur wogte das Fett gleichsam auf und nieder und machte die Bewegungen sanft fließend und plastisch. Ich bezweifle, daß er seine Wirbel durchzufühlen und sie einzeln „abzutasten" vermochte. Das ist keineswegs so einfach, wie es zunächst aussieht. Mir ist es nur an drei Stellen gelungen, an drei Stellen der Rückenkrümmung. Und im ganzen haben wir doch vierundzwanzig bewegliche Wirbel.
Schustow und Pustschin gingen weg. Die Katze kam wieder an die Reihe.
Ich fing an, mit ihr zu spielen und ihre verschiedenen unwahrscheinlichen, nicht zu beschreibenden Stellungen zu beobachten.
Die Harmonie der Bewegungen, der wunderbar entwickelte Körper der Tiere ist für den Menschen unerreichbar! Mit keiner Technik ist diese Vollkommenheit der Mus-

kelbeherrschung zu erringen. Einzig die Natur kann unbewußt diese Virtuosität, Leichtigkeit, Präzision, Ungezwungenheit der Bewegungen und Stellungen, diese Plastik erreichen. Wenn die schöne Katze springt, tollt oder auf meinen durch einen Spalt geschobenen Finger losstürzt, geht sie aus völliger Ruhe in blitzschnelle Bewegung über, die man kaum wahrzunehmen vermag. Wie sparsam wendet sie dabei ihre Energie an! Wie teilt sie sie ein! Wenn sie zu einer Bewegung oder zu einem Sprung ansetzt, vergeudet sie keine unnötige Kraft durch überflüssige Spannung. So etwas gibt es bei ihr gar nicht. Sie konzentriert ihre Kräfte, um sie im entscheidenden Augenblick ganz auf das eine Bewegungszentrum zu werfen, wo sie gerade gebraucht werden. Daher sind ihre Aktionen präzis, bestimmt und kraftvoll. Sicherheit mit Leichtigkeit gepaart, Beweglichkeit und Freiheit der Muskeln ergeben eine ganz außergewöhnliche Plastik, für die alle Katzenarten der Tierwelt mit Recht berühmt sind.

Um mich selbst zu prüfen und mit der Katze zu wetteifern, ging ich mit dem „tigerhaften" Schritt meines Othello durchs Zimmer. Gleich beim ersten Schritt spannten sich alle Muskeln unwillkürlich an, deutlich entsann ich mich meines körperlichen Zustandes während der Schüleraufführung und sah meinen Hauptfehler ein. Ein Mensch, dessen Körper durch Verkrampfung gehemmt ist, kann sich auf der Bühne nicht frei fühlen und richtig leben. Wenn man, angestrengt durch das Anheben eines Flügels, nicht multiplizieren kann, wie soll man da mit den feinsten inneren Regungen in der komplizierten Psychologie Othellos fertig werden! Welch gute Lektion für das ganze Leben hat Torzow mir doch mit der Schüleraufführung gegeben! Er ließ mich mit allem Nachdruck alles durchexerzieren, was man auf der Bühne unter gar keinen Umständen machen darf.

Es war eine sehr weise und überzeugende „Beweisführung aus dem Gegenteil".

VII. ABSCHNITTE UND AUFGABEN

Heute fand der Unterricht im Zuschauerraum statt. Als wir eintraten, erblickten wir ein großes Plakat mit der Aufschrift:

ABSCHNITTE UND AUFGABEN

Arkadi Nikolajewitsch beglückwünschte uns zu der neuen, außerordentlich wichtigen Etappe des Unterrichts und erklärte uns, was Abschnitte sind und wie sich Theaterstücke und Rollen aus einzelnen Abschnitten zusammensetzen.

Was er erzählte, war wie immer klar und interessant. Dennoch schreibe ich als erstes nicht Torzows Stunde nieder, sondern das, was sich danach ereignet hat und mir seine Ausführungen noch viel deutlicher machte.

Ich bin nämlich heute zum erstenmal im Hause des berühmten Schauspielers Schustow gewesen, des Onkels meines Freundes und Mitschülers Pascha Schustow.

Beim Mittagessen fragte der große Schauspieler seinen Neffen, was wir heute im Unterricht behandelt hätten. Er interessierte sich für unsere Arbeit. Pascha erzählte ihm, wir hätten mit einer neuen Etappe angefangen – „Abschnitte und Aufgaben".
„Kennt ihr den Schpondja?" fragte der Alte.
Wir erfuhren, daß eines seiner Kinder Schauspielunterricht bei einem jungen Lehrer mit dem komischen Namen Schpondja hat, einem eifrigen Jünger Torzows. Daher beherrschen alle Kinder Schustows, die halbwüchsigen und die kleinen, unsere Terminologie. Das „magische Wenn", der „Phantasieeinfall", die „wahrhaftige Handlung" und andere Bezeichnungen, die ich noch nicht kenne, sind zum Bestandteil ihrer Kindersprache geworden.
„Schpondja lehrt den ganzen Tag", plauderte der große Künstler amüsiert, während eine riesige Pute vor ihn auf den Tisch gestellt wurde. „Einmal war er bei uns. Es gab dasselbe wie heute. Die Schüssel kam auf den Tisch, aber ich hatte einen kranken Finger und ließ ihn die Pute zerlegen und verteilen.
‚Kinder', sagte Schpondja zu meinen Krokodilen, ‚stellt euch vor, das wäre keine Pute, sondern ein ganzes großes Theaterstück in fünf Akten, »Der Revisor« von Gogol etwa. Könnte man das wohl auf Anhieb, im ganzen bewältigen? Merkt euch, daß man nicht nur eine Pute, sondern auch ein Theaterstück in fünf Akten und von der Länge des »Revisor« nicht auf einen Bissen schlucken kann. Es muß erst in große Abschnitte zerlegt werden.' So ... so ... so ..."
Und Schustows Onkel trennte die Beine, die Flügel, das Brustfleisch ab, legte sie auf die Schüssel und fuhr fort:
„‚Da habt ihr erst die großen Abschnitte', verkündete Schpondja. Na, meine Krokodile fletschten die Zähne und hätten sie am liebsten gleich verschluckt. Es gelang uns, die Vielfraße noch rechtzeitig zurückzuhalten, und Schpondja packte dieses lehrreiche Beispiel beim Schopfe und dozierte: ‚Merkt euch, daß man die großen Abschnitte auch nicht auf einmal bewältigen kann. Schneidet sie darum in kleinere Abschnitte.' So ... so ... so ... ", sagte Schustow und zerteilte Beine und Flügel in ihren Gelenken.
„Gib deinen Teller her, du Krokodil", wandte er sich an seinen ältesten Sohn. „Hier hast du ein großes Stück. Das ist der erste Auftritt."
„Meine Herren, ich habe Sie hergebeten, um Ihnen eine höchst peinliche Mitteilung zu machen", zitierte der Knabe Gogols Worte mit künstlicher, ungeschickter Baßstimme und hielt seinen Teller hin.
„Eugen Onegin, hier hast du den zweiten Auftritt, den mit dem Postmeister", wandte sich der große Schauspieler an den kleineren Sohn Eugen. „Fürst Igor, Zar Fjodor, hier habt ihr den Auftritt von Bobtschinski und Dobtschinski, und euch Mädchen, Tatjana Repina und Jekaterina Kabanowa, gebe ich den Auftritt der Maria Antonowna und der Anna Andrejewna"*, scherzte Onkel Schustow weiter, während er die einzelnen Stücke der Pute auf die Teller der Kinder verteilte.

---

* „Eugen Onegin", Roman in Versen von Puschkin; „Fürst Igor", Oper von Mussorgski; „Zar Fjodor" von Alexej Tolstoi; Bobtschinski und Dobtschinski aus Gogols „Revisor"; „Tatjana Repina" von Suworin; Jekaterina Kabanowa aus Ostrowskis „Gewitter"; Maria Antonowna und Anna Andrejewna aus Gogols „Revisor". (Anm. d. Hrsg.)

„‚Eßt's mit einem Bissen', kommandierte Schpondja", fuhr er fort. „Da tat sich was! Meine hungrigen Krokodile stürzten sich auf das Essen und wollten alles auf einmal verschlingen. Blitzschnell stopften sie sich die großen Stücke in den Mund, der eine verschluckte sich, der andere fing an zu röcheln... na, es ging noch glimpflich ab.
‚Merkt euch', dozierte Schpondja, ‚könnt ihr ein großes Stück nicht bewältigen, so teilt es in kleine und kleinere – und in kleinste, wenn es not tut.' Schön! Die Stücke wurden zerschnitten, in den Mund gesteckt, gekaut", beschrieb Onkel Schustow, indem er es selber tat, wandte sich aber plötzlich mit leidendem Ausdruck an seine Frau und sagte in ganz anderem, sozusagen häuslichem Ton: „Mutter! Es ist recht zäh und recht trocken!"
„Ist das Stück trocken", belehrten ihn die Kinder mit Schpondjas Worten, „so mußt du es mit einem schönen Phantasieeinfall beleben."
„Hier, Pappi, hast du eine Sauce aus dem ‚magischen Wenn'", scherzte „Eugen Onegin" und träufelte ihm Kräutersauce auf den Teller. „Und das hier ist vom Dichter: die vorgeschlagenen Situationen."
„Und dies, Pappi, ist vom Regisseur", damit tat „Tatjana Repina" ihm Meerrettich aus der Terrine auf.
„Und hier hast du sogar etwas vom Schauspieler persönlich – recht scharf!" lachte „Zar Fjodor" und bot Pfeffer an.
„Möchtest du nicht auch Senf – von einem modernistischen Bühnenbildner, um dem Ganzen die rechte Würze zu geben?" schlug „Jekaterina Kabanowa" dem Vater vor.
Onkel Schustow mischte alle Zutaten mit der Gabel auf seinem Teller, schnitt das Fleisch in ganz kleine Stückchen und tunkte und wälzte sie ausgiebig in dieser Sauce, damit sie recht saftig wurden.
„Iwan Grosny, sprich mir nach", forderte „Eugen Onegin" das kleinste der Kinder auf: „Die Stücke..."
„Die – kü – ke", mühte sich der Kleine zur allgemeinen Erheiterung.
„Die Stücke werden gebadet in der Sauce des Phantasieeinfalls."
„Iwan Grosny" brachte ein solches Kauderwelsch heraus, daß alle Anwesenden und er selber in Gelächter ausbrachen und sich lange nicht beruhigen konnten.
„Schmeckt aber lecker, die Sauce des Phantasieeinfalls", meinte der alte Schustow, während er die kleingeschnittenen Stückchen immer wieder in der Flüssigkeit wälzte. „Sehr delikat. Sogar dieses Sohlenleder wird darin eßbar und fleischähnlich", frozzelte er seine Frau. „So muß man auch die Abschnitte der Rolle immer mehr, immer mehr, so, seht ihr, von allen Seiten, immer kräftiger mit den vorgeschlagenen Situationen durchtränken. Je trockener ein Stück ist, um so mehr Sauce braucht es, je trockener, um so mehr... Jetzt spießen wir möglichst viele von den kleinen, saucedurchtränkten Stückchen auf die Gabel zu einem großen Klumpen und..."
Er schob die Gabel in den Mund und kaute lange mit beseligtem und sehr komischem Gesicht.
„Da ist sie, die ‚Echtheit der Leidenschaften'", witzelten die Kinder im Theaterjargon.

Als ich Schustows verließ, wirbelte es in meinem Kopf vor lauter „Stücken". Mein ganzes Dasein war gleichsam zerbröselt und in einzelne Abschnitte zersplittert.
Einmal darauf gelenkt, spürte die Aufmerksamkeit unwillkürlich den Abschnitten im wirklichen Leben, bei den alltäglichen Handlungen nach. Zum Beispiel, als ich mich beim Weggehen verabschiedete, bezeichnete ich das innerlich als einen Abschnitt. Als ich die Treppe hinunterging, stellte ich mir auf der fünften Stufe die Frage, ob man das Hinuntergehen als einen Abschnitt oder ob man jede einzelne Stufe als besonderen Teil auffassen sollte. Was würde sich wohl daraus ergeben? Schustows wohnten im zweiten Stock, das sind mindestens sechzig Stufen, demnach also sechzig Abschnitte. Dann müßte man ja auch jeden Schritt auf der Straße als einen Abschnitt rechnen? Das wären ja schrecklich viele!
‚Nein', beschloß ich, ‚die Treppe hinuntergehen ist ein Abschnitt, der Nachhauseweg der zweite. Und wie ist das nun mit der Haustür? Ich habe sie also aufgemacht. Was war das nun – *ein* Abschnitt oder *mehrere?* Sollen es mehrere sein! Diesmal brauche ich nicht zu geizen, weil ich vorhin schon so vieles zusammengezogen habe.

Also: Verabschieden .... ein Abschnitt
    Treppe hinuntergehen .... zwei Abschnitte
    Türklinke anfassen .... drei Abschnitte
    Klinke herabdrücken .... vier Abschnitte
    Türflügel öffnen .... fünf Abschnitte
    Schwelle überschreiten .... sechs Abschnitte
    Tür schließen .... sieben Abschnitte
    Türklinke loslassen .... acht Abschnitte
    Nach Hause gehen .... neun Abschnitte
    Einen Passanten anstoßen ...
    Nein, das ist kein Abschnitt, das ist ein Zufall.

An einem Schaufenster stehenbleiben – was nun? Muß ich das Lesen jedes einzelnen Buchtitels als einen Abschnitt auffassen oder das Betrachten der Auslage als Ganzes rechnen?' – Ich nahm es als Ganzes.
Also .... zehn Abschnitte.
Ich kam nach Hause, zog mich aus, trat an den Waschtisch, streckte die Hand nach der Seife aus und zählte: .... ‚zweihundertsieben
Hände eingeseift .... zweihundertacht
Seife zurückgelegt .... zweihundertneun
Seifenschaum abgespült .... zweihundertzehn.'
Schließlich legte ich mich ins Bett und deckte mich zu – zweihundertsechzehn.

Und nun weiter? Allerhand Gedankenfetzen zogen mir durch den Sinn. Sollte ich jeden für einen neuen Abschnitt halten? Ich konnte diese Frage nicht beantworten, dachte mir aber:
‚Geht man auf diese Weise ein fünfaktiges Drama durch, etwa den »Othello«, werden wohl mehrere tausend Abschnitte herauskommen. Wird man sie alle behalten müssen? Das ist ja zum Wahnsinnigwerden! Man kommt ja ganz durcheinander! Man muß die Zahl einschränken. Aber wie? Wodurch?'

Sobald sich heute die Gelegenheit bot, bat ich Arkadi Nikolajewitsch, mein Dilemma mit der Riesenanzahl der Abschnitte zu lösen. Er gab mir zur Antwort:
„Man fragte einmal einen Lotsen: ‚Wie können Sie nur alle Ausbuchtungen der Küste, alle Riffe und Sandbänke auf Ihrer langen Strecke im Gedächtnis behalten?' – ‚Sie interessieren mich gar nicht', antwortete der Lotse, ‚ich richte mich nach der Fahrtrinne.'
Der Schauspieler muß seine Rolle auch nicht nach den kleinen Abschnitten orientieren, die nicht zu zählen und nicht zu behalten sind, sondern nach den großen Hauptabschnitten, durch die der schöpferische Weg führt. Die großen Abschnitte sind die einzelnen Teile der Fahrtrinne.
Wenn Sie also Ihr Weggehen aus Schustows Wohnung in diesem Sinne filmisch darstellen müßten, hätten Sie sich zuerst zu fragen:
‚Was tue ich?'
‚Ich gehe nach Hause.'
Das Nachhausegehen ist also der große Hauptabschnitt.
Aber unterwegs gab es Unterbrechungen, das Betrachten der Schaufenster. In diesen Augenblicken gingen Sie nicht mehr, sondern, im Gegenteil, Sie standen und waren mit etwas anderem beschäftigt. Also wollen wir das Betrachten der Schaufenster als einen neuen, selbständigen Abschnitt rechnen. Danach gingen Sie wieder weiter, das heißt, Sie kehrten zum ersten Abschnitt zurück.
Schließlich kamen Sie in Ihr Zimmer und fingen an, sich auszuziehen. Das war der Anfang eines neuen Abschnitts in Ihrem Tagesablauf. Und als Sie sich niedergelegt und Ihren Gedanken überlassen hatten, entstand noch ein neuer Abschnitt. Und so habe ich statt Ihrer zweihundert Abschnitte nur vier gezählt, sie bilden die Fahrtrinne.
Zusammengenommen ergeben diese vier Teile den großen Hauptabschnitt – die Rückkehr nach Hause.
Nehmen wir nun an, bei der Darstellung des ersten Teils – des Nachhausewegs – gehen Sie nur die Straße entlang. Sie gehen, Sie gehen, Sie gehen ... und weiter nichts. Bei der Darstellung des zweiten Teils – des Betrachtens der Schaufenster – stehen Sie nur da ... und stehen, und stehen ... und das ist alles. Bei der Darstellung des dritten Teils waschen Sie sich, waschen Sie sich, waschen Sie sich, und beim vierten liegen Sie, liegen Sie, liegen Sie. Natürlich sind, so gespielt, die Teile langweilig, eintönig, und der Regisseur wird von Ihnen eine detaillierte Behandlung jedes einzelnen Abschnitts verlangen. Das wird Sie dazu zwingen, sie in kleinere Bestandteile zu zerlegen, diese zu entwickeln, zu vervollständigen, jeden bis in jede Einzelheit hinein deutlich zu bringen.
Erscheinen nun auch diese Abschnitte noch eintönig, dann werden Sie sie in noch kleinere aufteilen und dasselbe mit ihnen durchexerzieren müssen, bis Ihr Gehen auf der Straße alle dafür typischen Einzelzüge aufweist: Sie begegnen Bekannten, Sie grüßen, Sie achten auf das, was um Sie herum vorgeht, Sie stoßen jemanden an, Sie entschuldigen sich und so weiter. Wenn Sie das Überflüssige streichen und die kleineren Abschnitte zu einem größeren zusammenfassen, schaffen Sie sich eine ‚Fahrtrinne' oder ein ‚Gerüst'."

Danach erklärte Torzow uns alles, was Onkel Schustow uns beim Mittagessen erzählt hatte. Pascha Schustow und ich wechselten verständnisinnige Blicke, lächelten uns zu, uns erinnernd, wie der große Schauspieler die großen Teile der Pute in winzige Stückchen zerschnitten, wie er diese in der „Sauce des Phantasieeinfalls" gebadet, wie er dann die getränkten Stückchen auf der Gabel zu einem größeren Happen vereinigt, diesen in den Mund gesteckt und mit Genuß verspeist hatte.
„Also", schloß Arkadi Nikolajewitsch, „von den großen zu den mittleren, von den mittleren zu den kleinen, von den kleinen zu den allerkleinsten Abschnitten, um sie nachher wieder zusammenzufassen und zu den großen zurückzukehren.
Aber das Aufteilen des Theaterstücks und der Rolle in kleine Abschnitte ist nur als Interimsmaßnahme erlaubt", ermahnte uns Torzow.
„Das Theaterstück und die Rolle können in einem aufgebröselten Zustand, als lauter Scherben nicht lange bestehen. Eine zerbrochene Plastik, ein zerfetztes Bild sind keine Kunstwerke mehr, so schön ihre Einzelteile auch sein mögen. Mit den kleinen Abschnitten haben wir es nur bei der Vorarbeit zu tun, im Augenblick des Spielens aber schließen sie sich zu großen Abschnitten zusammen, deren Umfang möglichst groß, deren Anzahl aber möglichst klein sein soll. Je größer die Abschnitte sind, desto geringer wird ihre Anzahl; je weniger es sind, um so leichter ist es, mit ihrer Hilfe das Theaterstück und die Rolle als ein Ganzes zu erfassen."
Das Aufteilen der Rolle in kleine Abschnitte zum Analysieren und Studieren habe ich begriffen; wie man sie aber in große Abschnitte zurückverwandelt, das ist mir noch unklar.
Als ich es Arkadi Nikolajewitsch sagte, erklärte er mir:
„Nehmen wir an, Sie haben eine kleine Schulübung in hundert Abschnitte aufgeteilt, finden sich darin nicht mehr zurecht, haben das Gefühl für das Ganze verloren, spielen aber jeden einzelnen Abschnitt nicht übel. Indessen ist nicht anzunehmen, daß eine einfache Schulübung so kompliziert und tiefgründig ist, daß man sie in hundert selbständige Teile zerlegen könnte, die die Grundlinien enthalten. Wahrscheinlich werden sich viele wiederholen oder miteinander verwandt sein. Wenn Sie jeden Abschnitt auf seinen wesentlichen Kern hin untersuchen, werden Sie feststellen, daß etwa die Teile eins, fünf, zehn bis fünfzehn, einundzwanzig und so fort das gleiche Thema haben und die Teile – sagen wir – zwei bis vier, sechs bis neun, elf bis vierzehn und so fort miteinander organisch verwandt sind. So haben Sie im Resultat statt hundert kleiner zwei große, inhaltsreiche Abschnitte, mit denen man leicht operieren kann. Damit wird die schwierige, unübersichtliche Übung leicht, einfach und zugänglich. Kurzum, die gut durchgearbeiteten großen Abschnitte werden vom Schauspieler leicht aufgenommen. Auf die ganze Länge des Theaterstücks verteilt, haben sie die Funktion der Fahrtrinne. Sie weisen uns den rechten Weg und führen sicher an gefährlichen Sandbänken und Riffen vorbei durch das verworrene Labyrinth eines Dramas, in dem man sich so außerordentlich leicht verirren kann.
Leider verzichten viele Schauspieler auf diese Arbeitsmethode. Sie verstehen es nicht, ein Schauspiel zu gliedern, sich darin zurechtzufinden, und sind daher auf eine unglaubliche Anzahl nichtssagender, beziehungsloser Abschnitte angewiesen.

Es gibt dann so viele, daß sich der Schauspieler verwirrt und das Gefühl für das Ganze verliert.
Nehmen Sie sich kein Beispiel an diesen Schauspielern, zerbröseln Sie ein Stück nicht über Gebühr, richten Sie sich beim Spielen nicht nach den kleinen Abschnitten, sondern führen Sie die Linie der Fahrtrinne nur durch die ganz großen, in allen Einzelheiten gut und lebendig durchgearbeiteten Abschnitte.
Die Technik des Aufgliederns in Abschnitte ist verhältnismäßig einfach. Stellen Sie sich die Frage: ‚Was ist für das betreffende Schauspiel unentbehrlich?' Besinnen Sie sich dann auf seine wesentlichen Etappen, ohne auf die Einzelheiten einzugehen. Nehmen wir mal an, wir haben den ‚Revisor' von Gogol vor uns. Was wäre unentbehrlich?"
„Der Revisor", entschied Wjunzow.
„Oder genauer, die Episode mit Chlestakow", verbesserte Schustow.
„Zugegeben", sagte Arkadi Nikolajewitsch. „Aber es handelt sich nicht nur um Chlestakow. Für den tragikomischen Fall, den Gogol schildert, muß die richtige Atmosphäre dasein. Diese Atmosphäre erzeugen im Stück Gauner wie der Stadthauptmann, Semljanika, Ljapkin-Tjapkin, die Klatschmäuler Bobtschinski und Dobtschinski und so weiter. Daraus ergibt sich, daß ‚Der Revisor' nicht nur ohne Chlestakow unmöglich wäre, sondern auch ohne die einfältigen Einwohner jener Stadt, von der aus ‚man an die drei Jahre reiten könnte, ohne je in ein Reich zu kommen'. Und was ist in dem Stück noch unentbehrlich?"
„Der törichte Romantismus, die koketten Provinzdämchen wie Maria Antonowna, der die Verlobung und die Aufregung in der ganzen Stadt zu verdanken ist", sagte jemand.
„Und was noch?" fragte Torzow weiter.
„Der neugierige Postmeister, der einsichtige Ossip, die Bestechung, Trjapitschkins Brief, die Ankunft des richtigen Revisors", überlegten die Schüler um die Wette.
„Sie haben das Stück eben aus der Vogelperspektive betrachtet, seine wichtigsten Episoden genannt und es damit in die organischen Bestandteile zerlegt, aus denen es besteht.
Genauso werden bei der Analyse die mittelgroßen und kleinen Abschnitte zerlegt, die später in die ganz großen Abschnitte eingehen.
Es gibt Fälle, wo man gezwungen ist – sei es als Regisseur, sei es als Schauspieler –, eigene Abschnitte in die nicht durchgearbeiteten Stücke schlechter Autoren einzufügen. Diese Freiheit darf man sich aber nur notgedrungen nehmen. Es gibt Liebhaber des Hinzutuns, die auch an genialen, einmaligen, klassischen Werken, die keiner Vervollkommnung bedürfen, ihre Kunst versuchen, wobei man dann noch von Glück sagen kann, wenn die eingefügten Abschnitte eine organische Verwandtschaft mit dem Wesen des Stückes haben – meistens ist es nicht der Fall. Und so bildet sich dann im lebendigen Organismus eines wunderbaren Schauspiels wildes Fleisch, das einzelne Teile oder auch das ganze Stück ansteckt und tötet."
Am Schluß des Unterrichts faßte Arkadi Nikolajewitsch das Ergebnis der heutigen Stunde zusammen:
„Die Bedeutung der Abschnitte für den Schauspieler werden Sie mit der Zeit in der

Praxis erfahren. Was ist es für eine Qual, in einer schlecht analysierten und schlecht durchgearbeiteten Rolle, die nicht übersichtlich und klar gegliedert ist, auf die Bühne zu kommen. Wie schwer spielt sich eine solche Aufführung, wie ermüdend ist sie für den Schauspieler, wie endlos zieht sie sich hin, wie erschreckt sie durch ihre ungeheure Länge! In einer gut vorbereiteten und durchgearbeiteten Rolle dagegen fühlt man sich ganz anders. Beim Schminken denkt man nur an den Abschnitt, der jetzt drankommt – natürlich im Zusammenhang mit dem ganzen Stück und seiner tragenden Idee. Hat man den ersten Abschnitt gespielt, konzentriert man die Aufmerksamkeit auf den zweiten, dann auf den dritten und so weiter. Eine Aufführung dieser Art spielt sich leicht. Ich muß dabei immer an einen Schulbuben denken, der nach Hause geht. Wenn der Weg sehr lang ist, wissen Sie, was er dann tut? Er nimmt ein Steinchen, wirft es möglichst weit und ... ist nun in Aufregung: ‚Und wenn ich das Steinchen nun nicht finde?' Aber er findet es, freut sich darüber, wirft es mit neuem Schwung wieder weiter und regt sich beim Suchen wieder auf. Indem er den langen Weg auf diese Weise in Teilstrecken auflöst, vergißt der Schulbub in seiner Vorfreude auf die häusliche Muße den langen Weg, er bemerkt ihn gar nicht mehr.
So gehen Sie denn auch in Ihren Rollen und Übungen von einem großen Abschnitt zum andern, ohne das Endziel – die Idee – aus dem Auge zu verlieren. Dann erscheint Ihnen sogar die große Tragödie in fünf Akten, die um acht Uhr anfängt und erst nach Mitternacht endet, kurz und übersichtlich."[25]

„Wir müssen das Schauspiel nicht nur zum Analysieren und Kennenlernen in Abschnitte teilen, sondern auch noch aus einem anderen, wichtigeren Grunde, der im innersten Wesen eines jeden Abschnitts verborgen ist", erklärte uns Arkadi Nikolajewitsch in der heutigen Stunde.
„Es ist nämlich so, daß jeder Abschnitt eine schöpferische Aufgabe enthält. Die Aufgabe entsteht organisch aus dem Abschnitt oder, umgekehrt, bringt ihn hervor. Wir sprachen schon darüber, daß man in kein Stück einen fremden, beziehungslosen, aus einem anderen Bereich hergeholten Abschnitt hineinzwängen darf. Dasselbe gilt auch für die Aufgaben. Wie die Abschnitte müssen auch die Aufgaben logisch und folgerichtig – eine aus der anderen – entstehen.
Infolge dieser organischen Verbundenheit bezieht sich alles, was vom Abschnitt gesagt wurde, auch auf die Aufgabe."
„Demnach gibt es also große, mittlere und kleine, wesentliche und zweitrangige Aufgaben, die man miteinander verbinden kann. Die Aufgaben bilden also auch eine Fahrtrinne", besann ich mich auf alles, was ich von den Abschnitten wußte.
„Gerade die Aufgaben sind die Lichter, die die Linie der Fahrtrinne bezeichnen und verhindern, daß man bei den einzelnen Teilstrecken in die Irre geht. Das sind die Grundetappen der Rolle, auf die sich der Schauspieler während des Spielens orientiert."
„Eine Aufgabe?!" grübelte Wjunzow tiefsinnig. „Beim Rechnen gibt es ... Aufgaben! Und hier ... sind es wieder Aufgaben! Nicht zu fassen! Gut spielen – das ist eine Aufgabe!" entschied er.

„Ja, das ist eine große Aufgabe, die Aufgabe unseres ganzen Lebens!" bestätigte Torzow. „Und so viel muß dafür noch getan werden! Bedenken Sie nur: Der erste, der zweite, der dritte und der vierte Schulkursus muß absolviert werden. Sind das vielleicht keine Aufgaben? Freilich sind sie noch nicht so umfassend wie die Aufgabe, ein großer Schauspieler zu werden!...
Um aber jeden Kursus zu absolvieren – wie oft muß man da zur Schule kommen, wie viele Stunden besuchen, sie verstehen, in sich aufnehmen! Wie viele Übungen sind zu machen! Sind das nicht auch alles Aufgaben? Freilich nicht so umfassend wie das Absolvieren eines Kursus. Und wenn man jeden Tag in der Schule sein will, wie oft muß man da pünktlich aufwachen, aufstehen, sich waschen, sich anziehen, über die Straße gehen. Auch das sind Aufgaben – noch kleinere Aufgaben!"
„Um sich zu waschen, wie oft muß man da die Seife nehmen, Gesicht und Hände einseifen!" spann Wjunzow die Sache weiter aus. „Und wie oft muß man in die Hosen fahren, den Rock anziehen, die Knöpfe schließen!"
„Das sind auch Aufgaben, aber ganz kleine", erklärte Torzow.
„Das Leben, die Mitmenschen, die Umstände, wir selbst türmen ununterbrochen vor uns und vor anderen Hindernisse auf und schlagen uns hindurch wie durch einen Urwald. Jedes Hindernis stellt uns eine Aufgabe und löst eine Handlung aus, mit der wir sie erfüllen wollen.[26]
In jedem Augenblick seines Lebens will der Mensch etwas, erstrebt er etwas, überwindet er etwas. Und dennoch – hat er sich ein bedeutendes Ziel gesteckt, reicht häufig das ganze Leben nicht aus, um das Begonnene zu vollenden.
Die großen, allgemeingültigen, die ganze Welt umfassenden Aufgaben werden nicht von einem einzelnen Menschen, sondern von Generationen und in Jahrhunderten gelöst.
Auf dem Theater werden diese großen, allgemeingültigen Aufgaben von genialen Dichtern – wie Shakespeare – und von genialen Schauspielern – wie Motschalow und Tomaso Salvini – erfüllt.
Das Bühnenschaffen stellt uns vor große Aufgaben und verlangt, daß wir wahrhaftig, produktiv und zweckmäßig handeln, um diese Aufgaben erfüllen zu können. Was das Resultat betrifft, so ergibt es sich von selbst, wenn alles Voraufgegangene richtig erfüllt wurde.
Die Fehler der meisten Schauspieler liegen darin, daß sie nicht an das Handeln, sondern lediglich an sein Resultat denken. Sie lassen die eigentliche Handlung außer acht und sind geradewegs auf das Resultat aus. So entsteht eine Überbetonung der Resultate, etwas Gewaltsames, das eben nur eine handwerkliche Leistung ergeben kann.
Prägen Sie sich ein und machen Sie es sich zur Gewohnheit, die Resultate auf der Bühne nicht zu überschätzen und zu übertreiben, sondern die ganze Zeit, in der Sie auf der Bühne stehen, die Aufgaben durch Handlung wahrhaftig, produktiv und zweckmäßig zu erfüllen. Man muß seine Aufgaben lieben und aktive Handlungen dafür zu finden wissen. Zum Beispiel – denken Sie sich jetzt eine Aufgabe aus und erfüllen Sie die Aufgabe", schlug Arkadi Nikolajewitsch vor.
Während die Maloletkowa und ich noch tiefsinnig grübelten, kam Schustow mit einem Vorschlag zu uns:

„Nehmen wir an, wir wären beide in die Maloletkowa verliebt und hätten ihr beide einen Heiratsantrag gemacht. Was würden wir tun, wenn das in Wirklichkeit passiert wäre?"
Zuallererst machten wir drei uns die komplizierten vorgeschlagenen Situationen klar und zerlegten sie in Abschnitte und Aufgaben, welche die Handlung ergaben. Sobald die Aktivität der Handlung nachließ, führten wir ein neues „Wenn" und neue „vorgeschlagene Situationen" ein, die neue Aufgaben mit sich brachten, die gelöst werden wollten. Durch diese permanenten Anstöße waren wir ununterbrochen beschäftigt und merkten nicht einmal, daß der Vorhang aufging. Dahinter sah man die leere Bühne, auf der die Dekorationen für eine zufällig heute abend stattfindende Aufführung an den Wänden gestapelt waren.
Arkadi Nikolajewitsch schlug uns vor, auf die Bühne zu gehen und unser Experiment dort weiterzuführen. Wir taten es, und als wir – und danach noch andere Gruppen – fertig waren, sagte Torzow:
„Erinnern Sie sich noch an eine der ersten Stunden, als ich Ihnen auch den Vorschlag machte, auf die Bühne zu gehen und dort zu handeln? Damals brachten Sie es nicht fertig, Sie liefen hilflos auf der Bühne herum, um Personen und Leidenschaften übertrieben zu markieren. Heute nun, obwohl Sie ohne jede Dekoration, ohne Möbel und Requisiten auf der Bühne stehen, fühlten sich viele von Ihnen frei und unbelastet. Was hat Ihnen denn geholfen?"
„Innere, aktive Aufgaben", entschieden Schustow und ich.
„Ja", bestätigte Torzow, „Sie lenken den Schauspieler auf den richtigen Weg und bewahren ihn vor übertriebenem, unechtem Spiel. Die Aufgabe gibt dem Schauspieler das Bewußtsein, mit vollem Recht auf die Bühne zu kommen, dort zu bleiben und darauf das der Rolle entsprechende Leben zu leben.
Schade ist nur, daß das heutige Experiment noch nicht alle Schüler überzeugt hat, denn für einige waren die Aufgaben auch heute nicht zum Handeln, sondern um ihrer selbst willen da. Daraufhin verwandelten sich die Aufgaben sofort in artistische Kunststückchen. Das passierte Wesselowski. Bei anderen, zum Beispiel bei der Weljaminowa, war die Aufgabe rein äußerlich erfaßt und lag dicht bei eitler Verliebtheit in sich selbst. Bei Goworkow lief die Aufgabe wie immer darauf hinaus, mit seiner Technik zu glänzen. Das ruft alles nur den Wunsch nach theatralischer Heuchelei hervor, führt aber nicht zu wahrhaftigem Handeln und kann kein befriedigendes Resultat ergeben. Pustschins Aufgabe war nicht schlecht, aber zu intellektuell, zu literarisch. Die Literatur ist eine gute Sache, sie ist aber nicht alles in der Kunst des Schauspielers."

Heute sagte Arkadi Nikolajewitsch: „Es gibt szenische Aufgaben sehr verschiedener Art. Doch nicht alle sind notwendig und nützlich für uns, viele sind sogar schädlich. Darum ist es wichtig, daß die Schauspieler lernen, sich über die Qualität der Aufgaben klarzuwerden, daß sie sich keine überflüssigen stellen, sondern notwendige aufspüren und fixieren."
„Woran erkennt man sie denn?" wollte ich wissen.
„Unter ‚notwendigen Aufgaben' verstehe ich folgende:

1. Aufgaben diesseits der Rampe, auf unserer Seite, nicht auf der Zuschauerseite. Mit anderen Worten: Aufgaben, die zum betreffenden Stück gehören, die sich an die Partner, an die Darsteller der anderen Rollen, und nicht an die Zuschauer im Parkett wenden.
2. Aufgaben des betreffenden Menschen und Schauspielers, die den Aufgaben der Rolle entsprechen.
3. Schöpferische und künstlerische Aufgaben. Das heißt Aufgaben, die die Grundbedingung der Kunst erfüllen helfen: ‚das geistige Leben der Rolle' zu schaffen und künstlerisch zu verkörpern.
4. Echte, lebendige, aktive, menschliche Aufgaben, die die Rolle voranbringen, aber keine theatralischen, konventionellen, abgestorbenen Aufgaben, die keine Beziehung zur dargestellten Person haben und zur bloßen Unterhaltung der Zuschauer ausgeführt werden.
5. Aufgaben, denen der Schauspieler selbst, sein Partner und der Zuschauer Glauben schenken kann.
6. Mitreißende, erregende Aufgaben, die echtes Erleben wachrufen können.
7. Treffende Aufgaben, die für die darzustellende Rolle typisch sind, die nicht von ungefähr, sondern ganz konkret und bestimmt mit dem Wesenskern des dramatischen Werkes verbunden sind.
8. Inhaltsreiche Aufgaben, die auf den inneren Sinn der Rolle Bezug nehmen, und keine geringfügigen, die nur die Oberfläche des Stückes berühren.
Ich muß Sie auch noch vor den in unserem Metier sehr verbreiteten gefährlichsten Aufgaben warnen – den mechanischen, automatischen, theatralischen Aufgaben, die geradewegs zum Handwerk führen."
„Demnach erkennen Sie äußere und innere, das heißt physische und psychische, Aufgaben an", folgerte ich.
„Und elementar-psychologische", ergänzte Torzow.
„Was ist das?" Ich begriff nicht.
„Stellen Sie sich vor, daß Sie ins Zimmer kommen, mich begrüßen, mir die Hand drücken, mir zunicken und entsprechende Begrüßungsworte sagen. Das ist eine gewohnheitsmäßige, mechanische Aufgabe, die mit Psychologie nichts zu tun hat."
„Wie?! Darf man auf der Bühne niemand begrüßen?" staunte Wjunzow.
Arkadi Nikolajewitsch beruhigte ihn:
„Begrüßen darf man sich schon, aber mechanisch lieben, leiden, hassen, lebendige menschliche Aufgaben automatisch ausführen, ohne jedes Gefühl, so wie Sie es gern machen – das darf man nicht.
In einem anderen Fall", fuhr Arkadi Nikolajewitsch fort, „strecken Sie die Hand aus und drücken die Rechte des anderen herzlich mit dem Bestreben, gleichzeitig Ihre Liebe, Hochachtung, Ihren Dank mit dem Blick auszudrücken. Das ist eine gewohnheitsmäßige Aufgabe in einer gewohnheitsmäßigen Ausführung, die aber schon etwas Psychologisches enthält. Solche Aufgaben heißen in unserer Sprache elementar-psychologisch.
Und nun ein dritter Fall. Nehmen wir an, wir wären gestern aneinandergeraten, und ich hätte Sie in aller Öffentlichkeit beleidigt. Heute sehen wir uns wieder, ich

komme auf Sie zu, reiche Ihnen die Hand und bitte Sie mit diesem Händedruck um Verzeihung, bekennend, daß ich schuldig bin und das Vorgefallene zu vergessen bitte. Dem Gegner von gestern die Hand zu reichen – das ist keineswegs eine einfache Aufgabe, und man muß viel nachgedacht, vieles durchgemacht und in sich überwunden haben, ehe man sie ausführen kann.
Diese Aufgabe kann man als psychologische Aufgabe – und zwar als recht schwierige – bezeichnen."
In der zweiten Hälfte der Stunde sagte Arkadi Nikolajewitsch:
„Wie richtig eine Aufgabe auch sein mag, ihre hauptsächliche und wesentliche Eigenschaft liegt in ihrem Reiz, in ihrer Verlockung für den Schauspieler. Es ist notwendig, daß die Aufgabe gefällt, daß sie anregt, daß sie der Schauspieler gern ausführen möchte. Solche Aufgaben besitzen Anziehungskraft, wie ein Magnet ziehen sie die schöpferische Kraft des Schauspielers an.
Aufgaben mit diesen für einen Schauspieler unbedingt erforderlichen Eigenschaften nennen wir *schöpferische Aufgaben*. Außerdem ist es aber auch wichtig, daß die Aufgaben tragbar, zugänglich, ausführbar sind, sonst vergewaltigen sie die Natur des Schauspielers. Zum Beispiel: Was ist Ihre Aufgabe in der Szene mit den Windeln in Ibsens ‚Brand', die Sie so lieben?"
„Der Menschheit helfen", erwiderte Umnowych.
„Da haben Sie's! Ist denn irgendein Mensch dieser grandiosen Aufgabe gewachsen? Nehmen Sie eine einfachere Aufgabe, fürs erste eine physische, aber eine reizvolle."
„Ist denn das interessant ... eine ... eine physische?" fragte Umnowych mit einem reizenden schüchternen Lächeln.
„Interessant – für wen?" fragte Arkadi Nikolajewitsch zurück.
„Für das Publikum", erwiderte unser schüchterner Psychologe.
„Kümmern Sie sich nicht um das Publikum. Denken Sie nur an sich selbst", entgegnete Torzow. „Sind Sie selbst interessiert – wird Ihnen das Publikum folgen."
„Mich interessiert das ... auch nicht. Ich ... ich hätte lieber eine ... psychologische Aufgabe ..."
„Das hat Zeit. Es ist noch zu früh für Sie, sich in psychologische und sonstwie schwierige Aufgaben zu versenken. Mit der Zeit werden Sie auch dahin kommen. Vorläufig begnügen Sie sich mit der einfachsten – mit der physischen Aufgabe. Man kann jede Aufgabe fesselnd gestalten."
„Man kann das ja nicht vom Körper trennen ... die Seele. Wie leicht bringt man's durcheinander ... irrt sich ... hat's plötzlich verwechselt ...", suchte Umnowych verlegen zu überzeugen.
„Aber sicher! Das sage ich ja auch", bestätigte Torzow. „Jede physische Aufgabe enthält auch eine psychologische, und jede psychologische eine physische Aufgabe, wenn man sie ausführt. Da gibt es nichts zu trennen. Nehmen wir mal an, Sie müßten den Salieri in Puschkins Einakter ‚Mozart und Salieri' spielen. Die Psychologie Salieris, der entschlossen ist, Mozart zu töten, ist sehr kompliziert. Es ist schwer, den Griff nach dem Becher zu tun, Wein einzuschenken, das Gift hineinzuschütten und diesen Becher dem Freund zu reichen, dem Genie, dessen Musik man überall

bewundert. Das sind lauter physische Handlungen, und doch, wieviel Psychologie enthalten sie! Oder genauer: Das sind komplizierte psychologische Handlungen, aber wieviel Physisches enthalten sie! Und nun nenne ich Ihnen eine einfache physische Handlung, nämlich: auf einen anderen Menschen zugehen und ihm eine Ohrfeige geben. Um das wahrhaftig zu machen, wieviel psychologisches Erleben gehört vorher dazu! Üben Sie eine Reihe physischer Handlungen mit dem Weinbecher, mit der Ohrfeige, rechtfertigen Sie sie durch vorgeschlagene Situationen, durch das ‚Wenn' und bestimmen Sie danach, wo das Physische aufhört und das Psychische beginnt. Sie werden sehen, daß es nicht so einfach zu entscheiden ist und daß man beide Bereiche leicht durcheinanderbringen kann. Haben Sie aber keine Angst davor, vermengen Sie sie ruhig miteinander. Die Grenze zwischen physischen und psychologischen Aufgaben ist verschwommen, machen Sie sich das zunutze. Versuchen Sie nicht, die Grenze zwischen Ihrer körperlichen und Ihrer geistigen Natur allzu scharf zu ziehen, tun Sie das nur ungefähr, sozusagen nach dem gefühlsmäßigen inneren Augenmaß, *immer mit einer Neigung zur physischen Aufgabe hin.* Das ist ein Fehler, den ich Ihnen nicht ankreiden werde, denn er wird im Augenblick des Spielens recht nützlich sein."

„Wie kann denn ein offensichtlicher Fehler nützlich sein?" staunten wir.

„Weil Sie dann Ihr Gefühl nicht einschüchtern werden, weil der Fehler Sie vor innerer Vergewaltigung schützt. *Die richtige Ausführung der physischen Aufgabe wird es Ihnen möglich machen, die entsprechende psychologische Situation zu schaffen.* Sie wird die physische Aufgabe in eine psychologische umwandeln. Denn ich sagte ja bereits, daß man jede physische Aufgabe psychologisch unterbauen kann.

Wir wollen uns darauf einigen, daß wir fürs erste nur an physische Aufgaben gehen. Sie sind leichter anzupacken und auszuführen, die Gefahr theatralischer Übertreibung ist dabei geringer. Zu gegebener Zeit werden wir uns auch den psychologischen Aufgaben zuwenden, vorläufig aber rate ich Ihnen, in allen Übungen, Experimenten, Szenenausschnitten und Rollen erst die physischen Aufgaben herauszufinden."[27]

Auf der Tagesordnung stand eine wichtige Frage: Wie findet man aus dem Abschnitt die Aufgabe heraus? Die Psychotechnik dieses Vorgangs besteht darin, daß man für jeden Abschnitt eine entsprechende Benennung finden soll, die dessen Wesen am besten charakterisiert.

„Wozu ist so eine Taufe gut?" mokierte sich Goworkow.
Darauf erwiderte Arkadi Nikolajewitsch:
„Wissen Sie, was eine treffende Bezeichnung bedeutet, die das Wesen eines Abschnitts gut definiert?

Die Benennung ist die Synthese, der Extrakt des Abschnitts. Um das zu finden, muß sich der Abschnitt setzen wie der Kaffee. Man muß sein inneres Wesen herauspressen, muß es dann kristallisieren und für den gewonnenen Kristall eine entsprechende Benennung finden. Während der Schauspieler nach diesem Wort sucht, sondiert er damit schon den Abschnitt, analysiert und kristallisiert ihn, zieht die Synthese daraus. Bei der Suche nach dem Namen findet man die Aufgabe.

Genauer: Das Wort, das das Wesen eines Abschnitts bezeichnet, erschließt die darin verborgene Aufgabe.
Um diese Arbeit in der Praxis zu verstehen, wollen wir sie an der ‚Szene mit den Windeln' aus Ibsens ‚Brand' durchexerzieren", sagte Arkadi Nikolajewitsch. „Nehmen wir die zwei ersten Abschnitte, die zwei ersten Episoden. Ich will Ihnen den Inhalt ins Gedächtnis rufen.
Agnes, die Frau des Pastors Brand, hat ihren einzigen Sohn verloren. Schwermütig sortiert sie die Windeln, die Kleidchen, die Spielsachen – Reliquien, auf die immer wieder die Tränen der unglücklichen Mutter fallen. Die Erinnerung zerreißt ihr das Herz. Das Kind starb, weil die Familie in einer feuchten, ungesunden Gegend wohnte. Als es krank wurde, beschwor die Mutter den Mann, die Gemeinde zu verlassen. Aber Brand – fanatisch seiner Idee ergeben – wollte die Pflichten des Pastors nicht dem Wohl der Familie opfern. Da verlor er seinen Sohn.
Ich erinnere an den Inhalt des zweiten Abschnitts, der zweiten Episode: Brand tritt auf. Auch er leidet, leidet wegen Agnes. Doch sein fanatisches Pflichtgefühl macht ihn grausam. Er will seine Frau überreden, die Sachen und das Spielzeug des verstorbenen Kindes einer Zigeunerin zu schenken, weil sie Agnes hindern, sich Gott zuzuwenden und sich der Leitidee ihres gemeinsamen Lebens – dem Dienst am Nächsten – zu widmen.
Ziehen Sie nun den Extrakt aus dem Wesen der beiden Abschnitte und finden Sie für beide die richtige Bezeichnung."
„Erlauben Sie, was gibt es da noch lange zu suchen? Die Antwort liegt auf der Hand. Die Bezeichnung für die erste Aufgabe lautet: Mutterliebe, für die zweite, wenn es Ihnen recht ist: Pflichtgefühl des Fanatikers", erklärte Goworkow großspurig.
„Gut, mag es so sein", willigte Torzow ein. „Ich will jetzt nicht im einzelnen auf den Vorgang der Kristallisation eines Abschnitts eingehen, diese Arbeit lernen wir ganz genau kennen, wenn wir uns mit der Rolle und dem Stück beschäftigen werden. Vorläufig aber möchte ich Ihnen empfehlen, die Aufgabe niemals mit einem Substantiv zu bezeichnen. Das wollen wir uns für die Bezeichnung des Abschnitts aufheben. *Szenische Aufgaben müssen unbedingt durch Verben bestimmt werden.*"
„Warum?" staunten wir.
„Ich will Ihnen helfen, diese Frage zu beantworten, aber unter der Bedingung, daß Sie erst einmal selbst versuchen, die Aufgaben in Handlung umzusetzen, die eben mit Substantiven bezeichnet worden sind, nämlich 1. die Mutterliebe und 2. das Pflichtgefühl des Fanatikers."
Wjunzow und die Weljaminowa übernahmen es. Wjunzow machte ein böses Gesicht, bekam einen stieren Blick, wölbte die Brust vor und hielt sich stocksteif. Er trat beim Gehen fest auf, ließ die Hacken auf den Boden knallen, sprach mit Baßstimme und plusterte sich auf – in der Hoffnung, dadurch für eine Darstellung des Pflichtgefühls „im allgemeinen" stark, hart und entschlossen zu erscheinen. Und auch die Weljaminowa machte allerhand Mätzchen, um Zärtlichkeit und Liebe „im allgemeinen" auszudrücken.
„Finden Sie nicht", sagte Arkadi Nikolajewitsch, als sie fertig waren, „daß die Substantive, mit denen Sie Ihre Aufgabe bezeichneten, Sie dazu gebracht haben, im

ersten Fall die Vorstellung von einem angeblich herrischen Menschen, im zweiten Fall die Vorstellung einer Leidenschaft – der Mutterliebe – zu spielen? Sie wollten herrschsüchtige und liebevolle Menschen vorstellen, aber Sie waren es nicht. Das kommt daher, daß das Substantiv über eine Vorstellung, einen bestimmten Zustand, eine Figur, eine Erscheinung etwas aussagt.
Durch seine Aussage bestimmt das Substantiv diese Begriffe konkret oder abstrakt, ohne auf Handlung und Aktivität hinzuweisen. Aber jede Aufgabe muß unbedingt aktiv sein."
„Aber, entschuldigen Sie, das Substantiv kann illustrieren, schildern, darstellen, und das ist doch, mit Ihrer Erlaubnis, auch Handlung", widersprach Goworkow.
„Ja, Handlung schon, aber nicht die wahrhaftige, produktive und zweckmäßige Handlung, die unsere Kunst auf der Bühne braucht, sondern die theatralische Handlung, die wir nicht anerkennen und aus dem Theater verbannen wollen. Wollen doch mal sehen, was daraus wird, wenn wir jetzt die Aufgabe statt mit dem Substantiv mit dem entsprechenden Verb bezeichnen", fuhr Arkadi Nikolajewitsch fort.
„Wie macht man das?" baten wir ihn um nähere Erklärung.
„Dafür gibt es ein ganz einfaches Mittel", sagte Torzow, „und zwar setzen Sie, bevor Sie das Verb nennen, vor das umzuwandelnde Substantiv die Wörtchen ‚ich will'. Also: ‚Ich will – was? – tun.'
Ich werde versuchen, Ihnen diesen Vorgang an einem Beispiel zu zeigen.
Nehmen wir an, es handelt sich um das Wort ‚Macht'. Schicken Sie ihm die Wörtchen ‚ich will' voraus. Das ergibt: ‚Ich will Macht haben.' Ein derartiges Wollen ist zu allgemein und nicht real. Um es zu beleben, müssen Sie ein konkreteres Ziel einführen. Wenn dieses Ihnen verlockend erscheint, dann entsteht in Ihnen das Streben, der Drang nach einer Handlung, um die Aufgabe zu erfüllen. Diese Handlung ist es, die Sie mit einem treffenden Wort benennen müssen, das ihren Wesenskern ausdrückt. Und das wird ein Verb sein, das eine lebendige, aktive Aufgabe bezeichnet, aber keine passive Vorstellung, keinen Begriff, wie ihn das Substantiv schafft."
„Aber wie kann man so ein Wort finden?" Ich versuchte zu verstehen.
„Sagen Sie sich folgendes: ‚Ich will – was? – tun, um Macht zu bekommen?' Beantworten Sie diese Frage, und Sie werden wissen, wie Sie handeln müssen."
„Ich will mächtig sein", brachte Wjunzow ohne Zögern heraus.
„Das Wort ‚*sein*' bezeichnet einen statischen Zustand. Es hat keine Aktivität, die eine aktive Handlung unbedingt braucht."
„Ich will Macht bekommen", verbesserte die Weljaminowa.
„Das kommt schon näher an Aktivität heran, ist aber doch noch zu allgemein und als Einzelhandlung nicht ausführbar. Tatsächlich, versuchen Sie mal, sich jetzt auf diesen Stuhl zu setzen und Macht ‚im allgemeinen' bekommen zu wollen. Wir brauchen eine konkretere, näherliegende, realere, ausführbare Aufgabe. Wie Sie sehen, ist nicht jedes Verb zu gebrauchen, nicht jedes Wort provoziert aktives, produktives Handeln. Man muß es verstehen, die wirksamste Bezeichnung für die Aufgabe zu finden."
„Ich will Macht bekommen, um die Menschheit zu beglücken", schlug jemand vor.

„Das ist eine schöne Phrase, in Wirklichkeit ist es schwierig, an die Möglichkeit ihrer Ausführung zu glauben", entgegnete Arkadi Nikolajewitsch.
„Ich will Macht, um das Leben zu genießen, um fröhlich zu leben, um geehrt zu werden, um meinen Liebhabereien nachgehen zu können, um meine Eitelkeit zu befriedigen", verbesserte Schustow.
„Dieses Wollen ist realer und schon eher durchführbar, doch um es zu befriedigen, werden Sie zuerst eine Reihe von Hilfsaufgaben ausführen müssen. Dieses Endziel ist nicht auf einmal zu erreichen, man nähert sich ihm allmählich, als steige man Stufe um Stufe bis zum oberen Stockwerk empor, das man ja auch nicht mit einem Schritt erreichen kann. Und so sollen Sie auch über jede Stufe gehen, die zu Ihrer Aufgabe hinführt, und diese Stufen zählen.
‚Ich will geschäftstüchtig, klug und überlegen erscheinen, um Vertrauen zu gewinnen. Ich will mich auszeichnen, Karriere machen, die Aufmerksamkeit auf mich ziehen, und so weiter.' "
Danach kehrte Arkadi Nikolajewitsch wieder zur Szene aus „Brand" zurück und machte, um alle an der Arbeit zu beteiligen, folgenden Vorschlag:
„Alle Schüler sollen sich in Brands Lage versetzen und eine Bezeichnung für seine Aufgabe suchen; denn sie werden seine Psychologie besser verstehen als die Schülerinnen. Diese sollen sich der Agnes annehmen. Sie werden weibliche und mütterliche Liebe in ihren Feinheiten besser empfinden können.
Eins, zwei und drei! Der Wettkampf zwischen dem männlichen und dem weiblichen Teil der Klasse hat begonnen!"
„Ich will Macht über Agnes gewinnen, um ihr Opfer zu erzwingen, um sie zu retten und zu lenken!"
Kaum hatte ich den Satz ausgesprochen, als die Mädchen mit ihrem Wollen auf mich einstürmten:
„Ich will des Verstorbenen gedenken!"
„Ich will ihm nahe sein! Will ihn fühlen!"
„Ich will ihn wieder zum Leben erwecken! – Will ihm nachfolgen! – Will seine Nähe empfinden! – Will ihn zwischen den Gegenständen fühlen! – Will ihn aus dem Grab zurückrufen! – Will seinen Tod vergessen! – Will meinen Schmerz betäuben!"
Lauter als die anderen schrie die Maloletkowa immer wieder den gleichen Satz:
„Will mich festklammern und nie wieder loslassen!"
„Also gut!" erwiderten ihnen die männlichen Partner. „Kämpfen wir! – Ich will Agnes näherkommen, will sie mir geneigt machen! – Will lieb zu ihr sein! – Will sie fühlen lassen, daß ich ihren Schmerz verstehe! – Will ihr verlockend die Freude über erfüllte Pflichten schildern! – Will ihr die großen Aufgaben des Menschen klarmachen!"
„Dann will ich aber, daß mein Mann von meinem Schmerz gerührt wird! – Will, daß er meine Tränen sieht!"
„Will mich noch fester klammern und nicht loslassen!" schrie die Maloletkowa.
„Darauf die Schüler: „Ich will sie mit der Verantwortung gegenüber der Menschheit einschüchtern! – Will mit Buße drohen und Trennung! – Will meine Verzweiflung zeigen über die Unmöglichkeit, einander zu verstehen!"

Während dieses Wortgefechts ergaben sich immer neue Gedanken und Gefühle, die nach entsprechenden Verben verlangten, die ihrerseits den Drang zum Handeln auslösten.

Ich kämpfte mit den Frauen, um sie zu überzeugen, und als schließlich alle Aufgaben, die mir Verstand, Gefühl und Wille souffliert hatten, erschöpft waren, hatte ich das Empfinden, eine Szene richtig gespielt zu haben, und das befriedigte mich.

„Jede der genannten Aufgaben ist auf ihre Art richtig und löst mehr oder weniger Handlung aus", sagte Arkadi Nikolajewitsch. „Einer aktiven Natur sagt die Aufgabe: ‚Ich will des Verstorbenen gedenken' gefühlsmäßig wenig. Sie wird eine andere Aufgabe finden: ‚Ich will mich festklammern und nie wieder loslassen.' Was nicht loslassen? Die Sachen, die Erinnerungen, die Gedanken an den Verstorbenen. Andere wieder lassen diese Aufgaben kalt. Wichtig ist nur, daß die Aufgabe für den, der sie ausführen soll, verlockend und anregend ist.

Ich glaube, ich habe Sie nun dazu gebracht, daß Sie selbst mit einem praktischen Beispiel die Frage von vorhin beantwortet haben, warum eine Aufgabe nicht durch ein Substantiv, sondern durch ein Verb bezeichnet werden soll.

Das ist vorläufig alles, was ich Ihnen über Abschnitte und Aufgaben zu sagen habe. Den Rest werde ich im Laufe der Zeit hinzufügen, wenn Sie mehr von unserer Kunst und ihrer Psychotechnik wissen werden, wenn wir Stücke und Rollen in Abschnitte und Aufgaben zu gliedern haben."

VIII. GEFÜHL FÜR WAHRHAFTIGKEIT UND GLAUBE

Heute war das Thema des Unterrichts auf einem Plakat zu lesen:

GEFÜHL FÜR WAHRHAFTIGKEIT UND GLAUBE

Vor Beginn des Unterrichts waren die Schüler auf der Bühne damit beschäftigt, etwas zu suchen, was die Maloletkowa – wer anders konnte es auch sein – verloren hatte. Ihr Geldtäschchen war verschwunden.

Ganz unerwartet erklang plötzlich Arkadi Nikolajewitschs Stimme. Er hatte uns schon lange vom Parkett aus beobachtet.

„Wie gut präsentiert der Bühnenrahmen alles, was im Rampenlicht vor sich geht. Sie haben beim Suchen echt empfunden, alles war wahr, alles glaubhaft, die kleinen physischen Aufgaben wurden präzis ausgeführt, sie waren bestimmt und klar; die Aufmerksamkeit war wach; die notwendigen Elemente arbeiteten gemeinsam und funktionierten richtig... Kurz, es entstand wahre Kunst auf der Bühne", folgerte er zu unserer Überraschung.

„Nein... Wieso denn Kunst? Das war Wirklichkeit, echte Wahrhaftigkeit, etwas ganz Alltägliches", entgegneten die Schüler.

„Wiederholen Sie dieses ‚Alltägliche' noch einmal!"

Wir packten das Täschchen auf seinen alten Platz und fingen wieder an zu suchen – etwas, was schon gefunden war und nicht mehr gesucht zu werden brauchte. Natürlich wurde nichts daraus.

„Nein, diesmal habe ich weder Aufgaben noch Handlungen, noch echte Wahrhaftigkeit herausgefühlt...", kritisierte Arkadi Nikolajewitsch. „Warum können Sie denn nicht wiederholen, was Sie eben erst in Wirklichkeit erlebt haben? Man sollte meinen, dazu brauche man kein Schauspieler, sondern nur einfach ein Mensch zu sein."

Die Schüler bemühten sich, Torzow begreiflich zu machen, daß sie im ersten Fall wirklich suchen mußten, im zweiten aber keine Notwendigkeit dafür vorlag, so daß sie nur so taten, als ob sie suchten. Das erste Mal war es echte Wirklichkeit, das zweite Mal nur Imitation, Schaustellung, Lüge.

„So spielen Sie doch die gleiche Szene ohne Lüge, ganz wahrhaftig", schlug Arkadi Nikolajewitsch vor.

„Aber...", wir wanden uns, „das ist gar nicht so einfach. Man müßte sich vorbereiten, müßte proben, erleben..."

„Was denn erleben? Haben Sie denn nicht erlebt, als Sie das Täschchen gesucht haben?"

„Das war Wirklichkeit, jetzt müßten wir etwas Erdachtes, einen Einfall, erschaffen und erleben!"

„Also muß man auf der Bühne irgendwie anders erleben als im wirklichen Leben?" staunte Torzow.

Wort um Wort brachte uns Arkadi Nikolajewitsch mit Hilfe immer neuer Fragen und Erklärungen zu der Erkenntnis, daß in der Welt der realen Wirklichkeit echte Wahrhaftigkeit und Glaube von selbst entstehen. So entstanden sie zum Beispiel vorhin auf der Bühne, als die Schüler den verlorenen Gegenstand suchten. Es lag daran, daß es kein Spiel, sondern reale Wirklichkeit war.

Geht aber auf der Bühne nicht die reale Wirklichkeit, sondern ein Spiel vor, bedarf es einiger Vorarbeit, um Wahrhaftigkeit und Glauben zu schaffen. Sie besteht darin, Wahrhaftigkeit und Glauben erst im Bereich des vorgestellten Lebens, der künstlerischen Idee zu erschaffen und sie dann auf die Bühne zu übertragen.

„Also: Um in sich die echte Wahrhaftigkeit zu schaffen und auf der Bühne das Suchen nach dem Täschchen, das eben erst in der Wirklichkeit vor sich gegangen war, wiederzuerzeugen, muß man innen erst gleichsam einen Hebel umschalten und sich in die Bereiche der Phantasie, des vorgestellten Lebens versetzen", erklärte Torzow. „Dort erschaffen Sie Ihr der Wirklichkeit entsprechendes Phantasiegebilde. Dabei werden Ihnen das ‚Wenn' und die richtig empfundenen ‚vorgeschlagenen Situationen' helfen, auf den Brettern die szenische Wahrhaftigkeit und den Glauben zu erfühlen und zu erschaffen. Wahrhaftigkeit ist Leben, ist also das, was ist, was existiert, was der Mensch wirklich weiß. Auf der Bühne aber nennt man Wahrhaftigkeit das, was in Wirklichkeit nicht ist, aber sein könnte."

„Verzeihen Sie bitte", sagte Goworkow, „wie kann am Theater von Wahrhaftigkeit die Rede sein, wenn dort alles Lüge und Hirngespinst ist, angefangen beim Drama von Shakespeare und endend beim Pappdolch, mit dem sich Othello ersticht?"

„Wenn es Sie irritiert, daß sein Dolch nicht aus Stahl, sondern aus Pappe ist", entgegnete ihm Arkadi Nikolajewitsch, „wenn Sie ausgerechnet dieses grob nachgeahmte Requisit auf der Bühne als Lüge bezeichnen, seinetwegen die ganze Kunst verdammen und nicht mehr an die Wahrhaftigkeit des szenischen Lebens glauben wollen, können Sie beruhigt sein: Auf dem Theater ist es nicht wesentlich, ob Othellos Dolch aus Pappe oder aus Stahl ist, wesentlich ist, daß das innere Empfinden des Schauspielers, das den Selbstmord Othellos rechtfertigt, echt, wahrhaftig und überzeugend ist. Wesentlich ist, wie der Mensch, der der Schauspieler in der Rolle ist, handeln würde, wenn die Lebensgegebenheiten und -umstände wahr und der Dolch, mit dem er sich ersticht, echt wären.

Entscheiden Sie also, was für Sie interessanter und wesentlicher ist, woran Sie lieber glauben möchten: daran, daß auf dem Theater und im Drama eine reale Wirklichkeit der Tatsachen, Ereignisse, der materiellen Welt existiert, oder aber daran, daß das in der Seele des Schauspielers geborene Gefühl, von einem in Wirklichkeit nicht existierenden szenischen Phantasiegebilde ausgelöst, wahrhaftig und glaubhaft ist?

Und eben von dieser Wahrhaftigkeit des Gefühls können wir am Theater sprechen. Das ist jene szenische Wahrhaftigkeit, die der Schauspieler im Augenblick des Schaffens braucht. Es gibt keine echte Kunst ohne Wahrhaftigkeit und Glauben! Und je realer der äußere Rahmen auf der Bühne ist, desto näher muß das Erleben der Rolle durch den Schauspieler der organischen Natur sein.

Häufig aber sehen wir auf der Bühne etwas ganz anderes. Zwar schafft man dort eine natürliche Umgebung durch Dekorationen und Requisiten, an denen alles wahrhaftig ist, vergißt aber dabei, an die Echtheit des Empfindens und Erlebens bei den Darstellern selbst zu denken. Eine derartige Diskrepanz zwischen der Wahrhaftigkeit der Dinge und der Wahrhaftigkeit der Gefühle unterstreicht den Mangel an echtem Leben in der Darstellung nur noch mehr.

Damit so etwas nicht vorkommen kann, müssen Sie immer bemüht sein, Ihr Sein und Handeln auf der Bühne mit eigenen ‚Wenns' und ‚vorgeschlagenen Situationen' zu begründen. Nur wenn Sie in dieser Weise arbeiten, werden Sie Ihr eigenes Gefühl für Wahrhaftigkeit befriedigen und an die Echtheit Ihres Erlebens glauben können.

Diesen Vorgang nennen wir die Rechtfertigung."

Ich wollte das Wesentliche, wovon Torzow sprach, gern ganz genau verstehen und bat ihn, möglichst knapp zu definieren, was Wahrhaftigkeit auf dem Theater sei. Darauf sagte er:

„Wahrhaftigkeit auf der Bühne ist das, woran wir sowohl in uns selbst als auch in den Seelen unserer Partner aufrichtig glauben.

Wahrhaftigkeit ist von Glauben nicht zu trennen und umgekehrt. Eins kann nicht ohne das andere sein, ohne diese beiden Elemente gibt es weder Erleben noch schöpferisches Spiel.

Alles auf der Bühne muß überzeugend sein – sowohl für den Schauspieler selbst als auch für die Partner und Zuschauer. Alles muß den Glauben erwecken, daß entsprechende Gefühle, wie sie der Schauspieler auf der Bühne empfindet, im wirk-

lichen Leben möglich sind. Jeder Augenblick unseres Daseins auf der Bühne muß durch den Glauben an die Wahrhaftigkeit des erlebten Gefühls und an die Wahrhaftigkeit der ausgeführten Handlungen sanktioniert sein.
Das ist die innere Wahrhaftigkeit und der naive Glaube daran. Der Schauspieler braucht das auf der Bühne unbedingt", schloß Arkadi Nikolajewitsch.

Heute haben wir im Theater bei der Geräuschkulisse[28] mitgewirkt. In der Pause kam Arkadi Nikolajewitsch hinter die Bühne und unterhielt sich mit den Schauspielern und mit uns Schülern. Zu Schustow und mir sagte er unter anderem:
„Wie schade, daß Sie unsere Probe heute nicht gesehen haben! Die hätte Ihnen eindeutig gezeigt, was echte Wahrhaftigkeit und Glaube auf der Bühne sind. Wir proben jetzt nämlich ein altes französisches Stück, es beginnt so: Ein kleines Mädchen kommt ins Zimmer gelaufen und erzählt, ihre Puppe hätte Bauchweh. Eine der handelnden Personen schlägt ein Abführmittel vor. Das Mädchen läuft weg, kommt nach einiger Zeit wieder und berichtet, die Puppe wäre wieder gesund. Das ist der ganze Auftritt, auf dem dann die Tragödie einer ‚wilden Ehe' aufgebaut ist.
Man fand unter den Requisiten keine Puppe. Statt dessen nahm man ein Stück Holz, wickelte es in einen leichten, schönen Stoff und gab es dem Mädchen, das die Rolle zu spielen hatte. Das Kind erkannte das Holzstück sofort als seine Tochter an und schenkte ihm seine ganze Liebe. Das Unglück war nur, daß die kleine Puppenmutter mit dem Autor des Stückes in bezug auf die Behandlungsmethode nicht übereinstimmte: Sie hielt nichts von Abführmitteln und zog einen Einlauf vor. In diesem Sinne nahm denn auch die Darstellerin eine entsprechende redaktionelle Korrektur am Text vor, das Kind ersetzte die Worte des Autors durch seine eigenen. Dabei führte es sehr gewichige Argumente aus eigener Erfahrung an – der Einlauf wäre sicherer und angenehmer als das Abführmittel.
Als die Probe beendet war, wollte sich das Kind um nichts in der Welt von seiner Tochter trennen. Der Requisiteur wollte ihm die angebliche Puppe – das Holzstückchen – gern geben, brauchte den Stoff aber unbedingt für die Abendvorstellung. Es gab eine Kindertragödie mit Geschrei und Tränen, die erst versiegten, als man dem Kinde vorschlug, den leichten, schönen Stoff durch einen billigen, warmen Wollfetzen zu ersetzen. Das Mädchen fand, daß bei verdorbenem Magen Wärme wichtiger sei als Schönheit, und willigte bereitwillig in den Tausch.
Das ist Glaube und Wahrhaftigkeit! Das ist jemand, bei dem wir spielen lernen sollten!" rief Torzow entzückt aus.
„Da fällt mir noch ein anderer Fall ein", fuhr er fort. „Einmal nannte ich meine Nichte ein Fröschlein, weil sie auf dem Teppich herumhüpfte, und danach spielte das Kind diese Rolle eine ganze Woche lang und bewegte sich nur noch auf allen vieren. Es hockte ein paar Tage lang unter Tischen, Stühlen und in den Zimmerecken, versteckte sich vor allen Leuten und vor der Kinderfrau.
Ein anderes Mal wurde sie gelobt, weil sie artig wie eine Große am Mittagstisch gesessen hatte, und sofort wurde die wilde Range zu einem hochnäsigen Musterkind, das sogar seiner Erzieherin gute Manieren beibringen wollte. Das war die ruhigste Woche für alle Hausbewohner, denn das Kind war kaum zu hören. Bedenken Sie

nur: eine ganze Woche lang sein Temperament um eines Spieles willen freiwillig zu zügeln und an diesem Opfer Gefallen zu finden. Ist das nicht ein Beweis für die Geschmeidigkeit der Phantasie, für die Anspruchslosigkeit eines Kindes bei der Themenwahl für sein Spiel? Ist das nicht Glaube an die Wahrhaftigkeit und an die Echtheit des Phantasieeinfalls?
Es ist erstaunlich, wie lange Kinder ihre Aufmerksamkeit mit einem Objekt und einer Handlung beschäftigen können. Es macht ihnen Spaß, in einer Stimmung, bei einer liebgewordenen Beschäftigung zu bleiben. Die Illusion des echten Lebens, die die Kinder beim Spielen schaffen, ist so groß, daß es ihnen schwerfällt, in die Wirklichkeit zurückzukehren. Sie schaffen sich Freude aus allem, was ihnen in die Hände gerät. Sie brauchen sich nur zu sagen: ‚als ob‘, und der Einfall der Phantasie lebt schon in ihnen. Das kindliche ‚Als-ob‘ ist viel stärker als unser ‚magisches Wenn‘.
Die Kinder haben noch eine Eigenschaft, die wir von ihnen übernehmen sollten: Sie wissen einerseits, was sie glauben können, und andererseits, was sie übersehen müssen. Und das Mädchen, von dem ich Ihnen vorhin erzählte, fand das Gefühl der Mutterliebe köstlich und konnte das Holzstückchen übersehen.
So soll sich auch der Schauspieler auf der Bühne für das interessieren, was er zu glauben vermag, und das übersehen, was ihn dabei stören könnte. Das hilft ihm, das schwarze Loch und die Begleitumstände des öffentlichen Auftretens zu vergessen.
Wenn Sie die Wahrhaftigkeit und den Glauben der spielenden Kinder in der Kunst erreichen, können Sie große Schauspieler werden."

Arkadi Nikolajewitsch sagte:
„Ich habe Ihnen in großen Zügen von der Bedeutung und der Rolle der Wahrhaftigkeit im Schaffensprozeß erzählt. Nun wollen wir uns einmal über die Unwahrhaftigkeit, über die Lüge auf der Bühne unterhalten.
Es ist gut, das Gefühl für Wahrheit zu besitzen, aber man muß auch das Gefühl für Lüge haben.
Es erstaunt Sie, daß ich diese beiden Begriffe trenne und einander gegenüberstelle. Ich tue das, weil es das Leben selbst so verlangt.
Es gibt unter den Intendanten, Regisseuren, Schauspielern, Zuschauern und Kritikern viele, die auf der Bühne nur das Konventionelle, das Theatralische, die Lüge lieben.
Bei einigen ist das mit schlechtem, verdorbenem Geschmack zu erklären, bei anderen mit Übersättigung. Die letzteren verlangen wie Feinschmecker vom Theater etwas Scharfes, Pikantes; an Inszenierung und Spiel schätzen sie das Gewürz, sie verlangen das ‚Besondere‘, das es im Leben nicht gibt. Der realen Wirklichkeit sind sie überdrüssig geworden, sie wollen ihr nicht auch noch auf der Bühne begegnen. ‚Nur nicht so wie im Leben‘, sagen sie und suchen, um dem Leben zu entgehen, auf der Bühne möglichst viel Verzerrung.
Das alles begründet man mit klugen Worten, gelehrten Aufsätzen, Vorträgen, ausgetüftelten modernen Theorien, die angeblich einem besonderen Verständnis für die Feinheiten der Kunst entspringen.

‚Im Theater muß Schönheit herrschen!' sagen diese Menschen. – ‚Wir wollen lachen, wir wollen uns erholen und zerstreuen! Wir wollen im Theater nicht weinen und uns grämen.' – ‚Das Leben ist schon schwer genug', sagen andere.
Im Gegensatz zu diesen Menschen gibt es viele Intendanten, Regisseure, Schauspieler, Zuschauer und Kritiker, die nur Lebensechtheit, Natürlichkeit, Realismus – also Wahrhaftigkeit – auf der Bühne schätzen und anerkennen. Diese Menschen wünschen eine normale, gesunde Kost, richtiges ‚Fleisch', ohne alle pikanten und schädlichen ‚Würzen'. Sie haben keine Angst vor kräftigen, die Seele reinigenden Eindrücken auf der Bühne, sie wollen dort weinen, lachen, mitleiden, indirekt beteiligt sein an dem Leben des betreffenden Stücks. Sie verlangen auf der Bühne die Widerspiegelung des wahren ‚Lebens des menschlichen Geistes'.
Fügen Sie zu dem Gesagten hinzu, daß sowohl in dem einen als auch in dem anderen Fall Übertreibungen vorkommen, bei denen Schärfe und Verzerrung bis zur Mißbildung, Schlichtheit und Natürlichkeit aber bis zum übertriebenen Naturalismus gesteigert werden.
Sowohl die erste als auch die zweite Übertreibung grenzen an übelste Schmiere.
Dies alles bringt mich dazu, Wahrheit und Lüge zu trennen und über jedes gesondert zu sprechen.
Doch sie lieben oder hassen ist eins, ein ganz anderes aber ist es... Übrigens", unterbrach sich Arkadi Nikolajewitsch und wandte sich, ohne den Satz beendet zu haben, nach kurzer Pause zur Dymkowa und zu Umnowych:
„Spielen Sie uns doch Ihre Lieblingsszene ‚mit den Windeln' aus ‚Brand' vor."
Sie führten seine Anweisung mit rührendem Ernst, doch wie üblich mit Anstrengung und „im Schweiße ihres Angesichts" aus.
„Sagen Sie mir bitte", wandte sich Arkadi Nikolajewitsch an die Dymkowa, „warum waren Sie eben so scheu und so dilettantisch unsicher?"
Die Dymkowa schwieg, zuckte die Achseln und schlug die Augen nieder.
„Was hat Sie gestört?"
„Ich weiß nicht! Ich spiele nicht so, wie ich es fühle... Kaum habe ich ein Wort gesagt, möchte ich es schon wieder zurückholen..."
„Woher kommt denn das?" forschte Arkadi Nikolajewitsch, bis sie schließlich ihre panische Angst vor unechtem Getue und theatralischer Übertreibung gestand.
„Ah!" griff Torzow ihre Worte auf. „Sie hatten Angst vor der Lüge?"
„Ja", gestand die Dymkowa.
„Und Sie, Umnowych? Warum war Ihr Spiel so angestrengt, so aufgebauscht, so schwer, mit quälenden Pausen durchsetzt?" fragte Torzow.
„Ich möchte es recht tief, recht eindringlich erfassen... das lebendige Gefühl, das lebendige Wort aus mir herausholen... daß ein Mensch daraus wird... daß das Herz schlägt, zittert... um es zu glauben, um zu überzeugen..."
„Sie suchten echte Wahrhaftigkeit in sich, das Gefühl, das Erleben, den tieferen Sinn der Worte? Das war es, nicht wahr?"
„Ja, eben! Das war es!"
„Da seht ihr zwei verschiedene Schauspielertypen", wandte sich Arkadi Nikolajewitsch zu den Schülern. „Beiden ist die Lüge auf der Bühne verhaßt, aber jeder

haßt sie auf seine Weise. Die Dymkowa zum Beispiel hat eine panische Angst vor der Lüge und schenkt ihr ihre ganze Aufmerksamkeit. Nur an die Lüge denkt sie, wenn sie auf den Brettern steht, an die Wahrhaftigkeit denkt sie gar nicht, hat gar keine Zeit dazu, weil die Angst vor der Lüge sie völlig beherrscht. Das ist eine Versklavung, bei der von wirklichem Spiel gar nicht die Rede sein kann.
Umnowych widerfährt genau dieselbe Versklavung, aber nicht aus Angst vor der Lüge, sondern, im Gegenteil, aus glühender Liebe zur Wahrheit. Er denkt gar nicht an jene, weil er ganz von dieser ergriffen ist. Muß ich Ihnen noch erklären, daß sowohl der Kampf mit der Lüge als auch die Liebe zur Wahrheit um dieser Liebe willen zu nichts anderem führen können als zur Übertreibung?
Man kann nicht zu schöpferischer Arbeit auf die Bühne kommen und dabei unausgesetzt denken: ‚Daß ich nur nicht unecht werde!' Man kann auch nicht auftreten mit der einzigen Sorge, um jeden Preis wahrhaftig zu sein. Mit solchen Gedanken wird man nur noch ärger lügen."
„Wie kann man sich denn davor bewahren?" fragte die Dymkowa fast weinend.
‚‚Durch zwei Fragen, die das Empfinden schärfen wie der Schleifstein das Messer. Wenn der aufdringliche Gedanke an die Lüge sich Ihrer bemächtigt, fragen Sie sich, während Sie im Rampenlicht stehen, zur Selbstkontrolle:
‚Handle ich oder kämpfe ich mit der Lüge?'
Wir kommen nicht auf die Bühne, um unsere Fehler zu bekämpfen, sondern um wahrhaftig, produktiv und zweckmäßig zu handeln. Wenn dieses Handeln seinen Zweck erfüllt, so bedeutet das, daß die Lüge überwunden ist. Um zu kontrollieren, ob Sie richtig handeln, stellen Sie sich eine andere Frage:
Für wen handle ich, für mich selbst oder für den Zuschauer oder für den lebendigen Menschen neben mir, also für den Partner, der mir zur Seite auf den Brettern steht?'
Sie wissen, daß der Schauspieler im Augenblick des Schaffens keine Instanz für sich selbst ist. Der Zuschauer ist, solange er zuschaut, auch keine Instanz. Die Instanz ist der Partner. Hat ihn der Schauspieler beeindruckt, hat er ihn gezwungen, an die Wahrhaftigkeit seiner Gefühle und seiner Beziehung zu ihm zu glauben, dann ist der schöpferische Zweck erreicht und die Lüge bezwungen."[29]
Wer im Augenblick des Schaffens auf der Bühne nicht mimt, nicht übertreibt, sondern wahrhaftig, produktiv, zweckmäßig und ununterbrochen handelt, wer sich auf der Bühne nicht an den Zuschauer, sondern an den Partner wendet, der bleibt im Bereich des Stückes und der Rolle, in der Atmosphäre lebendigen Lebens, in der Atmosphäre der Wahrhaftigkeit und des Glaubens, des ‚ich bin'. Er lebt auf der Bühne wahrhaftig.
Es gibt auch noch ein anderes Mittel, gegen die Lüge anzukämpfen", tröstete Arkadi Nikolajewitsch die weinende Dymkowa. „Die Lüge aus sich herausreißen. Aber wer bürgt dafür, daß sich nicht eine andere große Unwahrheit auf dem frei gewordenen Platz festsetzt?
Man muß anders vorgehen und der Lüge, wenn sie sich zeigt, ein Körnchen echter Wahrhaftigkeit unterschieben, damit sie jene hinausdrängt, wie der nachwachsende Zahn bei Kindern den Milchzahn hinaustreibt. Die gut begründeten ‚Wenns', die

‚vorgeschlagenen Situationen', verlockende Aufgaben, richtiges Handeln – das soll die Schablone, die theatralische Übertreibung und Lüge verdrängen.
Wenn Sie wüßten, wie wichtig und notwendig die Erkenntnis der Wahrhaftigkeit und die Verdrängung der Lüge durch die Wahrhaftigkeit ist! Dieser Vorgang, den wir das Ausreißen der Lüge und der Schablonen nennen, muß unmerklich, gewohnheitsmäßig und ständig wirksam sein und jeden unserer Schritte auf der Bühne kontrollieren.
Alles, was ich eben über die bewußte Züchtung der Wahrhaftigkeit gesagt habe, bezieht sich nicht nur auf die Dymkowa, sondern auch auf Sie, Umnowych", wandte sich Arkadi Nikolajewitsch an unseren „Grafiker".
„Ich gebe Ihnen einen Rat, den Sie gut behalten sollten: Überschätzen Sie auf der Bühne niemals die Forderung an die Wahrhaftigkeit und die Bedeutung der Lüge. Im ersten Fall führt das zur theatralischen Übertreibung der Wahrhaftigkeit um der Wahrhaftigkeit willen, und das ist die schlimmste aller Unwahrheiten. Und was nun die übertriebene Angst vor der Lüge betrifft, so ruft sie unnatürliche Zaghaftigkeit hervor, die auch zu den größten Bühnenunwahrheiten gehört. Sowohl gegenüber der Lüge als auch gegenüber der Wahrheit muß man sich auf der Bühne gelassen verhalten, gerecht, ohne daran herumzunörgeln. Wahrhaftigkeit braucht man am Theater in dem Maße, wie man ihr wirklich glauben kann, wie sie einem hilft, sich selbst und den Partner zu überzeugen und die gestellten schöpferischen Aufgaben gut und sicher zu erfüllen.
Aber aus der Lüge kann man auch Nutzen ziehen, wenn man verständig an sie herangeht.
Die Lüge ist die Stimmgabel für das, was der Schauspieler nicht tun darf.
Es ist nicht weiter schlimm, wenn wir einen Augenblick lang abirren und einen falschen Ton anschlagen. Wichtig ist, daß uns gleichzeitig die Stimmgabel das Richtige, das heißt die Wahrhaftigkeit, bezeichnet, wichtig ist, daß sie uns im Augenblick des Abirrens auf den rechten Weg weist. Unter diesen Umständen ist die momentane Entgleisung und Unechtheit dem Schauspieler sogar dienlich, weil sie ihm die Grenze zeigt, die nicht überschritten werden darf.
Dieser Vorgang der Selbstkontrolle ist beim Spielen unbedingt notwendig, mehr als das, er muß permanent sein, ununterbrochen.
Vor Aufregung, in der Umgebung des öffentlichen Auftretens will der Schauspieler immer wieder mehr Gefühl geben, als er in Wirklichkeit hat. Doch woher sollte er es nehmen? Wir haben keinen Vorrat an Emotionen, die unser Bühnenleben regulieren könnten. Man kann das Handeln dämpfen oder übertreiben, kann sich über das notwendige Maß hinaus Mühe geben, die angeblich Gefühl ausdrücken soll. Doch das würde das wirkliche Gefühl nicht verstärken, sondern im Gegenteil nur vernichten. Das ergibt eine äußerliche, theatralische Übertreibung.
Das protestierende Wahrheitsempfinden ist in solchen Augenblicken der beste Regulator. Auf diese Proteste muß man selbst dann achtgeben, wenn der Schauspieler das Leben der Rolle innerlich wirklich miterlebt. Denn in einem solchen Augenblick ist er oft aus Nervosität über Gebühr um äußeren Ausdruck bemüht und verfällt unbewußt in theatralische Übertreibung. Das führt unweigerlich zur Lüge."

Am Ende der Stunde erzählte uns Torzow von einem Schauspieler, der bei der Beurteilung fremden Spiels vom Zuschauerraum aus ein sehr feines Gefühl für Wahrhaftigkeit besitzt. Doch sobald er die Bühne betritt und zur handelnden Person des betreffenden Stückes wird, verliert er dieses Gefühl für Wahrhaftigkeit sofort.
„Man kann es kaum fassen", erzählte Arkadi Nikolajewitsch, „daß derselbe Mensch, der eben erst mit so feinsinnigem Verständnis jede Unechtheit und Übertreibung seiner Kollegen ablehnte, im Augenblick, in dem er auf die Bühne kommt, noch weit größere Fehler macht als die, die er eben kritisiert hat.
Solche und ähnliche Schauspieler haben als Zuschauer ein anderes Gefühl für Wahrhaftigkeit denn als Darsteller."

Arkadi Nikolajewitsch sagte beim Unterricht:
„Das beste ist natürlich, wenn die Wahrhaftigkeit und der Glaube an die Echtheit dessen, was der Schauspieler macht, von selbst entstehen.
Aber was tut man, wenn es nicht der Fall ist?
Dann muß man mit Hilfe der Psychotechnik diese Wahrhaftigkeit und den Glauben daran aufspüren und auslösen.
Man kann nichts schaffen, woran man selbst nicht glaubt, was man für unwahr hält.
Wo muß man denn Wahrhaftigkeit und Glauben suchen, wie müssen sie im eigenen Innern ausgelöst werden? In den inneren Empfindungen und Handlungen, das heißt im Bereich des psychischen Lebens des Menschen und Schauspielers? Aber innere Empfindungen sind zu kompliziert, zu wenig greifbar, zu launisch, sie lassen sich kaum fixieren. Dort, im Bereich der Seele, entstehen Wahrhaftigkeit und Glauben entweder von selbst, oder sie werden durch komplizierte psychotechnische Arbeit geschaffen. Am einfachsten ist es, Wahrhaftigkeit und Glauben im Bereich des Körpers aufzuspüren oder auszulösen in den kleinsten, einfachsten physischen Aufgaben und Handlungen. Sie sind zugänglich, stabil, greifbar, sie fügen sich den Befehlen des Bewußtseins. Außerdem lassen sie sich leichter fixieren. Das ist der Grund, warum wir in erster Linie auf sie zurückgreifen, um mit ihrer Hilfe an die Rolle heranzugehen.
Wir wollen eine Probe machen.
Naswanow, Wjunzow! Gehen Sie auf die Bühne und spielen Sie die Etüde, die Ihnen am wenigsten gelingt. Ich glaube, das ist die Etüde mit dem ‚verbrannten Geld'.
Sie bringen sie vor allem deshalb nicht fertig, weil Sie alles Furchtbare, was ich als Fabel ausgedacht habe, sofort glauben wollen. ‚Sofort' verführt Sie zum Spiel ‚im allgemeinen'. Versuchen Sie die schwierige Übung Stück für Stück zu bewältigen, den einfachsten physischen Handlungen folgend, natürlich in Übereinstimmung mit dem Ganzen. Jede kleinste Hilfshandlung soll wahrhaftig werden, dann wird auch das Ganze richtig verlaufen, und Sie werden von seiner Echtheit überzeugt sein."
„Bringen Sie mir bitte Geld aus der Requisite!" bat ich einen Mitarbeiter, der hinter den Kulissen stand.
„Nicht nötig! Spielen Sie mit vorgestelltem Geld", fiel mir Arkadi Nikolajewitsch ins Wort.

Also machte ich mich daran, das nicht vorhandene Geld zu zählen.
„Ich glaube Ihnen nicht!" unterbrach mich Torzow, kaum daß ich die Hand ausgestreckt hatte, um das vorgestellte Geldbündel zu nehmen.
„Was glauben Sie mir nicht?"
„Sie haben ja noch nicht einmal einen Blick auf das geworfen, was Sie anfassen."
Ich schaute auf die nur in meiner Vorstellung vorhandenen Geldbündel, sah nichts, streckte die Hand aus und zog sie sogleich wieder zurück.
„Wenn Sie doch wenigstens anstandshalber die Finger aneinanderpressen wollten, sonst fällt Ihnen das Päckchen ja aus der Hand. Hinlegen, nicht werfen. Dazu brauchen Sie eine Sekunde. Geizen Sie nicht damit, wenn Sie das, was Sie tun, rechtfertigen und ihm auch physisch Glauben schenken wollen. Wer macht denn einen Knoten so auf? Suchen Sie erst einmal das Ende der Schnur, die das Bündel zusammenhält. Nicht so! Das gelingt Ihnen nicht sofort. Meistens sind die Enden verknotet und unter die Schnur geschoben, damit das Bündel nicht aufgehen kann. Es ist gar nicht so einfach, diese Enden aufzuknoten. So, jetzt ist's richtig", sagte Arkadi Nikolajewitsch anerkennend. „Und nun zählen Sie jedes einzelne Bündel! Halt! Wie sind Sie nur so schnell damit fertig geworden? Selbst der erfahrenste Kassierer könnte die alten, abgegriffenen Geldscheine nicht mit dieser Geschwindigkeit durchzählen. Sehen Sie, was für realistische Details, was für kleine Wahrheiten man herausfinden muß, um auch wirklich physisch an alles glauben zu können, was man auf der Bühne tut."
So lenkte Torzow meine physische Tätigkeit ganz logisch und folgerichtig von einem Abschnitt der Handlung zum anderen, von einer Sekunde zur anderen. Während ich damit beschäftigt war, das in Wirklichkeit ja gar nicht vorhandene Geld zu zählen, konnte ich mich allmählich immer besser daran erinnern, wie und in welcher Reihenfolge sich dieser Vorgang im realen Leben abspielt.
Mit Hilfe der logischen Handlungen, zu denen Torzow mich anregte, bekam ich heute eine ganz andere Einstellung zum Spiel mit vorgestellten Gegenständen. Meine Hände füllten sich gleichsam mit dem vorgestellten Papiergeld oder, besser gesagt, diese Methode ließ mich das richtige Verhältnis zu dem nur in meiner Phantasie vorhandenen, in Wirklichkeit jedoch gar nicht existierenden Objekt finden. Es ist durchaus nicht dasselbe, ob man sinnlos die Finger bewegt oder ob man schmutzige und abgegriffene Rubelscheine zählt, die man in Gedanken vor sich sieht.
Sobald ich zu spüren begann, daß meine physische Handlung echt und wahrhaftig war, fing ich an, mich auf der Bühne wohl zu fühlen.
Dabei geriet ich ganz unwillkürlich ins Improvisieren: Ich wickelte den Bindfaden fein säuberlich zusammen und legte ihn vor mich auf den Tisch. Diese winzige Kleinigkeit war so lebensecht, daß sie mich richtig anfeuerte und noch eine ganze Kette neuer Improvisationen nach sich zog. So klopfte ich, ehe ich ans Zählen ging, mit den Bündeln lange gegen die Tischplatte, damit die Geldscheine glatt und ordentlich lagen. Wjunzow, der neben mir saß, begriff, was ich damit bezweckte, und fing an zu lachen.
„Warum lachst du?" fragte ich ihn.
„Du machst das wirklich verblüffend echt", erwiderte er.

„Das also nennen wir eine vollständig und bis ins letzte gerechtfertigte physische Handlung, die man dem Schauspieler ganz selbstverständlich glauben kann!" rief Arkadi Nikolajewitsch aus dem Parkett.
Nach einer kurzen Pause erzählte uns Arkadi Nikolajewitsch:
„In diesem Sommer wohnte ich seit langer Zeit wieder einmal in einem Häuschen, in dem ich früher einige Jahre hintereinander meine Ferien zugebracht hatte. Das Häuschen lag ziemlich weit vom Bahnhof entfernt. Ging man jedoch den kürzesten Weg quer durch den Wald, den Holzeinschlag, über den Graben, so verringerte sich die Entfernung beträchtlich. Seinerzeit hatte ich durch häufiges Gehen einen Pfad ausgetreten, der nun wieder zugewachsen war und den ich aufs neue austreten mußte. Anfangs war es nicht einfach: Ich verlor immer wieder die Richtung und geriet auf den Fahrweg mit seinen tiefen, vom regen Verkehr ausgefahrenen Wagenspuren. Dieser Weg führt vom Bahnhof in eine ganz andere Richtung, also mußte ich zurückgehen, meine Spuren suchen und den Pfad weiterverfolgen. Dabei richtete ich mich nach Bäumen, Baumstümpfen, Anhöhen und Abhängen, die ich noch kannte. Die Erinnerung an diese Wegmarken hatte sich in meinem Gedächtnis bewahrt und half mir nun, den Pfad zu finden.
Endlich hatte sich eine lange Linie niedergetretenen Grases gebildet, die mich zum Bahnhof und zurück führte, und da ich wegen häufiger Fahrten in die Stadt die Abkürzung fast täglich benutzte, entstand bald auch wieder der alte Pfad.
Heute haben Naswanow und ich die Linie der physischen Handlungen in der Etüde mit dem ‚verbrannten Geld' entworfen und mit Leben erfüllt. Diese Linie ist auch eine Art ‚Pfad'. Sie ist uns im realen Leben wohlbekannt, auf der Bühne aber mußte sie neu ‚ausgetreten' werden.
Neben dieser, der richtigen Linie, hatte die Gewohnheit bei Naswanow noch eine andere, eine unrichtige, ausgefahren. Sie bestand aus Schablonen und Konventionen. Auf diese bog er unwillkürlich immer wieder ab. Diese unrichtige Linie läßt sich mit dem Fahrweg, mit den ausgefahrenen Wagenspuren vergleichen, und dieser Fahrweg führte Naswanow alle Augenblicke von der eigentlichen Richtung zum bloßen Handwerk ab. Um diese Linie zu vermeiden, mußte er – genau wie ich draußen im Walde – die richtige Linie der physischen Handlungen suchen und weiterführen. Diese Linie kann man mit der Linie des niedergetretenen Grases vergleichen. Jetzt wird Naswanow sie noch mehr ‚austreten' müssen, bis sie zum ‚Pfad' wird und ein für allemal den richtigen Weg der Rolle festlegt.
Das Geheimnis meiner Methode ist klar. Es handelt sich nicht um die physischen Handlungen als solche, sondern vielmehr um die Wahrhaftigkeit und den Glauben an sie, die wir mit Hilfe dieser Handlungen in uns hervorrufen und in uns fühlen.
Wie die kleinen, mittleren, großen und die ganz großen Abschnitte, Handlungen und so weiter gibt es in unserem Beruf auch die kleinen, mittleren, großen und ganz großen Wahrhaftigkeiten und Augenblicke des Glaubens an sie. Wenn man die ganze große Wahrhaftigkeit einer vollständigen großen Handlung nicht auf einmal zu erfassen vermag, so muß sie in Abschnitte aufgeteilt werden, und man muß sich bemühen, selbst dem kleinsten zu glauben.
So handelte ich, als ich den Pfad quer durch Wald und Graben anlegte. Damals lei-

teten mich die kleinsten Andeutungen, die Erinnerungen an den richtigen Weg (Baumstümpfe, kleine Gräben, kleine Hügel). Mit Naswanow ging ich auch nicht nach den großen, sondern nach den allerkleinsten physischen Handlungen, indem ich darin die kleinen Wahrhaftigkeiten und Momente des Glaubens suchte. Aus diesen entstanden dann andere, lösten immer neue aus und so weiter. Sie glauben, das sei zuwenig? Sie irren, das ist sehr viel. Wissen Sie denn auch, daß der Schauspieler häufig durch die Empfindung einer kleinen Wahrhaftigkeit und eines Augenblicks des Glaubens an die Echtheit der Handlung sehend wird, sich in die Rolle hineinfühlen und nun der großen Wahrhaftigkeit des ganzen Stücks glauben kann? Ein Augenblick der Lebensechtheit gibt den richtigen Ton für die ganze Rolle an.

Wie viele Beispiele könnte ich Ihnen aus meiner Praxis anführen! Mitten im konventionellen, handwerklichen Spiel eines Mimen geschieht etwas Unvorhergesehenes: Ein Stuhl fällt um, oder die Partnerin läßt ein Taschentuch fallen, das er aufheben muß, oder das Arrangement ändert sich, und die Möbel müssen plötzlich umgestellt werden. Und wie ein frischer Luftzug das stickige Zimmer reinigt, so belebt auch der Zufall, der von draußen, aus dem realen Leben in die konventionelle Bühnenatmosphäre eindringt, das tote, schablonenhafte Spiel.

Der Schauspieler muß den Stuhl oder das Taschentuch aus dem Stegreif aufheben, denn der Zufall ist nicht mit der Rolle einstudiert. Die unvorhergesehene Handlung vollzieht sich nicht schauspielerhaft, sondern menschlich und schafft echte, lebendige Wahrhaftigkeit, an die man unbedingt glauben muß. Diese Wahrhaftigkeit sticht kraß vom konventionellen, theatralischen, schablonenmäßigen Spiel ab und läßt auf der Bühne lebendige Handlung entstehen, die jener Wirklichkeit entstammt, von der sich der Schauspieler entfernt hatte. Oft genügt solch ein Augenblick, um sich wieder in die rechte Bahn zu lenken oder einen neuen schöpferischen Anstoß auszulösen. Dieser versetzt gleichsam dem ganzen Auftritt einen lebendigen Stromstoß, vielleicht sogar dem ganzen Akt oder gar der ganzen Aufführung. Es liegt beim Schauspieler, den zufälligen, aus dem lebendigen Leben eindringenden Augenblick in die Linie der Rolle aufzunehmen oder auf ihn zu verzichten und ihn aus dem Spiel auszuschließen.

Mit anderen Worten: Der Schauspieler kann sich dem Zufall gegenüber als handelnde Person des Stückes verhalten und ihn dieses eine, einzige Mal in die Partitur der Rolle, in ihre Lebenslinie einschalten. Oder aber er kann aus der Rolle heraustreten, den *gegen* seinen Willen auf der Bühne eingetretenen Zufall beseitigen – das Tuch oder den Stuhl aufheben – und dann wieder in das konventionelle Leben auf der Bühne, in das unterbrochene Schablonenspiel zurückkehren.

Wenn eine kleine Wahrhaftigkeit und ein Augenblick des Glaubens den Schauspieler in den schöpferischen Zustand versetzen können, so ergibt eine ganze Reihe solcher Momente, die einander logisch und folgerichtig ablösen, die ganz große Wahrhaftigkeit und eine lange Periode echten Glaubens, die auch noch andere Wahrhaftigkeiten unterstützen und verstärken werden.

Verachten Sie also die kleinen physischen Handlungen nicht, lernen Sie, sich ihrer zu bedienen, damit das, was Sie auf der Bühne tun, wahrhaftig und glaubhaft wird."

Arkadi Nikolajewitsch sagte:
„Wissen Sie auch, daß die kleinen physischen Handlungen, die kleinen physischen Wahrhaftigkeiten und die Momente des An-sie-Glaubens nicht nur an den einfachen Stellen der Rolle große Bedeutung haben, sondern auch an den stärksten Kulminationspunkten, beim Erleben der Tragödie oder des Dramas? Zum Beispiel, womit sind Sie beschäftigt, während Sie die zweite, dramatische Hälfte der Übung mit dem ‚verbrannten Geld' spielen?" wandte sich Arkadi Nikolajewitsch an mich. „Sie stürzen an den Kamin, reißen ein Geldbündel aus dem Feuer, bringen den Buckligen wieder zu sich, laufen ins Nebenzimmer, um das Kind zu retten und so weiter. Das sind die Etappen der physischen Handlungen, aus denen sich natürlich und folgerichtig das von Ihnen geschaffene physische Leben der Rolle im tragischsten Auftritt der Etüde entwickelt.
Und noch ein anderes Beispiel:
Womit sind der liebste Freund oder die Frau eines Todkranken beschäftigt? Sie sorgen dafür, daß der Kranke Ruhe hat, sie führen die Vorschriften des Arztes aus, sie messen die Temperatur, machen Kompressen, legen Senfpflaster auf. Diese kleinen Handlungen sind von entscheidender Bedeutung für das Leben des Kranken und werden deshalb so inbrünstig vollzogen wie heilige Handlungen. Und das ist nicht zu verwundern – im Kampf gegen den Tod ist jede Unachtsamkeit ein Verbrechen, sie kann den Kranken töten.
Und noch ein drittes Beispiel:
Was tut Lady Macbeth im Kulminationspunkt der Tragödie? Sie führte eine einfache physische Handlung aus: Sie wäscht sich das Blut von der Hand!"
„Entschuldigen Sie bitte", trat Goworkow rasch für Shakespeare ein, „hat denn der große Dichter seine Meisterwerke nur dazu geschaffen, daß sich seine Helden die Hände waschen oder irgendeine andere naturalistische Handlung ausführen?"
„Wie enttäuschend, nicht wahr?" spöttelte Torzow. „Nicht an das ‚Tragische' zu denken, auf Ihren geliebten schauspielerischen Überdruck, auf die Übertreibung, auf das ‚Pathos' und die ‚Begeisterung' in Gänsefüßchen zu verzichten! Den Zuschauer und den Eindruck, den man auf ihn macht, zu vergessen und sich statt solcher reizvoller schauspielerischer Attraktionen auf die kleinen physischen, realistischen Handlungen, auf die kleinen physischen Wahrhaftigkeiten und den aufrichtigen Glauben an ihre Echtheit zu beschränken!
Mit der Zeit werden Sie einsehen, daß das nicht wegen des Naturalismus notwendig ist, sondern wegen der Wahrheit des Empfindens und wegen des Glaubens an sie. Auch im Leben offenbaren sich die tiefsten Erlebnisse oft in ganz gewöhnlichen kleinen Alltagshandlungen.
Wir Schauspieler müssen uns zunutze machen, daß diese physischen Handlungen unter den entscheidenden ‚vorgeschlagenen Situationen' große Kraft bekommen. Unter diesen Bedingungen ergibt sich eine Wechselwirkung von Körper und Seele, von Handlung und Gefühl, wodurch das Äußere dem Inneren hilft und das Innere das Äußere hervorruft: Das Abwaschen des Blutflecks hilft Lady Macbeth bei der Ausführung ihres ehrgeizigen Vorhabens, und das ehrgeizige Vorhaben veranlaßt sie, den Blutfleck abzuwaschen. Nicht umsonst wechselt im Monolog der Lady Mac-

beth die Sorge wegen des Blutflecks immer wieder mit der Erinnerung an einzelne Momente bei Bancos Ermordung. Die kleine reale physische Handlung des Fleckabwaschens bekommt im weiteren Leben der Lady Macbeth große Bedeutung, und das große innere Ziel – das ehrgeizige Vorhaben – bedarf der Hilfe der kleinen physischen Handlung.[30]

Doch es gibt noch einen einfacheren, praktischeren Grund, weshalb die Wahrhaftigkeit physischer Handlungen in Augenblicken tragischer Steigerung so große Bedeutung hat. In großen Tragödien muß sich der Schauspieler nämlich bis zur äußersten schöpferischen Spannung steigern, und das ist schwer. In der Tat, was für eine Vergewaltigung, sich ohne natürliches Verlangen in Ekstase zu bringen! Was kostet es, gegen seinen Willen jenes erhabene Gefühl zu erkämpfen, das nur aus schöpferischer Begeisterung entsteht! Bei einem so widernatürlichen Beginnen ist es leicht, auszugleiten und statt des echten Gefühls die simple handwerkliche, schauspielerhafte Übertreibung und Muskelverkrampfung hervorzurufen. Übertreibung ist leicht, bekannt, vertraut bis zur mechanischen Gewohnheit. Es ist der Weg des geringsten Widerstandes.

Um nicht in diesen Fehler zu verfallen, muß man sich an etwas Realem, Stabilem, Organischem, Wahrnehmbarem festhalten. Und hierzu brauchen wir nun die klare, präzise, anregende, aber leicht ausführbare physische Handlung, die für den erlebten Augenblick typisch ist. Sie wird uns ganz natürlich, wie selbstverständlich, den rechten Weg weisen und in schöpferisch schwierigen Augenblicken davor bewahren, daß wir die falsche Straße gehen.

Gerade in solchen Augenblicken gesteigerten Erlebens in Tragödien und Schauspielen erlangen die einfachen, wahrhaftigen physischen Handlungen, an denen man sich gut festhalten kann, ganz außerordentliche Bedeutung. Je einfacher, zugänglicher und ausführbarer sie sind, desto leichter ist es, sich in schwierigen Augenblicken an sie zu klammern. Eine richtige Aufgabe führt zum richtigen Ziel. Das bewahrt den Schauspieler vor dem Weg des geringsten Widerstandes, das heißt vor Schablone und Handwerk.

Es gibt noch einen anderen sehr wichtigen Umstand, der der einfachen, kleinen physischen Handlung noch größere Kraft und Bedeutung verleiht.

Dieser Umstand besteht darin: Sagen Sie einem Schauspieler, seine Rolle, Aufgabe, Handlung seien psychologisch tiefgründig, tragisch, sofort strengt er sich an, steigert sich unvermittelt in die ‚Leidenschaft' hinein, ‚zerreißt sie in Fetzen' oder wühlt in seiner Seele und vergewaltigt das Gefühl ganz unnötig.

Geben Sie aber dem Schauspieler eine ganz einfache physische Aufgabe und erfüllen diese mit interessanten, erregenden ‚vorgeschlagenen Situationen', so geht er an das Handeln ohne Hemmungen heran, ohne darüber nachzudenken, ob in dem, was er tut, Psychologie, Drama oder Tragödie verborgen ist.

Dann tritt das Gefühl für Wahrhaftigkeit in seine Rechte, das aber ist einer der wesentlichsten schöpferischen Augenblicke, an die uns die schauspielerische Psychotechnik heranführt. Durch einen derartigen Auftakt wird das Gefühl nicht vergewaltigt, es entwickelt sich voll und natürlich.

Bei großen Dichtern sind selbst die kleinsten physischen Aufgaben von großen und

wichtigen ‚vorgeschlagenen Situationen' umgeben, die das Gefühl auf verlockende Weise anzuregen vermögen.
Sie sehen also, daß man in der Tragödie genau umgekehrt vorgehen muß wie Umnowych. Man muß nicht das innerste Gefühl aus sich herauspressen, sondern nur an die richtige Ausführung der physischen Handlungen in den vorgeschlagenen Situationen des Stücks denken.
An tragische Momente muß man nicht nur ohne Umnowychs Übertreibung und Zwang, sondern auch ohne das Gezappel und die Nervosität der Dymkowa herangehen, und zwar nicht ‚Hals über Kopf', wie es die Mehrzahl aller Schauspieler macht, sondern ‚Schritt für Schritt' folgerichtig und logisch, wobei man der Reihe nach jede – die unscheinbare wie die gewichtige – Wahrhaftigkeit in den physischen Handlungen empfindet und ihnen aufrichtig glaubt.[31]
Wenn Sie sich diese Technik, an das Gefühl heranzugehen, zu eigen machen, entwickelt sich in Ihnen eine ganz andere, richtige Beziehung zu dramatischen und tragischen Höhepunkten. Sie werden nicht mehr vor ihnen erschrecken!
Oft genug liegt der Unterschied zwischen Schauspiel, Tragödie, Lustspiel und Vaudeville nur in den vorgeschlagenen Situationen, unter denen die Rollengestalt handeln muß. In allem andern verläuft das physische Leben gleichartig. Sowohl im Vaudeville wie in der Tragödie wird gesessen, gegangen, gegessen.
Aber interessiert uns etwa das? Wichtig ist, weshalb es geschieht; wichtig sind die ‚vorgeschlagenen Situationen' und das ‚Wenn'. Sie begründen die Handlung, die jeweils eine ganz andere Bedeutung bekommt, je nachdem, ob sie sich in tragischen oder in andersgearteten Lebensumständen des Stückes vollzieht. Dort entwickeln sich große Ereignisse, eine Heldentat, was natürlich von der Wahrhaftigkeit und dem Glauben sanktioniert werden muß. Wir schätzen die kleinen und die großen physischen Handlungen um ihrer klaren, greifbaren Wahrhaftigkeit willen. Aus ihnen besteht das Leben unseres Körpers, und das ist die Hälfte des Lebens der ganzen Rolle.
Wir schätzen die physischen Handlungen, weil sie uns leicht und unmerklich in das eigentliche Leben der Rolle, in ihre Gefühlswelt einführen. Wir schätzen die physischen Handlungen auch noch deshalb, weil sie uns helfen, die Aufmerksamkeit im Bereich der Bühne, des Stücks, der Rolle zu fesseln, weil sie die Aufmerksamkeit auf die stabile, sicher und fest begründete Linie der Rolle lenken."

Arkadi Nikolajewitsch ließ Wjunzow und mich wiederholen, was wir in einer der vorhergehenden Stunden in der Übung mit dem „verbrannten Geld" gemacht hatten. Ich war in Stimmung, konnte mir das damals Erarbeitete relativ leicht ins Gedächtnis zurückrufen und führte alle physischen Handlungen aus.
Wie angenehm ist es, die Wahrhaftigkeit auf der Bühne nicht nur mit dem Herzen, sondern auch mit dem Körper zu fühlen! Man spürt festen Boden unter den Füßen, man hat die Gewißheit, daß man von niemand umgeworfen werden kann!
„Wie schön, sich selbst auf der Bühne zu glauben und zu fühlen, daß einem auch die anderen glauben!" rief ich nach Schluß unserer Aufgabe aus.
„Und was hat Ihnen geholfen, die Wahrhaftigkeit zu finden?" fragte Torzow.

„Das vorgestellte Objekt! Eine Fiktion!"
„Oder genauer: das physische Handeln mit dieser Fiktion", verbesserte mich Arkadi Nikolajewitsch. „Das ist ein wichtiges Moment, und man muß immer und immer wieder darüber reden. Bedenken Sie nur: Die im ganzen Theater umherschweifende Aufmerksamkeit heftet sich an ein nicht vorhandenes Objekt, an eine Fiktion. Diese Fiktion befindet sich auf der Bühne, mitten im dichtesten Leben des Schauspiels, sie lenkt den Schauspieler von den Zuschauern ab und von allem, was außerhalb der Bühne geschieht. Die Fiktion konzentriert die Aufmerksamkeit des Schauspielers erst auf sich, dann auf die physischen Handlungen und zwingt ihn, diese zu verfolgen.
Die Fiktion – also das vorgestellte Objekt – hat Ihnen auch geholfen, große physische Handlungen in ihre Abschnitte aufzugliedern und jeden Abschnitt einzeln zu erforschen. In Ihrer allerfrühesten Kindheit, als Sie aufmerksam zu sehen, zu hören und zu gehen lernten, ‚erforschten' Sie jede kleine Hilfs- und Teilhandlung. Machen Sie dieselbe Arbeit nun auf der Bühne. In der Bühnenkindheit muß auch alles von Anfang an erlernt werden.
Und was hat Ihnen außerdem noch geholfen, Wahrhaftigkeit in der Übung mit dem ‚verbrannten Geld' zu erreichen?" forschte Torzow.
Ich schwieg, da ich nicht gleich darauf kam.
„Ihnen half die Logik und Folgerichtigkeit Ihrer Handlungen, die Sie sich mit meiner Hilfe erarbeitet hatten. Dieses Moment ist noch wichtiger, dabei müssen wir recht lange verweilen.
Logik und Folgerichtigkeit wirken auch in physischen Handlungen. Sie schaffen Ordnung und Harmonie darin, geben ihnen einen Sinn und helfen, das echte, produktive und zweckmäßige Handeln auszulösen.
Im realen Leben denken wir nicht weiter daran. Da ergibt sich alles von selbst. Wenn wir auf der Post oder auf der Bank Geld in Empfang nehmen, zählen wir es nicht so nach, wie es Naswanow gemacht hat, bevor ich korrigierend eingriff. Auf der Bank zählt man das Geld so nach, wie es Naswanow nach unserer gemeinsamen Arbeit tat."
„Aber sicher! Auf der Bank kann man sich um einen Hunderter, wenn nicht gar um mehrere verzählen, davor haben alle Angst. Mit vorgestelltem Geld aber ist das Verzählen nicht so gefährlich. Auf der Bühne gibt es keinen Verlust", argumentierten die Schüler.
„Im Leben entsteht durch die häufige Wiederholung der gleichen gängigen Handlungen eine, wenn man es so sagen kann, ‚mechanische' Logik und Folgerichtigkeit der physischen und der anderen Handlungen", erläuterte Torzow. „Die dazu notwendige unbewußt gespannte Aufmerksamkeit und die instinktive Selbstkontrolle kommen ganz von selbst und leiten uns unmerklich."
„Logik und Fol - ge - rich - tig - keit der Handlung ... mechanisch ... Auf - merk - sam - keit ... Selbst - kon - trol - le ...", Wjunzow suchte sich die schwierigen Worte einzuprägen.
„Ich will Ihnen erklären, was ‚Logik und Folgerichtigkeit der Handlung' bedeuten, wann sie ‚mechanisch' sind, und auch die andern Ausdrücke, die Sie so erschrecken.

Wenn Sie einen Brief schreiben müssen, fangen Sie nicht mit dem Zukleben des Umschlags an, nicht wahr? Sie machen Papier, Feder, Tinte zurecht, Sie überlegen sich, was zu sagen ist, Sie bringen Ihre Gedanken zu Papier. Erst danach nehmen Sie den Umschlag, schreiben die Adresse darauf und kleben ihn zu. Warum handeln Sie so? Weil Sie in Ihren Handlungen logisch und folgerichtig sind.
Und haben Sie gesehen, wie die Schauspieler auf der Bühne Briefe schreiben? Sie stürzen an den Tisch, fuchteln mit der Feder sinnlos über einem x-beliebigen Papierfetzen in der Luft herum, schieben das nachlässig gefaltete Papier unachtsam in den Umschlag, berühren den Brief mit den Lippen, und ... fertig.
Schauspieler, die das tun, handeln unlogisch und nicht folgerichtig. Ist Ihnen das klar?"
„Ja", strahlte Wjunzow.
„Jetzt wollen wir uns über die mechanische Logik und Folgerichtigkeit bei physischen Handlungen unterhalten. Während des Essens zerbrechen Sie sich doch nicht den Kopf über jede Kleinigkeit: wie Sie Messer und Gabel halten, wie Sie damit umgehen, wie Sie kauen und schlucken müssen. Sie haben in Ihrem Leben tausendmal gegessen, alles an diesem Vorgang ist Ihnen zur mechanischen Gewohnheit geworden und vollzieht sich darum von selbst. Sie wissen instinktiv, daß es Ihnen ohne Logik und Folgerichtigkeit der Handlung nicht gelingen wird, etwas zu essen und satt zu werden. Wer achtet da auf die Logik und die mechanischen Handlungen? Ihre unbewußt gespannte Aufmerksamkeit, Ihre instinktive Selbstkontrolle. Verstanden?"
„Ja! ... Verstanden!"
„So geht es im realen Leben vor sich. Auf der Bühne ist es anders. Dort führen wir die Handlungen bekanntlich nicht deshalb aus, weil sie organisch lebensnotwendig für uns sind, sondern weil Autor und Regisseur sie uns vorschreiben.
Auf der Bühne fällt die organische Notwendigkeit der physischen Handlung weg und damit auch ihre ‚mechanische' Logik und Folgerichtigkeit, die im Leben so natürliche unbewußte Aufmerksamkeit und die instinktive Selbstkontrolle.
Wie soll man ohne sie auskommen?
Man muß also die mechanische durch die bewußte, logische, folgerichtige Kontrolle eines jeden Augenblicks der physischen Handlungen ersetzen.
Durch häufige Wiederholung wird aus diesem Vorgang allmählich selbstverständliche Gewohnheit.
Wenn Sie nur wüßten, wie wichtig es ist, sich recht bald an das Empfinden für Logik und Folgerichtigkeit der physischen Handlungen zu gewöhnen, an die Wahrhaftigkeit, die sie auf die Bühne bringen, und an den Glauben an die Echtheit dieser Wahrhaftigkeit.
Sie können sich gar nicht vorstellen, wie rasch dieses Empfinden und das Bedürfnis danach sich bei richtiger Übung in uns entwickeln.
Mehr als das, das Bedürfnis nach Logik und Folgerichtigkeit, nach Wahrhaftigkeit und Glauben überträgt sich ganz von selbst auch auf andere Gebiete: auf das Denken, auf das Wollen, auf das Fühlen, auf die Sprache, kurzum, auf die ‚Elemente'. Logik und Folgerichtigkeit disziplinieren vor allem auch – die Aufmerksamkeit.
Sie gewöhnen den Schauspieler daran, das auf der Bühne befindliche oder vorge-

stellte Objekt festzuhalten, die Ausführung der kleinsten Abschnitte nicht nur physischer, sondern auch innerer, seelischer Handlungen genau zu verfolgen.
Fühlt man die äußere und innere Wahrhaftigkeit und glaubt man daran, so entsteht ganz von selbst erst der Drang nach der Handlung und darauf die Handlung selbst.
Wenn die menschliche Natur des Schauspielers in all ihren Bereichen logisch, folgerichtig, mit echter Wahrhaftigkeit und echtem Glauben zu funktionieren beginnt, dann wird das Erleben vollkommen sein.
Schauspieler auszubilden, die sich zu allem, was auf der Bühne im Stück und in der Rolle vorgeht, logisch, folgerichtig, mit echter Wahrhaftigkeit und echtem Glauben verhalten – ist das nicht eine große Aufgabe?!"

„An Naswanows fragendem Blick sehe ich schon, worauf er wartet", sagte Arkadi Nikolajewitsch, als er die Klasse betrat. „Er möchte recht schnell wissen, wie man durch die kleinen physischen Handlungen die Methode zur Beeinflussung des Gefühls beherrschen lernt.
Dabei wird Ihnen die Arbeit an einer ‚Handlung ohne Requisiten' mit vorgestellten Gegenständen gute Dienste leisten.
Sie haben diese Arbeit schon gesehen und wissen, worin ihre Hilfe besteht.
Wissen Sie noch, zu Beginn der Übung mit dem ‚verbrannten Geld' operierte Naswanow mit dem gedachten Objekt ohne jeden Sinn, steuerlos, ohne zu wissen, was er tat, da ihm auf der Bühne die wahre Aufmerksamkeit, die Kontrolle, die mechanische Logik abhanden gekommen war. Ich übernahm die Rolle seines Bewußtseins, versuchte, ihm den Sinn und den Zusammenhang der kleinen Teilstücke einer großen Handlung – des Geldzählens –, ihren logischen und folgerichtigen Entwicklungsgang ins Gedächtnis zurückzurufen. Ich versuchte Naswanow beizubringen, eine bewußte Kontrolle über jede kleine Hilfshandlung zu schaffen.
Wozu das geführt hat, haben Sie gesehen. Naswanow erinnerte sich, er erkannte und erfühlte die Wahrhaftigkeit, das Leben in seinen Handlungen auf der Bühne, er fing an, echt, produktiv und zweckmäßig zu handeln. Heute besann er sich nun auf alles ohne sonderliche Mühe.
Naswanow soll ein dutzendmal, hundertmal diesen ausgearbeiteten Vorgang wiederholen, dann werden seine logischen und folgerichtigen Handlungen auf der Bühne nach und nach selbstverständlich."
„Da könnte es ja, mit Verlaub, passieren, daß wir uns so auf das Spiel ohne Requisiten einüben, daß wir dann später, auf der Bühne, wenn man uns die realen Gegenstände in die Hand gibt, gar nicht mit ihnen fertig werden und ganz durcheinander kommen", spöttelte Goworkow.
„Wirklich, warum sollen wir nicht gleich mit richtigen Gegenständen üben?" fragte jemand.
„Wie viele brauchten wir denn da für unsere Phantasien?" bemerkte Schustow.
„Vor kurzem haben wir zum Beispiel ein Haus gebaut und Balken und Ziegel herangeschleppt", erinnerte ich.
„Es gibt noch andere, wichtigere Gegengründe. Die wird Ihnen Goworkow an einem

praktischen Beispiel vorführen", sagte Arkadi Nikolajewitsch. „Goworkow, gehen Sie auf die Bühne und schreiben Sie einen Brief mit den realen Gegenständen, die auf dem runden Tisch liegen."
Goworkow ging auf die Bühne und führte den Auftrag aus. Als er fertig war, fragte Torzow die Schüler:
„Haben Sie alle seine Handlungen wahrgenommen und ihnen geglaubt?"
„Nein!" erwiderten die Schüler fast gleichzeitig.
„Was haben Sie vermißt, was erschien Ihnen unrichtig?"
„Erstens habe ich gar nicht gesehen, woher er Papier und Feder hatte", sagte einer.
„Fragt mal Goworkow, an wen und was er geschrieben hat. Er wird es nicht sagen können, weil er es selbst nicht weiß", bemerkte ein anderer.
„In so kurzer Zeit kann man nicht mal einen kurzen Zettel schreiben", kritisierte ein dritter.
„Und ich entsinne mich, und zwar bis in die kleinsten Kleinigkeiten, wie die Duse in der Rolle der Marguerite Gautier in Dumas' ‚Kameliendame' einen Brief an Armand schrieb. Seit ich das sah, sind mehrere Jahrzehnte vergangen, und ich genieße noch heute jede winzige Kleinigkeit ihrer physischen Handlung – des Schreibens eines Briefes an den geliebten Mann", sagte Arkadi Nikolajewitsch.
Dann wandte er sich wieder an Goworkow.
„Jetzt führen Sie die gleiche Übung ohne Requisiten aus."
Es gab ein langwieriges Hin und Her, bis es schließlich gelungen war, ihn Schritt für Schritt, logisch und folgerichtig auf alle kleinen Teilabschnitte der großen Handlung zu stoßen und aufmerksam zu machen. Als Goworkow sich darauf besonnen und sie in logischer Folgerichtigkeit ausgeführt hatte, fragte Arkadi Nikolajewitsch die Schüler:
„Waren Sie jetzt davon überzeugt, daß er einen Brief geschrieben hat?"
„Ja."
„Haben Sie gesehen und behalten, woher er das Papier, die Feder, die Tinte genommen hat?"
„Ja, das haben wir gesehen und behalten."
„Haben Sie gefühlt, daß Goworkow, bevor er anfing zu schreiben, erst über den Inhalt nachgedacht und ihn dann logisch und folgerichtig zu Papier gebracht hat?"
„Ja, das haben wir gefühlt."
„Welche Schlußfolgerung ist aus diesem Beispiel zu ziehen?"
Wir schwiegen, weil wir noch nicht wußten, was wir darauf antworten sollten.
„Die Schlußfolgerung ist", sagte Arkadi Nikolajewitsch, „daß der Zuschauer, der das Handeln des Schauspielers auf der Bühne sieht, auch die ‚mechanische' Logik und Folgerichtigkeit der Handlung als selbstverständlich empfinden muß, die wir unbewußt vom Leben her kennen. Andernfalls wird der Zuschauer von der Wahrhaftigkeit dessen, was auf der Bühne vorgeht, nicht überzeugt sein. Geben Sie ihm also diese Logik und Folgerichtigkeit in jeder Handlung. Geben Sie sie erst bewußt, im Verlauf der Zeit wird sie durch die Übung zur selbstverständlichen Gewohnheit."

„Es gibt auch noch eine andere Schlußfolgerung", meinte Goworkow, „und zwar, daß man auch mit realen Gegenständen jede physische Handlung auf der Bühne durcharbeiten muß."

„Sie haben recht, aber diese Arbeit mit realen Gegenständen ist in der ersten Zeit auf der Bühne viel schwieriger als die Arbeit mit dem vorgestellten Gegenstand, mit der Fiktion", bemerkte Arkadi Nikolajewitsch.

„Ja, warum denn?"

„Benutzt man reale Gegenstände, so rutschen dem Ausführenden instinktiv aus mechanischer Lebensgewohnheit viele Handlungen durch, ohne daß er sie verfolgen kann. Dieses Durchrutschen abzupassen ist schwer, läßt man es aber zu, so gibt es Löcher in der logischen und folgerichtigen Linie der physischen Handlung. Die unterbrochene Logik macht ihrerseits die Wahrhaftigkeit zunichte, ohne Wahrhaftigkeit aber gibt es keinen Glauben und kein eigentliches Erleben, weder beim Schauspieler noch beim Zuschauer.

Beim ‚Spiel ohne Requisiten' entstehen andere Bedingungen. Ob man will oder nicht, muß man dabei die Aufmerksamkeit selbst an den allerkleinsten Teilabschnitt der großen Handlung heften, sonst kann man sich weder auf die Abschnitte des Ganzen besinnen noch sie ausführen. Ohne solche Hilfs- und Unterabschnitte erfühlt man aber auch die ganze große Handlung nicht.

Man muß also erst nachdenken und danach die Handlung ausführen. Dabei kommt man durch die Logik und Folgerichtigkeit seiner Handlungsweise auf natürlichem Wege zur Wahrhaftigkeit, von der Wahrhaftigkeit zum Glauben und zum eigentlichen echten Erleben.

Jetzt werden Sie verstehen, warum ich Ihnen für die erste Zeit empfehle, mit dem ‚Spiel ohne Requisiten' zu beginnen, und Ihnen die realen Gegenstände wegnehme. Ihr Fehlen zwingt dazu, aufmerksamer und tiefer in das Wesen der physischen Handlungen einzudringen und sie zu studieren.

Greifen Sie begierig und leidenschaftlich nach diesem Mittel, das ich Ihnen empfehle, nach den Übungen. Bringen Sie mit ihrer Hilfe die Handlung zur organischen Wahrhaftigkeit."

„Entschuldigen Sie", widersprach Goworkow, „kann man denn so ein ‚Spiel ohne Requisiten' physisch und sogar, verstehen Sie, organisch nennen?"

Schustow unterstützte ihn. Auch er fand, daß eine Handlung mit realen, echten Objekten und eine Handlung mit gedachten Objekten ihrer Natur nach zwei verschiedene Handlungen seien.

„Sehen Sie, zum Beispiel das Wassertrinken. Es löst eine ganze Reihe wirklich physischer und organischer Vorgänge aus: Das Einsaugen der Flüssigkeit in den Mund, die Geschmacksempfindung, das Schlucken..."

„Ja, das ist es eben!" unterbrach Torzow. „Diese Feinheiten müssen auch beim Spiel ohne Requisiten unbedingt reproduziert werden, da man sonst nicht schlucken kann."

„Womit denn reproduzieren, mit Verlaub, wenn man nichts im Munde hat?"

„Schlucken Sie Speichel, Luft – ist das nicht egal?" meinte Torzow. „Sie werden mir jetzt versichern, daß das nicht dasselbe ist wie guten Wein schlucken. Zugegeben.

Das ist ein Unterschied. Doch auch dabei bleiben viele Momente physischer Wahrhaftigkeit, die für unsere Zwecke ausreichen."
„Entschuldigen Sie bitte, diese Arbeit lenkt vom Kern der Rolle ab. Im Leben geht das Trinken, mit Verlaub, ganz von selbst vor sich und verlangt keine Aufmerksamkeit", Goworkow ließ nicht locker.
„Nein, wenn Sie genießerisch schmecken beim Trinken, so verlangt das Aufmerksamkeit", widersprach Arkadi Nikolajewitsch.
„Aber wenn man nicht abschmeckt, wissen Sie, dann denkt man nicht daran."
„Beim Spiel ohne Requisiten ist es genauso. Wie ich schon sagte – führen Sie es mehrere hundertmal aus, begreifen Sie es, besinnen Sie sich auf alle einzelnen Momente, dann wird Ihre physische Natur die vertraute Handlung aufnehmen, erfühlen und Ihnen bei ihrer Wiederholung behilflich sein."

Nach der Stunde, während die Schüler sich verabschiedeten und auseinandergingen, gab Arkadi Nikolajewitsch Anweisungen für Iwan Platonowitsch. Da Torzow laut sprach, konnte ich sie hören:
„Mit den Schülern muß man genauso verfahren. In der ersten Zeit soll der Lehrer die Rolle des Bewußtseins bei dem Schüler übernehmen, ihn auf die versehentlich ausgelassenen kleinen Teil- und Hilfsabschnitte der Handlung aufmerksam machen. Die Schüler dürfen ihrerseits nicht vergessen, daß sie diese Teilabschnitte der großen Handlung und ihren logischen, folgerichtigen Entwicklungsgang unbedingt kennen müssen. Die Schüler müssen ihre Aufmerksamkeit dazu erziehen, beharrlich die präzise Erfüllung der Naturforderungen im Bereich der Handlung zu kontrollieren. Die Schüler müssen auf der Bühne immer die Logik und Folgerichtigkeit physischer Handlungen empfinden, sie müssen ihnen zum natürlichen Bedürfnis werden, zu einem Bestandteil ihres Normalzustandes auf der Bühne. Die Schüler müssen den kleinsten Teilabschnitt der großen Handlung lieben, wie der Musiker jede Note der Melodie liebt, die er spielt.
Bis jetzt hast du immer darauf geachtet, daß die Schüler auf der Bühne echt, produktiv und zweckmäßig handeln und nicht nur mimen. Das ist gut! Fahre in ‚Training und Drill' auch weiterhin mit dieser Arbeit fort, schreibt weiterhin Briefe, deckt den Tisch, bereitet die verschiedensten Speisen zu, trinkt den vorgestellten Tee, näht euch Kleider, baut Häuser und so weiter und so weiter. Aber führt von heute an diese physischen Handlungen ohne Requisiten aus, mit vorgestellten Objekten, und denkt daran, daß wir diese Übungen brauchen, um im Innern des Schauspielers durch die physischen Handlungen die organische Wahrhaftigkeit und den Glauben zu festigen.
Naswanow weiß jetzt, wie ihn das vorgestellte Objekt in jeden Augenblick der physischen Handlung des Geldzählens eindringen ließ. Übt diese außerordentlich wichtige Arbeit an der Aufmerksamkeit bis zur höchsten technischen Vollendung! Exerziert danach dieselbe physische Handlung mit den verschiedensten ‚Wenns' und unter den verschiedensten ‚vorgeschlagenen Situationen'! Zum Beispiel, der Schüler beherrscht den physischen Vorgang des Anziehens vollendet. Frage ihn: ‚Wie ziehen Sie sich am Feiertag an, wenn Sie nicht wegen der Schule in Eile sind?'

Er soll sich darauf besinnen und sich wie an einem Feiertag anziehen.
‚Wie ziehen Sie sich an einem Wochentag an, wenn Sie noch viel Zeit bis zum Beginn des Unterrichts haben?'
Und weiter – wenn er zu spät kommen, wenn im Hause etwas passieren würde, wenn Feuer ausbräche, wenn er nicht zu Hause, sondern zu Besuch wäre und so weiter.
In diesen Situationen läuft der Vorgang des Anziehens bei den Menschen physisch fast gleich ab: Sie steigen jedesmal in ihre Hosen, binden sich den Schlips um, schließen die Knöpfe und so weiter. Logik und Folgerichtigkeit weichen unter den verschiedensten Umständen kaum voneinander ab. Diese Logik und diese Folgerichtigkeit müssen ein für allemal erworben und bis zur Vollendung ausgefeilt werden, in jeder gegebenen physischen Handlung. Die vorgeschlagenen Situationen ändern sich, das ‚magische Wenn' oder andere ‚Wenns', unter denen die gleichen physischen Handlungen vor sich gehen. Die Umgebung beeinflußt die Handlung, aber darum braucht man sich nicht zu sorgen, dafür sorgt die Natur von selbst, die Lebenserfahrung, die Gewohnheit und das Unbewußte. Sie machen für uns alles, was not tut. Wir haben nur daran zu denken, daß wir die eigentliche physische Handlung unter den gegebenen ‚vorgeschlagenen Situationen' echt, logisch und folgerichtig ausführen.
Und bei dieser Arbeit – dem Erlernen und dem Lenken der Handlung – werden euch die Übungen im ‚Spiel ohne Requisiten', durch die ihr die Wahrhaftigkeit erkennen werdet, sehr behilflich sein. Darum messe ich diesen Übungen ganz außerordentliche Bedeutung zu und bitte dich, Wanja, noch einmal, mit besonderer Sorgfalt daranzugehen."
„Topp!" antwortete Iwan Platonowitsch wie ein Seemann.

Die Logik und Folgerichtigkeit physischer Handlungen hat sich unserem Bewußtsein fest eingeprägt. Unsere Aufmerksamkeit ist bei allen Übungen, Aufgaben, bei „Training und Drill" ausschließlich damit beschäftigt. Wir denken uns selber alle möglichen Versuche zu Hause und auf der Bühne aus. Mehr als das – die Beachtung von Logik und Folgerichtigkeit der physischen Handlungen ist in unser reales Leben eingedrungen, eine Art Spiel hat sich entwickelt, das darin besteht, einander unablässig zu beobachten und auf Unlogik und mangelhafter Folgerichtigkeit bei den physischen Handlungen zu ertappen.
Heute zum Beispiel mußten wir, weil das Aufräumen der Studiobühne länger dauerte, im Gang auf den Beginn des Unterrichts warten. Plötzlich jammerte die Maloletkowa:
„Ihr Lieben! Schrecklich! Verloren! Ich habe den Zimmerschlüssel verloren!"
Alle gingen auf die Suche.
„Das ist nicht logisch!" setzte Goworkow der Maloletkowa zu. „Sie bücken sich und fangen dann erst an nachzudenken, wo Sie eigentlich suchen sollen! Daraus schließe ich, mit Verlaub, daß Sie nicht um des Suchens willen physisch handeln, sondern aus Koketterie mit uns, den Zuschauern."
„Oh, er läßt mich nicht in Ruhe!" brauste die Maloletkowa auf.

Inzwischen heftete sich Wjunzow an die Fersen der Weljaminowa.
„Ha, da haben wir's! Durchgefallen! Nicht folgerichtig! Überzeugt mich nicht! Mit der Hand tasten Sie das Sofa ab, und mich gucken Sie dabei an. Natürlich, ganz falsch!" spöttelte er.
Nimmt man dazu noch Pustschins, Wesselowskis, Schustows, zum Teil auch meine Bemerkungen, so wird es verständlich, daß die Lage der Suchenden hoffnungslos war.
„Dumme Gören! Macht euch doch nicht selbst verrückt!" donnerte plötzlich Arkadi Nikolajewitschs Stimme.
Wir hielten erstaunt inne.
„Setzt euch alle auf die Bank, und Sie, Maloletkowa und Weljaminowa, gehen im Gang auf und ab!" kommandierte Arkadi Nikolajewitsch ungewöhnlich streng.
„Nicht so! So geht man doch nicht! Fersen nach innen, Fußspitzen nach außen! Warum bewegen Sie die Kniegelenke nicht? Warum ist in den Hüften so wenig Bewegung? Achten Sie auf den Schwerpunkt Ihres Körpers! Sonst haben Ihre Bewegungen keinen Sinn, keine Folgerichtigkeit! Überzeugt mich nicht! Können Sie denn nicht einmal gehen? Warum schwanken Sie wie Betrunkene? Passen Sie auf, wohin Sie treten."
Je länger das dauerte, um so mehr hatte Arkadi Nikolajewitsch auszusetzen, und je mehr er auszusetzen hatte, desto fassungsloser wurden die gepeinigten Schülerinnen. Torzow brachte sie mit seinem Nörgeln so weit, daß sie nicht mehr wußten, wo sie Knie, Fersen, Fußsohlen hatten. Bemüht, die Muskelgruppen herauszufinden, denen Arkadi Nikolajewitsch eine Tätigkeit zuwies, setzten die armen, verwirrten Mädchen alles mögliche in Bewegung, was gar nicht nötig war. Das rief neue Zurechtweisungen durch den Lehrer hervor.
Es endete schließlich damit, daß sie ihre Beine verwechselten und die Weljaminowa mitten im Gang mit offenem Munde und Tränen in den Augen erstarrte – aus Angst vor jeder Bewegung.
Als ich zu Torzow hinüberblickte, merkte ich erstaunt, daß er und Rachmanow die Taschentücher vor den Mund preßten und sich vor Lachen schüttelten.
Der Spaß war bald geklärt.
„Begreifen Sie denn nicht", sagte Arkadi Nikolajewitsch, „daß Ihr albernes Spiel den Sinn meiner Methode zunichte macht? Handelt es sich denn darum, die Logik und Folgerichtigkeit der einzelnen Bestandteile einer großen physischen Handlung formal festzustellen? Das kann ich nicht gebrauchen – ich brauche die echte Wahrhaftigkeit der Empfindungen und den wahren Glauben des schaffenden Künstlers daran. Ohne diese Wahrhaftigkeit, ohne den Glauben an das, was auf der Bühne geschieht, werden alle logischen und folgerichtigen physischen Handlungen konventionell, das heißt, sie erzeugen eine Lüge, der man nicht glauben kann.
Das allergefährlichste für meine Methode, für das ganze ‚System', für seine Psychotechnik, ja für die ganze Kunst ist es, formal an unsere komplizierte schöpferische Arbeit heranzugehen, ist eine enge, schematische Auffassung dieser Arbeit. Wie man die großen physischen Handlungen in ihre Teilabschnitte auflöst, wie man diese Abschnitte formal logisch und folgerichtig anordnet, wie man dafür entsprechende

Übungen ausdenkt und mit den Schülern ausführt, ohne sich um das Wesentliche, das heißt um die echte Wahrhaftigkeit der physischen Handlungen und den Glauben daran, zu kümmern – das zu lernen ist eine gar nicht schwierige Sache!
Was für eine Verlockung für die Ausbeuter des ‚Systems‘!
Es gibt nichts Dümmeres und Schädlicheres in der Kunst als ein ‚System‘ um des ‚Systems‘ willen. Man darf ein System nicht zum Zweck erheben, man kann die Methode nicht zum Wesen machen. Das ist die allergrößte Lüge.
Bei dieser Lüge waren Sie gerade, als ich hierherkam und Sie irgendeinen Gegenstand suchten. Sie nörgelten an jeder kleinen physischen Handlung herum, nicht um Wahrhaftigkeit zu finden und an ihre Echtheit zu glauben, sondern um den formalen Forderungen nach Logik und Folgerichtigkeit der physischen Handlungen ‚an sich‘ Genüge zu tun. Das ist ein dummes und schädliches Spiel, das mit Kunst gar nichts zu tun hat.
Außerdem gebe ich Ihnen noch einen freundschaftlichen Rat: Geben Sie niemals Ihre Kunst, Ihr Schaffen, seine Methoden und seine Psychotechnik den Kritikastern und Nörglern zum Zerfetzen preis. Das kann den Schauspieler um seinen gesunden Menschenverstand bringen, kann ihn lähmen oder ganz steif machen. Warum entwickeln Sie denn diese Nörgelsucht in sich und in den anderen durch diese dumme Spielerei? Lassen Sie das, sonst wird Sie die übertriebene Vorsicht, die Nörgelei und die panische Angst vor der Lüge völlig lähmen. Spürt der Lüge nach, soweit es zur Auffindung der Wahrheit dient: Vergeßt dabei nicht, daß gerade die Kritikaster und Nörgler die Unwahrheit besonders fördern, da ja der, an dem genörgelt wird, seine selbstgewählte aktive Handlung gegen seinen Willen aufgibt und statt dessen anfängt, die Wahrhaftigkeit zu übertreiben. In dieser Übertreibung liegt die größte Lüge. Also zum Teufel mit dem Kritikaster – sowohl mit dem Nörgler außerhalb als auch mit dem Kritikaster in euch –, das heißt sowohl im Zuschauer als auch – in noch höherem Maße – in euch selbst! Der Kritikaster nistet sich gern in der ewig zweifelnden Seele des Schauspielers ein.
Entwickelt einen gesunden, ruhigen, weisen, verständnisvollen Kritiker in euch. Er ist der beste Freund des Schauspielers. Er belebt die Handlung, statt sie auszudörren, er hilft uns, sie echt und nicht formal auszuführen. Der Kritiker kann das Schöne sehen und fühlen, während der kleine Nörgler nur das Schlechte wahrnimmt und das Gute übersieht.
Dasselbe rate ich denen von euch, die die Arbeit der anderen Schüler verfolgen. Wer fremdes Schaffen kontrolliert, soll sich mit der Rolle eines Spiegels begnügen und aufrichtig, ohne Nörgelei, sagen, ob ihn das, was er sieht und hört, überzeugt oder nicht; er soll die Augenblicke, die ihn überzeugen, hervorheben. Mehr wird nicht von ihm verlangt.
Wenn sich der Zuschauer im Theater ebenso streng und nörglerisch zur Bühnen-Wahrhaftigkeit verhielte, wie Sie es vorhin im Leben getan haben, dann dürften wir armen Schauspieler gar nicht auf die Bühne kommen."
„Ist denn der Zuschauer nicht so streng in bezug auf Wahrhaftigkeit?" fragte jemand.
„Er ist streng, aber nicht nörglerisch wie Sie. Im Gegenteil! Ein guter Zuschauer

möchte am liebsten alles im Theater glauben, möchte gern, daß ihn der szenische Einfall überzeugt. Dieser Wunsch ist zuweilen von einer Naivität, die Stoff für manche Anekdote geliefert hat.
Ich will Ihnen einen unglaublichen Fall erzählen, der mir unlängst passiert ist.
In einer Abendgesellschaft bei Bekannten führte der alte Schustow zur Belustigung der Jugend ein geschicktes Kunststück vor. Er zog einem der anwesenden Gäste das Oberhemd aus, ohne Rock und Weste anzurühren, indem er nur die Krawatte aufband und die Hemdknöpfe aufmachte.
Ich wußte, worin das Geheimnis bestand, da ich zufällig Zeuge der Vorbereitungen war und gehört hatte, was Schustow mit seinem Helfer verabredete. Doch beim Anblick des Kunststücks vergaß ich das und war entzückt über den alten Schustow in seiner neuen Rolle.
Nach der Vorführung staunten alle und zerbrachen sich den Kopf über die Technik des Vorgangs, den sie gesehen hatten, und ich beteiligte mich an diesem Gespräch über das Kunststück, ohne an das, was ich wußte, zu denken – oder genauer: ohne daran denken zu wollen. Ich wollte es vergessen, um mich nicht um die Freude zu bringen, zu glauben und entzückt zu genießen – anders kann ich mir diese unverständliche Vergeßlichkeit und Naivität nicht erklären.
Der Zuschauer im Theater möchte auch ‚getäuscht' werden, es tut ihm wohl, der szenischen Wahrheit zu glauben und zu vergessen, daß es Spiel ist und kein echtes Leben.
Gewinnt den Zuschauer durch echte Wahrhaftigkeit und den Glauben an das, was ihr auf der Bühne tut."

„Heute wollen wir die zweite Hälfte der Übung mit dem ‚verbrannten Geld' durcharbeiten, wie wir es vor einigen Tagen mit der ersten getan haben", verkündete Arkadi Nikolajewitsch, als er die Klasse betrat.
„Diese Aufgabe ist schon schwieriger, wer weiß, ob wir sie bewältigen werden", sagte ich, während ich aufstand, um mit der Maloletkowa und Wjunzow auf die Bühne zu gehen.
„Das macht nichts", beruhigte mich Arkadi Nikolajewitsch, „ich habe Ihnen die Übung nicht deswegen gegeben, daß Sie sie um jeden Preis bewältigen, sondern damit Ihnen an einer schweren Arbeit besonders klar wird, was Ihnen fehlt, was Sie lernen müssen. Machen Sie vorläufig nur, was Sie können. Gelingt es Ihnen nicht, die ganze Übung zu schaffen, dann zeigen Sie mir wenigstens ein Stückchen – stellen Sie nur die Linie der äußeren physischen Handlung her, damit man ihre Wahrhaftigkeit spürt.
Können Sie zum Beispiel für eine Weile Ihre Beschäftigung unterbrechen und ins Nebenzimmer gehen, weil Ihre Frau Sie gerufen hat, damit Sie sich das badende Kind ansehen?"
„Freilich kann ich das, es ist nicht schwer."
Ich stand auf und ging ins Nebenzimmer.
„Oh, nein!" hielt mich Arkadi Nikolajewitsch rasch zurück. „Da sieht man, daß Sie gerade das nicht richtig ausführen können. Und das muß man schon sagen – auf der

Bühne ins Zimmer zu kommen oder aus dem Zimmer hinter die Kulissen zu gehen ist nicht gerade einfach. Es ist also nicht weiter erstaunlich, daß Sie sich eben so viel Unlogik, so wenig Folgerichtigkeit erlaubt haben.
Stellen Sie selbst fest, wie viele kleine, kaum merkbare, aber unbedingt notwendige physische Handlungen und Wahrhaftigkeiten Sie unterlassen haben. Zum Beispiel, bevor Sie hinausgingen, waren Sie nicht mit einer Bagatelle beschäftigt, sondern mit einer wichtigen Arbeit, dem Ordnen amtlicher Papiere, mit der Nachprüfung des Kassenbestandes. Warum haben Sie denn Ihre Arbeit mitten drin unterbrochen, warum sind Sie nicht aus dem Zimmer gegangen, sondern gelaufen, als würde die Decke herunterstürzen? Es ist ja nichts Schlimmes passiert: Ihre Frau hat Sie gerufen, weiter nichts. Und außerdem: Würden Sie im Leben jemals mit einer brennenden Zigarette im Munde gehen? Das Kindchen könnte ja husten von dem Rauch. Die Mutter würde auch kaum einen Rauchenden in das Zimmer lassen, in dem der Säugling gebadet wird. Suchen Sie vorher einen Platz für die Zigarette, lassen Sie sie hier im Zimmer und gehen Sie dann erst. Jede dieser kleinen Hilfshandlungen ist nicht schwer zu erfüllen." Ich tat es. Ich legte die Zigarette im Wohnzimmer ab und ging hinter die Kulisse, wo ich meinen Auftritt abwartete.
„Jetzt haben Sie jede kleine Handlung einzeln gemacht. Zusammen ergaben sie eine große Handlung: das Hinausgehen ins Nebenzimmer. Das war durchaus glaubhaft."
Meine Rückkehr ins Wohnzimmer mußte auch öfter korrigiert werden, aber diesmal, weil ich nicht einfach handelte, sondern weil ich jede Kleinigkeit auskostete, über Gebühr ausspielte und übertrieb. Das ist auf der Bühne auch eine Lüge.
Schließlich kamen wir zu dem interessanten, hochdramatischen Augenblick. Als ich die Bühne betrat und auf den Tisch zuging, auf dem die Papiere gelegen hatten, sah ich, wie sie Wjunzow ins Feuer warf und sich idiotisch stumpfsinnig darüber freute.
Ich witterte den tragischen Augenblick und stürzte los wie ein Schlachtroß beim Klang der Fanfaren. Das Temperament ging mit mir durch und stieß mich in eine Übertreibung hinein, der ich nicht mehr ausweichen konnte.
„Halt! Ausgerutscht! Entgleist! Falsche Linie eingeschlagen!" bremste mich Arkadi Nikolajewitsch. „Verfolgen Sie mal selbst, auf frischer Spur, was Sie eben gelebt haben."
„Tragödie gemimt", gestand ich.
„Und was hätten Sie tun müssen?"
Es stellte sich heraus, daß ich einfach auf den Kamin zulaufen und das brennende Geldbündel aus dem Feuer greifen mußte. Doch dazu brauchte ich erst freie Bahn, der Bucklige mußte zur Seite gestoßen werden. Ich tat es. Doch Torzow fand, daß bei so einem schwachen Stoß von Unfall und Tod keine Rede sein könnte.
„Wie soll man denn eine heftigere Handlung erzielen und begründen?"
„Schauen Sie her", sagte Arkadi Nikolajewitsch, „ich zünde dieses Papier an und werfe es hier in den großen Aschenbecher, und Sie stellen sich möglichst weit ab und laufen los, sobald Sie die Flamme sehen, um den unverbrannten Rest zu retten."

Kaum hatte Arkadi Nikolajewitsch das Papier angezündet, als ich darauf losstürzte, unterwegs gegen Wjunzow stieß und ihm beinahe den Arm brach.

„Sehen Sie", nagelte mich Arkadi Nikolajewitsch fest, „hat das, was Sie eben getan haben, noch Ähnlichkeit mit der ersten Handlung? Jetzt hätte eine Katastrophe eintreten können, während es vorhin einfache Übertreibung war. Daraus möge man bitte nicht schließen, daß ich dafür bin, den Schauspielern die Arme zu brechen und auf der Bühne Verletzungen zuzufügen. Daraus ergibt sich nur, daß Sie einen wichtigen Umstand nicht berücksichtigt haben – daß Papiergeld im Nu aufflammt und daß man blitzschnell handeln muß, um es zu retten. Das haben Sie nicht getan. Dadurch verletzten Sie Wahrhaftigkeit und Glauben. Jetzt wollen wir weitergehen."

„Wie? Weiter nichts?" staunte ich.

„Was denn noch? Sie haben gerettet, was zu retten war, und das übrige ist verbrannt."

„Und der Mord?"

„Es hat keinen Mord gegeben."

„Warum denn nicht?"

„Natürlich. Für die Person, die Sie darstellen, hat es keinen Mord gegeben. Sie sind erschüttert, weil das Geld verloren ist. Aber Sie haben nicht einmal gemerkt, daß Sie den Schwachsinnigen gestoßen haben. Wenn Sie das wüßten, dann würden Sie nicht regungslos erstarren, sondern dem Sterbenden zu Hilfe kommen."

„Tja – ja, das stimmt schon ... aber, immerhin, es muß doch etwas getan werden in diesem Auftritt! Das ist doch ein dramatischer Augenblick!"

„Ich verstehe! Schlicht gesprochen, möchten Sie Tragödie mimen. Aber beherrschen Sie sich lieber. Gehen wir weiter."

Wir kamen an einen neuen, für mich recht schwierigen Augenblick: Ich mußte erstarren, oder, wie Arkadi Nikolajewitsch es nannte, „tragisch untätig sein".

Ich erstarrte und fühlte selbst, daß ich schmierenhaft übertrieb.

„Da sind sie ja, die guten alten Schablonen, wohlvertraut aus Großmutters und Großvaters Zeiten! Und wie zäh, eingefleischt, eingefressen sie sind!" neckte Torzow mich.

„Wie äußern sie sich denn?"

„Vor Entsetzen herausquellende Augen, tragisches An-die-Stirn-Schlagen, Hände, die den Kopf zusammenpressen, gespreizte Finger, die durch die Haare fahren, die Hand, die aufs Herz gepreßt wird! Diese Schablonen sind etwa dreihundert Jahre alt.

Jetzt wollen wir diesen ganzen Kram ausmisten!" kommandierte er. „Weg mit alten Schablonen! Das Spiel mit der Stirn, mit dem Herzen, mit den Haaren – weg damit! Geben Sie mir statt dessen eine winzige, aber echte, produktive, zweckmäßige Handlung, geben Sie Wahrhaftigkeit und Glauben!"

„Wie soll ich denn bei ‚dramatischer Untätigkeit' handeln?" staunte ich.

„Was glauben Sie, ist in dieser dramatischen oder irgendeiner anderen Untätigkeit eine Handlung enthalten? Wenn dem so ist, sagen Sie mir bitte, worin sie besteht."

Ich mußte alle Schubkästen meines Gedächtnisses durchstöbern, um mich zu besinnen, womit ein Mensch in Augenblicken dramatischer Untätigkeit beschäftigt ist. Arkadi Nikolajewitsch erzählte uns folgende Geschichte:
„Einer unglücklichen Frau mußte die Schreckensbotschaft vom plötzlichen Tod ihres Mannes überbracht werden. Nach langer schonender Vorbereitung sprach der Bote schließlich die schicksalsschweren Worte. Die arme Frau erstarrte. Aber ihr Gesicht hatte keinen tragischen Ausdruck – es war nicht wie auf der Bühne, wo ihn die Schauspieler in solchen Augenblicken so gern zeigen. Die Erstarrung bei völliger Ausdruckslosigkeit war unheimlich. Mehrere Minuten mußte man regungslos warten, um den Ablauf des Prozesses in ihrem Innern nicht zu stören. Endlich machte jemand eine Bewegung, sie weckte die Frau aus ihrer Lethargie. Sie kam zu sich und ... fiel ohnmächtig um.
Sehr, sehr viel später, als es schon möglich war, von dem Vergangenen zu sprechen, fragte man sie, was sie im Augenblick ihrer ‚tragischen Untätigkeit' gedacht hatte. Es stellte sich heraus, daß sie sich, kurz bevor die Todesnachricht kam, gerade auf den Weg machen wollte, um einiges für ihren Mann einzukaufen ... Da er nun gestorben war, mußte sie etwas anderes tun. Aber was? Ein neues Leben beginnen? Vom alten Abschied nehmen? In einem Augenblick durchlebte sie ihr ganzes vergangenes Leben und stand der Zukunft Aug' in Auge gegenüber, konnte sie jedoch nicht enträtseln, fand nicht das nötige Gleichgewicht für das weitere Leben und ... wurde aus Hilflosigkeit ohnmächtig. Sie werden zugeben müssen, daß die wenigen Minuten dramatischer Untätigkeit aktiv genug waren. Wahrhaftig: in dieser kurzen Zeitspanne die ganze Vergangenheit zu durchleben und abzuwägen! Ist das keine Handlung?"
„Freilich, aber keine physische, sondern eine rein psychologische,"
„Zugegeben, gewiß! Sei's also keine physische, sondern eine andere Handlung. Wir wollen nicht zu sehr über die Benennung nachgrübeln, wollen sie nicht zu sehr präzisieren. Jede physische Handlung hat etwas Psychologisches, jede psychologische etwas Physisches.
Ein bekannter Gelehrter sagt, wenn man versuchen wollte, sein Gefühl zu beschreiben, käme eine Erzählung der physischen Handlung heraus.
Von mir selbst kann ich sagen: Je näher eine Handlung dem Physischen kommt, um so weniger ist man in Gefahr, sein Gefühl zu vergewaltigen.
Doch ... schön, sei es, wie Sie wollen: Mag es sich um Psychologie handeln. Nehmen wir an, daß wir es nicht mit der äußeren, sondern mit der inneren Handlung zu tun haben, nicht mit der Logik und Folgerichtigkeit äußerer physischer Handlungen, sondern mit der Logik und Folgerichtigkeit der Gefühle. Um so schwieriger und um so wichtiger ist es zu wissen, was man zu tun hat. Man kann nicht etwas ausführen, was man selbst nicht versteht, ohne Gefahr zu laufen, in ‚allgemeines' Spiel zu verfallen. Man braucht einen klaren Plan und eine Linie der inneren Handlung. Um sie zu konzipieren, muß man unbedingt die Natur, die Logik und die Folgerichtigkeit der Empfindungen kennen. Bisher hatten wir es mit der Logik und Folgerichtigkeit der greifbaren, sichtbaren, uns zugänglichen physischen Handlung zu tun. Jetzt begegnen wir der Logik und Folgerichtigkeit der unwägbaren, unsicht-

baren, unzugänglichen, labilen inneren Empfindungen. Das Gebiet und die Aufgabe, vor der Sie jetzt stehen, ist wesentlich komplizierter.
Das ist schon was – die Natur, die Logik und die Folgerichtigkeit der Empfindungen! Das sind lauter komplizierteste psychologische Probleme, noch wenig erforscht von der Wissenschaft, die uns auf diesem Gebiet noch gar keine praktischen Handhaben, noch keine Grundlagen gegeben hat.
Da bleibt nichts anderes übrig, als mit Hilfe der eigenen Mittel, sozusagen der Hausmittel, einen Ausweg aus der verzwickten Situation zu suchen. Über diese Mittel sprechen wir das nächste Mal."

„Wie löst man das verwickelte Problem der ‚Logik und Folgerichtigkeit der Gefühle', ohne deren Hilfe wir die Pause der ‚tragischen Untätigkeit' nicht zu beleben vermögen?
Wir sind Schauspieler und keine Gelehrten. Unser Gebiet ist Aktivität, Handlung. Wir operieren mit der Praxis, mit menschlicher Erfahrung, mit Erinnerungen aus unserem Leben, mit Logik, Folgerichtigkeit, Wahrhaftigkeit und Glauben an das, was wir auf der Bühne tun. Von dieser Seite gehe ich auch an die Lösung des Problems heran.
Die Methode, die mich die Praxis gelehrt hat, ist lächerlich einfach. Sie besteht darin, daß man sich fragt: ‚Was täte ich im realen Leben, wenn ich in den Zustand tragischer Untätigkeit geraten würde?' Beantworten Sie nur diese eine Frage aufrichtig, menschlich, weiter nichts.
Wie Sie sehen, greife ich im Bereich des Gefühls nach einer einfachen physischen Handlung."
„Darin kann ich Ihnen, mit Verlaub, nicht zustimmen, denn im Bereich des Gefühls gibt es keine physischen Handlungen. Da gibt es nur psychologische."
„Nein, Sie irren sich. Bevor der Mensch einen Entschluß faßt, handelt er in seinem Innern, seiner Phantasie äußerst aktiv: Er sieht mit seinem inneren Auge, was und wie es sich ereignen könnte, er führt diese Handlungen im Geiste aus. Mehr als das: Der Schauspieler empfindet das, woran er denkt, körperlich und kann den inneren Trieb zur Handlung, zur äußeren Verkörperung des inneren Lebens kaum zurückdrängen.
Die gedankliche Vorstellung von der Handlung ist behilflich, das Wesentliche auszulösen – innere Aktivität, Drang nach äußerer Handlung", beharrte Arkadi Nikolajewitsch. „Und, wohlgemerkt, dieser ganze Prozeß vollzieht sich in dem Bereich, der unsere natürliche, normale Schaffenssphäre ist. Denn die ganze Arbeit des Schauspielers vollzieht sich nicht im wirklichen, realen, tatsächlichen Leben, sondern in einem vorgestellten, nicht vorhandenen, das aber existieren könnte. Gerade dieses Leben aber wird für uns Schauspieler echte Wirklichkeit.
Darum behaupte ich, daß wir Schauspieler, wenn wir von einem erdachten Leben und von erdachten Handlungen sprechen, ein Recht darauf haben, diese als echte, reale, physische Gegebenheiten aufzufassen. So ist also die Methode, Logik und Folgerichtigkeit der Empfindungen durch Logik und Folgerichtigkeit der physischen Handlung erkennen zu wollen, praktisch durchaus gerechtfertigt."

Wie immer bei schwierigen Aufgaben geriet in meinem Kopf alles durcheinander. So mußte ich mich auf jede einzelne Tatsache, auf jeden gegebenen Umstand der Handlung besinnen, sie miteinander verbinden und bewerten: mein Wohlergehen, die Familie, meine Pflichten ihr gegenüber und gegenüber dem öffentlichen Amt, dem ich diene; meine Verantwortung als Kassierer und die Wichtigkeit der verbrannten Belege; die Liebe zu meiner Frau und zu meinem Sohn; der ewig vor mir stehende bucklige Schwachsinnige; die bevorstehende Revision und die Betriebsversammlung; die Katastrophe, der furchtbare Anblick der brennenden Geldscheine und Papiere; der instinktive Trieb, sie zu retten, lähmendes Entsetzen, innerer Zusammenbruch – das alles entstand in meiner Vorstellung, vor meinem inneren Blick und fand einen Widerhall im Gefühl. Man mußte die Tatsachen an den rechten Ort rücken und zu erkennen versuchen, was sie ergaben, was mich in Zukunft erwartete, welche Belastungsmomente gegen mich sprechen würden.

Als erstes – eine große, schöne Wohnung. Sie deutet auf ein Leben über die eigenen Verhältnisse, das mich zur Unterschlagung öffentlicher Gelder gebracht hat. Ferner: eine völlig leere Kasse und die halbverbrannten Beweisurkunden; der Schwachsinnige tot und kein einziger Zeuge meiner Unschuld vorhanden; der Sohn ertrunken. Dieses neue Belastungsmoment deutet auf Fluchtpläne, bei denen der Säugling und der bucklige Schwachsinnige im Wege gewesen wären. Das Gericht wird sagen: „Darum mußte der Angeklagte gerade diese beiden zuerst aus dem Wege räumen."

Der Tod des Kindes zieht nicht nur mich, sondern auch meine Frau mit in das Verbrechen hinein. Außerdem wird der Tod ihres Bruders unweigerlich zu persönlichen Spannungen zwischen uns beiden führen. Darum kann ich auch von ihrer Seite keinen Beistand erwarten.

Alle Tatsachen, „Wenns" und die „vorgeschlagenen Situationen" verwirrten sich in meinem Kopf derartig, daß ich im ersten Augenblick keinen andern Ausweg sah, als zu fliehen und mich zu verbergen.

Doch einen Moment später begann ich schon an dem voreiligen Entschluß zu zweifeln.

‚Wohin soll ich fliehen?' sagte ich mir. ‚Ist denn das Leben eines Flüchtigen besser als das Gefängnis, und spräche die Flucht selbst nicht am stärksten gegen mich? Nein, ich werde nicht vor dem Gericht fliehen, sondern aussagen, wie alles gewesen ist. Was habe ich denn zu befürchten? Ich bin doch unschuldig! Unschuldig? ... Na, das beweise erst mal!'

Als ich Arkadi Nikolajewitsch meine Gedanken und Zweifel mitteilte, sagte er: „Schreiben Sie Ihre Überlegungen nieder und setzen Sie sie dann in Handlungen um, denn gerade diese interessieren Sie ja bei der Frage: ‚Was täte ich im wirklichen Leben, wenn ich in den Zustand ‚tragischer Untätigkeit' verfallen würde?'"

„Wie kann man denn Überlegungen in Handlungen umsetzen?" staunten die Schüler.

„Sehr einfach. Nehmen wir an, die Liste Ihrer Überlegungen liegt vor Ihnen. Lesen Sie sie durch: eine schöne Wohnung, kein Geld, verbrannte Urkunden, zwei Tote und so weiter.

Was haben Sie getan, während Sie diese Zeilen schrieben und lasen? Sie suchten sich

zu erinnern, sie verknüpften und bewerteten die Geschehnisse, die Sie belasten könnten. Da haben Sie Ihre ersten in Handlung verwandelten Überlegungen. Lesen Sie weiter in Ihrer Liste: Sie kommen zu dem Schluß, daß Ihre Lage aussichtslos ist, und beschließen zu fliehen. Worin besteht Ihre Handlung?"
„Ich stoße den ersten Plan um und mache einen neuen", stellte ich fest.
„Das ist Ihre zweite Handlung. Gehen Sie Ihre Liste weiter durch."
„Dann kritisiere ich den zweiten Plan und stoße ihn wieder um."
„Das ist Ihre dritte Handlung. Weiter!"
„Dann entschließe ich mich, offen zu gestehen, was geschehen ist."
„Das ist Ihre vierte Handlung. Jetzt bleibt nur noch auszuführen, was sich eben ergeben hat. Geschieht das nicht theatralisch, nicht formal, nicht ‚im allgemeinen', sondern menschlich, echt, produktiv und zweckmäßig, so entsteht nicht nur in Ihrem Kopf, sondern in Ihrem ganzen Wesen, in seinen inneren ‚Elementen' ein lebendiger menschlicher Zustand, der dem Zustand der Person, die Sie darstellen, entspricht.
Bei jeder Wiederholung der ‚tragischen Untätigkeit' in ihrer Darstellung auf der Bühne beschäftigen Sie sich erneut mit der Durchsicht Ihrer Überlegungen. Sie werden jedesmal eine etwas andere Vorstellung davon haben als vorher. Ob besser oder schlechter, ist unwichtig; wichtig ist, daß die Vorstellung jedesmal wieder neu, von heute ist. Nur unter dieser Bedingung werden Sie nicht das einmal Gelernte wiederholen, werden Sie keine Schablone fabrizieren, sondern ein und dieselbe Aufgabe immer neu und allmählich auch immer besser, tiefer, allseitiger, logischer, folgerichtiger lösen. Nur unter dieser Bedingung wird es Ihnen gelingen, immer wieder lebendige, echte Wahrhaftigkeit, Glauben, produktive und zweckmäßige Handlung auf der Bühne zu erreichen. Das wird Ihnen helfen, echt und menschlich zu erleben und nicht theatralisch-konventionell zu mimen.
So haben Sie also die Frage: ‚Was täte ich, wenn ich in den Zustand »tragischer Untätigkeit« verfiele?' – in einen psychologisch sehr komplizierten Zustand – nicht mit wissenschaftlichen Lehrsätzen, sondern mit einer ganzen Reihe sehr logischer, folgerichtiger Handlungen beantwortet.
Wie Sie sehen, lösen wir die Frage nach Logik und Folgerichtigkeit des Gefühls mit Hausmitteln, auf eine unscheinbare, praktische Weise in dem kleinen Maßstab, den wir vorläufig für unsere Arbeit brauchen.
Das Geheimnis der Methode besteht darin, daß wir, da es nicht möglich ist, uns mit dem komplizierten psychologischen Problem der Gefühlslogik auseinanderzusetzen, dieses unangetastet lassen und unsere Untersuchungen auf ein anderes, uns zugänglicheres Gebiet übertragen – auf das Gebiet der Handlungslogik.
Hier lösen wir das Problem nicht auf wissenschaftlichem, sondern auf rein praktischem Weg – auf empirische Weise mit Hilfe unserer menschlichen Natur, unserer Lebenserfahrung, des Instinkts, des Spürsinns, der Logik, der Folgerichtigkeit und unseres Unbewußten.
Wenn wir unsere physischen Handlungen in einer logischen und folgerichtigen äußeren Linie verlaufen lassen, werden wir – sofern wir aufmerksam und gründlich vorgehen – die Erfahrung machen, daß parallel dazu in uns selbst noch eine

andere Linie entsteht – die Linie logischer, folgerichtiger Empfindungen. Das ist verständlich; denn sie, diese inneren Empfindungen, erzeugen unmerklich für uns selbst die Handlungen und sind mit der Existenz dieser Handlungen unzertrennlich verbunden.
Das ist ein weiteres überzeugendes Beispiel dafür, wie die Logik und Folgerichtigkeit der begründeten physischen und psychologischen Handlungen zur Wahrhaftigkeit und zum Glauben in bezug auf die Empfindungen führen."

Heute ließ Arkadi Nikolajewitsch Wjunzow, die Maloletkowa und mich die Übung mit dem „verbrannten Geld" spielen.
Anfangs, beim Geldzählen, wollte die Szene bei mir irgendwie nicht klappen, und Arkadi Nikolajewitsch mußte wie beim erstenmal meine Arbeit Schritt für Schritt anleiten. Sobald ich aber die Wahrhaftigkeit der physischen Handlungen empfand und an ihre Echtheit glauben konnte, kam ich in Schwung: Ich fühlte mich leicht und wohl auf der Bühne, die Phantasie begann richtig zu arbeiten.
Beim Geldzählen blickte ich zufällig auf den Buckligen – auf Wjunzow – und fragte mich zum erstenmal, wer er eigentlich sei und warum er dauernd vor mir herumstände? Bevor meine Beziehung zu dem Buckligen nicht geklärt war, war es nicht möglich, die Übung weiterzuspielen.
„Sehen Sie!" triumphierte Torzow, als ich es ihm sagte. „Die kleinen Wahrhaftigkeiten verlangen immer größere und noch größere!"
Mit seiner Hilfe erdachte ich folgendes zur Begründung meiner Beziehung zum Partner:
Schönheit und Gesundheit meiner Frau sind mit der Verkrüppelung ihres Bruders bezahlt worden. Die beiden sind nämlich Zwillinge. Ihre Geburt bedrohte das Leben der Mutter; der Arzt mußte einen operativen Eingriff vornehmen und das Leben des einen Kindes riskieren, um das andere und die Mutter zu retten. Alle blieben am Leben, aber der Junge hatte Schaden gelitten: Er wurde schwachsinnig und bucklig. Den Gesunden war es, als hätte die Familie eine Schuld auf sich geladen, die unablässig zum Himmel schreit.
Dieser Einfall gab mir einen Stoß und veränderte mein Verhältnis zu dem armen Schwachsinnigen. Ich wurde von echter Zärtlichkeit für ihn erfüllt, sah ihn mit anderen Augen an und empfand sogar so etwas wie Gewissensbisse über das Vergangene.
Wieviel lebendiger wurde der Auftritt mit dem Geldzählen durch die Gegenwart des armen Narren, der an den brennenden Papierstreifen seine Freude hatte. Aus Mitleid mit ihm war ich bereit, ihn durch allerlei Späße zu erheitern, etwa indem ich mit den Bündeln gegen die Tischplatte klopfte, Gesichter schnitt und komische Bewegungen machte, die Papierstreifen mit drolligem Getue ins Feuer warf und sonst noch dieses und jenes anstellte, was mir gerade in den Sinn kam. Wjunzow ging auf meine Experimente ein und reagierte gut darauf. Seine Einfühlsamkeit brachte mich immer wieder auf neue Ideen. So entstand eine ganz andere Szene – gemütlich, lebendig, warm, lustig –, die im Zuschauerraum in jedem Moment ein Echo fand. Das machte Mut und spornte an. Doch nun kam der Moment, wo ich ins

Nebenzimmer zu gehen hatte. Zu wem? Zu meiner Frau? Aber wer ist sie denn? Ganz von selbst erhob sich diese neue Frage vor mir.
Es wurde wieder unmöglich, weiterzuspielen, bevor diese Frage – wer ist meine Frau? – nicht beantwortet war. Ich dachte mir etwas sehr Sentimentales aus, ich wage nicht, es überhaupt aufzuschreiben. Dennoch erregte mich dieser Einfall und machte mich glauben, daß mir – wenn alles so wäre, wie es mir meine Einbildung vorzeichnete – meine Frau und mein Kind unendlich teuer wären. Freudig würde ich unentwegt für sie arbeiten.
In der jetzt von Leben erfüllten Etüde empfand ich die früheren theatralischen Kunstgriffe meines Spiels als beleidigend.
Wie leicht und wie hübsch war es, hinauszugehen, um meinen Sohn beim Baden zu sehen. Diesmal brauchte man mich nicht an die Zigarette zu erinnern, ich ließ sie ganz von selbst vorsorglich im Wohnzimmer, wie es mir die zärtliche, sorgende Liebe zu dem Kind eingab.
Die Rückkehr an den Tisch zu den Akten wurde auch verständlich und notwendig, arbeitete ich doch für meine Frau, für den Sohn und den Schwachsinnigen!
Nachdem ich mir über meine Vergangenheit klargeworden war, bekam das Verbrennen der amtlichen Gelder eine ganz andere Bedeutung. Ich brauchte nur zu sagen: „Was tätest du, wenn das in Wirklichkeit passiert wäre?", und sofort fing mein Herz an, vor Hilflosigkeit heftiger zu schlagen, so furchtbar erschien mir die allernächste Zukunft. Ich mußte den Schleier vor dieser Zukunft lüften.
Dabei wurde die Erstarrung zu einer Notwendigkeit für mich, und die „tragische Untätigkeit" wurde höchst aktiv. Ich brauchte das eine wie das andere, um meine ganze Energie und Kraft auf die Arbeit der Phantasie und des Denkens konzentrieren zu können.
Die folgende Szene mit den Wiederbelebungsversuchen an dem toten Buckligen ergab sich ganz natürlich, ganz von selbst. Das war bei dem neuen, zärtlichen Verhältnis zu dem Schwachsinnigen, der mir nun zum lieben Verwandten geworden war, verständlich.
„Nur die Wahrhaftigkeit vermag andere Wahrhaftigkeiten logisch und folgerichtig aufzuspüren und zu erzeugen", sagte Arkadi Nikolajewitsch, als ich ihm meine Empfindung geschildert hatte. „Erst suchten Sie die kleinen Wahrhaftigkeiten der Handlung beim ‚Geldzählen' und freuten sich, als es Ihnen gelang, sich bis ins kleinste zu besinnen, wie der physische Vorgang des Geldzählens im realen Leben verläuft. Nachdem Sie die Wahrhaftigkeit auf der Bühne im Augenblick des Geldzählens empfunden hatten, wollten Sie die gleiche lebendige Wahrhaftigkeit auch in den anderen Augenblicken erreichen, da, wo Sie den anderen handelnden Personen – Ihrer Frau, dem Schwachsinnigen – gegenüberstehen. Sie wollten nun wissen, warum der Bucklige dauernd vor Ihrer Nase herumsteht. Auf der Lebenserfahrung aufbauend haben Sie mit Hilfe von Logik und Folgerichtigkeit eine wahrscheinliche Vorgeschichte ausgedacht, an die man ohne weiteres glauben konnte. Alles zusammen brachte es zuwege, daß Sie auf der Bühne ungezwungen, nach den Gesetzen der Natur lebten."
Jetzt sah ich die Etüde, die ich schon satt gehabt hatte, mit anderen Augen an, und

sie löste einen lebendigen Widerhall des Gefühls in mir aus. Es ist unmöglich, Torzows ausgezeichnete Methode nicht zu bejahen. Doch wollte es mir scheinen, als gründe sich ihr Erfolg auf die Wirkung des „magischen Wenn" und der „vorgeschlagenen Situationen". Sie waren es, die den Anstoß in mir auslösten, keineswegs aber der Aufbau physischer Handlungen mit vorgestellten Gegenständen. Ist es darum nicht einfacher, direkt mit ihnen zu beginnen? Warum soll man noch Zeit auf physische Handlungen verschwenden?
Ich sagte es Arkadi Nikolajewitsch.
„Natürlich!" stimmte er mir zu. „Ich hatte auch vorgeschlagen, damit zu beginnen ... es ist lange her, einige Monate, als Sie diese Übung zum erstenmal spielten."
„Damals fiel es mir schwer, die Phantasie in Tätigkeit zu setzen. Sie schlief", erinnerte ich mich.
„Ja, und jetzt ist sie erwacht, und es fällt Ihnen leicht, Vorgeschichten nicht nur neu zu entwickeln, sondern sie auch innerlich zu erleben, die Wahrhaftigkeit zu empfinden und daran zu glauben. Wodurch ist diese Wandlung gekommen? Weil Sie früher den Samen der Phantasie auf steinigen Boden streuten. Dort ging er ein. Sie empfanden zwar die Wahrheit, konnten aber nicht an das glauben, was Sie taten. Äußerliche Faxen, physische Anspannung und unrichtiger Einsatz der körperlichen Mittel sind kein fruchtbarer Boden, um Wahrhaftigkeit und Erleben hervorzubringen. Jetzt haben Sie nicht nur ein richtiges inneres, sondern auch ein richtiges physisches Leben. Darin ist alles wahrhaftig, und Sie glauben nicht nur mit dem Verstand daran, sondern mit dem ganzen Empfinden Ihrer eigenen organischen, physischen Natur. Es ist nicht verwunderlich, daß der Phantasieeinfall unter diesen Umständen Wurzeln schlägt und Früchte trägt. Jetzt phantasieren Sie nicht mehr ins Ungewisse, ‚ins Blaue' hinein, nicht mehr ‚im allgemeinen', sondern begründet. Jetzt haben Ihre Phantasien keinen abstrakten, sondern einen realen Sinn. Die äußere Handlung wird dadurch innerlich gerechtfertigt. Die Wahrhaftigkeit physischer Handlungen und der Glaube daran regt unser psychisches Leben an.
Doch das Wesentlichste und Wichtigste von dem, was Sie heute erfahren haben, besteht darin, daß Sie jetzt nicht auf der Bühne, nicht in Maloletkowas Wohnung waren, daß Sie nicht gespielt, sondern real existiert haben. Sie haben wahrhaftig in Ihrer erdachten Familie gelebt. Dieser Zustand auf der Bühne heißt in unserer Sprache ‚ich bin'. Das Geheimnis liegt darin, daß die Logik und Folgerichtigkeit physischer Handlungen und Empfindungen Sie zur Wahrhaftigkeit geführt hat, die Wahrhaftigkeit hat das Glaubenkönnen ausgelöst, und aus allem zusammen entstand das ‚ich bin'. Das bedeutet: Ich bin in meiner gesamten Existenz, im Leben, im Fühlen, im Denken eins mit der Rolle.
Mit anderen Worten: ‚Ich bin' führt zur Emotion, zum Gefühl, zum Erleben.
‚Ich bin' – das ist verdichtete, fast absolute Wahrheit auf der Bühne.
Die heutige Darstellung ist noch dadurch bemerkenswert, daß sie sehr anschaulich eine neue, recht wichtige Eigenschaft der Wahrhaftigkeit demonstriert hat: Die kleinen Wahrhaftigkeiten lösen größere aus, diese rufen noch größere hervor, diese dann die großen, die ganz großen ... und so weiter.

Kaum hatten Sie Ihre kleinen physischen Handlungen geordnet und deren echte Wahrhaftigkeit empfunden, als es Ihnen nicht mehr genügte, das Geld richtig zu zählen. Sie wollten jetzt wissen, für wen Sie das tun, wen Sie belustigen und so weiter und so weiter.
Schafft man auf der Bühne den Zustand des ‚ich bin', dann ist das Resultat immer größeres Streben nach Wahrhaftigkeit, das bis an die Grenze der absoluten Wahrhaftigkeit vordringt.
Wo Wahrhaftigkeit, Glaube und das ‚ich bin' vorhanden sind, da bleibt auch das echte, menschliche – nicht theatralische – Erleben nicht aus. Das sind die kräftigsten ‚Lockmittel' für unser Gefühl."

Gleich beim Betreten der Klasse erklärte Arkadi Nikolajewitsch:
„Jetzt wissen Sie, was Wahrhaftigkeit und Glaube auf der Bühne sind. Nun muß nur noch festgestellt werden, ob sie auch jeder von Ihnen hat. Darum werde ich Sie alle auf das Empfinden von Wahrhaftigkeit und Glauben hin prüfen."
Als erster wurde Goworkow auf die Bühne geschickt. Arkadi Nikolajewitsch ließ ihn die Aufgabe selbst bestimmen.
Natürlich brauchte unser „Erzmime" seine ständige Partnerin – die Weljaminowa. Wie gewöhnlich spielten die beiden auf Deubel komm 'raus, irgendeinen Blödsinn.
Als sie fertig waren, sagte Arkadi Nikolajewitsch zu Goworkow:
„Von Ihrem Standpunkt, dem eines geschickten Technikers, aus, der sich nur für die äußere Darstellungstechnik interessiert, schien Ihnen heute alles zu stimmen, und Sie freuten sich Ihrer Meisterschaft.
Aber ich konnte nicht mitfühlen, weil ich in der Kunst die selbstverständlich und organisch wirkende Natur suche, die der toten Rolle erst wahres menschliches Leben verleiht.
Ihre vermeintliche Wahrhaftigkeit kann dazu verhelfen, Gestalten und Leidenschaften vorzuführen, meine Wahrhaftigkeit verhilft dazu, die Gestalten selbst zu schaffen, und löst unmittelbar die Empfindungen aus. Zwischen Ihrer und meiner Kunst ist der gleiche Unterschied wie zwischen den Worten ‚scheinen' und ‚sein'. Ich brauche echte Wahrhaftigkeit – Sie begnügen sich mit ‚Wahr-Scheinlichkeit'. Ich brauche das Glaubenkönnen – Sie begnügen sich mit der Vertrauensseligkeit der Zuschauer. Wenn er Sie auf der Bühne sieht, weiß der Zuschauer beruhigt, daß alles ganz genau nach den ein für allemal feststehenden Spielregeln gehen wird. Der Zuschauer vertraut Ihrem Können, wie man dem Turner zutraut, daß er nicht vom Reck stürzen wird. In Ihrer Kunst ist der Zuschauer ein Zu-Schauer. In meiner Kunst wird er zum Zeugen des Schaffens, er nimmt daran teil; er wird in das Leben, das sich auf der Bühne abspielt, hineingezogen und glaubt ihm."
Statt einer Antwort auf Arkadi Nikolajewitschs Ausführungen behauptete Goworkow etwas maliziös, Puschkin wäre zuweilen anderer Meinung über Wahrhaftigkeit in der Kunst als Torzow. Zur Bekräftigung seiner Behauptung zitierte Goworkow die Worte des Dichters, auf die man sich bei solchen Gelegenheiten immer beruft:
„Teurer als die Finsternis der niedrigen
Wahrheiten ist mir der uns erhebende Trug..."

„Ich stimme Ihnen zu – und Puschkin auch. Das beweisen ja gerade die Verse, die Sie zitieren, in denen der Dichter von der Täuschung spricht, der wir glauben. Die Täuschung erhebt uns gerade durch den Glauben an sie – gäbe es ihn nicht, woher käme dann die wohltätige, erhebende Wirkung der Täuschung? Stellen Sie sich vor, am ersten April, an dem es üblich ist, einander zu täuschen, käme man zu Ihnen und wollte Sie überzeugen, die Regierung hätte beschlossen, Ihnen für Ihre schauspielerischen Verdienste ein Denkmal zu errichten. Würde Sie eine solche Täuschung erheben?"

„Ich bin kein Dummkopf und glaube keine albernen Scherze!" erwiderte Goworkow.

„Um erhoben zu werden, müssen Sie den ,albernen Scherzen' trotzdem glauben", nahm ihn Arkadi Nikolajewitsch beim Wort. „In einem anderen Gedicht vertritt Puschkin fast die gleiche Meinung:

,Über Erdichtetes werde ich Tränen vergießen...'[32]

Über etwas, was man nicht glaubt, kann man keine Tränen vergießen. Es lebe also die Täuschung und die Dichtung, denen wir glauben, da sie sowohl Schauspieler als auch Zuschauer zu erheben vermögen! Eine solche Täuschung wird Wahrheit für den, der sie glaubt. Das bestätigt nur noch stärker, daß im vorgestellten Leben des Schauspielers auf der Bühne alles zur echten Wahrhaftigkeit werden muß. Doch das kann ich in Ihrem Spiel nicht erkennen."

In der zweiten Hälfte der Stunde korrigierte Arkadi Nikolajewitsch die kleine Szene, die Goworkow und die Weljaminowa gespielt hatten. Torzow überprüfte das Spiel an den kleinen physischen Handlungen und suchte, genau wie er es mit mir in der Übung mit dem verbrannten Geld gemacht hatte, Wahrhaftigkeit und Glauben zu erreichen.

Doch – es kam zu einem Zwischenfall, den ich beschreiben muß, weil er eine für mich recht lehrreiche Strafpredigt Torzows zur Folge hatte. Es geschah folgendes: Goworkow unterbrach plötzlich die Übung, spielte nicht weiter und stand schweigend, mit nervösem, wütendem Gesicht und bebenden Lippen und Händen da.

„Ich kann nicht ruhig sein! Ich muß es aussprechen", begann er nach einiger Zeit, gegen seine Erregung ankämpfend. „Entweder verstehe ich nichts, dann muß ich vom Theater abgehen, oder, entschuldigen Sie bitte, das, was uns hier beigebracht wird, ist Gift, gegen das wir protestieren müssen.

Seit einem halben Jahr läßt man uns Stühle hin und her rücken, Türen schließen, Kamine heizen. Bald wird man uns um des Realismus willen, mit Verlaub, in der Nase bohren lassen, mit kleiner und großer physischer Wahrhaftigkeit. Entschuldigen Sie bitte, das Hin- und Herrücken von Stühlen auf der Bühne ergibt noch keine Kunst. Wahrheit besteht nicht darin, widerwärtiges naturalistisches Zeug zu zeigen. Zum Teufel mit einer Wahrheit, von der einem übel werden kann!

,Physische Handlungen'? Nein, entschuldigen Sie bitte, das Theater ist kein Zirkus! Dort sind physische Handlungen – etwa das Auffangen des Trapezes oder der geschickte Sprung auf ein Pferd – ungeheuer wichtig, davon hängt das Leben des Akrobaten ab.

Doch die großen Dichter der Weltliteratur schreiben, mit Verlaub, ihre genialen Werke nicht dazu, daß sich ihre Helden in physischen Handlungen üben! Und nur das zwingt man uns hier zu tun. Wir ersticken!
Zwingen Sie uns nicht zur Erde nieder! Binden Sie uns nicht die Flügel! Lassen Sie uns emporsteigen, höher, dem Ewigen entgegen ... dem Überirdischen ... in das Weltall, wissen Sie, in die höheren Sphären! Die Kunst ist frei! Sie braucht Raum, aber keine kleinen Wahrhaftigkeiten! Sie braucht Aufschwung zu großem Flug, aber nicht zum Herumkriechen auf der Erde wie die Insekten! Wir wollen das Schöne, das Veredelnde, das Erhabene! Verschließen Sie uns den Himmel nicht!"
‚Recht hat Torzow, daß er Goworkow nicht in die Wolken entschweben läßt! Das schafft der nicht', dachte ich bei mir. ‚Was? Goworkow, der Erzmime, will zum Himmel auffliegen?! Will Kunst machen anstatt Übungen?!'
Als Goworkow fertig war, sagte Arkadi Nikolajewitsch:
„Ihr Protest hat mich überrascht. Bis jetzt hielten wir Sie für einen Schauspieler der äußeren Technik, da Sie sich auf diesem Gebiet sehr deutlich produziert haben. Und nun erfahren wir plötzlich, daß Sie Ihre eigentliche Berufung zu den Wolken emporzieht, daß Sie das Ewige, Überirdische brauchen, also das, worin Sie sich noch gar nicht offenbart haben.
Wohin wendet sich nun eigentlich Ihr schauspielerisches Streben: hierher, zu uns, in den Zuschauerraum, dem Sie sich zeigen, für den Sie sich immer zur Schau stellen, oder auf die andere Seite der Rampe, das heißt auf die Bühne, zum Dichter, zu den Schauspielern, zur Kunst, der Sie dienen, zum geistigen ‚Leben der Rolle', das Sie durchleben? Ihren Worten nach zu urteilen, wollen Sie das letztere. Um so besser! Offenbaren Sie so bald wie möglich Ihren geistigen Wesenskern und geben Sie Ihre bevorzugte Spielweise im sogenannten erhabenen Stil auf, die nur einen schlechten Zuschauergeschmack befriedigen kann.
Konventionelle Äußerlichkeit und Lüge haben keine Flügel. Dem Körper ist es nicht gegeben, zu fliegen. Der kann bestenfalls mal einen Meter hoch springen oder sich auf Zehenspitzen stellen und in die Höhe recken.
Fliegen können die Phantasie, das Gefühl, der Gedanke. Nur sie haben unsichtbare Flügel, ohne Fleisch und Materie; nur sie können wir meinen, wenn wir, nach Ihren Worten, vom ‚Überirdischen' träumen. Sie bergen die lebendigen Erinnerungen unseres Gedächtnisses, das eigentliche Leben des menschlichen Geistes, unsere Träume. Nur sie können sich nicht nur ‚in den Himmel erheben', sondern noch viel höher – in jene Bezirke, die von der Natur noch nicht geschaffen sind und nur in der unbegrenzten Phantasie des Künstlers existieren. Aber bei Ihnen fliegen gerade sie – Gefühl, Gedanke, Phantasie – nicht über den Zuschauerraum hinaus, dessen Sklave Sie sind. Darum müßten Sie sich Ihre eigenen Worte entgegenschreien: ‚Zwingen Sie uns nicht zur Erde nieder! Wir ersticken! Binden Sie uns nicht die Flügel! Lassen Sie uns emporsteigen, höher, dem Ewigen entgegen ... dem Überirdischen! Geben Sie uns Erhabenes, aber keine abgenutzte theatralische Schablone!' "
Arkadi Nikolajewitsch kopierte Goworkows abgeschmacktes theatralisches Pathos und seine Art zu deklamieren nicht ohne Schärfe.
„Wenn Sie der Sturm der Inspiration nicht auf Ihren Flügeln emporhebt und in die

Ferne entführt, brauchen Sie zum Anlauf mehr als jeder andere die Linie physischer Handlungen, ihre Wahrhaftigkeit und den Glauben.[33]
Doch Sie fürchten sich davor, Sie finden es erniedrigend, die Übungen zu exerzieren, die der Schauspieler nötig hat. Warum fordern Sie eine Ausnahme von der allgemeinen Regel für sich?
Die Tänzerin schwitzt und strengt sich jeden Morgen bei ihrem obligatorischen Training an, um abends ‚auf der Spitze' dahinschweben zu können. Der Sänger übt jeden Morgen, hält jeden Ton möglichst lange aus, trainiert das Zwerchfell, spürt die Resonanz im Kopf auf, um abends sein Herzblut in den Gesang ergießen zu können. Die Künstler aller Kunstgattungen vernachlässigen ihren körperlichen Apparat und die physischen Übungen nicht, die die Technik verlangt.
Warum wollen Sie eine Ausnahme sein? Während wir den engsten, unmittelbarsten Kontakt zwischen unserer körperlichen und unserer geistigen Natur herzustellen versuchen, um durch die eine auf die andere einzuwirken, wollen Sie die beiden trennen. Mehr als das: Sie versuchen sogar – nur mit dem Munde natürlich –, die eine Hälfte Ihrer Natur – die physische – zu verleugnen. Aber die Natur spottet Ihrer, sie versagt Ihnen gerade das, was Sie so schätzen: erhabenes Gefühl und Erleben, und läßt Ihnen statt dessen nur die physische Technik der theatralischen Pose und die Schaustellung Ihrer selbst.
Mehr als die anderen berauschen Sie sich an äußerlichen, handwerklichen Kunstgriffen, am theatralischen deklamatorischen Pathos, an allen möglichen konventionellen Schablonen.
Wer ist denn dem Erhabenen näher: Sie, der Sie sich auf die Zehenspitzen stellen und den Worten nach ‚über den Wolken schweben', sich in Wirklichkeit aber ganz im Banne des Zuschauerraums befinden, oder ich, der ich die schauspielerische Technik mit ihren physischen Handlungen brauche, um mit Hilfe von Glauben und Wahrhaftigkeit kompliziertes menschliches Erleben zu verkörpern? Entscheiden Sie selbst, wer von uns ist der Erde mehr verhaftet?"
Goworkow schwieg.
„Unverständlich!" rief Torzow nach einer kurzen Pause. „Vom Erhabenen reden die am meisten, die die wenigsten Voraussetzungen dafür haben, die gar nicht die unsichtbaren Flügel für einen Flug besitzen. Diese Menschen reden mit falschem Pathos, unverständlich und spitzfindig über Kunst und Schöpfertum. Die wahren Künstler sprechen einfach und verständlich von ihrer Kunst.
Gehören Sie nicht zur ersten Kategorie?
Denken Sie darüber nach, überlegen Sie sich außerdem, daß Sie in Rollen, die Ihrer Natur entsprechen, ein vorzüglicher Schauspieler und ein nützliches Mitglied des Ensembles werden könnten."
Nach Goworkow spielte die Weljaminowa. Zu meinem Erstaunen machte sie alle einfachen Etüden nicht schlecht und begründete sie innerlich.
Arkadi Nikolajewitsch lobte sie und schlug ihr dann vor, den Brieföffner vom Tisch zu nehmen und sich damit zu erstechen.
Kaum handelte es sich um etwas „Tragisches", als die Weljaminowa sofort auf Stelzen stieg, ganz schauderhaft „die Leidenschaft in Fetzen riß" und, als sie sich dem

Kulminationspunkt näherte, plötzlich so gellend aufjaulte, daß wir alle nicht mehr an uns halten konnten und laut herausprusteten.
Torzow sagte:
„Eine Tante von mir hatte einen Adligen geheiratet und war eine vorzügliche ‚Dame der Gesellschaft' geworden. Mit großer Kunst, als ob sie auf des Messers Schneide balancierte, führte die Tante ihre gesellschaftliche ‚Politik' glänzend durch und ging in allen Fällen als Siegerin hervor. Und alle glaubten ihr. Eines Tages jedoch wollte sie sich bei der Verwandtschaft eines hochberühmten Mannes einschmeicheln, der verstorben war und zur Totenmesse in der überfüllten Kirche aufgebahrt lag. Meine Tante trat an den offenen Sarg, stellte sich in Opernpositur, blickte dem Toten ins Gesicht, machte eine effektvolle Pause und deklamierte dann so laut, daß es durch die ganze Kirche schallte: ‚Lebe wohl, Freund, hab' Dank für alles!' Doch ihr Gefühl für Wahrhaftigkeit ließ sie im Stich, sie vergriff sich in der Tonart, und keiner glaubte ihren Schmerz. Etwa das gleiche ist jetzt auch mit Ihnen passiert. An den komödienhaften Stellen klöppelten Sie ein Spitzenmuster der Rolle, und ich glaubte es Ihnen; aber an der kräftigen dramatischen Stelle vergriffen Sie sich in der Tonart. Offenbar besitzen Sie ein einseitiges Gefühl für Wahrhaftigkeit, empfindlich bei Komödien und verzerrt bei Dramen. Auch Sie müssen wie Goworkow Ihren richtigen Platz beim Theater finden. Sein ‚Fach' rechtzeitig zu erkennen ist eine wichtige Sache in unserer Kunst."[34]

Arkadi Nikolajewitsch fuhr fort, die Schüler auf ihr Gefühl für Wahrhaftigkeit und Glauben hin zu prüfen, und rief als ersten Wjunzow auf.
Er spielte mit mir und der Maloletkowa die Etüde mit dem „verbrannten Geld".
Ich muß sagen, daß Wjunzow die erste Hälfte ganz ausgezeichnet – so gut wie noch nie – erlebte. Er setzte mich diesmal durch sein Empfinden für das rechte Maß in Erstaunen und überzeugte mich wieder von seiner echten Begabung.
Arkadi Nikolajewitsch lobte ihn sehr, hatte aber auch etwas zu bemängeln:
„Aber warum haben Sie in der Sterbeszene die ‚Wahrhaftigkeit' so übertrieben, wie man sie auf der Bühne gar nicht sehen will: Magenkrämpfe, Übelkeit, Brechreiz, furchtbare Grimassen, Zuckungen des ganzen Körpers...
An dieser Stelle haben Sie dem Naturalismus um seiner selbst willen gefrönt. Die Wahrhaftigkeit des Sterbens war Ihnen Selbstzweck. Sie lebten nicht aus der Erinnerung an die letzten Augenblicke des ‚Lebens des menschlichen Geistes', sondern fanden die optischen Erinnerungen an den äußeren, physischen Todeskampf interessanter. Das ist nicht richtig.
Hauptmanns Stück ‚Hanneles Himmelfahrt' hat auch naturalistische Elemente. Doch dort sind sie eingefügt, um den eigentlichen Sinn des Stückes schärfer hervortreten zu lassen. Ein solcher Kunstgriff kann akzeptiert werden. Doch warum sollte man ohne zwingenden Grund aus dem realen Leben Dinge entnehmen, die wie unnützer Kehrricht weggeworfen zu werden verdienen? Solche Aufgabe, solche Wahrhaftigkeit sind antikünstlerisch, und der Eindruck, den sie hinterlassen, ist es auch. Das Widerwärtige schafft nichts Schönes, die Krähe bringt keine Taube zur Welt, die Brennessel trägt keine Rosen.

Nicht jede Wahrheit, die wir aus dem Leben kennen, taugt auch für das Theater. Die Bühnenwahrheit muß echt und ungeschminkt, aber dennoch frei von allen überflüssigen Details des Alltagslebens sein. Sie muß realistisch und wahrhaftig, zugleich aber durch den schöpferischen Phantasieeinfall dichterisch umgeformt sein. Die Wahrhaftigkeit auf der Bühne soll realistisch sein, doch sie soll auch künstlerisch sein und uns erheben."

„Worin besteht denn solche künstlerische Wahrhaftigkeit?" fragte Goworkow nicht ohne Bosheit.

„Ich weiß, worauf Sie hinauswollen – auf ein Gespräch über die hohe Materie der Kunst. Man könnte Ihnen zum Beispiel sagen, daß zwischen künstlerischer und unkünstlerischer Wahrhaftigkeit derselbe Unterschied besteht wie zwischen Gemälde und Fotografie: Die Fotografie gibt alles wieder, das Gemälde aber nur das Wesentliche; um dieses Wesentliche auf die Leinwand zu bringen, ist die Begabung des Malers nötig. Oder in bezug auf Wjunzows Spiel könnte man Ihnen sagen: Für den Zuschauer ist es wichtig, daß der Bucklige stirbt und nicht, daß dieser Tod von physiologischen Erscheinungen begleitet wird. Das waren die Details der Fotografie, die dem Gemälde abträglich sind. Das eine oder das andere wesentliche Merkmal, das den Sterbenden charakterisiert – weiter nichts. Unter gar keinen Umständen alle Merkmale dieser Art. Sonst tritt das Wesentliche – der Tod, das Dahinscheiden eines lieben Menschen – in den Hintergrund, während sich nebensächliche Merkmale in den Vordergrund drängen, Merkmale, die beim Zuschauer Übelkeit hervorrufen, wo er weinen sollte.

Sehen Sie, ich weiß wohl, was man in solchen Fällen sagt, aber ich schweige lieber! Warum? Weil manche anspruchslosen Menschen sich schnell zufriedengeben: Nach einer kurzen Erklärung wissen Sie schon alles, kennen die künstlerischen Probleme unserer Arbeit.

Ich behaupte, daß diese Einstellung schädlich ist. Sie vermag nichts zu geben und schläfert zugleich die Neugier, die Wißbegier ein, deren die Schauspieler ganz besonders bedürfen.

Weigere ich mich aber entschieden, Ihnen zu antworten, so wird Sie das aufrütteln, Ihr Interesse wecken, erregen, wird Sie zum Aufhorchen bringen, Sie werden selbst genau hinschauen und die Antwort auf die ungelöste Frage suchen.

Und aus diesem Grunde erkläre ich Ihnen: Ich will das Künstlerische in der Kunst nicht mit Worten bestimmen und genau formulieren. Ich bin ein Mann der Praxis und kann Ihnen nicht mit Worten, sondern nur mit der Tat zur Erkenntnis verhelfen – das heißt Sie fühlen lassen, was künstlerische Wahrhaftigkeit ist. Dabei müssen Sie sich mit großer Geduld wappnen, denn ich kann es nur im Verlauf des ganzen Lehrgangs machen. Oder, genauer gesagt: Es wird Ihnen von selbst klar, wenn Sie das ganze ‚System' durchgearbeitet haben, wenn Sie an sich selbst den Prozeß des Aufkeimens, des Sichklärens und Herauskristallisierens der einfachen, alltäglichen menschlichen Wahrhaftigkeit zur künstlerischen Wahrheit verfolgt haben.

Das ergibt sich nicht auf einmal, sondern während des ganzen Wachstumsprozesses der Rolle. Dadurch, daß wir ihren wesentlichen Kern in uns aufnehmen, sie in die entsprechende schöne szenische Form bringen, ihr den schönen szenischen Ausdruck

verleihen und das Überflüssige weglassen, machen wir die Rolle – mit Hilfe des Unbewußten, der künstlerischen Begabung, des Instinkts und des Geschmacks – so poetisch, schön, harmonisch, einfach und verständlich, daß sie eine veredelnde und läuternde Wirkung auf den Zuschauer hat. Diese Eigenschaften machen die Rollengestalt nicht nur richtig und wahrhaftig, sondern auch kunstvoll.
Und dieses außerordentlich wichtige Empfinden für das Schöne und Künstlerische läßt sich nicht in eine trockene Formel bringen. Es verlangt Gefühl, Praxis, Erfahrung, Wißbegier und Zeit."
Nach Wjunzow spielte die Maloletkowa die Etüde mit dem „ausgesetzten Kind". Der Inhalt ist folgender: Die Maloletkowa kommt nach Hause und findet vor ihrer Haustür ein ausgesetztes Kind. Bald darauf stirbt der entkräftete Säugling in ihren Armen. Am Anfang freute sie sich mit ungewöhnlich aufrichtigem Entzücken über das gefundene Kind und behandelte es wie eine lebendige Puppe. Sie hüpfte und lief mit ihm auf und ab, wickelte es in Windeln, küßte es, freute sich an seinem Anblick und vergaß offensichtlich, daß es sich um ein in ein Tischtuch gewickeltes Stück Holz handelte.
Doch plötzlich reagierte das Kind nicht mehr auf ihr Spiel. Die Maloletkowa schaute es lange forschend an, um die Ursache zu erkennen. Dabei wechselte ihr Gesicht den Ausdruck – je mehr Erstaunen und Angst sich darin spiegelten, desto konzentrierter wurde es. Vorsichtig legte sie das Kind auf das Sofa und ging, Schritt für Schritt zurückweichend, von ihm weg. In einiger Entfernung erstarrte sie in tiefer Bestürzung. Das war alles. Doch wieviel Wahrhaftigkeit, Glaube, Naivität, Jugend, Zauber, Fraulichkeit, Geschmack, wahres dramatisches Empfinden lag darin! Wie schön wußte sie dem Tode des Neugeborenen den Lebenshunger eines erwachsenen jungen Mädchens gegenüberzustellen! Wie fein empfand sie die erste Begegnung eines jungen, lebensvollen Geschöpfes mit dem Tode, zum erstenmal hinüberschauend in Bezirke, in denen kein Leben ist.
„Das ist künstlerische Wahrheit!" rief Torzow ergriffen, als die Maloletkowa abgegangen war. „Hier glaubt man alles, denn alles ist erlebt und dem echten, lebendigen Leben entnommen – aber nicht in Bausch und Bogen, sondern mit Bedacht, nur gerade so viel, wie notwendig ist. Nicht mehr und nicht weniger. Die Maloletkowa versteht zu sehen, kann das Schöne wahrnehmen und kennt das rechte Maß. Das sind wichtige Eigenschaften."
„Wie kommt denn eine noch ganz junge Anfängerin zu solcher Vollendung?" staunten einige Neider.
„Aus angeborenem Talent und vor allem – aus einem ungewöhnlich herrlichen Gefühl für Wahrhaftigkeit; was richtig getroffen und wahrhaftig ist, hat unbedingt auch einen hohen künstlerischen Wert. Was kann schöner sein als ungeschminkte, unverdorbene, natürliche Wahrhaftigkeit!"
Am Ende der Stunde sagte Arkadi Nikolajewitsch:
„Ich glaube, ich habe Ihnen alles gesagt, was sich fürs erste über das Gefühl für Wahrhaftigkeit, über Lüge und Glauben auf der Bühne sagen läßt.
Es ist nun Zeit, darüber nachzudenken, wie man diese wichtige Gabe der Natur entwickelt und überprüft.

Gelegenheiten und Anlässe für diese Arbeit gibt es genug, da sich das Gefühl für Wahrhaftigkeit und Glaube auf Schritt und Tritt äußert, in jedem Augenblick des Schaffens, sei es zu Hause oder auf der Bühne, bei der Probe oder bei der Aufführung. Alles, was der Schauspieler im Theater tut und der Zuschauer sieht, muß vom Gefühl für Wahrhaftigkeit durchdrungen und akzeptiert werden.
Auch die geringfügigste Übung, die mit der äußeren wie mit der inneren Handlungslinie verbunden ist, muß von diesem Gefühl geprüft und bestätigt werden.
Daraus ergibt sich, daß jeder Augenblick unserer Unterrichtsarbeit – im Theater und zu Hause – dazu dienen kann, dieses Gefühl zu entwickeln.
Es bleibt also dafür zu sorgen, daß uns jeder dieser Augenblicke nützt und nicht schadet, daß er zur Entwicklung und Festigung des Gefühls für Wahrhaftigkeit beiträgt, keineswegs aber das Gefühl gegen theatralische Lüge und Übertreibung abstumpft.
Das ist eine schwere Aufgabe, denn es ist viel leichter, zu lügen und unecht zu sein, als wahrhaftig zu reden und zu handeln.
Es erfordert große Aufmerksamkeit, starke Konzentration und ständige Überprüfung durch den Lehrer, damit dieses Gefühl richtig im Schüler wächst und sich festigt.
Vermeiden Sie also, was noch über Ihre Kraft geht und Ihrer Natur, Ihrer Logik, Ihrem gesunden Menschenverstand zuwiderläuft! Das führt zu Verzerrung, Vergewaltigung, Übertreibung und Lüge, und je häufiger man diese auf der Bühne zuläßt, um so schlimmer steht es um das Gefühl für Wahrhaftigkeit, das durch Unwahrheit demoralisiert und verbogen wird.
Hüten Sie sich davor, sich Unechtheit und Lüge auf der Bühne zur Gewohnheit zu machen, lassen Sie nicht zu, daß ihr böser Same in Ihnen Boden findet! Reißen Sie ihn unbarmherzig heraus! Sonst beginnt Unkraut in Ihnen zu wuchern und erstickt die kostbarsten, dringend notwendigen Keime der Wahrhaftigkeit."

IX. EMOTIONALES GEDÄCHTNIS

Zu Beginn der Stunde schlug uns Torzow vor, auf die Etüden „Wahnsinniger" und „Kaminheizen" zurückzukommen. Wir hatten sie lange nicht wiederholt. Sein Vorschlag wurde begeistert aufgenommen, denn die Schüler hatten jetzt schon ein echtes Verlangen nach Etüden. Außerdem tut es wohl, etwas zu wiederholen, dessen man sicher ist, was einmal Erfolg hatte.
Wir spielten mit sehr viel Schwung. Das ist begreiflich: Jeder wußte, *was* er tun und *wie* er handeln mußte. Wir wurden sogar übermütig vor lauter Sicherheit. Als Wjunzow vor Schreck zurückprallte, stoben wir alle – genau wie früher – nach allen Richtungen davon. Aber der Schreck kam heute nicht überraschend, wir hatten Zeit gehabt, uns darauf vorzubereiten, zu überlegen, wer wohin laufen sollte. So wurde

das allgemeine Durcheinander scheinbar prägnanter, funktionierte besser und wirkte viel stärker als früher auf uns. Wir schrien sogar aus Leibeskräften.
Was mich betrifft, so landete ich wie sonst unter dem Tisch, fand aber keinen Aschenbecher und ergriff statt dessen ein großes Album. Ähnliches war auch bei anderen der Fall: Die Weljaminowa zum Beispiel war das erste Mal mit der Dymkowa zusammengestoßen und hatte dabei aus Versehen das Kissen fallen lassen; heute waren die beiden nicht zusammengeprallt, die Weljaminowa ließ aber trotzdem das Kissen fallen, um es wie damals aufheben zu können.
Wir waren sehr erstaunt, als uns Torzow und Rachmanow nach der Etüde erklärten, unser Spiel sei früher einmal unmittelbar, aufrichtig, frisch und wahrhaftig gewesen, heute dagegen unecht, unaufrichtig, gemacht. Wir zuckten verständnislos die Achseln.
„Aber wir haben doch empfunden, erlebt!"
„In jedem Augenblick des Lebens erlebt und empfindet jeder Mensch unweigerlich irgend etwas", erwiderte Torzow. „Wenn er nicht erlebte, nicht empfände, wäre er nicht lebendig, sondern tot. Nur Tote fühlen nichts. Aber die Frage ist: Was haben Sie denn eigentlich eben auf der Bühne, im Augenblick des Schaffens ‚erlebt' und ‚empfunden'?
Lassen Sie uns doch mal nachprüfen und vergleichen, was früher gewesen ist und was Sie heute bei der Wiederholung gemacht haben.
Ohne Zweifel – das gesamte Arrangement, alle Gänge, die äußeren Handlungen und ihre Folgerichtigkeit, ja die geringste Kleinigkeit der Gruppierung sind mit erstaunlicher Präzision erhalten geblieben. Sehen Sie sich zum Beispiel diesen Möbelberg an, mit dem die Tür verbarrikadiert ist. Man könnte annehmen, Sie hätten ein Foto oder einen genauen Lageplan davon gehabt und danach die Barrikade wieder aufgebaut.
Die äußere, an Tatsachen gebundene Seite der Etüde ist also mit erstaunlicher Genauigkeit wiederholt worden. Das beweist, daß Sie ein gutes Gedächtnis für szenische Anordnung, Gruppierung, für physische Handlung, Bewegung, Gänge und so weiter haben. So verhält es sich also mit der äußeren Seite. Aber ist es denn so wichtig, in welcher Gruppierung Sie gestanden haben? Für mich als Zuschauer ist es viel interessanter, *wie* Sie innerlich handelten, *was* Sie empfanden. Denn Ihre eigenen Erlebnisse, aus der Wirklichkeit entnommen und in die Rolle übertragen, schaffen erst das Leben der Rolle auf der Bühne. Ihre Empfindungen haben Sie mir eben nicht gegeben. Die äußere Handlung, die szenische Anordnung, die Gruppierung sind, wenn man sie nicht innerlich begründet, trockene Formeln, die wir auf der Bühne nicht brauchen. Darin liegt der Unterschied zwischen der heutigen und der früheren Durchführung der Etüde.
Das erste Mal haben Sie sich auf die wichtige Frage der eigenen Rettung konzentriert, als ich die Möglichkeit einführte, der ungebetene Gast könne ein Wahnsinniger sein. Alle schätzten die entstandene Situation ab und begannen erst dann zu handeln. Das war das logisch richtige Herangehen, ein echtes Erleben und seine Verkörperung.
Heute haben Sie sich aber sofort ohne Bedenken, ohne die vorgeschlagene Situation

eingeschätzt zu haben, voller Entzücken in ihr Lieblingsspiel gestürzt und die vom vorigen Mal bekannten äußeren Handlungen kopiert. Das ist nicht richtig. Damals herrschte Grabesstille, diesmal war alles fröhlich und aufgeregt. Sie versorgten sich sofort mit Requisiten: Die Weljaminowa mit dem Kissen, Wjunzow mit dem Lampenschirm, Naswanow mit dem Album statt des Aschenbechers."
„Der Requisiteur hatte ihn vergessen", verteidigte ich mich.
„Hatten Sie sich denn das erste Mal so prompt damit versorgt? Haben Sie denn gewußt, daß Wjunzow aufschreien und Sie erschrecken würde?" spottete Arkadi Nikolajewitsch. „Seltsam! Wie konnten Sie heute ahnen, daß Sie das Album brauchen würden?! Man sollte meinen, es hätte Ihnen zufällig in die Hand kommen müssen. Wie schade, daß sich diese und andere Zufälligkeiten heute nicht wiederholt haben. Und ein weiterer Zug: Das erste Mal war Ihr Blick ununterbrochen starr auf die Tür gerichtet, hinter der der gedachte Wahnsinnige stand. Heute aber waren Sie nicht mit ihm, sondern mit uns beschäftigt, das heißt mit Ihren Zuschauern, mit Iwan Platonowitsch und mir. Sie waren gespannt, welchen Eindruck Ihr Spiel auf uns machen würde. Statt sich vor dem Wahnsinnigen zu verstecken, produzierten Sie sich vor uns. Während Sie das erste Mal in Ihren Handlungen allem folgten, was Ihr Gefühl, Ihre Intuition, Ihre Lebenserfahrung Ihnen innerlich soufflierten, sind Sie heute blind, fast mechanisch den einmal ausgetretenen Pfad gegangen. Sie haben die erste gelungene Probe wiederholt, aber Sie haben kein neues, wahrhaftiges Leben des heutigen Tages geschaffen. Sie haben Ihr Material nicht aus den Erinnerungen Ihres Lebens geschöpft, sondern aus theatralischen, schauspielerhaften Erinnerungen. Was das erste Mal ganz von selbst innerlich entstanden war und sich natürlich in der Handlung ausgedrückt hatte, wurde heute künstlich aufgeblasen, vergrößert, um mehr Eindruck auf die Zuschauer zu machen. Kurz, Ihnen passierte heute dasselbe wie einst einem jungen Mann, der sich bei Wassili Wassiljewitsch Samoilow[35] Rat holte, ob er zur Bühne gehen sollte.
,Gehen Sie hinaus, kommen Sie dann wieder herein und sagen Sie noch mal, was Sie mir eben gesagt haben', schlug ihm der große Schauspieler vor.
Der junge Mann wiederholte äußerlich sein erstes Hereinkommen, vermochte aber nicht, dasselbe Empfinden wieder wachzurufen. So konnte er seine äußeren Handlungen nicht innerlich begründen und beleben.
Doch weder mein Beispiel von diesem jungen Mann noch Ihr heutiger Mißerfolg brauchen Sie zu verwirren. Beides hat seine Richtigkeit, und ich will Ihnen erklären, wieso: Das Überraschende, das Neue an einem schöpferischen Thema ist zuweilen der beste Anreiz zum Schaffen. Bei der ersten Darstellung der Etüde war dieses Überraschungsmoment eindeutig vorhanden. Meine Annahme, daß hinter der Tür ein Wahnsinniger stände, hat sie ganz echt erregt. Heute fehlte die Überraschung, da Ihnen alles wohlbekannt und klar war, sogar einschließlich der äußeren Form, in der sich Ihre Handlung abspielte. Was braucht man unter diesen Umständen aufs neue zu überlegen, sich mit seinen Lebenserfahrungen, mit seinen Empfindungen auseinanderzusetzen, die man in der realen Wirklichkeit hatte, wozu diese ganze Arbeit leisten, wenn alles schon gemacht und von Iwan Platonowitsch und mir gebilligt war? Die fertige äußere Form ist eine große Verlockung für den Schauspieler!

Was Wunder, wenn Sie, die Sie beinahe zum erstenmal über die Bretter gehen, durch die fertige Form verleitet worden sind und dabei immerhin ein gutes Gedächtnis für die äußere Handlung gezeigt haben.
Was nun aber das Gedächtnis für Empfindungen anbetrifft, so ist es heute nicht zum Vorschein gekommen."
„Gedächtnis für Empfindungen?" Ich bemühte mich, mir den Begriff klarzumachen.
„Ja. Oder, wie wir es nennen wollen, *emotionales Gedächtnis*. Früher nannte man es nach Ribot ‚affektives Gedächtnis'.[36] Jetzt lehnt man diesen Terminus ab, ohne ihn durch einen neuen ersetzt zu haben. Doch wir brauchen irgendeine Bezeichnung dafür, und darum haben wir uns vorläufig darauf geeinigt, das Gedächtnis für Empfindungen ‚emotionales Gedächtnis' zu nennen."
Die Schüler baten, ihnen genauer zu erklären, was darunter zu verstehen ist.
„Sie werden es an einem Beispiel verstehen, das Ribot anführt.
Zwei Reisende waren auf einem Felsen von der Flut überrascht worden. Sie konnten sich retten und beschrieben später ihre Eindrücke. Der eine hatte jede seiner Handlungen behalten: wie, wohin, warum er gegangen, wo er abgestiegen war, wie er den Fuß gesetzt hatte, wie er gesprungen war. Der andere wußte davon fast gar nichts, sondern besann sich nur auf die Empfindungen, die er damals hatte: erst Begeisterung, dann Aufhorchen, Erschrecken, Hoffen, Zweifel, und schließlich war er in einen Zustand der Panik geraten.
Diese Empfindungen sind es nun, die das emotionale Gedächtnis bewahrt.
Wären in Ihnen heute schon allein bei dem Gedanken an die Etüde mit dem Wahnsinnigen – so wie in dem zweiten Reisenden – alle beim erstenmal erlebten Empfindungen wieder aufgewacht, hätten Sie aus ihnen gelebt und neu, wahrhaftig, produktiv und zweckmäßig zu handeln begonnen, wäre das alles von selbst, unabhängig von Ihrem Willen eingetreten, so hätte ich gesagt, daß Sie über ein erstklassiges, ganz ungewöhnliches emotionales Gedächtnis verfügen.
Leider ist das gar zu selten. Darum schraube ich meine Forderungen herunter und sage: Sie hätten die Etüde von der äußeren Bühnendisposition her anfangen sollen, diese hätte Ihnen die einmal erlebten Empfindungen ins Gedächtnis rufen sollen, Sie hätten sich diesen emotionalen Erinnerungen überlassen und die Etüde unter deren Herrschaft ausführen sollen. In diesem Fall hätte ich gesagt, daß Sie zwar nicht über ein außerordentliches, überdurchschnittliches, aber immerhin über ein gutes emotionales Gedächtnis verfügen.
Ich bin bereit, meine Forderungen auch noch weiter hinunterzuschrauben und anzunehmen, Sie hätten die Etüde äußerlich, rein formal zu spielen begonnen, die bekannte Bühnendisposition und die bekannten physischen Handlungen hätten nicht die damit verbundenen Empfindungen ausgelöst, Sie hätten nicht einmal das Bedürfnis verspürt, die so entstandenen ‚vorgeschlagenen Situationen', unter denen Sie handeln mußten, zu bedenken, wie es beim erstenmal der Fall war. In solchen Situationen kann man sich mit Psychotechnik helfen, das heißt ein neues ‚Wenn' und eine neue ‚vorgeschlagene Situation' einführen, sie neu bedenken und dadurch den schlummernden Komplex der Aufmerksamkeit, der Phantasie, des Gefühls für Wahrhaftigkeit und Glauben, des Denkens und dadurch des Gefühls anregen.

Wenn es Ihnen gelungen wäre, das alles zu erfüllen, hätte ich gesehen, daß Sie über emotionales Gedächtnis verfügen.
Aber Sie haben heute keine der genannten Möglichkeiten gezeigt. Wie der erste Reisende haben Sie heute nur die äußeren Handlungen mit ungewöhnlicher Präzision wiederholt, ohne sie durch inneres Erleben zu erwärmen. Heute haben Sie sich nur um die Resultate gekümmert. Darum sage ich: Sie haben kein emotionales Gedächtnis gezeigt."
„Also haben wir keins?" rief ich verzweifelt aus.
„Nein, Sie ziehen einen falschen Schluß. Doch das wollen wir in der nächsten Stunde nachprüfen", erwiderte Arkadi Nikolajewitsch ruhig.

Die heutige Stunde begann mit der Prüfung meines emotionalen Gedächtnisses.
„Wissen Sie noch", fing Arkadi Nikolajewitsch an, „Sie haben mir im Konversationszimmer von dem großen Eindruck erzählt, den Moskwin auf Sie gemacht hat, als er in N. ein Gastspiel gab? Erinnern Sie sich vielleicht auch jetzt noch so deutlich an sein Spiel, daß Sie beim bloßen Gedanken daran dieselbe Begeisterung empfinden, die Sie damals, vor fünf oder sechs Jahren, empfunden haben?"
„Sie ist jetzt vielleicht nicht mehr so stark wie damals, aber ich werde immer noch sehr angeregt von diesen Erinnerungen."
„So sehr, daß Ihr Herz dabei höher schlägt?"
„Das ist schon möglich, wenn ich mich eindringlicher damit beschäftige."
„Und was empfinden Sie psychisch oder physisch, wenn Sie an den tragischen Tod Ihres Freundes denken, von dem Sie mir auch damals im Konversationszimmer erzählten?"
„Ich gehe diesen schweren Erinnerungen aus dem Weg, weil sie mich immer noch sehr deprimieren."
„Dieses Gedächtnis, das Ihnen hilft, die vertrauten, früher durchlebten Empfindungen von Moskwins Gastspiel und vom Tode Ihres Freundes wieder wachzurufen – das ist das emotionale Gedächtnis!
So wie in Ihrem optischen Gedächtnis ein längst vergessener Gegenstand, eine Landschaft oder die Gestalt eines Menschen vor Ihrem inneren Auge aufersteht, genauso leben im emotionalen Gedächtnis die früher durchlebten Empfindungen wieder auf. Man glaubt, man hätte sie ganz vergessen, doch da kommt eine Andeutung, ein Gedanke, ein vertrautes Bild – und die Empfindungen bemächtigen sich unser wieder, zuweilen ebenso stark wie beim erstenmal, zuweilen schwächer, zuweilen stärker, die gleichen oder ein wenig veränderte Empfindungen.
Wenn Sie fähig sind, allein bei der Erinnerung an Erlebtes rot oder blaß zu werden, wenn Sie Angst haben, an ein vor langer Zeit erlebtes Unglück zurückzudenken, so haben Sie auch das Gedächtnis für Empfindungen, also emotionales Gedächtnis. Aber es ist nicht genügend entwickelt, um selbständig gegen die schwierigen Bedingungen des Schaffens in der Öffentlichkeit der Bühne anzukämpfen.
Sagen Sie mir jetzt", wandte sich Torzow an Schustow, „mögen Sie den Duft von Maiglöckchen?"
„Ja", antwortete Schustow.

„Und den Geschmack von Senf?"
„Allein nicht, aber in Verbindung mit Rindfleisch ja."
„Fahren Sie gern mit der Hand über ein weiches Katzenfell oder über schönen Plüsch?"
„Ja."
„Und Sie erinnern sich gut an diese Empfindungen?"
„Ja."
„Lieben Sie Musik?"
„Auch."
„Haben Sie Lieblingsmelodien?"
„Natürlich."
„Zum Beispiel?"
„Viele Lieder von Tschaikowski, Grieg, Mussorgski."
„Und Sie können sich darauf besinnen?"
„Ja. Ich habe ein recht gutes Gehör."
„Gehör und akustisches Gedächtnis", ergänzte Torzow. „Ich glaube, Sie haben auch die Malerei gern?"
„Sehr."
„Haben Sie Lieblingsbilder?"
„Ja."
„Und Sie können sich auch darauf besinnen?"
„Sehr gut."
„Lieben Sie auch die Natur?"
„Wer liebte sie nicht!"
„Behalten Sie Landschaften, Zimmereinrichtungen, die Form der Gegenstände gut im Gedächtnis?"
„Ja."
„Auch Gesichter?"
„Ja, wenn sie mich beeindruckt haben."
„Auf wessen Gesicht besinnen Sie sich genau?"
„Auf Katschalows zum Beispiel. Ich habe ihn ganz aus der Nähe gesehen. Er hat großen Eindruck auf mich gemacht."
„Also haben Sie auch ein optisches Gedächtnis.
Das sind auch alles wiederentstehende Empfindungen, aber sie werden vom Gedächtnis der Sinnesorgane hervorgerufen. Sie gehören nicht zu den Erlebnissen, die das emotionale Gedächtnis reproduziert, und stehen für sich.
Trotzdem werde ich zuweilen von den fünf Sinnesorganen parallel mit dem emotionalen Gedächtnis sprechen, es ist bequemer.
Braucht der Schauspieler auf der Bühne auch die Erinnerung an Sinnesempfindungen, und inwiefern braucht er sie?
Um diese Frage zu beantworten, wollen wir jede dieser Empfindungen betrachten.
Von allen fünf Sinnen ist das Sehen am empfänglichsten für Eindrücke.
Auch das Gehör ist sehr sensibel. Es ist darum am einfachsten, durch das Auge und das Ohr auf unser Gefühl einzuwirken.

Es ist bekannt, daß das innere Sehen bei manchen Malern so deutlich ist, daß sie ein Porträt in Abwesenheit des zu Porträtierenden malen können.
Einige Musiker haben ein so vorzügliches inneres Gehör, daß sie eine eben erst gespielte Sinfonie im Geiste reproduzieren können, wobei sie sich auf alle Einzelheiten der Interpretation und auf die geringsten Abweichungen von der Partitur besinnen können. Die Schauspieler haben wie Maler und Musiker ein Gedächtnis des inneren Sehens und Hörens. Mit seiner Hilfe können sie die Erinnerungen an optische und akustische Eindrücke, an das Gesicht eines Menschen, an seine Mimik, an die Körperformen, an seinen Gang, an seine Art sich zu geben, an seine Bewegungen, an seine Stimme, an den Tonfall der Menschen, die ihnen begegnen, an ihre Kleidung, an alltägliche und andere Einzelheiten, an Natur und Landschaft und an alles mögliche andere in sich bewahren und reproduzieren. Außerdem aber ist der Mensch, und der schauspielerisch begabte erst recht, durchaus fähig, nicht nur das, was er im realen Leben sieht und hört, zu behalten und wieder wachzurufen, sondern auch das, was unsichtbar und unhörbar in seiner Vorstellung entsteht. Die Schauspieler vom optischen Typ lieben es, wenn man ihnen das, wozu man sie bringen will, körperlich vorführt; dann erfassen sie das betreffende Gefühl leicht. Die Schauspieler vom akustischen Typ wollen dagegen möglichst rasch den Klang der Stimme, die Redeweise oder den Tonfall der Person hören, die sie darstellen. Der erste Anstoß für die Empfindung geht bei ihnen vom akustischen Gedächtnis aus."
„Und die übrigen Wahrnehmungen der Sinnesorgane? Braucht man sie auch auf der Bühne?" wollte ich wissen.
„Natürlich!"
„Wozu braucht man sie, wie bedient man sich ihrer auf der Bühne?"
„Stellen Sie sich vor, Sie spielen den ersten Auftritt des dritten Aktes in Tschechows ‚Iwanow'", erläuterte Arkadi Nikolajewitsch, „oder einer von Ihnen spielt die Rolle des Cavaliere di Ripafratta in Goldonis ‚La locandiera' und muß über das – vom Kascheur aus Pappe verfertigte – Ragout, das ihm Mirandolina[37] angeblich mit unerhörter Meisterschaft bereitet hat, in Ekstase geraten. Die Szene muß so gespielt werden, daß nicht nur Ihnen, sondern auch dem Zuschauer das Wasser im Munde zusammenläuft. Dazu muß man im Augenblick der Darstellung selbst wenigstens eine annähernde Geschmacksvorstellung haben, wenn auch nicht von echtem Ragout, so doch wenigstens von einem anderen wohlschmeckenden Gericht. Sonst müßten Sie die Gaumenlust nur mimen, anstatt zu erleben."
„Und der Tastsinn? In welchem Stück könnte man den brauchen?"
„Zum Beispiel im ‚Ödipus', in der Szene mit den Kindern, die der geblendete Ödipus betastet. In diesem Fall würden Sie ein gut entwickeltes Tastgefühl nötig haben."
„Aber, entschuldigen Sie bitte, ein guter Schauspieler wird das alles ausdrücken können, ohne das Gefühl zu beanspruchen, einzig mit Hilfe der Technik", meinte Goworkow.
„Glauben Sie solchen überheblichen Behauptungen nicht. Die allervollendetste schauspielerische Technik kann sich nicht mit der unbegreiflichen, unerreichbaren, feinsten Kunstfertigkeit der Natur messen. Viele berühmte Mimen, Techniker und

Virtuosen aller Schulen und Nationalitäten habe ich in meinem Leben gesehen, und ich behaupte, daß keiner von ihnen die Höhe erreichen konnte, auf die den Schauspieler das echte Unbewußte trägt, das unter der unsichtbaren Eingebung der Natur handelt. Es darf nicht vergessen werden, daß viele der wichtigsten Elemente unserer komplizierten Natur sich nicht von einer bewußten Steuerung regieren lassen. Einzig die Natur hat die Herrschaft über diese uns unzugänglichen Elemente. Ohne ihre Hilfe können wir unseren komplizierten schöpferischen Apparat des Erlebens und Verkörperns nur teilweise beherrschen, aber nicht als Ganzes.
Wenn auch die Erinnerungen an Geschmacks-, Tast- und Geruchswahrnehmungen in unserer Kunst wenig Verwendung finden, so erhalten sie zuweilen dennoch große Bedeutung, obwohl in diesen Fällen ihre Rolle nur untergeordneter, dienender Natur ist."
„Worin besteht sie denn?" forschte ich.
„Das will ich Ihnen an einem Beispiel erklären", sagte Torzow. „Neulich konnte ich folgendes beobachten: Zwei junge Leute sollten sich nach durchbummelter Nacht auf die Melodie einer schmalzigen Polka besinnen, die sie gehört hatten, ohne zu wissen, wo.
‚Das war... Wo war denn das? ... Wir saßen an einem Pfeiler oder an einer Säule...', versuchte sich der eine krampfhaft zu erinnern.
‚Was hat denn die Säule damit zu tun?' eiferte sich der andere.
‚Du hast links gesessen, und rechts... Wer saß denn rechts?' strengte der erste sein optisches Gedächtnis an.
‚Keiner, und es war auch keine Säule da. Aber daß wir Hecht auf jüdische Art gegessen haben, das stimmt, und...'
‚... und es roch nach schlechtem Parfüm, nach Blumen – Eau de Cologne', soufflierte der erste.
‚Ja, ja', bestätigte der zweite, ‚das Parfüm und der Hecht auf jüdische Art ergaben zusammen eine schauderhafte, unvergeßliche Atmosphäre!'
Mit Hilfe dieser Eindrücke konnten sie sich auf eine Dame besinnen, die mit ihnen zusammen am Tisch saß und Krebse aß. Dann erblickten sie den Tisch, die Gedecke, die Säule, an der sie also tatsächlich gesessen hatten. Dabei deutete einer der Zecher plötzlich einen Lauf auf der Flöte an und machte vor, wie der Flötist ihn geblasen hatte. Auch der Kapellmeister fiel ihnen wieder ein.
So lebten in ihrem Gedächtnis langsam die Geschmacks-, Geruchs- und Tasterinnerungen wieder auf, und dadurch auch die akustischen und optischen Eindrücke, die sie an dem Abend empfangen hatten.
Schließlich fielen dem einen der Zecher einige Takte aus der schmalzigen Polka ein, der andere fügte einige dazu, und dann sangen sie beide die im Gedächtnis wiedererstandene Melodie und dirigierten dabei wie der Kapellmeister.
Das war noch nicht alles: Die Zecher besannen sich auch noch auf eine Beleidigung, die der eine dem andern im Rausch zugefügt hatte, gerieten wieder hitzig aneinander und verkrachten sich schließlich.
An diesem Beispiel sieht man die enge Verbundenheit und die Wechselwirkung unserer Sinne und auch ihren Einfluß auf die Erinnerungen des emotionalen Ge-

dächtnisses. So braucht also, wie Sie sehen, der Schauspieler nicht nur das emotionale Gedächtnis, sondern auch das Gedächtnis unserer fünf Sinne."

Da Torzow Moskau verlassen hat, um auf Tournee zu gehen, fällt der Unterricht vorübergehend aus. Wir müssen uns vorläufig mit „Training und Drill", mit Tanz, Gymnastik, Fechtunterricht, Stimmbildung (Gesang), Diktion und mit den theoretischen Fächern begnügen. Mit der Unterbrechung des Unterrichts wurden auch die Eintragungen ins Tagebuch unterbrochen.
Doch in der letzten Zeit waren in meinem eigenen Leben Ereignisse eingetreten, die mir etwas für unsere Kunst und insbesondere für das emotionale Gedächtnis sehr Wesentliches klarmachten. Folgendes war geschehen:
Vor kurzem ging ich mit Schustow nach Hause. Am Arbat versperrte uns eine große Menschenmenge den Weg. Ich habe Straßenszenen gern und drängte mich deshalb ganz nach vorn. Dort bot sich meinen Blicken ein furchtbares Bild. Vor mir lag in einer großen Blutlache ein alter Bettler mit zermalmtem Unterkiefer. Die Hände und ein halber Fuß waren abgetrennt worden. Das Gesicht des Toten sah furchtbar aus, der gebrochene Unterkiefer mit den alten, faulen Zähnen war ausgerenkt und hing vor dem blutigen Schnurrbart. Die Hände lagen getrennt vom Körper, und es sah aus, als hätten sich die Arme in die Länge gezogen und vorgestreckt, um Gnade zu erflehen. Der eine Finger stand empor, als drohe er irgendwem. Die Schuhspitze mit Knochen und Fleisch lag auch für sich. Der Straßenbahnwagen stand neben seinem Opfer und wirkte riesig und furchtbar. Wie ein Tier schien er die Zähne zu fletschen und den Toten anzufauchen. Der Straßenbahnführer reparierte etwas an der Maschinerie, wahrscheinlich um deren Schadhaftigkeit zu demonstrieren und sich damit zu rechtfertigen. Über die Leiche gebeugt, stand irgendein Mann, starrte tiefsinnig in das tote Gesicht und stopfte ihm ein Taschentuch in die Nase. Daneben aber spielten Buben mit Wasser und Blut. Es gefiel ihnen gut, wenn die Rinnsale des geschmolzenen Schnees sich mit den Fäden roten Blutes mischten und zusammen ein neues, rosafarbenes Bächlein bildeten. Ein Frau weinte, andere stierten neugierig, entsetzt oder angeekelt. Man wartete auf die Polizei, die Ärzte, den Krankenwagen.
Dieses krasse Bild machte einen grausigen, unheimlichen Eindruck und stand in scharfem Kontrast zu dem sonnigen Tag, dem hellblauen, heiteren Himmel.
Deprimiert verließ ich den Schauplatz der Katastrophe und konnte mich lange nicht von dem grausigen Eindruck befreien. Die Erinnerung an dieses Schauspiel, das mich in eine lastende Stimmung versetzt hatte, wollte den ganzen Tag nicht von mir weichen.
In der Nacht erwachte ich, entsann mich des optisch in Erinnerung gebliebenen Bildes, es schauderte mich noch mehr, mir wurde angst vor dem Leben. In der Erinnerung erschien mir die Katastrophe fürchterlicher als in Wirklichkeit, wohl weil es Nacht war und im Dunkeln alles irgendwie furchtbarer erscheint. Ich schrieb jedoch meinen Zustand dem emotionalen Gedächtnis zu, das den Eindruck verstärkt hatte, und freute mich sogar über meine Angst – den Beweis dafür, daß ich ein gutes Gedächtnis für Empfindungen habe.

Ein oder zwei Tage nach dem geschilderten Zwischenfall ging ich wieder über den Arbat an dem Ort der Katastrophe vorbei und blieb unwillkürlich stehen, mich erinnernd, was sich vor kurzem hier ereignet hatte. Das Furchtbare war vergangen, nur ein Mensch war weniger auf der Welt. Die Straßenfegerin kehrte gelassen die Straße, es war, als räumte sie die letzten Spuren der Katastrophe fort, die Straßenbahnwagen fuhren munter über die verhängnisvolle, mit Menschenblut befleckte Stelle, fauchten nicht, fletschten auch nicht die Zähne wie damals, sondern, im Gegenteil, sie klingelten lustig, um die Fahrt noch fröhlicher zu machen.
Im Zusammenhang mit meinen Gedanken über die Vergänglichkeit des Lebens hatte sich die Erinnerung an die furchtbare Katastrophe von neulich verwandelt. Was kraß gewesen war – der zerbrochen vorstehende Unterkiefer, die abgeschnittenen Hände, die Fußspitze, der erhobene Finger, das Spiel der Kinder mit der blutigen Lache – erschütterte mich zwar heute nicht weniger als damals, aber es war auf ganz andere Weise erschütternd. Das Gefühl des Ekels war geschwunden, und Empörung trat an seine Stelle. Die Evolution, die in meiner Seele und in meinen Erinnerungen vor sich gegangen war, möchte ich so beschreiben: Am Tage der Katastrophe hätte ich unter dem Eindruck des Geschehens den Lokalbericht eines Zeitungsreporters darüber schreiben können, an dem Tag aber, von dem ich jetzt spreche, wäre es ein zündendes Feuilleton gegen die Härte des Lebens geworden. Das Bild der Katastrophe erregt mich nicht mehr durch naturalistische Einzelheiten, sondern durch das tiefe Mitleid mit dem Opfer. Heute denke ich mit besonderer Wärme an das Gesicht jener Frau, die so bitterlich geweint hat.
Erstaunlich, was für einen großen Einfluß die Zeit auf die Entwicklung unserer Erinnerungen hat.
Heute morgen, eine Woche nach der Katastrophe, ging ich auf dem Weg zur Schule wieder an der Unglücksstelle vorbei und erinnerte mich an das Geschehene. Der Schnee, der damals so weiß war wie heute – das war das Leben. Die liegende Gestalt mit den ausgestreckten Armen – das war der Tod. Das ausströmende Blut – das waren die Leidenschaften, die den Menschen verließen. Und rundherum als krasser Gegensatz wieder Himmel, Sonne, Licht, Natur. Das war die Ewigkeit. Die vorüberrasenden überfüllten Straßenbahnen erschienen mir wie die vergänglichen Menschengeschlechter, die der Ewigkeit entgegeneilen. Und das ganze Bild, vor kurzem noch abstoßend, dann grausam, wurde jetzt erhaben. Wenn ich am ersten Tag einen Lokalbericht hätte schreiben mögen, wenn es mich dann mehr zu einem Feuilleton philosophischen Charakters drängte, so war ich heute am ehesten zur Poesie geneigt, zu Gedichten, feierlicher Lyrik.
Unter dem Eindruck der Evolutionen des Gefühls und der emotionalen Erinnerungen mußte ich über ein Beispiel Pustschins nachdenken, das er mir vor kurzem erzählt hatte. Der liebe Kerl hatte nämlich einmal ein Verhältnis mit einer „Dorfschönen". Sie lebten gut und friedlich, aber sie hatte drei unerträgliche Fehler: Erstens redete sie unaufhörlich, da aber ihr Bildungsgrad recht niedrig, redete sie auch viel dummes Zeug; zweitens roch sie unangenehm aus dem Munde, und drittens schnarchte sie nachts entsetzlich. Pustschin trennte sich von ihr, wobei ihre Fehler entscheidend für die Trennung waren.

Es verging eine geraume Zeit, und er begann wieder von seiner Dulcinea zu träumen. Ihre negativen Seiten wurden ihm unwesentlich, die Zeit hatte sie gemildert, während die guten deutlicher hervortraten. Zufällig trafen sich die beiden wieder, und es stellte sich heraus, daß Dulcinea Dienstmädchen in einer Wohnung war, in die, nicht ohne Hintergedanken, nun auch Pustschin einzog. Bald kam alles ins alte Gleis.
Jetzt, wo seine emotionalen Erinnerungen Wirklichkeit geworden sind, träumt Pustschin wieder von Trennung.

Wie seltsam! Wenn ich jetzt, nachdem einige Zeit vergangen ist, an die Katastrophe auf dem Arbat zurückdenke, entsteht in meinem optischen Gedächtnis vor allem das Bild des Straßenbahnwagens. Doch es ist nicht der Wagen, den ich damals gesehen habe, sondern ein anderer, den ich viel früher einmal gesehen und im Gedächtnis behalten habe.
Im vergangenen Herbst fuhr ich einmal spät abends mit der letzten Straßenbahn von Streschnjowo[38] nach Moskau hinein. Kaum war das freie, menschenleere Feld erreicht, da entgleiste sie und mußte von den Fahrgästen mit vereinten Kräften wieder auf die Schienen gestellt werden. Wie riesenhaft und mächtig erschien mir damals der Wagen, und wie jämmerlich und klein dagegen die Menschen!
Nun plage ich mich mit der Frage herum: Warum haben sich diese weit zurückliegenden Empfindungen meinem emotionalen Gedächtnis stärker und tiefer eingeprägt als die, die ich vor kurzem auf dem Arbat empfangen habe?
Und noch etwas Sonderbares, etwas Ähnliches: Bei der Erinnerung an den auf dem Boden liegenden Bettler und den Unbekannten, der sich über ihn beugte, denke ich nicht an die Katastrophe auf dem Arbat, sondern an einen anderen Fall. Irgendwann einmal, vor langer Zeit, sah ich auf der Straße einen Serben, der sich über sein verendendes Äffchen beugte. Die Augen voller Tränen, stopfte der arme Mann dem sterbenden Tier ein schmutziges Stückchen Geleefrucht ins Maul. Diese Szene hat mich anscheinend mehr gerührt als der Tod des Bettlers. Sie hat sich tiefer in mein Gedächtnis eingegraben. Deshalb erinnere ich mich, wenn ich jetzt an den Verkehrsunfall zurückdenke, nicht des Bettlers, sondern des toten Äffchens, nicht des Unbekannten, sondern des Serben. Wenn ich diese Szene auf die Bühne übertragen müßte, würde ich nicht das dazugehörige Material aus meinem Gedächtnis hervorholen, sondern jenes andere, viel früher, unter andern Umständen und durch andere handelnde Personen – durch den Serben und das Äffchen – gewonnene. Wie kommt das?

Torzow ist von der Reise zurück, heute hatten wir wieder die erste Stunde bei ihm. Ich erzählte ihm von dem Prozeß, der seit der Katastrophe in mir vorgegangen ist. Arkadi Nikolajewitsch lobte meine Beobachtung.
„Ihr Fall", sagte er, „illustriert besonders gut den Kristallisationsprozeß der Erinnerungen und Empfindungen, der sich im emotionalen Gedächtnis vollzieht. Jeder Mensch hat im Leben nicht nur eine, sondern mehrere Katastrophen erlebt. Das Gedächtnis behält sie in Erinnerung, aber nicht alle Einzelheiten, sondern nur be-

stimmte Züge, die den stärksten Eindruck hinterlassen haben. Aus vielen solcher Erlebnisspuren entsteht eine einzige – große, verdichtete, erweiterte und vertiefte – Erinnerung an gleichartige Empfindungen. Diese Erinnerung enthält nichts Überflüssiges, sondern nur das Wesentlichste. Sie ist die Synthese aller gleichartigen Empfindungen. Diese Synthese bezieht sich also nicht auf einen kleinen, spezifischen Einzelfall, sondern auf alle gleichartigen Fälle. Das ist eine Erinnerung in großem Maßstab. Sie ist reiner, dichter, vollständiger, inhaltsreicher und eindringlicher als die Wirklichkeit selbst.

Wenn ich zum Beispiel meine letzte Reise mit früheren vergleiche, muß ich feststellen, daß die jetzige Tournee zwar einen sehr schönen Eindruck hinterlassen hat, der aber doch an verschiedenen Stellen durch kleine ärgerliche Zwischenfälle gestört worden ist, die die Freude getrübt und vermindert haben.

An weiter zurückliegende Tourneen habe ich keine derartigen Erinnerungen. Sie sind im Schmelztiegel der Zeit durch das emotionale Gedächtnis gereinigt worden. Und das ist gut so. Denn wenn es anders wäre, würden die zufälligen Einzelheiten das Wesentliche im Gedächtnis erdrücken und es im Kleinlichen untergehen lassen. Die Zeit ist ein vorzüglicher Filter, ein großartiges Reinigungsbad der Erinnerungen an durchlebte Empfindungen. Mehr als das – die Zeit ist eine vortreffliche Künstlerin. Sie reinigt die Erinnerungen nicht nur, sondern verwandelt sie auch dichterisch. Dank dieser Fähigkeit des Gedächtnisses werden sogar die düsteren, krassen Erlebnisse mit der Zeit schöner, künstlerischer, was ihnen einen verlockenden, unbezwinglichen Reiz gibt.

Man wird einwenden, daß die großen Dichter und Maler nach der Natur malen! Gewiß, aber sie fotografieren sie nicht, sondern entzünden sich an ihr, nehmen ihr Modell in sich auf und geben es wieder, vervollständigt durch das lebende Material ihres emotionalen Gedächtnisses.

Wenn es anders wäre, wenn die Dichter ihre Schurken mit fotografischer Treue nach der Natur zeichneten, mit allen realen Einzelheiten, die sie an den lebendigen Modellen gesehen und und empfunden haben, so kämen abstoßende Geschöpfe dabei heraus."

Darauf erzählte ich Torzow, wie in meinem Gedächtnis die Erinnerung an den Bettler durch die Erinnerung an das Äffchen ersetzt worden ist und der Straßenbahnwagen durch einen anderen.

„Das ist durchaus nicht erstaunlich", meinte Arkadi Nikolajewitsch. „Darauf kann ich Ihnen mit dem recht verbreiteten Vergleich antworten, daß wir über die Erinnerungen an unsere Empfindungen nicht so verfügen können wie über die Bücher in unserer Bibliothek.

Wissen Sie, was das emotionale Gedächtnis ist? Stellen Sie sich viele Häuser vor, jedes Haus hat sehr viele Zimmer, in den Zimmern stehen eine Menge Schränke, darin sind Schubfächer mit vielen Schachteln und Schächtelchen, und darunter das allerkleinste Schächtelchen mit Perlstickerei auf dem Deckel. Das Haus, das Zimmer, den Schrank, das Schubfach darin findet man mit Leichtigkeit, schwerer ist es schon, die Schachteln und das Schächtelchen zu finden. Aber wo ist das scharfe Auge, das die winzige Perle findet, die heute abgefallen ist, für einen Augenblick aufblitzte

und nun auf Nimmerwiedersehen verschwunden ist? Nur durch Zufall kann man jetzt wieder darauf stoßen.
Ebenso ist es mit dem Archiv unseres Gedächtnisses. Es hat auch Schränke, Schubfächer, Schachteln und Schächtelchen, die mehr oder weniger zugänglich sind. Wie aber soll man darin die winzigen Perlen der emotionalen Erinnerungen finden, die einmal aufblitzen und dann für immer verschwunden sind wie Meteore? Wenn sie in uns erscheinen und aufleuchten – wie das Bild des Serben mit dem Äffchen –, dann danken Sie Apoll, der Ihnen diese inneren Bilder gesandt hat, machen Sie sich aber keine Hoffnung, das für immer entschwundene Gefühl festhalten zu können. Morgen wird Ihnen statt des Serben etwas anderes in den Sinn kommen. Warten Sie nicht auf das Gestrige, geben Sie sich mit dem Heutigen zufrieden! Sie müssen nur die neu aufgetauchten Erinnerungen gut aufnehmen. Dann reagiert Ihr Herz mit neuer Energie auf Dinge, die es wegen allzu häufiger Wiederholung im Stück nicht mehr in Schwingung zu versetzen vermochten. Sie fangen Feuer, und dann kommt vielleicht auch die Inspiration.
Aber versuchen Sie nicht, dem alten Perlchen nachzujagen – es ist unwiederbringlich wie der gestrige Tag, wie die Kindheitsfreuden, wie die erste Liebe. Legen Sie es darauf an, daß jedesmal eine neue Inspiration in Ihnen geboren wird, eine frische, für den heutigen Tag bestimmte. Es macht nichts, wenn sie schwächer ist als die gestrige, es ist gut, daß sie von heute ist, daß sie ganz natürlich, ganz von selbst für einen Augenblick aus den Tiefen emporgestiegen ist, um Ihr Schaffen zu entzünden. Und außerdem – wer könnte feststellen, welches schöpferische Aufblitzen der echten Inspiration besser oder schlechter sei. Jedes ist auf seine Art wunderbar, denn es ist Inspiration."

Zu Anfang der Stunde bat ich Arkadi Nikolajewitsch, meine Zweifel zu klären:
„Die Perlchen der Inspiration sind also in uns selbst enthalten und geraten nicht etwa von außen in unser Herz, von oben, von Apoll? Sie sind also sozusagen nicht einmalig, sondern eine Wiederholung?"
„Das weiß ich nicht!" antwortete Arkadi Nikolajewitsch ausweichend. „Fragen des Unbewußten zu lösen steht mir nicht zu. Wir wollen auch nicht das Geheimnis zerstören, mit dem die Augenblicke der Inspiration für uns umgeben sind. Das Geheimnisvolle ist schön, es reizt zum Schaffen."
„Aber es ist doch nicht alles Wiederholung, was wir auf der Bühne erleben? Einiges erleben wir doch auch zum erstenmal? Das ist es, was ich gern wissen möchte: Ist es gut oder nicht, wenn Empfindungen, die wir im wirklichen Leben noch nie gehabt haben, uns auf der Bühne zum erstenmal kommen?" Ich ließ nicht locker.
„Das kommt ganz darauf an", sagte Torzow. „Nehmen wir an, Sie spielen den Hamlet, stürzen sich im letzten Akt mit dem Degen in der Hand auf Ihren Freund Schustow, der den König spielt, und empfinden in diesem Augenblick zum erstenmal das Ihnen bisher unbekannte Gefühl unüberwindlichen Blutdursts. Nehmen wir ferner an, daß der Degen nur ein stumpfes Requisit ist und die Sache ohne Blutvergießen abgeht, wohl aber eine häßliche Prügelei daraus wird, so daß man den Vorhang vorzeitig schließen und ein Protokoll aufnehmen muß. Ist das nun

gut für die Aufführung, wenn der Schauspieler sich von einem solchen erstmaligen Gefühl hinreißen läßt und in eine derartige ‚Inspiration' gerät?"

„Also sind erstmalige Gefühle unerwünscht?" suchte ich zu ergründen.

„Im Gegenteil, sehr erwünscht", beruhigte mich Arkadi Nikolajewitsch. „Sie sind unmittelbar, kräftig, farbig, aber sie äußern sich auf der Bühne nicht so, wie Sie sich das vorstellen, nicht in langen Perioden, nicht einen ganzen Akt lang. Die erstmaligen Empfindungen flammen für einen Augenblick auf und sind als vereinzelte Episoden in die Rolle eingesprengt. In dieser Form sind sie auf der Bühne höchst willkommen, und ich begrüße sie von ganzem Herzen. Mögen sie uns öfter begegnen und die Echtheit der Leidenschaften schärfer herausarbeiten, die wir ja in unserm Schaffen am meisten schätzen. Das Überraschende an den erstmaligen Empfindungen besitzt eine Kraft, die den Schauspieler unwiderstehlich anregt.

Bedauerlich ist nur eins: Nicht wir haben die Augenblicke erstmaliger Empfindungen in unserer Gewalt, sondern, im Gegenteil, sie bemächtigen sich unser; darum bleibt uns nichts weiter übrig, als diese ganze Frage der Natur zu überlassen und sich innerlich zu sagen: ‚Wenn die erstmaligen Empfindungen aufkeimen, so mögen sie von selbst kommen – wann sie müssen: Die Hauptsache ist, daß sie nicht im Widerspruch zum Stück und zur Rolle stehen.' "

„Also sind wir machtlos in Fragen des Unbewußten und der Inspiration?" rief ich bekümmert aus.

„Aber ist denn unsere Kunst und ihre Technik einzig auf die erstmaligen Empfindungen angewiesen? Sie sind nicht nur auf der Bühne, sondern auch im Leben selten", tröstete mich Torzow. „Wir haben doch auch die wiederkehrenden, vom emotionalen Gedächtnis eingegebenen Empfindungen! Lernen Sie vor allem, sich ihrer zu bedienen. Sie sind erreichbarer für uns.

Natürlich ist die überraschende, unbewußte ‚Erleuchtung' verlockend! Sie ist unser Wunschtraum, die meistgeliebte Form des Schaffens. Doch daraus ergibt sich noch nicht, daß man die Bedeutung der bewußten, wiederherstellbaren Erinnerungen unseres emotionalen Gedächtnisses verkleinern soll. Im Gegenteil, Sie sollen sie lieben, denn nur durch sie können Sie bis zu einem gewissen Grade auf die Inspiration einwirken. *Wir wollen uns auf das Grundprinzip unserer Kunst besinnen: ‚Das Unbewußte durch das Bewußte.'*

Man muß die wiederherstellbaren Erinnerungen auch deshalb lieben, weil der Schauspieler der Rolle nicht die ersten besten Erinnerungen einverleibt, sondern unbedingt die ausgewählten, die besonders teuren, vertrauten, mitreißenden Erinnerungen an lebendigste, selbst erlebte Empfindungen. Das Leben der darzustellenden Gestalt, aus dem ausgesuchtesten Material des emotionalen Gedächtnisses gewebt, ist dem schöpferischen Schauspieler oft teurer als sein eigenes gewöhnliches, alltägliches Leben. Ist das nicht der rechte Boden für die Inspiration? Das Eigene, Auserwählte, Beste wird vom Schauspieler behutsam auf die Bretter übertragen. Dabei werden sich Form und Umgebung entsprechend den Forderungen des Stückes ändern, aber die menschlichen Empfindungen des Schauspielers, die den Empfindungen der Rolle entsprechen, müssen lebendig bleiben. Man kann sie nicht imitieren, nicht durch andere, theatralisch übertriebene und dadurch verzerrte ersetzen."

„Wie?" staunte Goworkow. „Entschuldigen Sie, in allen Rollen – als Hamlet, als Arkaschka oder Gennadi, als Brot oder Zucker im ‚Blauen Vogel' –, überall sollen wir, wissen Sie, immer die gleichen eigenen Empfindungen gebrauchen?"[39]
„Ja, was denn sonst?" staunte Arkadi Nikolajewitsch seinerseits. „Der Schauspieler kann nur seine eigenen Empfindungen erleben. Oder wollen Sie, daß der Schauspieler von irgendwoher immer wieder neue und fremde Empfindungen und eine fremde Seele nimmt für eine Rolle, die er darstellt? Ist denn das möglich? Wie viele Seelen soll er denn in sich unterbringen? Man kann doch nicht seine eigene Seele aus sich herausreißen und sich statt ihrer eine andere leihen, die besser zur Rolle paßt. Wo sollte man sie hernehmen? Aus der noch toten, noch nicht zum Leben erwachten Rolle? Aber die wartet ja selbst darauf, daß man ihr eine Seele gibt. Man kann sich ein Kleid leihen, eine Uhr, aber man kann sich kein Gefühl bei einem anderen Menschen oder bei der Rolle borgen. Sagen Sie mir, wie man das macht! Mein Gefühl gehört untrennbar mir und das Ihre Ihnen. Man kann eine Rolle verstehen, nachempfinden, sich an ihre Stelle versetzen und so handeln, wie die darzustellende Person handelt. Diese schöpferische Handlung wird das der Rolle entsprechende Erleben im Schauspieler selbst auslösen.
Doch diese Gefühle selbst gehören nicht der darzustellenden, vom Dichter geschaffenen Person, sondern dem Schauspieler.
Was immer Sie auch erträumen mögen, was immer Sie in Wirklichkeit oder in der Phantasie durchleben, Sie bleiben immer Sie selbst. Verlieren Sie niemals sich selbst auf der Bühne, handeln Sie immer aus Ihrer Person heraus, als Mensch und als Schauspieler. Man kann sich selbst nicht entgehen. Wenn man sich von seinem Ich lossagt, verliert man den Boden unter den Füßen, und das ist das Allerfurchtbarste. Im selben Augenblick, wo man sich selbst verloren hat, hört auf der Bühne sofort das Erleben auf, und die theatralische Übertreibung fängt an. Darum: Wie oft Sie auch spielen mögen, was immer Sie darstellen, Sie werden immer, ohne jede Ausnahme, Ihr eigenes Gefühl gebrauchen müssen. Übertreten Sie dieses Gesetz, so ist es, als mordeten Sie als Schauspieler die Person, die Sie darstellen wollen, als raubten Sie ihr die lebendig vibrierende menschliche Seele, die allein der toten Rolle Leben gibt."
„Wie denn, gestatten Sie, das ganze Leben lang sich selbst spielen?" fragte Goworkow höchst erstaunt.
„Ja, das ist es", griff Torzow sein Wort auf, „immer und ewig auf der Bühne nur sich selbst spielen, aber in den verschiedensten Zusammenstellungen und Kombinationen der Aufgaben, der vorgeschlagenen Situationen, die man für die Rolle in sich entwickelt, im Schmelztiegel der emotionalen Erinnerungen geläutert hat. Sie sind das beste und einzige Material für das innere Schaffen. Gebrauchen Sie sie und rechnen Sie nicht mit Anleihen bei anderen."
„Aber, entschuldigen Sie bitte", widersprach Goworkow, „ich kann doch nicht, verstehen Sie, alle Gefühle sämtlicher Rollen der Weltliteratur in mir haben?"
„Die Rollen, die nicht in Sie eingehen, werden Sie auch niemals gut spielen können. Die gehören nicht in Ihr Repertoire. Man darf die Schauspieler nicht nach Rollenfächern, sondern nur nach ihrer inneren Veranlagung unterscheiden."

„Wie kann denn derselbe Mensch Arkaschka und Hamlet sein?" wunderten wir uns.
„Erstens: Der Schauspieler ist weder das eine noch das andere. Er steht für sich, ein Mensch von mehr oder minder ausgeprägter innerer und äußerer Individualität. In der Natur des betreffenden Schauspielers liegt vielleicht weder Arkaschkas Durchtriebenheit noch Hamlets Edelsinn, doch der Same, der Keim fast aller menschlichen Qualitäten und Laster ist in ihr vorhanden.
Die Kunst und die Psychotechnik des Schauspielers müssen darauf hinzielen, auf natürlichem Wege die Samenkörnchen der angeborenen menschlichen Qualitäten und Laster in sich aufzufinden und sie dann für diese oder jene Rolle großzuziehen und zu entwickeln.
So wird also die Seele der auf der Bühne dargestellten Person vom Schauspieler aus den lebendigen menschlichen Elementen der eigenen Seele, aus eigenen emotionalen Erinnerungen und anderen mehr kombiniert und geformt."
Was uns Arkadi Nikolajewitsch erzählte, wollte noch nicht recht in meinen Kopf hinein, und ich gestand es ihm.
„Wieviel Töne hat die Musik?" fragte er mich und beantwortete seine Frage gleich selber: „Nur sieben. Und die Kombinationen aus diesen sieben Tönen sind immer noch lange nicht erschöpft. Und wie viele seelische Elemente, Zustände, Stimmungen, Empfindungen hat der Mensch? Ich persönlich habe sie nicht gezählt, zweifle aber nicht daran, daß es mehr sind als Töne in der Musik. Darum können Sie beruhigt glauben, daß sie für Ihr ganzes künstlerisches Leben ausreichen werden. Sorgen Sie also dafür, daß Sie die Mittel und Methoden kennenlernen, um erstens Ihrer Seele das emotionale Material zu entlocken und um zweitens aus diesem Material die unzähligen Kombinationen menschlicher Seelen, Charaktere, Gefühle und Leidenschaften Ihrer Rollen zu schaffen."
„Worin bestehen denn diese Mittel und Methoden?" ließ ich nicht locker.
„In erster Linie darin, daß man das emotionale Gedächtnis anzuregen lernt", erklärte Torzow.
„Wie regt man es denn an?"
„Sie wissen ja, daß man das mit Hilfe vieler innerer Mittel und Auslöser macht. Doch gibt es auch äußere Auslöser und Mittel. Darüber reden wir das nächste Mal, denn das ist ein kompliziertes Kapitel."

Heute fand der Unterricht bei geschlossenem Vorhang in der sogenannten „Maloletkowa-Wohnung" statt. Aber wir erkannten sie nicht wieder. Wo das Wohnzimmer gewesen war, befand sich jetzt das Eßzimmer, das frühere Eßzimmer hatte sich in ein Schlafzimmer verwandelt, aus dem Saal hatte man durch quergestellte Schränke mehrere kleine Stübchen gemacht, und überall standen schlechte, billige Möbel. Man hatte den Eindruck, ein berechnendes Frauenzimmer wäre in die Wohnung eingezogen und hätte die früheren schönen Räume in billige, aber einträgliche möblierte Zimmer verwandelt.
„Viel Glück in der neuen Wohnung", begrüßte uns Iwan Platonowitsch.
Als sich die Schüler einigermaßen von der Überraschung erholt hatten, baten sie ein-

stimmig, man möchte doch die alte, gemütliche „Maloletkowa-Wohnung" wieder herrichten, denn in der neuen Umgebung fühlten sie sich gar nicht wohl und würden nicht gut arbeiten können.

„Da läßt sich nichts machen", behauptete Arkadi Nikolajewitsch, „die früheren Sachen wurden für ein Repertoirestück des Theaters gebraucht, und uns hat man gegeben, was entbehrlich war. Man hat die Sachen so aufgestellt, wie man es verstand. Wenn es Ihnen nicht gefällt, müssen Sie die vorhandenen Sachen selbst so umstellen, daß es gemütlich wird."

Wir stürzten uns in die Arbeit, und bald herrschte allgemeines Durcheinander.

„Halt!" rief Arkadi Nikolajewitsch. „Welche Erinnerungen des emotionalen Gedächtnisses und welche wiederherstellbaren Empfindungen löst das Chaos, das da entstanden ist, in Ihnen aus?"

„In Armawir ... beim Erdbeben ... da rutschen die Möbel auch ... hin und her", brummte unser Zeichner und Geometer Umnowych vor sich hin.

„Ich weiß nicht recht ... wie beim Großreinemachen vor einem Fest", entsann sich die Weljaminowa.

„Ach, so ein Jammer! Es tut einem ja in der Seele weh!" klagte die Maloletkowa.

Während des Möbelrückens kam es zu einem Streit. Die einen suchten eine bestimmte Stimmung, die anderen eine andere, je nach dem inneren Zustand und den emotionalen Erinnerungen, die in ihnen beim Anblick dieser oder jener Möbelzusammenstellung entstanden. Schließlich waren die Möbel recht anständig aufgestellt. Wir akzeptierten die Aufstellung, baten aber um mehr Licht. Und nun ging die Vorführung der Licht- und Geräuscheffekte los.

Erst wurde helles Sonnenlicht gegeben, und uns wurde ganz fröhlich zumute. Zugleich setzte hinter der Bühne eine Geräuschsinfonie ein: Autohupen, Straßenbahnklingeln, Fabriksirenen, entfernte Lokomotivpfiffe zeugten davon, daß der Arbeitstag in vollem Gange war.

Dann wurde das Licht allmählich abgeblendet, und wir saßen im Dämmer. Es war angenehm, still und ein wenig traurig. Man kam ins Träumen, die Augenlider wurden schwer. Dann erhob sich ein Wind, fast ein Sturm. Das Glas klirrte in den Fensterrahmen, der Wind dröhnte und pfiff. Regen oder Schnee schlug gegen die Fensterscheiben. Das Licht wurde immer mehr abgeblendet, nach und nach wurde es still ... Die Straßengeräusche erstarben. Im Nebenzimmer schlug die Uhr. Dann spielte jemand Klavier, erst laut, dann leise und traurig. Im Kamin heulte es auf, Schwermut senkte sich ins Herz. Im Zimmer wurde es abendlich dunkel, die Lampen wurden angezündet, das Klavierspiel brach ab. Dann schlug die Turmuhr weit weg hinter den Fenstern zwölf. Mitternacht. Völlige Stille. Eine Maus nagte unter den Dielen. Vereinzelt klangen Autohupen auf und kurze Lokomotivpfiffe. Schließlich erstarb alles, es wurde still und dunkel wie im Grab. Nach einer Weile kamen die grauen Töne der Morgendämmerung auf. Und als dann der erste Sonnenstrahl ins Zimmer fiel, schien es mir, als wäre ich neu geboren.

Am meisten entzückt war Wjunzow.

„Schöner als im Leben", versicherte er uns.

„Im Leben, im Verlauf von vierundzwanzig Stunden, fällt einem der Einfluß der

Beleuchtung nicht so auf", erläuterte Schustow seine Eindrücke, „wenn aber in einer ganz kurzen Zeitspanne, wie jetzt, die Lichtübergänge vom Tag zur Nacht an einem vorbeiziehen, empfindet man erst die Macht, die sie über uns haben."

„Mit dem Licht und mit den Geräuschen wechseln auch die Empfindungen: Man ist bald traurig, bald beunruhigt, bald lebhaft...", gab ich meine Eindrücke wieder. „Bald glaubt man, ein Kranker wäre im Hause und bäte, man möchte leiser sprechen, bald scheint es einem, man wohne sehr verträglich miteinander, und es lebe sich überhaupt nicht übel auf der Welt. Dann wird man munterer und möchte lauter sprechen."

„Wie Sie sehen, beeinflußt unsere Umgebung unser Gefühl. Und das ist nicht nur in der realen Wirklichkeit der Fall, sondern auch auf der Bühne. Hier haben wir unser eigenes Leben, unsere Natur, unsere Wälder, Berge, Meere, Städte, Dörfer, Schlösser und Kellergelasse. Sie leben in einer Widerspiegelung, in der malerischen Wiedergabe des Bühnenbildners. Unter einem begabten Regisseur werden alle Theatereffekte und Hilfsmittel der Inszenierung nicht zu einer groben Nachahmung, sondern zu künstlerischer Schöpfung. Wenn sie in innere Beziehung zum Seelenleben der handelnden Personen gebracht werden, gewinnt die äußere Umgebung auf der Bühne sogar häufig größere Bedeutung als in der Wirklichkeit. Die dadurch hervorgerufene Stimmung leitet, wenn sie den Forderungen des Stückes entspricht, die Aufmerksamkeit vorzüglich auf das innere Leben der Rolle und beeinflußt die Psyche und das Erleben des Darstellers. Auf diese Weise wirken die äußere Umgebung auf der Bühne und die Stimmung, die sie auslöst, anregend auf unser Gefühl. Wenn also eine Schauspielerin das Gretchen spielt, das während des Betens von Mephisto versucht wird, sollte ihr der Regisseur die entsprechende Stimmung in der Kirche geben. Das hilft der Darstellerin, die Rolle zu erfühlen.

Dem Schauspieler, der den Egmont im Gefängnis zu spielen hat, soll der Regisseur die entsprechende Stimmung der erzwungenen Einsamkeit schaffen. Der Schauspieler wird ihm dafür dankbar sein, denn die Stimmung wird sein Gefühl lenken. Auch die hinter den Kulissen an der Aufführung mitarbeitenden Kollegen sollen uns mit den ihnen zur Verfügung stehenden Mitteln helfen. Auch ihre Kunst und ihre Möglichkeiten können anregend für unser emotionales Gedächtnis und die wiederherstellbaren Empfindungen sein."

„Und was geschieht, wenn der Regisseur einen Rahmen schafft, der zwar äußerlich prächtig ist, aber nicht recht zum inneren Wesen des Stückes paßt?" fragte Schustow.

„Das kommt leider sehr oft vor und ist immer schlecht, denn der Fehler des Regisseurs drängt die Darsteller in eine falsche Richtung und errichtet eine Mauer zwischen ihnen und ihren Rollen."

„Und wenn die äußere Inszenierung einfach schlecht ist – was dann?" fragte jemand.

„Dann ist es noch schlimmer! Die Arbeit des Regisseurs und der übrigen Mitarbeiter an der Aufführung führt zu einem genau entgegengesetzten Resultat: Statt die Aufmerksamkeit des Schauspielers auf die Bühne und die Rolle zu lenken, stößt die mißlungene Umgebung den Schauspieler ab von dem, was auf der Bühne ist, und gibt ihn ganz in die Macht der tausendköpfigen Menge jenseits der Rampe."

„Und wenn der Regisseur die äußere Inszenierung so banal, theatralisch und geschmacklos gestaltet, wie ich es gestern im N.-Theater gesehen habe?" fragte ich.
„In diesem Fall wird das Gift der Banalität den Schauspieler vergiften, und er wird in die Fußstapfen des Regisseurs treten. Für viele bedeutet szenische Banalität einen recht kräftigen ‚Auslöser'. Die äußere Inszenierung ist also, wie Sie sehen, ein zweischneidiges Schwert in den Händen des Regisseurs. Sie kann genausoviel Nutzen wie Schaden anrichten.
Die Schauspieler sollen ihrerseits selber lernen, das, was sie auf der Bühne umgibt, zu sehen, zu erfassen, wahrzunehmen und sich rückhaltlos der Stimmung hinzugeben, die durch die szenische Illusion geschaffen worden ist. Wenn der Schauspieler diese Fähigkeit und dieses Vermögen hat, kann er alle Auslöser, die die äußere Inszenierung enthält, für sich ausnutzen.
Die Frage ist nun", fuhr Torzow fort, „ob jede gute Dekoration dem Schauspieler hilft und sein emotionales Gedächtnis anregt? Stellen Sie sich einen wunderbaren Hintergrund vor, von einem vorzüglichen Maler gemalt, der Farben, Linien und Perspektive großartig beherrscht. Blicken Sie aus dem Zuschauerraum auf diesen Hintergrund – und Sie fühlen sich auf die Bühne gezogen. Gehen Sie aber tatsächlich auf die Bühne, sind Sie enttäuscht und möchten wieder weggehen. Woran liegt das wohl? Wenn die Dekorationen nur als Malerei wirken und nicht den Forderungen des Schauspielers angepaßt sind, sind sie unbrauchbar für die Bühne. Bei einer Dekoration dieser Art hat der Maler nicht in drei, sondern wie bei einem Gemälde nur in zwei Dimensionen gedacht – in Breite und Höhe. Was die Tiefe anbetrifft oder, besser gesagt, den Bühnenraum, so bleibt er kahl und tot.
Sie wissen aus Erfahrung, was die nackten, glatten, öden Bretter der Bühne für den Schauspieler bedeuten, wie schwer es ist, sich auf ihnen zu konzentrieren, auch nur in einer kleinen Übung oder in einer einfachen Etüde sich selbst zu finden.
Und versuchen Sie mal auf so einem Boden wie auf einem Konzertpodium an die Rampe zu treten und das ‚Leben des menschlichen Geistes' in Rollen wie Hamlet, Othello, Macbeth wiederzugeben! Wie schwer ist das ohne Hilfe des Regisseurs, ohne richtige Arrangements, ohne die Versatzstücke und Möbel, auf die man sich stützen, setzen, an die man sich lehnen, um die man sich gruppieren könnte! Jede Stellung hilft ja, auf der Bühne zu leben und die innere Stimmung plastisch auszudrücken. Das bringt man auf einer gut ausgestatteten Bühne leichter zustande, als wenn der Schauspieler einsam wie ein Stock vor der Rampe aufgepflanzt steht. Wir brauchen die dritte Raumdimension, das heißt die Gestaltung des Bühnenraumes, in dem wir uns bewegen, in dem wir leben und handeln. Die dritte Dimension ist notwendiger für uns als die beiden ersten. Was nützt es uns Schauspielern, wenn hinter unserem Rücken eine wunderbar genial gemalte Dekoration hängt? Meistens sehen wir sie gar nicht. Sie verpflichtet uns zwar, gut zu spielen, um ihrer würdig zu sein, aber sie hilft uns nicht, weil der Künstler beim Malen nur an sie gedacht hat und sich selbst präsentieren wollte, ohne an den Schauspieler zu denken.
Wo sind Genies, wo sind Techniker, die sich vor den Souffleurkasten stellen und ohne jegliche fremde Hilfe, ohne Arrangement, ohne Regisseur, ohne Bühnenbildner das ganze innere Wesen eines Stückes und einer Rolle wiedergeben können?

Solange unsere Kunst nicht den höchsten Gipfel der Vollkommenheit auf dem Gebiet der Psychotechnik erreicht hat, die dem Schauspieler die Möglichkeit gibt, ganz allein, ohne fremde Hilfe, seine schöpferischen Aufgaben zu bewältigen, werden wir die Dienste des Regisseurs und der anderen Mitarbeiter an der Aufführung in Anspruch nehmen müssen, die die vielfältigen, in den Dekorationen, in der Flächenaufteilung, in den Licht- und Klangeffekten und in anderen Mitteln enthaltenen ‚Auslöser' in der Hand haben."

„Warum haben Sie sich in die Ecke verkrochen?" sagte Arkadi Nikolajewitsch zur Maloletkowa.
„Ich ... ich möchte weiter weg sein. Ich kann nicht, ich kann nicht!" brachte sie aufgeregt heraus und drückte sich noch tiefer in die Ecke, um sich den Blicken des verlegen gewordenen Wjunzow zu entziehen.
„Und warum sitzen Sie alle so gemütlich beisammen?" wandte sich Torzow an mehrere Schüler, die sich in Erwartung seiner Stunde auf dem Sofa um den Tisch in der gemütlichsten Ecke gruppiert hatten.
„Wir hören ... uns Anekdoten an", antwortete der Zeichner Umnowych.
„Und was machen Sie und Goworkow dort bei der Lampe?" fragte Arkadi Nikolajewitsch die Weljaminowa.
„Ich ... ich ... wie soll ich sagen ...", stotterte sie verlegen. „Wir lesen einen Brief ... und darum ... nun, ich weiß wirklich nicht warum ..."
„Und weshalb gehen Sie mit Schustow auf und ab?" sagte er zu mir.
„Wir überlegen uns was", antwortete ich.
„Kurz und gut", folgerte Arkadi Nikolajewitsch, „jeder von Ihnen hat sich, je nach Stimmung, Erleben und Tätigkeit, den geeignetsten Platz ausgesucht, die entsprechende Bühneneinrichtung geschaffen und sie für seine Zwecke ausgenützt; oder auch umgekehrt: Die Bühneneinrichtung hat ihm die Tätigkeit, die Aufgabe eingegeben."
Torzow setzte sich an den Kamin, und wir setzten uns alle zu ihm. Einige rückten mit den Stühlen, um ihm näher zu sein und besser hören zu können. Ich setzte mich an den Tisch mit der Lampe, um besser schreiben, Goworkow und die Weljaminowa nahmen ein wenig abseits Platz, um besser miteinander tuscheln zu können.
„Und jetzt, warum haben Sie sich hier hingesetzt, Sie dort, und Sie am Tisch?" Arkadi Nikolajewitsch ließ nicht locker.
Wir gaben ihm wieder Rechenschaft über unsere Handlungen. Er schlußfolgerte auch diesmal daraus, daß wir, jeder auf seine Art, die Bühneneinrichtung den Gegebenheiten, der Tätigkeit, Stimmung und dem Erleben entsprechend ausgenutzt hätten.
Dann führte uns Arkadi Nikolajewitsch in die verschiedenen Ecken des Zimmers – überall standen die Möbel anders – und ließ uns feststellen, was für Stimmungen, emotionale Erinnerungen, wiederherstellbare Empfindungen sie in uns auslösten. Wir mußten angeben, unter welchen Umständen und in welcher Weise wir die betreffende Bühneneinrichtung benutzen würden.
Danach stellte Torzow selbst nach eigenem Ermessen eine Reihe von Bühnenein-

richtungen für uns zusammen, und wir mußten überlegen und feststellen, in welchem inneren Zustand, unter welchen Bedingungen, in welcher Stimmung, in welchen vorgeschlagenen Situationen wir es bequem finden würden, so zu sitzen, wie er es angeordnet hatte. Mit anderen Worten: Während wir zuerst unsere Arrangements aus unserer eigenen Stimmung, aus dem Gefühl für die Handlungsaufgabe heraus selbst getroffen hatten, tat es Arkadi Nikolajewitsch jetzt für uns, wir aber mußten nun das fremde Arrangement rechtfertigen, das heißt die ihm gemäße Empfindung und Handlung herausfinden, die entsprechende Stimmung herausfühlen.

Torzow sagte, daß sowohl die beiden ersten Fälle – die Gestaltung eigener Arrangements – als auch der dritte Fall – die Rechtfertigung eines fremden – in der Praxis immer vorkommen. Darum muß man sie unbedingt gut beherrschen lernen.

Ferner wurde eine „Beweisführung aus dem Gegenteil" durchexerziert. Arkadi Nikolajewitsch und Iwan Platonowitsch setzten sich so hin, als wollten sie mit dem Unterricht beginnen. Wir setzten uns, wie es „unserer Tätigkeit und Stimmung" entsprach. Doch Torzow veränderte unsere Arrangements, die wir gewählt hatten, bis zur Unkenntlichkeit. Er ließ die Schüler absichtlich unbequeme Plätze einnehmen, gegensätzlich zur Stimmung und zu dem, was wir zu tun hatten. Die einen saßen jetzt ganz weit ab, die anderen zwar nah beim Lehrer, aber mit dem Rücken zu ihm. Die Diskrepanz zwischen dem Arrangement einerseits und dem seelischen Zustand und der Tätigkeit andererseits verwirrte das Gefühl und bewirkte einen inneren Bruch.

An diesem Beispiel erkannten wir deutlich, wie notwendig die Einheit von Arrangement und seelischem Zustand des Schauspielers ist und was für ein Übel die Verletzung dieser Einheit bedeutet.

Dann mußten wir alle Möbel längs der Wand aufstellen, uns darauf setzen und in die Mitte nur einen einzigen Sessel plazieren.

Dann rief Torzow uns der Reihe nach auf und ließ jeden mit diesem Sessel alle Stellungen ausprobieren, die wir uns nur irgend ausdenken konnten. Alle Stellungen mußten natürlich von innen begründet werden – durch den Phantasieeinfall, durch vorgeschlagene Situationen und durch das Gefühl. Wir machten die Übungen der Reihe nach durch, wobei wir feststellten, welche Empfindung jedes Arrangement in uns wachrief, oder umgekehrt, welche Stellungen sich bei welchen inneren Zuständen von selbst ergaben.

Durch diese Übungen lernten wir den Wert eines guten, stimmenden und reichhaltigen Bühnenarrangements noch mehr schätzen, und zwar nicht als Selbstzweck, sondern wegen der Empfindungen, die es auslöst und fixiert.

Daraus folgerte Arkadi Nikolajewitsch:

„Einerseits suchen sich also die Schauspieler die Arrangements im Hinblick auf die zu erlebende Stimmung, auf die auszuführende Tätigkeit, auf ihre Aufgaben; andererseits schaffen Stimmung, Aufgabe, Tätigkeit von sich aus die geeigneten Arrangements für uns. Sie gehören also auch zu den Auslösern unseres emotionalen Gedächtnisses.

Im allgemeinen glaubt man, wir wollten durch die detaillierte Ausstattung der Bühne, durch Beleuchtung, Geräusche und andere Regieeinfälle vor allem die im

Parkett sitzenden Zuschauer bestechen. Nein. Wir bedienen uns dieser Auslöser weniger um der Zuschauer willen, als wegen der Schauspieler selbst.[40] Wir wollen ihnen helfen, ihre ganze Aufmerksamkeit den Begebenheiten auf der Bühne zu schenken, und sie von allem ablenken, was außerhalb der Bühne ist. Wenn die auf unserer Seite der Rampe hervorgerufene Stimmung mit dem Stück übereinstimmt, entsteht eine günstige Atmosphäre für das Schaffen, die das emotionale Gedächtnis und das Erleben richtig anregt.
Glauben Sie jetzt – nach einer ganzen Reihe von Versuchen und Vorführungen –, daß die Mittel der Inszenierung, Dekoration, Raumaufteilung, Licht-, Geräusch- und anderer Effekte, die eine Stimmung auf der Bühne schaffen, vorzügliche äußere Auslöser für unser Gefühl sind?" fragte Arkadi Nikolajewitsch.
Alle Schüler außer Goworkow stimmten zu.
„Es gibt jedoch viele Schauspieler, die auf der Bühne weder sehen noch wahrnehmen können", fuhr Arkadi Nikolajewitsch fort. „Mit was für Dekorationen man diese Leute auch umgeben, wie man diese Dekorationen beleuchten, mit welchen Klängen man die Bühne erfüllen, welche Illusion man ihnen schaffen mag, diese Schauspieler werden sich niemals für das interessieren, was auf der Bühne ist, sondern immer nur für die Vorgänge im Zuschauerraum, jenseits der Rampe. Ihre Aufmerksamkeit läßt sich nicht einmal durch das Stück und seine Idee fesseln, geschweige denn durch Dekorationen. Sie bringen sich selbst um sehr wichtige äußere Auslöser auf der Bühne, mit denen ihnen der Regisseur und die anderen Mitarbeiter einer Aufführung behilflich sein könnten.
Damit es Ihnen nicht passieren kann, lernen Sie, auf der Bühne zu sehen und wahrzunehmen, lernen Sie, sich allem, was um Sie ist, hinzugeben und auf alles zu reagieren.
Kurz, lernen Sie, alle Ihnen zur Verfügung stehenden Auslöser zu nutzen."

Heute sagte Arkadi Nikolajewitsch:
„Bisher sind wir vom Auslöser zum Gefühl gegangen. Aber häufig muß man den umgekehrten Weg gehen: vom Gefühl zum Auslöser. Wir tun es, wenn wir das zufällig in uns entstandene Erleben fixieren müssen. Ich will das an einem Beispiel erläutern.
Folgendes ist mir bei einer der ersten Aufführungen von Gorkis ‚Nachtasyl' passiert.
Die Rolle des Satin fiel mir verhältnismäßig leicht, bis auf den Monolog ‚vom Menschen' im letzten Akt. Man verlangte etwas Unmögliches von mir: Eine Szene von gesellschaftlicher Bedeutung, womöglich von Weltbedeutung; was zwischen den Zeilen steht, sollte ungeheuer tiefgründig sein, damit der Monolog zum Mittelpunkt und zum Schlüssel des Stückes werde. Sobald ich mich der gefährlichen Stelle näherte, fing ich schon innerlich an zu bremsen, legte die Ohren an und sträubte mich wie ein Pferd mit einer schweren Fuhre vor einem hohen Berg. Der ‚Berg' in meiner Rolle hemmte den freien Lauf und verdarb mir die Freude am Schaffen. Nach dem Monolog fühlte ich mich immer wie der Sänger, der den hohen Ton nicht aushalten konnte.

Aber einmal – für mich sehr überraschend – gelang mir der wunde Punkt der Rolle bei der dritten oder vierten Aufführung ganz von selbst.
Um den Grund meines zufälligen Erfolges zu erkennen, rief ich mir alles ins Gedächtnis zurück, was dieser Aufführung vorangegangen war. Vor allem mußte der Tag vom Morgen an durchgesehen werden.
Er hatte damit angefangen, daß ich eine hohe Schneiderrechnung bekam. Mein Budget geriet dadurch ins Wanken, ich war verstimmt. Dann verlor ich den Schreibtischschlüssel. Sie wissen ja, wie unangenehm das ist. Übelgelaunt las ich eine Kritik über unsere ‚Nachtasyl'-Aufführung, in der das Mißlungene gepriesen und das Gute verrissen wurde. Die Kritik wirkte deprimierend auf mich. Den ganzen Tag dachte ich an das Stück. Zum hundertsten Mal analysierte ich es aufs neue und suchte den wesentlichen inneren Sinn, erinnerte mich an alle Momente meines Erlebens und war von dieser Arbeit so ausgefüllt, daß mich an diesem Abend der Erfolg nicht interessierte, daß ich vor dem Auftritt nicht darum bangte, daß ich nicht an die Zuschauer dachte, daß mir der Ausgang der Vorstellung und besonders meines Spiels gleichgültig war. Ja, an dem Tag habe ich auch gar nicht gespielt, sondern einfach logisch und folgerichtig die Aufgaben der Rolle durch Worte, Handlungen und Taten erfüllt. Logik gepaart mit Folgerichtigkeit führte mich den rechten Weg, und die Rolle spielte sich ganz von selbst. Der wunde Punkt ging vorüber, ich hatte ihn nicht einmal bemerkt.
Im Resultat war meine Darstellung, wenn auch nicht von ‚Weltbedeutung', so doch sehr wichtig für das Stück, obwohl ich gar nicht daran gedacht hatte.
Was war denn geschehen? Was hatte mir geholfen, mich von den Fesseln zu befreien, die mich bisher gehindert hatten, den rechten Weg zu gehen? Was hatte mich jetzt auf diesen Weg gebracht, der mich schließlich zum ersehnten Ziel führte?
Natürlich lag es nicht daran, daß der Schneider eine Rechnung geschickt hatte, daß ich den Schreibtischschlüssel verloren und eine Kritik gelesen hatte. Alles zusammen – der ganze Komplex der Lebensumstände und -zufälligkeiten – hatte in meinem Innern einen Zustand geschaffen, in dem die Kritik stärker auf mich einwirkte als zu erwarten war. Sie hatte meine feststehende Meinung über den Gesamtplan in Frage gestellt und mich gezwungen, ihn noch einmal durchzusehen. Und diese **Durchsicht** führte mich zum Erfolg.
Ich wandte mich an einen erfahrenen Schauspieler und guten Psychologen mit der Bitte, mir zu helfen, das an diesem Abend gefundene Erleben zu fixieren. Er sagte mir:
‚Ein zufällig auf der Bühne erlebtes Gefühl wiederholen zu wollen ist etwa dem Versuch vergleichbar, eine verwelkte Blume wieder zum Leben zu erwecken. Wäre es nicht besser, sich nicht darum zu bemühen, wie man das Tote wieder auffrischt, sondern nachzudenken, wie man anstelle der verwelkten Blume eine neue aufzieht? Was ist dazu zu tun? Erst einmal nicht an die Blume selbst denken, sondern ihre Wurzeln begießen, oder einen neuen Samen in die Erde stecken und eine neue Blume großziehen.
Meistens handeln die Schauspieler anders. Wenn sie eine zufällig gelungene Stelle der Rolle wiederholen sollen, wenden sie sich geradeswegs an das Gefühl selbst

und wollen es noch einmal durchleben. Das heißt aber eine Blume ohne Mitwirkung der Natur erstehen lassen wollen. Das ist eine nicht erfüllbare Aufgabe, und es bleibt nichts weiter übrig, als die Blume künstlich nachzuahmen.
Wie kann denn das gelingen?
Man soll nicht an das Gefühl denken, sondern sich nur um seine Quellen kümmern, um die Bedingungen, die das Erleben ausgelöst haben. Sie sind der Boden, der begossen und gedüngt werden muß, auf dem das Gefühl wachsen kann. Die Natur erschafft indessen das neue Gefühl, das dem früheren entspricht. Darum beginnen Sie niemals mit dem Resultat. Es ergibt sich nicht von selbst, sondern ist die logische Folge des Vorausgegangenen.'
Ich handelte nach diesem weisen Rat. Dazu mußte ich von der Blüte aus am Stengel zu den Wurzeln hinabsteigen, gleichsam den Weg verfolgen, der vom Monolog ‚vom Menschen' zur eigentlichen Idee des Stückes führt, der Idee, deretwegen es geschrieben wurde. Wie soll ich diese Idee nennen? Freiheit? Das Seiner-selbst-inne-Werden des Menschen? Davon spricht im Grunde die ganze Zeit über, vom Beginn des Stückes an, der Pilger Luka.
Als ich zu den Wurzeln meiner Rolle hinabgestiegen war, sah ich erst, daß sie – wie von Schimmelpilzen – von verschiedenen überflüssigen, schädlichen, rein theatralischen Aufgaben überzogen waren.
Ich erkannte, daß mein Monolog mit ‚Weltbedeutung' keine Beziehung zum Monolog ‚vom Menschen' hatte, den Gorki geschrieben hatte. Der erstere war der Kulminationspunkt meiner theatralischen Übertreibung, während der zweite von der tragenden Idee des Stückes sprechen und ihren Höhepunkt bedeuten sollte, den schöpferisch wichtigsten, erhabensten Augenblick im Erleben des Autors und des Schauspielers. Früher hatte ich nur daran gedacht, wie ich die fremden Worte der Rolle möglichst effektvoll vorbringen, aber nicht, wie ich dem Partner möglichst deutlich und farbig meine Gedanken und Gefühle darlegen könnte, die den Gedanken und Gefühlen der darzustellenden Figur entsprechen. Ich outrierte das Resultat, statt logisch und folgerichtig zu handeln und mich dadurch ganz natürlich zu diesem Resultat, das heißt zur tragenden Idee des Stückes und meines schauspielerischen Schaffens, zu bringen. Alle Fehler, die ich zugelassen hatte, trennten mich wie eine Steinmauer von dem wesentlichen Gedanken.
Was hat mir geholfen, die Mauer einzureißen?
Der in Frage gestellte Plan der Rolle.
Wer hatte ihn in Frage gestellt?
Die Rezension.
Was gab mir die Kraft dazu?
Die Schneiderrechnung, der verlorene Schlüssel und andere Zufälligkeiten, die mich in einen mißmutigen, allgemein nervösen Zustand brachten, was mich wiederum dazu zwang, den vergangenen Tag noch einmal kritisch zu überprüfen.
An diesem Beispiel wollte ich Ihnen den zweiten Weg illustrieren, über den ich heute sprach – den Weg vom erwachten Gefühl zum Auslöser.
Wenn er diesen Weg erkannt hat, kann der Schauspieler jederzeit nach eigenem Gutdünken das notwendige wiederherstellbare Erleben auslösen.

Also: von dem zufällig entstandenen Gefühl zurück zum Auslöser, um später wieder vom Auslöser zum Gefühl gehen zu können", folgerte Torzow.

Arkadi Nikolajewitsch sagte:
„Je umfassender das emotionale Gedächtnis ist, desto reicheres Material für das innere Schaffen enthält es, desto mehr kann der Schauspieler aus dem vollen schöpfen. Ich glaube, das versteht sich von selbst und bedarf keiner weiteren Erklärung.
Außer auf seine Reichhaltigkeit müssen wir das Material des emotionalen Gedächtnisses aber noch auf seine Kraft, seine Stabilität und seine Qualität hin untersuchen.
Die Kraft des emotionalen Gedächtnisses ist bei unserer Arbeit von großer Bedeutung. Je kräftiger, schärfer und präziser das Gedächtnis ist, desto voller und farbiger ist das schöpferische Erleben. Ein schwaches emotionales Gedächtnis würde schemenhafte, kaum wahrnehmbare Empfindungen auslösen, die für die Bühne untauglich sind, weil man sie kaum spürt, weil sie kaum zünden, kaum über die Rampe gehen."
Im Gespräch über das emotionale Gedächtnis stellte sich weiter heraus, daß der Grad seiner Kraft, Dauer und Einwirkung sehr verschieden sein kann. Dazu sagte Arkadi Nikolajewitsch folgendes:
„Stellen Sie sich vor, Sie sind in aller Öffentlichkeit beleidigt worden oder haben gar eine Ohrfeige bekommen, die Ihre Wange Ihr ganzes Leben lang glühen macht. Die Erschütterung, die diese Szene in Ihnen verursacht, ist so groß, daß sie alle Einzelheiten und äußeren Umstände der wüsten Züchtigung überdeckt.
Aus nichtigem Anlaß, ja, sogar ohne jeden äußeren Grund flammt die erlittene Kränkung jäh in Ihrem emotionalen Gedächtnis auf und lebt ganz stark in Ihnen. Röte wechselt mit tödlicher Blässe auf Ihrem Gesicht, das Herz krampft sich zusammen und klopft rasend.
Wenn der Schauspieler über ein derartig geschärftes, leicht erregbares emotionales Material verfügt, wird es ihm leicht, auf den Brettern eine Szene zu erleben, die jener entspricht, die sich ihm infolge der Erschütterung im Leben tief eingeprägt hat. Dazu bedarf es keiner Hilfe der Technik. Alles vollzieht sich von selbst. Die Natur selbst hilft dem Schauspieler.
Das ist eine der stärksten, reizbarsten, präzisesten und lebensfähigsten Formen emotionaler Erinnerungen und wiederherstellbarer Empfindungen.
Jetzt nehme ich einen anderen Fall. Ein Freund von mir, ein unwahrscheinlich zerstreuter Mensch, war zum Mittagessen bei Bekannten eingeladen, die er ein Jahr nicht besucht hatte. Bei Tisch trank er auf das Wohl des Sohnes seiner Gastgeber, den die Eltern innig geliebt hatten.
Der Toast wurde mit tödlicher Stille aufgenommen, und dann fiel die Frau des Hauses, die Mutter des Kindes, in Ohnmacht. Wie sich herausstellte, hatte mein Freund vergessen, daß inzwischen ein Jahr seit dem Tode des Kindes vergangen war, auf dessen Gesundheit er getrunken hatte. ‚Was ich damals durchgemacht habe, kann ich mein Lebtag nicht vergessen!' gestand mir mein Freund.
Doch in diesem Fall hatte die Empfindung nicht verdeckt, was rundum vorgegangen

war, wie es bei dem Beispiel mit der Ohrfeige geschah; denn nicht nur das Erleben selbst, sondern auch einige besonders deutliche Momente und Umstände der Situation haben sich dem Gedächtnis meines Freundes ganz klar eingeprägt. Er erinnert sich deutlich an das erschrockene Gesicht des gegenübersitzenden Gastes, an den gesenkten Blick seiner Nachbarin und an den Aufschrei am anderen Ende des Tisches.
Jetzt – lange Zeit danach – leben plötzlich ganz von selbst die Gefühle wieder in ihm auf, die er damals im verhängnisvollen Augenblick bei Tisch empfand. Doch zuweilen kann er es nicht sofort erreichen und muß sich erst auf die Begleitumstände besinnen. Dann lebt sofort oder allmählich auch das Empfinden von damals auf.
Das ist ein Beispiel für etwas schwächere Lebensfähigkeit und Stärke der emotionalen Erinnerungen, sozusagen einer Lebensfähigkeit mittleren Grades, die häufig der Hilfe der Psychotechnik bedarf.
Jetzt will ich Ihnen einen dritten verwandten Fall erzählen. Er passierte wieder meinem zerstreuten Freund, diesmal nicht in der Öffentlichkeit, sondern unter vier Augen, in einem persönlichen Gespräch.
Seine Kusine war nach dem Tode ihrer Mutter zu ihm gekommen, um ihm für seinen Kranz zu danken. Sie hatte ihren Dank kaum ausgesprochen, als der zerstreute Kauz sich schon liebenswürdig nach dem ‚Befinden der lieben Tante' – der toten – erkundigte.
Die peinliche Verlegenheit dieses Augenblicks hat sich natürlich seinem Gedächtnis auch eingeprägt, aber bedeutend weniger kräftig als das vorhergehende Beispiel mit dem Toast. Wenn mein Freund das emotionale Material des dritten Beispiels für schöpferische Zwecke gebrauchen wollte, so müßte er vorher eine große innere Arbeit leisten, weil hier die Spuren der Erinnerung in seinem emotionalen Gedächtnis nicht tief und prägnant genug sind, um selbständig, ohne fremde Hilfe, wieder aufleben zu können.
Das ist ein Beispiel für schwache emotionale Erinnerungen und wiederherstellbare Empfindungen.
In diesem Fall hat die Psychotechnik eine große, schwierige Arbeit zu leisten."

Arkadi Nikolajewitsch fuhr mit der Betrachtung des emotionalen Gedächtnisses und der verschiedenen Grade seiner Kraft und Qualität fort. Er sagte:
„Manche Erinnerungen an durchlebte Empfindungen bewahren wir in schwächerem Maße, andere, wenn auch seltener, besonders stark.
Häufig leben die empfangenen Eindrücke in unserem Gedächtnis weiter, wachsen dort noch und vertiefen sich. Sie werden zu Auslösern neuer Prozesse, die einerseits die nicht zu Ende durchlebten Einzelheiten des Vergangenen bewahren und andererseits die Phantasie anregen, die vergessenen Einzelheiten zu erfinden. Das ist eine häufige Erscheinung bei uns Schauspielern, denken Sie nur an den italienischen Gast, den Sie seinerzeit bei mir gesehen haben.
Und nun noch ein anderer, anschaulicherer Fall aus dem Alltag, der meiner Schwester passiert ist.

Sie kehrte aus der Stadt aufs Land zurück und hatte ein Täschchen mit den Briefen ihres verstorbenen Mannes bei sich, die ihr sehr teuer waren. Weil sie es eilig hatte, stieg sie aus, ehe der Zug zum Halten gekommen war. Da die letzten Stufen des Eisenbahnwagens vereist waren, rutschte sie aus und geriet zum allgemeinen Entsetzen zwischen Bahnsteigkante und fahrenden Zug. Die arme Frau schrie entsetzt auf, aber nicht, weil sie um ihr Leben Angst hatte, sondern weil sie das Täschchen mit den kostbaren Briefen hatte fallen lassen, die nun unter die Räder kommen konnten. Es gab ein wildes Durcheinander, man schrie, eine Frau wäre unter den Zug geraten, aber der Schaffner schimpfte grob auf meine Schwester, statt ihr zu helfen. Es gab eine dumme, widerwärtige Szene, die die arme Frau den ganzen Tag verfolgte. Sie beklagte sich zu Hause immer wieder über die Unverschämtheit des Schaffners, wobei sie ihren Sturz und die Katastrophe, die um Haaresbreite geschehen wäre, völlig vergaß.
Es wurde Nacht. Und in der Dunkelheit entsann sich meine Schwester der ganzen Begebenheit und bekam einen Nervenanfall.
Danach konnte sich meine Schwester nicht entschließen, noch einmal auf die Station zu gehen, auf der sie beinahe einen Unfall gehabt hätte. Sie hatte Angst, daß dort die Erinnerungen sich ihrer besonders heftig bemächtigen könnten, und zog es vor, lieber im Wagen fünf Werst nach einer anderen, weiter entfernten Station zu fahren.
So kann es vorkommen, daß der Mensch im eigentlichen Augenblick der Gefahr ruhig bleibt und bei der Erinnerung daran in Ohnmacht fällt. Ist das nicht ein Beispiel für die Kraft des emotionalen Gedächtnisses – dafür, daß die wiederherstellbaren Empfindungen stärker sein können als die ursprünglichen, da sie sich in unserer Erinnerung weiterentwickeln?
Doch außer der Kraft und der Intensität der emotionalen Erinnerungen müssen wir auch ihren Charakter, ihre Art unterscheiden können. Zum Beispiel stellen Sie sich vor, Sie wären in den Situationen mit der Ohrfeige, mit dem Trinkspruch und mit der Kusine nicht die handelnde Person, sondern nur Zeugen gewesen.
Es ist zweierlei, ob man selbst die Beleidigung erfährt und schrecklich verlegen wird, oder ob man das Geschehene nur beobachtet, sich darüber empört und das Benehmen derer kritisiert, die den Konflikt heraufbeschworen haben.
Natürlich ist die Möglichkeit heftigen Erlebens auch bei einem Zeugen nicht ausgeschlossen, es mag in einzelnen Fällen sogar stärker sein als bei der handelnden Person selbst. Doch das interessiert mich im Augenblick nicht. Ich will jetzt nur feststellen, daß die erlebten emotionalen Erinnerungen ihrem Wesen nach bei einem Zeugen und der handelnden Person nicht dieselben sind.
Doch es kann auch vorkommen, daß der Mensch weder handelnde Person noch Zeuge des Geschehens ist, sondern nur davon gehört oder gelesen hat.
Das braucht weder Wirkungskraft noch Tiefe der emotionalen Erinnerungen zu beeinträchtigen, sie hängen von der Überzeugungskraft des Schreibers oder Erzählers und von der Aufnahmefähigkeit des Lesenden oder Hörenden ab.
Nie werde ich die Erzählung eines Augenzeugen vom Untergang eines Schulschiffes vergessen, dessen Kapitän plötzlich während eines Sturmes starb. Nur ein einziger

konnte sich retten. Diese bis in die letzte Einzelheit plastisch wiedererzählte Seemannstragödie hatte mich tief erschüttert und erregt mich auch jetzt immer noch.
Selbstverständlich sind die emotionalen Erinnerungen der handelnden Person, des Zeugen, des Zuhörers und des Lesers unterschiedlich in ihrem Charakter.
Der Schauspieler hat es mit allen Arten dieses emotionalen Materials zu tun, muß es der Rolle anpassen und den Anforderungen der Rolle entsprechend verarbeiten.
Nehmen wir an, Sie wären bei der empörenden Szene mit der Ohrfeige, von der ich in der vorigen Stunde gesprochen habe, nicht handelnde Person, sondern nur Zeuge gewesen.
Nehmen wir ferner an, daß der Eindruck dieser Szene sich Ihrem emotionalen Gedächtnis tief eingeprägt hat. Es würde Ihnen leichtfallen, auf der Bühne ein derartiges Erleben in einer entsprechenden Rolle wieder herzustellen. Nehmen wir außerdem an, daß sich diese Rolle fände, daß Sie aber darin nicht den Zeugen der Ohrfeigenszene, sondern den Geohrfeigten selbst zu spielen hätten. Wie verarbeitet man innerlich die emotionalen Erinnerungen eines Zeugen in das Erleben der handelnden Person?
Der Handelnde fühlt, während der Zeuge mitfühlt. Also müssen Sie Mitgefühl in Gefühl verwandeln.
Und nun ein Beispiel für diese Verwandlung des Mitgefühls des Zeugen in das unmittelbare Gefühl der handelnden Person.
Nehmen wir an, Sie kommen zu Ihrem Freund und finden ihn in einem entsetzlichen Zustand – er murmelt etwas vor sich hin, rennt ruhelos auf und ab, weint, zeigt alle Anzeichen völliger Verzweiflung. Aber es gelingt Ihnen nicht, den eigentlichen Kern der Sache herauszufinden, obwohl Sie über den Zustand Ihres Freundes aufrichtig bestürzt sind. Was empfinden Sie in diesem Augenblick? Mitgefühl. Aber der Freund führt Sie ins Nebenzimmer, und dort sehen Sie seine Frau in einer Blutlache am Boden liegen.
Bei diesem Anblick verliert der Freund jegliche Selbstbeherrschung, er schluchzt und weint, er stößt Worte hervor, die Ihnen unverständlich sind, obwohl Sie ihren tragischen Sinn spüren.
Was empfinden Sie in diesem Augenblick?
Noch größeres Mitleid mit Ihrem Freund.
Dann gelingt es Ihnen, den Armen zu beruhigen, und er redet jetzt verständlich. Es stellt sich heraus, daß er seine Frau getötet hat ... weil er eifersüchtig war ... auf Sie.
Bei dieser Eröffnung verschiebt sich in Ihnen alles. Das frühere Mitgefühl eines Zeugen verwandelt sich in das Gefühl der handelnden Person einer Tragödie, die Sie ja nun in der Tat geworden sind.
Ein ähnlicher Prozeß vollzieht sich auch in unserer Kunst bei der Arbeit an der Rolle. Von dem Augenblick an, da im Innern des Schauspielers eine entsprechende Verschiebung vor sich gegangen ist, da er sich als aktive Person im Leben des Stückes empfindet, keimt das echte, unmittelbare Gefühl des Menschen in ihm auf. Häufig vollzieht sich diese Umwandlung des Mitgefühls des Menschen und Schauspielers in das Gefühl der handelnden Person des Stückes ganz von selbst.

Der Mensch und Schauspieler kann sich so stark in die Lage der handelnden Person versetzen und darauf reagieren, daß er sich selbst an deren Stelle empfindet.[41]
In dieser Lage wird er das Geschehene unwillkürlich mit den Augen des Gekränkten betrachten. Er möchte handeln, sich in den Skandal einmischen, gegen die Handlungsweise des Beleidigers protestieren, als handelte es sich tatsächlich um seine persönliche Ehre, um eine Kränkung seiner selbst.
In diesem Fall verwandeln die Empfindungen des Zeugen das Mitgefühl aus sich heraus in das Gefühl selbst, das heißt, sie bekommen dieselben Eigenschaften und fast die gleiche Kraft wie die der handelnden Person des Stückes.
Doch was soll man tun, wenn sich dieser Prozeß nicht vollzieht? Dann muß man sich an die Psychotechnik mit ihrem magischen ‚Wenn', den ‚vorgeschlagenen Situationen' und den anderen Auslösern wenden, die im emotionalen Gedächtnis einen Widerhall finden.
So muß man also auf der Suche nach dem inneren Material nicht nur das benutzen, was wir selbst im Leben erlebt haben, sondern auch das, was wir an anderen Menschen erfahren und aufrichtig mitempfunden haben.
Ein analoger Prozeß vollzieht sich auch mit den Erinnerungen, die man aus Büchern oder aus Erzählungen anderer Menschen empfangen hat.
Diese Eindrücke müssen innerlich umgestaltet werden, das heißt, das Mitgefühl des Lesers oder Zuhörers muß in das eigene echte Gefühl umgewandelt werden, das dem Gefühl der handelnden Person jener Erzählung entspricht.
Ist Ihnen dieser Umwandlungsprozeß vom Mitgefühl eines Lesenden in das Gefühl der handelnden Person nicht schon bekannt? Machen wir das nicht mit jeder neuen Rolle durch? Wir lernen sie kennen, indem wir das Stück lesen, und in dem Stück erzählt der Dramatiker von einem Geschehen, das wir Schauspieler weder als Zeugen noch als handelnde Personen miterlebt, sondern nur durch Lektüre erfahren haben.
Beim ersten Lesen eines dramatischen Werkes entsteht in uns bis auf ganz seltene Ausnahmen nur Mitgefühl mit der handelnden Person des Stückes, und erst im Verlauf der Arbeit am Stück müssen wir dieses Mitgefühl in das eigene, echte Gefühl des Menschen und Schauspielers umwandeln."

„Besinnen Sie sich noch auf die Etüden mit dem Wahnsinnigen und mit dem notgelandeten Flugzeug?" fragte Arkadi Nikolajewitsch. „Erinnern Sie sich noch an deren ‚Wenns', ‚vorgeschlagene Situationen', Phantasieeinfälle und andere Auslöser, mit deren Hilfe Sie das notwendige seelische Material aus dem emotionalen Gedächtnis gewannen? Entsprechende Resultate konnten Sie aber auch mit Hilfe äußerer Auslöser erzielen.
Besinnen Sie sich auf die Szene aus ‚Brand' und ihre Aufgliederung in Abschnitte und Aufgaben, die einen heftigen Kampf zwischen dem männlichen und dem weiblichen Teil der Klasse auslösten? Das war wieder eine neue Art innerer Auslöser.
Besinnen Sie sich auf die Aufmerksamkeitspunkte, durch Glühbirnen demonstriert, die bald hier, bald dort – auf der Bühne und im Zuschauerraum – aufflammten? Jetzt wissen Sie, daß auch lebendige Objekte Auslöser für uns werden können.

Besinnen Sie sich auf die physischen Handlungen, ihre Logik und Folgerichtigkeit, ihre Wahrhaftigkeit und auf den Glauben an ihre Echtheit? Auch sie sind wichtige Auslöser für das Gefühl.
Bald werden Sie eine ganze Reihe neuer innerer Auslöser kennenlernen. Der stärkste sind die Worte und Gedanken des Stücks, die Gefühle, die dem Text des Autors zugrunde liegen, die Wechselbeziehungen der handelnden Personen.
Sie haben auch noch eine ganze Reihe äußerer Auslöser kennengelernt, haben erfahren, daß Bühneneinrichtung, Dekorationen, Licht, Geräusche und andere Inszenierungseffekte für uns die Illusion des wirklichen Lebens und seiner lebendigen Stimmung auf der Bühne erzeugen.
Betrachtet man alle Auslöser, die Sie schon kennen, und fügt noch jene hinzu, die Sie bald kennenlernen werden, bekommt man eine beträchtliche Anzahl zusammen. Das ist Ihr psychotechnisches Kapital, das Sie nützen müssen."
„Aber wie? Ich möchte brennend gern lernen, nach Bedarf die wiederherstellbaren Empfindungen auszulösen und das emotionale Gedächtnis anzuregen!" versicherte ich Torzow.
„Machen Sie es mit dem emotionalen Gedächtnis wie der Jäger mit dem Wild", erklärt Arkadi Nikolajewitsch. „Wenn der Vogel nicht von selbst kommt, kann man ihn im dichten Laub nicht finden. Es bleibt einem nichts weiter übrig, als die wilden Vögel durch bestimmte Pfiffe, sogenannte ‚Lockrufe', aus dem Walde herauszulocken.
Auch unser künstlerisches Gefühl ist scheu wie die Vögel des Waldes, es versteckt sich auch in den Tiefen unserer Seele. Kommt das Gefühl aus diesen Tiefen nicht von selbst zum Vorschein, dann läßt es sich mit keinen Mitteln in seinem Versteck aufspüren. In diesem Fall muß man sich auch aufs Herauslocken verlegen.
Solche Lockmittel sind eben die Auslöser des emotionalen Gedächtnisses und der wiederherstellbaren Empfindungen, von denen die ganze Zeit die Rede war.
Jede bisherige Etappe des Lehrplans brachte ein neues Lockmittel (Auslöser) des emotionalen Gedächtnisses und der wiederherstellbaren Empfindungen. Tatsächlich – das magische ‚Wenn', die vorgeschlagenen Situationen, die Phantasieeinfälle, die Abschnitte und Aufgaben, die Aufmerksamkeitspunkte, die Wahrhaftigkeit der inneren und äußeren Handlungen und der Glaube an sie – das alles gab uns letztlich die entsprechenden Lockmittel, Auslöser, wie wir es nennen.
So hat uns also die ganze bisher geleistete Unterrichtsarbeit zu den Lockmitteln hingeführt, diese aber brauchen wir zum Auslösen des emotionalen Gedächtnisses und der wiederherstellbaren Empfindungen.
Die Lockmittel sind die wichtigsten Hilfsmittel im Arbeitsbereich unserer Psychotechnik.
Die Verbindung zwischen Lockmittel und Gefühl muß weitgehend benutzt werden, weil sie natürlich und normal ist.
Der Schauspieler muß auf die Lockmittel (Auslöser) unmittelbar reagieren können, er muß sie beherrschen wie der Virtuose die Klaviatur: Kaum hat man einen verlockenden Einfall – sei es nun die Aufgabe mit dem Wahnsinnigen, mit dem notgelandeten Flugzeug oder mit dem verbrannten Geld –, da klingt schon innen das

entsprechende Gefühl auf. Man hat einen anderen Einfall – und sofort wird ein ganz anderes Gefühl hervorgerufen. Man muß wissen, was wodurch ausgelöst wird, was auf welchen Köder ‚anbeißt'. Man muß sozusagen ein Gärtner im eigenen Innern sein, der weiß, welche Pflanze aus welchem Samen wächst. Man darf nichts verschmähen, was das emotionale Gedächtnis auslösen könnte."
Der Schluß der Stunde war der Beweisführung gewidmet, daß die ganze Unterrichtsarbeit in allen Etappen vor allem zur Anregung des emotionalen Gedächtnisses und der wiederherstellbaren Empfindungen führt.

Arkadi Nikolajewitsch sagte in der heutigen Stunde:
„Aus allem, was über das emotionale Gedächtnis und die wiederherstellbaren Empfindungen gesagt worden ist, geht klar hervor, welch große Rolle sie im Schaffensprozeß spielen.
Es erhebt sich nun die Frage nach den Vorräten unseres emotionalen Gedächtnisses. Diese Vorräte müssen ununterbrochen, laufend aufgefüllt werden. Wie bringt man das zuwege? Wo findet man das notwendige schöpferische Material?
Wie Sie wissen, besteht es in erster Linie aus unseren eigenen Eindrücken, Empfindungen, Erlebnissen. Wir gewinnen sie sowohl aus der Wirklichkeit als auch aus dem Leben der Phantasie, aus Erinnerungen, aus Büchern, aus der Kunst, aus der Wissenschaft, auf Reisen, in Museen und vor allem – aus dem Umgang mit anderen Menschen.
Der Charakter des Materials, das der Schauspieler aus dem Leben gewinnt, variiert je nachdem, wie das Theater die Bestimmung seiner Kunst und seine eigene künstlerische Verantwortung dem Zuschauer gegenüber versteht. Es gab Zeiten, da unsere Kunst nur einem kleinen Kreis müßiger Menschen zugänglich war, die dort Vergnügen und Zerstreuung suchten; und damals war das Theater bestrebt, diese Wünsche des Publikums zu befriedigen. Zu anderen Zeiten diente das wildbewegte Leben ringsum als Anregung für das Schaffen des Schauspielers.
In den verschiedenen Epochen waren es verschiedene Arten von Material, die ins Theaterschaffen eingingen. Für das Vaudeville genügte oberflächliche Beobachtung. Für die konventionelle Tragödie von Oserow genügte bei einem gewissen Temperament und äußerer Technik einige Belesenheit in der heroischen Literatur.[42]
Für die Ansprüche, die das mittelmäßige russische Drama der sechziger bis neunziger Jahre des 19. Jahrhunderts an die Psychologie stellte (Ostrowski selbstverständlich ausgenommen), genügten die Erfahrungen, die die Schauspieler in ihren eigenen Kreisen und in der ihnen verwandten Gesellschaftsschicht gewinnen konnten. Nachdem aber Tschechow die vom Einfluß der neuen Epoche durchdrungene ‚Möwe' geschrieben hatte, erwies sich das frühere Material als unzureichend, man mußte tiefer in das Leben aller Gesellschaftsschichten und der ganzen Menschheit eindringen, in dem sich kompliziertere und differenziertere Strömungen abzuzeichnen begannen.
Je mehr sich das Leben der einzelnen Menschen und der ganzen Menschheit entwickelte und komplizierte, um so tiefer mußte der Schauspieler in die komplizierten Erscheinungen dieses Lebens eindringen.

Dazu mußte man den Gesichtskreis erweitern. Und er erweiterte sich in Zeiten weltbewegender Ereignisse immer mehr, bis zur Grenzenlosigkeit.

Es genügt jedoch nicht, den Kreis der Aufmerksamkeit zu erweitern und die verschiedenartigsten Gebiete des Lebens miteinzubeziehen, es genügt nicht, nur zu beobachten – man muß auch den Sinn seiner Beobachtungen verstehen lernen, muß die empfangenen Empfindungen, die sich dem emotionalen Gedächtnis eingeprägt haben, in sich verarbeiten, muß in den eigentlichen Sinn der Geschehnisse um uns herum eindringen. Um Kunst zu schaffen und ‚das Leben des menschlichen Geistes' auf der Bühne zu zeigen, muß man dieses Leben nicht nur studiert haben, sondern mit all seinen Erscheinungsformen in Berührung kommen, wie, wann und wo das nur irgend möglich ist. Sonst würde unser Schaffen verdorren, würde in Schablone ausarten.[43] Ein Schauspieler, der zwar das Leben um sich herum beobachtet, der zwar die ihn betreffenden Freuden und Beschwernisse des Lebens erleidet, aber nicht in ihre verwickelte Entstehungsgeschichte einzudringen und die grandiosen, von höchster Dramatik und größtem Heroismus erfüllten Ereignisse des Lebens dahinter nicht zu sehen vermag – dieser Schauspieler ist für das wahre Schaffen verloren. Will er für die Kunst leben, muß er um jeden Preis den Sinn des Lebens, das ihn umgibt, erfassen, muß er seinen Geist anstrengen, die unzulänglichen Kenntnisse erweitern, seine Anschauungen überprüfen. Wenn ein Schauspieler darauf bedacht ist, seine Kunst nicht absterben zu lassen, darf er das Leben nicht als Spießer betrachten. Ein Spießer kann kein wirklicher Künstler sein. Die überwiegende Mehrzahl der Schauspieler aber sind Spießer, die auf den Brettern des Theaters Karriere machen wollen.

Bei der Suche nach dem emotionalen Material muß man auch noch im Auge behalten, daß wir Russen dazu neigen, sowohl in anderen als auch in uns selbst in erster Linie das Schlechte zu sehen.

Darum sind die Vorräte unseres emotionalen Gedächtnisses in bezug auf negative Gefühle und Erinnerungen sehr groß. Unsere Literatur ist ja auch überreich an negativen Gestalten und sehr arm an positiven.[44]

Natürlich gibt es auch im Bereich des Negativen viele künstlerische Gestalten: Chlestakow etwa und der Stadthauptmann in Gogols ‚Revisor'; und auch im Bereich der düsteren Eigenschaften eines Menschen gibt es große Leidenschaften – Iwan Grosny. Doch nicht nur allein in ihnen liegt das Wesentliche unserer Kunst, die das schöne ‚Leben des menschlichen Geistes' wiedergibt. Wir brauchen auch anderes Material. Suchen Sie es in den hellen Schichten unserer inneren Welt, in denen die Begeisterung, das ästhetische Entzücken beheimatet sind. Bereichern Sie den Vorrat an Schönem und Edlem in Ihrem emotionalen Gedächtnis besonders intensiv.

Ist es Ihnen nunmehr klar, daß der echte Schauspieler, um alles zu erfüllen, was von ihm verlangt wird, unbedingt ein inhaltsreiches, interessantes, schönes, vielseitiges, erregendes und erhebendes Leben führen muß? Er sollte nicht nur wissen, was in Großstädten vor sich geht, sondern auch, was in der Provinz, auf dem Dorf, in Werkstätten und Fabriken, in den Kulturzentren der Welt geschieht. Der Schauspieler sollte Leben und Psychologie aller Bevölkerungsschichten des eigenen Landes und auch fremder Länder beobachten und studieren.

Wir brauchen einen unendlich weiten Horizont, da wir moderne Stücke aller Nationen spielen, da wir berufen sind, ‚das Leben des menschlichen Geistes' aller Menschen des Erdballs wiederzugeben.
Mehr als das. Der Schauspieler erschafft auf der Bühne nicht nur das Leben seiner Epoche, sondern auch das Leben der Vergangenheit und der Zukunft.
Die Aufgaben werden schwieriger. Bei der Darstellung seiner eigenen Epoche kann der Schauspieler das Existierende, seine Umgebung beobachten. Bei der Darstellung des vergangenen, des zukünftigen oder des nicht existierenden Lebens muß es vorher restauriert oder in der Phantasie neu geschaffen werden, und das ist, wie wir gesehen haben, eine schwierige Arbeit.
Das Ideal in unserer Kunst aber war zu allen Zeiten und bleibt stets das, was ewig ist, was nie alt wird, was nie stirbt, was immer jung und den Menschen teuer ist.
Ich spreche von den Gipfeln schöpferischer Leistung, die uns zu klassischen Vorbildern geworden sind, zu dem Ideal, nach dem wir immer streben müssen.
Studieren Sie diese Vorbilder und suchen Sie lebendiges, emotionales schöpferisches Material für ihre Verkörperung.
Der Schauspieler entnimmt dem realen oder erdachten Leben alles, was es dem Menschen zu geben vermag. Doch alle Eindrücke, alle Leidenschaften und Genüsse, alles, was die anderen für sich erleben, verwandelt sich bei ihm in Material für sein Schaffen.
Aus eigenem und von außen Empfangenem baut er eine ganze Welt poetischer Gestalten, lichter Ideen, die ewig leben werden, für alle.
Ich habe Ihnen über das emotionale Gedächtnis alles gesagt, was man Anfängern sagen kann. Alles weitere erfahren Sie später im weiteren Verlauf unseres Lehrplans." Damit schloß Arkadi Nikolajewitsch die heutige Stunde, die eine Vorlesung war.

X. WECHSELBEZIEHUNG

Im Zuschauerraum hing ein Plakat mit der Aufschrift:
WECHSELBEZIEHUNG
Arkadi Nikolajewitsch trat ein, beglückwünschte uns zum neuen Arbeitsabschnitt und wandte sich dann an Wesselowski:
„Wozu oder zu wem stehen Sie augenblicklich in Beziehung?"
Wesselowski war mit seinen Gedanken beschäftigt und begriff nicht gleich, wonach er gefragt worden war.
„Ich? Zu nichts und niemand!" erwiderte er fast mechanisch.
„Sie sind ja ein Naturwunder! Sie gehören ja ins Raritätenkabinett, wenn Sie leben können, ohne zu jemand in Beziehung zu stehen", scherzte Arkadi Nikolajewitsch.
Wesselowski suchte sich zu entschuldigen und versicherte, keiner hätte ihn angeblickt oder angesprochen. Darum hätte er zu niemand in Beziehung stehen können.

„Ist es denn dazu nötig, daß man Sie anblickt oder mit Ihnen spricht?" wunderte sich Arkadi Nikolajewitsch. „Verschließen Sie jetzt Augen und Ohren, sagen Sie nichts und finden Sie heraus, zu wem oder wozu Sie in Wechselbeziehung stehen. Stellen Sie auch nur einen einzigen Moment fest, in dem Sie kein Objekt der Wechselbeziehung haben."
Ich machte diese Übung auch mit, ich schloß die Augen, verstopfte mir die Ohren und beobachtete, was in mir vorging.
Mir kam die gestrige Abendgesellschaft im Theater in den Sinn, wo ein berühmtes Streichquartett auftrat, und ich begann mich Schritt für Schritt auf alles zu besinnen, was mir dort begegnet war. Ich betrat das Foyer, ich grüßte, ich setzte mich hin und beobachtete die Musiker, die sich auf ihr Spiel vorbereiteten.
Bald darauf hatten sie angefangen, und ich hatte ihnen zugehört. Aber es war mir nicht gelungen, mich ganz in ihr Spiel zu versenken, mich hineinzufühlen.
‚Da ist er, der leere Moment ohne Wechselbeziehung!' entschied ich und sagte es rasch zu Torzow.
„Wie?" rief er erstaunt aus. „Sie halten das Aufnehmen eines Kunstwerks für einen leeren Moment ohne Wechselbeziehung?"
„Ja. Denn ich habe zwar hingehört, aber noch nicht aufgenommen, ich wollte mich versenken, war aber noch nicht versunken. Darum nehme ich an, daß die Wechselbeziehung noch nicht eingesetzt hatte und der Moment leer war", beharrte ich.
„Die Wechselbeziehung und das Aufnehmen der Musik hatte noch nicht begonnen, weil der vorhergehende Prozeß noch nicht abgeschlossen war und Ihre Aufmerksamkeit ablenkte. Sobald er aber beendet war, begannen Sie der Musik zu lauschen oder sich für etwas anderes zu interessieren. Darum hat es gar keine Unterbrechung in der Wechselbeziehung gegeben."
„Mag sein", gab ich zu und hing weiter meinen Erinnerungen nach.
In Augenblicken der Zerstreutheit hatte ich mich zu lebhaft bewegt, und damit, wie mir schien, die Aufmerksamkeit anderer auf mich gezogen. Eine Zeitlang mußte ich nun ganz still sitzen und so tun, als lauschte ich der Musik – doch in Wirklichkeit tat ich es nicht, sondern beobachtete, was um mich herum vorging.
Mein Blick hatte Torzow gestreift, und mir wurde klar, daß er meine Bewegung vorhin nicht gesehen hatte. Dann suchten meine Blicke Schustows Onkel, doch er war nicht da, und andere Schauspieler auch nicht. Dann hatte ich der Reihe nach fast alle Anwesenden angeschaut, und dann hatte sich meine Aufmerksamkeit in alle Richtungen zerstreut und ließ sich weder festhalten noch lenken. Was ging mir in dieser Zeit nicht alles durch den Sinn! Die Musik unterstützte dieses Herumschweifen der Gedanken und der Phantasie. Ich dachte an meine Hausgenossen und an meine Verwandten, die in anderen Städten wohnen, und an meinen verstorbenen Freund.
Arkadi Nikolajewitsch meinte, diese Vorstellungen wären nicht von ungefähr in mir entstanden, sondern deshalb, weil ich entweder meine Gedanken, Gefühle, Empfindungen an diese Objekte abgegeben oder deren Gedanken empfangen hätte. Schließlich war meine Aufmerksamkeit von den Lampen des Kronleuchters angezogen worden, und ich hatte lange ihre verzwickten Formen betrachtet.

‚Da ist er, der leere Augenblick', entschied ich. ‚Man kann das bloße Anstarren der dummen Lampen doch nicht für Wechselbeziehung halten.'
Als ich Torzow diese Feststellung mitteilte, deutete er sie folgendermaßen:
„Sie versuchten herauszubekommen, wie und woraus ein Gegenstand gemacht ist. Er vermittelte Ihnen seine Form, sein ganzes Aussehen, alle möglichen Details. Sie nahmen diese Eindrücke in sich auf und dachten darüber nach, während Sie sie in Ihrem Gedächtnis notierten. Sie entnahmen also dem Objekt etwas für sich, und das ist für uns Schauspieler der Vorgang der Wechselbeziehung, der für uns so notwendig ist. Es irritiert Sie, daß es ein unbeseelter Gegenstand war. Doch ein Bild, eine Plastik, das Porträt des Freundes, ein Museumsstück sind ja auch unbeseelt, enthalten aber das Leben ihrer Schöpfer. So kann auch die Lampe bis zu einem gewissen Grade belebt werden durch das Interesse, das wir für sie aufbringen."
„Wenn es so wäre, würden wir zu jedem Gegenstand in Wechselbeziehung treten, der uns unter die Augen kommt", widersprach ich.
„Sie werden kaum Zeit finden, alles, was Sie flüchtig erblicken, in sich aufzunehmen oder ihm etwas von sich zu geben. Ohne diese Augenblicke des Empfangens und Wiedergebens aber gibt es keine Wechselbeziehung auf der Bühne. Zu den Gegenständen, denen Sie etwas von sich zu geben oder von denen Sie etwas zu empfangen vermocht haben, entsteht ein Augenblick der Wechselbeziehung, sei er auch noch so kurz.
Ich habe schon öfter gesagt: Man kann auf der Bühne blicken und etwas wahrnehmen, und man kann blicken und nichts sehen. Oder genauer: Man kann auf der Bühne alles erblicken, erkennen, erfühlen, was dort vorgeht, man kann jedoch auch auf der Bühne zwar blicken, mit seinem Gefühl aber und seinem Interesse im Zuschauerraum oder außerhalb des Theaters sein.
Außerdem kann man sehen und das Gesehene in sich aufnehmen, man kann aber auch sehen und nichts von dem in sich aufnehmen, was auf der Bühne geschieht.
Kurz, es gibt ein echtes Sehen und ein äußerliches, formales, sozusagen eine ‚Protokollaufnahme mit leerem Blick', wie wir es nennen.
Um die innere Leere zu kaschieren, gibt es handwerkliche Kunstgriffe, aber sie machen die leeren Augen nur noch glotzender.
Muß noch gesagt werden, daß diese Art des Sehens auf der Bühne überflüssig und schädlich ist? Die Augen sind der Spiegel der Seele. Leere Augen sind der Spiegel einer leeren Seele. Vergeßt das nicht!
Wichtig ist, daß das Auge, der Blick, das Sehen des Schauspielers auf der Bühne den großen, tiefen inneren Gehalt seiner schöpferischen Seele widerspiegelt. Dazu muß dieser Gehalt, der dem ‚Leben des menschlichen Geistes' entspricht, akkumuliert sein; dazu muß der Darsteller die ganze Zeit über, die er auf der Bühne verbringt, diesen inneren Gehalt in Wechselbeziehung zu seinen Partnern treten lassen.
Der Schauspieler ist ein Mensch mit menschlichen Schwächen. Wenn er auf die Bühne kommt, bringt er natürlich auch seine eigenen Gedanken, seine persönlichen Gefühle, die aus der realen Wirklichkeit stammenden Überlegungen mit. Darum reißt auch auf dem Theater die Linie seines Alltags nicht ab, sondern schleicht sich bei der

ersten Gelegenheit teilweise mit in das Erleben der darzustellenden Personen ein. Der Schauspieler gibt sich der Rolle nur in den Augenblicken hin, wo sie ihn mitreißt. Da verschmilzt er mit der Person des Stücks, da geht eine schöpferische Verwandlung mit ihm vor. Doch sobald er sich etwas von der Rolle ablenken läßt, ergreift ihn die Linie seines eigenen menschlichen Alltags wieder, trägt ihn entweder über die Rampe hinweg in den Zuschauerraum oder weit aus dem Theater hinaus und sucht sich dort Objekte für geistige Wechselbeziehung. In solchen Augenblicken wird die Rolle äußerlich, mechanisch wiedergegeben. Durch solche häufigen Ablenkungen wird die Linie des Lebens und der Wechselbeziehung alle Augenblicke unterbrochen, und die leeren Stellen werden durch Ergänzungen aus dem Privatleben des Schauspielers aufgefüllt, die in keiner Beziehung zur Rollengestalt stehen.

Stellen Sie sich eine kostbare Kette vor, in der auf drei goldene Glieder ein viertes aus Zinn folgt und die nächsten beiden zwar wieder aus Gold, aber mit einem Bindfaden aneinander gebunden sind. Was nützt so eine Kette? Und was nützt so eine durchlöcherte Linie der Wechselbeziehung? Das ständige Abreißen der Lebenslinie einer Rolle bedeutet deren dauernde Verstümmlung oder Mord.

Braucht man indessen schon im Leben einen richtigen, vollständigen Ablauf der Wechselbeziehungen, so braucht man ihn auf der Bühne zehnmal mehr. Das liegt in der Natur des Theaters und seiner Kunst, die ja durchgehend auf der Wechselbeziehung der handelnden Personen untereinander und einer jeden mit sich selbst basiert. In der Tat: Stellen Sie sich vor, der Autor des Stückes kommt auf die Idee, den Zuschauern seine Helden schlafend oder ohnmächtig vorzuführen, das heißt in Zuständen, in denen sich das innere Leben der handelnden Personen in keiner Weise äußert.

Oder stellen Sie sich vor, der Dramatiker bringt zwei ganz fremde Personen auf die Bühne, die sich weder einander vorstellen noch ihre Gedanken und Gefühle untereinander austauschen wollen, sondern sie im Gegenteil verbergen und stumm in zwei verschiedenen Ecken der Bühne hocken bleiben.

Unter diesen Bedingungen ist der Zuschauer im Theater überflüssig, weil er das, weswegen er gekommen ist, doch nicht erhält: Er wird weder die Gefühle noch die Gedanken der handelnden Personen erfahren.

Ganz anders ist es, wenn die handelnden Personen auf der Bühne zusammenkommen und einer dem anderen seine Gefühle mitteilen und ihn von seinen Gedanken überzeugen will, während der andere bereit ist, diese Gedanken und Gefühle in sich aufzunehmen.

Ist der Zuschauer bei solchem Geben und Nehmen der Gefühle und Gedanken zweier oder mehrerer Personen zugegen, so wird er wie der Zaungast eines Gesprächs unwillkürlich auf ihre Worte und Handlungen achtgeben. Damit nimmt er schweigend Anteil an ihrer Wechselbeziehung, sieht, erkennt das fremde Erleben und wird davon berührt.

Daraus folgt, daß die Zuschauer im Theater nur dann die Vorgänge auf der Bühne verstehen und indirekt daran teilnehmen können, wenn dort eine Wechselbeziehung zwischen den handelnden Personen des Stückes besteht.

Wenn die Schauspieler die Aufmerksamkeit der tausendköpfigen Menge im Zuschauerraum in ihrer Gewalt behalten wollen, müssen sie dafür sorgen, daß der Prozeß der Wechselbeziehung der Partner mit ihren Gefühlen, Gedanken, Handlungen – die den Gefühlen, Gedanken, Handlungen der Rolle entsprechen – ununterbrochen abläuft. Dabei muß natürlich das innere Material der Wechselbeziehung für die Zuschauer interessant und reizvoll sein. Da der Prozeß der Wechselbeziehung auf der Bühne von sehr großer Wichtigkeit ist, müssen wir ihm besondere Aufmerksamkeit schenken und uns jetzt der eingehenden Betrachtung der wichtigsten Arten der Wechselbeziehung widmen, mit denen Sie es zu tun haben werden."

„Ich beginne mit der Wechselbeziehung des einzelnen oder mit der Wechselbeziehung zu sich selbst", erklärte Arkadi Nikolajewitsch, als er die Klasse betrat. „Wann sprechen wir in der realen Wirklichkeit laut mit uns selbst, wann äußert sich die Wechselbeziehung zu uns selbst?
Wenn wir empört sind oder so erregt, daß wir uns nicht mehr beherrschen können; oder wenn wir uns einen schwierigen Gedanken einprägen wollen, den das Bewußtsein nicht auf einmal aufzunehmen vermag. Wir wollen uns durch lautes Wiederholen akustisch helfen. Wir tun es, wenn wir allein sind und ein freudiges oder bedrückendes Gefühl laut äußern, um die Seele dadurch ein wenig zu erleichtern.
Solche Wechselbeziehungen zu uns selbst sind in der Wirklichkeit sehr selten, aber auf der Bühne kommen sie häufiger vor.
Wenn ich mich auf der Bühne schweigend mir selbst zuzuwenden habe, fühle ich mich wohl, ja, ich liebe diese Form der Wechselbeziehung zu mir selbst, die ich aus der realen Wirklichkeit gut kenne und die mir durchaus organisch gelingt. Doch wenn ich auf den Brettern mir selbst Auge in Auge gegenüberstehen und dabei lange, hochtrabende Monologe in Versen sprechen muß, werde ich befangen und weiß nicht, was ich tun soll.
Wie begründe ich etwas auf der Bühne, wofür ich im realen Leben fast gar keine Rechtfertigung finde?
Wo finde ich bei dieser Art der Wechselbeziehung dieses *Ich – mich selbst*? Der Mensch ist groß, wohin soll ich mich wenden? An das Gehirn, an das Herz, an die Phantasie, an die Arme, an die Beine? Wohinein und wohinaus muß ich die Strömungen der Wechselbeziehungen in meinem Innern leiten?
Für diesen Vorgang braucht man ein bestimmtes Subjekt und ein bestimmtes Objekt. Wo befinden sie sich in uns? Ohne die beiden miteinander korrespondierenden inneren Zentren kann ich die zerflatternde, ungelenkte Aufmerksamkeit nicht in meinem Innern festhalten. Es ist also nicht verwunderlich, wenn sie sich in den Zuschauerraum richtet, wo ein unwiderstehliches Objekt – die Masse der Zuschauer – auf uns lauert.
Aber man hat mich gelehrt, die Situation zu meistern. Man machte mich nämlich außer dem bekannten Zentrum unseres Innern, dem Gehirn, auf ein zweites Zentrum aufmerksam: in der Nähe des Herzens, dort, wo das Sonnengeflecht ist.
Ich versuchte, die beiden Zentren in ein gegenseitiges Gespräch zu bringen, und mir schien, als hätten sie sich nicht nur innerlich abgezeichnet, sondern hätten auch angefangen zu sprechen.

Ich empfand das Gehirnzentrum als den Sprecher des Bewußtseins und das Nervenzentrum des Sonnengeflechts als den Sprecher der Emotion.
Meiner Empfindung nach war es also so, daß der Verstand in Wechselbeziehung zum Gefühl trat.
‚Nun', sagte ich mir, ‚das soll mir recht sein. Also hat sich das bisher fehlende Objekt und das fehlende Subjekt in mir gefunden.'
Von diesem Augenblick an fühlte ich mich bei der Wechselbeziehung zu mir selbst auf der Bühne sicher, nicht nur während der stummen Pausen, sondern auch beim laut werdenden Wechselgespräch mit mir selbst.
Ich will nicht untersuchen, ob es tatsächlich so ist oder nicht, ob das, was ich empfunden habe, von der Wissenschaft anerkannt wird oder nicht.
Das Kriterium für mich ist mein persönliches Befinden. Mag meine Empfindung individuell sein, mag sie meiner Phantasie entspringen – sie hilft mir, und ich benutze sie.
Wenn meine unwissenschaftliche, aus der Praxis gewonnene Methode auch Ihnen helfen würde – um so besser; ich bestehe nicht darauf und will in dieser Hinsicht nichts behaupten."
Nach einer kurzen Pause fuhr Arkadi Nikolajewitsch fort:
„Leichter ist es schon, auf der Bühne mit der Wechselbeziehung zum Partner fertig zu werden und sie in die Hand zu bekommen. Doch auch hier stoßen wir auf Schwierigkeiten, die man kennen und gegen die man anzukämpfen wissen muß. Zum Beispiel, wir sind auf der Bühne, und Sie treten unmittelbar in Beziehung zu mir. Aber ich bin groß. Sehen Sie nur, wie groß ich bin! Ich habe eine Nase, einen Mund, Arme, Beine, einen Rumpf. Können Sie denn zu allen Körperteilen, aus denen ich zusammengesetzt bin, auf einmal in Beziehung treten?" fragte mich Torzow. „Wenn das aber unmöglich ist, welchen Teil, welchen Punkt an mir wählen Sie sich, durch den Sie sich an mich wenden?"
„Die Augen!" schlug jemand vor. „Sie sind der Spiegel der Seele!"
„Wie Sie sehen, sucht man bei der Wechselbeziehung vor allem die Seele im Menschen, seine innere Welt. Sucht also in mir meine lebendige Seele, mein lebendiges ‚Ich'."
„Wie macht man denn das?" fragten die Schüler erstaunt.
„Hat das Leben Sie das nicht gelehrt?" wunderte sich Arkadi Nikolajewitsch. „Haben Sie niemals eine fremde Seele abgetastet, nie die Fühler Ihrer Empfindung in sie versenkt? Das braucht man nicht zu lernen. Schauen Sie mich möglichst aufmerksam an, versuchen Sie meinen inneren Zustand zu erraten und zu empfinden. So ... Was meinen Sie, wie bin ich jetzt?"
„Gütig, wohlwollend, freundlich, angeregt, interessiert", suchte ich seinen Zustand zu erfühlen.
„Und jetzt?" fragte Arkadi Nikolajewitsch.
Ich sah ihn bereitwillig an, erblickte aber plötzlich nicht mehr Arkadi Nikolajewitsch, sondern Famussow* mit all seinen vertrauten Ticks, dem besonderen, nai-

---

* Famussow, eine Figur aus Gribojedows „Verstand schafft Leiden", war eine der Rollen, die Stanislawski spielte. Moltschalin ist Famussows Sekretär. (Anm. d. Hrsg.)

ven Blick, den fetten Lippen, den gedunsenen Händen und den weichen, senilen Bewegungen eines verwöhnten Menschen.
„Zu wem stehen Sie in Wechselbeziehung?" fragte mich Torzow mit Famussows Stimme und in dem verächtlichen Tonfall, in dem dieser mit Moltschalin zu sprechen pflegte.
„Zu Famussow natürlich", erwiderte ich.
„Und wo bleibt denn Torzow?" fragte Arkadi Nikolajewitsch mich wieder, während er sich im Nu in sich selbst zurückverwandelte. „Wenn Sie nicht zu Famussows Nase und Händen, die sich bei mir durch langjährige Übung in der Charakterdarstellung verändert haben, in Wechselbeziehung treten, sondern zu meinem lebendigen Geist, so ist dieser Geist ja in mir geblieben. Ich kann ihn doch nicht aus mir herausjagen, kann mir auch keinen fremden bei jemand anders leihen. Also haben Sie diesmal danebengegriffen und standen nicht in Wechselbeziehung zu dem lebendigen Geist, sondern zu etwas anderem! Aber was war es denn?"
Wahrhaftig, zu wem habe ich in Wechselbeziehung gestanden?
Natürlich zum lebendigen Geist. Ich weiß, wie bei Torzows Verwandlung in Famussow, das heißt beim Objektwechsel, auch mein eigenes Empfinden sich wandelte: Das respektvolle Gefühl Arkadi Nikolajewitsch gegenüber wurde zu dem ironischen, gutmütig-spöttischen, das die Gestalt Famussows in Torzows Darstellung immer in mir auslöst. So habe ich nicht herausbekommen, zu wem ich eigentlich in Wechselbeziehung gestanden habe, und das sagte ich Arkadi Nikolajewitsch.[45]
„Sie standen in Wechselbeziehung zu einem neuen Wesen, das Famussow/Torzow oder Torzow/Famussow heißt. Eines Tages werden Sie diese wundertätige Metamorphose des schöpferischen Schauspielers erkennen. Vorläufig merken Sie sich aber, daß die Menschen immer versuchen, zu dem lebendigen Geist des Objekts in Wechselbeziehung zu treten und nicht mit dessen Nase, Auge oder Weste, wie es die Mimen auf der Bühne tun.
Wie Sie sehen, brauchen zwei Menschen kaum zusammenzukommen – da entsteht zwischen ihnen auch schon ganz natürlich eine gegenseitige Wechselbeziehung.
Zum Beispiel sind wir jetzt zusammengekommen, und zwischen uns ist eine solche Wechselbeziehung entstanden.
Ich versuche, Ihnen meine Gedanken zu übermitteln, und Sie bemühen sich, meine Kenntnisse und Erfahrungen von mir zu übernehmen."
„Also das ist, wissen Sie, keine wechselseitige Beziehung", fiel ihm Goworkow ins Wort. „Denn die Übermittlung der Empfindung wird nur von Ihnen vollzogen, vom Subjekt, also vom Sprecher, während, mit Verlaub, wir, die Objekte, die Hörenden, das Gefühl nur empfangen. Entschuldigen Sie bitte, aber wo ist denn hier das Wechselseitige, das Gemeinsame? Wo sind die einander begegnenden Strömungen des Gefühls?"
„Und was machen Sie jetzt?" fragte ihn Torzow. „Sie widersprechen mir, Sie suchen mich zu überzeugen, das heißt, Sie teilen mir Ihre Zweifel mit, und ich nehme sie auf. Das ist ja gerade jene gegenseitige Strömung, von der Sie sprechen."
„Ja, jetzt, und vorhin, als Sie allein sprachen?" Goworkow ließ nicht locker.
„Ich sehe keinen Unterschied", entgegnete Arkadi Nikolajewitsch. „Vorhin standen

wir in Wechselbeziehung, und jetzt tun wir es auch. Es versteht sich von selbst, daß bei der Wechselbeziehung Geben und Nehmen einander ablösen. Doch auch vorhin, als ich allein sprach und Sie mir zuhörten, fühlte ich schon die Zweifel, die sich Ihrer Seele bemächtigten. Ihre Ungeduld, Ihr Erstaunen, Ihre Erregung haben sich mir mitgeteilt.

Wie kommt es, daß ich sie auffing, diese Ihre Ungeduld und Erregung? Weil Sie sie nicht mehr bei sich behalten konnten, weil sich auch schon vorhin Geben und Empfangen unmerklich in Ihnen ablösten. Also gab es auch vorhin, als Sie noch schwiegen, jene gegenseitige Strömung, von der die Rede ist. Doch nun endlich kam sie zum Vorschein – eben jetzt, bei Ihrer letzten Erwiderung. Ist das nicht ein Beispiel für eine ununterbrochene wechselseitige Beziehung?!

Auf der Bühne ist solche wechselseitige und vor allem ununterbrochene Beziehung besonders wichtig und notwendig, da das Werk des Autors, das Spiel der Darsteller fast ausschließlich aus Dialogen bestehen, die die Wechselbeziehungen zweier oder mehrerer Menschen – der handelnden Personen des Stückes – untereinander sind.

Leider begegnet man einer solchen ununterbrochenen Wechselbeziehung auf dem Theater selten. Wenn sie sich schon ihrer bedienen, tun es die meisten Schauspieler nur, während sie selbst die Worte ihrer Rolle hersagen, sobald sie aber verstummen und die Replik der anderen Person einsetzt, achten Sie nicht mehr auf die Gedanken ihres Partners, nehmen sie nicht in sich auf, sondern hören bis zu ihrem nächsten Stichwort einfach auf zu spielen. Diese Angewohnheit zerreißt den ununterbrochenen Fluß der wechselseitigen Beziehung, die Mitteilung und Aufnahme der Gefühle nicht nur beim Aussprechen der Worte und beim Lauschen auf die Antwort verlangt, sondern auch beim Schweigen, währenddessen häufig genug mit Blicken weitergesprochen wird.

Wechselbeziehung mit Unterbrechungen ist falsch, darum müssen Sie lernen, Ihre Gedanken dem andern mitzuteilen, und dann verfolgen, ob sie Bewußtsein und Gefühl des Partners erreicht haben; dazu bedarf es einer kleinen Pause. Erst wenn Sie sich von der Wirkung überzeugt und das unzureichende Wort mit Blicken ergänzt haben, können Sie an den nächsten Abschnitt Ihrer Replik gehen. Sie Ihrerseits müssen verstehen, die Worte und Gedanken des Partners jedesmal neu und frisch in sich aufzunehmen. Machen Sie sich die wohlbekannten, so oft auf Proben und in zahlreichen Aufführungen gehörten Worte und Gedanken des fremden Textes ganz bewußt. Der Prozeß des ununterbrochenen wechselseitigen Gebens und Empfangens von Gefühlen und Gedanken muß jedesmal, bei jeder Wiederholung der Rolle vollzogen werden. Das erfordert große Aufmerksamkeit, gute Technik und schauspielerische Disziplin."

Arkadi Nikolajewitsch konnte seine Ausführungen nicht abschließen, weil die Stunde zu Ende war.

Arkadi Nikolajewitsch fuhr mit der Charakterisierung der verschiedenen Arten der Wechselbeziehung fort. Er sagte:

„Ich gehe jetzt zu einer neuen Art der Wechselbeziehung über, der Beziehung zu einem vorgestellten, irrealen, nicht vorhandenen Objekt – zum Beispiel dem Geist

von Hamlets Vater. Dieses Objekt ist weder dem Schauspieler auf der Bühne noch dem Zuschauer im Saal sichtbar.
Unerfahrene versuchen bei solchen Objekten eine Halluzination zu erzwingen, um das nicht vorhandene, nur angenommene Objekt wirklich zu sehen. Darauf verschwenden sie ihre ganze Energie und Aufmerksamkeit auf der Bühne.
Erfahrene Schauspieler aber wissen, daß es sich nicht um das eigentliche ‚Gespenst' handelt, sondern um die innere Einstellung dazu, und darum setzen sie anstelle des nicht vorhandenen Objekts – des ‚Gespenstes' – ihr magisches ‚Wenn' ein und bemühen sich um die ehrliche, gewissenhafte Antwort: Wie würde ich handeln, wenn in dem leeren Raum vor mir ein ‚Gespenst' stünde.
Andererseits benutzen auch einige Schauspieler und vor allem die Schüler im Anfang der Ausbildung bei ihren Hausübungen das vorgestellte Objekt in Ermangelung eines lebendigen. Sie stellen es im Geiste vor sich hin, versuchen es zu sehen und zu der leeren Stelle in Wechselbeziehung zu treten. Auch in diesem Fall wird viel Energie und Aufmerksamkeit nicht auf die innere Aufgabe gewandt – was für das Erleben notwendig wäre –, sondern nur darauf verschwendet, mit aller Gewalt etwas zu sehen, was in Wirklichkeit nicht da ist. Gewöhnen sich die Schauspieler und Schüler diese falsche Wechselbeziehung an, so übertragen sie unwillkürlich denselben Kunstgriff auf die Bühne. Das lebendige Objekt wird ihnen schließlich entfremdet, und sie gewöhnen sich daran, zwischen sich und den Partner ein erdachtes, totes Objekt zu stellen. Diese gefährliche Gewohnheit frißt sich häufig genug für das ganze Leben ein.
Was ist es für eine Qual, mit Schauspielern zu spielen, die zwar auf Sie blicken, aber einen andern dabei sehen, die sich auf den Fremden einstellen und nicht auf Sie! Solche Partner sind durch eine Mauer von denen getrennt, zu denen Sie unmittelbar in Wechselbeziehung stehen müßten; sie sind unempfindlich für Worte, für Intonationen, für jegliche Form der Wechselbeziehung. Ihr verschleierter Blick schaut in den Raum und sieht Halluzinationen. Hüten Sie sich vor dieser gefährlichen und tödlichen schauspielerischen Verzerrung! Sie faßt leicht Fuß und ist schwer wieder auszumerzen."
„Aber was soll man dann tun, wenn kein lebendiges Objekt für die Wechselbeziehung da ist?" fragte ich.
„Sehr einfach – gar keine Wechselbeziehung aufnehmen, solange sich kein Objekt findet", antwortete Torzow. „Sie haben eine Unterrichtsstunde ‚Training und Drill'. Sie ist gerade deshalb geschaffen worden, daß Sie nicht allein üben, sondern zu zweit oder in Gruppen. Um es noch einmal zu wiederholen: Ich bestehe nachdrücklich darauf, daß die Schüler nicht zu einer Fiktion, einem gedachten Objekt in Wechselbeziehung treten, sondern sich an lebendigen Objekten und unter erfahrener Aufsicht üben.
Nicht minder schwierig ist die Wechselbeziehung zu einem Kollektivobjekt oder, mit anderen Worten, zum Zuschauerraum, den ein tausendköpfiges, im Leben der Gesellschaft ‚Publikum' genanntes Wesen ausfüllt."
„Zum Publikum darf es doch keine Wechselbeziehung geben! Auf gar keinen Fall!" warf Wjunzow warnend ein.

„Ja, Sie haben recht: Eine direkte Wechselbeziehung während der Aufführung ist unstatthaft, aber eine indirekte – unbedingt erforderlich! Die Schwierigkeit und Eigenart unserer szenischen Wechselbeziehung liegt ja gerade darin, daß sie sich gleichzeitig zum Partner und zum Zuschauer hin vollzieht. Zum ersteren unmittelbar, bewußt, zum zweiten mittelbar, durch den Partner und unbewußt. Bemerkenswert ist, daß die Beziehung sowohl zum einen als auch zum andern wechselseitig ist."

Schustow protestierte:

„Ich kann verstehen, daß man die Beziehung des Schauspielers zu den anderen Darstellern auf der Bühne wechselseitig nennen kann – aber kann man sie auch in bezug auf die Zuschauer so bezeichnen? Dazu wäre erforderlich, daß die Menge ihrerseits uns etwas aus ihrem eigenen Bestand auf die Bühne senden würde. Aber was erhalten wir in Wirklichkeit von ihr? Applaus und Blumen, und auch das nicht in den Augenblicken des Schaffens, nicht mitten im Akt, sondern in den Pausen."

„Und das Lachen? Und das Weinen? Und der Beifall oder die Pfiffe während des Spiels, die Erregung – und was für eine!! Rechnen Sie das nicht mit?" wunderte sich Arkadi Nikolajewitsch.

„Ich will Ihnen einen Fall erzählen, der vorzüglich den Kontakt und die wechselseitige Beziehung der Zuschauer zur Bühne illustriert", fuhr er fort. „Bei einer Kindervorstellung des ‚Blauen Vogels', während der Szene, in der Bäume und Tiere über die Kinder zu Gericht sitzen, fühlte ich in der Dunkelheit, wie mich jemand anstieß. Es war ein Junge von etwa zehn Jahren.

‚Sag ihnen, daß der Kater horcht. Da, da ist er ... hat sich versteckt, ich sehe ihn!' flüsterte er mit aufgeregtem Kinderstimmchen voller Angst um Tiltil und Mitil. Ich brachte es nicht fertig, ihn zu beruhigen, und darum schlich sich der kleine Zuschauer bis zur Rampe vor und flüsterte den Schauspielern, die die Kinder spielten, zu, daß ihnen Gefahr drohte. Ist das nicht ein Widerhall vom Zuschauer?!

Um besser abschätzen zu lernen, was Sie von der Zuschauermenge empfangen, versuchen Sie sie zu entfernen und das Stück vor einem völlig leeren Zuschauerraum zu spielen. Wollen Sie das?"

Ich stellte mir für einen Augenblick den Zustand des armen Schauspielers vor, der vor einem leeren Saal spielt ... und fühlte, daß man so eine Aufführung nicht zu Ende spielen könnte.

„Und warum?" fragte Torzow nach meinem Geständnis. „Weil es unter diesen Bedingungen keine Wechselbeziehung zwischen Schauspieler und Zuschauerraum gibt, und ohne sie kann es kein öffentliches Schaffen geben.

Spielen ohne Publikum ist dasselbe wie Singen in einem resonanzlosen Raum, der mit Polstermöbeln und Teppichen vollgepfropft ist. Vor einem voll besetzten und mit dem Spiel mitgehenden Zuschauerraum zu spielen ist dasselbe, wie in einem Raum mit guter Akustik singen.

Der Zuschauer schafft sozusagen die seelische Akustik. Er empfängt von uns und wirft uns wie ein Resonanzboden seine lebendigen menschlichen Empfindungen zurück. In der konventionellen Darstellungskunst, im Handwerk, wird diese Art der Wechselbeziehung zu einem kollektiven Objekt sehr einfach gelöst: Oft genug liegt gerade in der Konvention der Stil des Stückes, seiner Darstellung und der ganzen Aufführung begründet. So wenden sich zum Beispiel in alten französischen Lustspielen und Vaudevilles die Schauspieler immer wieder an den Zuschauer. Sie treten dicht an die Rampe und richten an den Zuschauer im Saal einzelne Sätze oder weitschweifige Monologe, die den weiteren Verlauf des Stückes erläutern. Das geschieht sicher, kühn, mit großer, imponierend wirkender Überlegenheit. Und wirklich: Wenn man schon in Wechselbeziehung zum Zuschauerraum tritt, dann kann man es auch so tun, daß man sich über die Menge erhebt und sie in seine Gewalt bekommt.

Bei der nächsten Art der Kollektiv-Wechselbeziehung – bei Volksszenen – begegnen wir auch der Menge, aber nicht im Zuschauerraum, sondern auf der Bühne selbst, und diese Wechselbeziehung zu dem Kollektivobjekt ist keine mittelbare mehr, sondern eine direkte, unmittelbare. In diesem Fall hat man sich manchmal an einzelne, aus der Menge herausgegriffene Objekte zu wenden, zuweilen muß man auch die ganze Volksmasse erfassen. Das ist sozusagen eine erweiterte wechselseitige Beziehung.

Die vielen Personen in Volksszenen – alle ihrer Natur nach verschieden –, die mit ihren verschiedenartigen Gefühlen und Gedanken an der Wechselbeziehung teilnehmen, steigern den Vorgang sehr, und das Kollektive entzündet das Temperament jedes einzelnen Menschen und der ganzen Gemeinschaft. Das erregt die Schauspieler und macht einen starken Eindruck auf die Zuschauer."

Dann ging Arkadi Nikolajewitsch zu einer weiteren Art der Wechselbeziehung über – zur schauspielerhaften, handwerklichen Wechselbeziehung.

„Sie wendet sich unmittelbar von der Bühne in den Zuschauerraum und umgeht den Partner – die handelnde Person des Stückes. Das ist der Weg des geringsten Widerstandes. Eine derartige Beziehung ist, wie Sie wissen, einfaches Sich-zur-Schau-Stellen, schauspielerhaftes Sich-Ausbaden. Wir brauchen uns darüber nicht weiter zu unterhalten, da ich schon früher genug über das Handwerk gesagt habe. Ich nehme an, daß Sie auch im Bereich der Wechselbeziehung die gewöhnliche schauspielerhafte Zur-Schau-Stellung nicht mit dem echten Drang verwechseln werden, dem Partner lebendiges menschliches Gefühl zu vermitteln und es von ihm zu empfangen. Zwischen diesem schöpferischen Herangehen und dem gewöhnlichen schauspielerhaften mechanischen Handeln besteht ein ganz großer Unterschied. Das sind zwei einander völlig entgegengesetzte Arten der Wechselbeziehung.

Unsere Kunst erkennt alle erwähnten Arten der Wechselbeziehung an, außer der schauspielerhaften. Aber auch sie muß man kennen und studieren, schon um dagegen ankämpfen zu können.

Abschließend möchte ich noch ein paar Worte über die Wirksamkeit und Aktivität der Wechselbeziehung sagen.

Viele glauben, die äußeren, sichtbaren Bewegungen der Arme, der Beine, des Körpers wären Äußerungen der Aktivität, während die inneren, unsichtbaren Vorgänge und Bewegungen der menschlichen Beziehungen nicht als aktiv angesehen werden. Das ist ein Fehler, und er ist um so bedauerlicher, als in unserer Kunst, die das ‚geistige Leben der Rolle' herstellt, jede Äußerung der inneren Handlung besonders wichtig und wertvoll ist.

Darum achten Sie die innere Wechselbeziehung und vergessen Sie nie, daß sie eine der wichtigsten aktiven Handlungen bei der schöpferischen Arbeit auf der Bühne ist und beim Erschaffen und der Wiedergabe des ‚geistigen Lebens der Rolle' dringend gebraucht wird."

„Damit es zu einer Wechselbeziehung kommen kann, muß man etwas zu geben haben; das heißt in erster Linie eigene, durchlebte Gefühle und Gedanken", sagte Arkadi Nikolajewitsch heute.

„In der Realität erzeugt sie das Leben selbst. Dort entsteht das Material für die Wechselbeziehung in uns selbst, je nach den Umständen, die uns umgeben.
Im Theater ist es nicht so – eine neue Schwierigkeit! Im Theater bietet man uns fremde Gefühle und Gedanken einer Rolle an, die vom Autor ersonnen sind und in toten Buchstaben als Text des Stückes dastehen. Es ist schwer, ein derartiges seelisches Material zu erleben. Viel leichter ist es, die äußeren Resultate einer nicht vorhandenen Leidenschaft in der Rolle auf Schauspielerart ‚darzustellen'.
Das gleiche gilt für die Wechselbeziehung: Es ist schwer, in eine echte Wechselbeziehung mit dem Partner zu kommen, es ist viel leichter, sie nur zu mimen. Das ist der Weg des geringsten Widerstandes. Die Schauspieler lieben diesen Weg und vertauschen gern den Vorgang der echten Wechselbeziehung mit seiner simplen theatralischen Kopie. Es wäre interessant, festzustellen, was für Material wir in solchen Augenblicken dem Zuschauer senden.
Es lohnt sich, über diese Frage nachzudenken. Mir liegt daran, daß Sie nicht nur mit dem Verstande, nicht nur mit dem Gefühl, sondern auch mit den Augen erfassen, was wir am häufigsten für unsere Wechselbeziehung zum Zuschauer auf die Bühne mitbringen. Um Ihnen das zu zeigen, ist es am einfachsten, wenn ich auf die Bühne gehe und Ihnen darstellerisch vorführe, was Sie wissen, fühlen und sehen müssen."
Arkadi Nikolajewitsch bot uns eine ganze Vorstellung auf der Bühne, mit wunderbarer Begabung, Können und schauspielerischer Technik. Er begann mit einem Gedicht, das er sehr rasch, effektvoll, aber gedanklich unklar vortrug – so, daß wir nichts verstanden.
„Worin bestand meine Wechselbeziehung zu Ihnen, was habe ich Ihnen vermitteln wollen?" fragte er dann.
Die Schüler wurden verlegen und druckstein herum.
„Überhaupt nichts!" antwortete er für uns. „Ich habe die Worte heruntergeplappert, wie Erbsen aus der Schüssel geschüttet, ohne selber zu verstehen, für wen und was ich spreche.
Das ist das nicht vorhandene Material, womit sich die Mimen häufig an den Zuschauerraum wenden – sie schwatzen die Worte der Rolle daher, unbekümmert um ihren Sinn, unbekümmert um ihren Untertext, einzig auf den Effekt bedacht."
Nach kurzem Besinnen kündigte Arkadi Nikolajewitsch Figaros Monolog aus dem letzten Akt von „Figaros Hochzeit" an.
Diesmal war sein Spiel ein wahres Feuerwerk, frappierend in Bewegung, Tonwechsel, Übergängen, ansteckendem Lachen, minutiöser Diktion, raschem Sprechen und mit einem strahlenden Glanz der herrlichen, klangvollen Stimme. Wir wären am liebsten

in laute Ovationen ausgebrochen, so bühnengerecht und effektvoll war alles. Der innere Gehalt war uns entgangen, wir hatten nicht begriffen, wovon im Monolog die Rede ist.

„Was habe ich Ihnen vermitteln wollen?" fragte er wieder, und wieder konnten wir ihm nichts darauf antworten, weil er uns diesmal zu viel geboten hatte und wir uns nicht gleich zurechtfinden konnten in all dem, was wir gesehen und gehört hatten.

„Ich habe Ihnen mich in der Rolle vorgeführt", erklärte Arkadi Nikolajewitsch. „Ich habe Figaros Monolog, seine Worte, Bewegungen, Handlungen und alles übrige nicht dazu benutzt, um Ihnen die Rolle in mir, sondern um Ihnen mich selbst in der Rolle, also meine Qualitäten, zu demonstrieren: meine Figur, mein Gesicht, meine Gesten und Stellungen, die Art mich zu geben, zu gehen, zu sprechen, meine Diktion, meinen Tonwechsel, mein Temperament, meine Technik – kurz alles, außer dem eigentlichen Gefühl und Erleben.

Für einen Schauspieler mit gut ausgebildetem äußerem Darstellungsapparat ist die gestellte Aufgabe nicht schwer. Man braucht nur dafür zu sorgen, daß die Stimme voll klingt, daß die Zunge die Laute, Silben, Worte, Sätze klar formt, daß die Bewegungen und Stellungen plastisch sind und daß alles zusammen dem Zuschauer gefällt. Dabei muß man nicht nur sich selbst, sondern auch die jenseits der Rampe Sitzenden beobachten. Wie ein Tingeltangelsternchen präsentierte ich mich Ihnen stückweise und im ganzen, wobei ich dauernd hinüberschielte, ob meine Schaustellung auch ankommt. Ich empfand mich als Ware und Sie als die Käufer.

Das ist ein weiteres Musterbeispiel dafür, was ein Schauspieler auf der Bühne keinesfalls tun soll, obwohl es großen Erfolg bei den Zuschauern hat."

Ein drittes Beispiel folgte.

„Eben habe ich Ihnen mich in der Rolle gezeigt", sagte Torzow, „jetzt zeige ich Ihnen die Rolle in mir, so wie sie vom Autor gegeben und von mir erarbeitet worden ist. Das bedeutet nicht, daß ich sie erleben werde. Es wird sich nicht um das Erleben handeln, sondern nur um die Nachzeichnung der Rolle, um den wortwörtlichen Text, um die äußere Mimik, die äußeren Handlungen, um das Arrangement und so weiter. Ich werde nicht der Schöpfer der Rolle sein, sondern sie nur formal vorführen."

Arkadi Nikolajewitsch spielte eine Szene aus einem uns bekannten Stück, in der ein hochgestellter General, der zufällig allein zu Hause geblieben ist, nicht recht weiß, was er mit sich anfangen soll. Aus lauter Langeweile stellt er die Stühle in Reih und Glied, wie Soldaten bei der Parade. Dann ordnet er die Sachen auf dem Tisch, sinnt etwas Lustigem, Pikantem nach, schielt voll Entsetzen auf die Akten, unterschreibt ein paar, ohne sie zu lesen, gähnt dann, räkelt sich und nimmt die sinnlose Tätigkeit von vorhin wieder auf.

Während dieses Spiels sprach Torzow mit außerordentlicher Präzision den Text des Monologs über den Adel der Hochgestellten und die Unbildung aller andern Leute. Kalt und äußerlich brachte Arkadi Nikolajewitsch den Text der Rolle, demonstrierte das Arrangement, zeichnete die äußere Kontur der Rolle formal auf, ohne den Versuch, sie zu beleben oder zu vertiefen. An einigen Stellen arbeitete er technisch den Text heraus, an anderen die Handlung, das heißt, er verstärkte und unterstrich eine Stellung, eine Bewegung, ein Spiel, eine Geste. Dann wieder betonte er ein charakteristisches Detail der Figur und schielte dabei immer wieder in den Zuschauerraum hinunter, um zu kontrollieren, ob das entworfene Bild der Rolle angekommen sei. Wo es erforderlich war, hielt er sorgfältig die Pausen ein. So spielen routinierte Schauspieler eine gut einstudierte, aber langweilig gewordene Rolle bei der fünfhundertsten Aufführung, wenn sie sich wie ein Grammophon vorkommen oder wie ein Filmvorführer, der zum x-tenmal den gleichen Film abrollen läßt.

„So erstaunlich und traurig es auch ist, aber sogar diese formale Nachzeichnung einer gut einstudierten Rolle bekommt man in den Theatern keineswegs häufig zu sehen", bemerkte Arkadi Nikolajewitsch.

„Jetzt," fuhr er fort, „müßte ich Ihnen nur noch zeigen, worin die Wechselbeziehung besteht, wie und was man auf der Bühne geben muß, also die lebendigen, belebenden Gefühle des Schauspielers, die der Rolle entsprechend und vom Darsteller gut erlebt und verkörpert werden.

Derartiges Spiel haben Sie aber wiederholt auf der Bühne gesehen, wenn es mir mehr oder minder gut gelungen war, den Vorgang der Wechselbeziehung zu erfüllen. Sie wissen, daß ich in solchen Aufführungen bemüht bin, mich nur auf den Partner einzustellen, um ihm meine eigenen menschlichen Empfindungen zu geben, die den Empfindungen der von mir darzustellenden Person entsprechen. Alles andere, was erst die völlige Verschmelzung mit der Rolle herbeiführt und ein neues Geschöpf – Schauspieler und Rolle in einem – erzeugt, vollzieht sich unbewußt. In solchen Aufführungen fühle ich mich auf der Bühne immer als ich selbst unter den vom Stück, vom Regisseur, von mir selbst und von den anderen Mitwirkenden geschaffenen ‚vorgeschlagenen Situationen'.

Das ist ein seltener Fall von szenischer Wechselbeziehung, der bedauerlicherweise nur wenige Nachfolger findet.

Bedarf es noch des Hinweises, daß unsere Kunst nur diese letzte Art der Wechselbeziehung zum Partner durch die eigenen erlebten Empfindungen anerkennt? Die andern Arten der Wechselbeziehung lehnen wir ab – oder dulden sie schweren Herzens. Doch jeder Schauspieler muß auch sie kennen, um dagegen ankämpfen zu können.

Jetzt wollen wir kontrollieren, wie und wodurch sich Ihre eigene Wechselbeziehung auf der Bühne vollzieht. Diesmal werden Sie spielen, und ich werde durch Klingelzeichen die Augenblicke der unrichtigen Wechselbeziehung bezeichnen. Darunter verstehe ich Augenblicke, in denen Sie entweder vom Objekt, vom Partner abgleiten oder die Rolle in sich, beziehungsweise sich in der Rolle zeigen oder die Rolle nur vortragen. Diese Fehler zeige ich durch Klingeln an. Nur drei Arten der Wechselbeziehung werden mit beifälligem Schweigen aufgenommen:

1. die direkte Wechselbeziehung zum Objekt auf der Bühne und damit die indirekte zum Zuschauer,
2. die Wechselbeziehung zu sich selbst,[46]
3. die Wechselbeziehung zu einem abwesenden oder imaginären Objekt."

Wir begannen zu spielen.

Schustow und ich spielten eher gut als schlecht, und trotzdem – zu unserm Erstaunen klingelte es häufig.

Nachdem alle Schüler die Übung gemacht hatten, kamen als letzte Goworkow und die Weljaminowa an die Reihe.

Wir hatten erwartet, daß Arkadi Nikolajewitsch bei ihnen fast ununterbrochen klingeln würde, aber erstaunlicherweise erklangen die Klingelzeichen zwar oft, aber doch bei weitem nicht so oft, wie wir vermutet hatten. Was hat denn das zu bedeuten, welchen Schluß kann man aus diesem Experiment ziehen?

Als wir unser Erstaunen geäußert hatten, sagte Torzow: „Es bedeutet, daß viele, die sich auf ihre richtige Wechselbeziehung etwas einbilden, sich in Wirklichkeit oft irren und daß andererseits die so streng von ihnen Kritisierten sich einer richtigen Wechselbeziehung fähig erweisen. Es besteht nur ein prozentualer Unterschied zwischen ihnen: Die einen haben quantitativ mehr falsche, die anderen mehr richtige Augenblicke der Wechselbeziehung.

Könnte man eine Analyse der Wechselbeziehung machen, würde man folgendes feststellen: soundsoviel Prozent Wechselbeziehung zum Partner, soundsoviel zum Zuschauer, soundsoviel Prozent Nachzeichnen der Rolle, soundsoviel Vortrag der Rolle, soundsoviel eigene Zur-Schau-Stellung und so weiter und so weiter. Die Kombination dieser prozentualen Anteile bestimmt den Grad der Richtigkeit in der Wechselbeziehung. Wer den höchsten Prozentsatz der Beziehung zum Partner, zum vorgestellten Objekt oder zu sich selbst hat, kommt dem Ideal am nächsten, während derjenige, der solche Momente am seltensten hat, sich am weitesten von der richtigen Wechselbeziehung entfernt.

Unter den Objekten und der Wechselbeziehung zu ihnen, die wir als unrichtig bezeichnen, gibt es außerdem schlimmere und weniger schlimme. So ist es zum Beispiel weniger schlimm, die Rolle, ihre psychologische Zeichnung in sich selbst zu zeigen, ohne sie zu erleben, als sich selbst in der Rolle zu zeigen oder sie handwerklich vorzuführen.

So ergibt sich eine endlose Reihe von Kombinationen, die man kaum erfassen kann.

Es ist die Aufgabe jedes Schauspielers, das bunte Durcheinander, auf das ich hinwies, zu vermeiden und stets richtig zu spielen.

Um das zu erreichen, verfährt man am besten so: Man gewöhnt sich einerseits daran, das Objekt – den Partner – auf der Bühne zu bestätigen und in eine aktive Wechselbeziehung zu ihm zu treten; andererseits muß man die unrichtigen Objekte und die Wechselbeziehungen zu ihnen gut kennen und im Augenblick der schöpferischen Arbeit auf der Bühne dagegen anzukämpfen lernen. Achten Sie außerdem besonders aufmerksam auf die Qualität des inneren Materials, das Sie in Ihre Wechselbeziehung hineinlegen."

„Heute möchte ich das Werkzeug und die Mittel Ihrer äußeren Wechselbeziehung überprüfen. Ich muß wissen, ob Sie sie genügend schätzen", erklärte Arkadi Nikolajewitsch. „Geht alle auf die Bühne, setzt euch paarweise hin und fangt irgendein Streitgespräch an."

‚Das fängt man am besten mit unserm größten Querkopf, mit Goworkow, an', überlegte ich mir. So setzte ich mich neben ihn, und einen Augenblick später hatte ich mein Ziel erreicht.

Arkadi Nikolajewitsch merkte, daß ich die Darlegung meiner Gedanken mit lebhaften Bewegungen der Hände und der Handgelenke unterstrich, die mir daraufhin mit Servietten gefesselt wurden.
„Warum machen Sie das?" staunte ich.
„Beweisführung aus dem Gegenteil: Damit Sie besser erfassen, wie häufig wir das, was wir besitzen, nicht zu schätzen wissen und ihm erst nachweinen, wenn es entschwunden ist. Und damit Sie die Erfahrung machen, daß – wenn die Augen der Spiegel der Seele sind – die Fingerspitzen die Augen unseres Körpers sind", sagte Arkadi Nikolajewitsch, während man mir die Hände band.
Nachdem ich Handgelenke und Finger für die Wechselbeziehung eingebüßt hatte, verstärkte ich die Ausdruckskraft meiner Rede. Doch Arkadi Nikolajewitsch empfahl mir, meinen Eifer zu dämpfen und leise zu sprechen, ohne Stimmaufwand und Stimmfärbung über Gebühr in Anspruch zu nehmen.
Als Ersatz dafür nahm ich die Augen und die Mimik zu Hilfe, ich bewegte die Augenbrauen, den Hals, den Kopf, den Rumpf. Mit vereinten Kräften sollten sie ersetzen, was mir genommen worden war. Aber man band mir die Beine, die Arme, den Rumpf, den Hals am Sessel fest, und zu meiner Verfügung blieben nur noch der Mund, die Ohren, die Augen und die Mimik.
Dann verhüllte man mir mit einem Tuch das ganze Gesicht. Ich versuchte mich durch unartikulierte Laute verständlich zu machen, aber es half nichts.
Von diesem Augenblick an versank für mich die äußere Welt, und zu meiner Verfügung blieb nur noch das innere Sehen, das innere Hören, die Phantasie, „das Leben meines menschlichen Geistes".
In diesem Zustand ließ man mich lange warten. Schließlich drang eine Stimme von außen an mein Ohr, wie aus einer andern Welt.
„Wollen Sie eines der Organe für die Wechselbeziehung wiederhaben?" schrie Arkadi Nikolajewitsch aus Leibeskräften. „Wählen sie, welches?"
Ich versuchte mit einer Bewegung zu antworten, die bedeuten sollte: Gut, ich will es mir überlegen.
Was ging nun in mir vor, während ich das wichtigste und notwendigste Organ für die Wechselbeziehung zu finden suchte?
Zuerst waren da zwei Anwärter, die in mir um den Vorrang stritten: Das Sehen und das Sprechen. Seit jeher wird das Gefühl durch Blicke, werden die Gedanken durch die Sprache ausgedrückt und weitergegeben.
Doch wenn es so ist, wer sind ihre Helfer?
Diese Frage rief in mir einen Streit, einen Zank, einen Aufruhr, ein Durcheinander hervor.
Das Gefühl schrie, der Sprechapparat gehöre ihm, nicht das eigentliche Wort sei wichtig, sondern der Tonfall, der die innere Beziehung zum Angesprochenen ausdrückt.
Auch um das Gehör entbrannte ein Krieg. Das Gefühl versicherte, es wäre sein bester Auslöser, das Sprechen aber beharrte darauf, das Gehör wäre seine notwendige Begleiterscheinung, es könne sich an nichts anderes wenden. Dann stritten sie um die Mimik und um die Handgelenke.

Die kann man unmöglich dem Sprechen zuerkennen, da sie keine Worte hervorbringen. Wohin gehören sie nun? Und der Rumpf? Und die Beine?
„Zum Teufel!" brach ich – völlig verwirrt – wütend aus. „Der Schauspieler ist kein Krüppel! Man soll mir alles wiedergeben! Ich mache keine Kompromisse!"
Als man mich von Tüchern und Stricken befreit hatte, tat ich Torzow meine aufrührerische Losung „Alles oder nichts!" kund. Er lobte mich und sagte:
„Endlich sprechen Sie wie ein Schauspieler, der die Wichtigkeit jedes Organs für die Wechselbeziehung begriffen hat. Mag Ihnen das heutige Experiment helfen, ihren Wert bis ins letzte schätzen zu lernen!
Möchten sie doch für immer von der Bühne verschwinden – das leere Auge des Mimen, das unbewegliche Gesicht, die klanglose Stimme, das Sprechen ohne Intonation, der ungelenke Körper mit dem steifen Nacken und der steifen Wirbelsäule, mit den hölzernen Beinen, Armen, Gelenken, in denen die Bewegung nicht fließt, der fürchterliche Gang und die fürchterlichen Angewohnheiten!
Möchten die Schauspieler doch ihrem schöpferischen Apparat ebensoviel Aufmerksamkeit angedeihen lassen wie der Geiger seinem kostbaren Instrument von Stradivari oder Amati."
Die Stunde mußte vorzeitig beendet werden, da Arkadi Nikolajewitsch abends Vorstellung hatte.

„Bisher hatten wir es mit der *äußeren, sichtbaren, körperlichen Wechselbeziehung* auf der Bühne zu tun", sagte Torzow heute. „Doch es gibt noch eine andere, wichtigere Art: die *innere, unsichtbare, seelische Wechselbeziehung,* von der heute die Rede sein wird.
Die Schwierigkeit meiner Aufgabe liegt darin, daß ich über etwas zu Ihnen sprechen muß, was ich empfinde, aber nicht weiß, was ich nur in der Praxis erfahren habe, wofür ich weder eine theoretische Formel noch fertige klare Worte besitze, etwas, was ich Ihnen nur andeuten kann mit der Absicht, Sie selbst die Empfindungen fühlen zu lassen, von denen die Rede sein wird.

> Er griff mich bei der Hand und hielt mich fest,
> Dann lehnt' er sich zurück, so lang sein Arm;
> Und mit der andern Hand so überm Auge
> Betrachtet' er so prüfend mein Gesicht,
> Als wollt' er's zeichnen. Lange stand er so;
> Zuletzt ein wenig schüttelnd meine Hand
> Und dreimal hin und her den Kopf so wägend,
> Holt' er solch einen bangen, tiefen Seufzer,
> Als sollt' er seinen ganzen Bau zertrümmern
> Und endigen sein Dasein. Dies getan,
> Läßt er mich gehn; und über seine Schultern
> Den Kopf zurückgedreht, schien er den Weg
> Zu finden ohne seine Augen; denn
> Er ging zur Tür hinaus ohn' ihre Hilfe
> Und wandte bis zuletzt ihr Licht auf mich."[47]

Fühlen Sie nicht aus diesen Zeilen, daß sie von der stummen Wechselbeziehung Hamlets zu Ophelia handeln? Haben Sie nicht schon in Ihrem Leben oder auf der Bühne bei wechselseitiger Beziehung das Empfinden einer Willensausstrahlung gehabt, die gleichsam aus Ihren Augen, durch Ihre Fingerspitzen, durch die Poren Ihres Körpers nach außen dringt?
Wie soll man diesen unsichtbaren Weg, dieses unsichtbare Mittel der wechselseitigen Beziehung nennen? *Strahlensendung und Strahlenempfang? Ausstrahlung und Einstrahlung?* In Ermangelung einer anderen Terminologie wollen wir bei diesen Bezeichnungen bleiben, besonders weil sie den Prozeß der Wechselbeziehung, von dem ich Ihnen erzählen muß, anschaulich illustrieren.[48]
Die Zeit ist nicht mehr fern, in der die unsichtbaren Strömungen, die uns jetzt interessieren, von der Wissenschaft erforscht sein werden, und dann wird man eine bessere Terminologie dafür finden.
Vorläufig bleiben wir bei der Bezeichnung, die sich in unserem Schauspielerjargon dafür herausgebildet hat.
Jetzt wollen wir versuchen, die erwähnten unsichtbaren Wege der Wechselbeziehung mit Hilfe der eigenen Empfindungen zu erforschen, sie in unserem Innern aufzuspüren und ihnen nachzugehen.
Im Zustand der Ruhe ist die sogenannte Strahlensendung und der Strahlenempfang kaum wahrnehmbar. In Augenblicken starker Erregung, Ekstase, gesteigerter Empfindung aber werden diese Aus- und Einstrahlungen bestimmter und fühlbarer sowohl für den Sender als auch für den Empfänger.
Vielleicht hat sie jemand von Ihnen an einzelnen gelungenen Stellen der Schüleraufführung wahrgenommen, zum Beispiel als Sie, Maloletkowa, mit dem Schrei ‚Hilfe' auf die Bühne herausgestürzt kamen, oder als Sie, Naswanow, den Monolog ‚Blut, Jago, Blut!' spielten, oder während der Etüde mit dem Wahnsinnigen oder im Leben selbst, wo wir alle Augenblicke diese inneren Strömungen in uns empfinden, von denen ich spreche.
Erst gestern konnte ich im Hause meiner Verwandten eine Szene zwischen zwei jungen Brautleuten beobachten. Sie hatten sich gezankt, sprachen nicht miteinander und saßen weit auseinander. Die Braut tat so, als sähe sie den Verlobten nicht. Sie verstellte sich, um seine Aufmerksamkeit stärker auf sich zu lenken. (Die Menschen kennen auch diesen Kunstgriff der Wechselbeziehung: keine Wechselbeziehung aufzunehmen.) Der Verlobte dagegen blickte das Mädchen mit den Augen eines schuldbewußten Kaninchens unausgesetzt bittend an, er durchbohrte sie förmlich mit seinen Blicken. Von weitem suchte er ihren Blick zu erhaschen, um zu erfühlen und zu erspüren, was in ihrem Herzen reifte. Er nahm sie aufs Korn. Er suchte mit der Kraft des Blickes das Leben in ihrer Seele zu erahnen. Er drang in sie ein mit den unsichtbaren Fühlern seiner Augen. Das verärgerte Mädchen wich aber einer Wechselbeziehung aus. Schließlich gelang es ihm, einen Strahl ihres Auges zu erhaschen, der für einen Augenblick aufgeblitzt war.
Doch der arme Jüngling wurde davon nicht heiterer, im Gegenteil, er wurde noch finsterer. Dann setzte er sich wie absichtslos auf einen anderen Platz, von dem aus er ihr leichter direkt in die Augen sehen konnte. Gern hätte er ihre Hand ergriffen,

um ihr durch die Berührung sein Gefühl zu übermitteln. Es gelang ihm nicht, da die Braut ganz entschieden keine Wechselbeziehung mit ihm aufnehmen wollte.
Worte fehlten, vereinzelte Laute oder Ausrufe waren nicht möglich, ebensowenig wie Mimik, Bewegung, Handlung. Aber das Auge war da, der Blick. Das ist eine direkte, unmittelbare Beziehung der reinsten Art, aus der Seele zur Seele, aus dem Auge ins Auge oder aus den Fingerspitzen, aus dem Körper, ohne eine dem Auge sichtbare Handlung.
Mögen die Männer der Wissenschaft uns das Wesen dieses unsichtbaren Prozesses erklären, ich kann nur davon sprechen, wie ich ihn selbst in mir empfinde und wie ich diese Empfindungen für meine Kunst benutze."
Leider mußte die Stunde wieder abgebrochen werden, weil Arkadi Nikolajewitsch dringend ins Theater gerufen wurde.

„Wir wollen während der Wechselbeziehung die unsichtbaren Wellen der Aus- und Einstrahlung in uns suchen, um sie auf dem Wege der eigenen Erfahrung kennenzulernen", schlug Arkadi Nikolajewitsch vor.
Wir wurden paarweise hingesetzt, wobei ich wieder neben Goworkow geriet.
Sofort begannen wir ganz äußerlich, physisch, mechanisch Strahlen auszusenden und zu empfangen, ganz ohne Sinn und Anlaß.
Torzow gebot uns Einhalt:
„Das ist eine Vergewaltigung, die man bei einem so empfindlichen, diffizilen Vorgang, wie es die Strahlensendung ist, besonders sorgfältig vermeiden muß. Bei Muskelanspannung kann von Strahlung und Empfang gar keine Rede sein.
Auch die Dymkowa und Umnowych haben sich mit den Blicken ineinander verkrallt und sind einander so nah gerückt, als wollten sie sich küssen und nicht durch unsichtbare Strahlen verständigen.
Beginnen Sie mit der Ausschaltung jeder Anspannung, wo immer sie vorkommen mag. Lehnen Sie sich zurück!" kommandierte Arkadi Nikolajewitsch. „Weiter! Weiter! Viel, viel weiter! Setzen Sie sich möglichst bequem und frei hin! Das reicht nicht! Bei weitem nicht. So, daß Sie sich wirklich entspannen. Jetzt sehen Sie einander an. Ist das etwa Sehen? Ihnen treten ja vor Anspannung die Augen aus dem Kopf heraus! Noch weniger, noch weniger, weniger! Keinerlei Anspannung in den Pupillen! – Was für Strahlen empfangen Sie jetzt?" wandte sich Arkadi Nikolajewitsch an Goworkow.
„Ich möchte unsern Streit über die Kunst fortsetzen."
„Wollen Sie denn vielleicht Gedanken und Worte mit den Augen ausstrahlen? Das wird Ihnen nicht gelingen", bemerkte Arkadi Nikolajewitsch. „Übermitteln Sie die Gedanken durch Worte und mit der Stimme, und die Augen sollen nur ergänzen, was sich durch die Sprache nicht mitteilen läßt.
Vielleicht werden Sie beim Streiten den Vorgang der Strahlensendung fühlen, der bei jeder Wechselbeziehung entsteht."
Wir nahmen unsern Streit von neuem auf.
„Eben, in der Pause, empfand ich bei Ihnen eine Ausstrahlung", sagte Torzow zu mir.

„Und Sie, Goworkow, waren bereit, die Strahlen aufzunehmen. Entsinnen Sie sich, was in der Zeit dieses abwartenden Schweigens vor sich ging?"
„Ein Fehlschuß!" erklärte ich. „Das Beispiel, das ich angeführt hatte, um meine Behauptung zu beweisen, überzeugte meinen Partner nicht, deshalb suchte ich ein neues und peilte ihn an."
„Und Sie, Wjunzow" – Torzow eilte plötzlich auf ihn zu –, „haben Sie eben den letzten Blick der Maloletkowa gefühlt? Das war echte Ausstrahlung."
„Und was für eine! Ich fühle schon seit einer Woche solche ‚Ausstrahlungen', ganz unsagbar! Bei Gott!" klagte Wjunzow.
„Jetzt hören Sie nicht nur zu, sondern versuchen Sie auch das in sich aufzunehmen, wovon das mit Ihnen sprechende Objekt erfüllt ist", sagte Torzow zu mir.
„Fühlen Sie nun, daß außer dem bewußten Streit mit Worten und dem verstandesmäßigen Gedankenaustausch in Ihnen gleichzeitig noch ein anderer Prozeß des gegenseitigen Abtastens vor sich geht, ein Empfangen von Wellen und ein Aussenden von Wellen durch die Augen?
Das ist die unsichtbare Wechselbeziehung durch Ausstrahlung und Empfang, die sich wie eine Unterwasserströmung während des Sprechens und während des Schweigens unausgesetzt weiterbewegt und die unsichtbare Verbindung zwischen den Objekten herstellt, die dann zu einer inneren Verkettung führt.
Wissen Sie noch, ich sagte Ihnen einmal, man könne hinsehen und wahrnehmen, ohne etwas zu empfangen und zu geben. Man kann aber auch hinblicken, wahrnehmen, empfangen und ausströmen – nämlich die Strahlen oder die Wellen der Wechselbeziehung.
Jetzt will ich versuchen, Ihre Strahlensendung auf eine andere Art auszulösen. Ihre Wechselbeziehung wird sich auf mich beziehen", bestimmte Arkadi Nikolajewitsch und setzte sich auf Goworkows Platz.
„Setzen Sie sich möglichst bequem hin, seien Sie nicht nervös, nicht gehetzt, tun Sie sich keine Gewalt an. Bevor man einem anderen etwas gibt, muß man das, was man geben will, erst einmal in sich sammeln. Man kann nichts geben, was man selbst nicht besitzt. Sammeln Sie Material für eine Wechselbeziehung", schlug Arkadi Nikolajewitsch vor.
„Es ist noch gar nicht lange her, da schien Ihnen unsere Arbeit und ihre Psychotechnik sehr schwierig, und jetzt machen Sie sie spielend. Ebenso wird es auch mit der Strahlensendung und mit dem Strahlenempfang sein", meinte Arkadi Nikolajewitsch, während wir uns sammelten.
„Vermitteln Sie mir Ihre Gefühle ohne Worte, nur mit den Augen", befahl er mir dann.
„Nur mit den Augen kann man unmöglich alle Feinheiten seines Empfindens übermitteln."
„Da kann man nichts machen, dann lassen Sie eben die Feinheiten verlorengehen."
„Was bleibt denn dann?" wunderte ich mich.
„Das Gefühl der Sympathie, die Achtung. Die lassen sich auch schweigend übermitteln. Doch ohne Worte kann man einem andern nicht begreiflich machen, daß man ihn gern hat, weil er klug, tätig, arbeitsam, anständig ist."

„Was will ich Ihnen jetzt übermitteln?" fragte ich, während ich meinen Blick unverwandt auf ihn richtete.
„Weiß ich nicht, interessiert mich auch nicht", erwiderte Torzow.
„Warum nicht?" wunderte ich mich.
„Weil Sie mich anglotzen", sagte Arkadi Nikolajewitsch. „Damit der Gesamtcharakter Ihrer augenblicklichen Empfindung für mich fühlbar wird, muß seine innerste Substanz in Ihnen selbst lebendig sein."
„Und jetzt? Haben Sie jetzt verstanden, womit ich mich an Sie wende? Ich kann nicht deutlicher wiedergeben, was ich empfinde", sagte ich.
„Sie verachten mich aus irgendeinem Grunde, aber den Grund selbst kann man ohne Worte nicht verstehen. Aber darum handelt es sich auch nicht. Wichtig ist, ob Sie die von Ihnen ausgehende Willensausstrahlung auch empfunden haben?" forschte Torzow.
„Ich glaube ... in den Augen", antwortete ich und suchte der Empfindung, die ich scheinbar gespürt hatte, noch einmal nachzugehen.
„Nein, eben haben Sie nur daran gedacht, wie Sie die Strahlen aus sich ausstoßen können. Sie haben die Muskeln angespannt. Hals und Kinn waren vorgestreckt, die Augen quollen aus den Höhlen ... Wozu ich Sie bringen will, geht viel einfacher, leichter, natürlicher vor sich. Um den anderen mit Wünschen zu ‚bestrahlen', bedarf es keiner Muskelarbeit. Physisch ist der von uns ausgehende Strahl kaum wahrnehmbar, während man von einer Anspannung, wie Sie sie jetzt durchmachen, einen Herzschlag bekommen kann."
„Also habe ich Sie nicht verstanden!" sagte ich ziemlich ungeduldig.
„Ruhen Sie sich aus, und ich werde inzwischen versuchen, Ihnen die Empfindung, die wir suchen und die Sie im Leben vorzüglich kennen, ins Gedächtnis zu rufen. Eine meiner Schülerinnen verglich sie mit dem ‚Duft, der einer Blume entströmt', eine andere fügte hinzu: ‚ein Brillant, der das Licht reflektiert, müsse eine ähnliche Empfindung des Strahlenaussendens haben'. Können Sie sich die Empfindungen einer Blume vorstellen, die Duft verströmt, oder die Empfindungen eines Brillanten, der das Licht reflektiert?
Ich selbst", fuhr Torzow fort, „wurde an die Empfindung der Willensausstrahlung erinnert, als ich in der Dunkelheit auf die ‚laterna magica' schaute, die ihre hellen Strahlen auf die Leinwand warf, und auch, als ich am Rande eines Vulkankraters stand, der heiße Luft ausströmte. In diesem Augenblick fühlte ich die großmächtige Glut der Erde, die aus dem Innern hervordrang, und entsann mich der Empfindung, wenn in Augenblicken intensiver Wechselbeziehung die inneren Wellen von uns ausstrahlen.
Bringen diese Vergleiche Sie nicht auf die Empfindungen, die wir suchen?"
„Nein, diese Beispiele sagen meinem Gefühl nichts", beharrte ich.
„Dann werde ich versuchen, von einer anderen Seite an Sie heranzukommen", sagte Arkadi Nikolajewitsch mit erstaunlicher Geduld. „Hören Sie.
Wenn ich in einem Konzert sitze und die Musik keine Wirkung auf mich ausübt, denke ich mir zum Zeitvertreib irgendeine Zerstreuung aus. Ich suche mir irgend jemand aus dem Publikum heraus und fange an, ihn mit Blicken zu hypnotisieren.

Ist es eine schöne Frau, so versuche ich ihr mein Entzücken zu übermitteln. Ist mir das Gesicht zuwider, so übermittele ich ihm meinen Widerwillen.
In diesen Augenblicken stehe ich in Beziehung zu meinem Opfer und umspüle es mit den von mir ausgehenden Strahlen. Bei dieser Beschäftigung, die vielleicht auch Ihnen nicht unbekannt ist, habe ich eben jene physische Empfindung, die wir jetzt suchen."
„Wenn man andere hypnotisiert, hat man sie auch?" fragte Schustow.
„Freilich! Wenn Sie sich mit Hypnose beschäftigen, müssen Sie das, was wir suchen, vorzüglich kennen!" freute sich Arkadi Nikolajewitsch.
„Das ist ja eine ganz gewöhnliche, uns wohlbekannte Empfindung!" sagte ich erfreut.
„Hatte ich denn gesagt, daß sie ungewöhnlich ist?" fragte Torzow erstaunt.
„Aber ich habe etwas ganz Besonderes in mir gesucht!"
„So ist es immer", stellte Torzow fest. „Kaum ist von schöpferischer Arbeit die Rede, gleich strengen sich alle an und kommen auf Stelzen daher. Wiederholen Sie also rasch unseren Versuch!" befahl er mir.
„Was strahle ich aus?" fragte ich.
„Wieder Verachtung."
„Und jetzt?"
„Jetzt wollen Sie mir wohl."
„Und eben?"
„Das war auch ein wohlwollendes Gefühl, aber mit einem Schuß Ironie."
„Beinah richtig!" Ich freute mich.
„Haben Sie jetzt verstanden, von welcher Empfindung des Ausstrahlens ich gesprochen habe?"
„Ich glaube schon", sagte ich etwas unsicher.
„Diesen Vorgang nennen wir in unserem Jargon Strahlenaussendung. Schon der Name selbst bezeichnet die Empfindung ausgezeichnet. In der Tat: Es ist, als sendeten unsere innersten Gefühle und Wünsche Strahlen aus, die aus den Augen, aus dem Körper hervordringen und sich über andere Menschen ergießen", erläuterte Arkadi Nikolajewitsch lebhaft.
„Strahlenempfang ist der entgegengesetzte Vorgang, das heißt das In-sich-Aufnehmen fremder Gefühle und Empfindungen. Auch diese Bezeichnung umreißt den eigentlichen Vorgang, von dem jetzt die Rede ist. Erproben Sie ihn!!!"
Arkadi Nikolajewitsch und ich tauschten nun die Rollen: Er strahlte seine Gefühle aus, während ich sie ziemlich genau erriet.
„Versuchen Sie, die Empfindung des Strahlenempfangens mit Worten zu bezeichnen", sagte Arkadi Nikolajewitsch, als wir mit dem Experiment fertig waren.
„Ich will sie durch einen Vergleich definieren wie die Schülerin, von der Sie sprachen", schlug ich vor. „Ein Magnet, der Eisen anzieht, könnte die gleiche Empfindung des Strahlenempfangens haben."
„Das verstehe ich", stimmte Torzow zu.
Leider mußten wir die interessante Stunde abschließen, da wir zum Fechtunterricht mußten.

Arkadi Nikolajewitsch fuhr in den Ausführungen der letzten Stunde fort:
„Ich hoffe, Sie haben die innere Bindung, die zwischen den Schauspielern bei der Wechselbeziehung – ob mit, ob ohne Text – entsteht, erfühlt", sagte er.
„Ich glaube, ja", entgegnete ich.
„Das ergab eine innere Verkettung. Sie entstand aus zufälligen, vereinzelten Augenblicken. Wenn man aber die lange Reihe der logisch und folgerichtig miteinander verknüpften Empfindungen und Erlebnisse ausnutzt, dann wird diese Verkettung wachsen und sich festigen und kann sich schließlich bis zu einem Stadium der Wechselbeziehung steigern, das wir das ‚Festbeißen' nennen und in dem der Vorgang der Strahlensendung kräftiger, schärfer und fühlbarer wird."
„Wieso ‚Festbeißen'?" fragten die Schüler interessiert.
„So wie es Hunde – Bulldoggen zum Beispiel – machen", erklärte Torzow. „Auch wir auf der Bühne müssen dieses Festbeißen kennen – mit den Augen, mit den Ohren, mit allen Sinnesorganen. Wenn schon hören, dann auch richtig hinhören, wenn schon riechen, dann wittern, wenn schon hinschauen, dann auch wahrnehmen und nicht nur mit dem Blick über das Objekt gleiten, ohne sich daran festzuhaken, um es gleichsam nur mit dem Blick abzulecken. Man muß sich an dem Objekt sozusagen mit den Zähnen festbeißen, was aber natürlich nicht bedeutet, daß man sich dazu über Gebühr anstrengen muß."
„Habe ich mich im ‚Othello' auch nur einen Augenblick lang so festgebissen?" wollte ich wissen, um meine Empfindung nachzuprüfen.
„Ja, in ein, zwei Augenblicken. Doch das ist zuwenig. Die ganze Rolle des Othello ist ein einziges Festbeißen. Mehr als das: Wenn man dieses Festbeißen schon für andere Stücke braucht, so muß man für diese Shakespeare-Tragödie einen Würgegriff haben. Und den hatten Sie nicht.
Im Leben braucht man das Festbeißen nicht immer, auf der Bühne aber, besonders in Tragödien, ist es unerläßlich. In der Tat, bedenken Sie nur – wie geht das Leben dahin? Der größte Teil vergeht mit kleinen, alltäglichen Dingen: Aufstehen, diesen oder jenen Verpflichtungen nachgehen, sich hinlegen. Dazu bedarf es keines Festbeißens, das macht man mechanisch. Solche alltäglichen Augenblicke sind nichts für die Bühne. Es gibt andere Lebenszustände, wo Augenblicke oder sogar ganze Strähnen des Entsetzens, der höchsten Freude, gesteigerter Leidenschaften und anderer bedeutender Gefühle in unseren Alltag dringen. Sie lösen den Kampf um die Freiheit, um die Idee, um die Existenz, um das Recht aus. Solche Augenblicke brauchen wir auf der Bühne. Sie bedürfen für die Darstellung sowohl des inneren als auch des äußeren Festbeißens. So muß man also die fünfundneunzig Prozent des wirklichen Lebens, die das Festbeißen nicht brauchen, streichen und nur die fünf Prozent, in denen es unerläßlich ist, auf die Bühne hinübernehmen. Das ist der Grund, warum man im Alltag ohne Festbeißen leben kann, während es auf der Bühne immer, fast durchgehend, in jedem Augenblick gesteigerten Schaffens benötigt wird. Dabei dürfen Sie nie vergessen, daß das Festbeißen keineswegs eine ungewöhnliche körperliche Anstrengung ist, sondern eine große, aktive, innere Handlung.
Vergessen Sie außerdem nicht, daß die Bedingungen der öffentlichen Tätigkeit des Schauspielers sehr schwer sind und ständiges energisches Kämpfen erfordern. In

der Tat – im Leben gibt es das schwarze Loch des Bühnenrahmens nicht, nicht die tausendköpfige Zuschauermenge, nicht die grell erleuchtete Rampe, nicht die Verpflichtung, Erfolg zu haben und den Zuschauern um jeden Preis zu gefallen. Für jeden normalen Menschen sind diese Bedingungen unnatürlich. Man muß wissen, wie man sie bezwingt oder gar nicht bemerkt, abgelenkt durch die interessante schöpferische Aufgabe auf der Bühne selbst. Diese Aufgabe muß die Aufmerksamkeit und die schöpferischen Fähigkeiten des ganzen Menschen auf sich ziehen, also das Festbeißen erzeugen.

Wenn ich daran denke, fällt mir eine Geschichte ein. Ein Affendompteur war nach Afrika gefahren, um dort Tiere auszusuchen. Man hatte Hunderte von Exemplaren zur Auswahl für ihn vorbereitet. Was tat er nun, um unter ihnen das geeignete lebendige Material für die Dressur herauszufinden? Er nahm sich jeden Affen einzeln vor und versuchte, sein Interesse mit irgendeinem Gegenstand zu wecken – mit einem farbigen Tuch, das er vor den Augen des Tieres hin und her schwenkte, oder mit einer Klapper, die den Affen durch ihr Glitzern und Rasseln ergötzte. Sobald sich das Tier für den Gegenstand interessierte, versuchte der Dompteur, seine Aufmerksamkeit auf irgendeinen anderen Gegenstand – eine Zigarette, eine Nuß – abzulenken. Wenn ihm das gelang und das Tier die Aufmerksamkeit mühelos von dem farbigen Tuch auf den neuen Gegenstand übertrug, schied der Dompteur das Versuchsobjekt aus. Sah er dagegen, daß dessen Aufmerksamkeit ungeachtet einer flüchtigen Ablenkung durch das neue Objekt hartnäckig zum ersten, zum Tuch, zurückkehrte, daß der Affe das Tuch suchte und ihm aus der Tasche ziehen wollte, war seine Wahl gefallen, und er kaufte den aufmerksamen Affen. Den Kauf begründete er damit, daß der Affe beharrlich war und sich festbeißen konnte.

Genauso beurteilen wir auch die szenische Aufmerksamkeit und Wechselbeziehung unserer Schüler nach der Kraft und Ausdauer ihres Festbeißens. Also bilden Sie es in sich aus."

Nach einer kurzen Pause fuhr Arkadi Nikolajewitsch mit seinen Erklärungen fort: „Ich habe gelegentlich in Büchern, für deren wissenschaftliche Stichhaltigkeit ich mich keineswegs verbürgen kann, gelesen, daß die Augen eines Ermordeten zuweilen das Gesicht des Mörders in sich festhalten. Wenn das wahr ist, können Sie sich ja ausrechnen, wie groß die Kraft des Strahlenempfanges gewesen sein muß.

Wenn man mit Hilfe irgendeines Apparates diesen Vorgang der Strahlensendung sehen könnte, wie er an schöpferischen Höhepunkten zwischen Bühne und Zuschauerraum vor sich geht, so würden wir staunen, daß unsere Nerven einen so starken, intensiven Strom aushalten, wie wir ihn in den Zuschauerraum senden und von den tausend lebendigen Organismen dort zurückempfangen!

Daß unsere Substanz ausreicht, einen riesigen Raum, etwa den unseres Großen Theaters, mit unserer Ausstrahlung zu erfüllen! Unfaßbar! Der arme Schauspieler! Um Gewalt über den Zuschauerraum zu bekommen, muß er ihn mit den unsichtbaren Wellen seines eigenen Gefühls oder Willens ausfüllen! . . .

Warum ist es schwer, in großen Räumen zu spielen? Keineswegs, weil man dort die Stimme anstrengen und die Handlung steigern muß. Nein! Wer das bühnenmäßige Sprechen beherrscht, den wird es nicht schrecken. Schwierig ist das Ausstrahlen!"

Ich glaube, als ich heute aus der Schule nach Hause ging, müssen mich die Passanten für geistesgestört gehalten haben. Ich habe mich nämlich beim Gehen die ganze Zeit über im Ausstrahlen und Empfangen geübt. Mit den lebendigen Menschen, die mir begegneten, wagte ich keine Versuche anzustellen und beschränkte mich daher auf tote Dinge. Die Hauptobjekte meiner Übung waren die verschiedenen ausgestopften Tiere im Schaufenster eines großen Pelzgeschäfts. Es war eine ganze Tierschau: ein riesiger Bär mit einem Tablett in den Pfoten, ein Fuchs, ein Wolf, ein Eichhörnchen. Mit allen schloß ich enge, intime Bekanntschaft, versuchte durch das Fell hindurch in ihre gedachten Seelen einzudringen, etwas aus ihnen herauszuholen und in mich aufzunehmen. Ich war so eifrig bemüht, etwas Eingebildetes, eine Fiktion aus den ausgestopften Tieren herauszulocken, daß ich den Nacken, den Kopf, den ganzen Oberkörper zurückwerfen und dabei sogar die hinter mir stehenden Schaulustigen zurückdrängen mußte. Im gleichen Augenblick fiel mir ein, daß Arkadi Nikolajewitsch empfohlen hatte, uns nicht unnötig anzustrengen. Dann habe ich die Tiere wie ein Dompteur hypnotisiert, wobei ich mir sagte: Wenn so ein Bär auf seinen Hinterpfoten auf mich zukommen würde, kann ich ihn wohl aufhalten, indem ich meine Willensstrahlen durch seine Augen und seinen Rachen in ihn hineinsende? Bei meiner Ausstrahlung fühlte ich mich derart zum Objekt hingezogen, daß ich mit der Nase gegen das schmutzige Glas des riesigen Schaufensters stieß. So viel wollte ich dem Objekt übermitteln, daß mir zumute war wie zu Beginn einer Seekrankheit. Und auch die Augen quollen, wie es bei diesem Zustand zu sein pflegt, aus den Augenhöhlen.
‚Nein', kritisierte ich mich selbst, ‚solche Schwerarbeit kann man eher Ausspeien und Einschlürfen nennen als Ausstrahlung und Empfang.'
„Weniger! Weniger!" hat Torzow gesagt. „Warum sich so anstrengen?"
Als ich meine Ausstrahlung und meinen Empfang abschwächte, hatte ich gar kein körperliches Empfinden mehr, daß etwas von mir ausströmte oder umgekehrt in mich einströmte. Bald darauf mußte ich meine Versuche einstellen, weil ich Publikum angezogen hatte: Im Geschäft standen etwa fünf Leute, Käufer und Verkäufer, sahen mich an und lächelten. Offenbar hatten sie meine Versuche bemerkt und fanden sie sehr spaßig. Das hinderte mich nicht, den gleichen Versuch vor einem anderen Schaufenster zu wiederholen.
Als Objekt diente mir diesmal eine Tolstoi-Büste.
Vor dem Gogol-Denkmal setzte ich mich hin und versuchte wieder, mich festzubeißen. Ich wollte das Bronzemonument mit den Blicken umkrallen und es so stark anziehen, daß sich Gogol aus dem Sessel erhöbe.
Bald taten mir die Augen vom Glotzen weh. Außerdem fiel mein Blick im kritischen Moment auf einen Bekannten, der vorüberging.
„Ist Ihnen nicht wohl?" fragte er teilnahmsvoll.
„Ja. Furchtbares Kopfweh", sagte ich, bis an die Haarwurzeln errötend, da ich nicht wußte, wie ich mich sonst aus der Situation retten sollte.
‚Eine derartige Anstrengung darf man nie zulassen!' entschied ich in meinem Innern.

Heute sagte Arkadi Nikolajewitsch:
„Da der Vorgang der Strahlensendung eine wichtige Rolle bei der szenischen Wechselbeziehung spielt, entsteht die Frage, ob es nicht technische Mittel gibt, um ihn beherrschen zu lernen. Kann man die Strahlungen nicht bewußt in sich auslösen? Gibt es nicht auch auf diesem Gebiet irgendeinen Kunstgriff, der uns die unsichtbaren Strahlen ausstrahlen und empfangen läßt und dadurch das Erleben selbst steigert?
Wenn man nicht von innen nach außen gehen kann, so geht man vom Äußeren zum Inneren. Auch in diesem Fall nutzen wir die organische Einheit von Körper und Geist aus. Diese Verbundenheit ist so stark, daß sie beinahe bereits Gestorbene ins Leben zurückzurufen vermag. Einen Ertrunkenen, dessen Puls nicht mehr schlägt, der kein Lebenszeichen mehr von sich gibt, bringt man in eine bestimmte, wissenschaftlich festgestellte Lage und macht gewaltsam Bewegungen, die die Atmungsorgane mechanisch die Luft einziehen und wieder ausstoßen lassen. Das genügt, um den Blutkreislauf und danach auch die gewohnte Bewegung aller Körperteile in Gang zu setzen. Dabei lebt, aus der unlöslichen Verbundenheit mit dem Körper heraus, auch das ‚Leben des menschlichen Geistes' im fast schon Gestorbenen wieder auf.
Bei der künstlichen Auslösung der Strahlensendung auf der Bühne bedient man sich desselben Prinzips", erklärte Torzow weiter. „Wenn sich die innere Wechselbeziehung nicht von selbst einstellt, geht man von außen an sie heran. Diese Hilfe von außen ist das Lockmittel, das zuerst den Vorgang der Strahlensendung und dann das Erleben selbst auslöst.
Wie Sie bald sehen werden, läßt sich dieses neue Lockmittel zum Glück technisch erarbeiten.
Jetzt will ich Ihnen zeigen, wie man es benutzen muß."
Es begann damit, daß Arkadi Nikolajewitsch sich mir gegenüber setzte und mich eine Aufgabe ausdenken ließ. Ich sollte sie begründen und mit dem erarbeiteten ganzen Material eine Wechselbeziehung aufnehmen. Er erlaubte mir, dazu Worte, Mimik, Gesten zu Hilfe zu nehmen – alles, was die Wechselbeziehung unterstützt. Er bat mich, dabei auf die physische Empfindung der aus- und einströmenden Strahlen zu achten.
Die Vorarbeit dauerte etwas lange, weil ich nicht recht begreifen konnte, was Torzow verlangte.
Sobald es mir aber gelang, war die Wechselbeziehung hergestellt. Torzow ließ mich intensiv mit Hilfe von Worten und Handlungen in Wechselbeziehung treten und dabei auf meine physische Empfindung achten. Danach verbot er mir das Sprechen und Handeln. Jetzt sollte ich mit den Strahlungen allein auskommen.
Es kostete noch recht viel Mühe, das physische Aus- und Einstrahlen an sich, für sich allein in Gang zu bringen. Als es endlich gelungen war, fragte mich Arkadi Nikolajewitsch, wie ich mich fühlte.
„Wie eine Pumpe, die nur Luft aus einem leeren Brunnen herauspumpt", witzelte ich. „Ich hatte die Empfindung der ausströmenden Strahlen hauptsächlich in den Augen, vielleicht noch in der Ihnen zugewandten Seite des Körpers."

„Dann fahren Sie fort, physisch und mechanisch in mich auszustrahlen, solange es Ihnen irgend möglich ist", befahl er.
Doch es war nicht mehr lange möglich, ich brach diese „sinnlose Tätigkeit", wie ich sie nannte, ab.
„Haben Sie ihr denn keinen Sinn geben wollen?" fragte Arkadi Nikolajewitsch.
„Hat Ihnen denn Ihr innerstes Gefühl nicht zu Hilfe kommen wollen? Hat das emotionale Gedächtnis nicht versucht, Ihnen irgendeine zufällige Empfindung unterzuschieben, damit Sie sich ihrer für die physisch vorhandene Ausstrahlung bedienen konnten?" forschte Torzow.
„Wenn man mich zwingen würde, um jeden Preis die mechanische, physische Ausstrahlung fortzusetzen, so würde es mir schwerfallen, das ohne irgendeinen Sinn weiterzutun. Mit anderen Worten: Ich würde ein Material für die Ausstrahlung oder für den Empfang brauchen. Aber woher sollte ich es haben?" Ich konnte nicht begreifen.
„Übermitteln Sie mir wenigstens das, was Sie jetzt fühlen, also das Erstaunen und die Hilflosigkeit, oder forschen Sie in sich nach einem anderen Gefühl", riet mir Torzow.
Ich tat es. Als ich die sinnlose physische Ausstrahlung nicht mehr länger durchhalten konnte, versuchte ich Torzow meinen Ärger und meine Ungeduld mitzuteilen.
‚Laß mich doch in Ruhe! Was willst du denn von mir? Warum quälst du mich?' schienen meine Blicke zu sagen.
„Wie haben Sie sich gefühlt?" fragte Torzow mich wieder.
„Wie eine Pumpe, der man einen Wasserbottich untergestellt hat und die nun etwas heraufpumpen kann, nicht bloß Luft", scherzte ich.
„So ist also Ihre sinnlose physische Ausstrahlung sinnvoll und zweckmäßig geworden", bemerkte Arkadi Nikolajewitsch.
Nach Wiederholung ähnlicher Übungen ließ er Experimente für den Strahlenempfang ausführen. Das ist der gleiche Vorgang, nur in umgekehrter Richtung. Darum werde ich ihn nicht genau beschreiben, sondern nur einen neuen Umstand erwähnen, der sich bei meiner Probe einstellte.
Bevor ich nämlich die Strahlen in mich aufnehmen konnte, hatte ich das Bedürfnis, erst Torzows Seele mit den unsichtbaren Fühlern meiner Augen abzutasten und etwas in ihr zu finden, was ich in mich einstrahlen konnte.
Dazu mußte ich den inneren Zustand, in dem sich Arkadi Nikolajewitsch befand, aufmerksam studieren, sozusagen erfühlen, und dann eine innere Bindung mit ihm, eine Verkettung eingehen.
„Wie Sie sehen, ist es keineswegs einfach, Strahlensendung und Strahlenempfang auf der Bühne auf technischem Wege durchzuführen, wenn sie nicht von selbst, intuitiv entstehen, so wie es im Leben auch der Fall ist", sagte Arkadi Nikolajewitsch. „Aber ich kann Sie damit trösten, daß dieser Prozeß auf der Bühne, während der Darstellung einer Rolle, sich viel leichter vollzieht als beim Üben und beim Unterricht.
Und zwar haben Sie jetzt irgendwelche zufälligen Gefühle rasch zusammensuchen müssen, um damit den Prozeß der Strahlungen weiterführen zu können, während

der gleiche Prozeß sich auf der Bühne leichter und einfacher vollziehen wird. So werden zum Beispiel im Augenblick der Vorstellung alle ‚vorgeschlagenen Situationen' schon geklärt, alle Aufgaben schon gefunden sein, das Gefühl aber wird für die Rolle reif sein und nur auf den Augenblick warten, wo es nach außen dringen kann. Es genügt, sich einen kleinen Anstoß zu geben, und die für die Rolle bereitstehenden Gefühle werden von selbst in einem unaufhörlichen Strahl hervorsprudeln. Entleert man ein Aquarium mit Hilfe eines Gummischlauches, muß man nur ein einziges Mal die Luft ansaugen, dann fließt das Wasser von selbst ab. So ist es auch beim Ausstrahlen: Geben Sie einen Anstoß, öffnen Sie das Ventil für die Strahlensendung, und das Gefühl wird von selbst aus Ihrem Innern hervorströmen."
„Durch welche Übungen bildet man denn den Vorgang der Strahlensendung aus?" fragten die Schüler.
„Er wird durch die gleichen Übungen ausgebildet, die Sie jetzt eben gemacht haben.
Die erste Übung besteht darin, mit Hilfe eines Lockmittels ein Gefühl in sich auszulösen und es einer anderen Person zu übermitteln. Beachten Sie dabei Ihre physische Empfindung. Gewöhnen Sie sich in der gleichen Weise auch an die Empfindung des Strahlenempfangs, indem Sie ihn natürlich auslösen und im Augenblick der Wechselbeziehung zu anderen bewußt wahrnehmen.
Bei der zweiten Übung versuchen Sie in sich nur die physische Empfindung der Strahlensendung oder des Strahlenempfangs auszulösen, ohne das emotionale Erleben. Diese Arbeit erfordert große Aufmerksamkeit, sonst hält man eine einfache Muskelanspannung für die Strahlenempfindung. Sobald der physische Prozeß in Gang gebracht worden ist, schieben Sie ihm von innen irgendein Gefühl für die Strahlenübermittlung oder den Strahlenempfang unter. Aber, ich wiederhole noch einmal: Vermeiden Sie dabei jede Anstrengung, jeden physischen Kraftaufwand. Ausstrahlung und Empfang müssen unbedingt leicht, frei, natürlich vor sich gehen, ohne jegliche körperliche Energie. Nebenbei gesagt wird Ihnen dieser neue Kunstgriff behilflich sein, die Aufmerksamkeit auf das Objekt zu lenken und zu konzentrieren, denn ohne ein festes Objekt kann man die Strahlen nicht aussenden.
Aber machen Sie diese Übungen nicht allein, nur mit sich selbst oder mit einer gedachten Person. Nehmen Sie nur Wechselbeziehungen zu einem lebendigen Objekt auf, das tatsächlich im Leben existiert, tatsächlich neben Ihnen steht und tatsächlich bereit ist, Ihre Gefühle zu empfangen. Wechselbeziehung muß auf Gegenseitigkeit beruhen. Machen Sie auch keine Übungen allein, ohne Iwan Platonowitsch. Es gehört ein geübtes Auge dazu, Sie vor Entgleisungen zu bewahren, wobei Sie eine bloße Muskelanspannung für die Empfindung der Strahlensendung halten könnten. Das ist gefährlich wie jede Entgleisung."
„Mein Gott, ist das schwer!" rief ich aus.
„Ist es schwer, etwas zu tun, was für unsere Natur ganz selbstverständlich und normal ist?" wunderte sich Arkadi Nikolajewitsch. „Sie irren sich, das Normale ist leicht. Viel schwerer ist es, der Natur zuwiderzuhandeln, sie zu verbiegen. Versuchen Sie darum, die Gesetze Ihrer Natur zu erkennen, und fordern Sie nur das von ihr, was für sie selbstverständlich ist. Ich kann Ihnen voraussagen, daß es eine Zeit

geben wird, da Sie auf der Bühne nicht neben Ihrem Partner stehen können, ohne durch innere Strahlen zu ihm in Wechselbeziehung, in eine Verkettung oder ins Festbeißen zu geraten, was Ihnen jetzt alles so schwer erscheint.
Muskelentspannung, Aufmerksamkeit, vorgeschlagene Situationen und alles andere erschien Ihnen ja auch schwer und ist Ihnen jetzt unentbehrlich geworden.
Darum freuen Sie sich, daß Sie Ihre Technik durch ein neues und sehr wichtiges Lockmittel für die Auslösung der Wechselbeziehung bereichert haben: durch Strahlensenden und Strahlenempfangen."

XI. ANPASSUNG UND ANDERE ELEMENTE – EIGENSCHAFTEN, FÄHIGKEITEN UND BEGABUNGEN DES SCHAUSPIELERS

Als er heute die Klasse betreten hatte, las Arkadi Nikolajewitsch das von Rachmanow aufgehängte Plakat „ANPASSUNG", beglückwünschte uns zu einer neuen Etappe, rief dann Wjunzow auf und gab ihm folgende Aufgabe:
„Sie müssen in einen Vorort zu Bekannten fahren und hoffen, dort die Zeit sehr fröhlich zu verbringen. Der Zug geht um zwei, und jetzt ist es schon eins. Wie kann man dem Unterricht vorzeitig entrinnen? Die Schwierigkeit liegt darin, daß nicht nur ich, sondern auch alle Kameraden getäuscht werden müssen. Wie stellt man das an?"
„Man stellt sich traurig, bedrückt, grüblerisch, krank", empfahl ich. „Alle müssen fragen: ‚Was hast du denn?' Man kann irgendeine unwahrscheinliche Geschichte erzählen, aber so, daß alle daran glauben. Und dann wird man wohl oder übel den Kranken gehen lassen müssen."
„Ja! Das leuchtet mir ein! Das leuchtet mir ganz und gar ein!" strahlte Wjunzow und begann vor Freude einen ganz unbeschreiblichen Tanz aufzuführen.
Nach der dritten oder vierten Drehung knickte er plötzlich ein, schrie vor Schmerz auf und blieb mit erhobenem Bein und verzerrtem Gesicht regungslos stehen.
Im ersten Augenblick glaubten wir, daß er uns etwas vormachte, daß darin sein Spiel bestand. Aber er litt wirklich, und ich glaubte ihm, stand auf, um dem Armen zu helfen ... und zweifelte wieder. Die anderen rannten auf die Bühne. Er ließ niemand an seinen Fuß kommen, versuchte aufzutreten, schrie aber vor Schmerz so auf, daß Arkadi Nikolajewitsch und ich unwillkürlich einen Blick wechselten, um uns gegenseitig zu fragen, ob das, was da auf der Bühne vor sich ging, echt war oder nur Täuschung. Mit aller Vorsicht führte man Wjunzow zum Ausgang. Von beiden Seiten gestützt, humpelte er nur auf dem einen gesunden Bein. Langsam, feierlich, schweigend bewegte sich die Gruppe auf die Tür zu.
Und plötzlich begann Wjunzow einen wilden Tanz und brach in helles Lachen aus.

„Da!... Das habe ich aber erlebt! Fabelhaft! Genial!... Haargenau! Von der Wirklichkeit nicht zu unterscheiden!" stieß er unter Lachen hervor.
Zur Belohnung wurde er stürmisch gefeiert, und ich empfand wieder das ganze Ausmaß seiner Begabung.
„Wissen Sie, wofür Wjunzow eben seinen Applaus bekommen hat?" fragte Arkadi Nikolajewitsch und beantwortete die Frage auch schon: „Dafür, daß er eine Anpassung gefunden und sie erfolgreich durchgeführt hat.
Mit diesem Wort ‚Anpassung' wollen wir in Zukunft sowohl die inneren als auch die äußeren Kunstgriffe bezeichnen, mit deren Hilfe die Menschen sich bei der Wechselbeziehung einander anpassen und auf das Objekt einwirken."
„Was bedeutet ‚anpassen'?" fragten die Schüler.
„Das, was Wjunzow eben gemacht hat: um aus dem Unterricht zu entwischen, hat er sich der Lage mit Hilfe eines Kunstgriffes angepaßt", erklärte Torzow.
„Ich finde, er hat uns einfach angeführt", warf jemand ein.
„Hätten Sie ihm denn ohne dieses Anführen geglaubt?" fragte Arkadi Nikolajewitsch. „Er mußte unbedingt nach einer List greifen, um sein Ziel zu erreichen und dem Unterricht zu entrinnen. Wjunzow hat sich zur Irreführung und zum Betrug entschlossen, weil er sich den gegebenen Umständen und der ganzen Situation angepaßt hat, die ihn am Entrinnen hinderten."
„Ist also die Anpassung ein Betrug?" fragte Goworkow.
„In einigen Fällen ist die Anpassung ein Betrug, in anderen bildet sie die anschauliche Illustration der inneren Empfindungen oder Gedanken; zuweilen versucht die Anpassung die Aufmerksamkeit desjenigen zu erregen, zu dem man in Wechselbeziehung treten möchte, versucht ihn günstig zu stimmen; zuweilen vermittelt sie den anderen jenes Unsichtbare, nur mit der Empfindung Wahrnehmbare, was sich in Worten nicht ausdrücken läßt und so weiter.
Wie Sie sehen, sind die Möglichkeiten und die Funktionen der Anpassung vielgestaltig und zahlreich.
Zum Beispiel, nehmen wir an, Sie, Naswanow, bekleiden ein wichtiges Amt, ich bin ein Bittsteller und brauche Ihre Hilfe. Sie kennen mich gar nicht. Um meinen Zweck zu erreichen, muß ich mich irgendwie von der Menge der Bittsteller abheben, muß Ihnen auffallen.
Wie soll ich Ihre Aufmerksamkeit auf mich lenken und fesseln? Wie die kaum angebahnte Verbindung und Wechselbeziehung festigen? Mit welchen Mitteln auf Ihren Geist, auf Ihr Gefühl, auf Ihre Aufmerksamkeit, auf Ihre Phantasie einwirken? Wie das Herz eines einflußreichen Mannes rühren?
Wenn er meine jämmerlichen Lebensbedingungen vor Augen hätte, wenn er in seiner Phantasie ein Bild entwerfen würde, das der grausamen Wirklichkeit auch nur annähernd gleicht, dann würde er sich für mich interessieren, würde sein Herz einer wechselseitigen Beziehung öffnen. Dann wäre ich gerettet! Doch um ihm das Eingehen auf eine fremde Seele zu erleichtern, um ihn ein fremdes Leben spüren zu lassen, bedarf es der Anpassung.
Mit Hilfe der Anpassung versuchen wir möglichst plastisch, unser inneres Gefühl und unseren gesamten Zustand zu veranschaulichen.

In anderen Fällen verschleiern wir mit Hilfe derselben Anpassung sowohl unser Gefühl als auch unseren Zustand. Ein empfindlicher, stolzer Mensch spielt den Liebenswürdig-Verbindlichen, um das Gefühl der Kränkung zu verbergen; der Untersuchungsrichter verdeckt durch Anpassung geschickt seine wahre Einstellung dem Angeklagten gegenüber.
Anpassung ist einer der wichtigsten Kunstgriffe jeder Wechselbeziehung, sogar der Wechselbeziehung zu sich selbst, denn auch sich selbst und seinem inneren Zustand muß man sich unbedingt anpassen, um sich etwas beizubringen oder einzureden.
Je komplizierter die Aufgabe und das wiederzugebende Gefühl sind, um so feiner und eindringlicher müssen auch die Anpassungen, um so vielfältiger ihre Funktionen und Arten sein."
„Verzeihen Sie bitte", mischte sich Goworkow streitsüchtig ein, „für all dies gibt es Worte."
„Glauben Sie, daß sie alle Feinheiten des Empfindens bis ins letzte übermitteln können? Nein, bei der Wechselbeziehung reichen uns die Worte allein nicht aus; sie sind zu protokollmäßig, zu tot. Um sie zu beleben, bedarf es des Gefühls; um es zu zeigen und dem Objekt der Wechselbeziehung zu übermitteln, braucht man die Anpassungen. Sie ergänzen die Worte, sie sagen das Unsagbare."
„Also: je mehr Anpassungen, um so stärker und voller ist die Wechselbeziehung?" fragte jemand.
„Es handelt sich nicht um die Quantität, sondern um die Qualität der Anpassungen."
„Was für Qualitäten müssen sie für die Bühne haben?" wollte ich wissen.
„Ganz verschiedenartige. Jeder Schauspieler hat seine originellen, nur ihm eigenen Anpassungen von vielfältigster Herkunft und Qualität. Im Leben ist es ja genauso. Männer, Frauen, Greise, Kinder, die Aufgeblasenen und die Bescheidenen, die Bösen und die Guten, die Hitzigen und die Ruhigen – alle verfügen sie über besondere Arten der Anpassung.
Jeder neue Lebensumstand, jede neue Umgebung, jeder neue Ort der Handlung, jede Zeit bewirkt entsprechende Veränderungen in der Anpassung: Nachts, wenn alle schlafen, paßt man sich irgendwie anders an als im hellen Licht des Tages und unter Menschen.
Kommt man in ein fremdes Land, muß man erst die den Ortsbedingungen entsprechenden Anpassungen herausfinden.
Jedes Gefühl braucht für seine Wiedergabe eine andere Anpassung von undefinierbarer Eigenart.
Jede Art von Beziehung – die wechselseitige, die Gruppenbeziehung, die Beziehung zu einem abwesenden oder gedachten Objekt und so weiter – erfordert auch die entsprechende Eigenart der Anpassung.
Die Menschen verkehren miteinander mit Hilfe ihrer Sinnesorgane, mit Hilfe der sichtbaren und unsichtbaren Mittel der Wechselbeziehung, das heißt der Augen, der Mimik, der Stimme, der Bewegung der Arme, der Hände, des Körpers und auch mit Hilfe der Strahlensendung. Dazu brauchen sie für jeden einzelnen Fall die entsprechende Anpassung.

Einige Schauspieler verfügen über vorzügliche Anpassungen auf dem Gebiete der dramatischen Empfindungen und versagen völlig im Lustspiel, oder sie haben im Gegenteil gute für das Lustspiel und unzureichende für das Drama.
Es gibt zahlreiche Schauspieler mit vorzüglicher Erlebnisfähigkeit auf allen Gebieten des menschlichen Gefühls, die über gute, richtige Anpassungen verfügen. Doch oft genug machen diese Schauspieler nur auf Proben im kleinen Raum großen Eindruck, wenn Regisseur und zuschauende Mitarbeiter in der Nähe sitzen. Beim Übergang auf die Bühne, die größere Deutlichkeit verlangt, verblassen diese Anpassungen und kommen nicht über die Rampe, und selbst wenn sie über die Rampe kommen, so doch nicht in hinreichend deutlicher, bühnenmäßiger Form.
Wir kennen auch Schauspieler mit deutlichen, aber nicht zahlreichen Anpassungen. Durch die geringe Anzahl büßen sie bald an Kraft und Schärfe ein und stumpfen ab.
Es gibt auch viele Schauspieler, die vom Schicksal benachteiligt worden sind und nur über unzureichende, eintönige, blasse, wenn auch richtige Anpassungen verfügen. Diese Menschen werden nie in der ersten Reihe der Bühnenschaffenden stehen."

Arkadi Nikolajewitsch setzte die Ausführungen der vorigen Stunde fort:
„Wenn schon die Menschen im Leben unendlich viel Anpassungen brauchen, so benötigen die Schauspieler auf der Bühne noch weit mehr, da sie ununterbrochen in Wechselbeziehung stehen und sich darum die ganze Zeit über anpassen. Dabei spielt die Eigenart der Anpassung selbst eine große Rolle: ihre Deutlichkeit, Farbigkeit, Ungehemmtheit, Feinheit, Durchsichtigkeit, Eleganz, ihr Geschmack.
Ein Beispiel: In der vorigen Stunde war Wjunzows Anpassung bis zur Dreistigkeit deutlich. Doch es kann auch anders sein. Weljaminowa, Goworkow, Wesselowski – gehen Sie auf die Bühne und spielen Sie uns die Etüde mit dem verbrannten Geld vor", ordnete Arkadi Nikolajewitsch an.
Die Weljaminowa erhob sich lustlos aus dem Sessel, stand mit gelangweiltem Gesicht da und wartete darauf, daß ihre Partner sich ebenfalls erheben sollten. Aber sie blieben sitzen.
Eine peinliche Pause entstand.
Schließlich hielt die Weljaminowa das Schweigen nicht länger aus und fing an zu reden. Um das, was sie sagte, zu mildern, verlegte sie sich auf weibliche Koketterie, da sie aus Erfahrung wußte, daß sie auf Männer wirkte. Sie senkte den Blick und fingerte angelegentlich an dem Nummernschildchen des Theatersessels herum, um ihren Zustand zu verbergen. Damit ihr Erröten nicht auffiel, hielt sie ein Taschentuch vor ihr Gesicht.
Die Pause war endlos. Um sie auszufüllen, um die Peinlichkeit der Situation zu mildern und ihr einen spaßhaften Anstrich zu geben, preßte die Weljaminowa mit Gewalt ein Lachen aus sich heraus, das aber recht unfroh klang.
„Es langweilt uns! Wirklich, es langweilt uns, langweilt uns sehr!" versicherte unsere Schöne. „Ich weiß nur nicht, wie ich es sagen soll. Aber bitte, geben Sie uns doch eine neue Etüde ... und dann werden wir so spielen ... also so spielen ... einfach ... einfach großartig!"

„Bravo! Gut! Vorzüglich! Jetzt brauche ich die Etüde mit dem verbrannten Geld nicht mehr! Sie haben uns ohnedies alles gezeigt, was nötig war", erklärte Arkadi Nikolajewitsch.
„Was hat sie denn gezeigt?" fragten wir.
„Folgendes: Wjunzow hat uns dreiste, deutliche, äußere Anpassungen gezeigt, und die Weljaminowa brachte jetzt die feineren, eleganteren, innerlichen. Sie hat mir geduldig auf alle möglichen Arten zugeredet, hat mich zu rühren versucht, hat ihre Verlegenheit und sogar ihre Tränen gut ausgenutzt. Wo es angängig war, hat sie kokettiert, um ihr Ziel zu erreichen und die Aufgabe zu erfüllen. Sie hat alle Augenblicke ihre Anpassungen verändert, um mir jede Nuance ihres Erlebens zu vermitteln und mich zur Aufnahme zu bewegen.
War eine Anpassung nicht am Platze oder hatte sie an Wirksamkeit eingebüßt, versuchte sie es mit einer zweiten, einer dritten, in der Hoffnung, endlich auf die überzeugende zu stoßen, die in das Herz des Objekts eindringt.
Man muß verstehen, sich der Zeit, den Umständen, jedem einzelnen Menschen individuell anzupassen.
Hat man es mit einem einfältigen Menschen zu tun, so muß man sich seiner Denkfähigkeit anpassen, muß die einfachste Form der Aussage finden, die seinem Geist, seinem Verständnis entspricht.
Ist dagegen das Objekt der Wechselbeziehung ein schlauer Kopf, muß man behutsamer vorgehen, feinere Anpassungen suchen, damit er die List nicht durchschaut und der Wechselbeziehung nicht ausweicht, und so fort.
Wie wichtig die Rolle der Anpassung in der schöpferischen Arbeit ist, läßt sich daran ermessen, daß viele Schauspieler von mittlerer Erlebniskraft, aber mit deutlichen Anpassungen auf der Bühne das innere ‚Leben des menschlichen Geistes' tiefer empfinden lassen als andere, die zwar stärker und tiefer empfinden, aber nur über blasse Anpassungen verfügen.
Am besten lassen sich Anpassungen bei Kindern beobachten. Da treten sie deutlicher hervor als bei Erwachsenen.
Zum Beispiel meine beiden Nichten: Die kleinere ist die Exaltiertheit, der Überschwang in Person. Um ihr Entzücken zu bekunden, genügt es ihr nicht, einen Kuß zu geben – der kann ihre Freude noch nicht restlos wiedergeben. Um die Ausdruckskraft zu steigern, muß sie einen unbedingt beißen. Das ist ihre Anpassung, die sie gar nicht merkt. Sie entschlüpft ihr ganz unwillkürlich. Darum ist das Kind aufrichtig erstaunt, wenn der Urheber ihres Entzückens vor Schmerz aufschreit, und fragt sich betroffen, wie es denn zum ‚Beißerl' gekommen ist.
Das ist ein Beispiel für unbewußte Anpassung.
Meine ältere Nichte wählt im Gegensatz dazu ihre Anpassungen ganz bewußt und bedacht. Ihr Gruß und ihr Dank richten sich stets nach dem Grad ihrer Achtung vor dem betreffenden Menschen und nach der Bedeutung der Gefälligkeit, die ihr erwiesen wurde. Doch auch diese Anpassungen kann man nicht als ganz bewußte ansehen, und zwar aus folgenden Gründen:
Bei der Entstehung der Anpassungen unterscheide ich zwei Momente: erstens die Wahl der Anpassung und zweitens ihre Ausführung. Ich gebe zu, daß meine Nichte

ihre Anpassungen bewußt wählt. Doch sie führt sie, wie die meisten Menschen, in der Regel unbewußt aus. Solche Anpassungen nenne ich die ‚halbbewußten'."
„Gibt es auch ganz und gar bewußte Anpassungen?" wollte ich wissen.
„Natürlich gibt es die, aber ... stellen Sie sich vor, im realen Leben gelingt es mir nicht, eine Anpassung festzustellen, bei der Wahl und Ausführung in gleichem Maße bewußt sind.
Nur auf der Bühne, wo doch, wie man glauben könnte, der unbewußten Wechselbeziehung Tür und Tor offenstehen, stoße ich ununterbrochen auf ganz bewußte Anpassungen.
Damit meine ich die Schauspielerschablonen."
„Warum sagen Sie, auf der Bühne ständen der unbewußten Wechselbeziehung Tür und Tor offen?" forschte ich.
„Weil man beim öffentlichen Schaffen kräftige, unwiderstehliche Methoden der Einwirkung braucht, und die Mehrzahl der organischen, unbewußten Anpassungen ist so. Sie sind klar, überzeugend, unmittelbar, ansteckend. Außerdem kann man nur mit Hilfe solcher organischer Anpassungen der tausendköpfigen Menge von der Bühne aus die kaum wahrnehmbaren Feinheiten des Gefühls übermitteln. Im Leben der großen klassischen Bühnengestalten mit ihrer komplizierten Psychologie sind solche Anpassungen von hervorragender Bedeutung. Sie zu schaffen und wiederzugeben ist nur unsere organische Natur mit ihrem Unbewußten imstande. Anpassungen dieser Art lassen sich weder mit Hilfe des Verstandes noch mit Hilfe der schauspielerischen Technik nachahmen. Sie entstehen von selbst, unbewußt, im Augenblick eines echten Gefühlsaufschwungs.
Wie hell leuchten die unbewußten Anpassungen auf den Brettern! Wie reißen sie die Partner mit, die in Wechselbeziehung stehen, wie prägen sie sich dem Gedächtnis der Zuschauer ein! Ihre Wirkung liegt in ihrer überraschenden, kühnen und wagemutigen Anwendung.
Während man dem Spiel des Schauspielers, seinen Taten und Handlungen auf der Bühne folgt, erwartet man, daß er an der bestimmten wichtigen Stelle der Rolle seinen Text laut, deutlich und ernsthaft bringt. Und statt dessen spricht er ihn plötzlich, ganz unerwartet, beiläufig, lustig, kaum hörbar und vermittelt damit die Originalität seines Gefühls. Das Überraschende besticht und überwältigt derartig, daß diese Auffassung der betreffenden Stelle als die einzig mögliche erscheint. ‚Daß ich diese verborgene Bedeutung der Stelle nicht selbst entdeckt habe!' sagt sich der Zuschauer erstaunt und bewundert die unerwartete Anpassung.
Solchen unerwarteten Anpassungen begegnen wir bei ganz großen Begabungen. Doch selbst bei diesen außerordentlichen Menschen finden sie sich nicht immer, sondern entstehen nur in Augenblicken der Inspiration. Den halbbewußten Anpassungen aber begegnen wir auf der Bühne viel häufiger.
Ich bin nicht imstande, jede einzelne zu analysieren, kann nicht sagen, wieweit sie unbewußt ist. Ich möchte nur sagen, daß sogar eine winzige Dosis Unbewußtheit der Gefühlswiedergabe auf der Bühne Leben und Zauber verleiht."
„Also erkennen Sie die bewußten Anpassungen auf der Bühne gar nicht an?" fragte ich, um eine Schlußfolgerung ziehen zu können.

„Ich erkenne sie da an, wo sie mir von anderen gesagt werden: vom Regisseur, von den Partnern, von gebetenen und ungebetenen Ratgebern. Aber ... mit diesen bewußten Anpassungen muß man vorsichtig und besonnen umgehen.
Geben Sie nicht der Versuchung nach, sie einfach in der Form zu übernehmen, in der sie Ihnen gegeben werden. Erlauben Sie sich nie, sie einfach zu kopieren! Man muß verstehen, sich die fremden Anpassungen anzueignen, sie zu eigenen, verwandten, vertrauten zu machen. Das erfordert große Arbeit, neue vorgeschlagene Situationen, Lockmittel und ähnliches.
Ebenso muß man in Fällen verfahren, in denen der Schauspieler für seine Rolle typische Anpassungen im realen Leben sieht, sie übernehmen und der darzustellenden Gestalt einverleiben will. Hüten Sie sich auch in diesem Fall vor einfachem Kopieren. Es drängt den Schauspieler immer in theatralische Übertreibung und handwerkliches Spiel hinein.
Haben Sie sich selbst eine bewußte Anpassung ausgedacht, dann beleben Sie sie durch Psychotechnik, die Ihnen helfen wird, ein wenig Unbewußtheit in die Anpassung einfließen zu lassen."

„Wjunzow, kommen Sie auf die Bühne und spielen Sie mit mir eine Variante der Etüde, die Sie schon einmal gespielt haben", ordnete Arkadi Nikolajewitsch an.
Der eifrige Jüngling stürzte auf die Bühne, Arkadi Nikolajewitsch schlenderte langsam hinter ihm drein, nachdem er uns noch rasch zugeflüstert hatte: „Jetzt werde ich Wjunzow herausfordern!"
„Also, Sie müssen, koste es, was es wolle, vor Schluß aus dem Unterricht entwischen! Das ist die wichtige, die Hauptaufgabe. Führen Sie sie aus."
Torzow setzte sich an den Tisch und beschäftigte sich mit seiner Arbeit: Er zog irgendeinen Brief hervor und vertiefte sich in die Lektüre. Sein Partner stand überlegend neben ihm und suchte nach möglichst kunstvollen Anpassungen, mit denen er auf Arkadi Nikolajewitsch einwirken oder ihn täuschen könnte.
Wjunzow wandte die verschiedensten Kunstgriffe an, aber Torzow schien ihn nicht zu beachten. Was unternahm unser fixer Jüngling nicht alles, um aus dem Unterricht zu entwischen! Lange saß er regungslos mit gequältem Gesicht da. (Hätte Arkadi Nikolajewitsch hochgeblickt, so hätte er sich seiner sicher erbarmt.) Dann stand er plötzlich auf und ging eilig hinter die Kulissen. Nachdem er dort eine Weile gestanden hatte, kehrte er mit schleppenden Schritten zurück, wischte sich mit dem Taschentuch den vorgestellten kalten Schweiß von der Stirn und ließ sich schwer auf einen Stuhl in Arkadi Nikolajewitschs unmittelbarer Nähe fallen. Aber der ignorierte ihn weiterhin.
Wjunzow spielte überzeugend, und wir im Zuschauerraum gingen beifällig darauf ein.
Dann starb er fast vor Müdigkeit. Er bekam sogar konvulsivische Zuckungen, rutschte langsam vom Stuhl auf den Boden und übertrieb dabei so, daß wir laut auflachten.
Arkadi Nikolajewitsch reagierte nicht darauf.
Wjunzow erfand eine neue Anpassung, die das Lachen noch steigerte; doch auch dazu schwieg Torzow, er kümmerte sich nicht um den Spielenden.

Wjunzow übertrieb noch mehr, und das Lachen im Zuschauerraum wurde lauter. Das brachte den Jüngling auf immer neue, sehr komische Anpassungen, die schließlich in Clownerie ausarteten und im Saal homerisches Gelächter entfesselten. Darauf hatte Torzow gewartet.
„Haben Sie verstanden, was eben vor sich gegangen ist?" wandte er sich an uns, als sich alle beruhigt hatten.
„Wjunzows Hauptaufgabe war es, aus dem Unterricht zu entwischen. Alle Handlungen, Worte, alle Versuche, sich krank zu stellen, um meine Aufmerksamkeit und mein Mitleid zu wecken, waren nur Anpassungen, mit deren Hilfe die Hauptaufgabe gelöst werden sollte. Zuerst handelte Wjunzow ganz wie es sich gehört, und seine Handlungen waren zweckmäßig. Doch das Unglück wollte es, daß er Lacher aus dem Zuschauerraum hörte, und sofort wechselte er sein Objekt und paßte sich nicht mehr an den an, der ihn nicht beachtete, sondern Ihnen, die seine Mätzchen akzeptierten.
Er sah eine ganz neue Aufgabe: die Zuschauer zu amüsieren. Wie sollte er das aber begründen? Woher die vorgeschlagenen Situationen nehmen? Wie sie rechtfertigen und durchleben? Das alles konnte man nur theatralisch übertreiben, was Wjunzow denn auch tat. Daraus ergab sich die Entgleisung.
In diesem Augenblick versiegte das wahre menschliche Erleben, und das Schauspielerhandwerk trat in seine Rechte. Die eigentliche Aufgabe zerfiel in eine ganze Reihe von Späßen und Mätzchen, die Wjunzow so gern hat.
Von diesem Moment an wurden die Anpassungen zum Selbstzweck, hörten auf, dienendes Mittel zu sein, und spielten die Hauptrolle, die ihnen nicht zukam (Anpassung um der Anpassung willen).
Solche Entgleisungen sind häufige Erscheinungen auf der Bühne. Ich kenne viele Schauspieler mit vorzüglichen, überaus deutlichen Anpassungen, die sie nicht dazu benutzen, um die Wechselbeziehung zu unterstützen, sondern um die Anpassungen selbst auf der Bühne zu zeigen und die Zuschauer damit zu unterhalten. Wie Wjunzow machen sie selbständige Kunststückchen daraus, einzelne Nummern eines Divertimento. Der Erfolg einzelner Augenblicke verdreht solchen Schauspielern den Kopf. Sie bringen den Lachsalven, dem Applaus, dem Erfolg einzelner Augenblicke, Worte und Handlungen die eigentliche Rolle zum Opfer. Oft genug haben diese einzelnen Augenblicke nicht einmal etwas mit dem Stück zu tun. Bei solcher Anwendung verlieren die Anpassungen ihren Sinn und werden überflüssig.
Wie Sie sehen, können gute Anpassungen zu einer gefährlichen Verlockung für den Schauspieler werden. Dafür gibt es viele Anlässe. Es gibt sogar ganze Rollen, die den Schauspieler immer wieder in diese Versuchung bringen. Zum Beispiel gibt es in Ostrowskis Stück ‚Eine Dummheit macht auch der Gescheiteste' die Rolle des alten Mamajew. Aus lauter Langeweile hält er allen anderen belehrende Vorträge; das ganze Stück hindurch tut er nichts anderes, als allen, deren er nur habhaft werden kann, Ratschläge zu erteilen. Es ist gar nicht einfach, fünf Akte hindurch nur eine einzige Aufgabe zu verfolgen: immer und immer wieder belehren, immer mit den gleichen Empfindungen und Gedanken in Wechselbeziehung zum Partner zu treten. Dabei kann man leicht eintönig werden. Um das zu vermeiden, widmen viele

Darsteller des Mamajew ihre Aufmerksamkeit ganz den Anpassungen und wechseln sie alle Augenblicke, während die Aufgabe die gleiche bleibt – immer und immer wieder belehren. Der ständige Wechsel der Anpassungen bringt Abwechslung hinein. Das ist natürlich gut. Schlecht ist es aber, daß die Anpassungen unmerklich für den Schauspieler zur eigentlichen und einzigen Aufgabe werden.
Betrachtet man aufmerksam die innere Tätigkeit dieser Schauspieler in solchen Augenblicken, so stellt sich heraus, daß sich die Partitur ihrer Rollen aus folgenden Aufgaben zusammensetzt: ‚Ich will streng sein' (statt: ‚Ich will meinen Zweck mit Hilfe einer strengen Anpassung erreichen') oder ‚Ich will freundlich sein, entschieden, schroff' (statt: ‚Ich will meine Aufgabe mit Hilfe von freundlichen, entschiedenen, schroffen Auffassungen erfüllen').
Doch Sie wissen, daß man nicht streng um der Strenge willen, freundlich um der Freundlichkeit, entschieden und schroff um der Entschiedenheit und Schroffheit willen sein darf.
In diesen Fällen wird die Anpassung unmerklich zum Selbstzweck und verdrängt die eigentliche Hauptaufgabe Mamajews – immer und immer wieder zu belehren.
Dieser Weg führt zur Übertreibung der Anpassungen und entfremdet uns der Aufgabe und sogar dem eigentlichen Objekt. Dabei schwinden das lebendige menschliche Empfinden und die wahrhaftige Handlung, und an ihre Stelle treten schauspielerhaftes Empfinden und schauspielerhafte Handlung. Und bekanntlich ist es das typische Merkmal einer schauspielerhaften Handlung, daß der Schauspieler das Objekt auf der Bühne – den Partner, zu dem er in Wechselbeziehung stehen müßte – übergeht und sich ein anderes Objekt schafft – den Zuschauerraum, dem er sich anpaßt.
Solche äußere Wechselbeziehung zu einem Objekt und innere Anpassung an ein anderes ergeben ein Unding!
Ich will Ihnen das an einem Beispiel erklären:
Stellen Sie sich vor, Sie wohnen im oberen Stockwerk eines Hauses, gegenüber aber, jenseits der recht breiten Straße, wohnt ‚sie', in die Sie verliebt sind. Wie übermittelt man ihr sein Gefühl? Man wirft ihr einen Handkuß zu, man legt die Hand aufs Herz, man macht ekstatische Gebärden, man stellt sich traurig und sehnsüchtig, man versucht mit Hilfe einer Pantomime zu fragen, ob man sie nicht besuchen darf, und so fort. Diese äußeren Anpassungen werden Sie möglichst deutlich ausführen müssen, sonst wird man sie da drüben nicht verstehen können.
Doch da bietet sich eine ausnehmend günstige Gelegenheit: Auf der Straße ist kein Mensch zu sehen, sie steht allein am Fenster, alle anderen Fenster des Hauses sind geschlossen... Nichts hindert Sie, dem Mädchen Ihre Liebeserklärung zuzurufen. Sie werden natürlich Ihre Stimme, entsprechend der großen Entfernung, anstrengen müssen.
Nach dieser Liebeserklärung gehen Sie hinunter und erblicken sie – sie kommt Ihnen entgegen, Hand in Hand mit der gestrengen Mama. Wie nützen Sie die zufällige Nähe aus, um sie erneut Ihrer Liebe zu versichern oder ein Rendezvous zu erflehen. Den Umständen der Begegnung entsprechend, muß man eine kaum merkliche, aber ausdrucksvolle Handbewegung machen oder auch nur einen Wink mit den Augen

geben. Müssen aber unbedingt ein paar Worte gesagt werden, dann muß man sie ihr ganz unauffällig und kaum hörbar ins Ohr flüstern.
Sie sind schon bereit, alles zu unternehmen, da taucht plötzlich auf der anderen Straßenseite der Ihnen so verhaßte Rivale auf. Das Blut steigt Ihnen zu Kopf, Sie verlieren die Selbstbeherrschung. Der Wunsch, mit Ihrer Eroberung vor ihm zu prahlen, ist so groß, daß Sie die Gegenwart der strengen Mama vergessen, Ihre Liebeserklärung laut herausposaunen und die Pantomime aufführen, die Sie vorher bei der Wechselbeziehung auf weite Entfernung angewandt haben. Es ist alles für den Rivalen berechnet. Das arme Mädchen! Wie hat die Mama sie abgekanzelt wegen Ihres blödsinnigen Benehmens!
Und genau solchen – für einen normalen Menschen unverständlichen Blödsinn – vollführen die meisten Schauspieler ständig ungestraft auf der Bühne.
Während sie neben ihrem Partner stehen, passen sie sich in Mimik, Stimme, Bewegung und Handlung nicht dem geringen Abstand an, der die Schauspieler auf der Bühne voneinander trennt, sondern der Entfernung, die zwischen dem Schauspieler und der letzten Parkettreihe liegt. Kurz gesagt: Während sie neben dem Partner stehen, passen sie sich nicht ihm, sondern dem Zuschauer im Parkett an. Daraus resultiert die Verlogenheit, der weder der Spielende selbst noch der Zuschauer glauben kann."
„Aber entschuldigen Sie", protestierte Goworkow, „ich muß doch, verstehen Sie, auch an den Zuschauer denken, der den Platz in der ersten Reihe, wo alles zu hören ist, nicht bezahlen kann."
„In erster Linie müssen Sie an den Partner denken und sich ihm anpassen", entgegnete Arkadi Nikolajewitsch. „Was aber die letzten Parkettreihen betrifft, so gibt es dafür eine besondere Art des Sprechens auf der Bühne mit gut durchgebildeter Stimme, klar herausgearbeiteten Vokalen und besonders Konsonanten. Mit solcher Diktion können Sie so leise sprechen wie im Zimmer, und man wird Sie besser hören, als wenn Sie schreien würden, besonders wenn Sie den Zuschauer für den Inhalt der gesprochenen Worte interessieren und ihn dazu bringen, selbst den Text zu erfassen. Bei schauspielerhaftem Geschrei verlieren die intimen Stellen, die leises Sprechen verlangen, ihren inneren Sinn und regen den Zuschauer nicht an, diese Sinnlosigkeit gedanklich zu erfassen."
„Aber, entschuldigen Sie bitte, der Zuschauer muß doch, verstehen Sie, alles sehen können, was auf der Bühne geschieht." Goworkow ließ nicht locker.
„Dafür gibt es die ausgewogene, präzise, folgerichtige, logische Handlung, besonders wenn Sie es fertigbringen, den Zuschauer Anteil daran nehmen, ihn selbst in das eindringen zu lassen, was Sie auf der Bühne tun. Wenn aber ein Schauspieler gegen den inneren Sinn hemmungs- und sinnlos mit den Armen herumfuchtelt und theatralische Posen einnimmt, seien sie noch so schön, so wird man nicht allzulange wirklich hinschauen – weil das erstens weder dem Zuschauer noch der darzustellenden Person im Stück etwas nützt und weil zweitens die Gesten und Bewegungen bei solchem hemmungslosem Gebaren sich immer wiederholen und einem bald über sind. Es ist langweilig, immer und unaufhörlich dasselbe zu sehen. Ich sage das alles, um klarzumachen, daß Bühne und öffentliches Auftreten uns von den natürlichen, echten,

menschlichen Anpassungen entfernen und uns zu den konventionellen, unnatürlichen, schauspielerhaften drängen. Aber die muß man mit allen Mitteln rücksichtslos von den Brettern und aus dem Theater verbannen."

„Auf der Tagesordnung steht nun das Problem der technischen Hilfsmittel für Erzeugung und Aufdeckung der Anpassungen", verkündete Arkadi Nikolajewitsch, als er die Klasse betrat.
Mit dieser Erklärung war sofort das Thema der heutigen Stunde bezeichnet.
„Ich fange mit den unbewußten Anpassungen an.
Leider gibt es keine direkten Wege in die Sphäre des Unbewußten, darum müssen wir indirekte gehen. Dafür haben wir viele Lockmittel, die den Vorgang des Erlebens auslösen. Wo aber Erleben ist, da entstehen auch unweigerlich sowohl Wechselbeziehung als auch bewußte oder unbewußte Anpassungen.
Was können wir denn noch in jener Sphäre tun, in die unser Bewußtsein nicht hinabreicht? Der Natur nicht im Wege stehen, Ihre Lebenstriebe nicht verdrängen und nicht vergewaltigen. Erreichen wir es, uns in diesen normalen, menschlichen Zustand zu versetzen, dann kommen die sensibelsten, tief verborgenen Gefühle zum Vorschein, und der schöpferische Prozeß vollzieht sich ganz von selbst. Das sind Augenblicke der Inspiration, in denen die Anpassungen unbewußt entstehen, in denen sie üppig und frei hervorquellen und die Zuschauer mit ihrem Glanz überraschen. Das ist alles, was ich vorläufig darüber sagen kann.
Bei den halbbewußten Anpassungen sind die Bedingungen anders. Hier läßt sich einiges mit Hilfe der Psychotechnik tun. Ich sage ‚einiges‘, da unsere Möglichkeiten auch hier begrenzt sind. In bezug auf Erzeugung von Anpassungen ist unsere Technik recht arm an Mitteln.
Ich habe einen praktischen Kunstgriff für das Aufspüren von Anpassungen. Es wird leichter sein, ihn an einem Beispiel zu erläutern: Wissen Sie noch, Weljaminowa, vor einiger Zeit flehten Sie mich an, nicht die Etüde mit dem ‚verbrannten Geld‘ spielen zu lassen, wobei Sie immer wieder dieselben Worte unter den verschiedensten Anpassungen wiederholten.
Versuchen Sie jetzt, uns die gleiche Szene als Etüde vorzuspielen, bedienen Sie sich aber dabei nicht der alten Anpassungen, die schon abgenutzt sind und ihre Kraft verloren haben, sondern suchen Sie in Ihrem Innern, bewußt oder unbewußt, nach neuen, frischen."
Die Weljaminowa brachte es nicht fertig und wiederholte, bis auf zwei oder drei neue, die alten, schon abgenutzten Anpassungen.
„Woher soll man denn immer und immer wieder neue nehmen", wunderten wir uns, als Torzow der Weljaminowa Eintönigkeit vorwarf.
Statt einer Antwort wandte sich Torzow zu mir und sagte:
„Sie sind Stenograf und unser Protokollführer. Schreiben Sie jetzt mit, was ich Ihnen diktieren werde:
Gelassenheit, Erregung, Wohlwollen, Ironie, Hohn, Streitsucht, Vorwurf, Laune, Verachtung, Verzweiflung, Drohung, Freude, Gutmütigkeit, Zweifel, Erstaunen, Vorsorglichkeit..."

Arkadi Nikolajewitsch nannte noch viele menschliche Zustände, Stimmungen, Empfindungen und so weiter, die zusammen eine lange Liste ergaben.

„Tippen Sie mit dem Finger auf das Blatt", sagte er zur Weljaminowa, „und lesen Sie das Wort vor, das Sie zufällig treffen. Der Zustand, den dieses Wort bezeichnet, soll Ihre neue Anpassung werden."

Die Weljaminowa befolgte die Anweisung und las: „Wohlwollen".

„Schlagen Sie diesen Ton an statt Ihrer schon abgenutzten Anpassungen, begründen Sie die vollzogene Veränderung, und sie wird Ihr Spiel auffrischen", empfahl Torzow.

Die Weljaminowa fand die Begründung und den Ton für Wohlwollen verhältnismäßig leicht. Aber Pustschin stellte ihren Erfolg weit in den Schatten. Er ließ seine tiefe Baßstimme dröhnen, als wäre sie mit Öl geschmiert. Dabei zerflossen sein fülliger Körper und das runde Gesicht förmlich vor grenzenlosem Wohlwollen. Alle lachten.

„Da sehen Sie, wie brauchbar der neue Ton für die gleiche Aufgabe – das Überzeugen – ist", bemerkte Arkadi Nikolajewitsch.

Die Weljaminowa tippte wieder mit dem Finger auf die Liste und las: „Streitsucht". Mit weiblichem Getue ging sie daran, aber diesmal pfuschte ihr Goworkow ins Handwerk. Was Streitsucht angeht, ist ihm keiner gewachsen.

„Da haben Sie noch einen Beweis für die Wirksamkeit meines Kunstgriffs", meinte Torzow dazu.

Dann wurde diese Übung mit anderen Schülern gemacht.

„Welche menschlichen Zustände und Stimmungen Sie dieser Liste auch hinzufügen – sie werden alle für neue Töne und Schattierungen der Anpassungen geeignet sein, sobald sie von innen heraus begründet sind. Schroffe Kontraste und Überraschungen auf dem Gebiet der Anpassungen können nur helfen, bei der Übertragung eines seelischen Zustandes auf die anderen einzuwirken. In der Tat: Nehmen wir an, Sie sind von einer Aufführung heimgekommen, die Sie tief erschüttert hat ... Es genügt Ihnen nicht zu sagen, das Spiel des Darstellers war unnachahmlich, unerreichbar, wunderbar. Diese Epitheta können nicht ausdrücken, was Sie empfunden haben. Es treibt Sie, sich anzustellen, als wären Sie niedergedrückt, kaputt, erschöpft, aufgewühlt, bis auf den Grund der Seele verzweifelt, um mit überraschenden Tönen der Anpassung die höchste Stufe des Entzückens und der Freude auszudrücken. Es ist, als sagten Sie sich in so einem Augenblick:

‚Teufel noch mal, haben die Schufte gut gespielt!' Oder: ‚Es war nicht zum Aushalten, so herrlich!'

Dieser Kunstgriff gilt für dramatische, tragische und andere Erlebnisse, kann man doch – um den Ton der Anpassung zu verstärken – im tragischen Moment plötzlich auflachen, als sagte man sich:

‚Es ist geradezu lächerlich, wie ich vom Schicksal verfolgt und geschlagen werde!' Oder: ‚In solcher Verzweiflung kann man nicht mehr weinen, nur noch lachen!'

Überlegen Sie nur, wie geschmeidig, ausdrucksfähig, sensibel und diszipliniert Gesicht, Körper und Stimme sein müssen, die auf die kaum wiederzugebenden Feinheiten reagieren sollen, die unbewußt im Spiel des Schauspielers entstehen.

Die Anpassungen stellen die höchsten Forderungen an die Ausdrucksmittel des Schauspielers in der Wechselbeziehung.
Das verpflichtet Sie, Ihren Körper, Ihre Mimik, Ihre Stimme entsprechend zu schulen. Das erwähne ich vorläufig nur flüchtig, im Zusammenhang mit dem Studium der Anpassungen, damit Sie den Gymnastik-, Tanz-, Fecht- und Stimmbildungsunterricht ernster nehmen."
Die Stunde war zu Ende, und Arkadi Nikolajewitsch brach eben auf, als plötzlich der Vorhang auseinandergezogen wurde: Wir erblickten oben auf der Bühne unsere liebe Maloletkowa-Wohnung. Sie war festlich geschmückt, und überall hingen Plakate von verschiedener Größe mit folgenden Aufschriften:

1. Tempo-Rhythmus
2. Innere Charakteristik
3. Ausgewogenheit und Vollendung
4. Ethik und Disziplin
5. Charme und Zauber auf der Bühne
6. Logik und Folgerichtigkeit

„Es sind zwar viele Plakate, doch die Rede darüber wird nur kurz sein", bemerkte Arkadi Nikolajewitsch, während er die neue Idee des guten Iwan Platonowitsch betrachtete. „Die Sache ist die, daß wir noch nicht alle Elemente, Fähigkeiten, Begabungen, schauspielerischen Anlagen untersucht haben, die für den schöpferischen Prozeß notwendig sind. Es gibt noch einige. Aber es fragt sich, ob ich schon jetzt darüber sprechen kann, ohne meine eigentliche Methode umzustoßen – die Methode, von der Praxis, vom anschaulichen Beispiel und vom eigenen Empfinden aus an die Theorie und ihre schöpferischen Gesetze heranzugehen? Wirklich: Wie sollte ich jetzt vom unsichtbaren inneren Tempo-Rhythmus sprechen oder von der unsichtbaren inneren Charakteristik? Und wie meine Erklärung durch Handeln anschaulich illustrieren?
Wäre es nicht einfacher, die Unterrichtsstufe abzuwarten, auf der wir uns mit dem sichtbaren, also dem äußeren Tempo-Rhythmus und mit der sichtbaren äußeren Charakteristik beschäftigen?
Dann werden wir sie an der anschaulichen äußeren Handlung studieren und gleichzeitig innerlich empfinden können.
Und weiter: Kann ich jetzt schon von Ausgewogenheit sprechen, wo wir weder ein Stück noch eine Rolle haben, die bei der szenischen Wiedergabe Ausgewogenheit von uns verlangt hätten? Kann ich von Vollendung sprechen, wo wir noch nichts zu vollenden haben?
Und dann: Wie soll ich von Ethik und Disziplin auf der Bühne sprechen, wo die meisten von Ihnen doch erst ein einziges Mal bei unserer Schüleraufführung auf der Bühne gestanden haben?
Und schließlich Charme und Zauber auf der Bühne – wie soll ich davon reden, wenn Sie deren Macht und Einwirkung auf die tausendköpfige Menge noch nicht erfahren haben?
Bleiben noch Logik und Folgerichtigkeit.

Davon habe ich, glaube ich, im Laufe des Unterrichts so viel gesprochen, daß ich Sie schon gelangweilt habe. Weil ich einzelne Bemerkungen über Logik und Folgerichtigkeit in das ganze bereits absolvierte Programm eingeflochten habe, konnte ich Ihnen schon viel darüber sagen, und vieles werde ich in Zukunft noch zu sagen haben."
„Wann haben Sie denn davon gesprochen?" fragte Wjunzow.
„Wann?!" wunderte sich Arkadi Nikolajewitsch. „Immer wieder, bei jeder günstigen Gelegenheit: damals, als wir uns mit dem magischen ‚Wenn' und den ‚vorgeschlagenen Situationen' beschäftigten, verlangte ich Logik und Folgerichtigkeit in Ihren Phantasieeinfällen. Und bei der Ausführung physischer Handlungen, zum Beispiel beim Geldzählen ohne Requisit mit imaginärem Objekt, bestand ich gleichfalls auf strenger Logik und Folgerichtigkeit in den Handlungen. Sowohl beim ständigen Wechsel der Aufmerksamkeitspunkte als auch bei der Aufteilung der Szene aus ‚Brand' in einzelne Abschnitte, bei der Ableitung der Aufgaben aus den Abschnitten und bei deren Benennung – überall verlangte ich strengste Logik und Folgerichtigkeit. Dasselbe wiederholte sich bei der Anwendung der Lockmittel und so weiter.
Jetzt habe ich das Gefühl, ich hätte schon alles gesagt, was Sie fürs erste über Logik und Folgerichtigkeit wissen müssen. Alles andere wird etappenweise im Verlauf des weiteren Unterrichts dazu gesagt werden. Muß denn jetzt, nach allem, was gesagt ist, der Logik und Folgerichtigkeit noch ein besonderer Programmabschnitt gewidmet werden? Ich möchte nicht gern vom Weg der Praxis abweichen und die Stunden durch Theorie trocken und ledern machen.
Das sind die Gründe, derentwegen ich die noch nicht betrachteten Elemente, Fähigkeiten, Begabungen und Anlagen, die für das Schaffen notwendig sind, jetzt nur flüchtig berühre. Iwan Platonowitsch hat uns auf die ausgelassenen Elemente aufmerksam gemacht, um das Bukett damit zu vervollständigen. Mit der Zeit, wenn die Arbeit selbst uns an die noch nicht gelösten Fragen heranführt, werden wir jedes jetzt übergangene Element erst praktisch erfahren und erfühlen und dann theoretisch erfassen.
Das ist alles, was ich Ihnen vorläufig darüber sagen kann.
Mit dieser Aufzählung schließen wir die lange Zeitspanne unserer Arbeit an der Erforschung der inneren Elemente, Fähigkeiten, Begabungen und schauspielerischen Anlagen ab, deren wir bei der schöpferischen Arbeit unbedingt bedürfen."[49]

XII. DIE ANTRIEBSKRÄFTE DES PSYCHISCHEN LEBENS

Arkadi Nikolajewitsch sagte:
„Nachdem wir unsere Elemente, Fähigkeiten, Eigenschaften und Mittel der Psychotechnik betrachtet haben, kann man annehmen, daß jetzt unser innerer schöpfe-

rischer Apparat gerüstet ist. Das ist unser Heer, mit dem wir die Kriegshandlungen beginnen können.
Wir brauchen aber Anführer, die es in die Schlacht führen.
Wer sind sie?"
„Wir selbst", antworteten die Schüler.
„Wer ist das: wir? Wo befindet sich dieses unbekannte Wesen?"
„Unsere Phantasie, unsere Aufmerksamkeit, unser Gefühl", zählten die Schüler auf.
„Unser Gefühl! Das ist das Aller-aller-wichtigste!" behauptete Wjunzow.
„Ich stimme Ihnen zu. Wenn man die Rolle mit dem Gefühl erfaßt hat, treten die anderen inneren Kräfte sofort zum Kampf an.
So hätten wir also das Haupt der Anführer, den wichtigsten Initiator und den eigentlichen Motor des Schaffens gefunden. Es ist – *das Gefühl*", bestätigte Arkadi Nikolajewitsch, setzte aber sofort hinzu: „Schlimm ist nur, daß es sich auf keine Verhandlungen einläßt und sich keinen Befehlen fügt. Das wissen Sie ja aus Erfahrung. Wenn das Gefühl also nicht von sich aus zum Schaffen anregt, kann man nicht mit der Arbeit beginnen, sondern muß sich um Hilfe an einen anderen Anführer wenden. Und wer ist nun dieser ‚andere'?"
„Die Phantasie! Ohne Phantasie ist es ... aus!" behauptete Wjunzow.
„Dann stellen Sie sich bitte in Ihrer Phantasie etwas vor, was Ihren ganzen schöpferischen Apparat sofort in Bewegung setzt."
„Aber was denn?"
„Weiß ich nicht."
„Man braucht eine Aufgabe, ein magisches ‚Wenn', alles, damit ...", begann Wjunzow.
„Und wo soll man sie hernehmen?"
„Ja, wissen Sie, das sagt einem der Verstand", meinte Goworkow.
„Wenn es der Verstand sagt, dann wird er also zum Anführer, Initiator, Motor, den wir suchen. Er leitet das Schaffen ein und gibt ihm die Richtung."
„Die Phantasie ist also nicht zum Anführer befähigt?" fragte ich.
„Sie sehen, sie bedarf selbst der Initiative und der Führung."
„Die Aufmerksamkeit!" sagte Wjunzow.
„Wir wollen auch die Aufmerksamkeit betrachten. Worin besteht ihre Funktion?"
„Sie hilft dem Gefühl, dem Verstand, der Phantasie, dem Willen", zählten die Schüler auf.
„Die Aufmerksamkeit richtet wie ein Scheinwerfer ihre Strahlen auf das erwählte Objekt und weckt in Geist, Gefühl und Wollen das Interesse daran", erläuterte ich.
„Und wer bezeichnet dieses Objekt?" fragte Torzow.
„Der Verstand."
„Die Phantasie."
„Die vorgeschlagenen Situationen."
„Die Aufgaben", entsannen wir uns.
„Also sind die auch Anführer, Initiatoren, Motoren, die die Arbeit ins Rollen

bringen; sie bezeichnen das Objekt, und weil die Aufmerksamkeit unfähig ist, dasselbe zu tun, ist ihre Rolle auf die Funktion einer Hilfskraft beschränkt."
„Gut, die Aufmerksamkeit ist also kein Anführer. Aber wer ist es dann?" forschte ich.
„Spielen Sie die Etüde mit dem Wahnsinnigen, und Sie werden selbst merken, wer Initiator, Motor und Anführer ist."
Die Schüler schwiegen, sahen einander an und konnten sich nicht entschließen aufzustehen. Schließlich erhob sich einer nach dem anderen und trottete lustlos zur Bühne. Arkadi Nikolajewitsch hielt sie zurück:
„Gut, daß Sie sich überwunden haben. Das zeigt, daß Sie doch einigen Willen haben. Aber..."
„Das ist also der Anführer!" folgerte Wjunzow im Nu.
„Aber... Sie gingen auf die Bühne, als wären Sie zum Tode verurteilt, Sie handelten also nicht nach Ihrem Willen, sondern gegen ihn. Daraus kann kein Schaffen entstehen. Die innere Kälte wird das Gefühl nicht erwärmen, und ohne Gefühl gibt es weder Erleben noch Kunst. Hätten Sie sich alle wie ein Mann mit aller schauspielerischen Leidenschaft auf die Bühne gestürzt – dann hätte vom Willen, vom schöpferischen Willen die Rede sein können."
„Ja, wissen Sie, das werden Sie mit dieser verteufelten Wahnsinnigen-Etüde, die allen zum Halse heraushängt, niemals erreichen", nörgelte Goworkow.
„Ich werde es dennoch versuchen! Wissen Sie denn, daß sich der Wahnsinnige in der Zeit, in der Sie sein Eindringen an der Flurtür erwarteten, zum Hintereingang geschlichen hat und jetzt dort einzubrechen versucht? Und die Tür ist alt, sie hängt nur notdürftig in den Angeln, und wenn es ihm gelingt, sie aufzubrechen, sind Sie alle geliefert! Was werden Sie denn jetzt unter den neuen vorgeschlagenen Situationen machen?" fragte Arkadi Nikolajewitsch.
Die Schüler wurden nachdenklich, konzentrierten ihre Aufmerksamkeit, überlegten, faßten dies und jenes ins Auge und beschlossen schließlich, eine zweite Barrikade zu bauen.
Ein lärmendes Durcheinander entstand, mit jugendlichem Eifer, hellen Augen, rascher schlagenden Herzen ging man ans Werk – kurz, es wiederholte sich fast das gleiche wie damals, als wir diese uns jetzt so langweilig gewordene Etüde zum erstenmal spielten.
„Also: Ich habe Ihnen vorgeschlagen, die Szene mit dem Wahnsinnigen zu wiederholen; Sie haben sich zu zwingen versucht, Ihrem Willen entgegen auf die Bühne zu gehen, sozusagen guten Willens zu sein. Doch diese Gewaltanstrengung hat Ihnen nicht geholfen, sich an den Rollen zu entzünden.
Da gab ich Ihnen neue vorgeschlagene Situationen und ein neues ‚Wenn', und Sie schufen sich daraus eine neue Aufgabe, setzten wieder Ihren Willen ein, dieses Mal aber nicht einfach den ‚guten', sondern den schöpferischen. Alle gingen begeistert ans Werk. Nun fragt sich – wer war der Anführer, der sich als erster in den Kampf gestürzt und das Heer nach sich gezogen hat?"
„Sie selbst!" entschieden die Schüler.
„Genauer: mein Verstand!" verbesserte Arkadi Nikolajewitsch, „doch Ihr Verstand

hätte genauso der Anführer im schöpferischen Prozeß werden können. Wenn es an dem ist, haben wir also den zweiten Anführer gefunden. Es ist unser *Verstand* oder Intellekt.
Jetzt wollen wir untersuchen, ob sich nicht noch ein dritter Anführer findet. Sehen wir uns alle Elemente an.
Vielleicht ist es das Gefühl für Wahrhaftigkeit und der Glaube an sie? Wenn ja, müßten Sie nur von etwas überzeugt sein, und sofort träte Ihr ganzer schöpferischer Apparat in Tätigkeit, wie es bei der Auslösung des Gefühls der Fall ist."
„Wovon sollen wir denn überzeugt sein?" fragten die Schüler.
„Was weiß ich? Das ist Ihre Sache."
„Erst muß man das ‚Leben des menschlichen Geistes' schaffen, dann kann man daran glauben", bemerkte Schustow.
„Also sind das Gefühl für Wahrhaftigkeit und der Glaube daran nicht die Anführer, die wir suchen. Dann sind es vielleicht Wechselbeziehung und Anpassung?" fragte Arkadi Nikolajewitsch.
„Um zu jemand in Wechselbeziehung zu treten, muß man erst die Gefühle und Gedanken in sich erwecken, die man übermitteln will."
„Richtig. Also sind auch sie nicht die Anführer."
„Die Abschnitte und die Aufgaben!"
„Damit ist es auch nicht getan; es ist das lebendige Trachten und Streben des Willens, das die Aufgaben schafft", erklärte Arkadi Nikolajewitsch. „Wenn dieses Trachten und Streben des Willens den schöpferischen Apparat des Schauspielers in Gang bringen und sein psychisches Leben auf der Bühne lenken könnte, dann ..."
„Natürlich kann es das!"
„Wenn das zutrifft, dann haben wir also den dritten Anführer gefunden. Es ist der *Wille*.
Es zeigt sich also, daß wir drei Anführer haben, und zwar ..."
Arkadi Nikolajewitsch wies auf das vor uns hängende Plakat und las die erste Aufschrift vor:

„VERSTAND, WILLE UND GEFÜHL

sie sind die ‚Antriebskräfte unseres psychischen Lebens'."
Die Stunde war zu Ende, die Schüler waren im Begriff aufzubrechen, da begann Goworkow:
„Entschuldigen Sie, bitte – warum hat man uns denn bisher nichts über die Rolle des Verstandes und des Willens im Schaffen erzählt, sondern uns statt dessen immer wieder das Gefühl eingetrichtert?"
„Ihrer Meinung nach hätte ich Ihnen ausführlich über jede der Antriebskräfte des psychischen Lebens immer dasselbe sagen müssen? Meinen Sie das?" versuchte Torzow ihn zu verstehen.
„Nein, warum denn immer dasselbe?" erwiderte Goworkow.
„Was denn sonst? Die Glieder des Triumvirats sind *untrennbar*. Spricht man vom einen, berührt man unwillkürlich auch das zweite und dritte; spricht man vom zweiten, erwähnt man auch das erste und dritte, und spricht man über das dritte,

denkt man auch an die beiden ersten. Hätten Sie sich solche Wiederholungen ein und derselben Sache anhören mögen?
Wirklich: Nehmen Sie an, ich spreche zu Ihnen von den schöpferischen Aufgaben, ihrer Aufteilung, der Auswahl, der Benennung und so fort. Ist denn das Gefühl bei dieser Arbeit nicht beteiligt?"
„Freilich!" bestätigten die übrigen Schüler.
„Und ist der Wille bei den Aufgaben ausgeschaltet?" fragte Arkadi Nikolajewitsch weiter.
„Keineswegs, im Gegenteil, er steht in direktem Zusammenhang damit", entschieden wir.
„Wenn es so ist, hätte ich, als ich über die Aufgaben sprach, über den Willen fast dasselbe sagen müssen wie über das Gefühl. Und arbeitet denn der Verstand nicht mit bei der Formulierung der Aufgaben?"
„Doch, sowohl bei der Aufgliederung als auch bei der Benennung der Abschnitte", meinten die Schüler.
Demnach hätte ich also zum drittenmal dasselbe über die Aufgaben sagen müssen. Sie sollten mir also dankbar sein, daß ich Ihre Geduld geschont und keine Zeit verschwendet habe.
Dennoch hat Goworkows Vorwurf einige Berechtigung. Ja, ich lege das Übergewicht auf das emotionale Schaffen, und das nicht ohne Absicht, denn die anderen Kunstrichtungen am Theater haben das Gefühl gar zu häufig vernachlässigt. Wir haben zu viele Verstandesschauspieler und zu viele Bühnenschöpfungen, die vom Verstand her kommen. Und zugleich finden wir das echte, lebendige, emotionale Schaffen bei uns zu selten. Aus diesen Gründen behandle ich das Gefühl mit doppelter Aufmerksamkeit, ein wenig auf Kosten des Verstandes.
Während der langjährigen schöpferischen Tätigkeit an unserem Theater hier ist es uns, seinen Schauspielern, zur Selbstverständlichkeit geworden, den Verstand, den Willen und das Gefühl als die Antriebskräfte des psychischen Lebens anzusehen. Das hat sich fest in unser Bewußtsein eingeprägt, unsere psychotechnischen Methoden haben sich daran angepaßt. Doch in der letzten Zeit hat die Wissenschaft wichtige Veränderungen in die Definition der Antriebskräfte des psychischen Lebens gebracht. Wie verhalten wir Bühnendarsteller uns dazu? Was für Veränderungen wird das in unsere Psychotechnik bringen?
Ich werde heute nicht mehr zum Schluß damit kommen. Verschieben wir es also auf die nächste Stunde."

Heute sprach Arkadi Nikolajewitsch über die neuen wissenschaftlichen Definitionen der Antriebskräfte des psychischen Lebens.

„VORSTELLUNG, URTEIL UND GEFÜHLSWILLE"[50]

las er die zweite Aufschrift auf dem Plakat.
„Im Kern meint diese Definition das gleiche wie ‚Verstand, Wille und Gefühl', in denen man früher die Antriebskräfte des psychischen Lebens erblickte. Die neue Definition präzisiert die frühere nur. Wenn Sie sie miteinander vergleichen, werden

Sie in erster Linie merken, daß Vorstellung und Urteil zusammen genau die Funktionen ausüben, die nach der alten Definition vom Verstand (Intellekt) ausgeübt wurden.
Wenn Sie tiefer in die neue Definition der Antriebskräfte des psychischen Lebens eindringen, erkennen Sie, daß die Worte ‚Wille' und ‚Gefühl' zu dem einen Wort ‚Gefühlswille' verschmolzen sind. Den Sinn dieser beiden Veränderungen will ich Ihnen an Beispielen erläutern.
Nehmen wir an, Sie hätten heute frei und wollten den Tag so interessant wie möglich verbringen. Was würden Sie tun, um Ihr Vorhaben auszuführen?
Wenn Ihr Gefühl und Ihr Wille schweigen, wird Ihnen nichts anderes übrigbleiben, als sich an den Verstand zu wenden. Er soll Ihnen sagen, was man in diesem Fall tut. Ich will die Rolle Ihres Verstandes spielen und schlage Ihnen vor:
Wollen Sie nicht einen Spaziergang durch die Straßen und vor die Stadt machen, um sich Bewegung zu machen und frische Luft zu schnappen?
Der schärfste und sensibelste unserer fünf Sinne – das Gesicht – entwirft schon mit Hilfe der Phantasie und der inneren Schau ein Bild von dem, was Sie erwartet und zum Spaziergang verlocken könnte. Auf der Leinwand Ihres Inneren läuft bereits der lange Film ab, in dem die verschiedenen Landschaften, die bekannten Straßen, die Vorstadtwinkel und so weiter zu sehen sind. So entsteht in Ihnen eine Vorstellung von dem bevorstehenden Spaziergang.
‚Das kann mich heute nicht reizen', sagen Sie zu sich selbst, ‚durch die Straßen zu bummeln ist uninteressant, und bei dem schlechten Wetter ist es auch außerhalb der Stadt nicht verlockend. Außerdem bin ich müde.'
So bildet sich in Ihnen ein Urteil über die Vorstellung. ‚Dann solltest du abends ins Theater gehen', rät Ihnen der Verstand.
Auf diesen Vorschlag wird sofort das Bild einer ganzen Reihe bekannter Theater von Ihrer Phantasie entworfen und mit Hilfe der inneren Sicht mit größter Präzision und Schärfe dargestellt. Im Geiste sind Sie von der Kasse in den Zuschauerraum gegangen, haben einzelne Teile der Aufführung gesehen, sich so erst eine Vorstellung von dieser neuen Tageseinteilung gemacht und dann ein Urteil darüber gebildet. Diesmal haben sich sowohl der Wille als auch das Gefühl sofort entzündet und auf den Vorschlag der Phantasie und das Urteil des Verstandes reagiert. Gemeinsam haben sie Alarm gegeben und die inneren Elemente geweckt. So haben Sie also", folgerte Torzow, „mit dem Verstand – der Vorstellung und dem Urteil – begonnen und sowohl den Willen als auch das Gefühl mit zur Arbeit herangezogen."
Nach einer recht langen Pause fuhr er fort:
„Wozu führen unsere Betrachtungen? Sie veranschaulichen uns die Tätigkeit des Verstandes; sie zeigen die beiden Hauptmomente seiner Wirksamkeit: den Anstoß, der die Bildung der Vorstellung auslöst, und – zweitens – die Entstehung des daraus resultierenden Urteils.
Ich habe Ihnen damit das Wesen der beiden ersten neuen Definitionen für die Antriebskräfte des psychischen Lebens erklärt.
Beschäftigt man sich mit dem zweiten Teil der Definition, sieht man, wie ich Ihnen schon gesagt habe, daß ‚Wille' und ‚Gefühl' sich hier zu einem neuen Wort verbinden,

‚Gefühlswille'. Wozu das? Ich antworte wieder mit einem Beispiel. Stellen Sie sich folgende überraschende Situation vor: Sie sind heftig verliebt. ‚Sie' ist weit weg. Sie sind hier, vergehen vor Sehnsucht und wissen nicht, wie Sie die Unruhe des Verliebtseins meistern sollen. Doch da kommt ein Brief von ihr. Auch sie wird von der Einsamkeit gepeinigt und fleht Sie an, so rasch wie möglich zu kommen. Sowie Sie die Bitte der Geliebten gelesen haben, ist Ihr Gefühl entflammt. Und da will es der Zufall, daß man Ihnen ausgerechnet in diesem Augenblick vom Theater Ihre neue Rolle zuschickt – den Romeo. Durch die Analogie Ihrer Empfindungen mit den Empfindungen der darzustellenden Person leben viele Partien der Rolle sofort mit Leichtigkeit in Ihnen auf. Wer ist hier der Anführer, der das Schaffen gelenkt hat?" fragte Arkadi Nikolajewitsch.

„Das Gefühl natürlich", antwortete ich.

„Und der Wille? Hat er nicht, untrennbar mit dem Gefühl verbunden, gleichzeitig damit zur Geliebten – und auf der Bühne zu Julia – gedrängt, ruhelos nach ihr geschmachtet, sie sehnsüchtig begehrt?"

„Das hat er", mußte ich zugeben.

„Also waren im gegebenen Fall beide die Anführer, die Antriebskräfte des psychischen Lebens, die sich in gemeinsamer Tätigkeit verbanden. Versuchen Sie doch, sie voneinander zu trennen. Versuchen Sie einmal, in Ihren Mußestunden darüber nachzudenken und einen Fall zu finden, bei dem Gefühl und Wille voneinander getrennt sind, grenzen Sie das eine vom andern ab, zeigen Sie, wo das eine aufhört und das andere beginnt. Ich glaube, es wird Ihnen ebensowenig glücken wie mir. Darum hat die letzte wissenschaftliche Definition die beiden zu dem Wort ‚Gefühlswille' vereinigt.

Wir Bühnenschaffende erkennen an, daß diese neue Definition zutreffend ist, und sehen voraus, daß sie uns in Zukunft von praktischem Nutzen sein wird, sind aber noch nicht imstande, ganz nah an sie heranzukommen. Dazu braucht man Zeit. So wollen wir also das Neue nur teilweise gebrauchen, soweit wir es in der Praxis erfaßt haben, uns im übrigen aber solange mit dem Alten, gut Bewährten begnügen.

Fürs erste sehe ich keinen anderen Ausweg aus der Situation. Demnach werde ich mich beider Definitionen für die Antriebskräfte des psychischen Lebens bedienen müssen, sowohl der alten als auch der neuen, je nachdem, welche mir im gegebenen Fall faßlicher erscheint. Wenn es mir in diesem oder jedem Moment bequem sein sollte, mit der alten Definition zu operieren, die Funktion des Verstandes also nicht aufzuspalten, Wille und Gefühl nicht verschmelzen zu lassen, dann werde ich es eben tun.

Die Wissenschaftler mögen uns diese Freiheit verzeihen. Sie wird durch die rein praktischen Übungen gerechtfertigt, von denen ich mich beim Unterricht leiten lasse."

„So spielen also Verstand, Wille und Gefühl oder in der neuen Definition Vorstellung, Urteil und Gefühlswille eine führende Rolle im schöpferischen Prozeß", sagte Arkadi Nikolajewitsch.

„Sie wird noch dadurch bedeutsamer, daß jede Antriebskraft psychischen Lebens

ein Lockmittel ist, das die beiden anderen Glieder des Triumvirats zum Schaffen anreizt. Auch können Verstand, Wille, Gefühl einzeln – jedes für sich allein, ohne gegenseitige Stütze – nicht existieren. Darum handeln sie immer zusammen, gleichzeitig, in fester Abhängigkeit voneinander (ein Verstandes-Willens-Gefühl, ein Gefühls-Willens-Verstand, ein Willens-Gefühls-Verstand). Auch das steigert die führende Rolle der Antriebskräfte des psychischen Lebens erheblich.
Setzen wir unseren Verstand in Tätigkeit, so ziehen wir damit auch den Willen und das Gefühl zum Schaffen heran. Oder, um in der neuen Terminologie zu sprechen: eine Vorstellung ruft natürlicherweise auch ein Urteil über sie hervor.
Beide beziehen dann den Gefühlswillen in die Arbeit ein.
Nur bei Zusammenarbeit aller Antriebskräfte des psychischen Lebens schaffen wir frei, wahrhaftig, unmittelbar, organisch, nicht auf fremdes Gebot, sondern von uns selbst aus, auf eigenes Risiko, nach bestem Wissen und Gewissen unter den für das Leben der Rolle vorgeschlagenen Situationen.
In der Tat, wenn ein wirklicher Schauspieler Hamlets Monolog ‚Sein oder Nichtsein' spricht – trägt er dann nur formal die fremden Gedanken des Autors vor, führt er nur die vom Regisseur gegebenen äußeren Handlungen aus? Nein, er gibt unvergleichlich viel mehr, er gibt sich selbst in den Worten der Rolle: seine eigenen Vorstellungen vom Leben, seine Seele, sein lebendiges Gefühl, seinen Willen. In solchen Augenblicken ist der Schauspieler wirklich aufgewühlt durch die Erinnerungen an eigenes Erleben, das dem Erleben, den Gedanken und Gefühlen der Rolle analog ist.
Ein solcher Schauspieler spricht auf der Bühne nicht als der nicht existierende Hamlet, sondern als er selbst, in die vorgeschlagenen Situationen des Stücks versetzt. Die fremden Gedanken, Gefühle, Vorstellungen und Urteile verwandeln sich in seine eigenen. Dabei spricht er die Worte nicht nur, damit die anderen den Text der Rolle hören und verstehen – nein, der Schauspieler will, daß die Zuschauer seine innere Beziehung zum Text fühlen, daß sie sich für dasselbe entflammen, wofür auch sein eigener schöpferischer Wille brennt.
In diesem Augenblick vereinigen sich alle Antriebskräfte des psychischen Lebens und hängen nunmehr voneinander ab. Diese Abhängigkeit, Wechselwirkung und enge Verbindung der schöpferischen Kräfte untereinander ist ganz wesentlich für unsere Arbeit, und es wäre ein Fehler, sie nicht für unsere praktischen Zwecke auszunutzen.
Daraus ergibt sich die entsprechende Psychotechnik. Ihr Grundprinzip ist, durch die Wechselwirkung sowohl die einzelnen Mitglieder des Triumvirats als auch sämtliche Elemente des schöpferischen Apparats des Schauspielers natürlich und organisch zum Handeln anzuregen.
Zuweilen treten die Antriebskräfte des psychischen Lebens alle auf einmal, ganz von selbst, sofort, unwillkürlich und unbewußt in Tätigkeit. In solchen zufälligen, begnadeten Augenblicken braucht man sich dem natürlichen schöpferischen Drang der Antriebskräfte des psychischen Lebens nur hinzugeben. Doch was soll man tun, wenn Verstand, Wille und Gefühl nicht auf den schöpferischen Anruf des Schauspielers reagieren?

In diesem Fall müssen die Lockmittel angewandt werden. Es gibt nämlich nicht nur Lockmittel für die Elemente, sondern auch für die Antriebskräfte des psychischen Lebens.
Reizen Sie nicht alle auf einmal! Nehmen Sie sich erst eine vor, zum Beispiel den Verstand. Er ist am willfährigsten, er ist gehorsamer als die anderen Antriebskräfte, fügt sich leicht einem Befehl. Durch die Tätigkeit des Verstandes erhält der Schauspieler von den bloßen Gedanken des Textes aus die entsprechende Vorstellung und beginnt zu sehen, wovon die Worte berichten.
Die Vorstellung ihrerseits ruft das entsprechende eigene Urteil hervor. Daraus entsteht der nun nicht mehr trockene, formale, sondern durch die Vorstellung lebendig gewordene Gedanke, der ganz natürlich den Gefühlswillen auslöst.
Beispiele, die diesen Vorgang illustrieren, gibt es in Ihrer kurzen Praxis genug. Denken Sie zum Beispiel daran, wie Sie die Ihnen schon langweilig gewordene Etüde mit dem Wahnsinnigen neu belebt haben. Der Verstand hat die Einfälle ausgedacht: das neue ‚Wenn' und die ‚vorgeschlagenen Situationen'; diese schufen sich neue, erregende Vorstellungen und Urteile und weckten alle zusammen den Gefühlswillen. Im Endergebnis haben Sie diese Etüde hervorragend gespielt. Das ist ein gutes Beispiel für die anspornende Tätigkeit des Verstandes bei der Auslösung des Schaffensprozesses.
Man kann aber an ein Stück, eine Etüde, eine Rolle auch von der anderen Seite herangehen, das heißt vom Gefühl her, obwohl es sehr launisch und labil ist.
Es ist ein großes Glück, wenn die Emotion sofort auf den Anruf reagiert. Dann ordnet sich alles von selbst, auf natürliche Weise: Die Vorstellung stellt sich ein, das Urteil darüber bildet sich, und alle miteinander wecken sie den Willen. Mit anderen Worten: Durch das Gefühl kommen alle anderen Antriebskräfte des psychischen Lebens auf einmal in Tätigkeit.
Doch was tut man, wenn das nicht von selbst eintritt, wenn das Gefühl nicht auf den Anruf reagiert, sondern unbeteiligt bleibt? Dann muß man sich an das ihm zunächst liegende Mitglied des Triumvirats wenden – an den Willen.
Welches Lockmittel benutzt man, um die schlummernde Emotion zu wecken?
Eines Tages werden Sie erfahren, daß der Tempo-Rhythmus solch ein Lockmittel und Auslöser ist.
Bleibt noch die Frage: Wie regt man den schlummernden Willen zum Schaffen an, zur schöpferischen Handlung?"
„Durch die Aufgabe", erinnerte ich. „Sie wirkt unmittelbar auf das schöpferische Wollen, also auf den Willen."
„Das hängt davon ab, was es für eine Aufgabe ist. Wenn sie nicht besonders verlockend ist, wirkt sie nicht. Eine derartige Aufgabe muß dann der Seele des Schauspielers auf künstlichem Wege zugeführt werden. Man muß sie zuspitzen, beleben, interessant und anregend machen. Eine verlockende Aufgabe dagegen hat die Fähigkeit der direkten, unmittelbaren Einwirkung. Aber ... nicht auf den Willen. Eine mitreißende Verlockung berührt in erster Linie das Gebiet der Emotion, nicht das des Wollens. Und darum wirkt sie auch geradewegs auf das Gefühl. Bei der schöpferischen Arbeit muß man sich zunächst mitreißen lassen und empfinden und dann erst

wollen. Darum kann man die Einwirkung der Aufgabe auf den Willen nicht als direkt, sondern nur als mittelbar bezeichnen."
„Aber Sie waren doch der geschätzten Meinung, nach der neuen Definition wäre der Wille nicht vom Gefühl zu trennen. Wenn also die Aufgabe auf das Gefühl einwirkt, müßte sie natürlich auch gleichzeitig den Willen anspornen." Goworkow nahm Arkadi Nikolajewitsch beim Wort.
„So ist es. Der Gefühlswille hat ein doppeltes Gesicht. In manchen Fällen dominiert darin die Emotion über das Wollen, in anderen das Wollen – selbst ein erzwungenes – über die Emotion.
Darum wirken manche Aufgaben mehr auf den Willen als auf das Gefühl, während andere das Gefühl auf Kosten des Willens verstärken.
Doch – so oder anders, direkt oder indirekt – wirkt die Aufgabe auf unseren Willen ein, ist sie ein vorzügliches, sehr beliebtes Lockmittel, ein Auslöser des schöpferischen Wollens, dessen wir uns fleißig bedienen.
Wir wollen uns also wie stets der Aufgabe bedienen, um mittelbar auf den Gefühlswillen einzuwirken."
Nach einer Pause fuhr Arkadi Nikolajewitsch fort:
„Die Richtigkeit der Annahme, daß Verstand (Vorstellung, Urteil), Wille und Gefühl die Antriebskräfte des psychischen Lebens sind, wird durch die Natur selbst bestätigt, die häufig Schauspielerindividualitäten von emotionalem, intellektuellem oder willensmäßigem Charakter schafft.
Die Schauspieler der ersten Art, bei denen das Gefühl über Wille und Verstand dominiert, werden als Romeo oder Othello die emotionale Seite dieser Rolle betonen.
Die Schauspieler der zweiten Art, in deren schöpferischer Arbeit der Wille über das Gefühl und den Verstand dominiert, werden, als Macbeth oder Brand, Ehrgeiz oder religiösen Eifer der Figuren unterstreichen.
Und die Schauspieler der dritten Art, in deren schöpferischer Natur der Verstand über Gefühl und Willen dominiert, werden als Hamlet oder Nathan der Weise den Rollen unwillkürlich mehr als notwendig einen intellektuellen, verstandesmäßigen Akzent geben.
Doch die Vorherrschaft der einen, der anderen oder der dritten Antriebskraft des psychischen Lebens darf die anderen Mitglieder des Triumvirats keineswegs völlig unterdrücken. Harmonische Ausgewogenheit der Antriebskräfte unseres Innern ist unerläßlich.
Wie Sie sehen, erkennt unsere Kunst sowohl das emotionale wie das willensmäßige und intellektuelle Schaffen an, in dem jeweils das Gefühl, der Wille oder der Verstand die führende Rolle haben.
Wir lehnen nur eine Arbeit ab, die von trockener schauspielerischer Berechnung ausgeht. Solches Spiel nennen wir kalt und ausgeklügelt."
Nach einer feierlichen Pause schloß Arkadi Nikolajewitsch die Stunde mit folgenden Sätzen:
„Sie sind jetzt reich, Sie verfügen über eine umfangreiche Gruppe von Elementen, mit deren Hilfe man das ‚Leben des menschlichen Geistes' erleben kann. Das ist Ihre innere Ausrüstung, Ihre innere Armee für das schöpferische Auftreten. Mehr als

das – Sie haben drei Anführer gefunden, die Ihre Truppen in die Schlacht führen können.
Das ist eine große Errungenschaft, ich beglückwünsche Sie dazu!"

XIII. DIE FUNKTIONSLINIE DER ANTRIEBSKRÄFTE
FÜR DAS PSYCHISCHE LEBEN

„Die Truppen sind kampfbereit! Die Anführer haben ihre Stellung bezogen! Es kann losgehen!"
„Was soll denn losgehen?"
„Stellen Sie sich vor, wir hätten beschlossen, ein großartiges Stück aufzuführen, in dem jedem eine glänzende Rolle zugesagt worden ist. Was würden Sie tun, wenn Sie von der ersten Leseprobe nach Hause kämen?"
„Spielen!" erklärte Wjunzow.
Pustschin sagte, er würde sich in die Rolle hineindenken. Die Maloletkowa wollte sich in die Ecke setzen und die Rolle „erfühlen". Durch die bittere Erfahrung der Schülervorstellung gewitzt, würde ich diesen gefährlichen Verlockungen widerstehen und mit magischen oder anderen „Wenns", mit den „vorgeschlagenen Situationen", mit den verschiedensten Phantasien anfangen. Schustow würde die Rolle in Abschnitte gliedern.
„Kurz und gut", sagte Torzow, „jeder würde auf diesem oder jenem Wege versuchen, in das Gehirn, in das Herz, in das Wollen der Rolle einzudringen, im eigenen emotionalen Gedächtnis die der Rolle analogen Erinnerungen wachzurufen, sich eine Vorstellung vom Leben der darzustellenden Person und ein eigenes Urteil darüber zu bilden, den Gefühlswillen zu entzünden. Sie würden die Fühler Ihrer Seele in die Seele der Rolle vorstrecken, würden sie mit allen Antriebskräften Ihres psychischen Lebens anpeilen.
Nur in den seltensten Fällen erfassen Verstand, Wille und Gefühl eines Schauspielers übereinstimmend und auf einmal den wesentlichen Kern des neuen Werkes, nur selten entzünden sie sich daran und schaffen im Schwung der Begeisterung den für die Arbeit unerläßlichen inneren Zustand.
Viel häufiger wird der gedruckte Text nur bis zu einem gewissen Grad vom Verstand aufgenommen, nur teilweise von dem Gefühl erfaßt. Er ruft meistens nur ein unbestimmtes, bruchstückhaftes Drängen des Willens hervor.
Oder, um es mit der neuen Definition zu sagen: Bei der ersten Bekanntschaft mit einem dichterischen Werk bekommt man nur eine nebelhafte Vorstellung vom Stück, ein ganz oberflächliches Urteil darüber. Der Gefühlswille reagiert zunächst auch nur unvollständig, und es ergibt sich ein Empfinden für das Leben der Rolle – ‚im allgemeinen'.
Ein anderes Resultat ist fürs erste auch nicht zu erwarten, wenn der wahre Sinn des

Lebens der Rolle vom Schauspieler nur in Bausch und Bogen erfaßt wird. In den meisten Fällen wird der innere Kern erst nach langer Arbeit ganz begriffen, nachdem man das Werk gründlich studiert hat und den schöpferischen Weg des Autors nachgegangen ist.
Doch es kommt auch vor, daß der Text beim ersten Lesen vom Verstand des Schauspielers überhaupt nicht aufgenommen wird und beim Willen und beim Gefühl kein Echo findet, daß sich keine Vorstellung vom Stück ergibt, daß die Beurteilung ausbleibt. Das passiert besonders häufig beim Kennenlernen eines impressionistischen oder symbolistischen Werkes.[51]
Dann muß man sich fremder Urteile bedienen, muß mit fremder Hilfe den Text aufnehmen und in ihn einzudringen versuchen. Nach beharrlicher Arbeit bildet sich schließlich eine schwache Vorstellung, aber es entstehen noch keine selbständigen Urteile. Sie entwickeln sich erst später, nach und nach. Im Resultat gelingt es dann mehr oder minder, auch den Gefühlswillen und die übrigen Antriebskräfte des psychischen Lebens zur Arbeit heranzuziehen. Der Gedanke, das Wollen äußern sich stoßweise. Sie entstehen, reißen ab, keimen auf und verschwinden wieder.
Wollte man die Linien, die von den Antriebskräften des psychischen Lebens ausgehen, graphisch darstellen, so gäbe das ein Gewirr von abgerissenen Strichen.
Im Verlauf der weiteren Beschäftigung mit der Rolle und bei tieferem Eindringen in ihre Grundidee richten sich die Funktionslinien nach und nach aus.
Erst dann kann man von einem beginnenden Aufkeimen des Schaffens sprechen."
„Warum ist das so?"
Statt zu antworten, fing Arkadi Nikolajewitsch plötzlich an, mit Händen und Füßen, mit dem ganzen Körper zu schlottern. Dann fragte er uns:
„Hätte man meine Bewegungen Tanz nennen können?"
Wir verneinten es.
Danach vollführte Arkadi Nikolajewitsch im Sitzen eine ganze Reihe Bewegungen, die ineinander übergingen und eine ununterbrochene Linie ergaben.
„Und könnte daraus ein Tanz werden?" fragte er.
„Ja", antworteten wir einstimmig.
Arkadi Nikolajewitsch sang einzelne Töne mit langen Pausen dazwischen und fragte dann:
„Könnte man das Singen nennen?"
„Nein."
„Und das?" Er sang vokalisierend ein paar klangvolle Töne, die ineinander übergingen.
„Freilich!"
Arkadi Nikolajewitsch schmierte willkürlich einzelne Linien, Striche, Punkte, Schnörkel auf ein Blatt Papier und fragte uns:
„Würden Sie das eine Zeichnung nennen?"
„Nein."
„Und könnte aus solchen Linien eine Zeichnung werden?" Arkadi Nikolajewitsch zeichnete flüssig ein paar lange gebogene Linien auf.
„Ja!"

„Und auch unsere Kunst braucht eine ununterbrochene Linie. Darum meinte ich vorhin, daß man erst dann von schöpferischer Arbeit reden kann, wenn sich die Funktionslinien der Antriebskräfte ausrichten, das heißt eine ununterbrochene Linie bilden."

„Entschuldigen Sie, bitte – kann es denn im Leben und erst recht auf der Bühne eine zusammenhängende Linie geben, die keinen Augenblick unterbrochen wird?" nörgelte Goworkow.

„Diese Linie kann es geben, aber nicht bei normalen Menschen, sondern bei verrückten. Und man nennt sie ‚idée fixe'. Bei gesunden Menschen sind einige Unterbrechungen normal und notwendig. So erscheint es uns wenigstens. Doch auch in den Augenblicken der Unterbrechung stirbt der Mensch ja nicht, sondern lebt weiter, und irgendeine Linie des Lebens zieht sich also weiter durch ihn hin", erklärte Torzow.

„Was ist das für eine Linie?"

„Danach müßten Sie die Gelehrten fragen. Wir aber wollen uns für die Zukunft darauf einigen, daß wir nur die Linie als normal und ununterbrochen bezeichnen, in der ganz unvermeidlich kurze Unterbrechungen vorkommen."

Am Ende der Stunde erklärte uns Torzow, daß wir nicht nur eine einzige, sondern einige Linien brauchen, das heißt Linien der Phantasieeinfälle, der Aufmerksamkeitspunkte, der Logik und Folgerichtigkeit, der Abschnitte und Aufgaben, des Wollens, des Strebens und der Handlung, der ununterbrochenen Momente der Wahrhaftigkeit und des Glaubens, der emotionalen Erinnerungen, der Wechselbeziehung, der Anpassung und anderer Elemente, die man für die schöpferische Arbeit braucht.

Wird die Linie der Handlungen auf der Bühne unterbrochen, geraten Rolle, Stück und Aufführung ins Stocken. Geschieht es mit der Linie der Antriebskräfte für das psychische Leben, zum Beispiel mit dem Gedanken (dem Verstand), so wird der Schauspieler als Mensch nicht imstande sein, sich eine Vorstellung und ein Urteil darüber zu bilden, was die Worte des Textes bedeuten; er wird also nicht verstehen, was er auf der Bühne sagt und tut. Und wenn die Linie des Gefühlswillens nicht weiterläuft, hört die Rolle und hört der Schauspieler als Mensch auf, etwas zu wollen und zu erleben.

Der Schauspieler als Mensch und die menschgewordene Rolle leben auf der Bühne fast ununterbrochen durch diese Linien. Diese Linien geben der darzustellenden Person Leben und Bewegung. Brechen sie ab, hört das Leben der Rolle auf, und es tritt entweder völlige Lähmung oder Tod ein. Mit der Wiederaufnahme der Linie lebt die Rolle wieder auf.

Dieser Wechsel von Sterben und Wiederaufleben ist nicht normal. Die Rolle verlangt kontinuierliches Leben, braucht nahezu ununterbrochene Lebenslinien.

„In unserer letzten Stunde haben Sie erkannt, daß man in der dramatischen Kunst wie in jeder anderen Kunstgattung vor allem eine ununterbrochene, kontinuierliche Linie braucht", sagte Arkadi Nikolajewitsch heute. „Soll ich Ihnen zeigen, wie sie entsteht?"

„Natürlich", baten die Schüler.
„Erzählen Sie mir, wie Sie den heutigen Morgen vom Augenblick des Erwachens an verbracht haben", fragte er Wjunzow.
Der quicklebendige junge Mann runzelte auf drollige Weise die Stirn und dachte scharf nach, um die Frage zu beantworten. Es wollte ihm nicht gelingen, die Aufmerksamkeit rückwärts zu richten, auf die Vergangenheit des heutigen Tages. Arkadi Nikolajewitsch leistete ihm Hilfestellung:
„Wenn Sie sich auf die Vergangenheit besinnen wollen, gehen Sie nicht von der Vergangenheit aus auf die Gegenwart zu, sondern umgekehrt – stoßen Sie sich von der Gegenwart ab in die Vergangenheit, gehen Sie rückwärts in der Erinnerung. Rückwärts erinnert es sich viel leichter, besonders wenn es sich um die nahe Vergangenheit handelt."
Wjunzow verstand nicht gleich, wie man das macht. Arkadi Nikolajewitsch sagte:
„Im Augenblick unterhalten wir beide uns hier in der Klasse. Und was haben Sie vorher gemacht?"
„Ich habe mich umgezogen."
„Dieses Umziehen ist ein kurzer selbständiger Prozeß. Er enthält einzelne kleine Augenblicke des Wollens, des Strebens, des Handelns und so weiter, ohne die man eine auf der Tagesordnung stehende Aufgabe nicht erfüllen kann. Das Umziehen hat in Ihrem Gedächtnis die Erinnerung an eine kurze Linie Ihres Lebens hinterlassen. Soviel Aufgaben es gibt, soviel Prozesse der Ausführung dieser Aufgaben gibt es auch und ebenso viele kurze Lebenslinien der Rolle. Ein Beispiel: Was geschah vorher, vor dem Umziehen?"
„Ich hatte Fecht- und Gymnastikunterricht."
„Und davor?"
„Habe ich in der Kantine geraucht."
„Und vor dem Rauchen?"
„War ich in der Gesangsstunde."
„Das sind alles kurze Linien Ihres Lebens, die eine Spur in Ihrem Gedächtnis hinterlassen haben", bemerkte Arkadi Nikolajewitsch.
In seinen Erinnerungen immer weiter zurückgehend, gelangte Wjunzow bis an den Augenblick seines Erwachens heute morgen und damit an den Tagesanfang.
„So ist eine lange Reihe kurzer Linien Ihres Lebens entstanden, die Sie heute in der ersten Hälfte des Tages durchlebt haben, vom Augenblick des Erwachens bis zum gegenwärtigen Augenblick. Die Erinnerung daran hat sich in Ihrem Gedächtnis erhalten.
Um diese Linien besser zu fixieren, wiederholen Sie die eben ausgeführte Arbeit in der gleichen Reihenfolge". schlug Arkadi Nikolajewitsch vor.
Als auch diese Anweisung ausgeführt war, mußte Arkadi Nikolajewitsch zugeben, daß Wjunzow die Vergangenheit des heutigen Tages nicht nur empfunden, sondern auch fixiert hatte.
„Wiederholen Sie jetzt die gleiche Arbeit des Erinnerns an die jüngste Vergangenheit in umgekehrter Reihenfolge, also vom Augenblick des Erwachens an bis zu dem, den Sie jetzt erleben."

Wjunzow führte auch diese Anweisung mehrmals aus.
„Sagen Sie", fragte Arkadi Nikolajewitsch, „fühlen Sie nicht, daß diese Erinnerungen und Ihre geleistete Arbeit eine Art Spur in Ihnen hinterlassen haben, eine Spur in Form einer geistigen, sinnlichen oder anderen Vorstellung von der verhältnismäßig langen Linie Ihres Lebens am heutigen Tage. Sie setzt sich nicht nur aus Erinnerungen an die einzelnen Handlungen und Taten, die Sie in der jüngsten Vergangenheit ausgeführt haben, zusammen, sondern auch aus einer Reihe von Empfindungen, Gedanken, Gefühlen und so weiter, die Sie durchlebt haben."
Wjunzow verstand lange nicht, wonach er gefragt wurde. Wir versuchten es ihm zu erklären:
„Verstehst du denn nicht, daß man sich, wenn man zurückschaut, an eine ganze Reihe wohlbekannter, alltäglicher, zur Tagesordnung gehörender Dinge erinnern kann, die einander in gewohnter Folge ablösen. Wenn du nun deine Aufmerksamkeit stärker auf die Ereignisse der jüngsten Vergangenheit konzentrierst, erinnerst du dich nicht nur an die äußere, sondern auch an die innere Lebenslinie des heutigen Tages. Sie hinterläßt eine undeutliche Spur und zieht sich wie eine Schleppe hinter uns her."
Wjunzow schwieg. Offenbar war er ganz durcheinander geraten. Arkadi Nikolajewitsch ließ ihn in Ruhe und wandte sich zu mir:
„Sie haben verstanden, wie man die erste Hälfte der Lebenslinie des heutigen Tages aufleben läßt. Machen Sie dasselbe mit der zweiten, noch nicht erlebten Hälfte des Tages", schlug er mir vor.
„Wie soll ich denn wissen, was in der allernächsten Zukunft mit mir vorgehen wird?" fragte ich erstaunt.
„Wie? Sie wissen nicht, daß Sie nach der Stunde bei mir noch andere haben, daß Sie dann nach Hause gehen und zu Mittag essen werden? Haben Sie denn für den Abend nichts Bestimmtes vor: Besuch bei Bekannten, Theater, Kino, Vortrag? Ob Ihre Pläne in Erfüllung gehen werden, wissen Sie natürlich nicht, aber Sie können es annehmen.
Also haben Sie doch gewisse Aussichten auf die zweite Hälfte des Tages! Fühlen Sie darin nicht auch eine sich in der Ferne verlierende durchgehende Linie der Zukunft mit all ihren Sorgen, Verpflichtungen, Freuden und Unannehmlichkeiten, die Ihre augenblickliche Stimmung heben oder verdüstern?
In dieser Voraussicht auf die Zukunft ist gleichfalls Bewegung, und wo Bewegung ist, da zeichnet sich auch die Linie des Lebens ab. Fühlen Sie sie, wenn Sie daran denken, was Sie in der Zukunft erwartet?"
„Natürlich empfinde ich das, wovon Sie sprechen."
„Verbinden Sie diese Linie mit der vorigen, beziehen Sie die Gegenwart mit ein, und Sie erhalten eine große, durchgehende Linie aus Vergangenheit, Gegenwart und Zukunft Ihres heutigen Tages, die sich lückenlos vom Augenblick des Erwachens am Morgen bis zum abendlichen Schlafengehen hinzieht. Ist es Ihnen jetzt klar, wie aus den einzelnen Linien Ihres Lebens eine einzige, durchgehende Linie des ganzen Tages entsteht?
Stellen Sie sich jetzt vor", fuhr Arkadi Nikolajewitsch in seinen Erklärungen fort,

„daß Sie innerhalb einer Woche den Othello einzustudieren haben. Fühlen Sie nicht, wie Ihr ganzes Leben in diesem Zeitraum nur auf das eine Ziel gerichtet sein würde – die schwere Aufgabe ehrenvoll zu bestehen? Diese Aufgabe würde sich Ihrer in den sieben Tagen vollständig bemächtigen. Sie würden in dieser Zeit nur den einen Gedanken haben – die unheimlich auf Sie zukommende Aufführung zu bestehen."
„Ja, natürlich", gab ich zu.
„Fühlen Sie nun, daß in diesem Lebensabschnitt, den ich hier skizziert habe, die ununterbrochene Linie des Lebens einer ganzen Woche liegt, die länger ist als die Linie des vorigen Beispiels?" forschte Torzow weiter. „Wenn es aber die Linie eines Tages gibt und einer Woche, warum sollte es nicht auch die Linie eines Monats, eines Jahres und schließlich eines ganzen Lebens geben?
Diese großen Linien setzen sich auch aus vielen kleinen zusammen.
Genauso ist es in jedem Stück und in jeder Rolle. Auch dort setzen sich die großen Linien aus vielen kleinen zusammen; auch auf der Bühne können sie die verschiedensten Zeitabschnitte – einen Tag, eine Woche, einen Monat, ein Jahr, das ganze Leben und so weiter – umfassen.
In der realen Wirklichkeit wird diese Linie vom Leben selbst gesponnen, im Stück zeichnet sie der wirklichkeitsnahe künstlerische Einfall des Dichters.
Doch er zeichnet diese Linie nicht durchgehend, nicht lückenlos für das ganze Leben der Rolle, sondern nur teilweise, mit großen Unterbrechungen."
„Warum?" wollte ich wissen.
„Wir sprachen schon davon, daß der Dramatiker nicht das ganze Leben des Stückes und der Rolle gibt, sondern nur die Momente, die auf die Bühne hinausgebracht werden und sich dort abspielen. Der Dramatiker beschreibt vieles nicht, was außerhalb der Dekoration vorgeht, die auf der Bühne den Ort der Handlung umreißt. Der Dramatiker verschweigt häufig, was hinter den Kulissen vor sich gegangen ist, also das, was die Handlungen der Personen, die die Schauspieler auf der Bühne darstellen, auslöst. Wir selbst müssen mit unseren Phantasieeinfällen zu Ende schaffen, was in dem gedruckten Exemplar des Stückes vom Autor nicht bis ins letzte ausgeführt ist. Sonst wird der Schauspieler auf der Bühne nicht das vollständige ‚Leben des menschlichen Geistes' in der Rolle erreichen, sondern man hat es nur mit herausgerissenen Fetzen zu tun.
Zum Erleben braucht man die (relativ) vollständige Linie des Lebens in der Rolle und im Stück.
Sprünge und Löcher in der Lebenslinie der Rolle sind nicht nur auf der Bühne unzulässig, sondern auch hinter den Kulissen. Sie zerreißen das Leben der darzustellenden Person und lassen leere, für diese Person tote Stellen entstehen. Diese Stellen werden mit den privaten Gedanken und Gefühlen des Schauspielers ausgefüllt, die keine Beziehung zu dem haben, was er spielt. Das drängt ihn in eine falsche Richtung ab – in das Gebiet des Privaten.
Nehmen Sie zum Beispiel an, Sie spielen die Etüde mit dem ‚verbrannten Geld', halten die Linie des Lebens der Rolle vorzüglich durch, gehen auf den Ruf Ihrer Frau ins Nebenzimmer, um das badende Kind zu bewundern. Hinter den Kulissen

aber stoßen Sie auf einen Bekannten, der eben von der Reise zurückgekommen ist. Auf Grund seiner Beziehungen ist er hinter die Kulissen gelangt und erzählt Ihnen nun eine sehr spaßige Geschichte, die einem nahen Verwandten von Ihnen vor kurzem passiert ist. Mit Mühe das Lachen verbeißend, kommen Sie wieder auf die Bühne, um die Szene mit dem ‚verbrannten Geld' und die Pause der ‚tragischen Untätigkeit' zu spielen.
Sie werden zugeben müssen, daß solche Einschiebsel in die Linie der Rolle weder der Rolle dienlich noch Ihnen behilflich sind. Also darf man auch hinter den Kulissen die Linie der Rolle nicht abreißen lassen. Aber vielen Schauspielern ist es nicht möglich, die Rolle für sich selbst hinter den Kulissen weiterzuspielen. Das brauchen sie auch nicht, sie sollen nur daran denken, wie sie wohl heute handeln würden, wenn sie sich in der Situation der darzustellenden Person befänden. Die Beantwortung dieser und anderer die Rolle betreffenden Fragen ist für jeden Schauspieler bei jeder Aufführung unerläßlich. Zu diesem Zweck kommt der Schauspieler ins Theater und tritt vor der Zuschauermenge auf. Wenn er das Theater verläßt, ohne an diesem Tag die für ihn unerläßliche Frage beantwortet zu haben, so berechtigt das zu der Auffassung, daß der Schauspieler seine Verpflichtungen nicht erfüllt hat."

Arkadi Nikolajewitsch begann die Stunde damit, daß er uns alle auf die Bühne gehen ließ, wo wir uns möglichst bequem in „Maloletkowas Wohnzimmer" hinsetzen und über irgend etwas, was uns gerade einfiel, zu reden beginnen sollten.
Die Schüler sollten die Plätze am runden Tisch und an der Wand entlang einnehmen, unter den dort befestigten Glühbirnen.
Am eifrigsten war Rachmanow, woraus wir folgerten, daß ein neuer Einfall von ihm demonstriert werden sollte.
Während unserer Unterhaltung flammten an den verschiedensten Stellen der Bühne Glühbirnen auf und erloschen wieder, wobei mir auffiel, daß sie entweder über dem aufflammten, der gerade sprach, oder über dem Gegenstand, von dem gesprochen wurde. Zum Beispiel, sobald Rachmanow etwas sagte, flammte die Glühbirne über ihm auf; erwähnte man irgendeinen Gegenstand, der auf dem Tisch lag – schon war er im Bereich des Lichts und so weiter.
Nur eins konnte ich mir nicht erklären: das Aufblitzen außerhalb unseres Zimmers, im Eßzimmer, im Saal, in den anderen angrenzenden Räumen. So flammte zum Beispiel die Birne im Korridor bei der Erwähnung der Vergangenheit, die im Eßzimmer bei der Unterhaltung über Ereignisse der Gegenwart, soweit sie außerhalb unseres Zimmers vor sich gingen, auf. Die Birne im Saal von „Maloletkowas Wohnung" leuchtete, wenn wir von der Zukunft träumten. Ich bemerkte auch, daß das Aufleuchten ununterbrochen vor sich ging, kaum erlosch eine Birne, schon flammte eine andere auf. Torzow erklärte uns, daß dieses Aufleuchten den ununterbrochenen Wechsel der Objekte illustriere, der durchgehend, logisch, folgerichtig oder zufällig in unserem Leben vor sich geht.
„So muß es auch in der Aufführung, bei der Darstellung der Rolle sein", erklärte Torzow. „Es ist wichtig, daß die Objekte auf der Bühne sich ohne Unterbrechung

ablösen und eine geschlossene Linie ergeben. Diese Linie muß sich hier, auf den Brettern, auf unserer Seite der Rampe hinziehen und nicht auf die andere Seite der Rampe, in den Zuschauerraum hinübergehen.

Das Leben des Menschen oder der Rolle ist ein ununterbrochener Wechsel von Objekten und von Kreisen der Aufmerksamkeit, bald in dem realen Leben, das uns auf der Bühne umgibt, bald im Bereich unserer Phantasie, bald im Bereich der Erinnerung an die Vergangenheit, bald im Bereich der Zukunftsträume – nur nicht im Zuschauerraum des Theaters.

Diese Lückenlosigkeit der Linie ist außerordentlich wichtig für den Schauspieler, und Sie müssen sie in sich zu erreichen suchen.

Mit Hilfe der Lichtillustration will ich Ihnen gleich zeigen, wie die Linie des Lebens bei einem Schauspieler die ganze Rolle durchziehen muß.

Gehen Sie ins Parkett", sagte er zu uns, „und Iwan Platonowitsch wird in den Schaltraum gehen und mir beim Demonstrieren helfen.

Ich werde jetzt folgendes Stück spielen: Heute ist hier Auktion. Zwei Bilder von Rembrandt sollen versteigert werden. In Erwartung der Käufer sitze ich mit einem Kunstexperten am runden Tisch, und wir beratschlagen, welcher Preis angesetzt werden soll. Dabei müssen wir bald das eine, bald das andere Bild betrachten."

(Zu beiden Seiten des Zimmers flammten die Birnen nacheinander auf, während das Lämpchen, das Torzow in der Hand hielt, erlosch.)

„Im Geiste vergleichen wir diese Bilder auch mit den anderen Gemälden Rembrandts in unseren Museen und im Ausland."

(Die Birne im Korridor, die die imaginären Bilder in den Museen illustrierte, flammte ab und zu auf und wechselte mit den beiden Birnen an den Wänden des Wohnzimmers ab, die die ersten beiden Bilder illustrierten.)

„Sehen Sie die matten Lichter, die plötzlich an der Eingangstür aufleuchten? Das sind die kleinen Käufer, Sie haben meine Aufmerksamkeit auf sich gezogen, ich empfange sie, aber ohne rechtes Interesse.

‚Wenn nur solche Kunden kommen, werde ich die angesetzten Preise kaum in die Höhe treiben können!' geht es mir durch den Kopf, und ich versinke so tief in Nachdenken, daß ich nichts und niemanden um mich herum wahrnehme."

(Alle Birnen, die vorher geleuchtet hatten, erloschen, ein Lichtkegel, der den kleinen Kreis der Aufmerksamkeit illustrierte, fiel von oben auf Torzow und begleitete ihn, während er unruhig im Zimmer auf und ab ging.)

„Schauen Sie, schauen Sie, die ganze Bühne und die hinteren Räume füllen sich mit neu aufflammenden Birnen, und diesmal sind sie hell.

Das sind die Vertreter der ausländischen Museen. Selbstverständlich begrüße ich sie mit besonderer Ehrerbietung."

Danach führte uns Arkadi Nikolajewitsch den Empfang und die ganze Auktion vor. Seine Aufmerksamkeit konzentrierte sich ganz besonders, als es zu einem erbitterten Kampf zwischen wichtigen Käufern kam, der in einen großen, durch eine wahre Lichtorgie demonstrierten Skandal ausartete ... Die großen Birnen flammten bald gleichzeitig, bald einzeln auf, es sah wie das Schlußbild eines Feuerwerks aus. Man hatte Mühe, das wechselnde Bild zu verfolgen.

„Ist es mir nun gelungen, Ihnen vorzuführen, wie die ununterbrochene Linie des Lebens auf der Bühne entsteht?" fragte Arkadi Nikolajewitsch.
Goworkow fand, Torzow hätte seine Behauptung nicht bewiesen.
„Sie haben uns, mit Verlaub, genau das Gegenteil bewiesen. Die Lichtvorführung illustriert uns keine durchgehende, lückenlose Linie, sondern fortwährende Sprünge."
„Das kann ich nicht einsehen. Die Aufmerksamkeit des Schauspielers geht ohne Pause von einem Objekt zum anderen über. Dieser ständige Wechsel der Objekte der Aufmerksamkeit ergibt ja gerade die ununterbrochene Linie. Wenn sich der Schauspieler aber in ein einziges Objekt verkrallt und den ganzen Akt oder das ganze Stück lang nur daran festhält, gibt es keine Linie der Bewegung, und wenn es eine gibt, ist es die Linie eines Geisteskranken, die, wie ich schon sagte, als ‚idée fixe' bezeichnet wird."
Die Schüler traten für Arkadi Nikolajewitsch ein und stellten fest, daß es ihm gelungen sei, seine Behauptung anschaulich zu erläutern.
„Um so besser!" sagte er. „Ich habe Ihnen gezeigt, wie es immer auf der Bühne sein sollte. Erinnern Sie sich zum Vergleich daran, wie sich die Schauspieler meistens auf der Bühne benehmen, wie es aber niemals sein sollte. Das habe ich Ihnen seinerzeit mit Hilfe derselben Birnen illustriert. Auf der Bühne flammten sie nur gelegentlich auf, im Zuschauerraum dagegen fast ununterbrochen.
Finden Sie, daß es normal ist, wenn Leben und Aufmerksamkeit des Schauspielers auf der Bühne nur für einen Augenblick lebendig werden, um dann dort für lange Zeit zu erlöschen und sich auf den Zuschauerraum oder das Leben außerhalb des Theaters zu übertragen? Dann kehren sie einmal zurück, um dann doch nur wieder für lange Zeit von den Brettern zu verschwinden.
Bei solchem Spiel gehören der Rolle nur einige wenige Augenblicke im Leben des Schauspielers auf der Bühne, in der übrigen Zeit ist er ihr fremd. Dieses Gemenge aus den verschiedenartigsten Gefühlen kann die Kunst nicht brauchen.
Lernen Sie darum, die (relativ) ununterbrochene Linie für jede Antriebskraft des psychischen Lebens und für jedes Element auf der Bühne zu schaffen."[52]

XIV. DAS INNERE BEFINDEN AUF DER BÜHNE

Keine gewöhnliche Stunde: Ein Plakat war aufgehängt. Arkadi Nikolajewitsch sagte:
„Worauf richten sich nun die Linien der Antriebskräfte für das psychische Leben? Wohin drängt es den Pianisten in Augenblicken schöpferischer Inspiration, wenn er sein Gefühl frei strömen lassen und dem schöpferischen Willen Entfaltungsmöglichkeiten geben will? An den Flügel, an sein Instrument. Worauf stürzt sich der Maler? Auf die Staffelei, er greift nach Farbe und Pinsel, also nach dem Handwerkszeug

seiner Kunst. Wohin drängt es den Schauspieler, oder vielmehr, wohin drängen die Antriebskräfte seines psychischen Lebens? Zu dem, was sie in Bewegung setzt, das heißt in die psychische und physische Natur des Schauspielers, zu seinen seelischen Elementen. Verstand, Wille und Gefühl geben das Signal und mobilisieren mit der Kraft, mit dem Temperament und mit der Überzeugungsfähigkeit, die ihnen eigen sind, alle inneren schöpferischen Kräfte.
Wie das in tiefem Schlaf liegende Heerlager vom Klang der Angriffsfanfare plötzlich geweckt wird, so erheben sich auch sofort unsere schöpferischen Kräfte und rüsten sich rasch zum Feldzug.
Unendlich viele Phantasieeinfälle, Objekte der Aufmerksamkeit, Wechselbeziehungen, Aufgaben, Bestrebungen und Handlungen, Momente der Wahrhaftigkeit und des Glaubens, emotionale Erinnerungen und Anpassungen formieren sich in langen Reihen.
Die Antriebskräfte des psychischen Lebens schreiten diese Reihen ab, regen die Elemente an und werden dadurch von noch stärkerem schöpferischem Enthusiasmus durchdrungen.
Mehr als das: Sie empfangen von den Elementen Partikelchen natürlicher Eigenschaften. Dadurch werden Verstand, Wille und Gefühl noch aktiver, noch tätiger. Sie lassen sich noch stärker von den Phantasieeinfällen anregen, die das Stück wahrheitsgetreuer machen und die Aufgaben tiefer begründen. Das hilft den Antriebskräften und den Elementen, die Lebenswahrheit in der Rolle tiefer zu empfinden und fester an die reale Möglichkeit des Bühnengeschehens zu glauben. Alles zusammen löst das Erleben aus, weckt den Drang, zu den handelnden Personen auf der Bühne in Wechselbeziehung zu treten, und dazu braucht man unbedingt die Anpassungen.
Kurz, die Antriebskräfte des psychischen Lebens nehmen alle Farben, Töne, Schattierungen, Stimmungen jener Elemente an, deren Reihen sie abschreiben, und werden von deren seelischem Gehalt durchdrungen.
Ihrerseits übertragen die Antriebskräfte für das psychische Leben nicht nur die eigenen Energien auf die Reihen der Elemente – Kräfte, Willen, Emotionen, Gedanken –, sondern auch die Partikelchen der Rolle und des Stückes, die sie mitgebracht haben, die sie bei der ersten Bekanntschaft mit dem Werk des Dichters so entzückt und zum Schaffen inspiriert haben. Sie pfropfen den Elementen die ersten Schößlinge aus dem Keim einer Rolle auf.
Aus den Schößlingen bilden sich nach und nach in der Seele des Darstellers die Empfindungen des Schauspielers, der mit der Rolle verschmilzt. Unter der Führung der Antriebskräfte des psychischen Lebens gehen sie wie wohlgeordnete Truppen vor."
„Und wohin?" fragten die Schüler.
„Irgendwohin in die Ferne ... wohin sie die flüchtigen Andeutungen der Phantasieeinfälle, der vorgeschlagenen Situationen, der magischen ‚Wenns' des Stückes locken. Sie gehen in die Richtung, in die sie die schöpferischen Aufgaben führen, in die sie der innere Drang, das Streben, die Handlungen der Rolle stoßen. Sie werden angezogen von den Objekten, die in Wechselbeziehung zu ihnen treten wollen – also von

den handelnden Personen des Stückes. Sie werden angezogen von dem, was sie auf der Bühne und im Werk des Dichters ohne weiteres überzeugt – also von der künstlerischen Wahrheit. Achten Sie darauf, daß sich alle diese Anziehungskräfte auf der Bühne befinden, also auf unserer Seite der Rampe und nicht im Zuschauerraum.
Je weiter die Reihen der Elemente gehen, desto enger schließen sich ihre Funktionslinien zusammen und verknüpfen sich schließlich gleichsam zu einem einzigen gemeinsamen Knoten.[53] Diese Verschmelzung aller Elemente des Komplexes ‚Schauspieler–Rolle' in ein gemeinsames Streben ergibt jene äußerst wichtige innere Verfassung des Schauspielers auf der Bühne, die wir in unserer Sprache so nennen..."
Arkadi Nikolajewitsch wies auf das Plakat mit der Aufschrift:

DAS INNERE BEFINDEN AUF DER BÜHNE

„Was ist denn das?" fragte Wjunzow erschrocken.
„Sehr einfach", begann ich zu erklären, um mich selbst zu überprüfen. „Die Antriebskräfte des psychischen Lebens vereinigen sich mit den Elementen in dem gemeinsamen Ziel der Einheit ‚Schauspieler–Rolle'. So ist es doch?"
„So ist es, ja, aber zwei Korrekturen. Erstens: das gemeinsame Ziel ist noch weit, sie vereinigen sich, um mit vereinten Kräften weiter danach zu suchen.
Die zweite Korrektur betrifft die Terminologie. Bisher hatten wir uns nämlich darauf geeinigt, die schauspielerischen Fähigkeiten, Eigenschaften, Begabungen, die natürlichen Gegebenheiten, sogar einige Kunstgriffe der Psychotechnik ‚Elemente' zu nennen. Das war eine provisorische Bezeichnung, die wir nur deshalb gebrauchten, weil es noch zu früh war, vom Befinden zu sprechen. Jetzt ist dieses Wort gefallen, jetzt will ich Ihnen sagen, daß sie ‚*Elemente des inneren Befindens auf der Bühne*' heißen."
„Elemente... des inneren... Befindens auf der Bühne... des inneren... Befindens auf der Bühne..." Seinem Gehirn die dunklen Worte auf diese Weise eintrichternd, kam Wjunzow endlich zu dem Schluß: „Ist nicht zu verstehen!", seufzte tief, winkte hoffnungslos ab und raufte sich verzweifelt die Haare.
„Was ist denn daran nicht zu verstehen? Das innere Befinden auf der Bühne ist fast ein normaler menschlicher Zustand."
„,Fast'?!"
„Er ist besser – und zugleich auch... schlechter als der Normalzustand."
„Warum schlechter?"
„Weil das Befinden auf der Bühne infolge der unnatürlichen Schaffensbedingungen vor Publikum ein Partikelchen, einen Beigeschmack von Theater und Bühne, ein Stück Zur-Schau-Stellung seiner selbst enthält, was bei normalmenschlichem Befinden nicht vorkommt. Darum nennen wir ja diesen Zustand des Schauspielers auf den Brettern auch nicht einfach das innere Befinden, sondern fügen noch ‚auf der Bühne' hinzu."
„Und weshalb ist das innere Befinden auf der Bühne besser als das normale Befinden?"
„Weil es die Empfindung der öffentlichen Einsamkeit einschließt, die wir im realen Leben nicht kennen. Das ist eine wunderbare Empfindung. Wissen Sie noch, Sie

haben seinerzeit zugegeben, daß es Ihnen auf die Dauer langweilig sein würde, vor einem leeren Saal oder bei sich zu Hause zu spielen – im Zimmer, Auge in Auge mit dem Partner. Diese Art Spiel haben wir damals mit dem Singen in einem mit Polstermöbeln und Teppichen vollgepfropften Raum verglichen, der die Resonanz schluckt. Doch in einem Theater voller Zuschauer, mit tausend Herzen, die im Gleichtakt mit dem Herzen des Schauspielers schlagen, entsteht eine wunderbare Resonanz, eine herrliche Akustik für unser Gefühl. Als Antwort auf jeden Augenblick echten Erlebens auf der Bühne strömen uns aus dem Zuschauerraum Echo, Teilnahme, Mitgefühl, unsichtbare Ausstrahlungen von Tausenden lebendigen, erregten Menschen zu, die mit uns zusammen die Aufführung schaffen. Die Zuschauer können den Schauspieler nicht nur bedrücken und erschrecken, sondern auch echte schöpferische Energie in ihm wecken. Diese Energie gibt ihm größere innere Wärme, Glauben an sich selbst und an seine schauspielerische Arbeit.
Der Widerhall in tausend Menschenherzen, der aus dem überfüllten Zuschauerraum kommt, ist für uns die höchste Freude, die ein Mensch nur haben kann.
So ist also das öffentliche Schaffen einerseits hinderlich für den Schauspieler, andererseits hilft es ihm aber auch.
Leider entsteht dieses richtige, fast ganz natürliche menschliche Befinden auf der Bühne nur äußerst selten von selbst. Erlebt ein Schauspieler ausnahmsweise so eine gelungene Vorstellung oder auch nur vereinzelte Augenblicke, dann sagt er hinterher in der Garderobe: ‚Heut' lief es.'
Das bedeutet, daß er auf der Bühne zufällig in den beinahe normalmenschlichen Zustand geraten ist.
In diesen seltenen Augenblicken funktioniert der gesamte schöpferische Apparat des Schauspielers, alle einzelnen Teile, die ‚Federn', ‚Auslöser', ‚Pedale' vorzüglich. Er läuft fast so gut oder sogar noch besser als im Leben.
Dieses innere Befinden auf der Bühne brauchen wir ganz dringend auf den Brettern. Nur dabei kann sich das wirklich Schöpferische entwickeln. Deshalb schätzen wir es so besonders hoch; es ist eines jener Hauptmomente im schöpferischen Prozeß, für das wir früher die einzelnen Elemente entwickelt haben.
Welches Glück, daß wir die Psychotechnik haben, die unserem Willen gehorcht, auf deren Befehl wir das innere Befinden auf der Bühne herstellen können, während es früher ganz zufällig, als ein ‚Geschenk Apolls' in uns auftauchte.
Und darum schließe ich die Stunde mit einem Glückwunsch für Sie: Sie haben eine sehr wichtige Etappe unseres Unterrichts kennengelernt –
Das innere Befinden auf der Bühne."[54]

„Es kommt leider sehr oft vor, daß sich das richtige Befinden auf der Bühne nicht einstellt", sagte Arkadi Nikolajewitsch. „Dann jammert der Schauspieler in der Garderobe: ‚Ich bin heute nicht in Form, ich kann heute nicht spielen.' Das bedeutet, daß der innere schöpferische Apparat nicht richtig arbeitet oder sogar ganz untätig ist, daß sich mechanische Gewohnheit, konventionelle Übertreibung, Schablone und Handwerk breitmachen. Woher kommt das? Vielleicht hat das ‚schwarze Loch' den Schauspieler erschreckt und die Elemente seines Befindens sind dadurch durchein-

andergeraten? Oder ist er mit einer unvollkommen erarbeiteten Rolle vor die Zuschauer getreten, in der er weder dem gesprochenen Wort noch den Handlungen Glauben schenken kann? Löst das eine Unsicherheit in ihm aus, die sein Befinden stört?
Es ist aber auch möglich, daß der Schauspieler sich einfach nicht die Mühe gemacht hat, sich gehörig auf die schöpferische Arbeit vorzubereiten, daß er die gut einstudierte Rolle nicht aufgefrischt hat. Denn das ist unerläßlich, er muß es jedesmal tun, vor jedem Auftreten. Statt dessen ist er auf die Bühne gekommen und hat die Form der Rolle rein äußerlich vorgeführt. Es geht noch an, wenn dies nach einer genau feststehenden Partitur, mit der vollendeten Technik der ‚Kunst der Wiedergabe' gemacht wird. Dieses Verfahren kann noch schöpferisch genannt werden, obwohl es nicht in unsere Kunstrichtung gehört.
Möglicherweise hat sich der Schauspieler wegen Krankheit oder einfach aus Faulheit nicht auf die Aufführung vorbereitet, vielleicht auch aus Unachtsamkeit, wegen privater Sorgen und Unannehmlichkeiten, die seine Aufmerksamkeit von der Arbeit abgelenkt haben. Aber vielleicht ist er auch einer jener ‚Schauspieler', die daran gewöhnt sind, die Rolle herunterzuplappern und zum Gaudium des Publikums Possen zu reißen, weil sie nichts anderes können. In allen Fällen ist die Auswahl, die Zusammensetzung und die Qualität der Elemente des Befindens falsch. Es liegt keine Veranlassung vor, jeden dieser Fälle einzeln zu studieren. Es genügt, eine gemeinsame Schlußfolgerung zu ziehen.
Sie wissen: Wenn der Schauspieler auf die Bühne, vor die tausendköpfige Menge tritt, verliert er als Mensch vor Schreck, vor Verlegenheit, vor Schüchternheit, unter dem Druck der Verantwortung und der Schwierigkeit seiner Aufgabe die Selbstbeherrschung. In diesen Minuten kann er nicht menschlich sprechen, sehen, hören, denken, wollen, fühlen, handeln. Er wird nervös, er will es dem Zuschauer unbedingt recht machen, will sich auf der Bühne produzieren, seinen Zustand durch Possenreißen verbergen, um das Publikum auf jeden Fall zu unterhalten.
In solchen Augenblicken fallen die Elemente des Schauspielers gleichsam auseinander und existieren getrennt voneinander: die Aufmerksamkeit, die Objekte, das Gefühl für Wahrhaftigkeit, die Anpassungen und so weiter – jedes nur für sich selbst. Das ist natürlich nicht normal. Es ist normal, wenn die Elemente, die zusammen das Befinden ergeben, wie im Leben untrennbar miteinander verbunden sind. Die Untrennbarkeit der Elemente ist also auch für das richtige innere Befinden auf der Bühne erforderlich, das sich, wie gesagt, fast gar nicht von der Verfassung im täglichen Leben unterscheidet. Und sie ist auch vorhanden, wenn der Schauspieler auf der Bühne im rechten Gleichgewicht ist. Das schlimme ist nur, daß das Befinden auf der Bühne infolge der anormalen Schaffensbedingungen sehr labil ist. Kaum ist es gestört, löst sich die Verbindung zwischen den Elementen, sie sind nun voneinander getrennt, jedes existiert selbständig. Dann handelt wohl der Schauspieler auf der Bühne, aber er handelt nicht in der Richtung, die die Rolle verlangt, sondern einfach ‚um des Handelns willen'. Er tritt auch in Wechselbeziehung, aber nicht in die vom Stück vorgeschriebene, sondern ... zu den Zuschauern, um sie zu unterhalten; der Schauspieler paßt sich auch an, aber nicht um dem Partner seine Gedan-

ken und Gefühle in der Rolle besser zu übermitteln, sondern um mit technischen Finessen, mit schauspielerischer Fertigkeit zu glänzen, und so weiter. Dann geht der Mensch, den der Schauspieler darzustellen hat, zunächst ohne diese oder jene Eigenschaft, später sogar ohne jegliche seelische Eigenschaften, wie sie die Einheit ‚Schauspieler–Rolle' erfordert, auf der Bühne herum. Einem dieser unvollendeten Geschöpfe fehlt das Gefühl für Wahrhaftigkeit und der Glaube an das eigene Tun; einem anderen fehlt die nötige Konzentration auf den Text – der Sinn und die richtige Wechselbeziehung gehen verloren. Darum wirken die Handlungen solcher Bühnenkrüppel leblos, man spürt in ihnen weder eine lebendige menschliche Vorstellung noch innere Bilder, noch das Wollen und die Absicht, ohne die auch der Gefühlswille nicht im Herzen des Schauspielers entstehen kann.
Was gäbe es, wenn auch unsere äußere, physische Natur solche Mängel aufweisen würde, wenn sie dem Auge sichtbar würden und die handelnden Personen ohne Ohren, ohne Finger, ohne Zähne über die Bühne gehen würden? Wir würden uns solche Mißbildungen schwerlich gefallen lassen. Aber die Mängel der inneren Natur sind ja für das Auge nicht sichtbar. Sie kommen dem Zuschauer nicht zum Bewußtsein, er empfindet sie bestenfalls unbewußt. Deutlich werden sie nur den wirklichen Kennern unseres Metiers.
Der durchschnittliche Zuschauer sagt: ‚Es scheint zwar ganz gut zu sein, reißt mich aber nicht mit!', und dann reagiert er nicht, applaudiert nicht und sieht sich die Vorstellung nicht zum zweitenmal an. Diese und noch schlimmere Gefahren drohen uns auf den Brettern immerzu und machen das Befinden auf der Bühne höchst labil.
Mehr noch – die Gefahr vergrößert sich, weil das falsche Befinden mit erstaunlicher Leichtigkeit und unglaublich rasch aufkeimt, so daß man sich dessen kaum bewußt wird. Es braucht nur ein einziges falsches Element in das organische innere Befinden auf der Bühne einzudringen – sofort zieht es andere ebenso falsche nach sich und verdirbt die innere Verfassung, durch die schöpferische Arbeit möglich wäre.
Glauben Sie mir: Schaffen Sie sich jenen Zustand auf der Bühne, in dem sich alle Elemente wie ein gutes Orchester harmonisch ergänzen, und tauschen Sie dann einmal ein richtiges Element gegen ein falsches aus. Achten Sie auf den Mißklang, der dabei entsteht.
Stellen Sie sich zum Beispiel einmal vor, ein Darsteller denkt in einer Rolle einen Phantasieeinfall aus, dem er selbst nicht glauben kann. Daraus entstehen unweigerlich Selbstbetrug und Lüge. Das bringt das richtige Befinden in Unordnung.
Ein anderes Beispiel: Nehmen wir an, der Schauspieler blickt das Objekt auf der Bühne zwar an, sieht es aber nicht. Dadurch konzentriert sich seine Aufmerksamkeit nicht auf den Punkt, den Stück und Rolle verlangen, sondern sie stößt im Gegenteil das richtige szenische Objekt ab, das sie unbedingt braucht, und wendet sich dem anderen, zwar falschen, für sie aber wesentlich interessanteren und verlockenderen Objekt zu – der Menge im Zuschauerraum oder dem Leben irgendwo außerhalb der Bühne. In solchen Augenblicken kommt es beim Schauspieler zum mechanischen ‚Glotzen', das die theatralische Übertreibung im Gefolge hat. Damit entgleist das ganze Befinden.
Versuchen Sie doch einmal, die lebendige Aufgabe der menschgewordenen Rolle mit

der toten Aufgabe eines Mimen zu vertauschen, oder zeigen Sie den Zuschauern sich selbst, oder benutzen Sie die Rolle, um mit dem Feuer Ihres Temperaments zu prahlen! Wenn Sie in das richtige Befinden auf der Bühne irgendeins dieser falschen Elemente einführen, geht sofort oder allmählich auch mit allen anderen eine Veränderung vor sich: Die Wahrhaftigkeit verwandelt sich in Konvention und in die technischen Kunstgriffe eines Mimen; der Glaube an die Echtheit des eigenen Erlebens und Handelns wird zur Überzeugtheit des Mimen von seinem handwerklichen Können und seinem üblichen mechanischen Handeln; die menschlichen Aufgaben, das Wollen und die Absicht werden schauspielerhaft, routiniert; der lebendige Phantasieeinfall verflüchtigt sich und wird von platter Alltäglichkeit abgelöst, von konventioneller Schaustellung, von konventionellem Spiel, von konventioneller Vorführung, von ‚Theater' im üblen Sinne des Wortes.
Ziehen Sie jetzt die Summe all dieser Entgleisungen: Das Objekt der Aufmerksamkeit jenseits der Rampe, plus vergewaltigtes Gefühl für Wahrhaftigkeit, plus emotionale Erinnerungen, die vom ‚Theater', nicht aus dem Leben stammen, plus leblose Aufgabe, und das alles nun nicht in die Atmosphäre eines künstlerischen Einfalls eingebettet, sondern in die reale, alltägliche Wirklichkeit eines Mimen, in die anormalen Gegebenheiten einer Aufführung gewickelt, plus stärkste Muskelanspannung, wie sie in solchen Fällen unvermeidlich ist.
Aus diesen ‚Elementen' entsteht der falsche Zustand auf der Bühne, in dem man weder erleben noch schaffen, sondern nur handwerklich mimen, Possen reißen, unterhalten, die Gestalt kopieren und nachäffen kann.
Geschieht in der Musik nicht dasselbe? Da zerstört ein einziger falscher Ton den harmonischen Akkord, mordet den Wohlklang, verwandelt Konsonanz in Dissonanz und läßt alle anderen Töne falsch klingen. Verbessern Sie den falschen Ton, und der Akkord wird wieder harmonisch klingen.
In allen Fällen, die ich angeführt habe, gibt es unausweichlich erst eine Entgleisung, und dann kommt der falsche Zustand des Schauspielers auf der Bühne, den wir in unserer Sprache das Befinden des Handwerkers oder des Mimen nennen.
Junge Schauspieler und Schüler wie Sie, die noch keine Erfahrung und keine Technik haben, geraten auf der Bühne am häufigsten in diesen falschen seelischen Zustand. Er löst eine Kette konventioneller Reaktionen in ihnen aus. Und das richtige, normale menschliche Befinden stellt sich bei Anfängern nur zufällig, nur ungewollt ein."
„Woher sollen wir denn das Handwerk haben? Wir haben doch nur ein einziges Mal auf der Bühne gestanden?"
„Ich muß Sie mit Ihren eigenen Worten schlagen", sagte Arkadi Nikolajewitsch. Er zeigte auf mich. „Wissen Sie noch – in der ersten Stunde, als ich Sie auf der Bühne nur einfach sitzen ließ, Sie aber das Sitzen überspielten, taten Sie etwa folgenden Ausspruch: ‚Seltsam! Ich habe nur ein einziges Mal auf den Brettern gestanden und habe sonst das gewöhnliche, normale Leben geführt. Trotzdem fällt es mir viel leichter, auf der Bühne Mätzchen zu machen als ganz natürlich zu leben.'
Das Geheimnis liegt darin, daß die Bühne selbst, die Bedingungen des öffentlichen Schaffens, eine Lüge enthalten. Man darf sich aber nicht damit abfinden, sondern

muß ständig dagegen kämpfen. Man muß sie umgehen und übersehen können. Die szenische Lüge führt auf der Bühne unausgesetzt Krieg mit der Wahrheit. Aber wie kann man sich vor der Lüge bewahren und die Wahrheit stärken? Mit dieser Frage wollen wir uns in der nächsten Stunde beschäftigen."

Arkadi Nikolajewitsch gab das Programm der heutigen Stunde bekannt: „Wir wollen die auf der Tagesordnung stehenden Fragen beantworten. Einerseits: wie bewahrt man sich auf der Bühne vor dem falschen Befinden des Handwerkers und Mimen, in dem man nur überspielen und Possen reißen kann. Andererseits: wie versetzt man sich in das richtige, menschliche innere Befinden auf der Bühne, das wahrhaftiges Schaffen allein ermöglicht.
Beide Fragen lassen sich gleichzeitig beantworten, denn das eine schließt das andere aus: indem man das richtige Befinden schafft, schaltet man das falsche aus und umgekehrt. Die erste Frage ist die wichtigere, über sie wollen wir sprechen.
Im Leben entsteht jeder seelische Zustand von selbst, auf natürlichem Wege. Er ist immer auf seine Weise richtig, wenn man die inneren und äußeren Lebensbedingungen in Betracht zieht.
Auf der Bühne ist es umgekehrt: Unter dem Einfluß der unnatürlichen Bedingungen des öffentlichen Schaffens entsteht fast immer das falsche, das Mimen-Befinden. Nur selten, zufällig entsteht da ein natürlicher Zustand, der dem normalen menschlichen Befinden nahekommt.
Was tut man nun, wenn sich das richtige Befinden auf der Bühne nicht von selbst einstellt?
Dann muß man den natürlichen menschlichen Zustand, oder doch fast denselben Zustand, in dem wir uns in der Wirklichkeit immer befinden, künstlich herstellen.
Dazu braucht man die Psychotechnik.
Sie hilft uns, das richtige Befinden herzustellen und das falsche auszuschalten. Sie hilft dem Schauspieler, in der Atmosphäre der Rolle zu bleiben, sie schirmt ihn gegen das schwarze Loch und die Anziehungskraft des Zuschauerraums ab.
Wie geht nun dieser Prozeß vor sich?
Alle Schauspieler schminken vor Beginn der Vorstellung das Gesicht, hüllen den Körper in Kostüme, um das Äußere der darzustellenden Person anzugleichen. Aber sie vergessen oft die Hauptsache: die Vorbereitung, das ‚Schminken' und ‚Kostümieren' der Seele, die das ‚Leben des menschlichen Geistes' in der Rolle schaffen und erleben muß. Darin besteht die vornehmste Aufgabe des Schauspielers bei jeder Aufführung.
Warum verwenden denn diese Schauspieler so außerordentlich viel Aufmerksamkeit auf den Körper? Ist er etwa der Hauptschaffende auf der Bühne? Warum wird die Seele des Schauspielers nicht ‚geschminkt' und ‚kostümiert'?"
„Wie soll man sie denn schminken?" fragten die Schüler.
„Die Toilette der Seele, die innere Vorbereitung auf die Rolle, besteht in folgendem: Der Schauspieler kommt nicht im letzten Augenblick in die Garderobe, wie es meistens der Fall ist, sondern – bei einer großen Rolle – zwei Stunden vor Beginn der Vorstellung und bereitet sich auf seinen Auftritt vor.[55] Aber wie?

Der Bildhauer knetet den Ton durch, bevor er mit dem Modellieren beginnt. Der Sänger singt sich ein. Und wir versuchen ins Spielen zu kommen, indem wir sozusagen unsere seelischen Saiten stimmen, die inneren ‚Tasten', ‚Pedale', ‚Register' überprüfen, alle einzelnen Elemente und Lockmittel, mit deren Hilfe unser schöpferischer Apparat in Gang gebracht wird.
Diese Arbeit ist Ihnen aus dem Unterricht in ‚Training und Drill' bestens bekannt.
Die Übungen fangen mit der Muskelentspannung an. Das ist die Voraussetzung für die weitere Arbeit.
Und dann... Überlegen Sie:
Objekt ist dieses Bild! Was stellt es dar? Wie groß ist es? Welche Farben hat es? Nehmen Sie ein weit entferntes Objekt! Kleiner Kreis der Aufmerksamkeit – nicht über die eigenen Füße oder den eigenen Brustkorb hinaus. Stellen Sie sich eine physische Aufgabe. Begründen und beleben Sie diese Aufgabe – erst mit diesem, dann mit einem anderen Phantasieeinfall! Bringen Sie die Handlung so weit, daß sie wahrhaftig und überzeugend wird. Erdichten Sie das magische ‚Wenn', die ‚vorgeschlagenen Situationen' und so weiter.
Wenn alle Elemente durchmassiert sind, dann befassen Sie sich mit einem Element ganz besonders intensiv."
„Mit welchem denn?"
„Nehmen Sie das Element, das Ihnen beim Schaffen am meisten liegt: vielleicht die Aufgabe, das ‚Wenn', den Phantasieeinfall, das Objekt der Aufmerksamkeit, die Handlung, die kleine Wahrhaftigkeit, den Glauben und so weiter.
Wenn es Ihnen gelingt, eines dieser Elemente in Tätigkeit zu setzen (aber nicht ‚im allgemeinen', nicht ungefähr, nicht formal, sondern im wesentlichen und bis in die letzte Kleinigkeit konkret), dann zieht dieses eine lebendige Element alle anderen nach sich. Und das kommt aus dem natürlichen Drang aller Antriebskräfte des psychischen Lebens und aller Elemente nach gemeinsamer Tätigkeit.
Es geschieht dasselbe wie beim Mimen-Befinden, wo ein einziges falsches Element alle anderen nach sich zieht – nur umgekehrt: Ein zum Leben erwecktes richtiges Element regt alle anderen richtigen Elemente zur Tätigkeit an, die dann das richtige innere Befinden auf der Bühne schaffen.
Denken Sie an eine Kette. Welches Glied man auch immer aufnimmt – alle anderen werden von dem einen Glied mit emporgezogen. So ist es auch mit den Elementen des Befindens auf der Bühne.
Was für ein bewunderungswürdiges Gebilde ist doch unsere schöpferische Natur, wenn sie nicht vergewaltigt ist! Wie sind ihre Teile ineinander verwoben und voneinander abhängig!
Diese Eigenschaft muß vorsichtig genutzt werden. Darum muß man sich jedesmal, bei jeder Wiederholung eines schöpferischen Prozesses – auf Proben und ganz besonders bei der Aufführung – gut und aufmerksam vorbereiten: die Elemente massieren, sich in das richtige Befinden bringen."
„Jedesmal?!" wunderte sich Wjunzow. Die anderen Schüler stimmten ihm bei: „Das ist schwer!"
„Ihrer Ansicht nach ist es also leichter, mit vergewaltigten Elementen zu operieren?

Ohne Abschnitte, ohne Aufgaben und Objekte, ohne Gefühl für Wahrhaftigkeit und ohne den Glauben? Sollten das richtige Wollen und Streben nach einem klaren, verlockenden Ziel mit einem begründeten magischen ‚Wenn' und unter überzeugenden ‚vorgeschlagenen Situationen' hinderlich für Sie sein, sollten dagegen Schablone, theatralische Übertreibung und Lüge so sehr helfen, daß es Ihnen schwer wird, sich davon zu trennen?
Nein! Es ist leichter und natürlicher, alle Elemente auf einmal zusammenzufassen. Sie neigen ja ihrem Wesen nach von selbst dazu.
Wir brauchen Hände und Füße, Herz, Nieren und Magen auf einmal, gleichzeitig. So sind wir geschaffen. Es ist uns sehr unangenehm, wenn uns ein Organ genommen wird, wenn uns statt dessen Ersatz geliefert wird – ein Glasauge, eine falsche Nase, ein falsches Ohr, Prothesen anstelle von Armen, Beinen, Zähnen.
Warum wollen Sie für die innere schöpferische Natur des Schauspielers oder seiner Rolle nicht dasselbe gelten lassen? Da werden auch alle organischen Elemente gebraucht, während die Prothesen – die Schablonen – hinderlich sind. Geben Sie also allen Komponenten, die das richtige Befinden schaffen, die Möglichkeit zu harmonischer, ungehinderter Zusammenarbeit.
Wem nützt ein einzeln herausgegriffenes Objekt der Aufmerksamkeit – losgelöst, für sich allein? Es lebt nur innerhalb des zündenden Phantasieeinfalls. Und das Leben hat auch seine Teile und Abschnitte; wo Abschnitte sind, sind aber auch Aufgaben. Eine verlockende Aufgabe löst ganz natürlich das Wollen und Streben aus, das in Handlung mündet.
Eine falsche, unwahre Handlung nützt niemand, also braucht man Wahrhaftigkeit; wo Wahrhaftigkeit ist, da kann man ihr auch glauben. Alle Elemente zusammen machen das emotionale Gedächtnis bereit für das freie Aufkeimen der Empfindungen und für die ‚Echtheit der Leidenschaften'.
Aber ist denn das alles denkbar ohne ein Objekt der Aufmerksamkeit, ohne Phantasieeinfall, ohne Abschnitte und Aufgaben, ohne Wollen, Streben, Handeln, ohne Wahrhaftigkeit und Glauben und so weiter? Und alles fängt wieder von vorn an wie im Märchen vom Fischer und seiner Frau.
Was die Natur zusammengefügt hat, sollten Sie nicht trennen. Widersetzen Sie sich der Natur nicht, verstümmeln Sie nicht sich selbst! Die Natur hat ihre Forderungen, Gesetze und Bedingungen, die man nicht mißachten darf. Man muß sie im Gegenteil gut studieren, begreifen und einhalten.
Vergessen Sie darum nicht, bei jeder Wiederholung des schöpferischen Prozesses Ihre Übungen durchzuexerzieren."
„Aber entschuldigen Sie bitte", widersprach Goworkow, „dann muß man ja an einem Abend nicht eine, sondern zwei Vorstellungen durchspielen! Die erste, sehen Sie, für sich allein, bei der Vorbereitung in der Garderobe, und die zweite auf der Bühne für die Zuschauer."
„Nein, das brauchen Sie nicht", beruhigte ihn Torzow. „Bei der Vorbereitung auf die Vorstellung genügt es, einzelne wesentliche Momente der Rolle oder der Etüde, die Hauptpartien des Stücks anzuschlagen, ohne alle Aufgaben und Abschnitte des Stückes zu Ende zu entwickeln.

Fragen Sie sich nur: ‚Kann ich heute, jetzt sofort, meiner Beziehung zu dieser bestimmten Stelle der Rolle glauben? Empfinde ich diese bestimmte Handlung? Muß ich nicht irgendein winziges Detail im Phantasieeinfall ändern oder ergänzen? Diese vorbereitenden Übungen sind nur Stichproben – Überprüfung des eigenen Ausdrucksapparates, ein Stimmen der inneren Instrumente, Durchsicht der Partitur und der seelischen Elemente des Schauspielers.

Hat die Rolle das Reifestadium erreicht, in dem die geschilderte Arbeit möglich ist, dann wird der Vorbereitungsprozeß bei jeder Wiederholung leicht und verhältnismäßig rasch vonstatten gehen. Das Unglück ist nur, daß bei weitem nicht alle Rollen im Repertoire eines Schauspielers bis zu jener Stufe der Vollendung gereift sind, auf der man zum Herrn der Partitur, zum Meister der Psychotechnik, zum Schöpfer in der Kunst wird.

Unter diesen Bedingungen ist die Vorbereitung auf den Auftritt schwierig. Trotzdem ist sie unentbehrlich und erfordert bei jeder Wiederholung noch mehr Zeit und Aufmerksamkeit. Der Schauspieler muß unermüdlich am richtigen Befinden arbeiten, nicht nur im eigentlichen Schaffensprozeß, sondern auch schon vorher, nicht nur bei der Vorstellung, sondern auch auf den Proben und zu Hause. Das richtige innere Befinden auf der Bühne ist labil, ganz gleich, ob die Rolle noch nicht sitzt oder ob sie schon durch häufiges Sprechen ausgeleiert ist und an Klarheit verloren hat.

Das richtige innere Befinden schwankt also ständig. Es ist mit einem in der Luft balancierenden Flugzeug zu vergleichen, das auch ständig abgefangen werden muß. Bei großer Erfahrung wird diese Aufgabe vom Piloten automatisch ausgeführt und verlangt keine besondere Aufmerksamkeit mehr.

So ist es auch bei uns. Die Elemente des Befindens müssen ständig reguliert werden, bis es schließlich zur selbstverständlichen Gewohnheit wird.

Ich will Ihnen diesen Vorgang an einem Beispiel erklären.

Nehmen wir an, der Schauspieler fühlt sich auf der Bühne, während des Schaffens, vorzüglich. Er hat sich derart in der Gewalt, daß er, ohne aus der Rolle zu kommen, sein Befinden überprüfen und in die einzelnen Elemente zerlegen kann. Alle arbeiten richtig, Hand in Hand. Da gibt es eine leichte Entgleisung! Sofort blickt der Schauspieler in sein Inneres, um festzustellen, welches Element seines Befindens aus dem Gleichgewicht gekommen ist. Sobald er den Fehler erkannt hat, verbessert er ihn. Dabei macht es ihm keinerlei Mühe, sich zu spalten – also einerseits den Fehler zu verbessern und andererseits in der Rolle weiterzuleben.

‚Der Schauspieler lebt, er weint und lacht auf der Bühne; doch weinend und lachend beobachtet er sein Lachen und sein Weinen. Und in diesem zwiespältigen Dasein, in diesem Gleichgewicht zwischen Leben und Spiel liegt die Kunst.' "[56]

„Sie wissen jetzt, was inneres Befinden auf der Bühne ist und wie es sich aus den einzelnen Antriebskräften des psychischen Lebens und den Elementen zusammensetzt.

Versuchen wir, in die Seele eines Schauspielers einzudringen, versuchen wir den Augenblick festzuhalten, in dem dieser Zustand entsteht. Verfolgen wir, was beim Arbeitsprozeß an einer Rolle im Innern vorgeht.

Nehmen wir an, Sie beginnen mit der Arbeit an der schwierigsten und kompliziertesten Rollengestalt – Shakespeares Hamlet.
Womit ist diese Gestalt vergleichbar? Mit einem riesigen Berg. Um die in ihm liegenden Schätze ermessen zu können, muß man die Edelmetall-, Edelstein-, Marmor- und Kohlevorkommen erforschen, die Zusammensetzung der Mineralquellen feststellen, und man muß auch die landschaftlichen Schönheiten in Betracht ziehen. Diese Aufgabe kann ein Mensch nicht allein vollbringen. Er braucht die Hilfe anderer, er muß eine weitverzweigte Organisation, Geldmittel, Zeit und so weiter haben.
Zuerst betrachtet man sich den unzugänglichen Berg von unten, vom Fuß aus; man geht um ihn herum, man studiert sein Äußeres. Dann schlägt man Stufen in den Fels und steigt hinauf.
Wege werden angelegt, Tunnel gebaut, Löcher gebohrt, Spalten aufgerissen, Schächte gemauert, Maschinen aufgestellt, Arbeiterkolonnen zusammengestellt, und nach langer Forschungsarbeit ist man überzeugt, daß dieser Berg höchstwahrscheinlich unvorstellbare Schätze birgt.
Je tiefer man in sein Inneres eindringt, um so reicher wird die Ausbeute. Je höher man den Berg erklimmt, um so überwältigter ist man von der Weite des Horizonts, von der Schönheit der Natur.
Hoch oben am Rande des Abgrunds stehend, erkennst du das blühende Tal, das dich durch reiche Farbenpracht entzückt. Dorthinunter springt der Gebirgsbach. In Schleifen windet er sich durch das Tal, blinkt in der Sonne. Und dahinter ragt ein anderer Berg auf, unten mit Wald bedeckt, weiter oben Gräser und noch höher hinauf steil aufragender heller Fels. Sonnenstrahlen huschen im Wechselspiel mit den Schatten der Wolken drüberhin.
Und ganz oben sind Schneegipfel, immer in Wolken gehüllt. Und man weiß nicht, was dort geschieht, weit weg, hoch über dem Tal.
Plötzlich geht eine erregte Bewegung durch die Menschen auf dem Berg. Alle laufen in einer Richtung, jubeln, rufen: ‚Gold! Gold! Wir sind auf eine Goldader gestoßen!'
Sofort ist die Arbeit in vollem Gang, von allen Seiten wird der Fels angebohrt. Doch nach einiger Zeit verhallen die Schläge, die Arbeiter schleichen schweigend und gedrückt davon, an eine andere Stelle, irgendwohin, recht weit ... die Goldader ist verschwunden, Riesenkräfte sind umsonst vergeudet worden. Die Erwartungen haben sich nicht erfüllt. Forscher und Fachleute sind ratlos, sie wissen nicht, was sie tun sollen.
Wieder vergeht einige Zeit – da ertönen erneut laute Rufe von oben. Man klettert hinauf, bohrt, die Menge lärmt und singt.
Aber auch diesmal ist der menschliche Energieaufwand vergeblich – kein Gold.
Wie unterirdisches Grollen dröhnt aus der Tiefe das Bohren der Hämmer, klingen noch einmal freudige Rufe auf. Dann wird es wieder still.
Aber es gelingt dem Berg nicht, seine Schätze vor den zähen, wißbegierigen Menschen zu verbergen. Ihre Arbeit wird schließlich doch von Erfolg gekrönt: Die Goldader ist entdeckt. Preßlufthämmer dröhnen auf, die Arbeiter singen fröhliche Lieder, flink eilen die Menschen über den Berg. Eine kurze Zeit noch – und man findet reiche Vorkommen edelsten Metalles."

Nach einer kurzen Pause fuhr Arkadi Nikolajewitsch fort:
„Im größten Werk des genialen Shakespeare, im ‚Hamlet', sind auch unermeßliche Schätze (seelische Elemente) und eine Goldader (die Idee der Dichtung) verborgen. Diese Kostbarkeiten sind außerordentlich fein, kompliziert, ungreifbar. Sie lassen sich viel schwieriger aus dem Innern der Rolle und des Schauspielers ausgraben als die Mineralien aus der Erde. Zuerst bewundert man das Werk des Dichters wie den goldhaltigen Berg von außen, man studiert seine Form. Dann sucht man Gänge und Mittel, um in die Tiefe vorzudringen, wo die geistigen Schätze verborgen sind. Auch dazu braucht man ‚Bohrlöcher', ‚Tunnel', ‚Schächte' (Aufgabe, Wollen, Logik und so weiter). Man braucht auch ‚Arbeiter' (schöpferische Kräfte, Elemente), ‚Ingenieure' (die Antriebskräfte des psychischen Lebens). Und man braucht auch die entsprechende ‚Stimmung' (das innere Befinden auf der Bühne).
Der schöpferische Prozeß gärt jahrelang in der Seele des Schauspielers: Tag und Nacht, zu Hause, auf den Proben, bei der Aufführung. Das Wesen dieser Arbeit wird wohl am besten durch den Ausdruck ‚Glück und Qual des Schaffens' gekennzeichnet.
Auch in unserer Seele bricht der ‚große Jubel' aus, wenn wir in der Rolle und in uns selbst auf Edelmetall, auf die Goldader stoßen.
In jedem Augenblick der Arbeit an der Rolle wächst im ganzen Wesen des Künstlers das tiefe, weitverzweigte, dauerhafte, stabile innere Befinden. Nur bei diesem Zustand kann von wahrhaftem Schaffen und von Kunst gesprochen werden.
Aber leider ist dieses in die Tiefe gehende Befinden etwas höchst Seltenes. Man begegnet ihm manchmal bei großen Schauspielern.
Viel häufiger befinden sich die Schauspieler in einem ganz oberflächlichen, die Tiefe der Rolle unberührt lassenden Zustand. Dabei spazieren sie gleichsam ohne Sorgen durch das Stück, so, als ob sie über unseren Berg gingen, ohne sich für die unermeßlichen Schätze im Innern zu interessieren.
In diesem seichten, oberflächlichen Befinden kann man die seelische Tiefe der Dichtung nicht erschließen, man erfährt nur etwas über ihre äußere Schönheit.
Leider begegnen wir dem oberflächlichen Befinden am häufigsten bei den Bühnenschaffenden.
Wenn ich Sie bitte, auf der Bühne nach einem Papierfetzen zu suchen, der gar nicht da ist, werden Sie die vorgeschlagenen Situationen schaffen müssen, das ‚Wenn', den Phantasieeinfall. Sie werden alle Elemente des inneren Befindens auf der Bühne anregen müssen und sich erst dann mit deren Hilfe darauf zurückbesinnen, erkennen – also erfühlen – können, wie die einfache Aufgabe ‚Suchen nach einem Papierfetzen' im Leben erfüllt wird.
Dieses bescheidene Ziel verlangt auch nur ein kurzes und wenig tiefes inneres Befinden. Es entsteht bei einem Könner sofort und ist auch im Nu wieder verschwunden, sobald die Handlung ausgeführt ist.
Die Beschaffenheit des inneren Befindens auf der Bühne richtet sich nach der Art von Aufgabe und Handlung.
Daraus ergibt sich die natürliche Schlußfolgerung, daß Qualität, Kraft, Stärke, Tiefe, Dauer, Intensität und Zusammensetzung des inneren Befindens auf der

Bühne unendlich verschieden sind. Zieht man in Betracht, daß in jedem einzelnen inneren Befinden dieses oder jenes Element, diese oder jene Antriebskraft des psychischen Lebens vorherrscht und daß außerdem noch jeder Künstler seine besonderen, individuellen Gegebenheiten hat, dann scheint es unendlich viele Möglichkeiten des inneren Befindens auf der Bühne zu geben.
Es gibt Fälle, in denen sich das ganz zufällig, von selbst entstandene innere Befinden ein Thema zur schöpferischen Entfaltung sucht.
Doch es kann auch umgekehrt sein: Die interessante Aufgabe, die Rolle, das Stück regen den Schauspieler zum Schaffen an und versetzen ihn in das richtige innere Befinden auf der Bühne.
Das geschieht während des Schaffens und in der Vorbereitungszeit in der Seele des Schauspielers."

XV. ÜBERAUFGABE UND DURCHGEHENDE HANDLUNG

„Das richtige innere Befinden der Einheit Schauspieler–Rolle ist hergestellt! Das Stück ist nicht allein mit Hilfe des Verstands, sondern auch mit Unterstützung durch den Willen und das Gefühl sowie mittels aller anderen Elemente einstudiert! Die schöpferische Armee ist in eine noch bessere Schlachtordnung gebracht worden! Die Truppen können ausrücken!"
„Wohin sollen sie denn geführt werden?"
„Ins Zentrum, in die Hauptstadt, ins Herz des Stückes, zur Grundidee, um derentwillen der Dichter das Werk geschaffen und der Schauspieler eine Rolle daraus nachgeschaffen hat."
„Wo ist denn diese Grundidee zu suchen?" Wjunzow begriff nicht.
„Im Werk des Dichters und in der Einheit Schauspieler–Rolle."
„Und wie macht man das?"
„Bevor diese Frage beantwortet werden kann, muß unbedingt noch über einige wichtige Momente im schöpferischen Prozeß gesprochen werden. Hören Sie gut zu: Wie aus dem Samen die Pflanze wächst, wird aus einzelnen Gedanken und Gefühlen des Dichters das Werk.
Diese einzelnen Gedanken, Gefühle, Lebensvisionen des Dichters gehen als roter Faden durch sein ganzes Leben. Sie bestimmen sein Schaffen. Sie sind für ihn der Ausgangspunkt. Aus diesem Samen entwickelt er die Dichtung. Die Gedanken, Gefühle und Lebensvisionen, die ewigen Qualen oder Seligkeiten des Dichters sind der Kernpunkt des Stückes – deshalb schreibt er. Die Übertragung der Gedanken und Gefühle des Dichters, seiner Visionen, seiner Leiden und Freuden auf die Bühne ist die Hauptaufgabe einer Aufführung.
Vereinbaren wir miteinander, künftig dieses grundlegende, umfassende Ziel, das alle anderen Aufgaben in sich vereinigt, worauf sich das schöpferische Streben der An-

triebskräfte des psychischen Lebens und alle Elemente des inneren Befindens der Einheit Schauspieler–Rolle beziehen – vereinbaren wir also, dieses Ziel künftig

DIE ÜBERAUFGABE DES STÜCKES

zu nennen." Arkadi Nikolajewitsch zeigte auf das Plakat.
„Die Überaufgabe des Stückes?" Wjunzow dachte mit tragischer Miene angestrengt vor sich hin.
Torzow kam ihm zu Hilfe: „Ich will es Ihnen erklären. Dostojewski suchte sein ganzes Leben lang Gott und Teufel in den Menschen. Aus diesem Suchen heraus schuf er die ‚Brüder Karamasow'. Die Suche nach Gott ist darum die Überaufgabe dieses Werkes.
Leo Tolstoi rang ein Leben lang um Selbstvervollkommnung, viele Werke wuchsen aus diesem Kern, der ihre Überaufgabe ist.
Gegen Stumpfsinn und Spießbürgertum kämpfend, träumte Anton Tschechow von einem besseren Leben. Der Kampf um das bessere Leben, das Streben nach diesem Leben wurde die Überaufgabe vieler Werke von Tschechow.
Empfinden Sie nicht, daß diese großen Lebensideen genialer Menschen zu mitreißenden, erregenden Aufgaben für den schöpferischen Schauspieler werden, daß sie die einzelnen Abschnitte des Stückes und der Rolle in ihr Kraftfeld ziehen können?
Was auch im Stück vorgeht, die einzelnen großen und kleinen Aufgaben, die schöpferischen Gedanken und Handlungen des Schauspielers, die der Rolle entsprechen – alle dienen der Verwirklichung der Überaufgabe des Stückes. Alles, was in einer Aufführung geschieht, ist so fest mit der Überaufgabe verbunden und so stark von ihr abhängig, daß selbst die winzigste Nichtigkeit, die keine Beziehung zu ihr hat, schädlich und überflüssig wird, vom Wesen des Werkes wegführt.
Die Einstellung auf die Überaufgabe muß konzentriert, ununterbrochen und durchgängig für das ganze Stück, für die ganze Rolle sein.
Dabei muß man auf Qualität und Herkunft dieser Einstellung achten.
Sie kann mimenhaft, formal sein, nur die mehr oder weniger richtige allgemeine Richtung andeuten. Diese Art der Einstellung wird das Werk nicht lebendig machen, sie wird nicht die echte, produktive, zweckmäßige Handlung hervorrufen. Sie hat auf der Bühne keinen Platz.
Aber sie kann auch anders sein – es kann die wahre, menschliche, aktive Einstellung sein, der es um die Erfüllung der Grundidee des Stückes geht. Diese ununterbrochene Einstellung speist wie eine Hauptschlagader gleichermaßen den Organismus des Schauspielers und der Rollengestalt. Sie erfüllt das ganze Stück mit Leben.
Diese wahre, lebendige Einstellung wird durch die Qualität, durch den Reiz der Überaufgabe ausgelöst.
Ist die Überaufgabe genial, wird ihre Anziehungskraft gewaltig sein; ist sie nicht genial, dann ist die Anziehungskraft schwach."
„Und wenn sie schlecht ist?" fragte Wjunzow.
„Eine schlechte Überaufgabe muß der Schauspieler selbst vertiefen oder ‚verschärfen'."

„Welche Qualität der Überaufgabe brauchen wir denn?" versuchte ich zu verstehen. „Können wir eine falsche Überaufgabe brauchen, die den schöpferischen Ideen des Autors nicht entspricht, wenn sie auch an sich für den Schauspieler interessant ist?" fragte Torzow. Er antwortete auch selbst: „Nein! Eine solche Aufgabe können wir nicht brauchen. Mehr als das – sie ist gefährlich. Je hinreißender die falsche Überaufgabe ist, desto stärker zieht sie den Schauspieler an, desto weiter entfernt er sich vom Autor, vom Stück, von der Rolle.

Brauchen wir eine intellektualistische Überaufgabe? Nein! Eine trocken vernünftelnde Aufgabe? Auch nicht! Wir brauchen aber unbedingt eine *bewußte* Überaufgabe, die vom Verstand, vom interessanten schöpferischen Gedanken ausgeht.

Brauchen wir eine emotionale Überaufgabe, die unser ganzes Wesen leidenschaftlich durchdringt? Wir brauchen sie so selbstverständlich wie Luft und Sonne.

Brauchen wir eine willensbetonte Überaufgabe, die unser seelisches und physisches Wesen anspornt? Unbedingt!

Und was ist von der Überaufgabe zu sagen, die unsere schöpferische Phantasie anregt, unsere ungeteilte Aufmerksamkeit erfordert, das Gefühl für Wahrhaftigkeit befriedigt, den Glauben an die Wahrhaftigkeit und alle anderen Elemente des richtigen Befindens im Schauspieler weckt? Jede Überaufgabe, die die Antriebskräfte des psychischen Lebens weckt und die verschiedenen Elemente des Schauspielers anregt, brauchen wir wie das tägliche Brot.

Es zeigt sich also, daß wir eine Überaufgabe brauchen, die den Ideen des Dichters entspricht, aber gleichzeitig auch ein unüberhörbares Echo in der Seele des Schauspielers hervorruft. Diese Notwendigkeit kann durch kein formales, intellektualistisches Erleben, sondern nur durch das wirkliche, lebendige, menschliche, unmittelbare Erleben erfüllt werden.

Mit anderen Worten: Der Schauspieler muß die Überaufgabe nicht nur in der Rolle, sondern auch in der eigenen Seele suchen.

Die Überaufgabe einer Rolle,* die für alle Darsteller dieser Rolle verpflichtend ist, klingt in jedem Schauspieler auf andere Weise auf. Die Aufgabe ist dieselbe – und doch nicht dieselbe. Nehmen wir zum Beispiel die verbreitete menschliche Einstellung: ‚Ich will angenehm leben!' Wie viele verschiedenartige feine Schattierungen liegen allein in diesem ‚ich will', in den Methoden, das Ziel zu erreichen, überhaupt in der Vorstellung vom ‚angenehmen Leben.' Da ist viel Persönliches, Individuelles, das nicht immer einer bewußten Bewertung unterworfen werden kann. Und bei einer komplizierten Überaufgabe bekommen die menschlichen Besonderheiten jedes Schauspielers noch mehr Gewicht.

Dieses ganz individuelle Echo bei verschiedenen Darstellern ist von größter Bedeutung für die Überaufgabe. Ohne das persönliche Erleben des schaffenden Künstlers ist sie ledern und tot. Das Echo in der Seele des Schauspielers muß unbedingt antworten, damit Überaufgabe und Rolle lebendig werden, vibrieren, in allen Farben des menschlichen Lebens leuchten.

---

* Stanislawski bezieht hier den Begriff *Überaufgabe* nicht nur auf das Stück, sondern auch auf die Rolle, wo wir, um besser unterscheiden zu können, lieber von der *Hauptaufgabe* einer Figur sprechen würden. *(Anm. d. Hrsg.)*

Es ist wichtig, daß die Beziehung des Schauspielers zur Rolle niemals die Züge der unverwechselbaren Persönlichkeit verliert, aber zugleich die Ideen des Dichters erfüllt. Wenn der Darsteller in einer Rolle nicht sein menschliches Wesen offenbart, bleibt sein Geschöpf leblos.
Der Schauspieler muß die Überaufgabe selbst aufspüren und lieben lernen. Wenn sie ihm von anderen gezeigt wird, muß er sich unbedingt von ihr durchdringen lassen und sich aus seinem menschlichen Gefühl, aus seiner Persönlichkeit heraus, leidenschaftlich an ihr entzünden. Mit anderen Worten: Man muß sich jede Überaufgabe zu eigen machen können. Das bedeutet, daß man etwas Wesentliches in der Aufgabe, das der eigenen Seele verwandt ist, finden muß.
Was verleiht nun der Überaufgabe ihren ganz besonderen, unwägbaren Reiz, der alle Darsteller der gleichen Rolle, aber jeden auf andere Weise anregt? In den meisten Fällen ist es das Besondere, das wir in uns selbst fühlen, ohne uns davon Rechenschaft ablegen zu können, das, was im Bereich des Unbewußten verborgen ist.
Die Überaufgabe muß diesem Bereich nah verwandt sein.
Sie merken jetzt, wie beharrlich und sorgsam man der großen, tiefen, erregenden Überaufgabe nachspüren muß.
Sie sehen, wie wichtig es ist, die Überaufgabe im Werk des Dichters zu entdecken und auf den Widerhall in der eigenen Seele zu horchen.
Viele verschiedene Überaufgaben muß man erst verwerfen und dann wieder ausbrüten. Oft zielt man und ebensooft schießt man daneben, bis schließlich der Treffer gelingt."[57]

Arkadi Nikolajewitsch sagte heute: „Die Wahl der Benennung spielt in dem schwierigen Prozeß, die Überaufgabe aufzuspüren und festzulegen, eine große Rolle. Es ist Ihnen ja bereits bekannt, daß treffende Benennungen schon den einfachen Abschnitten und Aufgaben Kraft und Bedeutung verleihen. Wir sprachen seinerzeit auch darüber, daß die schöpferische Aktivität gesteigert wird, wenn man dabei ein Substantiv durch ein Verb ersetzt.
Das gilt in noch stärkerem Maße für die Benennung der Überaufgabe.
‚Ist doch gleichgültig, wie sie heißt!' sagen die Laien. Doch es erweist sich, daß von der treffenden Formulierung, vom Aktivitätsgrad eines solchen Namens nicht selten Aussage und Interpretation eines Werkes abhängig sind. Nehmen wir an, wir spielen Gribojedows ‚Verstand schafft Leiden' und bezeichnen die Überaufgabe mit den Worten: ‚Ich will Sophia gewinnen.'* Das Stück enthält manches, was diese Bezeichnung rechtfertigt.

---

* *In den folgenden Beispielen versucht Torzow, die Überaufgabe des Stückes aus der Hauptaufgabe einer die Haupthandlung tragenden Figur zu entwickeln. Dieses Verfahren genügt jedoch nicht – was der Student Naswanow auf Seite 304 beim Beispiel „Brand" auch empfindet. Die Idee des Stückes, ausgedrückt in der alle Rollenträger aktivierenden Überaufgabe der Inszenierung, erwächst aus Handlung und Gegenhandlung. Sie drückt die „gesellschaftliche Wahrheit" der Dichtung aus, das, was der Zuschauer als nachwirkendes, bewußtseinsbildendes Erlebnis mitnehmen soll. Von der Überaufgabe her empfangen alle Schauspieler Impulse und Maßstäbe zur Formulierung ihrer Rollen-Hauptaufgaben, wobei die Beziehung der Hauptaufgabe einer Figur zur Überaufgabe des Stückes die Bedeutung der betreffenden Gestalt in der Gesellschaft ausdrückt und damit den Standpunkt des Darstellers zur Figur und deren kritische Gestaltung bestimmt. Träger der Handlung und*

Aber die gewichtige gesellschaftskritische Seite des Stückes erhält dadurch nur zufällige, episodische Bedeutung. Man kann die Überaufgabe von ‚Verstand schafft Leiden' auch anders benennen: ‚Ich will gewinnen' – und zwar nicht Sophia, sondern ‚mein Vaterland'. Jetzt tritt Tschatzkis heiße Liebe zu Rußland, zu seiner Nation, zu seinem Volk in den Vordergrund.
Die gesellschaftskritische Seite des Stückes gewinnt Raum, das ganze Werk wird bedeutender, sinnvoller.
Aber man kann das Stück noch weiter vertiefen, indem man die Überaufgabe ‚Ich will die Freiheit gewinnen' formuliert. Durch diese Einstellung des Helden nimmt die Schärfe seiner entlarvenden Kritik an der herrschenden Kaste zu. Das Stück verliert damit die allzu persönliche, private Bedeutung, die es im ersten Fall – ‚Ich will Sophia gewinnen' – hatte, und auch die begrenzt nationale Sinngebung der zweiten Variante. Es ist jetzt weiter, in bezug auf die Menschheit gesehen.
Die gleiche Metamorphose macht auch die Tragödie Hamlets durch, wenn man die Bezeichnungen der Überaufgabe verändert. Heißt sie ‚Ich will das Andenken meines Vaters ehren', erhält das Familiendrama das Übergewicht. Durch die Bezeichnung ‚Ich will die Geheimnisse des Seins ergründen' entsteht eine mystische Tragödie. Der Mensch, der einmal über den Zaun des Lebens geschaut hat, kann nicht mehr existieren, ohne sich in der Frage nach dem Sinn des Seins zu verzehren. Manche sehen in Hamlet gern einen zweiten Messias, der mit dem Schwert in der Hand die Erde von ihrer Verworfenheit säubern will. Die Überaufgabe ‚Ich will die Menschheit retten' würde aber die Tragödie noch erweitern und vertiefen.
Einige Beispiele aus meiner eigenen schauspielerischen Praxis werden Ihnen die Wichtigkeit einer Bezeichnung für die Überaufgabe noch anschaulicher zeigen:
Ich spielte den Argan im ‚Eingebildeten Kranken' von Molière. Erst faßten wir das Stück ganz simpel auf und bezeichneten die Überaufgabe des Querkopfs ‚Ich will krank sein'. Aber je mehr Mühe ich mir mit dem Kranksein gab, um so mehr steuerte das fröhliche satirische Lustspiel zu einer Tragödie der Krankheit, zur Pathologie hin.
Bald sahen wir unseren Irrtum ein, fanden die Überaufgabe ‚Ich will, daß man mich für krank hält', und sofort erklangen die komödienhaften Elemente des Stückes. Es bildete sich eine Basis für die Ausbeutung des Dummkopfs durch die medizinischen Scharlatane, die Molière in seinem Stück verspotten wollte. Die Tragödie verwandelte sich in die belustigende Komödie des Spießbürgertums.
In einem anderen Stück, in Goldonis ‚Mirandolina', hatten wir zuerst die Überaufgabe ‚Ich will nichts von den Frauen wissen' (Weiberfeind). Aber sie erschloß den Humor und die Wirkungsmöglichkeiten des Stückes nicht. Als mir dann klar wurde, daß der Held die Frauen ja eigentlich liebt, gar kein Weiberfeind sein, sondern nur dafür gehalten werden will, da wurde ‚Ich will heimlich lieben' (als Weiberfeind getarnt) zur Überaufgabe, und sofort kam Leben ins Stück.

Gegenhandlung dienen im Drama, jeder mit seiner speziellen Aufgabe in unterschiedlicher Weise, der Überaufgabe. Stanislawskis Praxis, wie wir sie zum Beispiel in Gortschakows „Regie, Unterricht bei Stanislawski" (Henschelverlag, Berlin 1959) kennenlernen, hat sich in ebendieser Richtung entwickelt und die hier niedergelegten theoretischen Erkenntnisse verbessert und weiterentwickelt. (Anm. d. Hrsg.)

Aber diese Aufgabe bezog sich mehr auf meine Rolle als auf das ganze Stück. Als wir dann nach langer Arbeit begriffen hatten, daß Mirandolina eben ‚La locandiera' – die Wirtin – ist, und von da aus eine wirksame Überaufgabe fanden, trat der Inhalt des Stückes ganz von selbst zutage.
Die Beispiele zeigen, daß in der Technik unseres Schaffens die richtige Formulierung der Überaufgabe außerordentlich wichtig ist, daß sie der gesamten Arbeit Sinn und Richtung gibt.
Sehr häufig kristallisiert sich die Überaufgabe erst nach der Aufführung des Stückes, bei den Vorstellungen, heraus. Oft genug helfen die Zuschauer dem Schauspieler, die richtige Benennung der Überaufgabe zu finden.[58]
Ist Ihnen jetzt klar, daß die Verbindung zwischen Überaufgabe und Stück organisch ist, daß man die Überaufgabe aus dem Herzen des Stückes, aus seinen tiefsten Tiefen bezieht?
Die Überaufgabe soll so fest wie nur irgend möglich in die Seele des gestaltenden Schauspielers eingehen, in die Phantasie, in die Gedanken, in das Gefühl, in alle Elemente! Wenn die Überaufgabe doch den Darsteller immer an das innere Leben der Rolle und an das Ziel des Schaffens mahnen wollte! Während der ganzen Vorstellung soll der Schauspieler von ihr erfüllt sein. Sie soll ihm helfen, mit wacher Aufmerksamkeit im Lebensbereich der Rolle zu bleiben. Wenn es gelingt, vollzieht sich der Erlebnisprozeß normal. Wenn jedoch auf der Bühne das innere Ziel der Rolle und die Absicht ihres Darstellers auseinanderklaffen, entsteht ein verhängnisvoller Widerspruch.
Deshalb ist es die wesentlichste Aufgabe des Schauspielers, die Überaufgabe stets im Auge zu behalten. Sie vergessen heißt die Lebenslinie des Stückes zerstören. Das ist eine Katastrophe für die Rolle, für den Schauspieler, für die ganze Aufführung. In diesem Fall läuft die Aufmerksamkeit des Schauspielers sofort in eine falsche Richtung, die Seele der Rolle wird leer, die Rolle lebt nicht mehr. Lernen Sie, auch auf der Bühne normal und organisch zu schaffen, was sich im realen Leben leicht und von selbst vollzieht.
Aus der Überaufgabe ist das Werk des Dichters geboren. Sie ist das Ziel des schauspielerischen Schaffens."

„Also", begann Arkadi Nikolajewitsch heute, „die Funktionslinien der Antriebskräfte des psychischen Lebens, aus dem Verstand, dem Willen und dem Gefühl des Schauspielers geboren, nehmen die Partikelchen der Rolle in sich auf, werden mit den inneren schöpferischen Elementen der Einheit Schauspieler–Mensch durchtränkt, vereinigen und verflechten sich wie die einzelnen Fäden einer Schnur zu Mustern und verknüpfen sich gleichsam in einem einzigen festen Knoten. Die Funktionslinien bilden zusammen das innere Befinden auf der Bühne. Nur aus diesem Befinden heraus kann man mit dem Studium aller Abschnitte, aller komplizierten Details des Rollenlebens und des eigenen Schauspielerlebens zur Zeit der Gestaltung der Rolle beginnen.
Bei diesem allseitigen Studium der Rolle wird die Überaufgabe klar, um derentwillen das Stück, alle Gestalten des Werkes geschaffen wurden.

Sobald die Antriebskräfte und Elemente das wahre Ziel des schöpferischen Bemühens erfaßt haben, treffen sie sich alle auf dem vom Autor vorgezeichneten Wege, der zum gemeinsamen Hauptziel führt – zur Überaufgabe.
Dieses aktive innere Streben aller Antriebskräfte des psychischen Lebens in der Einheit Schauspieler–Rolle, das durch das ganze Stück hindurchgeht, nennen wir in unserer Sprache ..."
Arkadi Nikolajewitsch zeigte auf die zweite Aufschrift des Plakates und las vor:

"DURCHGEHENDE HANDLUNG DER EINHEIT SCHAUSPIELER-ROLLE"

„In der durchgehenden Handlung setzen sich für den Schauspieler die Funktionslinien der Antriebskräfte für das psychische Leben, die vom Verstand, vom Willen und vom Gefühl des Schauspielers ausgehen, direkt fort.
Fehlte die durchgehende Handlung, würden alle Abschnitte und Aufgaben des Stückes, alle vorgeschlagenen Situationen, Wechselbeziehungen, Anpassungen, die Momente der Wahrhaftigkeit und des Glaubens und so weiter voneinander getrennt dahin vegetieren, ohne jede Hoffnung, einmal zum Leben zu erwachen.
Aber wie eine Schnur die Perlen der Kette, vereint die durchgehende Handlung alle Elemente und lenkt sie zur gemeinsamen Überaufgabe hin.
Von jetzt ab untersteht alles der durchgehenden Handlung.
Wie soll ich Ihnen die enorme praktische Bedeutung der durchgehenden Handlung und der Überaufgabe in unserem Schaffen erklären? Beispiele aus der Wirklichkeit werden Sie am besten überzeugen. Ich will Ihnen eins erzählen.
Die Schauspielerin S., erfolgreich und beliebt beim Publikum, interessierte sich für das ‚System'. Sie entschloß sich, von Grund auf umzulernen, und ging deshalb eine Zeitlang von der Bühne ab. Einige Jahre studierte Frau S. die neue Methode bei verschiedenen Lehrern, absolvierte den ganzen Kursus und kehrte dann wieder zur Bühne zurück.
Erstaunlicherweise hatte sie nicht mehr die früheren Erfolge. Man fand, daß die einstige Berühmtheit ihr Wertvollstes eingebüßt habe: Unmittelbarkeit, Schwung, Augenblicke hinreißender Inspiration. Statt dessen seien Pedanterie, naturalistische Details, formale Spielmethoden und ähnliche Mängel aufgetaucht. Gewiß können Sie sich die Lage der armen Schauspielerin vorstellen. Jedes Auftreten wurde eine Prüfung für sie. Das beeinträchtigte ihr Spiel, steigerte ihre Verwirrung, ihre Ratlosigkeit, die allmählich in Verzweiflung überging. Sie versuchte es in mehreren anderen Städten, in dem Glauben, daß in der Hauptstadt Gegner des ‚Systems' gegen ihre neue Methode voreingenommen seien. Aber in der Provinz wiederholte sich dasselbe. Die arme Schauspielerin verfluchte schon das ‚System', sie versuchte sich davon frei zu machen, zur alten Methode zurückzukehren. Es gelang ihr aber nicht. Erstens hatte sie den Glauben an die handwerksmäßige mimenhafte Routine verloren, und zweitens hatte sie den Unsinn der früheren Spielmethode im Vergleich mit der neuen Spielweise begriffen, die ihr lieb geworden war. Sie hatte sich vom Alten losgemacht, aber das Neue nicht erreicht. Nun saß sie zwischen zwei Stühlen. Man sprach davon, daß Frau S. vom Theater abgehen und heiraten wollte. Dann hieß es, sie wollte sich das Leben nehmen.

In dieser Zeit sah ich sie auf der Bühne. Nach der Vorstellung ging ich auf ihre Bitte in ihre Garderobe. Frau S. kam mir entgegen wie eine schuldbewußte, reuige Schülerin. Die Vorstellung war längst zu Ende, die Mitwirkenden und die Angestellten waren schon nach Hause gegangen. Aber sie saß noch in Kostüm und Maske in der Garderobe und wollte mit einer Leidenschaft, die an Verzweiflung grenzte, von mir die Gründe für die Veränderung wissen, die mit ihr vorgegangen war. Wir nahmen alle Momente ihrer Rolle und der Arbeit daran, alle technischen Hilfsmittel und Methoden vor, die sie sich aus dem ‚System' erworben hatte. Alles war richtig, alles stimmte. Aber die Schauspielerin hatte die schöpferischen Grundprinzipien des Systems nicht als Ganzes begriffen, sie verstand nur seine einzelnen Teile.

‚Und die durchgehende Handlung? Und die Überaufgabe?' fragte ich.

Frau S. hatte davon gehört und wußte in großen Zügen darüber Bescheid. Es war aber nur Theorie, in der Praxis hatte sie nichts davon verwendet.

‚Wenn Sie ohne durchgehende Handlung spielen, dann handeln Sie auf der Bühne nicht unter den vorgeschlagenen Situationen, nicht mit dem »Wenn«, dann beziehen Sie Ihre eigentliche Natur, Ihr Unbewußtes nicht mit in das Schaffen ein, dann gestalten Sie in der Rolle nicht das »Leben des menschlichen Geistes«. Das ist aber die Grundidee, die Quintessenz unserer Kunstrichtung. Fehlt es, wird auch das »System« hinfällig. Sie gestalten also nicht Ihre Figur auf der Bühne, sondern exerzieren einfach einzelne, durch nichts miteinander verbundene Übungen nach den Buchstaben des »Systems« durch. Die Übungen nützen wohl im Unterricht, aber nicht in der Vorstellung. Sie vergessen, daß alle Übungen, alles, was im »System« vorkommt, in erster Linie für die durchgehende Handlung und für die Überaufgabe da ist. Darum bleiben die im einzelnen vorzüglichen Abschnitte Ihrer Rolle wirkungslos und können im ganzen nicht befriedigen. Zerschlagen Sie die Apollostatue in winzige Stücke und stellen Sie jedes einzeln aus – der Betrachter dürfte kaum davon ergriffen sein!'

Für den nächsten Tag setzten wir eine Probe bei ihr zu Hause an. Ich erklärte, wie die Abschnitte und Aufgaben, die sie einstudiert hatte, von der durchgehenden Handlung durchdrungen und zur gemeinsamen Überaufgabe hingeführt werden.

Frau S. stürzte sich leidenschaftlich in die Arbeit und bat mich, ihr einige Tage Zeit zu lassen, um alles auszuprobieren. Ich ging öfters zu ihr, überprüfte, was sie sich inzwischen erarbeitet hatte, und besuchte dann schließlich die Vorstellung in der neuen, verbesserten Form. Es ist nicht zu beschreiben, wie es ihr an jenem Abend erging. Die begabte Schauspielerin wurde für alle Qualen und Zweifel belohnt. Sie hatte einen ganz starken Erfolg. Bewirkt hatten es die wundertätige, die herrliche, die lebenspendende durchgehende Handlung und die Überaufgabe.

Ist das nicht ein überzeugendes Beispiel für ihre Bedeutung in unserer Kunst?

Ich gehe noch weiter!" erklärte Arkadi Nikolajewitsch nach einer kurzen Pause. „Stellen Sie sich die ideale Einheit von Schauspieler und Mensch vor, jenes Wesen, das sich ganz und gar dem großen lebendigen Ziel widmet, ‚die Menschen mit seiner hohen Kunst zu erheben und zu erfreuen, ihnen die verborgenen Schönheiten in den Werken der Genies zu deuten'.

Dieser Schauspieler-Mensch wird die Bühne betreten, um dem Publikum seine neue

Auffassung des genialen Stückes und der Rolle zu zeigen, zu deuten, eine Auffassung, die seiner Meinung nach den Inhalt des Werkes besser als bisher wiedergibt. Er kann sein Leben ganz der großen kulturellen Mission widmen, seine Zeitgenossen zu bilden. Er kann durch seinen persönlichen Erfolg der Menge Ideen und Gefühle vermitteln, die seinem Geist, seinem Gefühl entsprechen, die ihn bewegen. Und wie viele erhabene Ziele mögen große Menschen sich stellen!
Einigen wir uns darauf, in Zukunft dieses große Lebensziel des Schauspieler-Menschen die ganz große Überaufgabe und die ganz große durchgehende Handlung zu nennen."
„Was ist denn das nun wieder?"
„Ich will mit einer Geschichte aus meinem Leben antworten. Durch diesen Vorfall konnte ich begreifen – also erfühlen –, was wir jetzt besprechen wollen.
Bei einem Gastspiel unseres Theaters in Petersburg – es ist schon lange her – war ich ausgerechnet einen Tag vor der Eröffnungsvorstellung durch eine mißlungene, schlecht vorbereitete Probe aufgehalten worden. Verärgert und müde verließ ich das Theater erst spät – da bot sich mir plötzlich ein überraschendes Bild. Über den ganzen Theaterplatz erstreckte sich ein riesiges Lager. Feuer brannte, Tausende saßen daran, schlummerten, schliefen im Schnee auf mitgebrachten Hockern. Die riesige Menge wartete auf den Morgen, auf die Kasseneröffnung, um eine möglichst niedrige Nummer für das Anstehen nach Karten zu bekommen.
Ich war erschüttert. Um die Leistung dieser Menschen ganz zu ermessen, mußte ich mich fragen, welches Ereignis, welche verlockenden Aussichten, welche ungewöhnlichen Dinge, welches weltbewegende Genie mich dazu bringen könnten, nicht nur eine, sondern mehrere Nächte hintereinander, zitternd vor Frost, im Freien auszuhalten. Dieses Opfer wurde gebracht, um ein Zettelchen zu erlangen, das zum Anstellen an die Kasse berechtigt – aber ohne Gewähr, auch eine Eintrittskarte zu bekommen.
Ich brachte es nicht fertig, diese Frage zu beantworten und mir ein Ereignis vorzustellen, um dessentwillen ich meine Gesundheit, womöglich gar mein Leben aufs Spiel setzen würde.
Wieviel muß doch das Theater für die Menschen bedeuten! Und wie tief müssen wir uns dessen bewußt werden! Welche Ehre, welches Glück, Tausenden von Zuschauern, die dafür ihr Leben aufs Spiel setzen, eine große Freude zu bringen! Und in mir stieg der Wunsch auf, mir ein so hohes Ziel zu setzen, das ich die ganz große Überaufgabe nannte, die man mit Hilfe der ganz großen durchgehenden Handlung realisiert."
Nach kurzer Pause fuhr Arkadi Nikolajewitsch fort:
„Aber wehe, wenn der Künstler auf dem Weg zum großen Endziel – zur Überaufgabe des Stückes und der Rolle oder zur ganz großen Überaufgabe seines Schauspielerlebens – seine Aufmerksamkeit über Gebühr auf eine kleine Teilaufgabe richtet."
„Was passiert denn dann?"
„Etwa folgendes: Denken Sie an das Kinderspiel, bei dem ein Stein oder ein Gewicht an einer langen Schnur im Kreise herumgeschwenkt wird. Während des Krei-

sens wickelt sich die Schnur nach und nach um den Stecken, an dem sie befestigt ist, von dem sie die Bewegung empfängt. Bei raschem Drehen beschreibt also die Schnur mit dem Gewicht einen Kreis und wickelt sich dabei immer weiter um den Stecken, den das Kind in der Hand hält. Das Gewicht wird immer näher an den Stecken herankommen und schließlich anstoßen.
Stellen Sie sich jetzt vor, daß irgend jemand mitten im Spiel, während die Schnur kreist, sein Stöckchen in die Bahn hineinhält. Dann wird die Schnur, wenn sie das Stöckchen berührt, sich mit ihrer Schwungkraft nicht mehr um den Stock, von dem die Bewegung ausgeht, sondern um das fremde Stöckchen wickeln. Und folglich wird das Gewicht auch nicht bei seinem eigentlichen Besitzer landen, sondern bei dem, der die Schnur mit seinem Stöckchen aufgefangen hat. Und so kann das Kind natürlicherweise sein Spiel nicht mehr lenken und wird leer ausgehen.
In unserer Arbeit geschieht etwas Ähnliches. Sehr häufig stößt man im Bemühen um die endgültige Überaufgabe auf eine unwichtige, mimenhafte Nebenaufgabe. Und sie reißt nun die ganze Energie des Darstellers an sich. Muß noch besonders gesagt werden, daß so ein kleines Ziel als Ersatz für ein großes sehr gefährlich ist und die Arbeit des Schauspielers völlig verdirbt?"

„Damit Sie die Bedeutung der Überaufgabe und der durchgehenden Handlung noch besser einschätzen können, will ich sie Ihnen grafisch darstellen", sagte Arkadi Nikolajewitsch, trat an die große Tafel und nahm ein Stück Kreide.
„Der Normalfall ist, daß alle Aufgaben und die kleinen Lebenslinien der Rolle ausnahmslos in einer bestimmten, gemeinsamen Richtung gehen – das heißt auf die Überaufgabe zu.
Also so."

Und hier ist Arkadi Nikolajewitschs Zeichnung:

„Eine lange Reihe kleiner, mittlerer und langer Lebenslinien der Rolle weist in eine einzige Richtung – auf die Überaufgabe hin. Die kleinen Lebenslinien der Rolle greifen mit ihren Aufgaben ineinander und lösen einander logisch und folgerichtig ab. Dadurch bilden sie eine dichte, durchgehende Linie, die sich durch das ganze Stück zieht.
Stellen Sie sich jetzt für einen Augenblick vor, daß der Schauspieler keine Überaufgabe hat und daß alle kleinen Lebenslinien seiner Rolle in verschiedene Richtungen weisen."
Arkadi Nikolajewitsch illustrierte seinen Gedankengang sofort durch eine Zeichnung. Die Linie der durchgehenden Handlung ist unterbrochen.
„Hier haben Sie eine Reihe großer, mittlerer und kleiner Aufgaben und Abschnitte der Rolle, die nach allen Seiten gerichtet sind. Können sie eine Linie ergeben?"

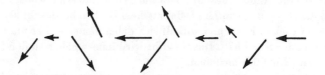

Wir mußten alle einsehen, daß das nicht möglich war.
„Unter diesen Umständen ist die durchgehende Handlung zerstört, das Stück in Teile gerissen, nach allen Seiten auseinandergefetzt, und jeder Teil muß für sich existieren, außerhalb des geschlossenen Ganzen. So schön die einzelnen Teile auch sein mögen – voneinander getrennt nützen sie dem Schauspiel nicht.
Ich nehme einen dritten Fall an", erläuterte Arkadi Nikolajewitsch weiter. „Wie ich schon sagte, ergeben sich in jedem guten Stück Überaufgabe und durchgehende Handlung organisch aus dem Werk selbst, und sie lassen sich nicht ungestraft verletzen. Wer sie zerstört, tötet das Werk.
Stellen wir uns vor, man wollte ein fremdes Ziel, eine Tendenz einführen, die keine Beziehung zum Stück hat.
In diesem Fall würden die organisch mit dem Stück verbundene Überaufgabe und die richtige durchgehende Handlung wohl teilweise bestehenbleiben, aber sie würden andauernd auf die aufgepfropfte Tendenz hingedrängt werden:

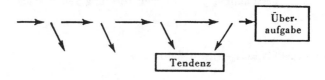

Dieses Stück mit gebrochenem Rückgrat wird nicht existieren können."
Dagegen protestierte Goworkow mit dem ganzen Aufwand seines theatralischen Temperaments:
„Entschuldigen Sie bitte, Sie nehmen dem Regisseur und dem Schauspieler jede persönliche Initiative, das persönliche Schöpfertum, sein heiligstes ‚Ich', die Möglichkeit, die alte Kunst zu erneuern und der Gegenwart anzupassen!"
Arkadi Nikolajewitsch erklärte ihm ganz ruhig:
„Sie und viele Ihrer Gesinnungsgenossen verwechseln und mißverstehen oft drei Begriffe: Ewigkeit, Gegenwart und simple Aktualisierung.
Das Gegenwärtige kann ewig werden, wenn es große Probleme, tiefe Ideen beinhaltet. Gegen diese Gegenwart habe ich, soweit das Werk des Dichters ihrer bedarf, nichts einzuwenden.
Ganz im Gegensatz dazu wird etwas begrenzt Aktuelles niemals ewig. Es lebt nur heute und kann morgen schon vergessen sein. Das ist der Grund dafür, daß die ewigen Werke der Kunst sich nie organisch mit simplen Aktualisierungsversuchen

vertragen können, mögen die Regisseure und Schauspieler – und Sie, Goworkow – noch so raffiniert an die Sache herangehen.
Wenn man dem alten, klassischen Kunstwerk gewaltsam Tagesaktualität oder irgendeinen anderen fremden Sinn aufpfropfen will, wächst wildes Fleisch auf dem herrlichen Körper und entstellt ihn oft bis zur Unkenntlichkeit. Die verstümmelte Überaufgabe lockt nicht mehr, reißt nicht mehr mit. Sie verärgert und verletzt den Schauspieler.
Gewalttätigkeit ist von Übel beim Schaffen. Darum wird eine mit Hilfe aktueller Tendenzen ‚erneuerte' Überaufgabe das Stück und seine Rollen umbringen.
Aber es kommt freilich auch vor, daß sich die Tendenz mit der Überaufgabe verbindet. Wir wissen ja, daß man den Orangenbaum mit einer Zitrone kreuzen kann und dann eine neue Furcht erhält – Grapefruit!
Eine derartige Kreuzung kann auch auf dem Theater gelingen. Zuweilen gesellt sich einem klassischen Werk ganz organisch eine zeitgenössische Idee bei, die das ganze Stück verjüngt. Dann hört die Tendenz auf, selbständig zu existieren, und verwandelt sich organisch in die Überaufgabe.
Grafisch sieht das dann so aus: Die Linie der durchgehenden Handlung zielt auf die Überaufgabe und die Tendenz hin:

In diesem Fall verläuft der schöpferische Prozeß normal, und das Wesen des Stückes wird nicht verzerrt.
Die Schlußfolgerung aus allem lautet: Sorgfältiger als alles andere Überaufgabe und durchgehende Handlung wahren, auf der Hut sein vor einer gewaltsam herbeigezerrten Tendenz und vor Absichten und Bestrebungen, die dem Stück fremd sind!
Wenn es mir heute gelungen ist, Ihnen die außerordentliche, beherrschende Rolle der Überaufgabe und der durchgehenden Handlung für unser Schaffen klarzumachen, so preise ich mich glücklich, denn damit habe ich die Hauptaufgabe erfüllt – ich habe Ihnen den wichtigsten Punkt im ‚System' erklärt."
Nach einer recht langen Pause fuhr Arkadi Nikolajewitsch fort:
„Jede Handlung trifft auf die Gegenhandlung, wobei diese die Handlung herausfordert und verstärkt. Darum läuft durch jedes Schauspiel neben der durchgehenden Handlung in entgegengesetzter Richtung die gegensätzliche, feindliche durchgehende Gegenhandlung.
Es ist gut so und höchst begrüßenswert für uns, denn die Gegenhandlung löst ganz selbstverständlich neue Handlungen aus. Wir brauchen diesen ständigen Zusammenprall: Er erzeugt Kampf, Auseinandersetzung, Streit, viele entsprechende Aufgaben mit ihren Lösungen. Er fordert Aktivität und Handlung heraus, die Grundlagen unserer Kunst.

Hätte ein Stück keine durchgehende Gegenhandlung und ergäbe sich alles ohne Widerstand, dann hätten die Schauspieler und ihre Rollengestalten nichts auf der Bühne zu tun. Das Stück würde handlungslos sein, also für das Theater sinnlos.
Wahrhaftig, wenn Jago nicht listige Intrigen spinnen würde, brauchte Othello nicht eifersüchtig zu werden und Desdemona nicht zu töten. Doch weil der Maure die Geliebte mit seinem ganzen Wesen ersehnt, Jago aber hartnäckig seine durchgehende Gegenhandlung verfolgt, wird eine fünfaktige, höchst aktive Tragödie aus dieser Geschichte, die mit einer Katastrophe endet.
Muß noch hinzugefügt werden, daß die Linie der durchgehenden Gegenhandlung sich gleichfalls aus einzelnen Momenten und kleinen Lebenslinien der Einheit Schauspieler–Rolle zusammensetzt? Ich will Ihnen das am Beispiel der Rolle des Brand demonstrieren.
Nehmen wir an, wir haben als Brands Überaufgabe* seinen Wahlspruch ‚Alles oder nichts' zugrunde gelegt (ob das richtig ist oder nicht, ist für das Beispiel unwichtig). Dieses Grundprinzip des Fanatikers ist furchtbar. Es läßt keine Kompromisse, keine Konzessionen, keine Abweichungen bei der Erfüllung des ideellen Lebenszweckes zu.
Versuchen Sie jetzt, einzelne Abschnitte der ‚Szene mit den Windeln', etwa die, die wir seinerzeit durchgenommen haben, mit dieser Überaufgabe des ganzen Stückes zu verbinden."
Ich versuchte mich im Geiste von den Babywindeln auf die Überaufgabe „Alles oder nichts" einzustellen. Gewiß, mit Hilfe der Phantasie und ihrer Einfälle hätte man das eine in Abhängigkeit vom andern bringen können, doch nur gezwungen und mit Gewaltanwendung, was dem Stück schadet.
Viel natürlicher ist es, daß die Mutter sich auflehnt und ihre Mitwirkung versagt. So verfolgt also Agnes in diesem Abschnitt nicht die Linie der durchgehenden Handlung, sondern, im Gegenteil, die der durchgehenden Gegenhandlung nicht zur Überaufgabe hin, sondern ihr entgegen.
Als ich mit der analogen Arbeit für Brand selbst begann und einen Zusammenhang zwischen seiner Aufgabe – „die Frau zu überreden, daß sie die Windeln weggibt, um ein Opfer zu bringen" – und der Überaufgabe des ganzen Stückes – „Alles oder nichts" – suchte, fand ich diesen Zusammenhang sofort. Selbstverständlich forderte dieser Fanatiker alles – um der Idee seines Lebens willen. Die Gegenhandlung von Agnes rief in Brand gesteigerte Handlung hervor. Daraus entbrannte ein Kampf zweier gegensätzlicher Prinzipien.
Brands Pflichtgefühl kämpft gegen die Liebe der Mutter; die Idee kämpft gegen das Gefühl; der fanatische Pastor gegen die leidende Mutter; das männliche Prinzip gegen das weibliche.
In dieser Szene liegt also die Linie der durchgehenden Handlung in Brands Händen, während die durchgehende Gegenhandlung von Agnes ausgeht.
Zum Abschluß gab uns Arkadi Nikolajewitsch in wenigen Worten ein Schema von allem, was er im Verlauf des Kurses in diesem Jahr gesagt hatte.

---

* Siehe Fußnote auf S. 295 (Anm. d. Hrsg.)

Mit Hilfe dieser kurzen Übersicht konnte ich alles, was ich in diesem ersten Unterrichtssemester aufgenommen habe, an den rechten Platz rücken.
„Jetzt hören Sie bitte mit größter Aufmerksamkeit zu. Ich will Ihnen etwas äußerst Wichtiges sagen", kündigte Arkadi Nikolajewitsch an. „Alle Etappen unseres Lehrplans, die wir vom Beginn unseres Unterrichts an durchschritten haben, alle Untersuchungen der einzelnen Elemente, die wir in dieser Studienzeit gemacht haben, dienten dazu, das richtige innere Befinden auf der Bühne zu erlangen. Daran haben wir den ganzen Winter gearbeitet. Das ist es, was jetzt Ihre gesteigerte Aufmerksamkeit verlangt und immer verlangen wird.
Doch auch in diesem Entwicklungsstadium ist das innere Befinden auf der Bühne noch nicht reif, um beharrlich und feinnervig die Überaufgabe und die durchgehende Handlung aufzuspüren. Das bis zu diesem Punkt erreichte Befinden braucht eine wichtige Ergänzung. In dieser Ergänzung liegt das eigentliche Geheimnis des ‚Systems' beschlossen, das eine der Grundlagen unserer Kunstrichtung rechtfertigt: ‚Das Unbewußte durch das Bewußte.' Mit dem Studium dieser Ergänzung und dieser Grundlage beginnen wir in der nächsten Stunde."

‚Damit wäre denn also der erste Kursus des »Systems« beendet, »aber mir ist« – nach Gogol – »so seltsam und trübe zumute«![59] Ich habe damit gerechnet, daß mir unsere fast einjährige Arbeit die »Inspiration« erschließen würde, doch leider hat das »System« in dieser Beziehung meine Erwartungen nicht erfüllt.'
Mit diesen Gedanken beschäftigt, stand ich im Theatervorraum, zog mechanisch den Mantel an und band mir langsam den Schal um den Hals. Plötzlich versetzte mir jemand einen Puff in die Seite. Ich schrie auf und drehte mich um, vor mir stand lachend Arkadi Nikolajewitsch.
Als er meinen Zustand bemerkte, wollte er die Ursache der Mißstimmung wissen. Ich gab ausweichende Antworten, aber er ließ nicht locker und fragte mich hartnäckig aus:
„Was empfinden Sie denn, wenn Sie auf der Bühne stehen?" fragte er, um die Bedenken herauszubekommen, die mich am „System" zweifeln ließen.
„Das ist es ja eben, daß ich nichts Besonderes empfinde. Ich fühle mich wohl auf den Brettern, ich weiß, was ich zu tun habe, ich stehe nicht leer, nicht umsonst da oben herum, ich kann allen meinen Handlungen glauben, ich fühle mich dazu berechtigt, auf der Bühne zu stehen."
„Ja, was wollen Sie denn mehr!? Ist es denn schlimm, wenn man auf der Bühne nicht lügt, wenn man allen seinen Handlungen glauben kann, wenn man sich als Herr dort fühlt? Das ist sehr viel!" sprach Torzow lebhaft auf mich ein.
Da gestand ich ihm meine Sehnsucht nach der Inspiration.
„Also das ist es!" rief er. „Ja – da dürfen Sie sich nicht an mich wenden. Das ‚System' fabriziert keine Inspiration. Es bereitet ihr nur den Boden. Ob sie sich dann einstellt oder nicht – danach müssen Sie Apoll fragen oder Ihre Natur oder den Zufall. Ich bin kein Zauberer, ich zeige Ihnen nur neue Lockmittel, neue Methoden für die Anregung des Gefühls, des Erlebens.
Ihnen aber möchte ich raten, in Zukunft der flüchtigen Inspiration nicht mehr

nachzujagen. Überlassen Sie diese Frage der Zauberin Natur und beschäftigen Sie sich mit dem, was dem menschlichen Bewußtsein zugänglich ist.
Der Schauspieler Stschepkin schrieb einmal seinem Schüler Schumski: ‚Du wirst zuweilen schwach spielen, zuweilen befriedigend (das hängt oft von der seelischen Verfassung ab), aber du wirst immer richtig spielen.'
Darauf müssen Ihre schauspielerischen Bestrebungen und Sorgen gerichtet sein.
Eine Rolle, die auf richtigen Gleisen steht, kommt vorwärts, wächst und vertieft sich und führt endlich auch zur Inspiration.
Solange das noch nicht geschehen ist, müssen Sie wenigstens das eine wissen: Lüge, Übertreibung, Schablone und Possenreißen erzeugen niemals Inspiration. Bemühen Sie sich darum, richtig zu spielen, lernen Sie, einen aufnahmebereiten Boden für die ‚Eingebung von oben' vorzubereiten, und glauben Sie daran, daß sie dann in viel besserem Einklang mit Ihnen sein wird.
Übrigens werden wir uns in den nächsten Stunden auch über Inspiration unterhalten, werden auch sie unter die Lupe nehmen", sagte Torzow im Weggehen.
‚Die Inspiration unter die Lupe nehmen?! Darüber argumentieren und philosophieren? Ja, ist denn das möglich? Habe ich denn argumentiert, als ich bei der Schüleraufführung »Blut, Jago, Blut!« sprach? Hat die Maloletkowa argumentiert, als sie ihr berühmtes »Hilfe!« rief? Sollen wir denn die Inspiration wie seinerzeit die physischen Handlungen mit ihren kleinen Wahrheiten und den Momenten des Glaubens Krume für Krume, Stück für Stück, Funke für Funke zusammensuchen und aneinanderfügen?' dachte ich, als ich das Theater verließ.

XVI. DAS UNBEWUSSTE IM BEFINDEN DES SCHAUSPIELERS AUF DER BÜHNE

„Naswanow und Wjunzow, gehen Sie auf die Bühne und spielen Sie die Anfangsszene der Etüde mit dem verbrannten Geld", ordnete Arkadi Nikolajewitsch an, als er in die Klasse kam.
„Sie wissen, daß man die Arbeit immer mit der Muskelentspannung beginnen muß. Setzen Sie sich darum erst einmal recht bequem hin und entspannen Sie sich, als wären Sie zu Hause."
Wir gingen auf die Bühne und führten seine Anordnung aus.
„Zu wenig! Noch gelöster, noch bequemer!" rief uns Arkadi Nikolajewitsch aus dem Zuschauerraum zu. „Fünfundneunzig Prozent weniger Anspannung! Sie glauben vielleicht, ich übertreibe? Nein, die Anstrengungen eines Schauspielers, der sich vor einer tausendköpfigen Menge befindet, gehen über jedes Maß hinaus. Und das schlimmste ist, daß sich diese Anstrengungen und Vergewaltigungen ganz unmerklich einschleichen, ohne Notwendigkeit, unabhängig vom Willen, gegen den

gesunden Menschenverstand des Schauspielers. Werfen Sie darum getrost jede überflüssige Anspannung weg, so viel, wie Sie irgend können.
Fühlen Sie sich auf der Bühne noch mehr zu Hause als in Ihren eigenen vier Wänden. Man muß sich auf den Brettern wohler fühlen als in der Wirklichkeit, denn im Theater haben wir es nicht mit der einfachen, sondern mit der ‚öffentlichen Einsamkeit' zu tun. Sie ist der höchste Genuß für uns."
Aber ich tat des Guten zuviel, brachte mich in eine kraftlose Entspannung, in eine erzwungene Bewegungslosigkeit und erstarrte in diesem Zustand. Das ist eine der übelsten Formen der Verkrampfung. Dagegen mußte ich kämpfen. Ich nahm also die verschiedensten Stellungen ein, bewegte mich hin und her, zerstörte die Bewegungslosigkeit mit Hilfe der Handlung und verfiel schließlich in ein anderes Extrem – in übertriebene Geschäftigkeit. Sie rief Unruhe hervor. Um mich davon zu befreien, mußte ich den raschen, nervösen Rhythmus verändern und einen ganz langsamen, beinahe trägen Rhythmus suchen.
Arkadi Nikolajewitsch erkannte mein Verfahren nicht nur an, er lobte es sogar.
„Wenn ein Schauspieler sich zu sehr anstrengt, ist sogar Nachlässigkeit, eine leichtere Einstellung zur Sache heilsam. Das ist ein gutes Gegengift gegen übermäßige Anspannung, Anstrengung, Übertreibung."
Doch leider gab mir auch das nicht die Gelassenheit und Ungezwungenheit, die man im täglichen Leben, zu Hause auf seiner Couch, empfindet.
Es stellte sich heraus, daß ich drei Momente des Prozesses nicht beachtet hatte: 1. Anspannung, 2. Entspannung und 3. Begründung. Der Fehler mußte schleunigst korrigiert werden. Als das geschehen war, fühlte ich, daß sich in mir etwas Überflüssiges gelockert hatte, gleichsam von mir abgefallen und verschwunden war. Ich empfand die Anziehungskraft der Erde mit dem ganzen Körper, ich fühlte das Gewicht, die Schwere des Körpers, er sank gleichsam in den weichen Sessel ein, in den ich mich kuschelte. In diesem Augenblick war ein großer Teil der Muskelanspannung verschwunden. Doch auch das gab mir die ersehnte Freiheit noch nicht, wie ich sie aus dem Leben kannte. Woran lag das wohl?
Nachdem ich meinen Zustand untersucht hatte, merkte ich, daß in mir jetzt statt der Muskeln die Aufmerksamkeit stark angespannt war. Sie beobachtete meinen Körper und hinderte mich am Ausruhen.
Ich teilte Arkadi Nikolajewitsch meine Beobachtungen mit.
„Sie haben recht. Auch im Bereich der inneren Elemente gibt es viele überflüssige Anspannungen. Aber mit innerer Verkrampfung muß man anders umgehen als mit den groben Muskeln. Die seelischen Elemente sind Spinnweben im Vergleich mit den Muskeln, die wie Taue sind. Der einzelne Spinnfaden läßt sich leicht zerreißen, aber wenn Sie aus vielen Bindfäden Schnüre, Taue winden, wird man sie nicht einmal mit der Axt zerhauen. Doch ganz am Anfang, wenn sie sich bilden, müssen Sie vorsichtig mit ihnen umgehen."
„Wie soll man denn mit den ‚Spinnfäden' umgehen?" fragten die Schüler.
„Beim Kampf gegen die innere Verkrampfung muß man auch die drei Momente des Prozesses im Auge behalten – also Anspannung, Entspannung und Begründung. In den ersten beiden Phasen sucht man die eigentliche Verkrampfung, erkennt ihre

Ursachen und versucht sie abzustellen. In der dritten Phase begründet man den neuen inneren Zustand durch die entsprechenden vorgeschlagenen Situationen.
Im vorliegenden Fall sollten Sie ausnutzen, daß sich eins Ihrer wichtigsten Elemente – die Aufmerksamkeit – nicht in der Weite des Bühnen- und Zuschauerraums zerstreut, sondern sich in Ihnen, auf Ihre Muskelempfindung, konzentriert hat. Geben Sie der konzentrierten Aufmerksamkeit ein interessanteres, für die Etüde notwendigeres Objekt. Richten Sie die Aufmerksamkeit auf ein verlockendes Ziel oder auf eine Handlung, die Ihre Arbeit lebendiger macht und Sie mitreißt."
Im Geiste ließ ich die Aufgaben der Etüde und ihre vorgeschlagenen Situationen an mir vorüberziehen, unternahm einen Rundgang durch die ganze Wohnung und stieß dabei in meinem vorgestellten Leben auf einen unerwarteten Umstand: Ich geriet in ein mir bis dahin unbekanntes Zimmerchen und erblickte darin zwei uralte Leutchen – die Eltern meiner Frau, die, wie sich herausstellte, bei uns ihren Lebensabend verbrachten. Diese unerwartete Entdeckung rührte und beunruhigte mich zugleich, denn mit dem Anwachsen meiner Familie wuchsen auch meine Verpflichtungen. Man muß schon sehr viel arbeiten, um außer sich selbst noch fünf Menschen zu ernähren! Unter diesen Umständen bekam mein Dienst, die morgen bevorstehende Revision, die Generalversammlung, meine augenblickliche Arbeit – Durchsicht der Papiere und Überprüfung des Kassenbestandes – außerordentlich große Bedeutung für mein gegenwärtiges Leben auf der Bühne. Ich saß im Sessel und wickelte mir nervös eine Schnur um den Finger, die mir zufällig in die Hand geraten war.
„Prächtig!" lobte mich Arkadi Nikolajewitsch vom Parkett her. „Das ist richtige Muskelentspannung. Jetzt überzeugt mich alles: sowohl das, was Sie tun, als auch das, was Sie denken, obwohl ich gar nicht weiß, womit sich Ihre Gedanken beschäftigen."
Als ich meinen Körper kontrollierte, bemerkte ich, daß sich meine Muskeln ganz von der Anspannung befreit hatten, ohne irgendwelche Anstrengung oder Gewaltanwendung. Offenbar hatte sich die dritte Phase, die ich gar nicht mehr beachtet hatte, von selbst ergeben – die Begründung für mein Dasitzen.
„Aber keine Übereilung!" flüsterte mir Arkadi Nikolajewitsch zu. „Betrachten Sie alles ganz ruhig mit Ihrem inneren Blick bis zu Ende. Führen Sie, wenn es not tut, ein neues ‚Wenn' ein."
‚Wenn aber nun die Kasse ein großes Defizit aufweist?' schoß es mir durch den Sinn. ‚Dann werde ich die Bücher, die Papiere ganz genau kontrollieren müssen. Schrecklich! Wie soll man das allein bewältigen ... über Nacht ...?'
Ich blickte mechanisch auf die Uhr. Es war vier. Was denn? Vier Uhr nachts, oder war es Tag? Ich ließ für einen Augenblick die erste Möglichkeit zu, die späte Stunde erschreckte mich, instinktiv stürzte ich an den Tisch und begann fieberhaft zu arbeiten.
„Bravo!" Mit halbem Ohr fing ich Arkadi Nikolajewitschs Lob auf.
Ich achtete nicht mehr auf Ermunterungen, ich bedurfte ihrer nicht. Ich lebte, ich existierte auf der Bühne. Ich hatte das Recht erworben, alles zu tun, was ich für notwendig hielt.

Doch es war mir noch zu wenig. Ich wollte die Schwierigkeit meiner Situation noch steigern, das Erleben verschärfen. Dazu mußte ich eine neue vorgeschlagene Situation einführen, und zwar: ein beträchtliches Defizit.
‚Was soll ich bloß tun?' fragte ich mich in großer Erregung. ‚Ins Amt fahren!' beschloß ich und stürzte in den Korridor. ‚Aber das Amt ist ja geschlossen', fiel mir im gleichen Augenblick ein. Ich ging ins Wohnzimmer zurück, lief lange auf und ab, um einen klaren Kopf zu bekommen, zündete mir eine Zigarette an und setzte mich in eine dunkle Ecke, um besser nachdenken zu können.
Vor meinem inneren Blick erschienen irgendwelche gestrengen Herren. Sie prüften die Bücher, die Papiere, die Kasse. Ich wurde gefragt, wußte nicht, was ich antworten sollte, machte unklare Angaben. Verzweifelter Eigensinn ließ nicht zu, meine Unachtsamkeit freimütig einzugestehen.
Dann wurde die verhängnisvolle Resolution aufgesetzt. Kleine Gruppen tuschelten in den Ecken. Ich stand allein, abseits, ausgestoßen. Dann kamen Verhör, Gerichtsverhandlung, Amtsenthebung, Beschlagnahme meines Besitzes, Exmittierung.
„Schauen Sie, Naswanow tut gar nichts, und doch fühlen wir, wie es in ihm brodelt!" flüsterte Torzow den Schülern zu.
In diesem Augenblick wurde mir schwindlig im Kopf. Ich verlor mich in der Rolle, wußte nicht mehr, wer ich war und wer die dargestellte Person. Meine Hände hörten auf, an der Schnur zu drehen, und ich hielt inne, unschlüssig, was ich tun sollte.
Ich weiß nicht mehr, wie es weiterging. Ich entsinne mich nur, daß es mir leicht und angenehm war, alles mögliche aus dem Stegreif zu machen. Bald hatte ich mich entschlossen, zum Staatsanwalt zu fahren, und stürzte in den Korridor, bald wühlte ich in allen Schränken nach Entlastungsmaterial, und so tat ich bald dies, bald jenes, was ich selbst gar nicht behielt und später von den Zuschauern erfuhr. Wie in einem Märchen hatte sich eine wunderbare Metamorphose mit mir vollzogen. Früher hatte ich das Leben der Etüde nur tastend gelebt, ohne wirklich ganz zu verstehen, was in ihr, was in mir selbst vorging. Jetzt war es, als hätten sich die „Augen meiner Seele" geöffnet, ich verstand alles bis ins letzte Detail. Jede Kleinigkeit in der Rolle und auf der Bühne bekam eine andere Bedeutung für mich. Ich erfaßte die Gefühle, Vorstellungen, Urteile, Vorstellungsbilder der Rolle und auch meine eigenen. Es war, als ob ich ein neues Stück spielte.
„Das bedeutet, daß Sie sich in der Rolle und die Rolle in sich gefunden haben", sagte Torzow, als ich ihm meinen Zustand geschildert hatte.
Früher hörte, sah, verstand ich auf andere Weise. Früher war es die „Wahrscheinlichkeit der Empfindungen", jetzt war es die „Echtheit der Leidenschaften". Früher war es die Einfachheit einer bescheidenen Phantasie, jetzt war es die Einfachheit einer reichen Phantasie. Früher war meine Freiheit auf der Bühne durch genaue Begrenzung, durch festgelegte Bedingtheiten beschränkt, jetzt wurde meine Freiheit wirklich frei und kühn.
Ich fühle, daß von heute an meine schöpferische Arbeit in der Etüde „Das verbrannte Geld" jedesmal, bei jeder Wiederholung anders verlaufen wird.
„Nicht wahr, dafür lohnt es sich zu leben, das ist es wert, daß man Schauspieler wird? Das ist Inspiration?"

„Weiß ich nicht. Fragen Sie einen Psychologen. Wissenschaft ist nicht meine Sache. Ich bin ein Mann der Praxis und kann Ihnen nur sagen, wie ich in solchen Momenten die schöpferische Arbeit in mir selbst empfinde."
„Wie empfinden Sie sie denn?" fragten die Schüler.
„Das will ich Ihnen gern erzählen, aber nicht heute, weil wir aufhören müssen. Sie haben noch anderen Unterricht."

Arkadi Nikolajewitsch hatte sein Versprechen nicht vergessen und begann die Stunde mit folgenden Worten:
„Vor langer Zeit wurde einmal auf einer Abendgesellschaft bei Bekannten eine scherzhafte ‚Operation' an mir vorgenommen.
Man brachte große Tische: einen für ‚chirurgische Instrumente', einen anderen als ‚Operationstisch'. Alles wurde mit Laken ausgelegt, man brachte Verbandszeug, Schüsseln, Behälter. Die ‚Ärzte' zogen sich die Kittel über, ich bekam ein Hemd. Man trug mich auf den Operationstisch, ‚legte mir die Maske auf', das heißt, man verband mir einfach die Augen. Am meisten irritierte mich, daß die ‚Ärzte' übertrieben zart mit mir umgingen, wie mit einem Schwerkranken, und daß sie den Scherz und alles, was dazugehörte, ganz ernsthaft und sachlich betrieben.
Das machte mich so konfus, daß ich nicht wußte, was ich tun sollte: lachen oder weinen. Mir kam sogar der dumme Gedanke: ‚Und wenn sie wirklich anfangen zu schneiden?' Die Ungewißheit und die Erwartung regten mich auf. Ich spitzte die Ohren, kein einziges Geräusch entging mir. Und es gab viele: Es wurde getuschelt, Wasser floß, die chirurgischen Instrumente und Behälter klirrten, manchmal dröhnte die große Schüssel wie eine Totenglocke.
‚Wir können anfangen', hörte ich jemand flüstern.
Eine kräftige Hand preßte meine Haut ganz fest, ich fühlte erst einen dumpfen Schmerz, dann drei Stiche ... ich konnte mich nicht beherrschen und zuckte zusammen. Oberhalb des Handgelenks wurde mit etwas Spitzem unangenehm gekratzt, der Arm wurde bandagiert, man lief hastig hin und her, Gegenstände fielen zu Boden. Schließlich, nach einer langen Pause, sprach man laut, man lachte, man gratulierte mir, nahm die Binde von den Augen und ... ich erblickte in meinem linken Arm einen Säugling, der aus dem rechten Arm zurechtgewickelt worden war. Auf den Handrücken hatte man ein dummes Kindergesichtchen gezeichnet.
Nun fragt es sich: War das, was ich damals empfand, echte Wahrheit, die vom echten Glauben daran begleitet wurde, oder wäre es richtiger, es mit ‚Wahrscheinlichkeit der Empfindungen' zu bezeichnen?
Natürlich war das keine echte Wahrheit und kein echter Glaube daran. ‚Ich glaube daran' wechselte mit ‚Ich glaube es nicht', echtes Erleben mit der Illusion des Erlebens, Wahrhaftigkeit mit Wahrscheinlichkeit. Dabei war mir klar, daß bei einer wirklichen Operation etwa dasselbe mit mir vorgehen würde, was ich momentweise bei der Scherzoperation empfand. Die Illusion war in genügendem Maße ‚wahrscheinlich'.
Unter den damaligen Empfindungen gab es Augenblicke vollen Erlebens, in denen ich mich so fühlte wie in der Wirklichkeit. Zuweilen hatte ich sogar das Vorgefühl

einer Ohnmacht – natürlich nur sekundenlang, es verging ebenso schnell, wie es gekommen war. Dennoch hinterließ die Illusion Spuren. Und jetzt will mir scheinen, daß das, was ich damals erlebte, auch im wirklichen Leben hätte vorkommen können. Damals bekam ich zum erstenmal eine Ahnung von einem Zustand, an dem viel Unbewußtes beteiligt ist und den ich jetzt auf der Bühne so gut kenne", schloß Arkadi Nikolajewitsch seine Erzählung.
„Ja, aber das ist keine Linie des Lebens, es sind doch nur abgerissene, zufällige Fetzen."
„Glauben Sie vielleicht, daß die Linie des unbewußten Schaffens nie eine Unterbrechung hat oder daß der Schauspieler auf den Brettern alles genau so erlebt wie in der Wirklichkeit? Wenn das der Fall wäre, würde der seelische und physische Organismus des Menschen den Anforderungen, die die Kunst an ihn stellt, nicht gewachsen ein.
Wie Sie schon wissen, leben wir auf der Bühne aus den emotionalen Erinnerungen an die echte, reale Wirklichkeit. Zuweilen steigern sie sich bis zu einer Illusion des realen Lebens. Vollständiges, lückenloses Aufgehen in der Rolle und absoluter, unerschütterlicher Glaube an das, was auf der Bühne vorgeht, sind zwar möglich, aber außerordentlich selten. Wir kennen vereinzelte, mehr oder minder lang andauernde Perioden dieses Zustandes. Während der übrigen Zeit des Rollenlebens wechseln Wahrhaftigkeit und Wahrscheinlichkeit, Glaube und Glaubwürdigkeit einander ab. Sowohl in meiner scherzhaften Operation als auch in Naswanows letzter Darstellung der Etüde vom verbrannten Geld gab es schwindelerregende Augenblicke, in denen sich unser eigenes Leben mit seinen emotionalen Erinnerungen so fest mit dem Leben unserer gespielten Rollen verflocht, daß man nicht mehr unterscheiden konnte, wo das eine aufhörte und das andere anfing."
„Das gerade ist ja die Inspiration", beharrte ich.
„Ja, dieser Vorgang hat viel Unbewußtes", berichtigte Torzow.
„Und wo Unbewußtes ist, ist auch Inspiration!"
„Warum glauben Sie das?" wunderte sich Torzow und wandte sich sofort an den neben ihm sitzenden Pustschin: „Nennen Sie mir rasch, ohne nachzudenken, einen Gegenstand, den es hier nicht gibt!"
„Eine Deichsel."
„Warum ausgerechnet eine Deichsel?"
„Weiß ich nicht."
„Und ich weiß es auch nicht, keiner weiß es. Nur das Unbewußte weiß, warum es Ihnen gerade diese Vorstellung eingab.
Wesselowski, nennen Sie jetzt rasch ein Vorstellungsbild!"
„Ananas."
„Warum denn Ananas?"
Es stellte sich heraus, daß Wesselowski, als er neulich nachts durch die Straßen ging, ganz plötzlich, ohne eigentlichen Anlaß, an Ananas gedacht hatte. Für einen Augenblick schien es ihm, als wachse diese Frucht auf einer Palme. Nicht umsonst hätte sie schließlich Ähnlichkeit mit einer Palme, erinnerten doch ihre Blätter an verkleinerte Palmwedel und die schuppenartige Haut an die Rinde der Palmen.

Arkadi Nikolajewitsch suchte vergebens herauszufinden, warum Wesselowski diese Vorstellung in den Sinn gekommen war.
„Vielleicht haben Sie vorher Ananas gegessen?"
„Nein", antwortete Wesselowski.
„Oder vielleicht daran gedacht?"
„Auch nicht."
„Also kann man des Rätsels Lösung nur im Unbewußten finden. – Woran denken Sie jetzt?" wandte sich Torzow an Wjunzow.
Bevor er die Frage beantwortete, versank unser komischer Kauz noch tiefer in angestrengtes Nachdenken. Dabei rieb er unbewußt mechanisch die Hände an den Hosen, zog dann, während er noch intensiver über die Antwort nachdachte, ein Stückchen Papier aus der Tasche hervor und begann es sorgsam zusammen- und dann wieder auseinanderzufalten.
Arkadi Nikolajewitsch brach in helles Lachen aus und sagte:
„Versuchen Sie mal die Handlungen bewußt zu wiederholen, die Wjunzow gebraucht hat, ehe er meine Frage beantworten konnte. Wozu hat er sie gemacht? Nur das Unbewußte kann über den Sinn dieses Unsinns Bescheid wissen.
Haben Sie es gesehen?" wandte er sich dann an mich. „Was Wjunzow gemacht hat, alles, was Wesselowski und Pustschin gesagt haben, war bar jeder Inspiration, und dennoch enthielten ihre Worte und Handlungen viel Unbewußtes. Also äußert sich das Unbewußte nicht nur im Schaffensprozeß, sondern auch in Augenblicken ganz einfachen Wollens, der Wechselbeziehung, der Anpassung, der Handlung und so weiter.
Wir sind gut Freund mit dem Unbewußten. Im realen Leben begegnen wir ihm auf Schritt und Tritt. Jede in uns auftauchende Vorstellung, jedes innere Vorstellungsbild hängt mehr oder weniger vom Unbewußten ab, entsteht aus ihm. In jeder physischen Äußerung des Innenlebens, in jeder Anpassung sind – ganz oder teilweise – versteckt die Einflüsterungen des Unbewußten enthalten."
„Es ist nicht zu fassen!" Wjunzow wurde ganz aufgeregt.
„Und dabei ist es ganz einfach: Wer hat Pustschin das Wort ‚Deichsel' zugeflüstert, wer hat ihm diese Vorstellung eingegeben? Wer hat Wesselowski seine verdrehten Handbewegungen, seine Mimik und Intonation – kurz, alle Anpassungen vorgesagt, mit denen er sein Staunen über die auf Palmen wachsenden Ananasfrüchte wiedergab? Wer würde bewußt auf so überraschende physische Handlungen kommen wie Wjunzow, bevor er meine Frage beantwortete? Auch ihm hat es das Unbewußte eingegeben."
„Also stammt jede Vorstellung, jede Anpassung mehr oder minder aus dem Unbewußten?" fragte ich, begierig, alles ganz zu verstehen.
„Die meisten", bestätigte Torzow rasch. „Darum behaupte ich ja auch, daß wir im Leben gut Freund mit dem Unbewußten sind.
Um so ärgerlicher ist es, daß wir es gerade dort, wo es am nötigsten ist, auf dem Theater, auf der Bühne, so selten finden. Suchen Sie mal das Unbewußte in einer felsenfest eingefahrenen, eingepaukten, heruntergeleierten, leergelaufenen Aufführung. Da hat die schauspielerhafte Berechnung alles festgelegt. Ohne das unbe-

wußte Schaffen unserer seelischen und organischen Natur aber ist das Spiel des Schauspielers intellektualistisch, unecht, konventionell, trocken, leblos, formalistisch.

Versuchen Sie also dem schöpferischen Unbewußten auf der Bühne Tür und Tor zu öffnen! Was ihm entgegensteht, sollte beseitigt, was ihm entgegenkommt, gefördert werden! Darin besteht die Grundaufgabe der Psychotechnik: Den Schauspieler dem Befinden nahezubringen, aus dem heraus in einem Künstler der unbewußte schöpferische Prozeß der organischen Natur aufkeimen kann.

Wie geht man nun bewußt an etwas heran, was offenbar seiner ganzen Natur nach dem Bewußtsein nicht unterworfen, was ‚unbewußt' ist? Zum Glück gibt es keine scharfgezogenen Grenzen zwischen bewußtem und unbewußtem Erleben. Mehr als das: Das Bewußtsein gibt häufig die Richtung an, in der die unbewußte Tätigkeit verläuft. Diese natürliche Gegebenheit nützen wir in unserer Psychotechnik weitgehend aus. Sie ermöglicht es, einen der wesentlichen Grundsätze unserer Kunstrichtung zu erfüllen: *durch bewußte Psychotechnik das unbewußte Schaffen des Schauspielers auslösen.*

Daraus ergibt sich jetzt die Frage nach der Psychotechnik des Schauspielers, die das unbewußte Schaffen der organischen seelischen Natur auslöst. Doch darüber beim nächsten Mal."

„Wir werden uns also heute darüber unterhalten, wie man durch bewußte Psychotechnik das unbewußte Schaffen der organischen Natur in sich auslöst. Darüber kann Ihnen Naswanow etwas erzählen, der diesen Prozeß bei der Wiederholung der Etüde ‚Das verbrannte Geld' in der vorletzten Stunde an sich selbst erlebt hat."

„Ich kann nur sagen, daß plötzlich, wer weiß woher, die Inspiration über mich gekommen und mir selber unklar ist, wie ich gespielt habe."

„Sie schätzen die Resultate der Stunde nicht richtig ein. Es ist etwas viel Wichtigeres vorgegangen, als Sie glauben. Das Auftreten der Inspiration, auf das Sie immer so sehr bauen, ist ein reiner Zufall. Man kann sich nicht darauf verlassen. Aber in der vorletzten Stunde geschah etwas, worauf man sich verlassen kann. Die Inspiration ist nicht zufällig über Sie gekommen – Sie haben sie selbst herausgefordert, indem Sie ihr günstigen Boden schufen. Dieses Resultat ist viel wichtiger für unsere Schauspielkunst, für ihre Psychotechnik und für die Praxis selbst."

„Ich habe keinerlei Boden geschaffen, ich weiß auch gar nicht, wie man das macht", bestritt ich.

„Also habe ich den Boden in Ihnen geschaffen – Ihnen selber unbewußt."

„Wieso? Wann? Alles wurde der Reihe nach gemacht wie immer: die Muskeln wurden entspannt, die vorgeschlagenen Situationen in Betracht gezogen, einige Aufgaben gestellt und ausgeführt und so weiter."

„Stimmt. Auf diesem Gebiet gab es nichts Neues. Aber Sie haben ein höchst wichtiges Detail nicht bemerkt, eine große, wesentliche Neuerung. Es ist eine winzige Ergänzung: Ich ließ Sie alle Handlungen bis zum letzten, erschöpfenden Ende ausführen und ausfeilen. Das ist alles."

„Wie geht denn das?" überlegte Wjunzow.

„Sehr einfach. Steigern Sie die Arbeit aller Elemente des inneren Befindens, aller Antriebskräfte des psychischen Lebens und der durchgehenden Handlung bis zur normalen, menschlichen, aber ja nicht bis zur konventionellen, mimenhaften Aktivität. Dann werden Sie auf der Bühne, in der Rolle, des echten Lebens Ihrer eigenen organischen Natur innewerden. Und Sie werden auch die echte Wahrhaftigkeit im Leben der darzustellenden Person spüren. Der Wahrhaftigkeit muß man glauben. Wo auf der Bühne Wahrhaftigkeit und Glaube sind, entsteht von selbst das ‚Ich bin'.

Ist Ihnen aufgefallen, daß jedesmal, wenn Wahrhaftigkeit und Glaube ungewollt, von selbst im Innern des Schauspielers entstehen, sich die organische Natur mit dem Unbewußten in die Arbeit einschaltet?

So war es vor langer Zeit mit Naswanow – wissen Sie noch – in der Szene ‚Das verbrannte Geld', so war es bei ihm auch wieder in der vorletzten Stunde.

Durch die bewußte, aufs höchste gesteigerte Psychotechnik des Schauspielers entsteht also der günstige Boden, auf dem der unbewußte Schaffensprozeß der organischen Natur aufkeimen kann. In dieser Steigerung, in dieser Vollendung bei der Anwendung der psychischen Mittel, besteht eben jene außerordentlich wichtige Ergänzung dessen, was Ihnen im Bereich des Schaffens schon bekannt ist.

Wenn Sie wüßten, wie unerhört wichtig diese Neuerung ist!

Man glaubt oft, jeder Augenblick des Schaffens müsse unbedingt etwas Grandioses, Kompliziertes, Erhabenes sein. Aber Sie wissen bereits aus unserem Unterricht, wie auch die kleinsten Handlungen oder Empfindungen, wie auch der kleinste technische Kniff von enormer Bedeutung sein können, sobald sie auf der Bühne während des Schaffens bis an die äußerste Grenze gesteigert werden, an der die lebendige menschliche Wahrhaftigkeit und der Glaube daran und das ‚Ich bin' einsetzen.

Wenn das eintritt, arbeitet der psychische und der physische Apparat des Schauspielers auf der Bühne normal, funktioniert nach den Gesetzen der menschlichen Natur, ungeachtet der anormalen Bedingungen des öffentlichen Schaffens genau wie im täglichen Leben.

Was im realen Leben von selbst entsteht und sich von selbst auf natürliche Weise vollzieht, wird auf der Bühne mit Hilfe der Psychotechnik vorbereitet.

Überlegen Sie nur: Die nichtigste physische oder psychische Handlung, die Augenblicke echter Wahrhaftigkeit und des Glaubens daran schafft, die ihrerseits wieder bis an das ‚Ich bin' herangeführt werden – diese Handlung kann die seelische und organische Natur des Schauspielers mit dem Unbewußten in die Arbeit hineinziehen! Ist das keine Neuerung, ist das keine wichtige Ergänzung des bereits Bekannten?!

Im Gegensatz zu manchen Lehrern bin ich der Meinung, daß man Anfänger, Schüler, die wie Sie ihre ersten Schritte auf den Brettern machen, möglichst von vornherein an das Unbewußte heranbringen soll. Man muß von Anfang an, bei der Arbeit an den Elementen, am inneren Befinden auf der Bühne, bei allen Übungen und während der Etüdenarbeit das Unbewußte zu erreichen versuchen.[60]

Die Anfänger sollen, und sei es nur in wenigen Momenten, die Seligkeit des normalen Schaffens kennenlernen. Sie sollen mit diesem Zustand nicht nur dem Namen und dem Begriff nach, nicht nur aus der toten, trockenen Terminologie, die jeden Anfänger zuerst nur erschreckt, Bekanntschaft machen, sondern sie sollen ihn selbst erfühlen. Sie sollen diesen schöpferischen Zustand bei der praktischen Arbeit liebgewinnen und ihn auf der Bühne immer anstreben."

„Ich sehe die Wichtigkeit der Ergänzung ein, die Sie uns heute mitgeteilt haben", sagte ich zu Arkadi Nikolajewitsch, „aber das ist uns noch zuwenig. Man muß die entsprechenden psychotechnischen Mittel kennen und sie zu benutzen verstehen. Lehren Sie uns darum die entsprechende Psychotechnik, geben Sie uns konkretere Mittel, um an die Sache praktisch herangehen zu können."

„Bitte, aber Sie werden nichts Neues von mir zu hören bekommen. Ich werde nur das, was Sie schon wissen, schärfer präzisieren müssen. Mein erster Ratschlag ist: Sobald Sie das richtige innere Befinden auf der Bühne geschaffen und das Gefühl bekommen haben, daß Ihr Inneres mit Hilfe der Psychotechnik auf dem richtigen schöpferischen Wege ist, daß Ihre Natur nur auf einen Anstoß wartet, um sich in die Arbeit zu stürzen, dann geben Sie ihr diesen Anstoß."

„Wie kann man das denn machen?"

„In der Chemie fügt man bei zu langsamer oder zu schwacher Verbindung zweier Elemente eine winzige Dosis eines ganz bestimmten dritten hinzu, das in dem gegebenen Fall der Katalysator ist. Das ist eine Art Anreiz, der die Reaktion sofort zustande bringt. Führen Sie auch so einen Katalysator ein in Form einer unerwarteten Improvisation, eines Details, einer Handlung, eines Augenblicks echter Wahrhaftigkeit seelischen oder physischen Ursprungs. Das Überraschende dieses Moments wird Sie erregen, und die Natur selbst stürzt sich daraufhin in den Kampf.

Das ist bei der letzten Wiederholung der Etüde ‚Das verbrannte Geld' passiert. Naswanow fühlte sich im richtigen Befinden auf der Bühne und führte, wie er uns später erklärt hat, zur Verschärfung seines schöpferischen Zustandes die überraschende, im Augenblick improvisierte ‚vorgeschlagene Situation' des großen Defizits ein. Dieser Einfall wurde zum Katalysator für ihn. Der ‚Zusatz' brachte die Reaktion sofort an die äußerste Grenze, das heißt also bis zum unbewußten Schaffen der seelischen und organischen Natur."

„Wo sind denn die ‚Katalysatoren' zu finden?" wollten die Schüler wissen.

„Überall: in den Vorstellungen, in den inneren Vorstellungsbildern, in den Urteilen, in den Empfindungen, im Wollen, in den kleinsten inneren und äußeren Handlungen, in neuen winzigen Details des Phantasieeinfalls, im Objekt, zu dem man in Wechselbeziehung steht, in den unwägbaren Kleinigkeiten der Bühnenumgebung, im Arrangement – und was weiß ich, worin man überall die kleine, echte, menschliche, lebendige Wahrhaftigkeit finden kann, die den Glauben auslöst, der seinerseits den Zustand des ‚Ich bin' schafft."

„Und was passiert dann?"

„Dann passiert es, daß Ihnen schwindlig wird von ein paar Augenblicken der überraschenden und vollständigen Verschmelzung des Lebens der dargestellten Person mit Ihrem eigenen Leben auf der Bühne. Sie werden Partikelchen Ihrer selbst in der Rolle und der Rolle in sich selbst empfinden."

„Und danach?"
„Danach passiert das, was ich Ihnen schon sagte: Wahrhaftigkeit, der Glaube daran und ‚Ich bin' geben Sie ganz in die Gewalt der organischen Natur mit dem Unbewußten.
Eine Arbeit, wie Naswanow sie in der vorletzten Stunde geleistet hat, kann man wiederholen, indem man das Schaffen mit einem beliebigen ‚Element des Befindens auf der Bühne' beginnt. Anstatt wie Naswanow mit der Muskelentspannung anzufangen, kann man sich auch an die Phantasie und die ‚vorgeschlagenen Situationen' wenden, an das Wollen, an die Aufgabe, wenn sie bereits geklärt ist, an die Emotion, wenn sie sich von selbst entzündet hat, an die Vorstellungen und Urteile; man kann unbewußt die Wahrheit im Werk des Dichters erfühlen, und dann entsteht von selbst der Glaube und das ‚Ich bin'. Wichtig ist, daß Sie in jedem Fall nicht versäumen, das erste aufkeimende und zum Leben erwachende Element des richtigen Befindens so stark, so lebendig zu machen wie nur möglich. Sie wissen, daß es genügt, diese schöpferische Arbeit mit einem der Elemente auszuführen, und alle anderen werden vom ersten nachgezogen, weil sie ja unlösbar miteinander verkettet sind.
Dieses bewußte Mittel zur Anregung des unbewußten Schaffens, das ich eben erläutert habe, ist nicht das einzige. Es gibt noch ein anderes, aber heute werde ich es Ihnen nicht mehr zeigen können. Bis zum nächsten Mal also."

„Schustow, Naswanow", sagte Arkadi Nikolajewitsch, als er die Klasse betrat, „spielen Sie uns den Anfang der Szene zwischen Jago und Othello vor, nur die allerersten Sätze."
Wir nahmen einen Anlauf und spielten die Szene, und zwar nicht nur irgendwie, sondern, wie uns schien, wirklich konzentriert und in gutem innerem Befinden.
„Womit waren Sie jetzt eben beschäftigt?" fragte uns Torzow.
„Mit der nächstliegenden Aufgabe", antwortete Schustow, „das heißt, ich wollte Naswanows Aufmerksamkeit auf mich lenken."
„Und ich wollte Schustows Worte aufnehmen und den Inhalt seiner Worte gleichzeitig mit dem inneren Auge sehen", erklärte ich.
„So hat also der eine von euch die Aufmerksamkeit des anderen auf sich gelenkt, um sie auf sich zu lenken, und der andere hat versucht, das zu sehen und aufzunehmen, wovon zu ihm gesprochen wurde, um zu sehen und aufzunehmen, wovon gesprochen wurde."
„Nein! Wieso denn..." protestierten wir.
„Es war das einzig Mögliche, weil die durchgehende Handlung und die Überaufgabe des Stückes und der Rollen fehlten. Ohne sie kann man aber nur die Aufmerksamkeit um der Aufmerksamkeit willen auf sich lenken, oder nur um des Sehens und Aufnehmens willen sehen und aufnehmen.
Wiederholen Sie jetzt, was Sie eben gespielt haben, und nehmen Sie noch die nächste Szene dazu, in der Othello mit Jago scherzt."
„Was war Ihre Aufgabe?" fragte Torzow wieder, als wir fertig waren.
„Ich wollte im süßen Nichtstun leben", erwiderte ich.
„Und wo ist jetzt die erste Aufgabe – den Partner zu verstehen?"

„Sie ist in die neue, wichtigere Aufgabe eingegangen, hat sich in ihr aufgelöst."
„Erinnern Sie sich rasch, gleich hinterher, wie Sie beide Aufgaben ausgeführt haben, wie Sie den Text der Rolle in beiden Abschnitten vortrugen", schlug Arkadi Nikolajewitsch vor.
„Wie ich den ersten Abschnitt ausgeführt und gesprochen habe, weiß ich noch, auf den zweiten kann ich mich nicht mehr besinnen."
„Also hat er sich von selbst erfüllt und der Text sich von selbst gesprochen", meinte Torzow.
„Offenbar ja."
„Wiederholen Sie jetzt, was Sie eben erst gespielt haben, und nehmen Sie den folgenden Abschnitt mit, also den ersten aufkeimenden Zweifel des später Eifersüchtigen."
Wir führten die Anweisung aus und bezeichneten unsere Aufgabe ungeschickterweise mit „Lachen über Jagos unsinnige Verleumdung".
„Und wo sind die früheren Aufgaben geblieben: ‚Ich will die Worte des Partners aufnehmen' und ‚Ich will im süßen Nichtstun leben'?"
Ich wollte schon wieder sagen, daß sie auch von der neuen, wichtigeren Aufgabe geschluckt worden seien, wurde aber nachdenklich und antwortete gar nicht.
„Was ist? Was verwirrt Sie?"
„Daß an dieser Stelle die eine Linie der Rolle – die Linie des Glücklichseins – abreißt und eine neue Linie – die Linie der Eifersucht – beginnt."
„Sie reißt nicht ab", verbesserte Torzow, „sie beginnt sich nach und nach umzuwandeln, im Zusammenhang mit den veränderten vorgeschlagenen Situationen. Erst ging die Linie durch die kurze Glücksphase des jungvermählten Othello, durch seine Späße mit Jago, dann gab es Erstaunen, Bedenken, Zweifel, Abwehr gegen das heraufziehende Unglück; dann beschwichtigte sich der Eifersüchtige selbst wieder und kehrte in den früheren Zustand der Seligkeit und des Glücks zurück.
Solche Stimmungsumschwünge kennen wir auch aus der Wirklichkeit. Da kann es genauso sein – das Leben fließt glücklich dahin, plötzlich kommen Zweifel, Enttäuschungen, Leid, und dann klärt sich alles wieder auf.
Haben Sie keine Angst vor diesen Übergängen, im Gegenteil, lieben, begründen, verschärfen Sie sie durch Kontraste. Im gegebenen Beispiel ist das nicht schwer. Man muß sich nur darauf besinnen, was früher war, am Anfang der Liebe Othellos und Desdemonas, man braucht nur einmal im Geist diese glückliche Vergangenheit der Verliebten zu durchleben und sich dann auf den Kontrast zu besinnen, den glücklichen Zustand mit der höllischen Qual zu vergleichen, die Jago dem Mohren prophezeit."
„Auf welche Vergangenheit soll man sich denn besinnen?" fragte Wjunzow, der sich wieder nicht zurechtfand.
„Auf die wunderbaren ersten Begegnungen der Liebenden in Brabantios Haus, auf Othellos schöne Erzählungen, auf die heimlichen Stelldichein, auf die Entführung der Braut und die Hochzeit, auf die Trennung in der Brautnacht, die Wiedervereinigung unter Cyperns südlichem Himmel, auf den unvergeßlichen Honigmond. Und dann die Zukunft ... überlegen Sie selbst, was Othello in Zukunft erwartet."

„Was erwartet ihn denn?"
„Alles, was durch Jagos teuflische Intrigen im fünften Akt geschieht. Stellt man die beiden Extreme der Vergangenheit und der Zukunft einander gegenüber, wird einem die Ahnung und die Unruhe des aufhorchenden Mohren verständlich. Auch das Verhältnis des die Rolle erarbeitenden Schauspielers zum Schicksal des darzustellenden Menschen wird klar. Je farbiger die glückliche Periode im Leben des Mohren gezeigt wird, desto packender werden Sie dann sein düsteres Ende wiedergeben können.
Machen Sie jetzt weiter!" befahl Torzow.
Wir gingen auf diese Weise die ganze Szene durch bis zu Jagos berühmtem Schwur bei „den Elementen" und den „Sonnen", daß er „Kopf und Hand und Herz dem schwergekränkten Othello dienstbar weiht".
„Arbeitet man die ganze Rolle in dieser Weise durch", erläuterte Arkadi Nikolajewitsch, „verschmelzen die kleinen Aufgaben miteinander und ergeben einige wenige große Aufgaben. Auf die ganze Länge des Stückes verteilt, bezeichnen diese Aufgaben wie die Bojen in der Fahrtrinne die Linie der durchgehenden Handlung. Uns kommt es jetzt darauf an, zu verstehen, also zu erfühlen, daß das Aufgehen der kleinen Aufgaben in den großen unbewußt vor sich geht."
Wir kamen darauf zu sprechen, wie wohl die erste große Aufgabe bezeichnet werden könnte. Keiner konnte die Frage sofort beantworten, auch Arkadi Nikolajewitsch nicht. Das ist auch nicht weiter verwunderlich, denn die richtige, lebendige, mitreißende, die nicht intellektualistische, nicht formale Aufgabe kommt nicht von selbst, nicht auf einmal. Sie entsteht aus dem schöpferischen Dasein auf der Bühne, während der ganzen Arbeit an der Rolle. Wir waren uns dieses Daseins noch nicht bewußt geworden, und so wollte es uns auch nicht gelingen, das innere Wesen der Aufgabe richtig zu bezeichnen. Jemand formulierte schließlich ungeschickt: „Ich will Desdemona, das Ideal einer Frau, vergöttern, ich will ihr dienen und mein Leben weihen." Wir nahmen es in Ermangelung von etwas Besserem an.
Als ich mich in diese große Aufgabe hineingedacht und sie auf meine Weise belebt hatte, merkte ich, daß sie mir half, die ganze Szene und die einzelnen Abschnitte der Rolle innerlich zu begründen. Ich empfand das im Augenblick des Spiels, als ich das gestellte Endziel – „die Vergötterung Desdemonas, des Ideals einer Frau" – aufs Korn nahm.
Als ich mich von meinen früheren kleinen Aufgaben aus dem eigentlichen Endziel zuwandte, fühlte ich, wie deren Bezeichnungen ihren Sinn und ihre Funktion verloren. Etwa die erste Aufgabe: „Ich will verstehen, was Jago sagt" – wozu dient sie? Warum soll man sich bemühen, wenn ohnehin alles klar ist: Othello ist verliebt, er denkt nur an Desdemona, er will ausschließlich von ihr sprechen. Alle Fragen, alle persönlichen Erinnerungen an die Geliebte sind ihm kostbar und unentbehrlich. Warum? Ja, weil er „Desdemona, das Ideal einer Frau, vergöttert; weil er ihr dienen und sein Leben weihen will".
Und nun die zweite Aufgabe: Das „süße Nichtstun". Sie ist auch überflüssig, mehr – sie ist falsch. Von der Geliebten sprechend, ist Othello mit dem Wichtigsten, Notwendigsten beschäftigt, was es überhaupt für ihn gibt. Warum? Ja, weil er „Des-

demona, das Ideal einer Frau, vergöttert; weil er ihr dienen und sein Leben weihen will".
Nach Jagos erster Verleumdung lacht Othello, wie ich ihn auffasse, laut auf. Die Gewißheit, daß kein Verdacht die kristallklare Reinheit seiner Göttin besudeln kann, tut ihm wohl. Diese Überzeugung hat den Mohren in vorzügliche Stimmung versetzt und seine Verehrung für Desdemona noch gesteigert. Und warum? Weil er „Desdemona, das Ideal einer Frau, vergöttert; ... und so weiter". Ich verstand, wie langsam die Eifersucht in ihm aufkeimt, wie unmerklich der Glaube an sein Ideal erschüttert wird, wie der Verdacht in ihm wächst und sich festigt, die Geliebte sei doppelzüngig, lasterhaft, listig wie eine Schlange, eine Viper in Engelsgestalt.
„Und wo sind die früheren Aufgaben geblieben?" fragte Arkadi Nikolajewitsch.
„Sie sind ganz aufgegangen in der Sorge um das versinkende Ideal."
„Welche Schlußfolgerung kann man nun aus dem heutigen Versuch ziehen? Was ist das Resultat der Stunde?" fragte Arkadi Nikolajewitsch.
„Ich habe die Darsteller der Othello-Jago-Szene dazu gebracht, in der Praxis den Vorgang des Aufgehens der kleinen Aufgaben in den großen zu erkennen – das ist das Resultat.
Es enthält nichts Neues. Ich habe nur wiederholt, was ich schon früher, im Zusammenhang mit den Abschnitten und Aufgaben oder anläßlich der Überaufgabe und der durchgehenden Handlung mit Ihnen besprochen habe.
Wichtig und neu ist etwas anderes: Naswanow und Schustow haben an sich selbst erfahren, wie das eigentliche Hauptziel des Schaffens die Aufmerksamkeit von dem naheliegenden unwesentlichen Ziel ablenkt, wie die kleinen Aufgaben aus dem Blickfeld der Aufmerksamkeit verschwinden. Es hat sich herausgestellt, daß sich diese kleinen Aufgaben in unbewußte verwandeln und ganz von selbst aus selbständigen zu untergeordneten Aufgaben werden, die uns an die großen Aufgaben heranführen. Naswanow und Schustow wissen jetzt: Je tiefer, umfassender und bedeutender das gestellte Ziel ist, um so stärker zieht es die Aufmerksamkeit auf sich. Um so geringer ist die Möglichkeit, sich an die naheliegenden, untergeordneten, kleinen Aufgaben zu verlieren. Sich selbst überlassen, gehen diese kleinen Aufgaben ganz natürlich in den Wirkungsbereich der organischen Natur und des Unbewußten über."
„Wie haben Sie gesagt?" fragte Wjunzow plötzlich ganz aufgeregt.
„Ich sage: Wenn sich der Schauspieler der großen Aufgabe überläßt, die er sich gestellt hat, geht er ganz und gar darin auf. In dieser Zeit wird die ungehindert wirkende organische Natur frei, handelt nach eigenem Ermessen, ihren natürlichen Bedürfnissen und Trieben gemäß. Die Natur übernimmt die Leitung der kleinen Aufgaben, die ohne Aufsicht geblieben sind, und mit Unterstützung dieser kleinen Aufgaben hilft die Natur dem Schauspieler, an die große, endgültige Aufgabe heranzugehen, der die ganze Aufmerksamkeit, das ganze Bewußtsein des schaffenden Künstlers gelten.
Die Schlußfolgerung aus der heutigen Stunde ist: *Die großen Aufgaben gehören zu den besten psychotechnischen Mitteln, deren wir uns bei der mittelbaren Beeinflussung der seelischen und organischen Natur und ihres Unbewußten bedienen.*"
Nachdem er ziemlich lange nachgedacht hatte, fuhr Arkadi Nikolajewitsch fort:

„Die gleiche Verwandlung, die Sie soeben bei den kleinen Aufgaben beobachtet haben, geschieht mit den großen, sobald die allumfassende Überaufgabe des ganzen Stückes in ihrer Mitte erscheint. Indem sie ihr dienen, verwandeln sich nun auch die großen Aufgaben in untergeordnete. Auch sie werden Stufen, die uns an das eigentliche, allumfassende, endgültige Ziel heranführen. Wenn die Aufmerksamkeit des Schauspielers der Überaufgabe ganz und gar gehört, werden auch die großen Aufgaben in starkem Maße unbewußt ausgeführt.
Die durchgehende Handlung setzt sich, wie Sie wissen, aus einer langen Reihe großer Aufgaben zusammen. Jede von ihnen enthält eine Unmenge kleiner Aufgaben, die unbewußt ausgeführt werden.
Es fragt sich nun: Wie viele Momente unbewußten Schaffens sind in der durchgehenden Handlung enthalten, die das ganze Stück vom Anfang bis zum Ende durchzieht?
Eine riesige Anzahl. Die durchgehende Handlung ist ein mächtiger Ansporn, dessen wir uns zur Beeinflussung des Unbewußten bedienen."
Nach kurzem Nachdenken fuhr Torzow fort:
„Doch die durchgehende Handlung ergibt sich nicht von selbst. Die Kraft ihres schöpferischen Impulses hängt unmittelbar davon ab, wie mitreißend die Überaufgabe ist.
Auch die Überaufgabe hat anregende Eigenschaften, die unbewußte schöpferische Momente erzeugen können.
Fügen Sie diese Eigenschaften denjenigen hinzu, die in der durchgehenden Handlung verborgen sind, dann werden Sie sehen, daß die stärksten Lockmittel für die Anregung des unbewußten Schaffens der organischen Natur Überaufgabe und durchgehende Handlung sind.
Es sollte der Wunschtraum jedes schaffenden Künstlers werden, diese beiden Lockmittel im tiefsten und weitesten Sinn des Wortes bei jeder Bühnenschöpfung zu umfassen.
Wenn das der Fall ist, wird alles übrige unbewußt von der wunderwirkenden Natur vollzogen.
Dann wird jede Aufführung, jede Wiederholung des Schaffens unmittelbar, aufrichtig, echt und vor allem überraschend vielfältig werden. Nur dann wird man sich in der Kunst vom Handwerk, von Schablonen, Tricks und allem anderen Wust des scheußlichen Mimentums befreien können. Nur dann werden lebendige Menschen auf der Bühne stehen und von echtem Leben umgeben sein, das frei ist von allem, was die Kunst verunreinigt.[61] Dieses Leben wird jedesmal, bei jeder Wiederholung des Schaffens neu erstehen.
Mir bleibt nur noch, Ihnen zu empfehlen, daß Sie die Überaufgabe stets zu Ihrem Leitstern machen. Dann wird auch die durchgehende Handlung des Stückes und der Rolle leicht, natürlich und größtenteils unbewußt ausgeführt."
Nach einer neuen Pause fuhr Torzow fort:
„Wie die Überaufgabe und die durchgehende Handlung alle großen Aufgaben in sich aufnehmen und sich unterordnen, genauso nehmen die ganz große Überaufgabe und die ganz große durchgehende Handlung eines Schauspielerlebens die Überaufgabe der Stücke und Rollen seines Repertoires in sich auf. Auch die Überaufgaben wer-

den ihrerseits wieder untergeordnete Mittel und Stufen zur Erfüllung des eigentlichen großen Lebensziels."
„Ist das denn gut für die Aufführung?" zweifelte Schustow.
„Es ist schlecht, sobald der Intellekt überwiegt. Es ist aber gut, wenn die Beeinflussung durch künstlerische Mittel erreicht wird.
Jetzt wissen Sie, was bewußte Psychotechnik ist. Sie schafft die Mittel und die günstigen Bedingungen für die schöpferische Tätigkeit der Natur und ihres Unbewußten.
Denken Sie also an das, was die Antriebskräfte unseres psychischen Lebens auslöst, denken Sie an das innere Befinden auf der Bühne, an Überaufgabe und durchgehende Handlung, kurz an alles, was dem Bewußtsein zugänglich ist. Lernen Sie, mit Hilfe dieser Mittel den fruchtbaren Boden für die unbewußte Tätigkeit der künstlerischen Natur zu schaffen. Niemals aber sollen Sie an die Inspiration um der Inspiration willen denken und sie auf direktem Wege zu erreichen suchen. Dabei kommen nur physische Verkrampfungen und andere unerwünschte Resultate heraus."

„Außer der bewußten Psychotechnik, die den Boden für das unbewußte Schaffen vorbereitet, begegnen wir beim Auftreten auf der Bühne oft dem gewöhnlichen Zufall. Auch ihn muß man zu nutzen verstehen, auch dazu braucht man die entsprechende Psychotechnik.
Ein Beispiel: Maloletkowa, erinnern Sie sich an Ihren Ruf ‚Hilfe!' bei der Schülervorstellung und erzählen Sie uns, was Sie in diesen wenigen Sekunden des leidenschaftlichen Bewegtseins empfunden haben."
Die Maloletkowa schwieg, weil sie wahrscheinlich nur eine verschwommene Erinnerung an ihr erstes Auftreten hatte.
„Ich will versuchen, mich statt Ihrer an damals zu erinnern." Arkadi Nikolajewitsch kam ihr zu Hilfe. „Die Waise, die Sie darstellten, wurde Knall und Fall auf die öde Straße geworfen, und zugleich wurden Sie, die Schülerin Maloletkowa, ganz allein auf die riesige leere Bühne, vor das unheimlich gähnende schwarze Loch gestoßen. Die Angst der Waise vor der Einsamkeit und Öde und die Angst der debütierenden Schülerin gingen infolge ihrer Verwandtschaft ineinander über. Sie nahmen die Leere der Bühne für die Öde der Straße, Ihre eigene Einsamkeit für die Einsamkeit der aus dem Hause verstoßenen Waise und schrien ‚Hilfe!' mit so unmittelbarem, aufrichtigem Entsetzen, wie wir es nur in der realen Wirklichkeit kennen. Das war eine zufällige, aber glückliche Übereinstimmung verwandter, ähnlicher Umstände.
Ein erfahrener Schauspieler mit entsprechender Psychotechnik hätte diesen glücklichen Zufall für seine Kunst ausgenutzt. Er hätte es verstanden, das Erschrecken der Einheit Mensch–Schauspieler in das Erschrecken der Einheit Mensch–Rolle umzuwandeln. In Ihnen aber hat – Erfahrung und Psychotechnik fehlten ja – der Mensch über die Schauspielerin gesiegt. Ihre Schaffenskraft versagte, Sie brachen das Spiel ab und versteckten sich hinter den Kulissen."
Dann wandte sich Arkadi Nikolajewitsch zu mir und sagte:
„Haben Sie nicht auch den Zustand durchgemacht, von dem wir eben sprachen?"

Hatten Sie nicht auch auf der Bühne diese zufällige Übereinstimmung zwischen Rolle und eigenem Zustand, diese Ähnlichkeit und Verwandtschaft? Waren bei Ihnen auf der Bühne nicht auch Rolle und eigener Zustand ähnlich, verwandt?"
„Ja, ich finde in der Szene ‚Blut, Jago, Blut!' "
„Jawohl", bestätigte Torzow. „Erinnern wir uns, was damals vor sich ging."
„Zu Anfang rief ich die Worte der Rolle nicht als Othello, sondern von mir aus", entsann ich mich. „Aber das war der Verzweiflungsschrei eines durchgefallenen Schauspielers. Der Schrei bezog sich auf mich selbst, aber er rief den Gedanken an Othello, an Pustschins rührende Schilderung, an die Liebe des Mohren zu Desdemona in mir wach. Ich nahm meine Verzweiflung als Mensch und Schauspieler für die Verzweiflung der Einheit Mensch–Rolle, also Othellos. In meiner Vorstellung brachte ich beides durcheinander und sprach den Text, ohne mir darüber Rechenschaft zu geben, welche Person sprach."
„Es ist gut möglich, daß es so etwas wie Ähnlichkeit oder Verwandtschaft war", entschied Torzow.
Nach einer Pause fuhr er fort:
„In der Praxis haben wir es nicht nur mit dieser Art von Zufällen zu tun. In das konventionelle Leben auf der Bühne kommt häufig aus dem echten, realen Leben eine einfache äußere Zufälligkeit gleichsam hineingeflattert, die in keiner Beziehung zum Stück, zur Rolle und zur Aufführung steht."
„Was für eine äußere Zufälligkeit?" fragten die Schüler.
„Zum Beispiel ein umgefallener Stuhl oder das unabsichtlich heruntergefallene Taschentuch, von dem ich Ihnen schon einmal erzählt habe.
Wenn die Schauspieler, die auf der Bühne stehen, dafür empfänglich sind, wenn sie nicht erschrecken und dem Zufall nicht ausweichen, sondern ihn im Gegenteil mit ins Stück einbeziehen, dann wird er der Kammerton für sie werden. Er wird mitten in der konventionellen, mimenhaften Lüge auf der Bühne den echten, lebendigen Ton angeben, er wird an echte Wahrhaftigkeit erinnern, wird die ganze Linie des Stückes nach sich ziehen, wird den Glauben erzeugen und uns auf der Bühne den Zustand empfinden lassen, den wir ‚Ich bin' nennen. Alles zusammen wird den Schauspieler zum unbewußten Schaffen führen.
Sowohl die Übereinstimmungen als auch die Zufälligkeiten müssen auf der Bühne mit Bedacht genutzt werden, man darf sie sich nicht entgehen lassen, man soll sie lieben, aber die schauspielerischen Dispositionen nicht auf ihnen aufbauen.
Das ist alles, was ich Ihnen über bewußte Psychotechnik und über die Zufälligkeiten sagen kann, die das unbewußte Schaffen auslösen. Wie Sie sehen, sind wir vorläufig mit entsprechenden bewußten Methoden noch nicht reich gesegnet. Auf diesem Gebiet steht uns noch viel Arbeit, noch viel Suchen bevor. Um so mehr muß man schätzen, was bereits gefunden worden ist."

In der heutigen Stunde fiel es mir vollends wie Schuppen von den Augen, ich habe alles begriffen und bin ein glühender Verehrer des „Systems" geworden. Ich habe gesehen, wie die bewußte Technik das unbewußte Schaffen auslöst, das seinerseits die Inspiration schafft. Es war so:

Die Dymkowa spielte die Etüde mit dem „Findling". Die gleiche Aufgabe hatte die Maloletkowa früher einmal ganz hervorragend gelöst.
Dazu muß gesagt werden, warum die Dymkowa solche Vorliebe für Kinderszenen in der Art der „Szene mit den Windeln" aus „Brand" und dieser neuen Etüde hat: Sie hat vor kurzem ihren einzigen, heißgeliebten Sohn verloren. Das ist mir neulich unter der Hand, als Gerücht erzählt worden, aber als ich heute ihre Darstellung der Etüde sah, wurde mir klar, daß es wahr sein mußte.
Während des Spielens strömten ihr die Tränen aus den Augen, und ihre mütterliche Zärtlichkeit machte das Holzscheit, das das Kind ersetzte, zu einem lebendigen Wesen für uns Zuschauer. Wir konnten es uns in dem Tischtuch vorstellen, das die Windeln ersetzte. Als das „Kind" dem Tod nahe war, mußte die Etüde abgebrochen werden, damit es kein Unglück gab – so heftig wurde die Dymkowa durch das Erleben angegriffen.
Wir waren erschüttert. Arkadi Nikolajewitsch weinte auch, auch Iwan Platonowitsch und alle anderen.
Wer könnte noch von Lockmitteln, Linien, Abschnitten, Aufgaben, physischen Handlungen reden, wenn einem das wirkliche Leben selbst gegenübertritt.
„Da haben Sie ein Beispiel, wie die Natur, wie das Unbewußte schafft!" rief Torzow begeistert. „Sie schaffen streng nach den Gesetzen unserer Kunst, da diese Gesetze nicht erdacht, sondern uns eben von dieser Natur gegeben worden sind.
Doch solche Offenbarung und Inspiration werden uns nicht jeden Tag zuteil. Ein anderes Mal können sie ausbleiben, und dann..."
„Nein, sie werden kommen!" rief die Dymkowa ekstatisch, die das Gespräch mitgehört hatte.
Als ob sie Angst hätte, die Inspiration könnte sie verlassen, ging sie sofort daran, die Etüde zu wiederholen.
Um ihre Nerven zu schonen, wollte Arkadi Nikolajewitsch die junge Frau zurückhalten, aber sie brach ihr Spiel bald von selbst ab, weil sie nichts zustande brachte.
„Was nun?" fragte Torzow. „In Zukunft wird ja von Ihnen erwartet, daß Sie nicht nur bei der ersten, sondern auch bei den folgenden Vorstellungen gut spielen. Sonst wird das Stück, das bei der Premiere Erfolg hatte, in den weiteren Vorstellungen durchfallen und nichts mehr einbringen."
„Nein! Ich muß es nur richtig fühlen, dann kann ich auch spielen", verteidigte sich die Dymkowa.
„‚Ich muß nur fühlen, dann werde ich auch spielen!'" lachte Torzow. „Ist das nicht dasselbe, als sagten Sie: ‚Wenn ich schwimmen gelernt habe, werde ich auch baden?'
Ich verstehe, daß Sie sofort an das Gefühl herankommen möchten. Das wäre natürlich am schönsten. Wie gut wäre es, wenn man ein für allemal die entsprechende Technik zur Verfügung hätte, um ein gelungenes Erleben zu wiederholen. Doch Gefühl läßt sich nicht fixieren. Wie Wasser rinnt es einem durch die Finger... Darum sind wir wohl oder übel gezwungen, nach einem stabileren Mittel für die Beeinflussung und Festigung des Gefühls Ausschau zu halten.
Suchen Sie sich ein beliebiges Mittel aus: *Das leichteste und zugänglichste ist die*

physische Handlung, die kleine Wahrhaftigkeit, kurze Augenblicke des An-sie-Glaubens.
Doch unsere Ibsen-Verehrerin wendet sich angewidert von allem Physischen in der Kunst ab."[62]
Alle Wege, die ein Schauspieler gehen kann, wurden in Betracht gezogen: die Abschnitte, die inneren Aufgaben, der Phantasieeinfall. Aber alle waren nicht genügend mitreißend, stabil und zugänglich.
Wie sehr sich die Dymkowa auch wand, wie sehr sie die physischen Handlungen auch vermied, schließlich mußte sie sich doch dafür entscheiden, da sie nichts Besseres vorzubringen wußte. Bald hatte Torzow sie auf den richtigen Weg gelenkt. Dabei suchte er gar keine neuen physischen Handlungen. Er versuchte nur, sie dahin zu bringen, daß sie wiederholte, was sie vorhin intuitiv gefunden und so glänzend ausgeführt hatte.
Die Dymkowa spielte gut, wahrhaftig und überzeugend. Aber diese Darstellung war doch nicht mit der ersten vergleichbar.
Arkadi Nikolajewitsch sagte ihr folgendes:
„Sie haben vorzüglich gespielt, aber nicht die Etüde, die Ihnen aufgegeben war. Sie haben das Objekt vertauscht. Ich hatte Sie gebeten, die Szene mit dem lebenden Findling zu spielen, Sie aber gaben eine Szene mit einem toten, in ein Tischtuch gewickelten Holzscheit. Ihre physischen Handlungen waren diesem Objekt angepaßt: mit geschickten, sicheren Griffen umwickelten Sie das Stück Holz. Doch die Pflege eines lebendigen Kindes verlangt viele Einzelheiten, die Sie diesmal weggelassen haben. Das erstemal haben Sie zum Beispiel, bevor Sie das vorgestellte Kind zu wickeln begannen, Beinchen und Ärmchen fürsorglich in die richtige Stellung gebracht, Sie haben sie befühlt, liebevoll geküßt, haben zärtlich etwas vor sich hin gemurmelt, mit Tränen in den Augen gelächelt. Das war bewegend. Jetzt aber fehlten diese Details, was auch verständlich ist – ein Holzscheit hat weder Ärmchen noch Beinchen.
Das erstemal waren Sie, als Sie das Köpfchen umwickelten, sehr darauf bedacht, es an den Wangen nicht einzuengen, haben sie sorgsam gestreichelt. Und als Sie es dann gewickelt hatten, standen Sie noch lange in seinen Anblick versunken und weinten vor Freude und mütterlichem Stolz.
Kommen Sie, wir wollen die Fehler korrigieren. Wiederholen Sie die Etüde mit einem Kind und nicht mit einem Holzscheit."
Nach langwieriger Arbeit mit Torzow an den kleinen physischen Handlungen begriff die Dymkowa endlich und erinnerte sich bewußt an das, was sie bei der ersten Darstellung unbewußt gemacht hatte. Sie fühlte das Kind, und die Tränen fingen von selbst an zu fließen.
„Da haben Sie ein Beispiel für den Einfluß der Psychotechnik und der physischen Handlung auf das Gefühl!" rief Arkadi Nikolajewitsch, als Dymkowa mit dem Spiel fertig war.
„Das stimmt schon", sagte ich enttäuscht, „aber diesmal war die Dymkowa nicht erschüttert, und darum sind weder Ihnen noch mir die Tränen gekommen."
„Das macht nichts!" rief Torzow. „Wenn der Boden vorbereitet und das Gefühl in

der Schauspielerin erwacht ist, wird die Erschütterung schon kommen. Sie braucht nur den Anstoß in Form einer zündenden Aufgabe, eines magischen ‚Wenn' oder eines anderen ‚Katalysators'. Ich möchte nur die Nerven unserer Dymkowa nicht überanstrengen. Übrigens...", wandte er sich nach kurzem Nachdenken an die Dymkowa:
„Was würden Sie jetzt mit diesem Holzscheit im Tischtuch machen, wenn ich Ihnen folgendes magische ‚Wenn' gäbe: Stellen Sie sich vor, Sie bringen ein Kind zur Welt, einen bezaubernden Buben. Sie schließen ihn leidenschaftlich in ihr Herz... Aber... nach einigen Monaten stirbt das Kind plötzlich. Sie vergehen vor Schmerz. Doch da hat das Schicksal sich Ihrer erbarmt. Ein Findelkind ist vor Ihre Tür gelegt worden, auch ein Junge, und noch bezaubernder als der erste."
Das traf ins Schwarze!
Arkadi Nikolajewitsch hatte seinen Einfall kaum entwickelt, als die Dymkowa auch schon über dem Holzscheit im Tischtuch in Tränen ausbrach und... die erste Erschütterung wiederholte sich mit doppelter Kraft.
Ich stürzte zu Arkadi Nikolajewitsch, um ihm des Rätsels Lösung zu sagen: Er hatte ihre wirkliche Tragödie richtig erraten.
Torzow griff sich an den Kopf, lief an die Rampe, um die arme Mutter nicht länger zu quälen, war aber so entzückt von dem, was sie auf der Bühne tat, daß er ihr Spiel nicht unterbrechen mochte.
Als sich nach Beendigung der Etüde alle beruhigt und ihre Tränen getrocknet hatten, ging ich zu Arkadi Nikolajewitsch und meinte:
„Finden Sie nicht, daß die Dymkowa eben nicht einen Phantasieeinfall erlebt hat, sondern die Wirklichkeit, ihr eigenes, persönliches, menschliches Leid? Deshalb ist der Vorgang, den wir eben gesehen haben, meiner Meinung nach das Resultat eines Zufalls, einer Übereinstimmung, aber kein Sieg der schauspielerischen Technik, kein Schöpfertum, keine Kunst."
„Und war das, was sie das erstemal machte, Kunst?" fragte Torzow dagegen.
„Ja", mußte ich zugeben, „das war Kunst."
„Warum?"
„Weil sie von selbst, unbewußt sich ihres persönlichen Schmerzes entsann und von ihm den lebendigen Impuls empfing."
„Das ganze Unglück ist also, daß ich sie darauf gebracht und ihr erzählt habe, was in ihrem emotionalen Gedächtnis ruhte, und daß sie nicht wie beim erstenmal von selbst darauf gekommen ist. Ich kann keinen Unterschied darin finden, ob der Schauspieler seine Lebenserinnerungen selbst in sich wachruft oder ob ihm das mit der Hilfe einer anderen Person gelingt. Wichtig ist nur, daß das Gedächtnis das Erlebte bewahrt und bei entsprechendem Anstoß zum Leben erweckt. Es ist unmöglich, organisch, mit dem ganzen körperlichen und seelischen Sein nicht an das zu glauben, was im eigenen Gedächtnis ruht."
„Gut, nehmen wir an, es wäre so. Aber Sie müssen doch zugeben, daß die Dymkowa jetzt ihren Lebensimpuls nicht von den physischen Aufgaben, nicht von ihrer Wahrhaftigkeit und dem Glauben daran, sondern von dem magischen ‚Wenn' erhalten hat, das Sie ihr gegeben haben."

„Ja, leugne ich denn das?" unterbrach mich Arkadi Nikolajewitsch. „Es geht fast immer um den Phantasieeinfall und das magische ‚Wenn'. Aber man muß verstehen, den ‚Katalysator' zur rechten Zeit einzuführen."
„Wann denn?"
„Das will ich Ihnen sagen! Fragen Sie die Dymkowa mal, ob sie sich an meinem magischen ‚Wenn' entzündet hätte, wenn ich es schon früher vorgeschlagen hätte, etwa bei der zweiten Darstellung, als sie das Holzscheit ungerührt in das Tischtuch wickelte, als sie die Ärmchen und Beinchen des Findlings noch nicht gefühlt, noch nicht geküßt hatte, bevor sie also statt des häßlichen Holzscheits ein lebendiges, wunderschönes Geschöpf in den Händen hielt, in das sie das Holz verwandelt hatte. Ich bin überzeugt, daß sie vor dieser Verwandlung mein Vergleich des schmutzigen Holzscheits mit ihrem schönen Kindchen nur gekränkt hätte. Natürlich wäre sie durch die zufällige Übereinstimmung meines Einfalls mit ihrem persönlichsten Leid aufgewühlt worden, sie wäre in Tränen ausgebrochen, denn der Einfall hätte sie an den Tod ihres Sohnes erinnert. Aber diese Tränen wären Tränen um einen Toten, während wir in der Szene mit dem Findling erwarten, daß sich die Tränen um einen Verstorbenen mit der Freude am Lebenden mischen.
Mehr als das – ich bin überzeugt, daß die Dymkowa das Holzscheit vor der inneren Verwandlung in das lebendige Wesen voller Widerwillen von sich gestoßen hätte und möglichst weit davon weggegangen wäre. Dort, abseits, allein mit sich und den teuren Erinnerungen, hätte sie Tränen vergossen. Doch dabei hätte sie um den Toten geweint, aber nicht so, wie es verlangt wurde, wie sie es bei der ersten Darstellung der Etüde gemacht hatte. Erst nachdem sie im Geiste die Beinchen und Ärmchen des Kindes gesehen und gefühlt, als sie es mit ihren Tränen genetzt hatte, weinte sie so, wie es die Etüde erforderte, wie sie es auch das erstemal getan hatte: Sie weinte Tränen der Freude über das lebendige Kind.
Ich habe den Augenblick erraten, den Funken zur rechten Zeit hingeworfen und das magische ‚Wenn' gegeben, das mit ihren tiefsten und innigsten Erinnerungen zusammenfiel. Dabei wurde die echte Erschütterung ausgelöst, die Sie hoffentlich vollauf befriedigt hat."
„Bedeutet das nicht, daß die Dymkowa während des Spielens in Halluzinationen gelebt hat?"
„Nein!" wehrte Torzow heftig ab. „Das Geheimnis liegt nicht darin, daß sie an die Verwandlung des Holzscheits in ein lebendiges Wesen geglaubt hat, sondern nur darin, daß sie überzeugt war, der in der Etüde dargestellte Zufall hätte in ihrem Leben geschehen können und ihr dann eine große Erleichterung gebracht. Sie war auf der Bühne von der Echtheit ihrer Handlungen überzeugt, von ihrer Folgerichtigkeit, Logik und Wahrhaftigkeit. Das gab ihr das Empfinden ‚Ich bin' und löste das Schaffen ihrer Natur und des Unbewußten aus.
Wie Sie sehen, ist die Methode, durch Glauben an die Wahrhaftigkeit der physischen Handlungen sowie durch das ‚Ich bin' an das Gefühl heranzukommen, nicht nur beim Erarbeiten einer Rolle anwendbar. Es gilt auch für das Wiederbeleben von bereits Geschaffenem.
Es ist ein großes Glück, daß es Methoden für die Anregung bereits geschaffener

Empfindungen gibt. Sonst würde die Inspiration, die jäh über den Schauspieler kommt, nur einmal aufblitzen, um dann für immer zu verschwinden."
Ich war sehr glücklich und ging nach der Stunde zur Dymkowa, um ihr dafür zu danken, daß sie mir am lebendigen Beispiel etwas sehr Wesentliches in der Kunst deutlich gemacht hat, worüber ich mir vorher keine klare Rechenschaft geben konnte.

„Wir wollen eine kleine Prüfung machen!" schlug Arkadi Nikolajewitsch vor, als er in die Klasse kam.
„Was für eine Prüfung?" fragten die Schüler.
„Nach fast einjähriger Arbeit hat sich in Ihnen eine Vorstellung vom Entstehungsprozeß einer Bühnengestalt gebildet.
Wir wollen einmal versuchen, diese neue Vorstellung mit der alten zu vergleichen, das heißt mit der Vorstellung von theatralischer Übertreibung, die sich in Ihrem Gedächtnis von Liebhaberaufführungen oder vom öffentlichen Auftreten bei Beginn des Schulunterrichts her erhalten hat. Ein Beispiel:
Maloletkowa? Wissen Sie noch, wie Sie in einer der ersten Stunden in den Vorhangfalten nach der kostbaren Nadel gesucht haben, von der Ihre Zukunft und Ihr weiteres Verbleiben in unserer Schule abhingen? Wissen Sie noch, wie Sie damals aufgeregt herumgerannt sind, wie geschäftig Sie waren in dem Bemühen, die Verzweiflung zu überspielen, und welche künstlerische Genugtuung Ihnen das bereitete? Würde die Art Spiel, würde dieses Befinden auf der Bühne Sie jetzt befriedigen?"
Die Maloletkowa wurde bei der Erinnerung an die Vergangenheit nachdenklich, ihr Gesicht verzog sich langsam zu einem spöttischen Lächeln. Schließlich schüttelte sie verneinend den Kopf und lachte lautlos auf – wahrscheinlich über ihre ehemalige naive Übertreibung.
„Sehen Sie, Sie lachen. Und worüber? Darüber, daß Sie früher ‚im allgemeinen' gespielt haben, alles auf einmal, stracks auf das Resultat ausgehend. Kein Wunder, daß es dabei eine Entgleisung gab, eine Übertreibung der darzustellenden Gestalt und ihrer Leidenschaften.
Und jetzt entsinnen Sie sich bitte, wie Sie die Etüde mit dem ‚Findling' erlebten, wie Sie mit einem Holzscheit, mit einem leblosen ‚Kind' gescherzt und gespielt haben. Vergleichen Sie dieses echte Leben auf der Bühne mit Ihrem Befinden während des Arbeitens mit der früheren Übertreibung und sagen Sie mir: Sind Sie befriedigt von dem, was Sie inzwischen in der Schule erkannt haben?"
Die Maloletkowa wurde nachdenklich, ihr Gesicht wurde erst ernst, dann düster, Unruhe flackerte in ihren Augen, und sie nickte, ohne etwas zu sagen, höchst bedeutsam und tiefsinnig mit dem Kopf.
„Sehen Sie", sagte Torzow, „jetzt lachen Sie nicht mehr, sondern könnten bei der bloßen Erinnerung daran weinen. Wie kommt denn das?
Weil Sie bei der Entwicklung der Etüde einen ganz anderen Weg gegangen sind. Sie gingen nicht geradewegs auf das Endresultat los – nämlich die Zuschauer zu überwältigen, zu erschüttern, die Etüde so stark wie möglich zu spielen. Diesmal hatten Sie den Samen in sich hineinversenkt und von der Wurzel ausgehend die Pflanze emporwachsen lassen. Sie handelten nach dem Wachstumsgesetz der Natur.

Denken Sie immer an diese beiden Wege, von denen der eine unausweichlich zur Handwerkelei, der andere zur echten Kunst führt."
„Und wir haben diesen Zustand auch in der Etüde mit dem Wahnsinnigen kennengelernt!" behaupteten die anderen Schüler, um ebenfalls gelobt zu werden.
„Stimmt!" mußte Torzow zugeben.
„Und auch Sie, Dymkowa, haben diesen Zustand in Ihrer wunderbaren Etüde mit dem ‚Findling' erlebt.
Was Wjunzow betrifft, so hat er uns durch den vorgetäuschten verstauchten Fuß beim Tanzen angeführt. Für einen Augenblick war er selbst aufrichtig von seiner ausgedachten Anpassung überzeugt und in der Illusion befangen. Sie wissen jetzt also, daß es sich beim künstlerischen Schaffen nicht um mimenhafte, technische Kunststückchen, nicht um äußerliche Übertreibung der Gestalten und Leidenschaften handelt, wie viele von Ihnen früher geglaubt haben.
Worin besteht denn unsere schöpferische Arbeit?
Sie besteht in Zeugung und Austragen eines neuen Lebewesens – der Einheit Mensch–Rolle. Es ist ein natürlicher Schaffensakt, erinnernd an die Geburt eines Menschen.
Verfolgt man aufmerksam, was in der Seele des Schauspielers während des Einlebens in die Rolle vor sich geht, wird man sehen, daß mein Vergleich stimmt.
Jede künstlerische Bühnengestalt ist eine einmalige, unwiederholbare Schöpfung, wie alles in der Natur.
In ihrem Werdegang durchläuft sie Stadien, die denen der Menschwerdung entsprechen.
Es gibt im Schaffensvorgang einen ‚Er', den ‚Mann' – das ist der Autor.
Es gibt eine ‚Sie', die ‚Frau' – das ist der Darsteller oder die Darstellerin, die vom Autor den Samen seines Werkes empfangen haben, die mit der Rolle schwanger sind.
Es gibt die ‚Frucht', das ‚Kind' – das ist die entstehende Rolle.
Es gibt die Augenblicke der ersten Bekanntschaft, in denen ‚Sie' ‚Ihn' kennenlernt – das heißt der Schauspieler die Rolle. Es gibt die Stadien ihrer Annäherung, Verliebtheit, Streitigkeiten, Differenzen, Versöhnung, Vereinigung, Befruchtung und Schwangerschaft.
In diesen Stadien unterstützt der Regisseur den Vorgang gleichsam als Kuppler.
Es gibt wie bei der Schwangerschaft verschiedene Stadien des schöpferischen Prozesses, die sich günstig oder ungünstig auf das Privatleben des Schauspielers auswirken. Man weiß zum Beispiel, daß werdende Mütter in den verschiedenen Stadien ihrer Schwangerschaft den unterschiedlichsten Launen und Stimmungen unterworfen sind. Dasselbe geschieht bei der schöpferischen Arbeit mit der Einheit Schauspieler–Mensch. Die verschiedenen Stadien des Aufkeimens und Reifens der Rolle wirken unterschiedlich auf seinen Charakter, auf seine Verfassung im privaten Leben.
Ich bin der Meinung, daß man für die organische Entwicklung einer Rolle keineswegs weniger, sondern zuweilen sogar bedeutend mehr Zeit braucht als für das Austragen eines lebendigen Menschen.

In diesem Zeitabschnitt ist der Regisseur als Hebamme oder Geburtshelfer am Schaffen beteiligt.
Bei normalem Verlauf von Schwangerschaft und Entbindung formt sich das Geschöpf im Schauspieler von selbst, auf natürliche Weise, und wird dann von der ‚Mutter' – dem schaffenden Schauspieler – umhegt und erzogen.
Doch es gibt auch bei uns Frühgeburten, Fehlgeburten und Abtreibungen. Dann entstehen unfertige, nicht ganz ausgereifte Bühnen-Mißgeburten.
Die Analyse dieses Prozesses überzeugt uns von einer bestimmten Gesetzmäßigkeit, nach der die organische Natur handelt, wenn sie ein neues Wesen in die Welt setzt, sei es nun ein biologisches oder eine Schöpfung der menschlichen Phantasie.
Kurz, die Geburt eines lebendigen Bühnengeschöpfes – der Rolle – ist ein natürlicher Vorgang in der organischen, schöpferischen Natur des Schauspielers.[63]
Wie sehr irren doch jene Leute, die diese Wahrheit nicht einsehen wollen, die sich ihre eigenen ‚Prinzipien', ‚Grundlagen', eine eigene ‚neue Kunst' ausdenken, die nicht auf die schaffende Natur vertrauen. Wozu Gesetze ausdenken, wenn sie bereits vorhanden sind, wenn sie ein für allemal von der Natur selbst geschaffen sind. Ihre Gesetze gelten ausnahmslos für alle Bühnenschaffenden, und wehe denen, die sie verletzen. Solche gewalttätigen Schauspieler sind keine Schöpfer, sondern Fälscher, Nachahmer, Imitatoren.
Erst wenn Sie alle Gesetze der schöpferischen Natur gründlich und eindringlich studiert und sich daran gewöhnt haben, ihnen nicht nur im Leben, sondern auch auf der Bühne aus freien Stücken zu gehorchen, dann können Sie schaffen, was und wie es Ihnen gefällt – aber natürlich unter einer Bedingung: Strengste Einhaltung aller schöpferischen Gesetze Ihrer organischen Natur, ohne Ausnahme.
Ich glaube, daß der geniale Mensch, der überragende Techniker noch nicht geboren ist, der – ausgehend von der Natur – widernatürliche, ausgeklügelte, modernistische, aktualisierende Neuerungen und die zahllosen ‚Ismen' ausführen könnte."
„Entschuldigen Sie bitte! Sie leugnen also das Neue in der Kunst?"
„Im Gegenteil. Ich bin der Meinung, daß das menschliche Leben so fein, so kompliziert und vielgestaltig ist, daß man, um es erschöpfend wiederzugeben, noch unendlich viel mehr neue, noch nicht erkannte ‚Ismen' brauchte. Doch gleichzeitig muß ich leider feststellen, daß unsere Technik schwach und primitiv ist und daß wir noch lange Zeit nicht imstande sein werden, viele interessante und berechtigte Forderungen der ernsthaften Neuerer zu erfüllen. Diese Neuerer begehen einen großen Irrtum: sie vergessen, daß zwischen der Idee, dem Prinzip, dem neuen Standpunkt, so richtig sie auch sein mögen, und der Verwirklichung ein riesiger Abstand besteht. Um diesen Abstand zu verringern, muß beharrlich und noch lange Zeit an der Technik unserer Kunst gearbeitet werden, die sich noch in einem vorsintflutlichen Zustand befindet.
Solange unsere Psychotechnik noch unvollkommen ist, müssen Sie sich vor allem davor hüten, gegen die schöpferische organische Natur und ihre gegebenen, unverletzlichen Gesetze zu handeln.
Wie Sie sehen, verlangt alles in unserer Kunst gebieterisch, daß jeder Schauspielschüler in erster Linie die Schaffensgesetze der organischen Natur bis in jede Ein-

zelheit hinein sorgfältig studiert, nicht nur theoretisch, sondern vor allem praktisch. Er muß auch alle Mittel unserer Psychotechnik studieren und sie in der Praxis anwenden können. Ohne dieses Rüstzeug hat keiner das Recht, auf die Bühne zu gehen. Sonst wird es in unserer Kunst keine wirklichen Meister, sondern nur Dilettanten und Analphabeten geben. Mit solchen Mitarbeitern können unsere Theater nicht wachsen und sich entwickeln, sondern müßten untergehen."

Der Schluß der Stunde verging mit Abschiednehmen, denn es war heute der letzte Unterricht über das „System" in diesem Semester.

Arkadi Nikolajewitsch schloß seine Ansprache an die Schüler mit folgenden Worten:

„Sie verfügen jetzt über Psychotechnik. Mit ihrer Hilfe können Sie das Erleben anregen. So sind Sie jetzt imstande, das Gefühl lebendig zu machen, das verkörpert werden kann.

Aber um das feinste, oft unbewußte Leben unserer organischen Natur äußerlich sichtbar machen zu können, muß man über einen außerordentlich gefügigen, vorzüglich geschulten stimmlichen und körperlichen Apparat verfügen. Sie müssen mit größter Einfühlung und Unmittelbarkeit augenblicklich die feinsten, fast unwägbaren inneren Vorgänge mit höchster Präzision wiedergeben. Mit anderen Worten: Die Abhängigkeit des körperlichen Lebens des Schauspielers auf der Bühne von seinem seelischen Leben ist gerade in unserer Kunstrichtung besonders wichtig. Deshalb muß ein Schauspieler unserer Richtung sich viel mehr, als es in anderen nötig ist, nicht nur um seinen inneren Apparat kümmern, der den Vorgang des Erlebens gestaltet, sondern auch um den äußeren Apparat seines Körpers, der die Resultate der schöpferischen Arbeit des Empfindens in der äußeren Form der Verkörperung richtig wiedergibt. Auch diese Arbeit wird von unserer organischen Natur mit ihrem Unbewußten stark beeinflußt, und auch auf diesem Gebiet – dem Gebiet der Verkörperung – kann sich die kunstvollste schauspielerische Technik nicht mit ihr messen, so selbstsicher sie auch Anspruch auf Überlegenheit erheben mag.

Der Vorgang der Verkörperung steht folglich jetzt auf dem Lehrplan. Ihm wird der größte Teil des kommenden Jahres gewidmet sein.

Das ist noch nicht alles. Sie haben schon einen gewissen Vorrat für die künftige ‚Arbeit an der Rolle': Sie haben nämlich gelernt, das innere Befinden herzustellen, von dem aus diese Arbeit überhaupt erst möglich wird. Das ist auch ein gewaltiger Trumpf für die Zukunft, den wir zu gegebener Zeit, sobald wir an die ‚Arbeit an der Rolle' herangehen, nachdrücklich ausspielen werden.

Und nun auf Wiedersehen! Ruhen Sie sich aus. Nach ein paar Monaten kommen wir wieder zusammen, um das Studium der ‚Arbeit an sich selbst', insbesondere aber den Vorgang der Verkörperung weiterzubetreiben."

Ich bin glücklich, ich bin wie beflügelt, ich habe von Grund auf, in der Praxis, in der Arbeit die Bedeutung des Satzes erfaßt:

„Durch die bewußte Psychotechnik des Schauspielers zum unbewußten Schaffen der organischen Natur!!"

Das bedeutet jetzt für mich: Jahre und Jahre meines Lebens an der Vervollkomm-

nung der Psychotechnik arbeiten, um den Boden für die Inspiration zu bereiten. Dann wird sie von selbst zu mir kommen.
Was für eine herrliche Aussicht! Was für ein großes Glück! Dafür lohnt es zu leben und zu arbeiten!
Das fühlte und dachte ich, während ich mir in der Garderobe den Schal umband.
Plötzlich tauchte – wie neulich – Arkadi Nikolajewitsch auf. Aber diesmal versetzte er mir keinen Rippenstoß. Im Gegenteil, ich warf mich an seinen Hals und gab ihm einen kräftigen Kuß. Er war recht verdutzt und fragte nach der Ursache meiner Gefühlsaufwallung.
„Sie haben mir die Einsicht verschafft, daß das Geheimnis unserer Kunst darin besteht, die Gesetze der organischen Natur streng einzuhalten, und ich gebe das feierliche Versprechen ab, sie gewissenhaft und intensiv zu studieren", sagte ich zu ihm. „Ich verspreche, mich ihnen strikt zu fügen, denn sie allein können den rechten Weg zur schöpferischen Arbeit und zur Kunst weisen! Ich verspreche, die Psychotechnik in mir auszubilden, und zwar geduldig, systematisch und unermüdlich. Kurz, ich tue alles, um den Boden für das Unbewußte vorzubereiten, damit die Inspiration über mich kommen kann!"
Arkadi Nikolajewitsch war gerührt. Er nahm mich beiseite, ergriff meine Hand, hielt sie lange in der seinen und sagte:
„Es freut mich, Ihre Versprechungen zu hören, und zugleich erfüllen sie mich mit Angst."
„Warum denn Angst?" staunte ich.
„Es hat gar zu viele Enttäuschungen gegeben. Ich arbeite schon sehr lange am Theater, Hunderte von Schülern sind durch meine Hände gegangen, doch nur in einigen kann ich meine Nachfolger sehen, die den innersten Kern der Aufgabe erfaßt haben, an der ich ein Leben lang gearbeitet habe."
„Warum sind es denn so wenige?"
„Weil bei weitem nicht alle den Willen und die Ausdauer besitzen, um sich bis zur echten Kunst vorzuarbeiten. Es genügt nicht, das ‚System' zu *kennen*. Man muß es *verstehen* und – *können*. Dazu bedarf es täglichen, ständigen Trainings und Drills während der gesamten schauspielerischen Laufbahn.
Die Sänger brauchen Stimmübungen, die Tänzer Exerzisen, die Schauspieler aber – Training und Drill im Sinne des ‚Systems'. Wenn Sie ganz fest wollen, wenn Sie diese Arbeit Ihr Leben lang durchhalten, wenn Sie Ihre Natur erkennen, sie beherrschen und obendrein Talent haben, werden Sie ein großer Schauspieler werden."

ANHANG

ERGÄNZUNG ZUM KAPITEL „HANDLUNG"[64]

„Der Mißerfolg, den Sie in der vorigen Stunde beim Wiederholen der Etüde mit dem Wahnsinnigen erleben mußten, hatte seine Ursache nicht nur darin, daß Sie sich für den heutigen Tag keine neuen Aufgaben gestellt und ganz einfach die alten Spielmethoden wiederholt haben. Sie haben dabei auch noch einen anderen Fehler begangen. Er bestand in der *Inkonsequenz und Unlogik Ihres Handelns.*
Um zu verstehen, was ich meine, brauchen Sie sich nur zu vergegenwärtigen, wie Sie sich bei den beiden Darstellungen der Etüde verbarrikadiert hatten.
Beim erstenmal hatten Sie den großen Bücherschrank vor die Tür gerückt. Dadurch war es unmöglich, die Tür auch nur einen winzigen Spalt breit zu öffnen und einen Stock hindurchzustecken, mit dem man den Schrank hätte fortschieben können.
Bei der heutigen Darstellung der Etüde gingen Sie dagegen anders vor. Der Schrank wurde nicht unmittelbar vor die Tür gerückt, sondern stand in einem gewissen Abstand von ihr entfernt. Nichts hätte den Wahnsinnigen daran hindern können, die Tür weit genug zu öffnen, um durch den recht breiten Spalt hineinzuschlüpfen.
Die anderen schweren Möbelstücke haben Sie heute ebenfalls nicht dicht aneinander geschoben, sondern mit größeren Zwischenräumen aufgestellt. Auch dadurch wurde die Wirksamkeit Ihrer Verbarrikadierung abgeschwächt.
Unter diesen Umständen konnten Sie selbst nicht an die Zweckmäßigkeit Ihrer Arbeit und Ihres Verhaltens glauben. Ohne Glauben kann man aber nicht wirklich erleben, was man auf der Bühne darstellt.
Ein anderes Beispiel zweckloser und unlogischer Handlungen gab die Weljaminowa. Wozu in aller Welt brauchte sie den Lampenschirm? Etwa um sich damit vor dem Wahnsinnigen zu schützen? Und warum ließ sie diesen unglückseligen Lampenschirm fallen und machte beim Aufheben soviel Wesen davon?
Und was wollten Sie, Naswanow, eigentlich mit dem weichen, in Plüsch gebundenen Album anfangen? Auch dieses Album wäre ja nur eine höchst unzureichende Verteidigung gewesen.
Geben Sie zu, daß Ihre Handlung unzweckmäßig und *unlogisch* war, daß man ihr keinen Glauben schenken konnte!

Ich könnte noch eine ganze Reihe solcher *inkonsequenten* Handlungen in der heutigen Wiederholung der Etüde aufzählen, denen man ebenfalls nicht glauben konnte. Auch sie halfen nicht, während des Spiels die richtigen Empfindungen wachzurufen, ja, mehr als das, sie verhinderten sogar ein wirklich ursprüngliches Erleben."
„Das ist mir völlig unverständlich!" seufzte Wjunzow.
„Und dabei ist es doch so einfach. Stellen Sie sich vor, Sie wollen trinken und gießen sich deshalb Wasser aus einer Karaffe in ein Glas. Wenn Sie nun die Karaffe nehmen und über das Glas neigen, fällt der schwere gläserne Pfropfen aus dem Flaschenhals heraus, zerschlägt das Glas in tausend Stücke, und das Wasser ergießt sich über den ganzen Tisch, anstatt in Ihre Kehle zu fließen. Da haben Sie ein Ergebnis *mangelnder Folgerichtigkeit* Ihrer Handlungen."
„Ach so!" meinte Wjunzow nachdenklich.
„Oder nehmen wir ein anderes Beispiel: Sie gehen zu Ihrem Feind in der Absicht, sich mit ihm zu versöhnen. Statt dessen brechen Sie einen Streit vom Zaun, der in eine Schlägerei ausartet und mit einer Körperverletzung endet.
Da haben Sie das Resultat Ihres *unlogischen* Verhaltens."
„Ja, jetzt habe ich genau begriffen, was Sie meinen!" rief Wjunzow erfreut.
„Damit wären wir nun also bei der Frage nach der *Bedeutung von Logik und Folgerichtigkeit im Prozeß der psychischen und physischen Handlung* angelangt. Diese Frage ist um so bedeutsamer, als Logik und Folgerichtigkeit [keine] *selbständigen Elemente im Schaffensprozeß sind.*
Sie stehen in ständiger Wechselbeziehung mit allen anderen Elementen.
Es ist leichter für mich, derartige Wechselbeziehungen in jedem einzelnen Fall zu schildern. Dadurch bin ich allerdings gezwungen, den Einfluß von Logik und Folgerichtigkeit auf die einzelnen schöpferischen Elemente in jeder Stufe gesondert zu betrachten und während des gesamten Unterrichtsprogramms, das den inneren Elementen des schöpferischen Schauspielers gewidmet ist, immer wieder darauf zurückzukommen.
Heute sind wir nun bei unserer Arbeit an der Handlung zum erstenmal auf das Problem von Logik und Folgerichtigkeit gestoßen. Ich will diese Gelegenheit wahrnehmen und ausführlich darauf eingehen.
Im realen Alltagsleben handeln und empfinden die Menschen – sei es nun bewußt oder aus Gewohnheit – folgerichtig und logisch. Da haben wir nämlich meistens ein bestimmtes Ziel und lassen uns von den Erfordernissen des Alltags und von unseren Bedürfnissen leiten. Im wirklichen Leben sind die Menschen gewöhnt, instinktiv, ohne zu überlegen, auf jede Notwendigkeit zu reagieren. Auf der Bühne dagegen stehen wir nicht in der tatsächlichen Wirklichkeit, sondern das Leben der Rolle entsteht durch die Vorstellungskraft unserer Phantasie. Dabei sind anfänglich in der Seele des Schauspielers noch keine eigenen menschlichen Bedürfnisse und Ziele vorhanden, die denen der dargestellten Person entsprechen. Diese Bedürfnisse und Ziele der Rolle sind nicht unvermittelt einfach da, sondern werden erst allmählich in langwieriger schöpferischer Arbeit ausgebildet.
Man muß nun verstehen, das nur in der Vorstellung vorhandene Ziel in ein eigenes echtes und dringendes Bedürfnis umzuwandeln. Schauspieler, die nicht über die

entsprechende innere Technik verfügen, suchen sehr naiv und primitiv nach einem Ausweg aus der schwierigen Situation. Sie geben sich zwar den Anschein, als ob sie mit aller Kraft nach dem hohen Ziel des Stückes trachten und nur um dieses Zieles willen handeln, in Wirklichkeit ‚täuschen sie die Leidenschaften der Rolle jedoch nur vor'. Man kann aber nicht nur handeln oder empfinden ‚als ob' und dabei aufrichtig an diesen Selbstbetrug glauben. Sobald den Schauspielern jedoch der Glaube an die Wahrhaftigkeit ihres Verhaltens auf der Bühne fehlt, verlieren sie endgültig den Halt, den ihnen ihre im wirklichen Leben vorhandenen Fertigkeiten, Gewohnheiten und Erfahrungen, die unbewußte Tätigkeit ihres Organismus und die Logik und Folgerichtigkeit ihrer persönlichen Wünsche, ihres Strebens und Handelns bieten.

Anstelle dieser Eigenschaften bildet sich dann auf der Bühne ein eigentümlicher, ausgesprochen schauspielerhafter Zustand heraus, der mit dem realen Leben nichts mehr gemein hat.

Ohne den Halt, den uns die echten menschlichen Bedürfnisse bieten, beginnt man auf der Bühne alle möglichen Verrenkungen zu vollführen und gerät unversehens auf den Weg des geringsten Widerstandes, das heißt in die Gewalt eines schablonenhaften, rein handwerksmäßigen Spiels.

Zu unserem Glück gibt es jedoch die Mittel der Psychotechnik, die uns im Kampf gegen diese Gefahr unterstützen und unsere Arbeit auf den richtigen, lebenswahren und natürlichen Weg leiten.

Eine solche psychotechnische Methode beruht auf logisch und folgerichtig aufgebauten psychischen und physischen Handlungen. Um diese Methode anwenden zu können, muß man zuvor das Wesen dieser Handlungen sowohl an sich selbst als auch an anderen Menschen eingehend studieren."

„Aber, erlauben Sie, wollen Sie damit sagen, daß ein Schauspieler im Leben ständig mit einem Notizbuch in der Hand herumlaufen soll, um darin immerfort alle logischen und folgerichtigen Handlungen zu verzeichnen, die er an sich selbst oder bei anderen bemerkt?" wandte Goworkow ein.

„Aber keineswegs, ich möchte Ihnen vielmehr einen einfacheren und praktischeren Weg vorschlagen, auf dem Sie selbst die Notwendigkeit erkennen werden, genau auf Logik und Folgerichtigkeit Ihres eigenen Tuns und des Verhaltens der anderen zu achten", erwiderte Arkadi Nikolajewitsch.

„Wie soll das möglich sein?" fragte Wjunzow aufgeregt.

„Nur ruhig Blut! Ich werde Ihnen das an einem Beispiel demonstrieren. Naswanow und Wjunzow, gehen Sie auf die Bühne und beginnen Sie dort mit irgendeiner physischen Handlung!" ordnete Arkadi Nikolajewitsch an.

„Was sollen wir denn tun?" fragte ich verständnislos.

„Nun, zählen Sie Geld, ordnen Sie Geschäftspapiere. Alles Überflüssige werfen Sie in den Kamin. Was Sie noch brauchen, legen Sie beiseite."

„Und was soll ich dabei tun?" fragte Wjunzow.

„Achten Sie auf Naswanows Arbeit, interessieren Sie sich für alles, was er tut, und versuchen Sie, sich in irgendeiner Form daran zu beteiligen", wies Torzow an.

Wir gingen auf die Bühne und setzten uns an den Tisch vor dem Kamin.

[„Bringen Sie mir bitte Geld aus der Requisite!" bat ich einen Mitarbeiter, der hinter den Kulissen stand.
„Nicht nötig! Spielen Sie mit vorgestelltem Geld", fiel mir Arkadi Nikolajewitsch ins Wort.
Also machte ich mich daran, das nicht vorhandene Geld zu zählen.
„Ich glaube Ihnen nicht!" unterbrach mich Torzow, kaum daß ich die Hand ausgestreckt hatte, um das vorgestellte Geldbündel zu nehmen.
„Was glauben Sie mir nicht?"
„Sie haben ja noch nicht einmal einen Blick auf das geworfen, was Sie anfassen."
Ich schaute auf die nur in meiner Vorstellung vorhandenen Geldbündel, sah nichts, streckte die Hand aus und zog sie sogleich wieder zurück.
„Wenn Sie doch wenigstens anstandshalber die Finger aneinanderpressen wollten, sonst fällt Ihnen das Päckchen ja aus der Hand. Hinlegen, nicht werfen. Dazu brauchen Sie eine Sekunde. Geizen Sie nicht damit, wenn Sie das, was Sie tun, rechtfertigen und ihm auch physisch Glauben schenken wollen. Wer macht denn einen Knoten so auf? Suchen Sie erst einmal das Ende der Schnur, die das Bündel zusammenhält. Nicht so! Das gelingt Ihnen nicht sofort. Meistens sind die Enden verknotet und unter die Schnur geschoben, damit das Bündel nicht aufgehen kann. Es ist gar nicht so einfach, diese Enden aufzuknoten. So, jetzt ist's richtig", sagte Arkadi Nikolajewitsch anerkennend. „Und nun zählen Sie jedes einzelne Bündel! Halt! Wie sind Sie nur so schnell damit fertiggeworden? Selbst der erfahrenste Kassierer könnte die alten, abgegriffenen Geldscheine nicht mit dieser Geschwindigkeit durchzählen.
Sehen Sie, was für realistische Details, was für kleine Wahrheiten man herausfinden muß, um auch wirklich physisch an alles glauben zu können, was man auf der Bühne tut."
So lenkte Torzow meine physische Tätigkeit ganz logisch und folgerichtig von einem Abschnitt der Handlung zum anderen, von einer Sekunde zur anderen. Während ich so damit beschäftigt war, das in Wirklichkeit ja gar nicht vorhandene Geld zu zählen, konnte ich mich allmählich immer besser daran erinnern, wie und in welcher Reihenfolge sich dieser Vorgang im realen Leben abspielt.
Mit Hilfe der logischen Handlungen, zu denen Torzow mich anregte, bekam ich heute eine ganz andere Einstellung zum Spiel mit vorgestellten Gegenständen. Meine Hände füllten sich gleichsam mit dem vorgestellten Papiergeld oder, besser gesagt, diese Methode ließ mich das richtige Verhältnis zu dem nur in meiner Phantasie vorhandenen, in Wirklichkeit jedoch gar nicht existierenden Objekt finden. Es ist durchaus nicht dasselbe, ob man sinnlos die Finger bewegt oder ob man schmutzige und abgegriffene Rubelscheine zählt, die man in Gedanken vor sich sieht.
Sobald ich zu spüren begann, daß meine physische Handlung echt und wahrhaftig war, fing ich an, mich auf der Bühne wohl zu fühlen.
Dabei geriet ich ganz unwillkürlich ins Improvisieren: Ich wickelte den Bindfaden fein säuberlich zusammen und legte ihn vor mich auf den Tisch. Diese winzige Kleinigkeit war so lebensecht, daß sie mich richtig anfeuerte und noch eine ganze Kette neuer Improvisationen nach sich zog. So klopfte ich, ehe ich ans Zählen ging,

mit den Bündeln lange gegen die Tischplatte, damit die Geldscheine glatt und ordentlich lagen. Wjunzow, der neben mir saß, begriff, was ich damit bezweckte, und fing an zu lachen.

„Warum lachst du?" fragte ich ihn.

„Du machst das wirklich verblüffend echt", erwiderte er.

„Das also nennen wir eine vollständig und bis ins letzte gerechtfertigte physische Handlung, die man dem Schauspieler ganz selbstverständlich glauben kann!" rief Arkadi Nikolajewitsch aus dem Parkett.]

„Wie Sie sehen", faßte er zusammen, „haben Sie mit einer plumpen und gekünstelten Darstellung begonnen. Um sich davon frei zu machen, mußten Sie die Folgerichtigkeit Ihres physischen Verhaltens sorgfältig überprüfen.

Durch das mehrfache Wiederholen Ihrer Handlungen erinnerten Sie sich allmählich an die entsprechenden Empfindungen des realen Lebens. Nun erkannten Sie diese Empfindungen wieder, glaubten an sie und damit auch an die Wahrhaftigkeit Ihres Handelns auf der Bühne.

Im wirklichen Leben sind diese Empfindungen für uns ganz natürliche, leicht verständliche, simple und altbekannte Erscheinungen. Auf der Bühne verändern sie sich jedoch durch das Bewußtsein des Schauspielers, vor Publikum zu stehen. Sie erscheinen uns nun plötzlich fremd, unverständlich und kompliziert.

Selbst die gewohnte Logik und Folgerichtigkeit der einfachsten physischen Handlungen läßt uns auf der Bühne im Stich.

Diese betrübliche Umwandlung des Schauspielers auf der Bühne ist nun einmal ein unvermeidliches Übel, mit dem wir uns auseinanderzusetzen haben.

Dazu brauchen wir die Hilfe der Psychotechnik und einige Grundkenntnisse über das Wesen unserer physischen und sonstigen Handlungen. Das verlangt wiederum ein detailliertes Studium der einzelnen Bestandteile dieser Handlungen.

Wenn unsere Handlungen nicht aus sich selbst heraus entstehen oder lebendig werden, nehmen wir unsere Zuflucht zum Übergang vom Äußeren zum Inneren, das heißt, wir legen die einzelnen Momente in ihrer logischen Reihenfolge aneinander und setzen daraus die eigentliche Handlung zusammen. Die logische Folgerichtigkeit in der Anordnung der einzelnen Teile löst Assoziationen zum wirklichen Leben aus.

Durch bekannte Empfindungen werden diese Assoziationen noch befestigt, und der Glaube an die Echtheit der durchgeführten Handlungen wird wachgerufen.

Sobald nur der Schauspieler selbst an sie glaubt, beginnen sie ganz von allein zu leben.

Diesen Prozeß konnten Sie heute bei der Arbeit an der Etüde ‚Geldzählen' verfolgen. Ich möchte mit allem Nachdruck darauf hinweisen, daß bei dieser Entwicklung, von der äußeren Technik ausgehend zur lebendigen, lebensvollen Wahrheit zu kommen, der *logischen* und *folgerichtigen* Anordnung der einzelnen Handlungselemente große Bedeutung zukommt.

Diese Elemente müssen Sie studieren, um so mehr, als wir uns in Zukunft weitgehend mit der von mir empfohlenen Methode beschäftigen werden, bei der die ganze Handlung durch die richtige Anordnung ihrer einzelnen Bestandteile belebt wird."

„Wie meinen Sie das mit dem Studieren?" fragte Wjunzow beunruhigt.
„Nun, ganz einfach: Sie müssen sich nur in eine Situation bringen, in der ein solches ‚Studium' unvermeidlich wird."
„Was wäre denn das für eine Situation?" fragte ich.
„Dieselbe, in der Sie selbst sich eben bei der Etüde ‚Geldzählen' befunden haben. Eine solche Situation entsteht durch die Arbeit mit einer Fiktion, das heißt mit nur in der Vorstellung vorhandenen Gegenständen.
In unserem Schauspielerjargon bezeichnen wir sie als Arbeit *mit vorgestellten Gegenständen*.
Um zu erreichen, daß Sie völlig bewußt an diese Handlungen herangehen, will ich versuchen, Ihnen das in dieser Arbeit verborgene Geheimnis oder auch ihren praktischen Sinn an einem Beispiel zu erläutern.
Zu diesem Zweck muß ich mich der Beweisführung aus dem Gegenteil bedienen. Naswanow und Wjunzow! Wiederholen Sie noch einmal die Etüde ‚Geldzählen', aber spielen Sie diesmal nicht wie vorhin mit vorgestellten, sondern mit realen Gegenständen, die Ihnen der Requisiteur gleich bringen wird."
Wir spielten die Etüde noch einmal.
Nach der Szene fragte Arkadi Nikolajewitsch die anderen Schüler im Zuschauerraum:
„Können Sie sich daran erinnern, wie Naswanow gerade eben ein Päckchen nach dem anderen vom Tisch aufnahm, es aufknüpfte, die Geldscheine durchzählte, auseinanderlegte und so weiter?"
„Ja, so ungefähr", antworteten die Schüler wenig überzeugend.
„Nur so ungefähr? Aber vieles haben Sie bereits vergessen?" forschte Torzow weiter.
„Nicht eigentlich vergessen, aber man muß sich geradezu gewaltsam daran erinnern", erklärten die einen.
„Wir konnten schlecht folgen", sagten die anderen.
„Wie steht es denn nun mit Ihnen, die Sie selbst gespielt haben, können Sie sich noch deutlich an jeden einzelnen Moment der soeben durchgeführten Handlungen mit den realen Gegenständen erinnern?" fragte Arkadi Nikolajewitsch Wjunzow und mich.
Wir mußten gestehen, daß wir an keinerlei physische Handlungen oder einzelne Momente gedacht hatten, sondern daß alles ganz von allein und mechanisch verlaufen sei.
Mit der folgenden Frage wandte sich Arkadi Nikolajewitsch wieder an alle.
„Versuchen Sie sich noch einmal genau zu erinnern und sagen Sie mir: In welcher Form hat sich die erste Darstellung der Etüde ‚Geldzählen' *ohne reale Dinge, mit ‚imaginären' Gegenständen* oder, anders gesagt, mit leeren Händen Ihrem Gedächtnis eingeprägt?"
Es stellte sich heraus, daß die „Handlungen mit vorgestellten Gegenständen" besser im Zuschauerraum angekommen waren und sich dem Gedächtnis der Schüler exakter, klarer und anschaulicher eingeprägt hatten.
„Und was sagen Sie selbst?" wandte sich Arkadi Nikolajewitsch wieder an uns Dar-

steller. Welche Erinnerungen haben Sie an die Handlung des Geldzählens mit vorgestellten Gegenständen?"
Es zeigte sich, daß die Erinnerungen an die einmal festgelegte Linie der Aufmerksamkeit, die wir uns beim Üben der physischen Handlungen erworben hatten, sehr präzise, logisch und folgerichtig waren.
„Welche Schlußfolgerung kann man nun aus diesen beiden Experimenten der Handlung einmal mit realen und einmal mit vorgestellten Gegenständen ziehen?" fragte uns Arkadi Nikolajewitsch.
Wir wußten nicht, was wir darauf antworten sollten.
„Man muß doch daraus schließen", erläuterte Arkadi Nikolajewitsch, „daß bei einer Übung mit realen Gegenständen viele Bestandteile der Handlung unversehens der Aufmerksamkeit des Darstellers entgleiten. Und zwar sind es die Momente der Handlung, die man mechanisch, aus Gewohnheit, selbstverständlich, unmerklich ausführt. Derartige Lücken in der Aufmerksamkeit hindern uns daran, in das Wesen der uns gerade interessierenden Handlung einzudringen. Sie gestatten nicht, die Bestandteile, aus denen sich die betreffende Handlung zusammensetzt, in ihrer richtigen logischen Reihenfolge zu betrachten. Dadurch wird auch das Zustandekommen einer klaren Linie der Aufmerksamkeit erschwert, die der Schauspieler beständig einhalten muß, nach der er sich immer orientieren muß.
Bei den Handlungen mit vorgestellten Gegenständen sieht die Sache ganz anders aus. Da sind Momente, die sich der Aufmerksamkeit des Darstellers entziehen, von vornherein ausgeschlossen."
„So? Warum denn?"
„Weil allein schon durch den Verzicht auf reale Gegenstände auch die unlöslich mit ihnen verbundenen mechanischen Handlungen, Gewohnheiten und Fertigkeiten verschwinden, die zu unerwünschten Lücken in der Linie der Aufmerksamkeit führen. Erst wenn wir uns von derartigen Lücken frei machen, können wir eine ununterbrochene, logisch und folgerichtig in sich geschlossene Linie finden, die sich auf den Erinnerungen an die einzelnen Momente aufbaut, aus denen die gesamte Handlung zusammengesetzt ist.
Oder anders gesagt: Die nur in der Vorstellung vorhandenen Objekte zwingen uns dazu, alles, was im Leben sonst rein mechanisch geschieht, bis ins letzte bewußt zu tun.
Was ist nun eigentlich das Geheimnis dieser Methode der ‚Handlung mit vorgestellten Gegenständen'?
Es besteht in der Logik und Folgerichtigkeit ihrer einzelnen Bestandteile. Wenn man sie sich ins Gedächtnis zurückruft und aneinanderreiht, führt man eine richtige Handlung durch und löst damit zugleich auch eine bekannte Empfindung aus. Diese Elemente der Handlung sind überzeugend, weil sie der Wahrheit nahestehen. Man erkennt sie an den Erinnerungen an das wirkliche Leben und an vertrauten physischen Empfindungen. Und alles zusammen belebt die aus einzelnen Teilen zusammengesetzte Handlung."
Gegen Schluß der Stunde legte uns Arkadi Nikolajewitsch sehr eindringlich nahe, Übungen zur Handlung mit vorgestellten Gegenständen höchste Aufmerksamkeit zu

widmen. Er beauftragte Iwan Platonowitsch, diese Übungen zu überwachen und ihn regelmäßig über ihren Verlauf zu unterrichten.
„Sie müssen wissen, daß diese Übungen für den dramatischen Schauspieler dasselbe sind wie die Vokalisen für den Sänger. So wie die Gesangsübungen dem Ton den richtigen Sitz geben, lenken die Handlungen mit vorgestellten Gegenständen die Aufmerksamkeit des Schauspielers in die gewünschte Richtung", betonte Arkadi Nikolajewitsch.
„Obwohl ich nun schon seit vielen Jahren auf der Bühne stehe, arbeite ich bis zum heutigen Tag noch täglich etwa fünfzehn bis zwanzig Minuten an den Handlungen mit vorgestellten Gegenständen und kenne dadurch ihr Wesen und ihre Bestandteile sehr genau. Diese Handlungen führe ich in den verschiedenartigsten vorgeschlagenen Situationen durch.
Urteilen Sie selbst über die Technik, die ich mir dabei angeeignet habe. Wenn Sie nur wüßten, wie notwendig der Schauspieler diese technischen Fertigkeiten braucht und wie sehr sie ihm helfen können!⁶⁵
Es ist aber noch zu früh, Ihnen heute schon zu erläutern, worin diese Hilfe eigentlich besteht. Jetzt würden Sie mich nur mit dem Verstande begreifen und dadurch unnötig Ihren Kopf belasten. Wir wollen lieber warten, bis Sie meine Erklärungen mit Ihrem gesamten psychischen und physischen Sein erfassen können.
Bis dahin glauben Sie mir bitte sozusagen auf Kredit. Arbeiten Sie fleißig weiter an den Handlungen mit vorgestellten Gegenständen, aber nur unter der persönlichen Anleitung von Iwan Platonowitsch."

Heute sagte Arkadi Nikolajewitsch zu uns:
„Bei den Versuchen, die wir in der vorigen Stunde mit der Handlung ohne Gegenstände und mit realen Gegenständen angestellt haben, konnten Sie selbst bemerken, daß die Arbeit mit leeren Händen bedeutend präziser, in sich geschlossener, logischer und folgerichtiger war als dieselben Handlungen mit realen Gegenständen.
Im wirklichen Leben werden die einzelnen Bestandteile einer Handlung meistens abgekürzt und verwischt. Sollte man daraus nicht schließen, daß die Exaktheit, von der wir hier sprechen, im Widerspruch zu dem steht, was im realen Leben geschieht?
Anstelle einer Antwort möchte ich Ihnen von einer meiner liebsten ästhetischen Erinnerungen berichten, die ich nun schon mehr als vierzig Jahre lang in mir trage. Ich hatte das Glück, Eleonora Duse bereits bei ihrem ersten Moskauer Gastspiel als ‚Kameliendame' zu sehen. Als sie ihren Brief an Armand schrieb, nahm sie sich viel Zeit. An diese wundervolle Szene entsinne ich mich nicht nur ‚im allgemeinen', sondern ich sehe noch alle Momente. Sie haben sich meinem Gedächtnis in ihrer ganzen Vollkommenheit mit ungewöhnlicher Präzision und Klarheit eingeprägt; und ich freue mich noch heute über den Gesamteindruck und über die einzelnen Details dieser Szene so, wie man sich über eine prächtige Juwelierarbeit freut.
‚Es ist zwar ein großer Genuß, sich auf diese Weise an genialen Kunstwerken zu delektieren, aber im wirklichen Leben gibt es so etwas eben nicht!' wird unser Goworkow einzuwenden haben.

Das stimmt aber nicht, denn auch im Leben gibt es so etwas, wenn auch nur selten. Schon oft habe ich die Präzision bewundert, mit der eine Tagelöhnerin auf dem Feld ihre Arbeit verrichtet. Ich habe meine Freude daran gehabt, zuzusehen, mit welcher Vollendung Fabrikarbeiter ihr Handwerk betreiben oder die schwarzen Zimmermädchen in Amerika sich beim Aufräumen bewegen..."[66]

ERGÄNZUNG ZUM KAPITEL „WECHSELBEZIEHUNG"[67]

Arkadi Nikolajewitsch sagte:
„Wenn ein Hund in ein Zimmer kommt, sieht er zunächst alle Anwesenden prüfend an. Er will ergründen, in welcher Stimmung sie sind. Sobald er das herausgefunden hat, sucht er sich ein Objekt aus, zu dem er Beziehung aufnehmen will. Er geht an dieses Objekt heran, schmiegt sich an seine Beine oder legt ihm eine Pfote auf den Schoß. Damit will er die Aufmerksamkeit auf sich lenken. Hat er dieses Ziel erreicht, setzt er sich seinem Auserwählten gegenüber auf die Hinterbeine und saugt sich mit seinen Blicken geradezu in dessen Augen fest, in der Absicht, mit ihm in Wechselbeziehung zu kommen.
Oder nehmen wir ein anderes Gebiet. Auch im Reich der Insekten oder der Meerestiere kann man ähnliche Vorgänge beobachten. Wenn diese Lebewesen aus ihren Schlupfwinkeln hervorkriechen, prüfen sie zunächst einmal mit aller Sorgfalt ihre Umgebung. Mit den Fühlern tasten sie alle Dinge und Lebewesen ab, die ihnen auf ihrem Wege begegnen. Erst nach gründlicher Erkundung entscheiden sie sich zu einer ihnen in der betreffenden Situation geeignet erscheinenden Handlung.
Verhält sich der Mensch nicht ganz genauso? Wenn er ein Zimmer betritt, blickt er ebenfalls die darin befindlichen Personen an, um ihre Stimmung zu ergründen; auch er wählt sich ein Objekt, geht darauf zu, lenkt dessen Aufmerksamkeit auf sich und streckt die unsichtbaren Fühler seiner Augen aus, um sich über den Gemütszustand dieses Objekts klarzuwerden. Durch das Aussenden und Aufnehmen unsichtbarer Strahlen nimmt das eingetretene Subjekt den Kontakt mit dem von ihm erwählten Objekt auf.
In anderen Fällen wiederum dringen dieselben Lebewesen – sei es nun ein Hund, ein Seetier oder ein Mensch – unvermittelt herein, reißen die Aufmerksamkeit der Anwesenden an sich und knüpfen in dieser oder jener Form eine Beziehung mit ihnen an.
Wie Sie sehen, gibt es bei diesem Prozeß mehrere, für alle Lebewesen in gleicher Weise verbindliche Stadien. Diese Stadien setzen sich aus bestimmten Momenten zusammen, die stets in derselben logischen Reihenfolge ablaufen.
Und nur die Schauspieler auf der Bühne machen dabei eine Ausnahme. Sie wollen von den für alle Lebewesen verbindlichen Naturgesetzen nichts wissen. Sie interessieren sich nicht für den Gemütszustand, in dem sich die auf der Bühne befindlichen

Personen bei ihrem Auftritt befinden; sie wählen sich kein Objekt aus, mit dem sie in Kontakt kommen wollen; sie lesen weder in den Augen ihres Partners, noch können sie sich in dessen Seele einfühlen oder seine Nähe verspüren.
Die rein handwerksmäßig arbeitenden Schauspieler haben nämlich ein für allemal beschlossen, ihr Objekt in den im Parkett sitzenden *Zuschauern* zu sehen; sie wissen von vornherein, wo sie auf der Bühne stehen müssen und was sie dort zu tun und zu sprechen haben. Solche Schauspieler vollführen diese Praxis nicht aus ihrem persönlichen menschlichen Bedürfnis heraus, sondern unter Zwang, auf Grund der Anweisungen, die sie vom Autor des betreffenden Stückes oder vom Regisseur der jeweiligen Aufführung erhalten haben. Sie sind nicht imstande, fremde Gefühle, Impulse, Gedanken, Worte und Handlungen zu ihren eigenen zu machen.
Daher treten diese Routine-Schauspieler auch nicht etwa in ein auf der Bühne aufgebautes Zimmer ein, sondern sie ‚treten auf‘, um sich der tausendköpfigen Zuschauermenge von ihrem erhabenen Standort auf der Bühne herab zu zeigen.
Wie kann man nun aber diese in den Theatern der ganzen Welt so weit verbreitete Entstellung der menschlichen Natur vermeiden? Wie kann man von dieser plumpen Fälschung, von Handwerk und Schablone loskommen, mit denen solche Darsteller zu ersetzen suchen, was auf Grund der Naturgesetze doch ganz von allein und unbewußt geschehen müßte?
Wir haben dazu ein Mittel in der Hand – die Psychotechnik.
Was im Leben wie von selbst geschieht, bedarf auf der Bühne häufig der Hilfe der Psychotechnik. Sie lehrt uns nämlich, alle Momente und Stadien der organischen Prozesse, darunter auch den Prozeß der Wechselbeziehung, bewußt in ihrer logischen und folgerichtigen Reihenfolge durchzuführen. Wenn dieser Prozeß nicht von allein und unbewußt entsteht, muß man ihn aus seinen einzelnen Bestandteilen in der logischen und folgerichtigen Anordnung zusammensetzen, die den Gesetzen unserer Natur entspricht. Wenn diese Arbeit nicht nur formal und äußerlich getan wird, sondern mit echter innerer Anteilnahme und durch das Aussenden und Empfangen unsichtbarer Strahlen geschieht, führt der Schauspieler sich damit selbst zur Wahrhaftigkeit.
Schlimm ist es aber, wenn man allen Naturgesetzen zuwiderhandelt, denn dann gerät man unvermeidlich auf den Weg einer unaufrichtigen, gekünstelten oder handwerksmäßigen Schauspielerei. Wir aber wollen die Naturgesetze auch weiterhin fleißig studieren und bewußt danach trachten, sie bei unserer Arbeit zu erfüllen. Diese Forderung gilt auch für den Prozeß der Wechselbeziehung, in den Fällen, in denen er nicht aus sich selbst heraus und unbewußt erfolgt.
Bisher haben wir den Prozeß der Wechselbeziehung in seinen einzelnen Momenten erforscht. Jetzt wollen wir beobachten, wie sich diese Momente zu mehreren Stadien aneinanderreihen und wie dann aus den Stadien der organische Prozeß der Wechselbeziehung entsteht.
Die Momente, in denen der Schauspieler in ein auf der Bühne dargestelltes Zimmer tritt, alle darin Anwesenden betrachtet, sich über die ihn umgebenden Verhältnisse zu *orientieren* sucht und ein *Objekt auswählt*, bilden das *erste, Stadium* des organischen Prozesses der Wechselbeziehung.

Das *zweite Stadium* des uns hier interessierenden organischen Prozesses besteht aus den Momenten, in denen der Schauspieler sich seinem Objekt nähert und *dessen Aufmerksamkeit auf sich zu ziehen sucht*, was entweder mit Hilfe von Handlungen geschieht, die demjenigen, mit dem man in Kontakt kommen will, besonders auffallen müssen, oder mit Hilfe unerwarteter Intonationen und so weiter.

Die Momente, in denen das Subjekt die *Seele des Objektes* mit den Fühlern seiner Augen *abtastet* und diese fremde Seele auf eine möglichst leichte und ungehinderte Aufnahme seiner eigenen Gedanken, Gefühle und Vorstellungsbilder vorbereitet, bilden das *dritte Stadium* des organischen Prozesses der Wechselbeziehung.

Zum *vierten Stadium* des organischen Prozesses der Wechselbeziehung gehören die Momente, in denen das Subjekt *dem Objekt* mit Hilfe von Ausstrahlung, Stimme, Wort, Intonation und Anpassungsfähigkeit *seine eigenen Vorstellungsbilder* zu *vermitteln sucht;* oder anders ausgedrückt, der Wunsch und die Versuche des Subjekts, sein Objekt zu veranlassen, alles, was es ihm mitteilt, nicht nur zu hören und zu begreifen, sondern es auch in seiner inneren Vorstellungswelt *genau so* zu sehen wie das kontaktsuchende Subjekt.

Die Momente, in denen das *Objekt* dann darauf *reagiert* und ein *wechselseitiges Ausstrahlen und Empfangen seelischer Ströme* einsetzt, bilden das *fünfte Stadium* des organischen Prozesses der Wechselbeziehung.

Diese fünf Stadien müssen bei jeder Beziehungsaufnahme auf der Bühne beachtet werden."

„Eine schwierige Aufgabe", bemerkte ich.

„Nun, ich werde Ihnen beweisen, daß es gar nicht so schlimm ist. Man muß davon ausgehen, daß die der Wechselbeziehung vorangehenden organischen Prozesse außerordentlich logisch und folgerichtig sind. Logik und Folgerichtigkeit führen, wie Sie wissen, zur Wahrheit, und die Wahrheit ihrerseits zum Glauben, und alles zusammengenommen schafft das ‚Ich bin', regt das Schöpferische in unserer Natur, in unserem Unbewußten an."

„Es ist leicht zu sagen, daß es fünf Stadien des organischen Prozesses gibt. Aber wie können wir sie uns aneignen?" sagten die Schüler.

„Also gut, wir wollen es einmal ausprobieren!" schlug Arkadi Nikolajewitsch uns vor. „Naswanow, gehen Sie auf den Korridor, kommen Sie nach einer Minute wieder herein und versuchen Sie zu erraten, in welchem Zustand Sie uns antreffen!"

Wie mir später berichtet wurde, hatte ich den Raum noch nicht richtig verlassen, als sich Arkadi Nikolajewitsch zu den anderen wandte:

„Der arme Naswanow! Er weiß noch nicht, daß er die Schule aufgeben muß, weil man ihn aus Moskau abberufen hat!" sagte er geheimnisvoll.

„Was? Naswanow verläßt die Schule?" fragten die Schüler aufgeregt.

Arkadi Nikolajewitsch konnte jedoch nicht mehr antworten, weil ich bereits wieder in den Zuschauerraum zurückkehrte.

Es herrschte verlegenes Schweigen. Während ein Teil der Schüler, die der erfundenen Nachricht Glauben schenkten, meinem Blick auswichen, lachten die anderen, die Torzows Trick verstanden, vergnügt vor sich hin und sahen mich herausfordernd an.

„Was, zum Kuckuck, geht hier vor? Irgend etwas ist geschehen, aber was es ist, kann ich nicht herauskriegen!" sagte ich und sah alle der Reihe nach scharf und durchdringend an.

„Bravo! Die Momente, in denen Sie sich zu *orientieren* suchen und sich *Objekte wählen*, mit denen Sie in *Kontakt* kommen wollen, sind ganz von selbst eingetreten. Das war das *erste Stadium* des Prozesses. Sie haben alle Anwesenden sorgfältig mit den Fühlern Ihrer Augen abgetastet, um unseren Gemütszustand herauszubekommen. Dabei kommt es gar nicht darauf an, ob es Ihnen gelungen ist, unsere Verfassung zu erkennen oder nicht, wichtig ist nur, daß Sie sich nach besten Kräften bemüht haben, sich in unseren Zustand einzufühlen", erläuterte Arkadi Nikolajewitsch.

„Beim *zweiten Stadium*, in dem Sie die *Aufmerksamkeit des Objekts auf sich lenken* müssen, werde ich Ihnen behilflich sein. Ich bin Ihr Objekt, und es ist Ihnen bereits gelungen, meine Aufmerksamkeit wachzurufen. Nun treten Sie also an mich heran, blicken Sie mir in die Augen und versuchen Sie herauszufinden, in welcher Verfassung ich bin", ordnete Arkadi Nikolajewitsch an.[68]

Dieser Aufforderung kam ich ohne Schwierigkeiten nach.

„Bravo! Das *dritte Stadium*, in dem die *Seele des Objektes abgetastet* wird, ist ebenfalls da!" rief Arkadi Nikolajewitsch, als ich ihn durchdringend anzuschauen begann.

„Aber nicht ganz richtig, denn es ist mir ja nicht gelungen, Ihren Gemütszustand zu erkennen", meinte ich.

„Das macht nichts, hier kommt es allein darauf an, daß Sie auf Ihren eigenen Wunsch hin eine innere Verbindung zu mir hergestellt und damit den Boden für die Wechselbeziehung vorbereitet haben.

Auf jeden Fall ist Ihnen klargeworden, daß alle diese Aufgaben keineswegs so schwierig sind, wie sie Ihnen zunächst erschienen, und daß es Ihnen keinerlei Mühe machte, die der Wechselbeziehung vorangehenden Empfindungen in sich wachzurufen. Also liegt diese Aufgabe durchaus im Bereich Ihrer Kräfte", sagte Torzow zusammenfassend.

„Angesichts des schwarzen Schlundes des Bühnenportals und der tausendköpfigen Zuschauermenge geht sie jedoch über meine Kraft."

„Das ist eine Frage der Übung, der Zeit und der Aufmerksamkeit. Mit Hilfe dieser drei Faktoren werden Sie die Aufgabe auch unter den Verhältnissen des öffentlichen Auftretens meistern. Sobald Sie erst die erforderliche Übung haben – das kann ich Ihnen versichern –, werden Sie – so wie ich selbst – gar nicht anders vor einer tausendköpfigen Menge stehen können, als eben mit Ihrem Objekt auf der Bühne, mit dem Sie in einem folgerichtigen *organischen Prozeß* der Wechselbeziehung stehen, dem Sie Ihre eigenen Vorstellungsbilder vermitteln, zu dem Sie Ihre Strahlen aussenden und dessen Strahlen Sie Ihrerseits empfangen und so weiter. Es ist also durchaus möglich, den normalen und notwendigen organischen Prozeß der Wechselbeziehung mit Hilfe der Psychotechnik künstlich wachzurufen."

„Erlauben Sie, wie ist es aber mit dem vierten und fünften Stadium?" unterbrach ich Arkadi Nikolajewitsch.

„Auf die Vermittlung der eigenen Vorstellungsbilder an das Objekt und die Aufnahme des gegenseitigen Kontaktes werden wir in der nächsten Stunde zu sprechen kommen."

Die Stunde begann mit einem der üblichen Einwände Goworkows, der diesmal jedoch erstaunlicherweise durchaus angebracht war, da er uns auf das Hauptthema der heutigen Stunde brachte.
„Entschuldigen Sie bitte", begann Goworkow, „Sie sagten, daß man über die logischen und folgerichtigen Stadien der Wechselbeziehung an die Gestaltung der Rolle herangehen müsse. Aber erlauben Sie bitte! Bevor man sich mit jemandem in Verbindung setzt, muß man doch schließlich wissen, weswegen es geschieht. Man kann doch diesen Prozeß nicht einfach beginnen und erst danach das geistige Material sammeln, das man den anderen vermitteln will."
„Nun, vielleicht ist das doch möglich. Lassen Sie uns diese Frage praktisch erproben. Dazu wollen wir uns alle auf die Bühne, in ‚Maloletkowas gute Stube', begeben."
Wir kamen dieser Aufforderung nach.
„Was für eine Etüde sollen wir nun spielen? Wir wollen hier in ‚Maloletkowas guter Stube' eine ganz gewöhnliche Unterrichtsstunde abhalten, wie wir es auch in Wirklichkeit tun. Der Unterricht soll nur darin bestehen, daß zu dieser Stunde unvermutet ein ‚Inspektor' erscheint. Diese Rolle wird Goworkow spielen. Er soll sich hinter die Kulissen zurückziehen, während die übrigen sich mit beliebigen Übungen beschäftigen. Dann tritt plötzlich der Inspektor ein. Der Darsteller dieser Rolle soll ohne weiteres damit anfangen, alle Stadien der Wechselbeziehung getreu den Naturgesetzen auszuführen, ohne sich dabei konkrete Aufgaben zu stellen und ohne sich mit einem bestimmten Stoff für die geplante Kontaktaufnahme versehen zu haben."
Goworkow verschwand hinter den Kulissen. Arkadi Nikolajewitsch stieg unbemerkt ins Parkett hinunter und verbarg sich dort in einem dunklen Winkel, während wir mit unseren Übungen zur Muskelentspannung begannen.
Nach längerer Zeit erschien Goworkow in seiner Rolle als Schulinspektor. Den Naturgesetzen entsprechend, blieb er zunächst an der Tür stehen, musterte alle Anwesenden (um sich zu *orientieren*) und suchte Arkadi Nikolajewitsch. Als er ihn nicht finden konnte, überlegte er lange, wer von den Schülern wohl ein geeignetes Objekt für ihn sein könnte. Schließlich ging er auf Wjunzow zu. (Auswahl des *Objektes*.)
„Ich habe mit dem Schuldirektor zu sprechen!" sagte Goworkow zu ihm.
„Das ist ganz unmöglich. Er ist nicht da. Er hat zu tun."
Einen Augenblick lang stutzte Goworkow über Wjunzows unliebenswürdige Antwort, dann schlug er jedoch einen merklich schärferen Ton an und veranlaßte seinen Partner dadurch, ihn mit größerer Aufmerksamkeit zu behandeln. (*Zweites Stadium, in dem er die Aufmerksamkeit des Objektes auf sich lenkt.*)
Jetzt war Wjunzow verdutzt. Eine längere Pause trat ein, in der sie sich beide starr in die Augen blickten. (*Drittes Stadium. Abtasten der Seele des Objekts.*)
„Wollen Sie gütigst dem Direktor davon Mitteilung machen, daß ich im Auftrag des gegenwärtig tagenden Kongresses hergekommen bin. Sagen Sie ihm, es habe sich

herausgestellt, daß die Ordnung in Ihrer Schule sehr zu wünschen übrigläßt", fuhr Goworkow hartnäckig fort.

Der „Inspektor" gab sich alle erdenkliche Mühe, die Vorgänge auf der von ihm erfundenen Tagung möglichst anschaulich zu schildern, wo man Arkadi Nikolajewitsch angeblich wegen seiner Unterrichtsmethode angegriffen hatte, die dem freien Willen des Schülers Gewalt antue. (*Viertes Stadium. Vermittlung seiner eigenen Vorstellungsbilder.*)

Wjunzow ließ sich jedoch nicht aus der Fassung bringen und beharrte auf seiner Weigerung. Sie begannen sich gegenseitig zu beschimpfen. (*Fünftes Stadium. Prozeß der beiderseitigen Wechselbeziehung.*)

Durch dieses Verhalten des Schülers geriet der „Inspektor" in Wut. Er unterzog Wjunzow einem regelrechten Verhör, fragte ihn, wer er sei, wie er in die Schule geraten sei, mit welchem Recht er so despektierlich mit einem Vorgesetzten spräche, wer seine Eltern seien und so weiter.

In diesem Augenblick rief Arkadi Nikolajewitsch Goworkow zu:

„Wjunzow ist Ihr Sohn, der in jungen Jahren aus dem Elternhause fortgelaufen ist, um der Tyrannei seines Vaters zu entgehen."

Goworkow war zunächst so überrascht, daß er einige Augenblicke zögerte, dann setzte er jedoch sein Verhör weiter fort und bereitete sich gleichzeitig auf die neue Wendung der Dinge vor, die ihm Torzow vorgeschlagen hatte.

Er baute diesen Einfall wirklich großartig in sein Spiel ein. Das bevorstehende unerwartete Wiedersehen mit seinem Sohne kalkulierte er schon jetzt ein und pries in schwülstigen Tiraden die Bedeutung der Fürsorge für die Jugend. Mit falschem Pathos sprach er von der Pflicht des Vaters seinen Kindern gegenüber. Je geschraubter die Redensarten waren, die er jetzt gebrauchte, desto lächerlicher mußte er ja später wirken, wenn sich herausstellte, daß er selbst ein despotischer Vater und Wjunzow das Opfer seiner eigenen Tyrannei war.

Der „Inspektor" fand einen amüsanten Abgang aus der mißlichen Situation und nahm unter dem allgemeinen Gelächter der Zuschauer vor seinem eigenen Sohne Reißaus, obwohl er doch gerade erst die zärtlichste Liebe der Eltern zu ihren Kindern gepredigt hatte.

Nach Beendigung der Etüde sagte Arkadi Nikolajewitsch:

„Sie müssen doch zugeben, daß Goworkow und sein Partner den Prozeß der Wechselbeziehung nach allen Gesetzen der organischen Natur eingeleitet und durchgeführt haben und daß sie diese Aufgabe erfüllten, ohne sich zuvor mit dem zu jeder Kontaktaufnahme notwendigen inneren, geistigen Material vertraut gemacht zu haben.

Goworkow suchte sich dieses Material erst gegen Ende der Etüde, als der Prozeß bereits seinen Höhepunkt erreicht hatte. Sie brauchen sich ja nur klarzumachen, daß der Darsteller des Inspektors mit keiner anderen Absicht auf die Bühne kam als der, mit irgendeiner der auf der Bühne befindlichen Personen in Kontakt zu kommen. Abgesehen von dem einen ‚Wenn', nämlich dem Beruf und den Funktionen eines Inspektors, hatte er keine Fabel und keinerlei Aufgaben als Anhaltspunkte bekommen.

Nachdem Goworkow sich Wjunzow zum Objekt erkoren hatte, fing er an, Kontakt zu ihm aufzunehmen. Sobald dann zwischen den beiden die Verbindung hergestellt war, brauchte er selbstverständlich inneres Material und andere Anregungen, um den Prozeß fortsetzen zu können.
Auf diesen wichtigen Moment will ich etwas ausführlicher eingehen, um Ihnen klarzumachen, was in der Seele des Darstellers vor sich ging.
Wissen Sie eigentlich, daß bereits der Beginn der Wechselbeziehung dem ganzen schöpferischen Sein des Schauspielers starken Auftrieb verleiht? Er sucht sich nämlich Unterstützung bei seinen inneren Elementen und zieht sie entweder nacheinander oder auch alle auf einmal zur Mitarbeit heran."
„Warum das?" fragte Wjunzow aufgeregt.
„Weil es ohne die Mitwirkung aller Elemente keine Wechselbeziehung geben könnte. Kann man denn überhaupt ohne äußere und innere Handlung, ohne Mitwirkung der Vorstellungskraft, ohne vorgeschlagene Situationen, ohne bestimmte Vorstellungsbilder und eine in die richtige Bahn gelenkte Aufmerksamkeit, ohne ein Objekt, ohne Logik und Folgerichtigkeit, ohne das Gefühl für Wahrhaftigkeit und den Glauben an sie, ohne ‚Ich bin', ohne emotionales Gedächtnis und ohne die anderen Elemente mit einem lebenden Menschen in Beziehung kommen?
Die Aufnahme und Weiterführung des Kontaktes auf der Bühne verlangen den Einsatz des gesamten inneren und äußeren schöpferischen Apparates jedes Schauspielers.
Das war auch bei Goworkow der Fall. Sein durch den Prozeß der Wechselbeziehung angeregter schöpferischer Apparat trat ganz von allein und natürlich in Aktion. Seine Vorstellungskraft wies ihm neues Material und schlug ihm neue Situationen vor. Sie stellte ihm Aufgaben und rief bestimmte emotionale Erinnerungen in ihm wach. So stellte sich ganz von selbst der Drang zum Handeln ein. Alles vollzog sich durchaus folgerichtig und logisch. So entstand ganz von allein durch das schöpferische Beharrungsvermögen die Streitszene und das Verhör Wjunzows durch den ‚Inspektor'. Diese Szene gab den Anstoß, die Fabel der Etüde weiter auszubauen.
Ist das nun etwa kein Beweis dafür, daß der Schauspieler die Übungsszene unmittelbar mit der Wechselbeziehung beginnen kann, ohne dabei von vornherein das für diesen organischen Prozeß unerläßliche innere, seelische Material bereit zu haben?
Wenn es dem Darsteller gelingt, alle Stufen der Wechselbeziehung logisch und folgerichtig zu durchlaufen, wenn er dabei im Einklang mit den Schaffensgesetzen der organischen Natur bleibt, wenn er die Wahrheit dessen, was er auf der Bühne lebt und tut, empfindet und an die Echtheit des Prozesses glaubt, der sich in ihm vollzieht, wenn es ihm gelingt, sich in den Zustand des ‚Ich bin' zu versetzen, so tritt das schöpferische Sein mit dem Unbewußten des Schauspielers in Aktion. Durch schöpferisches Beharrungsvermögen, Logik und Folgerichtigkeit entstehen neue vorgeschlagene Situationen, Aufgaben und Handlungen, und aus allem ergibt sich dann auch die Fabel der dargestellten Etüde.[69]
Das ist aber noch nicht alles: Unser Experiment hat gezeigt, daß ein Schauspieler, der seine gestaltende Arbeit ohne ein bestimmtes Thema unmittelbar mit der Kontaktaufnahme beginnt, sich nicht nur selbst ein solches Thema stellen, sondern auch

eine fremde, von jemand anderem angeregte Fabel rechtfertigen und beleben kann.
Das war bei Goworkow der Fall.
Als er auf dem Höhepunkt seines Spiels selbst auf den Einfall gekommen war, Wjunzow zu verhören, um dadurch die Beziehung zu verlängern, schlug ich ihm meine Version für den weiteren Ablauf der Ereignisse vor. Er griff die Anregung mit dem aus dem Vaterhaus geflohenen Sohn dankbar auf. Mein Einfall half Goworkow, den bereits angelaufenen organischen Prozeß der Wechselbeziehung noch weiter auszubauen.
Als Autor der neuen Idee schlug ich ihm meine Fassung gerade in dem Augenblick vor, in dem sein schöpferischer innerer Apparat besonders feinfühlig auf neue Aufgaben und vorgeschlagene Situationen reagierte, weil er bereits alle inneren Elemente zur Mitarbeit herangezogen hatte.
Das ist ein neuer Beweis dafür, daß man die schöpferische Arbeit durchaus mit dem Prozeß der Wechselbeziehung beginnen und sich erst danach das geistige Material verschaffen kann, das man anderen vermitteln will."

Auch heute hemmte Goworkows Verhalten den Unterricht nicht. Er warf Fragen auf, die von Arkadi Nikolajewitsch sehr ausführlich erläutert wurden.
Die Sache war so: Goworkow gab sich nämlich nicht geschlagen, sondern kritisierte unverdrossen weiter:
„Aber, bitte schön, häufig läßt der Autor selbst in seinem Text gar keinen Raum zur Vorbereitung auf den Prozeß der Wechselbeziehung, sondern tritt ganz plötzlich in das letzte Stadium ein", erklärte er.
„Sie sprechen da ganz augenscheinlich von schlechten Autoren. Die sind kein Maßstab für uns."
„Nun, erlauben Sie, Gribojedow ist doch zweifellos kein schlechter Dramatiker, und doch unterlaufen auch ihm derartige Fehler. Als Beispiel könnte man da den Auftritt Tschazkis im ersten Akt von ‚Verstand schafft Leiden' anführen. Da stürzt Tschazki ganz unvermittelt ins Zimmer und sucht ohne vorherige Orientierung, oder, wie Sie sagen, ohne die ‚Fühler seiner Augen auszustrecken', mit seiner Partnerin in Kontakt zu kommen."
„Ja, so ist es bei schlechten Schauspielern. Die stürmen auf die Bühne wie in die Arena, würdigen Sophia keines Blickes, orientieren sich nicht, sondern lassen sich wie Ballerinen auf ein Knie nieder und deklamieren mit theatralischem Pathos:

,Der Morgen graut! Ich knie vor Ihnen atemlos!'

Gute Schauspieler verhalten sich ganz anders. Sie bleiben an der Schwelle stehen, orientieren sich blitzschnell, nehmen dann sogleich ihr Objekt, in diesem Falle Sophia, aufs Korn, gehen schnell auf sie zu und lassen sich auf ein Knie nieder, um dadurch die Aufmerksamkeit des geliebten Mädchens noch intensiver zu fesseln, und saugen sich mit den Fühlern ihrer Augen gleichsam an ihren Blicken fest.
Danach durchlaufen sie alle Stadien des Prozesses der Wechselbeziehung, wobei übrigens jedes einzelne Moment aus dem Text gerechtfertigt ist. Zum Beispiel:

>‚Sind Sie nicht froh? Gar nicht? Rührt nichts sich meinetwegen?
>Nur Staunen? Und nichts mehr? Das tut mir leid!
>Es ist genau, fast könnt' ich wetten,
>Als ob wir uns erst gestern noch zu zweit
>Aufs gräßlichste gelangweilt hätten.
>Kein Fünkchen Liebe, wie? Kein Wort? Verwundrung fast!'

Mit diesen Worten sucht Tschazki Sophias Seele abzutasten.

>‚Ich aber flog derweilen voller Hast
>In fünfundvierzig Stunden hundert Meilen,
>Ein Sturmwind, hin – und ohne je zu weilen,
>Flog auf und ab und manchmal um –
>Und dies ist nun mein Lohn!'*

Diese Worte enthalten die *inneren Vorstellungsbilder*, die Tschazki seiner Sophia vermitteln möchte.
Dann beginnt, dem Text entsprechend, der *Prozeß der Wechselbeziehung*.
Wie Sie sehen, haben Sie den herrlichen Dichter also zu Unrecht der Verletzung der organischen Naturgesetze und insbesondere des Gesetzes vom organischen Prozeß der Wechselbeziehung beschuldigt.
Alle großen Dichter, Dramatiker und Schriftsteller nehmen genau wie Gribojedow größte Rücksicht auf die Forderungen der menschlichen Natur."
Goworkow gab sich noch nicht zufrieden:
„Aber, erlauben Sie bitte, ich könnte Ihnen gute Stücke nennen, in denen beim Aufgehen des Vorhangs der Prozeß der Wechselbeziehung nicht erst im vorbereitenden Stadium, sondern schon auf dem Höhepunkt seiner Entwicklung gezeigt wird."
„Ja, weil in diesen Fällen die Vorbereitungen bei geschlossenem Vorhang getroffen werden", erwiderte Torzow.
„Aber, bitte schön, dafür hat der Autor im Text keinerlei Hinweise gegeben."
„Nein, es ist aber eine natürliche Forderung, die vom Schauspieler, von den Gesetzen der Logik und Folgerichtigkeit und unserer Psychotechnik her gestellt wird. Ohne vorbereitende Prozesse kann der Vorhang nicht aufgehen, können die Schauspieler nicht mit dem Spiel beginnen."
„Wie ist es dann aber, bitte schön, bei Nemirowitsch-Dantschenkos Stück ‚Der Wert des Lebens', das mit dem Ende, das heißt mit einem Selbstmord, einsetzt?"[70] fragte Goworkow hartnäckig weiter.
„In einem solchen Stück müssen die Schauspieler vor Aufgehen des Vorhangs nicht nur den Prozeß der Wechselbeziehung vorbereiten, sondern das ganze Stück gleichsam selbst schreiben und durchleben."
Wir mußten die Stunde vorzeitig abbrechen, da Arkadi Nikolajewitsch abends Vorstellung hatte.

---

* Zitiert nach der Übersetzung Johannes von Guenthers: Alexander Gribojedow, „Geist bringt Kummer", Aufbau-Verlag, Berlin 1948, S. 22/23. (Anm. d. Hrsg.)

ÜBER DIE WECHSELBEZIEHUNG ZWISCHEN SCHAUSPIELER UND PUBLIKUM[71]

1
Während der Pause in der Künstlergarderobe

Schauspieler: „Was soll das bedeuten? Ich weinte, aber das Publikum blieb ungerührt."
Regisseur: „Haben denn die anderen neben Ihnen stehenden Schauspieler auch geweint?"
Schauspieler: „Das weiß ich nicht mehr. Ich habe nicht darauf geachtet."
Regisseur: „Haben Sie denn nicht bemerkt, ob sich Ihr Erleben auf Ihre Partner übertrug?"
Schauspieler: „Ich war so erregt und konzentrierte mich so intensiv auf das Publikum, daß ich die anderen Schauspieler überhaupt nicht bemerkte. Ich sagte Ihnen doch schon, daß ich mit solchem Enthusiasmus spielte, daß ich nur auf mich selbst und auf das Publikum achtete."
Regisseur: „Denken Sie doch einmal daran, warum Sie eigentlich auf die Bühne kamen?"
Schauspieler: „Ich verstehe nicht ... wie meinen Sie das ... warum ich eigentlich auf die Bühne kam?"
Regisseur: „Sie kamen doch auf die Bühne, um mit den Ihnen vom Autor gegebenen handelnden Personen des Stückes in Beziehung zu treten. Was für ein anderes Ziel könnte ein Schauspieler sonst haben, wenn er die Bühne betritt?"
Schauspieler: „Und das Publikum?"
Regisseur: „Wenn sich Ihre eigenen Empfindungen auf Ihre Partner übertragen und sie zu bewegen vermögen, so können Sie sicher sein, daß auch das Publikum mitgerissen wird und sich nicht die kleinste Nuance Ihres Erlebens entgehen läßt. Wenn Sie Ihre Empfindungen jedoch noch nicht einmal den Partnern neben Ihnen mitteilen können, wie wollen Sie dann erwarten, daß die zerstreute und laute Zuschauermenge im Parkett sie mitfühlt, die zwanzig Sesselreihen von Ihnen entfernt sitzt? Denken Sie doch weniger an das Publikum und trachten Sie viel mehr danach, sich in die neben Ihnen stehenden handelnden Personen des Stückes einzufühlen."
Schauspieler: „Ich glaube aber doch, daß der Schauspieler in erster Linie für die Zuschauer spielt und nicht für seine Berufskollegen, die ja ohnehin schon von der Probenarbeit her genug von ihm haben. Schließlich vertrauen uns die Autoren ihre Werke dazu an, damit wir sie den Massen zugänglich machen!"
Regisseur: „Denken Sie doch nur nicht so gering von unserer Kunst. Sind wir etwa Kommissionäre, sind wir etwa nichts anderes als bloße Vermittler zwischen Autor und Publikum?
Nein, wir leisten selbst schöpferische Arbeit.
Sollte sich diese Arbeit etwa darauf beschränken, dem Publikum unsere Rolle vorzutragen und mit ihm ein Zwiegespräch darüber zu beginnen?
Wir leben auf der Bühne vor allem für uns selbst, weil wir in den Empfindungen der Rolle leben können und weil wir die Fähigkeit haben, diese Empfindungen auch

denjenigen mitzuteilen, die mit uns auf der Bühne stehen, während die Zuschauer ja doch nur zufällige Zeugen sind. Sprechen Sie recht deutlich, damit die Zuschauer Sie gut verstehen können, und wählen Sie sich einen geeigneten Standort auf der Bühne aus, damit Sie von den Zuschauern gesehen werden können, im übrigen vergessen Sie jedoch ein für allemal, daß Sie Zuschauer haben, und denken Sie nur an die handelnden Personen des Stückes!
Nicht die Schauspieler müssen sich für das Publikum, sondern das Publikum muß sich für die Schauspieler interessieren.
Der beste Weg, um mit den Zuschauern in Beziehung zu kommen, führt über den Kontakt mit den handelnden Personen des Stückes."

2
Das lebendige Objekt

„Entschuldigen Sie, bitte schön, aber man kann doch die Zuschauer nicht einfach vollständig vernachlässigen!" protestierte Goworkow.
„Woraus schließen Sie denn, daß ich sie vernachlässigen will?" fragte Torzow verständnislos.
„Sie haben uns doch dazu aufgefordert, das Publikum nicht zu sehen und ihm keine Beachtung zu schenken. Dann vergißt der Schauspieler ja schließlich noch, daß er sich auf der Bühne befindet, und sagt etwas ganz Unpassendes oder benimmt sich plötzlich so ungezwungen, wie er es nur tun dürfte, wenn er allein zu Haus in seinen vier Wänden ist. So geht das doch auch nicht, bitte schön!"
„Glauben Sie denn wirklich, daß dieser Fall eintreten könnte?" fragte Torzow.
„Daß was eintreten könnte?"
„Nun, daß man angesichts einer tausendköpfigen Zuschauerschar diese Menschenmenge vollkommen vergessen könnte", erläuterte Arkadi Nikolajewitsch. „Das sind doch nur Märchen von Dilettanten und verantwortungslosen Theoretikern. Machen Sie sich darüber nur keine unnötigen Sorgen. Eine tausendköpfige Menge vergißt man nicht so leicht, sie bringt sich schon selbst immer wieder ins Gedächtnis. Vom Zuschauerraum kann man sich nicht frei machen, seine Anziehungskraft ist zu stark. Sosehr ich mich auch bemühen könnte, Sie von ihm abzulenken, Sie würden sich doch immer und immer wieder an ihn erinnern, sogar weit öfter als erforderlich. Wissen Sie, woran mich Ihre Befürchtungen erinnern? Ich muß da an meine achtjährige Nichte denken, die Mutter einer zahlreichen Puppenfamilie ist. Sie hat nämlich auch immer die größte Sorge, daß ihr Unterricht bei der Gouvernante sie von ihren Obliegenheiten als Puppenmama ablenken könnte.
Ich habe einmal von einem Menschen gehört, der den Verstand verlor, weil er fürchtete, zum Himmel emporzusteigen, und darum band er sich mit Stricken am Boden fest.
Auch Sie haben die Befürchtung, sich so sehr an die Rolle zu verlieren, daß Sie in schöpferische Sphären davonfliegen könnten, und bemühen sich daher auf jede nur erdenkliche Weise, Ihre Verbindung zum Zuschauerraum zu festigen. Seien Sie unbesorgt, die ist auch ohnehin fest genug. Genau wie das Gesetz der Schwerkraft Sie an der Erde festhält und nicht zum Himmel aufsteigen läßt, halten auch die Zu-

schauer Sie fest in ihrem Bann und werden Sie immer wieder an sich ketten, sosehr Sie sich auch bemühen, loszukommen von diesem Bann, um sich voll und ganz der Rolle hinzugeben.
Warum soll man sich also um Dinge Gedanken machen, die ohnedies unvermeidlich sind?
Nehmen Sie sich lieber eine Tänzerin oder einen Akrobaten zum Vorbild. Diese Künstler haben keine Angst davor, sie könnten zum Himmel aufschweben. Ganz im Gegenteil: Obwohl sie das Gesetz der Anziehungskraft der Erde genau kennen, widmen sie doch ihr ganzes Leben der Kunst, sich wenigstens für einen Augenblick vom Boden zu lösen oder durch die Luft zu schweben. So sollten auch Sie danach trachten, sich wenigstens für einige Minuten vom Zuschauer zu lösen. Vielleicht gelingt es Ihnen nach hartnäckiger Arbeit einmal, sich einer Rolle gänzlich hinzugeben, aber, das betone ich noch einmal, das kann nur in einzelnen Momenten und Sekunden der Fall sein.
Lassen Sie also die unnützen Sorgen über etwas, das ohnehin so unvermeidlich ist wie das Gesetz der Schwerkraft.
In seinem Buch ‚Mein Leben in der Kunst' empfiehlt Stanislawski einen ganz anderen, Ihrer Methode widersprechenden Weg, um sich das Interesse der Zuschauer zu sichern, und zwar heißt es dort:
Je weniger der Schauspieler das Publikum beachtet, desto mehr interessiert das Publikum sich für den Schauspieler.
Und umgekehrt, je mehr der Schauspieler seine Zuschauer zu unterhalten sucht, desto weniger achten die Zuschauer auf den Schauspieler.
Gerade dadurch, daß sich der Schauspieler vom Publikum frei zu machen sucht, um nur seiner Rolle leben zu können, veranlaßt er die Zuschauer, sich um so intensiver auf das Geschehen auf der Bühne zu konzentrieren."

ÜBER DIE NAIVITÄT DES SCHAUSPIELERS [72]

Heute forderte Arkadi Nikolajewitsch Schustow auf, irgend etwas vorzuspielen.
Pascha wollte seine Naivität auf die Probe stellen und bat daher um die Erlaubnis, eine Szene mit einem Kind spielen zu dürfen, ähnlich wie die, die eine Statistin in einer von Torzow inszenierten Aufführung gespielt hatte.
„Ihr Mut imponiert mir!" sagte Torzow und erteilte Pascha die Erlaubnis, dieses Experiment zu machen.
Schustow lief auf die Bühne, zog ein Tischtuch vom Tisch, von dem eine dichte Staubwolke aufstieg, wickelte das erste beste Holzscheit, das ihm in die Finger geriet, in dieses Tuch ein und fing an, den angeblichen Säugling in Schlaf zu wiegen.
„Warum lassen Sie das Kind so herunterhängen und drücken es nicht fest an sich?" fragte Arkadi Nikolajewitsch.

„Ich will das Tischtuch nicht zerknittern", erklärte Pascha, „und außerdem ist es entsetzlich staubig!" fügte er hinzu.

„Oho!" rief Torzow aus, „Sie sind aber berechnend in Ihrer Naivität. Sie sind nicht ‚Narr' genug, um im Augenblick des Gestaltens naiv wie ein Kind zu sein!" war Arkadi Nikolajewitschs Urteil.

„Warum denn ‚Narr'?" fragten wir verständnislos. „Muß ein Schauspieler denn dumm sein?"

„Ja, wenn Sie ein Kind oder den genialen närrischen Iwan aus dem Märchen in seiner Naivität und seinem schlichten Edelmut für dumm halten.

Es ist eine große Sache, ein so edler, vertrauensvoller, weiser, argloser, furchtloser und opferbereiter Narr zu sein wie der Iwan aus dem Märchen. Er erhielt seinen Beinamen nicht etwa deshalb, weil er keinen Verstand hatte, sondern nur darum, weil er eben *naiv* war.

Genauso sollten Sie auch sein, und wenn schon nicht im Leben, so doch wenigstens auf der Bühne. Das ist eine goldene Eigenschaft für einen Schauspieler.

Nicht umsonst sagte Puschkin: ‚Möge mir der Himmel verzeihen, aber die Poesie muß eben ein wenig töricht sein.'"[73]

„Was soll man aber tun, um naiv zu werden?" fragte ich verständnislos.

„Man kann überhaupt nichts dazu tun, denn dabei käme nichts anderes heraus als *Naivtun*, dieser schlimmste Fehler eines Schauspielers. Seien Sie also so naiv, wie es Ihrem Wesen gemäß ist. Bis zu einem gewissen Grade ist jeder Schauspieler naiv. Er schämt sich jedoch deswegen und sucht diese natürliche Eigenschaft möglichst zu verbergen. Wenn Sie das doch wenigstens auf der Bühne nicht tun wollten."

„Ich schäme mich meiner Naivität ja gar nicht. Im Gegenteil, ich will sie gerade auf jede erdenkliche Weise hervorrufen, weiß aber nicht, wie ich es anstellen soll", klagte Schustow.

„Um Naivität zu erzielen, darf man sich überhaupt nicht darum kümmern, sondern muß einerseits an das denken, was sie stört, und auf der anderen Seite an das, was ihr dienlich ist.

Gestört wird sie durch ihren ärgsten Widersacher, der ebenfalls in uns selbst verborgen sitzt. Dieser Feind heißt – *Kritikaster*. Um naiv zu sein, darf man nicht an allem *herummäkeln* und die Einfälle der Phantasie nicht allzu skeptisch unter die Lupe nehmen.

Unterstützung findet die Naivität dagegen bei ihren besten Freunden, bei – *Wahrhaftigkeit* und *Glauben*. Darum jagen Sie zunächst einmal den mäkligen *Kritikaster* auf und davon und schaffen Sie dann mit Hilfe einer mitreißenden Idee die rechte Atmosphäre für *Wahrhaftigkeit und Glauben*.

Wenn das erreicht ist, jagen Sie sich nur nicht selbst durch die Vorstellung Furcht ein, daß Sie *gestalten* und etwas darstellen müssen. Gehen Sie vielmehr ganz anders an das Problem heran: Sie brauchen überhaupt nichts zu gestalten, sondern müssen sich nur mit vollkommener Aufrichtigkeit die Frage zu beantworten suchen: wie würden Sie sich verhalten, wenn die Erfindung Ihrer Phantasie Wirklichkeit wäre. Sobald Sie Ihrer Antwort auf diese Frage glauben können, stellt sich die Naivität von selber ein.

Bevor Sie also nach dem suchen, was Sie glauben können, schließen Sie zunächst einmal alles aus, woran Sie nicht glauben können, und seien Sie nicht zu kritisch, wie es eben gerade mit dem Tischtuch der Fall war: Einmal war es Ihnen zu staubig, und dann fürchteten Sie, es zu zerknittern. Wenn es staubig ist, schütteln Sie es aus, und wenn Sie es nicht knüllen dürfen, dann nehmen Sie etwas anderes."
„Wenn ich nun aber von Natur aus nicht naiv bin?" fragte Schustow.
„Menschen, die im wirklichen Leben durchaus nicht naiv sind, können beim Schaffensprozeß auf der Bühne sehr wohl naiv werden. Man muß zwischen natürlicher Naivität und Naivität auf der Bühne unterscheiden, obwohl sich die beiden – nebenbei gesagt – auch ausgezeichnet miteinander vertragen", erklärte Arkadi Nikolajewitsch.
Nach einer kurzen Pause wandte er sich wieder an Schustow: „Richten Sie die Strahlen Ihrer Aufmerksamkeit auf das, was in Ihrer Seele vorgeht, betrachten Sie es und sagen Sie uns ehrlich, woran Sie in der eben gespielten Szene innerlich wirklich geglaubt haben."
„Ich habe an nichts geglaubt und nichts empfunden, sondern nur so getan", gab Pascha ohne Zögern zu.
„Wenn es so ist, dann rechtfertigen Sie jetzt Ihr Verhalten, soweit Sie können. Glauben Sie an das, woran Sie glauben können, was Ihnen am meisten liegt und wobei Sie am ehesten wahrhaftig sein oder die Wahrheit finden können", riet Arkadi Nikolajewitsch.
„Ich weiß nicht, wie ich es anpacken soll", erwiderte Schustow.
„Am besten beginnen Sie natürlich von innen heraus", sagte Torzow, ohne zu überlegen. „Wenn Sie nicht auf direktem Wege zum Gefühl gelangen können, schlagen Sie den indirekten Weg ein. Dazu haben Sie ja die *Lockrufe* Ihrer Phantasie, Sie haben Ihre Aufgaben und Objekte.
Damit muß man immer anfangen."
Pascha machte sich also daran, etwas in sich selbst zu suchen und aufs Korn zu nehmen, was ihm selbst offensichtlich noch völlig unklar war. Das führte notwendigerweise zu einem gezwungenen, affektierten und unaufrichtigen Spiel.
„Wenn der Weg zum Gefühl über die Lockrufe zu keinem Ergebnis führt, so tun Sie sich ja keine Gewalt an. Sie wissen ja, das endet stets mit rein handwerklicher, routinemäßiger Schauspielerei!" unterbrach ihn Torzow. „Es bleibt also nichts anderes übrig, als auf anderem Weg zum Gefühl zu gelangen.
Fangen Sie einmal an, alles, was uns hier umgibt, aufmerksam zu betrachten, und bemühen Sie sich dabei zu begreifen (zu erfühlen), was Sie glauben können und was nicht, worauf Sie sich besonders konzentrieren müssen und was Sie dagegen unbeachtet, gleichsam im Schatten liegenlassen können.
Glauben Sie zum Beispiel daran, daß Sie hier in ‚Maloletkowas Wohnung' zu Hause sind?" fragte Arkadi Nikolajewitsch.
„O ja! Wir haben uns sehr daran gewöhnt, wie an unser eigenes Zimmer!" entgegnete Schustow ohne Zögern.
„Ausgezeichnet!" sagte Torzow ermutigend. „Gehen wir also weiter. Hätte es irgendeinen Sinn, wenn Sie sich einzureden versuchten, das Holzscheit dort sei ein leben-

diges Wesen? Können oder müssen Sie sich in eine solche Halluzination hineinsteigern?"

„Natürlich nicht", erwiderte Schustow ohne weiteres.

„Wunderbar!" pflichtete Torzow ihm bei. „Damit Sie nun nicht länger an das Stück Holz zu denken brauchen, wickeln Sie doch Ihr *magisches ‚Wenn'* an seiner Stelle in das Tischtuch ein.

Dabei sagen Sie sich: Was würde ich *tun,* wenn in diesem Bündel kein Holzscheit, sondern ein lebendiger Säugling läge?

Gehen wir weiter. Können Sie sich vorstellen, das Tischtuch da sei eine Decke? Könnten Sie im wirklichen Leben ein Kind darin einhüllen?"

„Ja, natürlich", mußte Schustow zugeben.

„Na, wunderbar", sagte Torzow ermunternd. „Also glauben Sie auch daran. Das zur Decke gewordene Tischtuch und vor allem Ihr richtiges Verhalten beim Einhüllen des Kindes – das ist eine reale Wahrheit, an die man glauben kann."

Pascha fing an, das Holzstück in das Tischtuch einzuwickeln, es wollte ihm aber nicht gelingen.

„Ich glaube Ihnen nicht", sagte Torzow; „wenn Sie ein lebendiges Kind in der Hand hätten, würden Sie sich zweckmäßiger verhalten. Sie würden sich zwar ungeschickt anstellen, aber das Baby doch immerhin so einwickeln, daß es nicht durch alle Ritzen zieht, wie es jetzt der Fall ist, und darauf achten, daß der Lichtschein das Kind nicht beim Schlafen stört."

Schustow machte sich lange auf der Bühne zu schaffen und hatte schließlich ein riesenhaftes, ungefüges Bündel zustande gebracht.

Dabei machte Arkadi Nikolajewitsch ihn genau, wie er es zuvor bei mir getan hatte, auf jeden winzigen Fehler in seinen physischen Handlungen aufmerksam und bemühte sich, ihn allmählich zu einem wirklich organischen und *wahrhaftigen* Verhalten und zum *Glauben* daran zu bringen.

Schließlich war Schustow so weit, daß er anfangen konnte, das Kind in den Schlaf zu wiegen.

„Warum achten Sie so sorgfältig darauf, das Gesicht des Säuglings mit einem Zipfel des Tischtuchs zu bedecken?" fragte Arkadi Nikolajewitsch.

„Einmal, um das Holzscheit nicht zu sehen, das mir die Illusion raubt, und dann auch darum, damit, dem ‚Wenn' gemäß, die Augen des Kindes nicht durch das Licht geblendet werden", antwortete Pascha.

„Ausgezeichnet", sagte Arkadi Nikolajewitsch beifällig, „Sie verdecken die Lüge mit der Wahrheit; durch die Sorge um die Augen des Kindes haben Sie sich von dem abgelenkt, was Sie nicht bemerken sollen.

Mit anderen Worten: Sie haben Ihre Aufmerksamkeit von dem Sie Störenden auf das Ihnen Helfende übertragen.

Das ist gut und richtig so."

„Nur eins ist mir unverständlich", fuhr Arkadi Nikolajewitsch nach kurzer Pause fort, „Sie zischen so laut und schütteln das Kind mit solcher Vehemenz, daß Sie es damit wohl kaum zum Einschlafen bringen werden. Sie werden es im Gegenteil sogar wieder aufwecken.

Jede wahrhaftige Handlung muß sich durch äußerste *Folgerichtigkeit, Logik* und *Besonnenheit* auszeichnen. Versuchen Sie doch mal, sich so zu verhalten. Das bringt Sie näher zur *Wahrhaftigkeit* und zum *Glauben* an das, was Sie auf der Bühne tun, während jedes unlogische Verhalten Sie nur von der Wahrhaftigkeit und dem Glauben daran fortführen muß.
Jetzt, wo das Kind eingeschlafen ist, müssen Sie es entweder ins Bettchen legen oder sich behutsam mit dem Kind auf dem Arm auf das Sofa setzen."
Schustow ließ sich also mit dem Holzstück im Arm auf das Sofa nieder und bemühte sich vollkommen ernsthaft, sich auf keinen Fall zu rühren. Das wirkte so lebensecht, daß niemand im Zuschauerraum auch nur auf die Idee kam, sein Verhalten lächerlich zu finden.
„Warum machen Sie ein so unzufriedenes Gesicht?" fragte Torzow. „Sie glauben wohl, daß Sie nur wenig getan haben. Das stimmt aber durchaus nicht. Lassen Sie deshalb nur nicht den Kopf hängen. Mag es auch wenig gewesen sein, was Sie taten, aber aus zweimal ‚wenig' wird bereits ein bißchen mehr, zehnmal ‚wenig' ist schon recht schön, und hundertmal ‚wenig' ist bereits großartig.
Wenn man auf der Bühne auch die einfachste Handlung ganz wahrhaftig ausführt und aufrichtig an ihre Wahrhaftigkeit glaubt, wird man darüber sehr froh", sagte Arkadi Nikolajewitsch.
„Froh ... worüber denn ...?" wollte Umnowych wissen, der vor Aufregung ins Stottern geraten war.
„Man freut sich über das physische Gefühl für die Wahrhaftigkeit, das der Schauspieler dabei auf der Bühne und das Publikum im Zuschauerraum empfindet", erklärte Arkadi Nikolajewitsch.
„Wenn Sie sich selbst und mir eine wirkliche Freude bereiten wollen, so führen Sie eine ganz einfache, aber vollkommen und bis ins letzte begründete Handlung durch. Das ist unvergleichlich viel interessanter, als zu sehen, wie ein Schauspieler Leidenschaften vortäuscht oder sich gewaltsam Gefühle abquält.
Ich kann vom Zuschauerraum aus sehr genau feststellen, daß Sie sich da oben auf auf der Bühne wohl fühlen. Sie empfinden sowohl das *körperliche* als auch das *seelische Leben* Ihrer Rolle. Was wollen Sie noch mehr für den Anfang?"
„Ja, das stimmt alles, aber es bewegt mich nicht", erwiderte Schustow störrisch.
„Was ist daran denn so verwunderlich? Sie haben sich ja noch nicht einmal die Mühe gemacht festzustellen, was Sie da eingebündelt haben und wiegen und warum Sie es tun", sagte Torzow. „Nutzen Sie die Gelegenheit aus, da Sie so unbeweglich mit dem Kind im Arm sitzen müssen, und erzählen Sie uns flüsternd, um nur ja das Kind nicht aufzuwecken, wer es eigentlich ist und wie Sie dazu gekommen sind. Ohne diese Erfindung Ihrer Phantasie sind Ihre physischen Handlungen nämlich unmotiviert und leblos und daher auch nicht imstande, Ihre schöpferischen Kräfte wachzurufen."
Da kam Pascha blitzartig eine Erleuchtung: „Es ist ein Findelkind, das eben vor dem Haupteingang von ‚Maloletkowas Wohnung' gefunden wurde."
„Sehen Sie", sagte Arkadi Nikolajewitsch freudig, „was Ihnen zuvor nicht gegeben war, entsteht jetzt ganz von allein. Zuerst war Ihre Vorstellungskraft noch nicht im-

stande, sich etwas *auszudenken*, jetzt macht es Ihnen schon gar nichts mehr aus, das bereits vorhandene und von Ihnen empfundene ‚körperliche Leben' Ihrer Rolle auch zu *begründen*.
So haben Sie sich also bereits zwei magische ‚*Wenn*' geschaffen.
Das erste: Was würde ich tun, *wenn* dieses Holzscheit kein Holz, sondern ein lebendiges Kind wäre.
Und das zweite: Was würde ich tun, *wenn* man dieses Kind vor meiner Tür ausgesetzt hätte.
Vielleicht gibt es noch bestimmte Umstände oder Bedingungen, die Ihre Situation besonders komplizieren?" fragte Arkadi Nikolajewitsch.
„Ja, durchaus!" Plötzlich ging Pascha ein Licht auf. „Die Sache ist nämlich die, daß meine Frau gerade außer Hause ist. Ohne sie kann ich gar nicht entscheiden, was mit dem Kinde geschehen soll. Ich muß gestehen, daß mir schon der Gedanke gekommen ist, es vor der Tür des Nachbarhauses wieder auszusetzen, aber einerseits tut es mir leid, und andererseits habe ich auch ein bißchen Angst davor. Wenn man mich dabei am Tatort überraschte? Wie sollte ich dann wohl den Beweis erbringen können, daß ich nicht der Vater des Kindes bin, daß ich es nicht ausgesetzt habe, sondern daß man es im Gegenteil vor meine Tür gelegt hatte."
„Ja", stimmte Torzow ihm zu, „das sind sehr gewichtige Umstände, durch die das von Ihnen gefundene magische *Wenn* besonders kompliziert wird. Gibt es dabei nicht noch andere Schwierigkeiten?" fragte Arkadi Nikolajewitsch dann weiter.
„Und ob, und zwar sehr entscheidende!" Pascha drang folgerichtig immer tiefer in die Situation ein. „Ich habe nämlich noch nie im Leben ein neugeborenes Kind in den Händen gehalten und muß gestehen, daß ich im Grunde eine Heidenangst vor ihnen habe. Diese kleinen Wesen gleiten einem ja wie Kaulquappen aus der Hand. Zwar habe ich mir eben ein Herz gefaßt und das Kind auf den Arm genommen, aber ich zittere bei dem Gedanken, es könnte aufwachen, sich bewegen und zu schreien anfangen. Was sollen bloß die Nachbarn denken?
Was für eine Flut von Klatschereien könnte das plötzliche Auftauchen eines neugeborenen Kindes in unserem Hause auslösen!
Besonders fatal wäre es mir jedoch, wenn ein bei kleinen Kindern so häufiger Zwischenfall eintreten sollte. Ich habe ja nicht die leiseste Ahnung, wie man sich in einer solchen Lage verhält und woher ich saubere Windeln und Wäsche zum Wechseln nehmen sollte."
„Ja, gut", machte ihm Arkadi Nikolajewitsch Mut, „das sind sehr bedeutsame, wenn auch zugleich äußerst komische *Umstände*, die Sie unbedingt berücksichtigen müssen.
Und doch sind das alles nur Kleinigkeiten. Es gibt dabei noch etwas viel Wichtigeres."
„Was denn noch?" fragte Schustow argwöhnisch.
„Haben Sie denn nicht bemerkt", erklärte Torzow feierlich, „daß das Kind, dessen Gesicht Sie so sorgsam mit einem Zipfel des Tischtuches bedeckten, inzwischen in Ihren Armen erstickt ist?"
Selbst mir, als einem unbeteiligten Zeugen und Zuschauer, krampfte sich bei dieser

unerwarteten Nachricht das Herz zusammen, und es war, als ob ich innerlich einen Stoß bekäme. So war es durchaus nicht verwunderlich, daß diese plötzliche Wendung der Dinge auf Schustow, der ja aktiv an den Vorgängen auf der Bühne beteiligt war, eine weit stärkere Wirkung ausübte.
Ganz wie von selbst entspann sich nun eine dramatische Szene. Schließlich ist die Situation eines Menschen, der durch Zufall mit dem Leichnam eines unbekannten Kindes auf dem Arm dasteht, weiß Gott dramatisch genug. Sie legt sogar den Verdacht eines Verbrechens nahe.
„Ah!" Nun hatte ihn Arkadi Nikolajewitsch da, wo er ihn haben wollte. „Sie sind ja blaß geworden, als Sie hörten, daß Ihr Holzscheit in seinem Tischtuch erstickt sei. Sie haben ja an einen unmöglichen Nonsens geglaubt! Ist Ihnen das etwa noch immer nicht genug *Naivität?*"
‚Ja, wirklich', dachte ich, ‚ist es etwa nicht naiv, wenn ein erwachsener Mann ein Stück Holz mit aller Sorgfalt einbündelt, es auf den Armen wiegt, lange Zeit unbeweglich dasitzt und sich nicht zu rühren wagt, daß er vor Schreck die Farbe wechselt, wenn man ihm sagt, dieses Holzscheit sei erstickt, daß er an die Wirklichkeit eines reinen Unsinns glaubt, ohne zu bemerken, daß alles bloße Phantasie war. Und dabei tut er alles vollkommen ernsthaft und ist durchaus vom Bewußtsein der Wichtigkeit seines Tuns durchdrungen.'
„Also", sagte Arkadi Nikolajewitsch zusammenfassend, „diese neue, durch Zufall entstandene Etüde, die wir ‚Der unschuldige Verbrecher' oder ‚Das Holzscheit im Tischtuch' nennen wollen, hat Ihnen wohl bewiesen, daß Sie sehr wohl genügend schauspielerische *Naivität* aufbringen können.
Außerdem haben Sie sich dabei selbst davon überzeugen können, daß man diese Naivität allmählich hervorrufen und aus einzelnen Teilstücken zusammensetzen kann, wenn sie sich nicht von selbst einstellen will, wie es zum Beispiel heute bei Ihnen der Fall war. Diese Arbeit wird bedeutend erleichtert, wenn der Same der Phantasie auf den vorbereiteten Boden des ‚körperlichen Lebens' der Rolle fällt.
So hat schon Naswanow in der vorigen Stunde innerlich und äußerlich den Boden für die Aussaat vorbereitet, dabei jedoch vergessen, den Samen des *magischen* ‚Wenn' und der *vorgeschlagenen Situationen* mit sich zu nehmen.
Heute dagegen haben Sie den Boden nicht nur umgepflügt und ihn mit kleinen wahrhaftigen physischen Handlungen und dem Glauben daran gedüngt, sondern Sie haben auch die Saat ausgestreut, die Ihnen durch das blitzartige Aufleuchten echten schöpferischen Erlebens reiche Frucht getragen hat."

AUS DER EINFÜHRUNG ZUR 5. RUSSISCHEN AUSGABE

Im Vorwort zur „Arbeit des Schauspielers an sich selbst", das 1938 zum erstenmal erschien, weist Stanislawski darauf hin, daß die Anfänge der Arbeit am „System" bis in das Jahr 1907 zurückreichen. Folglich ist das Buch in einem Zeitraum von dreißig Jahren geschrieben worden. Aber selbst diese Zeitspanne umfaßt noch nicht den ganzen Entstehungsprozeß des Buches, denn wie aus zahlreichen Bemerkungen in Heften, Notizblöcken und Tagebüchern hervorgeht, befaßte sich Stanislawski bereits vor 1907 mit der Materialsammlung und der Vorbereitung für ein Buch über die Schauspielkunst. Man kann ohne Übertreibung sagen, daß Stanislawski sein ganzes Leben lang an diesem „System" gearbeitet hat, in dem die Summe seiner schöpferischen Erfahrung zusammengetragen ist. Von Jugend an machte er Aufzeichnungen über seine Bühnentätigkeit und war bemüht, seine Empfindungen zu analysieren und seine schauspielerischen Leistungen objektiv und kritisch zu beurteilen. Bereits in den Tagebüchern des jungen Stanislawski finden sich Keime des künftigen „Systems", das sich in dem Maße herauszubilden begann, in dem seine künstlerische Erfahrung zunahm und seine gesellschaftlichen und ästhetischen Anschauungen sich festigten. Schon als ganz junger Mensch hatte er das Bedürfnis, sich auf feste theoretische Grundlagen und auf ein bestimmtes System der schauspielerischen Selbsterziehung zu stützen. In einer Notiz aus dem Jahre 1889 stellt er fest, daß der Schauspieler zunächst einmal die Anfangsgründe oder die Grammatik seiner Kunst beherrschen muß. „Bevor man sich diese für jeden Schauspieler unerläßlichen Voraussetzungen nicht zu eigen gemacht hat ... kann man sich der Rolle nicht widmen und auf der Bühne nicht leben."
Der Gedanke, daß man eine *Grammatik der Theaterkunst* schaffen müsse, die vom Wissen um die Gesetze des Bühnenschaffens und nicht von der Beschreibung äußerlicher Darstellungsmethoden ausgehen sollte, hat Stanislawski seitdem keine Ruhe mehr gelassen. Bald darauf wurde diese Idee, die in den „Künstlerischen Notizen" nur in Form einer bloßen Anregung oder einer wünschenswerten Möglichkeit angedeutet worden war, zum echten Bedürfnis. Es entstand der Plan, ein Buch über die Grundlagen der Theaterkunst und der Arbeit des Schauspielers zu schreiben.

Schon in den ersten Jahren am Künstlertheater begann Stanislawski mit der Verwirklichung. Das bezeugen zahlreiche Anmerkungen, die er häufig in aller Eile mit Bleistift in seine Notizblocks kritzelte, die er immer bei sich trug. Entwürfe zu Arrangements und Besetzungslisten für laufende Aufführungen des Künstlertheaters wechseln mit Gedanken über die Ethik des Schauspielers, über das Wesen des Theaters, über Begabung und Ausbildung des Schauspielers und so weiter. In diesen Notizblocks verzeichnete er auch Beispiele aus der praktischen Arbeit des Theaters und Beobachtungen über seine eigene schauspielerische Tätigkeit, soweit sie für die Erkenntnis der Gesetze des Schaffensprozesses von prinzipieller Bedeutung waren. Das aufmerksame Studium dieser Aufzeichnungen aus den Jahren 1899 bis 1902 läßt ihren unmittelbaren Zusammenhang mit späteren Veröffentlichungen („Beginn der Saison", „Das Theater", „Handbuch des dramatischen Schauspielers" und „Ethik") offenbar werden. Schon damals bereitete Stanislawski die Herausgabe eines Buches über die Theaterkunst vor. So findet sich zum Beispiel in einem Notizblock eine Eintragung aus dem Jahre 1900. Darin heißt es im Absatz 147: „Viele von den hier beschriebenen Dingen kann man nicht ohne weiteres verstehen und beim bloßen Lesen begreifen. Wenn der Schauspieler jedoch in der Praxis auf meine Ratschläge stößt, wird er sich an meine Worte erinnern, und wenn er dann die ihn interessierende Stelle des Buches noch einmal liest, wird er darin manche Erläuterung oder Erklärung finden."* Auch die Lektüre seines Briefwechsels aus jener Zeit beweist, daß er bereits damals fest entschlossen war, ein Buch zu schreiben. So schrieb er in einem Brief an die Schauspielerin W. W. Puschkarjowa-Kotljarewskaja: „... Ich möchte mich an mein Buch machen, mit dem es wegen der mir völlig fehlenden literarischen Fähigkeiten nur mühsam vorangeht... Sobald es mir wieder besser geht, fange ich an. Ich möchte versuchen, so etwas wie einen Leitfaden für angehende Schauspieler zusammenzustellen. Mir schwebt dabei eine Art Grammatik der Schauspielkunst, eine Sammlung von Aufgaben für den praktischen Unterricht vor, die ich bei der Arbeit in der Schule erproben will. Natürlich ist das alles ziemlich abstrakt, wie auch die Kunst selbst, das macht meine Aufgabe schwieriger, aber auch interessanter. Ich fürchte allerdings, daß ich sie nicht bewältigen werde."
Mit diesem Brief vom 20. Juni 1902 beginnt offensichtlich die Entstehungsgeschichte des eigentlichen Buches. Seit dieser Zeit widmete Stanislawski dieser Arbeit alle Mußestunden, die freie Zeit zwischen Aufführungen, Proben und Sitzungen; er opferte ihr auch seine kurzen Sommerferien und – seine Krankheiten. Er stellte mehrere Fassungen des künftigen Werkes über die Schauspielkunst zusammen und änderte immer wieder.
Stanislawski hatte sich eine außerordentlich schwierige Aufgabe gestellt, denn die Fragen der schauspielerischen Arbeit berührten auch alle möglichen anderen Wissensgebiete. Er mußte viele, einander oft widersprechende Werke über Psychologie, Physiologie, Ästhetik, über Geschichte und Theorie des Theaters durcharbeiten. Stets suchte er Kontakt mit Bühnenschaffenden, Wissenschaftlern und Schriftstellern, mit Menschen der verschiedensten Berufe und Anschauungen, um mit ihnen über seine Probleme zu sprechen. Selbst über nur geringe theoretische Kenntnisse verfügend,

* *Museum des Moskauer Künstlertheaters, K. S., Nr. 627 (russ.).*

hatte er die größte Achtung vor der Wissenschaft und geriet häufig unter den Einfluß wissenschaftlicher Autoritäten, die falsche, idealistische Standpunkte vertraten, wodurch er verwirrt und gehemmt wurde. Glücklicherweise führten ihn seine im Innersten realistische Weltsicht und seine Grundsatz, jede theoretische Frage möglichst experimentell zu lösen, letztlich doch immer wieder zu richtigen wissenschaftlichen Verallgemeinerungen.

Die wichtigste Quelle, aus der er seine Erkenntnisse und theoretischen Schlußfolgerungen schöpfte, war und blieb während der ganzen Arbeit seine eigene Tätigkeit als Schauspieler, Regisseur und Bühnenpädagoge. Jeden neuen Schritt in der Kunst unterzog er einer unnachsichtigen Analyse. Jede einzelne These des „Systems" überprüfte er sorgfältig an sich selbst und an anderen.

Aus Stanislawskis Korrespondenz ist ersichtlich, daß schon im Jahre 1904 die erste Fassung des künftigen „Systems" niedergeschrieben war, die später noch mehrmals umgearbeit wurde. Die eigentliche Geburt des „Systems" erfolgte jedoch erst in den Jahren 1906 bis 1909. Die literarischen Arbeiten der vorhergehenden Jahre zählte Stanislawski zu den vorbereitenden Versuchen, die noch kein in sich geschlossenes System erkennen ließen. Den Sommer 1906 bezeichnete er als den Wendepunkt von den „Lehrjahren" zur „künstlerischen Reife".

In einem Interview mit einem Korrespondenten der Zeitschrift „Studio" vom 29. April 1912 sagte Stanislawski, er habe sich nun „der Erforschung der Psychologie des Schauspielers zugewandt", nachdem er die Feststellung gemacht hätte, daß er in der fünfzigsten Aufführung eines Stückes, das mit großem Publikumserfolg über die Bühne ging, seine Rolle nur noch mechanisch gespielt habe und dabei mit seinen Gedanken ganz woanders gewesen sei. Offensichtlich meint er damit Ibsens „Volksfeind", der im März 1906 die fünfzigste Aufführung erlebte. Er spielte den Doktor Stockmann. „Diese Entdeckung erschütterte mich so stark, daß ich die Absicht hatte, die Bühne zu verlassen", erklärte Stanislawski damals.

Die künstlerische Krise, die Stanislawski damals durchmachte, bezog sich nicht auf ein bestimmtes Stück oder eine bestimmte Rolle. In vielen alten Lieblingsrollen war seine „ehemalige Schaffensfreude entschwunden". Erstaunt und besorgt erkannte er, daß er den verhaßten Weg der formalen Wiedergabe der Rolle eingeschlagen hatte. „Schritt für Schritt unterzog ich meine künstlerische Vergangenheit einer Überprüfung und erkannte immer klarer, daß der innere Gehalt, den ich beim ersten Spielen der Rolle in sie hineingelegt hatte, und die äußerliche Form, zu der diese Rollen im Laufe der Zeit entarteten, himmelweit voneinander entfernt waren. Anfangs entsprang alles einer schönen, erregenden inneren Wahrhaftigkeit. Jetzt waren nur verwitterte Schale und fauler Zunder übrig, die in Seele und Körper zufällig hängengeblieben waren, die aber nichts mit echter Kunst zu tun hatten", schreibt er in „Mein Leben in der Kunst". Dort schildert er auch, wie diese Krise ihre Ursache im Tod Tschechows hatte, in der Verzweiflung, die sich seiner nach einer vorübergehenden Begeisterung für den Symbolismus bemächtigte, und in der völligen Ungewißheit darüber, „welchen Weg wir zukünftig einschlagen sollten".

Stanislawskis persönliche Krise war nur eine Folge der allgemeinen Krise der Kunst, die in der Periode der Reaktion nach der Niederwerfung der Revolution von 1905 ein-

setzte. Damals gingen viele Theater von ihren fortschrittlichen gesellschaftskritischen Grundsätzen ab, sanken auf das Niveau geistloser Unterhaltungsstätten herab oder wandten sich dem Symbolismus, Impressionismus, Traditionalismus und anderen „Ismen" zu, die die Kunst von ihren brennenden, aktuellen Aufgaben ablenkten.
Es war notwendiger denn je, die besten Traditionen des realistischen Theaters vor der Vernichtung zu bewahren. Der Aufbau eines realistischen Systems für die Arbeit des Schauspielers war eine überaus wichtige Aufgabe. Stanislawski wollte diese Aufgabe lösen, mit der Hartnäckigkeit des Genies prüfte er Tag um Tag und Jahr um Jahr seine Ideen sehr gründlich und vervollkommnete sie in langwieriger Arbeit.
Seine Überlegungen brachten ihn zu der Überzeugung, daß man die schöpferische Natur des Schauspielers eingehend studieren müsse, was doch den meisten Menschen, die damals praktisch oder theoretisch mit dem Theater zu tun hatten, als ein unlösbares, nicht zu analysierendes Problem erschien.
In „Mein Leben in der Kunst" heißt es: „Mit diesen Sorgen und Gedanken kehrte ich von meinem Sommerurlaub zur Spielzeit 1906/07 nach Moskau zurück und begann, mich und auch andere bei der Arbeit im Theater zu beobachten." Aus dem Briefwechsel mit Maria Petrowna Lilina geht hervor, daß eine überarbeitete Fassung seines Buches über die Schauspielkunst im August 1907 bereits fertig vorlag.
Ende 1907 begann die Zeitschrift „Der russische Schauspieler" mit dem Abdruck einer Artikelreihe Stanislawskis, die unter dem Titel „Beginn der Saison" erschien. Diese Artikel behandelten einige grundlegende Fragen der Theaterkunst und der Arbeit des Schauspielers. Zum Teil enthielten sie Gedankengänge, die in den späteren Werken über das „System" ausgebaut und weiterentwickelt worden sind.
In dieser Artikelreihe wurden die Fragen, die Stanislawski später lösen konnte, jedoch nur in ganz allgemeiner Form gestellt. Die Aufzählung der Forderungen an den Schauspieler war noch unsystematisch und ungeordnet, er hatte die Probleme nur gezeigt, aber noch nicht gelöst. Dazu brauchte er noch drei Jahrzehnte unermüdlicher Arbeit.
Nach 1907 machte sich Stanislawski an die Verwirklichung seiner Idee, er begann, seine Forschungsergebnisse über verschiedene Fragen der Schauspielkunst niederzuschreiben.
Im Stanislawski-Archiv befinden sich Manuskripte mit Überschriften wie „Handbuch des dramatischen Schauspielers. Praktische Einführung und gute Ratschläge für angehende Schauspieler und Schüler der Schauspielkunst", „Grammatik der Schauspiel-Kunst", „Versuch eines populären Lehrbuchs der Schauspielkunst" und so weiter.
Auch die verschiedenen Manuskriptfassungen des ersten Teils eines geplanten Lehrbuches „Das Wesen des Schauspielers" sind erhalten. Sie befassen sich mit Fragen des Talents, des Temperaments, des Willens und der Phantasie, ihrer Beziehung zueinander und der Mittel und Wege zur Entwicklung dieser Eigenschaften. Stanislawski äußert die Ansicht, daß „in jedem Menschen Keime schöpferischer Kraft verborgen liegen" und daß diese Kraft unter bestimmten Voraussetzungen und nach langer Willensanstrengung ausgebildet und vervollkommnet werden kann. Er deutet auch praktische Möglichkeiten an, um Wille, Talent und Temperament in die für

eine schöpferische Arbeit notwendigen Bahnen zu lenken. Er erhebt auch mit aller Deutlichkeit die Forderung, daß sich der Schauspieler eine innere Technik aneignen muß und sich nicht auf eine zufällige Inspiration verlassen darf, da das Rechnen mit Zufälligkeiten nun einmal nicht ein in sich geschlossenes harmonisches Kunstwerk zustande bringt.
Seit 1908 machte sich Stanislawski systematisch Notizen über bestimmte Teilgebiete (Muskelentspannung, Kreis der Aufmerksamkeit, Glauben, Naivität auf der Bühne, affektive Empfindungen und so weiter), die ihm als Material für seine späteren Werke über das „System" dienten.*
In seinem Bericht über die zehnjährige Arbeit des Künstlertheaters vom 14. Oktober 1908 wies Stanislawski darauf hin, daß die kommende Etappe in der Arbeit des Theaters einem auf den einfachen und natürlichen Grundlagen der Psychologie und Physiologie beruhenden Schaffen dienen solle. Ähnliche Gedanken äußerte er auch in einem Ende desselben Jahres geschriebenen Brief an A. A. Blok.
Mit Recht bezeichnet Stanislawski diesen Abschnitt seines Lebens als den Beginn seiner künstlerischen Reife, als Ausgangspunkt seines „Systems". Seit dieser Zeit besteht zwischen seiner theoretischen und praktischen Arbeit eine äußerst fruchtbare Wechselbeziehung. So wendete er seine neuen Erkenntnisse bereits bei der Inszenierung von Gogols „Revisor" (1908) und Turgenews „Ein Monat auf dem Lande" (1909) an.
Für die Klärung der Frage, wie das „System" sich weiterentwickelt hat, sind drei aus jener Zeit stammende Dokumente besonders aufschlußreich. Das erste trägt das Datum „Juni 1909" und heißt „Entwurf eines Artikels: mein System". (Der Begriff „System" taucht hier zum ersten Male auf.)
Der Entwurf geht nach einer Einleitung, die sich mit den verschiedenen Kunstrichtungen im Theater befaßt, auf einige, für die Ausbildung des richtigen schöpferischen Befindens unerläßliche Elemente ein; er behandelt unter anderem die Entspannung und Spannung der Muskeln, affektive Empfindungen und affektives Gedächtnis, Konzentrationsfähigkeit oder Kreis der Aufmerksamkeit, die Wechselbeziehung, das Verhältnis von Gedanke und Wort, die Analyse von Gefühl und Gedanke – später Abschnitte und Aufgaben genannt –, die klare und logische Wiedergabe der Bestandteile eines komplizierten Gedankenganges – später mit „Logik der Sprache" bezeichnet –, die Vermittlung von Gefühlen durch Worte – später „Worthandlung" –, die Anpassungsfähigkeit an den Charakter des Partners bei der Wiedergabe anschaulicher Bilder – später „Vorstellungsbilder" –, die Anpassungsfähigkeit aus dem Wunsch heraus, fremde Gefühle mitzuempfinden – später Aufnehmen und Einwirken –, die Entwicklung schöpferischer Gewohnheiten und so weiter, kurz, er gibt eine fast vollständige Aufzählung der späteren „Elemente" des schöpferischen Befindens.
Im Gegensatz zu früheren Manuskripten besteht das Neue dieses Entwurfes darin, daß hier bereits das Problem des *richtigen Befindens des Schauspielers* in den Vordergrund gerückt worden ist. Dieser schöpferische Zustand, der die Grundlage der schauspielerischen Arbeit darstellt, sowie die Mittel und Wege, ihn zu erreichen –

* *Museum des Moskauer Künstlertheaters*, K. S., Nr. 264–271 *(russ.)*.

nicht mehr Talent und Temperament, wie in den Schriften vor 1909 –, sind jetzt
Fundament des „Systems".*
Dasselbe Problem warf Stanislawski auch in einem Vortrag auf dem Kongreß der
Theaterschaffenden am 8. März desselben Jahres auf, als er sagte: „Die erste Sorge
des Schauspielers gilt seinem schöpferischen Befinden."**
Sehr interessant ist auch ein anderes Manuskript, das er aller Wahrscheinlichkeit
nach auf diesem Kongreß verlesen hat. Er führt aus, daß sich die Arbeit des Schauspielers aus sechs grundlegenden Prozessen zusammensetzt:
„Im *ersten vorbereitenden Prozeß des ‚Wollens'* bereitet sich der Schauspieler auf
die bevorstehende Aufgabe vor. Er macht sich mit dem Werk des Dichters bekannt,
ist davon begeistert oder versetzt sich in die erforderliche Begeisterung, regt damit
seine schöpferischen Fähigkeiten an, das heißt, er erweckt in sich den Wunsch nach
Gestaltung.
Im *zweiten Prozeß des ‚Suchens'*... sucht er in sich selbst und um sich herum das
geistige Material für die Arbeit.
Im *dritten Prozeß des ‚Erlebens'* ist die gestaltende Arbeit des Schauspielers zunächst auch *für ihn selbst* noch *unsichtbar.*
Nur erst in *seinen Träumen* baut er sich die innere und äußere Gestalt der darzustellenden Person ... Er muß sich mit diesem ihm fremden Leben identifizieren,
als ob es sein eigenes Leben wäre ...
Im *vierten Prozeß des ‚Verkörperns'* gestaltet der Schauspieler bereits *sichtbar für
sich selbst.*
Hier schafft er die *sichtbare* Hülle für seinen unsichtbaren Traum...
Im *fünften Prozeß des ‚Verschmelzens'* muß der Schauspieler ‚Erleben' und ‚Verkörpern' vollständig miteinander *vereinigen.*
Diese beiden Prozesse – ‚Erleben' und ‚Verkörpern' – müssen gleichzeitig vor sich
gehen, sie müssen einer aus dem anderen entstehen und sich gegenseitig unterstützen
und weiterentwickeln."
Als *sechsten Prozeß* nennt Stanislawski die *„Einwirkung"* des Schauspielers auf die
Zuschauer.***
Diese – auf den ersten Blick recht komplizierte – Vorstellung vom Schaffensprozeß
ist, wie übrigens auch die Aufteilung des schauspielerischen Befindens in eine Vielzahl einzelner Elemente, *typisch für die frühe Entwicklungsstufe* des „Systems".
Man könnte sie auch analytische Periode nennen. Sie steht im Gegensatz zu der
abschließenden synthetischen Periode, in der dann alle von Stanislawski zunächst
einzeln erforschten Kettenglieder des komplizierten Prozesses zu einem in sich
geschlossenen, harmonischen Ganzen zusammengefügt wurden.
Stanislawskis neue Ansicht, daß der Schaffensprozeß sich aus sechs aufeinanderfolgenden Etappen zusammensetze, veranlaßte ihn, seinen ursprünglichen Plan für die
Anordnung des ganzen Buches fallenzulassen und einen anderen, den angeführten
Perioden entsprechenden Entwurf an seine Stelle zu setzen.

* *Museum des Moskauer Künstlertheaters, K. S., Nr. 628 (russ.).*
** *Rampa, 1909, Nr. 11 (russ.).*
*** *Museum des Moskauer Künstlertheaters, K. S., Nr. 257 (russ.).*

Wenig später hatte er das Manuskript zu „Buch III, Das Erleben" fertiggestellt. Auf dem Titelblatt steht die Widmung „Meiner ersten Schülerin, selbstlosen Helferin und Freundin Maria Petrowna Lilina" (andere Exemplare desselben Manuskriptes schenkte er I. M. Moskwin und J. P. Muratowa). Am Anfang des Manuskripts findet sich folgender wichtiger Hinweis: „Das Schaffen gründet sich auf das Gefühl, darum darf man sich auch nicht ausschließlich mit dem Verstand darum bemühen, sondern muß vor allem danach trachten, es zu erfühlen. Darum ist es auch eine schwere, langwierige Aufgabe, über die Kunst zu schreiben."
Weiter heißt es, daß „die *Kunst des Schauspielers* im Gegensatz zum handwerksmäßig betriebenen Theaterspiel auf dem Schöpferischen, und das Schöpferische seinerseits auf dem Erleben beruht". Dann werden die für den Schaffensprozeß unerläßlichen inneren und äußeren Elemente aufgezählt. Zu den uns bereits aus anderen Quellen bekannten Elementen gesellt sich hier noch ein neues, und zwar die „Logik der Gefühle", das in den späteren Werken Stanislawskis große Bedeutung erlangte. Die Wechselbeziehung wird in diesem Manuskript charakterisiert als „gegenseitiges Bemühen von Menschen, einander ihre Gefühle, Empfindungen und deren Resultate, das heißt die *Gedanken*, zu *vermitteln*" und zugleich auch als das „Bemühen, die Gefühle, Empfindungen und Gedanken des anderen in sich *aufzunehmen* und zu verstehen".*
Schließlich mußte die Unmenge von Entwürfen, Notizen, fertigen Abschnitten oder Kapiteln des künftigen Werkes zu einem Ganzen verbunden, einer einheitlichen Konzeption unterstellt und geordnet werden. Diese Riesenaufgabe hatte er sich für den Urlaub des Sommers 1910 gestellt.
„Nun ist die Zeit der Ernte da", schrieb er aus Kislowodsk an O. I. Sulershizkaja. „Zwei Monate lang habe ich eine Menge Gedanken und Probleme in meinem Kopf ausgesät. Sie brauchten den ganzen Sommer zum Wachsen, quälten mich und raubten mir den Schlaf – und nun geht die Saat endlich auf. Ich kann gar nicht so schnell alles niederschreiben, was mir vorschwebt, was aufkeimt und wenigstens in groben Umrissen festgehalten werden will. Wenn es mir jetzt nicht gelingt, alles aufzuschreiben, muß ich im nächsten Jahr noch einmal ganz von vorn anfangen, denn noch ist alles so unklar, daß ich es bald wieder vergessen würde. Und außer hier im Kaukasus werde ich in diesem Jahr keine andere Gelegenheit mehr finden, alles niederzuschreiben, was in mir herangereift ist."**
Eine schwere Krankheit hielt Stanislawski bis Anfang Dezember 1910 in Kislowodsk fest und machte seine literarischen Pläne zunichte. In den kommenden Jahren nahm er sie jedoch mit neuer Energie wieder auf und beschäftigte sich mit neuen Problemen. Die Grundfragen des „Systems" hatte er jedoch in diesem entscheidenden Jahr 1910 bereits gelöst. Damals sprach er schon davon, daß sein System nicht nur fertig ausgearbeitet, sondern auch schon „sorgfältig genug" erprobt worden sei, um es in die praktische Theaterarbeit zu übernehmen und Schauspielschüler danach zu unterrichten.

* *Museum des Moskauer Künstlertheaters, K. S., Nr. 260 (russ.).*
** *Sammelband: Über Stanislawski, WTO (Allunions-Theatergesellschaft), 1948, S. 308 (russ.).*

1910 hatte er auch den Wunsch, Maxim Gorki die ersten Früchte seiner Arbeit mitzuteilen. Im Februar 1911 besuchte er den Dichter auf Capri und las ihm aus seinen Aufzeichnungen vor, die er später als „die ersten Zeilen und schriftlichen Proben für eine Art ‚Grammatik der dramatischen Kunst'" bezeichnete.*
Gorki spürte die Bedeutung des angehenden Theaterschriftstellers, er billigte und unterstützte das Vorhaben von ganzem Herzen. Nach diesem Zusammentreffen schrieb er an Stanislawski: „Ich bin sehr froh, Sie gesehen zu haben, und danke Ihnen sehr dafür, daß Sie mich mit der Arbeit Ihres rastlosen, schönen Geistes bekannt gemacht haben. Von ganzem Herzen wünsche ich Ihnen Gesundheit und Kraft, denn ich bin zutiefst von der Fruchtbarkeit Ihrer prachtvollen Ideen überzeugt."**
Diese Begegnung mit Gorki setzt gleichsam den Schlußstrich unter den ersten Abschnitt der Entstehungsgeschichte des Buches „Die Arbeit des Schauspielers an sich selbst". Zu diesem Zeitpunkt war sich Stanislawski endgültig über die Methode zur Erforschung des Problems klargeworden und hatte die Konturen des zukünftigen, den Fragen des schöpferischen Befindens des Schauspielers auf der Bühne gewidmeten Buches schon recht plastisch herausgearbeitet.
Inzwischen war das Stanislawski-System schon allgemein bekannt geworden und drang auf verschiedenen Wegen in die praktische Theaterarbeit und in die Ausbildung des Nachwuchses ein. Leider lernten es breite Kreise von Bühnenschaffenden oft nur in stark vereinfachter oder sogar entstellter Form kennen. Einige technische Hilfsmittel aus der Arbeit Stanislawskis, von ihm geprägte Begriffe fanden allgemeine Verbreitung, aber die praktische Anwendung beschränkte sich häufig auf ein formales Nachahmen und Nachplappern. Viele drangen nicht zum Wesen des „Systems" vor.
Trotz des Drängens der Herausgeber hatte es Stanislawski mit der Veröffentlichung seiner Werke durchaus nicht eilig, was ihn jedoch keineswegs davon abhielt, seine Forschungsergebnisse bereitwillig jedem mitzuteilen, der ihn um Rat und Hilfe anging. Er war der Ansicht, daß seine Theorie zunächst einmal sehr sorgfältig in der Praxis erprobt werden müsse und daß ihn nur ganz unzweifelhafte, aus der praktischen Anwendung des „Systems" gewonnene Erkenntnisse dazu berechtigen könnten, es laut und öffentlich zu propagieren. Seine Theorie, die den Weg zu den geheimen Quellen der schöpferischen Inspiration wies, bedurfte seiner Überzeugung nach noch einer langwierigen und gründlichen Zeit des Experimentierens.
Stanislawski hat sein „System" zuerst an sich selbst ausprobiert, seine schauspielerischen Erfolge waren der beste Beweis für die große Kraft des Systems. Das gilt ebenso für seine Darstellung alter Rollen, die er jetzt mit neuem Leben erfüllte, wie für neue Bühnengestalten, die er eindringlich und überzeugend formte. Es war Stanislawski nicht nur gelungen, die künstlerische Krise von 1906 zu überwinden, sondern er konnte auch neue Triumphe feiern, die seinen Ruhm als Schauspieler festigten. Mit vollem Recht schrieb er am Schluß seines Buches „Die Arbeit an sich selbst im schöpferischen Prozeß des Erlebens", daß ein Schauspieler, der sich beharr-

---

* Aus einem Brief an Gorki vom 10. Februar 1933 (K. S. Stanislawski, Artikel, Reden, Gespräche und Briefe, Iskusstwo, Moskau 1953, S. 312, russ.).
** Jahresalmanach des Moskauer Künstlertheaters für 1943, Moskau 1945, S. 219 (russ.).

lich um das Verständnis des „Systems" bemüht, unter der Voraussetzung, daß er Talent hat, zum *großen Künstler* werden wird.
Stanislawski erprobte das „System" auch in seiner Regietätigkeit und zog auch seine Mitarbeiter, die Schauspieler und Regisseure des Künstlertheaters, dazu heran. Tatsächlich wurde das Stanislawski-System seit 1911 zur theoretischen Grundlage für die Arbeit dieses Theaters und bestimmte seine künstlerischen Methoden.
Das Schwergewicht der experimentellen Arbeit Stanislawskis an der Erprobung und Weiterentwicklung seines „Systems" lag jedoch in der pädagogischen Tätigkeit. Seit März 1911 unterrichtete er junge Schauspieler und Schüler des Künstlertheaters, die bald darauf im „Ersten Studio des Künstlertheaters" zusammengefaßt wurden, nach dem „System".
Stanislawskis Lehrtätigkeit an den verschiedenen Theaterstudios – dem Ersten und Zweiten Studio, dem Gribojedow-Studio, dem Opernstudio und dem Opern- und Schauspielstudio – war die wichtigste Quelle für die Bereicherung und Entfaltung seines „Systems".
Es ist nicht das Ziel dieser Einführung, den ganzen Entstehungsweg des „Systems" zu verfolgen, sondern wir wollen hier nur auf die entscheidenden Etappen der Arbeit an der „Arbeit an sich selbst im schöpferischen Prozeß des Erlebens" hinweisen. Seit 1910 erstreckte sich die experimentelle und literarische Tätigkeit Stanislawskis auf mehrere Gebiete des „Systems" gleichzeitig. Allmählich kam Material für den zweiten Teil des Buches zusammen, das auf Fragen der Bewegung, des Rhythmus, der Stimme und Sprache einging; es entstanden die Entwürfe zu einem „pädagogischen Roman", die sich mit der Arbeit des Schauspielers an der Rolle beschäftigten; überdies arbeitete Stanislawski systematisch an der Vorbereitung eines Buches über das Wesen und die verschiedenen Richtungen der Theaterkunst.
Während der Ausarbeitung des „Systems" erweiterte Stanislawski seine Kenntnisse auf den verschiedenen Gebieten der Wissenschaft und Kunst. L. J. Gurewitsch zählt in seinen im Sammelband „Über Stanislawski" veröffentlichten Erinnerungen einen großen Kreis von Personen auf, mit denen er sich gern über das „System" zu unterhalten pflegte und von denen er sich die ihm noch fehlenden Kenntnisse auf dem Gebiet der Philosophie, Psychologie und Theatergeschichte erwarb.
Um sich ein Bild von Stanislawskis umfassenden literarischen Interessen machen zu können, braucht man sich nur seine Arbeitsbibliothek anzusehen und in seinen Notizbüchern und Aufzeichnungen zu Fragen des „Systems" zu blättern. Dieses Material gibt Aufschluß über Stanislawskis Interesse an den unterschiedlichsten Wissensgebieten. Wenn er sich zum Beispiel mit der Psychologie und Physiologie der künstlerischen Arbeit beschäftigte, ließ er kein einziges, auch nur irgendwie nennenswertes Werk über dieses Gebiet unbeachtet. In seinen Notizblöcken aus der Mitte der dreißiger Jahre finden wir ausgedehnte Zitate aus dem Buch „Die Reflexe des Gehirns" von dem Begründer der russischen materialistischen Physiologie I. M. Setschenow. Der Zusammenhang zwischen diesen Zitaten und Stanislawskis Arbeitsmethode in diesen Jahren ist ganz unverkennbar. Diese Notizblöcke enthalten auch Anmerkungen über die Experimente I. P. Pawlows und die von ihm erforschten bedingten Reflexe. In den Manuskripten stehen Auszüge aus den Werken

vieler Wissenschaftler und Künstler über Fragen der Psychologie und Physiologie des Schaffensprozesses, die Stanislawski häufig mit kritischen Bemerkungen versehen hat.

Beim Studium der Theatergeschichte brachte Stanislawski den Vermächtnissen hervorragender Bühnenschaffender und den Berichten von Zeitgenossen über ihre Arbeitsweise und Spielmethoden besondere Aufmerksamkeit entgegen. In den von Puschkin, Gogol, Stschepkin und Ostrowski überkommenen Traditionen sah Stanislawski die kostbarste Hinterlassenschaft des alten Theaters. Er befaßte sich jedoch auch sehr eingehend und gründlich mit dem Schaffen Shakespeares, Molières und mit den Ansichten der anderen großen Repräsentanten des westeuropäischen Theaters über die Kunst.

Stanislawski arbeitete tagtäglich an der Fertigstellung des Buches über die „Arbeit des Schauspielers an sich selbst". Anhand der vielen während dieser dreißig Jahre geschriebenen verschiedenen Fassungen können wir den Entstehungsweg jedes einzelnen Kapitels genau verfolgen.

Dieser lang dauernde und komplizierte Werdegang der „Arbeit des Schauspielers an sich selbst" hat seinen Grund nicht allein in den außerordentlich strengen Anforderungen, die Stanislawski an sich selbst stellte, und in seinem großen Verantwortungsbewußtsein für jede seiner Thesen. Sein „System" entstand zwar bereits zu Anfang des Jahrhunderts, es war jedoch in jedem Jahr immer wieder neuen Wandlungen unterzogen, durch praktische Erfahrungen bereichert worden und hatte daher von Zeit zu Zeit sein Gesicht verändert. Die ständige Weiterentwicklung und die Vervollkommnung des „Systems" durch die Praxis veranlaßten Stanislawski, immer wieder neue Korrekturen vorzunehmen; die unablässige Vertiefung seiner theoretischen Grundsätze führte ihrerseits zu manchem Wechsel in der Arbeitsmethode und stellte ihn vor die Notwendigkeit, ständig neue Schüler auszubilden, um die neuen Arbeitsmethoden praktisch erproben zu können.

Dieser Prozeß setzte sich bis zu Stanislawskis Tode fort, dabei wurde jedoch der grundlegende Aufbau des „Systems" nicht mehr wesentlich abgeändert.

Die endgültige Komposition des vorliegenden Buches weicht im allgemeinen nur wenig von dem aus dem Beginn der zwanziger Jahre stammenden Entwurf ab. Wie aus den im Stanislawski-Archiv erhaltenen Manuskripten hervorgeht, waren viele Elemente und Teilgebiete des „Systems" zu diesem Zeitpunkt bereits mehr oder weniger ausführlich bearbeitet worden. Allerdings unterscheidet sich der Inhalt dieser Manuskripte wesentlich von der endgültigen Fassung aus dem Jahre 1937. Als das Buch „Mein Leben in der Kunst" 1925 fertiggestellt war, kam Stanislawski auf die „Arbeit des Schauspielers an sich selbst" zurück. Von diesem Zeitpunkt an behandelte er das „System" in Form des Tagebuches von Naswanow, eines Schülers der von Torzow geleiteten Theaterschule. Als Stanislawski Ende 1930 nach einem Krankheitsurlaub in die Hauptstadt zurückkehrte, brachte er die Fassung des neuen Buches nahezu vollendet mit.

Übrigens war das Manuskript damals bereits mehrmals umgearbeitet worden. So hatte Stanislawski zum Beispiel viele Einzelheiten über die Lebensumstände der Theaterschüler fortgelassen, etwa die Schilderung ihres Eintritts in die Schule, bei dem sie besondere Fragebogen ausfüllen mußten, die über ihr Bildungsniveau Aufschluß geben sollten, oder die erste Bekanntschaft der Schüler mit dem Theater und dem Leben hinter den Kulissen. Diese Kürzungen bestärkten Stanislawski in einem sehr bedeutsamen Entschluß, den er jedoch leider nicht mehr verwirklichen konnte. Sobald er nämlich den scharfen Trennungsstrich zwischen den Elementen des Erlebens und des Verkörperns, zwischen dem inneren und dem äußeren Befinden des Schauspielers verwischt hatte, weil er erkannte, daß diese Dinge nur theoretisch und mit Vorbehalt isoliert voneinander betrachtet werden können, gelangte er zu der Schlußfolgerung, daß alles, was sich auf die Arbeit des Schauspielers an sich selbst bezieht, eigentlich in einem einzigen Band zusammengefaßt werden müsse. 1930 schrieb er in einem Brief an L. J. Gurewitsch, den er mit der Redaktion seiner Werke betraut hatte: „Das Buch ‚Die Arbeit an sich selbst' zerfällt in die Abschnitte *Erleben* und *Verkörpern*. Zuerst hatte ich die Absicht, diese beiden Gebiete in einem einzigen Band zusammenzufassen. Als ich dann jedoch im Ausland daranging, die Seiten zusammenzuzählen, stellte sich heraus, daß der Text 1200 Druckseiten umfassen würde. Da bekam ich es mit der Angst zu tun und zog es vor, lieber zwei Bücher zu machen ‚Erleben' und ‚Verkörpern'. Nach rigorosen Kürzungen wird es aber jetzt anscheinend wieder möglich sein, im zweiten Band der ‚Arbeit an sich selbst' *Erleben und Verkörpern* zu vereinigen."

Bei diesem Plan, „Erleben" und „Verkörpern" in einem einzigen Band zu vereinigen, ließ sich Stanislawski von prinzipiellen Erwägungen leiten.

Seine dualistische Vorstellung von der Möglichkeit einer selbständigen Existenz des *inneren* (psychischen) und des *äußeren* (physischen) schöpferischen Befindens wurde immer mehr von der neuen Erkenntnis verdrängt, daß die geistigen und die körperlichen Elemente des Schaffensprozesses untrennbar miteinander verbunden seien. Dieser Überzeugung, zu der er sowohl durch seine praktische Erfahrung als auch durch den unmittelbaren Einfluß der materialistischen Weltanschauung und der Lehre der sowjetischen Physiologen gelangt war, verlieh er in seinen letzten Lebensjahren bei der Arbeit an der sogenannten „Methode der physischen Handlungen" unmißverständlichen Ausdruck. Nach einer späteren Überarbeitung drang sie auch in die Seiten des vorliegenden Buches ein und fand ihren Niederschlag vor allem in dem Kapitel „Gefühl für Wahrhaftigkeit und Glaube".

Die idealistische Ästhetik betonte immer wieder die angebliche Unabhängigkeit und Selbständigkeit des Geistigen im Schaffensprozeß und wies dem menschlichen Körper die Rolle eines passiven Instrumentes zu, das nichts anderes zu tun hat, als die „Absichten des Geistes" auszuführen, mitunter sah sie im Körper des Menschen sogar ein Hindernis für die Entfaltung des geistigen Inhalts. Dieser idealistische Gesichtspunkt stand im Widerspruch zu Stanislawskis Überzeugung, der die Ansicht vertrat, daß der Schauspieler das „geistige Leben" der Rolle nur durch den richtigen Einsatz des „körperlichen Lebens" wachrufen und unterstützen könne. Daher erschien ihm die ursprünglich geplante Aufteilung der Arbeit des Schauspielers an sich selbst in ein inneres (psychisches) und ein äußeres (physisches) Gebiet unpraktisch und im Grunde auch falsch zu sein. Natürlich, meinte er, gehört die Muskelentspannung zum physischen Gebiet, sie ist aber zugleich eine unerläßliche Voraussetzung für die richtige Aktion der Psyche. Selbstverständlich gehört die Konzentrationsfähigkeit zu den Elementen der Psychologie, sie ist aber trotzdem eng mit der Physiologie verbunden, da sie nur mit Hilfe physischer Sinnesorgane erreicht werden kann. Wo soll man nun Sprache, Rhythmus, Logik und so weiter einordnen? Auch sie sind ja gleichermaßen innere und äußere Elemente. Und das Gefühl für Wahrhaftigkeit? Schließlich reden wir Schauspieler ja nicht nur von der Wahrhaftigkeit der Empfindungen, sondern auch von der Wahrhaftigkeit der physischen Handlungen. Oder lassen wir etwa eine Bewegung gelten, die nicht durch innere Beweggründe motiviert ist, also nichts mit Psychologie zu tun hat? Solche und ähnliche Fragen erhoben sich vor Stanislawski, der das Schaffen als einen untrennbaren, zur Einheit von Form und Inhalt führenden psychophysischen Prozeß ansah. Das zu einem früheren Zeitpunkt entworfene Schema, bei dem man die Elemente des Erlebens und des Verkörperns isoliert voneinander betrachten und von der Annahme ausgehen mußte, daß sich inneres und äußeres schöpferisches Befinden des Schauspielers selbständig und unabhängig voneinander entwickeln könnten, konnte Stanislawski nun nicht mehr zufriedenstellen. Es stand im Widerspruch zu seinen neuen Erkenntnissen und Arbeitsmethoden.

Bereits 1932 erklärte Stanislawski, daß er endgültig entschlossen sei, alle Elemente der Schauspielertechnik in einem Band zusammenzufassen. In einem Artikel über sein Theatersystem schrieb er damals: „Mein Werk wird aus mehreren Bänden bestehen. „Im ersten Band" – „Mein Leben in der Kunst" ist in dieser Aufzählung nicht berücksichtigt – „ist von der Arbeit des Schauspielers an seinen inneren und äußeren Gaben die Rede. Im zweiten Band behandle ich die Arbeit des Schauspielers an der Rolle und im dritten Buch werde ich auf die Kunst der Wiedergabe und den rein handwerklich arbeitenden Schauspieler eingehen..." Im selben Artikel teilte Stanislawski mit, das erste Buch sei im Rohentwurf zwar fertig, erfordere jedoch noch eine sehr gründliche Durchsicht und redaktionelle Bearbeitung, die noch mehrere Monate in Anspruch nehmen werde.* Tatsächlich vergingen darüber jedoch noch mehrere Jahre.

Später mußte Stanislawski aber wieder auf die frühere Unterteilung von „Erleben" und „Verkörpern" zurückgreifen. Für diesen neuen Entschluß, den er als Kompromißlösung ansah, könnte man verschiedene Gründe anführen. Die den Problemen von Sprache, Bewegung und Rhythmus gewidmeten Aufzeichnungen befanden sich damals im Gegensatz zu den anderen noch in einem sehr rohen und unfertigen Zustand. Auch die Fragen der Worthandlung hatte Stanislawski in seiner praktischen Arbeit gerade erst aufgeworfen, sie waren aber noch nicht in eine entsprechende literarische Form gebracht. Auf der anderen Seite trieb ihn sein immer schlechter werdender Gesundheitszustand dazu, die Herausgabe des Buches zu beschleunigen, weil er darin „seine letzte Pflicht der Kunst und den jungen heranwachsenden und kommenden Generationen gegenüber" sah, die er „noch vor seinem Tode erfüllen wollte."**

---

* *Sowjetskoje Iskusstwo*, 27. 12. 1932 (russ.).
** *Sowjetskoje Iskusstwo*, 27. 12. 1932 (russ.).

Bis zum letzten Augenblick der Arbeit sorgte sich Stanislawski um den allgemeinen Aufbau, um Inhalt und Anordnung der einzelnen Kapitel. In seinem literarischen Archiv findet sich zum Beispiel der folgende Hinweis für den Redakteur: „Bitte unterrichten Sie Ljub. Jakowl. (vermutlich Gurewitsch, der Herausgeber) von meinem Entschluß, das Kapitel ‚Einführung' fortzulassen. ... Auch das Kapitel ‚Muskelentspannung' nehme ich aus diesem Buch heraus und verlege es in den dritten Band (Die Arbeit an sich selbst. Verkörperung). Dort ist alles, was zum Körperlichen gehört (Gebärde, Stimme, Bewegung und so weiter).* Schließlich entschloß er sich dann doch dazu, das Kapitel „Muskelentspannung" im zweiten Band zu belassen.
In einem Notizblock der letzten Jahre finden wir folgende Eintragung: „Im Vorwort soll stehen: ich bin alt und fürchte, daß ich nicht mehr imstande sein werde, alle fünf Bände niederzuschreiben. Darum [nehme] ich schon hier im ersten Buch, unter Verletzung der systematischen Reihenfolge des großen Gesamtplanes, zum Teil wichtige Gedanken aus meinem künftigen Entwurf voraus, weil ich fürchte, sie sonst nicht mehr sagen zu können. Dafür möchte ich von vornherein um Nachsicht bitten. Wenn es mir noch vergönnt sein sollte, die ganze Ausgabe herauszubringen und alle fünf Bände in einer neuen Ausgabe zu wiederholen, soll der Fehler korrigiert und alles an seinen Platz [gestellt werden]."
Diese Notiz beleuchtet die Gründe, die Stanislawski bewogen haben, von seinem Plan abzugehen, und beweist, daß er die Absicht hatte, später auf sein ursprüngliches Vorhaben zurückzukommen und die ganze Anordnung des Buches „Die Arbeit des Schauspielers an sich selbst" umzubauen.
In den letzten Lebensjahren erlaubte ihm sein schlechter Gesundheitszustand nicht mehr, an der praktischen Theaterarbeit teilzunehmen. Er beschäftigte sich nun fast ausschließlich mit literarischen Arbeiten. Wenn er zu schwach war, um selbst zu schreiben, diktierte er.
Diese Arbeit wurde auch dann nicht unterbrochen, als er sich zur Kur in einem bei Moskau gelegenen Sanatorium aufhielt. Er war fest entschlossen, das Werk – koste es, was es wolle – zu vollenden, und widmete ihm seine ganze Kraft. L. M. Leonidow, einer seiner engsten Mitarbeiter am Künstlertheater, berichtet über einen Besuch im Sanatorium in Pokrowskoje-Streschnjowo (1935): „Ich trete ein. Es ist ein sehr kleines Stübchen. In einem tiefen Sessel sitzt der ehrwürdige alte Mann und schreibt an seinem Buch ... Nach diesem Wiedersehen konnte ich lange keine Ruhe finden. Er hat sich wirklich ganz und gar der Kunst hingegeben. Niemals werde ich vergessen, wie er etwa zwei Jahre vor seinem Tode an Lungenentzündung erkrankt im Sanatorium von Barwicha darniederlag und mir schwer atmend, denn er hatte hohes Fieber, mit zitternden Händen den Schlüssel zu seinem kleinen Köfferchen gab mit der Bitte, sein Manuskript herauszunehmen – das Wertvollste, was er besaß, von dem er sich niemals trennte. Ich reichte ihm das Manuskript, und er bat mich, ihm daraus vorzulesen. Er hörte aufmerksam zu und fragte immer wieder, ob es auch verständlich und faßlich sei."**

---

* *Museum des Moskauer Künstlertheaters, K. S., Nr. 70 (russ.).*
** *Sammelband: Über Stanislawski, S. 274 (russ.).*

Die Überarbeitung des vor langer Zeit begonnenen Buches ging nur sehr mühsam vorwärts. Wenn man sich die vielen aufeinander folgenden Fassungen der Manuskripte über ein und dasselbe Thema ansieht – allein das dritte Kapitel des Buches hat über zwanzig verschiedene Varianten –, begreift man, daß es nicht allein die Krankheit war, die den Abschluß der Arbeit erschwerte. Gerade in den dreißiger Jahren gelangte Stanislawski zu neuen bemerkenswerten Erkenntnissen und Verallgemeinerungen über das Wesen der Schauspielkunst, die ihn veranlaßten, sowohl seine Methoden bei der Ausbildung von Schauspielern als auch seine Ansicht über den Entstehungsprozeß von Rolle und Aufführung grundlegend zu überprüfen. Die lange Kette der Elemente für das schöpferische Befinden des Schauspielers, wie sie Stanislawski in den verschiedenen Etappen seines Lebens in der Kunst entdeckt und erforscht hatte, wurde nun in einem einzigen Begriff – der *Handlung* – zusammengefaßt. Nun wurde die als ein *einziger psychophysischer Prozeß* zu verstehende wahrhaftige, natürliche und zielbewußte Handlung des Schauspielers auf der Bühne zum Kernstück von Stanislawskis gesamter schöpferischer und pädagogischer Tätigkeit. Die Handlung, die zuvor mit allen anderen Elementen auf einer Stufe gestanden hatte, sog nun ausnahmslos alle Elemente des „Systems" in sich auf. Kreis der Aufmerksamkeit, Phantasie oder Vorstellungskraft, Gefühl für Wahrhaftigkeit, Wechselbeziehung, Rhythmus, Bewegung, Sprache und so weiter wurden in dieser letzten Phase zu unerläßlichen Voraussetzungen für jede Handlung, zu vollständig mit der Handlung verschmolzenen Elementen. Stanislawski nahm damals zahlreiche Verbesserungen im Text des bereits fertigen Buches vor, wobei es ihm vor allem darum zu tun war, den entscheidenden Wesenszug jedes der von ihm analysierten Elemente – nämlich ihren Handlungscharakter – auf jede nur erdenkliche Weise herauszuarbeiten. Immer eindringlicher fordert Stanislawski-Torzow in den neuen Manuskriptfassungen von seinen Schülern eine von der Handlung bestimmte Aufmerksamkeit und Vorstellungskraft, wahrhaftige physische und psychologische Handlungen, eine durch die Handlung bestimmte aktive Wechselbeziehung und so weiter.

Die Praxis der letzten Jahre hatte Stanislawski davon überzeugt, daß es unmöglich sei, das innere und äußere Befinden isoliert voneinander hervorzurufen. „Echtes schöpferisches Befinden kann nur unter der Voraussetzung entstehen, daß man *das Leben des Stückes und der Rolle als Wirklichkeit empfindet*", schrieb Stanislawski im Jahre 1936. Diese Erkenntnis mußte notwendigerweise im Widerspruch zum Aufbau des zweiten Bandes stehen, der ja davon ausging, ein inneres Befinden auf der Bühne zu erzeugen, das unter gewissen Vorbehalten vom realen physischen Empfinden des Lebens auf der Bühne isoliert war.

Eine Analyse der praktischen und theoretischen Arbeiten Stanislawskis aus der Mitte der dreißiger Jahre läßt keinen Zweifel daran, daß sein „System" in dieser letzten Periode in ein neues, reiferes Entwicklungsstadium eingetreten war. Damit soll nicht gesagt werden, daß Stanislawski bei seinen früheren Versuchen einen falschen Weg eingeschlagen hatte. In jedem neuen Abschnitt seiner Forschungen kam er jedoch durch ständige Vervollkommnung und Präzisierung des bereits Entdeckten der Erkenntnis der objektiven Gesetze des Schaffens immer näher. Stanislawskis Versuche, diesen neuen Erkenntnissen bei der Überarbeitung des vorliegenden Buches Ausdruck zu verleihen, konnten ihn nicht bis ins letzte zufriedenstellen, weil allein schon das Prinzip überholt war, nach dem er das „System" in dem in einem Zeitraum von dreißig Jahren entstandenen Buch dargestellt hatte. Zu einer grundlegenden Umarbeitung konnte er sich jedoch auch nicht mehr entschließen. Es hätte zuviel Zeit in Anspruch genommen und die Veröffentlichung des Buches in Frage gestellt. Lange Zeit stand der Titel des Buches noch nicht fest. In Stanislawskis Notizen finden sich viele Fassungen, zum Beispiel „Tagebuch eines Schülers", „Kunst und Psychotechnik des Schauspielers", „Das Wesen der Schauspielkunst", „Meine Theaterschule", „Wesen und Psychotechnik der Schauspielkunst", „Das Stanislawski-System". Oft wurden auch die als endgültig bezeichneten Textfassungen immer wieder von neuem umgearbeitet.

Bis zum Abschluß der Arbeit machte sich Stanislawski Sorgen wegen der Romanform, die er für die Darstellung des Materials gewählt hatte. Sie hatte bei ersten Lesern des Manuskripts nicht immer Anklang gefunden. Die Arbeit am nächsten, am dritten Band unterbrach er. Er wollte die Aufnahme des ersten Buches durch die Leser abwarten. „Bevor ich weiterarbeite, muß ich das Erscheinen des Buches abwarten", sagte er. „Ich muß wissen, ob es verständlich ist und wie man es aufnimmt. Ich mache mir Sorge wegen der Form – vielleicht war diese Form doch nicht richtig. Vorher kann ich nicht weitermachen."*

Mitte 1937 gab Stanislawski endlich sein Einverständnis zur Veröffentlichung des Buches, da es unmöglich wurde, den Erscheinungstermin noch länger hinauszuschieben. Unter Berücksichtigung von Stanislawskis Gesundheitszustand und des objektiven Wertes seiner jahrelangen Arbeit drängten Freunde, Fachleute, Bühnenschaffende und Verlag zur Herausgabe des Buches. Gerade um die Mitte der dreißiger Jahre war das Erscheinen dieses Buches besonders notwendig. Damals kämpfte das sowjetische Theater um die Methode des sozialistischen Realismus, es machte sich frei von Einflüssen der rein ästhetischen, formalistischen Kunst. Man könnte richtiger sagen, daß Stanislawski sein Buch im Jahre 1937 nicht *vollendete*, sondern die Arbeit daran nur vorübergehend *unterbrach*, weil er die Notwendigkeit erkannte, sein „System" zum Allgemeingut zu machen und fürchten mußte, daß ein plötzlicher Verfall seiner Kräfte ihn daran hindern könnte, die während seines ganzen langen Lebens in der Kunst betriebenen Forschungen wenigstens annähernd abzuschließen.

Schließlich kam dann der Umbruch des Buches. Darüber weiß J. N. Semjanowskaja, die die literarische Redaktion des Buches besorgte, folgendes zu berichten: „Wie gewöhnlich saß Konstantin Sergejewitsch in der Sofaecke. Er hatte starke Schmerzen in der rechten Hand und konnte sie nur mit großer Mühe gebrauchen. Wir erörterten einige ungelöste Fragen. Dabei hielt ich das Buch in der Hand, und als alles geklärt war, legte ich es auf den Tisch. Konstantin Sergejewitsch erkundigte sich nach Ausstattung, Papier und Einband des Buches. Ich beantwortete seine Fragen, soweit ich über diese Dinge informiert war. Er sagte, sein einziger Wunsch sei es, das Buch so schlicht wie möglich aufzumachen. Ich bemerkte, daß Konstantin Serge-

---
* *Sammelband: Über Stanislawski*, S. 505 *(russ.)*.

jewitsch zerstreut war und offensichtlich etwas auf dem Herzen hatte. Plötzlich wies er auf das Buch und sagte: ‚Kann ich es nicht einmal in die Hand bekommen und darin blättern?' Ich war betroffen über den Ton seiner Bitte und begriff, daß er sich lange nicht hatte entschließen können, sie auszusprechen. Als er das Buch ergriff, zitterten ihm die Hände, und das Blut stieg ihm ins Gesicht."*
Tatsächlich hat Stanislawski das Erscheinen seines Buches nicht mehr erlebt; es kam erst 1938, kurz nach seinem Tode, in zwei Auflagen heraus. Aber noch während er auf das Erscheinen des Buches wartete, arbeitete und feilte er immer weiter daran und bereitete ergänzende Abschnitte für die künftigen Auflagen vor. Noch Ende 1937 schrieb er Nachträge unter anderem für die Kapitel „Handlung", „Wechselbeziehung" und andere, in denen er die Erkenntnisse über die schöpferischen Kräfte im Schauspieler zum Ausdruck brachte, die er in der letzten Zeit seines Lebens gewonnen hatte.
„Die Arbeit an sich selbst im schöpferischen Prozeß des Erlebens" ist Stanislawskis wichtigster Beitrag zum „System". Hier sind alle bedeutsamen Grundsätze seiner Arbeitsmethoden und künstlerischen Anschauungen zusammengefaßt. Trotz seines unbestreitbar großen Wertes ist dieses methodische Hilfsmittel, diese theoretische Arbeit über Probleme der Schauspielkunst nicht frei von gewissen Widersprüchen und kompositorischen Schwächen, deren Wurzeln – wie gesagt – in der Entstehungsgeschichte des Buches liegen, in dessen Seiten sich die Evolution der künstlerischen Anschauungen Stanislawskis widerspiegelt. Der Text enthält noch Beispiele und Formulierungen, die aus den ersten Anfängen des Werkes stammen, aber für Stanislawskis reife Schaffensperiode keineswegs charakteristisch sind. Obwohl das Buch erst in seinem Todesjahr herauskam, bringt es die letzten, endgültigen Erkenntnisse Stanislawskis über die Probleme der Schauspielkunst leider nicht mit der gleichen Vollendung und Präzision zum Ausdruck, wie sie in den Dokumenten über seine Tätigkeit als Regisseur und Bühnenpädagoge und in seinen literarischen Arbeiten aus der letzten Zeit festgehalten worden sind. Das Stanislawski-System hat im Lauf seiner Entwicklung eine lange analytische Periode durchgemacht; so hat Stanislawski das in seine Elemente aufgespaltene schöpferische Befinden des Schauspielers in seinen einzelnen Teilen studiert, was aus dem Inhalt des vorliegenden Buches deutlich zu erkennen ist. Auch die praktische Lehrtätigkeit der letzten Zeit unterscheidet sich von der Methode, die Torzow bei der Ausbildung der Schauspieler anwendete, wie ja auch das „System" selbst in den letzten Jahren eine einfachere, klarere und für die Praxis besser geeignete Form erhielt.
Die Bekanntschaft mit der Entstehungsgeschichte des „Systems" läßt uns tiefer in sein eigentliches Wesen eindringen und die Perspektive seiner weiteren Entwicklung erkennen. Stanislawskis Bücher erlauben es dem Leser trotz der einfachen und leichtverständlichen Art der Darlegung nicht, sie flüchtig zu überfliegen, sie verlangen, daß man sich eingehend und gründlich mit ihnen auseinandersetzt, weil sonst der tiefe Sinn seines Vermächtnisses leicht verborgen bleiben kann.

* *Sammelband: Über Stanislawski, S. 505 (russ.).*

Die vorliegende, fünfte Ausgabe unterscheidet sich insofern von den vorhergehenden, als sie durch einen Anhang, eine Einführung, Anmerkungen und Illustrationen* erweitert wurde. Ungenauigkeiten und Fehler sind korrigiert worden.
In den Anhang wurden vor allem ergänzende Texte aufgenommen, die Stanislawski geschrieben hatte, nachdem das Manuskript an den Verlag abgeliefert worden war. Den ersten dieser nachträglich entstandenen Artikel nannte Stanislawski „Korrekturen und Ergänzungen für spätere Ausgaben: Zum Kapitel über die Handlung", den zweiten „Ergänzung und Korrektur für Neuausgaben: Zum Kapitel ‚Wechselbeziehung' ". Die hier dargelegten Gedanken spiegeln die Ansicht Stanislawskis über die Schauspielkunst wider, zu der er gegen Ende seiner künstlerischen Laufbahn gelangte, und sind daher außerordentlich interessant. In seinem letzten Lebensabschnitt beschäftigte er sich hauptsächlich mit dem *Prozeß der organischen Handlung*, der mit dem *organischen Prozeß der Wechselbeziehung* untrennbar verbunden ist. Nicht zufällig befassen sich daher die Ergänzungen mit diesen beiden zentralen Problemen der Schauspielertechnik.
Der Nachtrag zum Kapitel über die Handlung beginnt mit einer Analyse der von den Schülern wiederholten Etüde mit dem Wahnsinnigen, die zu Beginn des Kapitels „Emotionales Gedächtnis" beschrieben wird. Offensichtlich wollte Stanislawski bei der Neuauflage die ersten Seiten des Kapitels „Emotionales Gedächtnis" in das Kapitel „Handlung" verlegen, was den Aufbau beider Kapitel wesentlich verändert hätte. Im Text des Buches wird der Mißerfolg der Schüler beim Wiederholen der Etüde mit dem Wahnsinnigen dem Mangel an emotionalem Gedächtnis zugeschrieben. Damit ist Torzow der Anlaß gegeben, ausführlich auf das emotionale Gedächtnis einzugehen, das er als ein unerläßliches Element des Schaffens bezeichnet. In den letzten Jahren ging Stanislawski jedoch in seiner Lehrtätigkeit und Regiearbeit davon ab, die Erinnerung an früher empfundene Gefühle zur Belebung der Gegenwart heranzuziehen. In seiner praktischen Arbeit wandte er sich nun nicht mehr unmittelbar an das Empfinden selbst, sondern er suchte es auf dem Weg über logisch und folgerichtig aufgebaute Handlungen. Diese neue Methode, durch logische und folgerichtige Handlungen zum wahrhaftigen Erleben zu gelangen, wird in der Ergänzung zum Kapitel über die Handlung erläutert...
Auf Grund von vergleichenden Textstudien kann mit Bestimmtheit gesagt werden, daß Stanislawski beabsichtigte, zur Bekräftigung dieser Erkenntnis auch einen großen Teil des Materials aus dem Kapitel „Gefühl für Wahrhaftigkeit und Glaube" hierher zu übertragen, in dem viel über die Logik der physischen Handlungen und über Übungen mit vorgestellten Gegenständen gesagt ist. Wenn man dann die praktische Arbeit Stanislawskis in seinen letzten Lebensjahren in Betracht zieht, kann man erkennen, daß diese „Übungen ohne Requisiten" zum untrennbaren Bestandteil der sogenannten „Toilette", des Trainings der Schauspieler, geworden sind, ja, daß Stanislawski diese Übungen für das beste Mittel zur Ausbildung eines logischen und folgerichtigen Verhaltens hielt. Anstatt sich an das nur schwer faßliche Gefühl

---

* *Auf die Illustrationen, in der Mehrzahl Fotos von Stanislawski und seinen Schülern und Faksimiles mit Stanislawskis Handschrift, haben wir verzichtet, da sie das Verständnis des Buches für den deutschen Leser nicht wesentlich unterstützen. (Anm. des Hrsg.)*

für Wahrhaftigkeit und Glaube im Augenblick des Gestaltens zu wenden, das keiner genauen Kontrolle unterworfen und nicht klar definiert werden kann, und anstelle des Versuchs, die Erinnerung an früher erlebte Empfindungen wachzurufen, trachtete Stanislawski in seinen letzten Lebensjahren danach, den Schauspielern konkretere, zuverlässigere und einfachere Methoden zur Anregung und Kontrolle des Schaffensprozesses zu bieten.
Nun wurden die Gefühle nicht mehr auf direktem, sondern auf indirektem Wege hervorgerufen, und zwar vor allem durch die *Logik* und *Folgerichtigkeit der physischen Handlungen,* die der Schauspieler ausführt. Dem trug auch die geplante Überarbeitung des Buches „Die Arbeit des Schauspielers an sich selbst" Rechnung, denn dabei sollte, wie aus dem Text ersichtlich wird, das Kapitel über die Handlung auf Kosten der Kapitel „Emotionales Gedächtnis" und „Gefühl für Wahrhaftigkeit und Glaube" erweitert werden. Stanislawski beschränkte sich absichtlich nicht auf das Wort *Ergänzung* zum Kapitel über die Handlung, sondern schrieb „Korrekturen und Ergänzungen für spätere Ausgaben" auf das Titelblatt.
Anders steht es um den Text, der in das Kapitel „Wechselbeziehung" eingefügt werden sollte. Er ist kein Gegenstück zu dem im Buch enthaltenen Material, sondern ein Abschnitt mit selbständigem Inhalt.
Der Begriff der Wechselbeziehung und die praktischen Hilfsmittel, die zur Wechselbeziehung führen, haben sich im Entwicklungsprozeß des Stanislawski-Systems verändert. Für die Frühzeit war der Versuch charakteristisch, zwischen den Partnern durch das „Aussenden und Empfangen unsichtbarer seelischer Ströme" eine innere, geistige Beziehung herzustellen, wie es auch auf einigen Seiten des vorliegenden Buches zum Ausdruck gebracht ist. Ohne hier auf die Unklarheit und mangelnde Konkretheit des Begriffs der Wechselbeziehung als solchen einzugehen, wollen wir nur darauf hinweisen, daß die Versuche, einander auf der Bühne zu „hypnotisieren", in der Praxis nicht zu den erwarteten Ergebnissen geführt haben. Bestenfalls gelang es Stanislawski, die Partner zu konzentrierter Aufmerksamkeit zu erziehen und ihnen feinere Nuancen für die Ausdrucksfähigkeit auf der Bühne zu zeigen. Häufig hatte aber dieser „Blick in die Seele" des anderen und das Bemühen, „unsichtbare Ströme" auszusenden, ausgesprochen negative Resultate, weil die Schauspieler dadurch verleitet wurden, die Handlung zu unterbrechen. Die Folge waren Unbeweglichkeit und psychische und physische Verkrampfung.
In der letzten Etappe seiner Tätigkeit als Pädagoge und Regisseur betrachtete Stanislawski die Wechselbeziehung als einen aktiven Prozeß, bei dem der Schauspieler ein Objekt aufnimmt, um dann seinerseits auf dieses Objekt einzuwirken...
Die Anschauung, daß die Kontaktaufnahme der Beginn eines aktiven, Erkenntnis bewirkenden Prozesses ist, der sich in bestimmten, unumgänglichen Etappen einer Wechselwirkung zwischen Subjekt und Umwelt vollzieht, fand ihren Niederschlag in dem hier veröffentlichten Nachtrag zum Kapitel „Wechselbeziehung", der damit eine wichtige Präzisierung und Korrektur des ursprünglichen Textes darstellt.
Unter den zahlreichen von Stanislawski bei der letzten Redaktion des Bandes fortgelassenen oder umgearbeiteten Entwürfen und Lesarten beanspruchten einige

Manuskripte unsere besondere Aufmerksamkeit, die er aus der Fülle des gesamten Materials für „Die Arbeit des Schauspielers an sich selbst" ausgesondert hat. Darin werden wichtige Fragen der Schauspielkunst angeschnitten, die im Buche selbst nicht ausführlich genug beleuchtet worden sind; Stanislawski hat sie außerdem mit Anmerkungen versehen, die seine Absicht erkennen lassen, diese Textabschnitte bei einer Neuausgabe aufzunehmen.

Nach Durchsicht der besonders gründlich überarbeiteten und inhaltlich selbständigen Texte, die eine Ergänzung zu den im vorliegenden Band dargelegten Gedanken über die Schauspielkunst darstellen, wurden noch zwei inhaltlich miteinander verbundene Manuskripte in den Anhang des Buches einbezogen. Sie behandeln das außerordentlich wichtige Problem des indirekten Kontaktes zwischen Schauspieler und Publikum durch den direkten Kontakt mit dem Partner auf der Bühne....

Der Abschnitt über die schauspielerische Naivität ist eine wichtige Ergänzung zum Thema des schöpferischen Befindens des Schauspielers ...

Alle Texte im Anhang des vorliegenden Buches sind Erstveröffentlichungen.

Ferner wurden im Stanislawski-Archiv mehrere handschriftliche Manuskripte gefunden, die sich mit Fragen der Bühnenpädagogik befassen. Es handelt sich dabei um Entwürfe zu einem praktischen Lehrbuch für den Unterricht nach dem „System" und zu einer Sammlung von Übungen für Schauspieler, dem sogenannten „Aufgabenbuch". Erstrangige Bedeutung für die Darlegung von Stanislawskis pädagogischen Grundsätzen haben auch die Entwürfe für die Lehrpläne und das Unterrichtsprogramm der Theaterschule. Das interessanteste Material zu Fragen der Theaterpädagogik wird in einem besonderen Anhang zum folgenden, dritten Band der Gesammelten Werke veröffentlicht werden, in dem die Schlußbilanz unter den gesamten Komplex der Arbeit des Schauspielers an sich selbst gezogen wird....

Das vorliegende Buch ist ein nicht herauslösbarer Bestandteil des großen Vorhabens, ein System für die Arbeit des Schauspielers aufzustellen. Es ist organisch mit dem dritten Band verbunden, der die unmittelbare Fortsetzung des vorliegenden Bandes darstellt. Der zweite und dritte Band bereiten uns ihrerseits auf das Verständnis des Kernstücks des gesamten „Systems" – *Die Arbeit an der Rolle* – vor, das im vierten Band behandelt wird, und so weiter. Leider konnte Stanislawski den dritten und vierten Band nicht mehr vollenden, daher sind die Bücher „Die Arbeit des Schauspielers an sich selbst", Teil 2, und „Die Arbeit des Schauspielers an der Rolle" nur Publikationen seiner für diese Bände bestimmten Manuskripte.

Der erste Band der „Arbeit des Schauspielers an sich selbst" ist das einzige abgeschlossene Werk über das „System", das Stanislawski selbst zum Druck vorbereitet hat. Darin liegt sein besonderer Wert und seine große Bedeutung.

G. Kristi

ANMERKUNGEN

1 Von den genannten Werken konnte Stanislawski, abgesehen von dem 1926 erschienenen Buch „Mein Leben in der Kunst", nur den zweiten Band zur Drucklegung vorbereiten, der im Jahre 1938 zum erstenmal herausgegeben wurde. Der dritte und vierte Band wurde nicht mehr fertig. Das für diese Bücher bestimmte Material wird in den nachfolgenden Bänden der Gesammelten Werke Stanislawskis veröffentlicht.
Auch die Absicht, einen Sammelband mit praktischen Übungen nach dem „System" („Training und Drill") herauszugeben, konnte Stanislawski nicht mehr verwirklichen. Im Archiv aufgefundene Aufzeichnungen einzelner Übungen werden im Anhang zum dritten Band veröffentlicht.
Stanislawski hielt das tagtägliche Training des Schauspielers zur Vervollkommnung der inneren und äußeren darstellerischen Technik für außerordentlich wichtig. Er wies immer wieder darauf hin, daß man sich sein „System" nur durch langes regelmäßiges Training aneignen könne. „In unserer Künstlersprache ist Wissen gleichbedeutend mit Können", sagte er. Jedes Können erfordert aber neben dem reinen Wissen auch noch viele praktische Fertigkeiten. Daher geht das Studium des „Systems" in Torzows Schauspielschule von der täglichen praktischen Durcharbeitung des Stoffes aus, den Torzow-Stanislawski seinen Schülern vermittelt.

2 In einem Notizblock der letzten Jahre findet sich folgende Anmerkung Stanislawskis: „Korrekturen für die Neuausgabe der ‚Arbeit an sich selbst' (Erleben) ... Mein System ist für alle Nationen verwendbar. Alle Menschen haben zwar ein und dieselbe Natur, aber durchaus verschiedene Veranlagungen. Diese Veranlagungen werden vom System nicht berührt." (Museum des Künstlertheaters, K. S., Nr. 263, S. 33, russ.) Stanislawski vertrat die Ansicht, daß die Schauspieler verschiedener Nationalitäten auf der Grundlage der für alle gleichermaßen gültigen Gesetze der schöpferischen Natur arbeiten und dabei Bühnenwerke ganz unterschiedlicher Form gestalten. Diesen Gedanken brachte er auch in einigen Artikeln zum Ausdruck. So schrieb er 1936 in einem Artikel mit dem Titel „Schöpferische Annäherung": „... wir, die Schauspieler aller Nationalitäten, sind durch unabänderliche, für uns alle in gleichem Maße verbindliche Schaffensgesetze miteinander verbunden. Diese Gesetze müssen wir gemeinsam studieren, müssen sie uns zu eigen machen und uns die ihnen entsprechende schauspielerische Psychotechnik erwerben." Er fügte jedoch hinzu: „... möge jede Nation, jede Nationalität in der Kunst ihre ureigenen, typisch nationalen Züge verkörpern, möge sich jede Kunst ihr nationales Kolorit, ihre charakteristischen Nuancen und Eigentümlich-

keiten bewahren. Möge gerade hier die Seele jedes Volkes offenbar werden." (K. S. Stanislawski, Artikel, Reden, Gespräche und Briefe, Iskusstwo, 1953, S. 359/360, russ.)

3 Das System Stanislawskis ist weitgehend ein Ergebnis der schöpferischen Erfahrung des Moskauer Künstlertheaters, in dessen Studioarbeit es praktisch erprobt wurde. Das beweisen vor allem die in das Buch aufgenommenen Beispiele aus der praktischen Arbeit des Künstlertheaters.
Durch die schöpferische Freundschaft zwischen Stanislawski und seinen engsten Mitarbeitern, den Volkskünstlern der UdSSR W. I. Nemirowitsch-Dantschenko (1858–1943), I. M. Moskwin (1874–1946), W. I. Katschalow (1875–1948), L. M. Leonidow (1873–1941) und anderen Künstlern des Theaters wurde das „System" bereichert und verbessert. „Sie haben es (das „System" – G. Kristi) mit mir gemeinsam geschaffen", schrieb Stanislawski im Jahre 1931, „sie sind seine Verkörperung, und es ist nichts anderes als die Abstraktion ihrer wesentlichsten Züge." (Artikel, Reden, Gespräche und Briefe, S. 300, russ.)

4 *Kedrow*, Michail Nikolajewitsch – hervorragender sowjetischer Schauspieler und Regisseur. Seit 1946 künstlerischer Leiter des Moskauer Künstlertheaters.
Im Endstadium der Arbeit an diesem Buch wurde M. N. Kedrow zum nächsten Mitarbeiter Stanislawskis. Er half ihm, das „System" und die neue, von Stanislawski in seinen letzten Lebensjahren gefundene Methode für die Arbeit an der Rolle zu erproben und einzuführen. 1936 leitete Kedrow eine Gruppe von Schauspielern des Moskauer Künstlertheaters, die Stanislawskis schöpferische Methode studierte und an Molières Komödie „Tartuffe"* praktisch erprobte. Zugleich wurde er von Stanislawski zur Mitarbeit als Regisseur und Pädagoge am Opern- und Schauspielstudio herangezogen. Nach Stanislawskis Tod wurde Kedrow zum künstlerischen Leiter des Studios berufen.
In den Inszenierungen von „Tartuffe", „Das tote Tal", „Der fremde Schatten", „Tage und Nächte", „Onkel Wanja", „Früchte der Bildung" und anderer Schauspiele, die über die Bühne des Moskauer Künstlertheaters gingen, wandte Kedrow Stanislawskis Ideen über die Schauspielkunst erfolgreich an und machte die vollkommensten Methoden für die Arbeit an Rolle und Stück ausfindig.

5 Im weiteren Verlauf des Buches behandelt Stanislawski sein „System" in Form eines Tagebuches von Naswanow, eines Schülers der Schauspielschule, der Torzows Unterrichtsstunden mitstenografiert.
In Stanislawskis praktischer Arbeit dienten die Aufzeichnungen, die seine Schüler von den Unterrichtsstunden und Proben gemacht hatten, häufig als ergänzendes Material für den Aufbau der entsprechenden Abschnitte des „Systems".
So finden wir in J. B. Wachtangows Tagebuch zum Beispiel die folgende Eintragung: „15. März 1911. Ich bin ins Künstlertheater aufgenommen. Zweite Lektion bei K. S. Stanislawski. Als K. S. das Heft mit der ersten Lektion gesehen hatte, sagte er zu mir: ‚Das ist tüchtig. Wie haben Sie das überhaupt schaffen können? Sie sind ja Stenograf.'" In einer Eintragung vom 2. August lesen wir, daß Wachtangow bei einer Probe zu „Hamlet" von K. S. gebeten wurde, „mitzuschreiben, was K. S. sagt". (J. B. Wachtangow, Aufzeichnungen, Briefe und Artikel, Iskusstwo, 1939, S. 12 und 15, russ.)
Außer Wachtangows Notizen befinden sich im Stanislawski-Literatur-Archiv auch noch Aufzeichnungen von L. A. Sulershizki, O. W. Gsowskaja, N. M. Gortschakow und anderen Schülern, die seine Unterrichtsstunden und Proben mitgeschrieben haben.

---

* *Diese Arbeit schildert W. Toporkow in seinem Erinnerungsbuch „K. S. Stanislawski bei der Probe", Henschelverlag, Berlin 1952, S. 157–239. (Anm. d. Hrsg.)*

6 Diese Methode zur Überprüfung der Bühneneignung der jungen Leute, die in die Schauspielschule aufgenommen werden wollten, war für Stanislawski sehr wichtig.
„Wir ... fordern, daß die angehenden Schauspieler nicht nur im Examen und den Probestunden, sondern auch in einer richtigen, vor Zuschauern auf der Bühne stattfindenden Aufführung sorgsam geprüft werden", schrieb er im Jahre 1937.
„Es kommt uns nicht auf ein paar Tage oder Wochen an, um eine solche Aufführung zu organisieren. Sie kann halböffentlich sein, das heißt für die Pädagogen, die Mitarbeiter des Theaters und die Verwandten der Schüler.
Es kommt darauf an, die angehenden Schüler auf der Bühne, hinter der Rampe und vor Zuschauern zu sehen. Oft erkennt man erst bei dieser Gelegenheit die Bühnenwirksamkeit, den Charme, die Ausdrucksfähigkeit, das Temperament und andere für ein öffentliches Auftreten unerläßlichen Eigenschaften und Anlagen, oder man muß feststellen, daß sie gar nicht oder nur ungenügend vorhanden sind.
Bei diesen öffentlichen Schüleraufführungen muß man den Schauspieler in Maske und Kostüm sehen, um herauszufinden, ob sein Gesicht und seine Figur geeignet sind. Man muß seine Stimme, seine Diktion und Sprechweise in einem großen Raum hören, um festzustellen, ob sie dort klingt oder matt und kraftlos wird.
Die Prüflinge sollen das Programm für diese Vorstellungen selbst auswählen. Das zeigt ihren Geschmack, ihre Belesenheit, ihre literarische Bildung, ihre schöpferische Initiative.
Es ist wichtig, den Schüler bei diesem ersten Auftreten nicht einzuschüchtern. Er soll ruhig zeigen, was seinen Kräften entspricht und worin er sich sicher fühlt." (Jahrbuch des Moskauer Künstlertheaters für 1947, Moskau 1949, S. 300, russ.)
Bei einem 1935 im Opern- und Schauspielstudio durchgeführten Examen setzte Stanislawski diese Forderung in die Praxis um. Die angehenden Schauspieler traten in Szenen auf, die sie selbst ausgewählt hatten.

7 Die Arbeit des Schülers Naswanow an der Rolle des Othello zieht sich wie ein roter Faden durch einige Werke Stanislawskis über das „System". Shakespeares Tragödie „Othello" spielte auch in der eigenen künstlerischen Laufbahn Stanislawskis eine wichtige Rolle.
Wegen ihrer nach Stanislawskis Ansicht geradezu ideal angelegten Handlungslogik sind Shakespeares Stücke dankbares Material für die Ausbildung der schauspielerischen Technik, während gleichzeitig die Tiefe und Eindringlichkeit der Shakespeareschen Gestalten die schöpferische Veranlagung des Schauspielers offenbart und seinen Willen, sein Temperament und andere für die Schauspielkunst unerläßliche Eigenschaften weckt.

8 In frühen Fassungen des Buches ist diese Episode ausführlicher behandelt: Damals gab das Zuspätkommen eines Schülers zum Unterricht den Anlaß zu einer großen Ansprache Torzows über die Bedeutung von Ethik und Disziplin des Schauspielers. Bei der Redaktion des vorliegenden Bandes wollte sich Stanislawski nicht mehr auf eine einzige Ansprache über die Ethik des Schauspielers beschränken, sondern hatte die Absicht, diesem außerordentlich wichtigen Problem ein besonderes Buch zu widmen.
Die Fragen von Ethik und Disziplin des Schauspielers werden in einem besonderen Abschnitt des zweiten Teils der „Arbeit des Schauspielers an sich selbst" behandelt.

9 Stanislawski definiert hier die grundlegende schöpferische Aufgabe des Schauspielers, ohne dabei auf die gesellschaftliche und erzieherische Bedeutung des Theaters einzugehen, wie es in einigen seiner Artikel, Reden und Gespräche der Fall ist. In seiner Festansprache zum dreißigsten Jahrestag der Gründung des Moskauer Künstlertheaters am 27. Oktober

1928 entwickelte er die folgende These über das wichtigste Ziel der Kunst: „Die Kunst gestaltet das Leben der menschlichen Seele. Wir sind dazu berufen, das Leben und die Ideen des heutigen Menschen auf der Bühne zu verkörpern. Dabei soll das Theater seine Zuschauer nicht etwa nachahmen, sondern es muß sie gleichsam die Stufen einer großen Treppe hinaufführen. Die Kunst muß dem Volk für die von ihm selbst geschaffenen Ideale die Augen öffnen."

„Mit der Gründung des Moskauer Künstlertheaters haben wir uns nicht nur künstlerische, sondern auch gesellschaftliche Aufgaben gestellt", schrieb Stanislawski 1935 in einem Artikel „Die Oktoberrevolution und das Theater". „Wir wußten es schon damals sehr gut und wissen es heute noch besser, daß es keine große Kunst geben kann, die nicht einer großen Idee und einem großen Publikum dient."

Zwei Jahre später schrieb Stanislaswki: „... wie glücklich macht es doch, ein Schauspieler zu sein, der sich seiner erzieherischen, gesellschaftlichen und politischen Aufgabe bewußt ist!"

10 Stanislawski zitiert die Aufzeichnungen Tomaso Salvinis „Einige Gedanken zur Bühnenkunst". (Zeitschrift „Artist", 1891, Nr. 14, S. 58, russ.)

Tomaso Salvini (1829–1916) – großer italienischer Tragöde, hervorragender Darsteller von Shakespeare-Rollen. Er gab mehrere Gastspiele in Rußland. In seiner Praxis und in seinen theoretischen Äußerungen trat Salvini für die „Kunst des Erlebens" ein.

11 Zitat nach der Ausgabe: *Coquelin der Ältere*, Die Kunst des Schauspielers. Kiew 1909, S. 8/9 (russ.).

Coquelin, Benoit Constant (Coquelin der Ältere, 1841–1909) – einer der größten französischen Schauspieler. Seine Kunst und seine theoretischen Anschauungen sind charakteristisch für die „Kunst der Wiedergabe". 1889 und 1891 gastierte er in Rußland. Coquelin hat seine künstlerischen Anschauungen in mehreren theoretischen Werken niedergelegt. (S. Coquelin der Ältere, Die Kunst des Schauspielers, Iskusstwo, L.-M., 1937.) In ihnen vertritt er die bereits von Denis Diderot in seiner Schrift „Le paradoxe sur le comédien" geäußerte Ansicht, daß die letzte Vollkommenheit der schauspielerischen Darstellung durch das Mitempfinden des Schauspielers behindert werde. Coquelin behauptet, daß ein Schauspieler, der bestimmte Gefühle „besonders lebensecht und eindrucksvoll wiedergeben will, auch nicht den leisesten Hauch dieser Gefühle selbst empfinden" dürfte.

Wenn Stanislawski der technischen Vollendung von Coquelins Spiel die schuldige Hochachtung auch nicht versagte, war er doch überzeugt, daß dessen Methode dem Wesen des russischen Schauspielers fremd sei und im Widerspruch zu den fortschrittlichen Traditionen der realistischen russischen Bühnenkunst stünde.

12 Eine ausführlichere Charakterisierung der „Kunst der Wiedergabe" findet sich in Stanislawskis Artikel „Die Kunst der Wiedergabe", der in dem Sammelband „Artikel, Reden, Gespräche und Briefe" (S. 450, russ.) erstmalig veröffentlicht worden ist.

13 Die Besonderheiten der Handwerkelei behandelt Stanislawski in einem Artikel „Das Handwerk", der in der Zeitschrift „Kultura teatra" (Jg. 1921, Nr. 5 und 6, russ.) erstmalig veröffentlicht wurde. Stanislawski hatte die Absicht, diesen Artikel in ein besonderes Buch über die verschiedenen Richtungen in der Theaterkunst aufzunehmen.

14 Aus diesem Absatz wird ersichtlich, daß die Aufteilung des Lehrprogramms in das Studium der Elemente des Erlebens (im ersten Unterrichtsjahr) und das Studium der Elemente

des Verkörperns (im zweiten Unterrichtsjahr) nur bedingt durchgeführt wurde. Torzows Schüler erlernten, genau wie Stanislawskis Schüler, gleichzeitig die Elemente des inneren Befindens wie auch alle äußeren, physischen Voraussetzungen für ihren Beruf (Gesang, Sprechen, Gymnastik, Tanz usw.). In den letzten Jahren der pädagogischen Tätigkeit Stanislawskis gingen diese beiden Abschnitte des Lehrprogramms immer mehr ineinander über.

15 Als „Szene mit den Windeln" bezeichnete Stanislawski die letzte Episode des vierten Aktes von Ibsens dramatischer Dichtung „Brand", die im Jahre 1906 vom Künstlertheater inszeniert wurde. Eine Beschreibung dieser Szene findet sich auf Seite 144 des vorliegenden Buches.

16 Die Volkskünstler der UdSSR I. M. Moskwin, W. I. Katschalow und L. M. Leonidow, mit denen Stanislawski durch langjährige freundschaftliche Zusammenarbeit verbunden war, kamen gern zu den Schülerveranstaltungen der von Stanislawski geleiteten Studios. 1935 bis 1937 waren L. M. Leonidow und I. M. Moskwin als Pädagogen am Opern- und Schauspielstudio tätig, und W. I. Katschalow trug den Studierenden wiederholt seine Rezitationsprogramme vor.

17 In M. Maeterlincks Märchenstück „Der blaue Vogel", das im Jahre 1908 vom Künstlertheater inszeniert wurde, dreht eine gute Fee einen Zauberstein um, und sogleich werden alle die Kinder umgebenden Gegenstände lebendig und treten als handelnde Personen des Märchens auf.

18 Diese Art Übungen wurde in Stanislawskis pädagogischer Tätigkeit am Opern- und Schauspielstudio zu großer Vollendung gebracht. Dabei werden die gegebenen Umstände durch die Arbeit der Vorstellungskraft verändert, die dementsprechend auch das logische Verhalten der Schüler beeinflußt und sie zum aktiven Handeln aufruft.

19 Hierin zeigt sich eine sehr wichtige Besonderheit von Stanislawskis pädagogischer Methode, die er später auch auf seine Regietätigkeit übertrug. Es geht dabei um die Fähigkeit, eine organische Synthese zwischen der von außen (durch den Dramatiker oder Regisseur) an den Schauspieler herangetragenen Auffassung der Rolle und seinen eigenen individuellen Neigungen zu finden, das heißt um die Fähigkeit, dem Schauspieler die Rolle gleichsam „einzuimpfen". Diese Arbeitsweise läßt nach Stanislawskis Ansicht eine einmalige, lebendige Bühnengestalt entstehen, die aus der Verschmelzung der schöpferischen Arbeit des Dramatikers mit der des Schauspielers erwachsen ist.

20 Der Begriff „Vorstellungsbilder" läßt den Inhalt, den Stanislawski mit diesem Begriff verbindet, nicht in seiner ganzen Bedeutung offenbar werden. Im vorhergehenden Text ist nicht nur von der Wiedergabe *visueller*, sondern auch *akustisch* wahrnehmbarer Eindrücke und anderer in der *Vorstellung* vorhandener Empfindungen die Rede (s. S. 82). Im Kapitel „Emotionales Gedächtnis" rät Torzow seinen Schülern, nicht nur visuelle und akustische Erinnerungen, sondern auch Erinnerungen an Gerüche, an Geschmack und Berührung zu Hilfe zu nehmen, um dadurch bestimmte Gefühle wachzurufen und zu festigen.
In der praktischen Arbeit verstand Stanislawski unter dem Begriff der *Vorstellungsbilder* die Gesamtheit der bildhaften und sinnlich wahrnehmbaren Vorstellungen von einem Gegenstand, die, wie er sagte, nicht starr und unbeweglich sein dürfen, sondern in ihrer dynamischen Entwicklung verstanden werden müssen; aus diesen Überlegungen heraus ist auch

Stanislawskis Ratschlag an die Schauspieler entstanden, sie sollten den *Film ihrer Vorstellungsbilder* vor ihrem inneren Auge ablaufen lassen.
Im Kapitel „Phantasie" nennt Stanislawski den gesamten Komplex der in der Vorstellung vorhandenen Empfindungen einmal *bildhaft-anschauliche Vorstellungen* des Schauspielers. Das ist vielleicht eine umfassendere Definition des hier behandelten Problems als der nur bedingt richtige Begriff der *Vorstellungsbilder.*

21 Stanislawski betont hier die aktive Bedeutung der Aufmerksamkeit auf der Bühne, auf die er in seiner praktischen Lehrtätigkeit der letzten Jahre besonders großen Wert legte. Während er im Anfangsstadium seines „Systems" eine ganze Reihe von Übungen aufgestellt hatte, mit denen die Zerstreutheit der Schauspieler und jede Ablenkung vom Gegenstand des Gestaltens bekämpft werden sollte (etwa Übungen, bei denen die Aufmerksamkeit während einer längeren oder kürzeren Zeitspanne auf einen bestimmten Punkt konzentriert werden mußte, oder Übungen, bei denen die Kreise der Aufmerksamkeit systematisch vergrößert und verkleinert wurden usw.), betrachtete er die Aufmerksamkeit im letzten Abschnitt seines Lebens als einen Bestandteil der Bühnenhandlung, der sich aus dieser Handlung ergibt und sie seinerseits wiederum festigt. Man darf die Aufmerksamkeit, wie M. N. Kedrow treffend gesagt hat, nicht als ein „erstarrtes" („verknöchertes") Festhalten an einem Objekt ansehen, sondern als einen für die Aufnahme und das Verständnis unserer Umwelt unerläßlichen aktiv erkenntnisbewirkenden Prozeß.
Die Richtigkeit von Stanislawskis Anschauung von der Wechselbeziehung zwischen Aufmerksamkeit und Handlung ist durch die Forschungen sowjetischer Psychologen bestätigt worden.

22 Stanislawski entnahm den Begriff *„sinnliche Aufmerksamkeit"* dem Artikel „Über die Verkörperung im künstlerischen Schaffen". (I. I. Lapschin, Das künstlerische Schaffen, Verlag „Mysl", P. 1923, russ.) Bei seinen Forschungen über das Wesen des künstlerischen Schaffens geht Lapschin von einem falschen, idealistischen Standpunkt aus.
Die Spaltung der Aufmerksamkeit in eine intellektuelle und eine sinnliche Aufmerksamkeit ist nur sehr bedingt richtig. Jede Aufmerksamkeit ist sowohl mit sinnlichen Wahrnehmungen als auch mit einer Arbeit von Gedanke und Willen gekoppelt; man kann dabei nur vom Vorherrschen des einen oder anderen Elementes sprechen. Stanislawski legt hier keinen Wert auf den nur bedingt gültigen Begriff als solchen, sondern auf die richtige Ansicht, daß man seinem Gegenstand unbedingt reges Interesse entgegenbringen müsse.

23 In „Mein Leben in der Kunst" (S. 186/187) berichtet Stanislawski im Kapitel „Selbstbeherrschung" von den Empfindungen, die er bei der Arbeit an der Rolle des Anani Jakowlew aus Pissemskis Schauspiel „Ein bitteres Schicksal" hatte (1888). Dort lesen wir, daß „... im Augenblick starken Schwunges, den ich für Eingebung hielt, nicht ich meinen Körper lenkte, sondern ... der Körper mich ... Kann man in einem solchen ... Zustand vielleicht schöpferisch tätig sein, ja überhaupt denken?
... Mit aller Kraft die Fäuste ballend, drückte ich die Fingernägel in die Handfläche, daß diese oftmals zu bluten anfing, oder ich krümmte die Zehen und preßte sie mit meiner ganzen Körperschwere an den Boden, was im Schuhwerk ebenfalls des öfteren Blutspuren hinterließ."

24 *Jerome Jerome Klapka* (1859–1927) – bürgerlicher englischer Schriftsteller, der durch seine Humoresken Berühmtheit erlangte. Jeromes Witz basiert hauptsächlich auf komischen Mißverständnissen, die im täglichen Leben oft vorkommen.

25 Als Musterbeispiel für die gründliche Gliederung einer fünfaktigen Tragödie in ihre einzelnen Abschnitte könnte man das Regiebuch zu „Othello" anführen, das Stanislawski in den Jahren 1929/30 verfaßte (vom Verlag „Iskusstwo" im Jahre 1945 veröffentlicht). In diesem Dokument sind neben einer für Stanislawskis Arbeitsweise typischen eingehenden und umfassenden Analyse des Stückes und dem präzisen Aufbau der geplanten Inszenierung einige methodische Besonderheiten in der Behandlung des dramatischen Stoffes und der künftigen Darsteller des Stückes interessant, die in der späteren Tätigkeit und den theoretischen Werken Stanislawskis noch weiter entwickelt worden sind.
Den Regieplan zu „Othello" kann man als das literarische Werk Stanislawskis bezeichnen, in dem seine neuen Grundsätze bei der Behandlung von Stück und Rolle zum erstenmal klar zum Ausdruck gebracht worden sind, die dann später in der sogenannten „Methode der physischen Handlungen" Gestalt angenommen haben.
Dabei geht Stanislawski nicht von den üblichen Methoden der Analyse mit einer Aufteilung des Stückes in seine Abschnitte und Aufgaben ab. Beim Bestimmen der einzelnen Abschnitte hält er jedoch ein festes Prinzip ein, wonach ein Abschnitt nicht mehr durch den für die betreffende Szene charakteristischen *Zustand* der handelnden Personen oder durch die in einer Szene vorherrschende *Stimmung* endgültig festgelegt wird (wie es in den Regieplänen zu früheren Aufführungen des Moskauer Künstlertheaters der Fall war), sondern durch die entscheidende *Handlung* oder das entscheidende *Ereignis*.
Dieses neue Prinzip einer durch die Handlung bestimmten Stückanalyse ist bezeichnend für die Art und Weise, mit der Stanislawski in den letzten Jahren seiner Tätigkeit als Regisseur und Pädagoge an die Inszenierung eines Stücks heranging. Im Zusammenhang mit dem auf der Bühne ablaufenden Ereignis verwendet Stanislawski mitunter neben dem Begriff der einzelnen Abschnitte auch noch ein anderes Wort, nämlich *Episode*. (Vgl. S. 144: „Nehmen wir die zwei ersten Abschnitte, die zwei ersten Episoden.") In der praktischen Theaterarbeit hat sich später der Begriff der *Handlungsepisode* immer mehr durchgesetzt, weil er das Prinzip, nach dem bei der Analyse eines Stückes verfahren wird, exakter und treffender zum Ausdruck bringt.

26 Hier weist Stanislawski auf eine der wichtigsten Besonderheiten der Bühnenhandlung hin, die nur durch die Überwindung von Hindernissen und im Kampf mit widerstrebenden Kräften entstehen kann.
Stanislawskis Ansicht, daß die Bühnenhandlung sich im Kampf um ein bestimmtes Ziel entwickeln müsse, fand in seiner Arbeit an Werken der sowjetischen Dramatik ihre endgültige Bestätigung. In diesen Stücken mußten die Gestalten zeitgenössischer Helden verkörpert werden, die aktiv für ihre Überzeugung eintreten, und das Thema des Klassenkampfes mußte anschaulich verdeutlicht werden. Durch den Zusammenstoß und den Kampf der handelnden Personen, durch die wirksame Darstellung des in einem Stück enthaltenen Konflikts, gelang es Stanislawski, den ideellen Kern des Werkes bloßzulegen (vgl. das Kapitel „Überaufgabe und durchgehende Handlung").

27 Dieser pädagogische Rat, den Torzow seinen Schülern erteilt, wurde allmählich zur Methode in Stanislawskis Arbeit mit dem Schauspieler. Er behielt nämlich bei der Analyse von Stück und Rolle zwar die großen, für die wichtigsten Entwicklungsstufen der Bühnengestalt entscheidenden Aufgaben bei, verzichtete jedoch auf eine vorhergehende detaillierte Zergliederung der Rolle in eine Kette unzähliger, die kleinen Aufgaben bestimmenden Absichten. Anstelle einer genauen Analyse dieser einzelnen Absichten und einer genauen Definition der kleinen Aufgaben ging er dazu über, die Handlung als solche sorgfältig zu

studieren. Diese Handlung wird nämlich nicht ausschließlich durch die Absichten bestimmt, sondern ist auch unmittelbar von den ganz konkreten Umständen abhängig, in denen sich der Schauspieler im gegebenen Moment befindet. Früher zerfiel die Arbeit an der Rolle in das analytische Stadium am Tisch und in das synthetische Stadium bei der Probearbeit. In der letzten Zeit seiner Tätigkeit als Pädagoge und Regisseur ist Stanislawski dann jedoch von dieser scharfen Unterscheidung von Analyse und Synthese abgekommen, weil er die Notwendigkeit erkannte, sofort an das Studium der Handlung zu gehen (ohne dabei die große, endgültige Aufgabe aus den Augen zu verlieren).
Die im Text angeführten Beispiele vom Darreichen des mit Wein gefüllten Pokals und dem Verabreichen einer Ohrfeige lassen ganz deutlich werden, daß Stanislawski beim Begriff der „physischen Handlung" keineswegs an eine mechanisch ausgeführte Handlung denkt, sondern an eine Handlung, die mit dem gesamten inneren Leben der Rolle verbunden ist und aus einer tiefgreifenden, komplizierten seelischen Tätigkeit erwächst. Die physische Handlung, wie Stanislawski sie versteht, ist nur ein Teilgebiet des vielseitigen Prozesses der psychophysischen Handlung.

28 Aus diesem Textabschnitt geht hervor, daß die Schüler von Torzows Theaterschule bei der Geräuschkulisse für die im Theater gespielten Stücke mitwirken durften. Über die allmähliche Heranziehung der Schüler zur Arbeit des Theaters ist auch im Kapitel „Die Kontrolle des Befindens des Schauspielers auf der Bühne" im zweiten Teil der „Arbeit des Schauspielers an sich selbst" die Rede.

29 Bei einer Probe im Jahre 1933 sagte Stanislawski im gleichen Zusammenhang: „Ein Schauspieler, der mit dem Publikum unmittelbar Kontakt aufzunehmen sucht, gehört zur Kategorie der rein handwerksmäßig arbeitenden Schauspieler. Ein Schauspieler, der unabhängig vom Partner nur für sich selbst spielt, vertritt die ‚Kunst der Wiedergabe', bei der die äußere Zeichnung der Rolle ein für allemal festgelegt ist. Von der ‚Kunst des Erlebens' und einer wahrhaftigen Handlung kann man jedoch nur dann sprechen, wenn der Schauspieler die Verbindung zu seinem Partner (oder einem anderen Objekt auf der Bühne) sucht, wenn er bemüht ist, ihn zu beeinflussen, und zugleich selbst unter seinem Einfluß steht."
Daraus geht hervor, daß Stanislawski im Spiel des Schauspielers auf der Bühne vor allem eine lebendige Wechselwirkung zwischen ihm und seinen Partnern sah.

30 Hier muß darauf hingewiesen werden, daß Stanislawski den Begriff der „physischen Handlung" in der letzten Periode seiner Wirksamkeit in einem weitaus umfassenderen Sinn gebrauchte als in diesem Fall. So können sich zum Beispiel die physischen Handlungen der halb wahnsinnigen Lady Macbeth nicht allein auf das Abwaschen des Blutfleckes beschränken, sondern müssen die ganze komplizierte Logik des Verhaltens eines dem Wahnsinn verfallenen Menschen ausdrücken (dazu gehört auch ihre Überzeugung, einen – in Wahrheit nur eingebildeten – Partner zu haben, ihre Beurteilung der drohenden Gefahr usw.).
Diese abschließende Ansicht Stanislawskis über das Wesen der physischen Handlung hat auch an einigen Stellen des vorliegenden Buches ihren Niederschlag gefunden. So weist Stanislawski zum Beispiel (S. 174 und 175) darauf hin, daß selbst die Augenblicke einer scheinbaren Untätigkeit auf der Bühne vom Gesichtspunkt der Logik der physischen Handlungen aus betrachtet werden können und müssen und daß die Schauspieler, wenn von einem nur in ihrer Phantasie vorhandenen Leben und nur vorgestellten Handlungen die Rede ist, durchaus das Recht haben, darin wahrhaftige, reale physische Aktionen zu sehen.

31 Diese pädagogischen Anweisungen decken sich vollständig mit Stanislawskis praktischen Arbeitsmethoden. So heißt es zum Beispiel im Regieplan zu „Othello":
„Die Schauspieler aus Intuition und Begeisterung sind durch ihre leichten Temperamentsausbrüche verwöhnt ... und bauen daher ihre Arbeit allein auf Intuition und Gefühl auf. Wenn sie auf die Bühne kommen, suchen sie sofort nach diesen, wie sie meinen, treuen Weggenossen und Führern und vergessen ganz, daß diese treuen Begleiter – Intuition und Begeisterung – in Wahrheit äußerst launenhaft und unzuverlässig sind. Sie kommen nicht auf Befehl, sondern nur dann, wenn sie selbst die Lust oder, richtiger, die Begeisterung dazu verspüren. Ich behaupte, daß der Glaube an die eigenen äußeren und inneren Handlungen mehr als alles andere das Gefühl mitreißen kann... Wenn Sie etwa heute in der rechten Stimmung und Begeisterung sind, so kümmern Sie sich nicht mehr um die Technik, dann geben Sie sich ruhig Ihrem Gefühl hin. Dabei dürfen Sie jedoch niemals vergessen, daß eine solche Begeisterung nur einen Ausnahmefall darstellen kann. Daher braucht der Schauspieler auch einen leichteren und gangbareren Weg, bei dem er frei über sein Tun verfügen kann und nicht ein anderes über ihn verfügt, wie es beim Weg über das Gefühl der Fall ist. Ein solcher Weg, den der Schauspieler ohne Schwierigkeit beschreiten und genau festlegen kann, ist der Weg über die physischen Handlungen." (K. S. Stanislawski, Regieplan zu „Othello", S. 231/232, russ.)

32 Stanislawski zitiert hier Puschkins Gedichte „Der Held" und „Elegie" („Die längst verloschene Lust der tollen Tage"). – Die deutsche Übersetzung erfolgte wörtlich, weil keine der vorliegenden literarischen Übersetzungen den hier notwendigen Bezug auf Torzows Überlegungen ermöglicht. (Anm. d. Hrsg.)

33 Im Anhang zum Regieplan von „Othello" wird der hier ausgesprochene Gedanke unter der Überschrift „Die physische Handlung" folgendermaßen weiterentwickelt und präzisiert:
„Denken Sie daran, wie ein Flugzeug aufsteigt. Es rollt, dem Beharrungsprinzip der Körper folgend, so lange auf der Erde, bis die von der zunehmenden Geschwindigkeit zusammengepreßte Luft die Tragflächen von unten faßt und das Flugzeug emporträgt.
Auch der Schauspieler nimmt mittels der physischen Handlungen sozusagen einen Anlauf. Mit Hilfe der vorgeschlagenen Umstände, des magischen Wenn, gewinnt der Schauspieler allmählich ein wachsendes Vertrauen in seine Kraft, wodurch er allmählich den Beharrungszustand überwindet und sich auf den unsichtbaren Flügeln des ‚Glaubens' ins Reich der Phantasie tragen lassen kann.
Wenn aber kein festgestampfter Boden oder Flugplatz vorhanden ist, auf dem ein Anlauf möglich ist, kann dann das Flugzeug in die Luft steigen? Natürlich nicht. Deshalb ist unsere erste Sorge, diesen Flugplatz zu schaffen und festzustampfen, so, als sei er mit physischen Handlungen gepflastert, die durch ihre Wahrheit fest sind." (K. S. Stanislawski, Die Arbeit des Schauspielers an der Rolle, Henschelverlag, Berlin 1955, S. 13/14.)

34 Stanislawski wandte sich stets gegen die früher üblich gewesene Aufteilung der Schauspieler in die konventionellen Rollenfächer (erster und zweiter Liebhaber, Held, Naturbursche und Bonvivant, Intrigant, Naive usw.), da er sie als typisches Merkmal des rein handwerklich betriebenen Theaterspiels ansah. In „Die Arbeit des Schauspielers an sich selbst im schöpferischen Prozeß des Verkörperns" (im Kapitel „Das Charakteristische") und in einem Artikel „Über die Rollenfächer der Schauspieler" weist er darauf hin, daß aus-

nahmslos alle Rollen Charakterrollen sein müßten, weil es überhaupt keine „nicht charakteristischen Rollen" gibt. Wenn Stanislawski hier davon spricht, daß ein Schauspieler sein „Rollenfach" erkennen müsse, so gebraucht er dieses Wort in einer erweiterten Bedeutung. Er versteht darunter nichts anderes als die Art von Rollen, die der inneren Veranlagung und dem darstellerischen Charme des Schauspielers entspricht. „Man darf die Schauspieler nicht nach Rollenfächern, sondern nur nach ihrer inneren Veranlagung unterscheiden", sagt Stanislawski an einer anderen Stelle des Buches (S. 202).

35 *Samoilow*, Wassili Wassiljewitsch (1812–1887) – hervorragender Schauspieler des Petersburger Alexandra-Theaters. Er besaß eine außergewöhnliche Verwandlungsfähigkeit und beherrschte die Kunst der Maske bis zur höchsten Vollendung. Die von ihm verkörperten Gestalten zeichneten sich durch eine bis ins letzte ausgefeilte Darstellung aus.

36 Viel Wissenswertes über ihn interessierende psychologische Fragen entnahm Stanislawski den Werken des bekannten französischen Gelehrten Théodule Ribot (1839–1916), eines Vertreters der experimentellen Psychologie.
In Stanislawskis Arbeitsbibliothek befinden sich folgende Bücher Ribots: „Der Wille im normalen und krankhaften Zustand", „Die Psychologie der Aufmerksamkeit", „Das affektive Gedächtnis", „Das Gedächtnis im normalen und krankhaften Zustand", „Die Evolution allgemeiner Ideen" und „Die Logik der Gefühle". Viele Seiten dieser Bücher sind mit Stanislawskis Anmerkungen versehen.
Stanislawski ging von den Erkenntnissen Ribots aus, daß der Mensch ein affektives Gedächtnis besitzt, und erforschte die Bedeutung dieses Gedächtnisses für das künstlerische Schaffen. Er vertiefte und entwickelte Ribots theoretische Schlußfolgerungen und ersetzte dessen Begriff „affektives Gedächtnis" durch die umfassendere und genauere Definition „emotionales Gedächtnis".
Das im weiteren Verlauf des Textes angeführte Beispiel mit den beiden Wanderern ist für Stanislawskis Arbeitsmethode keineswegs charakteristisch, denn er hat das motorische Gedächtnis niemals dem emotionalen Gedächtnis gegenübergestellt, wie es Ribot hier tut. In der Regel vermied es Stanislawski, sich unmittelbar an die Emotionen zu wenden, und versuchte auch nicht, sie unmittelbar in seinem Gedächtnis hervorzurufen. Auch das emotionale Gedächtnis der Schauspieler suchte er stets mittelbar anzuregen, indem er sie dazu anhielt, sich so logisch zu verhalten, wie es die von ihnen dargestellte Gestalt im entsprechenden Falle getan hätte. Dabei tauchen dann die Erinnerungen an frühere Erlebnisse ganz reflexmäßig auf, weil ja das psychische und das physische Element des Schaffensprozesses untrennbar miteinander verbunden sind.

37 In Carlo Goldonis Lustspiel „Mirandolina" („La locandiera"), das 1898 und 1914 im Künstlertheater in Szene ging, spielte Stanislawski die Rolle des Cavaliere di Ripafratta. Besonders großartig war er in der Szene, in der Mirandolina den Cavaliere mit dem von ihr zubereiteten Ragout bewirtet. Nach dieser Szene tritt der Wendepunkt des Stückes ein, weil der Cavaliere nicht länger imstande ist, den Reizen der Wirtin zu widerstehen (vgl. dazu auch S. 296 des vorliegenden Buches).

38 Im Anfang des Buches wird zwar darauf hingewiesen, daß die Handlung sich in einer Stadt N. (nach den ersten Fassungen des Buches in Nishni-Nowgorod) abspielt. Stanislawski legte sich jedoch bei seinen Ausführungen nicht auf einen bestimmten Ort der Handlung

fest, sondern verwandte auch Moskauer Straßennamen (wie Arbat) und Namen von ihm nahestehenden Schauspielern des Moskauer Künstlertheaters.
Streschnjowo (oder Pokrowskoje-Streschnjowo) ist ein Ort in der Nähe von Moskau. Im Jahre 1935 machte Stanislawski dort in einem Sanatorium eine Kur durch und arbeitete dabei intensiv an der letzten Fassung dieses Buches.

39 Arkaschka und Gennadi, Figuren aus Ostrowskis Komödie „Der Wald"; Brot und Zucker, allegorische Figuren aus Maeterlincks „Der blaue Vogel". (Anm. d. Hrsg.)

40 Eine Bestätigung dieses Gedankens finden wir in „Mein Leben in der Kunst" (Kapitel „Die Linie der Intuition und des Gefühls"). Dort schreibt Stanislawski: „Wie wollte man auch uns und alles, was in uns schöpferisch tätig ist, von der Welt des Lichtes, des Tons und der Dinge, in deren Mitte wir leben und von denen die menschliche Psyche in so starkem Maße abhängig ist, trennen?" (Stanislawski, Mein Leben in der Kunst, Berlin 1951, S. 379.)
Mehrere Eintragungen Stanislawskis im Vorstellungsbuch des Künstlertheaters beweisen die außergewöhnliche Feinfühligkeit, mit der er als Schauspieler auf alle Veränderungen in der Bühnenanordnung reagierte. Diese Besonderheit hat sich auch in seiner Arbeitsmethode sehr deutlich ausgeprägt.
Auf der anderen Seite hat Stanislawski zugegeben, daß er in den frühen Aufführungen des Künstlertheaters die Bedeutung der szenischen Effekte mitunter überschätzt hat, wenn er auch oft durch gewichtige künstlerische Beweggründe dazu veranlaßt wurde. So schreibt er in „Mein Leben in der Kunst" im Kapitel „Der Kirschgarten": „Die geheimen Zugänge zu den Tiefen der Werke waren von uns damals noch nicht genau bestimmt. Um den Schauspielern zu helfen, ihr Gefühlsgedächtnis zu betätigen und in ihrer Seele künstlerische Empfindungen zu wecken, versuchten wir, ihnen die nötige Illusion durch Dekorationen, Beleuchtung und Geräusche zu schaffen. Mitunter half das, und ich gewöhnte mich daran, die mir zur Verfügung stehenden Beleuchtungs- und akustischen Mittel der Bühne zu übertreiben und zu mißbrauchen." (Mein Leben in der Kunst, S. 462.)
Als Stanislawski dann im Lauf der Zeit andere und zuverlässigere Mittel gefunden hatte, um das richtige Befinden des Schauspielers auf der Bühne zu erzeugen, revidierte er einige Methoden, die er früher in der Regiearbeit verwandt hatte, und befreite die Aufführungen von allen überflüssigen äußerlichen Details.

41 Der hier gezeigte Weg für die Arbeit an der Rolle (vom Mitgefühl zum eigentlichen Gefühl), bei dem der Schauspieler allmählich aus einem Beobachter zur handelnden Person des Stückes wird, kennzeichnet die Methoden der Arbeit an der Bühnengestalt, die Stanislawski bis in die Mitte der zwanziger Jahre hinein anwandte.
Später suchte Stanislawski nach direkteren und vollkommeneren Mitteln zur Erarbeitung einer Rolle, mit deren Hilfe der Schauspieler sofort zur aktiv handelnden Person wird, die in die Situationen des Stückes gestellt ist. („Die Arbeit des Schauspielers an der Rolle", das Material zu „Othello" und „Das reale Gefühl für das Leben von Stück und Rolle" im Sammelband „Artikel, Reden, Gespräche und Briefe".)

42 *Oserow*, Wladislaw Alexandrowitsch (1769–1816) – Dramatiker, Verfasser der Tragödien „Ödipus in Athen", „Dimitri Donskoi", „Polixena" und „Fingal". In Oserows Werken vereinigten sich die für die sentimentale Richtung in der russischen Literatur vom Ausgang des 18. bis zum Beginn des 19. Jahrhunderts charakteristischen Züge mit den Traditionen des Klassizismus.

Die nach den Grundsätzen des Klassizismus aufgebauten dramatischen Werke verleiteten die Schauspieler nach Stanislawskis Ansicht zu einer konventionellen theatralischen Darstellungsweise.

43 Diese außerordentlich bedeutsame Feststellung, die auf den unmittelbaren Zusammenhang hinweist, der zwischen dem künstlerischen Niveau eines Schauspielers und seiner Fähigkeit besteht, das Leben ringsum richtig zu erkennen, machte Stanislawski zur Grundlage seiner gesamten schöpferischen Tätigkeit.
So schrieb er bereits im Jahre 1889 in sein künstlerisches Tagebuch: „Natürlich ist der Weg der richtigste, der am nächsten an die Wahrheit, an das Leben heranführt. Um dahin zu gelangen, muß man wissen, was die Wahrheit und das Leben eigentlich sind. Das ist also meine Aufgabe, zunächst einmal das eine und das andere zu erkennen." (K. S. Stanislawski, Künstlerische Notizen aus den Jahren 1877–1892, Iskusstwo, M.-L. 1939, S. 60–61, russ.)
Während seiner gesamten künstlerischen und gesellschaftlichen Tätigkeit nahm Stanislawski regen Anteil am Leben seiner Zeit, er hatte ein feines Ohr für dessen Bedürfnisse und entnahm ihm die Anregungen für seine Kunst. Eben dadurch wurde er auch zu einem fortschrittlichen Vertreter der sowjetischen Theaterkultur.

44 Denselben Gedanken entwickelte Stanislawski in den Entwürfen für einen Artikel zum vierzigsten Jahrestag der Gründung des Moskauer Künstlertheaters im Jahre 1938. In diesen Entwürfen wies er darauf hin, daß die große Zahl negativer Gestalten ein typisches Merkmal der klassischen Dramatik der Vergangenheit sei, während die sowjetische Wirklichkeit und die sowjetische Dramatik, die eine ganze Galerie neuer, zeitgenössischer Helden geschaffen habe, dem Theater neue, noch nicht bis ins letzte gelöste Aufgaben gestellt hätten.
„... in den neuen dramatischen Werken begegneten wir einem für uns neuen Menschen, den wir erst von allen Seiten kennenlernen mußten", schrieb Stanislawski. „Dieser Umstand und diese Aufgabe wurden noch dadurch erschwert, daß unser Leben in eine neue Epoche eingetreten ist, die romantisch, gesellschaftlich-sozial und politisch zugleich ist. Diese neue Zeit fordert nicht den einfachen Menschen, sondern den romantischen Helden...
Auch heute noch müssen wir uns weiter um die Gestaltung der positiven Helden bemühen; das ist nicht leicht, und wir werden diese schwere Aufgabe noch nicht so bald bewältigt haben."

45 Viele Augenzeugen erinnern sich noch daran, daß die Schauspieler es vermieden, an den Tagen, an denen Stanislawski Famussow, Krutizki oder eine andere negative Rolle spielte, mit irgendwelchen Anliegen zu ihm zu kommen. Er hatte nämlich die Eigenart, bereits während er sich auf sein Auftreten vorbereitete, das für die von ihm verkörperte Gestalt typische Verhalten seiner Umwelt gegenüber anzunehmen. Umgekehrt gab es auch wieder andere Rollen – Astrow oder Stockmann –, die bewirkten, daß er an den Tagen, an denen er sie zu spielen hatte, besonders zugänglich und freundlich war. In diesem Zusammenhang ist der auf Seite 126 (russ.) des Sammelbandes „Über Stanislawski" veröffentlichte Bericht L. J. Gurewitschs besonders aufschlußreich.

46 In seinen letzten Lebensjahren vermied Stanislawski in seiner Tätigkeit als Regisseur und Pädagoge diese Form der Wechselbeziehung zu sich selbst, von der auf Seite 225 („Dialog zwischen Verstand und Gefühl") die Rede ist, und suchte statt dessen nach einer konkreteren Gestaltung des Monologs. Er warnte die Schauspieler vor einer solchen „Wechselbeziehung mit sich selbst" auf der Bühne, die, wie er es ausdrückte, doch nur dazu führt, daß man sich

„die Augen nach dem eigenen Inneren verdreht", und trachtete stets danach, den Monolog zu einer konkreten Handlung des Schauspielers zu entwickeln. Diese Handlung verstand er als eine Wechselbeziehung zwischen dem Subjekt (dem Schauspieler) und seinen (realen oder vorgestellten) Objekten.

47 Stanislawski zitiert hier die Erzählung der Ophelia aus dem zweiten Akt von Shakespeares „Hamlet" (russische Übersetzung von A. Kronberg, deutsch von A. W. Schlegel).

48 Den Begriff der „Strahlenaussendung" entnahm Stanislawski Ribots Buch „Die Psychologie der Aufmerksamkeit". Auszüge aus diesem Buch fanden sich in Stanislawskis literarischem Archiv. Er selbst betrachtete diesen Begriff jedoch nur als bedingt richtig.
Auf einer bestimmten Entwicklungsstufe des „Systems" hatte das Bestreben, die Schauspieler bei der Wechselbeziehung zum „Aussenden und Empfangen von Strahlen" anzuregen, einen gewissen praktischen Wert. Dadurch wurde nämlich die Aufmerksamkeit der Partner füreinander geschärft und der Einfluß verstärkt, den sie in der einen oder anderen Episode des Stückes aufeinander ausübten. Die Versuche, Übungen in den praktischen Unterricht aufzunehmen, die ohne den Anhaltspunkt einer konkreten Handlung nur auf dem „Eindringen in die Seele des Partners" aufgebaut waren, führten jedoch zu keinen positiven Resultaten. Derartige Übungen sind für Stanislawskis Lehrtätigkeit in den letzten Jahren keinesfalls charakteristisch, und einige Bemerkungen Torzows (z. B. auf Seite 246: „Hat das emotionale Gedächtnis nicht versucht, Ihnen irgendeine zufällige Empfindung unterzuschieben, damit Sie sich ihrer für die psychisch vorhandene Ausstrahlung bedienen konnten?") entsprechen weder ihrer Form noch ihrem Inhalt nach der später von Stanislawski angewandten Arbeitsmethode.

49 In Stanislawskis literarischem Archiv fanden sich mehr oder weniger abgeschlossene Manuskripte, die Inhalt und Bedeutung jedes der sechs hier aufgeführten Elemente behandeln. Diese Manuskripte werden im zweiten Teil der „Arbeit an sich selbst" veröffentlicht.

50 Durch die Aufteilung des Begriffes *Verstand* (Intellekt) in die Begriffe *Vorstellung* und *Urteil* nahm Stanislawski eine wichtige Präzisierung seiner Definition der Antriebskräfte des psychischen Lebens (Verstand, Wille, Gefühl) vor. Er läßt damit den eigentlichen Denkprozeß offenbar werden, in dem man folgende Momente unterscheiden kann: 1. das Aufkommen einer mehr oder weniger allgemeinen bildhaften *Vorstellung* von einem Gegenstand (wie es für das künstlerische Denken besonders kennzeichnend ist) und 2. ein *Urteil* über diesen Gegenstand, das eine ganz konkrete Einstellung zum Gegenstand des Gedankens zur Folge hat.
Weiter empfiehlt Torzow-Stanislawski seinen Schülern, sich über die Einheit von Willen und Gefühl klarzuwerden. Darüber sagt er auf Seite 267: „Versuchen Sie einmal, in Ihren Mußestunden darüber nachzudenken und einen Fall zu finden, bei dem Gefühl und Wille voneinander getrennt sind, grenzen Sie das eine vom anderen ab, zeigen Sie, wo das eine aufhört und das andere beginnt. Ich glaube, es wird Ihnen ebensowenig glücken wie mir."
Die untrennbare Einheit von Wille und Gefühl wird auch von der modernen Psychologie anerkannt.
„... Die Emotion bringt die aktive Seite des Bedürfnisses zum Ausdruck. Und weil das so ist, schließt die Emotion unvermeidlich auch das *Streben*, die *Neigung* zu dem Gegenstand in sich, der für das Gefühl anziehend ist, wie ja auch jede Neigung und jeder Wunsch mehr oder weniger emotionell bedingt sind. Wille und Emotion (Affekt, Leidenschaft) haben

ihren gemeinsamen Ursprung in den Bedürfnissen: Wenn wir einen Gegenstand erkennen, von dem die Befriedigung unseres Bedürfnisses abhängt, entsteht in uns ein auf diesen Gegenstand gerichteter Wunsch. Sobald wir verspüren, wie weit die Befriedigung oder Nichtbefriedigung unseres Bedürfnisses von diesem Gegenstand abhängig ist, bildet sich in uns ein ganz bestimmtes Gefühl diesem Gegenstand gegenüber heraus. Das eine ist offensichtlich unlöslich mit dem anderen verbunden." (S. L. Rubinstein, Die Grundlagen der allgemeinen Psychologie, Verlag Utschpedgis, Moskau 1946, S. 460, russ.)
Hier muß auch darauf hingewiesen werden, daß Stanislawski mit vollem Recht alle Glieder dieses „Triumvirats" als untrennbar voneinander betrachtet: „... spricht man vom einen, berührt man unwillkürlich auch das zweite und dritte..." usw. (S. 264.)

51 Die von Stanislawski empfohlene Methode, durch die Mitarbeit von Intellekt, Emotion und Wille des Schauspielers tief in das Leben der Rolle einzudringen, kann nur unter der Voraussetzung zu wirklich wertvollen Ergebnissen führen, wenn der dramatische Stoff die reale Wirklichkeit widerspiegelt und der Logik des Lebens unterstellt ist. Nicht umsonst erinnert Stanislawski in diesem Zusammenhang an impressionistische und symbolistische Stücke, die häufig „vom Verstand des Schauspielers überhaupt nicht aufgenommen" werden und „beim Willen und beim Gefühl kein Echo" finden.
Die realistische Weltanschauung Stanislawskis, die er auch in seinem „System" vertrat, stützte sich auf die logischen Naturgesetze und mußte daher mit unrealistischen Werken ganz unvermeidlich in Konflikt geraten. Das war zum Beispiel bei Stanislawskis Versuch der Fall, sein „System" auch bei der Inszenierung zweier symbolistischer Stücke – Knut Hamsuns „Spiel des Lebens" und Leonid Andrejews „Das Leben des Menschen" – anzuwenden, die im Jahre 1907 vom Künstlertheater aufgeführt wurden.
Dazu schreibt Stanislawski in „Mein Leben in der Kunst": „Nach der Inszenierung von ‚Spiel des Lebens' war ich vollkommen niedergeschlagen. Es hatte sich gezeigt, daß die von mir früher durchgeführte Laboratoriumsarbeit, die mich auf den richtigen Weg einer neuen Kunst hätte führen sollen, ergebnislos geblieben war und daß ich mich erneut in einer ausweglosen Sackgasse befand." (Mein Leben in der Kunst, S. 523.) Und über „Das Leben des Menschen" lesen wir: „Ungeachtet des großen Erfolges, den das Schauspiel hatte, war ich von seinen Resultaten nicht befriedigt, da ich sehr gut verstand, daß es unserer Schauspielkunst nichts Neues gebracht hatte." (Mein Leben in der Kunst, S. 544.)
Im Gegensatz zu diesen mißlungenen Versuchen brachte die Anwendung des „Systems" bei der Arbeit an den realistischen Werken der klassischen russischen Dramatiker Gogol, Turgenew, Ostrowski, Leo Tolstoi ausgesprochen glückliche Ergebnisse.

52 In der praktischen Tätigkeit der letzten Jahre und in der letzten Auslegung des Prozesses der Arbeit an der Rolle („Das reale Gefühl für das Leben von Stück und Rolle") hat Stanislawski die schöpferischen Arbeitsmethoden des Schauspielers noch weiter entwickelt und vervollkommnet. Anstatt viele logische Linien für jedes einzelne Element zu schaffen, wird nun die ganze Aufmerksamkeit des Schauspielers letztlich auf eine einzige hauptsächliche Linie, nämlich auf das *logische Handeln* des Schauspielers auf der Bühne, konzentriert. Wenn dieses logische Verhalten wirklich auf der zur Überaufgabe des Stückes hinstrebenden durchgehenden Handlung basiert, so enthält es auch alle übrigen Elemente und Antriebskräfte des psychischen Lebens.

53 Unter den Vorentwürfen zu diesem Buch befinden sich auch einige Skizzen, auf denen Stanislawski versucht hat, den hier behandelten Entstehungsprozeß des inneren Befindens

des Schauspielers auf der Bühne grafisch darzustellen. Einige Fassungen dieser Entwürfe werden, dem Hinweis Stanislawskis entsprechend, im zweiten Teil der „Arbeit des Schauspielers an sich selbst" abgedruckt.

54 In seinen theoretischen Schriften und praktischen Experimenten aus den letzten Lebensjahren ging Stanislawski davon ab, das innere Befinden auf der Bühne isoliert vom äußeren, physischen Befinden des Schauspielers zu betrachten, sondern betonte im Gegenteil gerade ihre völlige Einheit und Abhängigkeit voneinander. Seine Erkenntnis, daß es unmöglich sei, das innere psychische Befinden des Schauspielers von seinem physischen Befinden zu trennen, war die folgerichtige Weiterführung der in diesem Buch ausgesprochenen Gedanken über den engen, organischen Zusammenhang zwischen den körperlichen und den geistigen Elementen des Schaffensprozesses.

55 Die sogenannte „Toilette" des Schauspielers bekam ihren festen Platz in Stanislawskis Tätigkeit als Bühnenpädagoge und Regisseur und wurde von ihm im Opern- und Schauspielstudio (1935–1938) praktisch durchgeführt. Der im weiteren Textverlauf dargelegte Plan für die Durchführung dieser „Toilette des Schauspielers" entspricht den Methoden, die Stanislawski in seinen Unterrichtsstunden anwandte.
Die Einbeziehung der „Toilette des Schauspielers" und der Übungen von „Training und Drill" in die alltägliche Theaterarbeit sah Stanislawski als eine Aufgabe von größter Wichtigkeit an, die dem weiteren Aufschwung der Theaterkunst dienen sollte. Ohne diese grundlegende Voraussetzung beschränkt sich die ganze Arbeit des Schauspielers an sich selbst nach seiner Ansicht nur auf ein rein formelles Auswendiglernen einiger zur Terminologie des „Systems" gehörender Begriffe, was dem Schauspieler natürlich keine wirklich spürbare Hilfe sein kann.
„Es genügt nicht, das ‚System' zu *kennen*", sagt Stanislawski in den letzten Zeilen dieses Buches. „Man muß es *verstehen* und – *können*. Dazu bedarf es täglichen, ständigen Trainings und Drills während der gesamten schauspielerischen Laufbahn."
Dieses bedeutsame Vermächtnis Stanislawskis wird leider in der Praxis der Theater und der Arbeit der Schauspielschulen noch nicht mit der notwendigen Konsequenz durchgeführt.

56 Der in Anführungszeichen gesetzte Text ist kein genaues Zitat, gibt jedoch von T. Salvini geäußerte Gedanken wieder. (S. die Zeitschrift „Artist", 1891, Nr. 14, russ.)
Das Doppelleben des Schauspielers im Augenblick des Schaffens behandelt Stanislawski auch im Kapitel „Die Perspektive des Schauspielers und der Rolle". (Die Arbeit des Schauspielers an sich selbst, 2. Teil.)

57 Stanislawskis künstlerische Biographie gibt uns viele Beispiele dafür, wie eingehend er nach der im Werk des Dramatikers verborgenen Überaufgabe gesucht hat. Mitunter wurde die Überaufgabe eines Stückes im Verlauf mehrerer Jahre immer intensiver herausgearbeitet, was sich in der immer präziseren Ausfeilung der Rollen und dadurch auch in der ständigen Wandlung des inneren Gehalts und sogar des Aussehens der Figuren äußerte. Besonders charakteristisch ist in diesem Zusammenhang die Entwicklung des Famussow in Gribojedows „Verstand schafft Leiden", den Stanislawski in den verschiedenen Inszenierungen des Künstlertheaters (1906, 1914, 1925) ganz unterschiedlich gestaltete.
Stanislawski führte einen unablässigen Kampf mit den Regisseuren, die leichtsinnig, formal oder nur intellektuell an die Definition der Überaufgabe eines Stückes herangingen, worunter der ideelle Gehalt der Aufführung unvermeidlich leiden mußte.

Er hielt es auch für falsch, bei der Definition der Überaufgabe eines Werkes einzig und allein vom Text des Autors auszugehen, ohne dabei auch die Individualität der Schauspieler zu berücksichtigen, die diese Überaufgabe in den Bühnengestalten verkörpern sollen. Bei weitem nicht alle Regisseure schenkten seiner Forderung die gebührende Beachtung, laut der er verlangte, eine Überaufgabe zu finden, die nicht nur der Konzeption des Dichters gerecht wird, sondern zugleich auch ein Echo in der Seele des gestaltenden Schauspielers wachruft.

58 Stanislawskis Standpunkt, daß die Zuschauer am Bühnenschaffen mitwirken, entspringt dem Kern seiner ästhetischen Anschauung und seiner Theateransichten, seiner Überzeugung von der gesellschaftlichen und politischen Bedeutung des Theaters.
Einen vollkommen anderen Standpunkt vertreten die Theoretiker der „Kunst der Wiedergabe", denen es gerade darum zu tun ist, daß die Zuschauer niemals vergessen, daß sie im Theater die Funktion von Beobachtern zu erfüllen haben. „Wenn ... man den Zuschauer vergessen macht, daß er sich im Theater befindet, wird er kein Vergnügen mehr empfinden können, denn er wird dadurch zum Mitspieler, anstatt Zuschauer zu bleiben...", schreibt Coquelin der Ältere. (Die Kunst des Schauspielers, S. 114, russ.)
Stanislawski führt gleichsam eine Polemik gegen Coquelin, wenn er sagt: „In Ihrer Kunst ist der Zuschauer ein Zu-Schauer. In meiner Kunst wird er zum Zeugen des Schaffens, er nimmt daran teil; er wird in das Leben, das sich auf der Bühne abspielt, hineingezogen und glaubt ihm." (S. 181.)
Stanislawskis Ansicht, daß die Zuschauer dem Schauspieler zuweilen helfen, die richtige Benennung der Überaufgabe zu finden, also die Konzeption des Schauspielers korrigieren und ihn zu einer tiefergehenden Interpretation der Rolle führen, wird durch ein Beispiel aus seiner eigenen Arbeit illustriert. Wir denken hier an seinen Bericht über die Darstellung des Doktor Stockmann in Ibsens „Volksfeind" in der Periode der immer stärker werdenden revolutionären Bewegung im Rußland des Jahres 1901. (Mein Leben in der Kunst, S. 422 bis 428.) Stanislawski kommt zu der Erkenntnis, daß die Rolle, die er ursprünglich auf Intuition und Gefühl aufgebaut hatte, unter dem Einfluß des revolutionär gesinnten Publikums ebenso wie die gesamte Aufführung einen gesellschaftspolitischen Klang erhalten habe, den vorher weder der Regisseur noch die Schauspieler aus dem Stück herausgehört hatten.

59 „... Der Revisor ist gespielt worden – aber mir ist so seltsam und trübe zumute...", mit diesen Worten beginnt der „Auszug aus einem Brief Gogols nach der ersten Aufführung des ‚Revisors' an einen Literaten". (Sammelband Gogol und das Theater, Iskusstwo, Moskau 1952, S. 374, russ.)

60 Zu dieser absoluten Wahrhaftigkeit und Vollendung bei der Durchführung jeder einzelnen Übung und Etüde suchte Stanislawski seine Schüler zu erziehen. Dabei wies er immer wieder darauf hin, daß der Unterschied zwischen dem ersten und dem vierten Kurs ausschließlich in der Schwierigkeit der den Schülern gestellten Aufgabe bestünde, daß jedoch jede einzelne Aufgabe stets mit größtmöglicher Wahrhaftigkeit und Vollendung durchgeführt werden müsse. Diese Voraussetzung bietet nach Stanislawskis Überzeugung das Unterpfand dafür, daß in der Schauspielschule wirkliche Künstler herangebildet werden.

61 Für den überzeugten und konsequenten Realisten Stanislawski basiert der gesamte Schaffensprozeß auf dem wirklichen Eindringen in die Idee (Überaufgabe) des Werkes, die stets mit dem Lebensziel und der Weltanschauung des ausführenden Künstlers in Einklang stehen muß (die ganz große Überaufgabe).

Die klare Erkenntnis der Konzeption eines Werkes, das vollständige Erfassen seiner Idee im tiefsten und umfassendsten Sinne bietet nach Stanislawskis Meinung eine sichere Grundlage, auf der man einen lebendigen Menschen gestalten und sich von der einfallslosen, routinemäßigen, banalen und naturalistischen Schauspielerei frei machen kann.
Auf die außerordentliche und entscheidende Bedeutung von Überaufgabe und durchgehender Handlung für das schauspielerische Schaffen weist Stanislawski auch in seinen anderen Werken und in Gesprächen mit den Schülern und Schauspielern des Moskauer Künstlertheaters hin (Sammelband Artikel, Reden, Gespräche und Briefe).

62 Indem Stanislawski den Standpunkt der Dymkowa ablehnt, die sich „angewidert von allem Physischen in der Kunst abwendet", tritt er damit im Grunde gegen die idealistische Vorstellung auf, die das künstlerische Schaffen als einen rein psychischen Prozeß ansieht, der sich ausschließlich auf die seelische Erscheinungsform des „schöpferischen Ich" des Künstlers stützt. Diese Ansicht über das Schöpfertum ist kennzeichnend für die Schauspieler aus Inspiration oder die Anhänger des triebhaften Spiels, die die Rolle des künstlerischen Bewußtseins unterschätzen und das äußere, physische Element des Befindens auf der Bühne gering achten.

63 Ausgehend von seiner hier dargelegten Anschauung über das Wesen der Kunst des Schauspielers, stellte Stanislawski auch ganz konkrete Forderungen an die Kunst des Regisseurs. Regisseure, denen es darum zu tun ist, sogleich das fertige Ergebnis der schöpferischen Arbeit auf die Bühne zu stellen, und die den Wert des organischen *Heranreifens* der Rolle in der Seele des Schauspielers unterschätzen, bezeichnete er als Regisseure des *Resultats* oder als rein handwerksmäßig arbeitende Regisseure.
„Wir brauchen Regisseure der *Wurzel*", sagte er und meinte damit solche Regisseure, die die Fähigkeit besitzen, wie ein Mitschurin-Gärtner eine lebendige Frucht oder Blüte (die schöpferische Gestalt) gemäß den Naturgesetzen durch alle notwendigen Entwicklungsstadien heranzuziehen, wobei sie davon ausgehen, die *Wurzel* oder das *Samenkorn* der künftigen Rolle ausfindig zu machen. (S. Aus Gesprächen mit den Meistern des Moskauer Künstlertheaters im Sammelband Artikel, Reden, Gespräche und Briefe, S. 654, russ.)

64 Die Ergänzung zum Kapitel über die Handlung wird hier erstmalig nach einem im Museum des Moskauer Künstlertheaters befindlichen Manuskript abgedruckt. (K.-S.-Stanislawski-Archiv, Inv.-Nr. 136/1, russ.) Stanislawski bezeichnete dieses Manuskript als „Korrekturen und Ergänzungen für spätere Ausgaben. Zum Kapitel über die Handlung".
Die Ergänzung zum Kapitel über die Handlung baut sich auf der Analyse der mißlungenen Wiederholung der Etüde „Ein Wahnsinniger" auf, die am Anfang des Kapitels „Emotionales Gedächtnis" beschrieben wird. Offensichtlich sollte der Beginn des Kapitels „Emotionales Gedächtnis" in das Kapitel „Die Handlung" übertragen werden. Auf Grund folgender, von Stanislawski auf Seite 7 des Manuskripts gemachter Anweisung: „Diese Seite bis unten frei lassen. Hierher kommt die Szene ‚Geldzählen' aus dem Kapitel..." wird der Teil des Textes aus dem Kapitel „Gefühl für Wahrhaftigkeit und Glaube" in den Anhang übernommen, in dem die genannte Etüde beschrieben wird. Der übertragene Text wurde in eckige Klammern gesetzt, weil Stanislawski den zur Übernahme bestimmten Text nicht genau abgegrenzt hat.

65 In seiner Lehrtätigkeit maß Stanislawski den Übungen mit vorgestellten Gegenständen ganz außerordentliche Bedeutung bei. Bei solchen Übungen muß sich der Schüler ganz von

neuem über die logische und folgerichtige Durchführung ganz einfacher Handlungen bewußt werden, die ihm vom alltäglichen Leben her sehr gut bekannt sind, die er aber durch das häufige Wiederholen schon ganz unwillkürlich und mechanisch verrichtet. Dabei trainiert er gleichzeitig alle Elemente des „Systems". Die Übungen mit vorgestellten Gegenständen verlangen eine geschärfte Aufmerksamkeit, eine erhöhte Tätigkeit der Phantasie, die Kontrolle durch das Bewußtsein, Gefühl für Wahrhaftigkeit, Erinnerungen an früher durchlebte Empfindungen und so weiter.

Diese Übungen nahmen in dem von Stanislawski ausgearbeiteten System eines täglichen Trainings (der „Toilette des Schauspielers") einen wichtigen Platz ein. Stanislawski hat den direkten Zusammenhang aufgedeckt, der zwischen der Aneignung der Methode der physischen Handlungen und dem Beherrschen der Technik der „Handlungen mit vorgestellten Gegenständen" besteht, bei denen man die Logik und Folgerichtigkeit der einfachsten physischen Handlungen neu erkennen und wiederherstellen muß.

Stanislawski selbst war ein Meister in der Technik der „Handlungen mit vorgestellten Gegenständen". Seine Schüler und Berufskollegen, die ihm bei Unterrichtsstunden und Proben zuschauten, konnten sich immer wieder davon überzeugen. Diese Fertigkeit war das Ergebnis eines langen, hartnäckigen Trainings.

66 Hier bricht das Manuskript ab.

67 Die Ergänzung zum Kapitel „Wechselbeziehung" wird hier zum erstenmal an Hand eines Schreibmaschinentextes veröffentlicht, auf dessen Titelblatt Stanislawski die Überschrift „Ergänzung und Korrektur für neue Ausgaben. Zum Kapitel ‚Wechselbeziehung'" gesetzt hat. (Museum des Moskauer Künstlertheaters, K. S. Nr. 247/1, russ.) Auf dem Manuskript ist von unbekannter Hand das Datum „Oktober 1937" verzeichnet worden. Anscheinend hatte Stanislawski die Absicht, diesen Text in das Kapitel „Wechselbeziehung" aufzunehmen, was wahrscheinlich eine Verkürzung oder Umarbeitung der ursprünglichen Textfassung dieses Kapitels zur Folge gehabt hätte.

68 Auf dem Heftrand des Manuskripts befindet sich neben dem Absatz, in dem das zweite Stadium der Wechselbeziehung analysiert wird, eine Anmerkung Stanislawskis *„nicht überzeugend"*. Das zweite Stadium der Wechselbeziehung wird in diesem Beispiel im Grunde ja auch gar nicht illustriert.

69 In seiner praktischen Lehrtätigkeit am Opern- und Schauspielstudio – sie fällt zeitlich mit der Niederschrift dieses Textes zusammen – begann Stanislawski, die Etüden seiner Schüler auf diese Weise aufzubauen. Das Sujet der Etüde wurde nun nicht mehr in allen Einzelheiten vorher *festgelegt*, sondern es *entstand* erst auf dem Wege der Improvisation im Verlauf der Arbeit an der Etüde, im Prozeß der lebendigen Wechselbeziehung zwischen den Partnern. Ähnliche Experimente unternahm Stanislawski auch bei der Arbeit an der Rolle (Arbeit an den Tragödien Shakespeares). So wies er zum Beispiel bei einer Probe zu „Romeo und Julia" darauf hin, daß der wichtigste Abschnitt der Arbeit übergangen worden sei, weil man versäumt habe, eine organische Beziehung zwischen den handelnden Personen herzustellen, womit doch jedes logische Verhalten des Schauspielers in der Rolle beginnen müsse. Nach der gründlichen Analyse einiger Szenen kam Stanislawski zu der Schlußfolgerung, daß sich das Stadium der Orientierung oder des Anknüpfens der Beziehung zum Objekt mitunter über einen ganzen Akt erstrecken oder einen bedeutenden Teil des Dialogs umfassen kann. Es könne jedoch durchaus der Fall eintreten, daß sich die Schauspieler zu-

nächst bei der ersten Durchsicht des Stückes bestimmte Handlungen im selben Akt oder Dialog vorgenommen hätten, ohne dabei an den notwendigen Prozeß der Vorbereitung einer Wechselbeziehung mit dem Partner zu denken.

70 Das Stück „Der Wert des Lebens" ist eines der bedeutsamsten Bühnenstücke W. I. Nemirowitsch-Dantschenkos und besitzt hohen künstlerischen Wert. Es entstand im Jahre 1896 und wurde, ebenso wie sein Stück „Die neue Arbeit", mit dem Gribojedow-Ehrenpreis ausgezeichnet, der für das beste Schauspiel jeder Spielzeit verliehen wurde. Das Stück beginnt mit dem Tod eines Selbstmörders und baut sich dann in seiner ganzen Thematik auf diesem Ereignis auf.
Der „Wert des Lebens" wurde unter Mitwirkung von A. P. Lenski, M. N. Jermolowa, J. K. Leschkowskaja, O. O. Sadowskaja und A. I. Jushin mit großem Erfolg im Kleinen Theater aufgeführt.

71 Im folgenden werden nacheinander zwei einander ergänzende Texte abgedruckt, die sich sowohl auf das eine wie auch auf das andere Problem beziehen.
Das erste Manuskript trägt die Überschrift „Während der Pause in der Künstlergarderobe". Es besteht aus einem von Stanislawski korrigierten Schreibmaschinentext. Dieses Manuskript wurde dem aus dem Jahre 1933 stammenden Artikel „Das Charakteristische" beigefügt. (Museum des Moskauer Künstlertheaters, K. S. Nr. 251, Seite 51/52, russ.) Auf dem Vorentwurf dieses Textes steht eine Anmerkung Stanislawskis: „übertragen – aber wohin?"
Der zweite, „Das lebendige Objekt" betitelte Text besteht aus einem Manuskript, das mit folgender Notiz Stanislawskis versehen ist: „Wahrheit oder Wechselbeziehung". (Museum des Moskauer Künstlertheaters, K. S. Nr. 246, Seite 4–6, russ.)
Beide Texte werden hier erstmalig veröffentlicht.

72 Dieser Abschnitt wird hier zum erstenmal nach einem Manuskript veröffentlicht, das mit Korrekturen versehen ist, die Stanislawski im Jahre 1932 vorgenommen hat, wie aus der Datierung auf dem Titelblatt hervorgeht. Der darin abgedruckte Text ist ein Teil eines Manuskripts mit der Überschrift „IX. Wahrhaftigkeit, Glaube und Naivität auf der Bühne", das die erste Fassung des später mit „Gefühl für Wahrhaftigkeit und Glaube" betitelten Kapitels darstellt. (Museum des Moskauer Künstlertheaters, K. S. Nr. 211, S. 79–93, russ.)
Der von uns in den Anhang aufgenommene Teil dieses Manuskripts ist dem genannten Kapitel entnommen und von Stanislawski mit dem Hinweis „Entweder weglassen oder an eine andere Stelle übernehmen. Wohin? Ich weiß es noch nicht" versehen worden.
Die im ersten Absatz erwähnte Szene mit einem Kind, die eine Statistin gespielt hat, entspricht der im Kapitel „Gefühl für Wahrhaftigkeit und Glaube" beschriebenen Etüde.

73 Stanislawski zitiert hier einen Brief A. S. Puschkins aus der zweiten Maihälfte 1826 an P. A. Wjasemski. (S. Puschkin als Kritiker, Goslitisdat, M. 1950, S. 117, russ.) In diesem Brief bezeichnet Puschkin die Verse Wjasemskis als „zu gescheit", das heißt offensichtlich als zu intellektuell und bar jeder dichterischen Ursprünglichkeit.

INHALT

Vorbemerkung zur deutschen Ausgabe 5
Vorwort 9

DIE ARBEIT DES SCHAUSPIELERS AN SICH SELBST IM SCHÖPFERISCHEN PROZESS DES ERLEBENS

Einführung 14
I. Dilettantismus 15
II. Bühnenkunst – Bühnenhandwerk 24
III. Handlung. „Wenn". Vorgeschlagene Situationen 43
IV. Phantasie 64
V. Aufmerksamkeit auf der Bühne 87
VI. Muskelentspannung 117
VII. Abschnitte und Aufgaben 131
VIII. Gefühl für Wahrhaftigkeit und Glaube 147
IX. Emotionales Gedächtnis 188
X. Wechselbeziehung 220
XI. Anpassung und andere Elemente – Eigenschaften, Fähigkeiten und Begabungen des Schauspielers 248
XII. Die Antriebskräfte des psychischen Lebens 261
XIII. Die Funktionslinie der Antriebskräfte für das psychische Leben 271
XIV. Das innere Befinden auf der Bühne 279
XV. Überaufgabe und durchgehende Handlung 292
XVI. Das Unbewußte im Befinden des Schauspielers auf der Bühne .. 306

ANHANG

Ergänzung zum Kapitel „Handlung" 335
Ergänzung zum Kapitel „Wechselbeziehung" 343
Über die Wechselbeziehung zwischen Schauspieler und Publikum 352
Über die Naivität des Schauspielers 354
Aus der Einführung zur 5. russischen Ausgabe 361
Anmerkungen 380

STANISLAWSKI

DIE ARBEIT DES SCHAUSPIELERS
AN SICH SELBST

STANISLAWSKI

DIE ARBEIT DES SCHAUSPIELERS AN SICH SELBST

TAGEBUCH EINES SCHÜLERS

TEIL II
DIE ARBEIT AN SICH SELBST
IM SCHÖPFERISCHEN PROZESS
DES VERKÖRPERNS

HENSCHEL VERLAG BERLIN

Titel der Originalausgabe: К. С. Станиславский, РАБОТА АКТЕРА НАД СОБОЙ, часть II, Работа над собой в творческом процессе воплощения, Искусство, Москва 1955

Übersetzung: Ruth Elisabeth Riedt
Redaktion der deutschen Ausgabe: Heinz Hellmich und Ellen-Maria Jäger
Fachliche Beratung für das Kapitel „Stimme und Sprechen": Egon Aderhold

Die Übersetzung erfolgte nach dem 3. Band der „Gesammelten Werke in 8 Bänden"
Redaktionskollegium: M. Kedrow (Hauptredakteur), O. Knipper-Tschechowa, A. Popow, J. Sewerin, N. Gortschakow, P. Markow, W. Prokofjew, N. Abalkin, N. Tschuschkin
Redaktion, Einführung und Anmerkungen von G. Kristi

ISBN 3-89487-000-1 (Gesamtausgabe)
ISBN 3-89487-002-8 (Bd. 2)

© Henschel Verlag Berlin 1963
3. Auflage 1993
Schutzumschlaggestaltung: Günter Hennersdorf
Fotomechanischer Nachdruck, verminderte Druckqualität
Gesamtherstellung: INTERDRUCK Leipzig GmbH

VORBEMERKUNG ZUR DEUTSCHEN AUSGABE

Dieses Buch befaßt sich mit all dem, was der Schauspieler erlernen muß, wenn er seine Rollen nicht nur erleben, sondern auch verkörpern, das heißt ausdrucksvoll auf der Bühne gestalten will. Es beweist, daß Stanislawski der Stimme und dem Sprechen, dem Körperausdruck, der äußeren Charakterisierung, dem Bewegungs- und Sprechrhythmus und vielem anderen die gleiche Aufmerksamkeit widmete wie den inneren Vorgängen, die der Schauspieler beherrschen muß, wenn sich der richtige schöpferische Zustand einstellen soll. Das allein schon ist geeignet, eine Reihe von Mißverständnissen aufzulösen, die noch nach dem I. Teil der „Arbeit des Schauspielers an sich selbst" möglich waren.
Aber noch etwas weitaus Wichtigeres zeigt sich in diesem Buch. Während Stanislawski die äußere Seite des Gestaltungsvorganges untersucht, stellt er immer wieder fest, daß sie nicht nur Ausdruck innerer Vorgänge ist, sondern sogar auf das Entstehen innerer Vorgänge einwirken kann. So entdeckt er zum Beispiel, daß der äußere Rhythmus der Handlung und des Sprechens das Gefühl anregen kann, ja sogar ein unmittelbarer Weg zum Erleben ist, genau wie die Aufgabenstellung den Willen von innen her mobilisiert und die vorgeschlagenen Situationen die Vorstellungskraft und das Urteilsvermögen auf den Plan rufen. Das heißt, daß Erleben und Verkörpern der Rolle nicht nur die zwei Seiten eines einheitlichen Gestaltungsvorgangs sind, sondern daß sie sich *wechselwirkend gegenseitig auslösen* können. Es gibt also keine Rangordnung mehr zwischen Erleben und Verkörpern. Der Weg „von außen" ist im Arbeitsprozeß ebenso möglich wie der „von innen".
Nicht immer war Stanislawski dieser Ansicht gewesen. In seiner Regie- und Schauspielerpraxis war er zwar ständig um die Verkörperung von Rollen bemüht; aber, im Gegensatz zu einer sinnentleerten Schauspielkunst ohne tiefes inneres Anliegen stehend, interessierte er sich zunächst vor allem für das, was der Schauspieler braucht, um seinem Tun auf der Bühne einen Sinn zu geben, um es rechtfertigen zu können. Daraus erklären sich Zuspitzungen im I. Teil, der „Arbeit des Schauspielers an sich selbst im schöpferischen Prozeß des Erlebens", der, obwohl 1938 erschienen, in die Anfangszeit von Stanislawskis methodischen Bemühungen zurückreicht. Etwa ab

1915 erst datiert Stanislawskis gesteigertes Interesse für das Sprechen und alle äußeren Vorgänge. Nun beginnt er, mit der gleichen Leidenschaft und gelegentlichen Ausschließlichkeit die schauspielerischen Ausdrucksmittel zu untersuchen. Er erprobt die Gesetze des Sprechens und der Sprache, wobei er sich zunächst auch auf die zu seiner Zeit vorliegenden wissenschaftlichen Ergebnisse stützt. Später kommt er mehr und mehr dazu, sie zu kritisieren und aufzuheben, weil sie der bestehenden Regellosigkeit nur einen Regelzwang entgegensetzen, der den sprecherischen Ausdruck des Schauspielers erstarren lassen kann.

Wir möchten den Leser bei diesem Beispiel darauf aufmerksam machen, daß sich aus der geschilderten Entwicklung für ihn Widersprüche ergeben werden. Stanislawski erforscht den schauspielerischen Arbeitsprozeß einmal unter dem Aspekt des Erlebens und einmal unter dem Aspekt des Verkörperns. Dabei deckt er immer wieder wichtige Gesetze für das schöpferische Handeln des Schauspielers auf. Aber in den Manuskripten, die diesem Buch zugrunde liegen und die verschiedenen Entwicklungsstufen entstammen, betont er nicht immer die Verflechtung und Wechselwirkung von Erleben und Verkörpern. Er führt auch Teiluntersuchungen durch. Hier darf der Leser nicht die wesentlichsten, fortwirkenden Erkenntnisse Stanislawskis aus dem Auge verlieren, um richtig einordnen und bewerten zu können. Die Datumangaben, die in den Anmerkungen wiedergegeben sind, könnten den Eindruck erwecken, daß die Manuskripte in den letzten Lebensjahren Stanislawskis verfaßt sind. Das trifft nur teilweise zu. Es handelt sich oft um frühere Aufzeichnungen, die Stanislawski zu diesem Zeitpunkt durchgesehen und datiert hat. Den ungeheuren Stoff vom Standpunkt seiner letzten Erkenntnisse aus noch einmal durchzuarbeiten, war ihm nicht mehr möglich. Aus dem letzten Lebensabschnitt stammen „Logik und Folgerichtigkeit" und, am Schluß des Anhangs, die „Inszenierung des Programms" (1937/38), in deren 2. Teil auch die reifsten und tiefsten Erkenntnisse Stanislawskis über Textbehandlung und Sprechen auf der Bühne zu finden sind (S. 389 ff.). Dazu kommen wahrscheinlich auch „Die Kontrolle des Befindens auf der Bühne" und „Die Perspektive des Schauspielers und der Rolle" (1934 begonnen).

Das Kapitel „Ethik und Disziplin", dessen Hauptteil, die „Ethik", auch bei uns seit 1950 durch eine frühere Einzelveröffentlichung bekannt ist, nimmt in dieser Beziehung eine besondere Stellung ein. Fragen der Ethik beschäftigten Stanislawski nachweisbar schon 1889, als er noch in einem – freilich sehr entwickelten – Liebhaberkreis tätig war. So verwandte er wahrscheinlich auch wesentlich älteres Material, als er von 1930 ab an diesem Kapitel arbeitete. (Der historischen Einschätzung der „Ethik" dient eine sowjetische Untersuchung, die von der 3. Auflage an der deutschen Ausgabe als Anhang beigegeben wurde.)

Wir haben in Fußnoten einige Hinweise gegeben, um den Leser bei der Ergänzung von Teilergebnissen und bei ihrer Einordnung zu beraten. Aber das genügt nicht. Um Stanislawski zu verstehen, das heißt mit dem eigenen Empfinden für schauspielerische Vorgänge von seinen Erfahrungen Besitz zu ergreifen, muß man seine Vorschläge ausprobieren. Seine Erfahrungen sind nur in einer schöpferischen Praxis überprüfbar, die die Widersprüche zwischen dem Erleben und Verkörpern aufhebt, wie Stanislawski selbst sie in seiner Praxis aufhob. Darüber berichten unter anderen

N. Gortschakow in „Regie – Unterricht bei Stanislawski" (Henschelverlag Berlin 1959) und W. Toporkow in „K. S. Stanislawski bei der Probe" (Henschelverlag Berlin 1952). Diese Augenzeugenberichte über Stanislawskis Praxis nach 1920 sollte man unbedingt heranziehen, um vermeidbaren Mißverständnissen nicht zu verfallen.

Auf den besonderen Charakter dieses Buches, der sich aus seiner posthumen Veröffentlichung ergibt, geht der sowjetische Herausgeber in seiner Einführung ein, die wir, um Wiederholungen zu vermeiden, gekürzt im Anhang bringen. Wir glaubten, den deutschen Leser nicht mit einem allzu umfangreichen wissenschaftlichen Apparat belasten zu sollen, und haben daher offensichtliche Wiederholungen im Text gestrichen, ohne den Inhalt in irgendeiner Weise anzutasten. Auch eine Reihe von Anmerkungen des sowjetischen Herausgebers, der sich der schwierigen Aufgabe der Textauswahl und -zusammenstellung mit größter Gewissenhaftigkeit unterzogen hat, haben wir aus diesem Grunde nicht übernommen. Eine wissenschaftliche Auseinandersetzung mit Stanislawskis Werk wird ohnehin die sowjetische Gesamtausgabe zum Vergleich heranziehen. Uns ging es darum, den deutschen Schauspielern und allen, die sich mit Stanislawskis Lebenswerk beschäftigen wollen, den Zugang dazu auch durch leichtere Lesbarkeit zu eröffnen.

Heinz Hellmich

DIE ARBEIT DES SCHAUSPIELERS
AN SICH SELBST
IM SCHÖPFERISCHEN PROZESS DES VERKÖRPERNS

I. ÜBERGANG ZUM VERKÖRPERN

Wir errieten, daß uns heute keine der üblichen Unterrichtsstunden erwartete, sondern daß etwas Außerordentliches bevorstand. Erstens waren der Eingang in den Theatersaal und der Zugang zur Bühne verschlossen, zweitens sauste Iwan Platonowitsch aufgeregt umher und lief dauernd in den Saal hinein und wieder heraus, wobei er die Tür jedesmal sorgfältig hinter sich zumachte. Offensichtlich waren dahinter allerlei Vorbereitungen im Gange. Überdies war es ungewöhnlich, daß sich auf dem Korridor, wo wir warten mußten, einige fremde Personen eingefunden hatten.
Gerüchte griffen um sich. Es wurde behauptet, das seien neue Lehrer für irgendwelche Unterrichtsfächer, die es bisher überhaupt noch nicht gab.
Endlich wurde die geheimnisvolle Tür aufgetan, Rachmanow[1] kam heraus und forderte uns alle auf einzutreten.
Der Zuschauerraum war ganz nach dem Geschmack unseres lieben Iwan Platonowitsch Rachmanow dekoriert.
Eine Stuhlreihe war den Gästen vorbehalten. Sie war mit kleinen Fähnchen geschmückt, die nach Farbe und Form denjenigen glichen, die schon an der linken Wand hingen.[2] Lediglich die Aufschriften waren andere.
Auf den neuen Fähnchen lasen wir: „Gesang", „Stimmbildung", „Diktion", „Sprachgesetze", „Tempo-Rhythmus", „Bewegungsstudien", „Tanz", „Gymnastik", „Fechten", „Akrobatik".
„Oho!" dachten wir, „da steht uns ja noch allerhand bevor!!"
Bald darauf trat Arkadi Nikolajewitsch ein, begrüßte unsere neuen Lehrer und wandte sich dann mit einer kurzen Ansprache an uns. Ich habe sie fast wörtlich mitstenografiert.
Er sagte: „Unsere Familie ist durch einige ausgezeichnete Lehrkräfte erweitert worden, die sich liebenswürdigerweise bereit erklärt haben, Ihnen ihre Erfahrungen und Kenntnisse zu vermitteln.
Der unermüdliche Iwan Platonowitsch hat das optisch zu demonstrieren versucht, damit sich dieser bedeutsame Tag fest in Ihr Gedächtnis einprägt.

Alles weist darauf hin, daß wir nun in eine neue wichtige *Etappe* unseres Programms eintreten.

Bislang haben wir uns mit der inneren Seite unserer Kunst, mit der Psychotechnik befaßt.

Ab heute werden wir uns mit der äußeren, physischen Technik,[3] mit unseren körperlichen Mitteln, beschäftigen, die in unserer Kunst eine außerordentlich wichtige Rolle spielen, müssen sie doch dem *unsichtbaren* schöpferischen Leben des Schauspielers *sichtbare* Gestalt verleihen.

Die äußere Verkörperung soll ja das ‚geistige Leben der Rolle' widerspiegeln.

Ich habe schon oft über das Erleben gesprochen, habe dabei aber noch nicht einmal den hundertsten Teil dessen gesagt, was Sie selbst gefühlsmäßig erfassen müssen, wenn vom intuitiven, unbewußten Gestalten die Rede sein wird.

Sie müssen wissen, daß der Bereich, in dem Sie das Material, die Mittel und die Technik des Erlebens finden, keine Grenzen kennt und sich nur verstandesmäßig nicht erfassen läßt.

Ebenso können auch die Methoden, mit deren Hilfe Sie Ihr unbewußtes Erleben gestalten müssen, nicht allein verstandesmäßig erfaßt werden. Auch sie müssen oft intuitiv in Aktion treten.

Das Bewußtsein ist dieser Aufgabe nicht gewachsen, einzig die Natur ist imstande, sie zu lösen. Die Natur ist die beste Schöpferin, Künstlerin und Technikerin. Sie allein beherrscht den inneren wie den äußeren Apparat des Erlebens und Verkörperns wirklich vollkommen. Allein die Natur vermag der groben *Materie*, aus der unsere Stimme und unser ganzer Körper nun einmal besteht, den *subtilsten, nicht materiellen* Gefühlsausdruck zu verleihen.

Bei dieser ungemein schwierigen Arbeit müssen wir unserer schöpferischen Natur jedoch zu Hilfe kommen. Wir dürfen das, was uns die Natur verliehen hat, nicht verstümmeln, sondern müssen es bis zur Vollkommenheit weiterentwickeln. Oder mit anderen Worten, wir müssen unseren Körper so weit ausbilden und trainieren, daß alle seine Teile die ihnen von der Natur zugedachte Aufgabe erfüllen können.

Wir müssen Stimme und Körper des Schauspielers auf ihren naturgegebenen Grundlagen weiterbilden. Das erfordert eine mühevolle, systematische und langwierige Arbeit, und ich rufe Sie dazu auf, sich vom heutigen Tage an dieser Mühe zu unterziehen. Wenn Sie das versäumen, wird sich erweisen, daß Ihr Körper für die ihm zugedachte diffizile Arbeit zu grobschlächtig ist.

Es ist nicht möglich, dem unbewußten, natürlichen Schaffen mit einem untrainierten Körper Gestalt zu verleihen, wie man ja auch Beethovens Neunte Sinfonie niemals auf verstimmten Instrumenten spielen könnte.

Je größer ein Talent ist und je subtiler es arbeitet, desto mehr Ausbildung und Technik verlangt es.

Bilden Sie daher Ihren Körper aus und unterwerfen Sie ihn den schöpferischen Befehlen der Natur..."

Nach dieser Ansprache stellte Arkadi Nikolajewitsch den Lehrern alle Schüler namentlich vor und vermittelte ihnen zugleich einen ersten Eindruck von unserem schauspielerischen Können, das heißt, er ließ jeden von uns eine Szene vorspielen.

Ich brachte wieder einmal den Szenenausschnitt aus „Othello".
Wie ich gespielt habe? Schlecht, denn ich zeigte lediglich *mich selbst* in der Rolle, meine ganze Sorge galt meiner Stimme, meinem Körper und meinen Bewegungen. Dabei macht das Bemühen, schön zu sein, doch nur befangen, es verkrampft die Muskeln, und jede Verkrampfung muß sich störend auswirken; sie schnürt den Hals zu und macht die Bewegungen unfrei.
Als alle fertig waren, forderte Arkadi Nikolajewitsch die neuen Lehrer auf, uns das tun zu lassen, was sie für angebracht hielten, um unsere schauspielerischen Fähigkeiten und Mängel besser kennenzulernen.
Da ging eine Hanswurstiade los, bei der mir wieder einmal jegliches Selbstvertrauen abhanden kam.
Zur Kontrolle unseres rhythmischen Gefühls mußten wir in verschiedenen Takten und Notenwerten einherschreiten, das heißt, wir mußten nach ganzen Noten, Viertel- und Achtelnoten, nach Synkopen, Triolen und so weiter gehen.
Es war einfach unmöglich, beim Anblick des riesenhaften gutmütigen Pustschin nicht laut herauszuplatzen, wie er da mit tragisch-hintergründiger Miene gewaltigen Schritts und unbeschwert von jeglichem Takt oder Rhythmus die kleine Bühne durchmaß, von der zuvor alle Möbelstücke fortgeräumt worden waren. Er hatte sämtliche Muskeln durcheinandergebracht und schwankte wie ein Betrunkener nach allen Seiten.
Und erst Umnowych und die Dymkowa, unsere Ibsenschwärmer! Sie hörten auch während der Übungen nicht auf, Selbstgespräche zu führen, was schrecklich komisch wirkte.
Dann mußten wir nacheinander aus den Kulissen heraus auf die Bühne treten, auf eine Dame zugehen, ihr eine Verbeugung machen und, nachdem sie uns mit einem Knicks gedankt hatte, die dargebotene Hand küssen. Das war scheinbar eine ganz unkomplizierte Aufgabe, doch was kam dabei heraus, besonders als Pustschin, Umnowych und Wjunzow ihre Weltgewandtheit beweisen wollten! Ich hätte mir nie träumen lassen, daß sie sich so plump und ungeschliffen anstellen könnten.
Aber nicht nur sie allein, sondern sogar Wesselowski und Goworkow, unsere Spezialisten in gutem Benehmen, waren dicht an der Grenze des Komischen.
Auch ich ... rief ein Lächeln hervor und war deshalb völlig niedergeschmettert.
Es ist erstaunlich, wie das Rampenlicht alle Schwächen und alles Komische am Menschen hervorhebt und verstärkt. Wenn ein Schauspieler an die Rampe tritt, wird er vom Zuschauer gleichsam durch eine Lupe betrachtet, die alles, was im wirklichen Leben unbemerkt bleibt, um ein Vielfaches vergrößert.
Mit diesem Umstand müssen wir immer rechnen. Darauf müssen wir stets vorbereitet sein.
Als Arkadi Nikolajewitsch und die Lehrer gegangen waren, hängten wir mit Iwan Platonowitsch die Fähnchen auf.
Ich will nicht beschreiben, was dabei geschah und gesprochen wurde, weil diese Schilderung nichts Neues bringen könnte.
Ich beschließe meine heutige Aufzeichnung mit einer Skizze über die Aufteilung der kleinen Fähnchen.

Übrigens sind – niemand weiß woher – drei Fahnen ohne Aufschrift aufgetaucht; sie gleichen aufs Haar den andern drei Fahnen, die auf der linken Wandhälfte, beim Prozeß des Erlebens, hängen. Sie sind ohne jeglichen Aufwand angebracht worden, und man hat uns nichts darüber gesagt. Auch heute gab Iwan Platonowitsch keinerlei Erläuterungen ab, sondern sagte nur: „Das erfahren Sie schon noch zu seiner Zeit, darauf können Sie sich verlassen!"[4]

II. DIE ENTWICKLUNG DER KÖRPERLICHEN AUSDRUCKSFÄHIGKEIT

1. Gymnastik, Akrobatik, Tanz

Heute wurde ein geheimnisvoller, neben dem Korridor gelegener Raum aufgetan, in den zuvor noch keiner von uns einen Blick geworfen hatte. Es wird gemunkelt, daß dort ein *Schulmuseum* eingerichtet werden soll, das zugleich auch als *Versammlungsraum* dienen würde. In diesem Zimmer soll eine Sammlung von Fotos und Reproduktionen der schönsten Kunstwerke der Welt Platz finden. So werden wir den größten Teil des Tages, den wir ja in der Schule verbringen, von Kunstwerken umgeben sein und mit dem Schönen vertraut werden.

Als Kontrast zu diesem Klassischen Museum soll auch noch ein kleines Museum für Kitsch und Geschmacklosigkeiten entstehen. Es wird unter anderem Fotografien von Schauspielern in konventionellen theatralischen Kostümen, Masken und Posen enthalten. Diese Sammlung soll gleich nebenan, in Iwan Platonowitschs Arbeitszimmer, Platz finden. Für gewöhnlich hinter einem Vorhang verborgen, wird sie uns Schülern nur bei außerordentlichen Anlässen aus pädagogischen Gründen, sozusagen als Beweisführung durch das Gegenteil, vorgeführt werden.

Das alles sind neue Ideen unseres unermüdlichen Iwan Platonowitsch.

Augenscheinlich wird der Plan für dieses Museum jedoch noch nicht so schnell verwirklicht, denn wir fanden den geheimnisvollen Raum noch in einem völlig chaotischen Zustand vor. Da gab es wertvolle Stücke, Gipsfiguren, kleine Statuen, mehrere Bilder, Möbelstücke im Stil der Epoche der Zaren Alexander und Nikolaus, einen Schrank mit hervorragenden Werken über Kostümkunde. Eine Unmenge Fotos waren unordentlich über Stühle, Fenster und Tische, auf dem Klavier und auf dem Fußboden verstreut. Einige hatte man bereits an den Wänden angebracht. Zwei Ecken des Raumes waren von einem ganzen Waffenarsenal ausgefüllt. Dort lehnten Rapiere an der Wand, lagen Degen, Dolche, Fechtmasken, Brustleder und Boxhandschuhe herum. Offenbar stehen uns noch mehrere neue sportliche Disziplinen bevor.

Und noch etwas verdient erwähnt zu werden. An der Wand hing eine Bekanntmachung, auf der die Besuchszeiten der Moskauer Museen, Gemäldegalerien und so weiter verzeichnet sind. Aus den Notizen auf dem Anschlag schloß ich, daß für uns

ein systematischer Besuch aller Sehenswürdigkeiten der Stadt vorgesehen ist. Diese Exkursionen sollen unter Leitung erfahrener Fachleute stattfinden, die uns Vorträge über die Aufgaben unserer Kunst halten werden.
Der gute Iwan Platonowitsch! Wieviel tut er für uns und wie wenig Dank wissen wir ihm dafür!

Heute war Arkadi Nikolajewitsch wohl zum ersten Mal im Gymnastikunterricht anwesend und unterhielt sich lange mit uns. Das Wichtigste habe ich mitstenografiert: „Die Menschen verstehen nicht, sich der Möglichkeiten ihres Körpers zu bedienen. Ja, nicht genug damit: sie sind noch nicht einmal imstande, ihn in Ordnung zu halten und weiterzubilden. Schlaffe Muskeln, ein verkrümmtes Rückgrat, falsche Atmung sind gewohnte Erscheinungen im täglichen Leben. Das alles sind die Folgen der Unfähigkeit, unseren Körper richtig zu entwickeln. Es kann daher auch nicht wundernehmen, daß er die ihm von der Natur zugedachte Arbeit nur ungenügend bewältigt.
Die gleiche Ursache haben auch die unproportionierten Körper und die unharmonischen Bewegungen, die man immer wieder sieht.
Viele dieser Mängel könnten vollständig oder doch wenigstens teilweise beseitigt werden. Aber die Menschen machen nicht immer Gebrauch von dieser Möglichkeit. Wozu auch, meinen sie. Körperliche Fehler bleiben im privaten Leben meistens unbemerkt. Sie sind für uns zu normalen, gewohnten Erscheinungen geworden.
Auf der Bühne dagegen können viele unserer körperlichen Schwächen nicht geduldet werden, denn Tausende von Zuschauern sehen den Schauspieler gleichsam vergrößert. Daher muß der Körper des Schauspielers gesund und schön und seine Bewegungen müssen plastisch und harmonisch sein. Die Gymnastik, die Sie seit mehr als einem halben Jahr betreiben, soll dazu beitragen, Ihren Körper gesund zu machen und vorhandene Fehler auszumerzen.
Auf diesem Gebiet ist bereits viel erreicht worden. Durch systematische tägliche Übungen haben Sie nicht nur die wichtigen Zentren Ihres Muskelsystems aktiviert, die im Alltag sowieso trainiert werden, sondern auch diejenigen Teile, die bei Ihnen noch nicht entwickelt waren; nicht nur die gebräuchlichsten gröberen Bewegungszentren, sondern auch die feineren, die von uns seltener beansprucht werden. Wenn man ihnen nicht die notwendige Arbeit verschafft, besteht die Gefahr, daß sie absterben und verkümmern. Durch die Wiederbelebung dieser Muskelpartien haben Sie neue Empfindungen, neue Bewegungen und neue, differenziertere Ausdrucksmöglichkeiten kennengelernt, von denen Sie bislang keine Ahnung hatten.
Alles das trägt dazu bei, Ihren Körper beweglicher, elastischer, ausdrucksvoller, reaktionsfähiger und feinfühliger zu machen.
Jetzt ist es an der Zeit, eine andere, noch wichtigere Arbeit in Angriff zu nehmen, die ebenfalls in den Gymnastikunterricht gehört."
Nach einer kurzen Pause stellte uns Arkadi Nikolajewitsch die Frage:
„Finden Sie Gefallen am Körperbau der Kraftmenschen, Zirkusathleten und Ringkämpfer? Ich für mein Teil kann mir nichts Häßlicheres denken als einen Menschen mit riesenhaften Schultern, dessen Körper so mit unmäßigen Muskelpaketen beladen

ist, daß er nichts mehr mit harmonischen Proportionen zu tun hat. Haben Sie auch schon Gelegenheit gehabt, dieselben Athleten im Frack zu sehen, den sie nach ihrem Auftritt anlegen, um das Gefolge des Zirkusdirektors zu bilden, der einen herrlichen Hengst vorführt? Müssen Sie beim Anblick dieser komischen Gestalten nicht auch an die Fackelträger bei einer Beerdigung denken?! Wie würde es aber erst aussehen, wenn sich diese Figuren in die enganliegende mittelalterliche venezianische Tracht zwängen oder ein Lederkoller des 18. Jahrhunderts anlegen wollten? Wie lächerlich würden sie darin wirken!
Ich kann nicht entscheiden, inwieweit eine derartige körperliche Ertüchtigung im Bereich des Sportes unerläßlich ist. Meine Pflicht ist es lediglich, Sie rechtzeitig darauf hinzuweisen, daß auf der Bühne für eine solche gewollte Entstellung des Körpers kein Platz sein kann. Wir brauchen kräftige, starke, durchtrainierte, ebenmäßig und gut gebaute Körper ohne unnatürliche Muskelwülste. Der Körper soll durch Gymnastik nicht entstellt, sondern korrigiert werden.
Sie stehen jetzt am Scheideweg. Wofür wollen Sie sich entscheiden! Wollen Sie Ihre Muskeln für die Belange des Sports trainieren oder den Aufgaben unserer Kunst anpassen! Wir wollen Ihnen natürlich den letzteren Weg weisen.
Sehen Sie, wir stellen an den Gymnastikunterricht ähnliche Anforderungen wie an die Bildhauerei. Genau wie ein Bildhauer danach trachtet, in seinen Figuren die harmonischen, schönen Proportionen und Verhältnisse zwischen den einzelnen Teilen zu finden, muß der Gymnastiklehrer bemüht sein, mit lebendigen Körpern dasselbe Ziel zu erreichen. Es gibt keinen Körperbau, der von vornherein ideal ist, man muß ihn erst entwickeln. Dazu muß man sich seinen Körper zunächst einmal genau betrachten und sich über die Proportionen der einzelnen Teile klarwerden. Wenn man dann die eigenen körperlichen Mängel kennt, muß man korrigieren und weiterentwickeln, was die Natur versäumt hat, und das zu erhalten suchen, was ihr gelungen ist. So haben manche Menschen zu schmale Schultern und einen eingefallenen Brustkorb. Diese Partien gilt es zu trainieren, um die Schulter- und Brustmuskulatur zu kräftigen. Andere haben wiederum zu breite Schultern und eine unmäßig vorgewölbte Brust. Warum soll man diese Mängel durch gymnastische Übungen noch verschlimmern? Wäre es nicht ratsamer, diese Partien in Ruhe zu lassen und lieber alle Aufmerksamkeit auf die Beine zu konzentrieren, die vielleicht zu dünn geraten sind? Durch das entsprechende Training der Beinmuskulatur kann man erreichen, daß die Beine die richtige Form annehmen. Zusätzlich kann die Gymnastik durch sportliche Übungen unterstützt werden. Alles übrige sollte man dem Maskenbildner, dem Kostümbildner, einem guten Schneider und Schuhmacher überlassen.
Bei allen Übungen kommt es darauf an, die richtigen Proportionen und den goldenen Schnitt des Körpers zu finden."[1]

In der heutigen Gymnastikstunde erschien Torzow mit einem bekannten Moskauer Zirkusclown.
Arkadi Nikolajewitsch begrüßte ihn und sagte:
„Von heute an wird die Akrobatik in unser Unterrichtsprogramm aufgenommen. Und so merkwürdig es auch klingen mag, sie ist mehr für den inneren als den äuße-

ren Gebrauch des Schauspielers bestimmt ... denn er braucht sie für die *intensivsten Seelenregungen*, für – die *schöpferische Intuition*.
Sie sind erstaunt, das von mir zu hören? *Mein Ziel ist es, Sie durch Akrobatik zur Entschlußfähigkeit zu erziehen.*
Es wäre schlimm, wenn ein Akrobat vor einem Salto mortale oder einer halsbrecherischen Nummer erst lange nachdenken und überlegen wollte. Ein solches Zögern brächte ihn in Todesgefahr. In derlei Augenblicken darf man nicht mehr zögern, man muß handeln, ohne zu überlegen, man muß sich ein Herz fassen und sich dem Zufall anvertrauen, man muß sich fallen lassen wie in eiskaltes Wasser! Komme, was da wolle!
Das gleiche gilt für einen Schauspieler, der sich dem stärksten Moment, dem Höhepunkt seiner Rolle nähert. Da darf man nicht mehr nachdenken, zögern, überlegen, sich lange vorbereiten oder sich selbst noch kontrollieren. Hier gilt es zu handeln und die Hürden mit Anlauf zu nehmen. Leider haben die meisten Schauspieler eine andere Einstellung zu derartigen Situationen. Sie haben Angst vor solchen starken Momenten und fangen schon lange vorher an, sich sorgfältig darauf vorzubereiten. Daraus resultiert dann jene Befangenheit, die den Schauspieler daran hindert, sich in den Kulminationspunkten der Rolle wirklich ganz zu entfalten und sich ihnen vollkommen und uneingeschränkt hinzugeben. Ohne ein paar blaue Flecke oder Beulen an der Stirn wird es dabei nicht abgehen. Ihr Lehrer wird darauf achten, daß es nicht zu arg damit wird. Es schadet aber auch gar nichts, wenn Sie sich ‚um der Wissenschaft willen' einmal ein bißchen weh tun. Das wird Sie dazu anhalten, dieselbe Übung beim nächsten Mal ohne überflüssiges Nachdenken, ohne Zögern *aus physischer Intuition und Begeisterung heraus mutig und entschlossen* zu wiederholen. Wenn Sie sich diese Willenskraft erst einmal auf dem Gebiet körperlicher Betätigung erworben haben, wird es Ihnen leichter fallen, sie auch auf die starken Momente Ihrer Gefühlsregungen zu übertragen. Dort werden Sie ebenfalls lernen, den Rubikon ohne Zögern zu überschreiten und sich der Kraft von Intuition und Begeisterung unbedenklich und uneingeschränkt anzuvertrauen. Situationen dieser Art finden sich in jeder starken Rolle, und die Akrobatik soll Ihnen im Rahmen ihrer Möglichkeiten bei der Überwindung solcher Schwierigkeiten behilflich sein.
Darüber hinaus wird Ihnen die Akrobatik auch noch einen anderen Dienst erweisen: Sie wird Ihnen helfen, beim Aufstehen, beim Drehen und Wenden, beim Laufen, bei allen komplizierten und schnellen Bewegungen auf der Bühne gewandter, flinker und lockerer zu werden. Sie sollen lernen, sich in einem raschen Tempo und Rhythmus zu bewegen. Ich wünsche Ihnen dazu viel Erfolg."
Kaum hatte Arkadi Nikolajewitsch den Raum verlassen, forderte unser Lehrer uns schon auf, es auf dem glatten Fußboden mit Purzelbaumschlagen zu versuchen. Ich meldete mich als erster, denn Torzows Worte hatten einen tiefen Eindruck auf mich gemacht. Wer leidet wohl so wie ich darunter, daß er mit den tragischen Momenten nicht fertigwerden kann!
Ohne mich lange zu besinnen, schlug ich einen Purzelbaum. Bums!!! – und schon hatte ich eine mächtige Beule am Hinterkopf weg! Da packte mich die Wut, und ich probierte es zum zweiten Mal. Bums – die nächste Beule!

Heute setzte Arkadi Nikolajewitsch seinen Rundgang fort und wohnte zum ersten Mal dem Tanzunterricht bei, der seit Beginn des Studienjahres zu unserem Lehrprogramm gehört.

Er sagte, daß dem Tanzunterricht keine grundlegende Bedeutung für die Ausbildung des Körpers zukomme. Genau wie die Gymnastik übe er lediglich eine unterstützende Funktion aus und diene der Vorbereitung auf andere, wichtigere Übungen. Trotz dieser Einschränkung hält Torzow den Tanzunterricht für sehr wertvoll.

Das Tanzen gibt nicht nur dem Körper Haltung, es läßt auch die Bewegungen weiträumiger und großzügiger werden, es verleiht ihnen Präzision und Geschlossenheit. Das ist sehr wichtig, denn eine hastige, abgehackte Gebärde kann niemals bühnenwirksam sein.

„Außerdem schätze ich den Tanzunterricht, weil das Tanzen den Armen, den Beinen und dem Rückgrat eine gute Haltung verleiht und sie dahin stellt, wohin sie gehören", fuhr Arkadi Nikolajewitsch fort.

„Bei manchen Menschen, die eine flache Brust und abfallende Schultern haben, baumeln die Arme vor dem Körper und schlagen beim Gehen gegen Leib und Schenkel. Bei anderen wiederum sind Schultern und Rumpf nach hinten verdreht, der Leib wölbt sich zu weit heraus, und die Arme hängen hinten am Rücken. Weder die eine noch die andere Haltung ist richtig, denn die Arme müssen sich seitlich neben dem Körper befinden.

Oft sind die Arme auch verdreht, so daß die Ellenbogen nach innen, dem Körper zugewandt sind. Dann muß man sie in die entgegengesetzte Richtung biegen. Das darf aber nur mit Maßen geschehen, da jede Übertreibung die Haltung verdirbt und nur Schaden anrichtet.

Nicht weniger wichtig ist auch die Beinstellung. Wenn sie nicht stimmt, wird die ganze Figur beeinträchtigt, sie erscheint dadurch ungeschickt, schwerfällig und plump.

Die Beine der Frauen sind meistens von der Hüfte bis zum Knie nach innen verdreht. Ebenso die Füße: die Fersen sind häufig nach außen gekehrt, während die Zehenspitzen nach innen weisen. Durch Ballettübungen an der Stange kann man diese Mängel gut korrigieren. Die Beine werden dabei von den Hüften ab nach außen gedreht und so in die richtige Stellung gebracht. Außerdem werden sie dadurch auch besser proportioniert. Eine gute Beinstellung in den Hüften wirkt sich auch auf die Füße aus. Die Fersen stehen nun nebeneinander, während die Zehen auseinandergehen.

Übrigens helfen dazu nicht nur die Übungen an der Stange, sondern noch viele andere Exerzitien, die auf bestimmten ‚Positionen' und ‚pas' aufgebaut sind und eine richtige Beinhaltung und Fußstellung voraussetzen.

In diesem Zusammenhang möchte ich Ihnen noch eine Art Hausmittel zum täglichen Gebrauch empfehlen. Es ist ganz einfach. Stellen Sie Ihren linken Fuß so hin, daß die Zehen möglichst weit nach außen gedreht sind. Dann setzen Sie den rechten Fuß mit gleichfalls möglichst weit nach außen gerichteten Fußzehen dicht vor den linken. Dabei müssen die Zehen des rechten Fußes die Ferse des linken berühren, und die Zehen des linken Fußes dicht an die Ferse des rechten herankommen. Bei dieser

Übung werden Sie sich in der ersten Zeit noch an einem Stuhl festhalten müssen, um nicht hinzufallen, auch werden Sie sich in den Knien und mit dem ganzen Körper stark verbiegen. Trachten Sie jedoch danach, sowohl die Beine als auch den Rumpf möglichst geradezurichten. Dadurch werden die Beine gezwungen, sich in den Hüften nach außen zu drehen. Die Füße werden zunächst allerdings noch etwas voneinander entfernt stehen, sonst dürfte es Ihnen kaum gelingen, sich gerade aufzurichten. Allmählich werden sich Ihre Beine jedoch mehr und mehr nach außen biegen, und es wird Ihnen gelingen, die beschriebene Stellung einzunehmen. Diese Übung wiederholen Sie mehrmals am Tage – bleiben Sie so lange stehen, wie es Zeit, Geduld und Kraft erlauben. Je länger Sie aushalten, desto intensiver und schneller werden sich Ihre Beine in den Hüften und Fußgelenken nach außen drehen.
Bei der Ausbildung eines beweglichen und ausdrucksvollen Körpers kommt dem Training der Hände und Füße gleichfalls große Bedeutung zu.
Auch hier können wir Ballett- und Tanzübungen zu Hilfe nehmen. Die Füße sind im Tanz überaus beredt und ausdrucksvoll.
Wenn sie in verschiedenen ‚pas' über den Boden gleiten, beschreiben sie, ähnlich der Spitze einer Feder auf einem Blatt Papier, die verschlungensten Muster. Beim Spitzentanz könnte man meinen, die Füße schweben über dem Boden. Die Fußzehen fangen Stöße ab, verleihen der Bewegung Ebenmaß und Grazie und prägen zugleich den Rhythmus und die Akzente des Tanzes. Daher ist es auch nicht verwunderlich, daß man in der Ballettkunst so sehr auf die Fußzehen und deren Durchbildung achtet. Wir sollten uns die dort entwickelten Methoden zunutze machen.
Weniger gut ist es, meiner Ansicht nach, in der Ballettkunst um die Hände bestellt. Ich habe nichts übrig für die Handbewegungen der Tänzerinnen, denn sie sind affektiert und unnatürlich; sie sind eher gefällig und hübsch als wirklich schön. Viele Ballerinen tanzen aber auch mit leblosen, unbeweglichen oder vor Anstrengung verkrampften Händen und Fingern.
Hier tun wir besser daran, die Schule Isadora Duncans[2] zu Rate zu ziehen, die mit den Händen besser umzugehen versteht.
Im Ausbildungsprogramm der Ballettschüler gibt es noch einen anderen Gesichtspunkt, auf den ich großen Wert lege, weil er für die ganze weitere Körpererziehung, für den plastischen Bewegungsausdruck, für den allgemeinen Körperaufbau und die Haltung außerordentlich wichtig ist.
Und zwar geht es um die Wirbelsäule. Sie muß fest im Becken verankert, gleichsam darin festgeschraubt sein. Wenn man das Empfinden hat, daß die gedachte Schraube fest sitzt, hat der obere Teil des Rumpfes eine feste Stütze, einen Schwerpunkt, und kann sich gerade und aufrecht halten.
Wenn sich die imaginäre Schraube jedoch lockert, verliert die Wirbelsäule und demzufolge der ganze Körper die Stütze, das Ebenmaß und dadurch auch die Fähigkeit, sich schön und ausdrucksvoll zu bewegen.
Diese imaginäre Schraube, dieses Zentrum, von dem die Wirbelsäule gestützt wird, ist in der Ballettkunst von großer Bedeutung. Dort weiß man es zu entwickeln und zu kräftigen. Machen Sie sich diese Erfahrung zunutze und lernen Sie, wie man die Wirbelsäule trainieren, kräftigen und ihr eine gute Haltung geben kann.

Auch in diesem Fall kann ich Ihnen ein altes, bewährtes Hausmittel zum täglichen Gebrauch empfehlen.
Kinder mit schlechter Haltung wurden früher von ihren französischen Gouvernanten angehalten, sich auf einen harten Tisch oder auf den Fußboden so hinzulegen, daß Nacken und Wirbelsäule fest auf dem Untergrund auflagen. So mußten die Kinder jeden Tag stundenlang liegenbleiben, während die geduldige Gouvernante ihnen aus einem spannenden französischen Buch vorlas.
Es gab auch noch ein anderes einfaches Mittel, um die schlechte Haltung bei Kindern zu korrigieren. Man ließ sie die angewinkelten Arme nach hinten biegen und steckte ihnen einen Stock zwischen Arme und Rücken. Natürlich suchten die Arme ihre normale Stellung wiederzuerlangen und preßten daher den Stock an den Rücken. So wurde das Kind gezwungen, sich geradezuhalten. Unter der strengen Aufsicht ihrer Gouvernante mußten die Kinder fast den ganzen Tag über mit diesem Stock herumlaufen, wodurch die Wirbelsäule sich allmählich wieder geraderichtete.
Während die Gymnastik exakte, fast schroffe Bewegungen mit starken Akzenten und beinahe militärischem Rhythmus entwickelt, geht es im Tanz darum, Gleichmaß, Großzügigkeit und Kantilene in die Gebärde zu bringen. Der Tanz bringt die Gebärde zur Entfaltung, er gibt ihr Linie, Form, Zielstrebigkeit und Schwung. In der Gymnastik sind die Bewegungen geradlinig, im Tanz dagegen verschlungen und vielfältig.
Die Weite und Eleganz der Bewegungen nimmt beim Tanz jedoch oft übertriebene, affektierte Formen an. Wenn ein Tänzer oder eine Tänzerin bei einer Pantomime auf eine eintretende oder fortgehende Person oder auf einen leblosen Gegenstand weisen muß, so strecken sie ihre Hand beileibe nicht einfach in die nötige Richtung, sondern führen sie zuvor noch in die entgegengesetzte Richtung, um dadurch Weite und Schwung ihrer Gebärde zu vergrößern. Dabei bemühen sie sich dann noch, diese ohnehin schon unmäßig vergrößerte Bewegung noch eleganter und gespreizter auszuführen als es eigentlich erforderlich wäre. So entsteht die gezierte und unnatürliche Geste, die oft so übertrieben und komisch wirkt wie eine Karikatur des Tanzes.
Um diesen Fehler beim Schauspieler zu vermeiden, muß ich Ihnen ins Gedächtnis zurückrufen, was ich schon wiederholt gesagt habe: Eine Gebärde um ihrer selbst willen hat keinen Platz auf der Bühne. Hüten Sie sich davor, dann werden Sie sich auch vor einem affektierten Spiel und anderen Gefahren schützen.
Leider können sich diese schlechten Angewohnheiten aber auch in die Handlung selbst einschleichen. Um das zu verhindern, müssen Sie lediglich darauf bedacht sein, daß Ihre Handlungen auf der Bühne stets aufrichtig, produktiv und zielbewußt bleiben. Dann brauchen Sie Ihre Zuflucht nicht zu Affektiertheit, Sentimentalität oder ballettartigen Übertreibungen zu nehmen. Alles das wird durch die Zweckmäßigkeit und Zielstrebigkeit Ihres Verhaltens ganz von selbst verdrängt."
Zum Schluß der Stunde ereignete sich ein rührender Zwischenfall, den ich hier festhalten will, weil er sich auf ein neues Unterrichtsfach bezieht, das in unseren Lehrplan aufgenommen werden soll. Überdies wirft er ein bezeichnendes Licht auf Rachmanow und die ungewöhnliche Hingabe, mit der er arbeitet.

Als Arkadi Nikolajewitsch die Stunden und Übungen aufzählte, die der Körperkultur und der Entwicklung unserer Ausdrucksfähigkeit dienen sollen, bemerkte er nebenbei, daß er noch keinen Lehrer für *Mimik* gefunden hätte, wobei er allerdings sofort die folgende Einschränkung machte:
„Natürlich kann die Mimik nicht gelehrt werden, denn dadurch würde man lediglich der Ausbildung eines unnatürlichen Grimassenspiels Vorschub leisten. Echte Mimik entsteht von selbst, ganz natürlich, aus der Intuition heraus und spiegelt das innere Erleben wider. Dessenungeachtet kann man sie jedoch durch Bewegungsübungen der Gesichtsmuskeln fördern. Nur – zu diesem Zweck muß man genau über die Gesichtsmuskulatur Bescheid wissen, und ich kann keinen geeigneten Lehrer dafür ausfindig machen."
Darauf meldete sich Rachmanow in seinem gewohnten Feuereifer und versprach, sich die erforderlichen Kenntnisse so schnell wie möglich anzueignen und, wenn nötig, sogar auch Leichen in der Anatomie zu sezieren, um sich dadurch allmählich zum Lehrer für das Unterrichtsfach Mimik zu klassifizieren.
„Dann werden wir auch den so dringend benötigten Lehrer haben, der sich in den Stunden für ‚Training und Drill' um die Ausbildung Ihrer Gesichtsmuskeln kümmern wird."

Eben bin ich von Pascha Schustows Onkel zurückgekommen, wohin mich Pascha fast gewaltsam mitgeschleppt hatte.
Dort war nämlich ein alter Freund des Onkels, der berühmte Schauspieler W...[3], zu Besuch, den ich, wie Pascha sagte, unbedingt sehen müßte. Und er hatte recht. Ich habe heute einen hervorragenden Schauspieler kennengelernt, der mit Augen und Mund, mit Ohren, Nasenspitze und Fingern, mit kaum wahrnehmbaren Bewegungen und Wendungen zu sprechen vermag.
Ob er das Äußere eines Menschen, die Form eines Gegenstandes oder eine Landschaft beschreibt, immer stellt er verblüffend anschaulich dar, *was* vor seinem inneren Auge erscheint und *wie* er es sieht.
Als er zum Beispiel die Wohnungseinrichtung eines seiner Freunde beschrieb, der noch wohlbeleibter ist als er selbst, verwandelte sich der Erzähler vor unseren Augen gleichsam in eine bauchige Kommode, einen großen Schrank oder einen schweren Stuhl. Dabei kopierte er nicht etwa die Dinge, sondern vermittelte uns den Eindruck der im Zimmer herrschenden Enge.
Als er sich mit seinem dicken Freunde gleichsam durch die imaginären Möbelstücke hindurchzwängte, meinten wir, zwei Bären in ihrer Höhle vor uns zu sehen.
Um diese Szene darzustellen, brauchte er noch nicht einmal von seinem Stuhl aufzustehen. Er neigte sich im Sitzen lediglich etwas hin und her, wobei er sich nach allen Seiten drehte und wendete und seinen dicken Bauch einzog; das genügte vollauf, um uns glauben zu lassen, daß er sich durch ein enges Zimmer hindurchzwängte.
Als er dann schilderte, wie jemand von einer fahrenden Straßenbahn abgesprungen und dabei auf einen Pfeiler aufgeprallt sei, schrien wir alle wie aus einem Munde laut auf, denn der Erzählende hatte uns den Vorfall geradezu leibhaftig miterleben lassen.

Noch erstaunlicher waren jedoch die wortlosen Einwände des Gastes, als Schustows
Onkel davon sprach, wie sie beide in jungen Jahren einmal derselben Dame den Hof
gemacht hätten. Dabei prahlte der Onkel humorvoll mit seinem Erfolg und berichtete
sehr komisch von dem Korb, den sein Freund W... sich geholt hatte.
Letzterer blieb stumm und warf nur an bestimmten Stellen der Erzählung uns allen
Blicke zu, die zu sagen schienen:
„Was für ein unverschämter Lümmel! Schwindelt das Blaue vom Himmel herunter,
und ihr Dummköpfe hört euch den Unsinn an und glaubt ihm obendrein!"
Einmal schloß der Dicke dabei in gespielter Verzweiflung und Ungeduld die Augen,
blieb hocherhobenen Hauptes wie versteinert sitzen, wobei er lediglich mit den
Ohren wackelte. Es sah aus, als ob er dadurch wie mit Händen das aufdringliche
Geschwätz seines Freundes von sich abwehren wollte.
Als Schustows Onkel fortfuhr aufzuschneiden, wackelte der Gast mit seiner Nasenspitze abwechselnd nach rechts und links. Nun runzelte er verschmitzt erst die eine,
dann die andere Augenbraue, machte eine knappe Bewegung mit der Stirn, zauberte
ein breites Lächeln auf die dicken Lippen und demonstrierte mit diesen kaum wahrnehmbaren Gesten beredter als mit Worten die Unglaubwürdigkeit der Behauptungen seines Freundes.
Bei einem anderen scherzhaften Streit disputierten die beiden wortlos, allein mit
den Fingern. Offenbar ging es wieder um eine Liebesaffäre, bei der sie sich gegenseitig auf die Schliche gekommen waren.
Zuerst drohte der Besucher vielsagend mit dem Zeigefinger, womit er deutlich einen
Vorwurf ausdrückte. Schustows Onkel antwortete mit derselben Geste, aber mit dem
kleinen Finger. Während die erste Gebärde eine Drohung enthielt, war die zweite
sichtlich ironisch gemeint.
Als der beleibte Gast dem Onkel dann schließlich mit dem feisten Daumen seiner
riesigen Pranke drohte, empfanden wir diese Geste als letzte Warnung.
Für die weitere Unterhaltung mußten dann schon die Hände herhalten, mit deren
Hilfe ganze Episoden aus der Vergangenheit dargestellt wurden. Jemand hatte sich
irgendwo eingeschlichen und dort verborgen. Unterdessen hatte ein anderer ihn
gesucht, aufgestöbert und verprügelt. Dann war der erste ausgerissen, der andere
hatte ihn verfolgt und eingeholt. Alles das endete wiederum mit ironischen Vorwür-
fen und Warnungen, die einzig und allein mit den Fingern ausgedrückt wurden.
Nach Tisch beim Kaffee brachte der Onkel seinen Freund und Gast dazu, uns seine
Glanznummer „Das Gewitter" vorzuführen, die er nicht nur anschaulich, sondern,
wenn ich so sagen darf, auch psychologisch ganz hervorragend darstellte, wobei er
wiederum nur sein Mienenspiel und seine Augen zu Hilfe nahm.[4]

2. Bewegungsstudien*

Heute kam Arkadi Nikolajewitsch zum Rhythmikunterricht und sagte zu uns: „Von heute ab unterrichtet Sie Xenia Petrowna Sonowa in den *Bewegungsstudien*, die parallel mit der rhythmischen Gymnastik nach Dalcroze[1] laufen. Mir ist daran gelegen, daß Sie sich über Sinn und Aufgabe des neuen Unterrichtsfaches klarwerden; darum wollen wir uns vor Beginn der Stunde erst ein wenig unterhalten."
Nach kurzer Pause fuhr er fort:
„Ich messe den Bewegungsstudien große Bedeutung bei. Gewöhnlich ist man der Ansicht, daß der Bewegungsunterricht von einem der üblichen, rein handwerklich arbeitenden Tanzpädagogen erteilt werden müsse und daß die Methoden und ‚pas' der Tanzkunst genau die Bewegungen lehren, die auch wir Schauspieler brauchen. Ist diese Ansicht zutreffend?
Es gibt zum Beispiel eine Reihe von Ballerinen, die beim Tanzen ihre Hände schwenken, den Zuschauern lediglich ihre ‚Posen' und ‚Gesten' zeigen wollen und sich selbst dabei an dieser äußerlichen Grazie begeistern. Sie suchen die anmutige Bewegung um ihrer selbst willen; sie studieren ihren Tanz ein als eine Folge von ‚pas' ohne inneren Gehalt und schaffen damit eine Form, der jeglicher Sinn fehlt.
Kann der Schauspieler mit einer solchen äußerlichen, gehaltlosen Bewegung etwas anfangen?
Stellen Sie sich bitte die Jüngerinnen der Terpsichore einmal außerhalb der Bühne in ihren Alltagskleidern vor. Bewegen sie sich etwa so wie es für uns, für unsere Kunst, erforderlich ist? Können wir ihre ganz spezifische Grazie und unnatürliche Eleganz für unsere Ziele verwerten?
Auch unter den Schauspielern gibt es solche Leute, für die die ausdrucksstarke Bewegung nur ein Mittel ist, um die Herzen ihrer Verehrerinnen zu erobern. Schauspieler dieses Schlages kombinieren *Posen* aus anmutigen Wendungen ihres Körpers oder beschreiben mit den Armen sinnlose, verzwickte Linien in der Luft. Derartige ‚Gesten' beginnen in den Schultern, den Hüften oder dem Rückgrat, sie setzen sich über die Oberfläche der Arme, Beine, des ganzen Körpers fort und kehren dann wieder zu ihrem Ausgangspunkt zurück, ohne im mindesten zur schöpferischen Handlung zu werden, ohne überhaupt eine Aufgabe zu erfüllen. Eine solche Bewegung ist wie ein Laufbursche, der Briefe austrägt, deren Inhalt ihm völlig gleichgültig ist. Mögen diese Gesten noch so anmutig sein, sie sind genau so leer und sinnlos wie die Armbewegungen, die manche Tänzerinnen um der bloßen Schönheit willen vollführen. Wir können weder mit den Kunstgriffen des Balletts, noch mit schauspielerischen *Posen* und theatralischen *Gesten* etwas anfangen, die nur am Äußerlichen, an der Oberfläche klebenbleiben. Sie sind gewiß nicht imstande, das innere Leben eines Othello, Hamlet, Tschazki oder Chlestakow wiederzugeben.

* *Wörtlich: Die Plastik. „Plastik" laut Uschakow (Handbuch der russischen Sprache, Moskau 1940): „Die Kunst rhythmischer und graziöser Bewegungen des menschlichen Körpers, dem Tanz verwandt (Theaterjargon)", von uns auch mit „plastischer Ausdruck", „plastische Bewegung" oder „ausdrucksvolle Bewegung" wiedergegeben. (Anm. d. Hrsg.)*

Wir sollten lieber danach trachten, die durch die Bühnengesetze bedingten Posen und Gesten zu nutzen, um mit ihrer Hilfe eine lebendige Aufgabe zu erfüllen und echtes inneres Erleben zu offenbaren. Dann nämlich hört die Geste auf, bloße Geste zu sein und wird zur wahrhaftigen, produktiven und zielbewußten Handlung.
Was wir brauchen, sind schlichte, ausdrucksvolle, aufrichtige, innerlich gehaltvolle Bewegungen. Wo sollen wir sie suchen?
Es gibt ja auch andere Tänzerinnen und Schauspieler als die gerade geschilderten. Sie haben sich ein für allemal eine ausdrucksvolle Bewegung erarbeitet und brauchen sich nun über dieses Gebiet der physischen Handlungen keine Gedanken mehr zu machen. Ihnen ist die ausdrucksvolle, anmutige Bewegung zur Selbstverständlichkeit, je geradezu zur zweiten Natur geworden, sie tanzen und spielen nicht mehr, sondern handeln, und diese Handlung kann gar nicht anders sein als plastisch und ausdrucksvoll.
Wenn diese Künstler ihre Empfindungen aufmerksam beobachten würden, so könnten sie fühlen, wie eine Energie in ihnen wirksam ist, die im tiefsten Winkel des Herzens ihren Ursprung hat. Diese Kraft pflanzt sich nicht sinnlos durch den Körper fort, sondern sie ist geladen mit Emotionen, mit Wünschen und Aufgaben, die eine konkrete schöpferische Handlung auslösen.
Diese Energie, die Gefühl, Willen und Verstand in sich vereint, zeigt sich in der bewußten, innerlich durchlebten, gehaltvollen und produktiven Handlung, die nicht mechanisch erledigt werden kann, sondern mit den seelischen Impulsen übereinstimmen muß.
Diese Energie strömt durch das Netz des Muskelsystems, sie regt die inneren Bewegungszentren an und löst so die äußere Handlung aus.
Um Bewegungen und Handlungen dieser Art ist es den echten Künstlern zu tun. Einzig und allein diese Bewegungen können wir für die *künstlerische Verkörperung des geistigen Lebens einer Rolle* verwerten.
Nur wenn man den Sinn einer Bewegung innerlich empfindet, kann man lernen, sie richtig zu begreifen.
Wie aber kann man das alles erreichen?
Xenia Petrowna wird Ihnen helfen, dieses Problem zu lösen."
Hier bat Arkadi Nikolajewitsch unsere Lehrerin, den Unterricht weiterzuführen.
„Sehen Sie her", wandte sich die Sonowa an uns, „in meiner Hand befinden sich ein paar Tropfen Quecksilber, die gieße ich jetzt behutsam, ganz behutsam, auf Ihren rechten Zeigefinger, und zwar auf die äußerste Fingerspitze."
Bei diesen Worten machte sie eine Bewegung, als ob sie das imaginäre Quecksilber auf den Finger laufen ließe, förmlich in ihn hinein.
„Nun lassen Sie es Ihren ganzen Körper entlanggleiten", kommandierte sie. „Nicht so hastig! Allmählich, ganz allmählich! Zuerst einmal über die Fingergelenke, die sich langsam geradebiegen, damit das Metall über die Hand, am Handgelenk vorüber und weiter den Arm entlang bis zum Ellenbogen laufen kann. Ist es angelangt? Ist es wirklich an Ihrem Arm entlanggerollt? Fühlen Sie es ganz deutlich? Übereilen Sie sich bloß nicht, versetzen Sie sich wirklich in dieses Gefühl hinein! Vorzüglich! Ganz vorzüglich! Und nun, ohne jegliche Hast, aufmerksam weiter – über den Arm,

zur Schulter empor! Ja, so ist's recht. Ausgezeichnet, wundervoll, ganz wundervoll! Nun haben Sie den Arm ausgestreckt, geradegebogen und nacheinander über all seine Gelenke und Beugen emporgehoben. Und jetzt lassen Sie das Quecksilber einmal in entgegengesetzter Richtung wieder zurücklaufen! Nein, nein, auf keinen Fall so! Warum lassen Sie denn den Arm sofort wieder stocksteif herunterfallen?! So rutscht Ihnen das Quecksilber ja gleich bis zu den Fingerspitzen und fällt auf den Fußboden. Sie müssen es langsam, ganz langsam hinunterfließen lassen. Zunächst von der Schulter bis zum Ellenbogen. So beugen Sie doch den Arm im Ellenbogengelenk! Ja, so ist's recht! Den Unterarm lassen Sie vorerst noch nicht herabsinken. Auf gar keinen Fall, sonst würde ja alles Quecksilber verschüttet. Ja, so! Jetzt machen Sie weiter! Aber nur ja vorsichtig, ganz vorsichtig! Langsam! Lassen Sie das Quecksilber vom Ellenbogen bis zum Handgelenk gleiten. Aber doch nicht so stürmisch, nicht alles auf einmal! Verfolgen Sie seinen Lauf mit aller Aufmerksamkeit. Warum lassen Sie denn die Hand herabsinken? Sie müssen sie hochhalten, sonst verschütten Sie das Quecksilber! Langsam, nur langsam, ausgezeichnet! Und nun lassen Sie es behutsam von der Hand zu den nächsten Fingergelenken rollen. Ja, so, lassen Sie sie immer tiefer und tiefer hinuntersinken. Aber langsam! So ist's recht. Nun noch die letzte Beugung. Jetzt hängt die ganze Handfläche herab, und das Quecksilber ist hinuntergelaufen ... Ausgezeichnet ..."

„Jetzt werde ich Ihnen Quecksilber auf den Scheitel gießen", wandte sich die Sonowa an Schustow. „Und Sie lassen es dann über den Nacken, über jeden einzelnen Rückenwirbel und über das Becken an Ihrem rechten Bein entlanggleiten, dann wieder hinauf bis zum Becken, anschließend das linke Bein hinunter bis zur großen Zehe und wieder zurück zum Becken. Von da geht es über die Wirbel nach oben, zum Nacken, und schließlich über Hals und Kopf bis zum Scheitel."

So ließen wir das imaginäre Metall über unsere Zehen und Finger, Schultern, Ellenbogen und Knie rollen, ließen es hin und her auf unsere Nasenspitzen, zum Kinn und zum Scheitel gleiten.

Spürten wir wirklich eine sich durch unser Muskelsystem fortpflanzende Bewegung oder stellten wir uns lediglich vor, daß wir das Gleiten des imaginären Quecksilbers in uns empfänden?

Unsere Lehrerin ließ uns keine Zeit, uns über dieses Problem den Kopf zu zerbrechen, sondern wies uns an, alle Übungen ohne langes Überlegen auszuführen.

„Arkadi Nikolajewitsch wird Ihnen sogleich alle notwendigen Erläuterungen geben", sagte die Sonowa. „Vorerst aber müssen Sie aufmerksam, sehr aufmerksam arbeiten. Sie brauchen Zeit, Sie müssen auch viel daheim üben, um sich unmerklich an diese Empfindungen zu gewöhnen; dann aber wird es Ihnen zur festen Gewohnheit werden – ganz gleich, ob es sich um einen imaginären Tropfen Quecksilber handelt oder um die motorische Energie überhaupt." Währenddessen führte sie alle Bewegungen mit uns gemeinsam aus und korrigierte dabei die Haltung von Händen, Armen, Beinen oder Rumpf der einzelnen Schüler.

„Kommen Sie rasch einmal hierher!" rief Arkadi Nikolajewitsch mir zu, „und sagen Sie aufrichtig, finden Sie nicht auch, daß die Bewegungen aller Ihrer Kameraden bereits *plastischer* sind als zuvor?"

Ich beobachtete den dicken Pustschin und war tatsächlich verblüfft über die Ausgewogenheit seiner Bewegungen. In diesem Fall mußte ich jedoch annehmen, daß ihm seine Körperfülle dabei zustatten kam.
Aber dort die hagere Dymkowa mit ihren spitzen Schultern, Ellenbogen und Knien. Woher hatte sie das harmonische Gleichmaß in ihren Bewegungen?! Sollten wir denn wirklich dem imaginären Quecksilber mit seiner kontinuierlichen Bewegung ein solches Resultat zu verdanken haben?
Anschließend übernahm Arkadi Nikolajewitsch wieder selbst den Unterricht. Er sagte zu uns:
„Jetzt wollen wir uns einmal über das klarzuwerden versuchen, was Sie soeben von Xenia Petrowna gelernt haben.
Sie hat Ihre Aufmerksamkeit auf die physische Bewegung der Energie innerhalb des Muskelsystems konzentriert. Wir brauchen eine derartige Konzentration, um die Verklemmungen im Prozeß der Muskelentspannung zu erkennen, von denen wir seinerzeit so ausführlich gesprochen haben. Was ist eine solche Muskelverklemmung denn anderes als unsere irgendwo unterwegs steckengebliebene motorische Energie?
Sie wissen ja auch bereits von unseren Versuchen mit dem Aussenden von Strahlen, daß sich diese Energie nicht ausschließlich in uns selbst bewegt, sondern sich auch auf ein außerhalb unseres eigenen Ichs befindliches Objekt richtet. Nun spielt diese auf das Physische gerichtete Aufmerksamkeit auch im Bereich der plastischen Bewegung eine wichtige Rolle. Konzentration und Energie müssen sich ununterbrochen weiterbewegen, denn gerade dieser Umstand unterstützt das Entstehen der in der Kunst so unentbehrlichen kontinuierlichen Linie.
Übrigens ist diese kontinuierliche Linie auch für die andern Künste unerläßlich. Es liegt auf der Hand, daß auf einer Geige keine Melodie erklingen kann, solange sich der Bogen nicht gleichmäßig und ohne Stocken über die Saiten bewegt.
Und was würde geschehen, wenn ein Maler die kontinuierliche Linie in seiner Zeichnung außer acht ließe?" fragte Torzow weiter. „Könnte er ohne sie auch nur die bloßen Konturen seines Bildes umreißen?
Oder was würden Sie von einem Sänger halten, der in abgehackten Tönen husten würde, anstatt eine zusammenhängende klangvolle Note zu singen?" fragte Torzow.
„Ich würde ihm raten, sich lieber ins Spital als auf die Bühne zu begeben", erwiderte ich scherzend.
„Und jetzt versuchen Sie einmal, sich die fortlaufende Linie in der Bewegung eines Tänzers wegzudenken. Könnte er ohne sie überhaupt einen Tanz gestalten?" fragte Torzow weiter.
„Natürlich nicht", pflichtete ich ihm bei.
„Eben diese kontinuierliche Linie in der Bewegung ist auch für den Schauspieler unerläßlich."
Wir mußten ihm recht geben.
„Wie Sie sehen, ist sie also für alle Künste in gleicher Weise unerläßlich", sagte Arkadi Nikolajewitsch zusammenfassend. „Das ist aber noch nicht alles. *Die eigentliche Kunst entsteht erst in dem Augenblick, wo eine kontinuierliche, fortlaufende*

Linie von Klang, Stimme, Zeichnung oder Bewegung geschaffen wird. Solange man noch einzelne Töne, Schreie, Noten oder Ausrufe anstelle von Musik, einzelne Striche und Punkte anstelle einer Zeichnung oder unzusammenhängende, krampfhafte Zuckungen anstelle einer Bewegung hervorbringt – kann weder von Musik und Gesang, noch von Malerei, von Tanz, Architektur oder Bildhauerei oder auch von dramatischer Kunst die Rede sein.

Ich möchte nun, daß Sie selbst einmal verfolgen, wie eine solche unendliche Linie in der Bewegung zustande kommt.

Sehen Sie mich an und wiederholen Sie alles, was ich tue", forderte Torzow uns auf.

„Wie Sie sehen, lasse ich meine Hand im Augenblick herunterhängen. Jetzt will ich sie anheben, während mir das Metronom dazu das langsamste Tempo angibt... Jeder Schlag bedeutet eine Viertelnote. Vier Schläge ergeben zusammen einen Vierviertaltakt, und eben diese Zeitspanne will ich für das Aufheben der Hand beanspruchen."

Arkadi Nikolajewitsch stellte das Metronom ein.

„Hier haben Sie den ersten Teil des Taktes – ein Viertel: Der Arm wird angehoben, und die innere Energie wird von der Schulter zum Ellenbogen weitergeleitet. Der Teil des Armes, der noch nicht angehoben worden ist, muß dabei – frei von jeder Anstrengung – lose herabhängen. Nur so bleibt der Arm beim Geraderichten elastisch und biegsam.

Merken Sie sich bitte, daß dieses Anheben und Senken, genau wie jede andere Armbewegung, möglichst dicht am Rumpf ausgeführt werden muß. Ein vom Körper abgespreizter Arm gleicht einem Stock, den man an einem Ende aufnimmt. Richtig ist es, den Arm auszustrecken und nach beendeter Bewegung sogleich wieder an sich heranzuziehen. Die Gebärde pflanzt sich von der Schulter zu den Gliedmaßen fort und umgekehrt auch wieder von den Gliedmaßen zur Schulter.

Ich gehe weiter!" erklärte Torzow nach einer kurzen Pause. „Zwei!... Im zweiten Abschnitt des Taktes wird die anschließende Bewegung ausgeführt, nämlich der nächste Teil des Armes emporgehoben.

Und weiter", erläuterte Arkadi Nikolajewitsch. „Drei!... Das dritte Viertel des Taktes, das dem Aufheben der Hand und dem Lauf der Energie durch die Fingergelenke vorbehalten ist.

Und schließlich: Vier!... Das letzte Viertel, das zum Geraderichten aller Finger übrigbleibt.

Auf dieselbe Art und Weise lasse ich nun den Arm wieder sinken, wobei ich für jede der vier Etappen meiner Bewegung wiederum je ein Viertel des Taktes benötige. Ein!... Zwei!... Drei!... Vier!..."

Arkadi Nikolajewitsch sprach dieses Kommando abgehackt, scharf, kurz und militärisch aus.

„Eins!..." Und anschließend eine Pause in Erwartung des nächstfolgenden Taktteils. „Zwei!..." Wieder Schweigen. „Drei!..." Auch hier eine Pause. „Vier!..." Wieder Stille, und so weiter.

Wegen des ruhigen Tempos waren die Zwischenräume zwischen den einzelnen Kommandorufen sehr lang. Die von schweigender Untätigkeit unterbrochenen

Schläge ließen keine fließende Bewegung aufkommen. Der Arm bewegte sich stoßweise wie ein Bauernwagen, der auf schlechten Wegen über tiefe Schlaglöcher holpert.
„Jetzt werden wir diese Übung noch einmal wiederholen, dabei jedoch die Unterteilung des Taktes verdoppeln. Auf jedes Viertel zählen wir nun ‚eins-eins‘, ‚zwei-zwei‘, ‚drei-drei‘ und ‚vier-vier‘. Dabei behält jeder Takt im Endergebnis zwar seine vier Viertel wie zuvor, die nunmehr jedoch in acht Achtel aufgeteilt sind."
Wir führten auch diese Übung durch.
„Wie Sie sehen", sagte Arkadi Nikolajewitsch, „sind nun die Zwischenräume zwischen den einzelnen Abschnitten des Taktes kürzer geworden, denn jetzt zerfällt jeder Takt in mehr Teile als zuvor, was bis zu einem gewissen Grade das Gleichmaß der Bewegungen fördert.
Wie merkwürdig! Sollte denn wirklich das vermehrte Zählen des Taktes das Gleichmaß bei der Auf-und-ab-Bewegung unserer Arme beeinflussen können? Selbstverständlich liegt des Rätsels Lösung nicht in den Worten, sondern in der auf die Bewegung der Energie gerichteten *Aufmerksamkeit*. Sie folgt den gezählten Momenten des Taktes, die es genau zu beobachten gilt. Je kürzer die einzelnen Abschnitte werden, desto mehr lassen sich in einem Takt unterbringen, desto dichter füllen sie ihn aus, desto stetiger wird die Linie der Aufmerksamkeit, die jede noch so kleine Bewegung der Energie verfolgt. Wenn wir die Momente des Taktes noch mehr verkürzen, so ergeben sich daraus noch mehr kleine Einzelteile, auf die wir unsere Aufmerksamkeit konzentrieren müssen. Sie füllen den Takt dann vollständig aus, wodurch eine noch stetigere Linie von Aufmerksamkeit und Energieverlauf entsteht und sich folgerichtig auch der Arm noch gleichmäßiger bewegt.
Nun wollen wir das eben Gesagte praktisch erproben."
Anschließend stellten wir eine Reihe von Versuchen an, in deren Verlauf jedes Viertel eines Taktes in drei, vier, sechs, zwölf, sechzehn, vierundzwanzig und sogar noch kleinere Teile zerlegt wurde. Dabei brachten wir es zu einer fast völlig geschlossenen, kontinuierlichen Bewegung, die dem unaufhörlichen Summen glich, in das sich unser Zählen verwandelt hatte:
„Einseinseinseinseinseinseinseinseinszweizweizweizweizweizweizweidreidreidreidrei dreidreidreidreiviervierviervierviervierviervier."
Ich konnte bei dieser Geschwindigkeit allerdings nicht mehr Schritt halten, denn das Zählen hatte sich in ein für mich unaussprechliches, zungenbrecherisches Kauderwelsch verwandelt.
Meine Stimme gab irgendwelche summenden Geräusche von sich, die Zunge bewegte sich blitzschnell, dabei war es jedoch vollkommen unmöglich, auch nur ein einziges Wort zu verstehen. Trotz der rasenden Schnelligkeit des Zählens bewegte sich der Arm stetig und sehr langsam, denn das Tempo war ja unverändert geblieben.
Der Arm streckte und beugte sich mit wundervoll fließenden Bewegungen.
Arkadi Nikolajewitsch sagte:
„Hier drängt sich einem unwillkürlich der Vergleich mit dem Automobil auf. Da spürt man beim Anfahren zunächst auch mehrere ruckweise Stöße, dann aber beginnt der Motor gleichmäßig und kontinuierlich zu laufen.

Genau dasselbe können Sie auch bei Ihrem Zählen beobachten: Zuerst haben wir das Kommando gleichsam herausgestoßen, jetzt aber sind die einzelnen Bruchstücke des Taktes zu einem fortlaufenden Summen und einer langsamen, plastischen Bewegung verschmolzen. In dieser Form ist die Bewegung für die Kunst tauglich, denn nun haben wir die Kantilene, die kontinuierliche Bewegung erreicht.
Noch besser werden Sie das mit Musikbegleitung spüren, weil nun die Musik an die Stelle Ihres gesummten Zählens tritt und es durch eine wohllautende und ebenso kontinuierliche klangliche Linie ersetzt."
Iwan Platonowitsch setzte sich ans Klavier und intonierte eine langgezogene, getragene Melodie, zu deren Klängen wir unsere Arme und Beine ausstreckten und das Rückgrat bogen.
Arkadi Nikolajewitsch fragte: „Spüren Sie, wie Ihre Energie auf einer unendlichen inneren Linie entlangschreitet?
Dieses Schreiten erzeugt das Ebenmaß und die Plastik der Bewegung, um die es uns zu tun ist.
Eine solche innere Linie kann den Urgründen der Seele entspringen, die Energie dagegen mit Impulsen des Gefühls, des Willens und des Intellekts geladen sein.
Wenn Sie sich mit Hilfe systematischer Übungen daran gewöhnen, Ihre Handlungen nicht um der äußeren, sondern um der inneren Linie willen liebzugewinnen und zu genießen, so werden Sie erkennen, worum es bei dem Gefühl für die Bewegung und den plastischen Ausdruck eigentlich geht."
Zum Schluß der Übungen sagte Arkadi Nikolajewitsch noch folgendes:
„Die kontinuierliche Linie der Bewegung ist in unserer Kunst das Rohmaterial, aus dem wir den plastischen Ausdruck entwickeln können.
Wie ein unaufhaltsam fließender Faden in der Spinnerei beim Durchlaufen der Maschinen bearbeitet wird, so unterziehen auch wir die kontinuierliche Linie der Bewegung einer künstlerischen Bearbeitung: An einem Punkt kann man zum Beispiel die Handlung dämpfen, an einem andern dagegen intensivieren, an einem dritten beschleunigen oder verlangsamen, verhalten, abbrechen oder einen rhythmischen Akzent setzen und dadurch schließlich die Bewegungen mit den Akzenten des Tempo-Rhythmus in Einklang bringen.
Welche Momente innerhalb der Bewegung müssen nun aber mit den in Gedanken gezählten Taktschlägen zusammenfallen?
Die einzelnen Etappen werden, kaum wahrnehmbar, in Sekundenschnelle durchlaufen, während die Energie sich indessen durch unsere Gelenke, Finger oder Rückenwirbel fortpflanzt. Dabei kommt es nicht darauf an, ob Ihr Zählen und die Bewegung auf den Bruchteil der Sekunde zusammenfallen, wie es eigentlich sein sollte, oder ob Sie sich beim Zählen verspäten, Takte auslassen, ob der richtige Moment unbemerkt vorübergleitet und Sie ihn verpassen. Genausowenig kommt es darauf an, ob die Takte richtig ausgezählt werden oder ob sie nur das ungefähre Zeitmaß angeben. Wichtig ist allein, daß Sie völlig vom Tempo-Rhythmus, vom Zeitmaß der Handlung durchdrungen werden, daß Sie die ganze Zeit über dieses Gleichmaß verspüren und die immer schneller werdenden Zählmomente, die Ihre Zunge nicht mehr aussprechen kann, aufmerksam registrieren. Dadurch entsteht ja gerade

jene kontinuierliche Aufmerksamkeit und mit ihr jene ununterbrochene Linie der Bewegung, um die es uns zu tun ist.
Wie angenehm ist es, die innere Bewegung der Energie mit der Melodie zu vereinigen."
Wjunzow, der sich im Schweiße seines Angesichts an meiner Seite abmühte, war der Ansicht, daß „die Musik die Bewegungen gleichsam einschmiere und die Energie dadurch schwimme wie der Käse im Fett".[2]
Klang und Rhythmus fördern Ebenmaß und Leichtigkeit der Bewegung, und man hat den Eindruck, als ob die Arme wie von selbst vom Rumpf wegstrebten.
Entsprechende Übungen führten wir, außer mit den Armen, auch mit dem Rückgrat und dem Hals durch. Dabei wurde die Bewegung über die Rückenwirbel genau so weitergeleitet, wie wir es vor langer Zeit bei den Übungen zur „Muskelentspannung" gelernt hatten.
Wenn die Energie sich von oben nach unten fortpflanzte, hatte man das Empfinden, in die Erde einzudringen; sobald sie jedoch umgekehrt am Rückgrat entlang nach oben strömte, vermeinten wir, uns gleichsam vom Boden zu lösen.
Man hielt uns übrigens auch dazu an, die Bewegung der Energie vorübergehend völlig zu unterbrechen. Das geschah ebenfalls im entsprechenden Rhythmus und Tempo, und es entstand dann eine unbewegliche Pose. Diese Stellung war glaubwürdig, sofern sie innerlich gerechtfertigt war. Eine solche Pose war eine zum Stillstand gekommene *Handlung*, gleichsam ein lebendiges Standbild. Wir empfanden es dabei als angenehm, nicht nur zu handeln, sondern auch einmal im richtigen TempoRhythmus untätig zu verharren.
Am Schluß der Stunde sagte Arkadi Nikolajewitsch:
„Früher hatten Sie es in den Gymnastik- und Tanzstunden mit der äußeren Bewegungslinie von Armen, Beinen und Rumpf zu tun. Heute, bei unsern Studien für plastische Bewegungen, haben Sie dagegen die *innere Bewegungslinie* kennengelernt.
Jetzt mögen Sie selbst entscheiden, welche dieser beiden Linien Ihnen geeigneter erscheint, das geistige Leben einer Rolle auf der Bühne zu verkörpern."
Wir entschieden uns einmütig für die *innere Bewegungslinie der Energie*.
Torzow faßte alles Gesagte zusammen: „*Die Grundlage der plastischen Bewegung ist nicht etwa die sichtbare äußere, sondern gerade die unsichtbare innere Bewegungslinie der Energie.*
Sie ist es auch, die wir mit den rhythmischen Akzenten des Tempo-Rhythmus in Einklang bringen müssen.
Das Empfinden für die durch den Körper strömende Energie nennen wir das Gefühl für die Bewegung."

Heute fand das Bewegungsstudium im Theaterfoyer statt. Torzow unterrichtete uns persönlich. Er sagte:
„Die Energie strömt nicht allein durch Arme, Rücken und Hals, sondern auch durch Füße und Beine. Sie läßt die Fußmuskeln in Aktion treten und löst das Gehen aus, dem auf der Bühne außerordentliche Bedeutung zukommt. Aber ist denn das Gehen

auf der Bühne etwas Besonderes und anders als im Leben? Ja, in der Tat, es ist nicht dasselbe, und zwar deshalb, weil wir alle verlernt haben, richtig zu gehen, während *das Gehen auf der Bühne so beschaffen sein soll, wie die Natur es gewollt hat und wie es ihren Gesetzen entspricht.* Aber gerade darin liegt auch die eigentliche Schwierigkeit.
Menschen, denen ein schöner, natürlicher Gang nicht angeboren ist, und die auch versäumt haben, ihn zu erwerben, nehmen auf der Bühne ihre Zuflucht zu allerhand Tricks, um den Mangel zu verbergen. Sie fangen an, ganz merkwürdig, unnatürlich und feierlich-pompös einherzuwandeln. Sie gehen nicht, sie stolzieren über die Bretter. Dieses theatralische Stolzieren darf man nicht mit dem richtigen *Gehen auf der Bühne* verwechseln, das sich auf die Naturgesetze gründet.
Wir wollen uns heute einmal mit diesem richtigen Gehen beschäftigen und mit den Möglichkeiten, es uns anzueignen, um damit ein für allemal das pompöse, affektierte Stolzieren von der Bühne zu vertreiben, wie es jetzt noch in den Theatern gang und gäbe ist.
Mit anderen Worten, wir wollen auf der Bühne wie im Leben wieder ganz von neuem gehen lernen."
Arkadi Nikolajewitsch hatte kaum ausgesprochen, da sprang die Weljaminowa auf und wandelte an ihm vorüber, anscheinend, um sich mit ihrem Gang großzutun, den sie offensichtlich als mustergültig ansah.
„Tja!..." meinte Arkadi Nikolajewitsch vielsagend und gedehnt und fixierte ihre Füße. „Die Chinesinnen verwandelten mit Hilfe zu enger Schuhchen ihre Füße in Rinderhufe. Wie sehr machen sich aber erst unsere heutigen Damen schuldig, die das beste, komplizierteste und schönste Werkzeug des menschlichen Körpers – die Beine – verschandeln. Was für eine Barbarei, besonders für eine Schauspielerin! Ein schöner und anmutiger Gang ist doch einer der größten Reize einer Frau. Und sie opfert ihn einer törichten Mode, den unsinnigen hohen Absätzen. Ich möchte darum gleich von Anfang an allen unseren lieben Damen ans Herz legen, zum Bewegungsunterricht immer in Schuhen mit flachen Absätzen oder noch besser in leichten Hausschuhen zu erscheinen. Unser Theaterfundus wird Ihnen alles Erforderliche zur Verfügung stellen."
Nach der Weljaminowa ging Wesselowski vorüber, der auf seinen leichten Gang nicht wenig stolz war. Man hätte sagen können, daß er nicht ging, sondern vielmehr vorüberhüpfte.
„Während bei der Weljaminowa die Füße und die Zehen ihrer Funktion nicht nachkamen, sind sie bei Ihnen dagegen zu dienstbeflissen", sagte Arkadi Nikolajewitsch zu ihm.
„Aber das ist durchaus kein Unglück. Es ist bedeutend einfacher, einen übereifrigen Fuß zu zügeln als einen trägen anzuspornen. Ihretwegen bin ich unbesorgt."
Pustschin, der sich schwerfällig und mühsam an Torzow vorbeibewegte, bekam folgendes Urteil zu hören:
„Wäre eines Ihrer Knie infolge einer Verletzung oder Krankheit steif geworden, so würden Sie zweifellos von einem Arzt zum andern reisen und Ihr ganzes Geld aufwenden, um nur ja die Beweglichkeit zurückzuerlangen. Warum in aller Welt

sind Sie aber jetzt, da die Beweglichkeit Ihrer beiden Knie schon fast vollständig verkümmert ist, so gleichgültig gegenüber diesem Mangel? Dabei ist die Elastizität der Knie so ungeheuer wichtig für den Gang. Man kann doch nicht auf stocksteifen Beinen daherlaufen, die nicht imstande sind zu federn."

Bei Goworkow stellte sich heraus, daß sein Rückgrat zu steif war, das ebenfalls beim Gehen mitwirkt und dabei eine große Rolle spielt.

Schustow bekam von Arkadi Nikolajewitsch den Rat, seine Hüften zu „schmieren", die gleichsam eingerostet und verklemmt seien. Das hindere sie daran, das Bein weit genug nach vorn zu befördern, wodurch der Schritt verkürzt würde und zur Länge der Beine nicht mehr im rechten Verhältnis stünde.

Bei der Dymkowa entdeckte Torzow einen typisch weiblichen Fehler. Ihre Beine waren von den Hüften an bis zum Knie nach innen verdreht und mußten erst mit Hilfe gymnastischer Übungen in den Hüften nach außen gewendet werden.

Die Füße der Maloletkowa schauten nach innen, so daß die Fußspitzen beinahe aneinanderstießen.

Bei mir stellte Torzow fest, daß meine Füße sich arhythmisch bewegten.

„Sie gehen, wie manche Südländer reden: Einmal sprechen Sie zu langsam, dann wieder sprudeln sie plötzlich und unerwartet die Worte heraus, als ob man Erbsen verschüttet. Dasselbe beobachtete ich auch bei Ihrem Gang – ein paar Schritte sind gleichmäßig, doch dann fangen Sie plötzlich an zu springen und zu trippeln. Ihr Gang ist unregelmäßig und stockend wie der Schlag eines kranken Herzens."

Das Ergebnis dieser Prüfung war die betrübliche Erkenntnis, daß wir alle miteinander verlernt hatten, richtig zu gehen.

Also blieb uns nichts anderes übrig, als uns diese so wichtige und schwere Kunst wie ganz kleine Kinder wieder von neuem anzueignen.

Um uns dabei behilflich zu sein, erläuterte Torzow den Aufbau des menschlichen Beins und die Grundelemente des richtigen Gehens.

„Man müßte eher Ingenieur und Mechaniker als Schauspieler sein, um Rolle und Funktion unseres Beinmechanismus begreifen und erklären zu können", sagte er einleitend.

„Die menschlichen Beine", fuhr er fort, „vom Becken bis zu den Füßen, erinnern mich immer an das bequeme Fahren in einem Pullmanwagen. Er besitzt eine ausgezeichnete Federung, die elastisch alle Erschütterungen ausgleicht, so daß der obere Teil des Wagens, in dem die Fahrgäste sitzen, selbst bei schnellster Fahrt und Stößen nach allen Seiten fast unbewegt bleibt. Genauso muß es auch beim Gehen und Laufen sein. Auch hier muß der obere Teil des Rumpfes mit Brustkorb, Schultern, Hals und Kopf unerschüttert von Stößen, ruhig und unbehindert in seiner Bewegung sein. Dabei unterstützt uns in erster Linie das Rückgrat.

Seine Aufgabe ist es, sich bei der geringsten Bewegung wie eine Spirale nach allen Seiten zu biegen, um dadurch die Balance von Schultern und Kopf zu wahren.

Die Funktionen der Federn übernehmen die Hüften, die Knie, die Knöchel und alle Gelenke der Fußzehen. Ihre Aufgabe besteht darin, die Stöße und die Schaukelbewegung des Körpers nach vorn und hinten, nach rechts und links, sozusagen das Schlingern, zu mildern.

Sie alle erfüllen jedoch noch eine andere Funktion, indem sie den Körper vorwärts bewegen. Dabei gleitet der Rumpf gleichmäßig in horizontaler Linie, ohne nennenswerte vertikale Verschiebungen, vorwärts.
Wenn ich von dieser Art zu gehen spreche, kommt mir immer ein Erlebnis in den Sinn. Ich beobachtete einmal den Vorbeimarsch einer Abteilung von Soldaten. Sie waren nur bis zur Hälfte oberhalb der Barriere sichtbar, die uns Zuschauer von ihnen trennte. Man hatte den Eindruck, als ob sie nicht marschierten, sondern auf Schlittschuhen oder Skiern auf einer völlig glatten Fläche dahinglitten. Man sah das Gleiten, verspürte aber nicht im mindesten den Ruck der Schritte von oben nach unten und umgekehrt.
Diese Erscheinung erklärte sich daraus, daß alle notwendigen Federn in den Hüften, Knien, Knöcheln und Zehen der vorbeimarschierenden Soldaten ihre Funktionen hervorragend erfüllten. Daher meinte man auch, daß der obere Teil des Rumpfes in horizontaler Linie über der Barriere dahingleite.
Damit Sie sich die Funktionen der Beine und ihrer einzelnen Teile besser vorstellen können, will ich kurz auf jeden von ihnen eingehen.
Ich beginne mit Hüften und Becken. Sie haben eine doppelte Aufgabe zu erfüllen: Erstens müssen sie, ähnlich wie das Rückgrat, die seitlichen Stöße und das Schaukeln des Rumpfes nach rechts und links auffangen, und zweitens müssen sie bei jedem Schritt das ganze Bein nach vorn schleudern. Diese Bewegung muß ausgreifend und frei sein und soll in der richtigen Proportion stehen zur Größe des Betreffenden, zur Länge der Beine, zum Ausmaß des Schrittes, zur gewünschten Schnelligkeit und zu Tempo und Charakter des Gehens.
Je besser das Bein von den Hüften aus nach vorn geschleudert wird, desto freier und leichter bewegt es sich auch nach hinten, desto raumgreifender wird der Schritt und desto schneller kommt man von der Stelle. Bei dieser Vor- und Rückwärtsbewegung der Beine aus den Hüften heraus ist der Rumpf oft bemüht, durch Vor- und Zurückbeugen mitzuwirken. Es hat jedoch ausschließlich mit Hilfe der Beine zu geschehen.
Darum brauchen wir auch spezielle Übungen für die Ausbildung des Schreitens, für das freie und raumgreifende Herausschleudern der Beine aus den Hüften.
Eine solche Übung wird folgendermaßen ausgeführt: Lehnen Sie sich stehend abwechselnd mit der rechten und linken Schulter und der entsprechenden Seite Ihres Rumpfes an eine Säule oder einen Türpfosten oder an die Breitseite eines geöffneten Türflügels. Diesen Halt brauchen Sie, damit Ihr Körper seine vertikale Haltung beibehält und nicht nach vorn oder hinten, nach rechts oder links ausweichen kann.
Sobald Sie auf diese Weise die vertikale Haltung des Rumpfes gestützt haben, belasten Sie mit Ihrem ganzen Gewicht das Bein, das sich gerade an die Tür lehnt. Stellen Sie sich ein wenig auf die Zehenspitzen und heben Sie dann das andere Bein abwechselnd nach vorn und nach hinten. Versuchen Sie, diese Bewegung bis zum rechten Winkel zu führen. Die Übung kann zunächst nur kurze Zeit und in langsamem Tempo und erst allmählich länger ausgeführt werden. Selbstverständlich darf man seine Kräfte nicht mit einem Mal überfordern, sondern muß die Ansprüche langsam und systematisch steigern.

Wenn Sie die Übung mit dem einen Bein durchexerziert haben, machen Sie kehrt, stützen sich mit der anderen Seite gegen Säule oder Tür und tun dasselbe mit dem andern Bein.

Dabei müssen Sie darauf achten, daß der Fuß beim Hin- und Herschwenken des Beines keinen rechten Winkel zum Bein bildet, sondern sich in Richtung der Bewegung streckt.

Beim Gehen sinken die Hüften, wie schon gesagt, abwechselnd nach unten und heben sich wieder nach oben. In dem Moment, in dem die rechte Hüfte sich hebt (beim Schwenken des rechten Beines), sinkt die linke mit der Rückwärtsbewegung des linken Beines nach unten. Dabei spürt man im Hüftgelenk eine Drehung, ähnlich dem Rotieren eines Kreises.

An das Becken schließen sich die Federn der Kniegelenke an. Auch sie haben, wie schon gesagt, eine doppelte Funktion: Sie müssen den Rumpf vorwärts bewegen und zugleich die Stöße und senkrechten Erschütterungen bei der Verlagerung des Körpergewichtes ausgleichen. Das Bein, das gerade die Körperlast übernimmt, ist im Kniegelenk leicht angewinkelt, soweit das nämlich zur Erhaltung des Gleichgewichtes von Schultern und Kopf erforderlich ist. Sobald die Hüften ihre Aufgabe erfüllt, das heißt den Rumpf vorangeschoben und das Gleichgewicht reguliert haben, kommt die Reihe an die Knie, die sich geraderichten und dadurch den Körper voranstoßen.

Die dritte Gruppe der Federn, mit deren Hilfe die Bewegung ausgeglichen und dabei der Körper vorwärtsbewegt wird, sind die Knöchel, die Füße und die Zehengelenke.

Das alles ist ein überaus komplizierter und wichtiger Mechanismus, auf den ich Sie besonders aufmerksam machen möchte.

Das Knöchelgelenk des Fußes dient ähnlich den Kniegelenken ebenfalls der gleitenden Fortbewegung des Rumpfes.

Der Fuß selbst und vor allem die Zehen beteiligen sich nicht nur an dieser Arbeit, sondern gleichen überdies die bei der Bewegung entstehenden Stöße aus.

Nun gibt es drei Methoden, den Mechanismus des Fußes und der Zehen zu benutzen, wodurch auch drei Grundtypen des Gehens entstehen.

Bei der ersten Gangart tritt man zuerst mit dem Hacken auf.

Bei der zweiten Art tritt man mit dem ganzen Fuß auf.

Beim dritten Typ endlich, dem sogenannten griechischen Gang nach Isadora Duncan, tritt man zuerst mit den Zehen auf, dann setzt sich die Bewegung fort über den ganzen Fuß bis zur Ferse, wieder zurück über den Fuß bis zu den Zehen und weiter das Bein hinauf.

Ich will zunächst über den ersten Typ des Gehens sprechen, der am gebräuchlichsten ist, wenn man Schuhe mit Absätzen trägt. Bei dieser Art zu gehen nimmt die Ferse, wie schon gesagt, als erste das Körpergewicht auf und gibt dann die Bewegung über den ganzen Fuß bis in die Zehenspitzen weiter. Dabei strecken sich diese nicht etwa aus, sondern haken sich wie Tierkrallen fest.

Sobald dann das Körpergewicht anfängt, die Zehen zu belasten und sich auf alle Zehengelenke zu übertragen, richten die Zehen sich gerade und stoßen sich dadurch vom Boden ab. Schließlich dringt die Bewegung bis in die letzte Spitze der großen Zehe, auf der die ganze Körperlast kurze Zeit verharrt, ohne die gleichmäßige Vorwärtsbewegung zu unterbrechen. Dabei spielt die untere Gruppe der Federn – vom Knöchel bis zur Spitze der großen Zehe – eine wichtige Rolle.

Wie groß der Einfluß der Zehen auf Ausmaß des Schrittes und Schnelligkeit der Bewegung ist, will ich Ihnen an einem Beispiel demonstrieren. Wenn meine Fußzehen auf dem Weg nach Haus oder ins Theater ihre Funktion in vollem Maße ausführen, so gelange ich bei gleichbleibender Geschwindigkeit fünf bis sieben Minuten eher an mein Ziel, als wenn ich mich ohne die erforderliche Mitwirkung des Fußes und der Zehen bewege. Es ist sehr wichtig, daß die Zehen den Schritt sozusagen bis zu Ende ‚ausschreiten'.

Auch als Stoßdämpfer kommt den Zehen eine außerordentliche Bedeutung zu, besonders in der für ein ebenmäßiges Gehen schwierigsten Sekunde, in der die leidigen senkrechten Stöße mit der größten Wucht auftreten können, in dem Moment, wo sich das Körpergewicht von einem auf das andere Bein verlagert. Dieses Übergangsstadium ist der gefährlichste Augenblick für eine gleichmäßige Bewegung. In diesem Moment hängt alles von den Zehen (vor allem der großen Zehe) ab, die mehr als alle andern Federn befähigt sind, die Stöße bei der Verlagerung des Körpergewichtes abzufangen.

Ich habe mich bemüht, Ihnen die verschiedenen Funktionen aller Teile des Beines zu schildern und habe darum die Aktionen jedes einzelnen gesondert behandelt. In Wahrheit funktionieren jedoch alle diese Teile nicht isoliert, sondern gleichzeitig in vollkommener Harmonie, Wechselwirkung und Abhängigkeit voneinander. So wirken, um ein Beispiel zu nennen, alle Teile des Beines bei der Verlagerung des Körpergewichts, genau wie bei der Vorwärtsbewegung des Rumpfes oder im Moment des Abstoßens in völliger Übereinstimmung zusammen. Es ist unmöglich, ihr Verhältnis zueinander und ihre Wechselwirkungen zu beschreiben. Jeder von Ihnen sollte sie anhand seiner eigenen Empfindungen während der Bewegung an sich selbst kennenlernen. Ich kann nichts weiter tun, als Ihnen das Funktionsschema unserer Beine, dieses komplizierten Bewegungsmechanismus, kurz zu umreißen."

Nach diesen Ausführungen war der Gang aller Schüler wesentlich schlechter als zuvor – sie bewegten sich nicht mehr in ihrer altgewohnten Weise, konnten aber auch mit dem Neuen noch nichts anfangen. Bei mir konnte Arkadi Nikolajewitsch übrigens einen gewissen Fortschritt konstatieren, fügte aber gleich einschränkend hinzu:

„Ja, Schultern und Kopf sind bei Ihnen jetzt vor Stößen geschützt. Sie gleiten tatsächlich, aber nur auf dem Erdboden, ohne durch die Luft zu schweben. Ihr Gehen könnte man eher als ein Kriechen bezeichnen. Sie bewegen sich wie die Kellner in einem Restaurant, die fürchten, den Inhalt ihrer vollen Suppenteller oder Schüsseln zu verschütten. Zugleich mit ihrem Körper und den Armen wollen sie nämlich auch das Tablett vor Schwankungen und Erschütterungen bewahren.

Das Gleichmaß beim Gehen ist jedoch nur bis zu einer gewissen Grenze wünschenswert. Wird sie überschritten, wirkt es übertrieben. Ein leichtes Schwanken des Körpers von oben nach unten ist dagegen durchaus zulässig. Ja, Schultern, Kopf und Rumpf sollen durch die Luft gleiten, aber nicht geradlinig, sondern in einer leicht wellenförmigen Bewegung.

Der Gang darf nicht kriechend, er muß *fliegend* sein."

Ich bat Torzow, mir den Unterschied zwischen dem einen und dem andern Gehen zu erklären.
Ich erfuhr, daß bei der kriechenden Art zu gehen während der Verlagerung des Körpergewichts von einem Bein auf das andere das erstere seine Funktion in dem Augenblick abschließt, in dem das zweite in Aktion tritt. Demzufolge fehlt beim kriechenden Gang der Moment, in dem der Körper gleichsam in der Luft schwebend verharrt, während er sich einzig auf die große Zehe des Fußes stützt, der die ihm vorgeschriebene Bewegung gerade bis ins Letzte ausschreitet. Dagegen gibt es in der fliegenden Art zu gehen einen Augenblick, in dem der Mensch sich sekundenschnell gleichsam vom Boden löst. An diesen Moment des Verharrens in der Luft schließt sich das gleichmäßige unmerkliche Absinken des Körpers und die Verlagerung seines Gewichtes vom einen auf das andere Bein an.
Diesen beiden Phasen, dem Emporschweben und der gleichmäßigen Verlagerung des Gewichtes von einem Bein auf das andere mißt Arkadi Nikolajewitsch sehr große Bedeutung bei, denn sie erzeugen, wie er sagt, jene gleichmäßige Leichtigkeit, Kontinuität und schwebende Anmut des menschlichen Ganges.
Beim Gehen zu fliegen ist aber gar nicht so einfach, wie es scheint.
Erstens ist es schwer, den richtigen Moment zum Emporschweben abzupassen. Das gelang mir jedoch glücklicherweise. Dann aber bemängelte Torzow, daß ich dazu überging, senkrecht in die Höhe zu hüpfen.
„Wie aber soll ich denn sonst ‚emporfliegen'?" fragte ich.
„Sie müssen nicht senkrecht nach oben fliegen, sondern vorwärts in waagerechter Richtung."
Außerdem verlangte Arkadi Nikolajewitsch, daß keine Verzögerungen in der Vorwärtsbewegung des Körpers eintreten dürften. Der Flug nach vorn darf nicht einen einzigen Augenblick lang unterbrochen werden. Auch in dem Moment, wo man auf der äußersten Spitze der großen Zehe verharrt, muß man sich – dem Trägheitsgesetz folgend – in demselben Tempo weiter vorwärtsbewegen, in dem der Schritt begonnen hat. Ein solcher Gang schwebt über dem Boden, er hebt sich nicht abrupt und senkrecht in die Höhe, sondern bewegt sich in waagerechter Richtung kontinuierlich vorwärts. Die horizontale Vorwärtsbewegung verleiht ihm eine leicht gebogene, wellenförmige graphische Linie, wenn man dagegen senkrecht nach oben hüpft und nach unten fällt, so entsteht beim Gehen eine krumme, zickzackförmige, eckige Linie.
Wenn heute ein Unbeteiligter bei unserm Unterricht dabeigewesen wäre, hätte er wahrscheinlich gedacht, in ein Krankenzimmer von Paralytikern geraten zu sein. Alle Schüler bewegten tiefsinnig, mit angespannter Aufmerksamkeit ihre Beinmuskeln, als ob sie eine schwere mathematische Aufgabe zu lösen hätten. Dabei waren alle unsere Bewegungszentren gleichsam durcheinandergeraten. Was wir früher instinktiv und mechanisch ausgeführt hatten, erforderte jetzt die Mitarbeit des Bewußtseins, und das erwies sich leider in der Anatomie und im Bewegungssystem der Muskeln als wenig kompetent. Es war, als ob wir immer wieder am falschen Strang zögen, wodurch eine unerwartete Bewegung entstand wie bei Marionetten, deren Fäden sich verwirrt haben.

Dafür hatten wir aber, indem wir so mit verstärkter Aufmerksamkeit unseren Bewegungen folgten, endlich einmal Gelegenheit, die ganze komplizierte Feinheit unseres Beinmechanismus wirklich bewußt zu würdigen.
Wie ist das alles miteinander verbunden und aufeinander abgestimmt!
Torzow erinnerte uns immer wieder daran, jeden Schritt bis zum Ende „auszuschreiten".
Unter Arkadi Nikolajewitschs persönlicher Kontrolle und nach seinen Anweisungen bewegten wir uns langsam und schrittweise vorwärts und gaben uns redliche Mühe, uns wirklich jeder Empfindung bewußt zu werden.
Torzow zeigte mir mit einem Stöckchen, das er in der Hand hielt, an welcher Stelle sich die Muskeln anspannten oder wie etwa die Energie sich durch meinen rechten Fuß fortpflanzte.
Iwan Platonowitsch eskortierte mich von der andern Seite und wies mich ebenfalls mit einem Stöckchen auf die entsprechenden Funktionen der Muskelpartien im linken Bein hin.
„Sehen Sie", sagte Arkadi Nikolajewitsch, „während mein Stock an Ihrem rechten, nach vorn gestreckten Bein emporgleitet, das gerade das Körpergewicht auf sich nimmt, wandert Iwan Platonowitschs Stöckchen an Ihrem linken Bein hinunter, das die Last an das rechte Bein weitergibt und den Rumpf zu ihm hinüberstößt. Jetzt aber fangen die Stöckchen an, sich in umgekehrter Richtung zu bewegen: Meiner wandert nach unten, während Iwan Platonowitsch den seinen nach oben führt. Bemerken Sie diese abwechselnde Bewegung? Genauso bewegt sich auch der Kolben einer Dampfmaschine. Bemerken Sie dabei auch, wie die Gelenke sich in der richtigen Reihenfolge abwechselnd von oben nach unten und von unten nach oben beugen und strecken?
Wenn wir noch einen dritten Stock hätten, könnten wir damit anzeigen, wie ein Teil der Energie sich am Rückgrat entlang nach oben bewegt, wobei es die Stöße abmildert und das Gleichgewicht des Körpers wahrt. Nach getaner Arbeit sinkt die Spannung vom Rückgrat wieder nach unten und kehrt in die Zehen zurück, von wo sie ausgegangen ist.
Achten Sie bitte auch noch auf etwas anderes", fuhr Arkadi Nikolajewitsch fort. „Immer, wenn unsere Stöcke bei den Hüften angelangt sind, kommt es zu einer sekundenlangen Unterbrechung; sie kreisen auf der Stelle, wo sich die Gelenke befinden, um dann erst den Rückweg nach unten anzutreten."
„Ja, das bemerken wir auch", sagten wir. „Was hat aber dieses Kreisen der Stöcke zu bedeuten?"
„Spüren Sie denn nicht selbst eine kreisende Bewegung in den Hüften? Irgend etwas macht gleichsam eine volle Umdrehung, bevor die Bewegung nach unten einsetzt. Mich erinnert das immer an eine Drehscheibe, mit deren Hilfe die Lokomotive an der Endstation umgewendet wird, um ihren Rückweg anzutreten. In unsern Hüften befindet sich ebenfalls ein solcher Wendepunkt, dessen Bewegung wir spüren.
Und dann möchte ich Sie auf noch etwas hinweisen: Fühlen Sie eigentlich, wie geschickt unsere Hüften die heranströmende und wieder entweichende Spannung aufnehmen und abgeben?

Sie sind wie der Regulator einer Dampfmaschine, sie halten das Gleichgewicht und fangen in kritischen Momenten die Stöße ab. Dabei bewegen sie sich von oben nach unten und von unten nach oben. Wir verspüren dieses Hin- und Herrollen in dem Maße, wie die motorische Energie die Muskeln der Beine durchläuft.
Wenn diese Bewegung fließend und gleichmäßig ist, entsteht ein fließender und ebenmäßiger, plastischer Gang. Pflanzt sich die Energie dagegen ruckartig fort und stockt auf halbem Wege in den Gelenken oder in andern Bewegungszentren, so wird auch der Gang ungleichmäßig und ruckartig.
Wenn der Gang in einer kontinuierlichen Linie verläuft, so hat er auch das ihm gemäße Tempo und den richtigen Rhythmus.
Genau wie in den Armen ist die Bewegung auch hier in einzelne Momente aufgeteilt, in denen die Energie die verschiedenen Gelenke durchläuft (das Ausstrecken des Beines, die Vorwärtsbewegung des Körpers, die Verlagerung des Gewichts, der Wechsel des Beines, das Abfangen der Stöße und so weiter).
Daher müssen Sie auch bei Ihren weiteren Übungen danach trachten, die Akzente des Tempo-Rhythmus beim Gehen nicht mit der äußeren, sondern mit der inneren Bewegungslinie der Energie in Einklang zu bringen, wie wir es zuvor mit Armen und Rückgrat getan haben."

Auf dem Heimweg hielten mich die Straßenpassanten wahrscheinlich für betrunken oder verrückt. Ich übte mich im Gehen!
Was ist das für eine schwere Kunst!
Wieviel Konzentration ist erforderlich, um auf die gleichmäßige rhythmische Bewegung der motorischen Energie zu achten.
Bei der geringsten Verzögerung oder Stockung kommt es bereits zu einem unerwünschten Ruck, und schon sind Kontinuität und Gleichmaß der Bewegung gestört und die Akzente verschoben.
Besonders schwierig ist der Moment, in dem das Körpergewicht von einem Bein auf das andere verlagert wird.
Als ich mich am Ende des Weges meinem Hause näherte, war es mir, wie ich meinte, gelungen, die Stöße bei der Verlagerung des Körpergewichts einigermaßen abzufangen. Außerdem erkannte ich nun anhand meiner eigenen Erfahrung, daß Gleichmaß und Kontinuität der waagerechten Bewegung nur gewährleistet sind, wenn alle Federn gleichzeitig funktionieren, wenn Hüften, Knie, Knöchel, Fersen und Zehen tatsächlich zusammenwirken.
Am Gogol-Denkmal machte ich wie gewöhnlich eine kurze Pause. Auf einer Bank sitzend, sah ich den Passanten zu und beobachtete sie beim Laufen. Und was mußte ich feststellen? Kein einziger der Vorübergehenden schritt wirklich bis zur äußersten Zehenspitze aus, auch nicht einer verharrte den Bruchteil einer Sekunde lang, nur auf eine Zehe gestützt, in der Luft schwebend. Allein bei einem kleinen Mädchen entdeckte ich jenen fliegenden Gang, sie kroch nicht, wie sonst ausnahmslos alle andern Leute.
Ja! Torzow hatte recht mit seiner Behauptung, daß die Menschen das wunderbare Instrument ihrer Beine gar nicht zu nutzen wissen.

Lernen muß ich! Alles von Grund auf neu erlernen: zu gehen, zu sehen und zu handeln.
Wenn Arkadi Nikolajewitsch uns früher darauf aufmerksam machte, hatte ich oft heimlich geschmunzelt, meinte ich doch, er habe das nur der größeren Eindringlichkeit wegen und mehr bildhaft gesagt. Inzwischen habe ich aber gelernt, seine Ratschläge wörtlich zu nehmen und in ihnen das Programm für die nächstliegenden Aufgaben in unserer physischen Ausbildung zu sehen.
Mit dieser Erkenntnis ist es aber nicht getan. Etwas noch Wichtigeres kommt dazu: Wenn ich die Bedeutung der motorischen Energie für die plastische Bewegung auch noch nicht richtig verstanden oder, besser gesagt, erfühlt habe, kann ich mir jetzt doch immerhin deutlich vorstellen, wie sich diese Energie im Verlauf einer szenischen Handlung durch den ganzen Körper fortpflanzt. Ich bekomme allmählich ein Gefühl für diese unendliche innere Linie und bin mir durchaus darüber klar, daß ohne sie von Gleichmaß und Schönheit der Bewegung keine Rede sein kann. Jetzt verachte ich an mir selbst die falschen, verstümmelten Bewegungen, diese Fetzen und Bruchstücke von Bewegungen. Ich habe noch keine weit ausgreifende Geste, die meinem Gefühl Ausdruck verleiht, aber ich bin mir doch immerhin bewußt, daß sie für mich unerläßlich ist.
Kurz gesagt, ich habe noch keine wirklich *plastischen* Bewegungen, noch kein *Gefühl für die Bewegung*, aber doch wenigstens eine Vorahnung davon, und ich weiß, daß sich *der äußere plastische Ausdruck auf das innere Gefühl für die Bewegung der Energie gründet*.

III. STIMME UND SPRECHEN

1. Gesang und Diktion

In der Mitte eines großen Raumes steht ein Flügel. Hier wird unser Gesangsunterricht stattfinden.
Torzow kam in Begleitung der uns bereits bekannten Gesangspädagogin Anastassja Wladimirowna Sarembo, die uns schon seit Beginn des Studienjahres unterrichtet.[1]
Einleitend sagte er:
„Als der große italienische Schauspieler Tommaso Salvini einmal gefragt wurde, was man brauche, um ein Tragöde sein zu können, erwiderte er: ‚Stimme, Stimme und nochmal Stimme!' Vorerst kann ich Ihnen die praktische Wahrheit dieses Ausspruchs noch nicht völlig erklären, und Sie würden sie jetzt auch noch nicht begreifen – das kann man nur aus langjähriger eigener Erfahrung. Wenn Sie später selbst einmal die Möglichkeiten erkennen, die Ihnen eine gut geschulte Stimme eröffnet, die alle ihr von der Natur zugedachten Funktionen erfüllt, so wird Ihnen der tiefe Sinn von Salvinis Ausspruch klarwerden.
‚Bei Stimme sein!' Welches Glück bedeutet das für einen Sänger oder Schauspieler!

Zu fühlen, daß ich meinen Stimmklang beherrsche, daß er sich mir unterordnet und alle noch so kleinen Details, Modulationen und Nuancen des Erlebens klangvoll und kraftvoll wiedergibt!... ‚Nicht bei Stimme sein!' Was ist das dagegen für eine Qual! Zu fühlen, daß der Klang sich mir nicht unterwirft, daß er sich nicht frei in den Zuschauerraum hinabschwingt! Keine Möglichkeit haben, dem Ausdruck zu verleihen, was man in seinem Innern empfindet und gestalten möchte. Nur ein Künstler weiß um diese Qual. Er allein weiß, was in seinem Innern herangereift ist, und was davon dann am Ende wirklich nach außen dringt, was und in welcher Form es durch Stimme und Wort vermittelt wird. Wenn einen Schauspieler die Stimme im Stich läßt, ist das ein Unglück für ihn, weil das in seinem Innern geformte Erleben nur verzerrt zum Ausdruck gebracht werden kann.

Es gibt Schauspieler, bei denen es normal ist, nicht bei Stimme zu sein. Darum sind sie beständig heiser und sprechen mit einem Ton, der entstellt, was sie ihren Zuhörern vermitteln wollen.

Nicht selten besitzt ein Schauspieler eine schöne, ausdrucksvolle Stimme, aber sie ist so schwach, daß sie in der fünften Parkettreihe kaum noch zu hören ist. In den ersten Reihen kann man sich mit Müh und Not gerade noch am zauberhaften Timbre seines Tones, an der ausdrucksvollen Diktion und der wunderbar geschliffenen Sprache erfreuen. Was aber fangen die Armen an, die in den hinteren Reihen sitzen? Ihnen bleibt nichts anderes übrig als sich zu langweilen. Sie husten und stören die andern und auch den Schauspieler.

Dann muß er seine Stimme gewaltsam anstrengen, und diese Überanstrengung verdirbt nicht nur Klang, Aussprache und Diktion, sondern beeinträchtigt auch das Erleben.

Es gibt auch Stimmen, die im Theater in den höchsten und tiefsten Lagen gut zu hören sind, während ihnen die Mittellage vollständig fehlt.[2] Die einen werden beim Sprechen immer höher, wodurch ihre Stimme die Beweglichkeit verliert und bis zum Kreischen überanstrengt wird. Andere wiederum dröhnen und knarren in den tiefsten Tönen. Jede Anstrengung beeinträchtigt das Timbre, und ein nur aus fünf Tönen bestehendes Klangregister kann keine Ausdruckskraft verleihen.

Nicht weniger betrüblich ist es, einen guten Schauspieler mit starkem, elastischem Ton und ausreichendem Stimmumfang vor sich zu haben – mit Hilfe einer solchen Stimme kann man alle Feinheiten und Nuancen des inneren Erlebens einer Rolle wiedergeben –, dessen Unstern es will, daß seine Stimme unsympathisch klingt und daß ihr jeglicher Charme fehlt. Was nützt einer Stimme alle Kraft, Elastizität und Ausdrucksfähigkeit, wenn sie Seele und Ohr des Hörers nicht anzurühren vermag?[3]

Es kann mitunter vorkommen, daß die aufgezählten Fehler der Stimme angeboren oder auf Grund von Stimmerkrankungen unkorrigierbar sind. Meistens jedoch können alle genannten Mängel mit Hilfe einer richtigen Stimmbildung beseitigt werden, die Verkrampfungen und Überanstrengungen ausmerzt und falsche Atmung oder schlechte Artikulation verbessert. Liegt eine Krankheit vor, kann sie durch medizinische Behandlung ausgeheilt werden. Daher muß jeder seine Stimme und Atmung eingehend überprüfen.

Wann soll man damit beginnen? Jetzt, auf der Schauspielschule, oder später, wenn Sie als fertiger Schauspieler von früh bis spät durch Proben und Vorstellungen in Anspruch genommen sind? Der Schauspieler muß die Bühne mit allen Hilfsmitteln ausgerüstet betreten, und die Stimme ist ein wesentlicher Bestandteil seiner Gestaltungsmittel. Wenn Sie erst einmal fertige, im Beruf stehende Schauspieler sind, wird Sie überdies eine falsche Eitelkeit daran hindern, sich wie Schüler noch mit dem Erlernen der Anfangsgründe abzugeben. Also nutzen Sie Ihre Jugend und die Studienzeit! Wenn Sie diese Aufgabe jetzt nicht bewältigen, werden Sie auch in Zukunft nie damit zurechtkommen, und diese Unterlassungssünde Ihrer Lehrzeit wird sich bei Ihrer schöpferischen Arbeit auf der Bühne unablässig rächen. ‚Mein Organ ist mein Kapital!' sagte der bekannte deutsche Schauspieler Ernst Possart, als er bei einem Festessen ein kleines Thermometer aus der Tasche zog und es in die Suppe, den Wein und die andern Getränke tauchte. Er war so besorgt um seine Stimme, daß er sogar auf die Temperatur der Speisen achtete, die er zu sich nahm. So sehr schätzte und hütete er eine der vornehmsten Gaben der schöpferischen Natur – die schöne, klingende, ausdrucksvolle und kräftige Stimme."

Heute erschien Arkadi Nikolajewitsch mit Anastassja Wladimirowna Sarembo zum Unterricht. Die beiden blieben in der Mitte des Raumes aneinandergelehnt stehen und lachten vergnügt.

„Sie können uns gratulieren", sagte Torzow, „wir beide haben einen Bund geschlossen!"

Wir meinten, daß er von einem Ehebund spräche, und wußten nicht, was wir sagen sollten.

„Von heute an wird Anastassja Wladimirowna bei der Ausbildung Ihrer Stimmen nicht nur auf die *Vokale*, sondern auch auf die *Konsonanten* achten. Ich werde gleichzeitig an der Verbesserung Ihrer Aussprache arbeiten.

Um die Vokale brauche ich mich nicht so sehr zu kümmern, denn sie werden schon im Gesangsunterricht in Ordnung gebracht.

Mit den Konsonanten dagegen müssen wir uns im Hinblick auf die Sprachgestaltung besonders beschäftigen.

Leider gibt es Gesangspädagogen, die wenig Wert auf das Sprechen legen und vor allem die Konsonanten vernachlässigen. Andererseits gibt es aber auch Sprechlehrer, die nicht immer eine klare Vorstellung vom Klang und von seiner Ausbildung haben. Daher werden die Stimmen im Gesangsunterricht häufig bei den Vokalen richtig, bei den Konsonanten dagegen falsch geschult, während dagegen im Sprechunterricht die Konsonanten richtig und die Vokale falsch erarbeitet werden.

Unter solchen Voraussetzungen kann der Gesangs- und Sprechunterricht genausoviel schaden wie er nützt.

Dieser Zustand ist anormal, und Schuld daran trägt nicht selten ein törichtes Vorurteil.

Bei der Stimmbildung wird nämlich oft das Gewicht ausschließlich auf die Entwicklung der Atmungstechnik und das Klingen von lang ausgehaltenen Tönen gelegt."

Dabei werden häufig die auf Vokale gesungenen Töne bevorzugt. Aber können denn viele Konsonanten nicht genausolange ausgehalten werden? Warum achtet man dann nicht darauf, daß sie genauso zum Klingen gebracht werden wie die Selbstlaute? Ideal wäre es, wenn die Gesangspädagogen gleichzeitig auch im Sprechen, und die Sprechlehrer im Gesang unterrichten würden! Da das jedoch nicht möglich ist, sollten die beiden Fachlehrer wenigstens in engem Kontakt miteinander arbeiten. Anastassja Wladimirowna und ich haben nun beschlossen, dieses Experiment einmal zu machen.
Ich kann den üblichen ‚tönenden' Deklamationsstil der Schauspieler nicht ausstehen. Zu dieser Art zu sprechen muß nur der greifen, dessen Stimme nicht *klingt*, sondern ‚*hackt*'.
Um sie zum Klingen zu bringen, nimmt so ein Schauspieler seine Zuflucht zu allerlei ‚Schnörkeln' und theatralischen ‚Fioriturenʻ*. Um Feierlichkeit auszudrücken, läßt er seine Stimme in Sekunden abwärtsrutschen; um sein monotones Leiern zu beleben, schreit er einzelne Töne in der Oktave heraus, und die ganze übrige Zeit hackt er wegen der Enge seines Stimmumfanges nur auf Terzen, Quarten oder Quinten herum.
Wenn bei Schauspielern dieser Art der Ton von sich aus klingen würde, brauchten sie wohl kaum derartige ‚Kunstgriffe' zu Hilfe zu nehmen.
Gute Stimmen sind bei unausgebildeten Sprechern jedoch selten, und wenn man sie wirklich einmal antrifft, reichen ihre Lautstärke und ihr Umfang nicht aus. Und mit einer Stimme, die nur eine Quinte umfaßt, kann man das ‚geistige Leben' einer Rolle nicht zum Ausdruck bringen.
Daraus wird ersichtlich, daß auch eine von Natur aus gute Stimme im Gesang und im Sprechen ausgebildet werden muß.
Worin besteht nun diese Arbeit? Ist sie so wie bei der Oper, oder stellt das Schauspiel völlig andersgeartete Forderungen?
‚Ja, vollkommen andere!' behaupten die einen: ‚Beim Sprechen braucht man einen offenen Ton.'
Ich muß jedoch aus eigener Erfahrung sagen, daß die Stimme durch ein solches ‚offenes' Sprechen leicht flach und farblos klingt, daß sie an Kernigkeit einbüßt und zu allem Überfluß häufig in eine zu hohe Lage gerät, was sich für das Bühnensprechen ungünstig auswirkt.
‚Was für ein Unsinn!' entgegnen die anderen. ‚Beim Sprechen muß man den Ton verdichten und verschließen.'
Wie ich an mir selbst festgestellt habe, wird der Ton dadurch jedoch zusammengepreßt und gedämpft, er hat nur einen begrenzten Umfang und klingt, als ob er aus einem Fasse hervordröhnt. Anstatt dem Sprechenden voranzuschweben, sinkt er gleichsam zu seinen Füßen nieder.
Was also soll man tun?
Ich will Ihnen erzählen, wie ich selbst im Laufe meines Schauspielerlebens an Klang und Diktion gearbeitet habe.

---

* *Fioritur: Blüte; Verzierung beim Kunstgesang. (Anm. d. Hrsg.)*

In meiner Jugend hatte ich die Absicht, Opernsänger zu werden", begann Torzow. „Diesem Umstand verdanke ich eine gewisse Vorstellung von den gebräuchlichen Methoden zur Ausbildung der Atmung und der Stimme für die Gesangskunst. Meine Erfahrung verwandte ich dann jedoch nicht zum Singen, sondern um mit ihrer Hilfe die geeignetsten Methoden zur Ausbildung einer natürlichen, schönen, von innerem Gehalt erfüllten Sprechweise herauszufinden. Sie sollte imstande sein, die erhabenen Empfindungen des tragischen Stils im Wort genauso wiederzugeben wie die einfache, intime und gepflegte Sprache im Konversationsstück. Meine Bemühungen wurden dadurch unterstützt, daß ich in den letzten Jahren viel in der Oper zu arbeiten hatte.[5] Dort lernte ich viele Sänger kennen, diskutierte mit ihnen über Probleme der Gesangskunst, hörte gute Stimmen von ganz verschiedenem Timbre, lernte aber auch unterscheiden zwischen kehliger, nasaler und gaumiger Tongebung oder nur einseitig ‚aus dem Kopf' oder ‚aus der Brust' oder ‚aus dem Kehlkopf' gebildeter Stimme. Alle diese Eindrücke prägten sich meinem Gehör und Gedächtnis ein. Vor allem aber erkannte ich die Überlegenheit der Stimmen, die ihre Töne ‚in der Maske' bilden, das heißt unter der Vorstellung, die Stimme so weit wie möglich nach vorn, ‚ins Gesicht' zu bringen, wo sich der Gaumen, die Nasenflügel, die Oberkieferhöhle und andere Resonatoren befinden.*

Die Sänger erläuterten mir: ‚Ein Ton, der «auf die Zähne gelegt» oder «in die Stirn geschickt» wird, gewinnt metallischen Klang und Stärke.' Die Töne dagegen, die in die weichen Teile des Gaumens oder in die Stimmritze geraten, klingen, als ob sie in Watte verpackt seien.

Außerdem erfuhr ich bei einem solchen Gespräch noch ein anderes wichtiges Geheimnis der Stimmführung: Beim Ausatmen während des Singens muß man zwei Luftströme verspüren, die gleichzeitig aus Mund und Nase dringen. Man muß das Gefühl haben, als ob diese beiden Ströme sich dann unmittelbar vor dem Gesicht des Singenden zu einer einzigen gemeinsamen Klangwelle vereinigen.

Ein anderer Sänger verriet mir folgendes: ‚Beim Singen bilde ich den Ton zunächst genauso wie Kranke oder Schlafende, wenn sie stöhnen, nämlich mit geschlossenem Mund. Sobald ich den Ton auf diese Art in die Maske und die Nasenflügel geleitet habe, öffne ich den Mund und setze wieder zu einem unartikulierten Ton an wie zuvor. Dieses Mal jedoch verwandelt sich das vorherige Stöhnen bereits in einen Klang, der frei nach außen dringt und in den Nasenflügeln oder den andern oberen Resonatoren der Maske widerhallt.'

Alle diese Methoden habe ich an mir selbst praktisch erprobt, um den Klangcharakter zu finden, der mir vorschwebte.

Dabei kamen mir aber auch Zufälle zu Hilfe, die mein Suchen in die richtige Bahn lenkten. So machte ich während meiner Auslandsreisen die Bekanntschaft eines be-

---

* *Stanislawski verwendet meist Hilfsvorstellungen, die zwar physiologisch unzutreffend, aber methodisch richtig sind. Die vom Sprechenden subjektiv empfundenen Schwingungen der festen Teile des Körpers (vorwiegend der Knochen) hält er – wie viele Sprechpädagogen seiner Zeit – für Resonanz. Diese Schwingungen sind – nach neueren Untersuchungen – Vibrationserscheinungen, die für die eigentliche Bildung der Stimme nicht bestimmend sind. Die Resonanz beruht auf einem Mitschwingen der in einem Hohlkörper eingeschlossenen Luft. Beim Menschen ist so ein Resonator zum Beispiel das Ansatzrohr. (Anm. d. Hrsg.)*

rühmten Sängers. Dieser Sänger nun hatte eines Tages vor einem Konzert das Gefühl, nicht bei Stimme zu sein und abends nicht singen zu können.
Der Ärmste flehte mich an, ich möge ihn ins Konzert begleiten und ihm raten, wie er sich aus der Affäre ziehen könnte, falls seine Stimme versagte.
Blaß, mit eiskalten Händen und völlig durcheinander trat der Sänger auf die Bühne und – sang hervorragend. Als er nach der ersten Nummer hinter die Bühne kam, machte er vor Freude einen Luftsprung und trällerte dabei vergnügt vor sich hin:
‚Er ist gekommen, gekommen, gekommen!'
‚Was, wer ist gekommen?' fragte ich verständnislos.
‚Na, wer wohl, eben er!... Der Ton!' erklärte der Sänger, während er sich die Noten für die nächste Nummer zurechtlegte.
‚Wohin ist er denn gekommen?' wollte ich wissen.
‚Hierher', erwiderte er und wies auf den vorderen Teil seines Gesichtes, auf seine Nase und die Zähne.
Ein anderes Mal hatte ich Gelegenheit, dem Schülerkonzert einer bekannten Gesangspädagogin beizuwohnen und saß während des Konzertes neben ihr. So konnte ich ihre Aufregung und ihr Lampenfieber für ihre Zöglinge aus nächster Nähe miterleben. Alle Augenblicke packte mich die alte Dame bei der Hand, stieß mich nervös mit dem Ellenbogen oder Knie an, wenn ein Schüler irgend etwas nicht richtig machte. Dabei sagte sie immer aufs neue ängstlich vor sich hin:
‚Fort! Jetzt ist er abgerutscht!'
‚Wer ist fort?' fragte ich.
‚Der Ton ist fort, er ist in den Hals gerutscht!' wisperte mir die Lehrerin erschrocken ins Ohr; ein anderes Mal rief sie dagegen erfreut:
‚Da ist er, er ist in der Maske angelangt!'
Diese beiden Erlebnisse und die Worte ‚er ist gekommen' und ‚er ist abgerutscht', ‚die Maske' und ‚der Hals' haben sich mir eingeprägt, und ich versuchte, selbst in Erfahrung zu bringen, warum es denn eigentlich so schrecklich ist, wenn der Ton in den Hals rutscht und so erwünscht, daß er in die Maske zurückkehrt.
Dabei mußte ich wieder den Gesang zu Hilfe nehmen. Da ich meine Hausgenossen nicht stören wollte, machte ich meine Versuche nur *mit einem Viertel meines normalen Stimmaufwandes und mit geschlossenem Mund*. Diese Rücksichtnahme hat sich sehr bezahlt gemacht. *Ich erkannte nämlich, daß es zu Beginn, beim Formen des Tones am zweckmäßigsten ist, auf der Suche nach einer richtigen Stütze für den Ton nur leise vor sich hinzusummen.*
Zunächst beschränkte ich mich dabei auf einen Ton, allenfalls auf zwei oder drei Töne der Mittellage. Ich versuchte, die Stimme auf alle Resonatoren *der Maske* zu stützen, für die ich bereits ein Gefühl hatte. Das war eine langwierige und beschwerliche Arbeit. Zuweilen kam es mir so vor, als ob der Ton wirklich dahin gelangt sei, wo er hingehörte, dann wieder mußte ich feststellen, daß er ‚in den Hals gerutscht' war. Endlich hatte ich mir durch langes Üben eine gewisse Fertigkeit erworben. Ich hatte gelernt, mit Hilfe bestimmter Methoden zwei oder drei Töne richtig zu bilden, die, wie mir schien, einen neuen, volleren und metallischen Klang hatten, wie ich ihn vorher noch nie bei mir gehört hatte.

Damit gab ich mich aber noch nicht zufrieden. Ich wollte den Ton so weit nach außen verlegen, daß selbst meine Nasenspitze von der Schwingung mitvibrierte.
Auch das schien mir zu gelingen, nur bekam meine Stimme dadurch einen leicht näselnden Klang. Dieses Ergebnis brachte neue Mühe mit sich. Es galt, den nasalen Beiklang des Tones wieder loszuwerden. Damit mußte ich mich lange Zeit herumschlagen, obwohl des Rätsels Lösung, wie sich herausstellte, ganz einfach war. Ich brauchte nichts weiter zu tun als die kleine, kaum wahrnehmbare Anspannung zu beseitigen, die ich im Innern des Nasenraumes feststellte.
Endlich war ich das Näseln los. Der Ton drang jetzt noch mehr nach außen und klang stärker, aber doch nicht so angenehm im Timbre, wie ich es erhofft hatte. Es blieben Spuren eines unerwünschten Nebengeräusches, von dem ich mich nicht freimachen konnte. Ich blieb aber hartnäckig und wollte den Ton nicht wieder zurück, ins Innere nehmen, hoffte ich doch, dem neu aufgetauchten Mangel mit der Zeit auch noch beikommen zu können.
Im nächsten Arbeitsstadium probierte ich, den Stimmumfang etwas zu erweitern. Zu meinem Erstaunen kamen die benachbarten höheren und tieferen Töne von ganz allein sehr gut heraus und waren im Klangcharakter denen ähnlich, die ich mir zuvor erarbeitet hatte.
So gelang es mir allmählich, die natürlichen, offenen Töne meines Stimmumfanges zu kontrollieren und auszufeilen. Nun aber war die Reihe an den schwierigen, äußersten, höchsten Tönen, die bekanntlich einen künstlich gebildeten geschlossenen Klang verlangen.
Wenn man etwas sucht, darf man nicht die Hände in den Schoß legen und warten, ob das Gesuchte vielleicht von selbst kommt, man muß unermüdlich immer weiter danach suchen.
Daher verwandte ich meine ganze Freizeit darauf, zu Hause vor mich hinzusummen; ich suchte nach neuen Resonatoren, neuen Stützen und trachtete danach, mich ihnen immer wieder aufs neue anzupassen.
Bei diesen Versuchen bemerkte ich durch Zufall, daß man im Bemühen, den Ton so weit wie möglich in die Maske zu verlegen, *den Kopf neigt und das Kinn nach unten sinken läßt. Diese Stellung trägt dazu bei, den Ton so weit wie möglich nach vorn dringen zu lassen.* Dieses Mittel wird von vielen Sängern gutgeheißen.
So brachte ich eine ganze Tonleiter einschließlich der äußersten hohen Töne zusammen. Zunächst gelang mir das aber nur beim Summen, nicht jedoch beim richtigen Singen mit offenem Munde.
Indessen wurde es Frühling, und meine Familie reiste aufs Land. Ich blieb allein in der Wohnung zurück und hatte nun Gelegenheit, meine Übungen auch mit offenem Munde zu betreiben. Am ersten Tag legte ich mich nach dem Essen wie gewöhnlich auf den Diwan, fing an zu summen und wagte es nach einer fast einjährigen Unterbrechung, bei einem im Summen gut gebildeten Ton den Mund zu öffnen.
Wir groß war mein Erstaunen, als plötzlich, ganz unverhofft, aus Nase und Mund ein mir unbekannter Ton kraftvoll herausdrang, der seit langem in mir herangereift war und dem Klange glich, der mir die ganze Zeit vorgeschwebt, den ich schon oft von Sängern gehört und so lange in mir gesucht hatte.

Wenn ich die Stimme verstärkte, wurde er noch kräftiger und vollklingender. Einen solchen Ton hatte ich bislang bei mir noch nicht gekannt. Mir war, als ob ein Wunder geschehen sei. Voller Begeisterung sang ich den ganzen Abend, und meine Stimme ermüdete dabei durchaus nicht, sondern klang im Gegenteil immer besser.

Vor meinem systematischen Stimmtraining war ich vom längeren Singen immer sehr bald heiser geworden, jetzt dagegen hatte das Singen sogar einen heilsamen Einfluß auf meine Kehle und machte sie frei.

Und noch eine andere angenehme Überraschung war mir beschieden: Auf einmal konnte ich Töne singen, die vorher nicht in meinem Stimmumfang enthalten gewesen waren. Die Stimme bekam eine neue Färbung, ein anderes Timbre, das mir schöner und samtiger als das frühere erschien.

Wie war das alles nur gekommen?! Es lag auf der Hand, daß man durch leises Summen nicht allein den Stimmklang entwickeln, sondern auch alle auf Vokalen gesungenen Töne miteinander in Einklang bringen kann. Und wie wichtig ist das! Wie unerfreulich sind jene buntscheckigen Stimmen, bei denen das A aus der Bauchhöhle kommt, das E aus der Stimmritze, das I sich aus der zusammengepreßten Kehle herauszwängt, das O wie in einem Faß dröhnt und das U so tief hinabrutscht – daß es nie wieder ans Tageslicht gelangen kann.

Bei der neuen Art zu singen, die ich mir erarbeitet hatte, gelangten die offenen Selbstlaute alle an ein und dieselbe Stelle im oberen harten Gaumen unmittelbar an den Zahnwurzeln und fanden ihre Resonanz noch weiter oben in den Nasenflügeln im vorderen Teil der Maske.

Beim weiteren Probieren stellte ich fest, daß in dem Maße, wie die Stimme zu den höheren Tönen hinaufklettert, die Stütze des Tones auch mehr nach oben und nach vorn in die Maske, in das Gebiet der Nasenflügel verlegt werden muß.* Außerdem bemerkte ich, daß die offenen Vokale am harten Gaumen ansetzen und in den Nasenflügeln widerklingen, während die geschlossenen Vokale mehr im Nasenraum ansetzen und im Bereich des harten Gaumens ihren Klang erhalten.

Ganze Abende lang sang ich in der leeren Wohnung, wie verzaubert von meiner neuen Stimme. Bald jedoch verzweifelte ich wieder. Bei einer Opernprobe war ich Zeuge, wie der Dirigent einen Sänger tadelte, weil er die Töne zu weit in den vordersten Teil der Maske vorschob, was seinem Gesang ein unangenehmes, leicht näselndes, zigeunerhaftes Kolorit verlieh. Dieser Zwischenfall ließ mich wieder an dem irre werden, was ich so dauerhaft zu besitzen geglaubt hatte. Denn ich hatte ja auch schon an mir selbst diesen unerwünschten Beiklang bemerkt, der immer in den Tönen auftauchte, die ich in den vordersten Teil der Maske legte.

Also mußte ich wieder mit neuen Versuchen beginnen.

Ohne das aufzugeben, was ich mir bereits angeeignet hatte, fing ich an, in meiner Schädelhöhle nach neuen Resonanzstellen zu suchen, und zwar an allen Punkten des harten Gaumens, in der Gegend des Oberkiefers, in der Stirn und sogar im Nacken, den man mich früher zu meiden gelehrt hatte. Und überall entdeckte ich Resonatoren, die auf irgendeine Weise ihre Funktion erfüllten und den Klang durch neue

---

* *Stanislawski versteht unter Stütze in diesem Fall eine Artikulationsstütze: das Ansetzen der Laute in einem gedachten, weit vorn sitzenden Bezirk des Ansatzrohres. (Anm. d. Hrsg.)*

Schattierungen bereicherten. Auf Grund dieser Experimente wurde mir klar, daß die Technik des Singens diffiziler ist als ich geglaubt hatte und daß das Geheimnis der Gesangskunst nicht einzig und allein in der ‚Maske' verborgen liegt.
Es gab noch ein anderes Geheimnis, in das ich eingeweiht wurde.
In den Gesangsstunden hatte nämlich eine Anweisung, die die Lehrerin ihren Schülern bei den hohen Tönen immer wieder zurief, meine Aufmerksamkeit erregt: ‚Gähnen Sie!'
Ich erfuhr, daß man, um ein Verklemmen auf den hohen Tönen zu vermeiden, Kehlkopf und Rachen genau so stellen muß, wie es beim Gähnen der Fall ist. Dadurch wird die Kehle auf natürliche Weise gedehnt und jede unerwünschte Verkrampfung beseitigt.
Mit Hilfe dieser neuen Erkenntnis drangen meine hohen Töne ungehindert nach außen, gewannen einen metallischen Klang und wurden frei von jeglichem Druck. Ich war glücklich.
Nach all diesen Übungen war es mir gelungen, meine Stimme bei den Vokalen richtig einzustellen. Ich sang Vokalisen*, und meine Stimme klang in allen Lagen gleichmäßig, kräftig und voll. Nun ging ich dazu über, auch Romanzen mit einem richtigen Text zu singen. Zu meinem Erstaunen wirkten diese Romanzen aus meinem Munde jedoch auch nicht anders als Vokalisen, da ich lediglich die *Vokale* der Worte zum Klingen brachte. Die *Konsonanten* dagegen waren nicht nur klanglos, sondern störten mich sogar beim Singen durch ihr trockenes, den Klang zerhackendes Geräusch. Hier erfuhr ich am eigenen Leibe die Wahrheit von S. M. Wolkonskis prachtvollem Ausspruch, daß *die Vokale der Strom, die Konsonanten dagegen das Ufer seien.*[6] Daher ähnelte mein Singen mit seinen brüchigen Konsonanten auch einem Fluß ohne Ufer, der aus seinem Bett tritt und alles ringsum in einen sumpfigen Morast verwandelt, in dem die Worte steckenbleiben und versinken."[7]

Als Arkadi Nikolajewitsch heute zum Unterricht erschien, begrüßte er uns unvermutet mit einem Sammelsurium unverständlicher, wie Flüche klingender Laute:[8]
„Essis seititü fü die persönliche freiheit weit aufutu!"
Wir sahen ihn verständnislos an und warfen uns verwunderte Blicke zu.
„Haben Sie mich nicht verstanden?" fragte er uns nach einer kurzen Pause.
„Wir verstehen nicht das geringste", mußten wir eingestehen, „was sollen diese Schimpfwörter heißen?"
„‚Es ist Zeit, die Tür für die persönliche Freiheit weit aufzutun.' Der Schauspieler, der diese Worte in irgendeinem Stück sprach, hatte eine schöne, kräftige, überall gut zu hörende Stimme, und doch konnte ihn niemand verstehen, und wir alle meinten, nicht anders als Sie soeben, daß er uns beschimpfen wollte", erzählte Torzow.
„Dieses an und für sich unbedeutende komische Erlebnis hatte für mich bemerkenswerte Folgen, darum will ich hier etwas näher darauf eingehen.
Nach einer langjährigen Laufbahn als Schauspieler und Regisseur hatte ich endlich erkannt, daß eine wirklich hervorragende Diktion und Aussprache für den Schauspieler unerläßliche Voraussetzungen sind, daß er nicht allein die Sätze und Worte,

---

* *Vokalise: Gesangsübung auf bloße Vokale. (Anm. d. Hrsg.)*

sondern auch jede Silbe, ja sogar jeden einzelnen Laut empfinden muß.⁹ In der Tat, je einfacher eine Wahrheit ist, desto mehr Zeit braucht man, um sie zu erkennen.
Mir wurde klar, daß wir alle, im Leben wie auf der Bühne, fürchterlich sprechen und daß jeder nur einer einzigen Person zugesteht, daß sie richtig spricht, nämlich sich selbst. Der Grund dafür liegt darin, daß wir erstens alle an unser eigenes Sprechen gewöhnt sind, daß es zweitens für unsere eigenen Ohren auch anders klingt als für die Ohren unserer Zuhörer. Man muß sich schon sehr eingehend mit seiner Sprechweise beschäftigen, um sich selbst kritisch sprechen zu hören.
Ich habe also mich selbst und andere aufmerksam beobachtet und bin schließlich zu der Erkenntnis gelangt, daß wir alle noch einmal zur Schule gehen und mit den Anfangsgründen beginnen müßten.
Wir haben kein Gefühl mehr für unsere Sprache, für ihre Sätze, Silben und Laute, darum wird sie von uns auch so leicht verschandelt: Anstelle eines Ch (wie in ‚ich') sprechen wir Sch,* anstelle eines E sagen wir Ä. Der Konsonant Z klingt aus unserm Munde wie ein S, und das R verwandelt sich bei manchen Leuten in ein Ch (wie in ‚ach'). Überdies brauchen Sie in diesem Zusammenhang ja nur an die falsche Aussprache des A, an die unsauberen stimmhaften S, an das lispelnde, näselnde, schrill kreischende, quäkende oder knarrende Sprechen und an die vielen andern Abarten von Sprechfehlern zu denken. Wörter mit falsch gesprochenen Lauten kommen mir immer vor wie ein Mensch, dessen Ohr an die Stelle des Mundes gerutscht ist, dessen Auge da sitzt, wo eigentlich das Ohr hingehörte, und dessen einer Finger sich an der Stelle der Nase befindet.
Ein Wort mit verstümmeltem Anfang erinnert mich an einen Menschen mit plattgedrücktem Kopf, und ein Wort, dessen Ende verschluckt wurde, läßt mich an einen Beinamputierten denken.
Das Weglassen einzelner Buchstaben und Silben ist dasselbe wie eine eingedrückte Nase, ein ausgelaufenes Auge oder ein ausgeschlagener Zahn, ein abgeschnittenes Ohr oder eine andere Verstümmelung.
Wenn bei manchen Menschen die Worte aus Trägheit oder Unachtsamkeit wie eine einzige formlose Masse zusammenkleben, so erinnert mich das an eine Fliege, die im Honig zappelt, oder ich sehe die vom Herbstregen aufgeweichten Landwege vor mir, wo alles ringsum zu einer grauen Nebelmasse verschmilzt.
Das arhythmische Sprechen, bei dem ein Wort oder Satz langsam beginnt, in der Mitte plötzlich schneller wird, um am Ende ganz unvermutet gleichsam in einem Torweg zu verschwinden, läßt mich einen Betrunkenen vor mir sehen, und die schnelle, verhaspelte Art zu sprechen erinnert mich an den Veitstanz.¹⁰
Selbstverständlich haben Sie alle schon einmal schlechtgedruckte Bücher oder Zeitungen in der Hand gehalten, in denen alle paar Zeilen einzelne Buchstaben fehlten oder in denen es von Druckfehlern wimmelte. Finden Sie nicht auch, daß es eine Qual ist, alle Augenblicke anhalten und Silbenrätsel lösen zu müssen?
Genauso ärgerlich ist es auch, wenn man an Briefen und Notizen herumstudieren muß, die so unleserlich geschrieben sind, daß eigentlich alle Buchstaben ineinander

---

* An die Stelle der von Stanislawski gegebenen Beispiele aus der russischen Phonetik haben wir des besseren Verständnisses wegen hier entsprechende aus der deutschen gesetzt. (Anm. d. Hrsg.)

verlaufen und verwischt sind. Man kann zwar gerade noch erraten, daß man irgendwohin gebeten wird, aber wohin und wann ist unmöglich zu entziffern. Da schreibt jemand: ‚Sie sind ein F ... d'. Was aber mit diesen Hieroglyphen gemeint ist, Freund oder Feind, kann man beim besten Willen nicht enträtseln.

So schwer es aber auch sein mag, ein schlecht gedrucktes Buch oder eine undeutliche Schrift lesen zu müssen, mit einiger Mühe kann man den Sinn des Geschriebenen doch herausfinden. Man hat ja etwas in der Hand, und irgendwann wird man schon die Zeit finden, sich mit der Entzifferung des Unleserlichen zu beschäftigen.

Was aber soll man tun, wenn bei einem Theaterstück von dem Text, den die Schauspieler auf der Bühne sprechen, einzelne Buchstaben, Wörter, ja sogar ganze Sätze ausfallen, die oft von entscheidender Bedeutung sind, weil das ganze Stück auf ihnen aufgebaut ist? Einen gesprochenen Text kann man nicht zurückholen und eine begonnene Vorstellung oder eine rasch ablaufende Handlung nicht stoppen, um sich über das klarzuwerden, was man nicht verstehen konnte. Undeutliches Sprechen erzeugt ein Mißverständnis nach dem andern. Solche Mißverständnisse häufen sich, verdunkeln oder verdecken sogar vollständig den Sinn, das Wesentliche des Stückes. Zuerst strengen die Zuschauer noch ihr Gehör, ihre Aufmerksamkeit und ihren Verstand an, um den Vorgängen auf der Bühne folgen zu können, aber wenn ihnen das nicht gelingt, werden sie auf die Dauer nervös und ungeduldig, fangen an zu husten und schließlich sich zu unterhalten.

Wissen Sie eigentlich, was dieses fürchterliche Wort ‚husten' für den Schauspieler bedeutet? Eine Zuschauermenge, die ungeduldig geworden ist und den Zusammenhang der Geschehnisse auf der Bühne verloren hat, kann die Schauspieler, das Stück und die Aufführung ohne weiteres ‚niederhusten'. Der hustende Zuschauer ist unser gefährlichster Feind. Eines der Verteidigungsmittel gegen ihn ist schönes, klares, eindringliches Sprechen.

Ich begriff, daß unsere verstümmelte Alltagssprache gerade noch mit Müh und Not für den Hausgebrauch ausreichen mag. Wenn aber klangvolle Verse von tiefem, bedeutendem Inhalt in vulgärer Form auf der Bühne vorgetragen werden, wirkt die Gewöhnlichkeit der Sprache beleidigend oder lächerlich.

Die Laute, Silben und Wörter sind nicht erdacht, sie kommen aus Impulsen, sie sind von der Natur, von Zeit und Ort, das heißt vom Leben selbst geschaffen worden.

Die Empfindung von Schmerz, Kälte, Freude oder Schrecken wird von allen Menschen, von allen Kindern mit den gleichen Lauten zum Ausdruck gebracht; so bricht zum Beispiel der Laut A vor Schreck oder Begeisterung, die uns erfaßt haben, ganz von selbst aus unserm Innern hervor.

Jeder einzelne der Laute, aus denen sich ein Wort zusammensetzt, hat seine eigene Seele, sein Wesen und seinen Gehalt, die der Sprechende herausspüren muß. Wenn aber ein Wort nicht mit dem Leben verbunden ist und nur formal, mechanisch, träge, seelenlos und leer dahingesagt wird, so gleicht es einem Leichnam, dessen Herz nicht mehr schlägt. Das lebendige Wort besitzt einen inneren Gehalt, es hat sein bestimmtes Gesicht und muß so bleiben, wie die Natur es geschaffen hat.

Wer die Seele des Lautes nicht verspürt, der fühlt auch nichts von der Seele des Wortes, des Satzes oder des Gedankens.

Sobald ich begriffen hatte, daß die Laute lediglich klangliche Formen sind, die mit einem Inhalt erfüllt werden müssen, erhob sich vor mir ganz von selbst die Aufgabe, mich mit diesen klanglichen Formen der Laute zu beschäftigen, um ihnen den richtigen Inhalt geben zu können.
Ich begann ganz bewußt mit den Anfangsgründen und fing an, jeden Laut für sich zu erforschen.
Es fiel mir leichter, mit den Vokalen zu beginnen, da sie durch das Singen bereits gut vorbereitet, korrigiert und ausgeglichen waren."

„Ist Ihnen eigentlich bewußt, daß durch den klaren Laut A ein Gefühl aus unserer Seele nach außen dringt? Dieser Laut verbindet sich mit bestimmten Empfindungen, die befreit herausströmen.
Es gibt aber auch ein anderes A, einen dumpfen, verschlossenen Laut, der im Innern verweilt und dort unheilverkündend dröhnt und widerhallt, wie in einer Höhle oder einem Grabgewölbe. Auch ein heimtückisches A gibt es, das wie ein Wirbelwind aus dem Innern hervorbricht und sich in die Seele des Gesprächspartners hineinbohrt. Es gibt auch ein fröhliches A, das wie eine Rakete hervorschießt, oder ein schweres A, das sich wie Blei auf die Seele senkt.[11]
Spüren Sie nicht auch, wie durch die Schallwellen kleinste Teile unserer Seele nach außen dringen oder ins Innere hinabsinken? All das sind keine leeren, sondern mit innerem Gehalt erfüllte Vokale, und ich behaupte, daß in ihrem Kern ein Stückchen der menschlichen Seele enthalten ist.
Genauso erkannte ich die klanglichen Formen aller andern *Vokale* und ging anschließend dazu über, auch die *Konsonanten* auf dieselbe Art und Weise zu erforschen.
Diese Laute waren noch nicht durch den Gesangsunterricht vorbereitet und verbessert, und so erwies sich die Arbeit an ihnen als bedeutend schwieriger.
Der Umfang meiner neuen Aufgabe kam mir noch mehr zum Bewußtsein, nachdem ich erfahren hatte, daß die Stimme des berühmten italienischen Baritons B...[12] bei reinen Vokalen nur schwach klingt. Sobald er sie jedoch mit Konsonanten verbindet, verzehnfacht sich die Kraft seines Tones. Ich wollte diese Erscheinung an mir selbst nachkontrollieren, aber leider hatte das Experiment nicht das erhoffte Resultat. Ich mußte mich sogar davon überzeugen, daß meine Konsonanten weder für sich allein, noch in Verbindung mit Vokalen klingen. Ich mußte noch viel und hart arbeiten, um herauszufinden, wie man die Stimme auf ausnahmslos allen Lauten zum Klingen bringen kann.
Seit dieser Zeit galt mein ganzes Interesse ausschließlich den Konsonanten.
Ich beobachtete ihren Klang bei mir selbst und bei andern, ich besuchte Opern und Konzerte und hörte den Sängern zu. Was aber mußte ich feststellen? Es zeigte sich, daß selbst bei den Besten unter ihnen die Arien und Romanzen wegen der trägen und nachlässigen Aussprache der Konsonanten zu bloßen Vokalisen wurden.
In S. M. Wolkonskis Buch ‚Das ausdrucksvolle Wort' heißt es: ‚Wenn die Vokale der Strom und die Konsonanten das Ufer sind, so muß man das letztere befestigen, damit es keine Überschwemmung gibt.'

Die Konsonanten geben jedoch nicht nur Halt und Richtung, es gibt auch solche, die selbst klingen können.
Solche stimmhaften Konsonanten sind B, D, G, L, M, N, W.*
Mit ihnen fing ich an.
In diesen Lauten hört man deutlich einen langgezogenen Ton gutturaler Herkunft heraus, der fast genauso singt wie die Vokale. Der Unterschied besteht lediglich darin, daß der Laut nicht sofort und ungehindert nach außen dringt, sondern an bestimmten Stellen durch einen Verschluß aufgehalten wird, wodurch diese Laute ihre charakteristische Klangfarbe erhalten. Sobald jedoch der Verschluß, der die gutturalen Lautanhäufungen aufhält, sich öffnet, kann der Klang nach außen dringen. So wird beim B zum Beispiel das gutturale Summen durch das Zusammenpressen beider Lippen zurückgehalten. In dem Augenblick, wo der Verschluß sich öffnet, kommt es zu einer Art Explosion, und der Laut dringt frei nach außen. Nicht von ungefähr bezeichnet man diese und ähnliche Laute zuweilen auch als ‚Verschluß- oder Explosivlaute'.[13]
Die Aussprache des W geschieht durch Berührung der oberen Schneidezähne mit der Unterlippe.
Beim G wiederholt sich dieselbe Erscheinung durch den Druck des hinteren Teils der Zunge gegen den Gaumen.
Beim D stößt die Zungenspitze gegen die Vorderzähne, wodurch der Verschluß entsteht.
Beim Aussprechen aller bisher erwähnten Konsonanten erfolgt der Durchbruch plötzlich und unvermittelt, indem der gestaute Gutturallaut auf einmal herausgeschleudert wird.
Bei der Aussprache der Konsonanten L, M, N dagegen wird derselbe Prozeß weich und behutsam durchgeführt; es entsteht eine leichte Verzögerung beim Öffnen der zuzusammengelegten Lippen (M), oder wenn die Zungenspitze gegen die Vorderzähne stößt (N), oder wenn die etwas zurückgebogene Zungenspitze das Zahnfleisch des Oberkiefers berührt (L).** Diese Verzögerung bewirkt einen intensiveren Summton, darum nennt man auch alle diese Konsonanten (L, M, N) *Klinger*.
Es gibt aber auch Konsonanten, die ihren Klang nicht allein von einem gestauten Gutturallaut erhalten, sondern zugleich auch summen (die russischen Buchstaben Ж,

---

* *Die auf den folgenden Seiten gegebene Beschreibung der Konsonanten ist terminologisch nicht ganz eindeutig, so daß Mißverständnisse entstehen können. Wir machen den Leser darauf aufmerksam, daß Stanislawski mit dem „gutturalen Laut" den Stimmton der stimmhaften Konsonanten meinte. (Siehe auch Anm. 13.)*
Diese stimmhaften Konsonanten lassen sich in 3 Gruppen teilen (für alle 3 Gruppen ist der „vokalische" Stimmton charakteristisch): stimmhafte Verschlußlaute (B, D, G), stimmhafte Reibelaute (W, stimmhaftes S, stimmhaftes Sch, J, R) und Nasallaute (M, N, Ng). Der L-Laut nimmt eine Zwischenstellung ein zwischen den Reibelauten und den Nasallauten; mit den letzteren bildet er die Gruppe der Halbvokale.
Die stimmlosen Konsonanten sind reine Geräuschlaute, das heißt, an ihrer Bildung sind die Stimmlippen nicht als frequenzerzeugende Elemente beteiligt. Wir unterscheiden ebenfalls wieder (je nachdem, in welcher Weise die charakteristischen Geräusche erzeugt werden) stimmlose Verschlußlaute (P, T, K) und stimmlose Reibelaute (F, stimmloses S, stimmloses Sch, Ch wie in „ich" und in „ach"). Daneben gibt es noch einige Konsonantenverbindungen wie Pf, Z (bestehend aus T und stimmlosem S), X (bestehend aus K und stimmlosem S), Qu (bestehend aus K und W). (Anm. d. Hrsg.)
** *Im Deutschen liegt die Zungenspitze beim L weiter vorn als im Russischen. (Anm. d. Hrsg.)*

das stimmhafte Sch, und 3, das stimmhafte S). Diese Laute werden gebildet, indem die mittlere Innenseite der Zunge gegen die Vorderzähne stößt (Ж) oder die Zungenspitze gegen die Enden der vorderen Ober- und Unterzähne, die fast miteinander in Berührung kommen (3).

Wieder andere Konsonanten bersten und klingen nicht, sind aber dennoch langgezogen und erzeugen bestimmte Geräusche und Luftschwingungen. Ich spreche von den Lauten R, dem stimmlosen S, F, Ch, Z und den russischen Lauten Ч = Tsch, Ш = Sch und Щ = Schtsch.

Diese Geräusche werden dem Klang der Vokale beigefügt und verleihen ihnen eine bestimmte Färbung.

Schließlich gibt es noch die schlagenden Konsonanten P, T, K. Sie sind stimmlos und abgehackt, schlagen wie ein Hammer auf einen Amboß und schleudern die nachfolgenden Laute heraus.

Sobald man dazu übergeht, Laute zusammenzusetzen und Silben oder ganze Wörter daraus zu bilden, wird ihre klangliche Form natürlich umfangreicher, und man kann auch mehr in sie hineinlegen.

Sagen Sie zum Beispiel einmal das Alphabet!"

„Lieber Gott", dachte ich im stillen, „jetzt sollen wir doch tatsächlich noch einmal anfangen, das ABC zu lernen. Wir machen wirklich eine zweite Kindheit durch; das ABC unserer Schauspielerlaufbahn."

„Ba-ba-ba!..." blökten wir alle durcheinander wie eine Hammelherde.

„Geben Sie acht, ich will Ihnen aufschreiben, was für einen Laut Sie von sich gegeben haben!" unterbrach uns Torzow.

Und er schrieb mit Blaustift auf ein vor ihm liegendes Blatt Papier: „pbA", das heißt zuerst ein undeutliches und als Mitlaut durchaus nicht typisches, nicht genügend stoßartiges kleines „p", dann ein ebenfalls nicht sehr explosives und schon gar nicht klingendes kleines „b". Bevor man diese Laute überhaupt definieren konnte, waren sie schon in dem riesigen, wie der Rachen eines Raubtieres weit aufgerissenen, klanglich farblosen und nichtssagenden, unangenehm scharfen „A" verschwunden und versunken.

„Mir ist es um einen andern Laut zu tun", sagte Arkadi Nikolajewitsch, „um ein offenes, klares, weitausholendes Ba-a..., das eine unerwartete freudige Überraschung und lebhafte Begrüßung ausdrückt, bei der einem das Herz schneller und fröhlicher schlägt. Hören Sie einmal zu: Ba!* Spüren Sie nicht, wie in meinem Innern das gutturale B aufkeimt und nach oben drängt, wie meine Lippen dem Ansturm des Lautes und des emporsteigenden Gefühls kaum noch standhalten können. Wie dann endlich das Hindernis durchbrochen wird und Ihnen aus den geöffneten Lippen wie aus einer Umarmung ein breites, gastfreies, von guten Gefühlen durchtränktes A entgegenfliegt, wie ein Hausherr, der vor die Tür seines Hauses tritt, um einen will-

---

* *Anhand des hier aufgeführten Beispiels und des nächstfolgenden charakterisiert Stanislawski die Ausdruckskraft der menschlichen Stimme, unabhängig von der aus einem sinnvollen Satz zu entnehmenden Aussage, und er weist darauf hin, daß auch schon die Laute eine gewisse Ausdruckskraft besitzen. Wir glauben, darauf aufmerksam machen zu müssen, daß Stanislawski hiermit nicht auf die veraltete, idealistische These zurückgreifen will, prinzipiell den Ausdruck der Stimme ohne Beziehung zu einem Inhalt zu schulen. Eine solche Theorie würde der im I. Teil der „Arbeit des Schauspielers an sich selbst" dargelegten Methode widersprechen. (Anm. d. Hrsg.)*

kommenen Gast zu empfangen. B-b-A-a-a! Spüren Sie nicht, daß in diesem Ausruf ein kleines Stück meiner Seele enthalten ist, die sich mit freudigem Ruf geradeswegs in Ihr Herz schwingen will?
Und nun hören Sie sich noch einmal dieselbe Silbe ba an, die jetzt jedoch einen vollkommen anderen Charakter hat."
Dieses Mal sprach Torzow dieselben Buchstaben trübsinnig, dumpf und gedrückt aus. Das Summen des B erinnerte jetzt an das unterirdische Grollen vor einem Erdbeben; die Lippen öffneten sich nicht weit wie zu einer freudigen Umarmung, sondern nur zögernd und gleichsam unschlüssig. Ja, selbst das A klang nicht fröhlich wie beim ersten Mal, sondern dumpf und ohne Resonanz, es sank sozusagen sofort wieder ins Leibesinnere hinunter, ohne ins Freie durchzudringen. Anstelle des Lautes gaben die Lippen lediglich einen Luftstrom von sich, der leise zischte.
„Wie viele unterschiedliche Abwandlungen kann man für diese eine, aus nur zwei Buchstaben bestehende Silbe erfinden! Und jede einzelne dieser Variationen offenbart ein kleines losgelöstes Stückchen der menschlichen Seele. Diese Art von Lauten und Silben leben auf der Bühne, während die andern, die eine kraft- und seelenlose, mechanische Aussprache erzeugen, nur Leichnamen gleichen.
Und nun versuchen Sie einmal, die Silbe ba auf drei Laute zu erweitern *bar, bam, bach, baz, bastsch* ... Spüren Sie, wie sehr sich mit jedem neuen Buchstaben auch die gesamte Stimmung wandelt, wie jeder neue Zusammenklang bald das eine, bald das andere Stückchen unseres Gefühls hervorlockt?
Wenn wir jetzt gar zwei Silben miteinander verbinden, so erhalten wir noch mehr Raum für den Ausdruck unseres Gefühls: baba, bawa, basha, baka, bama, baki, bali, baju, baï, bazbaz, barbuf, bambar."
Wir sprachen Torzows Lautbildungen nach und suchten auch selbst Silben zu erfinden. Wohl zum ersten Mal im Leben achtete ich wirklich auf ihren Klang und erkannte, wie unvollkommen sie bei uns herauskamen und wie volltönend aus Torzows Munde, der sich wie ein Feinschmecker am Aroma jedes einzelnen Buchstabens und jeder Silbe delektierte.
Durch den Raum schwirrten die verschiedensten widersprüchlichen und sich aneinander reibenden und stoßenden Laute. Dabei blieb jedoch all unser heißes Bemühen, einen Wohlklang hervorzurufen, vergeblich. Zwischen unsern trüben, heiseren Vokalen und dem Hämmern unserer Konsonanten tönten die klingenden Vokale und summenden Konsonanten Torzows hell und klangvoll hervor und hallten in allen Winkeln des Zimmers wider.
„Wie einfach und doch schwierig ist diese Aufgabe", dachte ich, „je einfacher und natürlicher etwas ist, desto schwieriger wird es für uns."
Ich warf einen Blick auf Arkadi Nikolajewitschs Gesicht: Es strahlte wie bei einem Menschen, der sich über etwas Schönes freut. Dann schaute ich zu meinen Kameraden hinüber und wäre beinah herausgeplatzt vor Lachen, als ich ihre verkrampften Gesichter sah, die viel Ähnlichkeit mit albernen Grimassen hatten.
Die von Arkadi Nikolajewitsch hervorgebrachten Laute machten ihm und uns Vergnügen, während die quietschenden, heiseren Töne, die wir mühsam herausstießen, uns selbst und allen, die uns anhören mußten, viel Kummer bereiteten.

Inzwischen war Arkadi Nikolajewitsch so richtig in Fahrt gekommen, er berauschte sich förmlich an den Silben, aus denen er bekannte oder auch neue, von ihm selbst erfundene Wörter zusammensetzte. Dann ging er dazu über, die Wörter zu Sätzen zu verbinden. Er sprach eine Art Monolog, um schließlich wieder zu einzelnen Lauten, Silben und Wörtern zurückzukehren.

Dabei beobachtete ich aufmerksam seine Lippen, die mich an die präzise geschliffenen Klappen eines Blasinstrumentes erinnerten. Diese sind so sorgfältig gearbeitet, daß beim Öffnen oder Schließen kein Spalt bleibt, durch den Luft entweichen könnte. Auf Grund dieser Präzision wird der Ton außerordentlich rein und klar. Genauso leicht, schnell und exakt artikulierten auch die Lippen von Torzow.

Bei mir dagegen sieht es ganz anders aus. Meine Lippen schließen nicht dicht genug – wie die Klappen eines billigen, schlechten Blasinstrumentes. Sie lassen Luft entweichen, sie rutschen ab. Darum klingen auch meine Konsonanten nicht sauber und klar.

Meine Artikulation ist schlecht ausgebildet und so weit entfernt von jeglicher Virtuosität, daß sie noch nicht einmal für ein schnelleres Sprechen zu gebrauchen ist. Meine Silben und Wörter sind verwischt, sie bröckeln und rutschen ab wie schlüpfriger Uferboden, und die Vokale überschwemmen immer wieder die Ufer, so daß die Zunge in ihnen steckenbleibt.

„Wenn Sie das alles erst einmal so verstanden haben wie ich", sagte Arkadi Nikolajewitsch, „werden Sie ganz bewußt an der Artikulation Ihrer Lippen, Ihrer Zunge und aller Teile des Sprechapparates arbeiten, mit deren Hilfe die Konsonanten präzise gebildet werden.

Die bekannte Sängerin und Gesangspädagogin Pauline Viardot pflegte zu sagen, man müsse ‚avec le bout des lèvres' (mit den Spitzen der Lippen) singen. Arbeiten Sie also intensiv an der Lippenartikulation. Dabei spielen die Muskeln eine wichtige Rolle; sie müssen lange und systematisch trainiert werden.

Auf diese Arbeit will ich jetzt nicht im einzelnen eingehen, denn Sie werden davon noch in den Stunden für ‚Training und Drill' genügend hören.

Heute will ich Sie zum Schluß der Stunde nur noch vor einem sehr verbreiteten Fehler warnen, der häufig beim Aussprechen von Silben auftritt, die aus zwei oder mehreren miteinander verbundenen Vokalen und Konsonanten bestehen.

Mit diesem Fehler hat es folgende Bewandtnis: Viele Menschen bilden die Vokale und die Konsonanten an ganz verschiedenen Punkten ihres Sprechapparates. Darum müssen sie auch die Konsonanten erst irgendwoher aus der Tiefe mühsam heraufbefördern, um sie mit den Vokalen zu einem gemeinsamen Klang zu verbinden.

Dabei entsteht jedoch nicht eine aus zwei Lauten gebildete Silbe wie Ba, Da, Wa..., sondern es kommen zwei an ganz verschiedenen Punkten hervorgebrachte Laute heraus. So hört man zum Beispiel anstelle von Ba zuerst ein gutturales Brummen bei geschlossenem Munde: gmmm... Nachdem der Ton sich dann vom Kehlkopf zu den Lippen verlagert hat, schieben diese sich träge auseinander und lassen ein gewaltiges A-a-a... entweichen: gmmm-buA. Diese Art zu sprechen ist falsch, unschön und gewöhnlich.

Das gutturale Summen der Konsonanten muß sich an derselben Stelle sammeln und

muß dort widerhallen, wo auch die Vokale entstehen. Dort vermischen sie sich, verschmelzen miteinander, und nach dem Aufbrechen der Lippen entweicht der Laut in zwei Strömen aus Mund und Nase und klingt im selben Resonator wider wie der Selbstlaut.
So häßlich wie die Buntscheckigkeit einer Stimme, deren Vokale an verschiedenen Punkten des Stimmapparates gebildet werden, ist es auch, wenn die Konsonanten aus verschiedenen Zentren des Sprechapparates heraufbefördert werden."

Heute setzte Arkadi Nikolajewitsch seinen Bericht fort. Er sagte:
„Als ich mir die wichtigsten Gesetze der Lautbildung, Aussprache und Diktion angeeignet hatte, summte ich abends einzelne Laute oder sang auch ganze Wörter vor mich hin.
Dabei fielen jedoch durchaus nicht alle Konsonanten zu meiner Zufriedenheit aus. Einige, wie zum Beispiel die pfeifenden und zischenden, wollten mir nicht gelingen. Die Schuld daran trug meiner Ansicht nach ein angeborener Fehler, mit dem ich irgendwie fertig werden mußte.
Zunächst einmal kam es mir darauf an zu erkennen, bei welcher Mund-, Lippen- und Zungenstellung die Konsonanten richtig klingen. Zu diesem Zweck nahm ich ein ‚Modell' zu Hilfe, das heißt, ich bat einen meiner Schüler, der eine gute Aussprache hatte, um seine Unterstützung. Der junge Mann erwies sich als ein geduldiger Mensch. Stundenlang konnte ich ihm auf den Mund starren und beobachten, wie sich seine Lippen und Zunge beim Aussprechen der Konsonanten verhielten.
Natürlich war mir dabei bewußt, daß es zwei vollkommen identische Artikulationsweisen nicht gibt. Jeder muß auf seine Art mit den ihm verliehenen natürlichen Möglichkeiten fertig werden. Dessenungeachtet suchte ich jedoch das, was ich an meinem ‚Modell' beobachtet hatte, auf mich selbst zu übertragen.
Aber auch die größte Geduld hat ihre Grenzen; der Schüler hielt es schließlich nicht mehr aus und suchte alle möglichen Ausflüchte, um nicht mehr zu mir kommen zu müssen.
Nun wandte ich mich an eine erfahrene Sprechlehrerin, um bei ihr Unterricht zu nehmen.
Es kann heute nicht meine Aufgabe sein, Ihnen zu wiederholen, was ich in jenen Stunden lernte. Zu gegebener Zeit wird Ihnen der Fachlehrer alles Erforderliche sagen.
Ich will mich nur auf ein paar Bemerkungen über das beschränken, was ich mir aus praktischer Erfahrung aneignete.
Vor allem erkannte ich bald, daß die Unterrichtsstunden allein zur Stimmbildung und Korrektur der Aussprache keineswegs ausreichen.
Der Gesangsunterricht ist nämlich durchaus nicht in erster Linie für die Übungen zur Stimmbildung oder zur Korrektur der Aussprache gedacht. Während des Unterrichts soll man sich vielmehr alles gut einprägen, was man sich dann in den Stunden für ‚Training und Drill' zunächst noch unter Aufsicht eines erfahrenen Repetitors und später auch selbständig zu Hause und überall im täglichen Leben erarbeiten muß.

Solange die neue Art zu sprechen einem nicht wirklich in Fleisch und Blut übergegangen ist, darf man sich nicht einbilden, das Gelernte zu beherrschen. Wir müssen darauf achten, immer und überall, auf der Bühne wie im Leben richtig und gut zu sprechen. Wir müssen das Gelernte wirklich anwenden, es uns zur steten Gewohnheit machen, wir müssen uns das Neue im Leben gleichsam einimpfen, so daß es uns ein für allemal zur zweiten Natur wird. Nur unter dieser Voraussetzung geht es uns tatsächlich in Fleisch und Blut über, so daß wir auf der Bühne nicht mehr auf unsere Aussprache zu achten brauchen. Wenn der Darsteller des Tschazki oder des Hamlet während seines Auftritts an alle möglichen Stimmfehler oder an sein falsches Sprechen denken muß, wird das seiner eigentlichen schöpferischen Aufgabe kaum dienlich sein. Daher rate ich Ihnen dringend, sich schon jetzt während der ersten beiden Kurse ein für allemal mit den Elementargründen der Artikulation auseinanderzusetzen. An den Feinheiten des Sprechens dagegen, mit deren Hilfe wir fast unmerkliche Nuancen von Gefühlen und Gedanken künstlerisch ausdrücken können, muß jeder sein ganzes Leben lang arbeiten und feilen.

Ich hatte mich damals so sehr für den Gesang begeistert, daß ich darüber das eigentliche Ziel meiner Bemühungen – *das Sprechen auf der Bühne und die richtigen Vortragsmethoden* ganz vergessen hatte.

Endlich erinnerte ich mich aber doch wieder daran und versuchte, so zu sprechen, wie man mich singen gelehrt hatte. Zu meinem Erstaunen rutschte mir der Ton jedoch nach hinten, und es wollte mir nicht gelingen, ihn nach vorn, in die Maske zu holen. Als ich das schließlich doch geschafft hatte, waren meine Stimme und Sprache unnatürlich geworden.

‚Wie geht das zu?' fragte ich mich verblüfft. Offenbar muß man beim Sprechen anders vorgehen als beim Singen. Nicht umsonst singen auch die Berufssänger meist anders als sie sprechen. Durch viele Fragen und Gespräche über dieses Problem kam ich dahinter, daß die Sänger sich oft so verhalten, um *das Timbre ihrer Gesangsstimme* beim Sprechen nicht abzunutzen.

Ich fand jedoch, daß dies in unserm Fall eine unangebrachte Vorsicht sei, weil wir ja gerade singen, um *mit Timbre sprechen zu lernen.*

Dieses Problem machte mir lange zu schaffen, bis ich die Wahrheit herausfand. Dabei kam mir ein Zufall zu Hilfe. Ein bekannter, durch seine Stimme, Artikulation und seinen Vortrag berühmt gewordener Sänger sagte mir einmal: ‚Wenn die Stimme richtig ausgebildet ist, muß man genau so sprechen wie man singt.'[14]

Da ich jetzt ein festes Ziel vor Augen hatte, setzte ich meine Arbeit mit größtem Eifer fort. Ich wechselte zwischen Singen und Sprechen ab: Eine Viertelstunde sang ich, dann sprach ich genausolange auf einem bestimmten Ton, darauf sang ich wieder und ging anschließend von neuem zum Sprechen über. Diese Übungen betrieb ich lange, doch leider ohne Erfolg.

‚Das ist auch gar nicht verwunderlich', dachte ich bei mir. ‚Was bedeuten schon diese paar Stunden richtigen Sprechens, wenn ich sonst den lieben langen Tag nur falsch rede? Von nun an will ich unermüdlich und unablässig auf mein Sprechen und meine Stimmbildung achten! Ich werde das ganze Leben zu einer einzigen großen Übungsstunde machen! Nur so kann ich mir das falsche Sprechen abgewöhnen.'

Es war gar nicht einfach, diese Absicht zu verwirklichen, doch ich tat, was ich konnte, soweit mich meine Aufmerksamkeit nicht im Stich ließ.
Endlich machte sich eine gewisse Wandlung in meinem alltäglichen Sprechen bemerkbar. Allmählich brachte ich einzelne gelungene Laute, ja sogar zuweilen ganze Sätze heraus, und ich stellte fest, daß ich gerade in derartigen Momenten beim Sprechen das anwandte, was ich im Gesangsunterricht gelernt hatte. In diesen Minuten sprach ich wirklich so wie ich sang. Leider gelang es mir nicht, lange in dieser Art zu sprechen, weil der Laut immerfort bestrebt war, in die weichen Stellen des Gaumens und der Kehle hinunterzurutschen.
Selbst heute noch geht es mir nicht anders. Ich bin durchaus nicht überzeugt davon, daß es mir je gelingen wird, meine Stimme ein für allemal so zu trainieren, daß ich mein ganzes ferneres Leben lang immer richtig spreche, so wie ich singe. Höchstwahrscheinlich werde ich vor jeder Aufführung oder vor den Proben meine Stimme nach wie vor mit Hilfe von Übungen immer wieder neu korrigieren müssen.
Trotz allem hatte ich aber einen unbestreitbaren Erfolg erzielt, ich hatte nämlich gelernt, meine Stimme rasch, mühelos und nach Belieben jederzeit nach vorn in die Maske zu verlegen.[15]
Das wesentlichste Ergebnis meiner Arbeit war jedoch, daß ich mir *beim Sprechen wie beim Singen nun eine kontinuierliche Klanglinie angeeignet hatte*, ohne die eine echte Kunst des Wortes undenkbar ist.
Das war es, wonach ich so lange gesucht hatte, wovon ich unablässig träumte, es war das, was sowohl der einfachen Umgangssprache als auch vor allem der überhöhten Bühnensprache Schönheit und Musikalität verleiht.
Nun hatte ich aus eigener Erfahrung erkannt, daß eine solche Linie beim Sprechen nur dann zustande kommt, wenn die Vokale und Konsonanten aus sich selbst heraus klingen, genau wie in der Gesangskunst. Wenn jedoch die Vokale langgezogen werden, die darauf folgenden Konsonanten dagegen nur kurz und klanglos hämmern, so entsteht notwendigerweise ein Bruch, eine Leere, und das Ergebnis ist nicht eine unendliche Linie, sondern einzelne abgerissene Laute, Klangfetzen und Ausrufe.
Darüber hinaus begriff ich bald, daß nicht allein die stimmhaften, sondern *auch die stimmlosen Konsonanten, die sogenannten Geräuschlaute, die zischenden, pfeifenden, surrenden, hauchenden und rollenden Konsonanten beim Zustandekommen der kontinuierlichen Linie mitwirken müssen.*
Jetzt konnte meine Konversation ganz nach Belieben singen, dröhnen oder summen; dadurch schuf sie die kontinuierliche Linie und wandelte Klang und Kolorit des Lautes entsprechend den gesprochenen Vokalen und den stimmhaften und stimmlosen Konsonanten.
Aber ich hatte noch keine Gelegenheit gehabt, mich so recht über meinen Erfolg zu freuen, als ich schon eine Enttäuschung hinnehmen mußte.
Meine Schüler an der Oper, wo ich weiter unterrichtete, wurden von Musikern und Sängern heftig kritisiert, weil sie im Bemühen um die unendliche Linie und das Klingen der Konsonanten anstelle eines einzigen B, W oder M, N mehrere dieser Laute hintereinander sangen, etwa Bbb, Mmm, Nnn und so weiter. Bei einer derartigen Verlängerung klingen die Konsonanten auf Kosten der Vokale.

Auf diese Weise nimmt der Konsonant, der doch weniger Klang besitzt als der Vokal, den größten Teil der Note für sich in Anspruch, wodurch die Kantilene beeinträchtigt wird.

Natürlich wurde dieses Verschlucken der Vokale durch die Konsonanten von den Gesangsspezialisten heftig kritisiert.

Eine solche Methode ist selbstverständlich falsch. Man darf ein B, W, M, N und so weiter immer nur einmal und nicht mehrmals hintereinander singen oder sprechen. Wenn etwas Derartiges überhaupt einmal zulässig wäre, so höchstens im ersten Anfangsstadium der Arbeit an den Konsonanten.

Es heißt nun einmal nicht: ‚Ssseinnnoddderrrnnnichtttssseinnn'; eine so klebrige Diktion erinnert ja geradezu an ein zähes Sahnebonbon.

Die Konsonanten sollen zwar klingen, sie dürfen aber auf keinen Fall über Gebühr anschwellen, und die Vokale dürfen niemals zugunsten der andern Laute verkümmern. Jeder Laut darf nur gerade den ihm bestimmten Platz und die ihm zukommende Klangdauer beanspruchen.

Zum Ende der Arbeitsperiode, von der ich Ihnen hier so eingehend berichtet habe, hatte ich zwar noch nicht das erreicht, was man in unserer Sprache als Wort- oder Satzgefühl bezeichnet, aber unzweifelhaft hatte ich mich damals schon recht gut in den Klang der Laute und Silben eingehört.

Sicher werden die Fachleute erbitterte Kritik an dem Wege üben, den ich bei meinen Bemühungen einschlug und auch an den Erfolgen, die ich erzielte, kein gutes Haar lassen. Das mögen sie nur ruhig tun! Meine Methode stammt aus meiner eigenen praktischen Erfahrung, und ihre Erfolge sind augenscheinlich und können jederzeit überprüft werden.

Eine derartige Kritik kann nur dazu beitragen, daß wir in der Frage nach der besten Ausbildung einer für die Bühne geeigneten Stimme und Sprechweise und den dafür dienlichen Unterrichtsmethoden ein Stück weiterkommen.

Nach allem, was ich in der letzten Stunde gesagt habe, glaube ich, daß Sie ausreichend vorbereitet sind, um die Arbeit an der Lautbildung und an der Diktion für den Gesang und das dramatische Sprechen bewußt in Angriff zu nehmen", schloß Arkadi Nikolajewitsch seine Ausführungen.

In diesem Augenblick erschien Rachmanow mit einem neuen Sprechlehrer. Er wurde uns vorgestellt und erteilte uns nach einer kurzen Pause zusammen mit Anastassja Wladimirowna seine erste Lektion.

Ob ich auch über diesen Gemeinschaftsunterricht Protokoll führen soll? Ich glaube, das ist unnötig. Was hier gelehrt wird, ist aus den üblichen Lehrplänen anderer Schulen und Konservatorien hinlänglich bekannt. Das einzige Besondere bestand darin, daß alle Korrekturen an der Aussprache gleich an Ort und Stelle unter der Aufsicht beider Pädagogen vorgenommen und auch unverzüglich im Singen praktisch angewandt wurden. Ebenso wurden auch die Korrekturen im Gesangsunterricht in den Sprechunterricht übernommen.

2. Das Sprechen und seine Gesetze

Heute hing im Parkett des Theaters ein Plakat:

DAS SPRECHEN AUF DER BÜHNE

Wie gewöhnlich beglückwünschte uns Arkadi Nikolajewitsch zum Beginn dieses neuen Abschnittes im Unterrichtsprogramm, dann sagte er:
„In der letzten Stunde suchte ich Ihnen klarzumachen, daß man *sich in die Laute und Silben einfühlen und ihre Seele herausspüren muß*.
Heute möchte ich dasselbe von ganzen Wörtern und Sätzen sagen. Erwarten Sie von mir bitte keine Vorlesungen, die werden Sie im Unterricht des zuständigen Fachlehrers hören. Doch einige Erfahrungen in der Kunst des Sprechens auf der Bühne, die ich mir im Lauf meiner eigenen praktischen Arbeit erworben habe, will ich Ihnen zur Vorbereitung auf das neue Unterrichtsfach ‚*Gesetze des Sprechens*' mitteilen.
Über diese Gesetze sind viele hervorragende Bücher geschrieben worden, und ich rate Ihnen, sie sorgfältig zu studieren. Ein Schauspieler muß seine Sprache vollendet beherrschen. Was nützen uns alle Feinheiten des Erlebens, wenn sie auf der Bühne durch schlechtes Sprechen ausgedrückt werden? Ein erstklassiger Virtuose darf niemals auf einem verstimmten Instrument spielen. Auch auf diesem Gebiet brauchen wir die Wissenschaft, nur muß man sie mit Bedacht und zur rechten Zeit zu Rate ziehen. Man darf den Kopf des Neulings anfangs nicht übermäßig belasten und ihn schon auf die Bretter schicken, ehe er sich die elementarste Bühnenerfahrung erworben hat. Dadurch wird der Schüler nur verwirrt, vergißt die Wissenschaft, oder er denkt im Gegenteil nur an sie und vergißt die Bühne darüber. Die Wissenschaft kann der Kunst nur dann helfen und dienlich sein, wenn sie einander unterstützen und ergänzen.
Für die erste Zeit brauchen Sie ein elementares und unseren besonderen Bedürfnissen angepaßtes Lehrbuch. Meiner Ansicht nach ist dafür das exakt ausgearbeitete und auf die Ansprüche der Schauspieler zugeschnittene Werk S. M. Wolkonskis ‚Das ausdrucksvolle Wort' besonders geeignet, das nach Delsarte, Dr. Rush, Guttmann und Stebbins[1] zusammengestellt wurde. Dieses Buch wird an unserer Schule für die Anfangskurse verwandt. Ich werde immer wieder auf dieses Werk zurückgreifen und bei unseren einführenden Gesprächen über das Sprechen auf der Bühne daraus zitieren."
Nach kurzem Überlegen sprach Torzow weiter:
„Ich habe Sie wiederholt darauf hingewiesen, daß jeder, der zur Bühne will, vorher alles gänzlich neu lernen muß: zu sehen, zu gehen, zu handeln, mit dem Partner in Verbindung zu treten und endlich zu sprechen. Die meisten Menschen sprechen im alltäglichen Leben schlecht und vulgär, ohne es überhaupt zu bemerken, weil sie so sehr an sich selbst und an ihre eigenen Fehler gewöhnt sind. Ich glaube kaum, daß Sie darin eine Ausnahme bilden. Bevor Sie Ihre eigentliche Arbeit in Angriff nehmen, müssen Sie sich daher zunächst einmal über die Mängel Ihres Sprechens klarwerden, damit Sie gleich von Anfang an gegen eine unter Schauspielern verbreitete

Unsitte gefeit sind. Viele Schauspieler stellen nämlich sich selbst und ihre alltägliche falsche Redeweise unablässig als beispielhaft hin, um ihr für die Bühne mangelhaftes, völlig ungenügendes Sprechen damit zu rechtfertigen.
Auf der Bühne ist es mit Wort und Sprache noch schlechter bestellt als im Leben. In den weitaus meisten Fällen wird *der Text eines Stückes* den Zuschauern nur mehr oder weniger passabel *vorgetragen*. Aber selbst das geschieht häufig plump oder konventionell.
Dafür gibt es viele Gründe, und den ersten will ich Ihnen gleich nennen:
Im Leben sagt man fast immer das, was nötig ist, was man um eines bestimmten Zieles, einer Aufgabe, einer Notwendigkeit, um einer *echten, produktiven und zweckmäßigen Worthandlung willen* sagen will.[2] Und selbst dann, wenn einer nur irgendwelche unüberlegten Worte daherredet, tut er das gewöhnlich zu irgendeinem Zweck, etwa um sich die Zeit zu vertreiben, um die Aufmerksamkeit von etwas abzulenken und so weiter.
Anders ist es auf der Bühne. Hier haben wir einen fremden Text zu sprechen, den uns der Autor vorgeschrieben hat. Oft ist dieser Text nicht so, wie wir ihn gern hätten und entspricht nicht dem, was wir sagen wollen.
Überdies sprechen wir im Leben über das und unter dem Einfluß dessen, was wir wirklich sehen, was wir wirklich empfinden, woran wir wirklich denken, was tatsächlich vorhanden ist. Auf der Bühne dagegen sprechen wir nicht von dem, was wir selbst sehen, fühlen und denken, sondern von dem, was die von uns dargestellten Personen sehen, fühlen und denken.
Im wirklichen Leben können wir richtig zuhören, weil das für uns interessant oder notwendig ist. Auf der Bühne dagegen geben wir uns in den meisten Fällen nur den Anschein, als ob wir aufmerksam lauschten, wir tun so, als ob wir zuhörten. Auf der Bühne besteht für uns keine praktische Notwendigkeit, in fremde Gedanken einzudringen und uns die Worte unseres Partners und seiner Rolle zu eigen zu machen. Wir müssen uns zwingen, das zu tun. Die Folge dieses Zwanges ist jedoch häufig ein manieriertes, schablonenhaftes, nur handwerkliches Spiel.
Leider gibt es auch noch andere unerfreuliche Begleiterscheinungen, die die lebendige Beziehung zwischen den Partnern auf der Bühne zerstören. Der auf den Proben und bei zahlreichen Aufführungen schon häufig wiederholte Text wird nämlich so *zerredet,* daß den Worten jeder innere Gehalt genommen wird und nichts bleibt als ein rein mechanisches Sprechen. Auf der Bühne muß man jedoch etwas tun, wenn man sich das Recht verdienen will, dort zu stehen. Um die innere Leere, die sich nach und nach in einer Rolle entwickelt hat, zu kaschieren, greift man also zu allerlei Mittelchen, besonders zum mechanischen Daherplappern.
Dadurch haben sich viele Schauspieler angewöhnt, auf der Bühne immer nur mechanisch zu sprechen, das heißt den eingepaukten Rollentext gedankenlos herunterzuplappern, ohne seinem eigentlichen Sinn und Inhalt auch nur die mindeste Aufmerksamkeit zu widmen. Je mehr man dieser Angewohnheit nachgibt, desto schärfer wird das mechanische Gedächtnis, und je mehr man dieses mechanische Gedächtnis schärft, desto hartnäckiger nistet sich auch die schlechte Angewohnheit ein, auf der Bühne nur sinnlos daherzuplappern.

Auf diese Weise bildet sich allmählich die typisch handwerklerische Theatersprache heraus.

Man könnte einwenden, daß auch im realen Leben bestimmte Worte mitunter mechanisch ausgesprochen werden, wie zum Beispiel: ‚Guten Tag, wie geht es Ihnen?' – ‚Danke, alles in bester Ordnung' – ‚Leben Sie wohl, alles Gute' und so weiter. Besonders häufig und ausgeprägt ist das mechanische Herunterleiern von Gebeten. So ist eine meiner Bekannten erst im reiferen Alter dahintergekommen, daß ‚Muttergottes, Jungfraufreuedich' nicht zwei, sondern ganze fünf Wörter sind.

Woran denkt ein Mensch beim mechanischen Aussprechen dieser Worte? Er denkt und empfindet nicht ihren Sinn. Sie quellen wie von selbst aus ihm heraus, während er von gänzlich andern Empfindungen und Gedanken gefesselt ist. Nicht anders ergeht es dem Küster in der Kirche. Während seine Zunge mechanisch die Worte des Akathistos* singt, sind seine Gedanken bei seinen häuslichen Angelegenheiten. Ähnliches beobachtet man in der Schule, wo der Schüler sich, während er seine eingepaukte Lektion herunterrasselt, im stillen überlegt, was für eine Zensur er wohl dafür bekommen wird. Dieselbe Erscheinung kennen wir auch beim Theater: Während der Schauspieler die Worte seiner Rolle herunterleiert, denkt er an ganz abseitige Dinge und redet pausenlos, um dadurch die leeren, nicht wirklich erlebten Stellen seiner Rolle zu überbrücken und die Aufmerksamkeit der Zuschauer, denen es sonst langweilig werden könnte, durch irgend etwas zu fesseln. In solchen Augenblicken sprechen die Schauspieler einzig und allein, um zu reden und um nur ja nicht steckenzubleiben; dabei achten sie weder auf den Klang noch auf den Sinn der Worte, sondern lediglich darauf, das Sprechen als solches lebhaft und temperamentvoll erscheinen zu lassen.

Für diese Art von Schauspielern sind Gefühle und Ideen der Rolle nur Stiefkinder, die Worte des Textes dagegen ihre richtigen, leiblichen Kinder. Wenn man das Stück zum ersten Mal liest, findet man sowohl den eigenen Text wie auch den Text der Partner interessant, neu und notwendig. Sobald man sich aber erst einmal an ihn gewöhnt und auf vielen Proben weidlich mit ihm herumgeplagt hat, verlieren die Worte ihr Wesen, ihren Sinn und bleiben nicht mehr im Bewußtsein und im Herzen, sondern lediglich in den Sprechmuskeln haften. Von diesem Augenblick an ist es einem nicht mehr wichtig, was man selbst oder der Partner zu sagen hat, es ist einem nur noch darum zu tun, seinen Text herunterzuleiern, ohne dabei steckenzubleiben.

Wie sinnlos ist es doch, wenn ein Schauspieler auf der Bühne nicht einmal anhört, was man ihn fragt oder zu ihm sagt, wenn er seinem Partner keine Zeit läßt, einen wichtigen Gedanken auszusprechen, sondern sich bemüht, ihm recht bald das Wort abzuschneiden. Dabei kommt es vor, daß gerade der wesentlichste Teil einer Replik verschluckt wird und dem Zuhörer unverständlich bleibt, wodurch der ganze Gedanke seinen Sinn verliert und es im Grunde gar nichts mehr zu beantworten gibt. Man ist versucht, den Partner noch einmal zu fragen, aber auch das wäre zwecklos, weil er selber ja gar nicht verstehen würde, was man ihn fragt. All das bewirkt ein konventionelles, schablonenhaftes Spiel, das den Glauben an das Gesagte und Durch-

---

* *Kirchengesang zum Lob der Jungfrau Maria (Anm. d. Hrsg.)*

lebte tötet. Noch schlimmer ist es, wenn ein Schauspieler den Worten seiner Rolle bewußt einen falschen Sinn gibt. Es ist ja allgemein bekannt, daß viele von uns den Text lediglich dazu benutzen, um den Hörern die Schönheit ihrer Stimme, ihre Diktion, ihren Deklamationsstil und die vollendete Technik ihrer Sprechwerkzeuge zu demonstrieren. Derartige Schauspieler haben nur eine sehr lose Beziehung zur Kunst. Sie gleichen den Verkäufern in Musikgeschäften, die auf allen möglichen Instrumenten schwierige Läufe und Passagen mit großer Fertigkeit herunterspielen, nicht etwa um das Werk des Komponisten oder ihr Verständnis dafür zu zeigen, sondern einzig um die Qualität der zum Verkauf angepriesenen Ware vorzuführen. Genauso zaubern auch die Schauspieler mit ihrer Stimme allerlei komplizierte Kadenzen und Figuren hervor, sie lassen einzelne Buchstaben oder Silben melodisch klingen, ziehen sie in die Länge oder schreien sie heraus, aber keineswegs, um damit die Handlung vorwärtszutreiben oder um ihre Empfindungen wiederzugeben, sondern lediglich, um mit ihrer Stimme zu brillieren und um das Trommelfell der Hörer angenehm zu kitzeln."

Die heutige Stunde war dem *Untertext* gewidmet.
"Was ist eigentlich der Untertext?" fragte Arkadi Nikolajewitsch und gab gleich selbst die Antwort auf seine Frage: „Es ist das nicht offen ersichtliche, aber innerlich spürbare *‚geistige Leben der Rolle‘*, das beständig *unter den Worten des Textes* strömt und sie unablässig rechtfertigt und belebt. Der Untertext vereinigt in sich die vielen verschiedenen inneren Linien der Rolle und des Stückes, die sich aus magischen und anderen ‚Wenns‘, aus den Erfindungen der Phantasie, aus den vorgeschlagenen Situationen, aus inneren Handlungen, aus den Objekten der Aufmerksamkeit, aus kleinen und großen Wahrheiten und dem Glauben an sie, aus der Anpassung und anderen Elementen zusammensetzen. All das veranlaßt uns, die Worte unserer Rolle zu sprechen.
Diese Linien sind wie die Fäden eines Strickes vielfältig miteinander verflochten, sie ziehen sich durch das ganze Stück, bis sie zu seiner *Überaufgabe* gelangen.
Erst wenn das Gefühl den gesamten Untertext wie ein unterirdischer Strom durchdringt, entsteht die *durchgehende Handlung* des Stückes und der Rolle. Sie kommt nicht allein durch die physische Bewegung, sondern ebenso auch durch das gesprochene Wort zustande: Man handelt ja nicht nur mit dem Körper, sondern genauso mit Worten oder der Intonation der Worte.
Das, was wir im Bereich des Tuns die *durchgehende Handlung* nennen, bezeichnen wir auf dem Gebiet des Sprechens als *Untertext*.
Muß ich Ihnen erst erläutern, daß ein nicht von innen her beseeltes Wort nichts anderes ist als ein bloßer Laut, ein Geräusch?" fragte Arkadi Nikolajewitsch.
„Ein aus leblosen Worten bestehender Rollentext ist nur eine Aufeinanderfolge inhaltloser Laute.
Nehmen wir als Beispiel das Wort ‚люблю‘ (ljubljú: ich liebe). Auf einen Nichtrussen wirkt dieses Wort auf Grund seiner ungewohnten klanglichen Zusammensetzung nur komisch. Für ihn ist es leer, weil es nicht mit schönen, erhebenden Vorstellungen verbunden ist. Sobald jedoch Gefühl, Gedanke oder Vorstellung die leeren Laute bele-

ben, bekommt man eine ganz andere Beziehung zu ihnen und empfindet sie als gehaltvollen Begriff. Dann haben dieselben Laute plötzlich die Fähigkeit, die Leidenschaft eines Menschen zu entfachen und sein ganzes Leben zu verändern. Das von echter Vaterlandsliebe beseelte Wort ‚вперёд' (wperjód: vorwärts) ist imstande, ganze Regimenter in den sicheren Tod zu schicken. Die einfachsten Worte können, sofern sie große Gedanken bergen, unsere ganze Weltsicht wandeln. Nicht umsonst ist das Wort der konkreteste Ausdruck menschlichen Denkens.

Das Wort kann alle unsere fünf Sinne wachrufen. Bekanntlich braucht man nur ein Musikstück, den Namen eines Künstlers, ein bestimmtes Gericht, ein Parfüm oder etwas Ähnliches zu erwähnen, und schon erinnert man sich an ganz konkrete akustische oder visuelle Formen, an wahrnehmbare Empfindungen dessen, wovon das Wort spricht.

Das Wort kann sogar Schmerzempfindungen auslösen. In ‚Mein Leben in der Kunst' wird berichtet, daß jemand Zahnschmerzen bekam, als er einen andern von Zahnschmerzen erzählen hörte.

Auf der Bühne ist kein Raum für unbeseelte, gefühllose Worte. Hier können wir keine ideenlosen, passiven Worte brauchen.

Auf der Bühne muß das Wort im Schauspieler selbst, in seinen Partnern und durch sie auch im Zuschauer ganz konkrete Empfindungen, Absichten, Gedanken, Bestrebungen, Vorstellungen – visuelle, akustische und andere Sinneseindrücke auslösen.

Wort und Rollentext sind nicht für sich allein und um ihrer selbst willen wertvoll, sondern einzig durch ihren inneren Gehalt oder den *Untertext*, der in sie hineingelegt wird. Leider wird das häufig vergessen, wenn wir auf der Bühne stehen.

Genauso darf man auch nicht vergessen, daß ein gedrucktes Stück so lange noch kein fertiges Werk ist, bis es auf der Bühne von Schauspielern dargestellt und durch ihre lebendigen menschlichen Gefühle belebt wird; wie auch eine Musikpartitur so lange noch keine Sinfonie ist, bis sie von einem Orchester gespielt wird.

Erst die Menschen, die eine Sinfonie oder ein Theaterstück aufführen, beseelen von innen heraus durch ihr Erleben den Untertext des dargebotenen Werkes; denn gerade im Untertext werden, so gut wie im gestaltenden Künstler selbst, die seelischen Schätze und der geistige Inhalt offenbar, um derentwillen das Werk überhaupt geschaffen wurde. Der Sinn eines Werkes liegt in seinem *Untertext*. Ohne ihn ist das Wort auf der Bühne unvollständig. Im Augenblick des Gestaltens kommen die Worte vom Dichter, der Untertext dagegen vom Schauspieler. Andernfalls würden die Menschen nicht ins Theater strömen, um den Schauspieler zu sehen, sondern lediglich das Stück zu Hause lesen.

Nur auf der Bühne kann man ein Drama vollständig und in seinem ganzen Wesen kennenlernen. Nur während der Aufführung spürt man die echte, lebendig gewordene Seele des Stückes aus seinem Untertext heraus, den der Schauspieler immer wieder neu gestaltet und vermittelt.

Der Schauspieler muß den Text des Stückes in die Musik seines Gefühls setzen und sie auf die Worte der Rolle übertragen. Erst wenn wir die Melodie der lebendigen Seele vernehmen, können wir die Schönheit des Textes und alles, was er in sich birgt, gebührend einschätzen.

Sie wissen bereits aus dem Unterricht des ersten Schuljahres, was wir mit der *inneren Linie einer Rolle* und ihrer durchgehenden Handlung, mit der *Überaufgabe* meinen, die das *Erleben* erzeugt. Sie wissen auch, wie man diese innere Linien bei sich selbst anlegen und mit Hilfe der Psychotechnik das Erleben hervorrufen kann, wenn es sich nicht von allein und intuitiv einstellen will.
Dieser Prozeß behält auch auf dem Gebiet des Wortes und Sprechens seine Gültigkeit. Hier müssen wir aber eine wichtige Ergänzung machen, mit der wir uns mehrere Stunden hindurch beschäftigen werden. Darüber dann beim nächsten Mal."

„Wolke" ..., „Krieg" ..., „Geier" ..., „Flieder", sprach Arkadi Nikolajewitsch ohne besondere Betonung wie unbeteiligt vor sich hin, wobei er die einzelnen Wörter durch lange Pausen voneinander trennte. Damit begann die heutige Stunde.
„Was geht in Ihnen vor, wenn Sie diese Laute hören? Nehmen wir als Beispiel das Wort ‚Wolke'. Woran erinnern Sie sich, was empfinden Sie, was sehen Sie vor sich, sobald ich dieses Wort ausgesprochen habe? ..."*
Ich hatte die Vorstellung eines großen rauchfarbigen Fleckens am klaren Sommerhimmel.
Die Maloletkowa sah einen langen, sich über den ganzen Himmel erstreckenden Schleier vor sich.
„Nun wollen wir einmal sehen, welchen Widerhall der Satz ‚Fahren Sie zum Bahnhof!' bei Ihnen findet."
Ich trat in Gedanken aus dem Haus, nahm eine Droschke und fuhr über die Dmitrowka-Straße und die Boulevards, dann über die Mjasnizkaja-Straße, durch ein paar Gassen bis zur Sadowaja-Straße und befand mich bald darauf am Bahnhof. Pustschin sah sich auf dem Bahnsteig auf- und abgehen; und die Weljaminowa hatte in Gedanken sogar die Zeit gefunden, um eine Reise auf die Krim zu unternehmen und war unterdessen schon in Jalta, Alupka und Gursuf gewesen. Als alle ihre Vorstellungen geschildert hatten, ergriff Torzow wieder das Wort:
„Sie sehen, ich hatte kaum die paar Worte ausgesprochen, da führten Sie in Gedanken schon alles aus, was in ihnen laut wurde. Und mit welcher Sorgfalt haben Sie mir von den Bildern berichtet, die der Satz in Ihnen hervorgerufen hat! Wie treffend haben Sie mit Klang und Intonation Bilder, die vor Ihren Augen entstehen, nachgezeichnet, wieviel lag Ihnen daran, daß auch wir sie mit Ihren Augen sehen sollten! Mit welchem Eifer wählten Sie Ihre Worte und verteilten Sie die Farben! Wie sehr bemühten Sie sich, die Sätze anschaulich zu gestalten!
Sie wollten das von Ihnen vermittelte Bild dem Original recht ähnlich werden lassen, das heißt den *Vorstellungsbildern*, die Ihre gedachte Fahrt zum Bahnhof in Ihnen ausgelöst hat.
Wenn Sie diesen Weg auf der Bühne mit derselben Liebe beschreiten und sich ebenso intensiv in das Wesen der Worte Ihres Rollentextes vertiefen, wird man Sie bald zu den großen Schauspielern rechnen können."

---

* *Jedes Wort schafft Assoziationen, worauf Stanislawski hier hinweist. Der Schauspieler braucht in besonderem Maße Assoziationsfähigkeit, die er durch Beobachtung und Phantasiearbeit fördern kann. Natürlich werden bei der Textgestaltung innerhalb der Rolle die Assoziationen durch die jeweilige konkrete Situation gelenkt. (Anm. d. Hrsg.)*

Nach einer kurzen Pause sprach Arkadi Nikolajewitsch das Wort „Wolke" auf immer andere, neue Weise aus und fragte uns anschließend, was für eine Wolke er gemeint hätte. Wir suchten das mit mehr oder weniger Geschick zu erraten, wobei wir uns die Wolke bald als einen leichten Dunstschleier, bald als bizarres Wolkengebilde, bald als eine drohende Gewitterwand und so weiter vorstellten.

Wie und wodurch vermittelte uns Arkadi Nikolajewitsch diese unterschiedlichen Bilder? Mit Hilfe der Intonation? Durch seine Mimik? Durch sein eigenes Verhältnis zu dem geschilderten Bild? Mit Hilfe seiner Augen, die an der Zimmerdecke nach nicht vorhandenen Dingen zu suchen schienen?

„Dafür haben wir nicht nur ein Mittel, sondern sogar fünf oder zwanzig!" erklärte Arkadi Nikolajewitsch. „Fragen Sie unsere Natur, unser Unbewußtes, unsere Intuition und ich weiß nicht, was sonst noch alles, wie und wodurch sie ihre *Vorstellungsbilder* an andere weitergeben. Ich gehe ungern allzu genau auf Fragen ein, für die ich nicht zuständig bin. Wir wollen die Tätigkeit des Unbewußten nicht durch solche Fragen stören, sondern lieber lernen, unsere natürlichen seelischen Kräfte zur Mitarbeit anzuregen; wir wollen unsere Sprech- und Klangwerkzeuge und alle andern Gestaltungsmittel so feinfühlig wie möglich machen, damit wir mit ihrer Hilfe unsere Empfindungen, Gedanken, Vorstellungsbilder und so weiter an andere vermitteln können.

Es ist nicht schwer, durch Wörter wie ‚Geier', ‚Flieder' oder ‚Wolke' mehr oder weniger konkrete Vorstellungen zu übertragen. Viel komplizierter ist es mit Wörtern, die abstrakte Begriffe beinhalten, wie ‚Recht' oder ‚Gerechtigkeit'. Es ist interessant, die innere Arbeit zu verfolgen, die beim Aussprechen dieser Wörter geleistet werden muß."

Ich begann über die genannten Wörter nachzusinnen und zwang mich, die Empfindungen zu definieren, die sie in mir wachriefen.

Zuerst verlor ich allen Mut, weil ich nicht wußte, worauf ich meine Aufmerksamkeit konzentrieren und an welcher Stelle ich einhaken sollte; daher irrten meine Gedanken, mein Gefühl, meine Phantasie und alle andern inneren Elemente suchend und ziellos umher.

Mein Verstand mühte sich ab, über das Wort nachzudenken, sich darauf zu konzentrieren und tief in sein Wesen einzudringen. Mir schwebte irgend etwas Großes, Bedeutsames, Strahlendes und Edles vor. Aber auch dieser Vorstellung fehlten die klaren Konturen. Dann besann ich mich auf einige Formeln und allgemein übliche Definitionen für die Begriffe „Recht" und „Gerechtigkeit".

Aber die trockene Formel konnte mich nicht befriedigen oder bewegen. In meiner Seele wurden undeutliche Empfindungen wach, um sogleich wieder zu verschwinden. Ich wollte sie festhalten, konnte ihrer jedoch nicht habhaft werden.

Ich brauchte etwas Greifbares, um den abstrakten Begriff damit zu fixieren. In dieser kritischen Minute der Ungewißheit und des Suchens meldete sich vor allen andern Elementen meiner Seele die *Phantasie* mit ihren dem inneren Auge sichtbaren Bildern.

Wie sollte ich mir aber Begriffe wie „Recht" oder „Gerechtigkeit" vorstellen? Mit Hilfe eines Symbols, einer Allegorie, eines Emblems? In Gedanken überflog ich alle

schon zur Schablone gewordenen Darstellungen, die den Begriff des Rechts und der Gerechtigkeit verkörpern sollen.
Bald sah ich eine Frauengestalt mit der Waage in der Hand vor mir, bald ein aufgeschlagenes Gesetzbuch mit einem auf irgendeinen Paragraphen weisenden Finger.
Aber auch diese Symbole konnten weder Verstand noch Gefühl zufriedenstellen. Nun hatte die Phantasie es eilig, wieder neue Vorstellungsbilder zu erfinden. Sie erträumte sich ein auf den Grundpfeilern von Recht und Gerechtigkeit aufgebautes Leben. Einen solchen Traum kann man sich leichter vorstellen als eine körperlose Abstraktion. Träume vom realen Leben sind konkreter, zugänglicher und leichter faßlich. Ein solches Bild kann man leichter vor sich sehen und, wenn man es gesehen hat, auch empfinden. Ein solches Bild ergreift und bewegt uns leichter und führt uns ganz folgerichtig zum Erleben.
Da fiel mir auch noch ein persönliches Erlebnis ein, das dem Bild verwandt war, das meine Phantasie mir vorzeichnete – und schon hatte der Begriff der „Gerechtigkeit" seinen konkreten Ausdruck gefunden.
Als ich Torzow von meinen Beobachtungen erzählte, zog er daraus folgende Schlußfolgerung:
„Die Natur hat es so eingerichtet, daß wir *beim Gespräch mit anderen zunächst mit unserm inneren Auge vor uns sehen, wovon die Rede ist, und erst dann von dem Gesehenen auch sprechen. Wenn wir dagegen andern zuhören, nehmen wir zunächst mit den Ohren auf, was uns gesagt wird, und sehen dann erst das Gehörte mit unserm inneren Auge.*
Zuhören bedeutet in unserer Sprache, das vor uns zu sehen, wovon man zu uns spricht; sprechen dagegen heißt nichts anderes, als Vorstellungsbilder zeichnen.
Das Wort ist für den Schauspieler nicht nur ein Laut, sondern es dient vor allem dazu, Bilder wachzurufen. Trachten Sie daher auf der Bühne danach, nicht so sehr für das Ohr als für das innere Auge zu sprechen.
In der heutigen Stunde haben Sie also gelernt, daß wir nicht einen *einfachen*, sondern einen gleichsam illustrierten *Untertext* für Stück und Rolle brauchen.
Wie soll man den in sich hervorrufen?
Darüber das nächste Mal."

Heute forderte Arkadi Nikolajewitsch Schustow auf, irgend etwas vorzusprechen. Aber Pascha „tingelt" nicht und hatte daher auch keinen Text parat.
„Dann gehen Sie auf die Bühne und sprechen Sie die folgenden Sätze oder, richtiger, diesen ganzen Bericht:
‚Ich komme soeben von Iwan Iwanowitsch. Er ist in einer entsetzlichen Verfassung: Seine Frau ist ihm durchgegangen. Mir blieb nichts anderes übrig, als zu Pjotr Petrowitsch zu fahren, ihm von dem Vorgefallenen zu berichten und ihn zu bitten, er möge mir helfen, den armen Kerl zu beruhigen.' "
Pascha wiederholte diesen Bericht, aber so ungeschickt, daß Arkadi Nikolajewitsch zu ihm sagte:
„Ich habe Ihnen kein einziges Wort geglaubt und nicht das Gefühl gehabt, daß es Ihr Wunsch und Bedürfnis ist, diese Worte zu sprechen. Das ist auch kein Wunder,

denn wie könnte man sie wohl aufrichtig sprechen ohne gedankliche Vorstellungen, wie sie durch die Phantasie, durch das magische ‚Wenn' und durch die vorgeschlagenen Situationen geschaffen werden? Es ist notwendig, das alles mit seinem inneren Auge vor sich zu sehen. Sie aber wissen und sehen bis jetzt noch nichts von alledem, was dem Bericht über Iwan Iwanowitsch und Pjotr Petrowitsch vorausgegangen sein könnte. Nehmen Sie Ihre Phantasie zu Hilfe, denken Sie sich das magische ‚Wenn' und die vorgeschlagenen Situationen dazu, die Ihnen erst das Recht zum Aussprechen dieser Worte geben können. Es genügt nicht, wenn Sie das alles nur verstandesmäßig erfassen, sondern Sie müssen sich bemühen, deutlich vor sich zu sehen, was Ihnen Ihre Phantasie anschaulich vorzeichnet.

Dann werden die fremden, Ihnen aufgegebenen Worte zu Ihren eigenen, sie werden für Sie notwendig. Dann werden Sie auch wissen, was für Menschen dieser Iwan Iwanowitsch und seine Frau sind. Sie werden sich an Pjotr Petrowitsch erinnern, und Ihnen wird einfallen, wo und wie diese Leute wohnen und in was für Beziehungen sie zueinander und zu Ihnen stehen. Sobald Sie diese Personen mit Ihrem inneren Auge vor sich sehen und sich vorstellen, wo, wie und mit wem sie wohnen, werden Iwan Iwanowitsch und Pjotr Petrowitsch für Sie zu realen Menschen in einem durch Ihre Vorstellungskraft geschaffenen Leben. Vergessen Sie auch nicht, sich die Wohnung, die Anordnung der Zimmer, die Möbel, den Zierat und die ganze Einrichtung mit Ihrem inneren Auge eingehend zu betrachten. Außerdem müssen Sie in Gedanken zu Iwan Iwanowitsch fahren, von diesem zu Pjotr Petrowitsch und endlich dahin, wo Sie die Ihnen aufgetragenen Worte zu sprechen haben.

Dabei müssen Sie die Straßen vor sich sehen, durch die Sie fahren, und die Hausaufgänge, die Sie betreten, kurz gesagt, Sie müssen sich alle Vorstellungen Ihrer Phantasie, alle magischen und sonstigen ‚Wenns', alle vorgeschlagenen Situationen und äußeren Voraussetzungen, in denen sich der *Untertext* von Iwan Iwanowitschs Familientragödie entwickelt, erst schaffen, um sie dann wie einen Filmstreifen vor Ihrem inneren Auge ablaufen zu lassen. Die von Ihrer Phantasie geschaffenen Bilder werden eine Stimmung erzeugen, die ihrerseits wieder die entsprechende Empfindung auslösen wird. In der Wirklichkeit werden alle diese Voraussetzungen vom Leben selbst gegeben, auf der Bühne dagegen muß sich der Schauspieler darum kümmern.

Das geschieht nicht etwa um eines bloßen Naturalismus willen, sondern weil es für unsere schöpferische Natur, für unser Unbewußtes unerläßlich ist. Um dessen Kräfte wachzurufen, brauchen wir Wahrhaftigkeit, und sei es auch eine erdichtete, an die wir glauben, und von der wir ausgehen können."

Sobald Pascha glaubwürdige Vorstellungen gefunden hatte, wiederholte er seine Aufgabe, was ihm dieses Mal besser zu gelingen schien.

Aber Arkadi Nikolajewitsch war noch immer nicht zufrieden. Er erklärte uns, der Redende habe kein Objekt, dem er seine Vorstellungsbilder weitergibt, und ohne diese Voraussetzung könne weder der Sprechende noch der Zuhörer glauben, daß das Gesagte wirklich unerläßlich sei.

Um Pascha zu helfen, schickte Arkadi Nikolajewitsch die Maloletkowa als Objekt auf die Bühne und gab Schustow den Rat:

„Sie müssen erreichen, daß Ihr Objekt nicht allein den Sinn Ihrer Erzählung hört und begreift, sondern daß es mit seinem inneren Auge dasselbe oder wenigstens fast dasselbe sieht, was Sie selbst vor sich sehen."
Aber Pascha glaubte nicht, daß so etwas möglich sei. „Machen Sie sich darüber keine Gedanken, stören Sie Ihre Natur nicht bei der Arbeit, sondern trachten Sie nur danach, das zu tun, worum ich Sie bitte. Das Resultat ist zunächst unwichtig, es hängt auch nicht von Ihnen ab. Es kommt jetzt allein auf Ihr *Bemühen* an, die Ihnen gestellte Aufgabe zu meistern, auf die Handlung oder besser gesagt, auf Ihren Versuch, die Maloletkowa zu beeinflussen und auf deren inneres Auge einzuwirken, mit dem Sie es in diesem Augenblick zu tun haben. Wichtig ist jetzt einzig und allein die innere Aktivität!"
Später schilderte Pascha die Gefühle und Empfindungen, die ihn während dieses Experimentes bewegt hatten.
„Ich will die typischen Momente meiner Empfindungen aufzählen", sagte er.
„Bevor ich zu meinem Objekt in Verbindung trat, mußte ich selbst das Material für meinen Bericht zusammenfassen und ordnen, das heißt, ich mußte in das Wesen dessen eindringen, was ich mitteilen wollte, ich mußte mir die Umstände ins Gedächtnis zurückrufen, von denen ich zu sprechen hatte, ich mußte mir die vorgeschlagenen Situationen vergegenwärtigen, an die ich zu denken hatte, und meine eigenen Vorstellungsbilder vor mein inneres Auge bringen.
Sobald das alles vorbereitet war und ich mich anschickte, es zum Ausdruck zu bringen, geriet alles in mir in Bewegung: Mein Verstand, mein Gefühl, meine Phantasie, Anpassungsfähigkeit, Mimik, meine Augen, Arme und mein ganzer Körper suchten und überlegten, von wo aus sie am besten an die Aufgabe herangehen sollten. Sie bereiteten sich vor, wie ein großes Orchester, das eilig seine Instrumente stimmt. Ich fing an, mich aufmerksam zu beobachten."
„Sie beobachteten sich selbst und nicht Ihr Objekt?" unterbrach ihn Arkadi Nikolajewitsch. „Demnach war es Ihnen ganz gleichgültig, ob die Maloletkowa Sie versteht oder nicht, ob sie Ihren Untertext heraushört, ob sie alles Geschehene und Iwan Iwanowitschs Leben mit Ihren Augen betrachtet oder nicht. Damit fehlte Ihrer Erzählung diese unbedingt notwendige normale menschliche Aufgabe – dem Partner die eigenen Vorstellungsbilder vermitteln zu wollen.
Ihnen fehlte die richtige Aktivität. Wenn Sie sich übrigens wirklich hätten mitteilen wollen, würden Sie den Text nicht ohne Pause, wie einen Monolog gesprochen haben, ohne einen Blick auf Ihren Partner zu werfen und ohne sich ihm anzupassen, sondern es hätte auch Momente des Abwartens gegeben. Derartige Augenblicke braucht das Objekt, um sich den *Untertext und Ihre inneren Vorstellungsbilder* anzueignen. Sie alle auf einmal zu erfassen ist unmöglich. Dieser Prozeß muß in Etappen vor sich gehen: Mitteilung, Pause, Aufnahme, dann wieder Mitteilung, Pause und so weiter. Selbstverständlich darf man dabei das große Ganze, das man mitteilen will, nicht aus den Augen verlieren. Alles, was für Sie, der Sie den Untertext erleben, selbstverständlich und klar ist, bedeutet für Ihren Partner etwas Neues, das er erst entziffern und sich zu eigen machen muß. Dazu bedarf es einer gewissen Zeit. Sie haben ihm diese Zeit nicht gelassen, und auf Grund all dieser Fehler kam bei Ihnen keine

Unterhaltung mit einem lebendigen Menschen zustande wie im wirklichen Leben, sondern nur ein Monolog wie im Theater."
Zu guter Letzt brachte Arkadi Nikolajewitsch Pascha doch noch dazu, der Maloletkowa das zu vermitteln, was er selbst fühlte und vor sich sah. Die Maloletkowa, und bis zu einem gewissen Grade auch wir andern, begriffen seinen Untertext, oder, besser gesagt, wir spürten ihn heraus. Pascha selbst war begeistert und versicherte immer wieder, er habe heute den praktischen Sinn und die wahre Bedeutung der Weitergabe eigener *Vorstellungsbilder des illustrierten Untertextes* an andere nicht nur mit dem Verstand, sondern auch gefühlsmäßig begriffen.
„Jetzt wissen Sie also, was es heißt, den illustrierten Untertext zu schaffen", sagte Arkadi Nikolajewitsch zum Schluß der Stunde.

Auf dem Nachhauseweg erzählte mir Pascha, was er heute bei der „Etüde von Iwan Iwanowitsch" erlebt hatte. Am meisten beeindruckt war er von der Wirkung der Aufgabe, den Partner mit seinen Vorstellungsbildern „anzustecken": Der ihm aufgenötigte und für ihn uninteressante Text hatte sich unmerklich in seine höchstpersönlichen, für ihn notwendigen Worte verwandelt.
„Ohne die Erzählung der Flucht von Iwan Iwanowitschs Frau wäre es überhaupt kein richtiger Bericht", sagte er, „und dann hätte man auch nichts, woraus man den illustrierten Untertext schaffen könnte.
Dann brauchte man auch keine inneren Vorstellungsbilder, und es hätte keinen Sinn, sie jemand anderem mitzuteilen.
Man kann aber die Umstände von Iwan Iwanowitschs Unglück nicht allein mit inneren Vorstellungen, durch Ausstrahlung, Bewegung oder Mimik vermitteln. Man braucht dazu auch die Sprache.
Hier wurden mir die aufgegebenen, fremden Worte unerläßlich! Hier habe ich sie liebgewonnen wie meine eigenen Worte! Ich habe begierig nach ihnen gegriffen, habe sie ordentlich genossen, habe jeden einzelnen Laut und jede Intonation schätzen- und liebengelernt. Dieses Mal benutzte ich sie nicht für einen mechanischen Vortrag oder um meine Stimme und Diktion zu zeigen, sondern ich brauchte sie um der Sache willen, um dem Zuhörer mit ihrer Hilfe die Bedeutung dessen, wovon ich sprach, begreiflich zu machen."
„Und weißt Du, was mich dabei am meisten wunderte", fuhr er begeistert fort, „kaum waren die Worte zu meinen eigenen geworden, da fühlte ich mich auf der Bühne wie zu Hause. Und dann stellten sich auch Ruhe und Selbstbeherrschung wie von selber ein.
Was für ein Genuß ist es, sich selbst in der Gewalt zu haben und sich das Recht herausnehmen zu können, nicht zu hasten und die andern ruhig einmal warten zu lassen!
Ich legte ein Wort nach dem andern, ein Vorstellungsbild nach dem andern, in mein Objekt hinein.
Gerade Du kannst die Bedeutung meiner heutigen Ruhe und Selbstbeherrschung am besten verstehen, weil Du weißt, wie gerade wir beide uns vor den Pausen auf der Bühne fürchten."

Paschas Begeisterung hatte mich angesteckt, ich begleitete ihn nach Hause und blieb zum Essen bei ihm.
Wie üblich erkundigte sich der alte Schustow während des Essens bei seinem Neffen, was wir heute durchgenommen hätten. Pascha wiederholte ihm, was er mir auf dem Wege auseinandergesetzt hatte. Sein Onkel hörte ihm lächelnd zu, nickte zustimmend mit dem Kopf und sagte immer wieder beifällig:
„So, so! Richtig!"
Bei einem von Paschas Worten jedoch sprang der Onkel plötzlich auf, fuchtelte vor Begeisterung mit seiner Gabel in der Luft herum und rief:
„Da hast Du aber mal den Nagel auf den Kopf getroffen! Anstecken muß man sein Objekt! ‚Kriech hinein in seine Seele',[3] dann wirst Du selbst um so stärker angesteckt werden. Und indem Du selbst angesteckt wirst, kannst Du deinerseits die andern noch stärker anstecken. Dann wird auch Deine Sprache mehr Würze erhalten. Und wie kommt das? Alles das bewirkt unser Mütterchen, unsere *Künstlernatur*, alles das verdanken wir unserm Väterchen, dem wunderwirkenden *Unbewußten!*
Diese beiden Kräfte bringen selbst einen Toten noch zum Handeln! Und *Aktivität ist für unsern Beruf dasselbe wie der Dampf für die Dampfmaschine.*
Aktivität, echtes, produktives, zielbewußtes Handeln ist das Wichtigste für unsere schöpferische Arbeit und daher auch für das Sprechen!
Sprechen ist auch nichts anderes als handeln. Zu dieser Aktivität verhilft uns die Aufgabe, unsere eigenen Vorstellungen an andere weiterzugeben. Dabei ist zunächst unwichtig, ob der andere auch wirklich sieht, was wir ihm übermitteln wollen. Die Sorge dafür können wir getrost unserm Mütterchen Natur und unserm Väterchen, dem Unbewußten, überlassen. Ihr müßt lediglich den festen Willen haben, eure Vorstellungsbilder an die andern weiterzugeben, und dieser Wille ruft dann schon das richtige Handeln hervor.
Es ist etwas völlig anderes, ob sich einer vor das hochverehrte Publikum hinstellt und irgend etwas herunterleiert, um darauf wieder zu verschwinden, oder ob er wirklich dabei handelt.
Das eine ist nichts als schauspielerhaftes Deklamieren, das andere echtes menschliches Sprechen.
Wir verspüren diese Gebiete des Lebens nicht nur, sondern sehen sie auch mit unserem inneren Auge."

„Ob wir denken, ob wir uns etwas vorstellen oder uns an eine Erscheinung, einen Gegenstand, eine Handlung oder an bestimmte Erlebnismomente erinnern, immer sehen wir das alles mit unserem inneren Auge vor uns", sagte Arkadi Nikolajewitsch.
„Alle unsere Vorstellungsbilder müssen sich jedoch ausschließlich auf das Leben der darzustellenden Person und nicht auf den Darsteller beziehen, weil das Privatleben des Schauspielers nicht mit dem Leben der Rolle übereinstimmt.
Daher muß es auch unsere Hauptaufgabe sein, auf der Bühne mit unserm inneren Auge unablässig die Vorstellungen vor uns zu sehen, die den Vorstellungen der darzustellenden Person am nächsten kommen. Die inneren Bilder der Phantasie und

die vorgeschlagenen Situationen, die die Rolle beleben und ihr Verhalten, ihr Wollen, ihre Gedanken und Empfindungen rechtfertigen, sind sehr gut imstande, die Aufmerksamkeit des Schauspielers auf das innere Leben der Rolle zu konzentrieren.[4] Diesen Umstand müssen wir uns zur Unterstützung der unbeständigen Aufmerksamkeit zunutze machen, wir müssen sie für den ‚Film' der Rolle interessieren und auf dieser Linie weiterführen.

In der vorigen Stunde haben wir einen kleinen Monolog über Iwan Iwanowitsch und Pjotr Petrowitsch ausgearbeitet. Nun machen Sie sich bitte einmal klar, daß alle Sätze, alle Szenen, ja das ganze Stück genauso vorbereitet werden müssen wie diese wenigen Worte, wenn wir uns die illustrierten ‚Wenns' und die ‚vorgeschlagenen Situationen' der Rolle vergegenwärtigen. Dann wird der ganze Text der Rolle unablässig von den Vorstellungen begleitet, die der Schauspieler vor seinem inneren Auge sieht. Aus diesen Bildern entsteht, wie ich bereits früher ausgeführt habe, als ich von der Vorstellungskraft sprach, gleichsam ein ununterbrochener Filmstreifen, der pausenlos vor unserm inneren Auge abrollt und uns beim Sprechen oder Handeln auf der Bühne anleitet.[5]

Folgen Sie diesem Film so aufmerksam wie möglich und beschreiben Sie, was Sie sehen, mit den Worten der Rolle, denn Sie werden die Illustrationen dieser Worte bei jeder neuen Wiederholung immer wieder vor sich sehen. Sprechen Sie auf der Bühne von Ihren Vorstellungsbildern und leiern Sie nicht nur die Worte des Textes herunter.

Dazu muß man beim Sprechen ganz in das innere Wesen dessen eindringen, worüber man spricht, man muß es wirklich empfinden. Das ist ein schwieriger Prozeß, der einem nicht immer gelingt, weil eines der wichtigsten Elemente des Untertextes die sehr unbeständigen und launischen *Erinnerungen an erlebte Emotionen* sind, die man schwer festhalten kann und die sich schlecht fixieren lassen. Zweitens braucht man eine außerordentlich gut disziplinierte Aufmerksamkeit, um ununterbrochen in das Wesen der Worte und des Untertextes einzudringen.

Lassen Sie Ihr Gefühl einmal ganz außer acht und konzentrieren Sie Ihre Aufmerksamkeit einzig auf die Vorstellungsbilder. Betrachten Sie diese so aufmerksam wie möglich und beschreiben Sie alles, was Sie sehen, hören und empfinden so vollständig, eingehend und anschaulich wie möglich.

Diese Methode erhält bedeutend mehr Widerstandskraft und Stärke in den Augenblicken der Aktivität, der echten Handlung, wenn die Worte nicht um ihrer selbst oder um der Zuschauer willen gesprochen werden, sondern wenn sie wirklich für das Objekt bestimmt sind und dazu dienen sollen, ihm die eigenen Vorstellungen zu vermitteln. Diese Aufgabe setzt voraus, daß man die Handlung bis ins letzte durchführt; sie bezieht auch den *Willen* in die Arbeit ein und mit ihm die anderen Antriebskräfte des psychischen Lebens und alle schöpferischen Elemente in der Seele des Schauspielers.

Warum sollten wir uns die glücklichen Eigenschaften des visuellen Gedächtnisses nicht zunutze machen? Wenn wir den leichter zugänglichen Filmstreifen der Vorstellungsbilder in uns festigen, können wir dadurch unsere Aufmerksamkeit auch leichter auf die richtige Linie des *Untertextes* und der *durchgehenden Handlung*

konzentrieren. Indem wir diese Linie beibehalten und immer nur von dem sprechen, was wir vor uns sehen, rufen wir auch wirklich immer wieder von neuem die Empfindungen in uns wach, die unser emotionales Gedächtnis aufbewahrt und die wir zum Erleben der Rolle so notwendig brauchen.
Während wir so unsere inneren Vorstellungsbilder betrachten, erfassen wir auch den Untertext der Rolle mit Verstand und Gefühl.
Dieses Verfahren ist Ihnen nicht neu; wir haben uns seinerzeit auf dem Gebiet von *Bewegung* und *Handlung* ähnlicher Methoden bedient. Um das unzuverlässige emotionale Gedächtnis wachzurufen, wandten wir uns damals an die leichter wahrnehmbaren und beständigeren physischen Handlungen und schufen mit ihrer Hilfe die kontinuierliche Linie des ‚*körperlichen Lebens der Rolle*'.
Nach der gleichen Methode und zum selben Zweck nehmen wir jetzt unsere Zuflucht zu der kontinuierlichen Linie der Vorstellungsbilder, denen wir mit unseren Worten Ausdruck verleihen.
Damals, auf dem Gebiet der Bewegung, waren die physischen Handlungen die Lockmittel für das Gefühl und das Erleben, während jetzt, im Bereich von *Wort und Sprache*, unsere *Vorstellungen* die Rolle der Lockmittel für Gefühl und Erleben übernehmen.
Lassen Sie den Film Ihrer Vorstellungsbilder möglichst oft vor Ihrem inneren Auge abrollen und zeichnen Sie wie ein Maler, schildern Sie wie ein Dichter, *was* und *wie* es Ihr inneres Auge bei *jeder* Aufführung immer wieder von neuem vor sich sieht. Wenn Sie das befolgen, werden Sie alles, was Sie auf der Bühne zu sagen haben, immer begreifen.
Dabei spielt es keine Rolle, ob die in Ihrem Innern auftauchenden Vorstellungen und Ihr Bericht über sie bei jeder Wiederholung etwas variiert werden. Das ist nur gut, denn Improvisation und unvermutete Einfälle locken am besten das Schöpferische hervor. Vergessen Sie nur nicht, in Ihrem Innern unablässig den Filmstreifen Ihrer Vorstellungen zu betrachten, ehe Sie von diesen Ihren Vorstellungen sprechen, und geben Sie das, was Sie vor sich sehen, an Ihren Partner auf der Bühne weiter.
Diese Fertigkeit kann man sich nur durch lange systematische Arbeit erwerben. An Tagen, an denen Ihre Aufmerksamkeit nicht genügend konzentriert ist und die vorbereitete *Linie des Untertextes* leicht unterbrochen werden kann, greifen Sie schleunigst nach Ihren Vorstellungsbildern wie nach einem Rettungsring.
Das soeben geschilderte Verfahren hat aber noch mehr Vorteile. Wie Sie wissen, wird der Text einer Rolle durch häufiges Wiederholen sehr bald abgeleiert. Die sichtbaren Bilder dagegen werden durch mehrfache Wiederholung nur gefestigt und erweitert.
Die Vorstellungskraft schläft nicht und ergänzt bei jeder Wiederholung die inneren Bilder durch neue Details, die den Filmstreifen des inneren Auges nur bereichern und noch mehr beleben. Daher sind die Wiederholungen für die Vorstellungsbilder und den gesamten illustrierten Untertext nur nützlich und keineswegs nachteilig.
Jetzt wissen Sie nicht nur, wie man sich einen illustrierten Untertext schafft und wie man ihn benutzen kann, sondern Sie kennen auch das Geheimnis der von mir empfohlenen psychotechnischen Methode."

„*Eine* Mission des Wortes auf der Bühne besteht also darin, daß man sich durch den illustrierten Untertext der Rolle mit seinem Partner in Verbindung setzt und daß man selbst diesen Untertext bei jeder Wiederholung immer wieder vor sich sieht", sagte Arkadi Nikolajewitsch zu Beginn der Stunde.
„Wir wollen einmal sehen, ob Wesselowski diese Mission beim Sprechen richtig erfüllt.
Gehen Sie auf die Bühne und sprechen Sie mir irgend etwas vor!"
„Ichschwördirliebste, daß... ichaufderweltnur... mit diralleineleben kann und... sterbewenndu vormirinjenestiefe Schattenreichdavongehst, wo wir... einmalerneutzu-... sammentreffenwerden...", deklamierte Wesselowski in seiner üblichen hastigen und überstürzten Sprechweise und mit sinnlosen Pausen, die jede Prosa in schlechte Verse, und alle Verse in noch schlechtere Prosa verwandeln.
„Ich habe kein einziges Wort verstanden und werde auch weiter nichts verstehen, wenn Sie die Sätze so verstümmeln, wie Sie es gerade getan haben", sagte Torzow zu ihm. „Bei einer solchen Vortragsweise kann noch nicht einmal ernsthaft von einem Text die Rede sein, ganz zu schweigen vom Untertext oder von inneren Bildern. Ihnen gehen die Worte völlig willkürlich und zufällig von der Zunge, lediglich abhängig von dem zum Ausatmen aufgespeicherten Luftvorrat und nicht von Willen und Bewußtsein.
Ehe Sie weitersprechen, müssen Sie zunächst einmal die Worte des Monologs ordnen und sie in Gruppen, Familien oder, wie manche es nennen, in Sprechtakte* zusammenfassen. Danach erst kann man feststellen, welche Worte zusammengehören und aus welchen Teilen sich ein Satz oder ein Gedanke zusammensetzt.
Um die Sprache in Takte einzuteilen, brauchen wir Unterbrechungen, oder anders ausgedrückt, *logische Pausen*.
Können Sie sich vorstellen, daß vom richtigen Setzen der *logischen Pausen* das Schicksal, ja sogar das Leben eines Menschen abhängen kann. Ich will Ihnen ein Beispiel nennen: ‚Begnadigen nicht nach Sibirien schicken.'
Wie soll man diesen Befehl verstehen, wenn er nicht durch logische Pausen aufgeteilt ist?
Setzen Sie die Pausen ein, und dann erst wird der eigentliche Sinn dieser Worte offenbar.
‚Begnadigen – nicht nach Sibirien schicken!' Oder aber: ‚Begnadigen nicht – nach Sibirien schicken!' Im ersten Fall bedeutet das Begnadigung, im zweiten jedoch – Verbannung.
Nun setzen Sie die Pausen in Ihrem Monolog und tragen Sie ihn uns noch einmal vor; dann erst wird uns sein Inhalt verständlich werden."
Wesselowski teilte mit Arkadi Nikolajewitschs Hilfe die Sätze seines Monologs in Wortgruppen ein und fing dann noch einmal von vorn an, aber schon nach dem zweiten Takt wurde er von Torzow unterbrochen.

* *Stanislawski überträgt Begriffe aus der Musik auf die Sprache. Solches Verfahren geht nicht, ohne der Sprache in mancher Beziehung Gewalt anzutun. So gibt es z. B. Takte im Sinne der starren Regelmäßigkeit, wie sie im Notensystem immer wiederkehren, im lebendigen Sprechablauf nicht. Der Begriff des „Sprechtaktes" bei Stanislawski deckt sich in diesem Zusammenhang etwa mit dem in der heutigen Literatur vielfach verwendeten Begriff des „Sinnschrittes". (Anm. d. Hrsg.)*

„Zwischen zwei logischen Pausen soll der Text nach Möglichkeit ungeteilt und in sich geschlossen, fast wie ein einziges Wort gesprochen werden. Man darf ihn nicht auseinanderreißen und bruchstückweise herausprusten, wie Sie es tun.
Natürlich gibt es auch Ausnahmen, die uns veranlassen, auch im Inneren eines Taktes Pausen zu setzen. Dafür gibt es jedoch bestimmte Regeln, die man Ihnen zu gegebener Zeit erläutern wird."
„Die kennen wir bereits", wandte Goworkow ein, „diese Sprechtakte, das Sprechen nach Interpunktionszeichen. Das haben wir, mit Verlaub zu sagen, schon in der ersten Grundschulklasse gelernt."
„Wenn Sie das so genau wissen, dann sprechen Sie aber auch bitte richtig", erwiderte Arkadi Nikolajewitsch. „Ja, nicht genug damit, machen Sie diese richtige Art zu sprechen auf der Bühne zur unbedingten Gewohnheit.
Nehmen Sie recht oft ein Buch und einen Bleistift zur Hand, lesen Sie etwas und teilen Sie das Gelesene nach Sprechtakten ein. Trainieren Sie auf diese Weise Gehör, Auge und Hand. Übrigens zieht das Lesen nach Sprechtakten noch einen wichtigeren praktischen Nutzen nach sich: *Es fördert den Prozeß des Erlebens.*
Das Einzeichnen der Sprechtakte und das Lesen danach zwingt uns außerdem, die Sätze zu analysieren und in ihr Wesen einzudringen. Und ohne diese Voraussetzung kann man keinen einzigen Satz richtig sprechen.
Die Gewohnheit, nach Takten zu sprechen, läßt Ihr Sprechen nicht nur harmonisch in der Form und verständlich in der Wiedergabe, sondern auch gehaltvoller werden, weil Sie dadurch veranlaßt werden, unablässig über das nachzudenken, was Sie auf der Bühne zu sagen haben. Solange Sie das nicht erreicht haben, ist nicht nur jeder Versuch zum Scheitern verurteilt, den *illustrierten Untertext* zu vermitteln, auch jede Vorarbeit an den *illustrierenden inneren Bildern* ist zwecklos geworden.
Die Arbeit an Sprache und Wort muß stets mit der *Einteilung in Sprechtakte* oder, anders gesagt, mit dem *Setzen der logischen Pausen* beginnen."

Heute rief Arkadi Nikolajewitsch mich auf und ließ mich etwas vorsprechen. Ich wählte den Monolog aus „Othello":

> „So wie des Pontus Meer,
> Des eis'ger Strom und fortgewälzte Flut
> Nie rückwärts ebben mag, nein, unaufhaltsam
> In den Propontis rollt und Hellespont:
> So soll mein blut'ger Sinn in wüt'gem Gang
> Nie umschaun, noch zur sanften Liebe ebben,
> Bis eine vollgenügend weite Rache
> Ihn ganz verschlang."[6]

Dieser Monolog hat keinen einzigen Punkt, er ist so lang, daß ich mich eilen mußte, um ihn zu Ende zu bringen. Ich glaubte, ihn ohne eine einzige Unterbrechung und ohne Atempause hersagen zu müssen, was mir natürlich nicht gelang.
Daher war es auch kein Wunder, daß ich ein paar Takte halb verschluckte, außer Atem geriet und vor Anstrengung rot wurde.

„Um in Zukunft zu vermeiden, was Ihnen eben passiert ist, müssen Sie vor allem die logische Pause zu Hilfe nehmen und den Monolog in Sprechtakte einteilen, weil Sie ihn, wie Sie selbst gesehen haben, nicht pausenlos hintereinander sprechen können", riet mir Arkadi Nikolajewitsch.

Ich setzte die folgenden Pausen ein:

„So wie des Pontus Meer, |
Des eis'ger Strom und fortgewälzte Flut
Nie rückwärts ebben mag, | nein, unaufhaltsam
In den Propontis rollt und Hellespont: |
So soll mein blut'ger Sinn | in wüt'gem Gang
Nie umschaun, | noch zur sanften Liebe ebben, |
Bis eine vollgenügend weite Rache
Ihn ganz verschlang."

„So mag es angehen", meinte Arkadi Nikolajewitsch und ließ mich diesen ungewöhnlich langen Satz mehrmals hintereinander mit den von mir eingesetzten Sprechtakten vorsprechen.

Danach erklärte er, der Monolog höre sich nun etwas besser an und sei verständlicher geworden.

„Schade nur, daß er noch nicht empfunden ist", setzte er hinzu.

„Sie nehmen sich in Ihrer Hast keine Zeit, in das einzudringen, was Sie sagen, weil Sie gar nicht dazu kommen, den Untertext, der hinter diesen Worten verborgen ist, wirklich vor sich zu sehen und mitzuempfinden. Ohne ihn werden Sie jedoch nicht weiterkommen.

Darum müssen Sie zuallererst Ihre Hast bekämpfen!"

„Das möchte ich sehr gern, aber wie soll ich es anfangen?" fragte ich.

„Ich will Ihnen ein Hilfsmittel dafür verraten."

Nach kurzem Überlegen sprach Torzow weiter:

„Sie haben gelernt, den Monolog aus ‚Othello' nach seinen *logischen Pausen* und *Sprechtakten* vorzutragen. Das ist gut! Jetzt sprechen Sie ihn mir bitte noch einmal nach seinen *Interpunktionszeichen!*

Die Interpunktionszeichen erfordern ganz bestimmte *Intonationen.** Jeder Punkt, jedes Komma, jedes Frage- und Ausrufungszeichen und so weiter hat seine eigene charakteristische Stimmfigur, die für jedes Zeichen unerläßlich ist. Ohne diese Intonationen können die Satzzeichen ihrer Bestimmung nicht nachkommen. Sie brauchen dem Punkt nur seine beschließende, den Satz vollendende Senkung in der Stimme zu

---

* *Als Stanislawski das Folgende schrieb, ging die Phonetik noch sehr stark vom geschriebenen Wort und seinen Gesetzen aus. So übertrug man vielfach schematisch die grammatikalischen Regeln, die in erster Linie für das geschriebene Wort Gültigkeit haben, auch auf das gesprochene.*
Stanislawski hat diese Betrachtungsweise bei seiner Darstellung der Intonationsgesetze übernommen. Er betont auf diesen Seiten zu stark die Abhängigkeit der Intonation von der Interpunktion. Auf Seite 289 ff. hat er das auch sehr klar erkannt, und wir möchten den Leser schon jetzt auf diesen Teil des Anhanges aufmerksam machen. (Anm. d. Hrsg.)

nehmen, und der Zuhörer kann nicht erkennen, daß der Satz zu Ende ist und nichts mehr folgen soll. Nehmen Sie dem Fragezeichen seine typische klangliche Schleife, und der Zuhörende begreift gar nicht, daß man ihm eine Frage stellt, auf die man eine Antwort erwartet.

Die Intonationen haben einen bestimmten Einfluß auf die Zuhörer und verpflichten sie zu einer bestimmten Reaktion: Die fragende phonetische Figur zur Antwort, die ausrufende – zum Mitgefühl, zum Beifall oder zum Protest, der Doppelpunkt – zum aufmerksamen Verfolgen des weiteren Satzes und so weiter. Die Intonationen besitzen eine große Ausdruckskraft.

Wort und Sprache haben ihre Eigentümlichkeiten, die für jedes Interpunktionszeichen die entsprechende Intonation erfordern. Eben in dieser Eigentümlichkeit der Satzzeichen ist das Hilfsmittel verborgen, das Sie zur Ruhe bringen und vor jeder Hast bewahren soll. Darum will ich auf dieses Problem etwas näher eingehen.

Sprechen Sie den Monolog Othellos noch einmal nach diesen Satzzeichen, nach Kommata und Punkten, und beachten Sie dabei die für jedes Zeichen typischen phonetischen Figuren, die Intonationen."

Als ich den Monolog begann, kam es mir nun plötzlich vor, als ob ich in einer fremden Sprache redete. Ehe ich ein Wort aussprach, mußte ich erst überlegen, suchen, herumraten und vertuschen, was mir zweifelhaft erschien und – blieb schließlich stecken, denn es war mir einfach unmöglich, weiterzusprechen.

„Das beweist nur, daß Sie die *Eigentümlichkeit Ihrer Sprache, und vor allem die Eigentümlichkeit der Satzzeichen nicht kennen,* sonst hätten Sie die Aufgabe ohne weiteres bewältigen können. Merken Sie sich dieses Erlebnis. Es soll Sie noch einmal davon überzeugen, wie notwendig es ist, sich gründlich mit den Sprachgesetzen zu beschäftigen.

Vorläufig hindern Sie also die Satzzeichen noch am Sprechen. Wir wollen versuchen zu erreichen, daß sie Ihnen im Gegenteil dabei behilflich sind!

Ich kann Ihnen das jetzt nicht anhand aller Interpunktionszeichen beweisen", fuhr Arkadi Nikolajewitsch fort. „Deshalb will ich ein Beispiel herausgreifen. Wenn das Experiment gelingt und Sie überzeugen kann, werden Sie vermutlich selber Lust bekommen, sich mit der Eigenart der andern Satzzeichen auf demselben Weg bekannt zu machen.

Ich wiederhole noch einmal, meine Aufgabe ist es nicht, Sie zu belehren, sondern ich will Sie nur davon überzeugen, wie notwendig es ist, daß Sie selbst sich die *Sprachgesetze* zu eigen machen. Für unser heutiges Experiment benutze ich das Komma, weil es fast das einzige Zeichen ist, das in dem von Ihnen gewählten Othello-Monolog vorkommt.

Rufen Sie sich bitte ins Gedächtnis zurück, was Sie instinktiv bei jedem Komma tun wollen.

Zunächst einmal wollen Sie natürlich eine Pause machen. Vorher haben Sie jedoch schon auf der letzten Silbe des vorhergehenden Wortes das Bestreben, den Ton zu heben (ohne dabei einen Akzent zu setzen, wenn er nicht aus logischen Erwägungen notwendig ist). Dann lassen Sie den Ton eine Zeitlang gleichsam in der Luft schweben.

Bei dieser Kurve wird der Ton von unten nach oben verlegt, wie ein Gegenstand aus einem tieferen in ein höher gelegenes Regal. Diese aufsteigenden phonetischen Linien können die verschiedenartigsten Schleifen und Tonhöhen erhalten: eine Terz, Quinte oder Oktave, sie können schroff und plötzlich ansteigen oder in einer nicht so schwungvollen, dafür breiteren Bewegung dahinfließen und so weiter.
Die bemerkenswerteste Eigenschaft des Kommas ist, daß es die Zuhörer veranlaßt, geduldig die Fortsetzung des Satzes abzuwarten. Fühlen Sie, wie wichtig das ist, besonders für so nervöse Leute wie Sie oder für solche, die es immer so eilig haben wie Wesselowski. Wenn Sie sich erst einmal davon überzeugt haben, daß Ihre Zuhörer nach der klanglichen Kurve des Kommas unbedingt geduldig auf die Fortführung und Vollendung des begonnenen Satzes warten, gibt es für Sie keinen Grund mehr, sich zu überhasten. Das wird Sie nicht nur beruhigen, sondern dazu beitragen, daß Sie das Komma mit all seinen Eigentümlichkeiten aufrichtig liebgewinnen.
Wenn Sie wüßten, was für ein Genuß es ist, während einer langen Erzählung oder Satzperiode ähnlich der, die Sie gerade gesprochen haben, die klangliche Linie vor dem Komma zu heben und dann gelassen abzuwarten in der Gewißheit, daß niemand Sie unterbrechen oder zur Eile treiben wird.
Mit den übrigen Interpunktionszeichen ist es nicht anders. Genau wie beim Komma verpflichtet ihre Intonation den Partner zu einer bestimmten Reaktion; so verpflichtet beispielsweise das Fragezeichen den Zuhörer zum Antworten..."
Arkadi Nikolajewitsch hob deutlich die Stimme, wie es vor dem Komma sein muß, und... verstummte. Wir warteten geduldig...
„Ihr Ausruf verpflichtet den Zuhörer zum Mitgefühl..."
Wieder dasselbe Manöver, begleitet von unserm geduldigen Warten... „Der Doppelpunkt löst die verstärkte Aufmerksamkeit des Partners aus, der gespannt auf das wartet, was man nun sagen wird. Alle diese vorübergehenden Verpflichtungen, die man seinem Gegenüber auferlegt, sind die Garantie dafür, daß Sie selbst ruhig abwarten können, weil die Pausen ja gerade für denjenigen unerläßlich werden, mit dem Sie sprechen, der Sie zuvor nervös machte und zur Hast antrieb. Sind Sie darin mit mir einverstanden?"
Arkadi Nikolajewitsch schloß diesen Fragesatz mit einer sehr deutlich ausgeprägten klanglichen Schleife und wartete auf unsere Antwort. Wir überlegten, was wir ihm sagen sollten, fanden aber keine Antwort und wurden aufgeregt; er dagegen blieb völlig gelassen, da die Verzögerung nicht von ihm, sondern von uns ausging.
Während dieser Pause fing Arkadi Nikolajewitsch unvermittelt an zu lachen und sagte uns auch gleich den Grund:
„Kürzlich wollte ich meinem neuen Stubenmädchen erklären, wo der Schlüssel zur Haustür aufgehängt werden soll, und sagte zu ihr: ‚Als ich gestern abend durchs Vorzimmer ging und den Schlüssel in der Haustür stecken sah...'
Ich machte eine großartige klangliche Kurve, vergaß dann aber, was ich eigentlich sagen wollte, verstummte und ging in mein Arbeitszimmer.
Gut fünf Minuten waren vergangen. Plötzlich klopfte es an der Tür, das Mädchen steckt seinen Kopf herein und erkundigt sich mit neugierigem Blick: ‚Und was war, als Sie den Schlüssel im Schloß stecken sahen?'

Wie Sie sehen, wirkt das Heben der Stimme vor dem Komma über einen Zeitraum von ganzen fünf Minuten und verlangt zur Vollendung des Satzes ein abschließendes Senken der Stimme vor dem Punkt. Für diese Forderung gibt es keinerlei Hindernisse."

Als Arkadi Nikolajewitsch zum Schluß der Stunde noch einmal zusammenfaßte, was wir heute durchgenommen hatten, prophezeite er mir, daß ich bald aufhören würde, mich vor den Pausen zu fürchten, weil ich nun in das Geheimnis eingeweiht sei, wie man andere zum Warten zwingt.

Außerdem sagte er voraus, sobald ich erst erkannt haben würde, wie gut man die Pausen zum Verstärken der sprachlichen Präzision, Ausdruckskraft und Eindringlichkeit und zur Festigung und Stärkung der Partnerbeziehung benutzen kann, würde ich aufhören, sie zu fürchten und sie vielmehr richtig liebgewinnen, ja sogar mißbrauchen.

Heute kam Arkadi Nikolajewitsch sehr aufgeräumt in die Klasse, um uns dann plötzlich wie aus heiterem Himmel zwar ruhig, aber doch überaus bündig und kategorisch zu erklären:

„Wenn Sie meinen Stunden nicht mehr Aufmerksamkeit entgegenbringen, werde ich ablehnen, Sie weiter zu unterrichten."[7]

Darauf brach eine allgemeine Verwirrung aus. Wir warfen uns verblüffte Blicke zu und wollten ihm gerade beteuern, daß wir alle nicht nur mit Interesse, sondern sogar mit Begeisterung an seinem Unterricht teilnehmen, als Arkadi Nikolajewitsch zu lachen anfing.

„Merken Sie denn gar nicht, wie guter Stimmung ich gerade heute bin?" fragte er lebhaft und vergnügt. „Gerade eben habe ich nämlich in den Zeitungen vom großen Erfolg meines Lieblingsschülers gelesen. Ich brauchte aber meiner Stimme nur die Intonation zu geben, die Wort und Sprache für den Ausdruck der Bestimmtheit, Festigkeit und Unwiderruflichkeit verlangen, und schon war ich in Ihren Augen ein gestrenger, bösartiger und mißlauniger Schulmeister!*

Bestimmte Intonationen und klangliche Figuren gibt es nämlich nicht allein für einzelne Wörter und Satzzeichen, sondern auch für ganze Sätze und Satzperioden.

Diese Intonationen haben bestimmte, von der Natur selbst gebildete Formen, sie haben auch ihre besonderen Namen. So wird zum Beispiel die Intonationsfigur, die ich soeben angewandt habe, in dem Buch ‚Das ausdrucksvolle Wort' als ‚zweigliedrige Periode' bezeichnet. Darin fällt die Stimme nach dem steilen Anstieg und der vorübergehenden kurzen Pause oben auf der Spitze, wo das Komma mit der logischen Pause verschmilzt, wieder schroff abwärts in die Tiefe, wie es diese Zeichnung zeigt."

---

* Das Wort als Begriff bekommt seinen konkreten Sinn erst, wenn es gesprochen wird. Intonation, Akzentsetzung und Pausengebung sind Mittel, um den sonst beziehungslosen Satz in eine Beziehung zu einer konkreten Situation zu stellen. Das wollte Stanislawski offenbar durch das zitierte Beispiel ausdrücken. Wie die Anmerkung 7 zeigt, empfand er selbst, daß das Beispiel nicht glücklich gewählt ist. Es gibt keine Intonation, die losgelöst vom Sinn der Rede ihre Wirkung tun könnte. Siehe hierzu auch Stanislawskis Gedanken über das sinnbezogene Lesen und Sprechen auf Seite 269. (Anm. d. Hrsg.)

Arkadi Nikolajewitsch warf die folgende Skizze auf ein Stück Papier:

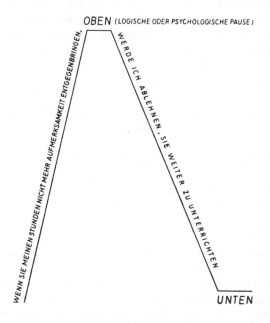

„Diese Intonation ist obligatorisch. Es gibt noch viele andere phonetische Figuren für einen ganzen Satz, die ich Ihnen jetzt jedoch nicht vorführe, weil ich dieses Fach nicht unterrichte, sondern mich nur einmal mit Ihnen darüber unterhalten will.
Wir Schauspieler müssen all diese klanglichen Figuren kennen, und zwar unter anderem auch aus folgendem Grunde:
Auf der Bühne wird der Stimmumfang des Sprechenden vor Aufregung oder aus anderen Ursachen oft unwillkürlich geringer, und die phonetischen Figuren verlieren ihre charakteristische Zeichnung.
Das gilt in besonders hohem Maße gerade für die russischen Schauspieler.
Dank unserer nationalen Eigenart neigen wir nämlich besonders dazu, stets in *Moll* zu sprechen, im Gegensatz zu den romanischen Völkern, die das *Dur* lieben. Auf der Bühne tritt diese Eigentümlichkeit noch stärker hervor.
Wo der französische Akteur bei einem freudigen Ausruf das Schlüsselwort des Satzes mit dem klangvollen Erhöhungszeichen ♯ (dièse) versieht, setzen wir Russen die Intervalle anders und gleiten, wenn irgend möglich, auf den durch das ♭ (bémol) erniedrigten Ton ab.[8] Da, wo der Franzose, um seiner Intonation größere Eindringlichkeit zu verleihen, den Satz bis zum höchsten Ton seines Stimmumfangs ansteigen läßt, hebt der Russe seine Stimme noch nicht einmal um zwei oder drei Stufen. Wenn der Franzose beim Punkt seine Stimme tief hinabsinken läßt, schneidet der russische Schauspieler ein paar tiefe Töne ab und beeinträchtigt dadurch die Endgültigkeit des Punktes. Ein solcher Diebstahl an uns selbst mag in unseren russischen Stücken

noch unbemerkt hingehen, wenn wir uns jedoch an Molière oder Goldoni machen, bringt unsere russische Intonation einen Anflug slawischer Traurigkeit und einen Mollklang dort hinein, wo sprühendes Dur vorherrschen müßte. Wenn einem Schauspieler in solchen Fällen das Unbewußte nicht zu Hilfe kommt, wird seine Intonation unwillkürlich unwahr und einschichtig.
Wie aber soll man diesem Mangel beikommen? Wer die erforderlichen phonetischen Figuren nicht kennt, wird sich in einer ausweglosen Situation befinden.[9]
Auch hierbei können Ihnen die Sprachgesetze wieder behilflich sein.
Wenn Ihre Intonation Sie also im Stich lassen will, gehen Sie den Weg von der äußeren Klangfigur zu deren Rechtfertigung und weiter zum Prozeß des natürlichen Erlebens."
In diesem Augenblick kam Torzows poltriger Sekretär herein und rief ihn hinaus.
Torzow sagte, er werde in etwa zehn Minuten zurück sein.
Es entstand eine Pause, die Goworkow für einen seiner üblichen Einwände benutzte. Er empörte sich über die Vergewaltigung, denn seiner Ansicht nach töten die Sprachgesetze die Freiheit des Gestaltens, indem sie dem Schauspieler bestimmte Intonationen aufzwingen.
Iwan Platonowitsch erwiderte völlig zu Recht, daß Goworkow etwas als Vergewaltigung bezeichne, was in Wahrheit eine natürliche Eigenart unserer Sprache sei. Und er selbst, Rachmanow, sei gewöhnt, die Erfüllung der natürlichen Forderungen als die höchste Freiheit anzusehen. Als Vergewaltigung der Natur betrachte er im Gegenteil gerade die naturwidrigen Intonationen des konventionellen Deklamationsstils, für den Goworkow so hartnäckig eintrat.
Letzterer berief sich zur Bekräftigung seiner Ansicht auf irgendeine Provinzschauspielerin namens Solskaja, deren ganzer Zauber angeblich auf ihrer unwahren Sprechweise beruht.
„Das ist ja gerade ihr Genre, begreifen Sie doch!" rief Goworkow beschwörend. „Bringen Sie ihr die Gesetze des Sprechens bei, und es wird keine solchen Solskajas mehr geben!"
„Ganz recht, mein Bester! Gottlob, daß es sie nicht mehr geben wird!" gab Rachmanow zurück. „Wenn die Solskaja unrichtig sprechen muß, weil es die Charakterisierung einer Rolle verlangt, so soll sie es tun. Ich werde ihr dann nur Beifall klatschen. Ich werde klatschen, sage ich! Wenn ihr häßliches Sprechen aber nicht der Charakterisierung dient, so ist es kein Plus, sondern ein Minus für diese Schauspielerin. Mit seiner schlechten Sprechweise zu kokettieren ist eine Sünde und Geschmacklosigkeit. So sieht die Sache aus! Sagen Sie ihr, mein Bester, daß sie noch viel hinreißender sein wird als bisher, wenn sie auch noch richtig spricht. Dann wird ihr ganzer Zauber noch besser beim Publikum ankommen. Er wird ankommen, mein Freund, weil er nicht mehr durch fehlerhaftes Sprechen beeinträchtigt wird."
„Einmal sagt man uns, wir sollen natürlich sprechen wie im Leben, dann wieder heißt es, wir müssen irgendwelche Gesetze befolgen. Aber, mit Verlaub, einmal muß man uns doch endgültig sagen, was nun eigentlich für die Bühne gebraucht wird?! Also muß man dort doch anders sprechen, nicht wie im Leben, sondern irgendwie besonders?" fragte Goworkow.

„Ganz recht, ganz recht, mein Lieber!" griff Iwan Platonowitsch seine Frage auf. „Eben nicht wie im Leben, sondern ‚besonders'. So sieht die Sache aus! Auf der Bühne darf man nicht so fehlerhaft sprechen, wie man es im Leben tut."*
Der poltrige Sekretär unterbrach die Diskussion und teilte uns mit, daß Arkadi Nikolajewitsch heute nicht mehr zum Unterricht zurückkommen würde.
An seiner Stelle unterrichtete uns Iwan Platonowitsch in „Training und Drill".

In der heutigen Stunde ließ mich Arkadi Nikolajewitsch den Othello-Monolog mehrmals hintereinander sprechen und ermahnte mich, dabei besonders auf das Heben der Stimme vor jedem Komma zu achten.
Zuerst waren diese Klangkurven noch formal und leblos, doch dann erinnerte mich eine von ihnen an eine wirklich lebensechte Intonation, und sogleich regte sich in meiner Seele ein warmes und vertrautes Gefühl.
Dadurch ermutigt, wurde ich allmählich kühner und fing an, den Othello-Monolog mit allen möglichen richtigen oder falschen klanglichen Figuren zu versehen: Bald nahm ich einen kurzen, bald einen weiten Anlauf, bald hob ich die Stimme mehr, bald weniger. Und immer, wenn ich die richtige phonetische Figur traf, regten sich in meinem Innern neue und ganz unterschiedliche emotionale Erinnerungen.
„Das also ist die eigentliche Grundlage der Sprachbehandlung, die nicht ausgeklügelt, sondern echt und organisch ist! So also wirkt die Eigenart des Wortes von Innen her auf das emotionale Gedächtnis, auf Gefühl und Erleben!" dachte ich bei mir.
Jetzt drängte es mich auf einmal, die Pausen nach den Kurven möglichst lange auszuhalten, weil ich das Bedürfnis empfand, das, was in meinem Innern lebendig geworden war, nicht nur verstandesgemäß zu erfassen, sondern auch wirklich zu erfühlen.
Da wurde ich jedoch von einem skandalösen Mißgeschick heimgesucht. Ich hatte mich so sehr von allen diesen Empfindungen, Gedanken und Versuchen hinreißen lassen, daß ich auf einmal den Text vergessen hatte, mitten im Monolog steckenblieb, alle Gedanken und Worte durcheinanderbrachte und ... abbrechen mußte. Trotzdem wurde ich von Arkadi Nikolajewitsch sehr gelobt.
„Sehen Sie einmal an", meinte er erfreut, „kaum habe ich Zeit gehabt, es Ihnen zu prophezeien, da sind Sie auch schon selbst auf den Geschmack gekommen und haben plötzlich Gefallen an den Pausen gefunden! Sie haben nicht nur alle *logischen Pausen* eingehalten, sondern viele von ihnen sogar bereits in *psychologische* umgewandelt. Nun, das alles ist sehr schön und durchaus zulässig, allerdings unter der Voraussetzung, daß die psychologische Pause die Funktionen der logischen Pausen nicht beeinträchtigt, sondern sie im Gegenteil unterstützt und immer nur die ihr zugedachten Aufgaben erfüllt.
Andernfalls tritt unvermeidlich das ein, was Ihnen soeben passiert ist: es kommt zu einem *szenischen Mißverständnis*.
Sie können meine Worte und Warnungen nur verstehen, wenn ich Ihnen den Unterschied zwischen der *logischen* und *psychologischen* Pause erklärt habe. Er besteht in

---

* *Eine wichtige Ergänzung zu dieser Frage findet sich auf Seite 291 des Anhangs. (Anm. d. Hrsg.)*

folgendem: Während die logische Pause Takte und ganze Sätze mechanisch aufteilt und dazu beiträgt, deren Sinn zu erklären, haucht die psychologische Pause dem Gedanken, dem Satz oder dem Sprechtakt Leben ein und ist bemüht, deren Untertext offenbar werden zu lassen. Wenn die Sprache ohne logische Pausen sinnlos ist, so ist sie ohne psychologische Pausen leblos.

Die logische Pause ist passiv, formal und ohne eigene Wirkungskraft, die psychologische dagegen ist unbedingt aktiv und reich an innerem Gehalt.

Die logische Pause dient dem Verstand, die psychologische dagegen dem Gefühl.

Der Metropolit Filaret sagte einmal: ‚Deine Rede sei karg, dein Schweigen jedoch beredt.'

Die *psychologische Pause* soll ein solches *beredtes Schweigen* sein. Sie ist ein überaus wichtiges Verständigungsmittel. Sie haben heute an sich selbst gespürt, daß man eine Pause, die schon ohne Worte beredt ist, ausnutzen muß. Eine solche Pause ersetzt die Worte durch Blicke, durch Mimik, durch Ausstrahlung, durch Andeutungen, kaum wahrnehmbare Bewegungen und noch viele andere bewußte und unbewußte Verständigungsmittel.

Diese Mittel können im Schweigen das sagen, was das Wort nie vermag, und häufig sind sie viel intensiver, treffender und unwiderstehlicher als die Sprache. Ihre wortlose Aussage kann nicht weniger interessant, gehaltvoll und überzeugend sein als Worte.

In der Pause vermittelt man häufig gerade denjenigen Teil des Untertextes, der nicht vom Bewußtsein allein, sondern auch vom Unbewußten ausgeht und der dem konkreten Ausdruck durch das Sprechen nicht zugänglich ist.

Diese Empfindungen und ihr sichtbarer Ausdruck sind in unserer Kunst natürlich besonders wertvoll.

Kennen Sie eigentlich den Wert der psychologischen Pause?

Sie unterwirft sich keinerlei Gesetzen, ihr selbst gehorchen jedoch ausnahmslos alle Sprachgesetze.

Da, wo es logisch und grammatikalisch gesehen scheinbar unmöglich ist, eine Unterbrechung zu machen, wagt es die psychologische Pause ohne weiteres. Ich will Ihnen ein Beispiel nennen: Stellen Sie sich vor, unser Theater ginge auf Auslandstournée. Alle Schüler dürfen die Reise mitmachen, mit Ausnahme von zweien. ‚Wer denn?' erkundigen Sie sich in höchster Erregung bei Schustow. ‚Ich und ... (psychologische Pause, um den hereinbrechenden Schlag zu mildern oder um im Gegenteil die Empörung zu verstärken) ... und ... du!' erwidert Ihnen Schustow.

Jedermann weiß, daß die Konjunktion ‚und' keinerlei Pausen hinter sich duldet. Die psychologische Pause jedoch übertritt dieses Gesetz und führt eine illegitime Unterbrechung ein.

Der logischen Pause ist eine genau umrissene, sehr kurze Zeitspanne vorbehalten. Wenn diese in die Länge gezogen wird, muß sich die passive logische Pause so schnell wie möglich in eine aktive psychologische Pause verwandeln, deren Dauer unbestimmt ist. Sie scheut nicht davor zurück, Zeit für ihre Wirksamkeit zu beanspruchen und hält den Text so lange auf wie sie braucht, um eine echte, produktive und zweckmäßige Handlung durchzuführen. Ihr Ziel ist es, über den Untertext und die durchgehende Handlung zur Überaufgabe zu gelangen; deshalb muß sie auch unbedingt interessant für uns sein.

Trotz allem kennt die psychologische Pause doch sehr genau das Risiko des zu langen Hinauszögerns, das dann eintritt, wenn die produktive Handlung unterbrochen wird. Daher beeilt sie sich, ihren Platz stets rechtzeitig wieder an Sprache und Wort abzutreten.

Schlimm ist es nur, wenn der rechte Moment dafür verpaßt wird, denn dann artet die psychologische Pause in eine bloße Unterbrechung aus, die ein *szenisches Mißverständnis* nach sich zieht. Eine derartige sinnlose Unterbrechung reißt ein Loch in das Kunstwerk.

Das und nichts anderes ist Ihnen heute passiert, und ich wollte Ihnen schleunigst erklären, was Sie falsch gemacht haben, damit es in Zukunft nicht wieder geschieht. Ersetzen Sie die logischen Pausen so oft Sie wollen durch psychologische, aber ziehen Sie diese nicht unnötig in die Länge.

Jetzt wissen Sie, was die Pausen für unser Sprechen auf der Bühne bedeuten. In großen Zügen sind sie auch schon imstande, mit ihnen umzugehen.

Die Pause ist ein wichtiges Element unserer Sprache und dazu einer ihrer besten Trümpfe."

Arkadi Nikolajewitsch setzte sich bequem in seinem Sessel zurecht, schob die Hände unter die Kniekehlen und blieb so unbeweglich sitzen. Dann fing er an, mit viel Temperament und Ausdruck zuerst einen Monolog und dann Verse in einer uns unbekannten, aber durchaus klangvollen Sprache vorzutragen. Torzow sprach die uns unverständlichen Worte mit gewaltigem Schwung und Temperament, bald hob er die Stimme, bald senkte er den Ton bis zum Äußersten, dann wieder verstummte er gänzlich und deutete nur mit den Augen an, was er mit Worten nicht aussprach. All das wirkte überaus eindringlich, ohne daß seine Stimme sich dabei je bis zum Schrei gesteigert hätte. Einige Satzperioden sprach er besonders klangvoll, plastisch und zeichnete sie bis ins letzte Detail durch. Andere Sätze dagegen sprach er kaum hörbar und erfüllte sie dabei mit einem tief erlebten und innerlich gerechtfertigten Gefühl. In diesem Augenblick war er den Tränen nahe und mußte sogar eine Pause einlegen, um seine Bewegung zu meistern. Danach schaltete er innerlich gleichsam um, seine Stimme klang kräftiger, und er setzte uns durch seine jugendliche Munterkeit in Erstaunen. Aber auch dieser Aufbruch war plötzlich vorbei und wandelte sich wieder in ein schweigsames Erleben, das die eben erst erwachte Heiterkeit zunichte machte. Mit dieser großartig durchlebten dramatischen Pause waren die Szene und der Vortrag zu Ende.

Die Verse und die Prosa waren eine Erfindung von Arkadi Nikolajewitsch, der sich dazu eine eigene klangvolle Sprache ausgedacht hatte.

„Da habe ich nun eben in einer Ihnen unverständlichen Sprache geredet, und doch haben Sie mir aufmerksam zugehört", sagte Torzow zusammenfassend. „Ich saß unbeweglich da, vermied jede Bewegung, und trotzdem haben Sie mich aufmerksam betrachtet. Ich schwieg, doch Sie waren bemüht, den Sinn meines Schweigens zu erraten. Ich legte den Klängen bestimmte eigene Vorstellungen, Bilder und Gedanken

bei, die mir mit dem jeweiligen Laut in Beziehung zu stehen schienen. Das ist natürlich nur eine allgemeine, nicht konkrete Verbindung, daher ist es auch begreiflich, daß der in Ihnen hervorgerufene Eindruck nur allgemein sein konnte. All das erreichte ich einmal durch Laute, zum andern durch *Intonationen und Pausen.* Erleben wir nicht dasselbe beim Anhören von Versen und Monologen in einer uns unbekannten Sprache, an der wir bei Gastspielen ausländischer Künstler unsere Freude haben? Machen derartige Aufführungen nicht großen Eindruck auf uns, versetzen sie uns nicht in eine besondere Stimmung, sind sie nicht imstande, uns mitzureißen? Und das, obwohl wir kein Wort von dem verstehen, was auf der Bühne gesprochen wird.
Ich will Ihnen das noch an einem andern Beispiel illustrieren: Vor kurzem äußerte sich einer meiner Bekannten begeistert über die Rezitation des Schauspielers B., den er bei einem Vortragsabend gehört hatte.
‚Was hat er denn vorgetragen‘ fragte ich.
‚Ich weiß nicht!‘ gab mein Bekannter zur Antwort. ‚Die Worte habe ich nicht verstehen können.‘
Offensichtlich beeindruckt dieser Schauspieler B. seine Zuhörer nicht durch Worte, sondern durch irgend etwas anderes.
Worin liegt das Geheimnis? Einfach darin, daß der Zuschauer auch vom Klangkolorit der einzelnen Worte, von der Intonation und dem beredten Schweigen beeindruckt wird, womit er ausspricht, was mit Worten nicht gesagt werden kann. *Intonation und Pause haben auch unabhängig vom Wort die Kraft, auf die Emotionen der Zuhörer einzuwirken.* Ein Beweis dafür war mein heutiger Vortrag in einer unverständlichen Sprache."[10]

Nachdem ich heute wieder einmal den Othello-Monolog gesprochen hatte, sagte Arkadi Nikolajewitsch zu mir:
„So, jetzt *hört* und *versteht* man den Monolog nicht nur, sondern man fängt auch an, ihn zu erfühlen, wenn auch vorerst noch nicht stark genug."
Um die gewünschte Intensität zu erzielen, trat ich beim nächsten Mal einfach wie ein Schmierenschauspieler „aufs Pedal" oder anders ausgedrückt, ich spielte Leidenschaft um der Leidenschaft willen. Die Folge davon war natürlich Verkrampfung und Hast, wodurch ich alle Sprechtakte verstümmelte und durcheinanderbrachte.
„Was haben Sie angerichtet?!" Arkadi Nikolajewitsch schlug die Hände über dem Kopf zusammen. „Mit einem einzigen Hieb haben Sie unsere ganze Arbeit vernichtet! Ja, selbst den Sinn, die Logik haben Sie zerstört!"
„Ich wollte doch gerade beleben und verstärken...", suchte ich mich verlegen zu rechtfertigen.
„Ja, wissen Sie denn nicht, daß Ihre Stärke gerade in der Logik und Folgerichtigkeit besteht, und ausgerechnet die tilgen Sie aus! Haben Sie noch nie auf der Bühne oder auch im Leben eine schlichte Sprache ohne besondere stimmliche Anspannung, ohne Heben und Senken der Stimme, ohne übermäßige Erweiterung der Klangintervalle und ohne komplizierte phonetische Figuren und Intonationen gehört?
Trotz des Fehlens dieser Hilfsmittel zur Verstärkung der Ausdruckskraft ruft häufig

gerade eine schlichte Sprache unauslöschlichen Eindruck hervor, den sie allein durch die Klarheit und Überzeugungskraft des ausgesprochenen Gedankens erzielt, durch die Exaktheit und Präzision des Begriffs, wie sie durch Logik und Folgerichtigkeit, durch richtige Wortgruppierung, durch guten Satzbau und durch beherrschte Wiedergabe erreicht werden.
Die logische Pause ist ein lebendiger Bestandteil dieser Art zu sprechen, sie fördert die Intensität der Einwirkung und Überzeugungskraft.
Sie aber machen diese Möglichkeit zunichte, anstatt sie sich nutzbar zu machen. *Gerade um der Eindringlichkeit willen müssen Sie zunächst einmal lernen, logisch und folgerichtig zu sprechen und dabei auch die richtigen Pausen einzusetzen.*"
Ich bemühte mich nun schleunigst, dem Monolog seine frühere Form und Präzision wiederzugeben, aber zugleich stellte sich auch die alte Trockenheit wieder ein.
Ich hatte das Empfinden, in einen Zauberkreis geraten zu sein, aus dem es kein Entrinnen gab.
„Jetzt mußten wir uns davon überzeugen, daß es noch zu früh für Sie ist, an die Kraft Ihrer Sprache zu denken. Sie entsteht aber ganz von selbst durch das Zusammentreffen vieler Voraussetzungen und Möglichkeiten. Diese Möglichkeiten müssen wir jetzt suchen."
„Wo denn? Worin?"
„Die Schauspieler haben ganz unterschiedliche Begriffe von der *Kraft* der Sprache. Es gibt beispielsweise solche, die sie in bloßer physischer Anstrengung zu finden hoffen. Diese Schauspieler pressen die Fäuste zusammen, spannen den ganzen Körper an, werden hölzern und steif und verkrampfen sich vollkommen, um damit Eindruck auf die Zuschauer zu machen. Dadurch wird die Stimme aus dem Sprechapparat herausgepreßt, und zwar in *horizontaler Richtung* mit dem gleichen Druck, mit dem ich Sie jetzt vor mir herschiebe.
Im Schauspielerjargon bezeichnen wir einen solchen Druck auf den Ton nur um der Lautstärke willen als ‚Spielen mit Hochspannung'. Dieser Trick erzeugt jedoch keine Kraft, sondern lediglich Brüllen und Schreien und ein gequetschtes, heiseres Krächzen bei eingeengtem Stimmumfang.
Überprüfen Sie das einmal an sich selbst und sprechen Sie auf ein paar Tönen im Sekund- oder Terzabstand mit aller Ihnen zur Verfügung stehenden Kraft den folgenden Satz: ‚Ich kann das nicht länger dulden!!'"
Ich tat es.
„Das ist noch gar nichts! Viel stärker!" befahl Torzow.
Ich wiederholte den Satz und verstärkte den Klang meiner Stimme so gut ich konnte.
„Noch stärker", spornte Torzow mich an, „aber ohne dabei Ihren Stimmumfang zu erweitern!"
Ich gehorchte. Die körperliche Anstrengung löste einen Krampf aus: Meine Kehle preßte sich zusammen, der Stimmumfang verringerte sich bis auf eine Terz, der Eindruck von Kraft wurde jedoch nicht erzielt.
Als ich alle meine Möglichkeiten erschöpft hatte, Torzow mich jedoch von neuem anfeuerte, mußte ich meine Zuflucht zum bloßen Geschrei nehmen.

Meine Stimme erscholl so gräßlich, als würde ich erdrosselt.
„Da haben Sie das Resultat der ‚Hochspannung' um der bloßen Lautstärke willen. So geht es einem, wenn man den Laut unter körperlicher Anspannung in horizontaler Richtung ausstößt", erklärte mir Arkadi Nikolajewitsch.
„Jetzt machen Sie einmal den entgegengesetzten Versuch, und zwar: Entspannen Sie die Muskeln Ihrer Sprechwerkzeuge vollkommen, nehmen Sie die ‚Hochspannung' weg, täuschen Sie keinerlei Leidenschaften vor, machen Sie sich keine Sorgen um die Kraft, und sagen Sie mir dann denselben Satz noch einmal, aber mit dem größtmöglichen Stimmumfang und mit einer gut begründeten Intonation. Dazu denken Sie sich eine bestimmte, Sie erregende Situation aus."
Ich malte mir folgendes aus:
Ich bin Lehrer, und einer meiner Schüler kommt – wie Goworkow – bereits zum dritten Mal eine halbe Stunde zu spät zum Unterricht. Was soll ich tun, um eine solche Disziplinlosigkeit in Zukunft zu unterbinden?!
Mit dieser Motivierung ließ sich der Satz relativ leicht aussprechen, und der Stimmumfang erweiterte sich wie von selbst.
„Sehen Sie, jetzt kam der Satz schon viel kraftvoller heraus als Ihr voriges Schreien, ohne daß Sie sich dabei im geringsten angestrengt haben", erklärte mir Arkadi Nikolajewitsch.
„Und nun sprechen Sie dieselben Worte noch einmal mit einem noch größeren Stimmumfang, nicht auf der Quinte wie beim letzten Mal, sondern auf einer ganzen, vernünftig begründeten Oktave."
Ich mußte eine neue vorgeschlagene Situation annehmen, und zwar dachte ich mir folgendes aus: Trotz meiner strengen Forderungen, Eintragungen, Warnungen und Protokolle war Goworkow wiederum, sogar eine ganze Stunde zu spät gekommen. Alle meine Mittel hatten nichts gefruchtet, und ich mußte jetzt das Letzte, Äußerste versuchen:
„Ich kann das nicht länger dulden!!" brach es wie von selbst aus mir heraus, nicht laut, denn ich hielt an mich im Glauben, daß mein Gefühl noch nicht stark genug sei.
„Sehen Sie", rief Arkadi Nikolajewitsch erfreut, „jetzt lag Kraft in Ihren Worten, und doch waren Sie nicht laut und haben ohne die mindeste Anstrengung gesprochen. Das hat die Bewegung des Lautes nach oben und unten, sozusagen in vertikaler Richtung erreicht, und zwar ohne ‚Hochspannung', das heißt ohne den Druck in waagerechter Richtung wie beim vorangegangenen Versuch. Wenn Sie Kraft brauchen, so zeichnen Sie mit Stimme und Intonation von oben nach unten die verschiedenartigsten phonetischen Figuren, wie Sie es mit Kreide auf dieser vertikalen Fläche unserer schwarzen Wandtafel tun können.
Nehmen Sie sich kein Beispiel an den Schauspielern, die die *Kraft der Sprache* mit bloßer *Lautstärke* verwechseln. Lautstärke ist nun mal nicht dasselbe wie Kraft, sondern bloß Lärm und Geschrei.
Mit dem lauten und dem leisen Sprechen verhält es sich wie mit forte und piano. Bekanntlich ist der Begriff forte nicht etwa das absolute Forte, sondern forte ist nur nicht dasselbe wie piano.

Und umgekehrt ist piano nicht piano an sich, sondern piano ist nur nicht dasselbe wie forte.

Was will ich damit sagen? Es heißt nichts anderes, als daß es dafür keine absolute, ein für allemal feststehende Größe gibt wie Meter oder Kilogramm. Forte ist ein relativer Begriff.[11]

Nehmen wir an, Sie hätten zu Beginn des Monologs sehr leise gesprochen. Wenn nun Ihr Vortrag in der nächsten Zeile etwas lauter geworden wäre, so wäre das bereits nicht mehr das anfängliche Piano.

Stellen Sie sich vor, Sie hätten die folgende Zeile noch lauter gesprochen, das wäre dann noch weniger piano und so fort, bis Sie zum eigentlichen Forte gelangt sind. Wenn Sie die Lautstärke in den gleichen, allmählich größer werdenden Abständen immer mehr steigern, gelangen Sie endlich bis zum höchsten Grad, den man forte-fortissimo nennen könnte. Diese allmähliche Wandlung des Lautes vom Piano-Pianissimo bis zum Forte-Fortissimo ist die Steigerung der relativen Lautstärke. Mit einer solchen Steigerung der Lautstärke muß man jedoch sparsam umgehen und das rechte Maß zu halten wissen, sonst kann sie leicht in Übertreibungen ausarten.

Es gibt geschmacklose Sänger, die es für besonders schick halten, schroffe Kontraste zwischen laut und leise zu setzen. So singen sie zum Beispiel die ersten Worte von Tschaikowskis Serenade ‚Fern am Rand der Alpujarren' forte-fortissimo, die folgenden Worte ‚löschen goldne Lichter aus' dagegen hauchen sie in einem kaum noch hörbaren Piano-Pianissimo. Gleich darauf schreien sie wieder forte-fortissimo: ‚Hör das Rufen der Gitarren', um schließlich im Piano-Pianissimo fortzufahren: ‚Komm, mein Liebchen, tritt heraus.' Empfinden Sie nicht auch die Flachheit und Geschmacklosigkeit dieser schroffen Kontraste?

Dasselbe kann man auch im Drama beobachten. Gegen jeden inneren Sinn und gesunden Menschenverstand schreien manche Schauspieler übertrieben laut oder flüstern an tragischen Stellen.

Ich kenne aber auch eine andere Art von Sängern und Schauspielern mit kleinem Stimmumfang und gemäßigtem Temperament. Sie erwecken durch geschickte Ausnutzung des Kontrastes zwischen forte und piano die Illusion, als ob ihre natürlichen Gaben zehnmal so stark seien wie sie wirklich sind.

Viele von ihnen stehen im Ruf, Künstler mit außerordentlichen stimmlichen Mitteln zu sein. Aber diese Sänger wissen selbst sehr gut, durch wieviel Technik und Kunst sie sich diesen Ruf erworben haben.

Was dagegen die bloße Lautstärke betrifft, so kann man sie auf der Bühne so gut wie gar nicht brauchen. In den meisten Fällen dient sie nur dazu, um mit der Größe des Stimmaufwandes unkundige Laien zu betäuben.

Wenn Sie also auf der Bühne einmal wirkliche *Eindringlichkeit* der Sprache brauchen, dann vergessen Sie die Lautstärke und besinnen Sie sich stattdessen auf die *Intonation* mit ihren Höhen und Tiefen in senkrechter Richtung und auf die Pausen.

Erst ganz am Ende eines Monologs, einer Szene oder eines Stückes, wenn Sie alle Methoden und Hilfsmittel der Intonation wie die allmähliche Steigerung, die Logik und Folgerichtigkeit, die Abstufung und alle erdenklichen phonetischen Linien und

Figuren bereits angewandt haben, können Sie einen kurzen Augenblick lang für die abschließenden Sätze und Worte Ihren vollen Stimmaufwand einsetzen, falls der Sinn des Werkes es verlangt.

Als man Tommaso Salvini einmal fragte, wie er im vorgerückten Alter noch imstande sei, in einer Rolle so laut zu schreien, erwiderte er: ‚Ich schreie doch gar nicht. Sie selbst sind es ja, die schreien, ich dagegen mache nur den Mund auf. Meine Aufgabe ist lediglich, die Rolle allmählich auf ihren Höhepunkt zu führen, und wenn das geschehen ist, mag der Zuschauer an meiner Statt schreien, wenn er das Bedürfnis danach hat.'

Es gibt aber auch Ausnahmefälle, in denen man beim Sprechen auf der Bühne seinen ganzen Stimmaufwand einsetzen muß, wie zum Beispiel in Volksszenen oder während eines Dialogs mit Musikbegleitung, Gesang, irgendwelchen Lauten oder Geräuscheffekten.

Dabei darf man aber nicht außer Acht lassen, daß auch hier bestimmte Proportionen, allmähliche Steigerungen und klangliche Abstufungen unerläßlich sind, während ein Sichüberschlagen der Stimme auf einem oder mehreren Spitzentönen den Zuschauer nur aufreizt.

Was für eine Schlußfolgerung müssen wir aus den unterschiedlichen Auffassungen von der *Kraft des Klangs und des Sprechens* ziehen? Unsere Schlußfolgerung heißt: *Man darf diese Kraft nicht mit Lautstärke und Geschrei verwechseln, man muß sie im Heben und Senken der Stimme, das heißt in der Intonation suchen. Die Kraft des Sprechens liegt überdies im Kontrast zwischen hohen und tiefen Tönen, in den Übergängen vom Piano zum Forte und in ihren Wechselbeziehungen."*

„Weljaminowa! Gehen Sie auf die Bühne und sprechen Sie uns etwas vor!" sagte Arkadi Nikolajewitsch zu Beginn der heutigen Unterrichtsstunde.

Die Weljaminowa begab sich auf die Bühne und nannte den Titel des Werkes, das sie vortragen wollte:
„Ein echter Menschenfreund"*

„Was soll das heißen?" rief Torzow. „Drei Worte und jedes betonen Sie. Ein solcher Titel kann uns nichts sagen!

Wissen Sie denn nicht, daß die Betonung jedes Wortes dasselbe ist, als würden Sie nichts betonen? Daß sie gar nichts bedeutet? Man darf nicht so verschwenderisch mit den Akzenten umgehen! Wenn ein Akzent nicht an der richtigen Stelle steht, entstellt er den Sinn und verstümmelt den Satz, obwohl er doch zur Gestaltung des Satzes beitragen soll! Die Betonung ist gleichsam der Zeigefinger, der auf das wichtigste Wort eines Satzes oder Sprechtaktes hinweist. Das auf solche Weise hervorgehobene Wort birgt ja die Seele, den inneren Sinn, die wichtigsten Momente des Untertextes!

Sie haben die Bedeutung dieses Momentes für das Sprechen noch nicht richtig erfaßt und schätzen die Betonung daher zu gering ein.

---

* Anstelle des Originaltitels „Ein guter Mensch" („хороший человек") haben wir der erforderlichen Silbenzahl wegen bei diesem Beispiel einen entsprechenden deutschen gesucht. (Anm. d. Hrsg.)

Sie müssen die Betonung liebgewinnen, wie einige von Ihnen seinerzeit die Pausen und die Intonationen liebgewonnen haben. Die Betonung ist das dritte wichtige Element und der dritte Trumpf unseres Sprechens.*
Bei Ihnen dagegen laufen im Leben wie auf der Bühne die Betonungen im Text umher wie eine Herde in der Steppe. Bringen Sie zunächst einmal Ordnung in Ihre Akzente. Sagen Sie: Menschenfreund."
/ /
„Menschenfreund", bemühte sich die Weljaminowa so deutlich wie möglich auszusprechen.
„Das wird ja immer schöner!" sagte Arkadi Nikolajewitsch mit gespielter Bewunderung. „Jetzt haben Sie in einem Wort glücklich zwei Betonungen und das Wort ist dadurch in zwei Stücke zerhackt. Können Sie denn nicht ‚Menschenfreund' sagen
/
wie *ein* Wort und dabei die erste Silbe betonen: ‚Menschenfreund'?"
/
„Meeeenschenfreund"! Unsere Schönheit gab sich die größte Mühe. „Das ist keine klangliche Betonung, sondern eher eine Ohrfeige oder eine Kopfnuß!" sagte Arkadi Nikolajewitsch scherzend. „Warum verwechseln Sie denn einen Akzent mit einem Faustschlag? Sie erschlagen das Wort nicht nur mit Stimme und Laut, sondern unterstreichen das auch noch durch eine Bewegung Ihres Kinns und durch ein Neigen des Kopfes. Das ist eine unter Schauspielern leider sehr verbreitete Unsitte. ‚Du brauchst mit Kopf und Nase nur recht energisch nach vorn zu stoßen', denkt sich mancher, ‚damit ist die Bedeutung eines Wortes oder Gedankens bereits hinreichend akzentuiert. Nichts einfacher als das!'
Aber das ist viel komplizierter. Die Betonung ist ein liebevolles oder boshaftes, ehrerbietiges oder verächtliches, offenes und ehrliches oder heimtückisches und zweideutiges Hervorheben der Silbe oder des Wortes. Durch die Betonung müssen wir das Wort dem Zuhörer gleichsam *wie auf einem Präsentierteller servieren.* Übrigens, wenn Sie das Wort ‚Menschen-freund' schon in zwei Teile zerschneiden, warum behandeln Sie dann den zweiten Teil so verächtlich, verschlucken ihn beinahe und stoßen den ersten dagegen so heftig hervor, daß er herausschießt und explodiert wie eine Bombe? Es soll doch immer ein Wort, eine Vorstellung, ein Begriff bleiben! Es müssen sich dabei eine Folge von Lauten und Silben zu einer einzigen phonetischen Linie verbinden, die man dann nach Belieben heben, senken und biegen kann! Nehmen Sie ein längeres Stück Draht, biegen Sie es an irgendeiner Stelle und richten Sie es empor. Sie werden eine mehr oder weniger schöne Linie mit einer Spitze erhalten. Eine solche Linie hat ihre Form, ihre Umrisse, ihre Einheit und Geschlossenheit. Das ist doch besser, als wenn derselbe Draht in kleine Stücke zerschnitten

---

* Um die folgende Lektüre zu erleichtern und Mißverständnissen vorzubeugen, zitieren wir hier einen Hinweis Stanislawskis aus der Anmerkung 12 auf Seite 429:
„In seiner praktischen Tätigkeit vermied Stanislawski den Begriff B e t o n u n g (udarenije), den man, wie er sagte, eigentlich aus dem Wortschatz der Schauspieler verbannen müßte. Das Wort B e t o n u n g, sagte er, weise auf einen lautlichen Stoß (udar) oder Druck hin, während das wesentliche Wort eines Satzes gar nicht so sehr durch eine Verstärkung des Lautes, als vielmehr durch die Veränderung der Intonation oder des Rhythmus und durch das Setzen von Pausen hervorgehoben werden solle. Es wird nicht betont (herausgestoßen), sondern h e r v o r g e h o b e n und dem Hörer liebevoll d a r g e r e i c h t ‚wie auf einem Präsentierteller'." (Anm. d. Hrsg.)

worden wäre, die jedes für sich allein umherliegen. Versuchen Sie einmal, die Klanglinie des Wortes ‚Menschenfreund' auf verschiedene Arten zu biegen!"
Im Raum erhob sich ein allgemeines Stimmengewirr, in dem man überhaupt nichts mehr verstehen konnte.
„Sie führen meine Anweisung rein mechanisch aus!" unterbrach uns Arkadi Nikolajewitsch. „Sie sprechen trocken und formal irgendwelche, nur äußerlich miteinander verbundene tote Laute. Hauchen Sie ihnen doch Leben ein!"
„Wie sollen wir das machen?" fragten wir.
„Zunächst einmal so, daß das Wort die ihm von der Natur zugedachte Bestimmung erfüllen kann, Gedanken, Gefühle, Vorstellungen, Begriffe, Gestalten und innere Bilder zu vermitteln, und nicht nur mit seinen Klangwellen ans Trommelfell anschlägt.
Darum zeichnen Sie mit diesem Wort das Bild dessen, an den Sie denken, von dem Sie sprechen, und zeichnen Sie es so, wie Sie ihn mit Ihrem inneren Auge sehen. Berichten Sie Ihrem Partner, ob es sich um einen schönen oder häßlichen, großen oder kleinen, sympathischen oder widerwärtigen, guten oder bösen Menschen handelt. Geben Sie sich dabei Mühe, mit Hilfe von Laut, Intonation und anderen Ausdrucksmitteln das wiederzugeben, was Sie selbst sehen oder empfinden!"
Die Weljaminowa versuchte vergeblich, Torzows Anweisung zu befolgen.
„Ihr Fehler besteht darin, daß Sie zuerst das Wort aussprechen und anhören und dann erst zu begreifen versuchen, von wem eigentlich die Rede ist. Sie zeichnen gleichsam ohne lebendes Modell. Versuchen Sie doch einmal umgekehrt vorzugehen: Rufen Sie sich zunächst irgendeinen Ihrer Bekannten ins Gedächtnis, stellen Sie ihn vor sich hin, wie ein Maler sich sein Modell hinstellt, und geben Sie dann erst mit Worten wieder, was Sie in Ihrem Innern vor sich sehen."
Die Weljamina gab sich alle erdenkliche Mühe.
Arkadi Nikolajewitsch sprach ihr Mut zu und sagte:
„Wenn ich zunächst auch noch nicht fühle, *was* das für ein Mensch ist, von dem Sie sprechen, so genügt es mir vorläufig schon, daß Sie sich bemühen, mich mit ihm bekannt zu machen, daß Sie ihre Aufmerksamkeit in die richtige Bahn lenken, daß Sie das Wort zum Handeln, zu einer echten Mitteilung benutzen und nicht bloß drauflosschwatzen.
Jetzt sagen Sie bitte ‚Ein echter Menschenfreund'."
„Ein echter ... Menschenfreund", sprach die Weljamina betont deutlich aus.
„Da erzählen Sie mir ja schon wieder von zwei verschiedenen Vorstellungen oder Personen, die eine von ihnen heißt ‚Ein echter', die andere ‚Menschenfreund'. Diese beiden bilden zusammengenommen jedoch nicht zwei, sondern ein einziges Wesen.
Es ist doch ein Unterschied, ob Sie sagen: ‚Ein echter ... Menschenfreund' oder ob Sie beide Worte miteinander verschmelzen: ‚Ein echter Menschenfreund'. Hören Sie genau zu: Ich verbinde das Adjektiv und das Substantiv zu einer untrennbaren Einheit und erhalte dadurch einen Begriff, eine Vorstellung nicht vom ‚Menschenfreund' im allgemeinen, sondern von einem ‚echten Menschenfreund'!

Das Adjektiv charakterisiert das Substantiv, es gibt ihm sein besonderes Gesicht, dadurch unterscheidet es diesen einen bestimmten ‚Menschenfreund' und hebt ihn aus allen anderen ‚Menschenfreunden' heraus.
Jetzt müssen Sie sich aber zuerst einmal beruhigen und alle Betonungen von diesem Worte wegnehmen, damit wir sie dann wieder von neuem setzen können."
Diese Aufgabe erwies sich als durchaus nicht so einfach, wie man sich das vorgestellt hätte.
„So ist's recht!" Nach langer Mühe war Arkadi Nikolajewitsch endlich zufriedengestellt.
„Und nun setzen Sie bitte nur einen einzigen Akzent: ‚Ein echter Menschenfreund'. Nur dürfen Sie dabei das zu betonende Wort und seine akzentuierte Silbe um des Himmels willen nicht herausstoßen, sondern Sie müssen es *liebevoll und genießerisch darbieten.*
Weniger, viel weniger Ohrfeige!" bat Arkadi Nikolajewitsch flehentlich.
„Hören Sie zu, da haben Sie die beiden Wörter ohne Akzente: ‚Ein echter Menschenfreund'. Hören Sie diese klangliche Linie, die so langweilig und uninteressant ist wie ein steifer Stock? Und jetzt noch einmal dieselben, zu einer Einheit verbundenen Worte, diesmal jedoch mit einer kleinen, kaum hörbaren Klangschleife ‚Ein echter Ménschenfreund', mit einer kaum merklichen, zärtlichen phonetischen Verzierung auf der Silbe ‚Mén'.
Es gibt mancherlei Mittel, die Ihnen helfen werden, je nach Wunsch einen treuherzigen oder energischen, einen weichen oder gestrengen ‚echten Menschenfreund' zu zeichnen."
Nachdem die Weljaminowa und auch wir anderen Schüler eine Weile versucht hatten, das zu erreichen, wovon Torzow gesprochen hatte, sagte er:
„Es ist falsch, daß Sie so sehr auf Ihre eigenen Stimmen hören. Dieses ‚Sich-selbst-Zuhören' ist der Selbstbewunderung und Prahlerei verwandt. Es kommt gar nicht so sehr darauf an, wie Sie sprechen, als vielmehr darauf, wie die anderen Sie hören und verstehen. Es kann niemals die Aufgabe eines Schauspielers sein, sich selbst sprechen zu hören. Viel wichtiger und aktiver ist die Aufgabe, auf einen anderen einzuwirken und die eigenen *Vorstellungen* an ihn weiterzugeben. *Darum sprechen Sie ausschließlich für Ohr und Auge Ihres Partners.* Das ist die beste Methode, von der Unsitte des ‚Sich-selbst-Zuhörens' freizukommen, die für unsere Kunst nur schädlich ist, weil sie den Schauspieler verkrampft und von seinem rechten Weg abbringt."

Als Arkadi Nikolajewitsch heute zum Unterricht erschien, wandte er sich an die Weljaminowa und fragte lachend:
„Nun, wie geht es dem ‚echten Menschenfreund'?"
Die Weljaminowa erwiderte, dem ‚echten Menschenfreund' ginge es ausgezeichnet und betonte dabei vollkommen richtig.
„Und nun sagen Sie mir dieselben Worte noch einmal, nur setzen Sie diesmal den Akzent auf das erste Wort", sagte Torzow. „Bevor Sie diesen Versuch machen, muß ich Sie allerdings noch mit zwei Regeln bekannt machen. Die erste Regel besteht

darin, daß *ein Adjektiv vor einem Substantiv nicht betont wird.** Das Adjektiv soll das Substantiv lediglich konkretisieren und ergänzen und dabei völlig mit ihm verschmelzen. Nicht umsonst bezeichnet man diese Wörter als ‚Beiwörter' (das heißt, sie werden dem Substantiv beigegeben).
Auf Grund dieser Regel dürfte man also scheinbar nicht, wie ich Ihnen soeben aufgetragen habe, ein ‚echter Menschenfreund', mit Betonung auf dem Beiwort, sagen.
Es gibt aber noch ein anderes, stärkeres Gesetz, das ähnlich wie die psychologische Pause über alle anderen Regeln und Gesetze triumphiert. Ich meine *das Gesetz der Gegenüberstellung.* Um dieses Gesetz zu beachten, müssen wir stets und ständig, koste es, was es wolle, diejenigen Wörter deutlich voneinander abheben, mit denen gegensätzliche Gedanken, Empfindungen, Gestalten, Vorstellungen, Begriffe oder Handlungen ausgedrückt werden sollen.
In der Bühnensprache ist das besonders wichtig. Dabei ist es gleichgültig, *womit* und *wie* Sie es erreichen. Der eine Teil der Gegenüberstellung kann ruhig laut, der andere leise, der eine in einer hohen, der andere in einer tieferen Stimmlage, der eine in diesem, der andere in jenem Kolorit, Timbre oder Tempo wiedergegeben werden. Es kommt lediglich darauf an, den Unterschied zwischen den gegensätzlichen Begriffen deutlich und treffend herauszuarbeiten. Auf Grund dieses Gesetzes müssen Sie also, um von einem ‚echten Menschenfreund' mit Betonung auf dem *Adjektiv* sprechen zu können, unbedingt einen wirklich oder nur in Ihrer Vorstellung existierenden ‚falschen Menschenfreund' haben, um ihn dem ‚echten' gegenüberstellen zu können.
Um zu erreichen, daß die Worte natürlich und intuitiv herauskommen, müssen Sie sich, ehe Sie zu sprechen beginnen, klar darüber sein, daß diesmal nicht von einem ‚falschen' Menschenfreund die Rede ist, sondern von einem ... "
„... echten Menschenfreund!" entfuhr es der Weljaminowa ganz instinktiv.
„Sehen Sie, das war ausgezeichnet!" ermutigte sie Torzow. Anschließend wurde ihre Aufgabe um ein, zwei und drei, dann vier und fünf Wörter verlängert, bis eine richtige kleine Erzählung entstanden war.
„Ein echter Menschenfreund kam her, traf Sie jedoch nicht zu Hause an und ging betrübt wieder fort, nachdem er gesagt hatte, er werde niemals wiederkommen."
In dem Maße, wie der Satz länger wurde, verstärkte sich das Bedürfnis der Weljaminowa nach betonten Wörtern. Bald war sie so durcheinandergeraten, daß sie keine zwei Wörter mehr zusammenhängend sprechen konnte.
Arkadi Nikolajewitsch mußte herzlich über ihr erschrockenes und verwirrtes Gesicht lachen, dann wurde er jedoch wieder ernst und sagte:
„Ihre ganze Panik ist daraus entstanden, daß Sie das Bedürfnis haben, möglichst viele Akzente zu setzen, anstatt im Gegenteil möglichst viele fortzulassen. Dabei wird ein Satz um so verständlicher, je weniger Betonungen er enthält, selbstverständlich nur dann, wenn dadurch zwar nur wenige, aber gerade die wichtigsten Worte hervor-

---

* *Diese „Regel" trifft für die deutsche Sprache nicht zu, denn hier kann bekanntlich je nach der Sinngebung jedes Wort durch Betonung zum Sinnträger erhoben werden. Stanislawski hat sich in seinem Bestreben, dem Schauspieler gegenüber der Willkür in der Textbehandlung feste Regeln in die Hand zu geben, hier und anderen von ihm genannten Beispielen zu sehr auf ein starres Reglement festgelegt. Auf den Seiten 290 bis 292 des Anhanges hat er seinen Anweisungen für die Betonung diese Starrheit genommen. (Anm. d. Hrsg.)*

gehoben werden. Es ist genauso schwer und wichtig, Betonungen wegzulassen, wie sie zu setzen. Sie müssen das eine so gut wie das andere lernen."
Da Torzow heute abend auftreten mußte, brach er die Stunde vorzeitig ab. Die verbliebene Zeit unterrichtete uns Iwan Platonowitsch in „Training und Drill".[12]

„Ich habe eingesehen, daß Sie zunächst einmal imstande sein müssen, Betonungen *wegzulassen*, ehe Sie daran gehen, welche zu setzen", sagte Arkadi Nikolajewitsch heute.
„Anfänger strengen sich viel zu sehr an, um gut zu sprechen. Sie mißbrauchen die Akzente. Als Gegengewicht müssen Sie jedoch lernen, die Betonungen fortzulassen, wo sie nicht erforderlich sind. Das ist eine besondere und sehr schwere Kunst! Zunächst einmal befreit sie die Sprache von den falschen Betonungen, die durch schlechte Angewohnheiten entstanden sind. Auf dem so gesäuberten Boden ist es dann leichter, nur die richtigen Akzente zu setzen. Zweitens wird Ihnen die Kunst, Betonungen wegzulassen, in Zukunft auch in folgenden Fällen helfen: Bei der Darstellung komplizierter Gedanken oder verwickelter Situationen muß man häufig um der Deutlichkeit willen bestimmte Episoden und Details ins Gedächtnis zurückrufen, wodurch jedoch die Aufmerksamkeit der Zuhörer nicht von der Grundlinie des Berichtes abgelenkt werden darf. Diese Kommentare müssen zwar klar und präzise, aber nicht akzentuiert gebracht werden. Darum muß man dabei mit Intonationen und Betonungen sparsam umgehen. Ebenso darf man bei langen, komplizierten Satzgebilden nur einzelne Worte herausheben, während die übrigen zwar auch präzise, aber doch unauffälliger gesprochen werden müssen. Dieses Hilfsmittel erleichtert den Vortrag eines schwierigen Textes, mit dem man es als Schauspieler häufig zu tun hat. In allen diesen Fällen wird Ihnen die Kunst, Betonungen fortzulassen, gute Dienste leisten."
Anschließend rief Arkadi Nikolajewitsch Schustow auf die Bühne und ließ ihn den Bericht vom „echten Menschenfreund" wiederholen, wobei er lediglich ein einziges Wort hervorheben und alle übrigen Betonungen weglassen sollte. Diese übertriebene Sparsamkeit sollte er durch irgendeine Vorstellung rechtfertigen. In der letzten Stunde war die Weljaminowa mit fast der gleichen Aufgabe nicht fertig geworden. Aber auch Schustow gelang sie heute nicht auf Anhieb. Nach ein paar mißglückten Versuchen sagte Arkadi Nikolajewitsch zu ihm:
„Die Weljaminowa dachte nur daran, möglichst viele Akzente zu setzen, während es Ihnen nur darum zu tun war, im Sinne meiner Aufgabe möglichst viele wegzulassen. Man darf dabei weder das eine noch das andere übertreiben. Wenn ein Satz aller Betonungen entblößt oder wenn er mit ihnen überladen wird, so verliert das Gesprochene jeglichen Sinn.
Die Weljaminowa legt zuviel, Sie dagegen legen zuwenig Wert auf die Betonungen. Und das nur, weil Ihnen beiden ein klarer, genau umrissener *Untertext* zu Ihren Worten fehlt. Den müssen Sie sich zuerst einmal erwerben, um etwas zu haben, *was* Sie den andern mitteilen wollen und *womit* Sie mit ihnen in Kontakt treten können. Rechtfertigen Sie dabei die Sparsamkeit Ihrer Akzentuierung durch eine beliebige Vorstellung ihrer Phantasie!"

„Das ist gar nicht so einfach!" dachte ich im stillen.
Aber Pascha zog sich, wie mir schien, äußerst geschickt aus der Affäre. Er rechtfertigte die Sparsamkeit der Akzentuierung und kam auch auf eine vorgeschlagene Situation, in der es ihm leicht fiel, die einzige erlaubte Betonung von einem Wort auf das andere zu verlagern, was Arkadi Nikolajewitsch von ihm verlangte.
Pascha hatte sich nämlich ausgedacht, daß wir alle, die wir unten im Parkett saßen, ihn wegen des „echten Menschenfreundes" einem Verhör unterziehen wollten, weil wir an der Aufrichtigkeit seiner Behauptungen über das Kommen des „echten Menschenfreundes" zweifelten. Um sich zu rechtfertigen, mußte Pascha daher auf der Wahrheit jedes einzelnen Wortes seiner Erzählung bestehen. Darum hob er nun auch der Reihe nach jedes Wort hervor und hämmerte die akzentuierten Worte geradezu in unsere Köpfe ein. „Ein *echter* Menschenfreund kam her...", „Ein echter *Menschenfreund* kam her...", „Ein echter Menschenfreund *kam, kam* her...", „Ein echter Menschenfreund kam *her, her*..." und so weiter. Bei diesem mühsamen Hervorheben jedes Wortes war Pascha nicht zu faul, denselben Satz immer aufs neue zu wiederholen, wobei er, mit Ausnahme des einen zu betonenden Wortes, sorgsam alle übrigen Akzente fortließ. Das tat er, um dem Wort, auf das es ankam, nicht seinen Sinn und seine Kraft zu nehmen. Allein für sich, ohne Zusammenhang mit der ganzen Erzählung, hätte es natürlich jeden Sinn verloren.
Als Pascha die Übung beendet hatte, sagte Arkadi Nikolajewitsch: „Sie haben die Betonungen richtig gesetzt und weggelassen. Aber warum geschah das in einer solchen Hast? Warum haben Sie den Teil des Satzes, der nur abgeschwächt werden sollte, fast gänzlich verschluckt?
Durch Hast und Nervosität, durch schnelles Herausplappern der Worte oder Hervorsprudeln ganzer Sätze schwächen Sie nichts ab, sondern machen es völlig zunichte. Aber das haben Sie ja gar nicht beabsichtigt. Die Nervosität des Sprechenden reizt die Zuhörer; eine undeutliche Aussprache erbittert sie, weil sie dadurch gezwungen werden, angestrengt zu lauschen, um zu erraten, was sie nicht verstehen können. Das lenkt die Aufmerksamkeit des Zuhörers gerade auf die Stellen im Text, die Sie abschwächen wollen. Durch zu große Hast wird die Sprache nur belastet, während sie durch *ruhiges, beherrschtes Sprechen* entlastet wird. Um einen Satz abzuschwächen, muß man ganz bewußt eine ruhige, unauffällige Intonation wählen und die Betonungen fast völlig weglassen. Man braucht dazu nicht nur die übliche, sondern eine besondere, außerordentliche Sicherheit und Selbstbeherrschung.
Nur dadurch kann man den Zuhörern Ruhe einflößen.
Heben Sie das wesentliche Wort deutlich hervor und sprechen Sie alles andere, was nur für den allgemeinen Zusammenhang notwendig ist, leicht, präzise und nicht zu hastig. Auf diesen Elementen basiert die Kunst des Weglassens von Betonungen. Die nötige *Selbstbeherrschung beim Sprechen* können Sie sich im Unterricht für ‚Training und Drill' erarbeiten."
Die nächste Übung bestand darin, daß Arkadi Nikolajewitsch uns anwies, den Bericht über den „echten Menschenfreund" in eine Reihe einzelner *Episoden* zu zergliedern, die deutlich voneinander abgesondert und jede für sich klar umrissen sein sollten.

Erste Episode: Der echte Menschenfreund kommt.
Zweite Episode: Er hört sich die Gründe an, die schuld daran sind, daß er denjenigen nicht antrifft, den er besuchen wollte.
Dritte Episode: Der echte Menschenfreund ist betrübt und überlegt, ob er warten oder fortgehen soll.
Vierte Episode: Er ist verletzt, beschließt, nie wiederzukommen, und geht fort.
So entstanden vier selbständige Sätze mit je einem betonten Wort in jedem Takt.
Zuerst verlangte Arkadi Nikolajewitsch von uns eine exakte Wiedergabe der Tatsachen. Dazu brauchten wir eine klare Vorstellung, wovon jeweils die Rede war, genügend Ausdruckskraft und die richtige Akzentsetzung in jedem Takt. Wir mußten uns in Gedanken die richtigen Vorstellungen schaffen, die wir dem Objekt weitergeben wollten.
Dann verlangte Arkadi Nikolajewitsch von Pascha, er solle nicht nur beschreiben, *was* sich zugetragen habe, sondern uns auch begreiflich machen, *wie* das Kommen und Gehen des „echten Menschenfreundes" sich abgespielt habe.
Nicht allein mehr *was*, sondern auch *wie*.
Er wollte aus Paschas Bericht ersehen können, *in welcher Verfassung* der echte Menschenfreund gekommen war. War er vergnügt und fröhlich oder traurig oder bekümmert.
Zur Erfüllung dieser Aufgabe reichte die bloße Betonung nicht mehr aus, auch ihre Intonation mußte entsprechend gefärbt werden.
Dann wollte Torzow noch wissen, von *was für einem* Kummer die Rede war, von einem starken, tiefen, heftigen oder stillen.
Schließlich interessierte sich Arkadi Nikolajewitsch auch noch dafür, *in welcher Stimmung* er beschlossen hatte, zu gehen und nie wiederzukommen, in sanftmütiger oder drohender. Dabei mußten nicht mehr nur die wesentlichen Momente, die gesamte Episode mußte die entsprechende klangliche Färbung erhalten.
Ähnliche Übungen, in denen Akzente weggelassen oder neu gesetzt wurden, mußten auch andere Schüler durchführen.

Ich sollte nachprüfen, ob ich alles richtig verstanden hatte, was ich in letzter Zeit in Arkadi Nikolajewitschs Unterricht gelernt hatte. Darum hörte sich Torzow wieder einmal den Othello-Monolog an und fand dabei viele Fehler in der Anordnung und Art der Betonung.
„Richtiges Betonen ist eine große Hilfe, falsches dagegen ein Hindernis", bemerkte er.
Um meine Fehler zu korrigieren, wies Arkadi Nikolajewitsch mich an, gleich hier während des Unterrichts die Akzente des Monologs neu zu setzen und ihn dann noch einmal vorzutragen.
Ich begann also, mir den Text Takt für Takt ins Gedächtnis zurückzurufen und mir dabei die Worte zu merken, die meiner Ansicht nach betont werden mußten.

> „So wie des Pontus Meer,
> Des eis'ger Strom und fortgewälzte Flut..."

„Gewöhnlich fällt die Betonung ganz von selbst auf das Wort ‚Meer'", erklärte ich.
„Nachdem ich es mir aber gründlich überlegt habe, werde ich sie auf das Wort ‚Flut' verlegen, weil hier davon die Rede ist."
„Entscheiden Sie!" wandte sich Torzow an die anderen Schüler. „Ist das richtig?"
Die Antwort war ein großes Durcheinandergeschrei; der eine plädierte für „Flut", der andere für „eis'ger", wieder ein anderer für „Pontus". Wjunzow schrie lauter als alle anderen, weil er unbedingt das Wort „wie" hervorzuheben wünschte.
So mühten wir uns nach besten Kräften und verirrten uns im weiteren Verlauf des Monologs immer auswegloser zwischen den betonten und unbetonten Wörtern. Am Ende waren wir dann so weit, daß wir am liebsten fast jedes Wort betont hätten. Aber Arkadi Nikolajewitsch erinnerte uns daran, daß ein Satz mit Akzenten auf allen Wörtern nichts bedeute und sinnlos sei.
Auf diese Weise gingen wir den ganzen Monolog durch, ohne dabei eine endgültige Entscheidung zu treffen und ohne ein Wort besonders hervorzuheben. Ich geriet immer mehr durcheinander, weil man nämlich jedes einzelne Wort mit einer Betonung versehen und sie genausogut auch von jedem Wort wegnehmen kann und dabei immer noch irgendeinen Sinn bewahrt. Was ist nun die richtige Lösung? An dieser Frage scheiterte ich.
Vielleicht trug eine für mich typische Eigenschaft die Schuld an diesem Versagen: Wenn nämlich irgend etwas überreichlich vorhanden ist, gehen mir einfach die Augen über, und ich verliere die Übersicht. So fällt es mir auch im Laden, in der Konditorei oder am Büfett schwer, mich für ein bestimmtes Gericht, ein Stück Kuchen oder eine Ware zu entscheiden. Genauso gibt es im Othello-Monolog so viele Wörter und Möglichkeiten der Betonung, daß ich dadurch unsicher werde und ebenfalls die Übersicht verliere.
Wir brachen ab, ohne zu einem Schluß gelangt zu sein, doch Arkadi Nikolajewitsch schwieg weiter beharrlich und lächelte verschmitzt. Es folgte eine lange verlegene Pause, über die Torzow schließlich laut lachen mußte. Er sagte:
„Das alles wäre Ihnen nicht passiert, wenn Sie mit den Sprachgesetzen vertraut wären. Die hätten Ihnen sofort geholfen, sich zu orientieren und ohne großes Nachdenken den größten Teil der obligatorischen und daher richtigen Akzente zu setzen. Dann wären nur noch wenige Ihrem eigenen Ermessen überlassen geblieben."
„Was hätten wir denn tun sollen?" fragten wir.
„Vor allem müssen Sie natürlich die ‚Sprachgesetze' kennen und dann ...
Stellen Sie sich einmal vor, Sie seien in eine neue Wohnung gezogen und Ihre Habseligkeiten lägen in allen Zimmern verstreut umher", begann Torzow an einem anschaulichen Beispiel zu erklären. „Wie würden Sie Ordnung in dieses Durcheinander bringen?
Zunächst einmal müßten Sie die Teller an einen Platz, das Teegeschirr an einen anderen, das herumliegende Schach- und Damespiel wieder an einen dritten Platz räumen und die großen Möbelstücke ihrer Bestimmung gemäß aufstellen und so weiter. Wenn das geschehen ist, werden Sie sich schon etwas leichter zurechtfinden.
Genauso müssen auch die Worte eines Textes erst einmal provisorisch sortiert werden, ehe die Akzente ihren eigentlichen, endgültigen Platz erhalten. Zur Erläute-

rung dieses Prozesses will ich kurz auf ein paar ganz beliebig herausgegriffene Regeln eingehen, die in dem Buch ‚Das ausdrucksvolle Wort' behandelt werden. Vergessen Sie dabei bitte nicht, daß ich dies keineswegs tue, um Ihnen die Regeln als solche beizubringen, sondern lediglich, um Ihnen zu zeigen, wozu diese Regeln dienen und wie Sie selbst sie anwenden sollen. Sobald Sie erst einmal das Endziel begriffen und seinen Wert erkannt haben, wird es Ihnen auch leichter fallen, den Stoff bewußt und gründlich zu studieren. Nehmen wir an, in unserem zu analysierenden Text oder Monolog stünde eine lange Reihe von Adjektiven, wie ‚ein lieber, guter, großartiger, wunderbarer Mensch'.
Wie Sie wissen, erhalten Adjektive keine Akzente. Wenn es sich aber um eine Gegenüberstellung handelt? Dann ist es etwas anderes. Muß man denn aber wirklich jedes dieser Wörter mit einem Akzent versehen?! Schließlich ist doch lieb, gut, großartig und so fort im Grunde fast dasselbe und kennzeichnet dieselben Eigenschaften.
Glücklicherweise haben Sie sich jedoch ein für allemal eingeprägt, daß auf Grund der Sprachgesetze solche *Adjektive mit gemeinsamen Eigenschaften keinerlei Betonung erhalten*. Weil Sie das wissen, nehmen Sie nun ohne zu überlegen die Betonungen von allen diesen Eigenschaftswörtern. Lediglich das letzte verschmilzt mit dem betonten Substantiv, so daß der Begriff ein ‚wunderbarerménsch' entsteht.
Dann gehen Sie weiter. Hier haben Sie eine neue Gruppe von Adjektiven: eine ‚junge, schöne, gute, begabte, kluge Frau'.
Diese haben nicht mehr eine gemeinsame Eigenschaft, sondern lauter *verschiedene Eigenschaften*.
Aber Sie wissen, daß *Adjektive ohne gemeinsame Eigenschaften jedes für sich betont werden müssen*, darum können Sie auch ohne Zögern die entsprechenden Akzente setzen, allerdings so, daß Sie das Substantiv, auf das es ankommt, eine ‚kluge Frau', dadurch nicht erschlagen.
Hier haben Sie Namen wie ‚Pjotr Petrowitsch Petrow', ‚Iwan Iwanowitsch Iwanow' oder ein Datum ‚15. Juli 1908' oder eine Adresse: ‚Tula, Moskauer Straße 20'.
Alles das sind *‚Gruppenbezeichnungen', die nur auf dem letzten Wort betont werden dürfen*, das heißt auf ‚Iwanów', ‚Petrów', ‚neunzehnhundertácht' oder ‚zwánzig'.
Handelt es sich um *Gegenüberstellungen*, so müssen Sie diese durch alle Mittel, also auch durch die Betonung, hervorheben.
Sobald Sie sich auf diese Weise erst einmal in den großen Gruppen zurechtgefunden haben, wird es Ihnen leichter fallen, sich auch unter den einzelnen Wörtern zu orientieren.
Nehmen Sie zum Beispiel zwei Substantive. Wie Sie wissen, wird *immer dasjenige betont, das im Genitiv steht, denn der Genitiv ist stärker als das Wort, das er bestimmt*. Etwa: ‚das Buch des Brúders', ‚das Haus des Váters', ‚des Póntus Meer'.
Legen Sie ohne Zaudern die Betonung auf das Substantiv im Genitiv, und gehen Sie weiter.
Oder denken Sie an eine *Wortwiederholung, bei der durch das zweite Wort eine Steigerung erzielt werden soll. In einem solchen Fall setzen Sie nur ohne Zögern den Akzent auf das zweite Wort*, eben weil es hier um eine Steigerung geht, wie zum

Beispiel in dem Satz ‚vorwärts, *vorwärts* in den Propontis und den Hellespont'. Handelt es sich dagegen um eine Abschwächung, müßte das erste der beiden Worte betont werden, um dadurch die Abschwächung wiederzugeben, wie in dem Vers: ‚*Träume*, Träume, wo ist eure Süße!'
Da sehen Sie selbst, wie vielen Wörtern und Betonungen allein durch die ‚Sprachgesetze' die richtigen Plätze angewiesen worden sind", fuhr Torzow fort.
„Jetzt sind also nur noch wenige Wörter übriggeblieben, die wir noch nicht eingeordnet haben, und es wird Ihnen nicht mehr schwerfallen, sich zurechtzufinden. Bei dieser Arbeit werden Ihnen der Untertext mit seinen zahlreichen inneren Linien, die durchgehende Handlung und die Überaufgabe behilflich sein. Nun bleibt Ihnen nichts anderes mehr zu tun, als alle diese Betonungen miteinander zu *koordinieren*, die einen stärker hervorzuheben, die anderen dagegen mehr abzuschwächen.
Eine schwierige und wichtige Aufgabe gibt es noch, über die wir in der nächsten Stunde ausführlich sprechen werden."

Heute ging Arkadi Nikolajewitsch wie versprochen auf die Koordinierung mehrerer Betonungen in einzelnen Sätzen oder in einer ganzen Satzgruppe ein.
„Am verständlichsten und einfachsten ist natürlich ein Satz, in dem nur ein einziges Wort betont wird", führte er aus. „Zum Beispiel: ‚Ein guter Bekannter von Ihnen ist hierhergelaufen.' In diesem Satz können Sie jedes beliebige Wort betonen, und der Sinn des Satzes wird dadurch immer wieder anders verstanden werden. Nun versuchen Sie aber, in demselben Satz gleich zwei Akzente zu setzen, etwa auf den Worten ‚Bekannter' und ‚hierher'.
Nun ist es schon komplizierter, den Satz zu rechtfertigen und zu sprechen. Warum? Weil er jetzt eine neue Bedeutung erhalten hat: erstens, daß nicht irgendein beliebiger Mensch hierhergelaufen ist, sondern eben ein ‚Bekannter', und zweitens, daß er nicht irgendwohin gelaufen ist, sondern gerade ‚hierher'.
Setzen Sie noch eine dritte Betonung auf das Wort ‚gelaufen', und es wird Ihnen noch schwerer fallen, den Satz zu rechtfertigen und zu sprechen. Denn jetzt ist ein weiterer Umstand dazugekommen, nämlich, daß der ‚gute Bekannte' nicht gefahren, sondern hierher ‚gelaufen' ist. Nun stellen Sie sich einmal einen sehr langen Satz mit lauter betonten Wörtern vor, die innerlich nicht gerechtfertigt sind.
Dazu kann man nur sagen, daß ein ‚Satz mit lauter betonten Worten nichts bedeutet'. Es gibt aber auch Fälle, in denen er berechtigt ist, weil jedes einzelne Wort den Satz durch einen neuen Inhalt bereichert. Sätze dieser Art kann man leichter in viele selbständige Sätze aufteilen, als alles in einem einzigen Satz ausdrücken.
Als Beispiel will ich Ihnen einen Satz aus Shakespeares ‚Antonius und Kleopatra' vorlesen", mit diesen Worten holte Arkadi Nikolajewitsch einen Zettel aus der Tasche.
„Nicht Herz, Wort, Griffel, Schreiber, Bard' und Dichter,
Denkt, spricht, malt, schreibt, singt, reimt, was er empfindet,
Für Marc Anton.

Der berühmte Gelehrte Jevons", las Torzow weiter, „hat festgestellt, daß Shakespeare in diesem Satz sechs Subjekte und sechs Prädikate so miteinander verbunden

hat, daß der eine Satz streng genommen aus sechs mal sechs oder sechsunddreißig Sätzen besteht.[13]
Wer von Ihnen würde sich wohl zutrauen, diese Phrase so zu sprechen, daß sie in sechsunddreißig Sätze zerfällt?" fragte er uns.
Alle Schüler schwiegen.
„Sie haben recht! Auch ich würde mir nicht zutrauen, diese Aufgabe zu erfüllen. Meine Sprechtechnik reicht dafür nicht aus. Hier geht es aber nicht um diese Aufgabe. Nicht sie interessiert uns, sondern nur die technischen Möglichkeiten, in einem einzigen Satz viele Betonungen zu setzen und sie auch zu koordinieren.
Wie kann man in einer langen Phrase ein besonders wichtiges Wort und dazu eine Reihe weniger wichtige, aber für den Sinn doch unerläßliche Wörter hervorheben? Dazu braucht man eine ganze Gruppe verschiedener Betonungen, starke, mittlere und schwache.
Genau wie es in der Malerei starke und schwache Farbtöne, Halb- und Vierteltöne oder Lichtschatten gibt, haben wir auch im Bereich der Sprache ganze Klangskalen für die verschiedenen Abstufungen von Intensität und Betonung.
Sie alle müssen untereinander verbunden und *koordiniert* werden, und zwar so, daß die kleineren Betonungen das Wort, auf das es ankommt, nicht abschwächen, sondern stärker herausstellen; daß sie nicht mit ihm konkurrieren. Wir brauchen die Perspektive in den einzelnen Sätzen so gut wie für unser gesamtes Sprechen.
Sie wissen sicherlich, wie man in der Malerei die Tiefe eines Gemäldes, seine dritte Dimension, wiedergibt. Auf der in einen flachen Rahmen gespannten Leinwand, auf der ein Maler sein Bild malt, ist sie in Wirklichkeit ja nicht vorhanden. Aber seine Kunst erzeugt die Illusion einer Vielschichtigkeit. Der Hintergrund dringt gleichsam nach innen, in die Tiefe der Leinwand hinein, während der Vordergrund aus Rahmen und Leinwand heraus auf den Betrachter zuzukommen scheint.
Im Sprechen gibt es eine ebensolche Vielschichtigkeit, die dem Satz *Perspektive* verleiht. Das wichtigste Wort wird deutlicher als alle anderen hervorgehoben und mitten in den klanglichen Vordergrund gestellt, während die weniger bedeutsamen Worte die verschiedenen Schichten des Hintergrundes abgeben.
Diese Perspektive entsteht beim Sprechen vor allem mit Hilfe von *unterschiedlich starken Betonungen, die genau aufeinander abgestimmt sein müssen*. Bei dieser Arbeit ist nicht allein die Intensität, sondern auch die Art der Betonung wichtig.
So kommt es zum Beispiel darauf an, ob sie von oben nach unten abfällt oder von unten nach oben aufsteigt, ob sie schwer und gewichtig niedersinkt oder leicht emporschwebt oder wie ein spitzer Pfeil eindringt, ob es ein harter oder ein weicher Schlag, ein grober oder kaum wahrnehmbarer Akzent ist, ob er unverzüglich wieder fortgenommen oder ob er relativ lange ausgehalten wird.
Außerdem gibt es auch noch gleichsam männliche und weibliche Betonungen.
Die männlichen Betonungen sind energisch, in sich geschlossen und schroff wie ein Hammerschlag auf einen Amboß. Solche Akzente brechen gleich wieder ab und haben keine Fortsetzung. Der andere Typ der Akzente, die weiblichen, sind zwar nicht weniger bestimmt, aber sie sind nicht sofort wieder vorüber, sondern setzen sich fort. Um sie anschaulich zu machen, könnte man sich vorstellen, daß man den Ham-

mer aus irgendeinem Grunde nach dem Schlag auf den Amboß gleich wieder an den Körper heranzieht, vielleicht, um ihn unverzüglich von neuem erheben zu können. Einen solchen energischen Schlag und seine Fortsetzung werden wir in Zukunft als ‚weibliche Betonung' oder ‚Akzentuierung' bezeichnen.
Ich will Ihnen ein anderes Beispiel aus dem Bereich des Sprechens und der Bewegung nennen: Wenn ein aufgebrachter Hausherr einen unerwünschten Besucher fortjagt, schreit er ‚hinaus!' und weist ihm mit einer energischen Bewegung von Arm und Finger die Tür, das heißt, er greift in Wort und Geste zur *‚männlichen Betonung'*. Wenn dagegen ein taktvoller Mensch in die Verlegenheit kommt, dasselbe tun zu müssen, so sind sein Ruf ‚hinaus!' und seine Gebärde nur in der ersten Sekunde energisch und bestimmt, gleich darauf senkt sich die Stimme, die Bewegung zieht sich in die Länge, wodurch die Schroffheit des ersten Zornesausbruchs gemildert wird. Dieser verlangsamte und gedehnte Schlag ist eine ‚weibliche Akzentuierung'.
Neben den Betonungen gibt es noch ein anderes Sprachelement, mit dessen Hilfe man Wörter hervorheben und koordinieren kann, und zwar die *Intonation*.[14] Ihre Figuren verstärken das hervorzuhebende Wort und verleihen ihm große Ausdruckskraft. Man kann auch *Intonation* und *Betonung* miteinander verbinden. Dann wird die Betonung durch unterschiedliche Nuancen des Gefühls gefärbt: bald durch Zärtlichkeit (wie wir es mit dem Wort ‚Menschenfreund' getan haben), bald durch Bosheit, Ironie, Verachtung, Hochachtung und so fort.
Außer der lautlichen Betonung mit einer Intonation haben wir noch einige andere Möglichkeiten, um ein Wort hervorzuheben. Man kann es zum Beispiel zwischen zwei Pausen stellen. Dabei kann man, um das hervorzuhebende Wort noch mehr zu verstärken, die eine oder auch alle beide Pausen in psychologische Pausen verwandeln. Ebenso kann man auch das entscheidende Wort dadurch hervorheben, daß man alle weniger wichtigen Worte unbetont läßt. Dann wird im Vergleich zu allen andern das Wort, auf das es ankommt, besonders stark akzentuiert."

Heute führte Arkadi Nikolajewitsch das weiter aus, was er in der vergangenen Stunde nicht zum Abschluß gebracht hatte. Er sagte:
„Zunächst einmal gilt es innerhalb des ganzen Satzes das eine entscheidende Wort herauszufinden und durch die Betonung hervorzuheben.* Danach muß man dasselbe mit den zwar weniger wichtigen, aber immerhin noch bedeutsamen Wörtern tun.
Die unwichtigen, zweitrangigen Wörter dagegen, die man nur für den Gesamtsinn braucht, müssen möglichst weit in den Hintergrund gerückt und abgeschwächt werden.
Zwischen all diesen hervorzuhebenden und nicht hervorzuhebenden Wörtern muß eine Beziehung, eine Abstufung der Intensität und Art der Betonung gefunden werden, um daraus die unterschiedlichen Tiefen und die Perspektive zu schaffen, die dem Satz Bewegung und Leben verleiht.

---

* *Bei der Anwendung dieses Lehrsatzes sollten wir besonders sparsam sein, weil unsere heutige deutsche alltägliche Sprechweise gerade durch diese vielbenutzte Hervorhebung zu einem aufdringlichen Auf-den-Partner-Einreden entartet ist, das ihm keine Möglichkeit selbständigen Wertens mehr läßt. Wir verweisen auch hier wieder wie auf Seite 89 auf unser Zitat aus der Anmerkung 12 auf Seite 429. (Anm. d. Hrsg.)*

Eben diese harmonisch regulierte Abstufung der Betonungsintensität meinen wir, wenn wir von Koordinierung sprechen.[15]
So entsteht die harmonische Form, die schöne Architektur des Satzes."
Arkadi Nikolajewitsch dachte einen Augenblick nach und fuhr dann fort:
„Wie aus einzelnen Wörtern Sätze entstehen,* so bilden sich auch aus Sätzen ganze Gedankengänge, Erzählungen, Monologe.
Darin werden dann nicht mehr nur die Wörter innerhalb eines Satzes, sondern auch ganze Sätze innerhalb einer Erzählung oder eines großen Monologs hervorgehoben. Alles, was über die Betonung und Koordinierung von Wörtern innerhalb eines Satzes gesagt wurde, gilt hier genauso für das Hervorheben einzelner Sätze innerhalb einer ganzen Erzählung oder eines Monologs. Das wird mit den gleichen Mitteln erreicht, wie bei der Betonung einzelner Wörter. Man kann den entscheidenden Satz durch Betonung herausheben, indem man ihn im Vergleich zu anderen akzentuierter ausspricht. Dabei muß dann auch das wichtigste Wort innerhalb des hervorgehobenen Satzes stärker betont werden als das entsprechende Wort in den übrigen Sätzen.
Man kann einen wichtigen Satz auch dadurch hervorheben, daß man ihn zwischen zwei Pausen setzt. Dasselbe kann auch mit Hilfe der Intonation erreicht werden, indem man die Tonlage des Satzes je nach Bedarf hebt oder senkt, oder indem man leuchtendere phonetische Farben wählt, die dem betonten Satz ein anderes Kolorit verleihen.
Man kann auch Tempo und Rhythmus des hervorzuhebenden Satzes im Vergleich zu den andern Teilen des Monologs oder der Erzählung abwandeln. Und schließlich kann man die entscheidenden Sätze in der alten Intensität und Klangfarbe belassen, den restlichen Teil der Erzählung oder des Monologs dagegen abschwächen und seine Betonungen verringern.
Es kann nicht meine Aufgabe sein, Ihnen alle Möglichkeiten und Feinheiten zu nennen, mit deren Hilfe man einzelne Wörter oder ganze Sätze hervorheben kann. Ich will Ihnen nur versichern, daß diese Möglichkeiten ebenso wie ihre Anwendungsarten sehr zahlreich sind. Mit ihrer Hilfe kann man die kompliziertesten Koordinierungen für alle erdenklichen Betonungen finden.
Auf diese Weise entstehen die verschiedenen *Tiefen* und Perspektiven beim Sprechen.
Wenn diese Perspektiven mit dem *Untertext* und der *durchgehenden Handlung* übereinstimmen und ihr Endziel in der *Überaufgabe* des Stückes liegt, so ist ihre Bedeutung für das Sprechen außerordentlich groß, weil sie dann zur Erfüllung der wesentlichen, grundlegenden Aufgabe unserer Kunst beitragen: der *Gestaltung des geistigen Lebens einer Rolle und eines Stückes.*
Nun hängt es von der Erfahrung, dem Wissen, dem Geschmack, dem Fingerspitzengefühl und dem Talent eines Schauspielers ab, wie weit er alle diese sprachlichen Möglichkeiten wirklich ausnutzt. Die Schauspieler, die ein gutes Empfinden für das

---

* *In Wirklichkeit entsteht im handelnden Menschen der Satz in der Wechselwirkung von sinntragenden Wörtern und Aussagenotwendigkeit, die auf der Bühne bestimmt wird von Aufgabe, Hauptaufgabe und Überaufgabe. (Anm. d. Hrsg.)*

Wort und für ihre Muttersprache haben, sind wahre Meister auf dem Gebiet der *Koordinierung* und der richtigen Abstufung der *Perspektiven* und *Tiefendimensionen* beim Sprechen.
Solche Schauspieler lösen diese Aufgaben beinahe unbewußt, intuitiv.[16]
Weniger Begabten sind diese Prozesse bewußt zu machen. Großes Wissen, genaues Studium der Muttersprache und der Sprachgesetze, viel Erfahrung, langjährige Praxis und technische Fertigkeiten sind erforderlich.
Je vielseitiger die Mittel und Möglichkeiten sind, die einem Schauspieler zur Verfügung stehen, desto lebendiger, kräftiger, ausdrucksvoller und bezwingender wird seine Sprachgestaltung.
Darum lernen Sie, sich alle Sprachgesetze und sprachlichen Hilfsmittel zunutze zu machen, vor allem die Koordinierung der Betonungen und die richtige Anordnung der Tiefen und Perspektiven beim Sprechen."

Heute sprach ich wieder einmal den Monolog des Othello.
„Unsere Mühe ist nicht vergeblich gewesen", sagte Arkadi Nikolajewitsch anerkennend.
„Im einzelnen ist alles gut, stellenweise sogar überzeugend. Aber im ganzen gesehen kommen Sie mit Ihrem sprachlichen Ausdruck nicht von der Stelle, er entwickelt sich nicht weiter: Zwei Takte vorwärts, zwei zurück ... so geht es die ganze Zeit.
Sie wiederholen ständig dieselben phonetischen Figuren, die dadurch so aufdringlich werden wie ein immer wiederkehrendes grelles Tapetenmuster.
Sie müssen Ihre Ausdrucksmöglichkeiten anders nutzen, nicht einfach so, wie Gott es Ihnen in die Seele legt, sondern mit einer gewissen Berechnung.
Anstatt Ihnen zu erklären, wie ich das meine, will ich Ihnen lieber den Monolog einmal selbst vorsprechen; nicht, um zu zeigen, was ich kann, sondern nur, um Sie dabei in die Geheimnisse der Sprachbehandlung einzuweihen und Sie auf einige Überlegungen aufmerksam zu machen, die ein Schauspieler über die Wirksamkeit seiner Worte auf sich selbst und den Partner anstellen muß.
Zuerst muß ich über die vor mir stehende Aufgabe Klarheit bekommen", wandte sich Arkadi Nikolajewitsch an Schustow.
„Meine Aufgabe ist es, Sie als den Darsteller des Jago so weit zu bringen, daß Sie dem elementaren Drang des Mohren nach gräßlicher Rache Glauben schenken und das tatsächlich aus meinen Worten herausspüren. Dazu werde ich, Shakespeares Konzeption entsprechend, das eindringliche Bild der unaufhaltsam vorwärtsdrängenden Fluten des pontischen Meeres mit dem Sturm in der Seele des eifersüchtigen Gatten vergleichen. Mein Ziel erreiche ich, wenn es mir gelingt, Sie mit meinen inneren *Vorstellungsbildern* anzustecken. Das ist eine schwere, aber lösbare Aufgabe, um so mehr, als ich dafür in meinem Innern genügend anschauliche, aufrüttelnde Bilder vorbereitet habe."
Nach einer kurzen Pause der Sammlung bohrte Arkadi Nikolajewitsch seinen Blick in Pascha hinein, nicht anders, als ob er die vermeintlich treulose Desdemona selbst vor sich sähe.
  „So wie des Pontus Meer,
  Des eis'ger Strom und fortgewälzte Flut ..."

begann er leise und relativ ruhig, um sich gleich darauf durch lakonische Erklärungen zu unterbrechen:
„Ich gebe nicht sofort alles her, was in mir ist! Ich gebe weniger, als ich geben könnte!
Man muß die Emotion aufsparen und ansammeln!
Aber am Anfang ist der Satz noch nicht verständlich, und das hindert uns, zu empfinden und vor uns zu sehen, was er schildert.
Darum bringe ich ihn in Gedanken für mich selbst zu Ende:

>*So wie des Pontus Meer...*
>*In den Propontis rollt und Hellespont...*'

Dabei hüte ich mich vor jeglicher Hast; nach dem Wort ‚Meer' hebe ich die Stimme vorerst nur ganz wenig, um eine Sekunde oder Terz, nicht mehr!
Bei den folgenden Klangkurven nach einem Komma (und wir haben noch mehrere vor uns) gehe ich dazu über, die Stimme immer mehr zu heben, bis ich schließlich den höchsten Ton erreicht habe!
In vertikaler Richtung! Beileibe nicht in horizontaler!
Ohne jede ‚Hochspannung'! Und mit der entsprechenden klanglichen Zeichnung!
Nicht plötzlich und unvermittelt, sondern sich ganz allmählich steigernd!
Ich muß darauf achten, daß der zweite Takt stärker wird als der erste, der dritte stärker als der zweite, und der vierte stärker als der dritte! Nicht schreien!
Lautstärke ist keine Kraft!
Die Kraft liegt allein in der Steigerung!

>‚*Nie rückwärts ebben mag, nein, unaufhaltsam...*
>(*in den Propontis rollt und Hellespont:*)'

Wenn ich so Takt um Takt immer um eine Terz steigern wollte, brauchte ich für den ganzen Satz einen Stimmumfang von drei Oktaven! Aber den habe ich nicht!
Darum erst vier Töne nach oben und zwei nach unten!
Dann fünf Töne aufwärts und zwei abwärts!
Das Resultat ist eine einzige Terz!
Es entsteht jedoch der Eindruck einer Quinte!
Anschließend wieder vier Töne höher und zwei tiefer!
Ergebnis: ich bin nur zwei Töne höher, man hat aber die Illusion von vier Tönen!
Und so weiter den ganzen Monolog hindurch!
Wenn ich mit meinem Stimmumfang weiter so haushalte, reicht er für den ganzen Monolog!
Darum heißt es vorerst sparen und nochmals sparen!
Nicht allein mit der Emotion, sondern auch mit dem Register!
Und weiter: Falls die Töne für die Steigerung nicht ausreichen, müssen wir die Intonationsfiguren deutlicher zeichnen! Mit wahrem Genuß! Das erzeugt den Eindruck einer Verstärkung!
Aber die Klangkurve ist bereits abgeschlossen!
Warten Sie ab, werden Sie nicht hastig!

Was hindert Sie denn, die *logische* Pause durch eine *psychologische* zu ergänzen?!
Die Klangkurve ruft die Neugier wach!
Die psychologische Pause weckt die natürlichen schöpferischen Kräfte, die Intuition, ... die Phantasie und ... das Unbewußte!
Die Pause läßt mir und Ihnen Zeit, unsere Vorstellungsbilder zu betrachten und ... sie durch Handlung, Mimik und Ausstrahlung zu ergänzen!
Das schwächt nicht ab! Ganz im Gegenteil! Eine aktive Pause kann Sie und mich nur anspornen!
Dabei darf man aber nicht in reine Technik abrutschen!
Ich will an nichts weiter denken als an meine Aufgabe: Ich muß Sie unter allen Umständen dazu bringen, daß auch Sie *sehen*, was ich selbst in meinem Innern vor mir sehe!
Ich werde aktiv sein und produktiv handeln!
Aber ... die Pause darf dabei nicht übermäßig lang ausgehalten werden!
Also weiter!

„... *Nie rückwärts ebben mag, nein, unaufhaltsam* ...
(In den Propontis rollt und Hellespont)'

Warum öffnen sich die Augen weiter?!
Warum wird ihre Ausstrahlung energischer?!
Und weshalb strecken sich die Arme langsam und majestätisch nach vorn?!
Und mit ihnen der ganze Körper und mein ganzes Ich?!
Im Tempo und Rhythmus einer gewaltigen, sich überrollenden Woge?!
Sie meinen, das sei Berechnung, sei schauspielerischer Effekt?
Nein! Das kann ich Ihnen versichern!
Es geschieht von selbst!
Ich bin mir dieser Gebärden erst bewußt geworden, als sie bereits vorüber waren!
Wer aber löst sie aus?
Die Intuition?
Das Unbewußte?
Die natürlichen schöpferischen Kräfte?
Mag sein!
Ich weiß nur, daß die *psychologische Pause* dazu beigetragen hat!
Sie erzeugt die Stimmung!
Sie ruft die Emotion wach!
Sie regt sie zur Tätigkeit an!
Auch das Unbewußte hilft mit!
Wenn ich das alles bewußt, aus einem komödiantischen Kalkül heraus getan hätte, wäre es von Ihnen als gekünstelt empfunden worden!
Sobald es dagegen die Natur selbst tut ... glaubt man alles!
Denn es ist natürlich!
Denn es ist wahrhaftig!

„... *Nie rückwärts ebben mag, nein, unaufhaltsam*
In den Propontis rollt und Hellespont'

Wieder habe ich erst post factum erkannt, daß sich in mir ein unheildrohendes Etwas zusammenballt!
Ich weiß selber nicht, woher und wohin!
Das ist gut! Das gefällt mir!
Ich halte die *psychologische Pause* länger an!
Ich habe noch nicht alles gesagt!
Wie die Verzögerung reizt und entflammt!
Und die Pause ist dadurch wirkungsvoller geworden!
....
Wieder rege ich die natürlichen schöpferischen Kräfte an!
Ich ziehe das Unbewußte zur Mitarbeit heran!
Dafür gibt es viele Lockmittel!
Ich komme zum hohen Ton: ‚Hellespont'!
Ich spreche das Wort aus und lasse den Ton gleich darauf absinken!...
Für den neuen, letzten Anlauf!

> *‚So soll mein blut'ger Sinn in wüt'gem Gang*
> *Nie umschaun, / noch zur sanften Liebe ebben, /*
> *Bis eine vollgenügend weite Rache...'*

Diese Steigerung zeichne ich deutlicher aus. Es ist der höchste Ton des ganzen Monologs.

> *‚Bis eine vollgenügend weite Rache...'*

Ich scheue jedes falsche Pathos!
Ich halte mich so streng wie möglich an meine Aufgabe!
Ich flöße dem Partner meine Vorstellungen ein!
Unbewußtes, Intuition, Natur, macht jetzt, was ihr wollt!
Ihr habt volle Freiheit! Ich aber halte immer noch zurück, reize euch durch Pausen an!
Je mehr ich zurückhalte, desto größer ist der Anreiz!
Doch da ist der Augenblick gekommen: Nun gibt es keine Schonung mehr!
Alle Ausdrucksmittel werden mobilisiert!
Alles kommt zu Hilfe!
Auch Tempo und Rhythmus!
Und sogar... wie seltsam es auch klingen mag, die... Lautstärke!
Kein Schreien!
Nur auf den drei letzten Worten dieser Phrase:

> *‚... vollgenügend weite Rache...'*

und dann... der endgültige Höhepunkt! Das Finale!

> *‚... Ihn ganz verschlang.'*

Ich verhalte das Tempo!
Um größere Eindringlichkeit zu erzielen!
Und setze den *Schlußpunkt!*

Begreifen Sie, was das heißt?!
Ein Schlußpunkt in einem tragischen Monolog?!
Es ist das Ende!
Es ist der Tod!!
Wollen Sie nachfühlen, worüber ich spreche?
Steigen Sie auf den höchsten Felsen!
Über einen bodenlosen Abgrund!
Nehmen Sie einen schweren Stein! Und ...
Schleudern Sie ihn hinab bis auf den Grund!
Sie hören, Sie fühlen, wie der Stein in kleine Stücke, in Sand zerbröckelt!
Den gleichen Sturz muß unsere ... Stimme durchmachen!
Vom höchsten Ton bis in den tiefsten Abgrund unseres Stimmumfangs.
Das Wesen des Punktes verlangt es.
So:"*

„Was?!" rief ich. „In solchen Momenten bringen die Schauspieler es fertig, irgendwelche technischen und professionellen Berechnungen anzustellen?!
Und wo bleibt die Begeisterung?!"
Ich war tief enttäuscht und gekränkt!
„Ja ... mit der einen Hälfte seiner Seele geht der Schauspieler vollkommen auf in der Überaufgabe, der durchgehenden Handlung, dem Untertext, den Vorstellungen und den verschiedenen Elementen des Befindens, mit der andern jedoch lebt er in der Psychotechnik, ungefähr so, wie ich es Ihnen soeben demonstriert habe."

Ich hatte mir ein Herz gefaßt und wollte Arkadi Nikolajewitsch alles sagen, was mich in diesen Tagen seit seiner letzten Stunde bewegte.
„Zu spät!" unterbrach er mich und sagte zu allen Schülern gewandt:
„Meine Mission auf dem Gebiete des Sprechens ist zu Ende! Ich habe Ihnen nichts beigebracht, denn es lag nicht in meiner Absicht, dies zu tun. Ich habe Sie lediglich auf das bewußte Studium eines neuen und sehr wichtigen Unterrichtsfaches vorbereitet.
Anhand einer kleinen praktischen Lektion wollte ich Ihnen deutlich machen, wie viele technische Hilfsmittel zur Stimmbildung, wie viele Tonabstufungen, Intonationen, phonetische Figuren, Betonungen aller Art, logische und psychologische Pausen und so weiter die Schauspieler entwickeln und beherrschen müssen, um den Anforderungen gerecht zu werden, die unsere Kunst an Wort und Sprache stellt.

* Hier und in Zukunft werden K. S. Stanislawskis Zeichnungen aus dem Text seines Manuskripts wiedergegeben. (Anm. d. russ. Red.)

Ich habe Ihnen alles gesagt, was ich konnte. Alles andere wird Ihnen Wladimir Petrowitsch Setschenow, Ihr künftiger Lehrer der ‚Sprachgesetze' nach dem Buch ‚Das ausdrucksvolle Wort' besser beibringen als ich."
Arkadi Nikolajewitsch stellte uns den neuen Lehrer vor, der aus dem dunklen Zuschauerraum auf die Bühne kam.
Er sagte ihm ein paar liebenswürdige Worte zur Begrüßung und teilte uns mit, daß Wladimir Petrowitsch nach kurzer Pause seine erste Unterrichtsstunde geben werde.
Arkadi Nikolajewitsch wandte sich schon zum Gehen, aber ich hielt ihn zurück.
„Gehen Sie nicht fort! Ich beschwöre Sie! Lassen Sie uns in dieser Situation nicht allein, ohne das Entscheidende gesagt zu haben!"
Pascha unterstützte meine Bitte.
Arkadi Nikolajewitsch war ganz bestürzt, errötete, nahm uns beide zur Seite und tadelte uns wegen unserer Taktlosigkeit gegenüber dem neuen Lehrer, zum Schluß fragte er:
„Was ist denn los? Was ist geschehen?"
„Es ist entsetzlich! Ich habe zu sprechen verlernt!" Stotternd vor Erregung schüttete ich ihm mein Herz aus.
„Ich richte mich beim Lesen und Sprechen sorgfältig nach allem, was ich von Ihnen gelernt habe, aber zum Schluß gerate ich doch ganz durcheinander und kann nicht mal mehr zwei Worte zusammenhängend sprechen. Ich will die Betonung setzen, sie aber geht, gerade als ob sie sich über mich lustig machen wollte, nicht dahin, wohin sie nach den Betonungsregeln gehört, sondern weicht mir aus und springt woandershin. Ich bemühe mich um die durch die Satzzeichen geforderten Intonationen, aber meine Stimme bringt phonetische Ungeheuer hervor, die mich zur Verzweiflung treiben. Ich brauche nur anzufangen, irgendeinen Gedanken auszusprechen, und schon kann ich nicht mehr an ihn denken, weil ich vollkommen von den Sprachgesetzen beansprucht bin und mir beständig überlege, wo ich sie innerhalb des Satzes anwenden muß.
Und als Ergebnis dieser ganzen Arbeit geht mir gleichsam das Gehirn aus den Fugen, und ich bekomme Kopfschmerzen."
„Das kommt alles von Ihrer Ungeduld", erwiderte Arkadi Nikolajewitsch. „Sie dürfen es nicht so eilig haben! Schließlich und endlich müssen wir unserm Unterrichtsprogramm folgen!
Um Sie beide zu beruhigen, müßte ich die richtige Reihenfolge verletzen und vorgreifen. Das würde jedoch alle anderen Schüler verwirren, die sich über nichts beklagen und es nicht so eilig haben wie Sie."
Torzow überlegte einen Augenblick und schlug uns dann vor, ihn heute abend um neun Uhr bei sich zu Hause zu besuchen. Dann ging er fort, und Wladimir Petrowitschs Unterricht begann.
Ob es sinnvoll ist, das mitzustenografieren, was ohnehin in dem Buch „Das ausdrucksvolle Wort" zu lesen ist? Da ist es leichter, sich dieses Buch zu kaufen! Also beschloß ich, Setschenows Stunden nicht mitzuschreiben.

IV. DIE PERSPEKTIVE DES SCHAUSPIELERS UND DER ROLLE

Pünktlich um neun Uhr abends fanden wir uns in Arkadi Nikolajewitschs Wohnung ein.
Ich erklärte ihm, warum es mich so verletzt hat, daß die Begeisterung durch schauspielerisches Kalkül ersetzt würde.
„Jawohl... auch das spielt eine Rolle", bestätigte Torzow. „... Wie ich es Ihnen in der letzten Stunde demonstriert habe.
Im Augenblick seiner schöpferischen Arbeit spaltet sich der Schauspieler gleichsam auf. Tommasso Salvini sagt darüber:
„... Während ich spiele, lebe ich ein doppeltes Leben, ich lache und weine und analysiere zugleich meine Tränen und mein Lachen, damit sie um so stärker die Herzen derer beeinflussen, die ich rühren will."[1]
Wie Sie sehen, ist diese Spaltung kein Hindernis für die Begeisterung. Ganz im Gegenteil! Das eine hilft dem anderen!
Auch im realen Leben spalten wir uns zuweilen auf; das hindert uns jedoch keineswegs, wirklich zu leben und starker Empfindungen fähig zu sein.
Erinnern Sie sich noch, wie ich ganz zu Beginn, als ich die Aufgaben und die durchgehende Handlung erläuterte, von den zwei parallel zueinander laufenden Perspektiven sprach?[2]
Die eine ist die Perspektive der Rolle, die andere ist die Perspektive des Schauspielers, seines Lebens auf der Bühne und seiner Psychotechnik beim Spielen.
Der Weg, den ich Ihnen kürzlich beim Unterricht illustrierte, ist der *Weg der Psychotechnik*, die *Perspektive des Schauspielers*. Sie steht der *Perspektive der Rolle* nahe, zu der sie parallel läuft, wie ein Fußpfad, der sich neben der großen Straße dahinzieht. In bestimmten Momenten weichen die beiden jedoch voneinander ab, und zwar immer dann, wenn sich der Schauspieler aus irgendwelchen nebensächlichen Gründen von der Rolle ablenken läßt. In solchen Augenblicken verliert er die Perspektive der Rolle. Zum Glück ist jedoch unsere Psychotechnik gerade dazu da, um uns mit Hilfe ihrer ‚Lockmittel' beständig auf den richtigen Weg zurückzubringen."
Wir baten Arkadi Nikolajewitsch, uns etwas ausführlicher von der Perspektive der Rolle und der des Schauspielers zu erzählen, da er sie früher nur flüchtig erwähnt hatte.
Aber Arkadi Nikolajewitsch wollte nicht vom Programm abweichen, etwas überspringen und dadurch die richtige Reihenfolge im Lehrplan zerstören.
„Die Perspektiven der Rolle und des Schauspielers gehören erst ins nächste Jahr, zur ‚Arbeit an der Rolle'," erklärte er uns.
Aber wir stellten ihm Fragen und verwickelten ihn in eine Diskussion. Dadurch ließ er sich hinreißen und sagte uns, ohne es zu bemerken, alles, was er uns an sich noch vorenthalten wollte.

„Vor kurzem sah ich im ...-Theater ein fünfaktiges Stück", erzählte Arkadi Nikolajewitsch in der heutigen Stunde.

„Nach dem ersten Akt war ich begeistert, sowohl von der Inszenierung als auch von den Darstellern. Sie gaben eindrucksvolle Gestalten, entwickelten viel Feuer und Temperament und hatten eine neue Spielmethode gefunden, die mein Interesse wachrief. Ich war gespannt auf den weiteren Verlauf des Stückes und auf das Spiel der Darsteller.
Im zweiten Akt zeigte man uns jedoch dasselbe, was wir im ersten bereits gesehen hatten. Dadurch wurden die Stimmung im Zuschauerraum und mein Interesse für die Aufführung wesentlich beeinträchtigt. Im dritten Akt wurde das noch weitaus schlimmer, weil die sich beständig wiederholenden, durch nichts vertieften, erstarrten Gestalten, das unverändert feurige Temperament, an das sich der Zuschauer inzwischen gewöhnt hatte, und die längst zur Schablone gewordene, einförmige Spielmethode dem Publikum langweilig wurden, es abstumpften, an manchen Stellen sogar ärgerten. In der Mitte des fünften Aktes wurde es mir zuviel. Ich sah nicht mehr auf die Bühne und hörte nicht mehr auf das, was dort gesprochen wurde, sondern überlegte nur noch, wie ich es wohl anstellen könnte, um unbemerkt aus dem Theater zu verschwinden.
Wie ist diese Abschwächung des Eindruckes trotz des guten Stücks, des guten Spiels und der guten Inszenierung zu erklären?"
„Durch die Einförmigkeit" erwiderte ich.
„Vor einer Woche besuchte ich ein Konzert. Dort begegnete ich der gleichen ‚Einförmigkeit' in der Musik. Ein ausgezeichnetes Orchester spielte eine sehr schöne Sinfonie. Aber sie wurde von Anfang bis Ende heruntergespielt, beinahe ohne eine Veränderung in Tempo und Klangintensität, ohne die geringste Nuancierung. Es war eine Qual für die Zuhörer.
Was ist der Grund dafür, daß ein von guten Darstellern gespieltes gutes Stück, eine von einem guten Orchester dargebotene gute Sinfonie keinen Erfolg hatten? Liegt es nicht daran, daß die Schauspieler wie die Musiker ohne eine Perspektive ans Werk gegangen sind? ...
Wir wollen uns darauf einigen, unter dem Begriff ‚Perspektive' die überlegte und *harmonische Proportionierung und Anordnung der Einzelteile unter gleichzeitigem Erfassen der großen Einheit von Stück und Rolle* zu verstehen."
„... die harmonische Proportionierung und Anordnung der Einzelteile...", Wjunzow mühte sich ab, um diese schwierige Formulierung seinem Gehirn einzuhämmern.
„Damit soll folgendes gesagt werden", kam ihm Arkadi Nikolajewitsch schnell zu Hilfe, „es gibt überhaupt kein Spiel, keine Handlung, keine Bewegung, keinen Gedanken, kein Sprechen, kein Wort, keine Empfindung ohne die entsprechende Perspektive. Der einfachste Auftritt oder Abgang von der Bühne, ob man sich zum Beispiel hinsetzt, um eine Szene zu spielen, oder ob man ein Wort, einen Satz oder einen ganzen Monolog spricht, alles das muß seine Perspektive und sein Endziel (nämlich die Überaufgabe) haben. Ohne eine solche Perspektive kann man noch nicht einmal das kleinste Wort wie ‚ja' oder ‚nein' sagen. Bei einer wichtigen physischen Handlung, bei der Vermittlung eines großen Gedankens, beim Erleben großer Empfindungen und Leidenschaften, die sich aus vielen einzelnen Bestandteilen zu-

sammensetzen, und schließlich beim Spielen einer Szene, eines Aktes oder eines ganzen Stückes kann man nicht ohne *Perspektive und Endziel (Überaufgabe)* auskommen.
Die Perspektive in der szenischen Gestaltung durch den Schauspieler könnte man mit den verschiedenen *Tiefen* in der Malerei vergleichen. Hier wie dort gibt es einen Vordergrund, einen Hintergrund und mehrere Zwischenstufen.
In der Malerei werden sie durch Farbgebung, durch Licht und Schatten, durch fliehende und sich verkürzende Linien wiedergegeben, auf der Bühne dagegen durch Handlung und Verhaltensweise, durch die Entwicklung eines Gedankens, durch Gefühl und Erleben, durch die Kunst der Darstellung und das Verhältnis von Kraft, Anschaulichkeit, Tempo, Schärfe und Ausdruckskraft.
In der Malerei ist der Vordergrund kräftiger und intensiver in der Farbgebung als die Tiefen des Bildes.
Beim Spiel auf der Bühne ist die Intensität der Farbgebung nicht von der räumlichen Entfernung der Handlung, sondern von ihrer Bedeutung für das ganze Stück abhängig.
Die wichtigen Aufgaben, Wünsche, inneren Handlungen und so weiter werden in den Vordergrund gerückt und bilden die Grundlage des Ganzen, während alles andere als zweitrangig in den Hintergrund tritt.
Erst wenn der Schauspieler seine Rolle in ihrer Gesamtheit durchdacht, analysiert und durchlebt hat und sich vor ihm eine klare, lockende Perspektive eröffnet, gewinnt sein Spiel die nötige Übersicht und ist nicht mehr kurzsichtig wie zuvor. Erst dann ist er auch imstande, nicht mehr nur einzelne Wörter oder Sätze zu sprechen, sondern zusammenhängende Gedanken und Perioden.
Wenn wir aus einem uns unbekannten Buch vorlesen, fehlt uns die Perspektive. In diesem Fall denken wir nur an die nächstliegenden Handlungen, Wörter und Sätze. Kann ein solcher Vortrag künstlerisch und wahrhaftig sein? Natürlich nicht.
Ein Schauspieler, der seine Rolle schlecht studiert und nicht analysiert hat, gleicht einem Menschen, der aus einem ihm nur flüchtig bekannten, schwierigen Buch vorliest.
Für solche Schauspieler ist die Perspektive des Werkes, das sie gestalten sollen, unklar. Sie wissen im Grunde gar nicht, wohin sie ihre Rolle führen sollen. Sie spielen eine Szene des Stückes und erkennen oder begreifen häufig gar nicht, was noch in nebelhafter Ferne verborgen ist. Dadurch hat ein solcher Darsteller zwangsläufig in jedem Augenblick des Spiels nur die jeweils nächstliegenden Aufgaben, Handlungen, Gefühle und Gedanken im Sinn, ohne an die Gesamtheit und die Perspektive des Stücks zu denken.
So halten es beispielsweise einige Darsteller des Luka in Gorkis ‚Nachtasyl' nicht einmal für nötig, den letzten Akt des Stückes zu lesen, weil sie darin nicht mehr mitwirken. Infolgedessen fehlt ihnen die richtige Perspektive, und sie können ihre Rolle nicht wahrhaftig spielen. Denn schließlich ist der Anfang nicht vom Ende zu trennen. Der letzte Akt ist das Resultat der Reden des Alten. Darum muß der Darsteller des Luka auch unablässig das Finale des Stückes vor Augen haben und die andern, die von ihm beeinflußten Personen, auf dieses Finale hinführen.

Man kann auch erleben, wie ein Tragöde in der Rolle des Othello, die er nicht wirklich verstanden hat, im Vorgeschmack des Mordes bereits im ersten Akt die Augen rollt und die Zähne fletscht.
Demgegenüber war Tommaso Salvini bedeutend umsichtiger bei der Anlage seiner Rollen. So sah er zum Beispiel im ‚Othello' unablässig die Perspektive des Stückes vor sich, angefangen von der leidenschaftlichen jünglingshaften Verliebtheit – im ersten Auftritt – bis zum grenzenlosen Haß des eifersüchtigen Gatten und Mörders – am Schluß der Tragödie. Mit mathematischer Genauigkeit und unerbittlicher Folgerichtigkeit verteilte er die sich in seiner Seele vollziehende Evolution auf jeden Moment der ganzen Rolle.
Der große Tragöde konnte das tun, weil er unaufhörlich die Perspektive vor sich sah, ja nicht nur eine, sondern im Grunde zwei Perspektiven, von denen er sich die ganze Zeit über leiten ließ."
„Gleich zwei? Welche denn?" fragte ich verwundert.
„Die Perspektive der Rolle und die Perspektive des Schauspielers."
„Was für ein Unterschied besteht denn zwischen diesen beiden?" fragte ich weiter.
„Die handelnde Person des Stückes weiß nichts von der Perspektive, von ihrer Zukunft, während der Schauspieler sie immerfort vor Augen haben muß."
„Wie soll man denn aber die Zukunft vergessen, wenn man eine Rolle zum hundertsten Mal spielt?" fragte ich.
„Das kann und braucht man nicht", erklärte Torzow.
„Wenn die handelnde Person auch nichts von ihrer Zukunft wissen darf, braucht man die Perspektive der Rolle dennoch, um in jedem Augenblick die unmittelbare Gegenwart besser und vollständiger zu bewerten und sich ihr gänzlich hinzugeben. Nehmen wir einmal an, Sie spielten den Hamlet, eine der schwersten Rollen, was die psychologische Anlage betrifft. Sie finden in dieser Rolle zum Beispiel die Verständnislosigkeit des Sohnes gegenüber der unbeständigen Liebe seiner Mutter; dann das geheimnisvoll dunkle Erlebnis eines Menschen, der einen kurzen Blick in das Jenseits getan hat; sobald Hamlet um das Geheimnis seines Vaters weiß, hat alles, was zum realen Leben gehört, für ihn seinen einstigen Sinn verloren. Weiter haben Sie in dieser Rolle den unstillbaren Drang, den Sinn alles Seins zu erkennen; dann das Bewußtsein Hamlets, unter einem für ihn zu schweren Auftrag zu stehen, von dessen Erfüllung die Rettung des Vaters im Jenseits abhängt. Diese Rolle verlangt die kindlichen Gefühle des Sohnes für seine Mutter, die Liebe zu einem Mädchen, den Verzicht auf diese Liebe, den Schmerz über den Tod des Mädchens, den Rachedurst und das Entsetzen beim Tod der Mutter. Schließlich tötet Hamlet Menschen und stirbt selbst nach erfüllter Pflicht. Versuchen Sie einmal, alle diese Empfindungen zu vermischen, und stellen Sie sich vor, was für ein Durcheinander dabei herauskommen würde.
Wenn man jedoch bei allen diesen Gefühlen der Perspektive folgt und sie logisch und folgerichtig anordnet, wie es die Psychologie einer so komplizierten Gestalt und ihres geistigen Lebens verlangt, so entsteht ein in sich geschlossenes Ganzes, eine harmonische Linie, in der die richtige Proportion aller Faktoren der sich steigernden und vertiefenden Tragödie einer großen Seele eine wichtige Rolle spielt.

Könnte man überhaupt irgendeine Stelle einer solchen Rolle spielen, ohne dabei ihre Perspektive vor Augen zu haben? Wenn man etwa die tiefe Bekümmernis und Verständnislosigkeit gegenüber dem Leichtsinn der Mutter am Anfang des Stückes nicht richtig wiedergibt, wäre die berühmte Szene mit ihr nicht genügend vorbereitet.
Wenn man die Erschütterung über das Wissen um ein Leben im Jenseits nicht wirklich nachempfindet, wären die Unerfüllbarkeit der irdischen Mission des Helden, seine Zweifel, sein drängendes Suchen nach dem Sinn des Lebens, sein Bruch mit der Geliebten und sein ganzes seltsames Verhalten unverständlich und ließen ihn zu Recht in den Augen der Menschen anormal erscheinen.
Ist Ihnen daraus deutlich geworden, daß der Darsteller des Hamlet in den Anfangsszenen des Stückes gerade darum so behutsam sein muß, weil im weiteren Verlauf der Rolle eine so intensive Entwicklung der Leidenschaften von ihm gefordert wird?
Eine solche Spielweise nennen wir in unserm Jargon ein *Spiel mit Perspektive*.
So müssen wir im Entwicklungsprozeß der Rolle gleichsam *zwei Perspektiven* vor Augen haben – und zwar die *Perspektive der Rolle* und die *Perspektive des Schauspielers*. Tatsächlich darf Hamlet sein Schicksal und das Ende seines Lebens nicht kennen, der Schauspieler dagegen muß unablässig die ganze Perspektive sehen, sonst kann er die einzelnen Teile der Rolle nicht richtig anordnen, färben, schattieren und modellieren.
Die Zukunft einer Rolle ist dasselbe wie ihre Überaufgabe.* Sie zu erfüllen, soll das Ziel der *handelnden Person* des Stückes sein. Dabei schadet es nichts, wenn sich der *Schauspieler* zwischendurch für einen Augenblick an die Gesamtkonzeption der Rolle erinnert. Dadurch wird die Bedeutung jedes unmittelbar erlebten Abschnitts nur klarer, und die Aufmerksamkeit des Schauspielers wird stärker angeregt.
Im Gegensatz zur Perspektive der Rolle soll die Perspektive des Schauspielers unablässig die Zukunft im Auge haben."
„Ich würde gern anhand eines Beispiels beide Perspektiven erläutert bekommen", bohrte ich hartnäckig weiter.
„Gut! Beginnen wir also mit der *Perspektive der Rolle*. Nehmen wir an, Sie spielten mit Schustow die Szene Othello–Jago. Ist es für Sie etwa nicht wichtig, sich daran zu erinnern, daß Sie als der Mohr erst gestern in Zypern eingetroffen sind, Desdemona wiedergesehen haben und nun für immer mit ihr verbunden sind, daß Sie die schönste Zeit des Lebens, den Honigmond Ihrer Ehe durchleben?
Woher nähmen Sie sonst die für den Beginn der Szene unerläßliche freudige Bewegtheit? Sie ist um so wichtiger, als das ganze Stück nur wenig helle Farben zu bieten hat. Und ist es nicht ebenso wichtig für Sie, sich einen Augenblick lang ins Gedächtnis zurückzurufen, daß von dieser Szene an der Glücksstern Ihres Lebens zu

---

* *Stanislawski bezieht den Begriff „Überaufgabe" wie im I. Teil der „Arbeit des Schauspielers an sich selbst" (S. 294 ff.) nicht nur auf das Stück, sondern auch auf die Rolle, wo wir lieber von der „Hauptaufgabe" einer Figur sprechen würden, um klarer unterscheiden zu können. Wir verweisen auf unsere dortigen Fußnoten und empfehlen zur Ergänzung des vorliegenden IV. Kapitels die Abschnitte „Die ‚Perspektive' der Rolle" und „Die ‚Perspektive' des Schauspielers" auf den Seiten 277 ff. und 286 ff. von N. Gortschakows Buch „Regie – Unterricht bei Stanislawski", Henschelverlag, Berlin 1959. (Anm. d. Hrsg.)*

sinken beginnt und daß Sie sein allmähliches Verlöschen sehr anschaulich herausarbeiten müssen. Sie brauchen einen krassen Kontrast zwischen Gegenwart und Zukunft. Je lichter die erstere erscheint, desto düsterer wird die zweite.
Erst nach einem sekundenschnellen Überblick über Vergangenheit und Zukunft der Rolle können Sie den jeweils gegenwärtigen Abschnitt richtig bewerten. Und je stärker Sie dessen Bedeutung für das ganze Stück empfinden, desto leichter wird es Ihnen fallen, Ihre Aufmerksamkeit auf diesen Teil zu konzentrieren.
Dazu also dient die Perspektive der Rolle", schloß Arkadi Nikolajewitsch.*
Ich gab mich aber noch nicht zufrieden: „Und wozu brauchen wir die andere Perspektive, die des Schauspielers?" wollte ich wissen.

„*Die Perspektive des Schauspielers – das heißt des Menschen*, der die Rolle gestaltet, brauchen wir, um in jedem Augenblick auf der Bühne auch an die Zukunft zu denken, um unsere inneren schöpferischen Kräfte und äußeren Ausdrucksmöglichkeiten einander anzupassen, um sie richtig einzuteilen und das für die Rolle zusammengetragene Material klug auszuwerten. So nistet sich zum Beispiel in dieser Szene Othello–Jago der Zweifel in der Seele des eifersüchtigen Gatten ein, um sich von da an immer mehr zu steigern. Darum darf der Schauspieler nicht vergessen, daß er bis zum Ende des Stückes noch viele ähnliche, immer stärker werdende Momente der Leidenschaft spielen muß. Es ist gefährlich, gleich in der ersten Szene des Guten zuviel zu tun und seinem Temperament die Zügel schießen zu lassen, ohne sich einen Rückhalt für die kommende allmähliche Steigerung der ausbrechenden Eifersucht zu bewahren. Eine Vergeudung der seelischen Kräfte zerstört die gesamte Anlage der Rolle. Man muß haushälterisch und sparsam sein und darf den Schluß und den Höhepunkt des Stücks nicht aus dem Auge verlieren. Das schauspielerische Gefühl wird nicht nach Kilogramm, sondern nach Zentigramm** verausgabt.
Alles zuvor Gesagte gilt im gleichen Maße auch für den Klang der Stimme, für das Sprechen, die Bewegung, das Verhalten, die Mimik, das Temperament und den Tempo-Rhythmus. Hier ist es ebenso gefährlich, gleich alles auf einmal herzugeben, es zu verschwenden. Man muß sparsam sein, muß seine physischen Kräfte und Ausdrucksmittel richtig einschätzen. Um sie – genau wie seine seelischen Kräfte – haushälterisch einsetzen zu können, braucht man die Perspektive des Schauspielers.
Wir dürfen auch einen anderen sehr wichtigen Vorteil der Perspektive für unsere Arbeit nicht vergessen. Sie verleiht unserem inneren Erleben und unseren äußeren Handlungen Großzügigkeit, Schwung und Stetigkeit, und alles das ist für uns außerordentlich wichtig.
Stellen Sie sich vor, Sie würden bei einem Wettlauf die ganze Strecke nicht auf einmal zurücklegen, sondern in kleinen Teiletappen und alle zwanzig Schritt Ihren Lauf unterbrechen. Unter solchen Voraussetzungen würden Sie niemals richtig in

---

* *In N. Gortschakows „Regie – Unterricht bei Stanislawski" erläutert Stanislawski auf Seite 288, daß die beiden Perspektiven dem Schauspieler bei den Proben helfen, die Handlungen zu finden, die die Hauptaufgabe der Rolle im jeweiligen Moment am klarsten, ausdrucksvollsten und ausgewogensten erfüllen. Wenn diese im Laufe der Proben zur durchgehenden Handlungslinie zusammengewachsen sind, genügt bei den Vorstellungen eine blitzschnelle Kontrolle, ob beide Perspektiven richtig verwirklicht werden. (Anm. d. Hrsg.)*
** *Ein Zentigramm = 0,01 Gramm; cg. (Anm. d. Hrsg.)*

Schwung kommen und keine Stetigkeit gewinnen, die doch gerade beim Laufen von größter Bedeutung ist.
Genauso ist es auch in unserem Beruf. Wenn wir nach jedem Rollenabschnitt abbrechen wollten, um den nächstfolgenden neu zu beginnen, könnte unser inneres Streben, Wollen und Handeln keine Stetigkeit gewinnen. Und eben diese Stetigkeit ist unerläßlich für uns, denn sie spornt unsere Gedanken, unsere Vorstellungskraft an und entflammt unsern Willen und unser Gefühl.
Jetzt, da Sie gerade eine neue Bekannte – *die Perspektive des Stückes und der Rolle* kennengelernt haben, möchte ich Sie etwas fragen: Erinnert diese Bekannte Sie nicht an Ihre alte Freundin – *die durchgehende Handlung?*
Freilich ist die Perspektive nicht identisch mit der durchgehenden Handlung, aber sie steht ihr doch sehr nahe. Sie ist ihre nächste Gehilfin. Sie ist der Weg, die Linie, auf der sich die durchgehende Handlung während des ganzen Stückes bewegt.
Abschließend möchte ich noch bemerken, daß ich über die *Perspektive* darum so spät gesprochen habe, weil Sie erst jetzt alles Notwendige von der *Überaufgabe* und der *durchgehenden Handlung* wissen.
Alles ist um ihretwillen da, in ihnen liegt der eigentliche Sinn unserer Arbeit, unserer Kunst und des gesamten „Systems' beschlossen."

V. DER TEMPO-RHYTHMUS

Heute hing im Zuschauerraum des Studiotheaters ein Plakat mit der Aufschrift:

DER INNERE UND DER ÄUSSERE TEMPO-RHYTHMUS

Also sollte wieder ein neuer Abschnitt des Unterrichtsprogramms beginnen.
„Ich hätte mit Ihnen eigentlich schon viel früher über den inneren Tempo-Rhythmus sprechen sollen, und zwar damals, als wir über *das Befinden auf der Bühne** sprachen, denn der *innere Tempo-Rhythmus* ist eins seiner wichtigsten Elemente", sagte Arkadi Nikolajewitsch heute.
„Der Grund für diese Verspätung ist, Ihnen die Arbeit zu erleichtern, die wir heute beginnen werden.
Es ist nämlich viel bequemer und vor allem anschaulicher, den *inneren Tempo-Rhythmus* mit dem *äußeren* zugleich zu behandeln, weil er sich dann in anschaulichen physischen Bewegungen kundtun kann. Dabei wird der Tempo-Rhythmus *sichtbar* und bleibt nicht nur *spürbar* wie beim inneren Erleben, das sich für unsere Augen unsichtbar vollzieht. Darum also sprach ich so lange noch nicht vom Tempo-Rhythmus und will erst jetzt mit großer Verspätung auf ihn eingehen, wo wir zugleich auch den *unseren Augen sichtbaren äußeren Tempo-Rhythmus* erörtern werden.

---

* Siehe hierzu die Fußnote auf Seite 231. (Anm. d. Hrsg.)

‚Unter *Tempo* versteht man die Schnelligkeit der Aufeinanderfolge bestimmter, als Einheit angenommener gleichbleibender Längen in einem Taktmaß.'
‚*Rhythmus* ist das quantitative Verhältnis von aktiven Längen (wie Bewegung oder Ton) zu den Zeiteinheiten, die man einem bestimmten Tempo oder Takt zugrunde gelegt hat.'
‚*Takt* ist die wiederholte (oder zur Wiederholung bestimmte) Summe gleichbleibender Längen, die als Einheit angenommen worden sind und durch Hervorheben einer dieser Einheiten (Dauer der Bewegung des Tones) gekennzeichnet sind'", las Arkadi Nikolajewitsch von einem Zettel ab, den Iwan Platonowitsch ihm zugereicht hatte.
„Verstanden?" fragte er uns, als er fertig war.
In großer Verlegenheit mußten wir zugeben, daß wir nicht das geringste davon verstanden hatten.
„Ohne die wissenschaftlichen Formulierungen kritisieren zu wollen, bin ich doch der Meinung", fuhr Arkadi Nikolajewitsch fort, „daß Ihnen die wissenschaftlichen Definitionen in diesem Moment, wo Sie Bedeutung und Wirksamkeit des Tempo-Rhythmus auf der Bühne noch nicht am eigenen Leibe verspürt haben, keinen praktischen Nutzen bringen können. Sie erschweren nur das Verständnis für den Tempo-Rhythmus und würden Sie daran hindern, ihn frei und unbeschwert auf der Bühne zu genießen und mit ihm zu spielen wie mit einem Spielzeug. Dabei ist, besonders in der ersten Zeit, gerade diese Einstellung zu ihm wünschenswert.
Es wäre schlecht um uns bestellt, wenn Sie anfangen wollten, den Rhythmus gewaltsam aus sich herauszupressen, oder wenn Sie seine komplizierten Verbindungen mit gerunzelter Stirn berechnen wollten wie eine schwierige mathematische Aufgabe. Darum wollen wir die wissenschaftlichen Definitionen beiseite lassen und zunächst einmal nichts anderes tun als mit dem Rhythmus zu spielen.
Sehen Sie, da werden die dafür erforderlichen Spielzeuge schon hereingebracht. Ich räume jetzt meinen Platz für Iwan Platonowitsch, denn das ist sein Gebiet!"
Arkadi Nikolajewitsch zog sich mit seinem Sekretär in den Hintergrund des Zuschauerraums zurück, während Iwan Platonowitsch daran ging, die von einem Schließer hereingebrachten Metronome auf der Bühne aufzubauen. Das größte stellte er in die Mitte auf einen runden Tisch, daneben brachte er auf kleineren Tischchen drei gleichartige, nur kleinere Apparate unter. Das größte Metronom wurde aufgezogen und fing an, gleichmäßig zu ticken (Einstellung 10 des Metronoms).
„Nun geben Sie gut acht!" wandte sich Iwan Platonowitsch an uns. „Dieses große Metronom wird jetzt ganz langsam anschlagen!"
„Hören Sie, wie langsam es tickt: eins... eins... das ist *andante-andantissimo*.
Tja, das ist so eine Sache mit dieser Nummer 10.
Wenn ich jetzt das Gewicht am Pendel herunterlasse, entsteht ein einfaches *Andante*. Das ist schon ein bißchen schneller.
Nun ist der Schlag bereits schneller geworden, sage ich! Hören Sie selbst: eins... eins... eins...
Wenn ich das Gewicht noch tiefer herunterschiebe... sehen Sie, wie das Pendel jetzt ausschlägt: einseinseins... Das ist noch schneller, hier haben Sie bereits *Allegro!*
Und das ist *Presto!*

Jetzt noch schneller – *Prestissimo!*
Das alles sind die Bezeichnungen für die verschiedenen *Tempi*. Es gibt so viele Tempi, wie Zahlen auf dem Metronom verzeichnet sind.
So ein Metronom ist doch wirklich eine kluge Erfindung!"
Nun fing Rachmanow an, mit einem kleinen Glöckchen zu läuten und dadurch jeden zweiten, dann jeden dritten, vierten, fünften oder schließlich sechsten Schlag des Metronoms hervorzuheben.
„Eins ... zwei ...: Läuten.
Eins ... zwei ...: Läuten!" So demonstrierte Iwan Platonowitsch den zweiteiligen Takt.
„Oder eins ... zwei ... drei ...: Läuten. Eins ... zwei ... drei ...: Läuten. Da haben Sie den dreiteiligen Takt.
Oder auch: eins ... zwei ... drei ... vier: Läuten. Und so weiter. Das ist der vierteilige Takt", setzte uns Iwan Platonowitsch voll Begeisterung auseinander.
Anschließend zog er das erste der kleineren Metronome auf und ließ es doppelt so schnell anschlagen wie den großen Apparat.
Das zweite der kleinen Metronome wurde viermal, das dritte sogar achtmal so schnell wie das große eingestellt.
„Schade, daß wir kein viertes und fünftes haben. Ich hätte sie auf Sechzehntel und Zweiunddreißigstel eingestellt! Das wäre erst was geworden!" meinte Iwan Platonowitsch bekümmert.
Aber er tröstete sich rasch, als Arkadi Nikolajewitsch auf die Bühne zurückkehrte und mit Schustow zusammen die fehlenden Sechzehntel und Zweiunddreißigstel mit Schlüsseln auf den Tisch schlug.
Das Ticken aller Metronome und das Klopfen der Schlüssel fiel mit dem Schlag des großen Apparates genau in dem Moment zusammen, wo das Klingelzeichen den Beginn eines neuen Taktes anzeigte. In der restlichen Zeit schienen alle Schläge völlig durcheinander geraten zu sein, um sich dann pünktlich beim Klingelzeichen wieder einzufinden und für eine Sekunde einzureihen.
Es entstand ein regelrechtes Klopfkonzert. Man konnte sich nur mühsam in dem bunten Wirbel zurechtfinden, der einem beinahe Kopfschmerzen verursachte.
Dafür erzeugte das Zusammentreffen aller Schläge eine flüchtige Harmonie im allgemeinen Getöse, die eine Art Befriedigung gewährte.
Der Lärm wurde noch größer, wenn die geraden, zwei-, vier- und achtteiligen Takte mit den ungeraden, drei-, sechs- und neunteiligen gemischt wurden. Durch diese Kombination wurden die einzelnen Teile noch winziger und gerieten gänzlich in Verwirrung. Es entstand ein unvorstellbares Chaos, das Arkadi Nikolajewitsch in helle Begeisterung versetzte.
„Hören Sie bloß, welch ein Durcheinander, und doch, was für eine Ordnung und Harmonie in diesem organisierten Chaos!" rief Torzow. „Diese Harmonie wird von unserem wundertätigen *Tempo-Rhythmus* geschaffen. Wir wollen versuchen, diese erstaunliche Erscheinung zu analysieren. Darum werden wir uns jeden einzelnen ihrer Bestandteile einmal näher betrachten.
Hier haben Sie das *Tempo*", mit diesen Worten wies Arkadi Nikolajewitsch auf das

große Metronom. „Es arbeitet in einem fast mechanischen und *pedantischen Gleichmaß*.
Das Tempo bestimmt die Schnelligkeit oder Langsamkeit; es verkürzt oder verlängert die Handlung, beschleunigt oder verzögert das Sprechen.
Jede Handlung, jedes Aussprechen von Worten erfordert Zeit. Wenn man das Tempo beschleunigt, läßt man sich weniger Zeit und ist deshalb gezwungen, schneller zu handeln und zu sprechen.
Wenn man dagegen das Tempo verlangsamt, bekommt man mehr Zeit und damit auch mehr Möglichkeiten, Wichtiges bis ins letzte zu gestalten und auszusprechen.
Das ist der *Takt!*" Hier wies Arkadi Nikolajewitsch auf die von Iwan Platonowitsch bediente Klingel. „Er tut sein Werk in völliger Übereinstimmung mit dem großen Metronom und arbeitet mit der gleichen mathematischen Präzision.
Der *Takt ist das Zeitmaß.* Es gibt jedoch verschiedene Takte. Ihre Dauer ist vom Tempo, das heißt von der Geschwindigkeit abhängig. Wir haben demnach auch unterschiedliche Zeitmaße.
Takt ist ein relativer Begriff. Das Meter zum Beispiel ist ein feststehendes Maß. Es hat immer dieselbe, unveränderliche Länge. Die Takte, mit denen die Zeit gemessen wird, sind etwas ganz anderes.
Der Takt ist nicht unveränderlich wie das Meter.
Takt ist dasselbe wie Zeit.
Zeit wird durch Zeit gemessen.
Was aber haben die restlichen kleineren Metronome, einschließlich Schustow und mir, zu bedeuten, die wir ebenfalls mit der Hand die fehlenden Zeiteinteilungen geklopft haben?
Dadurch wird der *Rhythmus* erzeugt.
Mit Hilfe des kleinen Metronoms teilen wir die vom Takt beanspruchten Zeiträume in die verschiedensten Abschnitte von unterschiedlicher Länge ein.
Aus ihnen werden unzählige Kombinationen gebildet, die die *unendliche Zahl der möglichen Rhythmen* innerhalb eines Taktmaßes bilden.
Dasselbe geschieht auch in unserer schauspielerischen Arbeit. Unsere Handlungen und unser Sprechen werden innerhalb eines bestimmten Zeitraumes durchgeführt. Im Prozeß der Handlung muß die weiterlaufende Zeit durch einzelne Momente der verschiedensten, von Pausen unterbrochenen Bewegungen ausgefüllt werden. Beim Sprechen wird die weiterlaufende Zeit durch das Hervorbringen von Lauten unterschiedlicher Dauer und die zwischen ihnen liegenden Pausen ausgefüllt.
Hier haben Sie ein paar der einfachsten Formeln und Kombinationen, die einen Takt bilden können:
$1/4 + 2/8 + 4/16 + 8/32 = $ ein $4/4$-Takt.

Oder eine andere Kombination in einem dreiteiligen $3/4$-Takt:

$4/16 + 1/4 + 2/8 = $ ein $3/4$-Takt.

So wird der Rhythmus aus einzelnen Momenten kombiniert, die die vom Takt eingenommene Zeitspanne in verschiedenlange Abschnitte einteilen. Aus diesen Abschnitten setzen sich unzählige Verbindungen und Gruppen zusammen. Wenn Sie

aufmerksam auf das Chaos dieser Rhythmen und die Schläge des Metronoms hören, werden Sie wahrscheinlich darunter diejenigen Taktteilchen heraushören, die Sie jeweils für die verschiedensten rhythmischen Verbindungen und Gruppen brauchen.
Beim gemeinsamen Handeln und Sprechen auf der Bühne müssen Sie mitten aus dem allgemeinen Chaos der verschiedenen Tempo-Rhythmen Ihre eigenen, individuellen, die Ihrer Rolle entsprechenden Linien für Tempo und Ausgewogenheit Ihres Sprechens, Ihrer Bewegungen und Empfindungen herausfinden, richtig gruppieren und beibehalten.
Gewöhnen Sie sich daran, auf der Bühne Ihren eigenen Rhythmus aus dem allgemeinen organisierten Chaos der Tempi und Takte herauszufinden."

„Heute wollen wir weiter Tempo-Rhythmus spielen", sagte Arkadi Nikolajewitsch, als er den Unterrichtsraum betrat.
„Wir wollen wie Kinder in die Hände klatschen, und Sie werden sehen, das kann auch für Erwachsene recht vergnüglich sein."
Arkadi Nikolajewitsch fing an, zum ganz langsamen Schlag des Metronoms zu zählen:
„Eins... zwei... drei... vier."
Und wieder:
„Eins... zwei... drei... vier."
Und noch einmal:
„Eins... zwei... drei... vier."
Dieses Taktschlagen dauerte ein bis zwei Minuten an.
Dabei hoben wir alle miteinander jedes „eins" mit einem lauten Händeklatschen hervor.
Dieses Spiel wirkte jedoch keineswegs belustigend, sondern im Gegenteil höchst einschläfernd. Die gleichmäßig langsamen Schläge erzeugten eine langweilige, monotone, träge Stimmung. Zunächst waren die Schläge energisch und laut, als dann jedoch die allgemeine Stimmung immer mehr sank, wurden sie immer leiser und die Gesichter der Klatschenden immer länger und länger.

/
„Eins... zwei... drei... vier."
Und noch mal:
/
„Eins... zwei... drei... vier."
Und wieder:
/
„Eins... zwei... drei... vier."
Das alles wirkte richtig einschläfernd.
„Wie ich sehe, sind Sie gar nicht sonderlich lustig, und es fehlt nicht viel, daß hier ein allgemeines Schnarchen ertönt!" bemerkte Arkadi Nikolajewitsch und führte schleunigst eine Veränderung in das Spiel ein.
„Um Sie zu ermuntern, will ich bei dem gleichbleibenden langsamen Tempo in jedem Takt zwei Akzente setzen", erklärte er. „Klatschen Sie von nun an nicht nur auf ‚eins', wie bisher, sondern auch auf ‚drei' in die Hände!"

Das hört sich so an:
„Eins... zwei... drei... vier."
Und wieder:
„Eins... zwei... drei... vier."
Und noch einmal:
„Eins... zwei... drei... vier."
Und so weiter. Und so weiter.
Jetzt wurden wir zwar ein bißchen frischer, waren aber noch weit entfernt von richtiger Munterkeit.
„Wenn auch das nichts hilft, betonen Sie alle vier Schläge im vorigen langsamen Tempo", ordnete Arkadi Nikolajewitsch an.
„Eins... zwei... drei... vier."
Nun wurden wir etwas lebendiger, und wenn wir auch noch keineswegs vergnügter Stimmung waren, klatschten wir doch immerhin ein wenig schwungvoller.
„Und jetzt klatschen Sie mir bitte je zwei Achtel anstelle jedes Viertels, und betonen Sie dabei immer das erste Achtel jedes Paares, also folgendermaßen", sagte Torzow:
„*Eins*-eins... *zwei*-zwei... *drei*-drei... *vier*-vier."
Jetzt wurden alle munter, die Schläge klangen exakter und lauter, die Gesichter wurden energischer, die Augen heller.
So klatschten wir ein paar Minuten hintereinander.
Als Torzow die Schnelligkeit der Schläge nach und nach bis auf Sechzehntel und Zweiunddreißigstel gesteigert hatte, wobei wir nach wie vor den ersten Schlag eines jeden Viertels innerhalb des Taktes betonten, war unsere Energie zurückgekehrt.
Aber Arkadi Nikolajewitsch gab sich damit noch nicht zufrieden. Allmählich beschleunigte er das Tempo des Metronoms.
Wir konnten schon längst nicht mehr mitkommen und blieben zurück, was uns nur noch mehr zur Eile ansportnte.
Jeder wollte in Tempo und Rhythmus mit dem Taktschlag Schritt halten. Bald waren wir in Schweiß geraten, alle Gesichter hatten sich gerötet, die Handflächen brannten, wir hatten schon die Füße, den ganzen Körper, den Mund zu Hilfe genommen, wir prusteten und keuchten. Unsere Armmuskeln waren bereits erschöpft und verkrampft. Bei alledem waren wir jedoch munter, ja sogar vergnügt.
„Na? Da sind Sie ja ordentlich in Feuer geraten und richtig lustig geworden!" stellte Torzow lachend fest. „Da sehen Sie, was für ein Zauberer ich bin! Ich beherrsche nicht nur Ihre Muskeln, sondern auch Ihr Gefühl und Ihre Stimmung! Ich kann Sie nach Wunsch einschläfern oder so außer Rand und Band geraten lassen, daß Ihnen der Schweiß aus allen Poren bricht.
Aber nicht ich bin der Zauberkünstler, sondern der Tempo-Rhythmus besitzt diese wunderwirkende Kraft.
Er ist es, der Ihre Stimmung so beeinflußt hat", sagte Arkadi Nikolajewitsch abschließend.

„Ich dagegen bin der Ansicht, daß die Schlußfolgerung, die Sie aus dem Experiment ziehen, falsch ist", widersprach Goworkow. „Entschuldigen Sie bitte, aber wir sind beim Händeklatschen doch keineswegs durch den Tempo-Rhythmus lebendig geworden, sondern lediglich durch die schnelle Bewegung, die eine zehnfache Energie von uns verlangte. Wenn ein Nachtwächter bei Frost mit den Füßen auf die Erde trampelt und mit den Händen um sich schlägt, erwärmt er sich doch auch nicht etwa durch den Tempo-Rhythmus, sondern lediglich durch kräftigere Bewegungen."
Arkadi Nikolajewitsch ließ sich auf keine Diskussion ein, sondern ließ uns ein neues Experiment durchführen. Er sagte:
„Ich gebe Ihnen einen $^4/_4$-Takt, der eine halbe Note enthalten soll, dann eine Viertelpause und schließlich eine Viertelnote, so daß alles zusammen $^4/_4$, also einen vollen Takt ausmacht.
Klatschen Sie bitte diesen Takt und betonen Sie dabei die halbe Note:
/   /
‚Eins-zwei, hm, vier.
/   /
Eins-zwei, hm, vier.
/   /
Eins-zwei, hm, vier.'
Durch das ‚hm' kennzeichne ich die Viertelpause. Das letzte Viertel wird langsamer und gemessen geklatscht."
Wir klatschten lange und mußten endlich eingestehen, daß in uns eine feierliche, getragene Stimmung entstanden sei, die noch länger in uns nachhallte.
Anschließend wiederholte Arkadi Nikolajewitsch denselben Versuch, nur ersetzte er dieses Mal die letzte Viertelnote des Taktes durch eine Pause und eine Achtelnote. Das hörte sich so an:
/
„*Eins-zwei* (halbe Note), Hm (Viertelpause), hm (Achtelpause) und schließlich noch eine Achtelnote.
/
Eins-zwei, Hm, hm, $^1/_8$. *Eins*-zwei, Hm, hm, $^1/_8$.
Merken Sie, wie die letzte Note gleichsam zu spät kommt und beinahe in den nächsten Takt hinüberrutscht? Durch ihre Sprunghaftigkeit und Kürze erschreckt sie sozusagen die auf sie folgende ruhige, solide halbe Note, die jedes Mal zusammenfährt wie eine nervöse Dame."
Selbst Goworkow konnte nicht bestreiten, daß die zuvor ruhige und majestätische Stimmung jetzt einer Art Unruhe oder besser, einer Vorahnung von Unruhe gewichen sei, die sich auch auf uns übertrug. Anschließend wurde die halbe Note durch zwei Viertel, dann wurden die Viertel durch Achtel mit Pausen und endlich durch Sechzehntel ersetzt, und die Ruhe damit immer mehr durch eine erregte Stimmung verdrängt, die einen unaufhörlich zusammenzucken ließ.
Dasselbe geschah auch bei den Synkopen, die die Unruhe noch verstärkten.
Nun vereinigten wir mehrere Schläge zu Duolen, Triolen oder Quadriolen, wodurch die Unruhe sich immer mehr steigerte. Entsprechende Versuche stellten wir auch in schnelleren und schließlich in den schnellsten Tempi an. Dadurch entstanden immer neue Stimmungen, die in uns den entsprechenden Widerhall auslösten.

Dabei wandelten wir Methoden, Intensität und Eigenart der Schläge auf jede nur erdenkliche Weise ab: Bald klatschten wir kraftvoll und kompakt, bald wieder trocken und abgehackt, bald leicht, bald schwer, bald laut, bald leise.
Diese Variationen erzeugten bei wechselnden Tempi und Rhythmen die verschiedenartigsten Stimmungen: andante maestoso oder andante largo, allegro vivo, allegretto, allegro vivace.
Wir stellten ungezählte Versuche an, die uns letzten Endes überzeugten, daß man sich mit Hilfe des Tempo-Rhythmus zwar nicht selbst in Angst und Panik versetzen, aber doch immerhin eine emotionale Vorstellung dieser Empfindungen in sich erzeugen kann.
Nach allen diesen Übungen wandte sich Arkadi Nikolajewitsch an Goworkow:
„Ich hoffe, daß Sie uns jetzt nicht mehr mit Nachtwächtern vergleichen, die sich im Frost zu erwärmen suchen. Sie müssen jetzt zugeben, daß nicht die Handlung als solche, sondern eben der *Tempo-Rhythmus uns direkt oder indirekt beeinflussen kann*."
Goworkow schwieg, dafür bestätigten wir andern wie aus einem Munde die Richtigkeit von Arkadi Nikolajewitschs Worten.
„Mir bleibt jetzt nichts weiter zu tun, als Sie zu der großen und so überaus wichtigen ‚Entdeckung' einer allgemein bekannten, von den Schauspielern jedoch immer wieder vergessenen Wahrheit zu beglückwünschen, daß nämlich die Ausgewogenheit der Silben und Wörter beim Sprechen und ein exakter Rhythmus der Bewegungen in der Handlung für das richtige Erleben von großer Bedeutung sind.
Dabei darf man allerdings nicht vergessen, daß der Tempo-Rhythmus ein zweischneidiges Schwert ist. Er kann sowohl schaden als auch nützen.
Wo der Tempo-Rhythmus richtig angewandt wird, da entstehen richtiges Gefühl und Erleben ganz von selbst. Wo jedoch der Tempo-Rhythmus nicht stimmt, da bilden sich genau an derselben Stelle der Rolle falsches Gefühl und Erleben aus, die man nicht korrigieren kann, ohne zuvor den falschen Tempo-Rhythmus zu ändern."

Für heute hatte sich Arkadi Nikolajewitsch ein neues Spiel mit dem Tempo-Rhythmus ausgedacht.
„Haben Sie eigentlich beim Militär gedient?" wandte er sich plötzlich an Schustow.
„Jawohl", erwiderte der.
„Dann hat man Ihnen auch die richtige militärische Haltung beigebracht?"
„Natürlich."
„Verspüren Sie noch etwas davon in sich?"
„Wahrscheinlich ja."
„So lassen Sie diese Empfindungen wieder in sich aufleben!"
„Man muß sie erst allmählich wachrufen."
Nun begann Arkadi Nikolajewitsch, im Sitzen taktmäßig mit den Füßen zu stampfen, um damit den Marschtritt von Soldaten nachzuahmen. Pustschin folgte seinem Beispiel, Wjunzow, die Maloletkowa und alle anderen Schüler schlossen sich an. Alles ringsum dröhnte im Takt des Marsches.

Es war, als ob ein ganzes Regiment durch den Raum marschierte. Um die Illusion zu verstärken, klopfte Arkadi Nikolajewitsch mit den Fingern rhythmisch auf die Tischplatte, um einen Trommelwirbel vorzutäuschen.
Wir unterstützten ihn dabei. Es wurde ein richtiges Klopfkonzert. Die exakten, kurzen Schläge von Armen und Beinen bewirkten, daß wir uns gerade hinsetzten und militärische Haltung annahmen.
So hatte Torzow im Nu mit Hilfe des Tempo-Rhythmus sein Ziel erreicht.
Nach kurzer Pause sagte er zu uns:
„Jetzt will ich keinen Marsch, sondern etwas Feierliches klopfen:
‚Tuk-túk, tuk-túk, tuktuktuk, túk-tuk, tuk, túk-tuk.' "
„Ich weiß, ich weiß! Ich hab's erraten!" schrie Wjunzow aus vollem Halse. „Das ist ein Spiel! Es gibt ein solches Spiel: Einer klopft irgendein Motiv, und der andere muß erraten, was es ist. Und wer sich irrt, muß ein Pfand geben!"
Wir errieten zwar nicht das Motiv selbst, das Torzow klopfte, aber doch immerhin dessen Grundstimmung: Zuerst klopfte er einen Militärmarsch und dann etwas Feierliches (den Pilgerchor aus „Tannhäuser", wie sich später herausstellte). Nun ging Torzow zum nächsten Versuch über.
Dieses Mal konnten wir nicht erraten, was er klopfte. Es lag etwas Nervöses, Verworrenes und Hastiges darin. Torzow ahmte das Rattern eines D-Zuges nach.
Neben mir klopfte Wjunzow für die Maloletkowa etwas Sentimentales und gleich darauf etwas Stürmisches.
„Was klopfe ich? Passen Sie auf: ‚Tra-tatá, tratáta-tá-ta!' "
„Ich verstehe nichts! Ihr Lieben, ich verstehe nicht das geringste! Ihr klopft umsonst!"
„Aber ich weiß es! Mein Ehrenwort! Liebe und Eifersucht klopfe ich! Tra-ta-túu! Her mit dem Pfand, bitte schön!"
Inzwischen klopfte ich meine Stimmung beim Nachhausekommen. Ich sah deutlich vor mir, wie ich ins Zimmer trete, mir die Hände wasche, das Jackett ausziehe, mich auf den Diwan lege und über Tempo und Rhythmus nachzudenken beginne. Dann kommt der Kater und legt sich zu mir. Stille, Entspannung.
Ich glaubte, in Rhythmus und Tempo mein häusliches Idyll wiederzugeben. Aber die andern verstanden nichts davon. Pustschin hörte ewige Ruhe heraus, Schustow hatte das Gefühl von Langeweile, und Wesselowski wurde an ein Motiv aus „Malborough s'en va-t-en guerre" erinnert.
Ich kann hier nicht alles aufzählen, was wir klopften: Da gab es einen Sturm auf dem Meer, einen im Gebirge mit Wind, Hagel, Donner und Blitz, es gab Abendglocken und Sturmgeläut, Feuer im Dorf, Entengeschnatter, einen tropfenden Wasserhahn, eine nagende Maus, Kopf- und Zahnschmerzen, Kummer und Ekstase. Es klopfte von allen Seiten und hörte sich an, als ob in der Küche Koteletts geklopft würden. Wenn Fremde in den Raum gekommen wären, hätten sie uns zweifellos für betrunken oder verrückt gehalten.
Einige von uns Schülern hatten sich bereits die Knöchel wundgeklopft und begannen darum, ihre Gefühle und Vorstellungen wie der Kapellmeister eines Orchesters durch Dirigieren wiederzugeben. Es zeigte sich, daß diese Methode die bequemste

war, und so gingen wir bald alle dazu über. Von dieser Stunde an erhielt das Dirigieren bei uns das Bürgerrecht.
Leider muß ich zugeben, daß es keinem von uns auch nur ein einziges Mal gelungen ist, genau zu erraten, was der andere mit seinem Klopfen sagen wollte. Es lag auf der Hand, daß Torzows Tempo-Rhythmus ein Fiasko erlebt hatte.
„Nun, haben Sie sich jetzt von der Wirksamkeit des Tempo-Rhythmus überzeugen können?" fragte Torzow mit triumphierender Miene.
Diese Frage brachte uns völlig aus dem Konzept, denn wir wollten ihm gerade etwas ganz anderes sagen, und zwar:
„Was ist denn nun mit Ihrem gepriesenen Tempo-Rhythmus? Soviel wir auch geklopft haben, konnte doch keiner von uns auch nur das Geringste heraushören!"
Diese Zweifel äußerten wir, wenn auch in etwas milderer Form, worauf Torzow uns erwiderte:
„Ja, haben Sie denn etwa für die andern und nicht für sich selbst geklopft?! Ich habe Ihnen diese Übungen doch nicht für die aufgegeben, die zuhörten, sondern für die, die klopften! Mir kommt es in erster Linie darauf an, daß Sie sich selbst durch Ihr Klopfen mit dem Tempo-Rhythmus infizieren und dadurch mithelfen, Ihr eigenes emotionales Gedächtnis wachzurufen und Ihr Gefühl zu infizieren. Wenn man andere anstecken will, muß man zunächst einmal selbst angesteckt werden. Die Zuhörer fühlen aus dem Ihnen fremden Rhythmus immerhin die allgemeine Grundstimmung heraus, und allein das will für die Einwirkung auf andere etwas heißen.
Wie Sie sehen, protestiert heute selbst Goworkow nicht gegen den Einfluß des Tempo-Rhythmus auf das Gefühl."
Und doch erhob Goworkow Protest:
„Nicht der Tempo-Rhythmus war es, sondern die ‚vorgeschlagenen Situationen', die heute auf uns gewirkt haben", widersprach er.*
„Und wer hat sie hervorgerufen?"
„*Der Tempo-Rhythmus!*" riefen Goworkow zum Trotz alle Schüler im Chor.

Arkadi Nikolajewitsch ist unerschöpflich. Für heute hatte er sich wieder ein neues Spiel ausgedacht.
„Schildern Sie mir rasch und ohne langes Überlegen den Tempo-Rhythmus eines Reisenden nach dem ersten Glockenzeichen vor Abgang eines Fernzuges."
Ich sah in einem Winkel des Bahnhofs die Kasse, eine lange Schlange wartender Menschen, ein noch geschlossenes Schalterfenster vor mir.
Endlich wurde die Kasse aufgemacht. Nun rückte ich in der Schlange langsam und schrittweise vorwärts, bezahlte und nahm die Fahrkarte in Empfang.
Dann malte mir meine Phantasie eine andere Kasse, auf deren flachem Tische allerlei Gepäck aufgehäuft lag, wieder eine lange Schlange, wieder rückte ich nur langsam vorwärts, unterschrieb den Gepäckschein und bezahlte. Anschließend hatte ich noch einmal allerlei langwierige Scherereien mit dem Handgepäck. Unterdessen betrachtete ich in Gedanken die Zeitungen und Zeitschriften in den Kiosken. Als alles erledigt war, ging ich in den Wartesaal, um eine Kleinigkeit zu essen. Ich suchte

---

* *Siehe zu dieser Frage Seite 125. (Anm. d. Hrsg.)*

meinen Zug, Abteil und Sitzplatz heraus, verstaute meine Habseligkeiten, setzte mich hin, sah mir meine Reisegefährten an, entfaltete eine Zeitung und begann zu lesen. Da es noch nicht zum zweitenmal geläutet hatte, mußte ich mir eine neue Situation ausdenken: Ich hatte eines meiner Gepäckstücke verloren. Das zog eine Anzeige beim Aufsichtsbeamten nach sich.
Aber Torzow schwieg immer noch, darum mußte ich mir in meiner Vorstellung noch Zigaretten kaufen, ein Telegramm abschicken, Bekannte im Abteil treffen und so weiter. So entstand eine lange, kontinuierliche Linie aller möglichen Aufgaben, die ich ruhig und ohne jede Hast ausführte, da bis zur Abfahrt des Zuges noch reichlich Zeit war.
„Jetzt wiederholen Sie mir dasselbe, nur unter der Voraussetzung, daß Sie nicht schon beim ersten Glockenzeichen wie zuvor, sondern erst beim zweiten Läuten am Bahnhof angekommen sind", sagte Torzow. „Nun steht Ihnen bis zur Abfahrt des Zuges nicht mehr eine Viertelstunde zur Verfügung, sondern bedeutend weniger Zeit, darum bleiben Ihnen für dieselben, vor einer weiten Reise unvermeidlichen Besorgungen nicht mehr eine Viertelstunde, sondern nur fünf Minuten. Und vor der Kasse wartet, Ihnen zum Trotz, eine riesige Schlange. Dirigieren Sie mir diesen neuen Tempo-Rhythmus Ihrer Abreise!"
Da konnte man ordentlich Herzklopfen kriegen, besonders ich, der ich ohnehin an Reisefieber leide. Meine Erregung spiegelte sich natürlich im Tempo und im Rhythmus wider, deren vorige Gelassenheit einer nervösen Hast wich.
„Jetzt noch eine dritte Variation!" eröffnete uns Torzow nach kurzer Pause. „Sie sind nicht beim zweiten Glockenzeichen eingetroffen, sondern haben es gerade noch in letzter Minute, beim dritten Glockenzeichen geschafft!"
Um unsere Unruhe zu steigern, ahmte er das Läuten der Bahnhofsglocke durch Schläge gegen den eisernen Lampenschirm nach.
Jetzt mußten wir alle bis zur Abreise notwendigen Besorgungen nicht mehr innerhalb von fünf, sondern von nunmehr einer einzigen Minute erledigen, die uns bis zur Abfahrt des Zuges blieb. Wir durften nur das Allerwichtigste bedenken und mußten das Nebensächliche fortlassen. Wir wurden von Unruhe und Hast befallen, ja, es fiel uns schwer, auf unseren Plätzen sitzenzubleiben. Die Arme konnten gar nicht so schnell mitkommen, um den Tempo-Rhythmus zu dirigieren, den wir im Innern fühlten.
Nach diesem Versuch erklärte Arkadi Nikolajewitsch, der Sinn dieser Übung sei es gewesen, uns zu beweisen, daß man sich einen bestimmten Tempo-Rhythmus nicht ins Gedächtnis zurückrufen und nachempfinden könne, ohne sich zuvor die entsprechenden Vorstellungen gemacht, ohne die vorgeschlagenen Situationen vor sich gesehen und die entsprechenden Aufgaben und Handlungen klar erfühlt zu haben. Sie alle sind so fest miteinander verbunden, daß eines das andere erzeugt, das heißt, die vorgeschlagenen Situationen rufen den Tempo-Rhythmus hervor, und dieser veranlaßt uns seinerseits, an die entsprechenden vorgeschlagenen Situationen zu denken.
„Ja", bekräftigte Schustow im Gedanken an die soeben ausgeführte Übung. „Ich mußte mir tatsächlich überlegen und genau vor mir sehen, *wie* es vor einer weiten

Reise zugeht und *was* sich dabei ereignet, erst danach konnte ich mir auch eine Vorstellung vom Tempo-Rhythmus machen."
„Also regt der Tempo-Rhythmus nicht nur das emotionale Gedächtnis an, wie unser Klopfen in den vorigen Stunden bewiesen hat, sondern er hilft auch, unser visuelles Gedächtnis und seine Vorstellungen zu beleben. Deshalb ist es auch falsch, unter dem Tempo-Rhythmus lediglich Schnelligkeit oder Gleichmaß zu verstehen", bemerkte Arkadi Nikolajewitsch.
„Wir brauchen den Tempo-Rhythmus nicht um seiner selbst willen, sondern immer in Verbindung mit den vorgeschlagenen Situationen, die eine konkrete Stimmung erzeugen, und in Verbindung mit dem inneren Sinn, den der Tempo-Rhythmus in sich birgt. Ein Militärmarsch, ein Fußmarsch auf einem Spaziergang oder ein Leichenzug können sehr wohl den gleichen Tempo-Rhythmus haben, und doch, welch ein Unterschied besteht zwischen ihrem jeweiligen *inneren Gehalt, ihrer Stimmung und den feinen, kaum faßbaren charakteristischen Besonderheiten!*
Kurz gesagt, der Tempo-Rhythmus besitzt nicht nur äußere Eigenschaften, die uns unmittelbar beeinflussen, sondern er birgt auch einen inneren Sinn, der unser Gefühl anregt. In dieser Form wollen wir den Tempo-Rhythmus in unserem Gedächtnis bewahren und in unserer schöpferischen Arbeit brauchen."

„In den letzten Stunden habe ich Sie durch lustige Spiele erheitert, heute sollen Sie sich nun selbst einmal mit solchen Spielen vergnügen. Inzwischen haben Sie sich mit dem Tempo-Rhythmus vertraut gemacht und aufgehört, ihn zu fürchten. Darum hindert Sie jetzt auch nichts mehr, mit dem Tempo-Rhythmus zu spielen.
Gehen Sie auf die Bühne und treiben Sie dort, was Sie wollen!
Nur erklären Sie mir zuvor, *wodurch* Sie die starken Momente der rhythmischen Akzente hervorheben werden."
„Durch Bewegungen der Arme, der Beine, der Finger, des ganzen Körpers, durch Drehen des Kopfes, des Halses, des Kreuzes, durch Mienenspiel, durch die Laute von Buchstaben, Silben und Wörtern", riefen wir alle durcheinander.
„Ja. Das alles sind Handlungen, die jeden beliebigen Tempo-Rhythmus erzeugen können", pflichtete Arkadi Nikolajewitsch uns bei. „Wenn wir gehen, laufen, radfahren, sprechen oder irgendeine Arbeit tun, so geschieht das alles in einem bestimmten Tempo-Rhythmus. Wenn Menschen dagegen bewegungslos, ruhig und schweigend sitzen oder liegen, sich ausruhen, warten oder nichts tun, haben sie dann eigentlich keinen Tempo-Rhythmus?" fragte Arkadi Nikolajewitsch.
„Doch, natürlich, auch dann gibt es einen Tempo-Rhythmus", mußten wir zugeben.
„Das ist dann kein äußerlich sichtbarer Tempo-Rhythmus, sondern man kann ihn nur innerlich spüren", fügte ich hinzu.
„Ganz richtig", pflichtete Arkadi Nikolajewitsch bei. „Wenn wir denken, träumen oder traurig sind, so hat auch das seinen bestimmten Tempo-Rhythmus, denn unser Leben offenbart sich auch in allen diesen Momenten. Und *wo Leben ist, da ist auch Handlung, und wo Handlung ist, da ist auch Bewegung, wo Bewegung ist, ist auch Tempo, und wo Tempo ist, da ist auch Rhythmus.*
Und hat das Aussenden und Empfangen von Strahlen etwa keine Bewegung?

Wenn auch darin eine Bewegung liegt, so heißt das nichts anderes, als daß wir beim Sehen, beim Vermitteln oder Empfangen von Eindrücken, bei jeder Wechselbeziehung mit andern ebenfalls einem bestimmten Tempo-Rhythmus folgen.
Man spricht oft vom Flug des Gedankens oder der Phantasie. Also haben auch sie eine Bewegung und demnach ihr Tempo und ihren Rhythmus.
Achten Sie nur einmal darauf, wie das Gefühl in Ihrem Innern bebt, pocht, umgetrieben wird und vergeht. Auch diese unsichtbare Bewegung hat ihre Längen und Kürzen und folglich ihren Tempo-Rhythmus.
Jede menschliche Leidenschaft, jeder Zustand, jedes innere Erleben hat einen eigenen Tempo-Rhythmus. Jeder charakteristische innere oder äußere Typ, ob Sanguiniker oder Phlegmatiker, ob Stadthauptmann, Chlestakow oder Semljanika – sie alle haben ihren eigenen Tempo-Rhythmus.
Jedes Faktum, jedes Ereignis spielt sich unbedingt in dem ihm entsprechenden Tempo-Rhythmus ab. Ob es sich beispielsweise um eine Kriegserklärung oder um ein Friedensmanifest, um eine Festsitzung oder einen Empfang von Delegationen handelt, sie alle haben ihren eigenen Tempo-Rhythmus.
Wenn der Tempo-Rhythmus dem jeweiligen Ereignis nicht entspricht, kann ein komischer Eindruck entstehen. Stellen Sie sich doch einmal ein Kaiserpaar vor, das im Laufschritt zur Krönung eilte!
Kurz gesagt, in jedem Augenblick unseres Daseins ist in uns und um uns ein bestimmter Tempo-Rhythmus lebendig.
Jetzt ist Ihnen also klar, *wodurch* Sie den Tempo-Rhythmus auf der Bühne zeigen werden", sagte Arkadi Nikolajewitsch abschließend. „Nun müssen wir uns nur noch einigen, *wie* Sie die Momente des rhythmischen Zusammentreffens kennzeichnen."
„Wie? Durch das Erfüllen bestimmter Aufgaben, durch Sprechen, Handeln und Partnerbeziehungen", antworteten die Schüler.
„Sie wissen ja, daß sich in der Musik die Melodie aus Takten und die Takte ihrerseits aus Noten von unterschiedlicher Länge und Dynamik zusammensetzen. Sie sind es auch, die den Rhythmus vermitteln. Das Tempo dagegen ist unsichtbar und innerlich, es wird entweder von den Musikern selbst mitgezählt oder durch den Taktstock des Dirigenten angezeigt.
Genauso werden auch bei uns Bühnenkünstlern die Handlungen aus großen und kleinen Bewegungen von unterschiedlicher Dauer und Ausgewogenheit gebildet, und die Sprache ist nichts als die Summe von kurzen und langen, betonten und unbetonten Lauten, Silben und Wörtern, von denen der Rhythmus bestimmt wird.
Die Handlung einer Rolle wird ausgeführt, und der Text wird gesprochen unter dem gedachten Ticken unseres eigenen ‚Metronoms', das gleichsam in unserm Innern verborgen ist.
Dabei sollen die von uns hervorgehobenen betonten Silben und Bewegungen bewußt oder unbewußt eine kontinuierliche Linie bilden, deren einzelne Momente mit dem Zählen des inneren Metronoms zusammentreffen.[1]
Wenn ein Schauspieler intuitiv richtig fühlt, was er auf der Bühne sagen und tun muß, so entsteht der entsprechende Tempo-Rhythmus ganz von selbst, er verteilt die starken und schwachen Stellen beim Sprechen und regelt ihr Zusammentreffen. Wo

das jedoch nicht der Fall ist, bleibt nichts anderes übrig, als den Tempo-Rhythmus auf technischem Wege auszulösen, das heißt, wie üblich vom Äußeren zum Inneren vorzudringen. Zu diesem Zweck dirigieren Sie mir bitte den Tempo-Rhythmus, den Sie im jeweiligen Moment haben wollen. Sie wissen ja jetzt, daß man dies nicht tun kann ohne die entsprechenden inneren Vorstellungen, ohne Phantasie, ohne vorgeschlagene Situationen und so weiter, die alle miteinander das Gefühl wachrufen. Diesen Zusammenhang zwischen Tempo-Rhythmus und Gefühl wollen wir noch einmal anhand eines Versuchs überprüfen.
Wir beginnen mit dem Tempo-Rhythmus der Handlung und werden uns dann mit dem Tempo-Rhythmus des Sprechens beschäftigen."
Iwan Platonowitsch zog das große Metronom auf und ließ es in sehr langsamem Tempo anschlagen. Unterdessen ergriff Arkadi Nikolajewitsch einen großen festen Aktendeckel, den er gerade zur Hand hatte, und baute darauf wie auf einem Tablett verschiedene Gegenstände auf: ein Tintenfaß, eine Streichholzschachtel, eine Schreibunterlage und so weiter. Nun bekam Pustschin von Torzow den Auftrag, die ausgewählten Dinge unter dem getragenen, feierlichen Schlagen des Metronoms auf dem Tablett umherzutragen, sie dann im ⁴/₄-Takt vom Tablett zu nehmen und den Anwesenden zu überreichen.
Es stellte sich jedoch heraus, daß Pustschin der erforderliche Rhythmus fehlte; er brachte die Aufgabe nicht zustande. Er mußte erst trainieren und eine ganze Reihe von Vorübungen machen.[2] Wir andern schlossen uns den Übungen an, die darin bestanden, daß man uns die langen Pausen zwischen den Schlägen des Metronoms nur mit einer einzigen beliebigen Bewegung oder Handlung ausfüllen ließ.[3]
„Genauso füllt auch in der Musik eine einzige ganze Note einen Takt aus", erklärte Arkadi Nikolajewitsch.
Wie sollte man diese Langsamkeit und Eintönigkeit der Handlung rechtfertigen? Ich suchte sie durch die außerordentliche Konzentration zu rechtfertigen, die erforderlich ist, um einen entfernten, undeutlich sichtbaren Punkt zu betrachten. Zu diesem Zweck hatte ich mir eine Stelle an der hinteren Wand des Parketts ausgewählt. Die Seitenlampe auf der Bühne blendete mich; um meine Augen vor dem Licht abzuschirmen, mußte ich die eine Hand an die Schläfe heben. Das war zunächst die einzige Handlung, die ich mir gestattete. Dann trachtete ich danach, mich in jedem nachfolgenden Takt derselben Aufgabe immer wieder aufs neue anzupassen. Dazu mußte ich die Lage der Arme, die Stellung des Körpers oder der Beine immer wieder ändern, wenn ich mich vorneigte, um in die Ferne zu schauen. Alle diese Bewegungen halfen mir, die Takte immer wieder neu auszufüllen.
Danach wurde zusätzlich zum großen noch ein kleines Metronom in Gang gesetzt. Es schlug zuerst zwei-, dann vier-, acht- und schließlich sechzehnmal in einem Takt, entsprechend den halben, Viertel-, Achtel- und Sechzehntelnoten in der Musik.
Nun mußten wir die Takte, dem Schlag des Metronoms folgend, jeweils durch zwei, vier, acht oder sechzehn Bewegungen ausfüllen.
Ich suchte diese rhythmischen Handlungen dadurch zu rechtfertigen, daß ich, je nachdem gemächlich oder hastig, in meinen Taschen nach einer wichtigen Notiz suchte, die ich nicht finden konnte.

Den schnellsten Tempo-Rhythmus der Bewegung begründete ich dadurch, daß ich einen Bienenschwarm abwehrte, der sich auf mich gestürzt hatte.
Im Lauf der Zeit gewöhnten wir uns an den Tempo-Rhythmus und fingen schließlich an, mit ihm zu spielen und Unfug zu treiben. Wir freuten uns, wenn unsere Bewegungen mit dem Schlag des Metronoms zusammentrafen, denn in diesen Augenblicken erschien uns alles glaubwürdig, was wir auf der Bühne taten.
Sobald dieser Zustand jedoch vorüber war und das rhythmische Rechnen, die reine Mathematik, ihre Rechte geltend machte, runzelten wir die Brauen, und der Sinn stand uns durchaus nicht mehr danach, Unsinn zu treiben.

Heute nahm Arkadi Nikolajewitsch die Übung mit dem Tablett wieder auf. Aber auch dieses Mal wurde Pustschin nicht damit fertig, darum wurde die Etüde mir übertragen.
Wegen des vom großen Metronom angegebenen langsamen Tempos, bei dem eine einzige Note den ganzen Takt ausfüllte, die nur eine einzige Bewegung rechtfertigte, mußte ich meine Handlung über den ganzen Zwischenraum zwischen zwei Schlägen ausdehnen. Dadurch entstand wie von selbst eine gleichmäßige, feierliche Stimmung, die in meinem Innern widerhallte und die entsprechenden Bewegungen verlangte.
Ich malte mir aus, ich sei der Vorsitzende eines Sportvereins, der gerade dabei ist, Preise oder Auszeichnungen zu verleihen.
Nach Beendigung dieser Zeremonie bekam ich den Auftrag, langsam aus dem Raum zu schreiten, dann wiederzukehren und im gleichen feierlichen Tempo-Rhythmus die Preise und Auszeichnungen wieder an mich zu nehmen und mich schließlich wieder zu entfernen.
Ich führte diese neue Aufgabe aus, ohne dabei an ihre Rechtfertigung zu denken. Die Handlung selbst, die sich in der durch den Tempo-Rhythmus erzeugten feierlichen Atmosphäre vollzog, schlug mir eine neue Situation zu ihrer Begründung vor.
Ich fühlte mich wie ein Richter, der irgendwelche zu Unrecht mit Orden ausgezeichnete Personen degradieren muß. Ganz intuitiv kam in meinem Innern ein unfreundliches Gefühl gegenüber meinen Objekten auf.
Als man mir auftrug, dieselbe Etüde in einem andern Tempo-Rhythmus mit vier Vierteln in einem Takt zu wiederholen, fühlte ich mich als Lakai, der auf einem festlichen Empfang ehrerbietig Gläser mit Champagner herumreicht. Dieselbe Handlung in Achtelnoten verwandelte mich in einen einfachen Kellner eines Bahnhofsrestaurants während eines kurzen Zugaufenthaltes. Ich mußte mich wahnsinnig dranhalten, um alle Fahrgäste zu bedienen.
„Und jetzt versuchen Sie einmal, die zweite und die vierte der vier Viertelnoten im Takt durch Achtelnoten zu ersetzen", wies mich Arkadi Nikolajewitsch an.
Nun war es um die Feierlichkeit geschehen. Die zwischen den Vierteln gleichsam einherhumpelnden Achtel erzeugten ein Gefühl von Unsicherheit, ließen mich zerstreut und ungeschickt wirken. Ich kam mir vor wie der Pechvogel Jepichodow in Tschechows „Kirschgarten" mit seinen „zweiundzwanzig Malheurs". Als dann die Achtel gar noch durch Sechzehntel ersetzt wurden, steigerte sich das Gefühl der Unsicherheit nur noch mehr.

Alles glitt mir aus den Händen. Alle Augenblicke mußte ich das fallende Geschirr auffangen.[4]

„Bin ich etwa betrunken?" fuhr es mir durch den Sinn.

Anschließend mußten wir entsprechende Übungen mit *Synkopen* durchführen, die Angst, Nervosität, Unsicherheit und Zögern noch stärker als bisher vermittelten. Dieser Umstand brachte mich auf einen neuen Einfall, der mir nicht weniger glaubhaft erschien, um die Handlung zu rechtfertigen:

Ich stellte mir nämlich vor, der Champagner sei vergiftet, und diese Situation bedingte die Unschlüssigkeit meines Verhaltens. Wesselowski gelangen ähnliche Etüden besser als mir. Er war imstande, auch feine Nuancen zum Ausdruck zu bringen, largo lento oder auch staccato, wie Arkadi Nikolajewitsch es von ihm verlangte.

Unser ehemaliger Tänzer Wesselowski hatte enormen Erfolg.

Wie ich zugeben muß, hat die heutige Stunde mich davon überzeugt, daß *der Tempo-Rhythmus der Handlung imstande ist, intuitiv, direkt und unmittelbar nicht nur die entsprechenden Empfindungen auszulösen und das Erleben anzuregen, sondern zugleich auch die Anlage der Gestalten zu unterstützen.*[5]

Noch stärker ist dieser Einfluß auf das emotionale Gedächtnis und auf die Vorstellungskraft bei rhythmischen Handlungen unter Musikbegleitung. Hier muß allerdings die Einschränkung gemacht werden, daß wir es dabei nicht mehr ausschließlich mit dem Tempo-Rhythmus zu tun haben wie beim Schlagen des Metronoms, sondern zugleich mit Klang, Harmonie und Melodie, mit lauter Faktoren also, die unser Gefühl stets sehr intensiv anregen.

Arkadi Nikolajewitsch bat Iwan Platonowitsch, etwas auf dem Klavier zu spielen, uns trug er auf, zu den Klängen dieser Musik zu handeln. Wir sollten dabei durch unsere Bewegungen im entsprechenden Tempo-Rhythmus das wiedergeben, wovon die Musik sprach, was sie unserer Phantasie vorzauberte. Es war eine äußerst interessante Etüde, die wir begeistert mitmachten.

Es ist angenehm, unter Musikbegleitung in einem genau festgelegten Rhythmus zu handeln.

Er ruft in uns eine Stimmung wach, er beeinflußt das Gefühl.

Jeder von uns empfand den Tempo-Rhythmus und die Musik auf seine individuelle Art. Alle diese Empfindungen waren ganz unterschiedlich und standen häufig im Widerspruch zueinander und zu dem, was Iwan Platonowitsch mit seinen Klängen ausdrücken wollte. Jeder einzelne war jedoch davon überzeugt, daß seine Auffassung der Musik die richtige sei.

Als in der Begleitung erregende, unruhige Rhythmen aufklangen, malte ich mir aus, daß ein Verfolger hinter mir hergaloppierte. Das ist ein Tscherkesse! Ich bin im Gebirge! Man hat mich gefangengenommen! Ich zwängte mich fliehend zwischen den Möbeln und Stühlen durch, die in meiner Vorstellung Felsbrocken darstellten, und verbarg mich hinter ihnen in der Hoffnung, daß kein Reiter mich dort einholen könne.

Doch da hatte sich der Charakter der Musik gewandelt, sie klang jetzt zärtlich und gefühlvoll und veranlaßte mich zu neuen Rhythmen und Handlungen.

Das ist sie, meine Geliebte! Sie eilt zum Stelldichein mit mir! Wie schämte ich mich

meiner Verzagtheit! Wie froh und gerührt war ich über die Eile meiner Liebsten. Diese Eile bedeutete für mich ja ein Unterpfand ihrer Liebe. Doch plötzlich klang die Musik wieder unheilverkündend, und gleich sah meine Phantasie alles wieder in den dunkelsten Farben! Bei allen diesen Veränderungen spielte der Tempo-Rhythmus der Musik eine große Rolle.
Anscheinend ist er imstande, nicht nur einzelne Bilder, sondern sogar ganze Szenen hervorzurufen?!

Heute rief Arkadi Nikolajewitsch alle Schüler auf die Bühne, ließ drei Metronome auf verschiedene Tempi einstellen und forderte uns dann auf, uns nach eigenem Gutdünken zu bewegen.
Nun verteilten wir uns alle in kleine Gruppen, stellten uns Aufgaben, legten die vorgeschlagenen Situationen fest und begannen zu handeln, die einen nach ganzen Noten, andere nach Vierteln, nach Achteln und so fort.
Aber die Weljaminowa wurde durch die fremden Tempo-Rhythmen verwirrt, und sie bat, für alle eine einzige Geschwindigkeit und ein übereinstimmendes Zeitmaß festzusetzen.
„Was wollen Sie denn mit dieser soldatischen Einförmigkeit?" fragte Arkadi Nikolajewitsch erstaunt. „Genau wie im wirklichen Leben draußen hat auch auf der Bühne jeder seinen eigenen Tempo-Rhythmus. Ein übereinstimmender, für alle gemeinsamer Tempo-Rhythmus entsteht nur durch Zufall. Stellen Sie sich vor, Sie befänden sich in der Pause vor dem letzten Akt eines Stückes in der Schauspielergarderobe. Die erste Gruppe, die sich nach dem Schlag des ersten Metronoms bewegt, ist fertig und schminkt sich in aller Ruhe ab, um nach Hause zu gehen. Die zweite Gruppe dagegen, die sich im Zeitmaß des anderen, schnelleren Metronoms bewegt, muß sich für den noch bevorstehenden letzten Akt umziehen und neu schminken. Sie, Weljaminowa, gehören dieser Gruppe an und müssen innerhalb von zehn Minuten neu frisiert sein und eine prachtvolle Balltoilette angelegt haben."
Unsere Schöne verschanzte sich hinter einem Wall von Stühlen und ging begeistert an eine ihr vertraute und liebe Beschäftigung – sie machte sich hübsch und hatte dabei alle fremden Tempo-Rhythmen bald völlig vergessen.
Auf einmal ließ Arkadi Nikolajewitsch das dritte Metronom im schnellsten Zeitmaß laufen. Dann fing er an, mit Iwan Platonowitsch zusammen etwas in einem stürmischen, konfusen Rhythmus zu spielen, den sie dadurch rechtfertigten, daß sie beide sich mit dem Umziehen besonders beeilen mußten, weil der nächste Akt mit ihrer Szene begann. Zu allem Überfluß lagen die einzelnen Kostümteile im ganzen Raum verstreut herum, und die beiden mußten sich ihre Sachen erst aus einem großen Kleiderwust heraussuchen.
Der neue Tempo-Rhythmus, der sich ungeniert gegen die beiden anderen stellte, ließ die ganze Szene komplizierter, bunter und nervöser erscheinen. Aber trotz dieses Durcheinanders der Rhythmen fuhr die Weljaminowa fort sich zu frisieren, ohne sich im geringsten um das zu kümmern, was rings um sie her geschah.
„Warum haben Sie sich denn dieses Mal durch nichts stören lassen?" fragte Arkadi Nikolajewitsch nach Beendigung der Etüde.

„Ich weiß nicht, wie ich es erklären soll", entgegnete unsere Schöne, „ich hatte gar keine Zeit dazu!"
„Ja, sehen Sie, das ist es gerade!" pflichtete Arkadi Nikolajewitsch ihr bei. „Vorher spielten Sie im Rhythmus um des Rhythmus' willen, jetzt dagegen *handelten* Sie produktiv und zielbewußt *im Rhythmus* und hatten darum auch *keine Zeit*, sich durch das ablenken zu lassen, was die andern taten."
Über den kollektiven Rhythmus äußerte sich Arkadi Nikolajewitsch folgendermaßen:
„Wenn viele Menschen auf der Bühne in einem einzigen Rhythmus leben und handeln wie Soldaten in Reih und Glied, wie Ballettänzerinnen in Ensembleszenen, so entsteht ein konventioneller, formaler Tempo-Rhythmus. Seine Stärke ist der Herdengeist und das mechanische Beherrschen der Bewegungen.
Abgesehen von einigen seltenen Fällen, in denen eine große Menge von einem einzigen Wollen ergriffen ist, können wir in unserer realen Kunst, die alle Schattierungen des echten Lebens widerspiegeln muß, einen solchen, für alle verbindlichen Tempo-Rhythmus nicht brauchen.
Wir fürchten alles Konventionelle und Formale, denn es verleitet uns zum nurhandwerklichen Darstellen. Wir brauchen zwar den Tempo-Rhythmus, aber nicht ein und denselben für alle Mitwirkenden. Wir mischen die verschiedensten Schnelligkeiten und Zeitmaße, die dann alle zusammen einen Tempo-Rhythmus ergeben, der in allen Nuancen des lebendigen, echten, realen Lebens funkelt.
Ich will Ihnen den Unterschied zwischen einer elementaren und einer mehr ins Detail gehenden Handhabung des Rhythmus an folgendem Beispiel illustrieren: Kinder pflegen ihre Bildchen in den Grundfarben zu malen: Gras und Blätter grün, Baumstämme braun, die Erde schwarz und den Himmel blau. Das ist elementar und formelhaft gesehen. Echte Künstler dagegen stellen sich ihre Farben selbst aus den Grundtönen zusammen. Sie mischen Blau mit Gelb, um verschiedene Schattierungen von Grün zu erhalten...[6]
Dadurch entsteht auf ihren Bildern eine vielfältige Farbskala der verschiedensten Töne und Schattierungen.
Wir benutzen den Tempo-Rhythmus nicht anders als die Maler ihre Farben und mischen ganz unterschiedliche Geschwindigkeiten und Zeitmaße miteinander."
Dann erklärte uns Arkadi Nikolajewitsch, daß nicht nur mehrere in einer Szene mitwirkende Darsteller in verschiedenen Tempi und Rhythmen handelten, sondern dasselbe könne genausogut auch auf nur eine einzige Person zutreffen.
In Augenblicken, in denen ein Mensch oder der Held eines Stückes Entschlüsse getroffen hat und keinerlei Widersprüche und Zweifel in sich spürt, ist es richtig und notwendig, daß er nur in einem einzigen Tempo-Rhythmus handelt. Wenn dagegen, wie beispielsweise bei Hamlet, Entschluß und Zweifel im Streit liegen, müssen mehrere Rhythmen gleichzeitig miteinander verbunden werden. In solchen Situationen wird der innere Kampf von konträr entgegengesetzten Prinzipien durch mehrere verschiedene Tempo-Rhythmen nur intensiviert, denn sie vertiefen das Erleben, stärken die innere Aktivität und regen das Gefühl an.
Ich wollte die Richtigkeit des Gesagten an mir selbst überprüfen und setzte für mich

zwei verschiedene Tempo-Rhythmen fest, einen sehr schnellen, den andern dagegen außerordentlich langsam.
Wie und *womit* sollte ich diese Kombination rechtfertigen?
Hier ist die unkomplizierte Situation, die ich mir dafür ausdachte:
Ich bin ein betrunkener Apotheker, schwanke, ohne es selbst zu merken, sinnlos durch den Raum und bin gerade dabei, in einem Fläschchen Medizin zu schütteln. Dieser Einfall erlaubte mir, ganz unerwartete Tempo-Rhythmen anzuwenden. Das betrunkene Umhertorkeln auf unsicheren Füßen rechtfertigte den langsamen Tempo-Rhythmus, während das Schütteln der Arznei eine schnellere und unregelmäßige Bewegung verlangte.[7]
Zunächst erarbeitete ich mir den richtigen Gang. Um seinen Rhythmus noch mehr zu verlangsamen, mußte ich den Grad der Trunkenheit verstärken. Ich empfand die Echtheit dessen, was ich tat, und fühlte mich seelisch und körperlich wohl.
Dann ging ich an die Bewegung der Hände beim Schütteln des Arzneifläschchens. Um den schnellen Rhythmus zu begründen, suchte ich ganz sinnlose, konfuse Bewegungen zu machen, die gut zu dem dargestellten Zustand paßten.
Auf diese Weise verbanden sich die beiden entgegengesetzten Rhythmen und verschmolzen ganz von selbst miteinander. Jetzt machte es mir ordentlich Spaß, den Betrunkenen zu spielen, und die anfeuernden Rufe aus dem Zuschauerraum spornten mich nur noch mehr an.
Die nächste Etüde sollte in einer einzigen Person gleich drei verschiedene Tempo-Rhythmen vereinigen, die von drei Metronomen angegeben wurden.
Um sie zu rechtfertigen, hatte ich mir folgende Situation ausgedacht:
Ich bin Schauspieler und bereite mich gerade auf meinen Auftritt vor. Ich repetiere meinen Text und spreche ihn langsam, mit großen Abständen zwischen den einzelnen Worten im Zeitmaß des ersten Metronoms. Dabei laufe ich vor Erregung im Tempo des zweiten Metronoms nervös in der Garderobe auf und ab, gleichzeitig ziehe ich mich an, binde mir die Krawatte und so weiter im schnellsten Tempo des dritten Metronoms.
Um diese verschiedenen Tempo-Rhythmen und Handlungen zu koordinieren, verfuhr ich wie zuvor, das heißt, ich verband zunächst zwei Handlungen und zwei Tempo-Rhythmen miteinander, nämlich das Anziehen und das Umherlaufen. Sobald ich mich an sie gewöhnt hatte und sie mechanisch beherrschte, nahm ich auch noch die dritte Handlung, das Sprechen des Textes im dritten Tempo-Rhythmus, dazu.
Die darauffolgende Übung war noch schwieriger.
„Stellen Sie sich vor, Sie spielten die Esmeralda, die gerade zur Hinrichtung geführt wird", wandte sich Arkadi Nikolajewitsch an die Weljaminowa.[8] „Der Zug bewegt sich langsam unter den unheilverkündenden Klängen des Trommelwirbels; dabei schlägt und hämmert das Herz der zum Tode Verurteilten wie rasend in der Vorahnung des letzten Augenblicks. Gleichzeitig flüstert die unglückliche Verbrecherin in einem neuen, dritten Tempo-Rhythmus ein Gebet um Rettung ihres Lebens, während die Hände langsam, in einem andern, vierten Tempo-Rhythmus über die Gegend des Herzens hin und her gleiten."
Aus Angst vor der Schwierigkeit dieser Aufgabe griff sich die Weljaminowa mit

beiden Händen an den Kopf. Arkadi Nikolajewitsch erschrak und suchte sie schleunigst zu beruhigen.

„Es wird eine Zeit kommen, in der Sie sich bei dergleichen Situationen nicht vor Angst an den Kopf greifen, sondern sich eben gerade am *Rhythmus* wie an einem Rettungsring festklammern werden. Vorerst werden wir uns aber noch leichtere Aufgaben stellen."

Heute ließ uns Arkadi Nikolajewitsch alle in der letzten Stunde durchgeführten Übungen in Tempo und Rhythmus wiederholen, jetzt allerdings nicht mehr mit Unterstützung durch das Metronom wie früher, sondern wir mußten unser eigenes „Metronom" anstellen, das heißt in Gedanken selbst mitzählen.

Jeder sollte sich nach eigenem Belieben ein bestimmtes Tempo und Taktmaß auswählen, die er beibehalten und dabei so handeln sollte, daß die starken Momente der Bewegung mit den Schlägen des imaginären inneren Metronoms zusammenfallen.

Hier erhob sich folgendes Problem: Welche Linie, die innere oder die äußere, sollte man beim Suchen nach den starken rhythmischen Momenten verfolgen? Sollte man sich dabei an die Vorstellungen und die vorgeschlagenen Situationen halten oder an die Wechselbeziehung und die Strahlenaussendung? Wie sollte man die betonten Momente festhalten und wiedergeben? Es ist nicht einfach, sie bei völliger äußerer, physischer Untätigkeit in der inneren Handlung zu erkennen. Ich begann, meine Gedanken, Wünsche und Bestrebungen aufmerksam zu verfolgen, ohne irgend etwas davon zu begreifen.

Dann ging ich dazu über, auf meine Herz- und Pulsschläge zu lauschen. Aber auch das brachte mich nicht weiter. Wo also steckt mein inneres „imaginäres Metronom", und an welcher Stelle meines Organismus soll der Taktschlag des Tempo-Rhythmus erfolgen?

Bald meinte ich, das müsse irgendwo im Kopf geschehen, dann wieder glaubte ich, die Finger seien dafür am besten geeignet. Aus lauter Angst, die Bewegung könnte dort sichtbar werden, verlegte ich sie in die Fußzehen. Aber auch hier wurde die Bewegung bemerkt, und ich brach sie rasch wieder ab. Darauf ging sie von selbst auf einen Muskel in der Zungenwurzel über, was mich jedoch beim Sprechen behinderte.

So flatterte der Tempo-Rhythmus in mir von einer Stelle zur andern und fand seinen Ausdruck in verschiedenen körperlichen Bewegungen. Ich teilte Arkadi Nikolajewitsch diese Beobachtung mit. Er zuckte die Achseln und sagte stirnrunzelnd:

„Physische Bewegungen sind leichter festzuhalten und wahrzunehmen, darum nimmt man auch so gern zu ihnen seine Zuflucht. Wenn die Intuition schläft und geweckt werden soll, mag man sich den Tempo-Rhythmus durch irgendeine physische Bewegung angeben. Wenn diese Methode hilft, darf man sie in einzelnen, seltenen Momenten anwenden, um den unbeständigen Rhythmus wachzurufen und zu stützen. Schweren Herzens muß man sich mitunter damit abfinden, aber als ständiges, legitimes Hilfsmittel darf diese Methode keineswegs anerkannt werden.

Darum suchen Sie den durch körperliche Bewegung gewonnenen Tempo-Rhythmus so bald wie möglich durch Phantasie und vorgeschlagene Situationen zu rechtfertigen.

Diese Situationen und nicht etwa Ihre Hand oder Ihr Fuß sollen Ihnen die richtige Schnelligkeit und das passende Zeitmaß diktieren. Wenn Sie dabei zwischendurch das Empfinden haben sollten, als ob Ihr innerer Tempo-Rhythmus ins Wanken gerät, so mögen Sie sich, wenn es nicht anders geht, wieder von außen her, physisch helfen. Aber lassen Sie das nur für eine einzige Minute zu.
Sobald jedoch im Lauf der Zeit Ihr Gefühl für Tempo und Rhythmus sich gekräftigt hat, werden Sie ganz von selbst auf dieses plumpe Hilfsmittel verzichten und es durch das nur gedachte Zählen ersetzen."
Damit hatte Arkadi Nikolajewitsch mir etwas außerordentlich Wichtiges gesagt, und mir war es nun darum zu tun, den Sinn dieser Methode auszuprobieren und zu begreifen.
Arkadi Nikolajewitsch ließ sich durch mein Bitten erweichen und stellte mir folgende Aufgabe: Ich sollte bei einem sehr hastigen, verworrenen, aufgeregten inneren Tempo-Rhythmus äußerlich vollkommen gelassen, ja sogar träge erscheinen.
Zunächst legte ich mir die äußeren und inneren Tempi und Taktmaße fest und unterstützte sie durch einen unsichtbaren Druck mit den Fingern oder Zehen.
Sobald ich auf diese Weise Geschwindigkeit und Zeitmaß bestimmt hatte suchte ich sie so schnell wie möglich zu festigen und zu begründen und stellte mir zu diesem Zweck die Frage:
In welcher Situation könnte in meinem Innern ein besonders schneller und erregter Tempo-Rhythmus entstehen?
Nach langem Nachdenken entschied ich, das könnte nur geschehen, wenn ich irgendein gräßliches Verbrechen begangen hätte, das nun plötzlich wie ein Stein auf meiner Seele liegt. Als ich mir dergleichen Schrecknisse vorzustellen suchte, sah ich das Bild der toten Maloletkowa vor mir, die ich aus Eifersucht ermordet hatte. Ihr lebloser Körper lag auf dem Boden, das Gesicht war bleich, auf dem hellen Kleid leuchtete ein riesiger Blutfleck. Diese Vorstellungen erregten mich, und ich glaubte, den inneren Rhythmus durch Phantasie und vorgeschlagene Situationen ausreichend gerechtfertigt und fixiert zu haben.
Als ich dann zum äußeren, gelassen-trägen Tempo-Rhythmus überging, legte ich ihn ebenfalls vorher durch einen Druck mit den Fingern fest. Als ich ihn gefunden hatte, bemühte ich mich, auch ihn zu rechtfertigen und festzuhalten. Dazu fragte ich mich: Wie würde ich mich jetzt und hier, im Unterricht, mitten unter meinen Kameraden und Mitschülern, Auge in Auge mit Arkadi Nikolajewitsch und Iwan Platonowitsch verhalten, wenn die grauenvolle Vorstellung Wirklichkeit wäre? Ich müßte mich nicht nur gelassen, sondern sogar sorglos und träge geben. Ich könnte mich dieser Situation nicht gleich anpassen und wüßte auf Fragen keine rechte Antwort. Schon hatte ich das Bedürfnis, Blicken auszuweichen und meine Augen zu verbergen. Durch diese Aufgabe spitzte sich der Kontrast zwischen den beiden Tempo-Rhythmen noch mehr zu. Je gelassener ich erscheinen wollte, desto unruhiger wurde ich innerlich. Sobald ich selbst an diese Vorstellung glaubte, regte ich mich noch stärker auf.
Dann fing ich an, mir über die weiteren Folgen Gedanken zu machen: Wie sollte ich mich nach der Stunde im Gespräch mit den Mitschülern und Arkadi Nikolajewitsch verhalten? Wissen sie schon etwas? Was soll ich antworten? Was soll ich tun, wenn

sie mit mir über das Entsetzliche sprechen? Und wohin soll ich nach dem Unterricht gehen? Etwa dorthin? Um mein Opfer im Sarg liegen zu sehen?!

Je tiefer ich mich in die Situation hineinversetzte, desto aufgeregter wurde ich, desto mehr verriet ich mich selbst, desto sorgsamer mühte ich mich, den Unbekümmerten zu heucheln. Auf diese Weise entstanden wie von selbst die beiden verschiedenen Rhythmen: der schnelle innere Rhythmus und der erzwungene langsame äußere. Ich empfand die Wahrhaftigkeit in der Kombination dieser beiden Extreme und wurde dadurch in immer stärkere Erschütterung versetzt.

Sobald ich erst einmal auf den richtigen Weg der vorgeschlagenen Situationen, der durchgehenden Handlung und des Untertextes gelangt war, dachte ich nicht mehr ans Zählen, an Tempo und Rhythmus, sondern lebte ganz natürlich im einmal festgelegten Tempo-Rhythmus. Wie zur Bestätigung dafür fühlte Arkadi Nikolajewitsch heraus, was in meinem Innern vorging, obwohl ich es nicht zeigte, sondern im Gegenteil zu verbergen suchte, was ich empfand.

Torzow hatte erkannt, daß ich absichtlich meine Augen nicht zeigte, weil sie verraten hätten, daß ich die ganze Zeit über meinen Blick unter verschiedenen Vorwänden von einem Gegenstand zum andern schweifen ließ, als ob sie mich brennend interessierten.

„Mehr als durch alles andere haben Sie Ihren inneren Zustand durch Ihre unruhige Ruhe verraten", sagte er. „Sie selbst haben gar nicht bemerkt, wie Ihre Blicke gegen Ihren Willen gehetzt umherirrten, wie jede Drehung Ihres Kopfes und Halses im ängstlichen Tempo-Rhythmus Ihres inneren Zustandes durchgeführt wurde. Sie haben verraten, daß Sie nicht in einem gelassenen, phlegmatischen Tempo-Rhythmus lebten, sondern im Gegenteil in einem schnellen und nervösen, den Sie gewaltsam vor uns zu verbergen suchten. Eine Minute später hatten Sie sich jedoch bereits wieder in der Gewalt. Sie warfen uns einen erschrockenen Blick zu, um zu ergründen, ob wir auch nichts bemerkt hätten. Dann paßten Sie sich mit gekünstelter Ruhe Ihrer Umwelt wieder an. Als Sie Ihr Taschentuch hervorzogen, als Sie aufstanden, wie um sich bequemer hinzusetzen, da begriff ich sehr wohl, daß Sie alles das nur taten, um Ihre innere Unruhe zu bemänteln. Sie waren unablässig bemüht, die starre Unbeweglichkeit, in die Sie immer wieder verfielen, das Abschweifen Ihrer Aufmerksamkeit von dem, was rings um Sie her geschah, auf etwas, das Sie innerlich bewegte, vor uns zu verbergen. Mehr als durch alles andere verrieten Sie sich durch diese scheinbare Unerschütterlichkeit, die alle Augenblicke durch Ihre eigene Unruhe durchbrochen wurde. Genauso ist es auch im wirklichen Leben, wenn jemand eine starke innere Erregung verheimlichen will. Ein solcher Mensch sitzt ebenfalls unbeweglich da und lebt dabei doch in einem schnellen, nervösen Tempo-Rhythmus, er ist in Gedanken versunken und durch sein Gefühl aufgewühlt, das er aus irgendeinem Grunde verbergen muß.[9] Sie brauchen einen Menschen in dieser Situation nur unvermutet anzusprechen, und Sie werden sehen, daß er zusammenfährt, aufspringt und in den ersten Sekunden in dem schnellen Rhythmus auf Sie zueilt, in dem er innerlich lebt und den er vor den andern verbergen will. Im nächsten Augenblick hat er sich dann schon wieder in der Gewalt, verlangsamt Bewegung und Gang und gibt sich äußerlich ruhig.

Wenn er jedoch keine Veranlassung sieht, seine Aufregung zu verheimlichen, wird er sich auch weiterhin in dem eiligen Tempo-Rhythmus seines aufgewühlten Zustandes bewegen.
Oft sind in ganzen Stücken, ganzen Rollen, mehrere entgegengesetzte Tempo-Rhythmen miteinander verbunden. So sind zum Beispiel mehrere von Tschechows Stücken und Rollen auf diesem Gegensatz aufgebaut: Onkel Wanja, Astrow, Sonja, die drei Schwestern und andere Figuren erscheinen fast die ganze Zeit über äußerlich gelassen, während sie doch innerlich von bebender Unruhe ergriffen sind."
Als ich bemerkt hatte, daß langsame Bewegungen bei einem schnellen inneren Tempo-Rhythmus den Zustand am besten wiedergeben, den ich brauchte, fing ich an, meine Bewegungen und Wendungen zu übertreiben. Doch bald wurde ich von Arkadi Nikolajewitsch unterbrochen.
„Wir Zuschauer beurteilen den Zustand eines andern Menschen in erster Linie nach dem, was wir selbst sehen. Unbeherrschte physische Bewegungen sind natürlich besonders augenfällig. Wenn die Bewegungen dagegen ruhig und langsam sind, schließen wir daraus zunächst, daß der andere sich in einer guten, ausgeglichenen Stimmung befindet. Wenn wir aber intensiver auf Sie und Ihre Augen schauen und uns gleichsam in Ihre Empfindungen hineinversetzen, so erkennen wir doch die innere Unruhe, die Sie vor uns zu verbergen suchen. Also muß ein Schauspieler in entsprechenden Situationen auch imstande sein, seine Augen der ganzen tausendköpfigen Zuschauermenge zu zeigen. Das ist keine einfache Aufgabe. Sie verlangt Geschick und Selbstbeherrschung. Schließlich ist es für die Zuschauer durchaus nicht einfach, aus ihrer Entfernung von der Bühne die zwei kleinen Punkte der Augen zu erkennen. Dazu muß der Schauspieler relativ lange Zeit regungslos verharren. Obwohl hastige Wendungen und Bewegungen zulässig sind, muß man sie bei einem vorwiegend auf Augen und Mimik aufgebauten Spiel doch mit Maßen verwenden. Sie müssen immer so handeln, daß man dabei Ihre Augen sehen kann."
Anschließend spielten Goworkow und die Weljaminowa eine von ihnen erdachte Szene, in der eine Frau von ihrem eifersüchtigen Ehemann einem Verhör unterzogen wird. Ehe der Gatte seine Frau beschuldigen konnte, mußte er sie zunächst der Untreue überführen. Auch in diesem Fall kam es darauf an, äußerlich ruhig zu bleiben, den wahren inneren Zustand geschickt zu bemänteln und vor allem mit den Augen zu spielen:
Aber Arkadi Nikolajewitsch sagte zu Goworkow:
„Sie sind vollkommen ruhig und versuchen gar nicht erst, Ihre innere Erregung zu verbergen; denn, weil Sie keine empfinden, haben Sie auch nichts zu verbergen. Naswanow dagegen war heftig erregt, und darum hatte er auch etwas vor uns zu verbergen. In ihm waren gleichzeitig zwei Tempo-Rhythmen, ein innerer und ein äußerer, lebendig. Er saß einfach da, ohne etwas zu tun, und das allein war schon aufregend. Sie saßen ebenfalls einfach da, aber das konnte uns nicht erregen, weil in Ihnen trotz des zwiespältigen Zustandes, den Sie wiedergeben wollten, nicht zwei Tempo-Rhythmen lebendig waren, sondern nur ein einziger, ruhiger, durch den die ganze Szene den falschen Unterton einer friedlichen, freundschaftlichen, familiären Unterhaltung erhielt.

Ich sage noch einmal, daß man sich bei komplizierten Zuständen mit widerspruchsvollen inneren Linien und Strömungen nicht auf einen einzigen Tempo-Rhythmus beschränken darf, sondern mehrere miteinander kombinieren muß."

„Bis jetzt haben wir nur vom Tempo-Rhythmus einzelner Gruppen, Personen, Momente und Szenen gesprochen. Aber auch ganze Stücke und Aufführungen haben ihren eigenen Tempo-Rhythmus", erklärte Arkadi Nikolajewitsch heute.

„Soll das nun heißen, daß ein einmal festgelegtes Tempo und Zeitmaß den ganzen Abend über unverändert beibehalten werden muß? Natürlich nicht! Es gibt keinen einzigen, gleichbleibenden Tempo-Rhythmus für ein ganzes Stück oder eine Aufführung, sondern er besteht aus einer Vielzahl großer und kleinerer Komplexe, aus unterschiedlichen und andersartigen Geschwindigkeiten und Zeitmaßen, die alle miteinander zu einem harmonischen Ganzen verbunden werden müssen.

Alle diese Tempi und Rhythmen erzeugen in ihrer Gesamtheit entweder eine monumentale und majestätische, oder aber eine leichte und heitere Atmosphäre. In den Schauspielen herrscht je nach ihrem Inhalt der erste oder zweite Typ von Tempo-Rhythmen vor, durch den die Grundstimmung der gesamten Aufführung festgelegt wird.

Ein richtiger Tempo-Rhythmus ist für die gesamte Aufführung von großer Bedeutung. Nicht selten hat ein hervorragendes, gut inszeniertes und gut gespieltes Stück nur darum keinen Erfolg, weil es in einem zu langsam oder in einem unangebracht raschen Tempo gespielt wird. Sie brauchten nur einmal zu versuchen, eine Tragödie im Tempo eines Vaudeville und umgekehrt ein Vaudeville im Zeitmaß einer Tragödie zu spielen!

Oft hat ein durchschnittliches Stück in einer durchschnittlichen Inszenierung und Darstellung, das jedoch in einem dynamischen, flotten Tempo gespielt wird, nur darum Erfolg, weil es einen heiteren, frischen Eindruck hervorruft.

Es bedarf keines Beweises, daß psychotechnische Hilfsmittel zum Erarbeiten des richtigen Tempo-Rhythmus für ein ganzes Stück oder eine Rolle uns in Anbetracht dieser komplizierten und schwer faßbaren Aufgabe außerordentlich behilflich sein könnten.

Auf diesem Gebiet verfügen wir jedoch über keinerlei psychotechnische Methoden, darum sieht es in der Praxis folgendermaßen aus:

Der Tempo-Rhythmus einer Aufführung entsteht größtenteils rein *zufällig*, von selbst. Wenn der Schauspieler aus diesem oder jenem Grunde das Stück und seine Rolle richtig erfaßt hat, wenn er in guter Stimmung ist, wenn das Publikum mitgeht, so stellt sich das richtige Erleben und demzufolge auch der richtige Tempo-Rhythmus ganz von selbst ein. Wenn das aber nicht der Fall ist, sind wir hilflos. Hätten wir die entsprechende Psychotechnik, so könnten wir mit ihrer Hilfe zunächst den äußeren und dann auch den inneren Tempo-Rhythmus wachrufen und rechtfertigen. Dadurch würde dann auch das Gefühl lebendig werden.

Wieviel besser haben es doch die Musiker, die Sänger und Tänzer! Sie haben ihr Metronom, ihren Dirigenten oder Chorleiter!

Sie haben sich eingehend mit dem Problem des Tempo-Rhythmus beschäftigt und

seine außerordentliche Bedeutung für ihre Kunst erkannt. Die Richtigkeit ihrer musikalischen Interpretation ist bis zu einem gewissen Grade durch die richtige Geschwindigkeit und das geeignete Zeitmaß garantiert, die in den Noten festgelegt sind und beständig durch den Dirigenten reguliert werden.
Bei uns dagegen ist es ganz anders. Einzig und allein in Versen ist das *Metrum* berücksichtigt. Im übrigen haben wir jedoch keine Regeln und Gesetze, kein Metronom, keine Noten, keine gedruckte Partitur und keinen Dirigenten. Darum wird auch ein und dasselbe Stück an verschiedenen Tagen in unterschiedlichen Tempi und Rhythmen gespielt.
Wir Schauspieler können, was den Tempo-Rhythmus angeht, auf der Bühne keinerlei Hilfe erwarten. Und doch, wie nötig brauchten gerade wir sie!
Nehmen wir an, ein Schauspieler habe vor der Aufführung eine beunruhigende Nachricht erhalten, wodurch sich sein Tempo-Rhythmus an diesem einen Abend beschleunigt. So kommt er auf die Bühne. An einem andern Tag ist derselbe Schauspieler bestohlen worden, was den armen Teufel in tiefste Verzweiflung stürzt. Dadurch wird sich sein Tempo-Rhythmus auf der Bühne genau wie im wirklichen Leben verlangsamen.[10]
Demnach ist das Gelingen einer Vorstellung abhängig von den alltäglichen Zufälligkeiten des Lebens und nicht von der Psychotechnik unserer Kunst.
Nehmen wir weiter an, derselbe Schauspieler habe sich vor seinem Auftritt so gut er konnte zur Ruhe gezwungen oder, im andern Fall, aus der Verzweiflung aufgerafft und seinen Tempo-Rhythmus von 50 auf 100 gesteigert. Der Schauspieler ist damit zufrieden und meint, er habe erreicht, was er braucht. In Wirklichkeit ist er jedoch noch weit entfernt vom richtigen Tempo-Rhythmus des Stückes, der vielleicht bei 200 liegt. Dieser Irrtum wirkt sich negativ auf die vorgeschlagenen Situationen, die schöpferische Aufgabe und ihre Durchführung aus. Am verhängnisvollsten ist jedoch, daß ein falscher Tempo-Rhythmus auch das Empfinden und das Erleben beeinträchtigt.
Ein solches Mißverhältnis zwischen dem Tempo-Rhythmus des Schauspielers und dem seiner Rolle trifft man auf der Bühne immer wieder an.
Hier ein Beispiel dafür:
Erinnern Sie sich einmal daran, wie Ihnen zumute war, als Sie bei der Schülervorstellung vor dem schwarzen Schlund des Portals standen und der Zuschauerraum vor Ihnen von einer riesigen Menschenmenge angefüllt zu sein schien.
Dirigieren Sie mir den Tempo-Rhythmus jenes Augenblicks!"
Wir taten, wie er uns geheißen, wobei meine Hände fast nicht schnell genug mitkommen konnten, um alle die punktierten Zweiunddreißigstel, die Triolen und Synkopen anzudeuten, die den Tempo-Rhythmus jener für mich so denkwürdigen Vorstellung wiedergeben sollten.
Torzow stellte fest, daß mein Dirigieren der Geschwindigkeit 200 des Metronoms entsprochen habe.
Anschließend forderte er uns auf, uns an die ruhigsten und langweiligsten Minuten unseres Lebens zu erinnern und deren Tempo-Rhythmus zu dirigieren.
Ich dachte an Nishni-Nowgorod und dirigierte, was ich dabei empfand.

Dieses Mal hatte ich, wie Torzow sagte, im Tempo 20 des Metronoms dirigiert.
„Und nun stellen Sie sich vor, Sie spielten die Rolle des Hofrats Podkolessin in Gogols ‚Heirat', wofür Sie das Tempo 20 benötigen, während Sie selbst sich, bevor der Vorhang aufgeht, im Tempo 200 befinden. Wie soll man nun die eigene Verfassung mit den Forderungen der Rolle in Einklang bringen?! Nehmen wir an, es gelingt Ihnen, sich zu beruhigen, und ihr inneres Tempo um die Hälfte zu reduzieren. Ihnen selbst mag das viel erscheinen, in Wirklichkeit reicht es jedoch keineswegs aus, denn die Rolle des Podkolessin darf nur im Zeitmaß 20 gespielt werden. Wie kann man dieses Mißverhältnis ausgleichen? Wie kann man die Fehler ohne Metronom regulieren?
Der beste Ausweg wäre, sich ein so feines Empfinden für den Tempo-Rhythmus zu erwerben, wie es gute Musiker und Orchesterdirigenten haben. Denen brauchen Sie nur irgendein Tempo des Metronoms zu nennen, und sie können es ohne weiteres aus dem Gedächtnis dirigieren. Ja, wenn es ein Schauspielerensemble mit einem absoluten Gefühl für den Tempo-Rhythmus gäbe!! Was könnte man alles mit einer solchen Truppe erreichen!" sagte Torzow seufzend.
„Was denn?" fragten wir.
„Das will ich Ihnen sagen", entgegnete er.
„Vor kurzem inszenierte ich eine Oper mit einer großen Volksszene, einer ‚Chorszene', in der außer Solisten und Chorsängern auch mehr oder weniger erfahrene Statisten mitwirkten. Ihnen allen war der Tempo-Rhythmus nichts Neues. Wollte man jeden von ihnen mit den Angehörigen unseres Ensembles vergleichen, so könnte sich kein einziger der Opernkünstler an Qualität mit unseren Schauspielern messen. Trotzdem muß ich zugeben, daß im Endergebnis die Opernkünstler mit ihrer Leistung uns, ihre stärkeren Rivalen, übertrafen, obwohl sie viel weniger Proben gehabt hatten, als es bei uns am Theater üblich ist.
Die Volksszene dieser Oper gelang, von unserem dramatischen Gesichtspunkt aus gesehen, so gut, wie ich es an unserm Theater, trotz des unvergleichlich viel besseren Ensembles und der viel sorgfältigeren Proben, noch nie erreicht habe.[11]
Wie ist das zu erklären?
Der Tempo-Rhythmus glich in der noch unfertigen Volksszene alle Unebenheiten aus, er verlieh ihr Schönheit, Harmonie und Ebenmaß.
Der Tempo-Rhythmus verlieh dem Spiel der Darsteller eine großartige Präzision, Flüssigkeit, Ausgewogenheit, Anschaulichkeit und Harmonie.
Der Tempo-Rhythmus half den in der Psychotechnik noch nicht sehr bewanderten Künstlern, das innere Wesen der Rolle richtig zu erleben und zu beherrschen."
Wir gaben Arkadi Nikolajewitsch zu verstehen, daß sich sein Traum von einer Schauspielertruppe mit einem absoluten Gefühl für den Tempo-Rhythmus wohl kaum verwirklichen ließ.
„Zugegeben", sagte Torzow, „wenn man in dieser Hinsicht auch nicht mit allen rechnen kann, so sollen doch wenigstens ein paar Mitglieder des Ensembles das Gefühl für den Tempo-Rhythmus in sich entwickeln. Wie oft bekommt man hinter den Kulissen etwa folgendes zu hören: ‚Um die heutige Vorstellung brauchen wir uns keine Sorgen zu machen, denn es wirken ja die und die tollen Leute mit.' Was soll das

heißen? Damit soll gesagt werden, daß ein oder zwei Leute alle übrigen Darsteller und das gesamte Stück mitreißen können. So war es auch in der alten Zeit.

Die Überlieferung weiß zu berichten, daß unsere großen Vorläufer Stschepkin, Sadowski, Schumski und Samarin sich immer schon lange vor ihrem Auftritt hinter der Bühne einfanden, um noch genügend Zeit zu haben, sich in das Tempo der Aufführung hineinzuhören. Das ist einer der Gründe, weshalb diese großen Schauspieler immer Leben und Wahrheit mit sich auf die Bretter brachten.

Zweifellos erreichten sie das nicht allein dadurch, daß sie sich stets gewissenhaft auf ihr Auftreten vorbereiteten, sondern auch durch ein feines Empfinden für den Tempo-Rhythmus. Offensichtlich bewahrten sie in ihrem Gedächtnis eine ganz bestimmte Vorstellung von der Schnelligkeit oder Langsamkeit, vom richtigen Zeitmaß der Handlung jeder einzelnen Szene und des ganzen Stückes.

Vielleicht fanden sie den Tempo-Rhythmus auch jedesmal wieder von neuem, indem sie schon lange vor ihrem Auftritt hinter den Kulissen saßen und verfolgten, was auf der Bühne geschah. So gelangten sie durch Intuition oder möglicherweise auch durch nur ihnen selbst bekannte Hilfsmittel, von denen wir heute leider nichts mehr wissen, zum richtigen Tempo-Rhythmus.

So sollten auch Sie danach trachten, zu Künstlern zu werden, die imstande sind, Ihren Kollegen den richtigen Tempo-Rhythmus anzugeben."

„Was verstehen Sie denn unter der *Psychotechnik*, mit deren Hilfe man den richtigen Tempo-Rhythmus des ganzen Stückes und seiner Rolle findet? Worauf gründet sie sich?" wollte ich wissen.

„Der Tempo-Rhythmus des Stückes ist der *Tempo-Rhythmus seiner durchgehenden Handlung und seines Untertextes*. Wie Sie wissen, braucht die durchgehende Handlung eines Werkes *zwei Perspektiven*, nämlich die des Schauspielers und die der Rolle. Genau wie ein Maler, der die Farben auf seinem Bild anordnet und verteilt, dabei nach dem richtigen Verhältnis zwischen ihnen sucht, so muß auch der Schauspieler die richtige Verteilung des Tempo-Rhythmus' über die gesamte durchgehende Handlung des Stückes finden."

„Ohne Dirigent werden wir nichts zustande bringen!" meinte Wjunzow tiefsinnig.

„Iwan Platonowitsch wird schon irgend etwas austüfteln, das uns den Dirigenten ersetzt", sagte Torzow scherzend, als er hinausging.

Auch heute war ich, wie immer, frühzeitig zum Unterricht erschienen. Die Bühne war bereits beleuchtet und der Vorhang aufgezogen, und auf den Brettern arbeiteten die Elektriker mit Iwan Platonowitsch, der in Hemdsärmeln war, mit Hochdruck an einem neuen Trick.

Ich bot ihnen meine Hilfe an, was Iwan Platonowitsch veranlaßte, mich schon vor der Zeit in sein Geheimnis einzuweihen.

Es stellte sich heraus, daß unser unermüdlicher Erfinder sich bereits einen „elektrischen Dirigenten für das Schauspiel" ausgetüftelt hatte. Seine Erfindung, die er zunächst nur provisorisch und im Rohbau fertiggestellt hatte, sah folgendermaßen aus: Stellen Sie sich vor, daß im Souffleurkasten, für den Zuschauer unsichtbar, ein kleiner Apparat angebracht ist, auf dem lautlos zwei Glühbirnen abwechselnd aufleuch-

ten, die Pendel und Schlag des Metronoms ersetzen. Dieser Apparat wird vom Souffleur bedient, in dessen Textbuch die auf den Proben festgelegten richtigen Tempi und Geschwindigkeiten jedes bedeutsamen Abschnittes des Stückes notiert sind. Durch Druck auf die Knöpfe eines neben dem Souffleur befindlichen Schaltbretts wird der „elektrische Dirigent" in Gang gesetzt und erinnert die Schauspieler an die festgesetzten Geschwindigkeiten. Wenn es erforderlich ist, schaltet der Souffleur den Apparat wieder aus.[12]
Arkadi Nikolajewitsch fand Gefallen an Rachmanows Erfindung und probierte mit ihm zusammen verschiedene Szenen, wobei der Elektriker ihnen irgendein Tempo einschaltete, das ihm gerade einfiel. Die beiden Schauspieler beherrschen den Tempo-Rhythmus wirklich meisterhaft und besitzen zugleich eine lebhafte, bewegliche Phantasie, die imstande ist, jeden beliebigen Rhythmus zu rechtfertigen. Jede Diskussion war überflüssig, weil diese beiden Meister durch ihr eigenes Beispiel die Zweckmäßigkeit des elektrischen Dirigenten auf der Bühne bewiesen hatten.
Anschließend probierten Pascha und ich und noch andere Schüler eine ganze Reihe von Szenen aus. Wir brachten es jedoch nur hier und da zu einem zufälligen Zusammentreffen.
„Die Schlußfolgerung dieses Experiments liegt klar auf der Hand", sagte Arkadi Nikolajewitsch. „Der elektrische Dirigent ist eine gute Hilfe für die Schauspieler und durchaus imstande, das Tempo einer Aufführung zu regulieren. Also ist er auch in der Praxis anwendbar, allerdings nur unter der Voraussetzung, daß alle oder wenigstens mehrere der mitwirkenden Schauspieler gut im Tempo-Rhythmus geschult sind.
Leider haben wir jedoch, mit verschwindend geringen Ausnahmen, noch keine solchen Künstler in unserm Beruf.
Darüber hinaus fehlt den meisten sogar das Bewußtsein der außerordentlichen Bedeutung von Tempo und Rhythmus für das Schauspiel. Um so mehr kommt es darauf an, daß Sie unsern künftigen Übungen mit dem Tempo-Rhythmus Ihre ungeteilte Aufmerksamkeit widmen!"
Am Schluß der Stunde war eine allgemeine Diskussion in Gang gekommen. Viele von uns machten Vorschläge, wie man in unseren Aufführungen den Dirigenten ersetzen könnte.
In diesem Zusammenhang gab uns Arkadi Nikolajewitsch einen besonders bemerkenswerten Hinweis.
Seiner Ansicht nach sollten sich alle Schauspieler vor Beginn und in den Pausen einer Vorstellung versammeln, um gemeinsam unter Musikbegleitung eine Reihe bestimmter Übungen zu machen, um dadurch in den richtigen Tempo-Rhythmus hineinzukommen.
„Woraus bestehen denn diese Übungen?" fragten wir interessiert.
„Nicht so eilig!" dämpfte Arkadi Nikolajewitsch unsern Eifer. „Ehe wir darüber sprechen, müssen Sie erst noch ein paar andere, elementare Übungen kennenlernen."
„Und was sind das für Übungen", wollten wir wissen.

„Darüber sprechen wir das nächste Mal!" sagte Arkadi Nikolajewitsch abschließend und ging hinaus.

„Guten Tag! Ich wünsche Ihnen einen guten Tempo-Rhythmus!" sagte Arkadi Nikolajewitsch zur Begrüßung, als er heute den Klassenraum betrat. „Worüber wundern Sie sich denn?" fragte er, als er unsere erstaunten Gesichter sah. „Meiner Meinung nach ist es viel richtiger, jemandem ein gutes Tempo oder einen guten Rhythmus zu wünschen als etwa ‚gute Gesundheit'. Denn wie könnte unsere Gesundheit wohl gut oder schlecht sein? Das Tempo oder der Rhythmus dagegen können *gut* sein, und das ist dann der beste Beweis für einen guten Gesundheitszustand. Darum wünsche ich Ihnen also heute einen guten Rhythmus und ein gutes Tempo – mit andern Worten – Gesundheit.
Also, ganz im Ernst gesprochen, wie steht es zur Zeit mit Ihrem Tempo-Rhythmus?"
„Offen gesagt – ich weiß es nicht", erwiderte Schustow.
„Und Sie?" wandte sich Torzow an Pustschin.
„Ich hab' keine Ahnung!" stieß der hervor.
„Und Sie?" fragte Torzow nacheinander mich und alle übrigen Schüler.
Keiner von uns konnte ihm eine definitive Antwort geben.
„Da ist aber mal eine feine Gesellschaft beisammen!" Arkadi Nikolajewitsch tat sehr erstaunt. „Mein Lebtag hab' ich solche Leute noch nicht getroffen! Kein einziger von Ihnen spürt etwas vom Rhythmus und Tempo seines Lebens. Dabei müßte doch, wie mir scheint, eigentlich jeder Mensch etwas von der Geschwindigkeit oder dem jeweiligen Zeitmaß seiner Bewegungen, Handlungen, Empfindungen und Gedanken, seines Atems, seiner Blutzirkulation, seines Herzschlags und seines allgemeinen Befindens fühlen."
„Ja! Das tun wir natürlich auch! Aber dabei ist uns folgendes unverständlich: Welche Augenblicke sollen wir denn für unsere Beobachtungen auswählen? Die Momente, in denen man die angenehme Aussicht auf den kommenden Abend im Sinn hat, und die darum einen fröhlichen, munteren Tempo-Rhythmus auslösen, oder die andern, in denen man zweifelt, nicht an die freudige Perspektive des Tages glaubt oder gänzlich von der trübsinnigen Stimmung des Augenblicks gefangen ist, wodurch sich der Tempo-Rhythmus verlangsamt?"
„Dirigieren Sie mir doch einmal die eine wie die andere Geschwindigkeit", forderte Arkadi Nikolajewitsch uns auf. „In Ihnen bildet sich ein wechselnder Rhythmus, in dem Sie auch im Augenblick leben. Es macht gar nichts, wenn Sie sich dabei irren! Es kommt mir jetzt nur darauf an, daß Sie durch Ihr Suchen nach dem Tempo-Rhythmus das Gefühl in Ihrem Innern entdecken.[13]
Also, in welchem Tempo-Rhythmus sind Sie heute morgen aufgewacht?" nahm Arkadi Nikolajewitsch seine Fragen wieder auf.
Alle Schüler zogen die Stirn in tiefe Falten und grübelten angestrengt über diese Frage nach.
„Müssen Sie sich denn wirklich so anstrengen, um mir diese Frage zu beantworten?" fragte Arkadi Nikolajewitsch verwundert. „Das Gefühl für den Tempo-Rhythmus

hat man doch eigentlich stets bei der Hand. Jeder Mensch hat doch immer eine ungefähre, mehr oder weniger genaue Vorstellung oder Erinnerung an jeden durchlebten Augenblick."

Ich rief mir alle Umstände des heutigen Morgens ins Gedächtnis zurück, und da fiel mir wieder ein, daß ich mich mächtig abgehetzt hatte. Es war schon höchste Zeit, zur Schule zu gehen, dabei mußte ich mich noch rasieren, der Geldbriefträger brachte mir eine Überweisung, und, zu allem Überfluß, wurde ich auch noch mehrmals ans Telefon gerufen. So erklärte sich der schnelle, hastige Tempo-Rhythmus, den ich dirigierte und der dabei in mir wieder lebendig wurde.

Nach einer kurzen Pause hatte sich Arkadi Nikolajewitsch das folgende Spiel ausgedacht: Er dirigierte einen relativ schnellen und verworrenen Tempo-Rhythmus. Wir klopften diesen Tempo-Rhythmus mehrere Male nach, um uns besser in ihn hineinzuhören und ihn richtig zu erfassen.

„Und nun überlegen Sie sich, in was für einer Situation und unter welchen Erlebnissen in Ihnen ein solcher Tempo-Rhythmus entstehen könnte", befahl Torzow.

Um diese Aufgabe lösen zu können, mußte sich jeder von uns zunächst eine entsprechende Vorstellung machen (das magische „Wenn" und die vorgeschlagenen Situationen finden). Um die Vorstellungskraft über den toten Punkt hinwegzubringen, mußten wir uns eine Reihe von Fragen stellen: *Wo, wann, wozu, warum* sitze ich hier? Wer sind die Menschen rings um mich her? Bei mir stellte sich heraus, daß ich mich im Krankenhaus, im Wartezimmer eines Chirurgen befand und die Entscheidung über mein Geschick erwartete: Entweder bin ich ernstlich krank und muß mich einer Operation unterziehen, bei der ich möglicherweise sterben kann, oder aber ich bin gesund und kann bald wieder genau so fortgehen, wie ich gekommen bin. Diese Vorstellung verfehlte ihre Wirkung nicht, und ich regte mich darüber bedeutend mehr auf, als es der von Torzow angegebene Tempo-Rhythmus erforderte.

Also mußte ich das angenommene Motiv abschwächen und befand mich in meiner Vorstellung nicht mehr im Wartezimmer eines Chirurgen, sondern nur eines Zahnarztes, um mir einen Zahn ziehen zu lassen.

Aber selbst diese Vorstellung war noch zu stark für den verlangten Tempo-Rhythmus, und so begab ich mich in Gedanken zum Ohrenarzt, der mir ein Ohr ausspülen sollte. Diese Vorstellung paßte am besten zu dem mir als Aufgabe gestellten Tempo-Rhythmus.

Torzow sagte abschließend: „In der ersten Hälfte der Stunde haben Sie auf Ihr eigenes, inneres Erleben gehört und seinem Tempo-Rhythmus durch Ihr Dirigieren sichtbaren Ausdruck verliehen. Jetzt dagegen haben Sie einen fremden Tempo-Rhythmus übernommen und ihn durch Ihre eigenen Vorstellungen und Empfindungen belebt. Auf diese Weise gelangt man *vom Gefühl zum Tempo-Rhythmus* oder aber umgekehrt *vom Tempo-Rhythmus zum Gefühl.*

Ein Schauspieler muß die Technik der einen wie der anderen Methode beherrschen. Am Schluß der letzten Stunde fragten Sie mich nach den Übungen, mit deren Hilfe man sich den richtigen Tempo-Rhythmus erarbeiten kann.

Heute habe ich Ihnen *die beiden Hauptwege gezeigt, die man bei der Auswahl der Übungen beschreiten muß.*"

„Aber wo bleiben die Übungen selbst?" fragte ich.
„Sie brauchen sich nur an alle bisher von uns durchgeführten Versuche zu erinnern, für die Tempo und Rhythmus unerläßlich sind.
Damit haben Sie wohl reichlich Stoff für den Unterricht in ‚Training und Drill'.
Wie Sie sehen, habe ich Ihnen heute die Frage beantwortet, die beim letzten Mal offengeblieben war", sagte Arkadi Nikolajewitsch beim Hinausgehen zu mir.[14]

„*Unserem Unterrichtsplan entsprechend haben wir zunächst einmal verfolgt, wie der Tempo-Rhythmus der Handlung unser Gefühl unmittelbar beeinflußt.*" Mit diesen Worten faßte Arkadi Nikolajewitsch noch einmal alles das zusammen, was wir in den letzten Stunden durchgenommen hatten. „*Jetzt werden wir nachzuprüfen haben, ob es sich mit dem Tempo-Rhythmus des Sprechens genauso verhält.*[15]
Wenn wir dabei zu dem Schluß gelangen, daß unser Gefühl auf diesem Gebiet genauso stark beeinflußt wird wie durch die Handlung, oder sogar noch stärker, so *wird Ihre Psychotechnik um ein neues, außerordentlich wichtiges Werkzeug reicher sein, mit dessen Hilfe Sie vom Äußeren auf das Innere, das heißt in diesem Fall, mit dem Tempo-Rhythmus des Sprechens auf das Gefühl, einwirken können.*
Ich gehe davon aus, daß die Laute der Stimme, also die Sprache, ein hervorragendes Mittel sind, um den Tempo-Rhythmus sowohl des *stummen Untertextes als auch des gesprochenen Textes andern zu vermitteln* und offenbar werden zu lassen. Wie ich Ihnen schon früher sagte, wird beim Sprechen die Zeit durch Laute unterschiedlicher Dauer und die dazwischenliegenden Pausen ausgefüllt. Oder anders ausgedrückt, die Linie der Worte verläuft in der Zeit, die Zeit aber wird durch die Laute der Buchstaben, Silben und Wörter in *rhythmische Abschnitte und Gruppen* aufgeteilt.
Das Wesen mancher Buchstaben, Silben und Wörter bedingt eine abgehackte kurze Aussprache, ähnlich den Achtel- oder Sechzehntelnoten in der Musik; andere Laute wiederum müssen eher langgezogen und gewichtig klingen wie ganze oder halbe Noten. Überdies erhalten manche Laute eine stärkere oder schwächere rhythmische Akzentuierung, während andere überhaupt nicht betont, wieder andere gleich Duolen oder Triolen miteinander verbunden werden.
Diese gesprochenen Laute werden ihrerseits von unterschiedlich langen Pausen und Luftpausen[16] unterbrochen. Alles das ist das Sprechmaterial, sind die Sprechmöglichkeiten, aus denen sich der unendlich vielfältige Tempo-Rhythmus des Sprechens zusammensetzt. Mit Hilfe all dieser Möglichkeiten lernt der Schauspieler, rhythmisch zu sprechen.
Um den Tempo-Rhythmus des Sprechens herauszufinden, müssen wir nicht nur die Zeit in Lauteinheiten aufteilen, sondern wir müssen auch zählen, um dadurch die *Sprechtakte* zu erhalten.
Im Bereich der Handlung haben wir das mit Hilfe von Metronom und Klingelzeichen erreicht. Wodurch aber sollen wir diese Hilfsmittel beim Sprechen ersetzen? Mit welchen Schlägen sollen die einzelnen Momente, die Laute und Silben des Textes zusammentreffen? Um das Metronom zu ersetzen, müssen wir lernen, den Takt in Gedanken mitzuzählen und beständig, instinktiv, auf seinen Tempo-Rhythmus zu hören.

Eine rhythmische, klangvolle, in sich geschlossene Sprache besitzt viele Elemente und Eigenschaften, die dem Gesang und der Musik verwandt sind.
Beim Sprechen treten die Laute, Silben und Wörter an die Stelle der Noten, aus denen sich Takte, Arien und ganze Sinfonien zusammensetzen. Nicht von ungefähr sagt man von einer guten Sprache, sie sei musikalisch.
Durch ein solches klangvolles und rhythmisches Sprechen wird die Wirksamkeit des Wortes gesteigert.
Genau wie in der Musik ist es auch beim Sprechen keineswegs gleichgültig, ob man in ganzen Noten, in Viertel-, Achtel-, Sechzehntelnoten, in Quadriolen, Triolen und so weiter spricht. Es ist ein großer Unterschied, ob man gemessen, fließend und ruhig in ganzen oder halben Noten den folgenden Satz spricht:
‚Ich kam hér (Pause), wartete lánge (Pause) ohne Erfólg (Pause), und ging wieder fórt‘, oder ob man genau denselben Satz in anderer Geschwindigkeit und anderm Rhythmus, in Achteln und Sechzehnteln, in Quadriolen und mit allen möglichen, verschieden langen Pausen spricht:
‚Ich ... kam her ... wartete lange ... ohne Erfolg ... und ging wieder fort ...‘
Im ersten Fall wird Ruhe, im zweiten dagegen Nervosität, Erregung zum Ausdruck gebracht.
Das wissen begabte Sänger sehr genau. Sie haben eine Scheu davor, gegen den Rhythmus zu verstoßen. Wenn in den Noten drei Viertelnoten angegeben sind, läßt ein guter Sänger auch genau drei solche Töne von gleicher Länge erklingen. Wo der Komponist eine ganze Note gesetzt hat, hält er sie auch wirklich bis zum letzten Schlag aus. Wenn in der Musik Triolen oder Synkopen stehen, gibt er sie genau so wieder, wie es die Mathematik von Rhythmus und Musik verlangt. Diese Genauigkeit ruft einen Eindruck hervor, dem sich niemand entziehen kann. Die Kunst verlangt Ordnung, Disziplin, Exaktheit und Ausgewogenheit. Und selbst da, wo in der Musik eine Arhythmie wiedergegeben werden soll, ist eine klare, vollkommene Präzision dazu unerläßlich. Auch das Chaos und die Unordnung haben ihren Tempo-Rhythmus.
Alles, was ich soeben über die Musik und die Sänger gesagt habe, trifft in gleicher Weise auch auf uns Schauspieler zu. Es gibt aber nicht nur gute Sänger, sondern auch schlechte. Diese Leute ersetzen mit der größten Bedenkenlosigkeit Achtelnoten durch Sechzehntel-, Viertelnoten durch halbe Noten, verschmelzen drei gleichlange Achtel zu einer einzigen Note und so weiter.
Die Folge davon ist, daß ihr Gesang die für jede Musik unerläßliche Exaktheit, Disziplin, Ordnung und Ausgewogenheit verliert, daß er unordentlich, verwischt und chaotisch wird. Ihr Singen hört auf, Musik zu sein und wird zu einer bloßen Demonstration der Stimme.
Dasselbe ist auch beim Sprechen der Fall.
Zum Beispiel gibt es Schauspieler vom Typ Wesselowskis. Sie haben einen ganz verworrenen Sprechrhythmus, der nicht nur im Verlauf mehrerer Sätze, sondern sogar innerhalb eines einzigen Satzes schwankt. Oft wird die eine Satzhälfte in verlangsamtem, die andere dagegen in einem stark beschleunigten Tempo gesprochen. Solche Schauspieler sprechen zum Beispiel den ersten Teil des Satzes ‚Ehrwürd'ger,

mächt'ger und erlauchter Rat' langsam und feierlich, um die folgenden Worte ‚Sehr edle, wohlerprobte, gute Herrn...' nach einer langen Pause unvermittelt sehr schnell hervorzustoßen. Mitunter kann man sogar innerhalb eines einzigen Wortes dieselbe Erscheinung beobachten. So wird etwas das Wort ‚unbedingt' in seiner ersten Hälfte hastig herausgesprudelt, dann jedoch, um der größeren Eindringlichkeit willen, am Schluß in die Länge gezogen: ‚unbedi...ngt' oder ‚unbee...dingt'.

Viele Schauspieler, die Sprache und Wort achtlos und leichtfertig handhaben, lassen ihre sinnlose Hast beim Sprechen so weit gehen, daß sie die Wortenden verschlucken oder sogar ganze Wörter oder Sätze in der Mitte abbrechen und nicht zu Ende sprechen.

Der wechselnde Tempo-Rhythmus ist besonders ausgeprägt bei Schauspielern, die bestimmten Völkerstämmen angehören.

Beim richtigen und guten Sprechen darf es alle diese Erscheinungen nicht geben, abgesehen von Ausnahmefällen, in denen der Tempo-Rhythmus bewußt gewechselt wird, um eine Figur zu charakterisieren. Es versteht sich von selbst, daß die Pausen zwischen den einzelnen Wörtern im richtigen Verhältnis zur Schnelligkeit oder Langsamkeit des Sprechens stehen und den festgesetzten Tempo-Rhythmus beachten müssen. Beim schnelleren Sprechen oder Lesen sind die Pausen kürzer, beim langsamen dagegen länger.

Unsere Schwäche besteht darin, daß vielen Schauspielern so wichtige Elemente des Sprechens fehlen wie einerseits der *getragene, klangvolle und gebundene Fluß der Worte* und andererseits eine *schnelle, mühelose, exakte und präzise* Aussprache.

Auf der russischen Bühne hat man in der Tat nur selten Gelegenheit, eine *langsame,* klangvolle und gebundene oder aber eine wirklich *schnelle,* leichte Sprache zu hören. In der Mehrzahl der Fälle sind nur die Pausen lang, während die dazwischenliegenden Sätze schnell heruntergehaspelt werden.

Die wichtigste Voraussetzung für ein feierliches, getragenes Sprechen ist aber nicht die Vielzahl langer Pausen, sondern die Klangmelodie der Worte, die sich ohne Unterbrechung fortsetzen muß.

Ein sehr langsames Sprechen zum Schlagen des Metronoms, wobei die einzelnen Wörter und Sprechtakte gut miteinander verbunden und innerlich gerechtfertigt sein müssen, wird Ihnen helfen, sich eine langsame, fließende Sprechweise anzueignen.

Noch seltener hat man jedoch das Glück, auf unseren Bühnen ein wirklich gekonntes *schnelles Sprechen* zu hören, das sich durch gleichbleibendes Tempo, exakten Rhythmus, klare Diktion, deutliche Aussprache und eine präzise Wiedergabe der Gedanken auszeichnet. Uns ist es nicht gegeben, wie etwa den italienischen oder französischen Schauspielern, durch schnelles Sprechen zu brillieren. Bei uns wirkt so etwas niemals präzise, sondern verwischt, schwerfällig und verworren. Es ist kein schnelles Sprechen, sondern vielmehr ein Plappern, ein Heraussprudeln oder Verschlucken einzelner Worte. Die Kunst, schnell zu sprechen, muß man sich durch betont langsames, übertrieben exaktes Sprechen erwerben. Durch beharrliches und unermüdliches Wiederholen derselben Worte werden die Sprechwerkzeuge so trainiert, daß sie allmählich lernen, dieselbe Arbeit auch im schnellsten Tempo zu bewältigen.

Dazu muß man beständig in der Übung bleiben, und auch Sie müssen das tun, weil man auf der Bühne nun einmal nicht ohne schnelles Sprechen auskommen kann. Nehmen Sie sich also bitte kein Beispiel an den schlechten Sängern, und verstoßen Sie niemals gegen den Rhythmus der Sprache. Nehmen Sie sich die guten Sänger zum Vorbild und lernen Sie von ihnen Präzision, Ausgewogenheit und Disziplin beim Sprechen.
Wahren Sie die richtige Länge der Laute, Silben und Wörter, die Genauigkeit des Rhythmus und finden Sie gleichzeitig die richtige Verbindung der einzelnen Klangeinheiten untereinander, bilden Sie aus den Sätzen Sprechtakte, ordnen Sie das rhythmische Verhältnis der Sätze zueinander, achten Sie liebevoll auf eine richtige und präzise Akzentuierung, denn alles das ist typisch für die Gefühle und Leidenschaften und für die Figur, die Sie gestalten sollen.
Ein exakter Sprechrhythmus fördert das exakte und rhythmische Erleben, genauso wie umgekehrt auch der Rhythmus des Erlebens ein exaktes Sprechen fördert. Alles Gesagte gilt natürlich nur, wenn diese Exaktheit von innen heraus durch die vorgeschlagenen Situationen oder das magische ‚Wenn' ausreichend begründet ist."

Heute ließ Arkadi Nikolajewitsch das große Metronom aufziehen und stellte es auf ein langsames Tempo ein. Iwan Platonowitsch kennzeichnete wie üblich die Takte durch sein Glöckchen.
Dann wurde auch das kleine Metronom aufgezogen, das den Sprechrhythmus anzeigen sollte.
Nun forderte Arkadi Nikolajewitsch mich auf, zum Ticken der beiden Metronome etwas zu sprechen.
„Was denn?" fragte ich erstaunt.
„Was Sie wollen!" gab er zur Antwort.
„Erzählen Sie uns ein Ereignis aus Ihrem Leben, oder was Sie gestern getan, oder woran Sie heute gedacht haben."
Ich begann nachzudenken und erzählte, was ich gestern im Kino für einen Film gesehen hatte. Dabei tickten die Metronome unablässig, und das Glöckchen läutete, ohne daß es irgendeine Beziehung zu meinen Worten gehabt hätte.
Arkadi Nikolajewitsch mußte lachen und sagte: „In unserem Jargon sagen wir in solchen Fällen: ‚Die Musik ertönt, ich stürze mich ins Feuer.'"[17]
„Das ist auch gar nicht verwunderlich, denn ich habe keine Ahnung, wie ich beim Ticken eines Metronoms sprechen muß!" Ich wurde nervös und suchte mich zu rechtfertigen.
„Singen oder Verse sprechen kann man in Tempo und Takt und sich dabei bemühen, daß Zäsur und Skandierung mit den im voraus bekannten Momenten zusammentreffen, in denen die Apparate anschlagen. Wie aber soll man das gleiche auch bei Prosa erreichen? Mir ist einfach unklar, in welchen Augenblicken das geschehen soll", beschwerte ich mich.
Und wirklich, entweder kam ich zu spät, oder ich setzte den Akzent zu früh, entweder verhielt ich das Tempo, oder ich beschleunigte es zu sehr.
Immer wieder wich mein Sprechen von den Schlägen des Metronoms ab.

Dann aber gelang es mir plötzlich mehrmals hintereinander, eine Übereinstimmung zu erzielen, worüber ich mich sehr freute.
Leider war diese Freude von kurzer Dauer. Der Tempo-Rhythmus, den ich nur zufällig hatte, war dem Beharrungsvermögen folgend nur ein paar Sekunden lebendig, um gleich darauf wieder zu verschwinden, worauf das Durcheinander wieder losging.
Ich versuchte, mich dem Metronom anzupassen und mit Gewalt ein neues Zusammentreffen zu erzwingen. Aber je mehr ich mich dabei anstrengte, desto ärger brachte ich den Rhythmus durcheinander, desto mehr störten mich die Schläge des Apparates. Ich wußte schon gar nicht mehr, worüber ich sprach und hörte schließlich ganz auf.
„Ich kann nicht mehr! Ich habe eben kein Gefühl für Tempo und Rhythmus!" stieß ich hervor und konnte kaum noch die Tränen zurückhalten.
„Das stimmt nicht! Lassen Sie sich nicht so schnell ins Bockshorn jagen!" sagte Arkadi Nikolajewitsch ermutigend. „Sie stellen zu hohe Ansprüche an den Tempo-Rhythmus der Prosa. Darum kann er Ihnen auch nicht geben, was Sie von ihm erwarten. Vergessen Sie nicht, daß Prosa etwas anderes ist als Verse, genau wie eine gewöhnliche Handlung etwas anderes ist als ein Tanz. Hier kann das rhythmische Zusammentreffen nicht so streng geregelt sein wie in Versen und beim Tanz, wo es rechtzeitig und sorgfältig vorbereitet und untermauert wird.
Rhythmische Menschen erzielen häufiger ein zufälliges Zusammentreffen als weniger rhythmische. Das ist alles.
Ich will versuchen herauszufinden, wer von Ihnen zur ersten und wer zur zweiten Kategorie gehört.
Sie persönlich können übrigens beruhigt sein", fuhr er fort, „denn ich rechne Sie zu den rhythmischen Schülern. Sie kennen nur ein Mittel noch nicht, das Ihnen helfen wird, den Tempo-Rhythmus zu steuern. Hören Sie mir aufmerksam zu, ich will Ihnen ein wichtiges Geheimnis der Sprechtechnik erläutern.
Tempo-Rhythmus haben nicht nur die Musik und die Verskunst, auch die Prosa hat ihn. Beim normalen Sprechen ist er allerdings ungeordnet und zufällig. Die Prosa hat einen verworrenen Tempo-Rhythmus: Ein Takt wird in diesem, der nächste dagegen in einem ganz anderen Rhythmus gesprochen. Ein Satz ist lang, der andere kurz, und jeder einzelne hat seinen besonderen Rhythmus.
Alles das läßt im ersten Augenblick die pessimistische Frage gerechtfertigt erscheinen:
‚Ist denn in der Prosa ein Rhythmus überhaupt möglich?!'
Anstatt Ihnen zu antworten, will ich Ihnen eine Frage stellen. Haben Sie schon einmal eine Oper, eine Arie oder ein Lied gehört, die nicht in Versen, sondern auf einen Prosatext geschrieben waren? In solchen Werken werden die Laute, Silben, Wörter und Sätze der Sprache durch die Noten, Pausen und Takte, durch die Musikbegleitung, die Melodie und den Tempo-Rhythmus geordnet. Aus allen diesen Elementen setzen sich die harmonischen, rhythmischen Klänge der Musik zusammen, zu denen die Worte des Textes gesungen werden. In diesem Reich des mathematischen und taktmäßigen Rhythmus klingt Prosa beinahe wie Vers und paßt sich dem Ebenmaß

der Musik an. Wir wollen versuchen, bei unserem Prosasprechen denselben Weg zu beschreiten.

Rufen wir uns einmal ins Gedächtnis zurück, was in der Musik vor sich geht. Der Klang der Noten oder der Stimme gibt die Melodie wieder. Wo die Noten keinen Text haben, setzt die Begleitung ein oder stehen Pausen, die die zum Takt gehörenden rhythmischen Einheiten ausfüllen.

Dasselbe tun wir auch in der Prosa. Die Laute, Silben und Wörter ersetzen uns die Noten; die Pausen und Luftpausen füllen die rhythmischen Momente aus, die ohne Text sind.

Die Laute der Buchstaben, Silben und Wörter und auch die Pausen eignen sich, wie Sie wissen, ausgezeichnet dazu, um mit ihrer Hilfe die verschiedensten Rhythmen zu bilden.

Wenn es uns gelingt, so zu sprechen, daß die Silben und Wörter permanent mit den betonten rhythmischen Momenten zusammentreffen, können wir unsere Prosasprache auf der Bühne bis zu einem gewissen Grad an Musik und Vers annähern.

Wir sehen das bei den sogenannten ‚Versen in Prosa' und auch in den Werken neuerer Dichter, die man geradezu als ‚Prosa in Versen' bezeichnen könnte, weil sie der ungebundenen Sprache so ähnlich sind.

So entsteht der Tempo-Rhythmus der Prosa aus dem Wechsel von starken und schwachen Momenten beim Sprechen und von Pausen. Dabei muß man imstande sein, im Tempo-Rhythmus zu sprechen und zu schweigen, zu handeln und nichts zu tun.

Beim Sprechen von Versen oder Prosa sind die Pausen und Luftpausen aber nicht nur darum von großer Bedeutung, weil sie Bestandteile der rhythmischen Linie sind. Sie spielen dazu noch eine wichtige Rolle beim Aufspüren und Beherrschen des Rhythmus. Die Pausen und Luftpausen ermöglichen das Zusammentreffen der starken Momente im Rhythmus des Sprechens, Handelns und Erlebens mit den entsprechenden Momenten des inneren Zählens.

Diese Ergänzung fehlender rhythmischer Momente durch Pausen und Luftpausen bezeichnen einige Fachleute als ‚Tatatieren'. Ich will Ihnen sagen, woher dieses Wort kommt, dann werden Sie auch den Vorgang verstehen.

Wenn wir eine Melodie auf einen Text singen, der uns unbekannt ist, so ersetzen wir die fehlenden Worte durch irgendwelche Laute, wie zum Beispiel ‚ta-ta-ti-ra-ra'. Diese Laute benutzen auch wir Schauspieler, wenn wir in Gedanken die rhythmischen Pausen zählen, die in unsern Sprechtakten fehlende Wörter und Bewegungen ersetzen. Daher stammt die Bezeichnung ‚Tatatieren'.

Sie wurden durch die Zufälligkeit des Zusammentreffens rhythmischer Elemente in der Prosasprache verwirrt. Jetzt können Sie also beruhigt sein, denn wir haben ein Mittel, um diese Zufälligkeit zu besiegen: das ‚*Tatatieren*'.

Mit seiner Hilfe können wir auch Prosa rhythmisch sprechen."

Als Arkadi Nikolajewitsch heute den Studioraum betrat, forderte er die Schüler auf, im richtigen Tempo-Rhythmus den Eingangssatz aus Gogols „Revisor" zu sprechen.

„Ich habe Sie hergebeten, meine Herrn, um Ihnen eine unangenehme Mitteilung zu machen: Ein Revisor ist auf dem Wege hierher!"

Wir sprachen einer nach dem anderen diesen Satz, ohne daß es uns gelang, einen Rhythmus hineinzubekommen.
„Fangen wir mit der ersten Hälfte des Satzes an: Spüren Sie den Rhythmus in den Worten?"
Die Antworten waren widerspruchsvoll.
„Könnten Sie diesen Satz in Verse setzen?" fragte Arkadi Nikolajewitsch.
Es begann ein allgemeines Verseschmieden, als dessen Endergebnis das folgende „Reimwerk" geboren wurde:

> *„Ich habe Sie hergebeten, meine Herrn,*
> *ich fürchte, ein Unheil nahet von fern,*
> *aus Petersburg kommt es inkognito! –*
>   *Wer?*
> *Nun, ein Revisor! –*
>   *Kommt er wirklich hierher?"*

„Sehen Sie!" rief Torzow erfreut. „Mögen Sie auch noch so schlecht sein, aber immerhin – es sind Verse! Also enthält auch unser Prosatext einen Rhythmus.
Jetzt wollen wir dasselbe Experiment mit der zweiten Satzhälfte anstellen: ‚Um Ihnen eine unangenehme Mitteilung zu machen'."
Auch auf diese Worte wurden in Windeseile die nachstehenden Knüttelverse gemacht:

> *„Um Ihnen eine*
> *unangenehme Mitteilung zu machen:*
> *Hörn'n Sie, was ich meine,*
> *und es vergeht uns das Lachen."*

Dieses neue „Werk" überzeugte uns vom Vorhandensein eines Rhythmus auch in der zweiten Satzhälfte. Bald hatten wir auch auf den letzten Sprechtakt unsere Verse geschmiedet, und zwar:

> *„Ein Revisor ist auf dem Wege hierher!*
> *Was ist jetzt zu tun? Ich bitte Sie sehr!"*

„Und jetzt will ich Ihnen eine neue Aufgabe stellen", erklärte Arkadi Nikolajewitsch. „Fassen Sie diese Verse mit ihren unterschiedlichen Rhythmen zusammen und sprechen Sie sie hintereinander ohne Pause wie ein zusammenhängendes ‚Werk'!"
Viele Schüler mühten sich ab, um die Aufgabe zu lösen, aber ohne Erfolg.
Die einzelnen Versmaße der gewaltsam miteinander verbundenen Verse prallten gleichsam haßerfüllt voreinander zurück und wollten sich um keinen Preis miteinander verbinden. Torzow blieb nichts anderes übrig, er mußte selbst eingreifen.
„Ich werde es Ihnen vorsprechen, und Sie müssen mich unterbrechen, wenn Sie das Gefühl haben, daß ich dem Rhythmus zu große Gewalt antue", forderte uns Torzow auf, ehe er seinen Vortrag begann:

> *„Ich habe Sie hergebeten, meine Herrn,*
> *um Ihnen (tra-tá)*

> *eine unangenehme (tra-tá)*
> *Mitteilung zu machen:*
> Ich weiß es, ein Unheil nahet von fern,
> und es vergeht uns (tra-tá-ta) das Lachen.
> Was ist jetzt zu tun? (Hm.) Ich bitte Sie sehr:
> *Ein Revisor ist auf dem Wege hierher!*

Da Sie mich trotz der verworrenen Verse nicht unterbrochen haben, muß ich annehmen, daß Sie durch meine Übergänge von einem Versmaß und Rhythmus zum andern nicht allzusehr schockiert worden sind.
Ich gehe weiter.
Jetzt verkürze ich alle Verse und führe sie auf den ursprünglichen Text Gogols zurück", erklärte Arkadi Nikolajewitsch:

> *„Ich habe Sie hergebeten, meine Herrn,*
> *um Ihnen (tra-tá)*
> *eine unangenehme (tra-tá)*
> *Mitteilung zu machen:*
> *Ein Revisor ist auf dem Wege hierher!*

Niemand hat etwas einzuwenden, also kann auch ein Prosasatz rhythmisch sein", sagte Torzow abschließend.
„Alles hängt davon ab, ob man es versteht, die verschiedenartigen rhythmischen Gebilde miteinander zu verbinden.
Wir haben uns selbst davon überzeugt, daß das ‚Tatatieren' diese Aufgabe erleichtert. Es erfüllt beinahe dieselbe Arbeit wie der Dirigent eines Orchesters oder Chores, der alle Musiker, Sänger und mit ihnen die Zuhörer von einem vielleicht im $^3/_4$-Takt geschriebenen Satz einer Sinfonie zu einem andern Teil hinüberführen muß, der möglicherweise im $^5/_4$-Takt steht. Das gelingt ihm nicht mit einem Schlage. Wenn Menschen in einem Teil der Sinfonie an einen bestimmten Tempo-Rhythmus gewöhnt sind, können sie sich das andere, völlig neue Tempo und den Rhythmus des neu beginnenden Teils der Sinfonie nicht ohne weiteres zu eigen machen. Oft muß der Dirigent allen Musikern und Zuhörern dabei helfen, sich in die neue rhythmische Welle hineinzufinden. Zur Unterstützung bedient er sich schon vorher ebenfalls einer Art von ‚Tatatieren', das heißt, er akzentuiert den neuen Rhythmus besonders intensiv mit seinem Taktstock. So geleitet er die Ausführenden wie die Zuhörer durch eine ganze Folge rhythmischer Übergangsstufen, die letzten Endes zum neuen Takt hinüberführen.
Genau dasselbe müssen auch wir tun, wenn wir von einem Sprechtakt mit seinem bestimmten Tempo-Rhythmus auf einen anderen Sprechtakt mit einer neuen Geschwindigkeit und einem neuen Zeitmaß übergehen. Der Unterschied zwischen uns und dem Dirigenten besteht lediglich darin, daß er den Wechsel ganz offensichtlich mit Hilfe seines Taktstockes angibt, während wir es im verborgenen tun müssen, indem wir in Gedanken mitzählen oder ‚Tatatieren'.
Diese Übergänge sind in erster Linie für uns selbst, die Schauspieler, da, weil sie uns helfen, präzise und bestimmt in den neuen Tempo-Rhythmus hinüberzuwechseln,

so daß unser Partner und mit ihm alle Zuschauer uns dabei ohne Zögern folgen können.

In der Prosa ist das ‚Tatatieren' die Brücke, um ganz verschiedene Sätze oder Takte mit den unterschiedlichsten Rhythmen miteinander verbinden zu können."

Am Schluß der Stunde sprachen wir in vereinfachter Form zum Schlagen des Metronoms, das heißt, wir sprachen wie im Leben, nur bemühten wir uns dabei, die starken Momente der Wörter und Silben mit den Schlägen des Metronoms zusammentreffen zu lassen.

In den Pausen zwischen den Schlägen suchten wir unsere Worte und Sätze so anzuordnen, daß unser Sprechen, ohne den Sinn zu verändern, logisch und folgerichtig mit den nächsten Schlägen des Metronoms zusammentraf. Es gelang uns auch, die in einem Takt fehlenden Worte durch Pausen und gedachtes Zählen zu ergänzen. Freilich ist auch diese Art des Vortrags sehr willkürlich und von Zufällen abhängig. Dessenungeachtet wurde das Sprechen ebenmäßiger, und ich selbst fühlte mich dabei frischer und munterer.

Dieser Einwirkung des Tempo-Rhythmus auf das Erleben mißt Arkadi Nikolajewitsch große Bedeutung zu.

„*Famussow:* Was seh' ich da? Du hier, Moltschalin?
Moltschalin: Ja... ich... ich...
Famussow: Du hier? und jetzt? Und wie denn, sprich?"*

Zu Beginn der Stunde zitierte Arkadi Nikolajewitsch diese Sätze aus dem ersten Auftritt von Gribojedows „Geist bringt Kummer". Nach einer kurzen Pause begann er noch einmal:

„Was sehe ich denn da? Bist du das, Moltschalin?"
„Ja, ich bin's."
„Was hast du jetzt, zu dieser Zeit hier zu suchen?"

Dieses Mal hatte Arkadi Nikolajewitsch dieselben Repliken in Prosa gesprochen und sie vom Versrhythmus und vom Reim entblößt.

„Der Sinn ist derselbe geblieben wie im Vers, aber welch ein Unterschied! In der Prosa verschwammen die Worte, sie büßten ihre kategorische Knappheit, Exaktheit und Schärfe ein", erklärte Arkadi Nikolajewitsch. „In den Versen dagegen ist jedes einzelne Wort notwendig und keines überflüssig. Was in Prosa einen ganzen Satz erfordert, kann in Versen oft mit ein oder zwei Worten ausgedrückt werden. Und mit welcher Ausfeilung, mit welcher Präzision! ‚Prosa ist schwächlich und schlaff, Verse dagegen sind körnig!' Diese Definition hörte ich von einem ganz schlichten Menschen.

Nun könnte jemand einwenden, der bedeutende Unterschied zwischen den beiden von mir zitierten Beispielen von Vers und Prosa käme daher, daß die Verse von Gribojedow stammen, während ich mir die Prosa selbst zusammengestoppelt habe. Das ist selbstverständlich richtig. Dennoch behaupte ich, daß auch der große Dichter in Prosa nicht alles so exakt und rhythmisch hätte ausdrücken können, wie er es in

---

* *Wir benutzen die Übersetzung von J. v. Guenther, Aufbau-Verlag, Berlin 1948. (Anm. d. Hrsg.)*

Versen vermochte. Um etwa im ersten Auftritt den panischen Schrecken zu schildern, der Moltschalin beim unerwarteten Zusammentreffen mit Famussow durchzuckt, sagt dieser nichts weiter als: ‚Ja... ich... ich...' Daran schließt sich die Replik des Famussow, die auf ‚sprich' endet.
Spüren Sie nicht selbst die Exaktheit und Geschlossenheit des Rhythmus und die Bissigkeit des Reims: ‚ich' und ‚sprich?'
Genauso in sich geschlossen, exakt und klar ausgeprägt müssen auch die Gefühle und das Erleben beim Darsteller des Moltschalin sein, genauso markant muß er auch dem hinter seinen Worten verborgenen Schrecken, seiner Verwirrung, seiner Kriecherei, seinem Bitten um Verzeihung, kurz, dem gesamten Untertext Ausdruck verleihen, den Moltschalin innerlich durchlebt.
Verse erlebt man anders als Prosa, weil sie eine andere Form haben.
Dasselbe kann man aber auch umgekehrt formulieren: Verse haben eine andere Form, weil ihr Untertext anders erlebt wird.
Einer der wichtigsten Unterschiede zwischen Prosa und Versform liegt darin, daß sie verschiedene Tempo-Rhythmen haben, die unser emotionales Gedächtnis, unsere Erinnerungen, Gefühle und unser Erleben auch unterschiedlich beeinflussen.
Deshalb können wir feststellen: *Je rhythmischer ein Gedicht oder ein Prosatext ist, desto präziser müssen auch die darin enthaltenen Gedanken, Gefühle und der gesamte Untertext erlebt werden. Und umgekehrt: Je präziser und rhythmischer Gedanken und Gefühle sind, um so mehr bedürfen sie auch eines exakten rhythmischen Ausdrucks in der Sprache.*
In dieser Wechselbeziehung offenbart sich eine neue Form der Einwirkung des Tempo-Rhythmus auf das Gefühl und umgekehrt des Gefühls auf den Tempo-Rhythmus.
Erinnern Sie sich noch daran, wie Sie die Tempi und Rhythmen verschiedener Stimmungen, Handlungen, ja sogar verschiedener Gestalten klopften oder dirigierten, die Sie in Ihrer Phantasie vor sich sahen? Damals riefen das bloße Klopfen und sein Tempo-Rhythmus Ihr emotionales Gedächtnis, Ihr Gefühl und Erleben wach. Wenn Ihnen das bereits durch bloßes Klopfen gelang, wieviel leichter kann man es dann mit Hilfe der lebendigen Laute der menschlichen Stimme, mit Hilfe des Tempo-Rhythmus von Lauten, Silben und Wörtern erreichen, die ja den Untertext enthalten!
Ja selbst dann, wenn man den Sinn der Worte überhaupt nicht versteht, können die Laute doch durch ihren Tempo-Rhythmus auf uns einwirken. So erinnere ich mich zum Beispiel an den von Tommaso Salvini gesprochenen Monolog des Corrado aus dem Melodram ‚Die Familie des Verbrechers'. Dieser Monolog schildert die Flucht eines Zuchthäuslers aus dem Gefängnis.[18]
Ohne des Italienischen mächtig zu sein und ohne die Worte zu verstehen, durchlebte ich doch mit dem Schauspieler gemeinsam sehr intensiv alle Nuancen seiner Empfindungen. Das verdankte ich nicht nur der großartigen Intonation dieses Künstlers, sondern in hohem Maße auch dem überaus präzisen und markanten Tempo-Rhythmus seiner Sprechweise.
Oder denken Sie nur einmal an viele Gedichte, in denen mit Hilfe des Tempo-Rhyth-

mus bestimmte Klangbilder gezeichnet werden, wie zum Beispiel Glockenläuten oder Pferdegetrappel. Etwa in:

> Oh Abendklang,
> Oh Dämmerung,
> weckst zärtlich du
> Erinnerung.

oder:

> Wer reitet so spät durch Nacht und Wind?
> Es ist der Vater mit seinem Kind..."

„Die Sprache besteht nicht allein aus Lauten, sondern auch aus Pausen", erklärte Arkadi Nikolajewitsch heute. „Die einen so gut wie die andern müssen vom richtigen Tempo-Rhythmus durchdrungen sein.
Der Tempo-Rhythmus soll im Schauspieler lebendig sein und sich während seines Spiels in Handlungen, in Bewegungen und in der Unbeweglichkeit, im Sprechen und im Schweigen offenbaren. Es wäre interessant, einmal zu verfolgen, wie in diesen Momenten die verschiedenen Tempi und Rhythmen von Bewegung und Untätigkeit, von Reden und Schweigen miteinander verbunden werden. Das ist besonders kompliziert, wenn der Text aus Versen besteht, auf die ich jetzt eingehen will.
Die Schwierigkeit liegt darin, daß im Vers der Dauer von Sprechpausen bestimmte Grenzen gesetzt sind. Diese Grenzen dürfen nicht ungestraft überschritten werden, weil eine übermäßig lang ausgedehnte Pause die Einheit des Tempo-Rhythmus der Sprache zerstört. Dabei vergessen sowohl der Sprechende als auch der Zuhörende die vorangegangene Geschwindigkeit und das Zeitmaß der Verse. Sie werden dem Einfluß von Tempo und Rhythmus entzogen und müssen sich erst wieder von neuem in sie hineinfinden.
Durch zu lange Pausen wird der Vers auseinandergerissen, es entsteht ein Bruch zwischen den einzelnen Versteilen. Es gibt aber auch Fälle, in denen das Stück selbst derartige langanhaltende Pausen verlangt, weil lange stumme Handlungen in den Vers eingebaut werden müssen. Ein Beispiel dafür haben wir im ersten Auftritt des ersten Aktes von Gribojedows „Geist bringt Kummer", wo Lisa an Sophies Schlafzimmer klopft, um das Stelldichein des gnädigen Fräuleins mit Moltschalin zu beenden, das sich bis zum Morgengrauen hingezogen hat. Diese Szene sieht folgendermaßen aus:

Lisa   *(vor Sophies Tür)*
Sie hören nicht, verstehen nicht,
Bemerken nicht einmal das Tageslicht?
(Pause. Sieht auf die Uhr, überlegt.)
Ich stell' die Uhr jetzt vor, wird's auch Spektakel geben,
Und laß sie spielen.
(Pause. Lisa geht durchs Zimmer, öffnet den Deckel der Uhr, zieht sie auf oder drückt auf einen Knopf, die Uhr beginnt zu spielen. Lisa tanzt dazu. Famussow erscheint.)
Lisa   Je, der Herr!

Famussow Ja, freilich, er!
  (Pause. Famussow geht zur Uhr, klappt den Deckel auf, drückt auf den Knopf und stellt die Uhr ab.)
  Du bist ein Schelm und wirst noch was erleben!
  Ich war schon außer mir, was das nun wieder wär'?

Wie Sie sehen, enthalten diese Verse sehr lange Pausen, die unerläßlich sind, weil sie durch die Handlung bedingt werden. Übrigens wird die Schwierigkeit beim Einhalten der Pausen in der gebundenen Sprache durch die Sorge um die Wahrung des Reims noch vergrößert.

Ein zu langer Zwischenraum zwischen den Worten ‚geben' und ‚erleben' oder zwischen ‚er' und ‚wär' ließe uns die Reimworte vergessen, wodurch auch der Reim selbst zunichte gemacht würde; eine zu kurze Unterbrechung und eine hastige, verstümmelte Handlung dagegen verletzen die *Wahrhaftigkeit* und den *Glauben* an die Echtheit der vollzogenen *Handlung*. Es kommt also darauf an, die Zeit, die Pausen zwischen den Reimworten und die Wahrhaftigkeit der Handlung aufeinander abzustimmen. In allen diesen Momenten des Wechsels zwischen Sprechen, Pausen und stummer Handlung wird der innere Rhythmus durch das ‚Tatatieren' gestützt. Dieser Rhythmus erzeugt die Stimmung, die ihrerseits das Gefühl wachruft, welches so auf natürlichem Wege in das Spiel einbezogen wird.

Viele Darsteller der Lisa und des Famussow führen aus Scheu vor den langandauernden stummen Pausen im Text die für den Ablauf des Stückes unerläßlichen Handlungen zu hastig aus, um so schnell wie möglich zu den Worten und dem zerstörten Tempo-Rhythmus zurückzukehren. Dadurch entsteht eine Unruhe, die Wahrhaftigkeit und Glauben an die auf der Bühne sich vollziehende Handlung zunichte macht. Diese Unruhe verstümmelt den Untertext, das Erleben und überdies auch den inneren und äußeren Tempo-Rhythmus. Eine derartige Verstümmelung von Handlung und Rede führt unausbleiblich dazu, daß die Vorgänge auf der Bühne im Zuschauerraum nicht richtig verstanden werden. Übertriebene Eile wirkt langweilig, sie kann die Aufmerksamkeit der Zuschauer nicht fesseln und läßt das Interesse für das Geschehen auf der Bühne abstumpfen. Daher ist es falsch, wenn die Schauspieler hastig auf die Uhr zustürzen und sie eilfertig aufziehen oder anhalten. Dadurch verraten sie lediglich ihre Hilflosigkeit, ihre Scheu vor den Pausen und ihre grundlose Unruhe, sie zeigen nur, daß ihnen der *Untertext* fehlt. Man muß die vorgeschriebene Handlung ruhig und ohne Eile durchführen, allerdings auch ohne die Pausen übermäßig auszudehnen, dabei darf man nicht aufhören, in Gedanken mitzuzählen und muß sich von seinem Gefühl für Wahrhaftigkeit und von seinem rhythmischen Empfinden leiten lassen.

Wenn man nach einer längeren Pause wieder zu sprechen beginnt, muß man eine Sekunde lang den Tempo-Rhythmus des Verses besonders akzentuieren. Das hilft dem Darsteller wie auch den Zuschauern, wieder zu dem gestörten und vielleicht sogar vergessenen Tempo und Rhythmus des Verses zurückzufinden. Gerade in solchen Augenblicken erweist uns das ‚Tatatieren' wiederum einen unschätzbaren Dienst. Erstens füllt es die lange Pause aus und läßt sie durch das innerliche Mitzählen des Rhythmus lebendiger werden, zweitens hält es die Verbindung zum

Tempo-Rhythmus des vorhergegangenen, durch die Pause unterbrochenen Satzes aufrecht, und schließlich läßt uns das gedachte ‚Tatatieren' beim Weitersprechen zum vorigen Tempo-Rhythmus zurückfinden.
Das sieht in unserem Beispiel folgendermaßen aus:

Lisa geht durchs Zimmer,	Ich stell' die Uhr jetzt vor, (tratá ta-tá ta-tá tratá ta-tá ta-tá).
	Wird's auch Spektakel geben,
sie klappt den Deckel auf,	(Tratá tatá ta-tá)
	Und laß sie *spielen* (trá).
sie drückt auf den Knopf,	(Tratá ta-tá tatá tatá
die Uhr spielt.	tratá ta táta táta tá
Lisa tanzt.	Tra-tá ta-tá ta-tá tatá).
Famussow öffnet die Tür.	
Famussow stiehlt sich hinein.	
Lisa sieht ihn, läuft davon.	
Lisa	(tra) *Je, der Herr!*
Famussow	*Ja, freilich, er!*
stellt die Uhr ab	(Tra tá ta tá ta tá ta tá Tra tá ta tá ta tá ta tá) *Du bist ein Schelm, und wirst noch was erleben* (tra)!

Wie Sie sehen, spielt der Tempo-Rhythmus in allen genannten Momenten der Rede, Handlung oder Pause eine sehr wichtige Rolle.
Mit der durchgehenden Handlung und dem Untertext zusammen zieht er sich wie ein Faden durch die Linie der Handlung, der Rede, der Pausen, des Erlebens und seiner Verkörperung."

Heute sagte Arkadi Nikolajewitsch:
„Es ist nun an der Zeit, die Bilanz unserer langen Arbeit zu ziehen. Wir wollen uns in Kürze noch einmal alles vergegenwärtigen, was wir dabei getan haben. Erinnern Sie sich noch daran, wie wir in die Hände klatschten und wie die dadurch entstandene Stimmung in Ihrem Innern ganz mechanisch die entsprechenden Empfindungen wachrief? Wissen Sie noch, wie wir alles klatschten, was uns gerade in den Sinn kam, einen Marsch, eine Waldlandschaft im Winter oder irgendein Gespräch? Das Klatschen erzeugte Stimmungen und rief bestimmte Empfindungen hervor, wenn auch nicht bei den Zuhörern, aber bei dem Klatschenden oder Klopfenden selbst. Erinnern Sie sich an die drei Glockenzeichen vor Abfahrt des Zuges und an Ihr echtes Reisefieber? Wissen Sie noch, wie Sie selbst mit dem Tempo-Rhythmus spielten und wie Sie mit Hilfe eines gedachten Metronoms in sich selbst die unterschiedlichsten Empfindungen auslösten? Denken Sie noch an die Etüde mit dem Tablett und an alle Ihre inneren und äußeren Wandlungen aus dem Vorsitzenden eines Sportvereins

in den betrunkenen Kellner eines kleinen Bahnhofsrestaurants? Erinnern Sie sich noch an Ihr Spielen zur Musikbegleitung?[19]
Bei allen diesen Etüden und Übungen erzeugte der Tempo-Rhythmus jedesmal die richtige Stimmung und löste das entsprechende Gefühl und Erleben aus.
Ähnliche Versuche haben wir auch mit dem gesprochenen Wort durchgeführt. Denken Sie nur einmal daran, wie das Sprechen in Viertel- oder Achtelnoten, in Duolen oder Triolen Ihren Seelenzustand beeinflußt hat.
Erinnern Sie sich einmal an unsere Versuche, das Versesprechen mit handlungserfüllten rhythmischen Pausen zu verbinden. Wieviel Nutzen hat Ihnen bei diesen Übungen das Hilfsmittel des ‚Tatatierens' gebracht! Wie gut hat der gemeinsame Rhythmus des gesprochenen Verses und einer rhythmisch präzisen Handlung Sprechen und Bewegung in Einklang gebracht!
Bei allen diesen Übungen geschah in mehr oder minder starkem Ausmaß, in dieser oder jener Form immer wieder dasselbe – *unser inneres Empfinden oder Erleben wurde wachgerufen.*
Das gibt uns das Recht zu behaupten, daß der *Tempo-Rhythmus mechanisch, intuitiv oder bewußt auf unser inneres Leben, auf unser Gefühl und Empfinden einwirkt. Dasselbe ist auch dann der Fall, wenn wir als Schauspieler auf der Bühne stehen.*
Jetzt hören Sie mir bitte aufmerksam zu, denn ich will Ihnen etwas sagen, das nicht allein für den Tempo-Rhythmus, mit dem wir uns gerade beschäftigen, sondern darüber hinaus für *unsere gesamte Arbeit* von größter Wichtigkeit ist.
Unsere neue, wichtige Entdeckung bezieht sich auf das Folgende."
Nach einer kurzen Pause sagte Arkadi Nikolajewitsch feierlich:
„Alles, was Sie über den Tempo-Rhythmus gehört haben, läßt erkennen, daß er der beste Freund und Gehilfe des Gefühls ist, weil er sehr oft *direkt, unmittelbar, ja mitunter sogar fast mechanisch das emotionale Gedächtnis anregt und damit auch das innere Erleben selbst wachruft.*
Daraus ergibt sich als natürliche Folgerung:
Erstens ist es unmöglich, bei einem falschen, unpassenden Tempo-Rhythmus richtig zu empfinden.
Zweitens kann man nicht den richtigen Tempo-Rhythmus finden, ohne gleichzeitig die entsprechenden Empfindungen zu haben. Zwischen Tempo-Rhythmus und Gefühl, wie auch umgekehrt zwischen Gefühl und Tempo-Rhythmus, besteht eine unauflösliche Abhängigkeit und Wechselwirkung.
Machen Sie sich bitte wirklich klar, was ich Ihnen damit sage! Es geht hier um nichts Geringeres, als daß wir *mit Hilfe des äußeren Tempo-Rhythmus unmittelbar, bisweilen sogar mechanisch auf unser launisches, eigenwilliges, ungehorsames und furchtsames Gefühl einwirken können! Auf dasselbe Gefühl, dem man nichts befehlen kann, das vor der geringsten Gewaltanwendung zurückschreckt und sich in die tiefsten Verstecke zurückzieht, wo es für uns unerreichbar wird; dasselbe Gefühl, auf das wir bisher nur auf indirektem Wege mit Hilfe von Lockmitteln einwirken konnten. Und auf einmal haben wir einen direkten, unmittelbaren Zugang zu ihm gefunden!!!*
Das ist doch wahrlich eine großartige Entdeckung! Und wenn das so ist, *kann der*

richtig angewandte Tempo-Rhythmus eines Stückes oder einer Rolle von allein, intuitiv, unbewußt, mitunter sogar mechanisch das Gefühl des Schauspielers packen und das richtige Erleben in ihm wachrufen.
Das ist doch gewaltig!" rief Arkadi Nikolajewitsch frohlockend.
„Fragen Sie einmal einen Sänger-Schauspieler, was es für ihn bedeutet, unter der Stabführung eines genialen Musikers zu singen, der den richtigen, markanten, für das Werk charakteristischen Tempo-Rhythmus herausfindet.
‚Wir kennen uns nicht wieder!' werden die Sänger-Schauspieler begeistert antworten, weil sie von dem Talent und der Feinfühligkeit des genialen Dirigenten beflügelt wurden. Aber stellen Sie sich auch einmal den entgegengesetzten Fall vor, wenn ein Sänger sich richtig in seine Partie und Rolle eingefühlt hat und nun auf der Bühne unvermutet auf einen falschen, seinem Empfinden widersprechenden Tempo-Rhythmus stößt. Dadurch werden unweigerlich das Erleben und das *Gefühl*, die Rolle und das für die künstlerische Arbeit unerläßliche *innere Befinden auf der Bühne* zunichte gemacht.
Genauso geht es auch uns Schauspielern, wenn der Tempo-Rhythmus dem Erleben des Gefühls und seiner Verkörperung in Handlung und Rede nicht gerecht wird.
Welche Konsequenzen können wir nun am Schluß unserer Überlegungen ziehen?
Wir sind zu einer Erkenntnis gelangt, die uns umfassende Möglichkeiten für unsere Psychotechnik erschließt. *Es hat sich nämlich erwiesen, daß wir für jede Antriebskraft unseres psychischen Lebens einen direkten, unmittelbaren Erreger besitzen. Der Verstand wird unmittelbar von Wort, Text, Gedanken und Vorstellungen beeinflußt, die bestimmte Stellungnahmen auslösen. Der Wille (das Wollen) wird unmittelbar von der Überaufgabe, den Aufgaben und der durchgehenden Handlung beeinflußt. Und endlich wirkt der Tempo-Rhythmus unmittelbar auf unser Gefühl ein.*
Ist das etwa keine wichtige Entdeckung für unsere Psychotechnik!"

Heute nahm Arkadi Nikolajewitsch eine „*Parade des Tempo-Rhythmus*" beim Sprechen ab. Als erster wurde Pustschin aufgerufen. Er sprach den Monolog des Salieri, und Torzow äußerte sich befriedigend über die Art und Weise, wie Pustschin den Tempo-Rhythmus handhabte.
Arkadi Nikolajewitsch erwähnte noch einmal sein mißglücktes Auftreten bei der Etüde mit dem Tablett in einer der letzten Stunden und sagte:
„Hier haben Sie ein Beispiel dafür, wie in ein und demselben Menschen eine Arhythmie der Bewegung neben einer zwar etwas nüchternen und zu wenig innerlichen, aber doch immerhin rhythmischen Sprechweise bestehen kann."
Anschließend wurde Wesselowski aufgerufen, der sich im Gegensatz zu Pustschin in einer der letzten Stunden bei der Etüde mit dem Tablett ausgezeichnet hatte. Das konnte man allerdings von seinem heutigen Vortrag nicht behaupten.
„Hier haben Sie ein Beispiel dafür, daß ein in seinen Bewegungen rhythmischer Mensch im Sprechen durchaus arhythmisch sein kann", sagte Arkadi Nikolajewitsch, als Wesselowski geendet hatte.
Als nächster kam Goworkow an die Reihe.

Nach dessen Vortrag bemerkte Arkadi Nikolajewitsch, daß es eine Sorte von Schauspielern gäbe, die sich für alle Rollen, alle Handlungen, für Reden und Schweigen ein für allemal einen einzigen, gleichbleibenden Tempo-Rhythmus festgelegt hätten.
Nach Arkadi Nikolajewitschs Ansicht gehört Goworkow zu dieser Kategorie sich immer gleichbleibender Schauspieler.
Der Tempo-Rhythmus von Schauspielern dieses Typs ist vollkommen ihrem Rollenfach angepaßt.
So hat der „père noble" seinen stets gleichbleibenden „edelvornehmen" Tempo-Rhythmus. Die „Naive" und „Muntere" hat ihren „jugendlich-naiven", unruhigen und eiligen Rhythmus, die komischen Rollen, die Helden und Heldinnen haben ihren ein für allemal und für jede Rolle von vornherein feststehenden Tempo-Rhythmus.
Und obwohl Goworkow eigentlich zum „Heldenfach" tendiert, nimmt sein Sprechen in Tempo und Rhythmus allmählich immer mehr die typischen Eigenschaften des „Raisonneurs" an.
„Schade", sagte Arkadi Nikolajewitsch, „denn so etwas wirkt leblos und starr. Es wäre besser, wenn er sich seinen persönlichen, echten Tempo-Rhythmus auch auf der Bühne erhalten würde. Der bleibt wenigstens nicht auf ein und derselben Geschwindigkeit stehen, sondern ist lebendig und wandelbar."
Pascha und ich sowie Umnowych und die Dymkowa kamen dieses Mal nicht an die Reihe.
Wahrscheinlich hatte Arkadi Nikolajewitsch schon genug von uns zu hören bekommen und sich bereits in den Szenen aus „Othello" und „Brand" ein klares Bild von unserem Verhältnis zum Tempo-Rhythmus machen können.
Die Maloletkowa konnte nichts vorsprechen, weil sie nichts vorbereitet hatte. Die Weljaminowa erwies sich als „alter ego"* Goworkows.
So nahm die „Parade des Tempo-Rhythmus" relativ wenig Zeit in Anspruch.
Anstatt noch einmal zusammenfassend auf das Ergebnis dieser Überprüfung einzugehen, setzte Arkadi Nikolajewitsch uns folgendes auseinander:
„Es gibt viele Schauspieler, die sich einzig und allein für die äußere Form der gebundenen Sprache, für ihren Rhythmus und Reim begeistern, dabei jedoch den Untertext und den *inneren Tempo-Rhythmus des Gefühls und Erlebens vollständig* vergessen.
Diese Schauspieler erfüllen alle äußeren Forderungen der gebundenen Sprache mit einer an Pedanterie grenzenden Präzision. Sie sprechen den Reim überaus klar und deutlich, skandieren die Verse, heben dabei die betonten Momente mechanisch hervor und haben größte Angst davor, das mathematisch exakte Gleichmaß des Rhythmus zu zerstören. Sie fürchten sich auch, Pausen zu machen, weil sie die Leere in der Linie des Untertextes empfinden. In Wirklichkeit kennen sie jedoch gar keinen Untertext, und ohne ihn kann man auch nichts für den Text selbst empfinden, weil ein nicht von innen heraus belebtes Wort nichts zu sagen hat. In diesem Fall kann man sich lediglich äußerlich für den Rhythmus und Reim der hervorgebrachten Laute interessieren.

* *Anderes Ich (lat.). (Anm. d. russ. Red.)*

Daher kommt das mechanische Verseplappern, das wir nie als Vortrag gebundener Sprache anerkennen dürfen.
Genauso verfahren die Schauspieler dieses Typs auch mit dem Tempo. Wenn sie sich erst einmal für eine bestimmte Geschwindigkeit entschieden haben, so behalten sie sie unverändert bei, ohne daran zu denken, daß das Tempo immerfort lebendig bleiben, vibrieren und sich bis zu einem gewissen Grad auch verändern muß.
Eine solche Handhabung des Tempos und solcher Mangel an Gefühl unterscheidet sich kaum vom mechanischen Spiel eines Leierkastens oder dem Schlagen des Metronoms. Sie brauchen diese Einstellung zur Geschwindigkeit nur einmal mit dem Gefühl für das Tempo zu vergleichen, wie es etwa der verstorbene geniale Dirigent Arthur Nikisch[20] hatte.
Für so feinfühlige Musiker ist andante nicht unverändert andante und allegro keineswegs durchweg allegro. Bei ihnen erhält das erste immer wieder einen Schuß vom zweiten, und umgekehrt ist es genauso. Gerade diese Schwankungen geben das Leben wieder, das dem mechanischen Schlag des Metronoms fehlt. Auch bei einem guten Orchester verändert sich das Tempo ständig und fast unmerklich; die einzelnen Geschwindigkeiten gehen ineinander über wie die Farben des Regenbogens.
Alles das gilt genauso auch für unsern Beruf. Auch unter unsern Regisseuren und Schauspielern gibt es sowohl Nurhandwerker als auch hervorragende Dirigenten. Das Sprechtempo der einen ist langweilig, eintönig und formal, das Tempo der anderen dagegen unendlich vielfältig, lebendig und ausdrucksvoll. Muß ich Ihnen erst sagen, daß diejenigen Schauspieler, die den Tempo-Rhythmus lediglich formal zu handhaben wissen, das echte Versesprechen niemals erlernen werden?!
Es gibt aber auch andere Formen des Sprechens auf der Bühne, bei denen das Ebenmaß des Tempo-Rhythmus so sehr zerstört wird, daß die Verse sich beinahe in Prosa verwandeln. Die Ursache hierfür ist häufig ein unnötiges, übertriebenes Vertiefen des Untertextes, das nicht zur leichten Form des Textes paßt.
Diese Form des Erlebens ist überlastet mit psychologischen Pausen, schwerwiegenden inneren Aufgaben und einer komplizierten, verwickelten Psychologie.
Alles das erzeugt einen entsprechend schwerfälligen inneren Tempo-Rhythmus und einen komplizierten psychologischen Untertext, die wegen ihrer Schwerfälligkeit nicht zu einem gebundenen Text passen.
Mit der dichten, schweren Stimmfülle eines dramatischen Soprans, der etwa zum Stil einer Wagneroper passen würde, kann man keine Arien singen, die für einen beschwingten, ätherischen Koloratursopran geschrieben sind.
Genausowenig kann man auch ein übermäßig tiefes, schweres Erleben in den leichten Rhythmen und Reimen von Gribojedows Versen wiedergeben.
Soll damit gesagt werden, daß Verse nicht gehaltvoll und gefühlstief sein können? Selbstverständlich nicht! Im Gegenteil, wir wissen ja, daß man gerade um erhabene Empfindungen und tragisches Pathos zum Ausdruck zu bringen, besonders gern die Versform wählt.
Muß ich noch hinzufügen, daß Schauspieler mit einem zu bedeutsamen und unnötig belasteten Untertext beim Sprechen von Versen viele Schwierigkeiten haben werden?

Der dritte Typ von Schauspielern steht in der Mitte zwischen den beiden erstgenannten. Sie behandeln sowohl den Untertext mit seinem inneren Tempo-Rhythmus und seinem Erleben als auch den Verstext mit seinem äußeren Tempo-Rhythmus, seinen klingenden Formen, seinem Ebenmaß und seiner Präzision gleichermaßen liebevoll. Diese Schauspieler haben ein ganz anderes Verhältnis zum Vers. Sie tauchen noch vor Beginn ihres Vortrags in die Wellen des Tempo-Rhythmus, bleiben unverändert darin und baden gleichsam in ihnen. Dabei wird nicht nur ihr Sprechen, sondern auch ihre Bewegung, ihr Gehen und ihre Ausstrahlung immer wieder von den Wellen desselben Tempo-Rhythmus getragen, der sie weder beim Sprechen, noch beim Schweigen, weder bei der Handlung noch in Augenblicken der Untätigkeit im Stich läßt.

Die Schauspieler dieses Typs sind innerlich vollkommen vom Tempo-Rhythmus erfüllt, sie verfügen souverän auch über die Pausen, die bei ihnen nicht tot, sondern lebendig wirken; denn auch ihre Pausen sind vom inneren Tempo-Rhythmus erfüllt, sie sind durch das Gefühl erwärmt und durch die Vorstellungen der Phantasie gerechtfertigt.

Solche Schauspieler haben ständig ihr unsichtbares Metronom bei sich, das jedes ihrer Worte, jede Handlung und ihr ganzes Denken und Fühlen begleitet.

Nur unter dieser Voraussetzung engt die Versform den Schauspieler und sein Erleben nicht ein, sondern gibt ihm volle Freiheit für sein inneres und äußeres Handeln. Nur unter dieser Voraussetzung entsteht im inneren Prozeß des Erlebens und in seiner äußeren Verkörperung durch das gesprochene Wort in der gebundenen Sprache ein gemeinsamer Tempo-Rhythmus, nur so können Untertext und Text völlig miteinander verschmelzen.

Was für ein Glück bedeutet es für einen Schauspieler, das richtige Gefühl für Tempo und Rhythmus zu haben! Wie wichtig ist es, schon von Jugend an dafür zu sorgen, daß dieses Gefühl sich entwickelt. Leider gibt es aber auch viele Schauspieler mit einem schlecht entwickelten Gefühl für den Tempo-Rhythmus.

Wenn solche Schauspieler das, was sie zum Ausdruck bringen wollen, selbst richtig empfinden, wird auch der Ausdruck ihres Empfindens in Wort und Handlung relativ rhythmisch sein. Der Grund dafür liegt wiederum in dem engen Zusammenhang zwischen *Rhythmus und Gefühl*. Wenn ihr Gefühl dagegen nicht von allein lebendig wird und sie es mit Hilfe des Rhythmus wachrufen müssen, sind solche Schauspieler hilflos."

VI. LOGIK UND FOLGERICHTIGKEIT

1

„Logik und Folgerichtigkeit sind für die innere wie für die äußere Seite der Arbeit des Schauspielers von größter Bedeutung. Auf diese beiden Elemente stützt sich ein wesentlicher Teil unserer äußeren und inneren Technik.

Das ist Ihnen im Verlauf unseres gesamten bisherigen Unterrichts sicherlich nicht entgangen; denn ich habe mich auf allen Gebieten unseres Lehrstoffes immer wieder gestützt und bezogen sowohl auf die Logik und Folgerichtigkeit der einfachen physischen, realen Handlungen als auch auf die des komplizierten und verwickelten inneren Erlebens und Handelns.

Logik und Folgerichtigkeit von Handlung und Empfindung gehören zu den wichtigsten Elementen unserer Arbeit, mit ihnen wollen wir uns jetzt beschäftigen.

Wie kann man Logik und Folgerichtigkeit auf unsere Kunst anwenden? Ich will mit der äußeren Handlung beginnen, weil ich Ihnen das, worüber ich sprechen werde, hier am besten veranschaulichen kann.

Auf Grund einer in vielen Jahren erworbenen mechanischen Gewöhnung, der sich unser Muskelsystem angepaßt hat, verhalten wir uns im realen Leben durchaus logisch und folgerichtig. Wir könnten gar nicht anders, denn ohne die entsprechende Logik und Folgerichtigkeit wären wir nicht imstande, die vielen im Alltagsleben notwendigen Verrichtungen zu erfüllen. Wenn man zum Beispiel ein Glas Wasser trinken will, muß man zuerst den Pfropfen aus der Karaffe herausziehen, dann das Glas darunterstellen, die Flasche neigen und das Wasser ins Glas laufen lassen. Wenn es sich jemand einfallen ließe, diese Reihenfolge zu zerstören und sich etwa Wasser eingießen würde, ohne zuvor das Glas darunterzuhalten, oder wenn er die Karaffe über das Glas halten würde, ohne vorher den Glaspfropfen zu entfernen, so käme es unweigerlich zu einer Katastrophe. Er würde entweder das Wasser auf das Tablett oder den Tisch vergießen, auf dem die Karaffe steht, oder aber das Glas zerschlagen, weil der Pfropfen der Karaffe hineinfiele.

Bei komplizierteren Handlungen ist diese Folgerichtigkeit noch wichtiger.

Alles das ist so elementar und selbstverständlich, daß wir uns im alltäglichen Leben überhaupt keine Gedanken mehr darüber machen. Die Gewohnheit ist uns so sehr in Fleisch und Blut übergegangen, daß sich Logik und Folgerichtigkeit hier von selbst zu unserer Unterstützung einstellen.

Aber, wie seltsam es auch klingen mag, auf der Bühne vergessen wir die Logik und Folgerichtigkeit selbst in den einfachsten Handlungen. Sie brauchen bloß einmal daran zu denken, wie die Sänger und Schauspieler oft wild mit ihren Bechern herumfuchteln, die doch bis an den Rand mit Wein gefüllt sein sollen. Oder denken Sie daran, wie sie riesige Pokale mit einem Schwung hinunterkippen, ohne sich an dieser großen Flüssigkeitsmenge zu verschlucken, die da auf einmal in ihre Kehle gegossen wird.

Wenn jemand dasselbe im wirklichen Leben zu tun versuchte, würde er sich mächtig verschlucken und wie ein Ertrinkender prusten und spucken oder sich drei Viertel des Weines über Kragen und Gewand gießen. Jahrhundertelang vollführen die Schauspieler derartige, in Wirklichkeit unsinnige Handlungen, ohne den Mangel an Logik und Folgerichtigkeit ihres Tuns zu bemerken. Auf der Bühne kommen wir nämlich nicht in die Verlegenheit, tatsächlich Wein aus den leeren Pappbechern trinken zu müssen, darum brauchen wir hier keine Logik und Folgerichtigkeit, um die Handlung ausführen zu können.

Auch im wirklichen Leben machen wir uns keine Gedanken darüber, und doch sind unsere Handlungen dort logisch und folgerichtig. Woher kommt das? Dort sind alle unsere Handlungen für uns wirklich notwendig, und wir tun aus motorischer Gewohnheit heraus alles, was zu ihrer Durchführung erforderlich ist und fühlen schon unbewußt alles, was wir dazu tun müssen.

Im realen Leben ist jede Handlung, die wir unbewußt oder mechanisch ausführen, logisch und folgerichtig, denn Logik und Folgerichtigkeit wirken dort aus Gewohnheit, sozusagen unbewußt an allen für unser Leben unerläßlichen Handlungen mit.

Die Handlungen auf der Bühne dagegen sind für uns nicht lebensnotwendig, wir geben uns nur den Anschein, als ob sie es seien.

Es ist schwer, etwas zu tun, wo keine ausgesprochene Notwendigkeit besteht. In solchen Fällen handelt man nur ‚allgemein', in groben Umrissen. Aber Sie wissen selbst, daß das auf der Bühne zu theatralischer Konvention, also zur Lüge führt.

Wie soll man aus diesem Dilemma herauskommen? Man muß aus einzelnen kleinen Handlungen, die man logisch und folgerichtig aneinanderreiht, eine große Handlung zusammensetzen. Ein Beispiel dafür hat uns Naswanow in der Etüde mit dem Zählen und Verbrennen des Geldes gegeben.[1]

Damals gab ich ihm jedoch noch meine Anweisungen und leitete jede seiner kleinen Einzelhandlungen an. Ohne meine Hilfe hätte er die Aufgabe nicht erfüllen können.

Wie ist das zu erklären? Weil er, wie die meisten andern Menschen auch, zuwenig beobachtete und zuwenig Aufmerksamkeit auf die Kleinigkeiten und Details des Lebens verwandte. Er verfolgte sie nicht genügend intensiv, er wußte nicht, aus welchen einzelnen Teilen sich unsere Handlungen zusammensetzen, er interessierte sich nicht für ihre Logik und Folgerichtigkeit, sondern begnügte sich damit, daß sie von sich aus zustande kamen.

Ich aber weiß aus Erfahrung, wie notwendig diese Aufmerksamkeit auch auf der Bühne ist, darum suche ich mich unablässig auf diesem Gebiet zu vervollkommnen und beobachte soviel wie möglich im alltäglichen Leben. Auch Ihnen kann ich nur raten, meinem Beispiel zu folgen. Dann wird es Ihnen auf der Bühne nicht schwerfallen, sich die kleinen Einzelhandlungen mit ihrer Logik und Folgerichtigkeit ins Gedächtnis zurückzurufen, ihre großen Handlungen daran zu überprüfen und von neuem zusammenzusetzen.

Sie brauchen sich nur ein einziges Mal über die logische Linie einer Bühnenhandlung klarzuwerden, sie nur mehrmals hintereinander auf der Bühne in der richtigen Reihenfolge auszuführen, um sie dadurch zum lebendigen Besitz Ihres Muskelgedächtnisses und Ihres Gedächtnisses überhaupt werden zu lassen. Dann werden Sie auch die Wahrhaftigkeit Ihrer Handlung verspüren, und diese Wahrhaftigkeit ruft den Glauben an die Echtheit Ihres Tuns hervor.

Sobald ein Schauspieler das erreicht, gewöhnt er sich daran, logisch und folgerichtig zu handeln. Sobald seine organische Natur diese richtige Handlung begreift und annimmt, dringt sie in das Leben der Rolle ein und wird auf der Bühne, genau wie im realen Leben, unbewußt ausgeführt. Arbeiten Sie mit allem Eifer daran, Logik und Folgerichtigkeit in Ihren physischen Handlungen zu erreichen."

„Wie sollen wir das anfangen?..."

„Nehmen Sie ein Stück Papier und einen Federhalter zur Hand und schreiben Sie auf, was Sie tun:
1. Ich suche Papier in der Schreibtischschublade.
2. Ich greife zum Schlüssel, drehe ihn im Schloß herum, ziehe die Schublade auf mich zu. Dabei schiebe ich meinen Stuhl ein wenig zurück, um Platz für die Schublade zu haben.
3. Ich überlege, wo und nach welchem Plan die Gegenstände in der Schublade liegen müßten. Da fällt mir ein, an welcher Stelle ich das Papier suchen muß. Ich finde es, wähle die geeigneten Blätter aus, lege sie auf den Tisch. Dann lege ich mir alles ordentlich zurecht.
4. Ich schiebe die Schublade wieder zurück, rücke meinen Stuhl an den Schreibtisch heran.
Ich muß Ihnen gestehen, daß ich mir besondere Hefte für derartige Aufzeichnungen angelegt habe. Mit der Zeit ist bereits eine stattliche Anzahl zusammengekommen, und ich benutze sie häufig, um etwas nachzuschlagen. Diese Notizen beleben mein Muskelgedächtnis und sind mir außerordentlich nützlich. Ich wollte Ihnen dieses Hilfsmittel nicht vorenthalten."

„... Wenn Sie sich recht erinnern, mußte ich im Verlauf unseres Unterrichts bei der Behandlung jedes einzelnen Elementes die Logik und Folgerichtigkeit auf Schritt und Tritt zur Unterstützung heranziehen. Damit ist der Beweis erbracht, daß wir sie nicht nur für die Handlung und für das Gefühl brauchen, sondern ebenso für alle andern Momente unserer Arbeit: für das Denken, Wollen, für die inneren Bilder und Vorstellungen, für die Aufgaben und die durchgehende Handlung, für die ununterbrochene Beziehung zum Partner und die Anpassung. Nur wenn Logik und Folgerichtigkeit in allen Momenten des künstlerischen Schaffens eine kontinuierliche Linie bilden, entsteht in der Seele des Schauspielers die Wahrhaftigkeit, die den aufrichtigen Glauben an die Echtheit seines Empfindens auf der Bühne auslöst.
Man kann nicht aufrichtig an etwas glauben, das unkonsequent und unlogisch ist; und wenn so etwas im wirklichen Leben einmal vorkommt, so ist das stets eine Ausnahme von der allgemeinen Regel, eine charakteristische Besonderheit. In einem solchen Sonderfall sind Inkonsequenz und Unlogik natürlich auch auf der Bühne denkbar. Ansonsten muß man jedoch mit aller Aufmerksamkeit und Strenge darauf achten, daß jede Handlung bis ins letzte logisch und folgerichtig verläuft. Sonst könnte man nur zu leicht in eine Wiedergabe von Leidenschaften, Gestalten und Handlungen ‚im allgemeinen' verfallen; und Sie wissen ja selbst, daß dieser Fehler ein affektiertes, unnatürliches, nurhandwerkliches Spiel zur Folge hat."

„Im Lauf der Zeit werden Sie noch erfahren, wie Sie sich die Logik und Folgerichtigkeit der Handlung aneignen können. Vorläufig kann ich Ihnen lediglich einige vorbereitende Übungen empfehlen und Ihnen ein paar Hinweise geben.
Sie müssen Ihre Aufmerksamkeit trainieren, die Tätigkeit Ihrer inneren und äußeren Gestaltungsmittel möglichst genau zu beobachten. Beginnen Sie dabei mit dem Leichtesten, nämlich mit der logischen und folgerichtigen äußeren Handlung mit

vorgestellten Gegenständen, etwa so, wie wir es beim Geldzählen zu Beginn der Etüde mit dem ‚Geldverbrennen' getan haben.
Mit Hilfe dieser Übungen gewöhnen Sie sich daran, in die Logik und Folgerichtigkeit der einzelnen kleinen Teilhandlungen einzudringen, die dann in ihrer Gesamtheit eine einzige große Handlung bilden.
Dabei kommt es darauf an, daß Sie eine möglichst große Fertigkeit in diesen Übungen erwerben, daß Sie beständig die verschiedenartigsten Handlungen mit vorgestellten Gegenständen oder auch ganze Szenen so trainieren. Sobald Sie gelernt haben, sich darin zurechtzufinden, sobald Sie die Logik und Folgerichtigkeit darin erkannt und sich daran gewöhnt haben, werden Sie auch die Wahrhaftigkeit empfinden. Und wo Wahrhaftigkeit ist, da ist Glaube daran, und wo Glaube an die Wahrhaftigkeit ist, da ist auch die ‚Schwelle des Unbewußten' nicht mehr fern.
Sobald Sie mit Hilfe dieser Übungen Ihre Aufmerksamkeit etwas diszipliniert haben, müssen Sie dazu übergehen, Ihr inneres, seelisches Leben aufmerksam zu beobachten. Dazu brauchen Sie die Logik und Folgerichtigkeit des Gefühls noch viel nötiger. Haben Sie bitte keine Angst vor diesen fürchterlichen Worten. Was ich von Ihnen verlange ist viel einfacher, als es scheinen mag.
Ich möchte Ihnen dazu die folgende Übung empfehlen:
Wählen Sie irgendeinen seelischen Zustand, eine Stimmung, eine Leidenschaft, und übertragen Sie Ihre Gefühle in eine lange Kette von kleinen und großen inneren und äußeren Handlungen. Was meine ich damit?
Nehmen wir einmal an, Sie hätten den Zustand der *Langeweile* gewählt. Ein Herbstabend, es dämmert früh, Sie sind auf dem Lande, ringsum nur Regen, Schlamm, Einsamkeit, das Knacken dürrer Äste und Rascheln welker Blätter. Ort der Handlung – ein Ihnen bekanntes Landgut, wo Sie wohnen, oder wo Sie sich in Ihrer Vorstellung gerade befinden. Fügen Sie dieser Vorstellung noch möglichst viele vorgeschlagene Situationen hinzu, die für den gewählten Ort, den Zeitpunkt und Ihre Stimmung typisch sind."
„Wie kann man das anstellen?" fragte ich interessiert.
„Ganz genau so, wie gerade Sie selbst es vor langer Zeit in der Szene des ‚Geldzählens' getan haben. Damals bauten Sie aus einzelnen kleinen Wahrheiten und aus dem Glauben an die Echtheit der von Ihnen ausgeführten kleinen physischen Handlungen (aus denen sich der Prozeß des Geldzählens zusammensetzt) allmählich, logisch und folgerichtig eine große physische Handlung, eine große Wahrheit auf und erzeugten dadurch den Glauben an die Echtheit Ihres Tuns.
Wenn Sie sich recht erinnern, verglichen wir damals diesen Prozeß mit einem Menschen, der sich auf einem überwucherten und zugewachsenen Pfad einen Weg bahnen muß."
„Ja, ich besinne mich sehr gut, aber ich kann nicht behaupten, daß ich bei dieser Arbeit an die ‚Schwelle des Unbewußten' gelangt sei", wandte ich ein.
„Und woher haben Sie alle Improvisationen genommen, die Ihnen dabei einfielen? Die hat Ihnen doch kein anderer als Ihr Unbewußtes eingegeben!"
„Das kann schon sein, aber dabei handelte es sich nur um Kleinigkeiten!" protestierte ich.

„Gerade diese Kleinigkeiten brachten Sie der Wahrheit nahe und riefen den Glauben an die Echtheit Ihres Tuns hervor. Die eine große Wahrheit zog eine andere, noch größere nach sich."
„Wie meinen Sie das?" fragte ich erstaunt.
„Sie wollten etwas über die Vergangenheit des Buckligen, über Ihre Frau und über die von Ihnen dargestellte Person erfahren und mußten sich zu diesem Zweck eine ganze Reihe erregender Vorstellungen von dieser Vergangenheit machen. Diese Vorstellungen vergrößerten zunächst die Glaubwürdigkeit und Wahrscheinlichkeit und brachten Sie schließlich auch der Wahrheit, dem Glauben und sogar der ‚Schwelle des Unbewußten' nahe."
„Ja, das stimmt, ich mußte plötzlich wissen, für wen ich arbeite und warum ich den Buckligen erheitern möchte", erinnerte ich mich.
„Das alles hat Ihre Vorstellungskraft erreicht, Sie war es, die Ihnen Ihre Familie, Ihr Heim, Ihre Gemütlichkeit und ein ernst zu nehmendes Ziel für Ihre einfachen physischen Handlungen gegeben hatte. Sie war es, die auf der Bühne das hervorgerufen hatte, was wir in unserer Sprache als ‚ich bin' bezeichnen.
Glauben Sie wirklich, daß man ohne die ‚Schwelle des Unbewußten' so weit gelangen könnte?
Bei jener Übung standen Sie bereits auf dieser Schwelle, die Wellen des Unbewußten umspülten Sie beständig. Und alles das erreichten Sie durch nichts anderes als durch ganz geringfügige kleine physische Handlungen!"

2

„... Auch im Bereich der Emotionen begegnen wir immer wieder unseren allgegenwärtigen Elementen – der *Logik und Folgerichtigkeit*.
Auch dieses Mal muß ich zunächst wieder vom eigentlichen Objekt unserer Untersuchung absehen und statt dessen überprüfen, wie Logik und Folgerichtigkeit auf unsere Emotionen und Empfindungen einwirken.
Kurz gesagt, ich werde über die Logik und Folgerichtigkeit des Gefühls im Prozeß des künstlerischen Erlebens sprechen.
Es hört sich reichlich vermessen an, so mir nichts dir nichts von der Logik und Folgerichtigkeit des Gefühls sprechen zu wollen.
Das ist ein Problem, das nur die Wissenschaft zu lösen imstande wäre? Wie könnten wir Laien und Dilettanten es wagen, uns mit dieser Frage zu befassen?
Aber wir haben einige Argumente, um unsere Vermessenheit zu entschuldigen.
Erstens bleibt uns kein anderer Ausweg. Wir müssen dieses Problem auf irgendeine Weise lösen. Schließlich kann unsere Kunst, die sich bekanntlich auf das echte Erleben gründet, an der Frage nach der Logik und Folgerichtigkeit des Gefühls nicht vorübergehen. Ohne diese Elemente gibt es keine Wahrheit und folglich auch keinen Glauben und kein ‚ich bin', ohne sie können unsere organische Natur und ihr Unbewußtes nicht in Aktion treten, und sie sind doch das Fundament unserer Kunst, unserer Arbeit und unseres Erlebens.

Zweitens habe ich keineswegs die Absicht, das Problem wissenschaftlich zu betrachten, ich will es vielmehr praktisch zu lösen suchen.
Wahrscheinlich ist Ihnen nicht entgangen, daß wir in allen Fällen, wo Wissenschaft und Technik uns nicht weiterhelfen konnten, unsere eigenen, natürlichen schöpferischen Kräfte, das Unbewußte und unsere praktische Erfahrung zu Rate gezogen haben. Im vorliegenden Fall kann ich Ihnen nur empfehlen, es genauso zu halten. Wir wollen das ganze Problem aus dem Bereich der Wissenschaft in unser wohlvertrautes wirkliches Leben verlagern, denn das kann uns einen reichen Schatz von Erfahrungen und praktischen Kenntnissen, unerschöpflichen emotionalen Stoff, Fertigkeiten und Gewohnheiten bieten."
„Wie meinen Sie das, wie soll man das verlagern?" fragte Wjunzow aufgeregt dazwischen.
„Ganz genau so, wie wir es früher auch getan haben", sagte Torzow beschwichtigend.
„Sie brauchen sich nur immer wieder zu fragen: ,*Wie würde ich persönlich mich verhalten, wenn ich mich in der Situation der von mir darzustellenden Person befände?*'
Sie müssen diese Frage ernsthaft und aufrichtig beantworten. Dabei soll nicht nur Ihr Verstand, sondern in erster Linie Ihr Gefühl und Ihr Wille beteiligt sein und Ihnen die Antwort diktieren. Vergessen Sie nicht, daß schon die kleinste aufrichtige physische Handlung imstande ist, die Wahrheit zu erzeugen und so auf natürlichem Wege das Gefühl selbst wachzurufen.
Damit bin ich jedoch noch nicht zufrieden. Ich will, daß Sie mir die Frage nicht in Worten, sondern *in physischen Handlungen* beantworten.
Ich erinnere Sie noch einmal daran, daß Sie Ihrem Gefühl um so weniger Gewalt antun, je klarer, konkreter und bestimmter Ihre Handlungen sind.[2]
Um die Logik und Folgerichtigkeit eines psychischen Zustandes und des geistigen Lebens der Rolle zu erkennen und zu definieren, ziehen wir daher nicht unsere unbeständigen, schwer greifbaren Gefühle, nicht unsere komplizierte Psyche zu Rate, sondern unseren Körper mit seinen ganz bestimmten, uns zugänglichen, konkreten physischen Handlungen, die wir wieder durch Handlungen definieren.
Wenn diese Handlungen aufrichtig, produktiv und zielbewußt sind, wenn sie von innen heraus durch ein echtes menschliches Erleben gerechtfertigt sind, dann verschmilzt unser äußeres und inneres Leben zu einer unzerstörbaren Einheit, die wir für unsere schöpferische Arbeit ausnutzen können.
Sehen Sie nun selbst, wie natürlich, einfach und praktisch wir das komplizierte, unser Wissen übersteigende Problem der Logik und Folgerichtigkeit des Gefühls gelöst haben? Mit Hilfe der uns aus eigener Lebenserfahrung wohlvertrauten logischen und folgerichtigen Handlungen ist uns das vollauf gelungen.
Also führt auch meine einfache, nicht wissenschaftlich begründete, sondern der praktischen Erfahrung entnommene Methode zum gewünschten Ziel.
Anstatt an das launische und nicht greifbare Gefühl, wende ich mich an die für mich erreichbaren physischen Handlungen, *auf sie richte ich mein ganzes inneres Verlangen* und gewinne die für mich unerläßlichen Kenntnisse aus den mir vertrauten Bereichen meiner eigenen Lebenserfahrung. In diesen Augenblicken überlasse ich mich

gänzlich meinen Erinnerungen und meiner eigenen Natur. Denn sie hat ein feines Empfinden für die echte, organische Wahrheit und weiß genau, was sie glauben kann. Mir bleibt nichts anderes zu tun, als ihr zu gehorchen. Sie werden sicherlich begreifen, daß es mir auch bei dieser Methode im Grunde nicht um die physischen Handlungen an sich zu tun ist, sondern um die inneren Rechtfertigungen, die wir uns schaffen müssen und an die wir aufrichtig glauben...
Wenn Sie einen bestimmten Zustand, ein bestimmtes Gefühl gestalten wollen, so müssen Sie sich zunächst einmal fragen: ‚Wie würde ich mich in der entsprechenden Situation verhalten?' Schreiben Sie sich die Antwort auf, übertragen Sie sie auf Ihre Handlungen und legen Sie das Resultat wie Pauspapier auf Ihre Rolle. Wenn es ein gutes, von echtem Leben durchpulstes Stück ist, werden Ihre Gefühle und Handlungen, wenn auch nicht immer, aber doch wenigstens teilweise mit denen der Rolle übereinstimmen.
Ich möchte Ihnen dringend empfehlen, sich solche Fragen und Antworten für jede neue Rolle aufzuschreiben. Das hat auch noch einen anderen Vorteil:
Wenn man eine Frage und Antwort schriftlich niederlegen will, muß man dafür den geeigneten, treffenden Ausdruck suchen. Einen solchen Ausdruck findet man nicht, ohne sich eingehend mit dem betreffenden Problem auseinanderzusetzen. Das ist sehr nützlich und fördert ein gründliches Eindringen in die Rolle. Trachten Sie immer danach, Ihre Gefühle nicht irgendwie und obenhin, sondern gut und treffend auszudrücken, denn dadurch werden Sie angespornt, Ihre Empfindungen gründlicher zu analysieren.
Darüber hinaus bieten Ihnen diese Aufzeichnungen noch einen anderen Nutzen: Sie sind für jeden Schauspieler auch als Hilfsmittel von unschätzbarem Wert.
Stellen Sie sich vor, Sie hätten sich allmählich über alle inneren Zustände und Stimmungen Notizen gemacht, denen Sie in Rollen und Stücken während Ihrer gesamten Schauspielerlaufbahn begegnet sind.
Wenn wir derartige Verzeichnisse für alle einzelnen Teilabschnitte besäßen, aus denen sich die menschlichen Leidenschaften zusammensetzen, wenn wir mit Hilfe dieser Verzeichnisse jedes Moment der zu gestaltenden Leidenschaften auch wirklich logisch und folgerichtig durchlebten, so würden wir nicht länger danach trachten, jede Leidenschaft auf einmal zu erfassen. Man kann sich die große Leidenschaft einer Rolle nun einmal nicht mit einem Schlage zu eigen machen, wenn es auch die Mehrzahl der Schauspieler gerade darauf anlegt.
In diese Notizen werden Sie einen großen Teil der seelischen Erfahrungen Ihres emotionalen Gedächtnisses eintragen. Das ist gut so, denn damit erhalten Sie ein sehr wertvolles Material für Ihre Arbeit an der Logik des Gefühls.
Nehmen wir als Beispiel die Liebe. Aus welchen Momenten setzt sie sich zusammen, und was für Handlungen löst diese menschliche Leidenschaft aus?
Erste Begegnung mit ihr oder mit ihm.
Sofort oder allmählich wird das Interesse der künftigen Liebenden füreinander wachgerufen und immer mehr gesteigert.
Sie zehren von den Erinnerungen an jeden einzelnen Moment ihrer Begegnung. Sie suchen nach Vorwänden für ein Wiedersehen.

Das zweite Zusammentreffen. Der Wunsch, sich durch gemeinsame Interessen oder Arbeiten, die ein häufigeres Beisammensein erfordern, enger miteinander zu verbinden.
Dann:
Das erste Geheimnis, das die beiden noch näher zusammenbringt. Freundschaftliche Ratschläge, die ständiges Zusammentreffen und einen unablässigen Gedankenaustausch erfordern.
Dann:
Der erste Streit, Vorwürfe, Zweifel.
Neue Begegnungen, um sich miteinander auszusprechen.
Versöhnung. Noch engere Annäherung.
Dann:
Es treten Hindernisse für das Beisammensein auf.
Heimlicher Briefwechsel.
Heimliche Begegnungen.
Das erste Geschenk.
Der erste Kuß.
Dann:
Freundschaftliche Ungezwungenheit im Umgang miteinander.
Größere Anforderungen aneinander.
Eifersucht.
Bruch.
Trennung.
Erneute Begegnung. Verzeihung.
Und so weiter, und so weiter.
Alle diese Momente und Handlungen haben ihre innere Begründung. In ihrer Gesamtheit spiegeln sie das Gefühl, die Leidenschaft oder den Zustand wider, den wir als ‚Liebe' bezeichnen.
Führen Sie in Gedanken jede einzelne dieser Handlungen richtig, begründet, wohlüberlegt, aufrichtig und wirklich bis ins letzte aus, und Sie werden sich zunächst äußerlich, dann aber auch innerlich in den entsprechenden Zustand und in das Verhalten eines verliebten Menschen hineinversetzen können. So vorbereitet, wird es Ihnen leichterfallen, eine Rolle und ein Stück zu erfassen, denen diese menschliche Leidenschaft zugrunde liegt.
In einem guten Stück werden alle oder doch die wichtigsten dieser Momente in irgendeiner Form zum Ausdruck kommen, und der Schauspieler kann sie in seiner Rolle finden und erkennen. Sie werden zu Etappen, zu Marksteinen auf den langen Weg des Stückes und der Rolle. Unter diesen Voraussetzungen führen wir auf der Bühne eine Reihe von Aufgaben und Handlungen durch, die in ihrer Gesamtheit den Zustand bilden, den wir als Liebe bezeichnen. Dieser Zustand entsteht nicht mit einem Schlage und nur so ‚im allgemeinen'. Unter diesen Voraussetzungen handelt der Schauspieler wirklich und täuscht nicht nur Handlung vor, er erlebt echte menschliche Gefühle und ziert sich nicht wie ein affektierter Mime, er empfindet wirklich und äfft nicht nur die Ergebnisse einer Empfindung nach.

Den meisten Schauspielern, die nicht in das eigentliche Wesen der Gefühle einzudringen vermögen und die sich nicht in die Empfindungen hineindenken können, die sie gestalten, erscheint die Liebe als ein großes ‚allgemeines' Gefühl. Sie versuchen, mit einem Schlage ‚das Unfaßliche zu erfassen'. Aber sie vergessen dabei ganz, daß sich große Empfindungen aus einer Vielzahl einzelner Episoden und Momente zusammensetzen. Gerade diese einzelnen Momente muß man genau kennen, man muß sie studieren, sie wirklich erfassen und jedes für sich ausführen. Sonst wird der Schauspieler unweigerlich das Opfer von Routine und Handwerkelei.
Leider werden diese für uns Schauspieler so wichtigen Erkenntnisse über die Logik und Folgerichtigkeit des Empfindens auf der Bühne noch nicht angewandt. Wir können darum nur hoffen, daß dies in Zukunft geschehen wird.
Erfüllen Sie bitte die folgende Aufgabe: Schließen Sie diese Tür ab und gehen Sie anschließend durch sie hinaus ins Nebenzimmer!" forderte Arkadi Nikolajewitsch uns auf. „Das können Sie nicht? Dann beantworten Sie mir folgende Frage: *Wenn* es hier jetzt völlig dunkel wäre, wie würden Sie dann diese Lampe löschen? ... Das können Sie auch nicht?
Wenn Sie mir Ihr tiefstes Geheimnis anvertrauen wollten, würden Sie es dann aus vollem Halse herausschreien?
Warum tun in den meisten Theaterstücken *er* und *sie* fünf Akte lang alles Erdenkliche, um nur endlich heiraten zu können, warum nehmen sie alle möglichen Leiden und Prüfungen auf sich und kämpfen verzweifelt gegen alle Hindernisse, um dann, sobald der ersehnte Augenblick endlich gekommen ist und sie sich einen innigen Kuß gegeben haben, plötzlich ihre Gefühle füreinander erkalten zu lassen, als ob nun alles getan und das ganze Stück bereits zu Ende sei? Wie leid tut es den Zuschauern, daß sie den ganzen Abend lang an die Aufrichtigkeit der Gefühle und Wünsche geglaubt haben, wie enttäuscht sind sie über die Kälte der Darsteller und über die mangelnde Logik und Folgerichtigkeit beim Aufbau ihrer Rollen!
Sehen Sie, wie einfach wir die Frage nach der Logik und Folgerichtigkeit des Gefühls beantwortet haben. Man braucht sich lediglich zu fragen: ‚Was würde ich tun, wenn ich mich in der Lage der handelnden Person befände?' Die Antwort auf diese Frage gibt Ihnen Ihre persönliche Erfahrung, die Sie im Lauf Ihres eigenen Lebens gesammelt haben und die daher ein organischer Bestandteil Ihres Wesens geworden ist. Selbstverständlich soll damit nicht gesagt werden, daß Ihre eigenen Erfahrungen und Bestrebungen unbedingt mit denen der dargestellten Person übereinstimmen müssen. Es kann dabei durchaus große Gegensätze geben. Es kommt lediglich darauf an, daß Sie diese Person nicht wie ein unbeteiligter Schauspieler, nicht wie einen fremden Menschen beurteilen, sondern daß Sie sie als Mensch wie einen lebendigen Menschen ansehen.
Abschließend will ich nur noch einmal wiederholen, was Ihnen bereits bekannt ist, daß nämlich Logik und Folgerichtigkeit außerordentlich notwendige und wichtige Elemente unserer schöpferischen Arbeit sind.
Besonders dringend brauchen wir sie im Bereich des *Gefühls*. Ein wirklich logisches und folgerichtiges Gefühl würde uns vor manchen groben Fehlern bewahren, denen man auf der Bühne leider so häufig begegnet. Wenn wir etwas von der logischen und

folgerichtigen Entwicklung des Gefühls wüßten, blieben uns auch seine Bestandteile nicht unbekannt. Dann würden wir auch nicht mehr versuchen, das ganze große Gefühl einer Rolle mit einem Schlage zu erfassen, sondern wir würden es allmählich, logisch und folgerichtig aus seinen einzelnen Bestandteilen aufbauen. Das Wissen um die einzelnen Teile und ihre logische Folge würde es uns gestatten, unser seelisches Leben bewußt zu erfassen."

VII. DAS CHARAKTERISTISCHE

Zu Beginn der heutigen Stunde berichtete ich Arkadi Nikolajewitsch, daß ich den Prozeß des Erlebens verstandesmäßig durchaus erfaßt hätte. Ich weiß, daß der Schauspieler die für seine Rolle erforderlichen Elemente, die in seiner eigenen Seele verborgen liegen, in sich weiterentwickeln und ausbauen muß. Dabei ist mir aber das Problem der äußeren, physischen Verkörperung einer Rolle noch unklar. Wenn man nämlich mit seinem Körper, seiner Stimme, seiner Art zu sprechen, zu gehen oder zu handeln nichts anfangen kann, wenn man die für die Figur charakteristischen Besonderheiten nicht findet, kann man auch das geistige Leben der Rolle nicht wiedergeben.

„Ja, das stimmt", pflichtete Torzow mir bei. „Ohne Mithilfe der äußeren Form vermag der Zuschauer weder die charakteristischen inneren Züge der Gestalt noch ihre seelische Struktur zu erfassen. Das charakteristische Äußere erläutert und illustriert die unsichtbare seelische Anlage der Rolle und bringt sie dadurch dem Zuschauer nahe."

„Sehen Sie!" stimmten Schustow und ich eifrig zu. „Wie und woher kann man sich aber diese charakteristischen äußeren Eigenschaften holen?"

„Talentierte Schauspieler finden in den meisten Fällen die charakteristische äußere Form für ihre Rolle ganz von allein durch die richtige innere Anlage", erklärte Arkadi Nikolajewitsch. „In ‚Mein Leben in der Kunst' sind mehrere derartige Beispiele angeführt. Denken Sie nur einmal an die Erfahrung, die Stanislawski mit der Rolle von Ibsens Doktor Stockman gemacht hat.[1] Sobald die seelische Anlage der Rolle, die innere Charakteristik stimmte, die sich aus mehreren, zu der Gestalt passenden Elementen zusammensetzte, stellten sich auch die nervöse Hast, der stockende Gang, der nach vorn gestreckte Hals, die beiden ausgestreckten Finger und alle andern für diese Figur typischen äußeren Merkmale wie von selbst ein."

„Was soll man aber tun, wenn dieser glückliche Zufall nicht eintritt?" fragte ich.
„Was man dann tun soll? Denken Sie nur einmal daran, wie in Ostrowskis ‚Wald' Pjotr seiner Braut Axjuscha erklärt, wie sie es anstellen müßten, um auf der Flucht nicht erkannt zu werden: ‚Dann kneif' ich ein Auge zu – so! Und keiner erkennt mich.'*

* Nach der bei Reclam erschienenen Übersetzung von Arthur Luther. Wörtlich: „Ich kniff ein Auge zu, und schon hast du den Einäugigen". (Anm. d. Hrsg.)

Sich äußerlich zu verändern und zu verstellen ist nicht schwer", fuhr Arkadi Nikolajewitsch fort. „Mir ist da zum Beispiel einmal folgendes passiert: Ich hatte einen guten Bekannten, er sprach im tiefsten Baß, trug lange Haare und einen dichten Schnurrbart mit nach vorn abstehenden Schnurrbartenden. Eines schönen Tages ließ er sich die Haare kurz schneiden und den Bart abnehmen. Da zeigte sich auf einmal, daß er ein feines, zartes Gesicht, ein kurzes Kinn und abstehende Ohren hatte. Nachdem er sich derart verändert hatte, traf ich bei gemeinsamen Bekannten am Mittagstisch mit ihm zusammen. Wir saßen uns gegenüber und unterhielten uns. ‚An wen erinnert mich dieser Mensch denn bloß?' grübelte ich hin und her, ohne auf den Gedanken zu kommen, daß dies mein alter Bekannter sei. Der war ein Witzbold und sprach mit verstellter hoher Stimme, um seinen Baß zu verbergen. Das Essen war schon fast vorüber, und noch immer behandelte ich ihn wie einen Unbekannten.
Noch von einem andern Erlebnis will ich Ihnen berichten. Eine sehr schöne Frau war von einer Biene gestochen worden, dadurch war ihre Lippe dick angeschwollen und der Mund verzerrt, was nicht allein ihr Aussehen, sondern auch ihre Sprache bis zur Unkenntlichkeit veränderte. Als ich zufällig auf dem Korridor mit ihr zusammentraf, unterhielt ich mich ein paar Minuten mit ihr, ohne zu ahnen, daß ich sie ja gut kannte."
Während uns Arkadi Nikolajewitsch diese Beispiele aus seinem Leben erzählte, kniff er kaum wahrnehmbar das eine Auge zusammen, so wie man es tut, wenn man ein Gerstenkorn bekommt. Das andere Auge öffnete er weiter als gewöhnlich und schob die Braue darüber in die Höhe. Alles das tat er so behutsam, daß es selbst die neben ihm Stehenden kaum bemerkten. Und doch hatte diese an sich winzige Veränderung eine seltsame Folge. Natürlich blieb er Arkadi Nikolajewitsch wie zuvor, aber ... er war doch irgendwie anders geworden, so daß man kein rechtes Vertrauen zu ihm haben konnte. Es war plötzlich etwas Schlaues, Durchtriebenes und Ordinäres in seinem Gesicht, das so gar nicht zu ihm paßte. Kaum hatte er seine Augen wieder in ihre gewohnte Stellung gebracht, da war er auch wieder unser vertrauter Torzow. Aber sobald er das Auge zusammenkniff, war die boshafte Durchtriebenheit wieder da, die sein Gesicht veränderte.
„Bemerken Sie nicht", fragte uns Torzow, „daß ich innerlich immer derselbe bleibe und als Torzow zu Ihnen spreche, ganz unabhängig davon, ob ich mein Auge zusammenkneife oder öffne, ob ich die Braue hochziehe oder sinken lasse? Wenn ich ein Gerstenkorn bekäme und mein Auge dadurch verschwollen wäre, so würde ich mich deshalb doch innerlich keineswegs verändern, sondern mein gewohntes, natürliches Wesen beibehalten. Ich bleibe derselbe, ganz gleich, ob ich mein Auge öffne oder schließe, ob ich meine Braue hochziehe oder sie in ihrer normalen Lage lasse.
Oder stellen Sie sich vor, ich sei von einer Biene gestochen worden wie jene schöne Bekannte von mir, und mein Mund hätte sich dadurch gleichfalls verzerrt."
Es sah unwahrscheinlich echt, mühelos und einfach aus, als Torzow mit vollendeter Technik seinen Mund nach rechts verschob, wodurch sich seine Sprache und Diktion völlig wandelten.
„Sollte diese äußerliche Verzerrung des Gesichtes und der Sprache etwa mein inneres Wesen und damit mein natürliches Empfinden beeinträchtigen?" fragte er mit stark

veränderter Aussprache weiter. „Muß ich deshalb aufhören, ich selbst zu sein? Genausowenig wie ein Bienenstich kann auch eine künstlich hervorgerufene Verzerrung des Mundes mein inneres, geistiges Wesen beeinflussen; genausowenig wie ein hinkender Fuß (Torzow begann zu humpeln) oder gelähmte Hände (im selben Augenblick hingen seine Arme auch schon wie leblos herab), ein krummer Rücken (sein Rücken nahm die entsprechende Form an), nach innen oder nach außen verdrehte Füße oder auch eine falsche Armhaltung, wenn die Arme entweder zu weit nach vorn oder zu weit nach hinten am Rücken gehalten werden. (Torzow demonstrierte uns das eine wie das andere.) Haben alle diese äußerlichen Kleinigkeiten denn irgendeinen Einfluß auf unser Erleben, unsere Beziehung zum Partner und unser Verkörpern?!"
Bewundernswert war, wie mühelos, einfach und natürlich Arkadi Nikolajewitsch augenblicklich und unvorbereitet immer denjenigen körperlichen Mangel demonstrierte, von dem er gerade sprach.
„Und was für außerordentliche technische Kunststückchen kann man mit Stimme und Sprache, vor allem mit der Aussprache der Konsonanten, durchführen und sich dadurch als Darsteller vollkommen verändern. Allerdings setzt ein Wechsel der normalen Stimmlage eine richtige Stimmbildung und gute Schulung voraus, denn sonst kann man nicht ungestraft längere Zeit hintereinander in einer sehr hohen oder sehr tiefen Lage sprechen. Was dagegen die Veränderung der Aussprache, vor allem der Konsonanten, betrifft, so ist das sehr einfach zu bewerkstelligen: Sie brauchen Ihre Zunge nur ein wenig einzuziehen, das heißt zu verkürzen (Torzow zeigte uns, wie er es meinte), und sofort werden Sie auf eine ganz eigentümliche Manier, die an die englische Aussprache der Konsonanten erinnert, zu sprechen beginnen. Wenn Sie Ihre Zunge dagegen länger machen, indem Sie sie ein bißchen zwischen den Vorderzähnen durchstecken, erhalten Sie eine einfältig-lispelnde Sprechweise, die bei entsprechender Übung für Typen wie den Landjunker oder Balsaminow zu brauchen ist.
Oder versuchen Sie einmal, Ihren Mund in eine ungewohnte Stellung zu bringen, auch dadurch werden Sie auf eine ganze andere, neue Art zu sprechen beginnen. Erinnern Sie sich zum Beispiel an unsern gemeinsamen englischen Bekannten, er hat eine sehr kurze Oberlippe und sehr lange Vorderzähne wie ein Hase. Verkürzen Sie Ihre Oberlippe und entblößen Sie Ihre Zähne, so weit es irgend geht."
„Wie soll man das bloß anstellen?" Ich versuchte zu tun, wovon Torzow sprach.
„Das ist doch ganz einfach!" antwortete Arkadi Nikolajewitsch, zog ein Tuch aus der Tasche und rieb damit das Zahnfleisch der oberen Zahnreihe und die Innenseite der Oberlippe. Das sah aus, als ob er sich die Lippen mit dem Tuch trocknete, dabei schob er die Oberlippe unmerklich ein wenig nach oben; dann nahm er die Hand fort, und wir erblickten tatsächlich Hasenzähne und eine kurze, hochgeschobene Oberlippe, die sich in dieser Stellung halten konnte, weil sie am trocknen Zahnfleisch über den oberen Vorderzähnen klebte.
Dieser äußerliche Trick hatte unsern guten Arkadi Nikolajewitsch gänzlich verändert. Man hätte meinen können, daß wirklich jener berühmte Engländer vor uns stünde. Es war, als ob diese dumme Oberlippe und die Hasenzähne alles an Arkadi

Nikolajewitsch verändert hätten: Seine Aussprache und Stimme, sein Gesicht und die Augen, die ganze Art, sich zu halten, der Gang und die Arme und Beine waren anders geworden. Ja, nicht genug damit, sogar sein Wesen und seine Seele schienen sich gewandelt zu haben. Dabei hatte sich Arkadi Nikolajewitsch innerlich doch nicht im geringsten verändert. Eine Sekunde später brachte er seine Lippe wieder in ihre gewohnte Lage und war nun wieder er selbst.

Übrigens hatte er selbst nicht erwartet, daß sich durch den Trick mit der Lippe zugleich auch sein ganzer Körper, seine Beine und Arme, sein Hals, seine Augen und sogar seine Stimme verändern, daß sie ihrem gewohnten Zustand gleichsam untreu werden und daß sie das zu der verkürzten Lippe und den langen Zähnen passende typische Aussehen annehmen würden.

Das alles war intuitiv geschehen und kam Arkadi Nikolajewitsch überhaupt erst zum Bewußtsein, nachdem wir es mitangesehen und überprüft hatten. Nicht Torzow erklärte uns, sondern wir erklärten ihm (weil es uns als Zuschauern deutlicher geworden war), daß alle intuitiv von ihm angenommenen charakteristischen Züge der Gestalt jenes Herrn mit der kurzen Oberlippe und den langen Vorderzähnen entsprachen und sie vervollständigten, obwohl sie ihr Entstehen doch nur einem einfachen äußeren Kunstgriff verdankten.

Als Arkadi Nikolajewitsch weiter überlegte und sich über das klarzuwerden suchte, was in seinem Innern vorgegangen war, konnte er feststellen, daß auch in seiner Psyche, ganz ohne sein Dazutun, eine unmerkliche Veränderung eingetreten war, die er nicht ohne weiteres analysieren konnte.

Zweifellos hatte sich sein inneres Wesen entsprechend der von ihm geschaffenen Gestalt gewandelt, wie auch seine Worte nach unserer Beobachtung auf einmal nicht mehr zu ihm paßten und sein typischer Sprachstil sich verändert hatte, wenn auch die Gedanken, die er ausdrückte, durchaus seine eigenen blieben...[2]

In der heutigen Stunde bewies uns Arkadi Nikolajewitsch sehr anschaulich, daß charakteristische äußere Züge sowohl intuitiv entstehen als auch auf rein technische und mechanische Weise durch einen einfachen äußeren Trick hervorgerufen werden können.

Aber wo sollen wir alle diese Tricks hernehmen? Wieder ein neues Problem, das mich quälte und beunruhigte. Muß man sie erlernen, oder soll man sie sich ausdenken, dem Leben entnehmen, zufällig auf sie stoßen, sie in Büchern finden oder durch anatomische Studien darauf kommen?...

„Das eine ist so richtig wie das andere", erklärte uns Arkadi Nikolajewitsch. „Es ist gleichgültig, ob man diese charakteristischen äußeren Züge durch Intuition oder Beobachtungen an sich selbst oder an andern, aus der Erfahrung des täglichen Lebens, anhand von Bildern, Kupferstichen, Zeichnungen, Büchern, Erzählungen und Romanen oder durch einen einfachen Zufall erwirbt. Bei allem Suchen nach der äußeren Gestalt kommt es lediglich darauf an, daß Sie sich nicht innerlich selbst verlieren. Ich weiß, was wir tun werden!" Plötzlich hatte Arkadi Nikolajewitsch eine Idee: „In der nächsten Stunde veranstalten wir eine *Maskerade!*"

?!... Allgemeine Verständnislosigkeit.

„Jeder Schüler soll sich eine äußere Gestalt wählen und sich hinter ihr verbergen."
„Maskerade? Äußere Gestalt? Was für eine äußere Gestalt?"
„Das ist völlig gleichgültig, Sie können selbst eine aussuchen", erklärte Torzow. „Einen Kaufmann, Bauern, Soldaten, Spanier oder Adligen, eine Stechmücke oder einen Frosch, wer oder was Ihnen gerade in den Sinn kommt. Kostümabteilung und Maskenbildnerei werden von mir Anweisung erhalten. Gehen Sie hin und suchen Sie sich Kostüme, Perücken und Bärte aus!"
Diese Ankündigung brachte zunächst alle in Verwirrung, es setzte ein großes Rätselraten ein, das schließlich einem allgemeinen lebhaften Interesse wich.
Jeder dachte sich etwas aus, überlegte, machte Notizen und zeichnete verstohlen ein paar Skizzen auf, um sich über die Wahl von Gestalt, Kostüm und Maske klarzuwerden. Einzig und allein Goworkow blieb wie immer unerschüttert und gleichgültig.

Heute ging unsere ganze Klasse geschlossen in den gewaltigen Theaterfundus, dessen Räume zum Teil hoch oben über dem Foyer, zum Teil auch im Keller unter dem Zuschauerraum liegen.
Keine Viertelstunde war vergangen, da hatte Goworkow schon alles gefunden, was er brauchte, und ging davon. Auch die andern hielten sich nicht lange auf. Nur die Weljaminowa und ich konnten uns nicht entscheiden. Ihr, als einer koketten Frau, gingen die Augen über von dieser Unzahl prächtigster Gewänder. Ich für mein Teil hatte überhaupt keine Ahnung, wen ich darstellen sollte, und verließ mich bei der Wahl auf einen glücklichen Zufall.
Während ich aufmerksam musterte, was man mir vorlegte, hoffte ich auf ein Kostüm zu stoßen, das mich von sich aus auf die Gestalt bringen würde, die meine Begeisterung entfachen und meine Phantasie anregen könnte.
Plötzlich rief ein schlichtes, modernes kurzes Jackett mein Interesse wach; es war mir aufgefallen durch den merkwürdigen Stoff, aus dem es geschneidert war. Noch nie hatte ich etwas Ähnliches gesehen. Der Rock hatte einen sandfarbenen graugrünlichen Ton, er wirkte ausgeblichen und wie mit einer Mischung von Schimmel, Staub und Asche bedeckt. Mir war, als ob ein Mensch in diesem Rock wie ein Gespenst erscheinen müsse. In meinem Innern regte sich ein kaum wahrnehmbares, aber doch furchtbares und unheilvolles Gefühl, ich hatte ein widerliches, fauliges Empfinden, während ich diesen abgetragenen Rock betrachtete.
Wenn ich einen im Farbton zu diesem Anzug passenden Hut, Handschuhe, ungeputzte staubige Schuhe aussuchte, wenn ich Maske und Perücke ebenfalls in einem grau-grünlich-gelben, verblichenen und undefinierbaren Ton hielt, wie es der Farbe und dem Charakter des Stoffes entsprach, so wäre das Ergebnis etwas Unheilvolles... mir irgendwie Bekanntes...?! Was eigentlich, wußte ich noch nicht genau.
Man legte mir den gewählten Anzug beiseite, versprach auch, die passenden Schuhe, Handschuhe und Zylinder, dazu Perücke und Bart auszusuchen, aber ich gab noch keine Ruhe und suchte immer weiter, bis mir die freundliche Gewandmeisterin zu verstehen gab, daß es höchste Zeit für sie sei, sich auf die Abendvorstellung vorzubereiten.

Mir blieb nichts anderes übrig als zu gehen, ohne einen festen Entschluß gefaßt zu haben und mit keinem anderen Anhaltspunkt als dem verschimmelten Anzug.
Verstört und von Zweifeln geplagt verließ ich den Fundus und nahm die große Frage mit mir: Wer ist es, dem ich dieses faulige Kostüm anziehen werde?
Von diesem Augenblick an bis zur Maskerade, die für übermorgen angesetzt war, ging irgend etwas Unbegreifliches in mir vor. Ich war nicht mehr derselbe wie sonst. Oder, richtiger gesagt, ich war nicht mehr allein, sondern hatte fortwährend einen andern bei mir, den ich suchte, ohne ihn finden zu können. Nein, nicht so!
Ich lebte mein gewohntes Leben, aber irgend etwas verwehrte mir, mich ihm ganz hinzugeben, irgend etwas verwässerte mein vertrautes Dasein. Mir war, als ob man mir anstelle eines starken Weines ein Getränk gereicht hätte, das zur Hälfte mit etwas mir Unbekanntem verdünnt worden war. Ein verwässertes Getränk erinnert zwar an den geliebten Geschmack, enthält aber nur noch die Hälfte oder ein Viertel des eigentlichen Trankes. Ich empfand nur noch den Duft, das Aroma meines Lebens, nicht aber das Leben selbst. Übrigens ist auch diese Definition nicht ganz zutreffend, es war noch etwas anderes, weil ich nicht nur mein eigenes, gewohntes Leben in mir spürte, sondern darüber hinaus noch ein anderes, fremdes, das sich in mir vollzog, das ich jedoch nicht völlig erfassen konnte. Ich hatte mich gleichsam gespalten. Ich empfand zwar mein gewohntes Leben, aber es schien mir wie in Nebel gehüllt zu sein. Ich sah zwar alles, was meine Aufmerksamkeit erregte, aber nur in groben Umrissen, „im allgemeinen", ohne bis in das innere Wesen der Dinge einzudringen. Ich dachte etwas, ohne es zu Ende zu denken, hörte etwas, ohne es bis ins letzte zu hören, roch etwas, ohne es wirklich mit dem Geruchssinn wahrzunehmen. Die Hälfte meiner Energie und Fähigkeiten war mir irgendwo verlorengegangen, und dieser Verlust schwächte und verwässerte meine Energie und Aufmerksamkeit. Ich führte nichts zu Ende, was ich begann. Ich hatte beständig das Gefühl, als ob ich irgend etwas, das Allerwichtigste, noch vor mir hätte. Aber an diesem Punkt wurde mein Bewußtsein wieder gleichsam von einem Nebelschleier verhüllt, ich wußte nicht mehr weiter, wurde abgelenkt und empfand mich wieder als ein zwiespältiges Wesen.
Wie bedrückend und qualvoll ist dieser Zustand! Ich wurde ihn die ganzen drei Tage lang nicht los, ohne daß ich in der Frage, wen ich bei der Maskerade darstellen sollte, auch nur einen Schritt weitergekommen wäre.

Heute nacht wurde ich plötzlich wach und hatte alles begriffen. Das zweite Leben, das ich parallel zu meinem gewohnten Dasein führte, vollzog sich geheimnisvoll und unbewußt. In diesem Leben setzte ich auch die Suche nach jenem verschimmelten Menschen fort, auf dessen Kleidung ich durch Zufall gestoßen war.
Aber meine Erleuchtung währte nicht lange, nur zu bald war sie wieder verschwunden, ich konnte keinen Schlaf mehr finden, und die Unentschlossenheit quälte mich aufs neue.
Es war, als ob ich etwas vergessen oder verloren hätte und mich nicht daran erinnern noch es wiederfinden könnte. Dieser Zustand ist sehr quälend, und doch, wenn ein Zauberer mir angeboten hätte, mich von ihm zu erlösen, so hätte ich das vielleicht gar nicht angenommen.

Und noch eine merkwürdige Entdeckung machte ich an mir:
Gewiß war ich überzeugt, daß ich die Gestalt, nach der ich suchte, niemals finden würde, und doch ließ ich nicht ab, weiter nach ihr zu suchen. Nicht ohne Grund ging ich in diesen Tagen an keinem Fotografengeschäft vorüber, ohne lange vor dem Schaufenster stehenzubleiben und mir die ausgestellten Bilder zu betrachten. Dabei mühte ich mich zu erraten, wer die dort abgebildeten Personen seien. Offenbar hoffte ich darauf, unter ihnen denjenigen zu finden, nach dem ich suchte. Ich frage mich nur, warum ich nicht einfach in einen Laden hineinging, und mir die Fotografien betrachtete, die dort haufenweise auf den Tischen herumlagen. Unter einem Torbogen bei einem Bücherantiquar lagen ebenfalls massenhaft schmutzige und verstaubte Fotos herum. Warum nutzte ich das Material nicht aus, das sich mir dort bot? Aber ich sah nur träge und flüchtig das kleinste Päckchen durch und wandte mich dann angewidert ab, um mir die Finger nicht schmutzig zu machen.
Was war der Grund dafür? Wie war diese Trägheit und Zwiespältigkeit zu erklären? Ich glaube, sie rührte aus der unbewußten, aber doch festen Überzeugung, daß der sandfarbene, verschimmelte Herr früher oder später doch noch zum Leben erwachen und mir aus der Klemme helfen würde. ‚Es hat keinen Zweck, weiterzusuchen. Etwas Besseres als den Verschimmelten findest du doch nicht!' sagte wahrscheinlich eine unbewußte Stimme in mir.
Zwei- oder dreimal hatte ich auch folgende augenblicksschnellen Erlebnisse:
Ich ging auf der Straße, und mit einem Schlag war mir alles klar, ich blieb wie angewurzelt stehen, um festzuhalten, was sich selbst in meine Hände geben wollte ...
Nur noch ein kurzer Augenblick, und ich hätte es wirklich begriffen ... Aber ... keine zehn Sekunden später war mir alles wieder entschlüpft, was gerade erst in mir entstanden war, und ich stand wieder mit meiner Frage in der Seele allein da.
Ein anderes Mal ertappte ich mich bei einem mir sonst nicht eigenen konfusen und arhythmischen Gang, von dem ich mich nicht sofort wieder frei machen konnte.
Und als ich nachts wieder einmal nicht schlafen konnte, rieb ich plötzlich auf ganz merkwürdige Art lange die Handflächen aneinander. ‚Wer ist es bloß, der sie so reibt?' fragte ich mich, konnte aber die Antwort nicht finden. Ich wußte nur, daß derjenige, der sie so reibt, kleine, schmale, kalte, schweißige Hände mit roten Handflächen hat.
Es muß ein widerwärtiges Gefühl sein, diese weichen, schlaffen Hände zu drücken. Aber wer ist das? Wer ist das bloß?

In diesem Zustand von Zwiespältigkeit, Unentschlossenheit und unaufhörlichem Suchen nach etwas, das sich mir beständig entzog, kam ich in die neben der Studiobühne gelegene Schülergarderobe. Hier wurde ich zunächst von Verzweiflung gepackt. Man hatte uns eine gemeinsame Garderobe zur Verfügung gestellt, in der wir uns alle zusammen kostümieren und schminken mußten; nicht wie seinerzeit bei der Schüleraufführung auf der großen Bühne, wo jeder einen Raum für sich gehabt hatte. Lärm, Durcheinander und Gespräche ringsumher hinderten mich daran, mich zu konzentrieren. Dabei fühlte ich sehr genau, daß alles von dem Augenblick abhing, in dem ich zum erstenmal den schimmligen Rock anzog, die gelblich-graue Perücke aufsetzte,

den Bart anklebte und alles andere Zubehör anlegte. Nur diese Dinge konnten mich zu dem führen, was ich die ganze Zeit über unbewußt gesucht hatte. Auf diesen Augenblick hatte ich meine letzte Hoffnung gesetzt.
Aber alles ringsumher störte mich. Goworkow, der neben mir saß, wurde bereits als Mephisto geschminkt. Er trug ein prachtvolles schwarzes spanisches Kostüm, und alle riefen „ach" und „oh", wenn sie ihn sahen. Andere erstickten fast vor Lachen, wenn sie Wjunzow erblickten, der, um als Greis zu erscheinen, sein Kindergesicht mit lauter Linien und Punkten übersät hatte, so daß es wie eine Landkarte aussah. Schustow brachte mich dadurch auf, daß er sich mit dem banalen Kostüm und dem Aussehen des schönen Mannes Skalosub* zufriedengegeben hatte. Immerhin war das überraschend, denn niemand hätte sich träumen lassen, daß sich unter seinem gewohnten sackartigen Anzug eine schöne schlanke Gestalt mit wundervollen geraden Beinen verbarg. Pustschin brachte mich durch seine Bemühungen zum Lachen, sich in einen Aristokraten zu verwandeln. Natürlich gelang ihm das auch dieses Mal nicht, aber man konnte ihm nicht absprechen, daß er recht gut aussah. In seiner Maske mit dem gepflegten Bart und den hohen Schuhabsätzen, die ihn größer und schlanker erscheinen ließen, gab er eine durchaus achtunggebietende Gestalt ab. Seine behutsamen Schritte, wahrscheinlich eine Folge der hohen Absätze, verliehen seinen Bewegungen eine Gewandtheit, die sie sonst keineswegs zierte. Auch Wesselowski brachte alle zum Lachen und erweckte durch seine unvermutete Kühnheit allgemeinen Beifall. Er, der geschickte Springer, der Ballett-Tänzer und Operndeklamator, hatte sich ausgerechnet hinter dem langen Gehrock des Tit Titytsch Bruskow[3] mit Pluderhosen, einer bunten Weste, einem dicken Bauch, einem Bart und einer Frisur „à la rousse" verborgen.
Unsere Schülergarderobe hallte wider von lauten Ausrufen wie bei einer mittelmäßigen Liebhaberaufführung.
„Ach! Nicht wiederzuerkennen! Bist du's wirklich? Erstaunlich! Einfach tadellos, das hätte ich nicht gedacht!" Und so weiter.
Diese Beifallsrufe brachten mich auf, und die an meine Adresse gerichteten zweifelnden und unzufriedenen Bemerkungen raubten mir vollends allen Mut.
„Das ist doch nichts Rechtes! Ich weiß nicht .... irgendwie unverständlich! Wer soll das sein? Wen stellst du dar?"
Wie kann man sich derlei Fragen und Bemerkungen anhören, wenn man nicht weiß, was man antworten soll.
‚Wen stelle ich dar? Weiß ich's denn selbst? Wenn ich nur darauf kommen könnte, so würde ich schon sagen, wer ich bin!'
Der Teufel hole diesen Grünschnabel von Maskenbildner. Ehe er mein Gesicht in die nichtssagende, bläßliche Physiognomie eines blonden Theaterhelden verwandelt hatte, glaubte ich schon, auf dem Weg zur Erkenntnis zu sein. Ein Schauer lief mir den Rücken hinunter, als ich gemächlich das alte, abgetragene Kostüm überzog, die Perücke aufsetzte und mir den Schnurrbart anlegte. Wäre ich allein im Raum gewesen, ohne die ganze Umgebung, die mich ablenkte, hätte ich meinen geheimnisvollen

---

* Figur aus Gribojedows „Geist bringt Kummer". (Anm. d. Hrsg.)

Fremden wahrscheinlich erkannt. Aber Lärm und Geschwätz gaben mir keine Gelegenheit, mich zu konzentrieren, sie hinderten mich daran, das Unbegreifliche zu erfassen, das sich in mir vollzog.
Endlich gingen alle auf die Bühne, um sich Torzow vorzustellen. Ich blieb allein und vollkommen erschöpft in der Garderobe zurück und starrte hoffnungslos auf das banale Theatergesicht, das mir aus dem Spiegel entgegensah. Ich wähnte alles bereits verloren und beschloß, mich gar nicht erst sehen zu lassen, sondern mich auszuziehen und mich mit der neben mir stehenden widerlichen grünen Salbe abzuschminken. Ich hatte bereits etwas davon auf die Finger genommen, fuhr mir damit über das Gesicht und... wischte... Alle Farben flossen ineinander wie auf einem naßgewordenen Aquarell... Dadurch erhielt mein Gesicht einen graugrünlich-gelblichen Ton, der ausgezeichnet zu meinem Anzug paßte... Es war kaum zu erkennen, wo die Nase, die Augen und die Lippen waren... Dann verschmierte ich die Abschminke über meinen Backen- und Schnurrbart und schließlich über die ganze Perücke... Die Haare verwickelten sich und ballten sich zu Klumpen zusammen... Dann wischte ich mit klopfendem Herzen, wie im Fieber, die Brauen vollständig weg, stäubte mir ein paar Pudertupfen ins Gesicht... bestrich meine Hände mit grünlicher, die Innenflächen der Hände mit grellroter Farbe... zupfte den Anzug zurecht und zerdrückte die Krawatte. Alles das tat ich rasch und sicher, denn nun wußte ich endlich... wen ich darstellte und wie er aussah.
Den Zylinder schob ich wie ein Stutzer schief auf das eine Ohr. Noch jetzt war zu merken, daß die verknautschten und abgetragenen Hosen einst sehr schick und elegant gewesen sein mußten. Ich mühte mich, die Stellung meiner Beine den Falten anzugleichen, die sich im Lauf der Zeit gebildet hatten. Zu diesem Zweck mußte ich meine Fußspitzen stark nach innen verdrehen und begann, „über den Onkel" zu laufen. Das ist etwas Abscheuliches, und Menschen, die „über den Onkel" laufen, sind mir zutiefst widerwärtig. Durch die neue Beinstellung schrumpfte meine Gestalt gleichsam zusammen, auch meine Gangart veränderte sich und paßte auf einmal nicht mehr zu mir. Mein ganzer Körper neigte sich plötzlich nach rechts. Nun fehlte mir nur noch ein Spazierstöckchen. In der Garderobe lag eins, und ich nahm es an mich, wenn es auch nicht ganz der Vorstellung entsprach, die ich mir von meinem Stock machte... Jetzt brauchte ich noch eine Gänsefeder, um sie mir hinters Ohr oder zwischen die Zähne zu stecken. Ich schickte einen Schneiderlehrling fort, um mir eine zu besorgen, und ging in Erwartung seiner Rückkehr in der Garderobe auf und ab. Dabei bemerkte ich, wie alle Teile meines Körpers und alle meine Gesichtszüge wie von selbst ihre richtige Stellung fanden und darin verblieben. Ich durchmaß ein paarmal mit unsicheren, arhythmischen Schritten den Raum, dann warf ich einen flüchtigen Blick in den Spiegel und – erkannte mich selbst nicht wieder. Seit ich mich das letzte Mal im Spiegel betrachtet hatte, war schon wieder eine neue Verwandlung festzustellen.
„Er! Das ist er!...", rief ich, außerstande, die Freude für mich zu behalten, die mir fast den Atem verschlug. „Jetzt nur noch die Feder, und ich könnte auf die Bühne gehen."
Auf dem Korridor wurden Schritte laut. Sicher war das der Junge, der mir die Feder

brachte. Ich stürzte ihm entgegen und prallte in der Tür mit Iwan Platonowitsch zusammen.
„Wie abscheulich!" entfuhr es ihm unwillkürlich, als er mich sah. „Aber, mein Bester! Wer soll denn das sein? Das ist ja ein tolles Stückchen! Dostojewski? Oder vielleicht der Mann, der nicht sterben kann? Sind Sie es, Naswanow?! Wen stellen Sie denn dar?!"
„Einen *Kritikaster!*" antwortete ich mit einer mir selbst fremden, schnarrenden Stimme und einem bissigen Unterton.
„Was denn für einen Kritikaster, mein Freundchen?" fragte Rachmanow weiter, der durch meinen unverschämten und durchdringenden Blick geradezu ein wenig verwirrt wurde. Ich kam mir vor wie ein Blutegel, der sich an ihm festsaugte.
„Was für einen Kritikaster?" wiederholte ich seine Frage in der unverhüllten Absicht, ihn zu kränken. „Mein Kritikaster ist der Zimmerherr Naswanows. Ich bin da, um ihn an der Arbeit zu hindern. Das ist meine größte Freude! Es ist die vornehmste Bestimmung meines Lebens!"
Ich staunte selbst über den frechen, widerlichen Ton, über meinen starr auf Rachmanow gerichteten Blick und die zynische Unverschämtheit, mit der ich ihn behandelte. Mein Ton und meine Sicherheit verwirrten ihn. Iwan Platonowitsch wußte nicht recht, was er mit mir anfangen und was er zu mir sagen sollte. Er wurde geradezu ein bißchen verlegen.
„Gehen wir ...", stieß er unsicher hervor. „Drüben haben sie schon längst angefangen."
„Na gut, gehen wir, wenn sie drüben schon längst angefangen haben", äffte ich ihn nach, ohne mich von der Stelle zu rühren und maß meinen verwirrten Gesprächspartner mit einem frechen, durchbohrenden Blick. Es herrschte eine verlegene Pause. Wir blieben alle beide unbeweglich stehen. Offensichtlich wollte Iwan Platonowitsch der Szene so rasch wie möglich ein Ende machen, weil er nicht wußte, wie er sich mir gegenüber verhalten sollte. Zu seinem Glück kam in diesem Moment der Junge mit der Gänsefeder angerannt. Ich nahm sie und klemmte sie mir zwischen die Lippen. Dadurch wurde mein Mund eng wie ein schmaler Spalt, gerade und boshaft, und die dünne Spitze der Feder auf der einen und das breite Ende mit den Federn auf der andern Seite des Mundes verstärkten noch die Bissigkeit meines ganzen Gesichtsausdruckes.
„Kommen Sie!" bat Rachmanow leise und beinahe schüchtern.
„Ja, kommen Sie!" parodierte ich ihn scharf und unverschämt.
Wir gingen auf die Bühne, und ich bemerkte, daß Iwan Platonowitsch meinen Blicken nach Möglichkeit auswich.
Ich trat in „Maloletkowas Zimmer", ließ mich aber nicht sogleich blicken, sondern zog mich hinter den grauen Kamin zurück und ließ gerade nur eben einen Schimmer meines Profils und des Zylinders sichtbar werden.
Unterdessen sah Arkadi Nikolajewitsch Pustschin und Schustow, das heißt dem Aristokraten und Skalosub, zu, die sich einander soeben vorgestellt hatten und alle möglichen Platitüden von sich gaben, wie es dem Wesen der von ihnen dargestellten Personen entsprach.

„Was ist das? Wer ist denn das?" unterbrach Arkadi Nikolajewitsch plötzlich aufgeregt. „Kommt es mir nur so vor, oder sitzt dort einer hinter dem Kamin? Was ist das für ein Ungeheuer? Ich hab' doch schon alle gesehen! Wer ist das? Ach ja, Naswanow... Nein, er ist es doch nicht."
„Wer sind Sie?" wandte sich Arkadi Nikolajewitsch sehr interessiert an mich.
„Ein Kritiker", ich stand auf und stellte mich vor. Dabei schob sich, mir selbst ganz unerwartet, mein dummer Fuß nach vorn, mein Körper bog sich noch mehr nach rechts. Mit übertriebener Grandezza zog ich den Zylinder und verbeugte mich höflich. Darauf nahm ich wieder Platz und versteckte mich wieder halb hinter dem Kamin, dessen Farbe fast völlig mit der meines Kostüms übereinstimmte.
„Ein Kritiker?!" fragte Torzow verwundert.
„Ja, ein intimer", erwiderte ich mit schnarrender Stimme. „Sehen Sie die Feder hier... Sie ist schon ganz zernagt... vor lauter Bosheit... Ich beiße so darauf herum, daß sie... in der Mitte knackt und... zittert..."
Bei diesen Worten brach ganz unvermutet ein merkwürdiges Knarren und Kreischen anstelle eines Gelächters aus mir hervor. Ich selbst war ganz verblüfft darüber, und Torzow war offensichtlich stark davon beeindruckt.
„Was soll das, zum Teufel?" rief er. „Kommen Sie hierher, etwas näher ins Licht!"
Mit ungeschickten Schritten stolperte ich auf meinen dummen Füßen bis an die Rampe.
„Wessen intimer Kritiker sind Sie denn?" fragte Arkadi Nikolajewitsch, er verschlang mich dabei fast mit den Augen und schien mich nicht zu erkennen.
„Meines Zimmergenossen", schnarrte ich.
„Wer ist denn Ihr Zimmergenosse?" forschte Torzow weiter.
„Naswanow", gestand ich schüchtern und schlug mädchenhaft-verschämt die Augen nieder.
„Sie haben sich wohl bei ihm eingeschlichen, wie?" Arkadi Nikolajewitsch warf mir die richtigen Stichworte zu.
„Ich bin einquartiert."
„Von wem denn?"
Wieder würgte mich das kreischende Gelächter. Ich mußte mich erst wieder beruhigen, ehe ich weitersprechen konnte:
„Von ihm selbst. Die Schauspieler lieben ja diejenigen, die sie verderben wollen. Und der Kritiker..."
Ein neuer Anfall des schrillen Gelächters ließ mich meinen Gedanken nicht zu Ende sprechen. Ich sank auf ein Knie nieder, um Torzow starr ins Gesicht sehen zu können.
„Was wollen Sie denn schon kritisieren? Sie sind ja ein Ignorant!" beschimpfte mich Arkadi Nikolajewitsch.
„Gerade die Ignoranten sind es ja, die immer etwas zu kritisieren haben", suchte ich mich zu verteidigen.
„Sie verstehen gar nichts, Sie können gar nichts", schalt Arkadi Nikolajewitsch.
„Gerade wer nichts kann, will ja immer andere belehren", sagte ich und setzte mich geziert auf den Boden vor der Rampe, an der Arkadi Nikolajewitsch stand.

„Das ist nicht wahr, Sie sind gar kein Kritiker, sondern nichts weiter als ein übler Kritikaster. So etwas wie eine Laus oder eine Wanze. Diese Schmarotzer sind zwar nicht gefährlich, aber sie können einem das Leben zur Hölle machen."
„Ich zehre an ihm... unermüdlich... ganz im stillen...", krächzte ich.
„Sie widerwärtiges Geschmeiß!" rief Arkadi Nikolajewitsch jetzt bereits mit unverhohlenem Zorn.
„Aber, aber! Was für ein Stil!" Ich legte mich neben der Rampe auf den Boden und fing an, mit Torzow zu kokettieren.
„Sie sind eine Blattlaus!" Arkadi Nikolajewitsch schrie diese Worte beinahe heraus.
„Hübsch, sehr hübsch!" Nun kokettierte ich bereits schamlos mit Arkadi Nikolajewitsch. „Eine Blattlaus kann man mit nichts wegspülen. Wo Blattläuse sind, da ist auch Sumpf, und im Sumpf gehen allerlei Unholde um wie ich auch."
Wenn ich jetzt an diesen Augenblick zurückdenke, wundere ich mich selbst über meine Verwegenheit und Unverschämtheit. Ich trieb es so weit, daß ich anfing, mit Arkadi Nikolajewitsch herumzuschäkern wie mit einer hübschen Frau, ja, ich reckte sogar einen fettigen Finger meiner zusammengekrampften Hand mit den roten Innenflächen nach Wange und Nase des Lehrers aus. Ich wollte ihn streicheln, er aber stieß meine Hand instinktiv und voller Ekel zurück und versetzte mir einen Schlag.
Ich kniff meine Augen zu schmalen Schlitzen zusammen und kokettierte weiter durch meine Blicke mit ihm.
Nach minutenlangem Schwanken umfaßte Arkadi Nikolajewitsch auf einmal liebevoll meine beiden Wangen, zog mein Gesicht zu sich herunter, küßte mich herzlich und flüsterte:
„Prachtvoll! Wunderbar!"
Als er merkte, daß ich ihn mit Fett beschmiert hatte, das von meinem Gesicht heruntertropfte, fügte er hinzu:
„Da seht nur, was er mit mir gemacht hat. Das kann man in der Tat auch mit Wasser nicht abspülen!"
Alle stürzten auf ihn zu, um ihn zu säubern; ich aber, wie versengt von dem Kuß, sprang empor, vollführte einen tollen Luftsprung und stürmte unter allgemeinem Beifall mit meinem natürlichen Naswanowschen Gang von der Bühne.
Dadurch, daß ich einen Augenblick lang aus meiner Rolle herausfiel und meine wirkliche, echte Persönlichkeit offenbarte, wurden anscheinend die charakteristischen Züge der Rolle und die Verwandlung, die mit mir vorgegangen war, noch mehr unterstrichen.
Ehe ich von der Bühne abtrat, blieb ich stehen und versetzte mich noch einmal in die Rolle zurück, indem ich zum Abschied den gezierten Kratzfuß des Kritikasters wiederholte.
Als ich mich dabei in Torzows Richtung wandte, bemerkte ich, daß er seine Säuberung unterbrochen hatte, mit dem Tuch in der Hand wie erstarrt stehengeblieben war und mich von weitem mit liebevollem Blick betrachtete.
Ich war glücklich, aber nicht wie früher auch schon, sondern ich war völlig von einem bis dahin unbekannten künstlerischen, schöpferischen Glücksgefühl durchdrungen.

In der Garderobe ging die Vorstellung weiter. Die andern Schüler warfen mir immer neue Repliken zu, auf die ich ohne Zögern bissige Antworten gab, wie sie dem Wesen der von mir dargestellten Person entsprachen. Ich hatte das Empfinden, unerschöpflich zu sein und ohne Ende, in jeder erdenklichen Situation meiner Rolle gemäß leben zu können. Was für ein Glück, wenn es gelingt, sich so sehr in eine Gestalt hineinzuversetzen!
Das alles war auch dann noch nicht vorüber, als ich Maske und Kostüm wieder abgelegt hatte und in meinem natürlichen Aussehen, ohne Unterstützung von Maske und Kostüm, weiterspielte. Meine Gesichtszüge, die Stellung meines Körpers, meine Bewegungen, Stimme, Intonation, Aussprache, Arme und Beine hatten sich der Rolle so sehr angepaßt, daß sie Perücke, Bart und graues Jackett zu ersetzen vermochten. Zwei- oder dreimal warf ich einen flüchtigen Blick in den Spiegel und könnte noch heute schwören, daß nicht mein Spiegelbild darin zu sehen war, sondern das des schimmligen Kritikasters. Ich wäre bereit, diese Rolle jederzeit ohne Maske und Kostüm in meiner gewohnten Kleidung zu spielen.
Aber selbst das war noch nicht alles: Es gelang mir nicht, die Gestalt ohne weiteres loszuwerden. Auf dem Nachhauseweg und beim Betreten meiner Wohnung ertappte ich mich immer wieder in meinem Gang und meinem ganzen Benehmen bei Bewegungen und Handlungen, die noch von der Gestalt herrührten.
Und auch damit noch nicht genug: Am Mittagstisch war ich im Gespräch mit der Wirtin und den andern Mietern so nörglerisch, spöttisch und streitsüchtig, als wäre ich immer noch der Kritikaster. Das veranlaßte meine Wirtin sogar zu der vorwurfsvollen Frage:
„Lieber Gott, warum sind Sie heute bloß so unausstehlich?!..."
Diese Bemerkung war sehr schmeichelhaft für mich.
Ich war glücklich, denn ich hatte begriffen, wie man sich in ein fremdes Leben hineinversetzen muß, was es mit der Verwandlung und den *charakteristischen Zügen* auf sich hat und wie wichtig sie für den Schauspieler sind.

Heute beim Waschen fiel mir plötzlich ein, daß ich, als ich in der Gestalt des Kritikasters lebte, meine eigene, das heißt Naswanows Persönlichkeit dabei keineswegs abgelegt hatte.
Zu dieser Schlußfolgerung kam ich, weil es mir beim Spielen außerordentlich viel Freude gemacht hatte, meine Verwandlung zu beobachten.
Im Grunde war ich mein eigener Zuschauer, während der andere Teil meines Wesens das mir fremde Leben des Kritikasters führte.
Aber kann ich denn wirklich behaupten, daß dieses Leben mir fremd gewesen sei? Schließlich und endlich war der Kritikaster aus mir selbst genommen. Ich hatte mich gleichsam in zwei Hälften aufgespalten. Die eine Hälfte lebte das Leben des Schauspielers, des Gestalters der Rolle, während die andere sie dabei wie ein Zuschauer betrachtete.
Und was das Erstaunlichste ist! Dieser Zustand der Zwiespältigkeit war mir durchaus nicht hinderlich, sondern ermunterte im Gegenteil meinen Schaffensdrang.

Der heutige Unterricht diente der Analyse und Kritik dessen, was wir Schüler in der letzten Stunde bei der „Maskerade" gezeigt hatten.

Zur Weljaminowa gewandt sagte Torzow:

„Es gibt Schauspieler und besonders Schauspielerinnen, die vom *Charakteristischen* und der *Verwandlung* nichts wissen wollen, weil sie jede Rolle auf sich selbst zuschneiden und sich ausschließlich auf ihren persönlichen *Zauber* verlassen.[4] Sie bauen ihren Erfolg einzig und allein auf ihrem Charme auf, denn ohne ihn wären sie machtlos wie Samson ohne Haare.

Diese Schauspieler fürchten alles, was ihre von der Natur geschaffene Individualität vor den Zuschauern verbergen könnte.

Wenn es ihre Schönheit ist, die auf die Zuschauer wirkt, so stellen sie diese zur Schau. Wenn sich ihr Charme in den Augen, im Gesicht, in der Stimme, in ihrem ganzen Benehmen ausdrückt, so präsentieren sie diese dem Publikum, wie es zum Beispiel Sie, Weljaminowa, tun.

Was sollen Sie auch mit der Verwandlung, wenn Sie im Vergleich zum wirklichen Leben dadurch nur verlieren können. Sie lieben mehr *sich selbst* in der Rolle als die *Rolle* in sich. Das ist falsch. Sie sind begabt, Sie sind durchaus imstande, nicht nur sich selbst zu zeigen, sondern auch eine Rolle zu gestalten.

Viele andere Schauspieler verlassen sich auf ihren inneren Charme, den sie dem Zuschauer zeigen wollen. So sind die Dymkowa und Umnowych beispielsweise der Ansicht, ihr Zauber beruhe auf der Tiefe ihrer Empfindungen und der Feinnervigkeit ihres Erlebens. Daher sind sie auch bemüht, jede Rolle ihren eigenen Empfindungen anzupassen und erfüllen sie mit ihren stärksten und am meisten ausgeprägten persönlichen Eigenschaften.

Während die Weljaminowa in ihre äußeren Gaben verliebt ist, halten sich die Dymkowa und Umnowych etwas auf ihre inneren Qualitäten zugute.

Was sollen Sie mit Kostüm und Maske, die Ihnen nur hinderlich sein könnten.

Aber auch das ist ein Fehler, den Sie ablegen müssen. Lernen Sie, die *Rolle* in sich zu lieben! Sie haben ja die schöpferischen Möglichkeiten, sie zu gestalten.

Es gibt auch noch einen andern Typ von Schauspielern. Unter Ihnen ist allerdings keiner dieses Typs, weil Sie noch nicht genügend Zeit hatten, sich dahin zu entwickeln.

Die Schauspieler dieser Art sind interessant durch ihre originellen Spielmethoden, durch ihre individuellen, glänzend ausgefeilten, nur ihnen persönlich eigenen schauspielerischen Schablonen. Nur um ihretwillen kommen sie auf die Bühne, nur sie allein wollen sie dem Publikum zeigen. Was sollen sie mit Wandlungsfähigkeit und charakteristischen Zügen, wenn sie ihnen keine Gelegenheit bieten zu zeigen, worin gerade ihre Stärke besteht.

Wieder andere Schauspieler sind ebenfalls ganz groß, was Technik oder Schablone betrifft, nur ist es nicht ihre eigene, die sie sich persönlich erarbeitet haben, sondern eine fremde, die sie von andern übernommen haben. Auch bei ihnen sind die charakteristischen Züge und die Verwandlung einem von allerhöchster Seite festgelegten Ritual unterworfen. Sie wissen nämlich ganz genau, wie jede einzelne Rolle des Repertoires der ganzen Welt *„gespielt werden muß"*. Die Schauspieler dieser Art

haben für jede Rolle eine ein für allemal gültige Norm; sonst wären sie niemals imstande, fast dreihundertfünfundsechzig Rollen im Jahr – und jede mit nur einer einzigen Probe – zu spielen, wie es an manchen Provinzbühnen Brauch ist.
Diejenigen unter Ihnen, bei denen die Neigung besteht, diesen gefährlichen Weg des geringsten Widerstandes einzuschlagen, mögen sich rechtzeitig davor hüten.
So zum Beispiel Sie, Goworkow! Denken Sie ja nicht, Sie hätten bei der Vorführung in der letzten Stunde einen charakteristischen Mephisto gezeigt, Sie hätten sich in ihn verwandelt und sich hinter dieser Gestalt verborgen. O nein, das wäre ein Irrtum! Sie sind derselbe schöne Goworkow geblieben wie zuvor, nur in einem andern Kostüm und mit einem neuen Sortiment schauspielerischer Schablonen, die wir diesmal als ‚gotisch oder mittelalterlich' bezeichnen könnten.
In ‚Der Widerspenstigen Zähmung' haben wir dieselben Schablonen zu sehen bekommen, nur waren sie dort nicht auf tragisch, sondern auf komisch zugeschnitten.
Wir kennen an Ihnen auch sozusagen bürgerliche Schablonen, für zeitgenössische Komödien und Dramen in Prosa oder Versen. Aber... wie immer Sie sich auch schminken mögen, was für ein Benehmen und was für Manieren Sie sich auch zulegen, Sie kommen auf der Bühne doch niemals von dem ‚Schauspieler Goworkow' los, alle Ihre Spielmethoden führen Sie immer wieder auf ihn zurück.
Übrigens stimmt auch das nicht so ganz. Ihre Schablonen führen Sie nicht nur auf den ‚Schauspieler Goworkow' zurück, sondern auf alle Mimen auf den Bühnen aller Länder und Jahrhunderte ‚überhaupt'.
Sie sind der Ansicht, Sie hätten *Ihre* eigenen Gesten, *Ihren* Gang, *Ihre* individuelle Art zu sprechen. Durchaus nicht, Sie haben lediglich die *allgemeinen* Schablonen, die ein für allemal für alle Schauspieler festgelegt sind, die Kunst mit Handwerk verwechseln. Wenn es Ihnen doch einmal einfiele, auf der Bühne zu zeigen, was wir noch nie von Ihnen gesehen haben, wenn Sie doch einmal als Sie selbst, so wie Sie im Leben sind, auf den Brettern stünden, das heißt nicht als der ‚Schauspieler', sondern als der Mensch Goworkow. Das wäre großartig, denn der *Mensch* Goworkow ist weitaus interessanter und talentierter als der *Schauspieler* Goworkow. Zeigen Sie uns diesen Menschen, denn den Schauspieler Goworkow bekommen wir unser Leben lang in sämtlichen Theatern zu sehen.
Dieser Mensch Goworkow wird, davon bin ich überzeugt, der Vater einer ganzen Generation charakteristischer Rollen werden. Der Schauspieler Goworkow dagegen kann nichts Neues bieten, weil das Sortiment der handwerklichen Schablonen erstaunlich begrenzt und abgenutzt ist."
Nach Goworkow ging Arkadi Nikolajewitsch daran, Wjunzow gründlich den Kopf zu waschen. Sein Verhalten ihm gegenüber wurde merklich strenger. Offensichtlich war es ihm darum zu tun, den übermütigen Burschen fester in die Hände zu nehmen. Das ist nur gut und nützlich für ihn.
„Was Sie uns zeigten, war keine Gestalt, sondern ein Mißverständnis. Es war weder Mensch noch Affe, noch stellte es einen Schornsteinfeger dar. Anstelle eines Gesichts hatten Sie einen schmutzigen Lappen, wie man ihn zum Abtrocknen von Pinseln benutzt. Und Ihr Benehmen, Ihre Bewegungen und Handlungen? Was sollte das sein? Etwa ein Veitstanz? Sie beabsichtigten, sich hinter dem charakteristischen Äußeren

eines alten Mannes zu verbergen, doch das ist Ihnen nicht gelungen. Sie ließen vielmehr deutlicher und unverhohlener als sonst den Schauspieler Wjunzow in Erscheinung treten. Ihr ganzes albernes Getue war nicht typisch für den Greis, den Sie darstellen wollten, sondern einzig und allein für Sie selbst.
Alle Ihre affektierten, gekünstelten Spielmethoden lassen Sie als Wjunzow nur noch mehr hervortreten. Das alles paßt ausschließlich zu Ihnen persönlich und hat nicht das mindeste mit dem alten Manne zu tun, den Sie darstellen wollten. Eine solche Charakterisierung verwandelt Sie nicht, sondern stellt Sie nur um so mehr bloß und gibt Ihnen Gelegenheit, sich aufzuspielen.
Sie lieben das Charakteristische und die Wandlungsfähigkeit nicht, denn Sie kennen sie gar nicht und wollen auch nichts davon wissen, und es lohnt sich nicht, ernsthaft über das zu sprechen, was Sie uns gezeigt haben. Es war haargenau das, was man nie, unter keinen Umständen, auf der Bühne zeigen sollte.
Wir wollen nur hoffen, daß dieser Mißerfolg Sie zur Vernunft bringt und Sie veranlaßt, endlich einmal ernsthaft über Ihre leichtfertige Mißachtung alles dessen, was ich Ihnen sage, und über Ihr ganzes Verhalten in der Schule nachzudenken. Sonst wird es für Sie ein schlimmes Ende nehmen!"
Leider wurde die Stunde in der Mitte abgebrochen, weil Arkadi Nikolajewitsch wieder einmal wegen einer dringenden Angelegenheit abberufen wurde. An seiner Stelle unterrichtete uns Iwan Platonowitsch wie üblich in „Training und Drill".

Heute erschien Torzow zusammen mit Wjunzow, den er väterlich umarmte, in „Maloletkowas Wohnung". Der junge Mann sah sehr niedergeschlagen aus und hatte verweinte Augen, offenbar hatten die beiden sich gerade ausgesprochen und versöhnt.
Sie befanden sich anscheinend mitten in einem Gespräch, denn Torzow forderte ihn auf:
„Versuchen Sie es doch einmal!"
Gleich darauf humpelte Wjunzow völlig verkrümmt durch das Zimmer, als ob ihn der Schlag getroffen hätte.
„Nein", unterbrach ihn Arkadi Nikolajewitsch, „das ist kein Mensch, sondern ein Tintenfisch oder ein Gespenst. Übertreiben Sie nicht!"
Einen Augenblick später sah man Wjunzow recht flink und jugendlich als flotten Greis durch das Zimmer hinken.
„Das ist wiederum zu flott!" hielt Arkadi Nikolajewitsch ihn auf. „Ihr Fehler besteht darin, daß Sie den Weg des geringsten Widerstandes einschlagen, Sie beschränken sich auf ein bloß äußerliches Kopieren. Aber Kopieren ist etwas anderes als Gestalten. Das ist ein schlechter Weg. Sie sollten sich zunächst einmal über das Wesen des Alters klarwerden, dann werden Sie auch erkennen, was Sie eigentlich in sich suchen müssen.
Wie kommt es, daß ein junger Mensch ohne weiteres aufspringen, sich umdrehen und laufen, daß er ohne jede Vorbereitung aufstehen oder sich hinsetzen kann, und warum ist ein alter Mann dazu nicht imstande?"
„Weil er alt ist", antwortete Wjunzow.

„Das ist keine Erklärung. Es gibt dafür andere, rein physiologische Ursachen", setzte Arkadi Nikolajewitsch ihm auseinander. „Durch Verkalkung, Muskelverhärtung und aus andern Gründen wird der menschliche Organismus im Lauf der Zeit abgenutzt, so daß die Gelenke älterer Menschen gleichsam nicht mehr richtig geschmiert sind. Sie knarren und klemmen wie rostige Eisenscharniere. Dadurch wird die Gebärde verengt, werden die Winkel der Biegungen in den Gelenken, der Wendungen des Kopfes oder Rumpfes verkürzt, und man ist gezwungen, eine große Bewegung in mehrere kleine Einzelteile zu zerlegen und sich länger auf sie vorzubereiten, ehe man sie durchführt. Während man als junger Mensch die Wirbelsäule schnell und mühelos in einem Winkel von fünfzig bis sechzig Grad drehen kann, ist die gleiche Bewegung im Alter bis auf zwanzig Grad reduziert, und man kann sie nur mit Unterbrechungen behutsam durchführen. Andernfalls würde man keine Luft mehr kriegen, Stiche oder Hexenschuß bekommen. Überdies funktionieren beim Greis der Kontakt und die Verbindung zwischen den Befehlszentren und den Bewegungszentren langsamer, gleichsam nicht mehr mit der Geschwindigkeit eines D-Zuges, sondern eines Güterzuges, außerdem werden alle Bewegungen unsicher und stockend ausgeführt. Darum sind auch Rhythmus und Tempo der Bewegung alter Menschen langsam und kraftlos.
Alle diese Voraussetzungen sind für Sie, den Darsteller, die ‚vorgeschlagenen Situationen', das ‚magische Wenn', unter dem Sie handeln müssen. Also fangen Sie an, beobachten Sie dabei unverdrossen jede einzelne Ihrer Bewegungen und überlegen Sie sich genau, was ein alter Mann tun kann und wozu er nicht mehr imstande ist."
Nicht Wjunzow allein, auch wir andern fingen an, uns wie alte Leute in den vorgeschlagenen Situationen zu benehmen, die Torzow uns geschildert hatte. Der Klassenraum verwandelte sich in ein Altersheim.
Wir waren bemüht, uns wirklich den physiologischen Gegebenheiten des Lebens gemäß zu bewegen.
Dessenungeachtet ertappten Arkadi Nikolajewitsch und Iwan Platonowitsch immer wieder den einen oder andern bei Ungenauigkeiten und Fehlern, wenn wir etwa eine zu ausladende Bewegung machten, ein zu rasches Tempo anschlugen oder uns in anderer Weise physiologisch falsch und unkonsequent bewegten.
Endlich brachten wir es bei höchster Konzentration so weit, daß wir uns einigermaßen richtig zu bewegen glaubten.
„Jetzt verfallen Sie wieder in das umgekehrte Extrem", korrigierte uns Torzow. „Sie behalten ununterbrochen ein und dasselbe langsame Tempo und denselben Rhythmus im Gang und dieselbe übertriebene Vorsicht in Ihren Bewegungen bei. Aber bei alten Leuten ist das ganz anders. Um Ihnen zu illustrieren, was ich meine, will ich Ihnen ein Erlebnis erzählen:
Ich kannte eine hundertjährige Greisin. In gerader Richtung vermochte sie sogar noch zu laufen. Allerdings mußte sie sich zuvor erst eine Weile in Schwung bringen, auf der Stelle hin und her trippeln, sich die Beine vertreten und mit ganz kleinen vorsichtigen Schrittchen beginnen. Sie erinnerte dabei geradezu an ein einjähriges Kind, das genauso konzentriert, aufmerksam und nachdenklich seine ersten Schritte macht.

Sobald die Beine des alten Frauchens sich jedoch gelockert hatten und sie in Schwung gekommen war, konnte sie nicht mehr stehenbleiben und bewegte sich immer schneller und schneller, bis sie fast schon ein richtiges Lauftempo erreicht hatte. Wenn sie an ihrem Ziel angelangt war, fiel es ihr sogar schwer, wieder anzuhalten. Dann aber blieb sie auf einmal stehen wie eine Dampfmaschine ohne Dampf.
Bevor sie die schwierigste Aufgabe – das Umdrehen, um zurückzulaufen – in Angriff nahm, legte sie eine ausgiebige Ruhepause ein, dann begann sie wieder mit besorgter Miene und angespannter Aufmerksamkeit lange auf der Stelle zu trippeln, nachdem sie vorher alle erdenklichen Vorsichtsmaßregeln getroffen hatte.
Das Umdrehen erfolgte im ruhigsten Zeitmaß, es dauerte sehr, sehr lange, anschließend folgte wieder eine Atempause, dann Trippeln und Vorbereitung auf die Rückreise."
Nun fingen wir erneut an zu probieren.
Alle liefen mit kleinen Schritten durch den Raum und drehten sich langsam um, sobald sie an der Wand angekommen waren.
Ich spürte, daß ich zuerst noch nicht den vorgeschlagenen Situationen des Alters entsprechend *handelte,* sondern die hundertjährige Greisin und ihre Bewegungen, die Arkadi Nikolajewitsch uns geschildert hatte, lediglich äußerlich kopierte. Zum Schluß glückte es mir jedoch besser, und das Spielen machte mir soviel Spaß, daß ich sogar wagte, mich gleichsam vor Erschöpfung wie ein alter Mann hinzusetzen.
Aber da stürzte Arkadi Nikolajewitsch auf mich zu und bedeutete mir, daß ich unendlich viele Fehler gemacht hätte.
„Was war denn falsch?" wollte ich wissen.
„So setzen sich junge Leute hin", erklärte mir Arkadi Nikolajewitsch. „Wenn ein junger Mensch sich setzen will, so tut er es fast im Augenblick, ohne zu überlegen und ohne Vorbereitung.
Bitte, überzeugen Sie sich einmal, in welchem Winkel Sie die Knie gebeugt haben! Beinahe um fünfzig Grad?! Dabei dürften Sie als Greis Ihre Knie unter keinen Umständen um mehr als zwanzig Grad beugen. Nein, das ist zu viel, viel zu viel! Noch weniger... noch bedeutend weniger. So ist's recht. Und jetzt setzen Sie sich hin!"
Ich neigte mich zurück und plumpste auf den Stuhl wie ein Hafersack, der vom Ackerwagen auf den Boden poltert.
„Jetzt hat sich Ihr alter Mann aber tüchtig gestoßen oder einen Hexenschuß gekriegt!"
Ich versuchte nun auf alle mögliche Weise, wie man sich mit kaum angewinkelten Knien hinsetzen könnte. Dabei mußte ich mich im Rücken biegen, die Arme zu Hilfe nehmen und mit ihrer Unterstützung nach einem festen Halt suchen. Ich stützte mich mit den Händen auf die Sessellehnen, winkelte die Arme allmählich in den Ellenbogen an und ließ dabei meinen Körper behutsam auf die Sitzfläche gleiten.
„Langsam, langsam, noch viel vorsichtiger", dirigierte mich Arkadi Nikolajewitsch. „Vergessen Sie nicht, ein alter Mann kann nicht mehr gut sehen. Bevor er die Arme auf die Lehnen legt, wird er sie erst eingehend betrachten, um sich zu vergewissern, worauf er sich stützt. Ja, so ist's gut, langsam, sonst bekommen Sie einen Hexen-

schuß. Denken Sie immer daran, daß Ihre Gelenke eingerostet sind und klemmen. Noch langsamer ... So! ...
Halt, halt, wo denken Sie hin! Doch nicht mit einem Mal!" unterbrach mich Arkadi Nikolajewitsch schon wieder, kaum daß ich mich niedergelassen hatte und mich anlehnen wollte.
„Sie müssen sich doch erst einmal ausruhen", erklärte mir Arkadi Nikolajewitsch. „Sie müssen Ihren Muskeln Zeit lassen, sich umzustellen und anzupassen. Bei alten Leuten geht das alles nicht so rasch. Ja, so ist's besser. Jetzt legen Sie sich ein bißchen zurück. Gut so! Legen Sie erst die eine, dann die andere Hand auf Ihren Schoß. Ruhen Sie sich aus. Fertig. Aber warum sind Sie jetzt immer noch so vorsichtig? Sie haben ja das Schwerste geschafft. Nun können Sie sofort gleichsam wieder jung werden. Jetzt dürfen Sie sich beweglicher, energischer und elastischer zeigen: Wechseln Sie Tempo und Rhythmus, wenden Sie sich unbekümmerter hin und her, beugen Sie sich auch einmal vor, handeln Sie energisch, fast wie ein junger Mann. Das alles ... allerdings nur innerhalb von fünfzehn bis zwanzig Grad Ihrer gewohnten Gebärde. Diese Grenze dürfen Sie unter keinen Umständen überschreiten, und wenn Sie es doch einmal tun sollten, so nur äußerst behutsam, in einem andern Rhythmus, damit es nicht verkrampft wirkt.
Wenn ein jugendlicher Darsteller sich wirklich in seine Greisenrolle hineindenkt und er alle Bestandteile der komplizierten Handlung begreift und sich zu eigen macht, wenn er bewußt, ehrlich, beherrscht und ohne überflüssigen Nachdruck produktiv und zielbewußt nach den Gegebenheiten handelt, unter denen ein alter Mensch lebt, wenn er ausführt, was ich Ihnen gezeigt habe, wenn er die einzelnen Bestandteile der einen großen Handlung logisch und folgerichtig aneinanderreiht, so stellt sich der junge Mann unter die gleichen Bedingungen wie der Greis, er paßt sich ihm an, er findet Rhythmus und Tempo, die wie immer eine wichtige Rolle spielen.
Es ist nicht einfach, die vorgeschlagenen Situationen des Alters zu begreifen. Wenn man sie aber erst einmal gefunden hat, ist es nicht mehr schwer, sie mit Hilfe der Technik festzuhalten."

Heute setzte Arkadi Nikolajewitsch die in der letzten Stunde abgebrochene Kritik der „Maskerade" fort. Er sagte:
„Ich sprach von den Schauspielern, die das Charakteristische und die Verwandlung nicht lieben und ihnen nach Möglichkeit aus dem Wege gehen. Heute will ich Ihnen dagegen einen andern Typ von Schauspielern vorstellen, die sie aus verschiedenen Gründen lieben und sich um sie bemühen.
In den meisten Fällen tun sie das, weil sie über keine außergewöhnlichen Gaben an Schönheit oder Charme verfügen. Die Persönlichkeit solcher Schauspieler ist im Gegenteil gar nicht sehr bühnenwirksam, und das ist der Grund dafür, daß sie sich hinter dem Charakteristischen zu verbergen suchen und darin den Charme und Zauber zu finden hoffen, der ihnen persönlich abgeht.
Um das zu erreichen, braucht man nicht allein ausgefeiltes technisches Können, sondern auch ausgeprägten künstlerischen Geschmack. Diese wertvolle Gabe ist leider

sehr selten, und ohne sie kommt man beim Suchen nach dem Charakteristischen leicht auf einen falschen Weg, man verfällt in Unnatur und Konvention.
Um Ihnen die richtigen und falschen Wege zu erläutern, die man dabei einschlagen kann, will ich Ihnen eine kurze Übersicht über die verschiedenen Schauspielertypen geben, die wir kennen. Dabei will ich, anstelle einer anderen Illustration, auf das zurückgreifen, was Sie selbst mir bei der ‚Maskerade' gezeigt haben.
Man kann ohne weiteres charakteristische Gestalten ‚allgemein' – etwa den Kaufmann, den Militär, den Aristokraten, den Bauern und so weiter – auf die Bühne stellen. Schon bei oberflächlicher Beobachtung kann man ja bestimmte ins Auge fallende Verhaltensmerkmale, Manieren und Gewohnheiten erkennen, die für die einzelnen Stände typisch sind, denen man früher die Menschen zuordnete.
So halten sich etwa Militärs ‚allgemein' sehr gerade, sie marschieren, anstatt wie andere Menschen zu gehen, sie drehen die Schultern, damit die Epauletten glitzern, sie knallen sporenklirrend die Hacken zusammen, sie sprechen und räuspern sich laut, um rauher und männlicher zu wirken und so weiter. Bauern spucken und schnäuzen sich auf den Boden, sie haben einen plumpen Gang, sprechen holprig, wischen sich mit dem Saum ihres Pelzes das Gesicht und so weiter. Ein Aristokrat geht stets in Zylinder und Handschuhen, er trägt ein Monokel, spricht schnarrend und rollt das ‚r' wie ein Franzose, er spielt mit Vorliebe an seiner Uhrkette oder dem Bändchen des Monokels und so weiter.
Alles das sind schablonenhafte ‚allgemeine' Merkmale, die angeblich das Charakteristische erzeugen sollen. Sie sind dem Leben entnommen, sie kommen in der Wirklichkeit vor. Aber nicht in ihnen liegt das Wesentliche, nicht sie sind typisch.
So vereinfacht hat Wesselowski seine Aufgabe zu lösen versucht. Alles, was er uns zeigte, gehörte wohl zur Gestalt des Tit Titytsch, aber das war noch lange nicht Bruskow, es war noch nicht einmal einfach ein Kaufmann, sondern es war das, was man auf der Bühne ‚allgemein' als ‚Kaufmann' bezeichnet.
Dasselbe muß auch von Pustschin gesagt werden. Sein Aristokrat war nicht dem Leben entnommen, sondern eigens für das Theater zugeschnitten, ‚allgemein'.
Das ist erstarrte, nur handwerkliche Tradition. So ‚spielt man' Kaufleute und Aristokraten in allen Theatern. Das gehört zum konventionellen darstellerischen Ritual.
Andere Schauspieler mit einer feineren, aufmerksameren Beobachtungsgabe sind imstande, sich aus der Masse der Kaufleute, Militärs, Aristokraten oder Bauern eine *bestimmte Gruppe* auszuwählen; sie unterscheiden etwa bei Militärs zwischen Armeesoldaten oder Angehörigen der Garde, zwischen Kavalleristen, Infanteristen oder andern Soldaten, zwischen Offizieren und Generälen. Bei Kaufleuten sehen sie den Unterschied zwischen kleinen Krämern, Händlern oder Fabrikanten. Bei Aristokraten zeigen sie, ob es sich um Hofbeamte, um Adlige aus Petersburg oder aus der Provinz, um russische oder ausländische Aristokraten handelt. Alle diese Repräsentanten der verchiedenen Gruppen statten sie mit typischen, für sie charakteristischen Zügen aus.
Das eben Gesagte trifft auf Schustows Darbietung zu. Ihm ist es gelungen, sich aus den Militärs ‚allgemein' die Gruppe der Armeesoldaten auszuwählen und sie mit den für sie typischen elementaren Zügen auszustatten.

Der dritte Typ der Charakterdarsteller besitzt eine noch feinere Beobachtungsgabe. Solche Schauspieler sind imstande, sich aus allen Militärs, aus der ganzen Gruppe der Armeesoldaten irgendeinen einzigen Iwan Iwanowitsch Iwanow auszuwählen und diesem nur für ihn persönlich typische Züge zu verleihen, die sich in keinem anderen Armeesoldaten wiederholen. Unbestreitbar ist auch ein solcher Mensch ein Militär ‚allgemein‘, unbestreitbar ist er Armeesoldat, aber darüber hinaus ist er die ganz konkrete Persönlichkeit Iwan Iwanowitsch Iwanow.

Diese Aufgabe, das heißt die Gestaltung einer individuellen Persönlichkeit, hat bei unserer Vorführung lediglich Naswanow lösen können.

Was er uns gezeigt hat, war eine selbständige künstlerische *Gestaltung*, über die wir uns eingehend unterhalten müssen.

Ich möchte Naswanow bitten, uns die Entstehungsgeschichte seines Kritikasters ausführlich zu schildern. Für uns ist es interessant zu erfahren, wie sich der schöpferische Prozeß der Verwandlung in ihm vollzieht."

Ich kam Torzows Bitte nach und rekapitulierte Schritt für Schritt all das, was ich über die Entwicklung des Mannes im schimmligen Jackett in meinem Tagebuch vermerkt hatte.

Arkadi Nikolajewitsch hörte mir aufmerksam zu und sagte dann: „Jetzt versuchen Sie einmal, sich an das zu erinnern, was Sie empfanden, als Sie sich in der Gestalt bereits sicher fühlten."

„Ich verspürte einen ganz eigentümlichen, mit nichts vergleichbaren Genuß", erwiderte ich enthusiastisch. „Ein ähnliches Gefühl, ja vielleicht sogar ein noch stärkeres, hatte ich einen kurzen Augenblick bei der Schülervorstellung in der Szene ‚Blut, Jago, Blut!‘ Es war dasselbe Gefühl, das sich auch in einzelnen Lichtblicken bei ein paar Etüden einstellte."

„Was meinen Sie damit? Versuchen Sie, es zu definieren!"

„Es war vor allem der durch und durch aufrichtige Glaube an die Echtheit dessen, was ich tat und fühlte. Aus diesem Glauben entsprang eine Sicherheit und die Gewißheit, daß die von mir geschaffene Gestalt und ihre Handlungen wahrhaftig seien. Das war nicht der Eigendünkel eines in sich selbst verliebten Mimen, sondern etwas durchaus anderes, was man vielleicht als unbedingte Überzeugung bezeichnen könnte, es richtig zu machen.

Wenn ich jetzt daran denke, wie ich mich Ihnen gegenüber aufgeführt habe! Meine Liebe zu Ihnen, meine Achtung und Ehrfurcht vor Ihnen sind unendlich groß. Im wirklichen Leben hemmen mich diese Gefühle mitunter, denn sie erlauben mir nicht, mich voll zu entfalten, ganz zu vergessen, mit wem ich es zu tun habe, sie hindern mich daran, in Ihrer Gegenwart alle Bande zu lösen und mich völlig preiszugeben. In der fremden Haut vollzog sich in meinem Verhältnis zu Ihnen jedoch eine grundlegende Wandlung. Mir war es, als ob irgendein Fremder, den wir uns beide gemeinsam betrachteten, mit Ihnen spräche. Daher konnte es auch geschehen, daß Ihre Nähe, Ihr Blick, mich durchaus nicht verlegen machten, sondern mich sogar noch ermunterten. Es machte mir Spaß, Sie unverschämt anzustarren, ohne mich deswegen fürchten zu müssen, ja, ich glaubte sogar, ein Recht dazu zu haben. Hätte ich je gewagt, etwas Derartiges von mir selbst aus zu tun? Nie! Aber in fremdem Namen machte es mir nicht das mindeste aus. Wenn ich schon Aug' in Auge mit Ihnen so fühlen konnte, hätte ich mich angesichts der jenseits der Rampe sitzenden Zuschauer bestimmt nicht im mindesten geniert."

„Und was war mit dem schwarzen Schlund des Zuschauerraums?" wollte jemand wissen.

„Ich habe ihn überhaupt nicht wahrgenommen, weil meine ganze Aufmerksamkeit von etwas Interessanterem in Anspruch genommen war."

„Demnach lebte Naswanow wahrhaftig in der Gestalt des widerlichen Kritikasters", sagte Torzow zusammenfassend. „Leben kann man aber nicht aus fremden, sondern nur aus eigenen Empfindungen heraus.

Also auch das, was Naswanow uns im Kritikaster gezeigt hat, sind seine eigenen Empfindungen.

Es fragt sich nur, ob er sich bereitgefunden hätte, sie uns als er selbst zu zeigen, ohne sich dabei hinter der geschaffenen Gestalt zu verstecken. Vielleicht findet er in seiner Seele noch das eine oder andere Samenkorn, aus dem ein neues Scheusal entstehen könnte. Das soll er uns jetzt einmal zeigen, ohne sich zu verwandeln, ohne Maske und Kostüm.

Würden Sie sich dazu entschließen?" Damit forderte Arkadi Nikolajewitsch mich auf, Farbe zu bekennen.

„Warum nicht? Ich habe schon ein paarmal versucht, die Gestalt des Kritikasters auch ohne Maske zu spielen", erwiderte ich.

„Aber doch immer mit der entsprechenden Mimik, mit seinem Gebaren und seinem Gang?" fragte Torzow.

„Freilich", antwortete ich.

„Das ist dann dasselbe wie mit Maske. Doch auf die kommt es ja nicht an. Die Gestalt, hinter der man sich versteckt, kann man auch ohne Maske schaffen. Nein, zeigen Sie mir als der, der Sie sind, Ihre eigenen Züge, die guten wie die schlechten, die intimsten und geheimsten, ohne sich dabei hinter einer fremden Gestalt zu verstecken. Können Sie sich dazu entschließen?" fragte Torzow beharrlich weiter.

„Ich würde mich schämen", bekannte ich nach kurzem Überlegen.

„Wenn Sie sich hinter einer fremden Gestalt verstecken, schämen Sie sich nicht?"

„Dann kann ich es", antwortete ich entschieden.

„Da sehen Sie es selbst!" rief Torzow erfreut. „Hier geht dasselbe vor sich wie bei einer richtigen Maskerade.

Dort können wir es erleben, wie ein schüchterner Jüngling, der im wirklichen Leben Angst hätte, sich einer Frau auch nur zu nähern, im Schutz der Maske auf einmal unverschämt wird und so intime und geheime Instinkte und Charaktereigenschaften enthüllt, die er sich hüten würde, im wirklichen Leben auch nur andeutungsweise zu zeigen.

Woher nimmt er diese Verwegenheit? Von der *Maske* und dem Kostüm, hinter denen er sich verbirgt. Er selbst würde sich niemals bereitfinden, das zu tun, was er unter dem Deckmantel einer fremden Person tut, für die er nicht verantwortlich ist.

Auch das Charakteristische ist eine *Maske*, die den eigentlichen Menschen im Schauspieler verbirgt. In einer solchen Maskierung kann er die intimsten und pikantesten seelischen Details preisgeben.

Das sind Eigenschaften des Charakteristischen, die für uns sehr bedeutsam sind. Haben Sie schon bemerkt, daß diejenigen Schauspieler und vor allem Schauspielerinnen, die sich nicht gern wandeln und stets sich selbst spielen wollen, auf der Bühne mit Vorliebe schön, edelmütig, gutherzig und sentimental sind. Und haben Sie auch schon die umgekehrte Feststellung machen können, daß Charakterdarsteller besonders gern Schurken, Mißgeburten und Karikaturen spielen, denn diese sind schärfer in den Konturen, farbiger in der Zeichnung, verwegener und klarer in der ganzen Anlage der Gestalt, was bühnenwirksamer ist und stärker im Gedächtnis des Zuschauer haftenbleibt.

Das Charakteristische bei der Verwandlung ist eine großartige Sache.

Da nun einmal jeder Schauspieler auf der Bühne seine Rolle gestalten und nicht lediglich sich selbst dem Publikum zeigen soll, so sind Wandlungsfähigkeit und Charaktergestaltung für uns ganz unerläßlich.

Ausnahmslos alle Schauspieler – die ja Schöpfer von Gestalten sein sollen – müssen sich verwandeln und charakteristische Züge entwickeln können.

Es gibt keine nicht charakteristischen Rollen."[5]

VIII. SELBSTBEHERRSCHUNG UND VOLLENDUNG

„Ein Mensch, der gerade eine seelische Tragödie in ihrer ganzen Härte durchlebt, ist nicht imstande, zusammenhängend darüber zu berichten, weil ihn die Tränen würgen, seine Stimme bricht und die Aufregung seine Gedanken verwirrt; auch die Zuhörer werden durch das mitleiderregende Aussehen des Unglücklichen abgelenkt und daran gehindert, sich vollends in die Ursprache seines Schmerzes hineinzuversetzen. Aber die Zeit heilt alle Wunden, sie bringt den Menschen innerlich wieder ins Gleichgewicht und läßt ihn die vergangenen Ereignisse mit andern Augen betrachten. Über Vergangenes spricht man folgerichtig, ohne Hast und verständlich, der Erzählende selbst bleibt dabei relativ gelassen, während es diesmal die Zuhörer sind, die weinen.

Wir Schauspieler müssen bei unserer Arbeit eine ähnliche Entwicklung durchmachen. Wenn der Schauspieler daheim und auf den Proben das Schicksal seiner Rollengestalt durchlitten und mit ihr geweint hat, muß er sich zunächst wieder fassen und von jeder übermäßigen Erschütterung freimachen, die ihm nur hinderlich sein würde. Denn sobald er auf der Bühne steht, muß er imstande sein, den Zuschauern klar, eindringlich, ausdrucksvoll und verständlich mit Hilfe seines eigenen Gefühls von dem zu berichten, was er zuvor empfunden und durchlebt hat.[1] Dann nämlich wird der Zuschauer mehr erschüttert als der Schauspieler selbst, und dieser kann mit seiner Kraft maßhalten, um sie dort einzusetzen, wo er sie für die Wiedergabe des ‚geistigen Lebens der Rolle' am meisten braucht.

Je disziplinierter ein Schauspieler auf der Bühne ist und je mehr Selbstbeherrschung er besitzt, desto deutlicher können Gesamtkonzeption und Form der Rolle hervortreten, desto stärker können sie auf die Zuschauer einwirken, desto größer ist der Erfolg des Schauspielers und durch ihn auch der des Autors, denn in unserer Kunst wird das Werk des Dichters ja erst durch den Erfolg der Schauspieler, des Regisseurs und des gesamten Kollektivs einer Aufführung dem Zuschauer nahegebracht.[2]

Denken Sie sich ein weißes Blatt Papier, das von allen möglichen Strichen und Linien durchzogen, mit Flecken übersät und beschmiert ist. Und nun stellen Sie sich vor, Sie sollten auf diesem Blatt mit Bleistift eine zarte Landschaft oder ein Porträt zeichnen. Dann müßten Sie das Papier zunächst einmal von allen Strichen und Flecken reinigen. Für eine solche Zeichnung braucht man ein sauberes Papier.
Genauso ist es auch in unserer Kunst. Überflüssige Gesten sind nichts anderes als Kehricht, Schmutz und Flecken.
Ein mit übertriebener Gestik belastetes Spiel ähnelt einer Zeichnung auf einem schmutzigen Blatt Papier. Darum muß der Schauspieler, bevor er mit der äußeren Gestaltung, mit der Verkörperung des inneren Lebens und der äußeren Form seiner Rolle beginnt, alle überflüssigen Gesten ablegen. Nur unter dieser Voraussetzung kann er die unerläßliche Präzision dabei erreichen. Unbeherrschte Bewegungen des Schauspielers verzerren das Bild der Rolle und machen sein Spiel unklar, einförmig und undiszipliniert.
Darum muß jeder Schauspieler zunächst einmal lernen, seine Gesten so weit im Zaum zu halten, daß nicht sie ihn beherrschen, sondern er sie.
Wie oft verdecken Schauspieler auf der Bühne ihre richtigen, guten und für die Rolle notwendigen Handlungen durch aufdringliche und überflüssige Gebärden. Andere Schauspieler geben den Zuschauern keine Gelegenheit, sich an ihrem großartigen Mienenspiel zu freuen, weil sie ganz sinn- und zwecklos mit den Händen vor ihrem Gesicht herumfuchteln. Sie sind ihre eigenen Feinde, weil sie andere daran hindern, das zu sehen, was an ihnen schön ist.
Eine übertriebene Gestik ist wie Wasser, mit dem man guten Wein verdünnt. Wenn Sie den Boden eines großen Glases mit etwas edlem roten Wein bedecken und den Rest des Glases mit Wasser auffüllen, so erhalten Sie nichts weiter als eine leicht rosig gefärbte Flüssigkeit. Genauso sind auch die richtigen Handlungen zwischen lauter überflüssigen Gebärden kaum noch zu bemerken.
Ich gehe so weit zu sagen, daß die Gebärde, die nicht den Handlungen der Rolle dient, auf der Bühne nichts zu suchen hat – abgesehen von einigen seltenen Ausnahmen, wie etwa in bestimmten Charakterrollen. Mit unnötigen, formalen Gesten kann man weder das innere Leben der Rolle noch die durchgehende Handlung wiedergeben. Dazu braucht man Bewegungen, die eine physische Handlung erzeugen und das innere Leben der Rolle offenbar werden lassen.
Eine übertriebene Gestik auf der Bühne brauchen nur diejenigen, die sich selbst herausstreichen und vor dem Publikum brillieren wollen.
Außer der Geste gibt es noch viele andere unwillkürliche Bewegungen, mit deren Hilfe der Schauspieler in schwierigen Momenten sein Erleben und sein Spiel anzu-

regen hofft. Sie versuchen einerseits, die schauspielerische Emotion von außen her zu erzwingen und sollen andererseits die äußere Verkörperung eines Gefühls sein, das dem Nurhandwerker in Wirklichkeit fehlt. Bewegungen dieser Art sind nichts anderes als ein Krampf, eine Anstrengung, eine unnötige und schädliche Anspannung, mit deren Hilfe die schauspielerische Emotion geweckt werden soll. Sie lassen die Rolle nicht nur allzu buntscheckig erscheinen und zerstören die äußere Disziplin, sondern sie hemmen auch das Erleben und verhindern das richtige, natürliche Befinden des Schauspielers auf der Bühne.
Wie angenehm ist es, auf den Brettern einen disziplinierten Schauspieler vor sich zu sehen, der alle konvulsiven und krampfhaften Bewegungen meidet. Wie klar kann die gesamte Anlage der Rolle zutage treten, wenn der Schauspieler imstande ist, sein äußeres Gebaren zu beherrschen. Wenn Bewegung und Handlung der dargestellten Person nicht durch übertriebene Gestik belastet werden, sind sie viel wirksamer und plastischer, während sie durch jede unnötige und nicht durch die Rolle bedingte Gebärde nur verwischt und überdeckt werden. Im übrigen verbrauchen derartige Gesten sehr viel Energie, die man besser für das Erleben und für die Enthüllung der Hauptaufgabe und der durchgehenden Handlung der Figur einsetzen sollte.
Sobald Sie erst einmal selbst erfahren haben, was ich mit dieser Beherrschung der Geste meine, werden Sie auch begreifen und spüren, daß die äußere Wiedergabe des inneren Lebens dadurch plastischer, ausdrucksvoller, präziser und klarer wird. An die Stelle von Gesten und Bewegungen treten Stimmintonationen, Mimik und Wechselbeziehungen, also subtilere Mittel, die am besten geeignet sind, die Feinheiten des Gefühls und des inneren Lebens wiederzugeben.
Die disziplinierte Gebärde ist für das Charakterisieren von besonderer Bedeutung. Um von sich selbst loszukommen und sich äußerlich nicht in jeder neuen Rolle zu wiederholen, muß sich der Schauspieler äußerster Sparsamkeit in der Gestik befleißigen. Jede überflüssige Bewegung entfernt von der Figur und erinnert an den Darsteller selbst. Nicht selten findet ein Schauspieler nur drei oder vier charakteristische, für seine Rolle typische Bewegungen und Handlungen. Um im Verlauf des ganzen Stückes damit auszukommen, muß er seine Gesten so weit wie irgend möglich einschränken, was viel Selbstbeherrschung erfordert. Wenn das jedoch versäumt wird und die drei typischen Bewegungen unter den hunderterlei persönlichen Gesten des Schauspielers untergehen, tritt der Darsteller aus der Maske seiner Rolle hervor und verdeckt sie. Wenn sich das in jeder von diesem Schauspieler verkörperten Gestalt wiederholt, wirkt er auf der Bühne bald unerträglich eintönig und langweilig, weil er nur immer wieder sich selbst zeigt.
Überdies darf man nicht vergessen, daß charakteristische Bewegungen den Schauspieler mit der Rolle identifizieren, während seine eigenen Bewegungen ihn von der darzustellenden Person distanzieren, ihn in die Sphäre seiner persönlichen, individuellen Empfindungen und Gefühle zurückdrängen. Das kann dem Stück und der Rolle kaum dienlich sein, da das Gefühl des Schauspielers mit dem der Rolle übereinstimmen muß.
Wenn man dieselben charakteristischen Gesten zu häufig wiederholt, büßen sie bald ihre Kraft ein, und man wird ihrer überdrüssig."

„Als der bekannte Maler Brüllow einmal die Arbeiten seiner Schüler durchsah, tupfte er mit dem Pinsel leicht auf eines der noch unvollendeten Gemälde, und durch diesen einzigen Pinselstrich wurde das Bild gleich so lebendig, daß der Schüler nichts weiter daran zu tun brauchte. Er war höchst erstaunt darüber, daß der Professor sein Bild nur eben ‚ein bißchen' mit dem Pinsel zu berühren brauchte, um ein solches Wunder zu vollbringen.
Darauf erklärte Brüllow: ‚In der Kunst kommt es gerade auf dieses «bißchen» an.'[3] Ich kann dem großen Künstler nur beipflichten und sagen, daß auch wir Schauspieler ein oder mehrere solcher ‚bißchen' brauchen, damit unsere Rolle Leben gewinnt. Ohne dieses ‚bißchen' fehlt der Rolle jeder Glanz.
Wie viele Rollen, denen dieses ‚bißchen' abgeht, haben wir auf der Bühne schon zu sehen bekommen. Alles ist gut, alles ist in Ordnung, aber das Wichtigste fehlt. Dann kommt ein Regisseur, der etwas kann, er braucht nur ein einziges Wort zu sagen, und schon ist der Schauspieler entflammt, und seine Rolle funkelt in allen Farben seiner seelischen Palette.
Dabei fällt mir der Kapellmeister eines Militärorchesters ein, der Tag für Tag auf dem Boulevard ganze Konzerte ‚heruntertaktiert'. Durch die Klänge angelockt, hört man zuerst ein Weilchen zu, aber schon nach fünf Minuten bemerkt man, wie gleichmäßig der Dirigentenstab durch die Luft blitzt und wie unbeteiligt und mechanisch die andere Hand des ‚maestro' in bestimmten Abständen die weißen Blätter seiner Partitur umwendet. Dabei ist er kein übler Dirigent, und sein Orchester ist gut und stadtbekannt. Dessenungeachtet ist seine Musik schlecht und wertlos, denn das Wichtigste fehlt: ihr innerer Gehalt.[4] Die einzelnen Teile des dargebotenen Musikwerkes sind gleichsam aneinandergeklebt, ein Teil gleicht dem andern, während man als Zuhörer auf jenes ‚bißchen' wartet, das jeden einzelnen Abschnitt und das ganze Werk erst vollendet.
Auch auf der Bühne gibt es viele Schauspieler, die mit einer einzigen Handbewegung ganze Rollen und Stücke ‚abtun', ohne sich um das notwendige ‚bißchen' zu kümmern, das die Vollendung verleiht.
Als Gegensatz zu dem Dirigenten mit seinem mechanisch geschwungenen Taktstock sehe ich den kleinen und doch so großen Nikisch vor mir, diesen so beredten Menschen, der mit Tönen mehr auszusagen vermochte als mit Worten. Mit der Spitze seines Stabes entlockte er dem Orchester ein ganzes Meer von Tönen, aus denen er großartige musikalische Gemälde schuf.
Es war ein unvergeßlicher Eindruck, wie Nikisch vor Beginn einer musikalischen Darbietung alle Musiker anschaute, wie er so lange wartete, bis jeder Laut im Zuschauerraum verebbt war, wie er dann den Stab hob und die Aufmerksamkeit des Orchesters und der ganzen großen Zuhörerschaft auf die Spitze seines Stabes konzentrierte. Dabei schien sein Stab zu sagen: ‚Achtung! Hört gut zu! Ich beginne!'
Selbst in diesem Augenblick der Sammlung und Vorbereitung besaß Nikisch jenes unerklärliche ‚bißchen', das jede Handlung so vollkommen macht. Nikisch liebte jeden einzelnen Ton, er hatte seine Freude an jedem Punkt, an jeder mit mathematischer Präzision dargebotenen Triole, an jedem Auflösungszeichen, an jeder für einen bestimmten Zusammenklang typischen Dissonanz. Alles das brachte er genießerisch,

ruhig und ohne Scheu vor Verzögerung zu Gehör. Mit der Spitze seines Dirigentenstabes holte er alles aus dem Instrument und der Seele des Musikers heraus. Und wie wunderbar arbeitete dabei seine ausdrucksvolle linke Hand, deren Bewegungen das Orchester entweder zurückhielten und beschwichtigten oder aber ermunterten und verstärkten. Welche ideale Selbstbeherrschung und mathematische Präzision, die die schöpferische Intuition keineswegs behinderte, sondern ihr im Gegenteil nur dienlich war. Im Bereich des Tempos war er ein ebenso unumschränkter Meister. Sein Lento war kein einförmiges, langweiliges Leiern wie bei meinem Militärkapellmeister, der die Tempi mechanisch wie ein Metronom anschlug. Bei Nikisch enthielt auch das langsamste Zeitmaß alle Geschwindigkeiten. Er hastete niemals und verzögerte nichts. Erst wenn er alles ausgesagt hatte, beschleunigte oder verhielt Nikisch, als ob er Versäumtes einholen oder vorher bewußt Beschleunigtes ausgleichen wolle. Wie bereitete er eine neue musikalische Phrase in einem neuen Tempo vor! Er schien dem Orchester zuzuflüstern: ‚Da ist sie, übereilen Sie nichts! Bringen Sie alles zum Ausdruck, was in ihr beschlossen liegt!' Wie steuerte er auf den Gipfel der Tonfolge zu! Unmöglich vorauszusagen, wie Nikisch diese Phrase krönen wird! Durch ein neues, noch deutlicheres Ritardando oder aber durch eine unerwartete und kühne Beschleunigung, die den Schluß noch stärker akzentuiert?
Es gibt nicht viele Dirigenten, bei denen man alle die feinen Nuancen erkennen und heraushören kann, die Nikisch mit so großem künstlerischem Empfinden nicht nur aus einem Musikwerk herauszulesen, sondern auch darzubieten und zu interpretieren verstand. Das alles erreichte er, weil er in seiner Arbeit nicht nur ungeheuer diszipliniert war, sondern weil er seine Kunst bis zu glänzender höchster *Vollendung* gebracht hatte.[5]
Die Beweisführung aus dem Gegenteil ist ein gutes Überzeugungsmittel. Ich will mich auch in diesem Falle ihrer bedienen, um Ihnen die Bedeutung einer vollendeten künstlerischen Gestaltung auch für unseren Beruf vor Augen führen zu können. Haben Sie schon einmal den Typ des ewig überdrehten Schauspielers kennengelernt? Man trifft ihn recht häufig, besonders in Schwänken, Vaudevilles oder Operetten, wo es unter allen Umständen lustig und lebhaft zugehen muß, um das Publikum zu amüsieren. Es ist aber nicht leicht, lustig zu sein, wenn man gerade in trübseliger Stimmung ist. Dann nimmt man halt seine Zuflucht zu einem äußerlichen, formalen Trick, und der einfachste ist der äußerliche Tempo-Rhythmus. So leiern denn Schauspieler dieser Art ihren Rollentext einfach herunter und lassen die ganze Handlung mit unwahrscheinlicher Geschwindigkeit abrollen. Das Resultat ist ein einziges großes Chaos, in dem sich der Zuschauer niemals zurechtfinden kann.
Eine der schönsten Besonderheiten der großen Schauspieler, die die höchsten Stufen der Kunst und Technik bereits erklommen haben, besteht in ihrem *beherrschten und vollendeten* Spiel. Wenn man das Glück hat mitzuerleben, wie sich in ihrer Gestaltung eine Rolle entfaltet und vor den Augen der Zuschauer heranreift, so wohnt man dem wunderbaren Akt einer szenischen Geburt, der Neuschöpfung eines großen Kunstwerkes bei. Dieses Empfinden habe ich immer wieder bei außergewöhnlichen Aufführungen. Ich will Ihnen anhand eines anschaulichen Beispiels erläutern, wie ich das meine:

Stellen Sie sich vor, Sie seien in die Werkstatt eines großen, begnadeten Bildhauers getreten und bäten ihn, die Venus zu modellieren.
Der Meister, der weiß, was sich sogleich vollziehen wird, steht in sich versunken da und hat seine Umgebung bald völlig vergessen. Er nimmt einen riesigen Tonklumpen zur Hand und fängt an, ihn ruhig und gesammelt zu kneten. Vor seinem inneren Auge sieht er jede Linie des göttlichen Beines vor sich, und so verleiht er der formlosen Masse ihre Form. Seine schnellen, kräftigen Finger arbeiten mit ungewöhnlicher Präzision, ohne die Majestät und Harmonie des Schöpfungsaktes und dieses feierlichen Momentes zu stören. Bald entsteht unter seinen Händen das göttliche Bein einer Frau, das schönste und vollkommenste Bein, das die Welt je gesehen hat. Nichts an ihm könnte man verändern, denn dieses Werk wird, so wie es ist, für alle Zeiten leben, und keiner, der es sieht, wird es je vergessen können. Nun legt der Künstler diesen fertigen Teil der künftigen Statue vor Ihre erstaunten Augen. Sie sehen ihn und beginnen bereits, die kommende Schönheit des Ganzen zu ahnen. Doch den Bildhauer kümmert es nicht, ob Ihnen sein Werk gefällt oder nicht. Er weiß, daß das von ihm Geschaffene Gültigkeit hat, es ist da und kann nicht anders sein. Ist der Betrachtende reif genug, um es zu begreifen, so begreift er es, wenn nicht, bleiben ihm die Pforten des Königreiches der wahren Schönheit und des Kunstgenusses verschlossen.
Unterdessen formt der Künstler – und es ist, als vollbringe er eine sakrale Handlung – mit noch größerer Sammlung und Ruhe das andere Bein und beginnt dann, den Torso zu modellieren. Hier scheint ihn seine Gelassenheit jedoch im Stich zu lassen. Er fühlt, wie die widerspenstige Masse in seinen Händen allmählich weicher und wärmer wird. Ihm scheint es, als ob sie sich bewege, als ob sie atme. Der Meister ist wahrhaft erregt und begeistert. Seine Lippen sind von einem Lächeln umspielt, und seine Augen blicken verliebt wie die eines Jünglings. Wie schwerelos wirkt jetzt der herrliche Frauenleib, man glaubt, er sei imstande, sich graziös nach allen Seiten zu neigen. Man vergißt völlig, daß er aus leblosem, plumpem Stoff gemacht ist. Am Haupt der Venus arbeitet der Meister lange und voll Begeisterung. Er liebt und bewundert ihre Augen, ihre Nase, ihren Mund und den schlanken Hals.
Und jetzt ist das Ganze fertig.
Die Venus lebt! Sie kennen sie wohl, denn, wenn auch nicht in Wirklichkeit, haben Sie sie doch schon in Ihren Träumen gesehen. Aber niemals hätten Sie sich einfallen lassen, daß es so große Schönheit auch im realen Leben geben kann, daß sie so schlicht und natürlich, so zart und schwerelos sein kann.
Da ist sie bereits in starre, schwere, monumentale Bronze gegossen. Doch ungeachtet ihrer Monumentalität ist sie nach wie vor der übermenschlich schöne Traum, auch wenn man sie fühlen und mit Händen greifen kann, auch wenn sie so schwer ist, daß man sie nicht emporheben könnte. Wenn man das grobe, schwere Metall sieht, glaubt man nicht, daß aus ihm so leicht die Vollkommenheit selbst gebildet werden kann...
Auch die Bühnenschöpfungen solcher Genies wie Salvini des Älteren sind eine Art Bronzedenkmal. Diese großen Künstler modellieren vor den Augen der Zuschauer einen Teil ihrer Rolle im ersten Akt, um die andern Teile dann in den nächsten Akten zu vollenden. Das Ganze fügt sich zu einem unsterblichen Denkmal menschlicher

Leidenschaften – der Eifersucht und Liebe, des Schreckens, der Rache und des Zorns – zusammen. Der Bildhauer gießt seinen Traum in Bronze, der Schauspieler läßt ihn in seinem eigenen Körper Gestalt annehmen.

Ich habe Tommaso Salvini zum ersten Mal im Großen Kaiserlichen Theater gesehen, wo er beinahe die ganze Fastenzeit über mit seiner italienischen Truppe gastierte.[6] Man gab den ‚Othello'. Ich weiß nicht mehr, wie es kam, ob ich zerstreut war oder ob mich das Auftreten anderer Berühmtheiten, wie Possart zum Beispiel, der den Jago spielte, verwirrt hatte – jedenfalls interessierte ich mich zu Beginn der Handlung mehr für den Darsteller des Jago, in der Meinung, er sei Salvini.

‚Ja, er hat eine gute Stimme', sagte ich mir. ‚Er hat gutes Material, eine gute Figur, die übliche italienische Spiel- und Deklamationsmanier, aber ich kann nichts Besonderes an ihm finden. Der Darsteller des Othello steht ihm in nichts nach. Auch er hat ein gutes Material, eine erstaunliche Stimme und Diktion, großartige Spielmanieren und steht überhaupt auf einem sehr hohen Niveau.' Ich konnte die Begeisterungsausbrüche der Kenner nicht begreifen, die bei dem ersten von Salvini gesprochenen Satz ehrfürchtig verstummten.

Es war, als ob der große Schauspieler zu Beginn des Stückes die Aufmerksamkeit des Publikums noch nicht auf sich ziehen wollte. Denn wenn er es gewollt hätte, so wäre ihm durch eine einzige geniale Pause das gelungen, was er später in der Senatsszene erreichte. Zu Anfang brachte diese Szene nichts Neues; ich konnte Gesicht, Kostüm und Maske Salvinis in Ruhe betrachten. Ich kann nicht behaupten, irgend etwas Außergewöhnliches dabei entdeckt zu haben. Sein Kostüm gefiel mir damals genausowenig wie später. Und die Maske? Ich glaube kaum, daß er überhaupt Maske gemacht hatte. Es war sein eigenes Gesicht, und vielleicht wäre es auch zwecklos gewesen, ihn zu schminken. Ein langer spitzer Schnurrbart, eine zu auffällige Perücke, ein breites, massiges, beinahe fettes Gesicht, ein breiter orientalischer Dolch, der an seinem Gürtel baumelte und ihn dicker erscheinen ließ als er in Wirklichkeit war, noch dazu in maurischer Gewandung und Kopfbedeckung. Das alles war nicht sonderlich typisch für den Krieger Othello.

Und doch ...

Salvini näherte sich dem Sitz des Dogen, zögerte einen Augenblick, wie um sich zu sammeln, und schon hatte er, ehe wir uns dessen versahen, das ganze Publikum des Großen Theaters in der Hand. Das hatte eine einzige Gebärde bewirkt – er streckte die Hand aus, ohne die Zuschauer anzusehen, nahm uns alle miteinander in seine Rechte und hielt uns fest. Er ballte die Faust – und wir verspürten den Hauch des Todes. Er öffnete sie – und wir empfanden Seligkeit. Wir waren in seiner Gewalt und werden es unser Leben lang bleiben. Jetzt erst erkannten wir, wer dieser Genius war, was in ihm steckte und was wir von ihm zu erwarten hatten. Zu Beginn schien sein Othello nicht so sehr Othello zu sein als vielmehr Romeo. Er sah nichts und niemanden außer Desdemona, er dachte an nichts anderes als an sie, er vertraute ihr grenzenlos, und wir wunderten uns, wie es Jago fertigbringen konnte, diesen Romeo in einen eifersüchtigen Othello zu verwandeln.

Wie soll ich Ihnen die Gewalt des von Salvini hervorgerufenen Eindrucks noch schildern.

Unser bekannter Dichter K. D. Balmont sagte einmal: ‚Ein Kunstwerk muß ein für allemal, für die Ewigkeit gültig sein!'
Salvinis Kunst war es."

„Jetzt möchte ich Sie fragen, wie Ihrer Ansicht nach ein solches Kunstwerk zustande kommen konnte, durch *Begeisterung* oder durch bloße Technik und Erfahrung?"
„Natürlich durch Begeisterung!" entgegneten die Schüler.
„Bedurfte es dabei auch noch einer idealen äußeren und inneren *Selbstbeherrschung* und *Vollendung?*" fragte Torzow weiter.
„Selbstverständlich!" war die einstimmige Meinung aller Schüler.
„Dabei zeigten weder Salvini noch andere geniale Künstler in solchen Momenten Unruhe, Hast, Hysterie, übermäßige Anstrengung oder ein übersteigertes Tempo. Sie zeichneten sich im Gegenteil durch eine gesammelte, majestätische Ruhe und Gelassenheit aus, die ihnen gestattete, jede Handlung zu vollenden. Soll das heißen, daß sie nicht erregt waren und – innerlich – nicht mit aller Kraft miterlebten? Durchaus nicht. Es bedeutet lediglich, daß echte Begeisterung sich nicht so äußert, wie es in schlechten Romanen beschrieben wird, wie schlechte Kritiker es annehmen oder wie Sie es sich vorstellen. Begeisterung äußert sich in sehr vielfältigen Formen, sie kann ganz unerwartete Ursachen haben, die oft sogar dem schaffenden Künstler selbst verborgen sind.
Meistens braucht die Begeisterung keinen ‚übermenschlichen‘ Gefühlsausbruch, sondern lediglich jenes kaum wahrnehmbare ‚bißchen'."[7]

IX. CHARME, PERSÖNLICHER ZAUBER AUF DER BÜHNE

„Jetzt will ich über Charme und persönlichen Zauber auf der Bühne sprechen. Sicher kennen auch Sie Schauspieler, die sich nur auf der Bühne zu zeigen brauchen, und schon fliegen ihnen die Herzen aller Zuschauer zu. Wie ist das zu erklären? Durch ihre Schönheit? Aber sie ist sehr oft gar nicht vorhanden. Durch ihre Stimme? Auch damit ist es häufig nicht so weit her. Durch ihr Talent? Doch auch das ist nicht immer sonderlicher Begeisterung wert. Was also ist der Grund? Er liegt in jener nicht faßlichen Eigenschaft, die wir als Charme zu bezeichnen pflegen. Das ist eine unerklärliche Anziehungskraft des ganzen Wesens eines Schauspielers, die selbst seine Schwächen in Qualitäten verwandelt, die von seinen Verehrern und Nachahmern eifrig kopiert werden.
Solche Schauspieler dürfen sich alles erlauben, sogar schlecht zu spielen. Wenn sie nur recht oft auf die Bühne kommen und möglichst lange verweilen, damit das Publikum sich an seinem Liebling sattsehen kann.
Trifft man einen dieser Schauspieler im Leben, so sagen mitunter selbst seine glühendsten Verehrer aus dem Zuschauerraum voll Enttäuschung: ‚Ach! Wie unin-

teressant ist er in Wirklichkeit!' Aber das Rampenlicht läßt offenbar gerade diejenigen seiner Eigenschaften hervortreten, die jedermann für ihn einnehmen. Nicht von ungefähr sprechen wir in diesem Zusammenhang vom ‚Charme auf der Bühne' und nicht vom Charme im täglichen Leben.
Es ist ein großes Glück für einen Schauspieler, wenn er diese Eigenschaft besitzt, denn sie garantiert ihm von vornherein Erfolg bei den Zuschauern, sie trägt dazu bei, seine schöpferischen Ideen – die ja Krönung und Inhalt seiner Rolle und seiner Kunst sind – der Menge nahezubringen.
Wie wichtig ist es jedoch, daß der Schauspieler sich dieser natürlichen Gabe mit Behutsamkeit, Überlegung und Bescheidenheit bedient. Es ist traurig um ihn bestellt, wenn er das nicht begreift und anfängt, seinen Charme auszubeuten und Handel mit ihm zu treiben. Solche Schauspieler bezeichnet man hinter den Kulissen spöttisch als ‚Kokotten'. Sie verkaufen ihre Reize wie Prostituierte, sie kommen lediglich auf die Bretter, um ihren Charme ihres persönlichen Vorteils und Erfolgs willen feilzubieten, anstatt ihn in den Dienst der von ihnen verkörperten Figur zu stellen.
Das ist ein gefährlicher Fehler. Wir kennen nicht wenige Fälle, in denen der von der Natur verliehene ‚Charme' der Anlaß zum Untergang eines Schauspielers wurde, dessen Sorge und Technik zuletzt nur noch darauf gerichtet waren, sich selbst zur Schau zu stellen.
Gleichsam aus Rache für diesen Fehler und für die Unfähigkeit, ihre Gaben recht zu gebrauchen, zahlt die Natur es einem solchen Schauspieler grausam heim: durch seine Eitelkeit und seinen Drang, sich selbst herauszustreichen, wird sein ganzer ‚Charme' überdeckt, verzerrt und zunichte gemacht. Der Schauspieler fällt seiner schönen Naturgabe zum Opfer.
Eine andere Gefahr des ‚Charmes auf der Bühne' liegt darin, daß die damit begabten Schauspieler einförmig werden, weil sie immer wieder lediglich sich selbst zur Schau stellen. Wenn ein solcher Schauspieler es wirklich einmal wagen sollte, sich hinter einer Gestalt zu verbergen, so bekäme er unverzüglich die entsetzten Protestrufe seiner Verehrerinnen zu hören: ‚Pfui!' Wie abscheulich! Wie konnte er sich so entstellen?!' Darum veranlaßt ihn die Furcht, den Verehrerinnen zu mißfallen, sich bei jedem Auftreten so bald wie möglich an die rettende Naturgabe zu klammern und alles zu tun, um sie durch Maske, Kostüm und die gesamte Anlage der Rolle hindurchschimmern zu lassen, obwohl das sehr oft die individuellen Eigenschaften des Darstellers gar nicht nötig haben.
Es gibt aber auch Schauspieler mit einer andern Art von Charme. Er zeigt sich bei ihnen nicht in ihrem natürlichen Aussehen, sondern wenn sie Perücke und Bart anlegen und Maske machen, so daß ihre eigene Persönlichkeit ganz verdeckt ist. Diese Wirkung geht von einem künstlerisch-schöpferischen Zauber aus. In ihrer Kunst liegt eine unerklärliche Weichheit, Feinheit und Grazie oder vielleicht auch eine Kühnheit, Farbigkeit, ja sogar Wagemut und Treffsicherheit, die die Zuschauer reizen.
Jetzt will ich aber auch noch ein paar Worte über die armen Teufel von Schauspielern sagen, denen die eine wie die andere Art des Charmes auf der Bühne abgeht. Irgend etwas an ihnen wirkt abstoßend. Häufig machen diese Menschen dagegen im wirklichen Leben einen weitaus besseren Eindruck. ‚Warum nur wirkt er auf der Bühne

so abstoßend?' fragt man sich verständnislos. Dabei sind diese Schauspieler oft viel gescheiter, begabter und ehrlicher in ihrer Kunst und ihrer Arbeit als andere, die mit dem unwiderstehlichen ‚Charme' bedacht sind, dem man alles nachsieht.

Solche von der Natur zu Unrecht benachteiligten Künstler sollte man sich genau ansehen und sich an sie zu gewöhnen suchen, denn erst dann kann man ihre echten schauspielerischen Qualitäten erkennen. Allerdings dauert es oft lange, bis man sich ein Urteil über sie bilden kann, und ein solches Talent wird sich meist schwerer durchsetzen.

Hier könnte man die Frage stellen: Gibt es kein Mittel, um bei sich selbst, wenigstens bis zu einem gewissen Grade, den ‚Charme auf der Bühne' zu entwickeln, der einem von der Natur versagt wurde, und kann man darüber hinaus die abstoßenden Eigenschaften nicht bekämpfen?

Das kann man schon, allerdings nur in bestimmten Grenzen. Außerdem wird es schwerer fallen, fehlenden Charme zu erzeugen, als abstoßende Eigenschaften auszumerzen. Freilich muß man sie dazu erst einmal erkennen, der Schauspieler muß sie als solche empfinden, und sobald er sich ihrer bewußt geworden ist, muß er lernen, gegen sie anzugehen. Das ist nicht leicht und erfordert viel Beobachtungsgabe, Selbsterkenntnis, eine ungeheure Geduld und systematische Arbeit, um natürliche Eigenschaften und eingefleischte Gewohnheiten abzulegen.

Weitaus schwieriger und vielleicht sogar unmöglich ist es dagegen, sich jenes unerklärliche Etwas anzueignen, das den Zuschauer so sehr in seinen Bann zieht. Eine der wichtigsten Helferinnen dabei ist die Gewohnheit. Das Publikum kann sich mit der Zeit auch mit den Mängeln eines Schauspielers abfinden und diese allmählich sogar reizvoll finden, weil es durch die Macht der Gewohnheit zuletzt gar nicht mehr bemerkt, was es früher abstieß.

Bis zu einem gewissen Grade kann man sich den ‚Charme auf der Bühne' auch durch eine saubere und kultivierte Spielweise erwerben, die an sich schon anziehend und bühnenwirksam ist.

Nicht selten kann man folgendes zu hören bekommen: ‚Wie gut hat sich dieser Schauspieler doch herausgemacht! Einfach nicht wiederzuerkennen! Dabei war er früher doch so unsympathisch!'

Darauf könnte man antworten:

‚Arbeit und Erkenntnis seiner Kunst haben diesen Wandel zuwege gebracht. Die Kunst verschönt und veredelt.'"

X. ETHIK UND DISZIPLIN

Ich hatte eine Nachricht mit der Aufforderung erhalten, mich heute um neun Uhr morgens am Bühneneingang des Theaters einzufinden. Als alle Schüler sich versammelt hatten, eröffnete uns Iwan Platonowitsch, daß Arkadi Nikolajewitsch beschlossen habe, die Schüler in den Volksszenen der Neuinszenierung von Ostrowskis Schauspiel „Ein heißes Herz"[1] mitwirken zu lassen. Bei diesem ersten öffentlichen Auftreten wollte er überprüfen, wie weit wir unser inneres Befinden auf der Bühne* bereits entwickelt hätten, und es sollte sich unter den Bedingungen einer richtigen Aufführung festigen.

Aber bevor man uns unerfahrene Schüler auf die Bühne lassen könnte, müßten wir – so sagte Rachmanow – zunächst einmal mit den äußeren Bedingungen des Theaters vertraut werden. Wir sollen alle seine Räumlichkeiten hinter der Bühne und alle Zu- und Abgänge kennenlernen. (Das ist allein schon für den Fall unerläßlich, daß einmal ein Brand ausbricht.) Jeder muß wissen, wo sich die Schauspielergarderoben mit Bad und Dusche, die Maskenbildnerei, die Schneiderei, die Requisitenkammer, der Requisitenfundus, die zahlreichen Theaterwerkstätten, das Zimmer der Beleuchter, der Aufenthaltsraum für die Bühnenarbeiter und so weiter befinden. Darüber hinaus muß man uns Neulingen die Bühne genau zeigen und uns auf ihre Gefahrenstellen hinweisen, wie etwa die Versenkungen, in die man im Dunkeln fallen, oder die Drehbühne mit ihrem riesigen unterirdischen Gerüst, das einen Menschen ohne weiteres zerquetschen kann. Wir sollen lernen, während des Hochziehens und Herunterlassens der schweren Soffitten und Dekorationsteile besonders aufzupassen, schließlich muß man uns auch auf die Stellen der Bühne hinweisen, in die der Zuschauer bei offenem Vorhang einsehen kann.

Um uns mit all diesen Dingen bekannt zu machen, unternahm Iwan Platonowitsch mit uns eine gründliche Besichtigung der Bühne und Hinterbühne. Man zeigte uns alle ihre Geheimnisse, die Falltüren und unterirdischen Maschinenräume, die Stationen für die Bühnenarbeiter, die Hängebrücken und Dekorationsgerüste, die Beleuchtungsapparaturen, die Räume für Regulatoren und Rheostaten, die riesigen Schränke mit elektrischen Geräten, Lampen und so weiter.

Dann führte man uns durch die gewaltigen Haupt- und Nebenlager für Dekorationen, Möbel, Kascheurarbeiten, Requisiten und sonstiges Bühneninventar, und schließlich besuchten wir noch den Orchesterraum und das Magazin für Musikinstrumente.

Man zeigte uns das künstlerische Betriebsbüro, das Regiezimmer, den Platz des Inspizienten auf der Bühne, die Standorte der Feuerwehrleute, die Notausgänge und so weiter.

Anschließend führte man uns auf den Hof und in alle Werkstätten, in denen die gesamte Ausstattung für die Aufführungen hergestellt wird. Das ist eine ganze Fabrik mit riesigen Ateliers für Dekorationsmaler und Kascheure; da gibt es Reparaturwerkstätten, eine Tischlerei, Schlosserei, Requisitenbauerei, Schneiderei, Färberei und Wäscherei.

Man zeigte uns die Wohnungen für Schauspieler und Angestellte, die Bibliotheken, das Arbeiterwohnheim, die Küchen, Speisesäle, Imbißstuben und sogar die Garage.

Ich war überwältigt von dem, was ich gesehen hatte; denn nie hätte ich mir träumen lassen, daß ein Theater ein so komplizierter und gewaltiger Apparat sei.

„Diese ‚Maschine', meine Lieben, arbeitet den ganzen Tag und die halbe Nacht und nicht nur während der Saison, sondern auch im Sommer, wenn die Schauspieler auf

* Siehe hierzu die Fußnote auf Seite 231. (Anm. d. Hrsg.)

Gastspielreisen gehen; dann werden hier die alten Ausstattungen repariert und neue vorbereitet.
Sie werden verstehen, wie notwendig die Organisation dieses Apparates ist, damit alles ordnungsgemäß funktioniert. Andernfalls könnte es leicht zu einer Katastrophe kommen, der sogar Menschen zum Opfer fallen könnten."
„Wie das? Was denn für eine Katastrophe?!" fragte Wjunzow ungläubig.
„Wenn zum Beispiel durch die Fahrlässigkeit eines Bühnenarbeiters ein altes Tau reißt, ein Hängescheinwerfer oder eine riesige Soffitte herunterfällt und jemanden erschlägt. Oder wenn eine Versenkung geöffnet wird, ohne daß rechtzeitig ein Zeichen gegeben wurde, so daß jemand hinunterstürzt. Oder wenn durch die Unachtsamkeit eines Elektrikers an einer schwer zugänglichen Stelle Kurzschluß entsteht, ein Brand ausbricht und es zu einer Panik kommt, bei der die Menschen sich gegenseitig totdrücken.
Es können aber auch andere Unannehmlichkeiten eintreten.
Stellen Sie sich vor, man ließe den Vorhang vorzeitig zugehen, wodurch das ganze Bild oder sein Schluß zerrissen würde. Oder umgekehrt, der Vorhang würde zu früh aufgezogen werden. Ein derartiges Versehen stellt das Leben und Treiben hinter den Kulissen bloß und bringt eine komische Note in die Aufführung. Lärm hinter den Kulissen desorganisiert und demoralisiert das Publikum.
Es braucht nur ein Darsteller das Klingelzeichen des Inspizienten zu überhören und nicht rechtzeitig auf der Bühne zu erscheinen – und schon muß die Vorstellung mit Verspätung anfangen. Ehe man den nachlässigen Schauspieler im verzweigten Labyrinth hinter den Kulissen aufgestöbert und auf seinen Platz beordert hat, ist viel Zeit vergangen. Natürlich führt der Säumige hunderterlei Ausreden zu seiner Rechtfertigung an: Er habe das Klingelzeichen überhört, er sei mit Umziehen und Schminken nicht rechtzeitig fertig geworden, sein Kostüm sei zerrissen und so weiter. Aber können etwa alle diese Entschuldigungen die verlorene Zeit wieder einbringen?
Denken Sie daran, daß an jeder Theatervorstellung sehr viele Mitwirkende und Hilfskräfte beteiligt sind. Wenn nicht jeder seiner Arbeit die nötige Aufmerksamkeit widmet, wer kann dann die Garantie dafür übernehmen, daß ein Schauspieler nicht einmal mitten im Akt seinen Auftritt verpaßt. Dadurch bringt er seine Partner in ausweglose Verlegenheit.
Derartige Verzögerungen können aber auch durch Bühnenarbeiter, Requisiteure oder Beleuchter verschuldet werden, wenn sie etwa versäumen, alle erforderlichen Gegenstände rechtzeitig auf die Bühne zu schaffen, wenn sie ein Signal übersehen und eine bestimmte Arbeit nicht ausführen, einen Geräusch- oder Lichteffekt vergessen und so weiter.
Alle Angehörigen des Theaterkollektivs müssen sich in jedem Augenblick bewußt sein, daß sie ‚Schrauben' in einer großen, komplizierten Maschine sind. Jeder muß sich über den Schaden klar sein, den sein persönliches Versagen, auch das geringste Abweichen vom vorgeschriebenen Arbeitsablauf, dem Kollektiv zufügen kann.
Auch Sie, die Schüler, sind bald kleine Schräubchen in der gewaltigen Theatermaschine, auch von Ihnen wird Erfolg oder Mißerfolg und der Ablauf jeder Vorstellung abhängen, und zwar nicht nur bei offenem, sondern auch bei geschlossenem Vorhang,

wenn hinter den Kulissen fieberhaft und schwer gearbeitet wird, um die Dekoration umzubauen, während die Schauspieler in den Garderoben sich rasch umziehen und schminken. Das Publikum spürt sehr genau, wenn diese Arbeiten undiszipliniert durchgeführt werden und schlecht organisiert sind. Übermäßige Anstrengungen der Arbeiter hinter dem geschlossenen Vorhang übertragen sich auf den Zuschauerraum und wirken sich aus in Form einer allgemeinen Schwerfälligkeit des gesamten Vorstellungsablaufs.
Wenn man dazu die möglichen Verzögerungen bei den Pausen einkalkuliert, ist das Gelingen der Aufführung sehr in Frage gestellt.
Es gibt nur ein einziges Mittel, um dieser Gefahr zu begegnen: eine *eiserne Disziplin*. Sie ist unerläßliche Voraussetzung für jedes kollektive künstlerische Schaffen, ob es sich dabei um ein Orchester, einen Chor oder irgendein anderes Ensemble handelt, um so mehr gilt das für das komplizierte Getriebe einer Theatervorstellung.
Was für eine Organisation, was für eine mustergültige Ordnung muß bei unserer gemeinsamen Arbeit herrschen, damit die Aufführung äußerlich reibungslos ablaufen kann.
Wieviel mehr Ordnung und Disziplin verlangt jedoch die innere, schöpferische Arbeit während jeder Aufführung. Wenn man berücksichtigt, daß diese Arbeit unter den erschwerenden Bedingungen des öffentlichen Auftretens, innerhalb des vielfältigen und umfangreichen Betriebs hinter den Kulissen geleistet werden muß, so wird klar, daß die Anforderungen an die allgemeine, die äußere und die geistige Disziplin sehr viel höher werden. Ohne diese Voraussetzung könnte man auf der Bühne nicht alle Forderungen des ‚Systems‘ verwirklichen. Das richtige Befinden der Schauspieler auf der Bühne würde an äußeren Unzulänglichkeiten scheitern.
Um das zu vermeiden, müssen hohe Anforderungen an die Arbeit jedes einzelnen Mitglieds des Kollektivs gestellt werden. Wie aber kann man es erreichen, daß der Schauspieler sich durch Ordnung und Disziplin nicht bedrückt fühlt, sondern sie im Gegenteil als hilfreich empfindet?
Im Theater ist letztlich nicht die Ausstattung eines Stückes ausschlaggebend, sondern hier werden Rollen gestaltet, das heißt lebendige Menschen mit allen Feinheiten ihres seelischen und geistigen Lebens. Das ist ungleich wichtiger und schwieriger als der ganze äußere Ablauf einer Aufführung und das Treiben hinter den Kulissen, als alle Dekorationen, als Ausstattung und äußere Organisation.
Die innere Arbeit verlangt noch mehr innere Disziplin und Ethik."[2]

„Es ist an der Zeit, über noch ein Element, oder richtiger gesagt, über eine Voraussetzung für das Befinden auf der Bühne zu sprechen", sagte Torzow. „Diese Voraussetzung wird von der Atmosphäre geschaffen, die den Schauspieler auf der Bühne und im Zuschauerraum umgibt, von der schauspielerischen Ethik, der künstlerischen Disziplin und dem Gefühl für das Gemeinsame in unserer Bühnenarbeit.
All das zusammengenommen erzeugt künstlerischen Mut und Bereitschaft zum gemeinsamen Handeln. Dieser Zustand wirkt sich günstig auf unsere schöpferische Arbeit aus. Ich finde keine richtige Bezeichnung für ihn. Als das eigentliche Befinden auf der Bühne kann man ihn nicht ansehen, denn er ist nur ein Bestandteil davon.

Aber er bereitet dem richtigen Befinden des Schauspielers auf der Bühne den Weg und ist ihm dienlich. Da ich keine passende Bezeichnung habe, werde ich das, wovon ich spreche, ‚Schauspielerethik' nennen, die bei der Schaffung dieses vorschöpferischen Zustandes eine wichtige Rolle spielt und auf Grund der besonderen Gegebenheiten unseres Berufs unerläßlich ist.
Ein Schriftsteller, Komponist, Maler oder Bildhauer ist in keiner Weise zeitlich gebunden. Sie alle können arbeiten, wann sie wollen und wann es ihnen paßt. Sie können mit ihrer Zeit frei schalten und walten.
Beim Bühnenkünstler dagegen ist es ganz anders. Er muß zu einem bestimmten, auf den Theaterplakaten schon längst festgelegten Zeitpunkt zur schöpferischen Arbeit bereit sein. Wie soll er sich befehlen, zu diesem Zeitpunkt entflammt zu sein? Das ist durchaus nicht einfach."[3]

„Stellen Sie sich einmal vor, Sie seien ins Theater gekommen und sollten an diesem Abend eine große Rolle spielen. Die Vorstellung beginnt in einer halben Stunde. Sie haben sich verspätet, weil Sie in Ihrem Privatleben viele Sorgen und Unannehmlichkeiten haben. In Ihrer Wohnung steht alles kopf. Seit einiger Zeit wird in Ihrem Hause gestohlen. Erst kürzlich ist Ihnen Ihr Mantel und ein neuer Anzug abhanden gekommen. Auch jetzt sind Sie sehr besorgt, weil Sie beim Betreten der Garderobe festgestellt haben, daß der Schlüssel zum Schreibtisch, in dem Sie Ihr Geld aufbewahren, zu Hause liegengeblieben ist. Wenn das Geld nur nicht gestohlen wird! Und morgen ist die Miete fällig. Sie können die Zahlung auf keinen Fall aufschieben, denn Ihre Beziehungen zur Wirtin sind äußerst gespannt. Zu allem Überfluß haben Sie auch noch einen Brief von zu Hause bekommen, Ihr Vater ist erkrankt. Diese Nachricht bedrückt Sie sehr, denn erstens haben Sie ihn lieb, und zweitens würden Sie die materielle Unterstützung verlieren, falls ihm etwas zustößt. Und die Gage im Theater ist klein.
Am meisten besorgt sind Sie jedoch über Ihr schlechtes Verhältnis zu den andern Schauspielern und zur Theaterleitung. Ihre Kollegen machen sich bei jeder Gelegenheit über Sie lustig. Während der Vorstellung erlauben sie sich mit Vorliebe allerlei unangenehme Scherze: Einmal lassen sie absichtlich ein Stichwort aus, dann wieder ändern sie unerwartet das Arrangement oder flüstern Ihnen eine Beleidigung oder einen unanständigen Witz zu. Sie aber sind ein schüchterner Mensch und lassen sich durch derlei Scherze aus der Fassung bringen. Gerade darauf haben es Ihre Kollegen abgesehen, gerade das macht ihnen Spaß. Aus Langeweile oder zum Gaudium denken sie sich alle möglichen dummen Streiche aus.
Versetzen Sie sich einmal in eine Lage, wie ich sie Ihnen eben schilderte, und urteilen Sie selbst, ob es leicht ist, unter diesen Bedingungen die Aufmerksamkeit auf die schöpferische Arbeit zu lenken!"
Natürlich sahen wir alle ein, daß dies eine schwierige Aufgabe sei, besonders wegen der kurzen Zeit bis zum Beginn der Vorstellung. Gebe der Himmel, daß man in einer solchen Lage überhaupt noch die Zeit findet, sich zu schminken und das Kostüm anzuziehen, meinten wir.

„Darüber brauchen Sie sich keine Sorgen zu machen", beruhigte uns Torzow. „Mit geübten Händen zieht der Schauspieler rasch die Perücke über den Kopf, schminkt sich und klebt den Bart an. All das geschieht wie von selbst, rein mechanisch, und ehe Sie sich's versehen, sind Sie schon fertig. So schaffen Sie es gerade noch, im letzten Augenblick auf die Bühne zu laufen. Der Vorhang geht auf, ehe Sie sich verpusten konnten. Aber Ihre Zunge plappert die erste Szene gewohnheitsmäßig herunter. Und wenn Sie dann wieder zu Atem gekommen sind, werden Sie endlich Zeit haben, sich an das ‚Befinden' zu erinnern. Sie denken wohl, ich meine das scherzhaft oder ironisch?
O nein, leider ist eine solche anormale Einstellung gegenüber unsern künstlerischen Pflichten hinter den Kulissen keine Seltenheit", schloß Arkadi Nikolajewitsch.
Nach kurzer Pause fuhr er fort:
„Jetzt will ich Ihnen ein anderes Bild entwerfen:
Die Umstände Ihres Privatlebens, das heißt der häusliche Ärger, die Erkrankung Ihres Vaters und so weiter sind die gleichen geblieben, dagegen sieht es im Theater völlig anders aus: Denn hier glauben alle Angehörigen der großen Schauspielerfamilie an das, was in ‚Mein Leben in der Kunst' gesagt wird. Dort heißt es, wir Schauspieler seien glücklich dran, weil uns das Schicksal auf der ganzen, unermeßlich weiten Welt die paar hundert Kubikmeter des Theatergebäudes überlassen hat, in dem wir ein eigenes, herrliches künstlerisches Leben gestalten können. Dieses Leben spielt sich größtenteils in einer schöpferischen Atmosphäre ab, in der wir träumen und diese Träume in gemeinsamer künstlerischer Arbeit auf der Bühne verkörpern, und das alles in ständigem Umgang mit Genies vom Range eines Shakespeare, Puschkin, Gogol oder Molière.
Sollte das nicht genügen, um sich ein schönes Fleckchen auf dieser Erde zu schaffen?*
Außerdem ist eine solche Atmosphäre der Entwicklung des richtigen Befindens auf der Bühne dienlich."
„Es versteht sich von selbst, welche der beiden geschilderten Varianten uns besser gefällt", sagten wir. „Nur wissen wir nicht, wie wir dahin kommen können."
„Das ist sehr einfach", erwiderte Arkadi Nikolajewitsch. „Bewahren Sie Ihr Theater vor allem Häßlichen, dann werden sich die Voraussetzungen einstellen, die für Ihre schöpferische Arbeit und für die Entwicklung des richtigen Befindens günstig sind.
Auch hierfür wird uns in ‚Mein Leben in der Kunst' ein praktischer Rat erteilt. Dort heißt es, man dürfe niemals mit schmutzigen Schuhen ins Theater kommen. Schütteln Sie allen Staub und Schmutz draußen ab, lassen Sie Ihre Überschuhe in der Garderobe und mit ihnen all Ihre kleinen Sorgen, Streitigkeiten und allen Ärger, der Ihnen das Leben schwer macht und Sie von der Kunst ablenkt.
Räuspern Sie sich ordentlich, ehe Sie das Theater betreten. Wenn Sie erst einmal drin sind, dürfen Sie nicht mehr in alle Ecken spucken. In Wirklichkeit aber bringen die Schauspieler meistens die kleinen Häßlichkeiten des Alltags mit ins Theater:

---

* *Der Gedanke einer gewissen Isolierung des Schauspielers in einer besonderen Welt künstlerischer Arbeit entstammt einer Entwicklungsstufe des „Systems" und der „Ethik", die von Stanislawski nach der Großen Sozialistischen Oktoberrevolution überwunden wurde. (Anm. d. Hrsg.)*

Klatsch, Intrigen, böswilliges Geschwätz, Verleumdungen, Neid und kleinliche Eigenliebe. Infolgedessen ist das Theater nicht mehr ein Tempel der Kunst, sondern wird zum Spucknapf, zum Kehrichthaufen, zur Müllgrube herabgewürdigt."
„Aber so etwas ist doch unvermeidlich und menschlich, meinen Sie nicht auch? Erfolg, Ruhm, Konkurrenz und Neid", suchte Goworkow die Unsitten des Theaters zu verteidigen.
„Alles das müssen wir mit der Wurzel aus unserer Seele reißen", erwiderte Torzow sehr bestimmt.
„Ist das denn überhaupt möglich?" fuhr Goworkow fort zu widersprechen.
„Also gut. Nehmen wir einmal an, es sei unmöglich, sich gänzlich vom Ärger des Alltags frei zu machen. Zweifellos jedoch kann man eine Zeitlang nicht daran denken und sich völlig auf eine interessante Arbeit konzentrieren", sagte Arkadi Nikolajewitsch entschieden. „Es hängt nur von dem festen, bewußten Willen ab."
„Das ist leicht gesagt!" zweifelte Goworkow immer noch.
„Wenn auch das Ihre Kräfte noch übersteigt", fuhr Arkadi Nikolajewitsch fort, „so denken Sie meinetwegen auch hier an Ihre privaten Scherereien, aber machen Sie das bitte mit sich selbst ab und verderben Sie wenigstens nicht den andern die Stimmung."
„Das ist noch schwieriger. Schließlich hat jeder das Bedürfnis, einmal sein Herz auszuschütten." Die beiden Streitenden konnten sich nicht einigen.
„... Man muß sich ein für allemal darüber klarwerden, daß es ein Zeichen von Unerzogenheit ist, seine schmutzige Wäsche vor andern Leuten zu waschen. Das ist ein Ausdruck mangelnder Selbstbeherrschung, der Mißachtung anderer Menschen, des Egoismus, der Undiszipliniertheit, oder es ist einfach eine schlechte Angewohnheit", rief Arkadi Nikolajewitsch hitzig. „Man muß sich davon lossagen, sich selbst zu bemitleiden. In Gesellschaft anderer muß man lächeln ... Wenn's sein muß, so weine und gräm dich zu Haus oder wenn du allein bist. Unter Menschen aber sei heiter, fröhlich und angenehm. Auch diese Form der Selbstdisziplin kann man sich anerziehen", erklärte Torzow mit aller Entschiedenheit.
„Wir würden es ja gern tun, aber wie sollen wir das anstellen?" fragten wir Schüler.
„Denken Sie mehr an die andern und weniger an sich selbst. Sorgen Sie sich mehr um die Sache und die Stimmung des Kollektivs und nicht so sehr um Ihre eigene, dann werden auch Sie persönlich in eine bessere Stimmung kommen", war Arkadi Nikolajewitschs Rat.
„Wenn jedes einzelne der dreihundert Mitglieder des Theaterkollektivs mit guter Laune ins Theater kommt, wird das auch den hoffnungslosesten Melancholiker kurieren." Arkadi Nikolajewitsch suchte uns unermüdlich zu seiner Ansicht zu bekehren. „Was ist Ihrer Meinung nach richtiger: In der eigenen Seele herumzuwühlen und alle kleinen Scherereien aufzuwärmen, oder sich durch die Hilfe von dreihundert andern Menschen mit vereinter Kraft von jeglicher Selbstbemitleidung frei zu machen und sich statt dessen im Theater einzig und allein der geliebten Sache zu widmen.
Wer ist Ihrer Ansicht nach freier, derjenige, der sich beständig vor Zwang zu bewahren sucht, oder derjenige, der sein eigenes Ich hintanstellt und um die Freiheit der

andern Sorge trägt. Wenn alle Menschen das beherzigten, so würde zuletzt meine persönliche Freiheit von der gesamten Menschheit verteidigt werden."
„Wieso?" fragte Wjunzow verständnislos.
„Was ist Ihnen daran so unbegreiflich?" fragte Arkadi Nikolajewitsch erstaunt zurück. „Wenn neunundneunzig von hundert Menschen um die allgemeine, und dabei auch um meine Freiheit Sorge tragen, so werde ich, der hundertste, es auf der Welt sehr gut haben. Wenn dagegen diese neunundneunzig Menschen nur an ihre persönliche Freiheit denken und um ihretwillen andere, darunter auch mich, unterdrücken, so bliebe mir nichts anderes übrig, als, um meine Freiheit zu verteidigen, allein gegen alle neunundneunzig Egoisten anzukämpfen. Indem sie nur an ihre eigene Freiheit denken, würden sie, vielleicht sogar gegen ihren Willen, meiner Unabhängigkeit Gewalt antun. Genauso ist es auch in unserm Beruf. Es sollte nicht nur Ihr, es sollte das Anliegen aller Angehörigen der Theaterfamilie sein, daß Sie sich innerhalb der Mauern des Theaters wohlfühlen. Dann entsteht eine Atmosphäre, die mit jeder schlechten Laune fertig wird und die alle kleinen Alltagssorgen vergessen läßt. Unter diesen Umständen wird Ihnen die Arbeit leichtfallen.
Diese Bereitschaft zum Arbeiten, diese gute Laune bezeichne ich gern als Vor-Arbeitsstimmung.* In dieser Stimmung sollte man ins Theater kommen.
Wie Sie sehen, brauchen wir Ordnung, Disziplin und Ethik nicht nur für die gesamte Organisation unserer Arbeit, sondern vor allem für unsere künstlerischen Ziele und Aufgaben.
Als erste Voraussetzung für das Zustandekommen der richtigen Vor-Arbeitsstimmung gilt, daß jeder von uns nach der Devise lebt: ‚Liebe die Kunst in dir und nicht dich selbst in der Kunst.' Trachten Sie also in erster Linie danach, daß sich Ihre Kunst im Theater wohl fühlen kann."

„Eine andere Voraussetzung für Ordnung und eine gesunde Atmosphäre im Theater besteht darin, daß man die Autorität der Leitung stützt.
Solange jemand für einen leitenden Posten noch nicht gewählt oder ernannt worden ist, kann man gegen ihn seine Einwände vorbringen, man kann darüber diskutieren, gegen ihn protestieren. Sobald er jedoch erst einmal den leitenden Posten übernommen hat, muß man ihn um der Sache und auch um des persönlichen Nutzens willen nach besten Kräften unterstützen. Je schwächer er ist, desto mehr braucht er Unterstützung. Wenn die Leitung keine Autorität genießt, wird das Bewegungszentrum des ganzen Unternehmens gelähmt. Überlegen Sie doch selbst einmal, was aus einer kollektiven Arbeit ohne einen Initiator wird, der die gemeinsame Arbeit aller organisiert und ihr die Richtung weist.
... Aber wir sind leider nur zu gern bereit, diejenigen zu beschimpfen und schlecht zu machen, denen wir selbst unser Vertrauen ausgesprochen haben. Wenn ein begabter Mensch einen leitenden Posten erhält oder über dem Durchschnitt steht, so bemühen wir uns mit vereinten Kräften, ihm eins auszuwischen, und sagen: ‚Wage

---

* *Stanislawski bekennt, daß er für diesen Zustand keinen ihn völlig befriedigenden Terminus gefunden hat. Daher wechselt er zwischen „Vor-Arbeitsstimmung" und „vor-schöpferischem Zustand". (Anm. d. Hrsg.)*

nicht, dich über uns zu erheben, du Streber!' Wie viele talentierte und für uns notwendige Menschen sind auf diese Weise zu Fall gebracht worden! Nur einige wenige von ihnen haben sich, allen Widerständen zum Trotz, allgemeine Anerkennung und Hochachtung erkämpft. Dagegen sind die Unverschämten, die es verstehen, uns in die Hand zu bekommen, viel besser dran. Im stillen mögen wir zwar murren, aber wir wagen doch nicht aufzumucken, weil wir untereinander nicht einmütig sind, weil wir Angst haben, den abzusetzen, der uns einschüchtert.

Mit einigen seltenen Ausnahmen tritt diese Erscheinung in den Theatern besonders oft zutage. Der Kampf um die Vorrangstellung zwischen den einzelnen Schauspielern, Schauspielerinnen und Regisseuren, der Neid auf erfolgreiche Kollegen und die Einschätzung der Menschen nach Gage und Rollenfach sind in unserm Beruf sehr weit verbreitet und schaden uns sehr.

Wir bemänteln Eitelkeit, Neid und Intrigen mit schönen Worten wie ‚edler Wettstreit', aber durch solche Redensarten dringt doch immer wieder das Gift von Eifersucht und Intrigen hinter die Kulissen, durch die die ganze Atmosphäre des Theaters verpestet wird.

Aus Konkurrenzangst oder kleinlicher Mißgunst sehen die Schauspieler alle Neulinge als ihre Feinde an. Wenn diese die Probe bestehen, sind sie glücklich dran. Wie viele aber lassen sich ins Bockshorn jagen, verlieren den Glauben an sich selbst und gehen unter.

In dieser Beziehung kann man die Schauspieler mit Schulkindern vergleichen, die auch jeden Neuen Spießruten laufen lassen.

Wie unmenschlich ist doch eine solche Verhaltensweise!

In kleinen Provinzstädten kann man vom Balkon aus das Treiben der Hunde aus der Nachbarschaft beobachten. Auch sie haben ihr bestimmtes Revier, ihre Grenzen, die sie hartnäckig verteidigen. Wenn ein fremder Hund es wagt, eine bestimmte Linie zu überschreiten, so bekommt er es mit der ganzen Hundemeute des betreffenden Reviers zu tun. Sollte es dem vorwitzigen Fremdling gelingen, sich zu halten, so erzwingt er sich damit die Anerkennung der andern und behauptet das Feld. Andernfalls entkommt er nur verwundet und verstümmelt aus dem Revier seiner eigenen Artgenossen, die dasselbe Lebensrecht haben wie er.

Diese unmenschliche Einstellung, die zu unserer Schande – mit Ausnahme einiger weniger Bühnen – in Schauspielerkreisen üblich ist, müssen wir ausrotten.

Sie herrscht nicht nur unter Anfängern, sondern auch unter den zum alten Stamm gehörenden Schauspielern.

So habe ich es erlebt, wie zwei große Schauspielerinnen sich nicht nur hinter den Kulissen, sondern sogar auf der Bühne gegenseitig mit einer Flut von Schimpfworten überschütteten, um die sie jede Marktfrau beneidet hätte.

Ich habe mit angesehen, wie zwei bekannte und begabte Schauspieler sich weigerten, durch dieselbe Tür oder dieselbe Kulisse aufzutreten.

Ich habe einen bedeutenden Schauspieler und eine große Schauspielerin gekannt, die jahrelang kein Wort miteinander sprachen, sondern lediglich über den Regisseur miteinander verhandelten.

‚Sagen Sie der Schauspielerin X, daß sie Unsinn redet!' sagte der Schauspieler.

‚Bitte, übermitteln Sie Herrn Y, daß er ein Flegel ist', wandte sich die Dame an den Regisseur.
Warum entweihen diese talentierten Menschen das schöne Werk, das sie früher einmal gemeinsam geschaffen haben?! Lediglich aus privaten, kleinlichen, lächerlichen Kränkungen und Mißverständnissen?! Bis zu einem solchen Grad der Selbstvergiftung können Schauspieler sinken, die ihre schlechten Eigenschaften nicht rechtzeitig überwinden konnten.
Mögen Ihnen diese Beispiele Warnung und Lehre sein."

„Am Theater kann man oft folgende Erscheinung beobachten: Die größten Forderungen an die Regisseure und die Leitung werden von den jungen Leuten gestellt, die am wenigsten können und wissen.
Sie wollen nur mit den Allerbesten arbeiten und werfen jedem, der mit ihnen keine Wunder vollbringen kann, alle möglichen Fehler und Schwächen vor.
Wie wenig Veranlassung hat jedoch ein Anfänger, derartige Forderungen zu stellen.
Man sollte meinen, daß junge Schauspieler noch genug zu lernen haben und von jedem auch nur einigermaßen begabten und erfahrenen Menschen etwas annehmen könnten. Allerdings muß man lernen, Unterschiede zu machen und nur das zu übernehmen, was notwendig und wichtig ist.
Darum seien Sie nicht zu wählerisch, lassen Sie jedes unnötige Herumkritisieren und achten Sie lieber auf das, was Ihnen erfahrenere Schauspieler bieten, selbst wenn diese nicht gerade Genies sind.
Man muß verstehen, sich das Brauchbare anzueignen.
Leider nimmt man jedoch schlechte Eigenschaften viel leichter an als gute."

Der Unterricht fand in einem der Aufenthaltsräume für Schauspieler statt.
Auf unsere Bitte hin konnten wir Schüler schon lange vor Beginn der Probe dort zusammenkommen. Aus Angst, uns bei unserm ersten Auftreten zu blamieren, hatten wir Iwan Platonowitsch gebeten, er möge uns sagen, wie wir uns dabei verhalten sollten.
Zu unserer Überraschung und Freude kam auch Arkadi Nikolajewitsch selbst zu dieser Zusammenkunft.
Man munkelte, er sei gerührt über den Ernst, mit dem wir Schüler uns auf unser erstes Auftreten vorbereiteten.
„Was Sie zu tun und wie Sie sich zu verhalten haben, werden Sie begreifen, wenn Sie gründlich darüber nachdenken, was gemeinsame schöpferische Arbeit eigentlich bedeutet", sagte Arkadi Nikolajewitsch zu uns. „An dieser Arbeit sind alle beteiligt, denn einer hilft dem andern, und einer ist vom andern abhängig. Jedoch ein einziger, nämlich der Regisseur, leitet sie an.
Wenn dabei Ordnung herrscht und alles richtig organisiert wird, ist diese gemeinsame Arbeit angenehm und fruchtbar, weil sie zu gegenseitiger Hilfsbereitschaft erzieht.
Wenn dagegen Ordnung und die richtige Arbeitsatmosphäre fehlen, wird die gemeinsame Arbeit zu einer wahren Qual. Die vielen Menschen sind einander nur

hinderlich und stehen sich gegenseitig im Wege. Sicher sehen Sie ein, daß jeder einzelne zur allgemeinen Disziplin beitragen und sie unterstützen muß."
„Wie kann man das tun?"
„Vor allem muß man rechtzeitig, eine halbe oder wenigstens eine Viertelstunde vor Beginn der Probe erscheinen, um sich innerlich auf die Arbeit vorzubereiten.* Es genügt, wenn ein einziger zu spät kommt, um die ganze Probe durcheinanderzubringen. Und wenn sich alle nur etwas verspäten, wird die Probenzeit nicht zum Arbeiten verwandt, sondern durch Warten vertrödelt. Das erzeugt Ärger und schlechte Stimmung, mit der man nicht arbeiten kann.

Wenn dagegen alle Mitwirkenden ihre Verpflichtungen gegenüber dem Kollektiv ernst nehmen und ordentlich vorbereitet zur Probe kommen, so entsteht eine gute Atmosphäre, die jedermann anspornt und ermutigt. Dann geht die Arbeit rasch voran, weil alle sich gegenseitig unterstützen.

Es ist auch wichtig, mit der richtigen Einstellung auf die Probe zu kommen und sich darüber klar zu sein, was man von ihr erwarten kann...

Die meisten Schauspieler sind überzeugt, daß man nur auf der Probe zu arbeiten braucht und zu Hause nicht.

Das ist ein Irrtum. Auf der Probe wird lediglich klar, was jeder einzelne sich zu Hause erarbeiten muß.

Darum traue ich auch den Schauspielern nicht, die auf der Probe nur schwatzen, anstatt sich Notizen und einen Plan für ihre Arbeit zu Hause zu machen. Sie behaupten, sie würden auch ohne Notizen alles behalten.

Das soll mir mal einer weiszumachen suchen! Als ob ich nicht wüßte, daß es unmöglich ist, sich alles zu merken. Erstens erörtert der Regisseur so viele wichtige Einzelheiten, daß sie auch das beste Gedächtnis nicht behalten kann, und zweitens werden auf der Probe weniger handgreifliche Fakten als vielmehr meistens Empfindungen analysiert, die im emotionalen Gedächtnis aufbewahrt werden. Um sie zu verstehen, um sie sich einzuprägen, muß man für sie einen passenden Begriff, einen entsprechenden Ausdruck, ein anschauliches Beispiel finden und überdies irgendein Lockmittel, mit dessen Hilfe man das Gefühl hervorrufen und festhalten kann. Zu Hause muß man lange darüber nachdenken, bevor man es findet und aus der Seele hervorlocken kann. Das ist eine gewaltige Arbeit, die vom Schauspieler angespannte Konzentration verlangt, sowohl bei seiner Arbeit zu Hause als auch auf der Probe, wo er sich die Anweisungen des Regisseurs einprägen muß.

Wir Regisseure wissen besser als jeder andere, was von den Beteuerungen unaufmerksamer Schauspieler zu halten ist. Schließlich sind wir ja die Leidtragenden, die ihnen immer wieder ein und dasselbe predigen müssen.

Die gemeinsame Arbeit wird sehr behindert, wenn einzelne sie so mißachten. Das Sprichwort sagt: Sieben warten nicht auf einen! Darum müssen wir uns zur echten *künstlerischen Ethik und Disziplin* erziehen.

Sie verpflichten alle Schauspieler, sich daheim gründlich auf jede Probe vorzubereiten. Jeder einzelne sollte sich dem Kollektiv gegenüber schämen, wenn der Regisseur ihm bereits Gesagtes wiederholen muß. Es dürfte überhaupt nicht passieren, daß

---

* Wörtlich: um die Elemente des Befindens zu massieren. (Anm. d. Hrsg.)

Anweisungen des Regisseurs vergessen werden. Selbstverständlich kann es vorkommen, daß man irgendeinen Hinweis nicht gleich erfaßt, daß man noch einmal auf ihn zurückkommen muß, aber man darf die Bemerkungen des Regisseurs nicht zu einem Ohr hinein und zum andern hinausgehen lassen. Das ist ein Vergehen gegen alle Mitarbeiter des Theaters.
Um diesen Fehler zu vermeiden, muß man lernen, zu Hause selbständig an seiner Rolle zu arbeiten. Das ist nicht leicht, und darum sollten Sie sich schon während Ihrer Ausbildungszeit gründlich damit vertraut machen. Im Unterricht kann ich ohne Hast und ausführlich mit Ihnen über diese Arbeit sprechen, auf den Proben dagegen kann ich es nicht, ohne Gefahr zu laufen, daß sich die Probe in eine Unterrichtsstunde verwandelt. Im Theater werden ganz andere, unvergleichlich strengere Anforderungen an Sie gestellt als in der Schule. Vergessen Sie das niemals, und bereiten Sie sich gut auf diese neuen Aufgaben vor."

„Hier fällt mir noch ein anderer, unter Schauspielern sehr verbreiteter Fehler ein, mit dem wir es auf den Proben häufig zu tun haben.
Viele Schauspieler gehen so unüberlegt an ihre Arbeit, daß sie auf den Proben nur die Anweisungen beachten, die sich unmittelbar auf ihre eigene Rolle beziehen. Um die Szenen und Aufzüge, in denen sie nicht selbst mitwirken, kümmern sie sich dagegen überhaupt nicht.
Dabei müßte doch alles, auch das, was nicht die eigene Rolle, sondern das ganze Stück angeht, von jedem Schauspieler berücksichtigt werden und ihn interessieren.
Überdies gilt ja vieles von dem, was der Regisseur über den Sinn des Stückes, über die Eigentümlichkeiten des Autors, über die Gestaltungsmittel für das Stück und den Darstellungsstil sagt, in gleicher Weise für alle Mitwirkenden. Schließlich kann der Regisseur nicht für jeden einzeln diese Dinge wiederholen. Der Schauspieler muß auf alles achten, was das ganze Stück betrifft, sich darein vertiefen und es zu begreifen suchen, er darf nicht nur seine eigene Rolle lernen."

„Ganz außerordentliche Strenge und Disziplin verlangen *Proben von Volksszenen.* Für sie muß eine Art ‚Ausnahmezustand' ausgerufen werden. Das ist wohl einleuchtend. Ein einziger, der Regisseur, muß einer oft mehr als hundert Menschen zählenden Menge seine Anweisungen geben. Ohne militärische Strenge könnte er dabei keine Ordnung halten.
Stellen Sie sich vor, was geschehen würde, falls es dem Regisseur nicht gelingt, die Zügel fest in die Hand zu bekommen. Nehmen Sie an, nur ein einziger Mitwirkender sei zu spät gekommen oder fehle unentschuldigt, oder jemand habe sich die Regieanweisungen nicht notiert, oder einer schwatzt, anstatt zuzuhören. Nun multiplizieren Sie alle diese Undiszipliniertheiten mit der Zahl der mitwirkenden Darsteller. Selbst wenn jeder einzelne sich im Verlauf der Probe nur eine Nachlässigkeit zuschulden kommen ließe, die der Arbeit schadet, so würde das zuletzt doch eine erkleckliche Summe von Verzögerungen ergeben. Dabei würde die Geduld der andern durch das ewige Wiederholen auf eine harte Probe gestellt, es käme zu einem unnötigen Zeitverlust und zur Ermüdung aller, die gewissenhaft bei der Sache sind.

Dürfen wir das zulassen?
Dabei darf man nicht vergessen, daß Proben von Volksszenen an und für sich für die Darsteller, den Regisseur und seine Assistenten außerordentlich anstrengend sind. Es ist daher wünschenswert, daß diese Proben nicht zu lange dauern, dafür aber produktiver sind. Um das zu erreichen, bedarf es strengster Disziplin, die man geradezu trainieren muß. Im ‚Ausnahmezustand' wiegt jedes Vergehen schwerer und wird auch viel strenger geahndet als unter normalen Verhältnissen. Ohne strenge Disziplin könnte sich folgendes ereignen:
Nehmen wir an, es wird die Szene eines Aufstandes geprobt, bei der alle Mitwirkenden ihre Stimme anstrengen müssen, in Schweiß geraten, weil sie sich viel bewegen müssen, und schnell ermüden. Alles geht wunderbar, bis ein paar Mitwirkende, die eine Probe versäumt, sich verspätet haben oder unaufmerksam sind, die ganze Arbeit zunichte machen. Ihretwegen müssen sich nun alle andern länger plagen. In diesem Fall wäre es falsch, wenn nur der Regisseur ihnen Vorhaltungen machte; alle Mitwirkenden müssen von ihren säumigen oder nachlässigen Kollegen Disziplin und Konzentration verlangen. Eine solche Forderung des Kollektivs wirkt viel abschreckender und eindringlicher als ein nur vom Regisseur ausgesprochener Verweis oder eine Strafe."

„Es gibt nicht wenige Schauspieler und Schauspielerinnen, denen jede schöpferische Initiative fehlt und die auf der Probe nur darauf warten, daß jemand ihnen den richtigen schöpferischen Weg zeigt. Manchmal gelingt es dem Regisseur nach vieler Mühe, solche passiven Schauspieler zu begeistern und mitzureißen. Oder wenn die andern Schauspieler die richtige Linie des Stückes herausgefunden haben und diesen Weg weiterverfolgen, spüren auch die Trägen, daß Leben in das Stück gekommen ist, und werden von den andern angesteckt. Nachdem sie eine Reihe solcher schöpferischer Impulse empfangen haben, lassen sie sich – sofern sie überhaupt dazu fähig sind – vom fremden Erleben mitreißen, fühlen sich in ihre Rolle ein und machen sie sich zu eigen. Nur wir Regisseure wissen, wieviel Mühe, Erfindungsgabe, Geduld, Nerven und Zeit es kostet, um solche Schauspieler mit einem trägen schöpferischen Willen über den toten Punkt hinwegzubringen. Frauen haben in solchen Fällen sehr charmante und kokette Ausreden parat: ‚Was soll ich machen? Ich kann nun einmal nicht spielen, ehe ich mich nicht in die Rolle eingefühlt habe. Sobald ich sie erfühlt habe, geht alles wie von alleine.' Sie sagen das sehr stolz und selbstbewußt, halten sie doch diese Methode für ein Merkmal besonders intuitiver Begabung und Genialität.
Muß ich erst sagen, daß diese Schmarotzer, die von fremder Gestaltungskraft, fremdem Empfinden und Fleiß profitieren, die gemeinsame Arbeit unendlich behindern? Durch ihr Verschulden wird eine Premiere oft um Wochen hinausgezögert. Häufig halten sie nicht nur die Arbeit auf, sondern beeinträchtigen auch noch die Leistungen ihrer Kollegen; denn um solch trägen Schauspielern über den toten Punkt hinwegzuhelfen, müssen ihre Partner häufig das Letzte hergeben. Die Folge davon ist ein verkrampftes, unnatürliches Spiel, was natürlich ihren Rollen sehr abträglich ist, in die sie sich zwar schon hineingefunden hatten und in denen sie bereits zu leben begannen, die jedoch in ihnen noch nicht fest genug verankert waren. Wenn gewissen-

hafte Schauspieler nicht den erforderlichen Widerhall bei ihren Partnern finden und sich übermäßig anstrengen müssen, um die Willensschwäche der passiven Schauspieler zu überwinden, so geht ihnen häufig das wieder verloren, was sie in ihren Rollen gefunden hatten. Sie geraten selbst in eine hilflose Lage, und anstatt die Probenarbeit voranzubringen, halten sie sie auf, indem sie die Aufmerksamkeit des Regisseurs von der gemeinsamen Arbeit auf sich ablenken. Wie Sie sehen, behindert jetzt nicht mehr nur die eine träge Schauspielerin allein die Arbeit der andern, sondern auch ihre Partner bringen anstelle von Leben und wahrhaftigem Empfinden Unwahrheit und Affektiertheit in das geprobte Stück. Zwei haben bald einen dritten vom rechten Wege abgebracht, und drei können schnell auch noch den vierten verwirren. Das Ende vom Liede ist, daß durch Verschulden einer einzigen Person die ganze Aufführung, die gerade anfing sich einzuspielen, entgleist und auf eine schiefe Bahn gerät. Der arme Regisseur! Die armen Schauspieler!
Man sollte Schauspieler mit einem so mangelhaft entwickelten Gestaltungswillen, zudem meistens auch noch ohne die erforderliche Technik, aus dem Ensemble ausschließen. Aber leider gibt es gerade unter ihnen sehr viele begabte Leute. Weniger talentierte Schauspieler würden sich ein so passives Verhalten niemals leisten, während sich die Begabten in der Überzeugung, daß ihnen zuletzt doch alles gelingen muß, diese Freiheiten im Vertrauen auf ihr Talent herausnehmen. Dabei glauben sie aufrichtig, sie hätten das Recht, ‚auf gut Wetter zu warten', das heißt, solange die Hände in den Schoß zu legen, bis die schöpferische Intuition sie überkommt.
Muß ich nach allem Gesagten noch darauf hinweisen, daß man auf der Probe nicht von fremder Arbeit schmarotzen darf und daß jeder, der an der Einstudierung eines Stückes mitwirkt, eigene lebendige Empfindungen beitragen muß, die das ‚geistige Leben' seiner Rolle bereichern. Wenn sich jeder danach richtet, werden zuletzt alle der gemeinsamen Arbeit dienen. Wenn sich dagegen jeder lediglich auf die andern verläßt, verliert die schöpferische Arbeit jede Initiative. Schließlich kann sich der Regisseur nicht für alle abplagen. Der Schauspieler ist keine Marionette.
Aus dem Gesagten wird deutlich, daß es Pflicht eines jeden Schauspielers ist, seinen schöpferischen Willen und seine Technik zu schulen und zu vervollkommnen. Genau wie alle andern, muß er zu Hause so gut wie auf der Probe arbeiten, und zwar sollte er auf der Probe nach Möglichkeit mit voller Stimme sprechen."

„Viele Schauspieler (besonders Stars, die als Gast auftreten) haben die unerträgliche Angewohnheit, auf den Proben nur mit einem Viertel ihres normalen Stimmaufwands zu sprechen.
Was hat das für einen Zweck, wenn der Rollentext innerlich unbeteiligt oder sogar sinnentleert, fast flüsternd heruntergeleiert wird? Erstens verdirbt diese Unsitte die Rolle, denn sie verführt dazu, den Text mechanisch und sinnlos daherzuplappern. Zweitens wird die Rolle verzerrt, weil sich der Schauspieler daran gewöhnt, mechanisch zu spielen. Dabei soll sich das gesprochene Wort doch gerade mit dem inneren Erleben des Schauspielers verbinden. Sie wissen ja selbst, wie sehr jede Verzerrung der richtigen Handlungslinie schadet. Was soll Ihr Partner mit einer sinnlos dahergeplapperten Replik anfangen? Wie soll er sich verhalten, wenn ihm irgendwelche

Worte mechanisch hingeworfen werden, wobei die Gedanken und Gefühle gänzlich verlorengehen? Eine falsche Replik und ein unechtes Empfinden haben eine genauso falsche Antwort und ein unaufrichtiges Empfinden des Partners zur Folge. Was sollen uns diese Art von Proben, zu denen man nur kommt, ‚um da zu sein'. Darum merken Sie sich, daß man als Schauspieler verpflichtet ist, auf jeder Probe mit voller Stimme zu sprechen, daß man die richtigen Stichworte geben und die Antworten, die man erhält, so aufnehmen muß, wie es der einmal festgelegten Linie von Stück und Rolle entspricht.

Diese Regel ist für alle Schauspieler in gleicher Weise verbindlich, weil die Probe sonst jeden Sinn verliert.

Das eben Gesagte schließt jedoch die Möglichkeit nicht aus, das innere Erleben im Bedarfsfalle auch nur durch Gefühlsäußerungen und Handlungen auszudrücken und sich auch einmal ganz ohne Worte zu verständigen."

Die heutige Vormittagsprobe hatte sich ungewöhnlich in die Länge gezogen. Überall im Foyer und in den Garderoben wurden bereits die Vorbereitungen für die Abendvorstellung getroffen. Daher fand sich nirgends mehr ein Platz, wo sich die Schüler hätten versammeln können, um Iwan Platonowitschs Erläuterungen anzuhören. Wir mußten mit der großen Gemeinschaftsgarderobe vorliebnehmen.
Hier lagen schon Kostüme, Perücken, Schminke und allerlei Handrequisiten bereit. Die Schüler besahen sich diese Dinge interessiert und nahmen sie ohne weiteres in die Hand, ohne sie wieder an Ort und Stelle zurückzulegen. Ich interessierte mich für einen Gürtel, probierte ihn an und ließ ihn dann auf einem Stuhl liegen. Das veranlaßte Iwan Platonowitsch, uns ordentlich den Kopf zu waschen.
„Wenn Sie selbst erst einmal eine Rolle gespielt haben, werden Sie begreifen, was Perücke, Bart, Kostüm und Requisiten für den Schauspieler bedeuten, der das alles ja für die Gestaltung seiner Figur braucht.
Nur wer am eigenen Leibe erfahren hat, wie schwer es ist, nicht nur die Seele, sondern auch die körperliche Form des zu gestaltenden Menschen zu suchen, der im Traum des Schauspielers seinen Ursprung hat, in ihm selbst entstanden ist und sich in seinem eigenen Körper verkörpert, wird die Bedeutung jedes einzelnen noch so kleinen Zuges, jedes Details und jedes Gegenstandes begreifen können. Alles bezieht sich auf die Gestalt, die auf der Bühne Leben erhält. Wie qualvoll ist es für den Schauspieler, wenn er in der Wirklichkeit nicht greifen kann, was ihm vorschwebte und seine Phantasie reizte. Und wie groß ist seine Freude, wenn sein Traum zuletzt doch noch die materielle Verkörperung findet.
Sobald man das Kostüm oder irgendein Requisit für seine Rolle gefunden hat, hören diese Dinge auf, leblose Gegenstände zu sein und werden für den Schauspieler zu einer Art Reliquie.
Wie schlimm, wenn sie verlorengehen. Wie weh tut es, wenn man sie einem andern Darsteller abtreten muß, der dieselbe Rolle spielt.
Wenn der berühmte Martynow eine Rolle in demselben Jackett zu spielen hatte, in dem er ins Theater kam, zog er es beim Betreten seiner Garderobe aus und hängte es an den Haken. Erst wenn seine Maske fertig war und er zum Auftritt mußte, zog

er das Jackett wieder an, das für ihn jetzt nicht mehr sein Privatanzug, sondern zum Kostüm geworden war, zu der von ihm verkörperten Gestalt gehörte.

Diesen Moment kann man nicht schlechthin als Ankleiden bezeichnen, es ist der Augenblick, in dem der Schauspieler in das Gewand seiner Rolle schlüpft. Ein psychologisch außerordentlich wichtiger Moment. Der echte Schauspieler ist leicht daran zu erkennen, wie er sein Kostüm und seine Requisiten behandelt, wie sehr er sie liebt und wie sorgsam er sie pflegt. Es ist auch nicht verwunderlich, daß er sich so schwer von diesen Dingen trennt und sie endlos lange trägt und behält.

Es gibt aber auch eine völlig andere Einstellung zum Kostüm und den Requisiten einer Rolle.

Es gibt Schauspieler, die sich, kaum daß ihr Auftritt zu Ende ist, noch auf der Bühne Perücke und Bart herunterreißen, sie mitunter sogar schon auf der Bühne wegwerfen und mit verschmiertem Gesicht und Schminkresten vor den Vorhang treten, um sich zu verbeugen. Schon auf dem Weg zur Garderobe knöpfen sie ihr Kostüm auf und schleudern die einzelnen Teile in irgendeine Ecke.

Die geplagten Garderobiers und Requisiteure müssen die Sachen im ganzen Theater suchen und sie in Ordnung halten. Sachen, die gar nicht von ihnen, sondern vom Schauspieler gebraucht werden. Fragen Sie einmal einen Garderobier oder Requisiteur danach. Die Antwort wird in einer Flut von Schimpfworten bestehen. Und das nicht nur, weil diese Liederjane ihnen soviel unnötige Mühe machen, sondern auch, weil der Garderobier und Requisiteur, die oft an der Herstellung eines Kostüms oder Requisits selbst mitgearbeitet haben, deren Bedeutung und Wert für unsere künstlerische Arbeit kennen.

Schande über solche Schauspieler! Tun Sie alles, um niemals so zu werden, und lernen Sie, Ihre gleichsam zur Reliquie gewordenen Kostüme, Gewänder, Perücken und anderen Gegenstände zu lieben und zu schonen. Jedes Ding muß seinen festen Platz in der Garderobe haben, von wo der Schauspieler es sich holt und wohin er es wieder zurücklegt.

Man darf auch nicht vergessen, daß es unter diesen Gegenständen unersetzliche Museumsstücke gibt. Wenn eines davon verlorengeht oder beschädigt wird, so ist das ein empfindlicher Verlust. Es ist unmöglich, den besonderen Reiz eines alten Stückes in einer Nachahmung wiederherzustellen. Zudem rufen diese Gegenstände bei einem echten Künstler und Liebhaber seltener Antiquitäten eine besondere Stimmung hervor, während einem einfachen, nachgemachten Requisit dieser Zauber fehlt."

„Die gleiche, wenn nicht noch liebevollere und achtsamere Beziehung muß der Schauspieler zu seiner Maske haben. Er darf sie nicht einfach mechanisch auftragen, sondern muß das gleichsam psychologisch tun, das heißt, er muß dabei die Seele und das Leben seiner Rolle vor Augen haben. Dann wird jedes winzige Fältchen innerlich gerechtfertigt durch das Leben, das ein Gesicht mit dieser Spur menschlichen Leides gezeichnet hat.

Viele Schauspieler schminken und kostümieren sich zwar mit aller Sorgfalt, lassen dabei jedoch die Seele völlig außer acht, die eine noch sorgsamere Vorbereitung auf die schöpferische Arbeit und die Vorstellung braucht.

Darum sollte, der Schauspieler auch an seine Seele denken, für die er die erforderliche *Vor-Arbeitsstimmung* und das richtige *Befinden auf der Bühne* in sich erzeugen muß. Sicher brauche ich nicht zu betonen, daß man damit schon früher beginnen muß, ehe man zur Vorstellung ins Theater kommt.
Der echte Künstler, der abends zu spielen hat, denkt den ganzen Tag über daran und ist schon am Morgen, mitunter sogar bereits am Vorabend, erregt."

„Darf ein Schauspieler, der in einem gut und sorgfältig einstudierten Ensemblestück mitwirkt, dessen Linie folgerichtig angelegt ist, von dieser Linie abweichen und seine Rolle aus Faulheit, Nachlässigkeit oder Unaufmerksamkeit nur mechanisch und handwerksmäßig herunterspielen? Hat er das Recht dazu? Schließlich hat nicht er allein die Aufführung zustandegebracht, sondern es ist eine kollektive Leistung. Bei dieser Arbeit ist einer für alle und alle sind für einen verantwortlich. Alle müssen die Bürgschaft für das Gelingen des Werkes übernehmen, und wenn einer die gemeinsame Sache im Stich läßt, wird er zum Verräter.
Trotz meiner Begeisterung für einzelne hervorragende Talente kann ich das Gastspielsystem nicht gutheißen. Für die gemeinsame Arbeit, die die Grundlage unserer Kunst bildet, ist das Ensemble unerläßlich, und wenn einer sich dagegen vergeht, so begeht er ein Verbrechen nicht nur gegenüber seinen Kollegen, sondern auch gegenüber der Kunst, der wir alle dienen."

Die Skandalaffäre eines Schauspielers unseres Theaters, der strenge Verweis und die Verwarnung, die er erhielt, er würde im Wiederholungsfalle entlassen werden, hatten viel Staub aufgewirbelt, und auch bei uns in der Schule heftige Diskussionen ausgelöst.
„Erlauben Sie mal", Goworkow redete wie üblich große Töne, „schließlich hat die Direktion kein Recht, sich in das Privatleben eines Schauspielers einzumischen!"
Wir baten Iwan Platonowitsch, er möge dieses Problem mit uns besprechen, und er sagte uns folgendes:
„Halten Sie es nicht auch für sinnlos, mit der einen Hand etwas aufzubauen, um es mit der andern wieder zu zerstören?
Dabei handeln leider die meisten Schauspieler so. Sie bemühen sich, auf der Bühne erhebende künstlerische Eindrücke zu erzielen. Kaum haben sie jedoch die Bretter verlassen, tun sie alles, um die Zuschauer zu enttäuschen, die sie eben noch so bewundert haben. Gerade als wollten sie sich über sie lustig machen. So werde ich niemals die bittere Enttäuschung vergessen, die mir in meiner Jugend ein berühmter Schauspieler bereitet hat, der als Gast bei uns auftrat. Um die Erinnerung an ihn nicht zu trüben, will ich seinen Namen nicht nennen.
Ich hatte eine unvergeßliche Aufführung erlebt. Der Eindruck war so überwältigend, daß ich nicht allein nach Hause fahren mochte. Ich hatte einfach das Bedürfnis, über das soeben Erlebte noch zu sprechen. Darum ging ich zusammen mit einem Freund in ein Restaurant. Während wir in unseren Erinnerungen schwelgten, trat zu unserer unaussprechlichen Begeisterung er selbst, unser Genie, in den Raum. Da hielt es uns nicht länger, wir stürzten auf ihn zu und überschütteten ihn mit unseren Begeiste-

rungsausbrüchen. Der berühmte Mann lud uns ein, mit ihm in einem Separatzimmer zu Abend zu essen, wo er sich langsam vor unsern Augen entsetzlich betrank. In dieser Verfassung trat seine ganze, zuvor unter äußerem Glanz verborgene menschliche und künstlerische Verdorbenheit zutage und äußerte sich in Form einer widerwärtigen Prahlsucht, kleinlicher Eitelkeit, in Hang zu Intrigen und Klatsch und anderen typischen Eigenschaften eines Schmierenkomödianten. Endlich setzte er allem die Krone auf, als er sich weigerte, den Wein zu bezahlen, den er fast ausschließlich allein getrunken hatte. Noch lange danach hatten wir an dieser unvermuteten Ausgabe abzuzahlen. Dafür wurde uns aber das Vergnügen zuteil, unsern rülpsenden, fluchenden, vollständig besoffenen Abgott in sein Hotel zu schaffen, wo man ihn in diesem unwürdigen Zustand nicht einmal hereinlassen wollte.

Und nun ziehen Sie den Schlußstrich unter die guten und schlechten Eindrücke, die wir von unserm Genie empfangen hatten, und sagen Sie mir, was dabei herauskommt!"

„Eine Art Rülpser mit Sekt!" war Schustows witzige Antwort.

„Seien Sie ja auf der Hut, daß Ihnen nicht etwas Ähnliches passiert, wenn Sie ein berühmter Schauspieler geworden sind!" sagte Rachmanow abschließend.

„Nur innerhalb der eigenen vier Wände, im engsten Kreise, darf ein Schauspieler sich gehen lassen, denn seine Rolle ist nicht zu Ende, wenn der Vorhang fällt. Auch im Leben ist er berufen, Träger und Vermittler des Schönen zu sein. Darüber müssen Sie sich von dem Augenblick an klar sein, in dem sie den Dienst an der Kunst antreten, und auf diese Berufung müssen Sie sich vorbereiten. Erziehen Sie sich zu Selbstbeherrschung, Ethik und Disziplin, ohne die man nicht auskommt, wenn man für die Allgemeinheit schaffen und das Schöne, Erhabene und Edle in die Welt hineintragen will!"

„Dem Wesen der Kunst entsprechend, der er dient, ist der Schauspieler Mitglied einer großen und komplizierten Gemeinschaft, nämlich des Theaterkollektivs, in dessen Namen und Auftrag er tagtäglich vor Tausende von Zuschauern hintritt. Millionen von Menschen lesen fast täglich über seine Arbeit und sein Wirken an dem Theater, wo er engagiert ist. Sein Name ist so eng mit dem Namen dieses Theaters verknüpft, daß man sie nicht mehr voneinander trennen kann, wie es unmöglich ist, die Namen eines Stschepkin, Sadowski oder einer Jermolowa vom Kleinen Theater oder die der Lilina, Moskwins, Katschalows oder Leonidows vom Künstlertheater zu trennen. Neben ihrem eigenen Namen tragen die Schauspieler immer zugleich auch den Namen ihres Theaters. In der Vorstellung der Menschen ist das Privatleben eines Schauspielers so gut wie sein Künstlerleben untrennbar mit seinem Theater verbunden. Wenn sich daher ein Schauspieler des Kleinen Theaters, des Künstlertheaters oder irgendeines andern Theaters etwas zuschulden kommen läßt, ein Verbrechen begeht oder in eine Skandalaffäre verwickelt wird, so könnte er sich noch so geschickt herauszureden versuchen und noch so viele Dementis oder Erklärungen in die Zeitung setzen, es würde ihm nicht gelingen, den Flecken oder Schatten wegzuwischen, den sein Verhalten auf das ganze Ensemble, auf sein Theater geworfen hat. Daher ist der Schauspieler verpflichtet, sich auch außerhalb des Theaters würdig zu betragen und seinem Namen nicht nur auf den Brettern, sondern auch im Privatleben Ehre zu machen."

„Da Sie in allernächster Zeit zum ersten Mal vor dem Publikum auf der Bühne stehen werden, möchte ich Ihnen erklären, wie sich der Schauspieler auf seinen Auftritt vorbereiten soll. Er muß das richtige Befinden in sich erzeugen.
Jeder, der uns das Leben im Theater verleidet, muß entfernt oder unschädlich gemacht werden. Aber auch wir selbst müssen danach trachten, nur gute, positive und freudige Gefühle mitzubringen. Hier muß jeder ein frohes Gesicht machen, denn hier arbeiten wir ja alle miteinander an unserer geliebten Sache. Das betrifft nicht nur die Schauspieler, sondern auch die Verwaltung und alle andern Mitarbeiter. Sie alle müssen wissen, daß wir hier nicht in einem Speicher, Kaufladen oder einer Bank sind, wo die Menschen stets drauf und dran sind, sich gegenseitig um des Profits willen an die Kehle zu springen. Auch der letzte Kontorist und Buchhalter muß noch ein Künstler sein und den eigentlichen Sinn der Arbeit, die er tut, begreifen.
Nun wird vielleicht jemand einwenden: ‚Wie steht es aber mit dem Etat, mit den Ausgaben, dem Verlust und den Gagen?'
Darauf kann ich aus Erfahrung nur antworten, daß auch die materielle Seite durch eine saubere Atmosphäre nur gewinnt. Eine solche Atmosphäre teilt sich den Zuschauern unbewußt mit, zieht sie in ihren Bann, läutert sie und weckt in ihnen die Sehnsucht, die Luft des Theaters zu atmen. Wenn Sie nur wüßten, wie sehr das Publikum spürt, was sich hinter dem Vorhang abspielt! Unordnung, Lärm, Geschrei und Klopfen während der Pause, Durcheinander auf der Bühne übertragen sich in den Zuschauerraum und lassen die Aufführung schwerfällig erscheinen. Umgekehrt läuft jede Aufführung leicht und mühelos ab, wenn Ordnung, Disziplin und Ruhe hinter dem geschlossenen Vorhang herrschen.
Nun kann man mir weiter vorhalten: ‚Wie verhält es sich mit dem Neid der Schauspieler, mit ihren Intrigen, der Jagd nach Rollen und Erfolg und mit ihrer Sucht, stets und überall an erster Stelle zu stehen?' Darauf kann ich nur erwidern: Intrigante und mißgünstige Menschen müssen erbarmungslos aus dem Theater entfernt werden. Dasselbe gilt auch für Schauspieler, denen keine Rolle gut genug ist. Wenn die Schauspieler mit dem Umfang ihrer Rollen nicht zufrieden sind, muß man ihnen sagen, daß es keine kleinen Rollen gibt, wohl aber kleine Schauspieler. Genausowenig Platz ist auch für einen Schauspieler, der nicht das Theater in sich, sondern lediglich sich selbst im Theater liebt."
„Und die Intrigen, die Klatschereien, die gerade am Theater herrschen? Schließlich kann man einen begabten Künstler nicht darum ausschließen, weil er einen schlechten Charakter hat und den andern das Leben verbittert."
„Ich gebe zu, einem talentierten Menschen wird alles verziehen, aber seine Fehler müssen durch die andern Schauspieler aufgehoben werden. Wenn im Theater ein solcher, für den gesamten Organismus gefährlicher Bazillus auftaucht, muß das ganze Ensemble mit Gegengift geimpft werden, damit es immun wird und die Intrigen des Genies dem allgemeinen Wohlbefinden des Theaters nichts anhaben können."
„Da wird man wohl lauter Heilige suchen müssen und aus ihnen ein Ensemble zu-

sammenstellen, um das Theater zu bekommen, von dem Sie sprechen", wandte Goworkow ein.

„Was haben Sie denn gedacht?" ereiferte sich Torzow. „Wollen Sie etwa, daß abgeschmackte Schmierenkomödianten dem Publikum von der Bühne herab erhabene, die Menschen verbessernde Empfindungen und Gedanken hinwerfen? Wollen Sie etwa hinter den Kulissen wie ein kleiner Spießbürger leben und sich auf der Bühne mit Shakespeare auf eine Stufe stellen?!

Wir kennen tatsächlich Schauspieler, die sich an einen Unternehmer oder an den schnöden Mammon[4] verkauft haben, uns aber dennoch zu erschüttern und zu begeistern vermögen, sobald sie nur auf der Bühne erscheinen.

Aber diese Schauspieler sind Genies, auch wenn sie in ihrem persönlichen Leben auf das Niveau von simplen Spießern herabsinken. Ihr Talent ist so überragend, daß es sie im Augenblick des Gestaltens alles Kleinliche abwerfen läßt.

Gilt dasselbe aber auch für jeden von uns? Nein. Einem Genie wird diese Gabe gleichsam ‚von oben her' zuteil, während wir andern unser ganzes Leben dransetzen müssen, um dieses Ziel zu erreichen. Außerdem möchte ich fragen, haben diese Schauspieler auch wirklich alles getan, was sie zu tun vermögen, haben sie wirklich ihr Letztes hergegeben?

Übrigens wollen wir uns ein für allemal einigen, uns keine Genies zum Vorbild zu nehmen. Sie sind nun einmal besondere Menschen und daher auch mit besonderem Maß zu messen.

Von solchen Genies erzählt man sich alle möglichen Schauermärchen. Man sagt, sie verbringen ihre Tage in Suff und Laster wie Kean im französischen Melodram[5], um dann am Abend die Menge völlig in ihren Bann zu ziehen...

Aber ganz so ist es nicht. Nach Berichten von Menschen, die so große Schauspieler wie Stschepkin, die Jermolowa, die Duse, Salvini, Rossi und andere näher kannten, haben diese Künstler ein ganz anderes Leben geführt, an dem sich alle die Genies von eigenen Gnaden, die sich ständig auf sie berufen, getrost ein Beispiel nehmen dürften. ‚Ja, aber Motschalow?... Es heißt doch, in seinem Privatleben habe es anders ausgesehen...' Warum in aller Welt muß man ihn sich denn ausgerechnet in dieser Hinsicht zum Vorbild nehmen? Schließlich gab es an ihm so vieles andere, das bedeutend wichtiger, wertvoller und interessanter war."

„So hoch und edel die Berufung des wahren Schauspielers als Schöpfer, Träger und Verkünder des Schönen auch ist, so unwürdig und erniedrigend ist das Gewerbe des Schauspielers, der seine Kunst für Geld verkauft, des Karrieremachers und Schmierenkomödianten.

Die Bühne ist wie ein Buch, wie ein unbeschriebenes Blatt Papier, sie kann dem Erhabenen so gut wie dem Niedrigen und Gemeinen dienen, je nachdem, *was* auf ihr gezeigt wird, *wer* und *wie* man auf ihr spielt. Was ist nicht schon alles im Rampenlicht dargeboten worden! Das herrliche, unvergeßliche Spiel eines Salvini, einer Jermolowa oder einer Duse genauso wie der Tingeltangel mit seinen unanständigen Einlagen wie pornographische Schwänke oder das Varieté mit seinem Gemisch aus echter Kunst und Kitsch, Akrobatik, Clownerie und abstoßender Reklame!

Wo soll man die Grenze ziehen zwischen Schönem und Widerwärtigem? Nicht umsonst hat Wilde gesagt: ‚Der Schauspieler ist entweder ein Priester oder ein Hanswurst.'
Ihr ganzes Leben lang dürfen Sie die Trennungslinie, die in unserer Kunst das Schlechte vom Guten scheidet, nicht aus den Augen verlieren. Wie viele von uns stellen ihr ganzes Leben in den Dienst des Schlechten, ohne sich dessen überhaupt bewußt zu sein, weil sie nicht imstande sind, die Wirkung ihres Spiels auf die Zuschauer richtig einzuschätzen. Auch auf der Bühne ist nicht alles Gold, was glänzt. Prinzipienlosigkeit und Unfähigkeit, sich in unserer Kunst ein klares Urteil zu bilden, haben das Theater bei uns wie im Ausland in Verfall gebracht. Dieselben Ursachen sind auch schuld daran, daß das Theater nicht die hohe Stellung und die wichtige Bedeutung im öffentlichen Leben einnimmt, auf die es eigentlich Anspruch hätte.
Dabei bin ich durchaus kein Puritaner oder Pedant. Keineswegs. Ich glaube, daß die Grenzen unserer Kunst sehr weit zu stecken sind. Ich liebe Fröhlichkeit und Scherz..."[6]

„Meistens versucht man, die richtige Atmosphäre und Disziplin im ganzen Ensemble, in allen Teilen des komplizierten Theatermechanismus auf einmal durchzusetzen. Dazu werden strenge Vorschriften und Anordnungen erlassen und Strafen angedroht. Das Ergebnis ist eine äußere, formale Ordnung und Disziplin. Alle sind zufrieden und bilden sich etwas auf ihre musterhafte Ordnung ein. Das, worauf es am Theater am meisten ankommt, die künstlerische Disziplin und Ethik, kann jedoch nicht mit äußerlichen Mitteln erreicht werden. Darum verlieren die Ordnungshüter auch nur zu bald Energie und Glauben, sie schreiben ihren Mißerfolg andern zu, finden alle möglichen Gründe zu ihrer Rechtfertigung und geben ihren Kollegen die Schuld. ‚Mit diesen Leuten kann man nichts machen!' heißt es in solchen Fällen. Versuchen Sie doch einmal, diese Aufgabe von der andern Seite anzupacken. Beginnen Sie nicht bei Ihren Kollegen, sondern bei sich selbst.
Alles, was Sie verwirklichen wollen, alles, was erforderlich ist, um eine Atmosphäre von Ordnung und Disziplin zu schaffen, darüber sollte man sich ein für allemal klar sein, müssen Sie zunächst einmal bei sich selbst erreichen. Beeinflussen und überzeugen Sie die andern durch Ihr eigenes Beispiel. Dann werden Sie einen wichtigen Trumpf in Händen haben, und man wird Ihnen nicht sagen können: ‚Arzt, kuriere dich selbst!' oder ‚Jeder kehre vor seiner Tür!'
Das eigene Beispiel ist das beste Mittel, um sich Autorität zu verschaffen.
Das eigene Beispiel ist der beste Beweis nicht nur für die andern, sondern auch für sich selbst. Wenn Sie von andern etwas verlangen, was Sie selbst schon ausprobiert haben, so können Sie sicher sein, daß Ihre Forderung durchführbar ist, und Sie wissen dann auch aus Erfahrung, wie schwer oder leicht sie zu erfüllen ist. Dann vermeiden Sie auch, was immer wieder eintritt, wenn jemand von andern etwas Unmögliches oder zu Schwieriges verlangt. Ein solcher Mensch wird übermäßig anspruchsvoll, ungeduldig, gereizt und streng gegenüber den andern. Obwohl er vom Gegenteil überzeugt ist, beteuert er immer wieder, daß man seine Forderung ohne weiteres erfüllen

könne. In Wirklichkeit ist das jedoch ein unfehlbares Mittel, um die eigene Autorität zu untergraben. Sie erreichen damit nichts anderes, als daß man von Ihnen sagt: ‚Er weiß ja selbst nicht, was er verlangt!'

Kurz gesagt, die richtige Atmosphäre, Disziplin und Ethik erzielt man nicht durch Verordnungen, Richtlinien oder Rundschreiben mit einem Federstrich, auch nicht durch Strenge und übertrieben hohe Anforderungen. Man kann so etwas nicht gleichsam ‚en gros' erledigen, wie es meistens versucht wird, wenn man einen ganzen Personenkreis auf einmal beeinflussen will. Das, wovon ich spreche, muß sozusagen ‚en détail' gehandhabt werden. Es ist keine *maschinelle Massenproduktion*, sondern mühsame *handwerkliche Kleinarbeit*. Hast und Ungeduld sind hier von vornherein zum Scheitern verurteilt.

Suchen Sie jeden einzelnen persönlich zu überzeugen. Sprechen Sie sich mit ihm aus, und wenn Sie dann erst einmal erkannt haben, was Sie bei ihm erreichen und wogegen Sie angehen müssen, so seien Sie fest, hartnäckig, anspruchsvoll und streng. Stellen Sie sich vor, wie Kinder, die im Schnee spielen, winzige Schneebälle zu riesigen Kugeln rollen... Derselbe Wachstumsprozeß muß auch bei Ihnen stattfinden: Zuerst ist es noch einer allein – ich selbst, dann sind es zwei – ich und ein Gesinnungsgenosse, danach werden es vier, acht, sechzehn und so weiter, in einer arithmetischen, vielleicht sogar in einer geometrischen Reihe.

Um ein Theater auf den richtigen Weg zu bringen, braucht man nichts als Zeit und vielleicht fünf Mitglieder des Ensembles, die durch eine gute, mitreißende Idee miteinander verbunden sind und fest zusammenhalten.

Wenn sich daher an Ihrem Theater im ersten Jahr eine nur aus fünf oder sechs Menschen bestehende Gruppe heranbildet, die alle ihre Aufgabe richtig erfaßt haben, ihr von ganzem Herzen ergeben und durch ihre Idee miteinander verbunden sind, so seien Sie glücklich, denn dann können Sie sicher sein, daß Ihre Sache bereits gewonnen ist.

Vielleicht entstehen in verschiedenen Abteilungen des Theaters gleichzeitig mehrere Gruppen dieser Art. Um so besser, denn um so schneller werden sie sich alle auf Grund ihrer einheitlichen Idee zusammenschließen. Allerdings darf man auch dabei nicht alles auf einmal erreichen wollen!

Um die Forderungen nach korporativer und persönlicher Disziplin und allem anderen, was die gewünschte Atmosphäre schafft, zu verwirklichen, muß man geduldig, selbstbeherrscht, fest und ruhig bleiben. Dazu muß man in erster Linie genau wissen, was man verlangt, man muß sich über die Schwierigkeiten klar sein und darüber, daß man eine gewisse Zeit braucht, um sie zu überwinden. Außerdem muß man daran glauben, daß jeder Mensch in seinem Innersten das Gute will und daß ihn lediglich irgend etwas hindert, es auch zu verwirklichen. Sobald er erst einmal erfahren hat, wie viel Freude es macht, das Gute zu tun, wird er nicht mehr davon lassen wollen, denn das Gute befriedigt stets mehr als das Schlechte. Die Hauptschwierigkeit besteht darin, die Hindernisse zu erkennen, die den Zugang zu der fremden Seele versperren. Und wie kann man sie aus dem Wege räumen? Dazu braucht man beileibe kein erfahrener Psychologe zu sein, es genügt, wenn man aufmerksam ist und denjenigen kennt, mit dem man es zu tun hat. Man muß ihm näherkommen und sich ihn genau ansehen.

Dann wird man auch die Zugänge zur Seele des andern finden, man wird erkennen, wodurch sie verbaut sind und was uns hindert, unsere Absichten zu verwirklichen."

„Wie beginnt ein Sänger, ein Pianist oder ein Tänzer sein Tagewerk? Sie stehen auf, waschen sich und ziehen sich an, frühstücken und fangen dann zu einer bestimmten, festgesetzten Zeit an zu trainieren. Der Sänger macht Stimmübungen, er ‚singt sich ein', der Pianist, der Geiger, jeder Musiker spielt Tonleitern oder Etüden, die seine Technik erhalten und vervollkommnen, der Tänzer eilt ins Theater, in den Trainingssaal, um seine Übungen an der Stange zu machen. Das wiederholt sich Tag für Tag, im Sommer wie im Winter, und jeder versäumte Tag gilt als verloren, weil er den Künstler in seinem Können zurückwirft.

Tolstoi, Tschechow und andere echte Dichter hatten es sich zur unerläßlichen Gewohnheit gemacht, an jedem Tag zu einer festgesetzten Zeit irgend etwas zu schreiben; wenn sie auch nicht immer an einem Roman, einer Erzählung oder einem Schauspiel arbeiteten, so brachten sie doch zum mindesten ihre Gedanken und Beobachtungen zu Papier. Es kommt allein darauf an, daß der mit Feder oder Schreibmaschine arbeitende Schriftsteller nicht aus der Übung kommt, daß er sich tagtäglich in der Kunst vervollkommnet, all seine kaum wahrnehmbaren Gedanken und Empfindungen, Vorstellungen, visuellen Eindrücke, intuitiven und emotionalen Erinnerungen und so weiter unmittelbar, treffend und genau wiederzugeben.

Wenn Sie einen Maler fragen, so wird er Ihnen das gleiche sagen. Ich kenne sogar einen Chirurgen (und auch die Chirurgie ist eine Kunst), der sich in seinen Mußestunden mit verwickelten japanischen oder chinesischen Geduldspielen beschäftigt. Beim Tee oder mitten im Gespräch zieht er plötzlich aus einem Häufchen ein paar bestimmte, kaum sichtbare Stäbchen hervor, um, wie er sagt, eine sichere Hand zu bekommen.

Einzig und allein der Schauspieler geht morgens so bald wie möglich aus, um Bekannte aufzusuchen oder um seine privaten, häuslichen Angelegenheiten zu erledigen, weil das seine einzige freie Zeit ist.

Das ist alles gut und schön. Aber schließlich ist der Sänger nicht weniger beschäftigt als der Schauspieler, auch der Tänzer hat seine Proben und muß sich viel im Theater aufhalten, auch der Musiker hat Proben, Unterrichtsstunden und Konzerte.

Und doch haben alle Schauspieler, die ihre häuslichen technischen Übungen vernachlässigen, gewöhnlich immer wieder die gleiche Ausrede, daß sie nämlich ‚keine Zeit' dazu hätten. Wie betrüblich ist das! Dabei braucht doch der Schauspieler noch viel mehr als die andern Künstler die Arbeit zu Hause.

Während sich nämlich der Sänger nur um seine Stimme und seine Atmung, der Tänzer um seinen Körper, der Musiker um seine Hände (oder wie bei den Blas- und Blechinstrumenten, um Atmung und Embouchure[7]) kümmern muß, hat es der Schauspieler zugleich mit seinen Armen, Beinen, Augen, dem ganzen Gesicht, mit Plastizität, Rhythmus und Bewegung, kurz, mit dem gesamten langen Lehrprogramm zu tun, das an unserer Schule durchgenommen wird. Dieses Programm ist nach Absolvierung der Schauspielschule nicht zu Ende, man muß sich während seiner ganzen künstlerischen Laufbahn immer weiter damit befassen. Je älter man wird, desto mehr ist man auf eine verfeinerte Technik und demzufolge auf eine systematische Arbeit an seiner Technik angewiesen.

Wenn aber der Schauspieler ‚keine Zeit' hat, so bleibt seine Kunst im besten Falle auf der Stelle stehen, schlimmstenfalls geht es jedoch immer weiter abwärts mit ihr, und der Schauspieler verfällt immer mehr jener rein zufälligen Technik, wie sie sich notwendigerweise aus einer unehrlichen, falschen, rein handwerklichen Probenarbeit und einem dementsprechend schlecht vorbereiteten öffentlichen Auftreten ergibt.

Haben Sie sich überhaupt schon einmal klargemacht, daß ein Schauspieler, vor allem der, der am meisten über Zeitmangel klagt, nämlich der Durchschnittsschauspieler – nicht der Darsteller der ersten, sondern der der zweiten oder dritten Rollen –, über mehr freie Zeit verfügt als jeder Angehörige eines andern Berufes?

Das will ich Ihnen anhand von Zahlen beweisen. Nehmen wir zum Beispiel einen Mitarbeiter, der in einer Volksszene, meinetwegen in ‚Zar Fjodor' mitwirkt. Er muß um 19.30 Uhr fertig sein, um im 2. Bild (Aussöhnung zwischen Boris und Schuiski) aufzutreten. Anschließend ist Pause. Glauben Sie nur nicht, daß die ganze Pause für Umschminken und Kostümwechsel draufgeht. Durchaus nicht. Die meisten Bojaren bleiben in derselben Maske und legen nur ihren Überpelz ab. Demnach bleiben ihnen noch zehn Minuten von den fünfzehn Minuten der Pause.

Nach einer kurzen Szene im Garten und einer Pause von zwei Minuten beginnt die lange Szene ‚Rücktritt des Boris', die mindestens eine halbe Stunde dauert. Nun rechnen Sie zusammen: 35 Minuten – mit der Pause – dazu die vorigen 10 Minuten – das sind bereits 45 Minuten.

Dann folgen die andern Szenen... (Anhand der Protokolle nachprüfen und die freien Stunden jedes Mitarbeiters errechnen. Gesamtsumme feststellen.)

So sieht es bei den Mitwirkenden in Volksszenen aus. Es gibt aber auch viele Schauspieler, die in kleineren Rollen als Diener oder Bote oder in bedeutenderen, aber Episodenrollen auftreten. Wenn der Darsteller einer solchen Rolle mit seinem Auftritt fertig ist, hat er entweder ganz frei, oder er muß noch einen andern, fünf Minuten dauernden Auftritt im letzten Akt abwarten; dann treibt er sich gewöhnlich den ganzen Abend in den Garderoben herum und langweilt sich.

Das ist die Zeiteinteilung der Schauspieler bei einem relativ schwierigen Stück wie ‚Zar Fjodor'.

Nun wollen wir uns noch ansehen, was die andern Mitglieder des Ensembles, die in diesem Stück nicht beschäftigt sind, unterdessen treiben. Sie haben frei und... tingeln. Das sollte man sich einmal vor Augen halten.

Auf diese Weise also sind die Abende der Schauspieler ausgefüllt.

Und was geschieht am Tage, auf den Proben?

In einigen Theatern, beispielsweise auch bei uns, beginnen die Proben erst um 11 oder 12 Uhr. Bis dahin haben die Schauspieler frei. Aus mancherlei Gründen und wegen der Besonderheiten unseres Berufes ist das auch richtig so. Der Schauspieler kommt erst spät abends nach der Vorstellung nach Hause. Dann ist er aufgewühlt und kann nicht sofort einschlafen. Zu einer Zeit, da fast alle andern Menschen schlafen und schon ihren dritten Traum haben, spielt der Schauspieler noch den letzten, erschütterndsten Akt der Tragödie, in dem er ‚stirbt'.

Nach Hause zurückgekehrt, benutzt er die Stille und Einsamkeit, in der er sich besser konzentrieren kann, um an einer neuen Rolle zu arbeiten.
Kein Wunder, wenn am nächsten Tage zu einer Zeit, da alle andern bereits auf sind und arbeiten, die Schauspieler, von ihrem langen, anstrengenden und nervenaufreibenden Tagewerk übermüdet, noch schlafen.
‚Sicher hat er getrunken!' heißt es dann wohl bei den Spießern.
Es gibt aber auch andere Theater, die ihre Schauspieler ‚fest an der Kandare haben', weil bei ihnen ‚eiserne Disziplin und musterhafte Ordnung' herrschen. Dort beginnen die Proben bereits um neun Uhr morgens. (Dabei muß man sich vor Augen halten, daß auch an diesen Bühnen eine fünfaktige Shakespeare-Tragödie häufig erst um 11 Uhr abends zu Ende ist.)
Diese Theater, die sich soviel auf ihre vorbildliche Ordnung einbilden, kümmern sich nicht um ihre Schauspieler und ... sie tun recht daran. Ihren Schauspielern macht es nämlich nichts aus, und es beeinträchtigt ihre Gesundheit nicht im mindesten, dreimal am Tag zu ‚sterben' und dazu am Vormittag auch noch in drei Stücken zu proben.
‚Trararam ... tam-tam. Tra-ta-ta-ta ...', und so weiter flüstert die Diva halblaut vor sich hin. ‚Jetzt gehe ich zum Sofa und setze mich hin.'
Und als Antwort lispelt der Held mit gedämpfter Stimme: ‚Trararam ... tam-tam ... Tra-ta-ta-ta ...' Und so weiter. ‚Ich trete zum Sofa, knie nieder und küsse ihre Hand.'
Wenn man um 12 Uhr vormittags zur Probe geht, kann man nicht selten einem Schauspieler eines andern Theaters begegnen, der nach der Probe durch die Straßen bummelt.
‚Wo wollen Sie hin?' fragt er.
‚Zur Probe.'
‚Ach nein, jetzt um zwölf Uhr, so spät?' erwidert er nicht ohne giftige Ironie und denkt sich im stillen: So ein Langschläfer und Nichtstuer! Wie muß es an dem Theater zugehen?! ‚Ich komme bereits von der Probe! Wir haben das ganze Stück durchprobiert! Aber wir fangen ja auch schon um neun Uhr an!' sagt ein solcher Handwerker stolz und schaut von oben herab auf den Spätaufsteher.
Diese Antwort genügt mir vollauf, denn nun weiß ich bereits, mit wem ich es zu tun habe und von welcher Sorte ‚Kunst' hier die Rede ist.
Etwas ist mir allerdings unbegreiflich:
An guten Theatern gibt es viele leitende Personen, die sich auf ihre Art um die Kunst bemühen, denen jedoch die Gepflogenheiten und die ‚eiserne Disziplin' der nur handwerklich arbeitenden Bühnen richtig und sogar vorbildlich erscheint!! Wie können solche Menschen, die die mühevolle Arbeit und die Arbeitsbedingungen eines Künstlers nach den Arbeitsnormen ihrer Buchhalter, Kassierer und Rechnungsführer beurteilen, überhaupt an der Spitze eines künstlerischen Unternehmens stehen und erfassen, worum es dort geht? Wie sollen sie begreifen, wieviel Nerven- und Lebenskraft echte Schauspieler für ihre geliebte Sache opfern, wie sehr sie sich innerlich verausgaben, sie, die doch angeblich ‚bis 12 Uhr mittags schlafen' und die Terminpläne der künstlerischen Betriebsbüros so hoffnungslos durcheinanderbringen.

Wie soll man sich vor solchen Direktoren retten, die eher einem Kramladen oder Handelsunternehmen, einer Bank oder einem Büro vorstehen könnten? Wo soll man Menschen finden, die sich darüber im klaren sind und die vor allem auch nachempfinden können, worin die Arbeit wirklicher Künstler besteht und wie man sich ihnen gegenüber verhalten muß?
Nichtsdestoweniger stelle auch ich immer wieder neue Forderungen an die ohnehin schon reichlich beanspruchten Schauspieler, ganz gleich, ob sie in großen oder kleinen Rollen spielen: Ich verlange nämlich, daß sie in jeder freien Minute, die ihnen in den Pausen und in Szenen, in denen sie nicht mitwirken, während der Vorstellung und bei Proben bleibt, an sich selbst und an der Vervollkommnung ihrer Technik arbeiten.
Wie ich anhand von Zahlen bewiesen habe, findet sich dazu immer noch genügend Zeit.
‚Aber Sie überanstrengen die Schauspieler, Sie nehmen ihnen ja die letzte Möglichkeit, sich auszuruhen!' wird man mir vorwerfen.
Nein, erwidere ich, für uns Schauspieler ist nichts so ermüdend wie das Herumlungern hinter den Kulissen und in den Garderoben in Erwartung des Auftritts."

„Es ist Aufgabe des Theaters, *das innere Leben eines Stückes und seiner Rollen zu gestalten und den Wesenskern und die Grundgedanken, aus denen das Werk des Dichters und Komponisten entstanden ist, auf der Bühne zu verkörpern.*[8]
Jeder einzelne Mitarbeiter des Theaters, vom Pförtner, der Garderobenfrau, den Schließerinnen und Kassiererinnen, mit denen der Theaterbesucher zuerst in Berührung kommt, über die Verwaltung, das Büro und den Direktor bis zu den Schauspielern, die Mitschaffende des Dichters und Komponisten sind, um derentwillen die Menschen ins Theater strömen – sie alle sollen der Kunst dienen und sich dieser grundlegenden Aufgabe vollständig unterordnen. Ausnahmslos alle Mitarbeiter des Theaters sind am Gelingen der Vorstellung beteiligt. Wer dabei der gemeinsamen Arbeit in irgendeiner Weise schadet und die Verwirklichung des grundlegenden Zieles der Kunst und des Theaters behindert, muß als Schädling angesehen werden. Wenn Pförtner, Garderobenfrau, Schließerin oder Kassiererin den Zuschauer nicht freundlich empfangen, so schaden sie der gemeinsamen Sache und der Aufgabe der Kunst, weil die Stimmung der Zuschauer dadurch beeinträchtigt wird. Wenn es im Theater kalt, schmutzig oder unordentlich ist, wenn die Vorstellung zu spät anfängt und ohne den nötigen inneren Schwung abläuft, so kann das eigentliche Anliegen des Dichters, des Komponisten, der Schauspieler und des Regisseurs nicht bis zu den Zuschauern durchdringen. Sie hätten gar nicht erst ins Theater zu gehen brauchen. Die Aufführung ist verdorben, und das Theater hat seine gesellschaftliche, künstlerische und erzieherische Bedeutung eingebüßt.
Dichter, Komponist und Schauspieler sind diesseits der Rampe für die richtige Stimmung verantwortlich, während die Verwaltung für die entsprechende Stimmung im Zuschauerraum und in den Garderoben zu sorgen hat, wo sich die Schauspieler auf ihr Auftreten vorbereiten.
Wie der Schauspieler, so ist auch der Zuschauer am Gelingen einer Aufführung be-

teiligt, auch er braucht, genau wie der Darsteller, eine gewisse Vorbereitung und die richtige Stimmung, ohne die er für die von der Bühne kommenden Eindrücke unempfänglich bleibt und den Grundgedanken des Dichters und Komponisten nicht aufnehmen kann.
Die für alle Mitarbeiter des Theaters in gleicher Weise verbindliche Unterordnung unter das Hauptziel der Kunst gilt nicht nur während der Vorstellung, sondern genausogut während der Proben und zu allen anderen Tageszeiten. Wenn eine Probe aus irgendeinem Anlaß unproduktiv ist, so schadet derjenige, der die Arbeit behindert, dem gemeinsamen Ziel. Nur in der entsprechenden Atmosphäre kann man schöpferisch tätig sein, und jeder, der das Zustandekommen dieser Atmosphäre behindert, vergeht sich gegen die Kunst und gegen die Gesellschaft, der wir alle dienen. Eine verdorbene Probe verwundet die Rolle, und eine verwundete Rolle trägt nicht mehr dazu bei, das Hauptanliegen des Dichters zu verwirklichen, sondern sie schadet ihm und damit zugleich der eigentlichen Aufgabe der Kunst."

„Der Gegensatz zwischen dem künstlerischen und dem administrativen Teil, zwischen Bühne und Büro, ist im Theaterleben eine gewohnte Erscheinung. Während der Zarenzeit hat er das Theater zugrunde gerichtet. Damals wurde die Bezeichnung ‚Comptoir der Kaiserlichen Theater' geradezu ein Gattungsbegriff, mit dem man den Amtsschimmel, bürokratische Rückständigkeit, Routinearbeit und so weiter am treffendsten charakterisieren konnte.
Hier fällt mir ein Ereignis ein, das den Bürokratismus des Comptoirs und seine Folgen auf der Bühne sehr klar veranschaulicht..."[9]
Selbstverständlich muß das Büro die ihm gebührende Stellung im Leben des Theaters erhalten. Aber das ist eine untergeordnete Stellung, denn schließlich ist es nicht das Büro, sondern die Bühne, die der Kunst und dem Theater Leben verleiht. Nicht das Büro, sondern die Bühne zieht die Zuschauer an und macht das Theater populär und berühmt. Nicht im Büro, sondern auf der Bühne entsteht die Kunst. Nicht das Büro, sondern die Bühne wird von der Öffentlichkeit geliebt, und nicht das Büro, sondern die Bühne beeindruckt die Zuschauer und ist von erzieherischer Bedeutung für die Gesellschaft. Nicht das Büro, sondern die Bühne macht volle Kassen und so weiter.
Versuchen Sie aber einmal, diese Ansicht einem Unternehmer, Theaterdirektor, Inspektor, ja jedem beliebigen Büroangestellten gegenüber zu vertreten. Sie alle wären höchst erbost über eine derart ketzerische Behauptung – so fest hat sich in ihnen die Vorstellung eingenistet, daß der Erfolg des Theaters einzig und allein durch sie und ihre Administration garantiert wird. Sie entscheiden, was gezahlt wird und was nicht, welches Stück gespielt wird und welches nicht, sie bestätigen und genehmigen die Voranschläge, sie setzen die Gagen fest, erlegen Geldbußen auf, sie geben Empfänge und halten Besprechungen ab, sie haben luxuriöse Arbeitsräume und beanspruchen eine riesige Schar von Angestellten, die häufig den Löwenanteil des Etats auffrißt. Sie sind mit dem Erfolg einer Aufführung oder eines Darstellers zufrieden oder sind es nicht. Sie verteilen die Freikarten. Sie sind es, die der Schauspieler untertänigst um Erlaubnis fragen muß, eine für ihn wichtige Person oder einen Verehrer in den Zuschauerraum setzen zu dürfen. Sie sind es, die dem Schauspieler eine Freikarte

verweigern, um sie an ihre eigenen Bekannten zu vergeben. Sie stolzieren wichtigtuerisch durch das Theater und nehmen gnädig die tiefen Bücklinge der Schauspieler entgegen. Sie sind ein schreckliches Übel für das Theater, sie unterdrücken und zerstören die Kunst. Mir fehlen die Worte, um meinem ganzen Ingrimm und Haß gegen diese im Theater weit verbreitete Sorte von Verwaltungsleuten Ausdruck zu verleihen, von denen die Arbeit der Schauspieler so unverschämt ausgebeutet wird. Seit undenklichen Zeiten unterdrückt das Büro uns Künstler, indem es sich gewisse Eigentümlichkeiten unseres Wesens zunutze macht. Die Schauspieler, die ewig im Reich der Phantasie und ihrer schöpferischen Träume leben, die übermüdet sind, deren Nerven von früh bis spät, ob auf Proben, bei der Vorstellung oder der vorbereitenden Arbeit zu Hause, angespannt sind, die Schauspieler, die leicht zu beeindrucken, nervös und unausgeglichen sind, deren Temperament leicht in Wallung gerät, die oft kleinmütig sind und schnell den Mut verlieren – diese Menschen sind in ihrem außerhalb des künstlerischen Berufes liegenden privaten Leben häufig völlig hilflos. Sie sind wie geschaffen dazu, ausgebeutet zu werden, um so mehr, als sie sich auf der Bühne gänzlich verausgaben und dann nicht mehr genügend Nerven haben, um ihre Menschenrechte zu verteidigen.

Wie selten gibt es unter den Verwaltungsleuten und Büroangestellten eines Theaters Menschen, die ihre Rolle im Theater richtig verstehen. Sie müßten die nächsten Freunde der Kunst und die Gehilfen ihrer Priester, der Schauspieler, sein. Was für eine wundervolle Aufgabe! Jeder kleinste Angestellte kann und muß in irgendeiner Weise an der gemeinsamen schöpferischen Arbeit im Theater beteiligt sein, muß deren Entwicklung fördern, muß danach trachten, Verständnis für die wesentlichen Aufgaben aufzubringen und sie gemeinsam mit den andern zu lösen. Wie wichtig ist es zu wissen, was für Material zu einer Inszenierung, für die Dekorationen, Kostüme, Effekte und Tricks gebraucht wird und wo es zu bekommen ist! Wie wichtig sind Ordnung und ein harmonischer Lebensablauf auf der Bühne, in den Schauspielergarderoben, im Zuschauerraum und in den Theaterwerkstätten! Jeder Zuschauer, jeder Schauspieler, überhaupt jeder, der mit dem Theater zu tun hat, sollte es nur mit einer ganz besonderen Ehrfurcht betreten.

Sobald der Zuschauer durch die Türen des Theatergebäudes tritt, sollte er von einer besonderen Stimmung erfaßt werden, die seine Aufnahmebereitschaft für die von der Bühne kommenden Eindrücke fördert. Wie wichtig ist die Stimmung hinter den Kulissen und im Zuschauerraum für das Gelingen einer Vorstellung! Wieviel hängt für den Schauspieler davon ab, ob hinter den Kulissen eine weihevolle Stimmung*

---

* Auch wir wünschen, daß unser Zuschauer im Theater von einer besonderen Stimmung erfaßt wird, die seine Sinne und seine Urteilskraft den kommenden Eindrücken gegenüber bereit macht. Allerdings erhoffen wir uns eher freudige Erwartung, aktive Neugier auf die Begegnung mit den auf der Bühne handelnden Figuren und Spannung auf die kommenden Begebenheiten und die von ihnen aufgeworfenen Fragen. Dem Religiösen verbundene Begriffe wie „Ehrfurcht" würden wir dafür nicht wählen, genausowenig wie wir die freudige Erwartung des Schauspielers auf sein Publikum, die gespannte Neugier, wie es die Vorstellung mitgestalten wird, mit einer „weihevollen Stimmung" und ihn selbst mit einem „Priester" vergleichen würden. Diese Bezeichnungen entstammen, wie der Gedanke von einem „schönen Fleckchen auf dieser Erde" (S. 207), einer historischen Entwicklungsstufe Stanislawskis und des Theaters vor der Großen Sozialistischen Oktoberrevolution, in der die Trennung der Kunst vom Volk noch nicht aufgehoben war. (Anm. d. Hrsg.)

herrscht! Ebenso ist es mit der Ordnung, der Ruhe und dem Vermeiden jeder unnötigen Hast in den Schauspielergarderoben. Von allen diesen Voraussetzungen ist das Enstehen des richtigen *Befindens des Schauspielers bei seiner Arbeit auf der Bühne* in hohem Maße abhängig.
Dabei kommen die Verwaltungsangestellten des Theaters in enge Berührung mit den intimsten und wichtigsten Belangen unseres schöpferischen Lebens, auf diesem Gebiet können sie den Schauspielern außerordentlich viel helfen und ihnen nützlich sein. Wenn im Theater eine solide Ordnung herrscht, so bedeutet das schon sehr viel: Sie bereitet den Schauspieler auf seine schöpferische Arbeit vor und fördert die Aufnahmefähigkeit des Zuschauers. Wenn dagegen die Atmosphäre, die den Schauspieler auf der Bühne und das Publikum im Zuschauerraum umgibt, aufreizend ist, wenn sie einen verärgert, nervös macht und stört, so wird jede schöpferische Arbeit und ihre Aufnahme entweder vollkommen unmöglich gemacht, oder zum mindesten muß man ungewöhnlichen Mut und außerordentliche technische Fertigkeit besitzen, um mit allen diesen Widerständen fertig zu werden.
Wie viele Theater gibt es noch auf der Welt, in denen die Schauspieler schon vor Beginn der Vorstellung mit ihren Schneidern, Garderobiers, Maskenbildnern und Requisiteuren einen wahren Kampf ausfechten müssen, um sich jedes einzelne Teil ihres Kostüms – anständiges Schuhwerk, ein sauberes Trikot, ein richtig sitzendes Kleid, Perücke oder Bart aus echtem Haar, und nicht aus Werg – zu erobern. Die Schneider und Maskenbildner haben keine Ahnung, wie wichtig ihre Arbeit für das Gelingen der gemeinsamen künstlerischen Arbeit ist, und ihnen ist es gleichgültig, in welchem Aufzug der Schauspieler vor das Publikum tritt. Sie bleiben ja hinter den Kulissen und bekommen die traurigen Ergebnisse ihrer Schlamperei und Unachtsamkeit noch nicht einmal zu Gesicht. Wie ist aber einem Schauspieler zumute, der den Helden eines Dramas, einen edlen Ritter oder feurigen Liebhaber spielt, wenn er zum Gespött der Zuschauer wird und durch sein Kostüm, seine Maske oder Perücke Gelächter hervorruft, wo man seine Schönheit und Eleganz bewundern sollte!
Wie oft geschieht es, daß ein Schauspieler, der seine Nervenkraft bereits vor Beginn und in den Pausen des Stückes aufgerieben hat, völlig erschöpft und mit leerem Herzen auf die Bühne kommt und nur darum schlecht spielt, weil er einfach nicht mehr die Kraft aufbringt, gut zu spielen.
Um zu begreifen, wie abträglich all dieses Ungemach hinter den Kulissen dem *Befinden des Schauspielers bei der Arbeit* und dem eigentlichen Schaffensprozeß ist, muß man selbst Schauspieler sein und das Durcheinander und den Ärger hinter der Bühne am eigenen Leibe erlebt haben. Wenn im Theater die notwendige Disziplin und Ordnung fehlen, ist der Schauspieler auch nicht besser dran, wenn er auf der Bühne steht. Denn selbst hier auf den Brettern muß er stets gewärtig sein, daß er irgendein Requisit nicht finden kann, auf das sich mitunter die ganze Szene aufbaut, etwa eine Pistole oder einen Dolch, mit dem er sich oder seinen Nebenbuhler umbringen muß.
Wie oft gibt der Beleuchter nicht genügend Licht und verpatzt dadurch dem Schauspieler die schönste Szene. Wie oft tut der Inspizient des Guten zuviel und läßt die Geräuschkulisse so laut werden, daß sie den Monolog oder Dialog der Schauspieler vollständig übertönt. Wenn dann zu allem Überfluß auch noch das Publikum etwas

von dem Durcheinander im Theater spürt, verliert es jede Disziplin und benimmt sich so laut und unerzogen, daß der geplagte Schauspieler noch einen neuen, besonders schweren Kampf zu bestehen hat – den Kampf mit der Menge. Völlig machtlos ist man, wenn es im Zuschauerraum laut ist, wenn Leute sich unterhalten, umherlaufen, und vor allem, wenn gehustet wird. Um die Zuschauer an die für eine Theatervorstellung unerläßliche Disziplin zu gewöhnen, um sie dahin zu bringen, daß sie schon vor Beginn des Stückes ihre Plätze einnehmen, daß sie nicht laut sind und nicht husten, muß das Theater zunächst einmal selbst Achtung verdienen. Die Zuschauer müssen spüren, wie sie sich im Theater zu benehmen haben. Wenn jedoch die Atmosphäre des Theaters der hohen Bestimmung unserer Kunst nicht gerecht wird, wenn sie geradezu zur Undiszipliniertheit verführt, so steht der Schauspieler vor einer Aufgabe, die seine Kraft übersteigt, er muß diese Atmosphäre überwinden und den Zuschauer alles vergessen lassen, was seine Aufmerksamkeit ablenkt."

XI. DAS BEFINDEN AUF DER BÜHNE

1. Das äußere Befinden auf der Bühne*

„Stellen Sie sich vor", sagte Arkadi Nikolajewitsch in der heutigen Unterrichtsstunde, „Sie sind gerade aufgewacht und liegen noch ganz verschlafen mit starren Gliedern da; Sie haben keine Lust sich zu bewegen, keine Lust aufzustehen, Ihnen ist kalt. Aber Sie überwinden sich, machen Ihre Morgengymnastik und werden dadurch warm, Sie recken sich und dehnen Ihre Muskeln. Nun beginnt das Blut wieder regelmäßig durch Ihren Körper zu zirkulieren. Alle Ihre Glieder, jeder Finger, jede Fußzehe, jeder Muskel, leiten die Energie ungehindert in alle Richtungen von Kopf bis Fuß und umgekehrt weiter.

Nachdem Sie Ihren Körper in Schwung gebracht haben, kommt Ihre Stimme an die Reihe; Sie fangen an, sich einzusingen. Der Ton findet festen Halt, er wird voll, dicht und metallisch, er dringt in alle Resonatoren, sowohl in den vorderen Teil der Maske wie in die Nasenflügel, in die Kopfhöhle und in den harten Gaumen. Die Resonatoren funktionieren ausgezeichnet, der Klang erfüllt den ganzen Raum und

---

* *Das russische Wort „самочувствие", das wir mit „Befinden" übertragen, bedeutet nach Uschakow (Handbuch der russischen Sprache, Moskau, 1940): Gefühl, das der Mensch je nach dem Zustand seiner körperlichen und seelischen Kräfte in einem bestimmten Augenblick hat. In der Umgangssprache benutzt man es, um sich nach dem Gesundheitszustand eines Menschen zu erkundigen: „Wie ist Ihr Befinden?" oder „Wie fühlen Sie sich?" („Как ваше самочувствие?") Es handelt sich also um das Gefühl, das der Mensch von sich selber hat. Stanislawski bezog „самочувствие" auf den Schauspieler. Das Befinden des Schauspielers auf der Bühne ist also das Gefühl von der im eigenen Körper des Schauspielers werdenden Rollengestalt oder – anders ausgedrückt – das Gefühl des sich zur Rollengestalt umgestaltenden eigenen Körpers des Schauspielers. (Hierbei wurde als selbstverständlich vorausgesetzt, daß dem Körper bis in die äußersten Fasern die Seele als untrennbarer Bestandteil immanent ist.) Man kann in Anlehnung an Uschakow auch sagen: Das Gefühl, das der Schauspieler in einer bestimmten Arbeitsphase in seiner Rolle auf der Bühne hat – je nach dem Entfaltungsgrad seiner körperlichen, geistigen und seelischen Kräfte. (Anm. d. Hrsg.)*

wird von der Akustik des Zimmers volltönend zurückgeworfen, als wolle sie Ihre Energie, Ihre Lebensfreude und Aktivität noch verstärken.
Durch präzis formulierte Sätze, klare Diktion und klangvolle Sprechweise suchen Sie Ihre Gedanken plastisch und eindringlich wiederzugeben.
Durch neue, unerwartete Intonationen wird Ihre Sprache ausdrucksvoll und treffend.
Dann tauchen Sie in die Wellen des Rhythmus und wiegen sich in den unterschiedlichsten Tempi.
Ihre ganze Physis wird geordnet, diszipliniert, in sich geschlossen und harmonisch. Alles erfüllt die ihm von der Natur zugedachte Funktion.
Nun sind alle Teile Ihrer Physis, die der *Verkörperung* dienen, elastisch, aufnahmebereit, ausdrucksfähig, feinfühlig und beweglich, sie gleichen einer geölten und gut funktionierenden Maschine, bei der alle Rädchen reibungslos ineinandergreifen.
Es fällt Ihnen schwer, stillzusitzen, Sie möchten sich bewegen, etwas tun, den Impulsen Ihres Innern und Ihrem *geistigen Leben* Ausdruck verleihen.
Im ganzen Körper juckt es Sie zu handeln. Sie haben das Empfinden, sozusagen ‚unter Dampf' zu stehen. Wie Kinder wissen Sie nicht, wohin mit dieser Überfülle an Energie, und darum sind Sie bereit, sie aufs Geratewohl zu verschwenden.
Sie brauchen jetzt eine Aufgabe, einen inneren Befehl, Material, das geistige Leben einer Rolle, um es verkörpern zu können. Dieser Drang nach Verkörperung entlädt sich dann mit einer Leidenschaftlichkeit und Energie, die der von Kindern nicht nachsteht.
Der Schauspieler muß lernen, einen solchen Zustand auf der Bühne in sich hervorzurufen und alle Teile seines Körpers dafür geschmeidig zu machen.
Diesen Zustand bezeichnen wir in unserem Jargon als das ‚äußere Befinden auf der Bühne'.
Ähnlich dem inneren Befinden auf der Bühne setzt er sich aus Elementen zusammen wie Mimik, Stimme, Intonation, Sprechen, Bewegung, plastischer Ausdruck, physische Handlung, Partnerbeziehung und Anpassungsfähigkeit.
Diese Elemente des äußeren Befindens auf der Bühne müssen gut trainiert und vorbereitet sein, um den Körper des Schauspielers so elastisch, exakt und plastisch arbeiten zu lassen, daß er dem launenhaften Gefühl und dem schwer wahrzunehmenden geistigen Leben der Rolle Ausdruck verleihen kann.
Der Körper muß sich zugleich auch den inneren Befehlen des Willens unterordnen können. Die Verbindung zu inneren Vorgängen muß so weit entwickelt sein, daß in jedem Augenblick eine unbewußte, instinktive und *reflektorische* Widerspiegelung möglich ist."

2. Das allgemeine Befinden auf der Bühne

„... Die drei Musiker haben Platz genommen und zu spielen begonnen, beide Orgeln, die zur linken und die zur rechten, brausen auf.[1] Die Resonatoren, die die Stimmen der einzelnen Elemente in sich vereinigen, funktionieren ausgezeichnet."

Dabei deutete Arkadi Nikolajewitsch auf ein Stück Papier, auf dem zwei Fähnchen mit der Aufschrift „Das innere Befinden auf der Bühne" und „Das äußere Befinden auf der Bühne" aufgezeichnet waren.
„Wir müssen diese beiden ‚Resonatoren' miteinander vereinigen. Dann entsteht der Zustand, den wir in unserm Jargon das *allgemeine Befinden auf der Bühne'* nennen.
Wie Sie sehen, setzt es sich aus dem *inneren und dem äußeren Befinden* zusammen.
Wenn dieses allgemeine Befinden erreicht ist, spiegelt sich jedes im Innern entstandene Gefühl, jede Stimmung, jedes Erleben *reflektorisch* auch im Äußeren wider.
In dieser Verfassung fällt es dem Schauspieler leicht, die Aufgaben zu erfüllen, die das Stück, der Dichter und der Regisseur an ihn stellen und denen er gerecht werden will. Alle seelischen und physischen Elemente seines Befindens sind hellwach und reagieren ohne Zögern auf jeden Anruf. Er kann auf ihnen spielen wie auf einer Klaviatur oder auf einem Saiteninstrument. Wenn eine Saite erschlafft, braucht man nur den Wirbel anzuziehen, und schon ist alles wieder in Ordnung.
Je unmittelbarer, klarer und präziser der Reflex vom Inneren zum Äußeren erfolgt, desto besser, umfassender und vollständiger kann der Zuschauer das geistige Leben der Rolle, die auf der Bühne gestaltet wird, nachempfinden.
Das allgemeine Befinden auf der Bühne ist das Befinden des Schauspielers während der Arbeit.
Was ein Schauspieler im Verlauf seiner schöpferischen Arbeit auch tun mag, er muß unausgesetzt in diesem *allgemeinen* seelischen und physischen Zustand bleiben. Ob ein Schauspieler das Stück oder die Rolle zum ersten oder zum hundertsten Male liest, ob er den Text einstudiert oder repetiert, ob er zu Hause arbeitet oder auf der Probe, ob er sich Gedanken macht über das geistige Leben der Rolle, über ihre innere oder äußere Gestalt, ihre Leidenschaften, ihr Empfinden, ihre Absichten und Handlungen oder über ihre äußere Erscheinung, über Kostüm und Maske – schon bei der geringsten Berührung mit der Rolle muß er unbedingt das richtige *innere und äußere oder allgemeine Befinden auf der Bühne* in sich hervorrufen.
Ohne dieses Befinden kann man seine Rolle nicht erfassen. Es muß für jeden von uns zu einer normalen, natürlichen, organischen Begleiterscheinung – zur zweiten Natur werden.
Mit der heutigen Stunde schließen wir den kurzen Überblick über *die Arbeit des Schauspielers an sich selbst* ab.
Damit geht auch das erste Jahr unserer dreijährigen Ausbildungszeit zu Ende. Nachdem Sie jetzt das allgemeine Befinden auf der Bühne kennengelernt haben und imstande sind, es in sich hervorzurufen, können wir im nächsten Jahr zum zweiten Abschnitt unseres Lehrprogramms, der *Arbeit an der Rolle,* übergehen.
Die Kenntnisse, die Sie sich im Laufe dieses Jahres erworben haben, belasten Sie noch und gären im Hirn und bewegen das Herz. Es macht Ihnen noch Mühe, jedes Element unterzubringen und ihm seinen richtigen Platz anzuweisen, da wir jedes für sich aus unserm allgemeinen Befinden herausgelöst und besonders behandelt haben.
Dabei ist das, womit wir uns ein Jahr lang so gründlich beschäftigt haben, ein ganz

einfacher, natürlicher, menschlicher Zustand, den wir aus dem Leben gut kennen. Sobald wir nämlich im Leben irgendwelche Empfindungen haben, entsteht in uns ganz von selbst jener Zustand, den wir auf der Bühne das allgemeine Befinden nennen.

Es setzt sich im wirklichen Leben aus denselben Elementen zusammen, die wir in uns wachrufen müssen, wenn wir an die Rampe treten. Auch in der Wirklichkeit kann man sich ohne diesen Zustand nicht seinen Gefühlen und seinem inneren Erleben hingeben und sie andern Menschen gegenüber nicht zum Ausdruck bringen.

Es ist erstaunlich, wie etwas, das uns so gut bekannt ist und sich im Leben ganz natürlich und von selbst einstellt, spurlos verschwindet oder verstümmelt wird, sobald der Schauspieler die Bühne betritt. Man muß angestrengt arbeiten und lernen, man braucht Übung und viel technisches Können, um auf der Bühne den Zustand in sich wachzurufen, der im wirklichen Leben bei allen Menschen eine ganz normale Erscheinung ist.

Wenn man alle Elemente des allgemeinen Befindens auf der Bühne zusammennimmt, so ist es der einfachste und normalste Zustand des Menschen überhaupt. Inmitten des leblosen Reiches von Dekorationen, Kulissen, Farbe, Kleister, Pappe und Requisiten erinnert uns das allgemeine Befinden auf der Bühne an das wirkliche, lebendige menschliche Leben und seine Wahrheit.

Ist das nicht merkwürdig?! Die einfachsten und natürlichsten Gefühle und Erlebnisse werden zu komplizierten Erscheinungen, sobald wir versuchen, sie zu analysieren und in Worten auszudrücken. Hier haben Sie ein Beispiel dafür:

Möchten Sie ein Stück Konfekt?" Mit diesen Worten reichte er uns eine Schachtel hin. „Essen Sie und geben Sie mir dann in Worten wieder, was Sie dabei empfinden!

Da haben Sie's! Wieviel leichter ist es, die simpelste Handlung auszuführen, als sie danach zu schildern. Dazu müßte man ganze Bücher vollschreiben. Sobald man sich seiner gewohnten Empfindungen oder mechanischen Handlungen bewußt wird, ist man erstaunt, wie kompliziert sie sind und wie schwer uns etwas fällt, was wir im Leben mühelos und meistens sogar unbewußt ausführen.

Beim Studium des ‚Systems' und vor allem bei der Arbeit am Befinden auf der Bühne geschieht dasselbe. Der Zustand, den wir behandeln, ist an sich einfach, natürlich und uns allen wohl vertraut, seine Analyse jedoch ist schwierig.

Jetzt, da diese Aufgabe hinter Ihnen liegt, wird es Ihnen leichter fallen, sich an das richtige, natürliche, lebendige Befinden auf der Bühne zu gewöhnen.

Dazu brauchen Sie nur Zeit und längere Übung.

So wird der Schauspieler allmählich von den einzelnen Elementen des ‚Systems' durchdrungen; es ist bald kein bloßes ‚System' mehr für ihn, sondern wird ihm zur zweiten Natur."

3. Die Kontrolle des Befindens auf der Bühne

1

Heute brachte Arkadi Nikolajewitsch einen schweigsamen, uns unbekannten Mann zum Unterricht mit, von dem es hieß, er sei Regisseur. Die Stunde war wieder der Kontrolle des Befindens auf der Bühne gewidmet.
Torzow rief Wjunzow auf die Bühne. Der bat ihn, mit Pustschin zusammen die Szene zwischen Gennadi, genannt Pechvogel, und Arkadi, genannt Glückspilz, aus Ostrowskis Komödie „Der Wald" spielen zu dürfen.* Wahrscheinlich war das die letzte Errungenschaft ihres geheimen Tingel-Repertoires.
Ich hatte mich zufällig auf einen Platz gesetzt, von dem aus ich mitanhören konnte, was Torzow und Rachmanow miteinander sprachen. Ich belauschte sie, tat jedoch so, als schriebe ich eifrig an meinem Tagebuch und sei vollständig in diese Tätigkeit vertieft.
Kann ich dafür, wenn ich auf diese Weise Zeuge ihres Gesprächs wurde?
„Prachtvoll!" flüsterte Torzow Rachmanow zu und hatte offensichtlich seine Freude an Wjunzow. „Sieh mal einer an! Wie intensiv er sein Objekt festhält und wie genau umrissen sein Aufmerksamkeitskreis ist! Zweifellos aus einem völlig echten Empfinden heraus. Natürlich ist es rein zufällig entstanden. Man kann kaum annehmen, daß Wjunzow die Technik des Befindens auf der Bühne fleißig studiert und sie sich bereits angeeignet hat. Ach, da haben wir die Bescherung! Schon spielt er sich auf wie der schlimmste Zieraffe! Noch ärger! Jetzt ist von dem richtigen Befinden natürlich keine Spur mehr übrig.
Nanu – sieh mal an! Er ist doch ein Prachtkerl! Er hat sich wieder zurechtgefunden. Und schon sind auch Wahrhaftigkeit und Glaube wieder da! Er denkt sogar beim Spielen, obwohl gerade das sein wunder Punkt ist. Ach, was hat er nun wieder angestellt?!" Es schien Arkadi Nikolajewitsch richtig wehzutun, als Wjunzow sich ein tolles Stückchen leistete, so daß er seine Aufgabe nicht mehr vor sich sah und den „Kreis" verlor. „Da haben wir's, jetzt sucht er sein Objekt bereits hier unten im Zuschauerraum. Da haben wir die Bescherung. Meinen Glückwunsch: Alle Elemente sind aus dem Geleis geraten, das Gefühl für Wahrhaftigkeit ist auf und davon, er selbst ist vor Verkrampfung ganz steif geworden, seine Stimme klingt gepreßt, theatralische Erinnerungen an Affekte haben sich eingeschlichen, denen Zierere, abgeklapperte Tricks und Schablonen – und was für welche! – auf dem Fuß gefolgt sind! Jetzt ist natürlich nichts mehr zu retten!"
Torzow hatte sich nicht geirrt. Wjunzow übertrieb, daß es einfach nicht zum Ansehen war. Um zu demonstrieren, wie man Glückspilz wegen der Kälte in einen Teppich gewickelt und auf den Poststationen wieder ausgewickelt hatte, wälzte sich Wjunzow beispielsweise auf dem staubigen Bühnenboden bis an die Rampe, und das nicht einmal ungeschickt, vielleicht sogar komisch.

---

* *Wir folgen hier der Eindeutschung der Namen des Gennadi Nestschastliwzew und Arkadi Stschastliwzew in August Scholz' Übersetzung des Stückes (Henschelverlag, Berlin). (Anm. d. Hrsg.)*

„Ja, schämt er sich denn gar nicht? Wenn es ihm doch wenigstens um seinen Anzug leid täte!" seufzte Arkadi Nikolajewitsch enttäuscht und drehte sich von der Bühne weg.

„Wie wunderbar ist doch die menschliche Natur", philosophierte er zu dem Fremden gewandt, um nicht länger auf die Bühne sehen zu müssen. „Wie alles ineinandergreift, miteinander verschmolzen und voneinander abhängig ist. Nehmen wir zum Beispiel das Befinden des Schauspielers auf der Bühne. Das kleinste Versagen eines seiner Elemente bringt sofort das Ganze durcheinander. Wenn nur ein einziges ausfällt, verändern sich logischerweise auch alle andern, da sie ja von ihm abhängig sind. Eine nicht richtig verstandene Aufgabe, ein falsches Objekt, ein falscher Aufmerksamkeitskreis oder ein verkrampftes Gefühl für die Wahrheit verstümmeln die emotionalen Erinnerungen und Empfindungen, die Anpassungsfähigkeit und alles andere. Darunter leiden dann auch die übrigen Elemente und das Befinden selbst. Es ist wie in der Musik. Dort braucht sich ebenfalls nur eine einzige falsche Note einzuschleichen, und schon wird der Wohlklang zur ‚Kakophonie', die ‚Konsonanz' zur ‚Dissonanz'. Sobald Sie jedoch den falschen Ton herausnehmen, erklingt wieder der wohllautende Akkord.

Genauso ist es auch bei uns Schauspielern: Reißen Sie das falsche Element heraus, und setzen Sie das richtige an seine Stelle, und sofort wird wieder der volle Akkord des richtigen Befindens erklingen.

Dazu gehören nun einmal ausnahmslos alle Elemente, aus denen es sich zusammensetzt. Nur wenn sie alle vorhanden sind, entsteht jener Zustand, den wir als das *Befinden des Schauspielers auf der Bühne* bezeichnen."

Als die Szene zu Ende war, wandte sich Torzow an Wjunzow:

„Für den Anfang möchte ich Sie küssen, aber für den Schluß haben Sie Prügel verdient! Was ist denn bloß aus Ihrem schönen Befinden geworden? Aus welchen Elementen hat es sich denn überhaupt zusammengesetzt?

Ihr Objekt befand sich jenseits der Rampe, Sie haben Ihr Gefühl für Wahrhaftigkeit vergewaltigt, Ihre emotionalen Erinnerungen waren nicht lebendig und echt, sondern theatralisch, Ihre Partnerbeziehung, Ihr Strahlenaussenden und Ihre Anpassung kamen nicht vom Natürlich-Menschlichen her, sondern vom Professionell-Schauspielerhaften. Zu allem Überfluß verursachten diese Fehler eine heftige Muskelverkrampfung, wodurch der unrichtige Gesamtzustand noch gesteigert wurde.

Aus diesen falschen Elementen bildet sich statt des richtigen ein spezifisch ‚schauspielerhaftes' Befinden, mit dem man nicht schöpferisch gestalten kann, sondern sich zum Gaudium gaffender Hohlköpfe lediglich *herumziert*.

Dieses falsche Befinden bringt Sie weder zum schöpferischen Gestalten noch zur Kunst, sondern führt unvermeidlich zur übelsten Handwerkelei.

Begreifen Sie nun, wie wichtig das richtige Befinden auf der Bühne für Sie ist? Wenn es fehlt, kann man Sie nicht auftreten lassen. Sie bestehen gleichsam aus zwei Schauspielern, die vollkommen verschieden voneinander sind, sich sogar gegenseitig zugrunde richten. Der eine besitzt gute Gaben und Fähigkeiten; der andere dagegen ist hoffnungslos verdorben. Sie müssen sich für einen von beiden entscheiden. Darüber sollten Sie sich einmal Gedanken machen. Nehmen Sie sich zusammen. Bitten

Sie Iwan Platonowitsch, daß er Sie jede Stunde ordentlich ‚drillt', daß er Ihnen hilft, bis Ihnen das Befinden und sein Entstehungsprozeß völlig vertraut und zur Gewohnheit geworden sind. Dazu brauchen Sie jetzt nur ‚Training' unter der richtigen Aufsicht."

„Als ob ich das nicht selber wüßte", erwiderte Wjunzow betrübt, und die Tränen traten ihm in die Augen. „Ich wäre ja selbst überglücklich, jawohl ... so ist es! Nur – leider gelingt es mir nicht! ... Nichts zu machen! Ich weiß nicht mehr, was ich tun soll."

„Hören Sie zu, ich will es Ihnen sagen", antwortete Arkadi Nikolajewitsch freundlich und ermutigend.

„Vor allem müssen Sie lernen, die inneren wie die äußeren Elemente des Befindens vorzubereiten und geschmeidig zu machen. Zuerst müssen Sie jedes von ihnen gesondert ausbilden, um sie dann miteinander zu verbinden. So können Sie zum Beispiel die Muskelentspannung mit dem Gefühl für Wahrhaftigkeit, das Objekt mit der Wechselbeziehung und die Handlung mit der physischen Aufgabe verbinden. Dabei werden Sie feststellen, daß zwei richtig miteinander verbundene Elemente ein drittes erzeugen, drei rufen bald das vierte und fünfte hervor, und wo fünf sind, kommt das sechste und zehnte auch bald dazu.

Eine wichtige Bedingung darf man jedoch niemals außer acht lassen: Man darf das Befinden niemals um seiner selbst willen erzeugen. Dann ist es unbeständig, zerfällt bald in seine einzelnen Bestandteile oder verwandelt sich in ein falsches *schauspielerhaftes Befinden*. Das passiert außerordentlich schnell und leicht, ehe man sich's versieht. Man braucht eine lange Gewohnheit, um sich in allen Feinheiten des Befindens zurechtzufinden, und diese Gewohnheit kann man sich nur durch Übung und Erfahrung erwerben. Außerdem muß man immer daran denken, das Befinden niemals ‚ins Blaue hinein' hervorzurufen, sondern stets um einer oder mehrerer Aufgaben willen, die eine durchgehende Handlungslinie bilden. In dieser Linie werden dann alle Elemente des Befindens zusammengefaßt, um dem grundlegenden Ziel des ganzen Werkes zu dienen.

Diese Linie mit allen Aufgaben, aus denen sie sich zusammensetzt, darf keinesfalls leblos und mechanisch verlaufen, sondern nur lebendig, echt und wahrheitsgetreu. Dazu braucht man *aufrüttelnde Vorstellungen (das magische ‚Wenn' und die vorgeschlagenen Situationen)*. Diese Elemente verlangen ihrerseits *Wahrhaftigkeit und Glauben, Aufmerksamkeit und Wollen* und so weiter. So greift eins ins andere, bis aus lauter einzelnen Elementen das eine, ungeteilte Befinden erwächst. In diesem Prozeß spielen Logik und Folgerichtigkeit nicht die kleinste Rolle."

Dann wandte sich Arkadi Nikolajewitsch mit folgendem Vorschlag an Rachmanow: „Du hast doch gesehen, wie ich beim letzten Mal Naswanow so angeleitet habe, daß sich in ihm allmählich das richtige Befinden herausbildete. Dasselbe müssen wir auch bei Wjunzow erreichen. Dabei ist es vor allem wichtig, daß er sich selbst in seinem Zustand zurechtzufinden lernt. Das wird ihm allerdings nicht so bald gelingen, denn um sich das richtige Befinden zu erwerben, braucht man ein gut entwickeltes, feines Gefühl für Wahrhaftigkeit. Gerade darum ist es jedoch bei Wjunzow schlecht bestellt. Das ist die eine falsche Note, die ihm den ganzen Akkord verdirbt. Darum

solltest du für eine Zeitlang die ‚Obliegenheiten seines Gefühls für Wahrhaftigkeit' übernehmen und ihm mit Vorstellungsbildern, die sein Interesse wachrufen, das heißt mit vorgeschlagenen Situationen, zu Hilfe kommen. Zweifellos ist auch Wjunzow durchaus starker Gefühlsregungen fähig. Ehe man solche Emotionen wachruft, muß man jedoch seine Aufmerksamkeit erst einmal in die richtige Bahn lenken; denn wenn seine Emotionen aus falschen Motiven kommen, so läßt ihn dieser Fehler Gott weiß wohin gelangen. Es kommt bei Wjunzow nicht nur darauf an, das Gefühl für Wahrhaftigkeit zu entwickeln, in seinem Training muß auch größter Wert darauf gelegt werden, daß er die *richtige Aufgabe* erkennt.
Es gibt Schauspieler, die der Zuschauerraum gegen ihren Willen in seinen Bann zieht. Es gibt aber auch andere, die den Zuschauerraum lieben und sich selbst nur zu gern mit ihm beschäftigen. Wjunzow gehört zu den letzteren. Darum ist für ihn eine Aufgabe, die ihn zurück auf die Bühne zieht, eine Art Rettungsring. Kurz gesagt, bei der Arbeit mit Wjunzow mußt du gegen sein *schauspielerhaftes Befinden* ankämpfen, das er noch nicht vom *echten Befinden* auf der Bühne unterscheiden kann. Zeige Wjunzow tagtäglich den Weg zur Wahrhaftigkeit, dadurch wirst du ihn an sie gewöhnen, und er wird allmählich lernen, Wahrhaftigkeit von Lüge zu unterscheiden. Allerdings ist das eine schwere, langwierige und mühsame Arbeit."
„Und was soll mit Pustschin geschehen? Auch er hat doch keinen Funken von richtigem Befinden", fragte Iwan Platonowitsch.
„Nach dem Gennadi Pechvogel kann man nicht urteilen. Die Rolle selbst ist auf falschem Pathos aufgebaut. Er soll lieber den Salieri* spielen", erwiderte Torzow.
Während Pustschin und Wjunzow spielten, flüsterte Arkadi Nikolajewitsch Rachmanow zu:
„Wenn du von Pustschin echtes Erleben forderst, so wird dabei vorläufig noch nichts herauskommen. Pustschin ist nun einmal kein emotionaler Typ wie die Maloletkowa oder Naswanow. Er erlebt alles vom Verstand, vom Literarischen her", erläuterte Arkadi Nikolajewitsch.
„Wie aber steht es mit dem Befinden? Wie soll man ihm das beibringen?" ließ Rachmanow nicht locker.
„Für ihn ist *das* vorläufig noch das Befinden", sagte Arkadi Nikolajewitsch.
„Ohne Erleben?" fragte Iwan Platonowitsch verständnislos.
„Mit einem ‚vom Verstande' herrührenden Erleben. Woher sollen wir das andere nehmen, das noch nicht vorhanden ist. Später werden wir dann schon sehen, ob er zum Erleben auf der Bühne, wie wir es brauchen, fähig ist oder nicht", fuhr Arkadi Nikolajewitsch fort. „*Es gibt verschiedene Arten des Befindens. Bei einem herrscht der Verstand vor, beim andern das Gefühl, beim dritten der Wille. Dadurch erhält es ja gerade sein individuelles, besonderes Gepräge.*
Wenn auf unserer künstlerischen Klaviatur der Elemente beispielsweise der *Verstand* den Grundpart spielt, so ist das *eine* Form, *ein* Typ des Befindens auf der Bühne. Es kann aber auch so sein, daß *Wille* oder *Gefühl* die erste Stimme spielen, wodurch zwei andere Abarten desselben Befindens auf der Bühne entstehen.

---

* *Figur aus „Mozart und Salieri", Einakter von A. S. Puschkin. (Anm. d. Hrsg.)*

Pustschin neigt zu der verstandesmäßigen Form. Auch darüber müssen wir zufrieden und dankbar sein. Alles, was er tut, ist klar und verständlich, die innere Linie ist richtig angelegt. Er versteht und schätzt alles richtig ein, was er sagt. Zwar ist bei ihm alles zuwenig vom Gefühl erwärmt. Was soll man da machen? Gefühl kann man nun einmal nicht von außen her einflößen. Versuch doch einmal, seine Empfindungen durch das ‚Wenn‘, durch vorgeschlagene Situationen, in Bewegung zu bringen. Entwickle seine Vorstellungskraft, denk dir reizvolle Aufgaben für ihn aus. Mit ihrer Hilfe kann sein Gefühl lebendig werden oder zutage treten, und dann wird er vielleicht auch im Ausdruck etwas an Wärme gewinnen. Viel wirst du auf diesem Gebiet allerdings nicht aus ihm herausholen können. Pustschin ist der typische ‚Raisonneur‘ mit großartiger Stimme und einer ausgezeichneten Figur. Wenn er noch lernt, zu sprechen und sich richtig zu bewegen, wird er zwar kein hervorragender, aber doch ein durchaus brauchbarer Schauspieler werden. Du wirst sehen, daß er in allen Stücken beschäftigt sein wird. Kurz gesagt, vorerst ist diese Form des Befindens auf der Bühne mit einer starken Neigung zum rein Verstandesmäßigen für ihn ganz annehmbar."

„Armer Pustschin", dachte ich, „soviel Mühe, um zuletzt doch nur ein ‚durchaus brauchbarer Schauspieler‘ zu werden. Aber er ist ja nicht anspruchsvoll; er wird auch damit zufrieden sein."

Heute wurde die Kontrolle des Befindens fortgesetzt.
Arkadi Nikolajewitsch forderte Goworkow auf, etwas vorzuspielen. Wie nicht anders zu erwarten, bat dieser darum, daß die Weljaminowa mit ihm auf die Bühne kommen könne.
Unsere beiden Obertingler haben ihr besonderes, keinem andern bekanntes Repertoire zweitrangiger Stücke, die auf einen ziemlich anspruchslosen Geschmack zugeschnitten sind. Goworkow spielte einen Staatsanwalt, der eine schöne Verbrecherin verhört, in die er sich verliebt und die er zwingt, sich ihm hinzugeben.
„Hör nur", flüsterte Torzow Iwan Platonowitsch zu, „was für alberne Worte ein dummer Autor unserm Goworkow in den Mund gelegt hat: ‚Aus dem Flammenschoß des Volkes schütten Millionen hungernder und aufständischer Bürger kraft meiner strafenden Gewalt ihren Fluch über Sie aus.‘ Und merk dir, wie er diesen nichtssagenden Wortschwall spricht.
Jedes einzelne der tönenden Worte hat er dadurch hervorgehoben, daß er fast jede Silbe betonte. Das entscheidende Wort jedoch, um dessentwillen die ganze Tirade geschrieben wurde, hat er völlig unbetont gelassen und halb verschluckt."
„Welches Wort? Was für ein Wort meinst du?" fragte Iwan Platonowitsch.
„Nun, das Wort ‚Sie‘ natürlich. Es kommt doch alles darauf an, daß die Bürger des Volkes ihren Fluch gerade auf ‚Sie‘ ausschütten. Wie sich zeigt, hat Goworkow überhaupt keine Ahnung von den Sprachgesetzen. Was aber tut der Lehrer...?! Du solltest dich einmal ernstlich um dieses Fach kümmern. Es ist eines der allerwichtigsten. Wenn der Lehrer nicht geeignet ist, muß man ihn schleunigst durch einen andern ersetzen. So kann man doch nicht sprechen! Lieber Gott, was für ein Blödsinn!" Torzow litt förmlich. „Besser gar nicht erst über den Sinn nachdenken, son-

dern nur auf die Stimme hören", redete er sich selber zu. „Der Ton ist gut gestützt, der Stimmumfang reicht aus. Seine Stimme ist schön, klangvoll, nicht gequetscht, ausdrucksvoll, nicht übel gebildet.
Aber hör doch nur, wie er die Konsonanten ausspricht:
‚Flllammmennn ... schschossss ... kkkrrraffftttt ... mmmeinerrr ... schschschttttrrrafffennndennn Ggggewwwallltttt.'
Du meinst vielleicht, er tut das, um zu üben oder um die Konsonanten besser auszusprechen. I bewahre! Er bildet sich ein, daß seine Stimme durch solche verzehnfachten Konsonanten schöner klingt. Wenn man ihm diese banale und affektierte Aussprache austreiben könnte, wäre seine Diktion durchaus erträglich.
Was könnte er mit seinen Gaben alles anfangen! Sieh doch bloß!" Arkadi Nikolajewitsch fuhr plötzlich zusammen. „Wenn ich Ausländer wäre und kein Wort Russisch verstünde, würde ich ihm für diese weite Handbewegung applaudieren, die er durch das Ausstrecken aller fünf Finger abschließend bekräftigt. Als Ergänzung dieser Gebärde sank sogar seine Stimme bis auf die tiefsten Töne seiner Stimmlage herab.
Was soll man dazu sagen, das alles ist schön und gut ausgefeilt, und wenn er von einem ungewöhnlich großartigen Ereignis redete, würde ich ihm seine Affektiertheit und Schwülstigkeit noch verzeihen. Hier ist er aber ganz schlicht auf dem Weg in den Gerichtssaal. Und er sagt das alles lediglich, um sein armes Opfer zu erschrecken und sich durch Angst gefügig zu machen.
Ich fühle geradezu, wie Goworkow schon bei der ersten Bekanntschaft mit diesem albernen Stück von so einer schönen Gebärde und ein paar effektvollen deklamatorischen Intonationen geträumt hat. Die hat er dann zu Hause lange und mühsam ausgefeilt. Das ist seiner Ansicht nach die ‚Arbeit an der Rolle'. Einzig und allein, um vor dem Publikum mit diesen Posen und Intonationen zu brillieren, hat er dieses geschmacklose Machwerk einstudiert.
Lieber Gott, was für ein Unsinn!
Hier kannst du dir einen Begriff davon machen, was sein Leben ausmacht und aus welchen Elementen sich sein Befinden zusammensetzt: Sinnlose ‚Sprachgestaltung', er redet nur ‚in höchster Emphase', und schließlich der ‚FffflllammmennnschschschoßßßB'. Sieh mal, was für ein Durcheinander dabei herauskommt.
Wenn du aber Goworkow fragst, wird er beteuern, das und nichts anderes sei das richtige Befinden, niemand habe ein besseres Gefühl für ‚die Bretter, die die Welt bedeuten' als er, das sei eben der pathetische Spielstil und nicht der flache Naturalismus des Erlebens."
„Na, dann fort mit ihnen! Jag sie doch alle beide fort! Ohne Umstände!" drängte Iwan Platonowitsch. „Pustschin und Wesselowski obendrein! Ja, Pustschin und Wesselowski auch, sage ich. Was sollen wir mit Leuten, die nicht hierherpassen! Weg mit ihnen!"
„Du meinst, man könnte im Theater überhaupt nichts mit ihnen anfangen?" fragte Torzow herausfordernd.
„Bestimmt nicht!" antwortete Rachmanow.
„Das wollen wir doch erst mal sehen", entgegnete Torzow, stand auf und trat an die Rampe, wo unsere „Versteller" ihre kleine Szene soeben beendet hatten.

Arkadi Nikolajewitsch bat Goworkow, ausführlich zu erzählen, um was es in dieser Szene geht, wie er seine Rolle auffaßt, was der Inhalt des Stückes ist und so weiter.
Da geschah etwas Unglaubliches:
Weder Goworkow noch die Weljaminowa wußten, worauf es in diesem Stück eigentlich ankommt, wozu es geschrieben ist. Um den Inhalt zu erzählen, wiederholten sie zunächst ganz mechanisch den eingepaukten Text, mußten dann erst über seinen Sinn nachdenken, um schließlich den Inhalt mit ihren eigenen Worten wiedergeben zu können.
„Jetzt werde ich Ihnen einmal etwas erzählen", sagte Arkadi Nikolajewitsch und begann, uns eine wunderbare Szene aus dem Leben in früheren Zeiten zu entwerfen.
Ich habe wohl schon erwähnt, daß er eine ganz ungewöhnliche Gabe besitzt, den Inhalt von Stücken zu schildern. Dabei versteht er es ausgezeichnet, von sich aus wichtige und interessante Einzelheiten hinzuzufügen, die schlechte Autoren in ihren Werken vergessen haben.
Obwohl Goworkow seine Szene eben gespielt hatte, wurde er sich jetzt zum ersten Mal über ihren inneren Gehalt klar. Sie enthielt bedeutend mehr als das, was er und die Weljaminowa auf der Bühne gezeigt hatten.
Den beiden hatte Arkadi Nikolajewitschs Schilderung offensichtlich gefallen, denn sie gingen gern und ohne Widerrede daran, die Szene entsprechend der neuen inneren Linie zu korrigieren.
Torzow tat ihnen dabei keinerlei Gewalt an und sagte nichts über ihre Spielweise, die so theatralisch war, daß sie, wie man hätte meinen sollen, noch am meisten der Korrektur bedurft hätte. Aber Arkadi Nikolajewitsch kümmerte sich lediglich um die Korrektur der inneren Linie, der Aufgaben, des magischen „Wenn" und der vorgeschlagenen Situationen.
„Wo bleibt die Wahrhaftigkeit, frage ich? Warum verbesserst du nicht ihr konventionelles Spiel?" bohrte Iwan Platonowitsch hartnäckig weiter.
„Wozu denn?" erwiderte Torzow ruhig.
„Was heißt – wozu?" Iwan Platonowitsch war ganz verblüfft.
„Ja, im Ernst, wozu denn?" wiederholte Torzow. „Das würde nicht das geringste nützen. Die beiden sind ihrem Wesen nach typische ‚Versteller', dann sollen sie sich wenigstens richtig verstellen. Das ist vorläufig alles, was man von ihnen verlangen kann."
Nach langer Arbeit spielten Goworkow und die Weljaminowa mit Hilfe und unter Hinweisen von Arkadi Nikolajewitsch ihre Szene endlich noch einmal.
Ich muß gestehen, daß es mir dieses Mal gefiel. Alles war verständlich, klar und sinnvoll, die Rollen waren interessant angelegt. Zwar kam es bei weitem nicht so heraus, wie es Arkadi Nikolajewitsch zuvor geschildert hatte. Aber doch war das, was sie jetzt zeigten, unvergleichlich viel besser. Zwar vermochten sie auch jetzt noch keineswegs zu erschüttern, sie wirkten noch nicht einmal glaubwürdig, man empfand immer noch unangenehm das gekünstelte, manierierte, konventionelle und affektierte Pathos ihres Spiels und die andern für sie typischen Unzulänglichkeiten, und dennoch ...

„Was soll das überhaupt sein, Kunst oder Handwerk?"
„Vorläufig ist das noch keine Kunst", erläuterte Arkadi Nikolajewitsch. „Wenn man aber ihre Methoden der Verkörperung noch ausfeilt, wenn man sie von den simpelsten, abgedroschenen theatralischen Schablonen befreit und Spielmethoden entwickelt, die zwar auch konventionell sind, aber ihr Material doch immerhin aus der Natur entnehmen, kann auch diese Art, Theater zu spielen, zur Kunst werden."
„Aber das ist doch nie und nimmer unsere Richtung", eiferte sich Rachmanow.
„Freilich, das ist kein Erleben. Oder besser gesagt: Die Rolle ist richtig angelegt und vielleicht sogar richtig erlebt, ihre Wiedergabe bleibt jedoch konventionell und voller Schablonen, denen man allerdings im Lauf der Zeit eine erträgliche Form geben kann. Als Ergebnis davon wird ihr Spiel zwar nicht wahrhaftig, ja noch nicht einmal wahrscheinlich sein, aber doch immerhin kein übler Hinweis darauf, wie man diese Rolle richtig erleben könnte. Das ist kein Spiel, sondern nur eine anschauliche Auslegung der Rolle, die übrigens technisch ganz ausgezeichnet dargeboten werden kann. Wie viele Gastspiele ausländischer Schauspieler dieses Typs hat es schon bei uns gegeben, und auch du hast ihnen Beifall geklatscht.
Ob Goworkow für unser Theater taugt oder nicht, werden wir erst bei Abschluß des Studiums sagen können. Vorläufig muß es unsere Aufgabe sein, das Bestmögliche aus ihm herauszuholen. Vielleicht wird er sich seine Lorbeeren in der Provinz verdienen. Na, und wenn schon, Gott mit ihm! Aber er soll seine Sache wenigstens verstehen. Darum müssen wir aus seinen Gaben eine brauchbare Spielmanier und Technik zusammentragen und uns bemühen, auch in ihm jenes unentbehrliche Etwas zu entwickeln, ohne das sich aus seiner schauspielerischen Veranlagung kein harmonisches Ganzes oder ein annehmbarer Akkord bilden ließe."
„Was soll man aber tun? Was soll man mit ihm anstellen?" fragte Rachmanow ganz nervös.
„Vor allem muß man ihm helfen, sich ein brauchbares Befinden auf der Bühne zu erwerben", erklärte Torzow. „Dazu müßtest Du für ihn ein einigermaßen anständiges Bukett von Elementen zusammenstellen. Möge ihm ein richtiges Befinden helfen, wenn auch nicht wahrhaft zu erleben (denn dazu wird er nur in zufälligen, seltenen Augenblicken fähig sein), so doch wenigstens auszuführen, was man ihm einbläst."
„Aber, bester Freund, um die richtige Anlage der Rolle zu finden, muß man doch in erster Linie erleben, jawohl, erleben muß man", eiferte sich Iwan Platonowitsch.
„Ich habe dir ja schon gesagt, daß es ohne Erleben nicht geht. Es ist aber ein Unterschied, ob man seine Rolle innerlich erlebt, um sich über ihre Anlage klarzuwerden, oder ob man sie auch im Augenblick des Gestaltens erlebt. Bring du ihm vorläufig nur bei, die Linie der Rolle nachzuempfinden und diese Linie oder die grundlegenden Umrisse der Rolle, obzwar noch konventionell, so doch wenigstens richtig wiederzugeben. Zuvor müssen allerdings seine gräßlichen Schablonen und Spielmethoden korrigiert, veredelt, geändert und durch neue ersetzt werden."
„Und was kommt bei all dem heraus? Wie soll man diese Art von ‚Befinden' nennen?" Iwan Platonowitsch konnte sich nicht beruhigen. „Etwa schauspielerhaftes Befinden?"

Aber Arkadi Nikolajewitsch nahm Goworkow in Schutz: „O nein! Das schauspielerhafte Befinden gründet sich auf ein rein mechanisches, handwerkliches Ausführen der Handlung, während bei ihm doch immerhin kleine Spuren von Erleben vorhanden sind."
„Jawohl, nämlich das, was du ihm beigebracht hast", wandte Rachmanow ein.
„Und wenn schon", antwortete Torzow. „Auf jeden Fall könnte man diese winzige Spur von Erleben als ‚halbschauspielerhaftes Befinden' bezeichnen", meinte er dann nachdenklich.
„Meinetwegen. Halbschauspielerhaft oder nicht, von mir aus kann es der Teufel holen! Meinetwegen, sage ich", seufzte Iwan Platonowitsch mit wahrer Leidensmiene.
„Aber mit ihr, mit dieser koketten Person, was soll mit ihr geschehen?" fragte er aufgeregt. „Was für ein Befinden soll ich ihr denn beibringen?"
„Warte einen Augenblick, darüber muß ich mir selbst erst klarwerden", sagte Arkadi Nikolajewitsch und konzentrierte seine Aufmerksamkeit auf Goworkows Partnerin.
„Ach, diese Weljaminowa", sagte er bekümmert, „sie tut nichts anderes, als immer und immer wieder sich selbst herauszustreichen. Sie kann einfach nicht damit fertig werden, sich selbst zu bewundern. Wozu spielt sie eigentlich diese ganze Szene? Ganz offensichtlich hat sie jemand gelobt, oder sie hat sich selbst im Spiegel in dieser verzerrten Pose gesehen, die ihre reizvolle Figur gut zur Geltung kommen läßt, und jetzt ist der einzige Zweck ihres Spiels, sich an die geliebte Bewegung zu erinnern und sie wie ein lebendes Bild zu wiederholen.
Siehst du, sie hat vergessen, wie ihr Bein lag, und müht sich jetzt ab, sich mit Hilfe ihrer visuellen Erinnerungen darauf zu besinnen, wie sie damals gelegen hat ... Gott sei Dank, jetzt ist es ihr anscheinend endlich wieder eingefallen ... Doch nein. Immer noch nicht. Siehst du, wie sie die zurückgestreckte Fußspitze noch weiter ausreckt?
Jetzt hör dir bloß mal an, was sie spricht", sagte Arkadi Nikolajewitsch fast flüsternd zu Rachmanow. „‚Ich stehe vor Euch als eine Sünderin.' Ich *stehe*, sagt sie, obwohl sie liegt. Hör nur weiter zu", fuhr Arkadi Nikolajewitsch fort. „‚Ich bin müde, die Füße tun mir weh.' Sollten ihr die Füße wirklich vom Liegen wehtun? Sind sie ihr beim Liegen eingeschlafen, oder hat sie einen Krampf bekommen, weil sie die Zehenspitze so weit ausstreckt?
Nun rate einmal, was sie dabei empfindet! Was mag sie im Innern erleben, wenn ihre Worte in so offensichtlichem Gegensatz zu ihrer Handlung stehen? Eine interessante psychologische Erscheinung. Ihre Aufmerksamkeit ist so sehr von ihrem Bein, von ihrer Eitelkeit absorbiert, daß sie sich noch nicht einmal die Zeit nimmt, zu begreifen, was sie eigentlich sagt. Welche Geringschätzung des Textes, welche Mißachtung der inneren Aufgabe! Von was für einem Befinden kann hier überhaupt noch die Rede sein?!
An seine Stelle ist die Eitelkeit einer in sich selbst verliebten koketten Frau getreten. Sie hat ihr eigenes ‚dämchenhaftes Befinden', von dem sie sich nicht trennen kann. Auch die Elemente, aus denen es sich zusammensetzt, entspringen der gleichen

dämchenhaften Eitelkeit. Wie soll man das nennen, was sie treibt? Handwerk? Wiedergabe? Erstarrtes Ballett? Lebendes Bild? Nein, nichts von alledem. Das ist nichts anderes als ein ‚öffentlicher Flirt' ". Endlich hatte Arkadi Nikolajewitsch die treffende Definition gefunden.

„Jetzt wissen Sie, was das Befinden auf der Bühne ist und daß man es braucht, um schöpferisch zu arbeiten, um überhaupt das Wesen und die Gesetze der Kunst zu begreifen. In Zukunft sollen sich alle Schüler vor dem Unterricht bereits das richtige, für die jeweilige Stunde erforderliche innere Befinden angeeignet haben. In der ersten Zeit mag Iwan Platonowitsch Ihnen noch dabei helfen. Er soll alle Schüler eine Viertelstunde vor Beginn des Unterrichts zusammenrufen, damit sie unter seiner Anleitung entsprechende Übungen machen."[1]
Rachmanows übliche Erwiderung war: „Darauf können Sie sich verlassen!"
Da wußten wir, was uns in Zukunft vor jeder Unterrichtsstunde bevorstand.
„Fang gleich heute damit an, Wanja. In einer Viertelstunde komme ich zurück", sagte Arkadi Nikolajewitsch und ging fort.
Soll ich beschreiben, was sich während seiner Abwesenheit bei uns abspielte? Ich kann nur das eine sagen, daß Iwan Platonowitsch mit seinen zuversichtlichen Worten „Darauf können Sie sich verlassen!" nicht zuviel versprochen hatte und daß wir alle Arkadi Nikolajewitsch bei seiner Rückkehr mit dem erforderlichen inneren Befinden empfingen.

2

Am schwarzen Brett hing eine Mitteilung, in der wir Schauspielschüler aufgefordert wurden, zu den Proben des Stückes „Ein heißes Herz" zu erscheinen, das an unserm Theater neu einstudiert wird. Ich blieb wie angewurzelt stehen, mein Herz klopfte wild im Vorgefühl meines Debüts in einem richtigen Stück mit richtigen Schauspielern an einem richtigen Theater.
In der heutigen Stunde erklärte uns Arkadi Nikolajewitsch den Sinn und pädagogischen Zweck unseres bevorstehenden Mitwirkens: „Das Theater zieht die Schüler nicht etwa darum zur Mitarbeit heran, weil es sie braucht, sondern weil die Schüler jetzt nicht mehr ohne das Theater auskommen können.
Ihr Mitwirken in Volksszenen ist nur eine der vorgesehenen Etappen unseres Lehrprogramms. Auch das ist eine Art des Unterrichts, nur daß er diesmal in Form eines öffentlichen Auftretens in der Atmosphäre einer richtigen Aufführung stattfindet.
Was für uns Schauspieler eine Probe ist, das ist für Sie Schüler die *Vorbereitung für das öffentliche Auftreten;* und was für uns die Vorstellung ist, das ist für Sie eine *Unterrichtsstunde vor den Augen des Publikums.*
In der Schule haben wir Ihnen schon andeutungsweise gesagt, was Ihnen beim öffentlichen Auftreten bevorsteht.
Jetzt ist dieser Augenblick gekommen, und Sie werden auf der Bühne bald selbst erleben, wovon wir in der Schule gesprochen haben.

Erst wenn Sie das richtige Befinden auf der Bühne aus eigener Erfahrung kennengelernt haben, werden Sie das, was wir Ihnen beigebracht haben, richtig verstehen können.
Wo, wenn nicht auf der Bühne, vor dem Publikum, könnte man die praktische Bedeutung des ‚Wenn‘ besser begreifen, das die Aufmerksamkeit des Schauspielers, trotz aller Ablenkungen während der Vorstellung, auf die Bühne konzentriert? Wo, wenn nicht vor der Menge der Zuschauer, könnte man sich das echte Gefühl für die ‚öffentliche Einsamkeit‘ erwerben oder die Wichtigkeit der richtigen Partnerbeziehungen erkennen? Wo, wenn nicht auf der Bühne, angesichts des schwarzen Lochs des Zuschauerraumes, sollte man in sich das *richtige* Befinden hervorrufen, es entwickeln und behaupten? Darum wollen wir jetzt nach einer Reihe von Vorarbeiten an den Elementen des schöpferischen Befindens dazu übergehen, dieses Befinden auch auf der Bühne, vor den Augen der Zuschauer, hervorzurufen.
Unsere ganze im Laufe des vergangenen Jahres geleistete Arbeit sollte Sie auf diesen Augenblick vorbereiten.
Ich habe davon nicht eher gesprochen, um Ihre Aufnahmefähigkeit nicht unnötig zu belasten. Jetzt aber, post factum, kann ich Ihnen sagen, daß der *erste Abschnitt unseres Unterrichtsprogramms der Ausbildung des allgemeinen (oder zur Arbeit erforderlichen) Befindens auf der Bühne und seiner ersten Bewährungsprobe auf den Brettern, vor den Zuschauern, unter den Gegebenheiten des öffentlichen Auftretens gewidmet ist.*
Wir beginnen damit, weil jede weitere schöpferische Arbeit ohne das richtige Befinden auf der Bühne undenkbar ist.
Ich beglückwünsche Sie zu dem *neuen Abschnitt* unseres Lehrplans, das heißt zu Ihrem ersten *öffentlichen Auftreten*, das der *Entwicklung und Bewährung des richtigen Befindens auf der Bühne* dienen soll.
Während Ihrer ganzen künstlerischen Laufbahn werden Sie unablässig daran arbeiten müssen, dieses Befinden weiter zu verbessern und zu vervollkommnen.
Jetzt im Anfang, bei Ihrem ersten Auftreten, muß die Arbeit vor dem Publikum gleich in die richtige Bahn gelenkt werden. Voraussetzung dafür ist, daß Sie außerordentlich konzentriert und gewissenhaft arbeiten und Ihre unsichtbaren inneren Empfindungen und Handlungen selbst analysieren. Wir Lehrer können Sie dabei nur beraten. Falls Sie uns nicht die Wahrheit sagen, nämlich nicht das, was Sie wirklich empfinden, so ist das nur Ihr eigener Schade, weil dann Iwan Platonowitsch und ich keine Gelegenheit haben zu beurteilen, was in Ihrem Innern vorgeht. Also hindern Sie uns nicht, sondern helfen Sie uns auf jede erdenkliche Weise zu erkennen, was während Ihres öffentlichen Auftretens unsichtbar in Ihnen vorgeht.
Wenn Sie bei jedem Auftritt aufmerksam, wißbegierig und gewissenhaft sind, wenn Sie Ihre schöpferischen Aufgaben auf der Bühne nicht gleichgültig und äußerlich, sondern bewußt und voll Begeisterung, unter Einsatz Ihrer ganzen Persönlichkeit durchführen, und wenn Sie bei jedem Auftreten das tun, was Sie in der Schule gelernt haben, so werden Sie sich allmählich das richtige Befinden erwerben.
Wir Lehrer werden dafür sorgen, daß Ihr öffentliches Auftreten auch pädagogisch gut organisiert wird. Vergessen Sie aber bitte nicht, daß man bei dieser Arbeit nicht

auf halbem Wege stehenbleiben darf. Man muß so weit kommen, daß einem das richtige Befinden auf der Bühne der einzig mögliche, normale, natürliche und vertraute Zustand ist, während das falsche, das schauspielerhafte Befinden einem schlechterdings unmöglich, jawohl – unmöglich ist! Ich will Ihnen aus eigener Erfahrung ein Beispiel erzählen: Als ich mir das richtige, zur Arbeit erforderliche Befinden erworben hatte, war es mir einfach nicht mehr möglich, anders als in diesem Befinden auf die Bühne zu kommen. Nur in diesem Zustand fühlte ich mich auf den Brettern heimisch. Sobald ich jedoch in das schauspielerhafte Befinden verfiel, kam ich mir völlig fremd, überflüssig und unnötig vor, und das bedrückte mich. Ich mußte mich sehr anstrengen, um mich aus dem mir schon ganz zur Gewohnheit gewordenen allgemeinen Befinden zu lösen. So sehr ist es mir nach mühsamer, richtiger Arbeit und nach einer langen schauspielerischen Praxis in Fleisch und Blut übergegangen. Jetzt ist es mir nahezu unmöglich, mein Objekt jenseits der Rampe im Zuschauerraum zu suchen und nicht die richtige Beziehung zu meinem Partner auf der Bühne zu haben. Noch schwerer wird es mir, ohne echte schöpferische Aufgaben vor das Publikum zu treten. Wenn das wirklich einmal der Fall ist, so gerate ich aus der Fassung wie ein blutiger Anfänger.

Bemühen Sie sich also, sich so schnell wie möglich und ein für allemal das richtige *allgemeine, zur Arbeit auf der Bühne erforderliche Befinden* zu erwerben."

„Ebensogut könnten Sie uns auffordern: Bemühen Sie sich, ein für allemal auf der Bühne schöpferisch zu gestalten und Genies zu sein", warf Schustow ein.

„Durchaus nicht, denn das richtige Befinden kann sich jeder erwerben, der zu arbeiten versteht und das einmal Begonnene auch zu Ende führt.

Ich will gar nicht bestreiten, daß es schwierig ist; aber die Natur selbst kommt Ihnen zu Hilfe, sobald sie nur spürt, daß es wahrhaftig ist, was Sie auf der Bühne tun. Dann ergreift sie selbst die Initiative, und Sie wissen ja, daß die Natur auf dem Gebiet der schöpferischen Arbeit nicht ihresgleichen hat.

Das auf die Natur abgestimmte Befinden ist der richtigste und beständigste Zustand des Schauspielers auf der Bühne. Beschreiten Sie nur getrost mit der Natur zusammen den Weg, den Ihnen die Schule gewiesen hat, und Sie werden über das schnelle Wachstum Ihrer künstlerischen Fähigkeiten erstaunt sein.

Ach, wenn ich nur die Zeit und die Möglichkeit dazu hätte!" sagte Torzow nachsinnend. „Wie gern würde ich zu den Volksszenen und kleinen Rollen zurückkehren und mit welcher Begeisterung als Statist dabei mitwirken. Schließlich habe ich den größten Teil dessen, was ich jetzt über die Psychotechnik unserer Kunst weiß, gerade in Volksszenen gelernt."

„Warum denn gerade darin und nicht in großen Rollen?" fragte ich.

„Weil man sich an die großen, tragenden Rollen des Stückes nicht wie ein Schüler herantasten darf. Sie verlangen einen vollkommenen Meister und keinen Schüler, der die ersten tastenden Versuche macht. Mit großen Rollen trägt man die Verantwortung für das Gelingen des ganzen Stückes. Sie verpflichten und stellen wenig geübten Darstellern unerfüllbare Aufgaben. Sie würden lediglich Verkrampfungen und Verzerrungen auslösen, und Sie wissen ja selbst, wohin das führt. In Volksszenen und kleinen Rollen ist das anders. Hier sind Verantwortung und schöpferische Auf-

gaben unvergleichlich kleiner, sie verteilen sich auf eine größere Personengruppe. Hier kann man auch ohne Nachteil für sich selbst und die Aufführung Etüden spielen, vorausgesetzt natürlich, daß sie der Überaufgabe und der durchgehenden Handlung des Stückes nicht zuwiderlaufen. Diese Etüden können vor den Augen des Publikums gespielt werden und prägen sich so am besten ein. Darum messe ich diesem öffentlichen Unterricht so große Bedeutung bei...
Überdies wirkt vieles, was wir im Unterricht getan haben, auf der Bühne ganz anders und kommt auch beim Publikum anders an. Deshalb ist es gut, unsern Unterricht einmal in die Öffentlichkeit zu verlegen.
Welche Schule der Welt könnte ihren Schülern solche Bedingungen und Möglichkeiten für den Unterricht bieten?! Stellen Sie sich das einmal vor: Eine tausendköpfige Zuschauermenge, eine richtige, vollständige Aufführung mit allen Dekorationen, Möbeln und Requisiten, mit voller Beleuchtung, mit allen Licht-, Klang- und Geräuscheffekten, in Kostüm und Maske, mit Musik und Tanz, dazu die Errregung des öffentlichen Auftretens, die verantwortungsvolle Hochstimmung hinter den Kulissen, die Disziplin und alle Voraussetzungen der kollektiven Arbeit; das interessante und gehaltvolle Thema der Arbeit mit seiner mitreißenden Überaufgabe, die durchgehende Handlung, der dichterische Text, an dem man seine Sprechweise schulen kann, der große Raum, an dessen Akustik man Stimme und Diktion gewöhnen muß; ausdrucksvolle Gruppierungen, Arrangements, Umschlagmomente, dann die lebendigen Partner und die leblosen Objekte, zu denen man in Beziehung treten muß – kurz, lauter Gelegenheiten, um sein Gefühl für Wahrhaftigkeit und den Glauben daran zu trainieren und alles mögliche andere in sich hervorzurufen, was mir jetzt im Augenblick gar nicht einfällt...
All das stellt das Theater unserer Schule tagtäglich für ihren systematischen Unterricht zur Verfügung. Welcher Luxus, was für ein Reichtum! Sie müssen sich das einmal klarmachen, um es nach Gebühr zu schätzen. Wollen Sie diese Möglichkeiten nicht ausnutzen, um echte Schauspieler zu werden? Wollen Sie diesen Weg nicht dem üblichen, trivialen Weg eines Karrieremachers und ‚Stars' vorziehen, dem es nur darum zu tun ist, überall die erste Rolle zu spielen und die höchste Gage zu erhalten; dem es einzig und allein um leichten Erfolg und banale Popularität, um billigen Ruhm, um Reklamerummel und um die Befriedigung seiner kleinlichen, faulen Eitelkeit zu tun ist?!
Wenn nicht, so kehren Sie dem Theater so bald wie möglich den Rücken, denn es kann den Menschen sowohl erheben als auch erniedrigen und seine Seele vergiften. Nutzen Sie, was das Theater Ihnen für Ihre sittliche Entwicklung bietet, und nicht das, was Sie verdirbt. Der Schauspieler wächst innerlich, wenn er unablässig danach trachtet, das Wesen der Kunst zu erkennen, aber er verkommt, wenn er die Kunst lediglich auszubeuten sucht. Nutzen Sie also Ihr bevorstehendes öffentliches Auftreten, um dabei alles herauszuholen, was Ihnen nur irgendwie dienlich sein kann, und trachten Sie in erster Linie danach, sich so bald wie möglich das richtige, zur Arbeit auf der Bühne erforderliche allgemeine Befinden zu erwerben.
Tun Sie das, solange es noch Zeit ist, denn wenn Sie erst einmal Schauspieler sind, ist es zu spät, über Dinge nachzudenken, die Sie als Schüler hätten lernen müssen.

Und ohne das richtige Befinden kann man nun einmal keine großen Rollen spielen. Dann können Sie höchstens in eine ausweglose Situation geraten, die Sie der bloßen Handwerkelei und der Routine in die Arme treibt...

Wehe Ihnen, wenn Sie Ihr öffentliches Mitwirken in Volksszenen nur als Formalität betrachten, ohne ihm die gebührende außerordentliche Aufmerksamkeit zu widmen. Dann wäre das Ergebnis für Sie höchst unerwünscht und verderblich: Sie würden nämlich mit einer unwahrscheinlichen Geschwindigkeit, wie Sie es sich nie träumen lassen, das gefährliche, für die schöpferische Arbeit so schädliche schauspielerhafte Befinden in sich entwickeln.

Das Auftreten in der Öffentlichkeit ist ein zweischneidiges Schwert. Es kann sowohl nützen als schaden. Die damit verbundenen Gefahren darf man auch aus folgendem Grunde nicht unterschätzen:

Das öffentliche Auftreten hat die Eigentümlichkeit, alles, was auf der Bühne und im Innern des Schauspielers vorgeht, besonders intensiv zu *fixieren* und dem Gedächtnis *einzuprägen*. Jedes Erleben, jede Handlung, die im Zustand einer schöpferischen oder durch die Anwesenheit von Publikum bedingten Erregung erfolgt, wird vom emotionalen Gedächtnis viel stärker festgehalten als bei den gewohnten Proben im kleinen Kreis oder bei der Arbeit zu Hause. Darum setzen sich die Fehler, die während einer öffentlichen Vorstellung gemacht werden – genau wie die dabei erzielten Leistungen –, so besonders hartnäckig fest. Handwerk ist nun einmal leichter zugänglich als echte Kunst, und Schablonen sind müheloser als wahres Erleben. Darum nisten sie sich auch gerade bei öffentlichen Aufführungen so schnell und leicht in die Gestaltung einer Rolle ein.

Es ist schwerer zu fixieren und zu festigen, was tief in der Seele verborgen ist, als das, was an der Oberfläche liegt. Oder, anders formuliert, das körperliche Leben der Rolle läßt sich leichter festhalten als ihr geistiges Leben. Sobald es dem Schauspieler jedoch erst einmal gelungen ist, auch das geistige Leben der Rolle offenbar werden zu lassen, und die Zuschauer ihn durch ihre Reaktion auf die richtigen, starken, menschlichen, organischen Momente seines Erlebens hinweisen und ihm dadurch helfen, diese Momente zu erkennen und an sie zu glauben, werden diese gelungenen, lebendigen Stellen der Rolle gerade mit Hilfe des öffentlichen Auftretens ein für allemal zu seinem unverlierbaren Besitz..."

3

Ich habe keine Ahnung, was das heute eigentlich für eine Probe war. Die Schauspieler probierten das ganze Stück pausenlos hintereinander, waren jedoch ohne Maske und Kostüm.

Wir Schüler mußten uns dagegen schminken und kostümieren wie zu einer Vorstellung.

Dekorationen und Requisiten waren bereits vollständig vorhanden.

Hinter den Kulissen herrschte eine feierliche Stimmung, genau so, wie es wahrscheinlich auch bei einer Vorstellung der Fall ist. Es war eine wundervolle Ordnung und

Stille; auf und neben der Bühne ging jedermann, sogar während der Pausen, nur auf Zehenspitzen. Der Dekorationswechsel vollzog sich ohne Lärm und Geschrei, nur auf Zeichen und Händeklatschen.
Die allgemeine Ordnung ringsum stimmte feierlich und erregte mich zugleich. Mein Herz klopfte wie wild.
Iwan Platonowitsch brachte uns rechtzeitig vor Beginn der Probe auf die Bühne und ließ mich in meiner Eigenschaft als Wachposten des kleinen Provinzgefängnisses lange auf einer von ihm festgelegten Linie auf und ab marschieren oder an den von ihm angewiesenen Stellen Wache stehen.[2]
Pustschin und Wesselowski probierten mehrmals hintereinander das „Vorübergehen der Arrestanten mit dem Wasserkübel" aus dem Gefängnis und zurück. Das mußte schlicht und bescheiden geschehen, um die Aufmerksamkeit der Zuschauer nicht ungebührlich auf sich zu ziehen.
„Denken Sie daran, meine Lieben, daß Sie im Hintergrund spielen! Darum kriechen Sie ja nicht nach vorn, drängen Sie sich nicht vor, sage ich! Besonders während der entscheidenden Szenen der Hauptpersonen. In diesen Augenblicken müssen Sie erst recht behutsam sein und das auch rechtfertigen. So ist das!"
Es ist überaus schwer, so zu gehen, daß man die Aufmerksamkeit nicht auf sich zieht. Voraussetzung dafür ist eine gleichmäßige fließende Bewegung. Um sie zu erreichen, mußte ich mich völlig auf meine Füße konzentrieren. Aber kaum hatte ich begonnen, daran zu denken, so war es um mein Gleichgewicht geschehen, und ich war auf einmal unfähig, mich richtig zu bewegen. „Nimm dich zusammen", dachte ich, „gleich stolperst du!" Wie ein Betrunkener konnte ich nicht geradegehen, ich schwankte hin und her und befand mich in ständiger Angst, ich könnte noch an den Zaun mit dem Tor anstoßen und die ganze Dekoration umwerfen. Das alles ließ meine Bewegungen und mein Spiel verkrampft und unnatürlich werden. Ich war so aufgeregt, daß mir die Luft wegblieb und ich stehenbleiben mußte.
Sobald ich aufhörte, mich selbst zu beobachten, zerstreute sich meine Aufmerksamkeit und suchte nach neuen Objekten. Ich wurde von den Vorgängen hinter den Kulissen angezogen und beobachtete interessiert, was dort geschah.
Da blieben plötzlich ein paar Schauspieler stehen und musterten mich eingehend. „Was ist denn das für ein komischer Kauz?" schien der eine den andern zu fragen. Nachdem sie ein Weilchen miteinander geflüstert und mich, wie ich glaubte, ordentlich durchgehechelt hatten, lachte der eine von ihnen auf, machte eine geringschätzige Handbewegung und ging seines Weges, ich aber wurde rot, war ich doch sicher, daß sein verächtliches Lachen mir gegolten hatte.
Indessen gab Iwan Platonowitsch mir durch Zeichen zu verstehen, ich solle auf der von ihm angewiesenen Linie entlanglaufen. Aber ich konnte mich nicht rühren, meine Füße waren wie gelähmt. Ich mußte so tun, als ob ich Rachmanow nicht bemerkt hätte.
Jetzt kamen Pustschin und Wesselowski als Häftlinge mit dem Wasserkübel aus dem Arrestantenhaus. Meine Aufgabe war es, ihnen beim Durchschreiten des Tores behilflich zu sein, aber ich hatte das völlig vergessen. Ja, nicht genug damit, ich blieb vor ihnen stehen, verdeckte sie vor den Augen des Publikums und verpatzte dadurch

die ganze Szene. Sie mußten sich durch einen Spalt des halboffenen Tores hindurchzwängen, wobei Pustschin um ein Haar die ganze Dekoration umgerissen hätte.
So eine Schande!
Erst nach Schluß des Aktes wurde mir klar, daß die Ursache meines Versagens nichts anderes war als die völlige Muskelverkrampfung, die sich meiner bemächtigt hatte.

Heute habe ich in der ersten Vorstellung der Neuinszenierung von Ostrowskis Schauspiel „Ein heißes Herz"[3] mitgewirkt und mich dabei nach Kräften bemüht, die Verkrampfung zu überwinden.
In der Garderobe, vor Beginn unserer Szene, war mir das noch verhältnismäßig rasch und gut gelungen, kaum war ich jedoch in die erregende Atmosphäre und das Durcheinander hinter den Kulissen geraten, da empfand ich die ganze Last meiner Verantwortung, und sofort überfiel mich wieder die schreckliche Verkrampfung. Und das, obwohl ich mich im Vergleich zum letzten Mal bedeutend besser in der Hand hatte.
Nach intensivem Bemühen konnte ich endlich die Aufmerksamkeit auf meinen Körper konzentrieren und die Ursachen der Verkrampfung ausfindig machen. Damit ist es jedoch noch lange nicht getan; man darf in seiner Aufmerksamkeit nicht nachlassen und die richtigen Objekte keinen Augenblick aus den Augen verlieren. In der Ruhe und Ungestörtheit des Unterrichts gelingt das ohne weiteres; in der erregenden Atmosphäre und bei allen Ablenkungen auf der Bühne dagegen wird dieser erste Schritt, sich von der Verkrampfung zu befreien, zu einem erbitterten Kampf mit den unnatürlichen Bedingungen des Auftretens. Dieser Kampf dauert an, solange der Schauspieler auf der Bühne bleibt. Für kurze Zeit kann man die Hindernisse wohl überwinden, die Ursache der Verkrampfung finden und sich davon freimachen. Sobald man aber zum dritten Moment* übergeht, in dem das nun entstandene Befinden gerechtfertigt und gefestigt werden muß, gerät man in Konflikt mit der launischen Phantasie. Sie soll bekanntlich die vorgeschlagenen Situationen und andere Vorstellungen erzeugen, die den physischen Zustand rechtfertigen können. Aber gerade in der erregenden Atmosphäre des öffentlichen Auftretens ist schwer mit der Phantasie fertig zu werden. In dieser Situation ist sie besonders nervös und ungehorsam und sucht sich vor der Arbeit zu drücken. Es ist nur gut, wenn der Schauspieler jetzt genügend Energie besitzt und nicht nachgibt. Das gelingt durchaus nicht immer, und wenn man sich die Phantasie nicht gefügig machen kann, bringt sie die Aufmerksamkeit und alle andern Elemente des Befindens völlig durcheinander.
Darum widmete ich mich während der heutigen Vorstellung vollständig dem dritten Moment im Prozeß der Muskelentspannung, der *Rechtfertigung* des entstandenen allgemeinen physischen Zustandes.
Dabei fiel mir plötzlich etwas ein: Im vorigen Jahr hatte ich einmal, während ich mit dem Kater daheim auf meinem Sofa lag, eine unbequeme, langgestreckte Pose eingenommen. Sobald ich die Ursachen der Muskelverkrampfung in meinem Körper

---

* Im I. Teil der „*Arbeit des Schauspielers an sich selbst*" spricht Stanislawski von drei Momenten beim Entspannen der Muskeln: Spannung, Befreiung, Rechtfertigung (siehe Teil I, Seite 126). (Anm. d. Hrsg.)

erkannt und bestimmt hatte, machte ich mich davon frei, was mir allerdings nicht völlig gelang. Um diesen Prozeß zu vollenden und zu festigen, brauchte ich eine „Rechtfertigung", und dazu wiederum vorgeschlagene Situationen, bestimmte Aufgaben, eine Handlung. Damals war mir ohne weiteres etwas eingefallen: „Da kriecht eine riesige Schabe. Schnell, mach sie tot!" Mit diesen Worten zerquetschte ich das in meiner Vorstellung über den Boden kriechende Tier, rechtfertigte durch diese Handlung meine unbequeme Lage und befreite meinen Körper ohne besonderes Dazutun von jeder übermäßigen Anspannung, da ich sonst nicht imstande gewesen wäre, mein vorgestelltes Opfer zu erreichen. Wozu Technik und Bewußtsein nicht in der Lage waren, das hatten damals die Natur und ihr Unbewußtes getan.

Heute wollte ich nun denselben Versuch angesichts des Publikums wiederholen und bemühte mich, eine geeignete Handlung dafür zu finden.

Diese Handlung mußte aktiv sein. Wie aber sollte ich in meiner Eigenschaft als Wachsoldat, der untätig auf seinem Posten steht oder auf und ab geht, Gelegenheit zu einer aktiven Handlung haben?

Ich fing an nachzudenken. Man stelle sich das nur einmal vor: Nachdenken mitten in allen Ablenkungen der Bühne! Für mich bedeutete das jedenfalls schon eine Art von Heldentat. Ich überlegte:

1. Ich könnte die Linie entlanggehen und dabei vor lauter Langeweile die Füße im Takt einer Melodie bewegen, die ich vor mich hinsumme, oder auch im Rhythmus eines Gedichtes, das ich mir im stillen aufsage.
2. Ich könnte die Linie auf und ab gehen und dabei verstohlen zur Treppe des Stadthauptmanns hinüberblicken, wo die Bittsteller ihre Anliegen vorbrachten.
3. Ich könnte mich möglichst zurückhaltend und unauffällig verhalten oder umgekehrt betont auffällig einherstolzieren, damit jedermann sehen kann, wie gewissenhaft ich meinen Dienst versehe und daß ich immerfort bereit bin, jeden Bösewicht, der mir in die Hände gerät, zu packen und nicht wieder entwischen zu lassen.
4. Ich könnte an der Ecke des Gefängniszaunes verstohlen ein Pfeifchen rauchen.
5. Ich könnte mich für einen Käfer interessieren, der an der Gefängnismauer emporkriecht; ich könnte mit ihm spielen, ihm einen Zweig oder einen Grashalm hinhalten, ihn daran emporkriechen lassen, ihn dann hochhalten und warten, bis er die Flügel öffnet und davonfliegt.
6. Wahrscheinlich würde ich jedoch ganz einfach an den Zaun gelehnt dastehen, mich von der Sonne bescheinen lassen und an meine privaten Angelegenheiten denken, so wie ein Soldat an sein Heimatdorf, sein Haus, an Saat und Ernte und an seine Familie denken mag.

Wenn ich all diese Handlungen unmittelbar und aufrichtig ausführe, würden die Natur und ihr Unbewußtes sich ganz von selbst in die Arbeit einschalten. Sie würden mein Verhalten rechtfertigen und mich von jeder überflüssigen Anspannung befreien.

Aber ich mußte an Iwan Platonowitschs Ermahnung denken, daß ich die Aufmerksamkeit der Zuschauer nicht zum Schaden der Hauptdarsteller durch zu große Aktivität auf mich lenken dürfte.

Also mußte ich mich für eine passive Aufgabe entscheiden: Ich mußte still stehenbleiben, mich von der Sonne bescheinen lassen und über meine privaten Angelegenheiten nachdenken. Um so mehr, als ich selbst ja unbedingt überlegen mußte, wie es nun eigentlich weitergehen sollte. Darum lehnte ich mich an den Zaun, ließ mich von den Strahlen der elektrischen Sonne bescheinen und dachte nach.
Dabei erkannte ich zu meinem Schrecken, daß ich innerlich in keiner Weise auf meine Rolle vorbereitet war.
Wie war eine solche Fahrlässigkeit überhaupt möglich?!
Wie konnte Iwan Platonowitsch mich so innerlich leer auf die Bühne lassen?!
Unbegreiflich! Wenn Arkadi Nikolajewitsch in Moskau gewesen wäre, hätte er eine solche Stümperei niemals zugelassen.
Ohne Zögern begann ich gleich hier auf der Bühne, mir die vergangenen, gegenwärtigen und zukünftigen Umstände meines lieben Soldaten auszumalen.
„Von wo ist er hierher zum Wachdienst gekommen?"
„Aus der Kaserne."
„Und wo befindet sich diese Kaserne? Durch welche Straßen muß man gehen, um dorthin zu gelangen?"
Als Antwort auf diese Frage sah ich ein paar mir bekannte Straßen der Moskauer Vorstadt vor mir.
Nachdem ich mir so in meiner Phantasie den Weg zur Kaserne ausgemalt hatte, fing ich an, über das Leben in einer solchen Kaserne nachzudenken. Dann versuchte ich, mir das Heimatdorf, die Hütte und Familie meines Soldaten vorzustellen. Der heiße Strahl des elektrischen Scheinwerfers wärmte mich angenehm und blendete wie die echte Sonne. Ich mußte sogar die Mütze tiefer ins Gesicht ziehen, um meine Augen vor dem grellen Licht zu schützen.
Mir war wohlig, ruhig und behaglich zumute, und ich hatte die Welt hinter den Kulissen, das öffentliche Auftreten mit seiner ganzen Problematik vergessen. Kaum zu glauben! Ich bin imstande, angesichts einer Zuschauermenge zu träumen! An diese Möglichkeit hätte ich bisher noch nicht einmal zu denken gewagt!

In meiner ganzen freien Zeit denke ich über die Rolle des Soldaten nach und bemühe mich, mir immer neue Umstände seines Lebens auszumalen.
Pascha hilft mir dabei, und ich helfe ihm, denn er steht in seiner stummen Rolle eines Bittstellers in der Szene mit dem Stadthauptmann vor der gleichen Aufgabe.
Ich habe mich völlig in das Leben eines Kleinstadtpolizisten hineinversetzt und führe in Gedanken alle seine dienstlichen Obliegenheiten aus: Ich begleite den Stadthauptmann zum Kaufhof und auf den Markt, ich schleppe die Waren, die er bei den Kaufleuten konfisziert hat; ich bin durchaus nicht abgeneigt, bei passender Gelegenheit ein Schmiergeld anzunehmen oder auch mal etwas zu stibitzen, was mir gerade unter die Hände kommt.
Jetzt habe ich auch noch andere, aktivere Absichten, die ich mit den Worten: „packen und nicht wieder entwischen lassen" definieren kann.
Aber ich fürchte mich, die früheren, festliegenden Handlungen ohne Grund zu verändern. Es kommt darauf an, das Neue behutsam, unmerklich und ohne zu große

Aktivität einzuführen, um die Aufmerksamkeit des Publikums nicht auf mich zu ziehen und sie von den Hauptdarstellern abzulenken.
Mir kommen jedoch auch Zweifel, weil sich die Rolle des Soldaten in zwei einander völlig entgegengesetzte Gestalten aufgespalten hat: in den gutmütigen Bauern und Familienvater, der sich nach seinem Dorfe sehnt, und in den Gendarmen, dessen Lebensziel einzig darin besteht „zu packen und nicht wieder entwischen zu lassen". Welchen der beiden soll ich wählen?
Wie aber, wenn ich sie alle beide nebeneinander bestehen ließe? Vor dem Gefängnis den gutmütigen Bauern und an der Treppe des Stadthauptmanns den Gendarmen. Mit dieser Kombination könnte ich gleich zwei Fliegen mit einer Klappe schlagen: Ich könnte dadurch zwei Rollen gestalten und außerdem auf zwei verschiedenen Ebenen spielen. Im Hintergrund, wo ich es leichter habe, könnte ich mir das richtige Befinden erwerben, während ich im Vordergrund daran arbeiten müßte, die beim öffentlichen Auftreten entstehenden Hemmungen zu überwinden.
Während ich an den Gefängniszaun gelehnt dastand und solcherweise überlegte, stürzte plötzlich die von Chlynow angeführte betrunkene Bande auf die Bühne. Es folgten Chlynows komische und gespreizte Redensarten und sein betrunkenes Prahlen vor dem Stadthauptmann.
Die Schauspieler rissen mich durch ihr Spiel mit, ich stand mit offenem Munde da, ließ kein Auge von ihnen, lachte aus vollem Halse und vergaß dabei völlig, daß ich mich auf der Bühne befand. Ich fühlte mich blendend und dachte an keinerlei Muskeln mehr. Die Muskeln dachten von allein.
Als diese lärmende Szene vorüber war und die stille lyrische Aussprache der Liebenden begann, stand ich lange mit dem Rücken zum Zuschauerraum und freute mich aufrichtig an dem auf der hinteren Dekorationswand dargestellten Ausblick auf die weite Landschaft. Dabei kam mir einer der Lieblingsaussprüche Arkadi Nikolajewitschs in den Sinn: „Indem man sich auf das konzentriert, was auf unserer Seite der Rampe geschieht, wird man von dem abgelenkt, was jenseits der Rampe ist." Oder in etwas abgewandelter Form: „Wenn man ganz von dem gefesselt ist, was sich auf der Bühne abspielt, wird man von allem abgelenkt, was außerhalb der Bühne geschieht."
Ich war glücklich, fühlte mich als Sieger und freute mich, daß ich mich angesichts der Zuschauer unter den unnatürlichen Bedingungen des öffentlichen Auftretens so ganz vergessen konnte.
Mich beunruhigte allerdings, daß ich dabei von meinem eigenen Ich aus handelte und nicht von dem des Soldaten, den ich darstellte. Aber schließlich verlangt auch Arkadi Nikolajewitsch, daß man sich selbst in der Rolle nicht völlig aufgeben soll. Also ist es wohl nicht so schlimm.
Offensichtlich kommt es einzig und allein darauf an, sich diesseits der Rampe ein interessantes Objekt und eine lohnende Aufgabe zu suchen. Wie konnte ich nur diese wichtige und mir von der Schule her wohlbekannte Wahrheit vergessen?!
Vielleicht verlangen es die Gesetze der Bühne, daß alles vom wirklichen Leben her Wohlvertraute auf den Brettern, unter den Gegebenheiten des öffentlichen Auftretens noch einmal ganz neu erkannt, verstanden und erlebt werden muß?!

Nun, ich bin bereit, alles mir längst Bekannte noch einmal neu kennenzulernen. Dabei sollen mir die Praxis selbst, die Bühne mit ihren Arbeitsbedingungen, das tausendköpfige Untier im Zuschauerraum, die Rampe mit dem dahinter gähnenden schwarzen Abgrund helfen.
Da ist er, da droht er mir von weitem, von der Vorbühne herüber.
Ja ... das ist er! Wie konnte ich das so lange nicht bemerken? Ich erkenne das Ungeheuer an dem widerwärtigen Gefühl, als ob es mich in seinen bodenlosen Schlund hineinzöge, an seiner besonderen Fähigkeit, den Schauspieler gewaltsam zu versklaven und seine ganze Aufmerksamkeit auf sich zu konzentrieren. Was ich auch anstellte, wohin ich mich auch drehte und wendete, sosehr ich mich auch abzulenken versuchte, empfand ich doch unablässig des Abgrunds Gegenwart. „Hier bin ich!" schien er mir alle Augenblicke unverschämt zuzurufen. „Vergiß mich nicht, wie auch ich dich nicht vergessen habe!"
Von diesem Moment an wußte ich nichts mehr von der ganzen Kulissenwelt, dem Hintergrund und allem, was sich auf der Bühne abspielte. Es war nichts mehr da als der Vordergrund mit dem aufgerissenen, funkelnden, abgrundtiefen Schlund des Ungeheuers. Da fiel mir auf einmal wieder die Panik ein, in die ich seinerzeit bei der Schüleraufführung geraten war. Ich stand wie versteinert da, starrte in den dunklen, fernen Abgrund, und meine Muskeln verkrampften sich so, daß ich überhaupt unfähig war, ein Glied zu rühren.
Wenn das Ungeheuer des Portals mich schon hier im Hintergrund so sehr aus der Fassung bringt, was würde dann erst dort im Vordergrund, mitten in dem schwarzen, gräßlichen Schlund geschehen!!!
Als ich nach Aktschluß am Inspizientenpult vorüberging, stürzte ein mir unbekannter Mann auf mich zu, der sich als diensthabender Abendregisseur erwies.
„Ich werde im Protokoll vermerken", sagte er, „daß man Ihnen in Zukunft für alle Vorstellungen von ‚Ein heißes Herz' einen Platz in der ersten Parkettreihe reservieren soll. Vom Zuschauerraum aus können Sie die Schauspieler bequemer bewundern als hier auf der Bühne, auf Ihrem Wachposten im Hintergrund. Es wäre besser, wenn Sie gleich in den Zuschauerraum hinunterstiegen!"
„Bravo, bravo!" sagte ein freundlicher junger Mann, wohl ein Schauspieler des Ensembles zu mir. „Ihr Soldat ist ein künstlerisches Tüpfelchen im Gesamtbild. Wie schlicht und ungezwungen Sie ihn spielen!"
„Es freut mich, daß Sie sich zurechtgefunden haben, mein Lieber, und sich wie zu Hause fühlten. Das freut mich", war Iwan Platonowitschs Urteil. „Aber ... wo blieb das magische ‚Wenn'? Ohne dieses ‚Wenn' kann von Kunst keine Rede sein. Dieses ‚Wenn' müssen Sie finden und sich erschaffen, damit Sie alles, was auf der Bühne geschieht, nicht mit den Augen des Zuschauers Naswanow betrachten, sondern mit den Augen des Wachsoldaten, das heißt einer handelnden Person des Stückes."
? . . . .

O Schrecken!
Bei der heutigen Vorstellung von „Ein heißes Herz" mußte ich ganz unvermutet einen erkrankten Kollegen vertreten und an der Freitreppe des Stadthauptmanns,

also direkt auf der Vorbühne, unmittelbar vor dem Schlund des am Portal lauernden Ungeheuers, Posten stehen.
Mir stockte der Atem, als ich von diesem Verdammungsurteil des Regisseurs erfuhr. Ablehnen konnte ich nicht. Mein Fürsprecher, Iwan Platonowitsch, war nicht im Theater.
So blieb mir nichts anderes übrig, als mich zu fügen.
Als ich mich dann wirklich auf der Vorbühne, in unmittelbarer Nähe des bodenlosen schwarzen Schlundes am Portal aufgebaut hatte, wurde ich vom Bewußtsein dieser Nähe fast erdrückt. Ich sah nicht, was hinter den Kulissen geschah, ich verstand nicht, was auf der Bühne vor sich ging. Ich konnte nur ganz still dastehen, wobei ich mich heimlich an die Dekoration stützte, und nur mit knapper Not rettete ich mich vor einer Ohnmacht. Es war entsetzlich!!
In manchen Augenblicken kam es mir vor, als ob ich auf dem Schoß der Zuschauer in der ersten Reihe säße. Mein Gehör war so geschärft, daß ich einzelne Sätze der im Parkett sitzenden Leute verstehen konnte. Auch mein Sehvermögen war so intensiv angespannt, daß ich alles wahrnahm, was im Zuschauerraum geschah. Es zog mich mit Gewalt auf die andere Seite der Rampe, und es kostete mich viel Mühe, mein Gesicht nicht dem Publikum zuzukehren. Wenn ich das getan hätte, wäre mir der letzte Rest von Selbstbeherrschung verlorengegangen, und ich hätte mit verstörtem Gesicht und erstarrtem Körper vor der Rampe gestanden, völlig hilflos und drauf und dran, vor lauter Verwirrung in Tränen auszubrechen. Obwohl ich keinen Blick zum Zuschauerraum hinüberwarf und ihm die ganze Zeit über mein Profil zuwandte, bemerkte ich doch alles, was im Zuschauerraum geschah; mir entging keine Bewegung, kein Aufblitzen der Theatergläser. Es war mir, als ob sie alle ausschließlich auf mich gerichtet seien, was mich veranlaßte, noch stärker als bisher auf mich zu achten. Wieder hemmte die auf den eigenen Körper konzentrierte Aufmerksamkeit alle Bewegungen, so daß ich mich völlig verkrampfte. Ich hatte das bedrückende Empfinden, ein jämmerlicher, hilfloser, lächerlicher, unkünstlerischer und häßlicher Fleck im schönen Gesamtbild zu sein.
War das eine Qual! Wie sehr zog sich der Akt in die Länge! Wie müde war ich! Mir drehte sich bereits alles vor den Augen, und es kostete mich viel Mühe, nicht hinzufallen.
Um nicht schmählich vom Schlachtfeld fliehen zu müssen, beschloß ich, mich unbemerkt zu verstecken und nahm zu diesem Zweck meine Zuflucht zu einer List – ich wich nämlich unauffällig in Richtung auf die Kulissen zurück und verkroch mich halb hinter dem ersten Hänger am Portal. Von dort aus schien mir der schwarze Abgrund weniger gefährlich zu sein.
Nach Schluß des Aktes fing mich der Abendregisseur wieder beim Inspizientenpult ab und meinte bissig:
„Auch aus den Kulissen heraus sind die Schauspieler nur schlecht zu sehen. Es wäre wirklich besser, Sie setzten sich endlich zum Publikum ins Parkett!"
Auf der Bühne trafen mich mitleidige Blicke. Aber vielleicht bildete ich mir das auch nur ein, und in Wirklichkeit kümmerte sich keine Seele um mich armseligen Statisten, der ich meine Nichtsnutzigkeit den ganzen Abend über so quälend empfand.

Und auch jetzt noch, während ich diese Zeilen in mein Tagebuch schreibe, ergeht es mir nicht besser.
Was für ein elendes, untalentiertes Nichts von Schauspieler bin ich doch!

Heute ging ich ins Theater wie zur Hinrichtung und dachte voller Schrecken daran, daß ich wieder am Schlund des Ungeheuers, vor dem schwarzen Abgrund des Portals stehen müsse.
„Was für ein Mittel mag es nur geben, um sich davor zu schützen?" fragte ich mich immer wieder, bis mir plötzlich der rettende „Kreis der Aufmerksamkeit" in den Sinn kam.
Wie konnte ich ihn bloß vergessen und ihn mir nicht gleich zunutze machen?
Bei diesem Gedanken fiel mir gleichsam ein Stein vom Herzen; mir war, als hätte ich vor Beginn einer blutigen Schlacht einen undurchdringlichen Panzer angelegt. Während ich mich schminkte, kostümierte und auf meinen Auftritt vorbereitete, erinnerte ich mich an die Übungen, die wir in der Schule im Zusammenhang mit dem Aufmerksamkeitskreis gemacht hatten, und wiederholte sie für mich.
„Wenn die öffentliche Einsamkeit mir bereits in der Schule vor einem Dutzend Schülern ein so wunderbar angenehmes Gefühl gab, wieviel mehr erst hier im Theater, angesichts der Zuschauermenge", sagte ich mir.
„Ich schließe mich in meinen Kreis ein und suche mir in ihm einen Punkt aus, auf den ich mich konzentrieren kann. Dann werde ich einen Spalt meines undurchdringlichen Kreises öffnen, einen Augenblick lang mitansehen, was auf der Bühne geschieht, werde mir vielleicht sogar ein Herz fassen und einen Blick in den Zuschauerraum werfen, um mich dann wieder schleunigst in meinen vertrauten Kreis, in die Einsamkeit zurückzuziehen", redete ich mir selber zu.
In Wirklichkeit kam alles ganz anders. Im Theater erwartete mich eine halb erfreuliche, halb unangenehme Überraschung. Der Inspizient teilte mir mit, ich solle wieder auf meinen alten Platz im Hintergrund, am Gefängniszaun, zurückkehren.
Ich wagte nicht, ihn nach dem Grund für diese Entscheidung zu fragen, fügte mich widerspruchslos und freute mich, daß ich mich dort hinten behaglicher und ruhiger fühlen würde. Zugleich bedauerte ich jedoch die neue Anordnung, weil ich glaubte, daß es mir heute mit Hilfe meines gepanzerten Kreises gelungen wäre, das Grauen vor dem schwarzen Abgrund zu überwinden.
Im Hintergrund, von meinem Kreis umgeben, fühlte ich mich glücklich und wie zu Hause. Bald zog ich mich ganz in meinen Kreis zurück und genoß das Gefühl der öffentlichen Einsamkeit; dann wieder beobachtete ich, was außerhalb des Kreises geschah. Ich freute mich am Spiel der Darsteller, an der weiten Kulissenlandschaft, blickte auch dann und wann kühn auf die Vorbühne, mitten hinein in den schwarzen Abgrund. Wie mir schien, hätte ich heute, im Schutz meines undurchdringlichen Kreises, sogar dort im Rachen des Ungeheuers meinen Mann gestanden.
Aber ich mußte mich im Zaum halten und an Iwan Platonowitschs letzten Hinweis denken, daß ich nämlich auf der Bühne nicht einfach mein eigenes, gewohntes Leben führen dürfe, sondern daß mein persönliches Erleben über das magische „Wenn" und die vorgeschlagenen Situationen der Rolle geleitet werden muß. Hätte ich diese

neue Sorge nicht gehabt, so wäre ich heute wohl gänzlich außer Rand und Band geraten.
Wie aber sollte ich erkennen, wo mein persönliches Leben aufhört und wo das andere beginnt, das zwar ebenfalls mein Leben ist, aber zugleich den Lebensbedingungen der von mir auf der Bühne dargestellten Person angepaßt sein muß?
Da stehe ich beispielsweise und bewundere die Landschaft. Tue ich das nun von meinem Gesichtspunkt aus oder von dem des Soldaten?
Um diese Frage beantworten zu können, suchte ich mir zunächst darüber klarzuwerden, ob sich ein Bauer überhaupt in unserm Sinne an der Landschaft erfreuen würde.
„Was gibt es da schon groß zu sehen?!" würde er sagen. „Landschaft ist Landschaft, und damit basta!"
Ein Bauer hat sich an der Landschaft sattgesehen; er liebt sie wie die ganze Natur, innig, aber ohne jede Sentimentalität. Demnach ist die Handlung, die ich mir ausgesucht hatte, für meinen Soldaten keineswegs typisch. Für ihn wäre es viel eher typisch, sich die schöne Aussicht wie etwas Altgewohntes und Vertrautes teilnahmslos zu betrachten.
Was aber sagt mein Soldat zu der betrunkenen Gesellschaft Chlynows? Wie stellt er sich zu ihrem albernen Treiben?
„Die Herrschaften amüsieren sich! Sonderbar, fürwahr! Sieh einer an, die sind aber tüchtig besoffen! Und dabei sind es doch Herrschaften!" würde er mißfällig sagen und höchstens bei den lächerlichsten Redensarten ein wenig die Miene verziehen. Schließlich ist er an noch ganz anderes gewöhnt.
Also ist mein Verhalten auch in dieser Hinsicht wenig typisch für einen aus dem Bauernstand kommenden Soldaten.
Da fiel mir ein, daß Arkadi Nikolajewitsch uns folgenden Rat gegeben hatte: „Wenn Sie einen Bauern zu spielen haben, vergessen Sie nicht, daß es sich dabei um einen außerordentlich schlichten, natürlichen und ursprünglichen Menschen handelt. Wenn ein Bauer steht oder geht, so tut er das allein darum, weil er in diesem Augenblick gerade stehen oder gehen muß. Wenn es einen Bauern juckt, so kratzt er sich, wenn er sich schneuzen will oder husten muß, tut er das eine wie das andere, und zwar genau so heftig und so lange, wie es not tut, dann läßt er die Hand sinken und bleibt bis zur nächsten unerläßlichen Handlung unbeweglich stehen."
Auch mein Soldat sollte gerade nur soviel tun, wie im Augenblick notwendig ist. Daher braucht man für diese Rolle viel Disziplin und Selbstbeherrschung. Gerade die Untätigkeit ist typisch für meinen aus dem Bauernstand kommenden Soldaten. Dastehen muß er, also steht er; die Sonne blendet, folglich schiebt er sich die Mütze tiefer ins Gesicht. Das ist alles, nichts weiter.
Aber ist eine solche Unbeweglichkeit, dieses Fehlen jeglicher Handlung überhaupt bühnenwirksam? Das Theater verlangt Aktivität!
Wenn das so ist, muß ich in der Rolle meines Soldaten selbst beim untätigen Wachestehen noch irgendeine Tätigkeit finden. Das ist schwierig.
Noch schwieriger ist es jedoch, sich nicht völlig in der Rolle des Soldaten zu verlieren, sondern sich in ihm genauso wiederzuerkennen, wie ihn in sich.

Alles, was ich in dieser Hinsicht tun kann, ist, auch unter den vorgeschlagenen Situationen der Rolle immer noch ich selbst zu bleiben.
Ich will versuchen, diese vorgeschlagenen Situationen zu erkennen und mich in sie hineinzudenken.
Die Unbeweglichkeit gehört zu den vorgeschlagenen lebensechten Situationen der Rolle, also übernehme ich sie und beziehe sie in mein Verhalten ein. Ich werde nach Möglichkeit auf einer Stelle stehenbleiben.
Aber immerhin bin und bleibe ich dabei Naswanow, es entspricht nicht meinem Wesen, ja, ich bin gar nicht fähig, an nichts zu denken. Doch es ist ja nicht ausgeschlossen, daß auch mein Soldat vor sich hin träumt, während er so regungslos dasteht. Schließlich ist er ein Mensch genau wie ich. Nun erhebt sich die Frage: Muß ich dieselben Gedanken und Träume haben wie der Soldat.
Nein, das hieße mir selbst Gewalt antun, wenn ich mich darauf beschränkte; mein Spiel würde dadurch unwahrhaftig, und ich könnte ihm nicht mehr glauben. Also werde ich denken, was mir gerade einfällt. Lediglich im Gesamtcharakter werde ich mich anpassen, das heißt, meine Gedanken müssen ruhig und gelassen sein.

Heute war ich gar nicht in Stimmung und konnte mich nicht recht konzentrieren. Dennoch gelang es mir, meine Aufmerksamkeit zu steuern, ich ergab mich nicht und ließ mich nicht von der unheimlichen Gewalt des schwarzen Rachens überwältigen. Dabei war meine Aufmerksamkeit allerdings nicht auf die Belange der Rolle gerichtet, sondern auf das, was ich selber brauchte. Ich experimentierte in einem fort und plagte mich ab, um endlich das richtige innere Befinden hervorzurufen. Mein Verhalten auf der Bühne war kein Mitwirken im Schauspiel, sondern eine Unterrichtsstunde vor dem Publikum.
Ich war zufrieden, daß ich mich trotz meiner schlechten Gemütsverfassung nicht von dem Schreckgespenst, dem schwarzen Schlund am Portal, unterkriegen ließ.
Das ist unzweifelhaft ein Erfolg, ein kleiner Schritt vorwärts.

„Soll ich das Theater nicht doch lieber aufgeben?! Es kommt ja doch nichts Gescheites dabei heraus! Offenbar bin ich eben einfach unbegabt", dachte ich nach der heutigen, für mich so mißglückten Vorstellung. „Ein ganzes Jahr Unterricht an der Schauspielschule, eine Reihe von Vorstellungen in der winzigen Statistenrolle, und doch so gut wie gar kein Erfolg!"
Bis jetzt habe ich auf der Bühne ja nur einen Bruchteil dessen angewandt, was wir in der Schule gelernt haben. Alles übrige hatte ich beim Betreten der Bühne vergessen.
Was habe ich bei der Arbeit in „Ein heißes Herz" denn schon in die Praxis umgesetzt? Die Muskelentspannung, das Objekt der Aufmerksamkeit, die Vorstellungen der Phantasie und die vorgeschlagenen Situationen, die Aufgaben und die physische Handlung und zuletzt auch noch den Aufmerksamkeitskreis und die öffentliche Einsamkeit... das ist alles!
Dabei ist es noch fraglich, ob ich dieses wenige, was ich auf der Bühne ausprobiert habe, auch wirklich beherrsche. Ist es mir mit Hilfe der Psychotechnik tatsächlich

gelungen, mich in den entscheidenden, den schöpferischen Zustand zu versetzen, in dem sich meine Natur und ihr Unbewußtes in die Arbeit einschalten? Ohne diese Voraussetzung ist meine ganze Mühe, genau wie das gesamte „System", völlig sinn- und wertlos.
Selbst wenn es mir gelungen sein sollte, ist das doch nur ein unbedeutender Erfolg, denn es ist nur der elementarste Teil dessen, was wir in der Schule gelernt haben und was ich jetzt in die Praxis umsetzen muß.
Wenn ich mir das alles vergegenwärtige, verliere ich meine Energie und den Glauben an mich selbst.
Emotionales Gedächtnis, Partnerbeziehung, Anpassungsfähigkeit, Antriebskräfte des psychischen Lebens, innere Linie der Rolle, durchgehende Handlung, Überaufgabe und inneres Befinden auf der Bühne, sie alle müssen so weit entwickelt werden, bis sich die Natur und ihr Unbewußtes in die Arbeit einschalten!
Es ist unvergleichlich viel schwerer und komplizierter als das bisher Erreichte. Am schlimmsten ist es, daß ich allein und ohne jegliche Hilfe die ersten Schritte auf der Bühne machen muß. Als ich mich kürzlich bei Iwan Platonowitsch darüber beklagte, erwiderte er: „Meine Aufgabe war es lediglich, Sie ins Wasser zu werfen, schwimmen müssen Sie selber und zusehen, wie Sie wieder ans trockene Land kommen."
Nein! Ich protestiere! Diese Gewaltanwendung ist eine falsche Methode. Arkadi Nikolajewitsch würde sie niemals billigen.
Es gibt eine andere und bessere Methode, nämlich die, daß man die Vorstellung für uns Schüler zum öffentlichen Unterricht werden läßt. Darunter braucht der Gesamteindruck nicht zu leiden, es kommt ihm im Gegenteil sogar zugute, weil die Schüler unter Aufsicht ihrer Lehrer besser in das Wesen ihrer Rolle eindringen würden.
Warum sind unsere Erzieher und Pädagogen so uninteressiert an unserem öffentlichen Auftreten, warum machen sie nicht Gebrauch von den reichen Möglichkeiten, mitten im Theater, während der Vorstellung, vor den Augen der Zuschauer zu unterrichten?
Uns sind dazu wahrlich alle Möglichkeiten geboten: Ein Unterricht in Maske und Kostüm in vollständiger Dekoration, in Zusammenarbeit mit den besten Schauspielern, geleitet von den besten Regisseuren und unter Aufsicht der besten Lehrer! Ich weiß, ich fühle, daß man sich nur bei derartigen öffentlichen „Unterrichtsstunden" das richtige innere Befinden erwerben kann. Innerhalb der intimen Schulräume, vor den Augen von kaum einem Dutzend Schüler, von Kameraden, die man als Zuschauer gar nicht für voll nimmt, kann man das niemals erreichen.
Außerdem möchte ich behaupten, daß man sich das richtige Befinden nicht fern vom schwarzen, aufgerissenen Rachen des Ungeheuers vor der Rampe erwerben kann. Das, was wir uns zu Hause oder im Unterricht erarbeiten, kann man nicht als Befinden „auf der Bühne" bezeichnen, es ist vielmehr ein „häusliches" oder „schulmäßiges" Befinden.
Mir ist jetzt klargeworden, daß man, um sich das Befinden auf der Bühne anzueignen, vor allem die Bühne braucht mit dem schwarzen Abgrund des Portals und allen anderen erschwerenden Bedingungen des öffentlichen Auftretens. Dazu muß man auch eine besondere Psychotechnik entwickeln, mit deren Hilfe man die unvermeid-

lichen Hindernisse bei der schöpferischen Arbeit überwindet. Dabei ist es wichtig, daß man so oft wie möglich, einmal oder zweimal täglich, auf alle diese Hindernisse stößt und sich mit ihnen auseinandersetzt. Kurz, was wir brauchen, ist Tag für Tag ein solcher öffentlicher Unterricht. Wenn alle Hindernisse und Gegebenheiten des öffentlichen Auftretens mir erst einmal zur Gewohnheit geworden sind, wenn ich sie aus nächster Nähe kenne und sogar liebe, wenn das Spielen vor der Menge für mich so selbstverständlich geworden ist, daß ich kein anderes Befinden auf der Bühne mehr kenne und gar nicht fähig bin, anders als mit diesem richtigen Befinden an die Rampe zu treten, wenn mir das „Schwere zur Gewohnheit, das Gewohnte leicht und das Leichte schön" geworden ist – dann erst kann ich sagen, daß ich mir das „richtige innere Befinden auf der Bühne" erworben habe und nach Belieben darüber verfügen kann.

Jetzt würde ich nur gern wissen, wie oft man den öffentlichen Unterricht wiederholen muß, um dieses Ziel und den Zustand des „ich bin" zu erreichen, in dem allein sich auch die Natur und ihr Unbewußtes in die schöpferische Arbeit einschalten.

Heute glückte es mir, eine Zusammenkunft mit Iwan Platonowitsch zu erwirken. Pascha und ich suchten ihn in seiner Wohnung auf, wo wir eine lange Unterredung hatten. Ich weihte Rachmanow in alle meine Gedanken und Pläne ein.
„Lobenswert, sehr lobenswert, meine Lieben!" sagte Iwan Platonowitsch gerührt. „Aber..."
Er runzelte die Stirn, schnitt eine Grimasse und fuhr nach kurzer Pause fort: „Neben dem Guten verbirgt sich leider stets auch das Böse! So ist das! Jawohl, das Böse, sage ich. Das öffentliche Auftreten im Theater hat auch *manches Risiko!* Zweifellos ist es nützlich und wichtig für Sie, jeden Tag vor dem Publikum zu stehen und sich in der Praxis das zu erarbeiten, was Sie in der Schule gelernt haben. Wenn ein gewissenhafter, bewußter und talentierter Schüler auf diese Weise ein ganzes Jahr lang Tag für Tag nach den Gesetzen der Natur arbeitet, wird das richtige innere Befinden ganz von selbst zu seiner zweiten Natur! Das ist eine wunderbare Sache! Da kann ich nur Beifall klatschen. Je öfter Sie mit dem richtigen Befinden auf der Bühne stehen, desto stärker und sicherer wird es sich in Ihnen entwickeln."
Nach einer Pause und einem geheimnisvollen Blick auf uns beide neigte sich Iwan Platonowitsch ein wenig vor und fragte uns vertraulich, fast flüsternd:
„Wenn das aber nicht geschehen sollte?!... Wenn jemand Abend für Abend mit einem falschen Befinden auf der Bühne steht?! Das wäre eine schöne Geschichte!... Innerhalb eines Jahres wäre aus einem hoffnungsvollen, begabten Menschen ein widerwärtiger Schmierenkomödiant und Zieraffe geworden! In diesem Falle, meine Lieben, wäre es nur um so schlimmer, gefährlicher und unheilvoller, je öfter man auf der Bühne steht! Schließlich und endlich ist das keine Arbeit in der Schule, sondern vor dem Publikum. Sind Sie sich eigentlich klar darüber, was es mit so einem Auftreten in der Öffentlichkeit auf sich hat? Ich werde es Ihnen sagen:
Wenn man vor seinen Verwandten, Nachbarn oder Mitschülern spielt und Erfolg dabei hat, so ist das angenehm. Aber wenn man sich dabei blamiert, so ist es unangenehm. Sich zu blamieren ist fatal, sage ich Ihnen. So ist das! Fünf oder sechs Tage,

vielleicht sogar einen ganzen Monat kann man nicht wieder froh werden. Einen Monat, sage ich! So wäre das bei einer Haus- oder Schulvorstellung, vor Papa, Mama oder den Klassenkameraden! Wissen Sie aber, meine Lieben, was Erfolg oder Mißerfolg vor Tausenden von Zuschauern, im Theater, in der Atmosphäre einer richtigen Aufführung bedeuten? ... Das vergißt man sein Lebtag nicht und wird sich wohl auch noch nach dem Tode daran erinnern! ... Fragen Sie mich ... Jawohl, Sie brauchen nur mich zu fragen! Ich kenne das ... Nun ist es eine geheimnisvolle, höchst wundersame Sache, daß jedes öffentliche Auftreten das richtige Befinden mit seinem echten Erleben genauso festhält und dem Gedächtnis einprägt wie auch das falsche mit seinen Schablonen und seinem gezierten Getue. Die emotionalen Erinnerungen wie die Muskelhandlungen, die richtigen wie die falschen vorgeschlagenen Situationen, die richtigen wie die falschen Aufgaben und die Anpassungen ... alles das wird festgehalten! Dabei wird das Falsche rascher, intensiver und nachhaltiger festgehalten als das Gute. Das Richtige ist schwieriger und unzugänglicher, darum wird es auch langsamer, schwerer und nicht so dauerhaft vom Gedächtnis festgehalten.

Meine Rechnung sieht nun folgendermaßen aus:

Nehmen wir an, Sie hätten heute gut und richtig gespielt, weil alle Elemente richtig gearbeitet haben, weil es Ihnen geglückt ist, sie alle auf der Bühne so anzuwenden wie im Leben. Schreiben Sie sich dafür einen Pluspunkt gut. Aber nur einen einzigen, sage ich.

Morgen dagegen gelingt es Ihnen nicht, die Elemente in die richtige Bahn zu lenken, sie zeigen sich launisch und widerspenstig, und Ihre Technik ist noch zu schwach entwickelt. Also notieren Sie schleunigst zehn Minuspunkte zu Ihren Lasten! Jawohl, ganze zehn, sage ich Ihnen!"

„Soviel?!"

„Jawohl, viel, mein Lieber, sehr viel! Denn die schlechten Angewohnheiten sind stark. Sie fressen sich ein wie Rost. So ist das! Sie kämpfen nicht gegen die unnatürlichen Bedingungen des Auftretens auf der Bühne an. Sie kämpfen nicht, sondern suchen sich im Gegenteil auf jede erdenkliche Weise diesen Bedingungen anzupassen. Sie gewöhnen den Schauspieler daran, sich der Gewalt der Schablone zu beugen. Das ist nämlich bedeutend leichter als zu kämpfen, als die Schablonen auszurotten, gegen den Strom zu schwimmen. Dagegen kostet es keine Mühe, sich der Gewalt der Schablone zu beugen. Darum muß man auch nach einer einzigen falschen Vorstellung erst wieder zehn richtige spielen. Jawohl, ganze zehn, sage ich, und keine einzige weniger! So ist das, mein Lieber! Erst dann werden Sie Ihre schöpferische Natur wieder in den Zustand zurückversetzt haben, in dem sie bis zu Ihrem verhängnisvollen Abgleiten ins Theatralische war."

Nach einer kurzen Pause fügte Iwan Platonowitsch hinzu:

„Darüber hinaus hat das tägliche Auftreten des Schülers im Theater noch ein anderes, ganz vertracktes ‚aber‘."

„Was denn für ein ‚aber‘?"

„Ein ganz übles! Jawohl, ein übles, sage ich! Das Leben hinter den Kulissen untergräbt die Moral des Schülers. Erfolg, Schmeicheleien, Eitelkeit, Eigenliebe, Bohème,

Schmierenkomödiantentum, Eigendünkel, Prahlsucht, Klatsch, Intrigen – das alles sind Bazillen, meine Lieben, die dem jungen Organismus eines unerfahrenen Anfängers sehr gefährlich werden können.
Bevor man ihn in unsere ansteckende Atmosphäre kommen läßt, muß man vorbeugen, muß man das Gift unschädlich machen und ihn gegen alle Verführungen immun machen. Eine Art Schutzimpfung muß er bekommen."
„Wie kann das geschehen?"
„Indem man ihn erzieht, die Kunst in sich, nicht aber sich selbst in der Kunst zu lieben. Mit Hilfe des eigenen Bewußtseins, durch eine feste Überzeugung, durch Gewohnheit, Willen, Abhärtung und Disziplin, durch Verständnis für die Voraussetzungen der kollektiven Arbeit und durch Entwicklung der Kameradschaft. Das alles bildet ein wirksames Gegengift. Sie werden es aber auch dringend brauchen, meine Lieben! Ohne ein solches Gegengift würden Sie sich zweifellos anstecken."
„Und wo sollen wir es bekommen?"
„In der Schule! Dort muß man es im Erziehungsprozeß den Schülern einimpfen. Äußerst wichtig ist das... Oder auch hier im Theater, bei der praktischen Arbeit... Wir müssen die jungen Menschen lehren, sich selbst vor den Gefahren zu schützen."
„Das soll man nur tun! Wir sind bereit!"
„Das muß organisiert werden. Wir brauchen Menschen, Lehrer dazu, hier auf der Bühne, in den Garderoben, im Konversationsraum."
„Versuchen Sie es doch zuerst einmal ohne sie. Immerhin sind wir bewußte Menschen und haben uns von allein an Sie gewandt. Schließlich sind wir keine Kinder mehr, sondern erwachsene Leute und wissen unsern Verstand zu brauchen. Sagen Sie uns doch, was wir tun, wie wir uns verhalten sollen, und wir verpflichten uns, jede Anweisung von Ihnen widerspruchslos zu befolgen.
Die Bühne und unsere Garderobe – keinen Schritt weiter. Schenken Sie uns doch Vertrauen!"
„Ja, das ist richtig: Bühne und Garderobe und keinen Schritt weiter. Das gefällt mir, bravo, meine Lieben. Aber warum?
Die Sache sieht nämlich folgendermaßen aus:
Das Gefährlichste hinter den Kulissen ist das lange Warten auf den Auftritt und das müßige Herumlungern während der Spielpausen. Das Theater verlassen kann man nicht, aber zu tun hat man während der Wartezeit auch nichts. So ist das! Oft wirkt ein Schauspieler nur im ersten und im letzten Akt eines Stückes mit und hat obendrein in jedem dieser Akte nur ganze zwei Sätze zu sagen. Das bedeutet lange Stunden des Wartens auf einige wenige Spielminuten. Da sitzt man nun herum und wartet. Im Leben hinter den Kulissen kommt eine ganz erkleckliche Anzahl solcher Stunden zusammen. Eine erkleckliche Anzahl, meine Lieben. Und diese Zeit ist durch nichts ausgefüllt. Also vertrödelt man sie mit leerem Geschwätz, mit Klatsch, böswilligem Gerede, faulen Witzen und Skandalgeschichten. So geht das Tag für Tag. Eine ganz vertrackte Sache ist das! Das eben ist der Ursprung der moralischen Zersetzung hinter den Kulissen.
Am merkwürdigsten dabei ist, daß diese unfreiwilligen Müßiggänger sich beständig darüber beschweren, wie wenig Zeit sie hätten, wie sehr sie überlastet seien und

darum leider nicht an sich arbeiten könnten. Warum nutzen sie dann die Wartezeit hinter den Kulissen nicht aus?"
„Vielleicht werden sie von ihrer Rolle abgelenkt, wenn sie während der Vorstellung an sich arbeiten?" warf ich ein.
„Meinen Sie etwa, daß Klatsch und faule Witze nicht ablenken?" Iwan Platonowitsch fiel förmlich über mich her. „Wann sollte man denn seine Technik trainieren, wenn nicht in den Pausen zwischen den Akten und Auftritten? Die Sänger machen Stimmübungen, die Musiker stimmen ihre Instrumente, also sollen die Schauspieler gefälligst auch trainieren! Unser Instrument ist komplizierter gebaut als eine Geige. Wir haben Hände und Füße, den Körper und die Mimik, die Stimme, unser Wollen und Empfinden, die Phantasie, die Partnerbeziehung und die Anpassungsfähigkeit. Ein ganzes Orchester – so sieht die Sache bei uns aus! Da haben wir nachgerade genug, was wir stimmen müssen!
Morgens haben die Schauspieler keine Zeit zum Trainieren, so mögen sie statt dessen in ihren Garderoben, einzeln oder in Gruppen, die Elemente des Befindens – die Aufmerksamkeit, die Vorstellungskraft, das Gefühl für Wahrhaftigkeit, die Partnerbeziehung und so fort – zu vervollkommnen suchen. Sie sollen auch an Diktion und Sprache arbeiten. Sie sollen sich darin üben, Handlungen mit vorgestellten Gegenständen, logisch, folgerichtig und wahrheitsgetreu durchzuführen. Sie sollen diese Übungen so weit vervollkommnen, bis sich die Natur und ihr Unbewußtes in die Arbeit einschalten.
Kurz gesagt, sie sollen das gesamte Lehrprogramm des ersten Schuljahres wiederholen. Die szenische Technik muß während der ganzen Laufbahn eines Schauspielers tagtäglich weiterentwickelt und gefestigt werden.
Aber da ist noch etwas anderes. Sie werden ja nicht während des Unterrichts, sondern nach den Schulstunden aufzutreten haben. Wann werden Sie dann Ihre Aufgaben lernen, meine Lieben?! Wann werden Sie die Aufgaben lernen, frage ich?!"
„In den Pausen zwischen unsern Auftritten!" riefen Pascha und ich wie aus einem Munde.
„Es wird Ihnen zuviel werden! So ist das! Es wird den Schulunterricht beeinträchtigen!" meinte Iwan Platonowitsch unschlüssig.
„Durchaus nicht! Es wird uns bestimmt nicht zuviel, wir sind ja noch jung!"
„Es wäre unbezahlte Arbeit, meine Lieben, vergeßt das nicht!"
„Von Rechts wegen müßten wir noch draufzahlen. Wenn man bedenkt, was es heißt: Unterricht in der Öffentlichkeit!"
„Löblich, sehr löblich, meine Lieben!" sagte Iwan Platonowitsch noch einmal, ganz gerührt über unsern Eifer.
Doch plötzlich kam ihm ein neuer Einwand in den Sinn: „Was werden aber die andern Schüler sagen?"
„Wenn sie bereit sind, ihre Zeit zu opfern, müßte man ihnen das gleiche Recht und die gleichen Möglichkeiten einräumen wie uns", erwiderte ich.
„Nicht allen könnte man das gestatten, meine Lieben", widersprach Rachmanow. „Nicht alle bringen bereits genügend Verständnis für eine solche Aufgabe mit. Und auch bei Ihnen müßte die Erlaubnis rückgängig gemacht werden, falls sich heraus-

stellen sollte, daß Sie nicht genügend Verständnis aufbringen. Das wäre eine vertrackte Sache!
Ohnehin wird mir Arkascha Ihretwegen gehörig den Kopf waschen, meine Lieben", seufzte er. „Warum ich die Schüler zu Statisten mache, wird er sagen. Es wäre besser, wenn sie zunächst einmal den gesamten Lehrplan vernünftig durcharbeiteten, danach können sie sich immer noch in der Praxis üben. Praktische Arbeit in Theater und Schule läßt sich nun einmal nicht miteinander verbinden. Im Anfang geht die Schule über alles. Ein Statist hat nicht genügend Zeit, um das Unterrichtsprogramm wirklich sinnvoll durchzuarbeiten. Aus einem Statisten wird immer nur ein halb ausgebildeter, lediglich aufs Praktische bedachter Schauspieler. Was wir brauchen, sind jedoch voll ausgebildete und gut vorbereitete Künstler. Die praktische Erfahrung können sie sich später immer noch erwerben. Dazu werden sie in Zukunft, ihr ganzes Leben lang, noch viel Zeit haben, während die Schulzeit, meine Lieben, auf vier kurze Jahre beschränkt ist. Eine komplizierte Sache ist das, meine Lieben.
So etwa wird Arkascha reden. Er wird mir ordentlich die Leviten lesen!" seufzte Rachmanow wieder.
Als Ergebnis der heutigen Unterredung wurde folgendes beschlossen:
1. Iwan Platonowitsch erwirkt für Schustow und mich beim Regisseur die Erlaubnis, in den Aufführungen von „Ein heißes Herz" die Rollen des Soldaten und des Bittstellers nach Belieben auszutauschen;
2. Iwan Platonowitsch kontrolliert unsere Arbeit und führt uns auf die Bühne;
3. Iwan Platonowitsch setzt sich dafür ein, daß wir auch in andern Akten desselben Stückes mitspielen dürfen;
4. Pascha und ich verpflichten uns, unsere Schularbeiten und Übungen nach dem „System" in den Pausen zwischen den einzelnen Akten und unseren Auftritten gemeinsam durchzuführen;
5. Wir verpflichten uns, uns ausschließlich in unserer Garderobe oder auf der Bühne aufzuhalten.
Damit endete unser Gespräch.

XII. ABSCHLIESSENDE GESPRÄCHE

Gewöhnlich wird das, was wir lernen, als „Stanislawski-System" bezeichnet. Diese Definition ist jedoch nicht richtig. Die große Wirksamkeit dieser Methode liegt ja gerade darin, daß sie von niemandem erdacht oder erfunden worden ist. Das „System" hat seinen Ursprung in unserer eigenen, organischen Natur, und zwar sowohl in geistiger wie in physischer Hinsicht.
Mit dieser Fähigkeit zur schöpferischen Arbeit, mit diesem „System" in uns, sind wir bereits zur Welt gekommen. Das schöpferische Gestalten ist uns ein natürliches

Bedürfnis, und man sollte meinen, daß wir gar nicht anders gestalten könnten als eben richtig, nach dem „System". Erstaunlicherweise verlieren wir jedoch diese uns von der Natur verliehene Fähigkeit, sobald wir auf die Bühne kommen, und anstatt wirklich zu gestalten, fangen wir an, uns zu zieren, zu heucheln, zu übertreiben und etwas darstellen zu wollen.
Was treibt uns dazu?
Die Gegebenheiten des öffentlichen Auftretens, die Bedingtheit und Unwahrhaftigkeit, die in einer Theatervorstellung, ja bereits in der Architektur des Theaters liegen, die Gewalt, die uns angetan wird, indem man uns die fremden Worte und Handlungen des Dichters, die Arrangements des Regisseurs, die Dekorationen und Kostüme des Bühnenbildners aufzwingt.
Alle diese Einflüsse werden so lange negativ sein, bis der Schauspieler imstande ist, sich das ihm aufgezwungene Fremde wirklich zu eigen zu machen. Dieser Prozeß wird durch das „System" gefördert. Sein magisches „Wenn", seine vorgeschlagenen Situationen, seine Vorstellungen und Lockmittel lassen das Fremde zum Eigentum werden. Das „System" läßt uns an nur in unserer Vorstellung Bestehendes glauben. Wo Wahrhaftigkeit und Glauben ist, da stellen sich das echte, produktive, zielbewußte Handeln, das Erleben und das Unbewußte, das schöpferische, künstlerische Gestalten von selber ein.

... „Sie sollten sich allmählich damit abfinden, daß alles Neue im Anfang hinderlich ist, weil es die ganze Aufmerksamkeit für sich absorbiert und Sie vom Wichtigeren ablenkt", sagte Torzow.[1]
„Im Lauf der Zeit gewöhnen sich Gehör und Zunge an die richtige Betonung, und Sie werden gut sprechen, ohne überhaupt daran denken zu müssen. Dieser Zustand wird eintreten, sobald Ihnen das Neue erst einmal zur Gewohnheit, das Gewohnte leicht, und das Leichte schön geworden ist.
Es gibt Glückspilze, die ohne jede Unterweisung ein Gefühl für das Wesen ihrer Sprache haben und intuitiv richtig sprechen. Aber das sind seltene Ausnahmen. Die überwiegende Mehrzahl der Menschen redet entsetzlich. Aber selbst diese von der Natur benachteiligten Menschen sprechen mitunter, wenn auch sehr selten, aus Intuition heraus ganz erträglich. Denn die Intuition weiß, wie man richtig sprechen muß! Das geschieht immer dann, wenn das Sprechen zum Werkzeug des Handelns wird, wenn es sich als notwendig erweist, mit Hilfe des Sprechens ein wichtiges Ziel zu erreichen. In diesem Fall springt die Natur selber ein, obgleich es für sie keine geschriebenen Gesetze gibt. In der Kunst darf man sich jedoch nicht ausschließlich auf Natur und Intuition verlassen. Darum ist es so wichtig, sich rechtzeitig mit Hilfe der Sprachgesetze gründliche Kenntnisse zu erwerben.
Sobald Sie sich diese Gesetze so zu eigen gemacht haben, daß sie Ihnen zur zweiten Natur geworden sind, werden Sie garantiert vor Ihren einstigen Fehlern geschützt sein, ganz gleich, ob Sie eigene Worte sprechen oder den Text einer Rolle.
Aber die Menschen sind ja nicht imstande zu erkennen, was ihnen dienlich ist. Wie viele sterben an Pocken und andern Krankheiten, zu deren Bekämpfung geniale Ärzte rettende Seren, Vakzine und Medikamente gefunden haben. In Moskau

lebte ein alter Mann, der sich etwas darauf zugute hielt, sein Lebtag weder Eisenbahn noch Telefon benutzt zu haben!
Die Menschheit ist auf der Suche. Unter unermeßlichen Qualen und Mühsalen schreitet sie von einer großen Erkenntnis und Entdeckung zur andern, und doch gibt es Menschen, die aus lauter Rückständigkeit die Hände nicht ausstrecken und nicht annehmen wollen, was ihnen so fürsorglich dargeboten wird.
Wie barbarisch! Wie unkultiviert!
Die Völker, die Natur selbst, die besten Geister der Wissenschaft, geniale Dichter schaffen ihre Sprache im Lauf von Jahrhunderten. Sie ist nicht frei erfunden wie Volapük[2], sondern aus dem Schoß der Nation erwachsen; bedeutende Gelehrte haben Jahrhunderte und Generationen hindurch an ihr gearbeitet, Genies vom Range eines Puschkin haben sie geläutert, und einzig der Schauspieler ist zu träge, sich das bereits Fertige anzueignen. Obwohl ihm der vorgekaute Brei in den Mund gelegt wird, ist er zu bequem, ihn zu schlucken. Welcher Mangel an Kultur ausgerechnet bei einer der kultiviertesten Künste!
Sie sollten nur einmal sehen, wie eifrig die Musiker die Gesetze und die Theorie ihrer Kunst studieren, wie pfleglich sie ihre Instrumente behandeln. Warum tun die Schauspieler nicht dasselbe? Warum befassen sie sich nicht mit den Sprachgesetzen, warum gehen sie mit ihrer Stimme, ihren Sprechwerkzeugen, ihrem Körper nicht pfleglicher um?! Dabei sind das doch ihre Instrumente – die kunstvollsten Ausdruckswerkzeuge, die von der genialen Meisterin, der Zauberin Natur, selbst erdacht worden sind.
Den Schauspielern ist ihre sogenannte ‚Genialität' nur hinderlich", sagte Arkadi Nikolajewitsch ironisch. „Je untalentierter ein Schauspieler ist, desto mehr bildet er sich auf diese ‚Genialität' ein, und sie ist es auch, die ihn daran hindert, sich bewußt mit seiner Kunst, insbesondere mit der Sprache, zu beschäftigen. Schauspieler dieses Schlages, die sich am liebsten mit Motschalow auf eine Stufe stellen, pflegen sich auf ihre ‚Inspiration' zu verlassen. Zuweilen, wenn auch sehr selten, gelingt es ihnen sogar, ein Stück oder eine Szene intuitiv richtig zu erfühlen und ganz leidlich darin zu spielen.
Mit solch zufälligen Erfolgen rechtfertigen sie ihre Ansprüche.
Auf Grund ihrer Bequemlichkeit oder Dummheit reden sich derartige ‚Genies' ein, es reiche vollkommen aus, wenn ein Schauspieler ‚empfinde', alles andere würde sich dann schon von selbst einstellen.
Aber die schöpferische Natur, das Unbewußte und die Intuition treten nun einmal nicht auf Bestellung in Funktion. Was soll geschehen, wenn sie schlafen? Kann der Schauspieler in solchen Augenblicken ohne Sprachgesetze, ohne Betonungsregeln überhaupt auskommen?
Warum glauben Sie, daß Sie alles, was ich Ihnen hier im Unterricht sage, sofort aufnehmen, in sich verarbeiten und in die Tat umsetzen sollen und können? Was ich Ihnen heute sage, gilt für Ihr ganzes Leben. Vieles von dem, was Sie jetzt in der Schule hören, werden Sie erst nach langen, langen Jahren, anhand Ihrer eigenen praktischen Erfahrung wirklich begreifen. Diese Erfahrung wird Sie zu dem zurückführen, was Sie hier gehört haben; und erst dann werden Sie sich wieder erinnern,

vor langer Zeit einmal genau dasselbe gelernt zu haben, ohne daß es damals bis in die Tiefen Ihres Bewußtseins gedrungen wäre. Wenn es soweit ist, vergleichen Sie bitte das, was Ihre eigene Erfahrung Sie lehrt, mit dem, was man Ihnen in der Schule gesagt hat! Dann wird jedes Wort, das Sie sich in der Schulzeit notiert haben, erst wahrhaft lebendig werden."[3]

„Hier habe ich einen neuen Artikel von S... Lesen Sie uns etwas daraus vor!" sagte Arkadi Nikolajewitsch, als er heute zum Unterricht kam, und streckte mir ein aufgeschlagenes Buch hin, das er in der Hand hielt.

Ich las:

„Ich begrüße jede Richtung in unserer Kunst und jede Arbeitsmethode, wenn sie nur dazu beiträgt, das ‚geistige Leben der Rolle' richtig und künstlerisch zu gestalten, die durchgehende Handlung zu verfolgen, die uns auf die Überaufgabe des dichterischen Werkes hinführt.

Dabei gibt es jedoch eine Voraussetzung: Sie selbst müssen aufrichtig an das glauben, was Sie auf der Bühne sagen und tun, nur dadurch werden Sie überzeugen."

Torzow hatte mir zugehört und sagte dann:

„Sie haben den Gedankengang des Autors formal wiedergegeben, und ich habe ihn auch formal verstanden. Aber ist die Kunst des Vorlesens und Sprechens etwa darauf beschränkt? Der Schauspieler muß ein Bildhauer des Wortes sein. Darum möchte ich, daß Sie mir den dargelegten Gedanken so herausmodellieren, daß ich ihn nicht nur höre und verstehe, sondern ihn auch vor mir sehe und empfinde. Dazu müssen Sie das eine hervorheben, das andere fallenlassen; Sie müssen das eine plastischer gestalten, das andere dagegen abdämpfen. Endlich müssen Sie alles richtig aufteilen und ordnen.

Welche Worte müssen hervorgehoben, welche fallengelassen, welche betont und welche abgedämpft werden? Wie sollen die einzelnen Sätze aufgeteilt und angeordnet werden?"

Ich erwiderte, daß jeder Teil vom Ganzen abhängig sei. Um sich ein Urteil über einen Ausschnitt machen zu können, müsse man zuvor den ganzen Artikel kennen.

Auf meinen Einwand hin zeigte mir Arkadi Nikolajewitsch eine andere Stelle im Buch und forderte mich auf, mir den Inhalt anzusehen. Es war die Rede von den zahllosen Richtungen, die es in anderen Künsten, vor allem in der Malerei, gegeben hat. Der Artikel erwähnte die endlosen Etappen, die beispielsweise die Maler auf ihrem Wege zurückgelegt hatten, angefangen von den Primitiven bis zum Impressionismus, Futurismus und allen andern gerade in Mode befindlichen „ismen". Um sich die letzten Erkenntnisse zu erwerben, haben die Maler im Lauf der Jahrhunderte immer wieder zahllose schöpferische Experimente, Leiden, Begeisterung und Ernüchterung, Hoffnungen und Enttäuschungen auf sich genommen.

Der Vergleich zwischen diesem rühmlichen Weg der andern Künste und der Unbeweglichkeit und Routine, wie sie am Theater und besonders in der Arbeit der Schauspieler herrschten und noch herrschen, veranlaßte den Verfasser zu der betrüblichen Feststellung: „In unserer Kunst haben wir noch nicht einmal das Stadium der ‚Pe-

redwishniki"* erreicht. Wir sind heute noch nicht imstande, auf der Bühne schlicht, realistisch, überzeugend und eindrucksvoll ‚Ich will' oder ‚Ich kann' oder ‚Guten Tag, wie geht es Ihnen?' zu sagen. Wir sind um mehrere Jahrhunderte hinter den andern Künsten zurückgeblieben, und wollen doch jetzt mit ihnen Schritt halten. Man kann aber nicht Jahrhunderte und ganze Etappen überspringen, die die Kunst allmählich vorwärts, zu neuen schöpferischen Erkenntnissen, zu einem neuen Inhalt, zur Vervollkommnung der Technik und zur Erneuerung der Formen geführt haben! Ohne diese Notwendigkeit eingesehen und uns das Neue wirklich angeeignet zu haben, wollen wir bereits auf neue Weise arbeiten; statt dessen bringen wir es aber nur zu einer ungeschickten Kopie des uns Fremden, oder wir suchen uns ihm äußerlich anzupassen, um als Neuerer zu gelten.
Es genügt aber nicht, als Neuerer zu gelten – wir müssen wirklich Neuerer werden."
Nachdem ich mich mit diesen Gedanken des Autors vertraut gemacht hatte, las ich den ersten Absatz noch einmal vor.
Aber Arkadi Nikolajewitsch sagte:
„Jetzt hat es sich so angehört, als ob S... in unserer Kunst alle möglichen neuen und uns fremden Richtungen anerkenne, für die wir seiner Meinung nach nur noch nicht reif genug sind.
Das stimmt jedoch nicht mit dem überein, was wir soeben aus einem andern Teil des Artikels entnommen haben.
Demnach hatte der Verfasser bei den ausgewählten Zeilen ein ganz anderes Ziel vor Augen. Um das zu verstehen, müssen wir noch eine andere Stelle lesen."
Torzow zeigte mir die Stelle, wo vom geistigen Leben der Rolle die Rede war und Überaufgabe und durchgehende Handlung gewürdigt wurden.
Als ich den Abschnitt von neuem wiederholte, betonte ich demzufolge nur die Worte, die das geistige Leben, die durchgehende Handlung und die Überaufgabe[4] behandelten.
Aber Torzow unterbrach mich und sagte:
„Jetzt bekommt man den Eindruck, als ob S... das nur geschrieben habe, um uns zum hundertsten Male an seine geliebte durchgehende Handlung und Überaufgabe zu erinnern.
In Wahrheit verfolgte er jedoch viel wichtigere Ziele. Um das zu erkennen, muß ich Sie bitten, noch einen andern Abschnitt des Artikels zu lesen."
Arkadi Nikolajewitsch zeigte mir die Stelle, die er meinte. Hier wurden die Wahrhaftigkeit und der Glaube daran behandelt.
Beim erneuten Wiederholen betonte ich daher die Worte über den Glauben an das, was man auf der Bühne sagt und tut, und die Überzeugungskraft der schauspielerischen Gestaltung.
„Ach, endlich!" rief Arkadi Nikolajewitsch freudig aus. „Endlich sind Sie zum eigentlichen Sinn vorgedrungen. Dem Verfasser des Artikels ist es in Wirklichkeit darum zu tun, den Schauspieler vor jeder Unaufrichtigkeit auf der Bühne zu bewahren. Darum macht er auch klugerweise die Einschränkung: ‚Machen Sie, was Sie wollen,

---

* *Peredwishnik* = Angehöriger einer Gruppe russischer realistischer Maler im 19. Jahrhundert, die Wanderausstellungen veranstalteten. (Anm. d. Hrsg.)

erfüllen Sie die durchgehende Handlung und die Überaufgabe mit allen beliebigen Mitteln, nur müssen Sie dabei *aufrichtig an das glauben, was Sie auf der Bühne sagen und tun, nur dadurch werden Sie überzeugen.* Dazu ist allerdings unerläßlich, daß sich Lüge und Konvention der Bühne für den Sprechenden in echte Wahrhaftigkeit verwandeln.' Dagegen habe ich nichts einzuwenden. Wie weit muß einer aber seine Psychotechnik vervollkommnen, um die Bedingtheit und Lüge der Bühne verwandeln zu können. Um an die echte Wahrhaftigkeit zu glauben, muß man ja wirklich erleben und rechtfertigen. Aber wie schwer ist das!
Haben Sie bemerkt, wie die neuen Gedanken des Verfassers in demselben Maße, in dem sie Ihnen vertraut wurden, Ihren Vortrag und die Betonung der verschiedenen Worte beeinflußt haben? Und erst, wenn Sie den ganzen Artikel gelesen haben, können Sie den Sinn in die Worte hineinlegen, der in ihnen enthalten ist. Dann erst werden diese Worte die ihnen eigene Überzeugungskraft, Stärke und Eindringlichkeit besitzen.
Wie Sie sehen, existieren Klang und Wort eines Werkes nicht für sich allein, wie man es von schlechten Rezitatoren hören kann, sondern sie sind abhängig von dem großen Ganzen, von dem, was ihnen vorangeht und was ihnen folgt.
Man muß tief in das Wesen der Worte eindringen, um das zum Ausdruck zu bringen, was sie beinhalten, um das wiederzugeben, was sie in sich tragen. Und je besser, je präziser man einen Gedanken darlegen will, um so gründlicher muß man in sein eigentliches, inneres Wesen eindringen.
Diese Arbeit muß getan werden, will man leblose Buchstaben in ein lebendiges Wort verwandeln, das den in ihm verborgenen Sinn wiedergibt.
Auch ein Stück müssen Sie so durchlesen wie soeben die wenigen Zeilen. Erst dann werden Sie fähig sein, die Rolle zu verstehen, die Sie gestalten wollen, und nicht nur deren Text, sondern auch deren Untertext richtig begreifen. Um dieses Verstehen, um diese Art zu lesen und zu sprechen geht es in unserer Kunst..."

„Das ‚System' ist eine Art Kursbuch. Schlagen Sie darin nach und lesen Sie, was Sie brauchen. Das ‚System' ist ein Leitfaden, aber keine Philosophie.
Wo die Philosophie anfängt, ist das ‚System' zu Ende.
Sie sollen das ‚System' bei sich zu Hause durcharbeiten, auf der Bühne müssen Sie jedoch alles abwerfen.
Das ‚System' kann man nicht spielen.
Es gibt kein ‚System'. Es gibt einzig und allein die Natur.
Ich habe mich mein ganzes Leben lang darum bemüht, so nahe wie möglich an das heranzukommen, was wir als ‚System' bezeichnen. Das ist nichts anderes als das Wesen der schöpferischen Arbeit.
Die Gesetze der Kunst sind nichts anderes als Naturgesetze. Die Geburt eines Kindes, das Heranwachsen eines Baumes und das Entstehen einer Bühnengestalt sind Erscheinungen derselben Ordnung. Die Wiederherstellung des ‚Systems', das heißt der natürlichen Schaffensgesetze, ist notwendig, weil der Natur auf der Bühne durch die Gegebenheiten des öffentlichen Auftretens Gewalt angetan wird und ihre Gesetze verletzt werden. Das ‚System' stellt sie wieder her, es führt die menschliche Natur

auf ihren Normalzustand zurück. Planlosigkeit, Angst vor der Menge, schlechter Geschmack und falsche Traditionen entstellen die Natur.
Die eine Aufgabe der Technik besteht darin, das Unbewußte zur Arbeit anzuregen. Die zweite Aufgabe ist es jedoch, das Unbewußte nicht zu behindern, sobald es in Tätigkeit tritt."

„Guter Gott, wie schwer und kompliziert ist das alles!" rief ich unwillkürlich. „Wir werden das nie begreifen!"
„Ihre Zweifel erklären sich aus Ihrer jugendlichen Ungeduld", erwiderte Arkadi Nikolajewitsch. „Heute haben Sie die Technik gerade erst kennengelernt, und morgen wollen Sie sie bereits vollkommen beherrschen. Aber das ‚System' ist kein Kochbuch. Wenn man eine bestimmte Speise zubereiten will, braucht man bloß im Inhaltsverzeichnis nachzusehen, die entsprechende Seite aufzuschlagen – und fertig. Nein, so einfach ist das nicht. Das ‚System' ist kein Nachschlagewerk, sondern eine ganze *Kultur*, in die man allmählich hineinwachsen und zu der man sich lange Jahre hindurch erziehen muß. Der Schauspieler kann sie sich nicht einpauken, aber er kann sie sich zu eigen machen und so sehr in sich aufnehmen, daß sie ihm in Fleisch und Blut übergeht, zu seiner zweiten Natur wird, ein für allemal organisch mit ihm verschmilzt und ihn für die Bühne umgestaltet. Man muß das ‚System' zwar in seinen einzelnen Teilen studieren, um es dann jedoch in seiner Gesamtheit zu begreifen, um seine umfassende Struktur und seine Grundpfeiler richtig zu erkennen. Erst wenn es sich wie ein Fächer vor Ihnen entfaltet, können Sie sich die richtige Vorstellung von ihm machen. Das alles gelingt einem aber nicht auf einmal...
Bei diesem mühevollen Arbeitsprozeß spielt die *allmähliche Gewöhnung* eine wichtige Rolle, die jedes neu erlernte methodische Element nach und nach zur unwillkürlichen Gewohnheit werden läßt, wodurch unsere Natur selbst auf organischem Wege umgestaltet wird.
So verschmolzen, erfordert das neu Hinzugelernte dann nicht mehr die gespannte Aufmerksamkeit des Schauspielers, so daß allmählich mit jedem neu eroberten methodischen Element ein Teil unserer Sorgen wegfällt und unsere Aufmerksamkeit für wesentlichere Aufgaben frei wird.
Auf diese Weise dringt das ‚System' allmählich in den Schauspieler ein, es hört auf, für ihn ein bloßes ‚System' zu sein, und wird zu seiner zweiten organischen Natur."
„Wie schwer ist das alles, wie schwer!" sagte ich noch einmal, allerdings mehr mit dem Hintergedanken, Torzow noch weitere ermutigende Hinweise zu entlocken.
„Auch für ein einjähriges Kind ist es schwer, die ersten Schritte zu tun, es fürchtet sich und weiß nicht, wie es seine noch schwachen Beinmuskeln beherrschen soll. Ein Jahr später kann es bereits richtig laufen, es springt übermütig umher und denkt nicht mehr an die anfänglichen Schwierigkeiten.
Auch ein Klaviervirtuose hat es am Anfang schwer, auch er fürchtet sich vor einer schwierigen Passage. Ebenso hat ein Tänzer in der ersten Zeit noch Mühe, die komplizierten und verwickelten Tanzschritte nicht durcheinanderzubringen.
Was würde geschehen, wenn sie alle bei ihren öffentlichen Darbietungen über jede Muskelbewegung nachdenken und sie bewußt durchführen müßten? Das ginge über

die Kraft jedes Pianisten oder Tänzers. Schließlich kann man sich nicht jeden Fingeranschlag im Verlauf eines langen Klavierkonzertes merken oder jede Muskelbewegung während eines ganzen Balletts bewußt durchführen.
Nach der treffenden Definition S. M. Wolkonskis muß ‚das Schwere zur Gewohnheit, das Gewohnte leicht, und das Leichte schön' werden. Voraussetzung dafür sind jedoch unermüdliche und systematische Übungen.
Darum wiederholt auch ein Pianist oder ein Tänzer monatelang ständig eine bestimmte Passage oder einen schwierigen Schritt, bis sie in Fleisch und Blut übergegangen und zur unwillkürlichen Gewohnheit geworden sind. Danach brauchen die Künstler dann nicht mehr an das zu denken, was ihnen zuerst soviel Mühe gemacht hat und ihnen so lange nicht gelingen wollte.
Sobald sie sich die eine schwierige Passage auf diese Weise angeeignet haben, verfahren sie mit allen anderen genauso, bis sie sich das gesamte Werk durch gewohnheitsmäßiges Training erobert haben.
Bei der Arbeit an der Technik des Schauspielers und beim Erfassen des ‚Systems' ist es nicht anders.
Auch in unserer Arbeit müssen wir unermüdlich und systematisch üben und pauken, auch wir brauchen Training, Drill, Geduld, Zeit und Glauben, wozu ich Sie immer wieder aufrufen möchte.
Das Sprichwort ‚Gewohnheit ist die zweite Natur' trifft für kein anderes Gebiet in so hohem Maße zu wie gerade für unsere Arbeit.
Die *Gewöhnung* ist eine so unerläßliche Voraussetzung für unsere ganze Arbeit, daß ich Sie bitten möchte, sie mit einem besonderen Fähnchen mit der Aufschrift ‚*Innere Gewöhnung*' zu ehren.
Wir wollen es an dieser Wand aufhängen zu den anderen *Elementen des inneren Befindens auf der Bühne.*"
„Darauf kannst du dich verlassen!" erwiderte Iwan Platonowitsch lakonisch und ging aus dem Zimmer.[5]
„Na?" fragte mich Arkadi Nikolajewitsch lächelnd. „Sind Sie jetzt beruhigt?"
„Nein. Das alles ist schrecklich kompliziert", antwortete ich hartnäckig.
„Stehen Sie doch bitte einmal auf. Nehmen Sie das Stück Papier, das dort auf dem Stuhl liegt, und bringen Sie es mir her!" forderte Arkadi Nikolajewitsch mich unerwartet auf.
Ich erfüllte seine Bitte.
„Vielen Dank", sagte er. „Und jetzt beschreiben Sie mir mit Worten, was Sie soeben innerlich fühlten und äußerlich wahrnahmen, während Sie meinen Auftrag ausführten."
Ich war ganz verwirrt und begriff nicht gleich, was er eigentlich meinte und wie ich diese Aufgabe erfüllen sollte.
Nach einer kurzen Pause sagte Torzow:
„Sehen Sie, wieviel leichter es ist, eine einfache, vertraute Handlung mechanisch auszuführen und das mit ihr verbundene Gefühl zu empfinden, als das alles mit Worten auszudrücken.
Sobald man sich bewußt in ganz simple Empfindungen und mechanische Bewegungen

vertieft, ist man erstaunt, wie schwierig das zu erfassen ist, was wir ganz selbstverständlich, ohne jede Anstrengung und unbewußt ausführen.
Darum ist auch das Erlernen des ‚Systems' mit Hilfe allmählicher Gewöhnung in Wirklichkeit nicht so schwierig, wie es in der Theorie erscheint. Man darf dabei nur nichts übereilen.
Viel schlimmer ist es dagegen, daß sich noch ein neues Problem vor uns erhebt, mit dem es eine ganz andere Bewandtnis hat."
„Was meinen Sie damit?" fragte ich erschrocken und sah schon wieder ein neues kompliziertes Hindernis vor mir.
„Ich meine die Starrheit der schauspielerischen Vorurteile", antwortete Torzow.
„In der Regel, die nur wenige Ausnahmen hat, anerkennen die Schauspieler für ihre Kunst weder Gesetze noch Technik noch Theorie, ganz zu schweigen von einem System. Sie verlassen sich ausschließlich auf ihre ‚Intuition' mit oder zuweilen auch ohne Gänsefüßchen.
Die Mehrzahl der Schauspieler ist der Ansicht, daß bewußtes Gestalten sie nur stören würde.
In der ersten Zeit mag das tatsächlich zutreffen. Es ist viel leichter, so zu spielen, ‚wie Gott es einem ins Herz legt'.
Ich will gar nicht bestreiten, daß talentierte Menschen damit zuweilen aus unerklärlichen Gründen hervorragende Erfolge erzielen.
Bei anderen Gelegenheiten stellt sich jedoch aus den nämlichen unerklärlichen Launen der Natur die Intuition nicht von selber ein, und dann spielt der Schauspieler ohne Technik, ohne Lockmittel, ohne Kenntnisse seiner eigenen Natur nicht so gut, sondern so schlecht, ‚wie Gott es ihm ins Herz legt', und hat keine Möglichkeit, den richtigen Weg einzuschlagen.
Solche Menschen wollen nicht einsehen, daß Zufälle noch lange keine Kunst sind und daß man die Kunst nicht auf Zufällen aufbauen kann. Ein Meister muß sein Instrument beherrschen, und wir Schauspieler arbeiten mit einem sehr komplizierten Instrument. Um es zu beherrschen, braucht man Zeit und muß angestrengt und systematisch arbeiten, wofür Ihnen das sogenannte ‚System' als Leitfaden dienen soll.
Werden Sie nicht ungeduldig", beschwichtigte mich Arkadi Nikolajewitsch. „Wenn Sie nur beharrlich an sich arbeiten, werden die Elemente des richtigen Befindens in ein paar Jahren in Ihnen heranreifen und sich entfalten. Dann werden Sie schon anders sprechen. Selbst wenn Sie sich dann in ein falsches Befinden versetzen wollten, würde Ihnen das nicht gelingen, weil das richtige mit allen seinen Elementen fest in Ihnen verwurzelt sein wird."
„Die echten Schauspieler ‚von Gottes Gnaden' spielen gut ohne alle Elemente und ohne jedes Befinden", meinte ich betrübt.
„Da sind Sie aber im Irrtum", fiel mir Arkadi Nikolajewitsch ins Wort. „Lesen Sie nur, was in ‚Mein Leben in der Kunst' darüber gesagt wird. Je talentierter ein Schauspieler ist, desto mehr interessiert er sich für die Technik überhaupt und besonders für die innere Technik. Für Künstler vom Range eines Stschepkin, einer Jermolowa, einer Duse oder eines Salvini war das richtige innere Befinden auf der

Bühne eine Gabe der Natur. Trotzdem bemühten sie sich alle unablässig um die Vervollkommnung ihrer inneren Technik. Für sie war die Intuition eine fast normale Erscheinung. Die ‚Eingebung von oben' erreichte sie auf natürlichem Wege, sooft sie auch in einer Rolle auftraten – und doch suchten sie ihr ganzes Leben lang den Zugang zu ihr.

Um so mehr müssen wir weniger Begabten unsere ganze Sorge darauf richten. Wir gewöhnlichen Sterblichen müssen uns jedes einzelne Element des inneren Befindens auf der Bühne in langwieriger, zäher Arbeit erwerben, es in uns entwickeln und ausbilden. Freilich darf man dabei nicht vergessen, daß nur mehr oder minder Begabte dadurch niemals zu Genies werden; aber wenn bescheidene Talente ihre künstlerische Natur, die Gesetze ihrer Arbeit und der Kunst erkennen lernen, so können sie immerhin den Genies verwandt werden. Diese Annäherung ist eine Frucht des ‚Systems' und vor allem des richtigen inneren Befindens auf der Bühne.

Ein solcher Erfolg ist kein Pappenstiel, er bedeutet sehr, sehr viel.

Und damit sage ich gleichzeitig: Nach dem ‚System' arbeiten, aber ohne die gebührende Aufmerksamkeit, heißt, sich weiter vom Ziel entfernen. Eine nachlässige Handhabung des ‚Systems' wirkt sich besonders nachteilig auf das emotionale Gedächtnis aus, weil dieser Teil unseres schöpferischen Instrumentes so kompliziert und empfindlich ist, daß er durch jede Unaufrichtigkeit und Vergewaltigung unserer Natur verstümmelt wird. Ein dadurch unbrauchbar gewordenes Instrument kann nur noch Verrenkungen und Gewaltsamkeiten hervorbringen.

Genauso falsch ist es allerdings auch, wenn man des Guten zuviel tun will, wie es bei der Anwendung des ‚Systems' häufig geschieht.

Eine zu große, übertriebene Behutsamkeit in der Verwendung unserer Psychotechnik wirkt einschüchternd und hemmend, erzeugt die Neigung zu unnötigem Herumkritisieren und führt zur Technik um der Technik willen.

Um sich vor allen fehlerhaften Abweichungen bei dieser Arbeit zu schützen, sollten Sie alle diese Übungen zunächst nur unter der ständigen aufmerksamen Kontrolle eines erfahrenen Lehrers durchführen: In meinen Stunden werde ich mich darum kümmern, und beim Unterricht in ‚Training und Drill' wird Iwan Platonowitsch das tun.

Um die Bedeutung all dessen, was Sie inzwischen neu dazugelernt haben, besser einschätzen zu können, vergleichen Sie einmal die Linie, auf der Sie sich bei der Schüleraufführung bewegt haben, mit der Linie, nach der sich die wahre schöpferische Arbeit orientieren soll. Diese schöpferische Arbeit gründet sich auf dem wirklichen Leben entnommene, lebendige menschliche Empfindungen, die wir in uns mit Hilfe unseres emotionalen Gedächtnisses wiederherstellen.

Wenn Sie diese beiden Linien miteinander vergleichen, werden Sie selbst sehen, daß Sie sich damals bei der Schüleraufführung auf einer anderen Ebene bewegt haben. Sie konnten noch nicht künstlerisch gestalten, sondern nur rein handwerklich spielen, nur leblose, erfundene, aber nicht erlebte Gestalten und ungeschickt nachgeahmte Leidenschaften zeigen. Heute dagegen haben Sie schon den Bereich kennengelernt, in dem der unterirdische Strom unseres Gefühls brodelt, in dem die unerschöpflichen Reserven unserer Erfahrungen und Erinnerungen an früher durchlebte Gefühle aufbewahrt werden, in dem sich das geistige Leben der Rolle entfaltet. Dadurch entwickelt sich in Ihnen eine ganz andere innere Linie, nach der Sie sich bei Ihrer weiteren schöpferischen Arbeit richten können."

„Die heutige Stunde[6] will ich einer Dithyrambe* an die größte, unnachahmliche, unerreichbare Meisterin unserer Kunst widmen.
Wer ist das?
Es ist die *organische schöpferische Natur des Schauspielers*. Wo verbirgt sie sich? An wen sollen wir unsere begeisterten Lobeshymnen richten?
Meine Begeisterung gilt einem unbekannten Etwas, das mit mehreren unzutreffenden Namen versehen worden ist, man nennt es Genie, Talent, Inspiration, das Unbewußte, Intuition.
Wo sich das alles befinden mag – ich weiß es nicht. Ich fühle es bei anderen, mitunter auch in mir selbst. Aber wo es sich befindet? In uns oder außer uns? Ich weiß es nicht.
Manche sagen, diese geheimnisvolle, wunderwirkende ‚Eingebung von oben' käme von Apoll oder von Gott. Aber ich bin kein Mystiker und kann das nicht glauben, so gern ich auch daran glauben würde. Andere sagen, das, was ich suche, sei in unserem Herzen lebendig. Zuweilen spüre ich mein Herz, aber nur dann, wenn es einmal besonders heftig schlägt oder wenn es sich ausdehnt und schmerzt. Das ist ein unangenehmes Gefühl, während das, wovon hier die Rede ist, äußerst angenehm ist und bis zur Selbstvergessenheit begeistern kann. Wieder andere behaupten, Genie oder Intuition seien in unserem Gehirn beheimatet, und das Unbewußte sei in Wirklichkeit durchaus bewußt. Sie vergleichen das Bewußtsein mit einer Taschenlampe, die auf einen bestimmten Punkt in unserem Gehirn gerichtet ist; auf ihn konzentriert sich dann unsere ganze Aufmerksamkeit. Der restliche Teil der Gehirnzellen bleibe jedoch weiter im Dunkeln oder bekomme nur reflektorisch einen schwachen Abglanz. Es gäbe jedoch Augenblicke, in denen die gesamte Fläche der Gehirnrinde vom Bewußtsein erleuchtet wird, dann werde der ganze Bereich des Bewußten und Unbewußten für kurze Zeit vom Licht erhellt, und man könne alles erfassen, was zuvor im Dunkeln lag. Das seien die Minuten genialer Erkenntnisse.
Es gibt Wissenschaftler, die sehr leicht und unbekümmert mit den Begriffen ‚Bewußtsein' und ‚Unbewußtes' jonglieren. Sie verlieren sich mit ihnen in das geheimnisvolle Labyrinth der Mystik und sprechen sehr schöne, aber gänzlich unverständliche und keineswegs überzeugende Worte.
Andere dagegen beschimpfen die ersteren, machen sich über sie lustig und erklären ihrerseits alle diese Dinge mit größter Bestimmtheit sehr einfach und real, fast als ob es sich dabei um Funktionen des Magens, der Lunge oder des Herzens handle. Ihre Erläuterungen sind durchaus einleuchtend, nur finden sie leider weder in meinem Kopf noch in meinem Herzen einen Widerhall und können mich nicht begeistern.

---

* *Dithyrambe: schwungvolles Lob-, Festlied; ursprünglich ekstatisches Chor- und Reigenlied zum Preise des altgriechischen Gottes Dionysos. (Anm. d. Hrsg.)*

Eine dritte Gruppe von Wissenschaftlern spricht noch einfacher und präziser über die kompliziertesten Hypothesen, die sie gründlich durchdacht haben. Im Ergebnis kommen diese Gelehrten jedoch zu der Schlußfolgerung, daß ihre wissenschaftlichen Annahmen noch durch nichts bestätigt seien. Darum können sie auch weder vom Genie, noch vom Talent, noch vom Unbewußten etwas Definitives sagen. Sie hoffen lediglich darauf, daß die Wissenschaft in Zukunft zu den Erkenntnissen gelangen werde, von denen sie selbst vorerst nur träumen.

Das ist ein auf gewaltige Erkenntnisse gegründetes Nichtwissen; diese Offenheit ist das Ergebnis einer Weisheit, die das Unmögliche begriffen hat. Dieses aufrichtige Eingeständnis der eigenen Grenzen weckt mein Vertrauen und läßt mich die Großartigkeit dessen ahnen, wonach der Mensch sucht, die Macht und Kraft des forschenden Gedankens. Er ist bemüht, mit Hilfe des feinfühligen Herzens das Unerreichbare zu erreichen.

Und das wird ihm auch gelingen. Aber während ich noch auf diesen neuen Triumph der Wissenschaft warte, bleibt mir nichts anderes übrig, als inzwischen nicht die Intuition, nicht das Unbewußte, sondern lediglich die Wege dahin zu erforschen. Erinnern Sie sich an das, wonach wir während des ganzen Schuljahres gesucht haben. Gründeten sich unsere Regeln etwa auf schwankende, unsichere Hypothesen über das Unbewußte? Keineswegs. Alle unsere bewußt durchgeführten Übungen und Regeln sind viele hundert Male sowohl an uns selbst als auch an andern ausprobiert worden. Unserem Wissen, unserer Praxis und unseren Erfahrungen liegen nichts als unwiderlegbare Gesetze zugrunde. Sie allein konnten uns einen Dienst leisten und uns an die unbekannte Welt des Unbewußten heranführen, die in einzelnen Augenblicken in unserm Innern lebendig wurde.

Ohne Kenntnis des Unbewußten bemühten wir uns dennoch, einen Zugang zu ihm zu finden, suchten tastend nach den zu ihm führenden reflektorischen Wegen, und es gelang uns wirklich, hier und da einen Widerhall in der noch unerforschten Welt hervorzurufen. Könnte man jetzt, da das Unerreichbare noch nicht erreicht ist, etwa mehr erwarten?

Ich kann nicht mehr tun und gebe nur das, was in meinen Kräften steht.

„Feci, quod potui, faciant meliora potentes"*

Der Vorteil meiner Ratschläge liegt darin, daß sie real, praktisch anwendbar, auf der Bühne selbst als richtig bewiesen, in jahrzehntelanger Arbeit erprobt sind und zu konkreten Ergebnissen führen.

Das wird jedoch von meinen Widersachern auf das heftigste kritisiert. Sie haben es gar zu eilig, die Vollkommenheit zu erreichen, die andere Künste bereits errungen haben und die ich nicht weniger herbeisehne als sie.

Aber ich weiß, wie schwierig es sein wird, diese Vollkommenheit zu erreichen. Ich weiß aus Erfahrung, daß man nicht ohne weiteres auf sie zugehen darf, ohne Gefahr zu laufen, daß man vom richtigen Wege abkommt. Auch die Wunschträume meiner Gegner können erst nach einer bestimmten folgerichtigen Entwicklung verwirklicht werden, die eine gewisse Zeit erfordert und die man weder übergehen noch

---

* „Ich habe getan, was ich konnte, mögen die es besser machen, die dazu imstande sind" (lat.). (Anm. d. russ. Red.)

abkürzen kann. Ungeduld und Hast können unser Fortschreiten lediglich aufhalten. Ehe man darangehen kann, entferntere Festungen zu erstürmen, muß man zunächst einmal das bereits eroberte Land gut befestigen. Aber in unserer Kunst gibt es Leute, die versuchen, sofort gegen entlegenere Stellungen vorzugehen, ohne sich zuvor das bereits gewonnene Terrain zu sichern.

Die Psychotechnik soll uns helfen, das unbewußte Material zu organisieren, denn nur ein gut geordnetes unbewußtes Material ist imstande, künstlerische Form anzunehmen. Nur die Zauberin Natur ist fähig, diese Form zu schaffen. Sie beherrscht und regiert die wichtigsten Zentren unseres schöpferischen Instrumentes, von denen unser Bewußtsein nichts weiß, in denen unsere Empfindungen sich nicht auskennen, ohne deren Mithilfe jedoch jede echte schöpferische Arbeit unmöglich ist.

Die Technik hilft dem Schauspieler, klug, folgerichtig und logisch zu spielen. Wenn man das beobachtet, kann man nur bewundernd zusehen, wie das eine aus dem anderen erwächst. Klar, verständlich, klug.
Zudem ist es auch noch schön, weil alles – Gebärde, Haltung, Bewegung – vorher bedacht ist.
Auch die Sprachgestaltung ist der Rolle angepaßt. Der ausgewogene Klang und die gute Aussprache schmeicheln dem Ohr, ebenso die schöne Modellierung des Satzes. Die Intonationen sind musikalisch, als ob sie nach Noten einstudiert seien. Dabei ist alles von innen her erwärmt und gerechtfertigt. Was will man mehr? Es ist ein großer Genuß, solche Schauspieler zu sehen und zu hören. Welche Kunst! Welche Vollkommenheit! Wie schade, daß Schauspieler dieser Art so selten sind.
An sie und ihr Spiel denkt man zurück wie an ein wunderbares, harmonisches, ästhetisches, zartes und schönes Erlebnis, wie an etwas, das bis ins letzte beherrscht und vollkommen ist. Diese Vollendung der Kunst erreicht man nicht allein durch Lernen und Technik. O nein! Das ist echte schöpferische Arbeit, die nicht durch theatralisches Empfinden, sondern vom menschlichen Gefühl erwärmt wird. Es ist das, wonach wir alle streben sollten.
Aber... trotz allem fehlt mir noch etwas in diesem Spiel – das Unerwartete, das erschüttert, betäubt und blendet. Es zieht dem Betrachter gleichsam den Boden unter den Füßen weg und stellt ihn in einen Raum, in dem er sich noch nie befunden hat, der ihm jedoch durch Instinkt, Vorgefühl und Ahnung nicht unbekannt ist. Aber nun sieht er dieses Unerwartete tatsächlich, steht ihm zum erstenmal gegenüber. Das ist ein erschütternder Eindruck, der den ganzen Menschen gefangennimmt... Man kann nicht mehr nachdenken und kritisieren. Darüber gibt es keinen Zweifel, denn dieses Unerwartete kommt aus den Tiefen der organischen Natur, und der Schauspieler selbst ist gefangen und erschüttert darüber. Es drängt ihn, etwas zu tun, aber er weiß selbst nicht was. Es kommt vor, daß solch ein plötzlicher innerer Gefühlsausbruch den Schauspieler vom richtigen Weg der Rolle wegführt. Das ist zwar ärgerlich, aber die Tatsache des Ausbruchs bleibt doch bestehen, er erschüttert die tiefsten Gefühlszentren. So etwas kann man nicht vergessen, es bleibt ein Ereignis fürs ganze Leben.

Wenn ein solcher Ausbruch auch noch die Linie der Rolle verfolgt, so kommt das Ergebnis dem Ideal nahe. Dann hat der Zuschauer jenes lebendig gewordene Geschöpf vor Augen, um dessentwillen er ins Theater gekommen ist. Das ist nun nicht mehr nur eine Gestalt, sondern alle Gestalten derselben Art und desselben Ursprungs zusammengenommen. Es ist menschliche Leidenschaft. Woher nimmt der Schauspieler auf einmal die Technik, Stimme, Sprechweise und Bewegung? Sonst ist er unbeholfen, jetzt dagegen ist er die verkörperte Anmut. Gewöhnlich spricht er undeutlich, verschluckt die Worte seines Textes, jetzt ist er jedoch redegewandt, voll Begeisterung, und seine Stimme klingt wie Musik.

Der vorher geschilderte Typ eines Schauspielers ist wohl gut, er verfügt über eine glänzende, schöne Technik; aber könnte man ihn je mit diesem vergleichen?! Die Schönheit dieses Spiels liegt gerade in der mutigen Mißachtung der gewohnten Schönheit. Dieses Spiel ist eindrucksvoll, aber keineswegs durch die Logik und Folgerichtigkeit, die wir an dem zuerst geschilderten Spiel bewunderten. Es ist schön wegen seiner kühnen Unlogik. Es ist rhythmisch durch seine Arhythmie, es ist psychologisch durch den Verzicht auf die gewohnte, allgemein übliche Psychologie. Es ist stark durch seine Gefühlsausbrüche. Es wirft alle gewohnten Regeln über den Haufen, und eben das ist schön, gerade darin liegt seine Stärke.

Ein solcher Gefühlsausbruch läßt sich nicht wiederholen. Beim nächsten Mal wird er völlig anders, wenn auch nicht weniger erschütternd und mitreißend sein. Man möchte dem Schauspieler zurufen: ‚Merk dir das gut, vergiß es ja nicht, gewähre uns diesen Genuß noch einmal!' Aber der Schauspieler ist nicht Herr über sich selbst. Nicht er ist es, der hier gestaltet, sondern die Natur, und er ist nichts als das Instrument in ihren Händen.

Von einem solchen Spiel kann man nicht sagen, ob es gut sei oder nicht. Man kann nicht sagen, warum das eine so, das andere nicht so ist. Es ist so, weil es *ist* und nicht anders sein kann. Wer wollte Kritik üben an Donner und Blitz, an Meeresbrausen, Wind und Sturm, an Aufgang und Untergang der Sonne?[7]

Wir wissen nur wenig davon, was und wie die Natur arbeitet und schafft. Das schon ist sehr viel und sehr wertvoll. Aber wir haben es noch nicht gelernt und werden es auch niemals lernen, so zu schaffen, wie nur sie allein es kann.

Einige unter uns sind der Ansicht, daß die Natur häufig schlecht gestaltet, daß unsere unbedeutende schauspielerische Technik es besser und mit mehr Geschmack tun würde. Mit mehr Geschmack vielleicht, aber niemals mit mehr Wahrhaftigkeit. Es gibt Momente in unserer schöpferischen Arbeit, in denen einige Ästheten den Geschmack höher bewerten als die Wahrhaftigkeit. Da möchte ich fragen: ‚Wie verhält es sich in den Augenblicken, da eine tausendköpfige Menge mitgerissen wird, da alles von der einen großen Erschütterung gepackt ist, ungeachtet der Unscheinbarkeit, ja fast Häßlichkeit des Schauspielers oder der Schauspielerin? Handelt es sich hier um Geschmack, Bewußtsein oder Technik, oder ist nicht doch irgendeine andere Kraft im Spiel, die dem Genie innewohnt, über die es jedoch, wie etwa Motschalow, keinerlei Macht besitzt?' Aber auch hier könnte man mir noch entgegenhalten: ‚Ja, aber in solchen Momenten wird selbst der Häßlichste schön.' Einverstanden, vollkommen richtig. Dann soll er sich doch aber möglichst oft, nach eigenem Belieben und ohne Mithilfe jener unbekannten Kraft, die ihn verschönt, in solch einem günstigen Licht zeigen. Aber das können diese allwissenden Ästheten nicht; sie bringen es noch nicht einmal über sich, ihre eigene Unwissenheit einzugestehen, sondern preisen nach wie vor die billige theatralische Technik und Schablone, als ob die imstande wären, die Natur zu korrigieren.

In meinen Augen sind dergleichen Leute entweder verrückt, Dummköpfe oder eitle Ignoranten.

Die größte Weisheit besteht darin, die eigene Unwissenheit zuzugeben.

Ich habe diesen Grad der Weisheit erreicht und muß bekennen, daß alles, was man mir über die Intuition und das Unbewußte sagt, die ja auch nur physiologischer Herkunft sind, mich keinen Schritt weiterbringt. Ich weiß nur das eine, daß nämlich alle diese Geheimnisse der Künstlerin Natur wohl bekannt sind. Darum singe ich ihr meine Dithyramben. Darum habe ich alle meine Mühe und Arbeit fast ausschließlich auf das Studium der schöpferischen Natur verwandt, nicht etwa, um an ihrer Statt selbst schöpferisch zu werden, sondern lediglich, um indirekt, auf Umwegen, zu ihr zu gelangen, um das zu finden, was wir als die ‚Lockmittel' bezeichnen. Ich habe bisher nur wenige gefunden. Aber ich weiß, daß es viel mehr solcher Lockmittel gibt und daß man die wichtigsten von ihnen noch nicht entdeckt hat. Trotzdem habe ich im Lauf meiner langjährigen Arbeit einige wenige Erkenntnisse gewonnen und versuche jetzt, dieses Wenige an Sie weiterzugeben. Wenn ich aber meine eigene Machtlosigkeit nicht eingestanden und die unerreichbare Majestät der schöpferischen Natur nicht anerkannt hätte, würde ich wie ein Blinder auf Nebenpfaden umhertappen und sie für unermeßliche Horizonte halten, die sich vor mir auftun. Ich ziehe es vor, auf einem Hügel stehenzubleiben und von dort auf die unendliche Weite zu schauen, oder gleichsam in einem Flugzeug ein kleines Stück in den unübersehbaren und unserer Erkenntnis nicht zugänglichen Raum emporzusteigen, den mein Verstand noch nicht einmal in Gedanken, in der Vorstellung zu erfassen fähig ist – wie es bei Puschkin heißt:

„... der König konnte
Von seiner Höhe freudig überseh'n
Das weite Meer mit seinen vielen Schiffen,
Die weißen Zelte in dem Talesgrund.'"[8]

ANHANG

I. ERGÄNZENDES MATERIAL ZUM ZWEITEN TEIL

1. *Über die Musikalität des Sprechens*

Heute wirkte ich bei der „Geräuschkulisse" mit.[1] In der Pause wurde ich im Aufenthaltsraum Zeuge eines Gesprächs zwischen Torzow und den Schauspielern. Torzow sagte einem Schauspieler einiges über die Durchführung seiner Rolle anhand einer Szene, die er sich von der Seite aus angehört hatte. Leider kam ich erst später dazu und versäumte so den Anfang.

Arkadi Nikolajewitsch sagte gerade:
„Beim Rezitieren legte ich Wert darauf, so schlicht wie möglich, ohne unnötiges Pathos, ohne falschen Singsang zu sprechen und die Verse nicht übermäßig zu skandieren; dabei war ich bemüht, vom inneren Sinn, vom Wesen des Werkes auszugehen. Das war kein spießiges Versimpeln, sondern blieb immer noch ein schönes, gepflegtes Sprechen; die Silben des Satzes klangen und sangen, was der Sprache Wohlklang und Musikalität verlieh.

Als ich diese Art zu sprechen auch auf der Bühne anwandte, waren meine Kollegen erstaunt über die Veränderung meiner Stimme und Diktion und über die neuen Möglichkeiten, Gefühle und Gedanken auszudrücken. Aber bald erkannte ich, daß ich noch nicht alles erreicht hatte. Man darf sich nicht nur selbst an seinem schönen Sprechen erfreuen, man muß auch den Zuschauern die Möglichkeit geben, das herauszuhören, zu begreifen und sich anzueignen, was ihre besondere Aufmerksamkeit verdient. Man muß es verstehen, die Worte und Intonationen gleichsam unmerklich in die Ohren der Zuhörer hineinzulegen. Dabei kann man allerdings leicht auf die falsche Bahn geraten und anfangen, sich vor den Zuschauern mit seiner Stimme großzutun, damit zu kokettieren und mit seinem gepflegten Sprechen zu brillieren. In diesen Fehler sollte man unter keinen Umständen verfallen. Man muß sich lediglich gewisse Fertigkeiten erwerben, die dazu beitragen, daß unsere Worte in einem großen Raum von jedermann gehört werden können und deutlich zu verstehen sind. Um das zu erreichen, müssen manche Stellen der Rolle besonders artikuliert gesprochen, andere wieder im Text verzögert oder kurz unterbrochen werden, damit dem

Zuschauer Gelegenheit gegeben wird, das Gesagte zu erfassen, sich am klangvollen Ausdruck zu erfreuen, in die Gedanken einzudringen oder die sprachlichen Bilder oder eine richtige und anschauliche Intonation zu würdigen.
Daher muß der Schauspieler genau wissen, welche Worte, Sätze und Gedanken hervorgehoben oder in den Hintergrund gerückt werden müssen.
Diese Fertigkeit muß man bis zur selbstverständlichen Gewohnheit entwickeln, bis sie einem zur zweiten Natur wird.
Ich weiß jetzt aus eigener Erfahrung, was man in unserm Jargon ‚*das Wort erfühlen*' nennt.
Die Sprache ist Musik. Der Text der Rolle oder des Stückes ist die Melodie. Die Kunst der richtigen Aussprache auf der Bühne ist nicht weniger schwer als die Gesangskunst, sie verlangt eine an Virtuosität grenzende gründliche Ausbildung und Technik. Wenn ein Schauspieler mit einer gut geschulten Stimme und einer virtuosen Sprechtechnik seine Rolle auf der Bühne klangvoll spricht, bin ich gepackt von seinem Können. Wenn er rhythmisches Gefühl besitzt und sich unwillkürlich selbst an Rhythmus und Phonetik seines Sprechens begeistert, so erschüttert er mich. Wenn ein Schauspieler in die Seele der Laute, Wörter, Sätze und Gedanken eindringt, so läßt er mich in die tiefsten Geheimnisse des Dichtwerkes und seiner eigenen Seele schauen. Wenn er das, was in seinem Innern lebt, mit Hilfe von Klang und Intonation anschaulich macht und klar umreißt, so läßt er vor meinem inneren Auge die Gestalten und Bilder erstehen, von denen seine Worte sprechen und die seine schöpferische Phantasie hervorgebracht hat.
Wenn ein Schauspieler seine Bewegungen beherrscht und mit ihrer Hilfe das ergänzt, was Worte und Stimme aussagen, so meine ich, die zu einem herrlichen Gesang gehörende Musikbegleitung zu hören. Eine schöne männliche Stimme auf der Bühne erinnert mich an ein Violoncello oder an eine Oboe. Eine klare hohe Frauenstimme, die der Männerstimme antwortet, läßt mich an eine Geige oder Flöte denken. Der dunkle Brustton in der Stimme einer Heroine erinnert mich an den Einsatz einer Bratsche oder Viola d'amore.[2] Der tiefe Baß des Heldenvaters klingt wie ein Fagott, die Stimme des Bösewichtes dagegen wie eine Posaune, die vor Gewalttätigkeit dröhnt, während in ihrem Innern vor lauter Bosheit der angesammelte Geifer schäumt.
Wie können nur Schauspieler dieses ganze Orchester in der menschlichen Stimme nicht hören? Passen Sie einmal genau auf:
So spielt die näselnde Klarinette ihren kurzen typischen Ton:
W...w...w...w...!*
Kaum hat sich ihr charakteristisches Klangkolorit durchgesetzt, da stürzt, wie durch eine weitaufgerissene Tür, eine ganze Schar volltönender Geigenklänge herein:
O...o...o...o!
Dieser Einsatz kann im Unisono mit der Klarinette oder auch eine Terz, Quart, Quint oder Oktave höher oder tiefer als der erste Ton erklingen. Bei jedem neuen Intervall entstehen andere Harmonien. Sie erzeugen verschiedene Stimmungen, sie finden in der Seele jedesmal einen anderen Widerhall.

* *Stanislawski benutzte als Beispiel das Wort „worotiss", das heißt „komm zurück". (Anm. d. Hrsg.)*

Diese beiden miteinander verschmolzenen Töne singen bereits ein Duett:
W...o...o...!
Da erdröhnt plötzlich ein Trommelwirbel:
R...r...r!
Er verbindet sich mit den vorangegangenen Tönen. Jetzt ist aus dem Duett bereits ein Trio geworden, dessen Klänge ineinander verschmolzen sind. Es klingt rauh und streng:
W o o o r...r...r!
Das Orchester hat einen vorwurfsvollen Klang. Doch da setzen die zweiten Geigen ein, und schon ist der harte Akkord gemildert:
W o r o o o o...
Jetzt ist der Ton singend und weich.
Doch wenn dann unvermittelt die Trompete losschmettert:
T...t...t...,
ändert sich der Charakter des Akkordes, er wird wieder schroff und hart.
Worot...
dröhnt das Orchester.
Doch da fällt spitz das Piston ein:
I...i...i...
Jetzt scheint das Orchester jammervoll zu klagen:
Woroti...i...i
Nun setzt noch ein anderes zischendes Instrument ein, der Ton entfernt sich immer weiter, bricht schließlich im Raume ab und verstummt:
Worotiss!
stöhnt das Orchester klagend.
Das ist aber nur der Beginn einer schwermütigen Arie. Die musikalische Phrase ist noch nicht zu Ende. Das Orchester spielt weiter, wobei allmählich immer neue Instrumente einsetzen und immer neue Akkorde erklingen. Bald hat die Phrase ihre endgültige Form erhalten:
‚Komm zurück! Ich kann nicht leben ohne dich!'
Wie verschiedenartig und immer wieder anders kann man diese Phrase singen! Wie viele unterschiedliche Bedeutungen, wie viele neue Stimmungen kann man aus diesen Worten herausholen! Machen Sie nur einmal den Versuch, die Pausen und Betonungen zu verändern, und Sie werden immer wieder neue Bedeutungen erhalten. Kurze Pausen heben mit dem Akzent zusammen das wesentliche Wort deutlich hervor, sie bieten es, gleichsam auf dem Präsentierteller, abgesondert von den anderen Wörtern, an. Längere Unterbrechungen, unterstützt durch Bewegung, Mimik und Intonation, verleihen dem Ganzen einen neuen inneren Gehalt. Durch diese Abwandlungen entstehen immer neue Stimmungen, erhält der ganze Satz einen neuen Inhalt.
Hier haben Sie als Beispiel die folgende Kombination: ‚Komm zurück!' Pause, die erfüllt ist von der Verzweiflung über die Unmöglichkeit, den Treulosen zurückzuholen. ‚Ich kann nicht' – kurze Luftpause, um das entscheidende Wort vorzubereiten und es besonders zu akzentuieren:

‚le .. e .. eben', es ist, als ob das ganze Orchester bei diesem Wort aufstöhnt. Offensichtlich ist es das wichtigste Wort des Satzes. Um es noch stärker zu betonen, bedarf es einer neuen kurzen Luftpause, nach der der Satz mit den letzten Worten abschließt: ‚ohne dich!'
Wenn in dem Wort ‚leben' alle Sehnsucht aus der Seele einer verlassenen Frau hervorbricht, wenn sie sich mit Hilfe dieses Wortes mit letzter Kraft an den klammert, dem sie für alle Zeit gehört, dann wird durch dieses Wort offenbar, was im Innern einer betrogenen Frau vorgeht. Man kann jedoch die Pausen und betonten Wörter auch ganz anders verteilen, etwa folgendermaßen:
‚Komm zurück!' (Pause) ‚Ich' (Luftpause) ‚kann nicht' (Luftpause) ‚leben ohne dich.'
Hier werden die Worte ‚kann nicht' exakt hervorgehoben. Aus ihnen bricht die tödliche Verzweiflung eines Menschen hervor, für den das weitere Dasein sinnlos geworden ist. Damit gewinnt der Satz schicksalhafte Bedeutung, und man ahnt, daß die verlassene Frau jene letzte Grenze erreicht hat, wo das Leben endet.
Wie viele Möglichkeiten sind in Wort und Satz enthalten! Welchen Reichtum birgt die Sprache! Ihre Stärke liegt nicht in ihr selbst, sondern darin, daß sie der Seele und dem Denken des Menschen Ausdruck verleiht. Was ist nicht alles in diesen acht Worten enthalten: ‚Komm zurück, ich kann nicht leben ohne dich!' Eine ganze menschliche Tragödie.
Aber was ist schon ein einziger Satz in einem großen Gedanken, in einer Szene, einem Akt, einem ganzen Stück?! Ein Moment, ein winziger Teil des gewaltigen Ganzen!
Wie sich das Universum aus Atomen zusammensetzt, so entstehen aus einzelnen Buchstaben Wörter, aus Wörtern Sätze, aus Sätzen Gedanken, aus Gedanken Szenen, aus Szenen Akte, aus Akten ein Schauspiel, das einen so ungeheuren Gehalt wie das tragische Leben eines Hamlet, Othello oder Tschazki in sich schließen kann. Das ist eine ganze Sinfonie!!"

2. Aus dem Manuskript „Die Sprachgesetze"

„... Demnach *handelt* der Schauspieler auf der Bühne durch das Wort, mit Hilfe der *Intonation* (Heben und Senken der Stimme), der *Betonung* (Intensität) und der *Pausen* (Unterbrechungen). Diese Hilfsmittel wollen wir einmal betrachten.
Beginnen wir mit der Intonation, ‚dem wichtigsten Ausdrucksmittel des Gefühls, dem Organ der Seele', ohne das ‚das Sprechen gefühllos' wäre.[1]
Wollen Sie die Intonation wirklich vollkommen beherrschen?" wandte sich Arkadi Nikolajewitsch an die Weljaminowa.
„Ja, natürlich!" erwiderte sie.
„Ist das auch Ihr Ernst?" fragte Torzow noch einmal.
„Selbstverständlich."
„Ist es Ihnen sehr, sehr ernst damit?"

„Ja, sehr, sehr ernst", antwortete sie bestimmt.
„Haben Sie bemerkt, wie Ihre Stimme bei jeder neuen Antwort auf meine Frage immer tiefer wurde? Das beweist die Bestimmtheit und Festigkeit Ihres Entschlusses.
Die Frage ist nur, ob es Ihnen auch gelingen wird", meinte Arkadi Nikolajewitsch zweifelnd.
„Ich weiß es nicht", erwiderte sie unsicher und zuckte die Achseln.
„Und haben Sie jetzt darauf geachtet, wie Ihre Stimme sich bei Ihren zweifelnden Worten hob?" Schon wieder hatte Arkadi Nikolajewitsch sie festgenagelt. „Also trifft es zu, daß die ‚Intonation das Ergebnis der Fähigkeit unserer Stimme ist, sich zu heben und zu senken' und daß ‚beim Sprechen genau wie bei der Bewegung des Körpers eine Bewegung nach unten Entschiedenheit zum Ausdruck bringt (alles, was «unbedingt» ist), während eine nach oben gerichtete Bewegung Unentschlossenheit bedeutet (jedes «vielleicht»)'.
Das ist alles! Damit wissen Sie schon alles, was Sie wissen müssen!" rief Arkadi Nikolajewitsch erfreut.
„Wieso weiß ich schon alles?" fragte die Weljaminowa erstaunt.
„Haben Sie bemerkt, wie Ihre Stimme sich fast bis zum höchsten Ton Ihres Stimmumfangs erhob? Das ist der typische Ausdruck einer starken Verwunderung", zog Torzow sie wieder auf.
„Jetzt kennen wir also Ihren tiefsten Ton, den Sie zur Bekräftigung Ihres ‚Ja' benutzten, und ebenso auch den höchsten Ton Ihres Stimmumfanges, in dem Sie soeben ausriefen: ‚Wieso weiß ich schon alles!'
Diese beiden Töne auf ‚ja' und ‚wieso' oder anders gesagt, den *Punkt* und das *Fragezeichen* oder noch genauer, den Zwischenraum zwischen der höchsten und der tiefsten Note Ihrer Stimme müssen Sie erweitern, entwickeln und festigen. Der Gesangsunterricht wird Sie dabei unterstützen; die Frucht Ihrer Bemühungen werden Sie jedoch erst nach einiger Zeit ernten, wenn Ihrer Intonation ein größerer Stimmumfang zur Verfügung steht. Wenn Sie wüßten, wie wichtig das für das Sprechen auf der Bühne ist. Je größer der Stimmumfang ist, desto mehr kann man mit ihm zum Ausdruck bringen."

„... Erregung, mangelndes Vertrauen zu dem, was man sagt, das Fehlen einer echten Aufgabe, ein affektiertes und aufgeblasenes Spiel, Vergewaltigung des Temperaments – all das beeinträchtigt den Stimmumfang des Schauspielers. Nehmen Sie dazu noch eine wenig entwickelte, schlecht geschulte Stimme, dann werden Sie begreifen, warum auf der Bühne meist nur in Sekunden, Terzen und Quinten gesprochen wird..."

Da in der vorigen Stunde viele Schüler der Ansicht waren, daß die graphische Darstellung der Phonetik anschaulich und überzeugend ist, bediente sich Arkadi Nikolajewitsch auch heute wieder dieser Methode für unsere Arbeit an den *Interpunktionszeichen in Verbindung mit der Intonation.**

---

* *Vgl. hierzu die Fußnote auf Seite 75. (Anm. d. Hrsg.)*

Torzow leitete diesen Teil der Stunde mit einer kurzen Ansprache ein, in der er sagte:

„Die unmittelbare Aufgabe der *Satzzeichen* besteht darin, die Worte des Satzes zu gruppieren und die Sprechunterbrechungen oder Pausen deutlich zu machen. Sie unterscheiden sich voneinander nicht nur in der Länge, sondern auch im *Charakter*, der von der Intonation abhängig ist. Jedes Satzzeichen verlangt die ihm entsprechende, charakteristische *Intonation*, und von diesem Gesichtspunkt aus wollen wir die Satzzeichen jetzt betrachten.

Wie Sie sehen, bin ich durch ihre Doppelfunktion gezwungen, zweimal von ihnen zu sprechen – jetzt und später noch einmal, wenn wir auf die Sprechunterbrechungen oder Pausen kommen werden.

Das darf Sie aber nicht verwirren. Ich habe dabei eine bestimmte Absicht.

Ich beginne mit dem *Punkt*. Stellen Sie sich einen schweren Stein vor, der pfeilgeschwind in einen Abgrund stürzt und drunten am Boden aufprallt.

Genauso stürzt der Klang der letzten Silbe vor dem Punkt nach unten und prallt unmittelbar auf dem Boden des Stimmumfangs des Sprechenden auf. Dieser Sturz und dieser Aufprall des Tones sind typische Merkmale des Punktes. Je größer der Umfang einer Stimme ist, desto mehr zieht sich die Bewegung nach unten in die Länge, desto stärker und heftiger ist der Aufprall, desto typischer ist die Lautfigur des Punktes, und desto vollendeter, überzeugender und entschlossener klingt der ausgesprochene Gedanke.

Und umgekehrt, je kleiner der Stimmumfang ist, desto geringer sind Geschwindigkeit und Tiefe des Sturzes, desto schwächer ist der Aufprall, und desto unbestimmter wird der Gedanke zum Ausdruck gebracht.

‚Einen Satz auf Grund zu legen' bedeutet in unserer Sprache, einen schönen, den Satz beschließenden Punkt zu setzen. Sie werden selbst feststellen, wie sehr es dabei auf einen großen Stimmumfang mit gut ausgebildeten tiefen Tönen ankommt.

Mehrere Punkte bringen im Gegensatz zu einem Punkt den Satz nicht zum Abschluß, sondern stoßen ihn im Gegenteil in den freien Raum, wo er verschwindet wie ein aus dem Käfig freigelassener Vogel oder sich verflüchtigt wie Rauch, der zwischen Himmel und Erde schwebt. Bei diesem Flug in den Raum hebt sich unsere Stimme weder nach oben, noch sinkt sie nach unten ab. Sie löst sich vielmehr auf und vergeht, ohne den Satz zu beenden, ohne ihn ‚auf Grund zu legen'; sie läßt ihn in der Luft hängen.

Auch das *Komma* schließt den Satz nicht ab, sondern hebt ihn gleichsam ein Stockwerk höher. Eine solche Stimmfigur wird in der Musik als ‚Portamento'* bezeichnet.

---

* Portamento: *gleitendes Hinüberbinden von einem Gesangston zum anderen; eigentlich: das Tragen (ital.). (Anm. d. Hrsg.)*

Diese Klangkurve nach oben ist ein unerläßliches Merkmal des Kommas. Wie ein erhobener Zeigefinger bereitet sie den Zuschauer darauf vor, daß der Satz noch nicht zu Ende ist. Dieser Hinweis fordert ihn auf abzuwarten, in seiner Aufmerksamkeit nicht nachzulassen, sie vielmehr noch stärker anzuspannen.

Die meisten Schauspieler fürchten das Komma und trachten danach, es zu überspringen, den ganzen Satz so rasch wie möglich unter Dach und Fach zu bringen und den rettenden Punkt zu erreichen wie eine große Bahnstation, wo man sich von der Fahrt erholen, übernachten und einen Imbiß nehmen kann, ehe man weiterreist. Aber es besteht kein Anlaß, die Kommata zu fürchten. Man müßte sie im Gegenteil schätzen wie eine kurze Atempause auf der Reise, während der es angenehm ist, den Kopf aus dem Fenster zu stecken, die klare Luft in vollen Zügen einzuatmen und sich zu erfrischen. Das Komma ist mein liebstes Interpunktionszeichen.

Das beim Komma verlangte Portamento verleiht der Stimme und Intonation ihre Anmut. Wenn man die Pause nicht scheut, sondern sie mit Vernunft anzuwenden versteht, kann man mit ihrer Hilfe ohne zu hasten ruhig, diszipliniert und in der Gewißheit sprechen, daß die Zuschauer einem bis zu Ende aufmerksam zuhören werden. Voraussetzung dabei ist, daß man die Klangkurve nach oben exakt durchführt und den Ton so lange aushält, wie man es für notwendig erachtet. Wer diese Technik beherrscht, der weiß genau, daß Ruhe, Selbstbeherrschung und Sicherheit beim Portamento in der Stimme dem Publikum imponieren und es veranlassen, selbst dann geduldig zu warten, wenn der Schauspieler den höchsten Ton der Kurve länger als erforderlich aushält und die Pause vergrößert.

Wie angenehm ist es, wenn man, vor einer tausendköpfigen Menge stehend, seine Worte ruhig und ohne Hast gruppieren, schwierige Satzperioden und den Aufbau des Gedankens herausmodellieren kann, immer gewiß, daß die vielen Menschen einem regungslos und geduldig zuhören.

Das alles wird in hohem Maße durch ein klanglich gut herausgearbeitetes *Komma* und die damit verbundene *Stimmintonation* gefördert.

Was die Intonation anbetrifft, ist das *Semikolon* eine Art Mittelding zwischen dem Punkt und dem Komma. Nach diesem Zeichen wird der Satz zu Ende geführt, dabei jedoch nicht so tief auf Grund gelegt wie beim Punkt; zudem bleibt hier eine kaum wahrnehmbare Andeutung einer Klangkurve nach oben erhalten.

Der *Doppelpunkt* verlangt einen heftigen, schroffen Aufprall auf der letzten Silbe vor diesem Satzzeichen. Dieser Aufprall steht in seiner Intensität dem Punkt kaum nach, aber während dieser ein deutlich hörbares Senken der Stimme voraussetzt, braucht der Ton beim Doppelpunkt nur leicht abzusinken, ja, er kann sogar ein wenig ansteigen oder auf der Tonebene der vorangegangenen Worte des Satzes verharren. Die wichtigste Besonderheit dieses Zeichens besteht darin, daß die Rede nicht abgebrochen wird, um den Satz oder Gedanken abzuschließen, sondern um sie weiterzuführen. Bei dieser Unterbrechung darf die Perspektive auf die nächstfolgenden Worte nicht verlorengehen. Die Unterbrechung dient dazu, etwas vorzubereiten, anzukünden, zu empfehlen, hervorzuheben, ja, sie weist geradezu mit dem Finger auf das, was nun folgen wird. Dieser Hinweis entsteht dadurch, daß der Ton auf ganz besondere Weise hervorgestoßen wird.

Das *Fragezeichen*. Sein typisches Merkmal ist das schnelle, heftige oder auch langsame, gedehnte, mehr oder minder starke Heben der Stimme, das mit einem abgerissenen oder weit ausholenden, spitzen oder abgerundeten *quakenden* Laut abschließt, der auf dem höchsten Punkt der Klangkurve erfolgt.
Mitunter bleibt der höchste Ton dieser fragenden Stimmfigur oben, gleichsam in der Luft hängen, in anderen Fällen dagegen sinkt der Ton nach seinem Aufschwung wieder ein wenig nach unten ab.
Höhe und Schnelligkeit des Stimmaufschwungs bei der fragenden Intonation, Spitze oder Breite der phonetischen Figur erzeugen die unterschiedlichen Intensitätsgrade der Frage. Je heftigeres Erstaunen ausgedrückt werden soll, desto höher steigt die phonetische Linie. Je geringfügiger die Frage ist, desto weniger wird die Stimme gehoben. Je plötzlicher das Erstaunen ist, desto steiler wird die klangliche Kurve; je breiter und umfassender diese Kurve verläuft, desto größer wird damit auch das von ihr wiedergegebene Erstaunen.
Der fragende Laut kann aus *einem* oder aus *mehreren Gliedern* bestehen. Beim Ausdruck des äußersten Staunens kann man diese Stimmfigur auf jedem Wort des Fragesatzes wiederholen. Um etwa dem Satz ‚Und das alles sollte auf ewig dahin sein?' besonderes Gewicht zu verleihen, kann man fast alle darin enthaltenen Worte mit diesem fragenden Laut enden lassen.
Das wird Ihnen anhand einer Zeichnung besser verständlich werden:

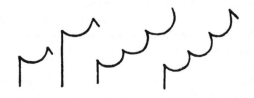

Das *Ausrufungszeichen*. Fast alles, was ich über das Fragezeichen gesagt habe, trifft auch auf das Ausrufungszeichen zu. Der Unterschied besteht lediglich darin, daß beim letzteren der quakende Laut fehlt und durch ein kurzes oder längeres Senken der Stimme nach vorangegangener Hebung ersetzt wird. Die graphische Darstellung dieser phonetischen Figur erinnert an die Form eines Dreschflegels, mit dem früher Korn gedroschen wurde. Auch bei einem solchen Flegel kann das Ende des Stockes, mit dem man drischt, kürzer oder länger sein.
Je höher sich die Stimme bei dieser Intonation erhebt und je tiefer sie nach ihrem Aufschwung wieder absinkt, desto stärker oder schwächer klingt der Ausruf.
Die soeben geschilderte Intonation kann man graphisch folgendermaßen wiedergeben:

Jetzt habe ich Ihnen mit Hilfe anschaulicher Zeichnungen die für die verschiedenen Satzzeichen notwendigen Stimmintonationen erläutert. Nun dürfen Sie aber nicht glauben, daß diese Zeichnungen ein ein für allemal festliegendes Intonationsschema für eine Rolle liefern. Das zu glauben wäre schädlich und gefährlich. Sie dürfen niemals versuchen, sich die Phonetik der Bühnensprache einzupauken. Sie muß von allein, intuitiv und unbewußt entstehen. Nur unter dieser Voraussetzung ist die Intonation imstande, das geistige Leben der Rolle wirklich treffend auszudrücken. Eine eingepaukte klangliche Figur ist trocken, formal und leblos. So etwas verurteile ich und lehne es entschieden ab.

Sobald Sie mit Hilfe meiner graphischen Linien die Phonetik und Intonation begriffen haben, sollen Sie sich diese Zeichnungen wieder aus dem Kopf schlagen, nicht mehr daran denken und sich nur in den kritischen Momenten daran erinnern, in denen die intuitiv gewählte Intonation offensichtlich falsch ist oder sich die richtige nicht von selbst einstellen will. In diesem Fall kann die Erinnerung an die entsprechende Zeichnung der Intuition den richtigen Weg weisen."

... Als Antwort auf die Frage eines Schülers „Woher kommt die Intonation?" erwiderte Arkadi Nikolajewitsch:
„Woher kommt ein Wort und legt sich uns auf die Zunge, wenn wir einen bestimmten Gedanken ausdrücken wollen? Warum wählen wir gerade das Wort, das wir im jeweiligen Augenblick brauchen? Warum gehorchen Bewegung und Handlung unserem inneren Drange oft ohne unser Dazutun und ohne daß wir uns dessen bewußt werden? Warum verrichten Arme, Beine und Rumpf ihre Arbeit von allein? Die Lösung dieser Probleme wollen wir getrost der Zauberin Natur überlassen. Es schadet nichts, wenn einiges im Schaffensprozeß vom Schleier eines schönen Geheimnisses verhüllt bleibt. Das ist nur gut und nützlich für die Intuition, mit deren Hilfe wir häufig die richtige Intonation finden.
Bei der Arbeit an der Intonation darf man nicht in den Fehler verfallen, sie sich ausdenken oder aus sich herauspressen zu wollen. Die Intonation stellt sich von selbst ein, vorausgesetzt, daß vorhanden ist, *was* sie zum Ausdruck bringen soll, nämlich Gefühl, Gedanke, innerer Gehalt, und vorausgesetzt, daß auch vorhanden ist, *womit* man sie ausdrücken kann, nämlich Wort, Sprache, eine bewegliche, umfangreiche, ausdrucksvolle Stimme und eine gute Diktion.
Um diese Voraussetzungen müssen Sie sich kümmern, sie gilt es zu entwickeln, dann stellt sich auch die Intonation ganz von selbst, intuitiv, reflexartig ein.
Oder mit andern Worten gesagt, Sie müssen lernen, die *Lockmittel* zu beherrschen, Sie müssen Ihre Stimm- und Sprechwerkzeuge entwickeln. Merken Sie sich das wichtigste Lockmittel, das die Intonation intuitiv hervorruft: die *Anpassung.** Warum gerade sie? Weil die Intonation selbst eine klangliche Anpassung ist, mit deren Hilfe man ein unsichtbares Gefühl oder Erleben ausdrücken kann. Genau wie auf dem Gebiet der Physiologie die beste intuitive Handlung und Bewegung mit Hilfe der Anpassung entsteht, so entstehen auch im psychischen Bereich die treffendsten

---

* „Anpassung" ist auf S. 248 ff. des I. Teils der „Arbeit des Schauspielers an sich selbst" erklärt. (Anm. d. Hrsg.)

Worthandlungen und intuitiven Klangintonationen mit Hilfe desselben Lockmittels – eben der Anpassung.
So war es die Aufgabe der heutigen und der vorangegangenen Stunden, Ihnen zu beweisen, wie wichtig es für Sie ist, die Lockmittel zu beherrschen, Ihre Stimme zu bilden, deren Umfang zu erweitern und Ihre Sprechwerkzeuge, die die Intonation hervorbringen, zu vervollkommnen. Außerdem hatten die heutige und die vorige Stunde das Ziel, Sie auf ein neues Unterrichtsfach ‚Die Sprachgesetze und die Kunst zu sprechen' vorzubereiten; sie sollten Ihnen die ganze Bedeutung dieses neuen Lehrfachs vor Augen führen, damit Sie erkennen, wieviel davon abhängt, daß Sie ihm Ihre ungeteilte Aufmerksamkeit widmen."

„Ist es Ihnen auch schon passiert, daß Sie eine ganz schlichte Sprechweise hörten ohne nennenswerte Veränderungen in der Stimmlage, ohne einen großen Stimmumfang, ohne komplizierte Phonetik und Zeichnung, die auch ohne alle diese Elemente beeindruckte? Worin liegt das Geheimnis ihrer Wirkung?
In der Klarheit des ausgesprochenen Gedankens, in der Präzision und Exaktheit des Ausdrucks, in der Logik und Folgerichtigkeit, in der richtigen Anordnung und Gruppierung der Sätze und im gelungenen Aufbau der ganzen Erzählung. All das zusammengenommen verfehlt seinen Eindruck auf die Zuhörer nicht.
Machen Sie sich auch diese Möglichkeit zunutze! Lernen Sie, *logisch und folgerichtig zu sprechen!*
Bei dieser Art zu sprechen, spielen, wie Sie später sehen werden, die *Betonungen* eine wichtige Rolle. Darum will ich jetzt zu ihnen übergehen.
In dem ‚Kurzen Programm der Gesetze des lebendigen Sprechens und der Vortragsregeln' heißt es:
‚Die Betonung ist Ausdruck des Lebens in der Sprache. Ein Sprechen ohne Betonungen ist leblos. Die Betonung ist ein Element der *Exaktheit* beim Sprechen. Richtige Betonung besteht nicht allein darin, daß man den *Akzent* auf das zu betonende Wort *setzt*, sondern ebenso auch darin, daß man ihn *wegläßt*, wo er nichts zu suchen hat.'
Die auf ein Wort gesetzte Betonung ist wie ein Zeigefinger, der auf das hinweist, was man besonders beachten soll. Die Betonung beim Sprechen ist dasselbe wie die Kursivschrift in der Buchdruckerei.
Oft ist die Betonung der Schlüssel zur Enträtselung eines verborgenen Sinnes. Genau wie ein gänzlich unbetonter Satz nichts aussagt, ist auch ein Satz völlig sinnlos, der nur betonte Wörter enthält.
Jede unnötige Betonung kann den Sinn eines Satzes nur verdunkeln. Der Satz soll nur ein entscheidendes betontes Wort enthalten, das die Seele, den grundlegenden Gedanken des Ganzen enthüllt.
Wenn man nicht ohne weitere Betonungen auskommen kann, so dürfen sie nicht mit dem Hauptakzent konkurrieren, sondern müssen sich durch Intensität, Qualität und Rhythmus von ihm unterscheiden, weil sonst der Gedanke nicht klar zum Ausdruck gebracht wird. Die stärkste Betonung muß stets der Höhepunkt von Gedanke und Gefühl bleiben.

Man darf die Betonung nicht wie einen Stoß in den Rücken verstehen, der einen vorwärtsschiebt. Sie ist auch kein gewaltsamer Druck, mit dem das Wort mechanisch herausgepreßt wird. Ebenso braucht man ihr nicht durch eine Bewegung des Kinns oder ein Neigen des Kopfes Nachdruck zu verleihen. Auch darf man Betonung nicht etwa mit Schreien verwechseln.
Die Betonung ist ein liebevolles Hervorheben des Wortes oder richtiger des Sinnes, der sich hinter ihm verbirgt. Sie verhilft dazu, ein Gefühl oder einen Gedanken auszukosten; sie ist eine bildhafte Darstellung dessen, was der Sprechende sich vorstellt oder empfindet.
Wenn man das hervorzuhebende Wort nur plump, äußerlich und rein mechanisch betont, so kommt man zu keinem Resultat, weil der Satz durch Gewaltanwendung bis zur Unkenntlichkeit verstümmelt wird. Eine unangemessene Betonung wirft alle Proportionen des Satzes, alle Beziehungen der einzelnen Teile zueinander über den Haufen, wodurch der Sinn verlorengeht. Wenn wir eines der vollendet schönen Teilstücke, aus denen sich die Statue der Venus zusammensetzt, etwa einen Arm, einen Finger oder die Nase nehmen und dieses eine Stück unverhältnismäßig vergrößern, so wäre das Resultat eine Venus mit einer riesigen Nase oder einem fünf Werschok* langen Finger oder einem anderthalb Meter langen Bein."

Es ist Aufgabe der Betonung, den inneren Sinn des Satzes nicht zu verstümmeln, sondern zu verdeutlichen. Richtige Betonung kommt ohne Krampf und körperliche Anstrengung zustande. Man braucht dazu den Ton auf der entsprechenden Silbe nur ganz leicht zu heben oder die Silbe durch kaum wahrnehmbare kleine Pausen abzugrenzen.

„... Nehmen Sie so oft wie möglich ein Buch zur Hand und zeichnen Sie sich beim Lesen die Betonungsregeln an, so wie ich es jetzt tue", riet uns Torzow. „Wenn wir im täglichen Leben mit unseren eigenen Worten sprechen, setzen wir die Betonung unwillkürlich mehr oder minder richtig. Die Intuition versteht das besser als wir. Auch ohne Regeln spricht sie oft fast richtig. Wenn wir dagegen mit *fremden* Worten sprechen, müssen wir auf die Betonung achten, weil wir sonst den fremden Text nicht verstehen. Man muß sich daran gewöhnen, zuerst bewußt und dann unbewußt die richtigen Betonungen zu setzen. Sobald sich Ihr Ohr daran gewöhnt hat, sind Sie auf der Bühne vor den dort üblichen Betonungsfehlern sicher."

„Die Unbestimmtheit und Ungenauigkeit der Betonungsgesetze ist schuld daran, daß der Mißbrauch, der auf der Bühne mit der Betonung getrieben wird, bald nicht mehr zu überbieten ist.
Die Manie, ausnahmslos jedes Wort zu akzentuieren und es noch dazu mit stimmlichem Druck zu versehen, ist besonders beim Vortrag von Versen eine gewohnte Erscheinung. Aber Sie wissen ja, daß ein Satz ohne alle Betonungen genau wie ein Satz mit lauter betonten Worten nichts zum Ausdruck bringt und schlechthin absurd ist.

* *1 Werschok = 4,4 cm. (Anm. d. Hrsg.)*

Es gibt aber auch eine Menge Schauspieler, die mit der Betonung nicht so verschwenderisch umgehen. Sie setzen die Akzente nicht so freigebig, dafür jedoch falsch, was ebenso schlimm ist. Den Schauspielern dieses Typs sind Subjekte, Prädikate, Substantive und Verben unsympathisch. Dafür haben sie eine Vorliebe für Adjektive, Adverben, Ausrufe und alle jene Worte, mit denen man ‚gut spielen' kann. Dazu gehören beispielsweise Wörter wie *groß, klein, schön, häßlich, gut, böse, stolz und sanftmütig* oder Adverben wie *plötzlich, unerwartet, besonders und allzusehr*. Jedes dieser Wörter kann man in irgendeiner Form illustrieren, kann es entweder durch Geste und Bewegung oder durch eine anschauliche Intonation besonders hervorheben. Und selbst wenn diese Wörter zwischen anderen, wichtigeren stehen, die den wesentlichen Teil des Satzes ausdrücken, wird dennoch den ‚gut spielbaren' vor den wesentlichen der Vorzug gegeben.

Diese Willkür und dieses Durcheinander im Bereich der Betonungen ist auf der Bühne zu einer fast normalen Erscheinung geworden. Ein Satz, der im realen Leben richtig ausgesprochen wird – wo er durch eine echte, produktive und zielbewußte Aufgabe hervorgerufen worden ist –, wird, auf die Bühne übertragen, durch die falschen, ‚gut spielbaren' Betonungen vollkommen verändert und entstellt. Ein dergestalt verstümmeltes Sprechen hört man sich nur an, ohne es zu verstehen.

Im Gegensatz zu diesem Typ von Schauspielern trifft man, obwohl bedeutend seltener, auch solche, die allzu richtig sprechen. An ihren grammatikalischen und logischen Betonungen gibt es nicht das geringste auszusetzen. Das ist natürlich gut so. Ihr Sprechen hört man sich nicht nur an, sondern man *versteht* es auch, kann es aber leider nicht *mitempfinden*, weil ihm alle *symbolischen* oder *künstlerischen Betonungen* fehlen. Aber nur mit ihrer Hilfe wird das trockene, konkrete Wort in ein lebendiges Wort, das grammatikalisch richtige, aber formale Sprechen in wahre Kunst verwandelt und das geistige Leben der Rolle ausgedrückt.

Ohne hier auf alle Einzelheiten der strittigen Frage einzugehen, kann ich Ihnen aus meiner persönlichen Erfahrung vorerst schon einen praktischen Rat geben:

Trachten Sie stets danach, so wenig wie möglich und nur die allernotwendigsten Betonungen zu setzen. Am besten ist es, wenn die symbolischen (künstlerischen) Betonungen nach Möglichkeit mit den logischen Akzenten zusammenfallen. Selbstverständlich gibt es Ausnahmen, aber sie dürfen nicht zur Regel werden. Um zu erreichen, daß Ihr Sprechen selbst mit einem Minimum an notwendigsten Betonungen künstlerisch wirkt, müssen Sie sich intensiv um den Untertext bemühen. Sobald er vorhanden ist, kommt alles andere von selbst ins richtige Geleise. Vielleicht ergeben sich dann nicht nur eine, sondern mehrere starke, mittlere und schwache Betonungen, eine ganze Abstufung von Akzenten, die zueinander in den verschiedensten Beziehungen stehen. Die Intuition wird alle diese Betonungen so anordnen, daß sowohl der Logik als auch der Grammatik und den künstlerischen Belangen Rechnung getragen wird und überdies auch die Zuschauer zufrieden sind."

... Torzow erinnerte uns daran, daß bisher in unserm Unterricht bei jeder sich bietenden Gelegenheit von der *kontinuierlichen klanglichen Linie und der Einheitlichkeit des Sprechens* die Rede war.

„Aber das heißt natürlich nicht, daß der Schauspieler auf der Bühne unaufhörlich Worte hervorsprudeln soll! Pausenloses Sprechen würde zur Folge haben, daß man den Schauspieler für verrückt erklärt. Normale Menschen brauchen Zeit zum Atemholen, zu *Unterbrechungen* und *Pausen* nicht nur beim Sprechen, sondern auch bei allen anderen äußeren und inneren Prozessen: beim Denken, bei der Tätigkeit der Phantasie, beim Hören und Sehen und so weiter.
Unseren natürlichen, normalen Zustand könnte man graphisch durch längere und kürzere Linien darstellen, die von kleinen oder großen *Pausen* unterbrochen sind:

Im Gegensatz dazu müßte der ‚Wahnsinn' (idée fixe) mit Hilfe einer einzigen, ununterbrochenen Linie versinnbildlicht werden:

‚Ein Sprechen ohne Pause oder mit zu langen, übermäßig ausgedehnten Pausen ist verworren und sinnlos', heißt es in Wolkonskis Buch. Oder an einer andern Stelle: ‚Man weiß wirklich nicht, worüber man sich mehr wundern soll – darüber, wie wenig sie (das heißt die Pause) benutzt, oder darüber, wie sehr sie mißbraucht wird. Es ist schwer zu entscheiden, was das größere Übel ist: eine Pause zu machen, wo sie unnötig ist, oder sie fortzulassen, wo sie gebraucht wird.' (‚Das ausdrucksvolle Wort') Wie soll man nun diese Widersprüche in Einklang bringen?! Einerseits die kontinuierliche klangliche Linie und andererseits die Notwendigkeit, Unterbrechungen zu machen! Wir müssen von der Überlegung ausgehen, daß man Kontinuität nicht mit einer Art von Perpetuum mobile verwechseln darf, daß aber die Pausen und Unterbrechungen die Sprache nicht zerhacken dürfen, wie wir es oft im Theater hören."

„In der Musik, die sich bekanntlich auf einer fortlaufenden klanglichen Linie aufbaut, gibt es neben den ineinander verschmelzenden Tönen auch Pausen, von denen die Kantilene in keiner Weise beeinträchtigt wird.
Solche Unterbrechungen sind hier notwendig, um die Melodie in ihre Bestandteile aufzugliedern. Durch Pausen wird die Klanglinie unterbrochen, in den Zwischenräumen jedoch kontinuierlich und in sich geschlossen weitergeführt.
Genauso sollen die Pausen auch beim Sprechen den dargelegten Gedanken in seine Bestandteile aufgliedern, ohne daß die einzelnen Teile etwas von ihrer Kontinuität und Geschlossenheit einbüßen.
Wer im Leben richtig spricht, hält sich instinktiv oder bewußt an diese Regel und macht beim Sprechen mehr oder minder richtige Pausen. Sobald es jedoch gilt, die fremden Worte einer Rolle zu erlernen und sie auf der Bühne zu sprechen, geht mit den meisten Menschen eine Verwandlung vor: sie sprechen plötzlich abgehackt und sinnlos, und die Pausen werden nicht mehr richtig gesetzt. Wie ist das zu erklären? Es gibt dafür äußere und innere Ursachen. Ich will mit ersteren beginnen.
Es gibt eine Reihe von Schauspielern mit kurzem und schlecht gestütztem Atem. Sie dehnen den Ton so lange aus, wie die aufgespeicherte Luft ausreicht, und wenn sie zuviel Luft eingeatmet haben, atmen sie das überflüssige Quantum willkürlich während des Sprechens wieder aus. Ebenso atmen sie auch ganz willkürlich ein, ohne zu überlegen, ob die dadurch entstehenden Pausen berechtigt oder unberechtigt sind.

Ein solches Sprechen wirkt asthmatisch. Es kann niemals sinnvoll und richtig sein.
Es gibt noch einen Grund für die falsche Anordnung der Pausen. Die Schauspieler wissen oft nicht, daß die Wirksamkeit ihres Sprechens nicht durch Lautstärke und Hochspannung erzielt wird, sondern durch Heben und Senken des Tones, das heißt durch die *Intonation* und durch die Logik und Folgerichtigkeit des Sprechens. Diese in der Sprechtechnik schlecht bewanderten Schauspieler wollen die Wirksamkeit ihrer Sprache durch naive theatralische Tricks verstärken. Um besser zu überzeugen, ereifern sie sich unnötig, pumpen sich künstlich Temperament ein und nehmen ihre Zuflucht zum Geschrei. Aber diese Muskelarbeit kann nichts nützen. Sie bleibt an der Oberfläche, sie steht außerhalb von Leben und Empfinden, die mit physischer Anstrengung überhaupt nichts gemein haben. Dieses Sprechen, wie auch die damit verbundene Pause, ist eine Anstrengung, die von rein zufälligen physiologischen oder nervlichen Ursachen abhängig ist.
Kann man unter diesen Umständen überhaupt voraussehen, an welchen Stellen die Sprechpausen eingeschoben werden? Offensichtlich dort, wo der Sprechende es darauf anlegt, möglichst viel ‚Leidenschaft' aus sich herauszupressen, dort, wo er besonders ‚genial' sein will. Solche Pausen haben mit Sinn und Wesen der Rolle nicht das geringste zu tun, sie gehen völlig an ihnen vorbei und sind oft vom bloßen Zufall abhängig.
Infolgedessen verwandelt sich der einfachste Satz, wie zum Beispiel: ‚Ich möchte Ihnen sagen, daß Ihr Verhalten unwürdig ist', in eine von qualvollen Wehen begleitete Geburt von Worten: ‚*Ich* (gewaltige Pause, um möglichst viel Leidenschaft aus sich herauszupressen) *möchte Ihnen sagendaßIhr* (neue Wehe, nachdem zufällig ein paar Worte des nächstfolgenden Satzabschnittes bereits in den vorhergehenden Sprechtakt hineingeraten sind) *Verhaltenun* (neue Pause zum Aufpumpen des Temperaments) *-würdigist'*. Dieser Abschluß wird wie ein Schuß abgefeuert, zugleich wird der restliche Luftvorrat herausgeschleudert, dann folgt eine neue lange Pause, um sich von den Anstrengungen der Geburt zu erholen. Erinnert Sie diese Art zu sprechen nicht auch an den Kreisrichter aus Gogols ‚Revisor', der, ehe er ein Wort von sich gibt, immer erst lange schnarrt und surrt wie eine alte Wanduhr?[2]
Diese *äußeren Ursachen* der falsch gesetzten Pausen kann man mit Hilfe des Gesangsunterrichtes bekämpfen, wo Atmung und Intonation richtig ausgebildet werden.
Die Hauptursache ist aber *innerer Natur*. Sie erklärt sich aus der mangelnden Feinfühligkeit und Liebe der Menschen zum Wort, aus der Verständnislosigkeit gegenüber den Feinheiten der Muttersprache.
Wie kann man diese Erscheinung bekämpfen?
Man muß dem Wort mehr Aufmerksamkeit schenken und sich bemühen, in sein Wesen einzudringen. Dabei wird Ihnen das Studium der Sprachgesetze und vor allem der Funktionen der *Unterbrechung oder Pause* behilflich sein.
Zu gegebener Zeit werden Sie sich unter Anleitung erfahrener Sprechlehrer eingehend mit diesen Dingen befassen. Mein Ziel war es lediglich, Sie auf dieses Unterrichtsfach vorzubereiten und Ihnen in großen Zügen seinen praktischen Sinn zu erklären."

„Es gibt Schauspieler, die meinen, es sei besonders schick, wenn ihre Sätze sich gegenseitig fast über den Haufen rennen oder wenn ihre Pausen durch irgendeinen Laut ausgefüllt werden. Sie bilden sich ein, die Ursache dafür sei nicht etwa ihr schlechtes Sprechen, sondern die Unbändigkeit ihres ‚stürmischen' Temperaments, das sie angeblich nicht rechtzeitig zügeln können.
Andere tun dasselbe ‚nur so, von ungefähr', um möglichst viele Wörter und Laute in einem Atemzug von sich geben zu können, denn, so meinen sie, ‚warum soll der aufgespeicherte Luftvorrat ungenutzt verlorengehen?'
Noch häufiger zeugt die falsche Aufteilung der Pausen jedoch von mangelndem Verständnis für das, was man sagt, von unzureichendem Eindringen in den Sinn der Worte.
Wie kann ein Schauspieler diese weit verbreiteten Fehler vermeiden, wie kann er lernen, die Pausen beim Sprechen logisch anzuwenden? Dazu braucht man entweder ein natürliches Empfinden für das Wort und die Sprache oder eine durch Fleiß erworbene gute Kenntnis und endlich praktische Erfahrung.
Das angeborene Empfinden, das Gefühl für das Wort ist eine Gabe der Natur. Wir können nichts tun, als mit aller Aufmerksamkeit in das Wesen der Sprache einzudringen zu suchen, was ich jedem Schauspieler dringend ans Herz legen möchte. Um sich Kenntnisse zu erwerben, muß man zuerst die Sprachgesetze studieren, und um praktische Erfahrungen zu sammeln, muß man üben.
Was für Regeln und Gesetze gibt es eigentlich für die Sprechunterbrechungen oder Pausen, und in welcher Weise können sie uns behilflich sein?
Unsere besten Helfer für die richtige Verteilung der *logischen (grammatikalischen) Pausen* sind die *Interpunktions- oder Satzzeichen.*
Ich habe Ihnen früher bereits gesagt, daß ich noch einmal kurz auf die Satzzeichen zurückkommen werde. Ihre erste, auf die Intonation bezügliche Funktion haben wir schon behandelt, jetzt wollen wir über die zweite sprechen.
Die zweite Funktion der Satzzeichen besteht in der richtigen Verteilung der Pausen, die bestimmte Wörter voneinander abgrenzen, während sie verwandte Wörter in Gruppen zusammenfassen, wodurch die Sprechtakte entstehen.
Die Länge der durch Satzzeichen bedingten Pausen ist von der Wichtigkeit, vom Gehalt, von der Eindringlichkeit und Geschlossenheit, vom Wesen und Sinn dessen abhängig, was zwischen den Punkten oder Kommata steht, was durch den Doppelpunkt angekündigt wird, wonach das Fragezeichen fragt, was das Ausrufungszeichen verkündet, was mehrere Punkte unausgesprochen lassen oder was durch den Punkt abgeschlossen wird. Kurz gesagt, die Länge einer Pause hängt davon ab, *was* die Unterbrechung hervorruft und *zu welchem Zweck* sie gemacht wird.
Aber nicht allein Wesen und Ziel beeinflussen die Dauer einer Pause, sondern sie ist nicht selten auch von andern Dingen abhängig, zum Beispiel von der Zeit, die der Gesprächspartner braucht, um den fremden Gedanken zu erfassen, oder die der Sprechende selbst für die stumme Wiedergabe des Untertextes benötigt, der nicht in die Worte eingegangen ist; sie ist abhängig von der Intensität des inneren Erlebens, vom Grad der Erregung oder vom Tempo-Rhythmus der Unterhaltung.
Die Länge der durch die Interpunktionszeichen angegebenen Pausen läßt sich nicht

exakt errechnen. Sie ist relativ; man kann sie nur annähernd festlegen, indem man eine relativ längere Dauer mit einer relativ kürzeren vergleicht und umgekehrt. Am kürzesten ist die Pause nach dem *Komma;* sie reicht gerade aus, um den Ton, je nach dem Tempo-Rhythmus des Sprechens, um eine oder mehrere Stufen zu heben oder zu senken. Die Pause nach dem Semikolon ist länger als nach dem Komma, jedoch kürzer als beim Punkt.
Die Pause nach dem *Doppelpunkt* ist abhängig von der mehr oder minder großen Bedeutung dessen, was das Zeichen ankündigt, vorbereitet oder erläutert.
Mehrere Punkte verlangen ungefähr die gleiche Pause wie der Doppelpunkt; auch hier ist die Dauer von der Bedeutung des unausgesprochenen Gedankens abhängig.
Fragezeichen und Ausrufungszeichen verlangen etwa die gleiche Pause wie der Punkt; sie ist abhängig von Ursache und Gehalt der Frage, der erwarteten Antwort oder vom Grad der Emotion, die den Ausruf bewirkt hat. Der Punkt endlich verlangt die längste Pause. Sie ist abhängig von der Wichtigkeit und Geschlossenheit des durch den Punkt beendeten Bauteiles eines großen Ganzen (eines Aktes, einer Szene, eines Monologes, eines Gedankens, Satzes oder Wortes)."

„Wie ich bereits sagte, braucht man zur Bekämpfung der Fehler auf dem Gebiet der logischen Pausen praktische Erfahrung und Übungen.
Woraus bestehen sie?
Geben Sie mir Ihr Buch", wandte sich Arkadi Nikolajewitsch an mich.
Ich reichte ihm die „Memoiren Stschepkins", die ich soeben bei einem Antiquar erstanden hatte.
„Hier ist ein Brief Stschepkins an Schumski. Lesen Sie uns einmal diese Zeilen vor, in denen Stschepkin auf Schumskis Erfolge in Odessa eingeht!"
Damit gab Arkadi Nikolajewitsch das Buch an Schustow weiter, der zu lesen begann:
„Ich weiß, die Mühe war groß, doch was erreicht man umsonst und was wäre die Kunst, wenn sie uns zufiele ohne Mühe?"[3]
„Das reicht fürs erste!" unterbrach Torzow. „Jetzt wollen wir in dem Text, den Sie verlasen, die richtigen Pausen setzen, verwandte Wörter zu Gruppen zusammenfassen und daraus die Sprechtakte bilden. Das geht folgendermaßen vor sich: Nehmen Sie der Reihe nach immer mehrere Worte und überlegen Sie, ob sie in direkter Beziehung zueinander stehen und ob es zwischen ihnen einen unmittelbaren Zusammenhang gibt.
Wenn das nicht der Fall ist, suchen Sie ihren Sinn zu ergründen und entscheiden Sie dann, wohin jedes von ihnen gehört, zu dem vorausgegangenen oder den nachfolgenden Worten des Satzes.
Beginnen wir mit den ersten Worten: *‚Ich weiß, die'*. Soll man sie zusammen stehenlassen oder trennen? Aber sie sind ja ohnehin durch ein Komma voneinander getrennt, was eine kurze Unterbrechung zur Folge hat.
Gehen wir weiter: *‚die Mühe war groß'*.
Diese Wörter verschmelzen miteinander. Sie bilden eine Gruppe, einen Sprechtakt, den wir durch eine Pause von den nachfolgenden Takten abgrenzen.

Weiter heißt es: ‚*groß, doch*'. Das gibt keinen Sinn, aber das nach ‚*groß*' stehende Komma enthebt uns der Sorge und ordnet das Wörtchen ‚*doch*' dem folgenden Satzteil zu.

Betrachten wir jetzt die nächsten Worte: ‚*doch was erreicht man*'. Sie verschmelzen miteinander, und wir lassen sie daher in einer Gruppe.

Das folgende Wort ‚*umsonst*' erweitert diese Familie durch ein neues Glied, wodurch folgender Sprechtakt entsteht: ‚*doch was erreicht man umsonst*'."

Geduldig erläuterte uns Arkadi Nikolajewitsch dasselbe auch an allen andern Worten des ausgewählten Abschnitts aus Stschepkins Brief.

Sobald alle Pausen festgelegt waren, forderte Torzow Schustow auf, alles, was wir uns soeben erarbeitet hatten, noch einmal vorzulesen. Pascha las:

„Ich weiß, / die Mühe war groß, / doch was erreicht man umsonst / und was wäre die Kunst, / wenn sie uns zufiele ohne Mühe?"

„Es gibt noch einen andern, genauso simplen und naiven Trick, um die Wörter zu gruppieren und die Pausen zu verteilen. Ich will ihn jetzt anhand desselben Abschnitts aus Stschepkins Brief erklären", sagte Arkadi Nikolajewitsch.

„Zunächst einmal setzen Sie die *logischen Betonungen*:

‚Ich *weiß*, die Mühe war *groß*, doch was erreicht man *umsonst* und *was wäre* die Kunst, wenn sie uns zufiele ohne *Mühe*?'

Nun sehen Sie sich jedes der betonten Wörter genau an und überlegen Sie, welche benachbarten Wörter sie an sich ziehen!

Zum Beispiel gleich das erste betonte Wort ‚ich *weiß*'. Es tendiert nicht zu einem einzelnen Wort, sondern zum gesamten nachfolgenden Satz. Gerade darum muß es durch eine Pause abgegrenzt und mit einer besonderen Intonation versehen werden, die es den folgenden Wörtern nahebringt.

Das zweite betonte Wort ist ‚*groß*'. Welche anderen Wörter werden von ihm angezogen?

‚die Mühe war – *groß*'.

Das nächstfolgende betonte Wort ist ‚*umsonst*'. Welche anderen Wörter zieht es an?

‚doch was erreicht man – *umsonst*'.

Das betonte Wort ‚*wäre*' (d. h. ‚*bedeutete*') ist besonders eng mit den Wörtern ‚*was – wäre – die Kunst*' verbunden.

Und endlich das letzte betonte Wort ‚*Mühe*' zieht die Wörter ‚wenn sie uns zufiele ohne' an sich.

Nehmen Sie so oft wie möglich ein Buch zur Hand und setzen Sie beim Lesen in Gedanken die richtigen Pausen ein.

Gehorchen Sie da, wo Ihnen Intuition und Sprachgefühl das Richtige eingeben, wo sie jedoch schweigen oder sich irren, halten Sie sich an die Regeln.

Nur gehen Sie ja nicht umgekehrt vor, das heißt, *setzen Sie keine Pausen, nur um trockener Regeln willen*, die innerlich nicht gerechtfertigt sind. Dadurch wird Ihr Spiel oder Ihr Vortrag zwar formal richtig, aber leblos. Die Regel soll lediglich Hinweise geben, an die Wahrheit erinnern und den Weg zu ihr zeigen.

Diese Übungen machen es Ihnen zur Gewohnheit, die Wörter richtig zu gruppieren und die Pausen logisch anzuordnen.
Diese Gewohnheit sollte Ihnen zur zweiten Natur werden; denn die richtige Gruppierung der Worte und die Anordnung der Pausen ist eine der notwendigen Voraussetzungen für ein gepflegtes, schönes Sprechen. Sie entwickelt in uns das richtige Sprachgefühl und lehrt uns, die Sprache sinnvoll zu benutzen."

„Die psychologische Pause ist *anarchisch*. Während die logische Pause feststehenden Regeln unterworfen ist, erkennt die psychologische keinerlei Beschränkungen und Begrenzungen an. Sie kann vor oder nach jedem beliebigen Wort stehen, ganz gleich, ob es sich dabei um Wortarten (wie Substantiv, Adjektiv, Konjunktion, Adverb und so weiter) oder um Satzteile (wie Subjekt, Prädikat, Objekt und so weiter) handelt.
Allerdings muß in jedem Fall eine wichtige Voraussetzung eingehalten werden, und zwar muß *jede Pause wirklich gerechtfertigt* sein. Deshalb muß man sich von den wahren Beweggründen des Autors, den Ideen des Regisseurs und auch des Schauspielers leiten lassen, der sich ja seinen eigenen Untertext geschaffen hat.
Die psychologische Pause besiegt und bezwingt ausnahmslos alle bestehenden Regeln.
In ihrer Gesetzlosigkeit gleicht sie der eigenwilligen Regel von der ‚Gegenüberstellung', die ebenfalls alles zerstört, was ihr hinderlich ist.
Als Beweis für den Anarchismus der psychologischen Pause werde ich Ihnen einige Beispiele nennen. Nehmen wir an, jemand stellt die Frage:
‚Wen hat sie sich als Begleiter ausersehen?'
Darauf antwortet ein anderer:
‚Dich und mich.'
Da die Konjunktion ‚und' der Regel entsprechend niemals von den beiden Worten, die sie verbindet, getrennt werden darf, sollte man meinen, daß es unzulässig ist, hier eine Pause zu machen.
Aber für die psychologische Pause hat das Gesetz keine Gültigkeit, und darum könnte man die vorangegangene Frage auch folgendermaßen beantworten:
‚*Dich* und... (psychologische Pause, die ausgefüllt ist mit Mimik und Gesten, die Eifersucht hervorrufen sollen) ... *mich!*'
Wenn die stumme Handlung während der eingeschobenen Unterbrechung ausreichend gerechtfertigt ist und beredt wirkt, so ist die Pause nach der Konjunktion ‚und' hier nicht nur denkbar, sondern sogar wünschenswert, weil sie dem Satz Leben verleiht.
Und hier ein weiteres Beispiel für die Willkür der psychologischen Pause.
Man sollte doch meinen, daß es unmöglich wäre, zu sagen:
‚Das hier ist (Pause) ein Stuhl.'
‚Jenes dort ist (Pause) ein Tisch.'
‚Ich selbst bin (Pause) ein Mensch.'
Es besteht ja sogar eine Regel, die verbietet, diese Wörter von den durch sie bestimmten Begriffen zu trennen.

Doch der psychologischen Pause ist alles erlaubt, und darum können wir sagen:
‚*Das* hier ist (psychologische Pause, um nachdrücklich auf den ausgewählten Gegenstand hinweisen zu können) – *ein Stuhl.*‘
‚*Jenes* dort ist (psychologische Pause, um die Unschlüssigkeit bei der Auswahl des Gegenstandes auszudrücken) – *ein Tisch.*‘
‚*Ich selbst* bin (psychologische Pause, um die Begeisterung wegen meiner Überlegenheit über alles andere ausdrücken zu können) – *ein Mensch.*‘
Noch ein Beispiel für die Willkür der psychologischen Pause.
Es erscheint unmöglich zu sagen:
‚*Er liegt unter* (Pause) *dem Bett.*‘
Aber die psychologische Pause rechtfertigt diese Unterbrechung und trennt die Präposition vom Substantiv.
‚*Er liegt unter* (psychologische Pause, um Verzweiflung und Empörung darüber auszudrücken, daß der andere sich so betrunken hat) *dem Bett.*‘
Die psychologische Pause kann *vor* und *nach* jedem beliebigen Wort stehen.
Die psychologische Pause ist ein zweischneidiges Schwert und kann ebenso schaden wie nützen. Wenn sie an der falschen Stelle steht und nicht genügend gerechtfertigt ist, lenkt sie vom Wesentlichen ab, stört den Sinn und die Ausdruckskraft des Ganzen und stiftet nur Verwirrung. Wenn sie dagegen an richtiger Stelle steht, trägt sie zur richtigen Wiedergabe des Gedankens und zur Belebung des Wortes von innen her bei.
Genauso wie die logischen dürfen auch die psychologischen Pausen nicht mißbraucht werden, sonst wird das Sprechen verworren und zu sehr in die Länge gezogen. Leider ist das sehr häufig. Die Schauspieler haben eine Vorliebe dafür, alles, was irgend geht, darunter auch das Schweigen, ‚*richtig auszuspielen*‘. Darum sind sie auch gern bereit, jede beliebige Unterbrechung gleich in eine psychologische Pause zu verwandeln.
Schauspielern dieser Art, die die psychologische Pause gern mißbrauchen, gibt Smolenski den Rat, diese Pause nur in den Fällen zu setzen, wo sie mit der logischen zusammentrifft, wodurch seiner Ansicht nach die Zahl der Unterbrechungen geringer wird.
Meiner Meinung nach ist dieser Rat nur bis zu einem gewissen Grade richtig. Wenn sich nämlich ein Schauspieler allzu strikt danach richtet und völlig auf die psychologische Pause verzichtet, wird sein sprachlicher Ausdruck zu trocken.
Genauso falsch wie ein übermäßiger Gebrauch ist auch die Unterschätzung der Pausen. Wir brauchen sie gerade soviel, wie wir unser Sprechen mit ihrer Hilfe verständlicher und lebendiger gestalten können.
Die psychologische und die logische Pause können zusammentreffen oder getrennt stehen. Dabei muß man sich folgendes vor Augen halten: Bei einem Schauspieler, der seiner Rolle viel inneren Gehalt gibt, wird der Untertext nicht nur bei der psychologischen, sondern auch bei der logischen Pause offenbar. Dabei wird die logische Pause zur psychologischen und übernimmt zugleich beide Funktionen. Wenn sie die doppelte Aufgabe meistert und das Sprechen belebt, so ist diese Umwandlung nur begrüßenswert.

Wenn jedoch der Sinn unter der Verwandlung leidet und der Satz unklar wird, ist dieser Tausch natürlich nicht zu begrüßen.
Bei Schauspielern, die ihre Rolle mit wenig innerem Gehalt erfüllen, kann man nicht selten die umgekehrte Erscheinung beobachten. Bei ihnen wird der Untertext nicht allein in der logischen, sondern auch in der psychologischen Pause zuwenig zum Ausdruck gebracht. Dadurch wirkt ihr Sprechen formal, trocken, leblos und farblos.
Es gibt Fälle, in denen die logische und die psychologische Pause nicht zusammenfallen, sondern nebeneinander bestehen. Dabei kommt es häufig vor, daß die psychologische die logische übertrumpft und verdunkelt, was ebenfalls den Sinn beeinträchtigt und Verwirrung stiftet.
Die psychologische Pause soll nur dort angewandt werden, wo sie einem echten inneren Bedürfnis entspringt, jedoch dürfen Logik und Sinn keinesfalls darunter leiden.
Wie Sie wissen, ist die logische Pause zeitlich relativ begrenzt. Die psychologische Pause dagegen läßt sich auch zeitlich nicht einengen. Die durch sie ausgelöste stumme Unterbrechung kann sehr lange dauern, natürlich unter der Voraussetzung, daß sie mit innerem Gehalt und aktiver wortloser Handlung erfüllt ist."

3. Über die Perspektive des Sprechens

Wenn man von „Perspektive" spricht, denkt man gewöhnlich an die sogenannte logische Perspektive. In unserer Bühnenpraxis benutzen wir jedoch eine umfassendere Terminologie. Wir sprechen nämlich
1. *von der Perspektive des wiederzugebenden Gedankens* (dasselbe wie die *logische Perspektive*),
2. *von der Perspektive des zu erlebenden Gefühls* und
3. *von der künstlerischen Perspektive;* sie ordnet die verschiedenen Farben, die einen Bericht, eine Erzählung oder einen Monolog illustrieren, kunstvoll an.
Für die technische Durchführung dieser Perspektiven gibt es verschiedene Methoden, so die *Intonation* (das Heben und Senken der Stimme), das *Hervorheben einzelner Wörter, Sätze und Perioden, (die Betonung),* die *Pausen,* die die einzelnen Teile gruppieren, voneinander absondern und durchdringen, und die verschiedenen Kombinationen von *Tempo* und *Rhythmus.*
Ich beginne mit der *Perspektive des wiederzugebenden Gedankens* (der *logischen Perspektive*). Hier spielen *Logik und Folgerichtigkeit* die wichtigste Rolle, denn sie dienen der Entwicklung des Gedankens und tragen dazu bei, die richtigen Proportionen für die einzelnen Teile innerhalb des großen Ganzen zu finden.
Diese Perspektive innerhalb eines fortlaufenden Gedankenganges entsteht mit Hilfe einer langen Folge betonter Wörter, die den Sinn zum Ausdruck bringen.
Es gibt Akzente von unterschiedlicher Beschaffenheit: starke, weniger starke, schwache, kaum wahrnehmbare, kurze, spitze, leichte oder langandauernde, gewichtige, von oben nach unten oder von unten nach oben verlaufende und so weiter.

Durch die Betonungen gewinnt der ganze Satz seine Farbe. Sie sind eines der wichtigsten Mittel für die Anordnung der Dimensionen und Farben der Perspektive und für den gesamten Aufbau des Stückes.

„Selbstverständlich muß das Gesamtbild der logischen Perspektive noch durch *distributive* Betonungen ergänzt werden, die ... stets schwächer sind als die logischen." (Smolenski)[1]
Die verschiedenen Betonungsgrade der Wörter lassen sich in der Musik besonders plastisch ausdrücken. Nehmen wir als Beispiel eine Phrase aus Mussorgskis Oper „Boris Godunow" (von Smolenski zitiertes Beispiel):

„Dann ruf das Volk zum Festmahl dir, a l l e, ob Bojar, ob ärmster Bettler nur, *alle*
frei herein, *alle* sind mir liebe Gäste."
Der Komponist hat jeden dieser Akzente auf dem immer wiederkehrenden Wort „alle" durch allmähliche Tonerhöhungen und durch eine Verlängerung der Notenwerte verstärkt, wodurch ihre Intensität gesteigert wird.[2]
Die Kunst des Sprechenden oder Lesenden besteht darin, die Abstufungen aller Akzente im Hinblick auf die gesamte Perspektive des Satzes, Monologes, der Szene, des Aktes, des Stückes oder der Rolle richtig anzuordnen.
Im einzelnen Wort heben wir eine bestimmte Silbe hervor, im Satz ein bestimmtes Wort, in einem großen Gedankengang die bedeutendsten Sätze, in einer langen Erzählung, einem Dialog oder Monolog die wichtigsten Bestandteile, in einer großen Szene, einem Akt die entscheidenden Episoden.
Mit den betonten Silben werden zugleich natürlich auch die entsprechenden Wörter, mit den Wörtern ganze Sätze, mit den Sätzen Gedanken hervorgehoben und so weiter. So entsteht eine ganze Kette akzentuierter Momente, die sich durch ihre Intensität und Plastik voneinander unterscheiden.

4. Von der Ethik des Schauspielers

Heute werden in der Schauspielschule die Ergebnisse der Aufnahmeprüfung bekanntgegeben. Ich ging mit Zittern und Zagen hin und erwartete stockenden Herzens die Entscheidung über mein Geschick.
Aus der großen Zahl der Prüflinge waren insgesamt nur zehn angenommen worden, und zwar:
Ich (welches Glück!); Schustow, der Neffe eines bekannten Schauspielers an unserm Theater; Goworkow, ein schlanker, solider junger Mann, der, wie es heißt, schon an einem kleineren Theater aufgetreten sein soll; Weljaminowa, eine sehr schöne, hochgewachsene, stattliche Blondine; Wjunzow, ein lebhafter, etwas lauter Jüngling von kleinem Wuchs; Maloletkowa, fast noch ein Mädchen, dabei von ungewöhnlichem Liebreiz; Pustschin, ein großer, dicker, gutmütiger Mensch mit einer tiefen Baßstimme, ein früherer Geistlicher; Dymkowa, eine schmächtige, hagere, blasse Person mit schlechter, ungesunder Gesichtsfarbe; Umnowych, ein Mann mit tatarischem Ge-

sichtsschnitt, ein ehemaliger Zeichner oder Landvermesser, der von weither gekommen ist; und schließlich Wesselowski, ein eleganter und gewandter junger Mann. Wir zehn Auserwählten wurden aufgefordert, uns im Theaterfoyer einzufinden. Bald kam Iwan Platonowitsch Rachmanow, Torzows Assistent, ein etwas seltsamer, großer, hagerer, lebhafter Mann. Er wirkte ein bißchen streng und nicht sonderlich liebenswürdig, hatte dabei jedoch ein ungewöhnlich gutmütiges Lächeln. Er machte sich offiziell mit uns allen bekannt und fragte jeden einzelnen, wer er sei, woher er komme, was er früher getan, warum er seinen Beruf aufgegeben habe und so weiter.
Endlich erschien auch Arkadi Nikolajewitsch Torzow selbst. Durch seine ungewöhnliche Schlichtheit gewann er unsere Herzen im Fluge. Wir hatten das Empfinden, ihn schon seit langem zu kennen. Einiges aus der Unterhaltung mit ihm habe ich mitgeschrieben und bedaure sehr, es nur teilweise getan zu haben. Er sagte unter anderem:
„Der Weg eines Schauspielers ist herrlich für diejenigen, die dazu berufen sind und das rechte Verständnis dafür aufbringen."
„Wenn es aber jemand nicht aufbringt?" fragte einer von uns.
„Dann ist es schlecht um ihn bestellt, denn dann wirkt sich dieser Beruf höchst unheilvoll für ihn aus. Wen das Theater nicht edler und besser macht, der sollte es lieber rechtzeitig aufgeben", antwortete Arkadi Nikolajewitsch.
„Warum?" fragten wir.
„Im Theater gibt es viele verschiedenartige Bakterien, sowohl gute als auch schlechte. Die guten entwickeln in Ihnen die Liebe zum Schönen und Erhabenen, zu großen Gedanken und Empfindungen. Sie werden sich zu Puschkin, Shakespeare, Gogol, Tschechow, Goethe, Schiller, Molière und anderen Genies hingezogen fühlen, die alle in ihren Werken und Traditionen bei uns lebendig sind. Sie werden im Theater auch zeitgenössischen Schriftstellern und Repräsentanten aller Zweige der Kunst und Wissenschaft, des gesellschaftlichen und politischen Lebens begegnen. Alle diese Menschen brauchen die aufklärende Wirksamkeit des Theaters. Wie Sie sehen, kommt unter unserem Dach eine interessante Gesellschaft zusammen. Wenn Sie sich ihr anschließen, werden Sie natürlich vieles lernen können.
Aber es gibt im Theater auch mancherlei Verführungen und gefährliche, verderbliche und zersetzende Bazillen.
Das ist nicht verwunderlich, denn unser Beruf ist gar zu vielen Verführungen ausgesetzt. Schließlich steht der Schauspieler tagtäglich in reichen, prächtigen Kostümen, in effektvollen Dekorationen in der feierlichen Atmosphäre der Aufführung vor den Augen einer tausendköpfigen Menge. Wir sprechen die herrlichen Worte genialer Dichter, wir machen malerische Gebärden, bezaubern durch die Anmut unserer Bewegungen und blenden durch eine Schönheit, die meistens mit künstlichen Mitteln hervorgerufen worden ist. Die Gewohnheit, beständig den Blicken vieler Menschen ausgesetzt zu sein, uns zu zeigen, zu brillieren, Huldigungen zu empfangen, Geschenke zu erhalten, Lobreden zu hören, rühmende Rezensionen in der Zeitung zu lesen und so weiter – all das verführt und verwöhnt den Menschen. Bald stellt sich auch die Sucht ein, der eigenen kleinen Schauspielereitelkeit ständig zu

schmeicheln und sie um jeden Preis zu befriedigen. Allerdings muß man innerlich schon sehr leer und oberflächlich geworden sein, um sich damit zu begnügen und einzig diesen Interessen zu leben. Ein ernsthafter Mensch kann höchstens vorübergehend Gefallen daran finden. Nur oberflächliche Menschen werden von den Verführungen der Bühne versklavt, verdorben und zugrundegerichtet. In unserm Beruf muß man mehr als in jedem andern imstande sein, sich zu beherrschen. Der Schauspieler muß wahrhaft soldatische Disziplin üben. Um diese Disziplin wird sich mein Freund und Assistent Iwan Platonowitsch Rachmanow kümmern, denn ich selbst eigne mich schlecht für diese Aufgabe."

„Berufene Menschen und der Umgang mit ihnen werden Sie lehren, die Kunst und ihr inneres Wesen zu erkennen und zu begreifen. Denn darin besteht ihr hauptsächlicher Reiz."
„Worin denn eigentlich?" konnte ich mich nicht enthalten zu fragen.
„In der Erkenntnis, in der Arbeit, im Studium der Kunst, ihrer Grundlagen, ihrer schöpferischen Methoden und ihrer Technik", erklärte Arkadi Nikolajewitsch.
„Und im Erfolg nicht?" wandte ich schüchtern ein.
„Der Erfolg ist ein flüchtiges und rasch vergängliches Vergnügen", erwiderte Torzow. „Die wahre Leidenschaft liegt im gründlichen Forschen, im allmählichen Eindringen in alle Feinheiten und Geheimnisse der schöpferischen Arbeit.
Wie glücklich sind wir dran, doch wie wenig wissen wir das zu schätzen, was Natur und Leben uns bieten", fuhr Arkadi Nikolajewitsch fort.
„Unsere Schauspielerkollegen, die Bühnenbildner und Dichter, die mit vereinter Kraft an einem Kunstwerk arbeiten, sie alle sind einander verwandte Menschen, die ein gemeinsames schöpferisches Interesse haben. Sie alle sind begabte, aber keinesfalls unkomplizierte Menschen. Sie alle bringen hierher in unser gemeinsames Haus das Reinste und Beste, was in ihren Seelen lebendig ist. Nur daraus kann in kollektivem Schaffen das Kunstwerk entstehen. Wie sehr müssen wir diese Menschen und Mitschöpfer lieben und achten!
Und alle Leiden und Freuden der Arbeit, die wir gemeinsam durchleben! Welche Erleichterung kann so eine gegenseitige Hilfe für uns sein.
Und die Freude über unsere schöpferischen Erfolge, die uns verjüngt und beflügelt!
Und die Zweifel und Mißerfolge! Wieviel anspornende Kraft geben sie uns zu neuem Kampf, neuer Arbeit und neuen schöpferischen Erkenntnissen!
Und die ästhetische Befriedigung, die niemals vollkommen ist, sondern uns beständig anreizt, immer wieder neue schöpferische Energien in uns wachzurufen!
Wieviel Leben liegt doch in dem allen!"
„Aber, mit Verlaub zu sagen, ein solches Theater gibt es ja nirgends auf der Welt", wandte Goworkow ein.
„Leider haben Sie recht", pflichtete Torzow ihm bei. „Die Menschen sind so töricht und geschmacklos, daß sie es vorziehen, ihre täglichen Streitereien, Klatsch und Intrigen in das der schöpferischen Arbeit und der Kunst geweihte Haus hineinzutragen. Sie bringen es nicht fertig, alles Schmutzige draußen zu lassen, sie kommen herein und spucken auf den sauberen Fußboden. So etwas ist unbegreiflich! Werden

wenigstens Sie zu Schauspielern, die imstande sind, die eigentliche Bestimmung des Theaters und seiner Kunst wirklich zu begreifen. Gewöhnen Sie sich vom Beginn Ihrer Arbeit beim Theater daran, stets sauber hereinzukommen. Glauben Sie mir, dazu muß man sich von Anfang an selbst erziehen, man muß lernen, alles Schmutzige draußen zu lassen.

Unsere großen Vorgänger auf der russischen Bühne sagten: Ein echter Priester empfindet in jedem Augenblick seines Aufenthaltes in der Kathedrale stets die Nähe des Allerheiligsten. Genauso müßte auch jeder echte Schauspieler im Theater unablässig die Nähe der Bühne empfinden. Wer dazu nicht fähig ist, wird niemals ein wirklicher Schauspieler werden!"

5. Das Schema des „Systems"

1

Heute hatte ich dienstlich bei Rachmanow zu tun. Er war gerade mit einer eiligen Arbeit beschäftigt, er klebte, nähte, zeichnete und malte. Zum Entsetzen seiner ordnungsliebenden Frau herrschte im ganzen Raum ein wüstes Durcheinander.
„Was machen Sie da?" fragte ich interessiert.
„Das wird eine Überraschung, mein Bester! Eine anschauliche Demonstration! Das Schema des ‚Systems' bei einem feierlichen Fahnenaufzug. Das wird eine tolle Sache!" weihte mich Iwan Platonowitsch begeistert in sein Geheimnis ein. „Nicht etwa zum Vergnügen, sondern mit einem ernsthaften pädagogischen Ziel. Jawohl, einem pädagogischen Ziel, sage ich. Bis morgen muß ich eine Unmenge von Fahnen, und zwar unbedingt schöne Fahnen, fertig haben. So ist das! Und nicht irgendwer, sondern Arkadi Nikolajewitsch selbst wird sie sich anschaun. Jawohl, er selbst! ... Diese Fahnen sollen das gesamte Schema des ‚Systems' anschaulich erläutern. Und das werden sie auch, sage ich Ihnen!
Um es sich besser anzueignen, muß man es bildlich vor Augen haben, mein Lieber. Das ist wichtig und nützlich. Mit Hilfe der Zeichnung und des visuellen Gedächtnisses kann man sich die Gesamtkombination des großen Ganzen und das Verhältnis der einzelnen Teile zueinander besser einprägen."
Dann begann Iwan Platonowitsch, mir den Sinn seiner beabsichtigten Demonstration zu erklären. Wie ich bei dieser Gelegenheit erfuhr, sind wir an einem überaus wichtigen Abschnitt innerhalb des Unterrichtsprogramms für dieses Jahr angelangt – und zwar beenden wir in Kürze den Abschnitt: *Prozeß des Erlebens*.[1]
„Wir müssen sozusagen den Schlußpunkt hinter die erste Hälfte der *Arbeit an sich selbst* setzen. Natürlich haben wir alles nur in groben Umrissen durchnehmen können", sagte Iwan Platonowitsch einschränkend, „denn wir werden später noch hundertmal, unser ganzes Leben lang auf den Prozeß des Erlebens zurückkommen und ihn immer wieder studieren. Aber zunächst einmal: ‚Ende gut, alles gut.' Und das werde ich Ihnen morgen demonstrieren. Darauf können Sie sich verlassen!"

Stolz und mit kindlicher Freude zeigte er auf die vielen vor ihm ausgebreiteten Stoffstücke.

„Da, sehen Sie nur an, mein Bester, was ich bereits angefertigt habe! Eine tolle Geschichte! Nichts habe ich vergessen. Alles, was wir im Laufe des Jahres durchgenommen haben, ist durch eine eigene Fahne extra gekennzeichnet! Hier ein Stoffstreifen: die ‚Arbeit an sich selbst‘, das umfaßt alles, was Sie während des ganzen ersten Kurses lernen. Dabei haben wir, wie Sie wissen, zunächst den Prozeß des Erlebens behandelt. Darum sehen Sie hier noch einen andern Stoffstreifen, er ist nur halb so groß wie der erste, weil der Prozeß des Erlebens nur die Hälfte der Arbeit an sich selbst darstellt. So ist das! Alles habe ich bedacht, darauf können Sie sich verlassen! Aber wo ist er denn nur?!

Ach was, Gott mit ihm! Verschwunden!" winkte er ab. „Macht nichts, nur keine Sorge!" sprach er sich selbst Trost zu. „Und hier haben Sie eine ganze Familie kleinerer Fähnchen, alle von gleicher Farbe und gleichem Schnitt. Damit hat es folgende Bewandtnis: Es sind die *Elemente des Befindens auf der Bühne;* hier das *Gefühl für Wahrhaftigkeit;* hier das *emotionale Gedächtnis,* hier der *Aufmerksamkeitskreis* und das *Objekt.* Aber halt, wo ist es denn? ...

Hier hab ich's ja, alles in bester Ordnung, nichts vergessen! Und was soll das hier sein?" fragte er sich selbst, als ihm drei mittelgroße Fähnchen ohne Aufschrift in die Hände fielen. „Was ist denn das für eine Geschichte? Ach ja ... ich weiß! Das ist ein Geheimnis! Wenigstens vorläufig noch! Bis seine Zeit gekommen ist! Darum tragen sie auch noch keine Aufschrift, mein Lieber! Nicht alles auf einmal, sondern immer hübsch der Reihe nach. Wenn es soweit ist, werden wir hier wichtige, sogar die allerwichtigsten Worte draufschreiben, aber jetzt ist es noch zu früh dazu. Wir werden sie zunächst leer aufhängen. Vorläufig müssen Sie mir einfach glauben, daß sie wichtig sind."[2]

Iwan Platonowitsch legte die drei Fahnen mit besonderer Ehrfurcht auf die Seite, gerade als ob er Angst hätte, sie zu vergessen.

„Alles, was hier vorbereitet wird, werden wir morgen in feierlichem Zuge im Unterricht vorführen. Der Reihe nach, streng folgerichtig und systematisch. Dann wird allen völlig klarwerden, was wir im Lauf des Jahres durchgenommen haben, darauf können Sie sich verlassen! Das gesamte ‚*System*' *dargestellt in einem feierlichen Umzuge. Das durch einen Fahnenaufmarsch illustrierte Schema des ‚Systems*'. Das ist feierlich, schön, anschaulich und pädagogisch – eine würdige Apotheose unseres Lehrprogramms."

Diese pausenlosen Reden schienen Rachmanow die Arbeit zu erleichtern.
Dann kamen zwei Requisiteure und machten sich mit ihm ans Werk. Auch ich konnte nicht widerstehen und malte mit ihnen bis spät in den Abend hinein.

Armer Iwan Platonowitsch! Wie sehr hat er sich mit seinem feierlichen Umzug blamiert!

Was war aus seiner Selbstbeherrschung und Gelassenheit geworden? Wo waren seine Sicherheit und seine Fähigkeit, sich Respekt zu verschaffen, alle für ihn so typischen pädagogischen Qualitäten?

Ich beobachtete die ersten Vorbereitungen zum Umzug, als sich die Fahnen und Fahnenträger der Reihenfolge unseres Unterrichtsplans entsprechend formierten. Aber Rachmanow brachte alles hoffnungslos durcheinander.
Er sauste ohne jeden Sinn und Zweck aufgeregt hin und her: „Schneller, schneller, meine Lieben! Stellen Sie sich hierher! Oder nein, besser dorthin! Halten Sie die Zeichnung! Wohin wollen Sie denn? Wohin in aller Welt, mein Bester?! Na gut, meinetwegen auch so. Auch so ist es gar nicht übel. Das ist eine Geschichte! Aber jetzt sind Sie wohl ganz und gar närrisch geworden. Stellen Sie sich auf, wo Sie wollen!"
So kommandierte Iwan Platonowitsch völlig kopflos im Korridor vor unserer Klasse und plagte sich ab, um den Aufmarsch richtig in Gang zu bringen.
Er tat mir leid, darum trat ich in den Klassenraum, wo Torzow gerade dabei war, die erste Hälfte der *Arbeit an sich selbst – den Prozeß des Erlebens –* noch einmal kurz zu umreißen.
„Der erste der drei Walfische*", führte Arkadi Nikolajewitsch aus, „ist bekanntlich das *Prinzip der Aktivität und Handlung*, demzufolge man keine Gestalten und Leidenschaften spielen darf, sondern *in den Gestalten und Leidenschaften* der Rolle *handeln* muß.
Der zweite der drei Walfische ist die berühmte *Definition Puschkins*, die besagt, daß die Arbeit des Schauspielers nicht etwa das Gefühl selbst, sondern lediglich die vorgeschlagenen Situationen erzeugen soll, die dann ganz *natürlich und intuitiv auch die Echtheit der Leidenschaften hervorrufen.*"**
Der dritte der Walfische ist vorerst noch anonym und von einem Geheimnis umgeben.[3] Über ihn will Arkadi Nikolajewitsch so lange Stillschweigen bewahren, bis wir uns selbst für ihn interessieren und darum bitten, daß man ihn uns als festen Halt unter die Füße gibt. Torzow stopft die Köpfe seiner Schüler nicht gern mit Dingen voll, die sie vorläufig noch nicht zu wissen brauchen. Daher hat er es auch mit seinen Erklärungen nicht so eilig.
Arkadi Nikolajewitsch hatte seine Ausführungen noch nicht beendet, da erklangen draußen im Korridor Fanfarentöne, ein Trompetensignal. Dann glaubten wir einen Trommelwirbel zu hören, aber alle diese Klänge wurden vom Klavier übertönt, das hinter den Kulissen der Bühne zu früh eingesetzt hatte.
Schon flog die Tür auf, und in wüstem Durcheinander, das um ein Haar in eine Schlägerei ausgeartet wäre, quoll eine Schar von Theaterangestellten, Wächtern, Schließern, Bühnenarbeitern, Requisiteuren und so weiter in unser Zimmer hinein. So zwängt sich in der Osternacht die Kirchenprozession durch die überfüllte Kirche hinaus ins Freie. Große und kleine Fahnen, Bänder, Stoffstücke, nach Form und Farbe zueinander passende Fahnen: das emotionale Gedächtnis, die Muskelentspannung, der Prozeß des Erlebens, das Gefühl für Wahrhaftigkeit, die Arbeit an sich selbst, die „Definition Puschkins", Fahnen und Fähnchen ohne Aufschrift, die Aktivität, die Aufgaben, hohe und niedrige Fahnenstöcke – all das kam in kunterbuntem

---

* *„Walfisch": hier im Sinne der wichtigsten, grundlegenden Stütze einer Angelegenheit, nach der Sage, daß die Erde von drei Walfischen getragen würde. (Anm. d. Hrsg.)*
** *Über Puschkins Definition spricht Stanislawski im I. Teil der „Arbeit des Schauspielers an sich selbst", S. 57 ff. (Anm. d. Hrsg.)*

Haufen hereinmarschiert. Nun war es nichts mehr mit der strengen Anordnung des „Systems", auf die es doch gerade ankam, und um derentwillen der ganze Umzug inszeniert worden war. Um das Unglück vollzumachen, hörte das Klavier, das zu früh eingesetzt hatte, ausgerechnet in dem Augenblick zu spielen auf, wo es gebraucht wurde, nämlich als der Zug ins Zimmer kam. Die Fahnenträger, die mit soviel Elan hereingestürzt waren, blieben auf einmal unschlüssig in der Mitte des Zuschauerraumes stehen und wußten nicht, was jetzt geschehen sollte. Es war, als ob sie einen schweren Schrank hereingeschleppt, ihn auf dem Fußboden abgesetzt hätten und nun überall suchend umherblickten, um herauszufinden, wohin sie ihn tragen sollten. Da sie keine weitere Anweisung erhielten, legten sie schüchtern, mit übertriebener Ehrfurcht, ihre Trophäen irgendwohin und entfernten sich bescheiden, auf Zehenspitzen, im Bewußtsein, eine bedeutsame, aber ganz unverständliche Aufgabe erfüllt zu haben. Das wirkte unwahrscheinlich komisch.

Aber Arkadi Nikolajewitsch fand Gefallen daran, wenn auch nicht gerade an dem mißglückten Aufmarsch, so doch am Einfall, an der anschaulichen pädagogischen Methode Iwan Platonowitschs.

„Sehr anschaulich, lehrreich und amüsant", lobte er Rachmanow. „Es paßt auch ausgezeichnet, daß sie einfach alles hingeworfen haben und fortgelaufen sind", fuhr er fort, um seinem völlig verdatterten Freund beizustehen. „Wahrscheinlich sind in den Köpfen unserer Schüler alle Kenntnisse über das ‚System', die wir ihnen vermittelt haben, genauso chaotisch durcheinandergewürfelt. Jetzt sollen sie sich einmal selbst in diesem Wirrwarr zurechtfinden und alles der Reihe nach richtig anordnen. Wenn sie die Fahnen jetzt aufhängen oder sie auch nur auf Papier aufzeichnen, werden sie dadurch veranlaßt, sich gründlich in den Sinn, in die Anlage, die Struktur und das Schema des ‚Systems' zu vertiefen und werden es dadurch besser begreifen."

Arkadi Nikolajewitsch brach plötzlich ab, denn Rachmanow war wie eine Kanonenkugel aus dem Raum geschossen, offensichtlich, weil er befürchtete, sonst vor uns allen in Tränen auszubrechen.

Torzow eilte ihm nach, und sie blieben lange fort, wodurch die Stunde ganz von selbst unterbrochen wurde.[4]

Heute erschien Rachmanow frisch, munter und wie neugeboren anstelle Torzows zum Unterricht.

Er eröffnete uns, daß wir heute alle Fahnen, Bänder und Stoffstücke in der richtigen Reihenfolge an der rechten Wand des Zuschauerraumes unseres Studiotheaters aufhängen würden. Diese Wand sollte allein der *Arbeit an sich selbst* vorbehalten bleiben.

An der gegenüberliegenden linken Wand sollte dann im kommenden Jahr das Schema der *Arbeit an der Rolle* angebracht werden.

„Also, meine Lieben, die rechte Seite des Parketts gehört der ‚Arbeit des Schauspielers an sich selbst', die linke – der ‚Arbeit an der Rolle'. Wir müssen nun für jede Fahne, jedes Band und jedes Stoffstück den passenden Platz finden, damit alles mit dem ‚System' übereinstimmt und außerdem schön aussieht."

Unser Augenmerk richtete sich also auf die rechte Wand des Raumes. Sie wurde

nach Rachmanows Anweisung in zwei Hälften aufgeteilt, für die beiden Teile, aus denen sich die ‚Arbeit an sich selbst' zusammensetzt. Der eine Teil, den wir bereits durchgenommen haben, ist der *Prozeß des Erlebens,* mit dem anderen, dem *Prozeß des Verkörperns,* werden wir uns erst beschäftigen.
Unterdessen kamen ein paar Theaterdekorateure und zwängten eine riesige Leiter durch die Tür.
„Die Kunst liebt die Ordnung, meine Lieben, darum wollen wir auch in den Schubfächern Ihres Gedächtnisses alles ordnen, was Sie sich im Lauf dieses Jahres angeeignet haben und was noch unordentlich umherliegt."
Die Fahnen wurden auf die linke Hälfte der rechten Wand hinübergetragen. Wjunzow, der an dieser Arbeit lebhaftesten Anteil nahm, hatte bereits sein Jackett ausgezogen und entfaltete das schönste und größte Stück Stoff, das die Aufschrift *„Definition Puschkins"* trug. Ehe man sich's versah, stand er schon auf der Leiter und machte sich daran, diese Losung in der linken oberen Wandecke anzubringen. Aber Iwan Platonowitsch hielt ihn zurück.
„Mein Lieber! Wohin, wohin?" rief er. „Nicht so sinnlos aufhängen! So geht das nicht!"
„Aber warum denn nicht? Beim Himmel, es sieht doch sehr schön aus!" beschwor ihn der tatendurstige Jüngling.
„Das hat keinen Sinn, mein Lieber", redete Iwan Platonowitsch auf ihn ein. „Seit wann kommt denn die Grundlage, der Halt des Ganzen, nach oben? Und schließlich ist die ‚Definition Puschkins' die Grundlage, auf der das ganze ‚System' basiert. Sie ist sozusagen unsere schöpferische Basis. Darum, mein Bester, müssen wir diese Devise unter allen Umständen unten anbringen. So ist das! An die sichtbarste, allersichtbarste Stelle, und zwar für die linke und die rechte Wandhälfte. Denn die grundlegenden Losungen sind für die linke wie die rechte Seite von gleich großer Bedeutung, für den Prozeß des Erlebens so gut wie für den Prozeß des Verkörperns. So ist das! Wo ist der Ehrenplatz? Hier unten, in der Mitte der gesamten Wandfläche. Hierher mit der ‚Definition Puschkins'!"
Schustow und ich nahmen Wjunzow den Stoff ab und wollten ihn an der bezeichneten Stelle in der Mitte der Wand, unmittelbar über dem Fußboden, anbringen. Aber Rachmanow hielt uns zurück. Er erklärte, daß ganz unten wie ein Paneel ein langes, schmales dunkles Band mit der Aufschrift „Die Arbeit an sich selbst" entfaltet werden soll, das sich an der ganzen Wandfläche entlang hinzieht, weil es zu allem in Beziehung steht, was jetzt und in Zukunft an der rechten Seite des Zuschauerraumes Platz finden wird.
„Dieses Band wird alle anderen Fahnen umfassen und einbeziehen."
Während der Dekorateur und Wjunzow diese Arbeit ausführten, beobachteten Iwan Platonowitsch und wir anderen Umnowych, der als leidenschaftlicher Zeichner einen Entwurf machte, wie die Fahnen verteilt und künstlerisch angeordnet werden sollten.
„Auch bei Ihnen, mein Bester, ist das Fundament des Ganzen, auf das sich alles andere gründet, das Stoffstück mit der Aufschrift ‚Aktivität, Handlung', nach oben gerutscht. Dabei gehört es nach unten, neben den andern ‚Walfisch', der das ‚System'

trägt (die ‚Definition Puschkins'), denn das hier ist für uns eine genauso beherzigenswerte Devise wie Alexander Sergejewitsch Puschkins Worte."
„Hier! ... Noch einmal ein Stück von derselben Farbe, man kann es gar nicht von den andern unterscheiden", rief Wjunzow und entfaltete ein Stoffstück derselben Farbe wie die beiden vorangegangenen. „Es steht überhaupt nichts drauf", sagte er unwillig und warf es auf die Seite, weil es ihm überflüssig zu sein schien.
„Was machen Sie denn, mein Lieber!" Sofort stürzte Iwan Platonowitsch auf ihn zu. „Auch das ist eine Devise! Nur nicht wegwerfen!"
„Das leere Stück?" fragte Wjunzow verständnislos.
„Das macht nichts. Zu gegebener Zeit werden wir etwas Wichtiges darauf schreiben, was ebenfalls zur Grundlage des ‚Systems' gehört. Auch das wird eine *Devise sein, der dritte Walfisch* sozusagen. Darauf können Sie sich verlassen", erklärte Iwan Platonowitsch mit Bestimmtheit, während er das leere Stück Stoff prüfend rechts neben die ‚Definition Puschkins' ans Paneel hielt.
„So, jetzt ist's richtig, meine Lieben. Damit haben wir den festen Boden, die Grundlage für die rechte und die linke Seite gelegt. So ist das!" meinte Iwan Platonowitsch befriedigt, während wir den Stoff ohne Aufschrift an die Wand nagelten. Doch auf einmal wurde er wieder ganz aufgeregt: „Halt, halt, meine Lieben! Wir haben ja etwas ausgelassen! So geht das nicht! Wir müssen die Reihenfolge beachten!"
„Was haben wir denn ausgelassen?" fragten wir.
„Ein überaus wichtiges Moment, meine Lieben. Die *Muskelentspannung*. Dieses Fähnchen ist zwar nur klein, aber es hat's in sich. Darauf können Sie sich verlassen!" sagte Iwan Platonowitsch vergnügt. „Wir müssen ihm einen Ehrenplatz einräumen. Hierher, direkt über die ‚Definition Puschkins', in die Mitte der Wand, meine Lieben, denn es ist genauso wichtig für den *Prozeß des Erlebens* wie für den des *Verkörperns!*"[5]
Nun erklärte Iwan Platonowitsch, daß wir auf der linken Wandhälfte einen Bezirk für den „*Tempel des Erlebens*" und auf der rechten einen für den „*Tempel des Verkörperns*" festlegen müßten. Der letztere sollte allerdings erst später angebracht werden.
„Was für einen Bezirk denn?" fragten wir interessiert.
„Hier, an der linken Wandseite soll der ‚Tempel des Erlebens' entstehen, in dem alles enthalten ist, was wir seit Beginn dieses Unterrichtsjahres durchgenommen haben. Und dort, an der rechten Wandhälfte werden wir bald den ‚Tempel des Verkörperns'[6] anbringen. Alles habe ich bedacht, nichts vergessen!
Jetzt will ich Ihnen im Vertrauen mitteilen, meine Lieben, daß das Fundament des ‚*Tempels des Erlebens*' diese drei leeren Fahnen sind. Auch sie gehören sowohl zur linken als auch zur rechten Wandhälfte, zum Prozeß des Erlebens wie zum Prozeß des Verkörperns. Es sind sehr bedeutungsvolle Fahnen. Zu gegebener Zeit werden wir sie noch nach Gebühr schätzenlernen; vorläufig müssen Sie mir das so glauben. Man kann nicht alles auf einmal erklären, alles zu seiner Zeit, meine Lieben", sagte Iwan Platonowitsch, während der Dekorateur die drei geheimnisvollen Fahnen über dem Spruchband „*Prozeß des Erlebens*" anbrachte.
Jetzt waren nur noch kleine Fähnchen übriggeblieben.

„Meine Lieben! Das ist der Säulengang des Tempels, die Stufen, die zu ihm hinaufführen, der Zugang, darum müssen sie auch nebeneinander aufgehängt werden", befahl Iwan Platonowitsch.
Die Arbeit ging munter voran, und zehn Minuten später war alles fertig.
„Wieviel Staub Sie bloß aufgewirbelt haben", brummelte der alte Wächter, der nach dem Aufräumen ausfegte, während ich noch dabei war, mir das Schema abzuzeichnen. Hier ist die Zeichnung.[7]

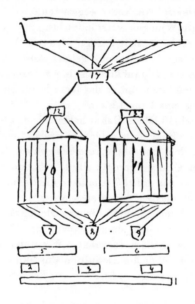

Als Arkadi Nikolajewitsch heute in Begleitung des triumphierenden Iwan Platonowitsch zum Unterricht kam und die aufgehängten Fahnen erblickte, sagte er:
„Großartig, Wanja! Ausgezeichnet! Klar, anschaulich! Selbst der Dümmste muß das begreifen! Hier haben wir ein vollständiges Bild dessen, was wir in diesem Jahr durchgenommen haben. Da ist die *Aktivität* und die *Handlung,* die *Vorstellungen der Phantasie,* die *Abschnitte und Aufgaben,* hier das *emotionale Gedächtnis,* das *Objekt* und das *Gefühl für Wahrhaftigkeit.* Da haben Sie schon ein solides Marschgepäck beisammen. Was werden Sie damit anfangen?"
„Aus alldem, was wir inzwischen gelernt haben, müssen wir jetzt die erforderliche innere und äußere Technik entwickeln", erklärte Schustow voller Stolz.
„Aber wie werden Sie diese Technik anwenden?"
„Wenn man zerstreut und abgelenkt ist, muß der Aufmerksamkeitskreis heran, die physische Aufgabe, die kleine Wahrheit. Wenn man verkrampft ist, hilft die Muskelentspannung", erläuterte Schustow, wie man seiner Meinung nach die Technik anwenden solle.
„O nein", widersprach Arkadi Nikolajewitsch eifrig. „Die Etappen des schöpferischen Prozesses und seiner Technik, die Sie sich theoretisch angeeignet haben, sind keine

simplen, praktischen schauspielerischen ‚Tricks', sondern etwas unvergleichlich viel Wichtigeres, etwas organisch Notwendiges.
Alle diese Elemente bestehen nicht für sich allein, wir müssen sie in jedem Augenblick unserer schöpferischen Arbeit stets zusammen anwenden. Die Handlung, die Aufgabe, das Objekt, die vorgeschlagenen Situationen, das Gefühl für Wahrhaftigkeit, der Aufmerksamkeitskreis, die emotionalen Erinnerungen – all das wirkt immer gleichzeitig aufeinander ein und ergänzt sich gegenseitig. Das sind die grundlegenden, organischen, untrennbar miteinander verbundenen Bestandteile oder *Elemente* eben jenes allgemeinen *Befindens des Schauspielers auf der Bühne*, das für seine ganze Arbeit notwendig ist."
„Wie das?" fragte ich erstaunt. „Alle Elemente zu einem Ganzen vereinigen, um daraus das allgemeine *Befinden* zu bilden? Aber das ist ja ein überaus komplizierter Prozeß!"
„Glauben Sie denn, daß es leichter sei, ohne Abschnitte, ohne Aufgaben und ohne Objekt oder ohne Gefühl für Wahrhaftigkeit und den Glauben daran zu handeln? Sollten Sie sich wirklich durch richtiges Wollen, durch das Streben nach einem klaren lockenden Ziel mit einem gerechtfertigten magischen ‚Wenn' und vorgeschlagenen Situationen behindert fühlen? Sollte Ihnen an Schablone, Unaufrichtigkeit und überzogenem Spiel soviel gelegen sein, daß es Ihnen leid tut, sich davon zu trennen?
Nein! Es ist leichter und natürlicher, alle Elemente zu einem Ganzen zu verbinden, um so mehr, als sie von Natur aus dazu neigen.
Wir Menschen gebrauchen Arme und Beine, Herz, Nieren und Magen auch gleichzeitig. Es ist höchst schmerzlich, wenn man eines unserer Organe entfernen und es durch ein künstliches ersetzen muß, etwa durch ein Glasauge, eine falsche Nase, ein falsches Ohr, oder wenn wir anstelle eines Armes oder Beines eine Prothese erhalten.
Warum also wollen Sie dasselbe Recht Ihrer inneren, schöpferischen Natur nicht zugestehen? Auch sie braucht ihre organischen Elemente, während die Prothesen, nämlich die Schablonen, ihr nur hinderlich sind. Geben Sie doch allen Elementen Ihres Befindens die Möglichkeit, gemeinsam zu arbeiten und aufeinander einzuwirken.
Wem könnte ein *Objekt der Aufmerksamkeit* allein, für sich und um seiner selbst willen schon etwas nützen? Es kann nur mit einer interessanten *Vorstellung unserer Phantasie* lebendig werden. Aber wo eine erdachte Wirklichkeit ist, da sind auch ihre Bestandteile oder *Abschnitte*. Wo die *Abschnitte* sind, finden wir auch die *Aufgaben*. Selbstverständlich ruft eine lockende Aufgabe das *Verlangen*, den *Wunsch*, das *Streben* hervor, das uns folgerichtig zur *Handlung* führt. Wer könnte mit einer unaufrichtigen Handlung etwas anfangen? Darum brauchen wir die *Wahrhaftigkeit*. Und wo Wahrhaftigkeit ist, da ist auch der *Glaube* daran. All diese Elemente miteinander erschließen uns das *emotionale Gedächtnis*, um freien Zugang zu den *wiederherstellbaren Empfindungen* zu erhalten und um *echte Leidenschaften* gestalten zu können. Aber wie wäre das möglich ohne Objekt der Aufmerksamkeit, ohne eine Vorstellung unserer Phantasie, ohne Aufgaben und so fort, das heißt, alles geht wieder von vorn los.

Die einzelnen Elemente für sich haben niemals die Kraft und Bedeutung, die sie beim gemeinsamen Handeln mit allen übrigen Bestandteilen des Befindens erhalten.
Was die Natur zusammengefügt hat, sollen Sie nicht scheiden. Im Gegenteil. Widersetzen Sie sich dem Natürlichen nicht und trachten Sie danach, es nicht zu entstellen. Die schöpferische Natur hat ihre eigenen Forderungen, Bedingungen und Gesetze, die man nicht verletzen darf, sondern die man eingehend studieren und sorgsam bewahren muß.
Ich will versuchen, Ihnen zu beschreiben, wie sich ein Schauspieler in den Zustand versetzt, den wir als das *innere Befinden auf der Bühne* bezeichnen. Dann werden Sie sich selbst davon überzeugen können, daß die Verbindung aller *Elemente* gar nicht so schwierig ist, wie es zunächst den Anschein hat.
Die Schauspieler machen vor Beginn der Vorstellung Maske und legen ihr Kostüm an, um der darzustellenden Person äußerlich möglichst ähnlich zu werden. Dabei vergessen die meisten jedoch das Wichtigste, nämlich ihrer Seele sozusagen Maske und Kostüm anzulegen, das heißt, sie auf die Gestaltung des *geistigen Lebens* der Rolle vorzubereiten, das sie bei jeder Vorstellung immer wieder neu durchleben müssen. Dieses ‚Maskemachen' der Seele, die innere Vorbereitung, sieht folgendermaßen aus:
Sobald der Schauspieler seine Garderobe betritt – aber bitte nicht im letzten Augenblick, wie es die meisten tun, sondern bei einer großen Rolle etwa zwei Stunden vor Beginn der Vorstellung – muß er anfangen, sich auf seinen Auftritt vorzubereiten.
Ein Bildhauer knetet seinen Ton weich, ehe er etwas modelliert; ein Sänger macht vor dem Singen Stimmübungen; und auch wir müssen uns ‚einspielen', müssen unsere seelischen Saiten spannen und stimmen, müssen unsere innere ‚Tastatur, die Pedalen und Register', jedes einzelne der Elemente überprüfen, mit deren Hilfe unser schöpferisches Instrument zum Handeln kommen kann.
Wir beginnen mit der ‚Muskelentspannung', ohne die jede weitere Arbeit sinnlos wäre. Anschließend wird jedes Element für sich weich geknetet und geschmeidig gemacht. Diese Arbeit ist Ihnen im übrigen aus dem Unterricht in ‚Training und Drill' vertraut. Der Schauspieler kommandiert sich selbst: ‚Mein Objekt ist jenes Bild dort. Was stellt es dar? Wie groß ist es? Welche Farben enthält es? Nehmen Sie zunächst ein weiter ab liegendes Objekt! Nun einen kleinen Kreis, nicht weiter weg als der Schminktisch! Jetzt noch kleiner, nur noch bis zu Ihrem eigenen Brustkasten! Denken Sie sich eine physische Aufgabe aus! Rechtfertigen Sie sie zunächst durch eine, dann durch eine andere kleine Wahrheit! Erfinden Sie das magische ‚Wenn' und die vorgeschlagenen Situationen! Hüten Sie sich vor Übertreibungen!'
Sie wissen jetzt bereits genausogut wie ich, daß man diese Arbeit äußerlich und formal, oder aber auch wirklich aufrichtig und gründlich, ihrem Wesen gemäß, durchführen kann. So gut und nützlich die zweite Art ist, so schädlich ist die erste, die den Schauspieler nur verkrampft und unnatürlich werden läßt. Wenn Sie sich ein Objekt ausgewählt haben und betrachten, ohne es wirklich zu sehen, wenn Ihr mechanisches Betrachten nicht bis in Ihr Bewußtsein vordringt, so betrügen Sie sich selbst. Auf diese Weise kann sich Ihre Aufmerksamkeit nicht konzentrieren, sondern sie

wird nur abgelenkt. Auch der Vorstellungskraft ergeht es nicht besser. Wenn Sie sich eine Vorstellung machen, an die Sie selbst nicht glauben, so erzeugen Sie damit nur Unaufrichtigkeit und betrügen sich selbst, womit Sie das richtige Befinden zerstören, anstatt es hervorzurufen. Dasselbe geschieht auch mit allen anderen Elementen. Darum dürfen Sie sich bei der eben beschriebenen Arbeit nichts vormachen, sondern müssen darauf achten, daß sie nicht nur formal erledigt wird, sondern so, wie es ihrem eigentlichen Sinn und Zweck entspricht.

Man darf aber auch nicht das Befinden sozusagen ‚ins Blaue hinein', um seiner selbst willen, hervorrufen wollen. Dann ist es nämlich höchst unbeständig, es verliert oder wandelt sich schnell. Darum müssen wir, sobald wir die einzelnen Elemente geschmeidig gemacht haben, sie alle zu einem großen Ganzen vereinigen. Das wird weder durch Gewalt noch durch Befehle erzielt. Es kommt lediglich darauf an, sie alle durch ein einziges, gemeinsames schöpferisches Ziel zu verbinden. Auch ein Blumenstrauß besteht ja aus lauter einzelnen Blumen und wird dann mit einem Band zusammengebunden. Ein solches Band ist in unserer Arbeit die alles verbindende Aufgabe, die alle Teile des schöpferischen Befindens auf ein gemeinsames Ziel hinlenkt.

Wo soll der Schauspieler eine solche Aufgabe finden? Am besten in der Partitur des Stückes, denn hier sind die Aufgaben zusammengestellt und ausgearbeitet. Machen Sie sich das zunutze!

Soll das heißen, daß Sie die ganze Etüde oder das ganze Stück vor Beginn schon einmal durchgespielt haben müssen? Nein, es genügt, die grundlegenden Momente, die wichtigsten Etappen und deren Schema kurz anzurühren und sich dabei die Frage zu stellen: Kann ich heute meiner Beziehung zu einer bestimmten Stelle der Rolle, zur Bewegung, zur Handlung, glauben? Wie soll ich sie dieses Mal rechtfertigen? Vielleicht könnte ich ein winziges Detail in der Vorstellung meiner Phantasie ändern?[8]

Bei dieser Federprobe, bei dieser Kontrolle des eigenen Instrumentes und der wichtigsten Momente der Rolle entstehen die allgemeinen Aufgaben und Ziele, die alle Bestandteile des Befindens gemeinsam in Funktion treten lassen.

Zuweilen vollzieht sich diese Verschmelzung mühelos, es kommt aber auch vor, daß sie einem nicht ohne weiteres gelingt.

In diesem Fall ist es am besten, sich zunächst auf ein einzelnes Element des Befindens zu konzentrieren und dieses bis ins letzte zur Arbeit heranzuziehen. Infolge ihres natürlichen Hanges zur gemeinsamen Arbeit werden die übrigen Elemente sich ihm anschließen.

Es ist gleichgültig, an welchem Glied man eine Kette aufhebt, auf jeden Fall werden alle anderen Kettenglieder sich dem ersten anschließen, weil sie, genau wie die Elemente des Befindens, untrennbar miteinander verbunden sind.

Was für ein wunderbares Geschöpf ist unsere menschliche Natur! Wie weise ist alles in ihr miteinander verbunden, verschmolzen und voneinander abhängig. Ein einziges richtiges Element des Befindens zieht alle übrigen nach sich und erzeugt das *richtige Befinden auf der Bühne*. Genauso kann aber auch ein einziges falsches Element alle richtigen verdrängen und eine ganze Kette falscher Elemente nach sich ziehen. Dar-

aus entsteht dann ein *falsches Befinden*. Genau dasselbe geschieht auch in der Musik: Da braucht sich nur ein einziger falscher Ton in einen harmonischen Akkord einzuschleichen, und schon wird der Wohllaut zur Kakophonie, die ‚Konsonanz' zur ‚Dissonanz'. Sobald Sie den falschen Ton herausnehmen, klingt der Akkord wieder richtig. Sie können, was ich sage, an folgendem Beispiel überprüfen:
Rufen Sie in sich das richtige Befinden wach, bei dem alle Bestandteile wie ein gut aufeinander eingespieltes Orchester harmonisch und gleichzeitig funktionieren. Jetzt nehmen Sie eines dieser Elemente heraus und ersetzen es durch ein anderes, willkürliches und falsches. Verlegen Sie beispielsweise Ihr Objekt von der Bühne hinunter in den Zuschauerraum, oder setzen Sie anstelle der lebendigen Aufgabe der Rolle die leblose Aufgabe des Schauspielers, das heißt, produzieren Sie sich selbst vor den Zuschauern oder mißbrauchen Sie die Rolle, um mit Ihrem Temperament zu brillieren, oder werfen Sie Ihre Vorstellungsbilder über Bord und sagen Sie sich: ‚Das alles ist nichts als erfundener Kram, wahr ist einzig und allein, daß ich ein Schauspieler bin, der zu einer bestimmten Zeit auf der Bühne zu spielen hat und dafür bezahlt wird.'
Sobald Sie irgendeines dieser falschen Elemente in Ihr richtiges Befinden hineinbringen, verwandeln sich auch alle andern Elemente: Die Wahrhaftigkeit wird zur Konvention und zur mechanischen theatralischen Schablone; der Glaube an die Echtheit des eigenen Erlebens und Handelns zum schauspielerhaften Glauben an sein Handwerk und an die gewohnten mechanischen Verrichtungen. Die menschlichen Aufgaben, Wünsche und Bestrebungen verwandeln sich in schauspielerhafte; die Vorstellungsbilder Ihrer Phantasie fliehen, an ihre Stelle tritt die nüchterne Wirklichkeit des Handwerks, das in der eigenen Vorstellung vorhandene Leben wird durch bloße Wiedergabe, durch reines Spiel ersetzt.
Das Objekt jenseits der Rampe, dazu ein vergewaltigtes Gefühl für Wahrhaftigkeit, dazu theatralische, anstelle von lebendigen emotionalen Erinnerungen, dazu eine leblose Aufgabe und alles das nicht hineingestellt in die Atmosphäre der künstlerischen Phantasie, sondern in die nüchterne Wirklichkeit des Handwerks; dazu schließlich noch eine heftige Muskelverkrampfung, wie sie in dergleichen Fällen niemals ausbleibt: Aus diesen falschen Elementen entsteht nicht mehr das *richtige*, sondern ein *spezifisch schauspielerhaftes Befinden*, mit dem man weder erleben noch schaffen, sondern lediglich etwas vortäuschen oder sich *zum Gaudium* gaffender Müßiggänger einfach *herumzieren* kann.
Dieses falsche Befinden führt nicht zum echten schöpferischen Gestalten, nicht zur Kunst, sondern einzig und allein zu schlechtem Handwerk.
Dieser Abtausch vollzieht sich unwahrscheinlich viel schneller und leichter, als man glaubt. Man braucht lange Übung und viel Erfahrung, um sich zuletzt gewohnheitsmäßig in allen Feinheiten des Befindens zurechtzufinden.
Das richtige innere Befinden auf der Bühne kann zum falschen schauspielerhaften Befinden entarten. Und das geschieht bereits, wenn ein einziges richtiges Element ausfällt, das dann alle anderen nach sich zieht. Der freigewordene Platz wird von willkürlichen, falschen Elementen besetzt, von denen zahllose Abarten des schauspielerhaften Befindens erzeugt werden.

Wie Sie sehen, ist das Befinden auf der Bühne unbeständig. Es ist dauernden Schwankungen ausgesetzt und erinnert an ein frei in der Luft schwebendes Flugzeug. Hier reguliert der Pilot das Gleichgewicht mit geübter Hand und erlangt dabei eine solche Fertigkeit, daß er fast mechanisch und instinktiv handelt, ohne daß diese Arbeit ihm zuviel Aufmerksamkeit abverlangt. Beim Regulieren der Elemente des Befindens auf der Bühne ist es nicht anders. Auch diese Arbeit muß zur mechanischen Gewohnheit, zur beinahe instinktiven Handlung werden.
Wenn Sie sich das einmal genau vorzustellen suchen, entsteht etwa folgendes Bild: Ein Schauspieler ist in ausgezeichneter Stimmung. Er beherrscht die Gesetze der Bühne so weit, daß er, ohne aus seiner Rolle zu fallen, sein eigenes Befinden auf der Bühne jederzeit kontrollieren und es in seine Bestandteile zerlegen kann. Alle Elemente funktionieren gut, ein Rädchen greift ins andere. Doch auf einmal stellt sich eine leichte Verkrampfung ein, und sofort richtet der Schauspieler sein Augenmerk auf seine Seele, um festzustellen, welches Element des Befindens nicht mehr richtig funktioniert. Sobald er den Fehler erkannt hat, kann er ihn auch beheben. Dabei fällt es ihm nicht schwer, sich aufzuteilen, das heißt einerseits zu korrigieren, was nicht stimmte, und andererseits weiterhin in den richtigen Aufgaben der Rolle zu leben, ja sich sogar noch stärker an sie zu halten, um die Verkrampfung zu beheben. Durch dieses zeitweilige Abgleiten der Aufmerksamkeit auf die Technik wird das Erleben der inneren Linie der Rolle und das richtige *innere Befinden auf der Bühne* keineswegs beeinträchtigt."

Arkadi Nikolajewitsch erhob sich, um zu gehen. Er sagte abschließend: „Mit der heutigen Stunde beenden wir einen umfangreichen und sehr bedeutsamen Abschnitt unseres Lehrprogramms – den *Prozeß des Erlebens*.
Er ist so außerordentlich wichtig für unsere Arbeit, weil *jeder Schritt, jede Bewegung und Handlung auf der Bühne durch unser Gefühl belebt und gerechtfertigt sein muß. Alles, was unser Gefühl nicht miterlebt hat, bleibt tot und verdirbt die Arbeit des Schauspielers.*
Es gibt keine Kunst ohne Erleben.
Darum haben wir unser Studium des ‚Systems' auch mit diesem wichtigen Moment innerhalb unserer schöpferischen Arbeit begonnen. Soll das aber heißen, daß Sie, nachdem wir jetzt den ersten Teil unseres Lehrplans absolviert haben, den Prozeß des Erlebens bereits vollständig begriffen haben, daß Sie ihn beherrschen und imstande sind, ihn auch praktisch anzuwenden?
Keineswegs. Um diesen Prozeß wirklich zu begreifen, brauchen wir unser ganzes Leben und unsere gesamte schauspielerische Laufbahn. Aber die unerläßliche Voraussetzung dafür ist die entsprechende *innere Technik des Erlebens, die den Boden für die Entwicklung dieses langwierigen Prozesses vorbereitet. Und diese Technik haben wir jetzt nach einer langen Lehrzeit kennengelernt.* Sie müssen sich nun praktisch aneignen, was Ihnen in der Theorie bereits klargeworden ist.
Dabei wird Ihnen der Unterricht in ‚Training und Drill' behilflich sein. Was dann noch fehlt, werden Sie sich beim Rollenstudium und durch Ihre eigene Bühnenerfahrung später erwerben."[9]

Arkadi Nikolajewitsch hatte seine Erklärung noch nicht abgeschlossen, da ging auf ein Zeichen Iwan Platonowitschs hin der Vorhang auf, und wir sahen in der Mitte von „Maloletkowas guter Stube" eine große schwarze Tafel, an der eine Zeichnung angebracht war. Diese Zeichnung stellte dar, was während des schöpferischen Prozesses in der Seele des Schauspielers vorgeht. Hier ist eine Kopie dieser Zeichnung:

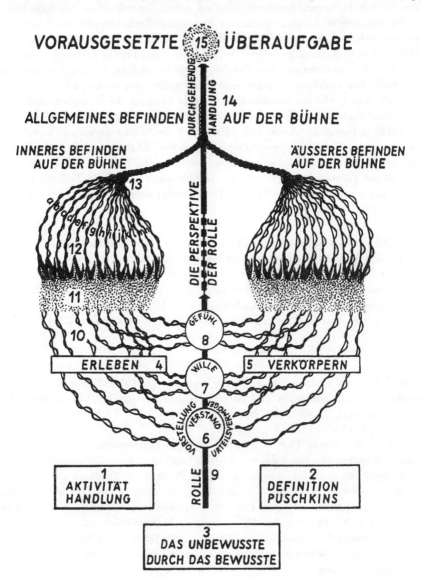

Arkadi Nikolajewitsch erläuterte sie uns folgendermaßen:

„Ganz unten (genau wie die drei Walfische, auf denen der Sage nach die Erde ruht) liegen die drei Ideen, die drei entscheidenden unverbrüchlichen *Grundpfeiler unserer Kunst*, von denen Sie in jedem Falle ausgehen müssen.

Nr. 1. Der erste von ihnen besagt: *Die Kunst des dramatischen Schauspielers ist die Kunst der inneren und äußeren Handlung.*

Nr. 2. Der zweite Grundpfeiler ist die Definition Alexander Sergejewitsch Puschkins: ,*Die Echtheit der Leidenschaften, die Wahrscheinlichkeit der Gefühle unter den vorgeschlagenen Situationen* ...'[10]

Nr. 3. Der dritte Grundpfeiler: *Die unbewußte schöpferische Arbeit der Natur wird durch die bewußte Psychotechnik des Schauspielers angeregt.*

Auf diesen drei wichtigsten Fundamenten unserer Kunst[11] sind zwei große Plattformen aufgebaut:

Nr. 4. Der *Prozeß des Erlebens*, den wir in großen Zügen bereits behandelt haben, und

Nr. 5. Der *Prozeß des Verkörperns*.

Auf diesen beiden Plattformen thronen wie drei Orgelvirtuosen vor zwei riesigen Orgeln

Nr. 6, 7 und 8, die *drei Antriebskräfte des psychischen Lebens; Verstand, Wille und Gefühl* (nach der früheren wissenschaftlichen Definition) oder *Vorstellung, Urteilsvermögen* und die Einheit *Wille–Gefühl* (nach der neuesten wissenschaftlichen Definition).

Nr. 9. Jedes neue Stück und jede neue Rolle dringen in die Antriebskräfte des psychischen Lebens ein. Sie werfen ihre Samen aus und rufen den Drang zum schöpferischen Gestalten wach.

Nr. 10. Die Funktionslinien der Antriebskräfte für das psychische Leben, die den in sie gelegten Samen von Stück und Rolle mit sich führen. Zuerst ist diese Bewegung noch abgerissen, sprunghaft, ungeordnet und chaotisch, sie wird aber immer geradliniger und stetiger, je mehr sich das grundlegende Ziel der schöpferischen Arbeit abzeichnet.

Nr. 11. Der innere Bereich unserer Seele, unser schöpferisches Instrument mit all seinen Eigenschaften, Fähigkeiten, Begabungen, natürlichen Talenten, schauspielerischen Fertigkeiten und psychotechnischen Methoden, die wir früher ,Elemente' nannten. Sie alle bilden die notwendige Voraussetzung für den Prozeß des Erlebens. Beachten Sie bitte, daß in der Zeichnung jedes Element seine besondere Farbe erhalten hat, und zwar:

a) die Phantasie und ihre Vorstellungen (das ,Wenn', die vorgeschlagenen Situationen der Rolle) die Farbe ...[12]

b) die Abschnitte und Aufgaben ...

c) die Aufmerksamkeit und die Objekte ...

d) die Handlung ...

e) das Gefühl für Wahrhaftigkeit und der Glaube daran ...

f) der innere Tempo-Rhythmus ...

g) die emotionalen Erinnerungen ...

h) die Partnerbeziehungen...
i) die Anpassungen...
j) die Logik und Folgerichtigkeit...
k) das innere Charakterbild...
l) der Charme auf der Bühne...
m) die Ethik und Disziplin...
n) die Selbstbeherrschung und Vollendung...
Alle diese Elemente leben in dem Bereich der Seele, in den die Antriebskräfte des psychischen Lebens des Schauspielers (Verstand, Wille und Gefühl) mit den in sie gelegten Samenkörnern der Rolle eindringen.
Auf der Zeichnung können Sie sehen, wie die Funktionslinien in diesen Bereich eindringen und dabei allmählich die Farben der ‚Elemente' des Schauspielers annehmen.
Nr. 12. Das sind dieselben, aber bereits gewandelten Funktionslinien der Antriebskräfte für das psychische Leben der Einheit Schauspieler–Rolle. Sie brauchen diese Linien nur einmal vor (Nr. 10) und nach dem Durchlaufen des seelischen Bereichs (Nr. 11) zu vergleichen, um den Unterschied zu bemerken. Jetzt, nachdem diese Funktionslinien von Verstand, Wille und Gefühl allmählich nicht nur die ‚Elemente' des Stücks, sondern auch die Schattierungen und Farben der ‚Elemente' des Schauspielers in sich aufgenommen haben, sind sie nicht mehr wiederzuerkennen (Nr. 12).
Nr. 13. Das ist der Knotenpunkt, in dem alle Funktionslinien der Antriebskräfte für das psychische Leben zusammenlaufen, nämlich jener seelische Zustand, den wir das ‚innere Befinden auf der Bühne' nennen.
Nr. 14. Die wie ein Strick ineinander verflochtenen Funktionslinien der Antriebskräfte für das psychische Leben, die auf die Überaufgabe hinstreben. Jetzt, nachdem sie sich gewandelt und der Rolle angenähert haben, bezeichnen wir sie als die ‚Linien der durchgehenden Handlung'.[13]
Nr. 15. Die vorläufig noch schemenhafte, nicht bis ins letzte festgelegte ‚Überaufgabe'."
„Was bedeuten die punktierten Linien auf der rechten Seite der Zeichnung?" fragten die Schüler.
„Diese punktierten Linien stellen den Prozeß des *äußeren Verkörperns* dar. Diesen Prozeß haben wir noch nicht behandelt, er ist Ihnen noch unklar. Darum ist die rechte Seite vorerst nur angedeutet und nicht durch klare Linien umrissen wie die linke, die den Ihnen schon vertrauten Prozeß des *inneren Erlebens* darstellt."
Die Zeichnung war mir durch ihre Anschaulichkeit und Überzeugungskraft sehr nützlich. Hier war alles, was ich im ersten Schuljahr gelernt hatte, an den richtigen Platz gestellt.

„Hören Sie mir jetzt bitte gut zu, es ist wichtig für Sie:
Alle Etappen unseres Lehrplanes, die wir seit Beginn des Studienjahres zurückgelegt haben, alle Arbeiten an den einzelnen Elementen, die wir in diesem Jahr durchgeführt haben, dienten dazu, die drei entscheidenden Momente im schöpferischen Prozeß aufzubauen:

1. das innere Befinden auf der Bühne,
2. die durchgehende Handlung und
3. die Überaufgabe.

Das war der Sinn aller Arbeiten, die wir im Lauf des Winters geleistet haben, auf dieses Ziel soll aber auch jetzt und fernerhin Ihre ungeteilte Aufmerksamkeit gerichtet bleiben."

Nach einer feierlichen Pause schloß Arkadi Nikolajewitsch die heutige Stunde mit folgenden Worten:
„Die Zeichnung illustriert unser Lehrprogramm, sie zieht gleichzeitig die Schlußbilanz unter die Arbeit dieses Jahres. Wir haben sie bis zu Ende geführt und unseren Stoff in großen Umrissen behandelt. Jetzt wissen Sie, was es mit dem sogenannten ‚System' auf sich hat."

In der ersten Hälfte der Stunde verging viel Zeit mit der Klärung einiger praktischer, das Leben in der Schule betreffender Fragen. Erst danach konnte der eigentliche Unterricht beginnen. Arkadi Nikolajewitsch blieb nur wenig Zeit, und so sagte er uns nur noch folgendes:
„Wie Sie wissen, kommt eine Theateraufführung nicht durch die Arbeit eines einzelnen zustande, sondern ist das Resultat des Zusammenwirkens eines großen Kollektivs. Am Gelingen unseres Werkes sind in gemeinsamer Arbeit der Dichter, die Schauspieler, der Regisseur, der Bühnenbildner, die Musiker, Tänzer, Maskenbildner, Gewandmeister, Beleuchter, Requisiteure, Tonmeister, dazu ein ganzer Stab von Bühnenarbeitern und viele andere beteiligt.
Sie alle müssen durch ein gemeinsames, für jeden einzelnen verpflichtendes Ziel verbunden sein, nämlich durch die *Überaufgabe und die durchgehende Handlung.* Sie werden von jedem Mitarbeiter auf die ihm gemäße Weise, entsprechend den Möglichkeiten und Mitteln seines Berufes, gelöst und durchgeführt. Alle müssen ihre Aufgaben erfüllen, alle haben ihre selbständigen Linien, die jedoch stets mit der allen gemeinsamen *durchgehenden Handlung und Überaufgabe* übereinstimmen müssen. Alle unsichtbaren Helfer, die hinter den Kulissen am Gelingen der Aufführung mitwirken, gehören zum großen, gemeinsamen Orchester der Bühnenschaffenden."
„Mir leuchtet zwar ein, daß die Abschnitte und Aufgaben, die durchgehende Handlung und die Überaufgabe von Stück und Rolle für die Arbeit des Schauspielers Gültigkeit haben, was haben sie aber mit dem Gewandmeister, dem Beleuchter und Dekorateur zu tun?" fragte ich.
„Stellen Sie sich vor, man gäbe Ibsens ‚Brand', und da hätte der Bühnenbildner in dem Fjord, wo der Pastor und seine Frau wohnen, die Feuchtigkeit so anschaulich verdeutlicht, und der Beleuchter hätte so ausgeleuchtet, daß Sie den Nebel, die ungesunden Dünste, die den Tod des Pastorenkindes verschuldet haben, geradezu verspüren. Ist das etwa keine großartige *Gegenhandlung* zu der *Überaufgabe* ‚alles oder nichts'?[14]
Wenn man jede einzelne Phase der Arbeit aller an einer Aufführung Mitwirkenden festhalten könnte, so entstünde eine Art *Orchesterpartitur* des ganzen Stückes. Darin hätte jeder Mitwirkende seinen Part und seine bestimmten Noten zu spielen. Alle

an der Aufführung Beteiligten spielen dann zusammen – vorausgesetzt, daß sie einander harmonisch ergänzen – die *Überaufgabe des Dichters.*
Das ist alles, was ich Ihnen jetzt sagen kann und was Sie vorläufig von der *Überaufgabe,* der *durchgehenden Handlung* und *der Gegenhandlung* begreifen können."[15]

II. MATERIAL ZUM UNTERRICHT NACH DEM „SYSTEM"

1. Training und Drill

Rachmanows Unterricht, der bereits die Bezeichnung „Training und Drill" erhalten hat, fand heute wieder im Theatersaal der Schule statt und war auch heute auf drei halbe Stunden im Verlauf des ganzen Schultages verteilt; er diente der Wiederholung alter Übungen...

Heute waren wieder drei halbe Stunden für „Training und Drill" angesetzt, die durch Gesangs- und Tanzunterricht unterbrochen wurden.
Beim Wiederholen der alten Übungen fühlte ich, wie meine Vorstellungskraft und Aufmerksamkeit gefügiger wurden.
Wenn das immer so sein sollte, bewahrheitet sich damit Rachmanows Devise: „Säe Handlung, und du wirst Gewohnheit ernten!"
In der letzten halben Stunde versuchten wir zum ersten Mal, uns ein *bestimmtes Objekt zu wählen und unsere Aufmerksamkeit längere Zeit darauf zu konzentrieren,* und zwar nicht mehr mit Hilfe einer Birne wie zuvor, sondern *bei voller Beleuchtung.*
Rachmanow deutete auf irgendeinen Gegenstand in „Maloletkowas guter Stube", zum Beispiel auf den Kronleuchter. Sofort suchten wir unsere Aufmerksamkeit darauf zu konzentrieren. Da das Objekt als solches unser Interesse nicht wachrief, begannen wir, seine Formen, Linien und Farben zu betrachten. Da diese Beschäftigung jedoch nicht sehr unterhaltsam ist und auch nicht über eine längere Zeit ausgedehnt werden kann, nahmen wir unseren Verstand und unsere Phantasie mit ihren Vorstellungsbildern zu Hilfe.
Ich sagte mir zum Beispiel folgendes:
„Dieser Kronleuchter hier hat bereits die Epoche Alexanders I. und Napoléons miterlebt. Vielleicht hat er einem von ihnen zu prunkvollen Festen und Bällen oder zu staatspolitischen Unterhandlungen geleuchtet, die in die Annalen der Geschichte eingegangen sind. Vielleicht war sein Los auch bescheidener, und er hat nur schlichten Würdenträgern gedient. Wie viele schöne Damen und vornehme Herren mag er gesehen haben! Wie viele pompöse oder zierlich gedrechselte Redensarten, sentimentale Verse, rührende Romanzen zum Klange eines Klavichords oder eines alten Klaviers mag er gehört haben! Wie viele heimliche Stelldicheins und Liebesszenen hat er wohl miterlebt!
Dann kamen die harten Zeiten unter Nikolaus I. Wer weiß, vielleicht hat dieser

Kronleuchter bei den geheimen Zusammenkünften der Dekabristen geleuchtet und hing danach lange vergessen in einem verödeten Hause, während sein Besitzer weit fort in den Schneewüsten des Nordens oder in Bergwerken unter der Erde, mit den Händen an Karren festgeschmiedet, schmachtete.

Die Zeit flog weiter, und vielleicht war der Kronleuchter auf einer Versteigerung von einem reichen, grobschlächtigen Kaufmann erstanden worden, der ihn in seinem Kramladen aufhängte. Wie entsetzt mochte der arme, elegante, aristokratische Kronleuchter über die neue Gesellschaft gewesen sein, in die er da geraten war! War der Kaufmann allmählich immer mehr heruntergekommen? Mußte der herrliche Kronleuchter lange in einem Antiquitätenladen hängen? Es fand sich niemand, der seine aristokratische Einfachheit würdigte. Er wartete auf einen Kenner, bis eines Tages Torzow gekommen war und den alten Leuchter ins Theater mitnahm...
Aber auch in seinen Händen blieb er nicht lange, sondern kam zu den verschiedenen Rubljows, Poluschkins und den Theaterrequisiteuren. Seht nur, wie übel sie ihm mitgespielt haben! Hier ist die zierliche Ornamentik verbeult! Und wie stumpf und glanzlos ist die Bronze geworden! Ist das alles nicht ein beredtes Zeugnis für das harte Los, das unseren verzärtelten Aristokraten im Durcheinander des Theaterlebens getroffen hat?
Armer, eleganter alter Kronleuchter! Was mag dich in der Zukunft erwarten? Ob man dich wirklich zum Schrott werfen wird? Ob man dich einschmelzen wird, um Türangeln oder bauchige Samoware aus dir zu machen?!
Ich hatte mich in meiner Träumerei verloren und gar nicht bemerkt, daß inzwischen schon wieder ein anderes Objekt bestimmt worden war.
Alle anderen hatten ihre Aufmerksamkeit bereits auf ein geschmackloses Fotoalbum aus Plüsch mit Metallecken und gestanzten Blechschildern konzentriert und waren eifrig bemüht, sich etwas darüber auszudenken.
Sie sollten einmal ein solches Album aufschlagen! Sie würden ein wüstes Durcheinander von Fotografien darin erblicken, von den Requisiteuren wahllos hineingestopft. Gleich obenauf prangt das Konterfei eines Einjährigfreiwilligen aus der Provinz. Ein junger Kaufmannssohn trägt zum ersten Mal die Uniform und hat sich zur Freude der Nachwelt eiligst darin aufnehmen lassen. Wie soll er seine Verwegenheit am besten dokumentieren? Er hält den Säbel umklammert, zieht ihn halb aus der Scheide und starrt mit ingrimmiger Miene auf den Fotoapparat, als wolle er gerade einen unsichtbaren Feind zur Strecke bringen. Neben diesem jungen Helden klebt eine Aufnahme des österreichischen Kaisers Franz Joseph in theatralischer Pose. Darunter eine Seejungfer mit unangenehm weißlichen Augen in einem Aquarium. Daneben das Porträt einer ehrwürdigen alten Nonne, der Priorin eines Klosters. In was für eine bunte Gesellschaft ist die fromme Dame geraten!
Wie mochte sich auf der Bühne ein so seltenes Museumsstück wie der Kronleuchter aus der Zeit Alexanders mit kitschigem Trödlerkram wie dem Fotoalbum aus Plüsch vertragen? Sie sollten sich beides einmal von unten, vom Zuschauerraum aus ansehen. Ich bin nicht sicher, ob Sie nicht auch wie Goworkow sagen würden: „Der Kronleuchter taugt nichts, er wirkt abscheulich, das Album dagegen gehört auf den Ehrenplatz, denn es sieht doch nach etwas aus."

Das ist eine Eigenart der Bühne: Es ist nicht alles Gold, was im Rampenlicht glänzt. Auch dieses Mal bemerkte ich nicht, daß die andern sich längst auf ein neues Objekt konzentriert hatten.

„Das ist gut", dachte ich, „in mir entwickelt sich, wenn auch noch nicht das eigentliche ‚Erfassen‘, so doch immerhin das ‚Verketten‘!"
Nach dem dritten Objekt forderte Rachmanow uns auf, ihm den Inhalt unserer *freien, unverbindlichen Träumereien,* wie Torzow sie nennt, zu erzählen.
Im großen und ganzen billigte Rachmanow die Arbeit unserer Vorstellungskraft, allerdings mit der Einschränkung, daß der Betrachtende wissen müsse, *aus welchen inneren Motiven heraus* er sich für ein Objekt interessiert. Mit andern Worten, man braucht eine innere *Aufgabe und ein „Wenn",* das diese Aufgabe rechtfertigt. Diese beiden Voraussetzungen hatten wir nicht beachtet.

Wir hatten wieder „Training und Drill" bei Rachmanow.
„Heute hält Arkadi Nikolajewitsch eine angenehme Überraschung für Sie bereit", eröffnete uns Iwan Platonowitsch. „Sie werden alle alten Übungen mit *Musikbegleitung* machen, ja sogar mit einer hervorragenden Begleitung, F... selbst wird am Klavier sitzen.
Stehen Sie alle auf! Und danken Sie ihm für die Ehre, die er Ihnen damit erweist, obwohl Sie doch in künstlerischer Hinsicht noch absolute Säuglinge sind!"
Wir sprangen beglückt auf und verneigten uns tief.
Ich faßte mir sogar das Herz zu fragen, welchem Umstand wir diese Ehre zu verdanken hätten. Ich wollte es wissen, um die bevorstehenden Übungen noch bewußter und besser durchführen zu können.
Auf meine Frage entgegnete Rachmanow kurz: „Ich bin nicht befugt, Ihnen das *selbst* zu erklären."
Da erklangen plötzlich hinter den Kulissen, wunderbar gespielt, die ersten Takte von Beethovens Mondscheinsonate, und in der Mitte der Zimmerdecke leuchtete eine blaue, halbrunde matte Glaslampe auf. Es war, als sollte dadurch die Illusion des Mondscheins erzeugt werden. Die herrliche Musik und das Halbdunkel verfehlten ihre Wirkung nicht, sondern versetzten uns in melancholische Träumereien und Gedanken...

„Kommen Sie mit mir in die Kirche!" forderte uns Torzow auf, als er heute zum Unterricht kam.
„In die Kirche?! Warum das?" fragten wir verdutzt. „Und was wird aus der Stunde?"
„Die heutige Stunde wird gerade darin bestehen, daß wir gemeinsam erst in die Kirche, dann in ein Möbelgeschäft, anschließend auf eine Behörde, zum Bahnhof und schließlich noch auf den Markt gehen wollen."
Wjunzow war bereits aufgestanden, in der Absicht aufzubrechen, doch Arkadi Nikolajewitsch hielt ihn zurück.
„Wir Schauspieler haben es nicht nötig, eine Droschke zu nehmen, um zu all diesen Orten zu gelangen. Bleiben Sie nur ruhig sitzen, denn die ganze Reise soll ja in

unserer Phantasie stattfinden. Hier, in der Phantasie, und nicht draußen auf der Straße ist das Tätigkeitsfeld unserer Kunst."
Wenige Sekunden später befanden sich die meisten von uns bereits in Gedanken in einer Kirche.
„In welcher Kirche sind Sie denn?" erkundigte sich Torzow bei der Weljaminowa, die schon dabei war, sich zu bekreuzigen, zu beten und mit einem imaginären heiligen Nikolaus zu liebäugeln, während sie ihm ehrerbietig die Hände küßte.
Aber unsere Schöne war nicht imstande, uns zu sagen, in welcher Kirche sie sich gerade befand.
„In irgendeiner Kirche."
„Nein. ‚Irgendeine' gibt es nicht in der Kunst", widersprach Arkadi Nikolajewitsch. „Sie gehen zu Ehren eines bestimmten Heiligen in eine ganz bestimmte Kirche, nicht aber in ‚irgendeine' Kirche."
„Ich habe keine Ahnung, wie man das tut", entgegnete die Weljaminowa kokett.
„Das werden wir gleich haben", beruhigte sie Torzow. „Würden Sie mir gütigst die Hand reichen", bat er, und die Weljaminowa beeilte sich, seiner Aufforderung nachzukommen und streckte Arkadi Nikolajewitsch ihren schönen Arm entgegen. Aber Torzow wies ihn zurück und sagte:
„Nur in Gedanken bitte... in Gedanken reichen Sie mir den Arm, ich ergreife ihn, und wir gehen beide los. Welche Straße müssen wir gehen?" fragte er die Weljaminowa.
„Die Pokrowka hinunter", antwortete sie.
„Kommen Sie", sagte Torzow ermunternd, ohne sich vom Fleck zu rühren. „Und vergessen Sie nicht, mir zu sagen, wann wir da sind."

„Sie befinden sich jetzt in Moskau, in unserer Schule.
Ich führe ein magisches ‚Wenn' ein und frage Sie: Was würden Sie tun, *wenn* Sie nicht hier, sondern bei heftigem Sturm auf der Überfahrt nach Amerika auf einem Ozeanriesen wären?"
„Was würde ich da tun?" überlegte Schustow.
„Vor allem dürfen Sie nicht vergessen, daß dieser Raum hin- und her schwanken würde", suchte Torzow unsere Phantasie anzuregen. „Auf diesen leichten Stühlen könnte man nicht sitzen... Sie würden von einem Ende des Raumes zum andern geschleudert werden... Auch zu stehen wäre unmöglich, denn der Fußboden würde sich bald emporheben, dann wieder unter Ihren Füßen wegsinken..."
„Unter diesen Umständen wäre es am gescheitesten, sich so schnell wie möglich bis zu seiner Kajüte durchzukämpfen und sich niederzulegen", folgerte Schustow.
„Aber wo ist meine Kajüte?" überlegte er weiter.
„Nehmen wir an, sie befindet sich ganz unten im Bauch des Schiffes, und Sie müssen durch diese Tür und dann die zur Garderobe führende Treppe hinuntergehen", kam Torzow ihm zu Hilfe.
„In diesem Augenblick neigt sich der Boden gerade hierher, auf die Tür zu", dachte Schustow laut. „Also... beginne ich zu schwanken und taumle auf diese Wand hier zu."

"Wie wollen Sie sich denn aufrecht halten, an welchen Gegenstand wollen Sie sich klammern? Etwa an den Diwan?" fragte Torzow.

"Nein, denn er rutscht ja genau wie ich bei der Rückwärtsbewegung des Schiffes nach unten... Am besten wird es sein, wenn ich mich einfach auf den Fußboden setze", beschloß Schustow. "Ich muß schon sagen, daß die Lebensbedingungen auf diesem Dampfer nicht gerade reizvoll sind und daß die ganze Situation mir verteufelt ungemütlich vorkommt."

"Wie könnte man das nennen, was Sie jetzt gerade tun?" fragte Arkadi Nikolajewitsch weiter.

"Ich suche mir die Bedingungen vorzustellen, unter denen ich in meine Kajüte gelangen kann", erwiderte Schustow...

Kaum hatte Torzow die Klasse betreten, da wandte er sich schon an mich und fragte:
"Wo befinden Sie sich jetzt?"
"Im Klassenraum", antwortete ich.
"Was würden Sie tun, wenn Sie jetzt zu Hause wären?" fragte er weiter.
Ehe ich ihm antworten konnte, mußte ich mir zunächst vorstellen, daß ich mich in meinem Zimmer aufhielt, ich mußte mich erinnern, was heute morgen gewesen war und was ich abends zu tun vorhatte. Da gab es allerlei Arbeiten, die sich angesammelt hatten und auf Erledigung warteten. Ich mußte mir über meine Pläne und Wünsche Rechenschaft ablegen, zudem einige Umstände berücksichtigen, um schließlich entscheiden zu können, was ich tun müßte. Ich entschied, meinen Onkel und meinen Vetter Koka zu besuchen.
"Sehen Sie her!" mit diesen Worten holte Arkadi Nikolajewitsch ein Theaterbillett aus der Westentasche und fuhr fort: "Das ist ein Logenplatz für die heutige Generalprobe des Kleinen Theaters. Stellen Sie sich vor, ich hätte Ihnen die Karte zur Verfügung gestellt... die ganze Klasse würde hingehen, aber das Unglück will, daß Naswanow ausgerechnet heute seinen Onkel besuchen muß. Wie würden Sie sich verhalten, wenn das in Wirklichkeit der Fall wäre?" wandte er sich wieder an mich.
"Sehr einfach! Ich würde doch ins Theater gehen!" mußte ich eingestehen.
"Tja, wenn es sich so verhält, muß ich Ihnen noch ein weiteres ‚*magisches Wenn*‘ nennen", erklärte Torzow.
"Ihr Onkel verlangt Sie nämlich in einer unaufschiebbaren Angelegenheit zu sprechen. Er schreibt, es würde Ihnen schlimm ergehen, wenn Sie sich nicht unverzüglich bei ihm sehen ließen."
"Das sind Lappalien! Nichts als Panikmache!" wehrte ich ab.
"In Wirklichkeit mag es vielleicht so sein, im Spiel ist es jedoch anders. Die Ihnen genannten ‚Wenns‘ sind verpflichtend für Sie, also steht tatsächlich etwas auf dem Spiele."
"O dieser Onkel!" seufzte ich aus tiefster Seele.
"Das genügt mir", sagte Torzow. "Dieser Ausruf beweist mir besser als alle Überzeugungsversuche, welche Kraft und welchen Einfluß das ‚*magische Wenn*‘ auf Sie hat.

Ich werde Ihnen jetzt noch ein ‚magisches Wenn' nennen und Ihnen im Vertrauen mitteilen, daß auf der heutigen Generalprobe zufällig der berühmte Schauspieler W... aus Petersburg mitwirken wird. Er spielt nur in einer einzigen Vorstellung, zu der alle Karten bereits ausverkauft sind. Also ist dies die einzige Möglichkeit, ihn zu sehen, heute oder nie! Entscheiden Sie sich rasch, es ist schon Viertel nach sieben, in fünfzehn Minuten beginnt die Vorstellung."

„Das ist grausam!" rief ich nicht weniger aufrichtig als beim ersten Mal.

„Vergessen Sie nicht, daß Ihr Onkel Sie auch noch angerufen und aufgefordert hat, so schnell wie möglich zu kommen."

„Ich lehne es ab, in einem solchen Spiel mitzuspielen!" sagte ich entschlossen. „Das geht mir zu sehr auf die Nerven!"

„Mit dieser Ablehnung erkennen Sie die *Wirksamkeit des ‚magischen Wenn' auf unsere Seele und unsere Empfindungen* an", sagte Torzow.

Ich mußte das zugeben, es war unbestreitbar...

Nach Schluß der Stunde sah Torzow beim Unterricht in *Training und Drill* zu. Nach den Übungen zur *Muskelentspannung* sagte er:

„Jetzt fangen Sie allmählich an, den zufällig eingenommenen Posen einen Sinn zu geben und sie zu rechtfertigen, so daß sie zu *realen Handlungen* werden. Das habe ich zum Beispiel eben an Wjunzow beobachtet. Zuerst hat er wie üblich nur posiert und sich herumgeziert, aber dann ist er auf die Idee gekommen, Weintrauben oder etwas ähnliches abzupflücken.

Diese Handlung hat seiner Pose sofort einen Sinn gegeben und sie gerechtfertigt."

Heute übergab Torzow uns an Rachmanow. Er zeigte uns Übungen zur Ausbildung des physischen Gefühls für Wahrhaftigkeit, das wir von heute an in unser Programm für „Training und Drill" aufnehmen.

Zunächst wies uns Torzow noch einmal darauf hin, daß er diesen Übungen außerordentliche Bedeutung beimißt. Wie wir im Lauf der letzten Stunden erfahren haben, kann unsere innere Welt durch das Gefühl für Wahrhaftigkeit und den Glauben daran intuitiv erleuchtet werden. Wenn das aber nicht geschieht, entsteht das eine wie das andere reflektorisch, von außen her durch eine richtige, ausreichend begründete physische Handlung, durch eine logische und folgerichtige Aufgabe, zu der uns ein *glaubwürdiges ‚magisches Wenn'* hinführt.

Diese Beeinflussung unserer inneren Welt durch eine physische Aufgabe ist die leichteste Methode, um das Gefühl für Wahrhaftigkeit und den Glauben daran zu entwickeln, allerdings darf man dabei nicht außer acht lassen, daß eine ungenügend gerechtfertigte physische Aufgabe oder Handlung genauso leicht und unwiderruflich auch schlechte Folgen haben kann...

Arkadi Nikolajewitsch gab uns eine Reihe von Übungen auf, die Rachmanow in seinen Stunden für „Training und Drill" mit uns durchführen soll. Dabei erklärte er, es gäbe keine Übungen für das Gefühl für Wahrhaftigkeit wegen dieses Gefühls an und für sich. Wahrhaftigkeit und Glaube können nicht für sich allein und unabhängig

von dem bestehen, was sie rechtfertigen sollen. Sie sind an ausnahmslos allen schöpferischen Empfindungen und Handlungen beteiligt. Bewegung, Gang, äußere Handlung, Stimme, Sprechen, Gedanke, Aufgabe, Vorstellungen der Phantasie oder ‚magisches Wenn' so gut wie die äußere materielle Umgebung, ein Dekorationsteil oder ein Pappdolch – alles das muß von Wahrhaftigkeit und dem Glauben an das, was da geschieht, durchdrungen sein.
Darum wiederholen wir auch in den Übungen lauter alte Etüden, die wir schon mehrmals gespielt haben, nur mit dem Unterschied, daß heute strengere Anforderungen an ihre äußere und innere Rechtfertigung gestellt werden. Bisher wurde unnatürliches Spiel zwar auch gerügt, aber keineswegs so wie jetzt. Größte Aufmerksamkeit wird auf die äußere Form der Handlung verwandt. Jede einzelne physische Handlung muß absolut wahrhaftig empfunden werden.
Wie Torzow uns sagte, kann man voraussetzen, daß jede physische Handlung auf der Bühne mit einem kleinen Zuviel an Anstrengung durchgeführt wird. Darum müssen wir danach trachten, auch dieses kleine Zuviel in unseren Bewegungen und Handlungen zu beseitigen.
Was wir heute bei Torzow durchgenommen haben, werden wir noch hundertmal bei Rachmanow wiederholen. Im Kapitel „Training und Drill" werde ich diese Übungen noch ausführlich behandeln.
Einiges davon will ich jedoch schon jetzt beschreiben wegen der Kommentare, die Torzow dazu gab.
Zuerst wies uns Arkadi Nikolajewitsch an, die Möbelstücke auf der Bühne in „Maloletkowas Zimmer" umzuräumen. Wir gingen ohne jede Überlegung ans Werk. Sobald einer von uns einen Stuhl genommen und an einen andern Platz gestellt hatte, kam auch schon der zweite und schaffte ihn wieder irgendwo anders hin, wie es ihm gerade einfiel.
Natürlich verhielt sich jeder von uns beim Umräumen der Möbel durchaus logisch und folgerichtig; wir vollführten alle notwendigen Bewegungen, ohne die es rein physisch unmöglich ist, einen Gegenstand von einer Stelle auf die andere zu transportieren; das heißt, jeder streckte die Arme aus, preßte die Finger zusammen, spannte die erforderlichen Muskeln an, um den Gegenstand aufzuheben und fortzutragen und so weiter. Kurz, die Handlung verlief ganz normal, anders als vor ein paar Stunden, als ich in der Etüde des Geldzählens[1] mit leeren Händen sinnlos herummanipulierte. Und doch stellte sich bei sorgfältiger Überprüfung heraus, daß unsere Handlungen auch heute noch manches unnötige Zuviel enthielten, das unsere Stimmung und unser Befinden beeinträchtigte.

„Ich glaube, ich habe Ihnen alles gesagt, was man vorerst über das *Gefühl für Wahrhaftigkeit* sagen kann.[2]
Nun ist es Zeit, daß Sie sich auch selbst einmal Gedanken darüber machen, wie Sie dieses Gefühl in sich entwickeln und regulieren können.
Dafür bieten sich überall genügend Gelegenheiten und Anlässe. Sie werden Ihnen auf Schritt und Tritt begegnen, da sich das Gefühl für Wahrhaftigkeit in jedem Augenblick der schöpferischen Arbeit einstellen kann, zu Hause, auf der Bühne, bei

der Probe oder in der Vorstellung. Alles, was der Schauspieler tut und der Zuschauer im Theater sieht, muß von dem Gefühl für Wahrhaftigkeit durchdrungen und gutgeheißen werden.

Jede, selbst die unbedeutendste Übung, die mit einer inneren oder äußeren Handlung verbunden ist, erfordert die Kontrolle und Sanktionierung durch dieses Gefühl.

Wir müssen dafür Sorge tragen, daß jede Übung uns Nutzen bringt, daß sie der Entwicklung und Festigung des Gefühls für Wahrhaftigkeit dient und nicht der Unaufrichtigkeit, Lüge und Übertreibung Vorschub leistet.

Diese Aufgabe ist nicht leicht, ist es doch viel einfacher, unnatürlich und unaufrichtig zu spielen, als wahrhaftig zu sprechen und zu handeln. Es bedarf großer Aufmerksamkeit, Konzentration und beständiger Kontrolle durch die Lehrer, damit das Gefühl für Wahrhaftigkeit im Schüler wachsen und sich festigen kann.

Vermeiden Sie jede Unaufrichtigkeit, vermeiden Sie alles, was Ihre Kräfte noch übersteigt, vermeiden Sie alles, was Ihrer Natur, der Logik und dem gesunden Menschenverstand zuwider ist. Das alles hat nur Verkrampfung, Gewaltanwendung, Affektiertheit und Unaufrichtigkeit zur Folge. Je häufiger diese Fehler auf der Bühne gemacht werden, desto schlimmer für das Gefühl für Wahrhaftigkeit, denn es wird demoralisiert und durch Unaufrichtigkeit verdrängt.

Es darf nicht geschehen, daß die Unaufrichtigkeit und Lüge dem Schauspieler zur Gewohnheit und die Wahrhaftigkeit allmählich immer mehr verdrängt wird."

Aus Furcht, den Schüler zur Unaufrichtigkeit zu verleiten, ist Torzow äußerst vorsichtig in der Auswahl der praktischen Übungen, die wir in Rachmanows Stunden für „Training und Drill" durchführen sollen. Im Anfang begnügt sich Arkadi Nikolajewitsch mit den simpelsten und elementarsten physischen Aufgaben, die uns aus dem alltäglichen Leben und aus früheren Übungen gut bekannt sind. So ließ er uns zum Beispiel eine Zeitlang unbeweglich dasitzen, die Länge und Breite des Raumes abschreiten, irgendeinen Gegenstand suchen, das Zimmer aufräumen, die Tapete, die Zimmerdecke oder andere Gegenstände betrachten, unsere Kleidung und unser ganzes Äußeres in Ordnung bringen, unsere Hände betrachten, er ließ uns aufeinander zugehen, uns gegenseitig begrüßen und so fort. Dabei mußte jede dieser einfachen Übungen durch ein Motiv belebt werden, das sie rechtfertigen sollte. Dieser Prozeß wurde wie immer mit Hilfe des allgegenwärtigen *‚magischen Wenn'* durchgeführt.

Bei allen diesen Übungen achtete Arkadi Nikolajewitsch außerordentlich streng auf die *kleine und die große Wahrheit*, ohne etwa nörglerisch zu sein. Jede Sekunde, jede Andeutung einer Bewegung und Handlung mußte gerechtfertigt sein. Arkadi Nikolajewitsch paßte genau auf, daß alle physischen Aufgaben mit äußerster Logik und Folgerichtigkeit durchgeführt wurden.

Außerdem verlangte er von uns, daß die kleinen Bestandteile größerer physischer Handlungen exakt ausgeführt wurden und nicht ineinanderliefen. Als ich jedoch die Präzision meiner Bewegungen und Handlungen zu übertreiben begann, unterbrach mich Torzow und sagte, daß ein *Verwischen ebenso wie ein übertriebenes Ausfeilen auf der Bühne schädlich und unerwünscht sei, da das eine wie das andere Unwahrhaftigkeit erzeuge.*

Zuerst wurden diese Übungen in den weiter hinten liegenden Räumen, im Eßzimmer, im Saal und im Korridor durchgeführt, wo wir an allen vier Seiten von Wänden umgeben waren. Im Schutz dieser Wände führten wir alle Aufgaben einfach, natürlich und ohne Affektiertheit aus, weil wir uns nicht durch fremde Zuschauer gehemmt fühlten. Als wir dieselben Übungen jedoch in der „guten Stube" wiederholen sollten, deren vierte Wand zum Zuschauerraum hin offen ist, empfanden wir sofort die Unaufrichtigkeit und Bedingtheit der Bühne, sogleich stellte sich das Bedürfnis ein zu posieren und sich aufzuspielen, wovon man sich nur schwer frei machen kann.
Einige Übungen wurden mit realen Gegenständen, andere mit vorgestellten durchgeführt. Gerade diese hält Arkadi Nikolajewitsch für sehr wichtig.
Die weitere Arbeit am Gefühl für Wahrhaftigkeit wurde Rachmanow für den Unterricht in „Training und Drill" überlassen.

Heute zeigte uns Arkadi Nikolajewitsch weitere Übungen für Rachmanows „Training und Drill", und zwar Übungen zur *Entwicklung und Kräftigung des Gefühls für Wahrhaftigkeit.*
Zunächst führte er uns ins Eßzimmer von „Maloletkowas Wohnung" und ließ uns dort den Tisch für fünf Personen decken. Alle dazu erforderlichen Dinge, wie Tischtuch, Geschirr und Servietten, lagen im Schrank bereit. Wir mußten sie darin suchen, herausnehmen, ausbreiten und jedes an die richtige Stelle legen. Wir hatten uns diese Arbeit nicht genügend organisiert und waren daher einander nur im Wege. Trotzdem wurde der Tisch nach mancherlei Zwischenfällen gedeckt. Dann sollten wir den Tisch wieder abräumen und das Geschirr ins Büfett zurückstellen.
Alle diese Handlungen waren frei von Lüge und Affektiertheit, weil wir keine Veranlassung hatten, uns sonderlich anzustrengen; befanden wir uns doch in einem geschlossenen Raum, der keine offene Seite hatte, von der aus die Zuschauer unser Tun hätten beobachten können. Darum verhielten wir uns auch so natürlich wie im wirklichen Leben, wo alles wahrhaftig ist.
Aber kann man es denn überhaupt als wahrhaftig bezeichnen, wenn man den Tisch deckt allein um des Tischdeckens willen? Im wirklichen Leben hat jedes Tun irgendeinen konkreten Anlaß, wir jedoch hatten keinerlei Rechtfertigung und Motivierung für unser Handeln. Darum mußten wir in der nächsten Übung den Tisch noch einmal decken und das durch eine *Erfindung der Phantasie oder durch ein „magisches Wenn"* rechtfertigen. Dieses „Wenn" bestand darin, daß auf einmal viele Verwandte zur Maloletkowa zu Besuch gekommen waren. Das einzige Hausmädchen, das der Hausfrau zur Hand ging, konnte bei so vielen Gästen nicht allein fertig werden, darum mußten wir schon selber mit zugreifen. So war es zu erklären, daß der Tisch mit vereinten Kräften gedeckt wurde.
Jetzt, da die Aufgabe mit einer bestimmten Vorstellung verbunden war, fiel sie uns schwerer als beim ersten Mal, als wir nur um der bloßen Übung willen den Tisch gedeckt hatten. Jetzt mußte erst geklärt werden, wer wen darstellen soll, in welchem Verwandtschaftsverhältnis jeder einzelne zur Maloletkowa steht, wie die Beziehungen der Verwandten untereinander sind, wann, warum und zu welchem Zweck sie alle hier zusammengekommen sind und so weiter. Ich will hier auf die Einzelheiten

unseres Spiels nicht näher eingehen, denn damit würde ich lediglich bereits bekannte schauspielerische Empfindungen wiederholen, die ich seinerzeit anläßlich der Etüde des Kaminheizens oder des Verschließens der Tür vor dem tollen Hund ausführlich beschrieben habe. Der einzige Unterschied bestand darin, daß Torzow dieses Mal viel strenger auf das Gefühl für Wahrhaftigkeit achtete als bei den früheren Etüden. Trotzdem brauchte er uns nicht oft zu unterbrechen, denn wie gesagt, wir hatten innerhalb der vier Wände keine Veranlassung, uns sonderlich in Pose zu werfen. Wir handelten ganz einfach.
Dann aber wurde dieselbe Etüde in die „gute Stube" verlegt, deren eine Seite zum Zuschauerraum hin offen ist. Diese Aufgabe war um so schwieriger, als Arkadi Nikolajewitsch jetzt außerordentlich streng darauf achtete, daß jeder Moment unseres Handelns auf der Bühne seine Berechtigung hatte. Alle Augenblicke mußte er uns unterbrechen und auf Übertreibungen und Unwahrhaftigkeiten hinweisen, die sich ungewollt immer wieder in unsere Handlungen einschlichen.
„Ich glaube Ihnen nicht", sagte Torzow zu Wesselowski. „Sie legen die Bestecks für die Gedecke mit einer so unbegründeten Eile, mit so absichtlich zur Schau getragener Vollendung und Dienstfertigkeit zurecht, was offensichtlich nicht für Ihre Mitspieler bestimmt ist, sondern für die Zuschauer. Übrigens glaube ich nicht, daß Sie Ihrer von der Weljaminowa dargestellten Schwester auch im wirklichen Leben mit so ausgesuchter Höflichkeit begegnen würden. Es würde Ihnen bestimmt niemals einfallen, sich mit so tiefen Kratzfüßen vor ihr zu entschuldigen, wenn Sie ihr versehentlich auf den Fuß treten. Auch würden Sie ihr nie im Leben so galant den Weg frei machen, wenn sie Ihnen bei der Arbeit in die Quere kommt."
Die nächste Etüde wiederholte dieselbe Aufgabe im „Eßzimmer" und dann in der „guten Stube" mit dem Unterschied, daß der Tisch diesmal mit *leeren* Händen, ohne alle dazu erforderlichen Gegenstände gedeckt werden mußte.
Arkadi Nikolajewitsch verlangte von uns dabei die gleiche Exaktheit, Logik und Folgerichtigkeit wie seinerzeit beim Geldzählen mit leeren Händen. Es gelang uns jedoch nicht, diese Übung zufriedenstellend durchzuführen und alle physischen Handlungen ausreichend zu rechtfertigen. Das hatte Torzow übrigens auch gar nicht erwartet, er wollte uns lediglich zeigen, was wir uns in Rachmanows Unterricht im Verlauf eines langwierigen Trainings aneignen müssen. Dann übergab uns Torzow an Rachmanow, nicht ohne noch einmal darauf hinzuweisen, daß er dieses *Üben von kleinen und einfachen, aber wahrhaftigen physischen Handlungen für außerordentlich wichtig hält, vorausgesetzt, daß wir sie „vollständig und bis ins letzte" rechtfertigen.* Wir müssen lernen, die physischen Handlungen und die kleine Wahrheit vollendet zu beherrschen und müssen uns unablässig darin üben, sie natürlich und einfach auszuführen.
Anfangs schien uns das eine recht alberne Übung zu sein. Außerdem rief der Zwang, den ich mir dabei antun mußte, meinen Widerstand wach. Dabei war ich es gar nicht selbst, der da Protest erhob, sondern ein unbekannter Untermieter theatralischer Herkunft, der sich ungebeten in meiner Seele eingenistet hatte. Ich selbst hatte den ehrlichen Wunsch und gab mir redliche Mühe, die Übung richtig auszuführen. Aber mein Zimmerherr streckte gegen meinen Willen seine „Stoßpuffer" heraus, die mich

nicht an das Objekt herankommen ließen und verhinderten, daß ich Kontakt mit ihm bekam.
Mit seiner für schlechte Charaktere typischen Boshaftigkeit störte dieser Dickkopf meine Arbeit. Wie Goworkow hatte er an allem und jedem etwas auszusetzen und ließ mich nicht naiv und aufrichtig an die Wichtigkeit der mir aufgetragenen Aufgabe glauben. Er machte die ganze Arbeit lächerlich. Daher pendelte die Waagschale meines Zweifels und Glaubens ständig zwischen den beiden entgegengesetzten Polen – *ich glaube* und *ich glaube nicht* – hin und her.
Es gab Augenblicke, in denen der *Glaube* einwandfrei die Oberhand gewann, doch dann sprang plötzlich der widerliche Kritikaster auf die andere Waagschale, und sogleich schnellte die Schale mit dem *Glauben* wieder in die Höhe.
Schließlich gelang es mir, das Gleichgewicht einigermaßen herzustellen. Aber es glückte mir keineswegs deshalb, weil ich aufrichtig an meine Handlung geglaubt hätte, sondern nur, weil ich mich inzwischen an den Widerstreit zwischen *Glauben* und *Unglauben* gewöhnt hatte, so daß er meine Aufmerksamkeit nicht länger in Anspruch nahm.
Übrigens hatte uns Arkadi Nikolajewitsch den Rat gegeben, zur Kontrolle der Wahrhaftigkeit die folgende Übung durchzuführen:
„Stellen Sie sich vor", sagte er, „Sie fahren mit einem Schulkameraden in der Straßenbahn nach Hause. Die Bahn ist überfüllt, Sie sind ringsum von unbekannten Menschen umgeben. Nun versuchen Sie einmal, vor all diesen fremden Menschen miteinander ziemlich laut in den Worten Ihrer Rolle zu sprechen, und dabei so schlicht und natürlich zu sprechen, daß sich die Umstehenden nicht im geringsten darüber wundern, sondern daß ihnen Ihr Dialog wie eine ganz normale Unterhaltung erscheint."
Schustow und ich machten heute nach der Schule in der Straßenbahn dieses Experiment, das uns auch beinahe gelang. Nur einzelne Stellen, die wir nicht genügend zu rechtfertigen vermochten, riefen erstaunte Blicke der Umstehenden hervor. Das brachte uns natürlich in Verwirrung. Da sieht man, wie sehr es darauf ankommt, alle Worte und Handlungen „vollständig und bis ins letzte" zu rechtfertigen.
Wie scheußlich ist es doch, wenn sich einer im wirklichen Leben wie ein schlechter Schauspieler aufspielt. Eine solche theatralische Geziertheit wirkt hier wie Angeberei oder Verrücktheit. Im Leben muß man daher bis ins letzte natürlich sein, um nicht als verrückt zu gelten.
Im Leben muß man notgedrungen wahrhaftig sein.

„Wir wollen noch einen Versuch machen, um zu sehen, wie die *Wahrhaftigkeit der physischen Handlung* das Gefühl beeinflußt", schlug Arkadi Nikolajewitsch uns vor.
„Sie haben im Augenblick keine Veranlassung zu weinen, wir werden aber erreichen, daß Sie sich auf eine Situation besinnen, bei der Sie ohne weiteres in Tränen ausbrechen können. Dazu stelle ich Ihnen die folgende Aufgabe und gebe Ihnen das folgende ‚Wenn':
Was würden Sie tun, *wenn* Ihnen aus irgendeinem Grunde die Tränen in die Augen treten, Sie sich jedoch schämen, den Anwesenden Ihre Stimmung zu zeigen?"

Ich begann, mir heftig die Stirn zu reiben, um die Aufmerksamkeit der andern von meinen Augen abzulenken. Das gab mir die Möglichkeit, meine Augen mit der Hand zu verdecken und dadurch vor neugierigen Blicken zu schützen. Aber das konnte ich, ohne Gefahr, mich zu verraten, nicht lange fortsetzen.
Darum blieb mir nichts anderes übrig, als nach einer neuen Tarnung zu suchen. Ich stützte mich auf die Stuhllehne, schob die eine Wange in die Hand und verdeckte dadurch eine Gesichtshälfte vor denen, die rechts von mir saßen; mit der andern Hand zog ich mein Taschentuch heraus und putzte mir die Nase, um mein Gesicht vor meinen linken Nachbarn zu verbergen. Dabei versuchte ich, meine Tränen verstohlen von Augen und Wangen abzuwischen. Aber auch diese Haltung konnte ich nicht lange ausdehnen. Also mußte ich mir wieder etwas Neues einfallen lassen.
Diesmal holte ich ein Blatt Papier aus der Tasche und fing an, es aufmerksam zu studieren. Dadurch konnte ich mich vor allen Anwesenden verstecken und mein Schweigen durch das große Interesse für den Brief rechtfertigen.
Ich fand auch noch andere, ähnliche Handlungen, auf die ich jedoch nicht näher eingehen möchte, denn mein Interesse wurde durch etwas anderes wachgerufen.
Ich konnte nämlich feststellen, daß die äußeren Anpassungsmittel, die mein Gesicht vor neugierigen Blicken schützen sollten, mich (aus Analogie oder Assoziation) auf andere, subtilere lebendige Handlungen brachten, die mit der Aufgabe in Zusammenhang standen. Diese Handlungen kamen mir wie von selbst zu Hilfe. Ich begann plötzlich mit den Augen zu blinzeln, schluckte mehrmals, bewegte nervös die Zunge, machte den Mund auf, um besser atmen zu können, wie man es tut, wenn die Atmung durch eine geschwollene Nase behindert ist. All diese von selbst aufgetretenen kleinen Handlungen und Wahrhaftigkeiten zogen viele andere kleine, und dann auch größere Wahrheiten und Handlungen nach sich, die mich echtes Leben und vertraute Empfindungen fühlen ließen. Ich versuchte, meinen Zustand zu erklären und stellte mir daher die Frage:
„Welche Situation könnte die Gefühle auslösen, die ich jetzt empfinde?"
Unverzüglich machte sich meine Vorstellungskraft auf die Suche nach einer geeigneten Motivierung. Sie prüfte eine Rechtfertigung nach der andern.
Zuerst malte ich mir aus, daß der Brief, hinter dem ich mich versteckt hatte und den ich zu lesen vorgab, die Nachricht vom Tode eines lieben Freundes enthalten hätte. Diese Vorstellung rief in mir die Erschütterung wach, die man in solchen Situationen durchlebt.
Vor dem Hintergrund dieser Stimmung malte mir meine Phantasie immer neue Motive. So suchte sie mir zum Beispiel einzureden, daß die Maloletkowa einem Dritten gegenüber geäußert hätte, meine angeblich „väterliche" Besorgtheit um sie sei ihr lästig. Diese Vorstellung goß natürlich Öl ins Feuer.
Noch mehr regte mich allerdings die Vorstellung auf, daß Torzow die Rolle des Othello an Schustow und die des Jago an Goworkow vergeben und mich somit bei der Verteilung der tragischen Rollen übergangen hätte.
Ich tat mir selber unendlich leid. Zwar brach ich wegen all dieses eingebildeten Ungemachs noch nicht in Tränen aus. Aber immerhin verfehlte es seine Wirkung nicht und bestärkte mich im Glauben an die Wahrhaftigkeit meiner physischen

Handlungen. *Wenn* sich alles wirklich so zugetragen hätte, wie meine Phantasie es mir vorspiegelte, glaubte ich mich nicht anders zu verhalten, als ich es jetzt *tat*, und allein dieser Glaube versetzte mich schon in aufrichtige Erregung.
Ähnliche Etüden wurden auch mit anderen Gefühlen und Zuständen durchgeführt, und zwar mußten wir uns das Lachen verbeißen, Freude, Besorgnis, Verliebtheit oder Gleichgültigkeit verheimlichen. Dazu brauchten wir alle möglichen Anpassungsmittel, etwa geheuchelten Ernst, gespielte Unbekümmertheit, Gleichgültigkeit, Erregung und so weiter.
Zum Schluß sagte Arkadi Nikolajewitsch zusammenfassend:
„Die wirksamste Methode, eine bestimmte Empfindung in sich wachzurufen, besteht darin, daß man vor anderen die in Wirklichkeit noch nicht vorhandenen Gefühle zu verbergen sucht. Die Wahrhaftigkeit der Anpassungsmittel und der physischen Handlung des Verbergens bringt uns auf das noch nicht vorhandene Gefühl, das durch derartige Assoziationen ganz von selbst lebendig wird.
Auf der Bühne gehen die Schauspieler meist jedoch ganz anders vor. Sie legen es im Gegenteil gerade darauf an, das nicht vorhandene Gefühl als solches zu *zeigen*, anstatt die physische Handlung auszuführen, die dieses Gefühl hervorruft. Diese unlösbare Aufgabe treibt sie der Unaufrichtigkeit in die Arme, vergewaltigt das Gefühl, verführt zum bloßen Handwerk und läßt sie in kritischen Augenblicken sogar auf Schablonen zurückgreifen."

In „Training und Drill" befaßten wir uns mit „Handlungen mit vorgestellten Gegenständen".[3]
In einem Zimmer von „Maloletkowas Wohnung" kontrollierte Pascha meine Handlungen und verbesserte meine Fehler, in einem andern Raum tat Goworkow dasselbe mit der Dymkowa, und an einer dritten Stelle wurde Umnowych von der Maloletkowa überprüft.
Unterdessen ging Iwan Platonowitsch wie gewöhnlich auf und ab und beobachtete uns alle nacheinander. „Man lernt selber, indem man andere unterrichtet", pflegte er zu sagen. Darum hält er seine Schüler auch an, miteinander zu üben.
Ich malte aus dem Gedächtnis ein Porträt meines Onkels auf imaginärem Papier und Leinwand mit nicht vorhandenem Bleistift, Zeichenkohle und Farben.
„Du hast den Bleistift genommen, ohne ihn überhaupt zu suchen", wandte Pascha ein. „Auch hast du ihn viel zu rasch ergriffen und die Finger dabei zu stark ineinandergekrampft. Lockerer ... noch lockerer. Auch hast du vergessen, deine Ärmel und Manschetten hochzuschieben, ehe du anfingst zu malen. Du hast nicht nachgeprüft, ob der Bleistift spitz genug ist und hast ihn auch nicht angespitzt", hatte Pascha außerdem einzuwenden ...

In Torzows heutiger Stunde brachte ich wieder nichts Rechtes zustande. Die Schuld an diesem Mißerfolg gab ich dem Umstand, daß mir die ganze Etüde bereits zum Halse heraushing.
„Ja, wie oft haben Sie sie denn schon gespielt?" fragte Torzow erstaunt.
„Wohl an die zwanzig Mal, vielleicht sogar noch öfter!" beklagte ich mich.

„Das ist ja wirklich schrecklich oft!" meinte Arkadi Nikolajewitsch ironisch. „Salvini hat einmal nach der zweihundertsten Aufführung gesagt, daß er jetzt endlich anfinge zu begreifen, wie man den Othello spielen müsse. Ihnen dagegen sind zehn Proben völlig genug, um sich Ihre Rolle nicht nur zu erarbeiten, sondern ihrer auch schon leid zu werden."
Ich wurde rot und verstummte.
„Lernen können Sie am meisten gerade an dem, was schwer ist und Ihnen nicht gleich von der Hand geht, nicht jedoch an dem, was Ihnen leichtfällt und ohnehin gelingt", sagte Arkadi Nikolajewitsch abschließend.

2. Übungen und Etüden

Übung Nr. 1

1. Sitzen Sie. 2. Treten Sie durch die Tür. 3. Begrüßen Sie alle Anwesenden. 4. Stehen Sie. 5. Gehen Sie. 6. Stehen Sie auf und setzen Sie sich hin. 7. Sehen Sie aus dem Fenster. 8. Legen Sie sich hin und stehen Sie wieder auf. 9. Liegen Sie. 10. Gehen Sie zur Tür, um sie zu öffnen. 11. Dasselbe – um sie zu schließen. 12. Dasselbe – um nachzusehen, was hinter der Tür ist; kommen Sie dann wieder zurück und setzen Sie sich hin. 13. Treten Sie durch die Tür, setzen Sie sich hin, bleiben Sie ein Weilchen sitzen und gehen Sie dann wieder zur Tür hinaus. 14. Treten Sie an den Tisch, nehmen Sie ein Buch, bringen Sie es her und setzen Sie sich. 15. Bleiben Sie sitzen, stehen Sie auf, gehen Sie zum Tisch, legen Sie das Buch hin, kommen Sie wieder zurück und setzen Sie sich hin. 16. Stellen Sie diesen Stuhl hierher, den andern dorthin. 17. Treten Sie an die Schüler X, Y, Z heran. Bleiben Sie bei dem letztgenannten kurze Zeit (eine Minute) stehen oder sitzen und kommen Sie dann wieder zurück. 18. Tauschen Sie den Platz mit dem Schüler X. 19. Bleiben Sie fünf Minuten bei ihm sitzen und unterhalten Sie sich mit ihm über Ihre Angelegenheiten. 20. Gehen Sie hinüber, gießen Sie sich ein Glas Wasser ein, trinken Sie es aus, kommen Sie wieder zurück und setzen Sie sich hin. 21. Dasselbe, reichen Sie das Glas jedoch dem Schüler Y, stellen Sie es dann wieder an seinen Ort und setzen Sie sich hin. 22. Wischen Sie sich das Gesicht mit einem Tuch ab, und stecken Sie es dann wieder ein. 23. Ziehen Sie Ihre Uhr heraus, sehen Sie nach wie spät es ist, und stecken Sie die Uhr dann wieder ein. 24. Verstecken Sie diesen Bleistift, und die andern sollen ihn suchen ...
Schlußfolgerung: Handlung um ihrer selbst willen.

Übung Nr. 2[2]

Handlung zu irgendeinem Zweck

1. *Sitzen Sie* a) um sich auszuruhen, b) um sich zu verstecken, damit man Sie nicht findet, c) um zu hören, was im Nebenzimmer geschieht, d) um zu beobachten, was hinter den gegenüberliegenden Fenstern geschieht oder wie die Wolken ziehen,

e) um im Wartezimmer eines Arztes zu warten, bis Sie an der Reihe sind, f) um einen Kranken oder ein schlafendes Kind zu bewachen, g) um in Ruhe eine gute Zigarre oder Zigarette zu rauchen, h) um ein Buch oder eine Zeitung zu lesen oder um sich die Fingernägel sauberzumachen, i) um zu beobachten, was rings um Sie her geschieht, j) um herauszukriegen, wieviel 15 mal 375 ist, um sich auf eine vergessene Melodie zu besinnen oder um sich ein Gedicht oder eine Rolle ins Gedächtnis zuzurückzurufen.

2. *Treten Sie durch die Tür* a) um Ihre Verwandten oder Freunde zu besuchen, b) um sich unbekannten Menschen vorzustellen, c) um sich zurückzuziehen, d) um einer peinlichen Begegnung auszuweichen, e) um jemanden durch Ihre unerwartete Ankunft zu erfreuen, f) um jemanden zu erschrecken, g) um ungesehen zu beobachten, was im Zimmer geschieht, h) um mit einer geliebten Frau oder einem Freund zusammenzutreffen, i) um einen Ihnen unsympathischen oder gefährlichen Menschen (einen Feind, einen Bösewicht) oder einen Unbekannten, der klopft, hereinzulassen, j) um nachzusehen, ob jemand hinter der Tür steht.

3. *Begrüßen Sie alle Anwesenden* a) um sie gastfreundlich willkommen zu heißen, b) um Ihre Überlegenheit zu beweisen, c) um zu zeigen, daß Sie gekränkt sind, d) um Wohlwollen zu erregen und sich einzuschmeicheln, e) um möglichst wenig Aufsehen zu erregen, f) um sich zum Mittelpunkt zu machen und die allgemeine Aufmerksamkeit auf sich zu ziehen, g) um Ihre Vertrautheit, Intimität, Familiarität auszudrücken, h) um die Gesellschaft durch Ihr Erscheinen zu erheitern, zum Lachen zu bringen und zu beleben, i) um jemandem Ihre schweigende Anteilnahme auszudrücken, j) um so rasch wie möglich zur Sache zu kommen.

4. *Stehen Sie* a) um sich zu verbergen und keine Aufmerksamkeit zu erregen, b) um zu warten, bis Sie an der Reihe sind, c) um sich zu produzieren, d) um keinen durchzulassen (als Wachposten), e) um besser sehen zu können, f) um sich fotografieren zu lassen, g) um etwas zu beobachten, h) um jemandem einen Sitzplatz anzubieten, i) um zu verhindern, daß andere, die rangmäßig unter Ihnen stehen, sich hinsetzen, j) um einen Protest oder eine Kränkung auszudrücken.

5. *Gehen Sie* a) um nachzudenken oder um sich auf etwas zu besinnen, b) um sich die Zeit zu vertreiben, c) um sich während eines Zugaufenthaltes auf einem Bahnhof Bewegung zu verschaffen, d) um Schritte zu zählen oder um einen Abstand oder einen Raum abzuschreiten, e) um Posten zu stehen, f) um Ihren Nachbarn und den unter Ihnen wohnenden Mietern die Nachtruhe zu rauben, g) um Ihre Ungeduld, Wut oder Erregung zu mäßigen, um sich zur Ruhe zu zwingen, h) um sich zu erwärmen, i) um wach zu bleiben, j) um zu exerzieren.

6. *Stehen Sie auf und setzen Sie sich wieder hin* a) um eine eintretende Respektsperson oder eine Dame zu begrüßen, b) um die Aufmerksamkeit auf sich zu ziehen, c) um bei einer Abstimmung Ihre Stimme abzugeben, d) um fortzugehen, sich dann aber doch zu entschließen, noch dazubleiben, e) um Ihren Schwung und Ihre Eleganz zu zeigen, f) um Ihre Trägheit und Apathie auszudrücken, g) um sich durch übertriebene Ehrerbietung bei jemandem einzuschmeicheln, h) um ein vereinbartes Zeichen zu geben, i) um zu protestieren, j) um den Gast oder Hausherrn daran zu erinnern, daß es schon spät sei und höchste Zeit, nach Hause zu gehen.

Beziehung zum Gegenstand

Meine Beziehung zu einem Gegenstand ist abhängig von den Umständen, in die ich mich und den betreffenden Gegenstand versetze. Handlungen, die daraus resultieren:

Ein weißes Hemd: 1. Ich bin krank und lege mir das Hemd möglichst griffbereit zurecht, um es anzuziehen, sobald das alte naßgeschwitzt ist; 2. ein Hemd, das ich zum Ball oder ins Theater anziehen muß; 3. ich ziehe das Hemd an, um zur Trauung in die Kirche zu gehen; 4. es hängt an der Wand, und ich halte es für ein Gespenst (Hermann aus „Pique Dame"); 5. ein Zauberhemd, das jeden, der es anzieht, in die von ihm gewünschte Zeit versetzt (wie in Andersens Märchen „Die Galoschen des Glücks"); 6. das Hemd, in dem Cleopatra gestorben ist; 7. das Hemd, das Puschkin während seines Duells trug.

Ein Spiegel: 1. Ich betrachte mich darin und überlege, welche Maske ich für eine Rolle wählen soll; 2. ich mache mich zurecht, um auszugehen; 3. ich benutze den Spiegel, um in die Zukunft zu sehen; 4. ich betrachte mich und muß feststellen, daß ich sehr alt geworden bin oder umgekehrt, daß ich jung und gut aussehe; 5. eine antiquarische Kostbarkeit, die ich kaufen oder verkaufen will; 6. ein geerbter, gestohlener, in Pompeji ausgegrabener Spiegel; 7. der Zauberspiegel aus „Schneewittchen", aus „Faust"; 8. der große Spiegel in einem Salon, in dem ich als Stubenmädchen aufräume; 9. ein uralter Spiegel, auf dem mit Geheimtinte in chinesischer Sprache geschrieben steht, wo die ungeheuren Schätze von chinesischen Mandarinen verborgen sind. Mir ist das aus alten chinesischen Büchern bekannt, in denen das Aussehen des Spiegels genau beschrieben ist. Ich habe diesen Spiegel zufällig bei einem Kunstsammler aufgestöbert, der keine Ahnung vom Geheimnis des Spiegels hat, ihn mir aber doch wegen seines Altertumswertes nicht verkaufen will. Die Schriftzeichen treten hervor, wenn man den Spiegel stark erhitzt; 10. ein Spiegel, der als Empfänger für Phototelie[3] dient. Was sich darin widerspiegelt, wird in alle Enden der Welt ausgestrahlt.

Ein Messer: 1. Ein Küchenmesser, Tafelmesser, Papiermesser, Chirurgenmesser, Jagdmesser; 2. ein Dolch, mit dem ein mir nahestehender Freund oder irgendeine bedeutende Persönlichkeit der Vergangenheit getötet oder mit dem viele Menschen umgebracht wurden – dieser Dolch liegt jetzt bei mir auf dem Schreibtisch und dient mir als Papiermesser; ich kaufe ihn bei einem Antiquar; ich hebe ihn auf, nachdem ich damit einen Mord vollbracht habe; 3. ein Dolch, mit dem ich mich selbst umbringen werde, sofort, morgen, in einigen Tagen, falls mich ein bestimmtes Mißgeschick ereilt (eine Verschwörung, eine unglückliche Liebesaffäre, eine verfehlte Börsenspekulation, ein Durchfall bei einer Theaterpremiere), oder sobald ich alle meine Angelegenheiten geordnet habe (meine Memoiren beendet, meine Schulden bezahlt, meine Geldaffären geregelt, mein Testament gemacht habe); 4. ich putze ihn blank, reibe ihn mit Gift ein, schärfe ihn, übe mich im Messerwerfen.

Ein Brief: Ich bin ein Ehemann, ein Liebhaber, ein Spion, ein Hochstapler; der Brief ist ein – Liebesbrief, ein anonymer Brief, eine Schuldverschreibung, ein Geldbrief, er enthält die Nachricht, daß ich eine reiche Erbschaft gemacht habe, eine Denunziation, eine Todesnachricht, eine Drohung und so weiter.

Einfache, unkomplizierte Handlungen und Zustände

Ich warte. Worauf warte ich – auf meine Frau, mein Kind, meinen Freund? Sie haben sich verspätet, hoffentlich ist ihnen nichts zugestoßen! Sie sind in der Stadt, auf dem Lande (sie müssen durch einen einsamen Wald gehen), sie kommen von der Bahn, von einem Autorennen, von einem Duell, sie befanden sich bei Sturm auf dem Meer.

Ich bürste meinen Frack aus: 1. Er ist mein einziges gutes Stück; ich bin arm; der Frack ist zwar recht alt, doch für mich ist er eine Kostbarkeit. Ich will ihn anziehen, um eine Galavorstellung zu besuchen. Ich habe für meine letzten Groschen ein irrsinnig teures Billett erworben, aber zu dieser Vorstellung wird ein Mädchen kommen, das ich liebe. Vielleicht bietet sich die Gelegenheit, um in der Loge ihre Bekanntschaft zu machen. Aber leider ist der Frack voller Flecken (erklären, warum; ich suche mich zu besinnen, woher diese Flecken stammen). Mein weißes Hemd ist schmutzig, oder ich besitze überhaupt keins. Heute ist Feiertag, alle Läden sind geschlossen und so weiter. 2. Ich bürste meinen Frack aus, um darin zur Trauung zu fahren, ich habe keine Manschettenknöpfe oder keine weiße Krawatte; 3. Ich bürste den Frack aus, weil ich ihn verkaufen muß. Zwar brauche ich ihn dringend, um in Konzerten auftreten zu können, aber ich besitze keinen roten Heller mehr, etwas anderes zum Versetzen habe ich nicht, doch essen muß ich. 4. Ich bürste meinen Frack aus und zerbreche mir dabei den Kopf, wie ich dem Gesandten (oder Kriegsminister), der mich zu einem Ball geladen hat, Geheimdokumente entwenden kann, die für meine Regierung von größter Wichtigkeit sind, oder wie ich es anstellen soll, daß die Tochter, Frau oder Geliebte des Gastgebers sich in mich verliebt, um mit ihrer Hilfe in den Besitz der Dokumente zu gelangen.

Ich ziehe den Mantel an oder aus: 1. Ich ziehe den Mantel aus, nachdem ich soeben meine Stellung verloren habe oder 2. ich ziehe den Mantel an, um auf Stellungssuche zu gehen; 3. Ich ziehe den Mantel im Vorzimmer meines Chefs aus; 4. Ich bin zum Namenstag meiner Geliebten gekommen und habe ihr einen Blumenstrauß mitgebracht; 5. ich bin gekommen, um einen berühmten Künstler zur Mitwirkung an einem Konzert zu bewegen, oder ich befinde mich in Tolstois Vorzimmer; 6. ich ziehe den Mantel aus und wieder an: Ich bin Akaki Akakijewitsch*; 7. ich ziehe den Mantel an, suche in der Tasche vergeblich nach meinem Zigarettenetui und finde statt dessen eine Zeitung. Ich greife in die andere Tasche und finde darin ein Portemonnaie und ein paar Briefe – das alles gehört nicht mir. Nun sehe ich mir den Mantel genauer an und muß feststellen, daß es gar nicht meiner ist. Ich überlege, wo ich ihn vertauscht haben könnte; 8. Ich ziehe meinen Mantel aus und sehe mich suchend nach einem Platz um, wo ich ihn aufhängen könnte. Es ist ein sehr gutes Stück, schon lange habe ich davon geträumt, mir einmal einen solchen Mantel machen zu lassen. In der schmutzigen Wohnung meines Freundes, dem ich einen Besuch abstatten will, ist jedoch nirgends ein Haken, überall liegt Staub; 9. ich komme aus einer Sitzung, in der Gardrobe hängen eine Unmenge von Mänteln und Pelzen, aber meinen Mantel kann ich nicht finden; sollte ihn am Ende jemand anders angezogen haben?! Ich suche.

* *Hauptfigur aus Gogols Erzählung „Der Mantel". (Anm. d. Hrsg.)*

Entsprechend dem vorangegangenen Muster in verschiedenen Situationen

Kaffee trinken.
Seine Brieftasche suchen.
Irgendeinen Gegenstand im Zimmer suchen.
Das Zimmer aufräumen.
Sich anziehen.
Seine Papiere ordnen.
Das Bett machen.
Koffer packen.
Ausfegen.
Im Bett liegen.
Maniküre.
Etwas reparieren.
Nähen, stopfen.
Einen Tintenfleck ausreiben.
Etwas zeichnen, skizzieren, entwerfen.
Möbel umräumen.
Ein Kleid reinigen oder Schuhe putzen.
Singen oder pfeifen.
Sich an seine Ausgaben erinnern und sie aufschreiben.
Einen Bleistift anspitzen.
Handschuhe oder ein Band mit Benzin reinigen.
Einen Brief schreiben.
Ein Zimmer ansehen, das man mieten möchte.
Sprit verdünnen oder eine Bowle brauen.
Fieber messen.
Wände oder Möbel streichen.
Den Fußboden aufwischen.
Einen Ofen oder Kamin heizen.
Eine Brennschere erwärmen.
Einen Spirituskocher anzünden.
Tee oder Essen wärmen.
Ein Bild oder einen Vorhang aufhängen.
Ein Zimmer desinfizieren.
Gymnastik oder Bewegungsstudien treiben, Vokalisen oder Sprechübungen machen.
Ein Buch lesen.
Eine Rolle einstudieren.
Die Möbelstücke im Raum für ein bestimmtes Bühnenarrangement umgruppieren.
Einen Fleck untersuchen.
Einen neuen Auto- oder Flugzeugtyp konstruieren.
Tür und Fenster schließen, sich einschließen, sich verbarrikadieren.
Einen Floh, eine Wanze, eine Schabe, eine Maus suchen.
Seine Einkäufe betrachten.
Auf den Zimmerwirt warten.

Im Zimmer oder in der Tasche einen fremden Gegenstand entdecken.
Seine Schulaufgaben lernen.
Eine Vorlesung oder eine Rede ausarbeiten.
Blumen gießen.
Sträuße binden.
Gitarre spielen.
Mit einem Hund, einer Katze oder einem Kind spielen.
Ein kleines Kind betreuen, es wickeln, waschen, füttern.
Aus dem Fenster, aus der Tür sehen.
Zuhören, lauschen.
Sich verstecken.
In Schubladen herumkramen, stehlen.
Eine Wohnung ansehen.
Einen Brief lesen.
Karten legen.
Bilder aus einer Zeitschrift ausschneiden.
Ein Menü zusammenstellen.
Jemandem eine verzwickte Rechenaufgabe stellen.
Jemandem etwas zum Abschreiben geben.
Jemanden Gegenstände beschreiben lassen.
Kassensturz machen.
Eine Skizze des Zimmers, des Theaters, der Straße anlegen.
Eine Skizze anfertigen, um einen Raum für verschiedene Bestimmungen einzurichten: als Salon, als Café, als Kaufladen, als Bibliothek, als Schlafzimmer und so weiter.
Sitzen.
Auf der Bühne eine bestimmte Zahl von Schritten machen.
Einen Stuhl umstellen.
Zeitungsannoncen lesen.
Bilderrätsel raten.
Absteigen in einem Gasthaus, das aus einem ehemaligen Schloß umgebaut worden ist. In dem alten Gemäuer spukt es.
Ankommen in einem Gasthaus: Liegt es in einer mir unbekannten oder bekannten Stadt (man muß sich darüber klarwerden, um welche Stadt es sich handelt); bin ich geschäftlich oder zum Urlaub hier, komme ich nachts an oder am Tage, und so weiter.
Nach Hause kommen: in der Stadt oder auf dem Lande, um zu arbeiten, um sich auszuruhen und so weiter.
Zu Besuch kommen: in die Stadt, aufs Land, ins Ausland und so weiter. (Bei den drei letztgenannten Übungen bleiben die Handlungen die gleichen: sich umsehen, auspacken – nur die Stimmung ist verschieden).
An einem einsamen Ort, im Walde spazierengehen: Plötzlich höre ich es rascheln – ein Bär, eine verdächtige Person, ein Liebespaar. Ich bleibe unbeweglich stehen.
Im Wald nach einem Schatz suchen.

Ein Einbrecher ist durchs Fenster oder über den Balkon in eine Wohnung eingestiegen. Es ist dunkel ringsum. Er hat keine Ahnung, in welchem Raum er sich befindet.

Ein Theaterstück, ein Märchen oder eine Erzählung in einfache Handlungen zerlegen

„Dornröschen". Die Prinzessin ist ihrer Spielsachen überdrüssig geworden und unternimmt heimliche Entdeckungsreisen durch das Königsschloß. In einem abgelegenen, dämmrigen Turmstübchen trifft sie die Fee. Zuerst hat sie Angst, doch jene redet sie freundlich an. Sie kommen ins Gespräch. Vertrauensvoll geht die Prinzessin auf die Fee zu und bittet, sie möge sie das Spinnen lehren. Sie bittet inständig. Sie sticht sich in den Finger. Sie sieht Blut am Finger, die Fee ist verschwunden.
Die Prinzessin erschrickt furchtbar. Schreiend und weinend läuft sie fort, so schnell sie ihre Füße tragen. Sie stürzt in ihr Zimmer und fällt in Ohnmacht.
Der Prinz zieht auf die Jagd. Der Prinz und sein Reitknecht verirren sich im Wald. Der Prinz sieht von Efeu und Heckenrosen überwucherte Steine, geht näher heran und entdeckt eine uralte Mauer. Er findet das Tor, legt den Zugang frei, stößt auf einen Wächter; der steht da und schläft, auch er ist von Efeu überwuchert, von Schimmel und Pilzen bedeckt. Der Prinz geht weiter, und so fort.
(„Dornröschen" ist eine Übung zur Muskelentspannung).[4]
„Ritter Blaubart"
„Froschkönig"

Kleine Szenen

1. Jemand ist in den falschen Zug eingestiegen.
2. Jemand ist im Begriff, ins Ausland zu reisen, und kann seinen Waggon nicht finden.
3. In der Nacht sind Einbrecher gekommen. Sie haben die Bewohner betäubt, und als diese in der Früh erwachen, ist nichts mehr da, denn die Diebe haben alles weggeschleppt.
4. Siamesische Zwillinge.
5. Die Mumie eines Pharao liegt in ewigem Schlaf; plötzlich ein Knirschen, Klopfen, ein Lichtstrahl fällt herein, Menschen drängen sich in die Gruft und so weiter.
6. Überschwemmung (aus dem Schauspiel „Die Sintflut")[5].
7. In England gibt es eine Schmiede. Der Schmied hat kraft eines althergebrachten Brauches das Recht, junge Paare zu trauen. Die von ihm geschlossenen Ehen haben Gesetzeskraft. Auf den Amboß stellt man eine Kerze, ein Kreuz und das Evangelium, das junge Paar wird unter Gebeten und Psalmengesängen um den Amboß herumgeführt.
8. *Aus Maupassant.* Eine alte Frau liegt im Sterben. Man hat eine Krankenwärterin für sie genommen und sich auf einen billigen Lohn geeinigt, da die alte Frau ohnehin bald sterben wird. Doch es vergeht ein Tag nach dem andern, und die Greisin lebt immer noch. Die Krankenpflegerin wird ungeduldig, sie ist ärgerlich, daß sie sich so

billig verdingt hat, während daheim ihre Arbeit liegenbleibt. Da beschließt sie, der Greisin einen tödlichen Schrecken einzujagen. Sie verkleidet sich als Teufel. Die Alte stirbt.[6]

9. „Pique Dame".

Handlung (von sich selbst ausgehend)

1. Tragen Sie einen Stuhl, einen Tisch, verschiedene Gegenstände von einer Stelle zur anderen.
2. Suchen Sie diese Nippsache, die ich verstecken werde, ohne daß Sie es bemerken.
3. Zählen Sie alle Möbelstücke oder alle kleineren Einrichtungsgegenstände zusammen.
4. Wischen Sie auf allen Tischen und Möbelstücken so gründlich Staub, daß kein einziges Staubkörnchen mehr liegenbleibt.
5. Ordnen Sie die Gegenstände und Möbel im Zimmer an, nach alter Sitte, nach modernem Geschmack, nach Ihrem persönlichen Geschmack, zweckentsprechend, je nach der Bestimmung, die dieser Raum hat.
6. Zeichnen Sie einen Plan des Zimmers, und schreiten Sie es ab, um sein Ausmaß zu errechnen.
7. Schenken Sie Wasser ein, und reichen Sie das volle Glas einer Dame.
8. Gießen Sie die Blumen, und schneiden Sie die trockenen Blätter ab.
9. Spielen Sie Ball. Werfen Sie einen Gegenstand einem Partner zu, oder fangen Sie ihn auf.
10. Bieten Sie einer Dame einen Stuhl an. Weisen Sie andern ihre Plätze an, oder machen Sie es sich selbst auf einem Platz bequem.
11. Treten Sie ein, und grüßen Sie alle Anwesenden. Verabschieden Sie sich von jedem einzelnen und von allen zusammen, und gehen Sie fort.
12. Es klopft an der Tür. Gehen Sie hin, öffnen Sie, und wenn niemand dort ist, so versuchen Sie zu ergründen, was das zu bedeuten hat. Wenn jemand draußen steht, so lassen Sie ihn herein, und schließen Sie die Tür wieder zu.
13. Lassen Sie ein Rollo herunter, und zwar so, daß nirgendwo ein Lichtstrahl eindringen kann und nirgends eine Ritze bleibt.
14. Schließen Sie die Augen, drehen Sie sich ein paarmal im Kreise, um die Orientierung zu verlieren, und suchen Sie dann den Ausgang oder den Sessel, in dem Sie gesessen haben.
15. Bestimmen Sie Geräusche oder Gerüche, die Sie hören bzw. riechen.
16. Verbinden Sie Ihrem Partner die Augen, bringen Sie ihm verschiedene Gegenstände, er soll sie abtasten, erraten, was es ist und den Gegenstand benennen.

Führen Sie alle aufgezählten Übungen durch, aber nur in Gedanken. Verlegen Sie zu diesem Zweck in Gedanken den Ort der Handlung in irgendein anderes, Ihnen gut bekanntes Zimmer (in Ihr eigenes oder das eines Freundes).

Alle diese Übungen dienen ausschließlich dazu, die Ihnen gestellten physischen Aufgaben sozusagen in ihrer reinen Form durchzuführen.
Sobald Sie auf die Bühne kommen, werden Sie spüren, daß sich außerdem unwillkürlich noch andere, Nebenaufgaben einschleichen: der Wunsch, dem Lehrer zu gefallen, sich zu zeigen, sich auszuzeichnen und die gestellte Aufgabe besonders gut, präzise, schön und gewandt auszuführen. Vielleicht kontrollieren Sie sich dabei selbst allzu streng, wodurch Ihre Unbefangenheit gehemmt wird und Ihr Spiel verkrampft und gewollt wirkt. Es kann aber auch der umgekehrte Fall eintreten, daß Sie meinen, Ihre Aufgabe heute besonders gut durchzuführen und Sie sich daher selbst bewundern.
Diese Nebenaufgaben sind unnötig und überflüssig. Sie müssen Ihre physische Handlung davon frei machen, wenn Sie sie in ihrer reinen Form erhalten wollen...
Nein. Nicht so. Sie haben den Stuhl umgestellt und keine Nebengefühle aufkommen lassen, aber Sie haben diese physische Handlung nur ausgeführt, um von mir nicht länger ermahnt zu werden. Das ist Handlung um der Handlung willen. Das ist keine echte Handlung. Stellen Sie den Stuhl an einen andern Platz, *weil er dort besser steht oder um einen Platz frei zu machen.* Ziehen Sie den Vorhang zu, *damit kein Spalt mehr offenbleibt.* Das sind dann keine Handlungen um ihrer selbst willen, sondern Handlungen mit einem bestimmten Ziel und Zweck. Das sind schon echte physische Handlungen, wenn auch nur kleine, wenig anziehende und uninteressante.
Für Handlungen dieser Art kann man sich nicht lange begeistern, man führt sie einmal aus und hat sie dann schon satt. Um diese Handlungen zu verschönen, müssen Sie sie mit der Vorstellung Ihrer Phantasie umgeben, ein „Wenn" und nach ihm auch die vorgeschlagenen Situationen einführen.
Führen Sie alle diese Handlungen mit den folgenden „Wenn" und den vorgeschlagenen Situationen aus, die sich logisch daraus ergeben:

Wann?

1. Wenn sich das Ganze am *Tage* (sonnig oder trübe), des *Nachts* (dunkel, Mondschein), bei *Tagesanbruch,* des *Morgens,* des *Abends,* bei *Sonnenuntergang* zutrüge.
2. Wenn sich das Ganze im *Winter* (bei klirrendem oder gemäßigtem Frost), im *Frühling* (kalt oder warm), im *Sommer* (klar oder regnerisch) oder im *Herbst* (klar oder regnerisch) zutrüge.
3. Wenn sich das Ganze zu *unserer Zeit* zutrüge oder in den zwanziger bis sechziger Jahren des *vorigen Jahrhunderts,* im *18. Jahrhundert,* im *Mittelalter,* in der *Antike* oder in *prähistorischer Zeit.* (NB. Was unverständlich oder zuwenig bekannt ist, auslassen. Alles vom eigenen Gesichtspunkt aus sehen, wie man es sich selbst vorstellt.)

Wo?

1. Wenn sich alles auf dem *Meer,* auf einem *See* oder *Fluß* (nördlich, polar, südlich oder tropisch) zutrüge. Auf einem Schiff, auf Deck, im Schiffsbauch, in der Kapitänskajüte. Auf einem großen oder kleinen Schiff, einem Kriegsschiff, einem Passagier- oder Handelsschiff, einer Yacht, einem Unterseeboot, einem Segelboot, einem Floß.

2. Wenn sich alles in der *Luft* zutrüge (in einem Flugzeug, einem Kriegs- oder Passagierflugzeug, einem Zeppelin).
3. Wenn sich alles an *Land* zutrüge, in Rußland, in Deutschland, in Frankreich, in England, in Italien und so weiter, in Stadt oder Land, im Hause, in verschiedenen Räumen, in einer Hütte, einer Scheune, im Keller, bei sich zu Hause, bei Verwandten, Freunden, Fremden, in einem Gasthaus, im Theater (auf der Bühne, im Zuschauerraum, in der Garderobe), im Gefängnis, im Kaufladen, vor Gericht, in einer Fabrik, einer Kaserne, auf der Polizei, in einem Restaurant, einer Ausstellung, einer Bildergalerie, auf der Straße, auf einem Platz, auf einem Boulevard, im Wald, auf dem Feld, auf der Tenne, im Garten, im Gebirge, am Fuß eines Berges, in einer Schlucht, einer Grotte, auf einem Felsen, auf einem Gletscher, auf dem Bahnhof, im Eisenbahnwagen, beim Zoll, auf dem Flugplatz.

Wozu?

Wenn ich es darauf anlegte, jemanden zu erschrecken, Mitleid zu erregen, zu gefallen, zu verführen, zu necken, in Verwirrung zu bringen, in Wut zu versetzen, zu vernichten, Begeisterung zu erwecken, verliebt zu machen, Sympathie, Freundschaft zu erwerben, Anteilnahme, Herablassung zu erreichen, mich mit jemandem zu versöhnen, jemanden in die Hand zu bekommen, zu beherrschen, in Ekstase zu versetzen, zu interessieren, Aufmerksamkeit zu erregen, jemanden in ein Gespräch zu ziehen, mich jemandem zu nähern, zu intrigieren, gleichgültig zu erscheinen, zurückzustoßen, jemand auf seinen Platz zu verweisen, jemandes Achtung zu verdienen, eine Intrige anzuspinnen, einen Denkzettel zu erteilen, jemanden auf einen Gedanken zu bringen, zu beeinflussen, zu beruhigen, abzulenken, zum Lachen zu bringen, zu erheitern, in Erstaunen zu setzen, mich zu rächen, zu erklären, zu drohen, zu vernichten, zu verwirren, zu beschämen, eine Erklärung zu fordern, einer Auseinandersetzung auszuweichen, etwas zu verbergen, zu heucheln, mich aufzuspielen, etwas zu begreifen, die Wahrheit herauszukriegen.

Warum? (Vergangenheit)

Wenn ich früher einmal zu etwas verpflichtet gewesen wäre, gute, dankbare Erinnerungen bewahrt hätte, gehofft oder die Hoffnung aufgegeben hätte, Mitleid empfunden, geglaubt hätte oder enttäuscht worden wäre, wenn ich verziehen, vergessen, ungute Gefühle bewahrt hätte, wenn ich jemandem grollte, ihn liebte oder haßte.

Die Tür schließen, weil es zieht.
Die Tür schließen, weil draußen ein mir unsympathischer Mensch steht, dem ich nicht begegnen will.
Die Tür schließen, um sich vor Einbrechern zu schützen.
Die Tür schließen, um mit *ihr* allein zu sein.

1. Ins Zimmer kommen, grüßen, aus dem Zimmer gehen und sich verabschieden (in verschiedenen Situationen).

2. Jemandem einen Stock reichen oder auch nur so tun, als ob man ihm etwas hinreicht, und sagen: „Hier haben Sie einen Dolch – erstechen Sie sich!"
Aus was für Handlungen und Aufgaben setzt sich der Vorgang des Erdolchens zusammen?

a) Ich setze den Dolch probeweise an verschiedenen Stellen an; ich bin noch unschlüssig, wie ich es anstellen soll; dann überlege ich, ob ich mich nicht am besten in den Dolch stürzen und mich somit ‚ob ich will oder nicht' umbringen soll. b) Ich stelle mir vor, was meine Frau und meine Kinder sagen werden, wenn sie mich tot auffinden werden. c) Ich sehe mich selbst im Sarge liegen.
Nehmen wir an, ich hätte an jede einzelne dieser Handlungen geglaubt. Alles zusammen wäre dadurch glaubwürdig geworden.
Wie muß ich nun weitergehen, um zur Wahrheit zu gelangen? Ich muß das „magische Wenn", die vorgeschlagenen Situationen zu Hilfe nehmen. Sie nämlich lassen die Handlung wirklich wahrscheinlich werden und rechtfertigen sie.
Wenn man aus vielen einzelnen physischen Handlungen die ganze Linie des physischen Lebens eines Tages zusammensetzt, so entstehen Szenen, und aus den Szenen entstehen Akte.

Was versteht man unter Wahrheit auf der Bühne?

1. Schließen Sie die Augen. Ich stecke Ihnen heimlich ein Geldstück in eine Ihrer Taschen. Suchen Sie! Jetzt haben Sie es gefunden. Jetzt stecke ich Ihnen dieselbe Münze noch einmal ganz offensichtlich in dieselbe Tasche. Suchen Sie danach, als ob Sie keine Ahnung hätten, wo das Geldstück sich befindet. Machen Sie die wiederholte Handlung zur ursprünglichen. Dazu müssen Sie ein neues „magisches Wenn" und neue vorgeschlagene Situationen suchen:
2. Ich trat ein, begrüßte alle und begann ein Gespräch mit demselben Schüler, mit dem ich mich schon heute früh unterhalten hatte, als ich zum Unterricht kam (Samoilow).[7]
3. Wiederholen, was ich in Wirklichkeit zufällig gerade getan habe: etwas aufheben, aus dem Fenster sehen und so weiter.

Ich möchte mit jemandem ins Gespräch kommen. Was muß ich tun, um dieses Ziel zu erreichen?

1. Vor Beginn der Unterhaltung muß ich zunächst einmal die Aufmerksamkeit des andern auf mich lenken. Ich muß mich bemühen, auf irgendeine Weise in den Aufmerksamkeitskreis des Objekts, in sein Gesichtsfeld zu gelangen.
2. Jemanden in Erstaunen versetzen, für sich gewinnen, begrüßen, seines Wohlwollens versichern, ihm Güte erweisen (dabei darf man nicht vergessen, wen man begrüßt, einen Gläubiger oder ein Enkelkind). Dankbarkeit, Erstaunen, Begeisterung, Mitgefühl, Liebe, Bedauern, Mitleid, eine Warnung, Fürsorge, Wohlwollen, Treue, Mut, Anerkennung, Billigung, Erregung, Ekstase, Begeisterung ausdrücken. Mitreißen, zerstreuen, unterbrechen, anspornen, versöhnen, lehren, anflehen, be-

lohnen, ehren, huldigen, sich demütigen, sich einschmeicheln, verachten, verfluchen, verleumden, hassen, sich rächen, quälen, erziehen, ein Geheimnis enthüllen, zu etwas veranlassen, in eine prekäre Situation bringen, Grobheiten sagen, beleidigen, demütigen, hetzen, verderben, verführen, kokettieren, verliebt machen, eifersüchtig sein, beneiden, unschlüssig sein, beunruhigen, beruhigen, verspotten, zur Eile antreiben, sich fürchten, Angst haben, schweigen, verwirren, den Gleichgültigen spielen, betrügen, etwas verheimlichen, betteln, sich selbst erniedrigen, überheblich sein, sich demütigen, prahlen, lügen, schüchtern sein, sich schämen, Verwirrung stiften, verfluchen, spötteln, klatschen, verraten, verurteilen, rechtfertigen, verteidigen, angreifen.

Übungen von Tempo und Rhythmus

Ein Metronom einstellen und sich im Rhythmus und Tempo ausziehen.
a) Das schnelle Tempo des Metronoms ist der innere Tempo-Rhythmus.
Die Handlung selbst wird jedoch in ganzen Noten, halben Noten oder Viertelnoten und so weiter durchgeführt.
Umgekehrt:
b) Ein langsames Tempo des inneren Erlebens bei einem schnellen Tempo der Handlung (das heißt bei Achtel-, Sechzehntel und Zweiunddreißigstelnoten).
c) Wechselnder Tempo-Rhythmus (bald so, bald so).

In einem sehr schnellen inneren Rhythmus leben. In Pausen leben, unbeweglich dasitzen, bei einer langsamen äußeren Handlung (man will sich nicht verraten), bei einer genauso langsamen Unterhaltung (Tannhäuser-Ouvertüre).
Man muß lernen, den Rhythmus durch unsichtbare Bewegungen von zwei Fingern oder zwei Fußzehen zu halten. Das Stichwort abpassen und zunächst in einem gespannten inneren Rhythmus handeln, sich dann jedoch besinnen und äußerlich auf ein gemessenes Tempo übergehen.
In Gedanken ein Metronom auf verschiedene Tempi einstellen.
Arbeit mit dem Metronom. Jedes Tempo des Metronoms durch eine bestimmte Vorstellung rechtfertigen.

Man sitzt unbequem, man will sich bequemer hinsetzen, aber im Rhythmus.
Einen Brief schreiben, ihn öffnen oder versiegeln, ebenfalls im Rhythmus.
Tee trinken.
Angeln.
Essen.
Sich frisieren, jemanden begrüßen.
Sich verbeugen.
Alles im Rhythmus, zu Musikbegleitung.

Übungen für Gruppierungen und Arrangements

Gehen auf der Bühne. Wie und wann soll man sich umwenden, ohne überflüssige Biegung und ohne sich um die eigene Achse zu drehen.

Eine Menschenmenge verteilt sich auf der Bühne. Auf ein Zeichen hin bleibt alles stehen. Alles rückt auf Armlänge auseinander und verteilt sich im Schachbrettmuster.

Auf Armlänge Abstand halten. Mehrere Male die Stellung wechseln und dabei den Abstand beibehalten. Lernen, sich so zu gruppieren, daß man dabei den leeren Raum verdeckt.

„Am Boden kleben"[8] und, ohne sich von ihm zu lösen, verschiedene Bewegungsstudien machen, angefangen von den kleinsten bis zu den größten.

1. *Die Augen.* Nach rechts, nach links, nach oben, nach unten, geradeaus (rechtfertigen).

2. *Der Hals.* Den Blick der Augen unterstützen: nach rechts, nach links, geradeaus (in die Ferne), nach oben, nach unten.

3. *Die Ohren.* In die Bewegung von Augen und Hals werden auch die Ohren einbezogen. Alle diese Übungen werden in ganzen Noten, halben Noten, Viertel-, Achtel- und Sechzehntelnoten durchgeführt.

4. *Die Finger.* Kleine Bewegungen, die ergänzend zu Augen, Ohren und Hals in Richtung auf das Objekt (des Sehens oder Hörens) weisen.

5. *Der Arm.* Dasselbe. Zur Unterstützung des Vorhergehenden kommt die Bewegung des Armes bis zum Ellenbogen hinzu.

6. *Der Arm.* Dasselbe bis zur Schulter.

7. *Das Rückgrat.* Zuerst der obere Teil (als Unterstützung des Halses), dann auch der untere Teil.

8. *Die Beine.* Zur Unterstützung des Vorhergehenden bewegen sie sich in der entsprechenden Richtung.

Alle diese Übungen in ganzen Noten, halben Noten, Viertel- und Achtelnoten durchführen.

Außerdem sollen alle diese Übungen in verschiedenen Färbungen durchgeführt werden: drohend, verzweifelt, zärtlich, freudig, wehevoll, haßerfüllt, flehend, erschrokken (rechtfertigen).

Zwei Schüler singen ein Duett oder spielen eine Szene. Sie sollen ihre eigenen Regisseure sein und sich so aufstellen, daß sich ihre Stimme ganz natürlich, wie von selbst, dem Publikum mitteilt und daß sich ihre Augen und ihre Mimik den Zuschauern ganz ungezwungen darbieten.

Wenn es sich um einzelne Rezitative, Arien oder Textpassagen handelt, muß man sich so gruppieren, daß der jeweils Singende oder Sprechende ganz natürlich zum Publikum hingewendet steht und daß, sobald er schweigt, der andere sich ebenso ungezwungen dem Publikum zuwendet.[9]

1. Physische und andere Handlungen[10] in verschiedenen Momenten, Stimmungen, Zuständen und Leidenschaften beschreiben. Das *Wesen* dieser Zustände.

2. Für bestimmte Rollen, Stücke, Partituren.

3. Die Momente, Abschnitte oder Aufgaben einzeln herausnehmen und mit den verschiedenen Möglichkeiten für die Ausführung jeder einzelnen Handlung lösen.

4. Mehrere miteinander verbundene, jedoch zufällige physische Handlungen: Deren Wesen erfassen, jede einzelne herauslösen, dann mit der gesamten durchgehenden Handlung durchdringen und auf die Überaufgabe hinführen.

5. Schachbrettmuster.[11]

6. Gruppierungen. Deren Aufbau.

7. Marmorstatuen.[12]

8. Ausstellungen von Entwürfen zu gelungenen Bühnenarrangements.

9. Lesen von Stücken mit verteilten Rollen (Literaturgeschichte).[13]

10. Zeichnen von Kostümen der einzelnen Epochen. Selber eine Auswahl treffen (und an den Wänden aufhängen).

11. Dasselbe mit der Architektur.

12. a) Eine moderne Abendgesellschaft (ein Empfang).
   b) Dasselbe in der Vorkriegszeit (nach 1905).
   c) Dasselbe vor 1905.
   d) Dasselbe in den sechziger Jahren des 19. Jahrhunderts.
   e) Dasselbe in den vierziger bis fünfziger Jahren.
   f) Dasselbe in den zwanziger bis dreißiger Jahren.
   g) Incroyable*. Empire.
   h) 18. Jahrhundert. Assemblée zur Zeit Peters.
   i) 17. Jahrhundert.
   j) 16. Jahrhundert.
   k) 15. Jahrhundert.
   l) 14., 13., 12., 11. Jahrhundert.
   m) 10. Jahrhundert und so weiter.

13. Schemata von Szenen, Rollen, Stücken und „Türchen".[14]

14. Beschreiben aller möglichen Zustände, Gefühle oder Leidenschaften mit Hilfe von Handlungen (physischer, in Wirklichkeit jedoch psychischer). *Logik und Folgerichtigkeit des Gefühls.*

15. Dasselbe mit physischen Aufgaben und Handlungen. Aus welchen kleinen physischen Handlungen setzt sich eine große zusammen. *Logik und Folgerichtigkeit der physischen Handlung.*

16. *Das Charakteristische.* Innerlich und äußerlich (Verhalten, seine Logik, Ziele und Aufgaben).
Das Alter. Sein Wesen. Seine Merkmale und deren Ursache. (Bewegungen in vermindertem Umfang und Tempo-Rhythmus und die Ursachen dafür). Verhalten und Handlungen, die sich logisch daraus ergeben.

---

* *Incroyable, wörtlich: unglaublich (franz.), Beiname der vornehmen Stutzer aus der Zeit des Direktoriums. Stanislawski stellte seinen Schülern die Aufgabe, die Stilform bestimmter Epochen und sozialer Milieus zu rekonstruieren. (Anm. d. Hrsg.)*

Die Jugend. Dasselbe.
Die Kindheit. Dasselbe.
Die Nationalität. Dasselbe.
Die innere Linie – sein eigenes menschliches „Ich" nicht verlieren.
Die äußere Linie – zeigen, wie man Gang, Gebärden, Sprechweise, Stimme, die Bewegungen von Händen und Armen, die Stellung der Beine oder die Haltung des Rumpfes, den Tempo-Rhythmus verändert.
Der Phlegmatiker. Der Sanguiniker.[15]

3. Programme der Theaterschule und Bemerkungen über die Erziehung zum Schauspieler

Zum Problem der Gründung einer Akademie für Bühnenkunst[1]

Wir Regisseure und Lehrer des „Systems" arbeiten am inneren Zustand des Schauspielers, wir entwickeln in ihm das aufrichtige „Erleben" auf der Bühne, im Gegensatz zum bloßen „Darstellen" eines Gefühls, das in Wirklichkeit während des Spielens gar nicht vorhanden ist.
Es genügt aber nicht, von einem aufrichtigen Gefühl durchdrungen zu sein, man muß auch verstehen, es zu *offenbaren* und zu *gestalten*. Deshalb muß die gesamte Physis des Schauspielers ausgebildet und entwickelt werden. Sie muß äußerst empfindlich sein, auf alle unbewußten Regungen reagieren und sie in allen ihren Feinheiten wiedergeben, um dadurch alles, was der Schauspieler fühlt und erlebt, sichtbar und hörbar werden zu lassen.
Zur Physis gehört besonders eine gut ausgebildete Stimme, eine richtige Intonation und Phrasierung,* ein elastischer Körper, ausdrucksvolle Bewegungen und Mimik. Genau wie man Bach oder Beethoven auf einem verstimmten Instrument niemals hervorragend spielen kann, sind auch Schauspieler oder Opernsänger niemals imstande, ihre Emotion deutlich auszudrücken und dem Zuschauer verständlich zu machen, wenn ihr physisches Instrument nicht darauf abgestimmt und vorbereitet ist. Es muß außerordentlich anpassungsfähig sein und sich dem Willen des Künstlers unterwerfen.
Im Innern des Menschen sind Wille, Verstand, Gefühl, Vorstellungskraft und Unbewußtes tätig, während der Körper wie ein ungewöhnlich empfindliches Barometer deren schöpferische Arbeit widerspiegelt. Zu diesem Zweck müssen alle, selbst die kleinsten Muskeln, gut entwickelt und durchtrainiert sein. Wir müssen unseren Körper, seine Bewegungen und alles, womit wir unser Erleben offenbaren können, so weit ausbilden, daß jede Emotion instinktiv, schnell und anschaulich gestaltet wird. Die erste Voraussetzung dafür ist, daß sich weder Körper noch Stimme unge-

---

* *Phrasierung (auf dem Gebiet der Musik): die Abgrenzung der einzelnen Phrasen, das heißt der Sinneinheiten des Tonstückes. (Anm. d. Hrsg.)*

wollt anspannen und verkrampfen; der Körper und seine Bewegungen dürfen nicht plump werden.
Tennisspieler sind plump auf der Bühne,[2] auch Turner bewegen sich unnatürlich, sie sind auf der Bühne nicht elastisch genug, ihr Körper ordnet sich nur widerwillig dem inneren Leben unter, daher wirkt die Gestaltung dieses inneren Lebens bei ihnen plump und unkünstlerisch. Boxen macht die Bewegungen zu abrupt. Sportler sind nur bei bestimmten, für ihre spezielle Sportart erforderlichen Bewegungen gewandt. Dem Jonglieren darf man zwar keine zu große Bedeutung beimessen, aber immerhin habe ich nichts dagegen einzuwenden. Falls ein Schauspieler in einem Stück jonglieren muß und es geschickt ausführen kann, so ist das nur gut. Man darf nur nicht zu viel Zeit darauf verwenden, denn es gibt wichtigere Fächer, die man im Lauf der vier Jahre durchnehmen muß.
Ideal sind gymnastische Übungen, mit deren Hilfe körperliche Mängel ausgeglichen und gemildert werden. Wenn ein kleiner Mensch sehr breite Schultern hat, muß man verhindern, daß seine Schultern sich noch stärker entwickeln. Wenn jemand dicke Hüften hat, muß man für ihn Übungen wählen, die ihn in den Hüften abnehmen lassen. (Das eine fördern, anderes wiederum ausgleichen). Beispiele einer solchen Modellierung des Körpers und seiner Bewegungen habe ich im Ausland, in Badenweiler, gesehen.
Die Schauspieler müssen ihre Bewegungen, ihren Willen, ihre Emotionen und Gedanken *empfinden,* damit ihr Wille sie veranlaßt, bestimmte Bewegungen zu machen (Prana[3]) und jede sinnlose Bewegung zu vermeiden.
Große Schauspieler können durch ihre in Bewegung umgesetzten Willensäußerungen erschüttern (Salvini, die Duse, sogar die Joudic, die ihre Empfindungen durch ganz knappe Bewegungen zum Ausdruck brachte)[4]. Die äußeren Bewegungen müssen den inneren emotionalen Bewegungen entsprechen.
Die Duncan. Ihre Schüler wurden undiszipliniert, sie selbst jedoch nicht.
Es ist erstrebenswert, daß die Bewegungen in den Übungen möglichst nicht ohne Sinn sind.
Beispiel: Ich bin aufgestanden, ich muß Wasser pumpen, Holz hacken, einen gefällten Baum vom Wege holen, ihn in mehrere Stücke zersägen. Ich muß Pfähle einschlagen (um Geld zu verdienen), Gruben ausschaufeln (ebenfalls um zu verdienen). Dann habe ich mich zum Mähen und Säen verdingt. Die durchgehende Handlung ist der Wunsch, Geld für das tägliche Leben zu verdienen. Die Überaufgabe – ich erstrebe familiäres und wirtschaftliches Wohlergehen.
Es gibt auch „motorische", das heißt unbewußt durchgeführte Bewegungen. Auch sie sollen im Unterricht vorkommen – als Erholung für die Vorstellungskraft, denn es ist ermüdend, tagelang nur in Vorstellungen zu leben.
Im Gesangsunterricht muß der Koloraturgesang beseelt sein und bald Koketterie, bald Mutwillen, Übermut, Neckerei und so weiter zum Ausdruck bringen; dasselbe müssen wir auch im Tanz und in den rhythmischen Übungen anstreben, das heißt, das Äußere muß dem Inneren entsprechen.
Außerdem müssen wir in den Schülern das Gefühl dafür entwickeln, unter welchen Bedingungen und wie weit die Muskeln angespannt oder entspannt werden müssen.

Reichen Sie einander zum Beispiel ein zwanzig Pfund schweres Paket oder ein zwei Pud schweres Gewicht. Schaukeln Sie ein an einem Strick aufgehängtes ein Pfund oder zwei Pud schweres Gewicht hin und her (oder ziehen Sie es zur Decke empor). Derartige Übungen lehren die Schüler, das richtige Gefühl für ihre Bewegungen zu bekommen, sie sinnvoll durchzuführen und jede unnötige Anspannung zu vermeiden, die dem ungezwungenen Spiel und den natürlichen Bewegungen der Schauspieler abträglich ist. Diese Übungen gewöhnen die Schüler daran, auf ihre Muskeln und Bewegungen zu achten, bis sie gelernt haben, sich instinktiv nur so sehr anzuspannen, wie es erforderlich ist, bis sie imstande sind, stets den richtigen Schwerpunkt und den richtigen Halt zu finden. Schauspieler sind häufig darum ungeschickt, weil sie den richtigen Schwerpunkt nicht finden.

Eine *bestimmte Gruppe von Schülern* wird nach Rollenfächern unter Berücksichtigung des künftigen Ensembles zusammengestellt.
Übungen und Etüden nimmt man nach Möglichkeit aus Stücken des künftigen Repertoires, dabei wird der Text nicht angetastet, sondern man benutzt lediglich die Grundlinie der physischen Handlung, mit deren Hilfe man ganz allmählich auf die durchgehende Handlung des Stückes zusteuert.
Die Überaufgabe jedes Stückes wird vom Lehrer nur angedeutet, jedoch nicht klar ausgesprochen, wenigstens nicht zu Beginn der Stunden, solange die Schüler noch nicht genügend Verständnis für die Überaufgabe aufbringen können.
Es kommt darauf an, daß jede noch so kleine Übung oder Etüde stets ihre eigene Überaufgabe und durchgehende Handlung hat, wodurch – und das ist besonders wichtig – falsche und zu schwierige Etüden vermieden werden.
Eine Etüde als solche und um ihrer selbst willen hat weder Sinn noch Leben. Bei der hier vorgeschlagenen Methode werden alle, selbst die kleinsten Etüden, ein für allemal durch Überaufgabe und durchgehende Handlung von innen heraus belebt.
Innerhalb eines Kurses an der Schauspielschule werden nicht nur die angehenden Schauspieler des künftigen Ensembles ausgebildet, sondern zugleich auch deren Regisseure und sogar ihr späterer Direktor, der, während er mit allen andern zusammen lernt, eine Gruppe von Schülern leiten soll. Um ihm Einblick in alle Gebiete des Theaterlebens zu verschaffen, wird er im Lauf der Zeit an die verschiedenen Abteilungen des Moskauer Künstlertheaters, vielleicht auch an andere Theater, abkommandiert.
Wegen der mangelnden Erziehung und der Disziplinlosigkeit der heutigen Jugend sind Kurse oder einzelne Vorlesungen über Ethik und Disziplin abzuhalten. Die jungen Menschen müssen sich über Wesen, Ziel und praktische Bedeutung unserer Forderungen nach Ethik und Disziplin sowohl für das allgemeine tägliche Leben als auch besonders für unsere Arbeit klarwerden.
Die Akademie entläßt nicht den einzelnen Schüler, sondern ein vollständiges, aufeinander eingespieltes Ensemble mit seinem Regisseur, Direktor, Verwaltungsdirektor, mit seinem Bühnenmeister, Beleuchtungsmeister, Gewandmeister und Maskenbildner.
Jedes Mitglied einer solchen Schülergruppe wird sich besonders anstrengen, weil

keiner hinter seinen Kameraden zurückbleiben und aus der Gruppe entfernt werden will.

Unterricht in Kostümkunde. In der Regel erscheinen langweilige Professoren und verbreiten sich höchst uninteressant über die „Kostümkunde". Ein paar Schüler schreiben mit, stellen die Vorlesungen nach Angaben der Professoren zusammen, verkaufen sie den andern Schülern; die fangen an, sich den ganzen Stoff einzutrichtern, damit sie beim Examen keine Antwort schuldig bleiben – und nach der Schulentlassung werden alle diese Notizen als Einwickelpapier für irgendwelchen Kram verwandt.

Ich schlage vor, anders an dieses Gebiet heranzugehen: Jeder Schüler muß im Lauf seiner Schulzeit nach Vorschrift des Professors und unter Anleitung und Aufsicht des Theaterschneiders eigenhändig zwei Kostüme nach Museumsmustern nähen.

Nehmen wir an, einer soll das 11. Jahrhundert in Frankreich behandeln, ein anderer das 18. Jahrhundert in Frankreich. Andere arbeiten unterdessen an Kostümen aus dem 12. Jahrhundert in Italien oder aus dem 15. Jahrhundert in Deutschland und so weiter. Wenn so die verschiedenen Kostüme unter fünfzig oder hundert Schüler aufgeteilt werden, kann man alle Epochen und Länder einbeziehen.

Da die Schüler alle zusammen in einem gemeinsamen Klassenraum arbeiten, können sie ständig die Hinweise des Historikers und des Schneiders hören; sie können verfolgen, wie jedes einzelne Kostüm entsteht und wie es am Ende fertig aussieht. Dadurch lernen sie nicht nur die Epoche kennen, die jeder selbst bearbeitet, sondern auch alle andern. Und da Kostüme aus fast allen Epochen angefertigt werden, können die Schüler auf diese Weise die gesamte „Kostümkunde" praktisch erlernen.

Aber damit ist es noch nicht getan. Die Schüler müssen die Kostüme nicht nur selbst herstellen, sondern auch wissen, wie man sie anlegt und trägt. Sie müssen die Sitten und Gebräuche der verschiedenen Perioden, die Etikette und Verbeugungen kennen, sie müssen mit Fächer, Degen, Stock, Hut und Tuch umgehen können. Zu diesem Zweck wird ein besonderer Unterricht erteilt.

Beim Abschlußexamen weist dann jeder Schüler seine Arbeit (das von ihm genähte Kostüm) vor und beweist, daß er auch imstande ist, es zu tragen und mit dem Zubehör, auch aller andern Zeitperioden, richtig umzugehen. Das veranlaßt die Schüler, während der gesamten Schulzeit auch die Arbeit der anderen sorgfältig zu beobachten.

Genauso sollte man auch beim Studium der Architektur und der Stilkunde der verschiedenen Epochen vorgehen. Jeder Schüler soll zwei Modelle eines Raumes, eines Gebäudes, eines Parks und so weiter (aus verschiedenen Perioden) anfertigen und beim Abschlußexamen seinen Entwurf mit allen notwendigen historischen Kommentaren erläutern.

Über das Programm der Theaterschule und die Zwischenprüfungen[5]

„... Als Abschluß des ersten Kurses sollen Zwischenprüfungen stattfinden. Dazu wollen wir die Schüleraufführung wiederholen, die wir zu Beginn dieses Studienjahres veranstaltet haben. Wir wollen sehen, ob und inwieweit Sie sich seitdem ver-

ändert haben, was Sie sich im Lauf dieses Jahres angeeignet haben und wie Sie das, was Sie theoretisch gelernt haben, praktisch anwenden können."
„Werden denn keine anderen Prüfungen abgehalten?" fragte ein Schüler.
„Doch, es wird auch noch andere Prüfungen geben, aber nicht in der Form, wie Sie es erwarten."
„Wie denn?" ließen die Schüler nicht locker.
„In ‚Kostümkunde' wird jeder von Ihnen das Kostüm vorführen, das er genäht hat. Außerdem sollen Sie Erläuterungen zu irgendeinem anderen Kostüm geben, das einer Ihrer Kameraden angefertigt hat, und dabei berichten, was Sie über die dazugehörige Epoche wissen."
„Aber jeder von uns hat mit Müh' und Not doch nur ein einziges Kostüm genäht, und jeder hat sich auch nur mit einer einzigen Epoche beschäftigt", riefen die Schüler.
„Was wollen Sie denn? Das ist doch genug!" entgegnete Arkadi Nikolajewitsch. „Neun Schüler mit je einem Kostüm und den dazugehörigen Kommentaren, das ergibt schon neun Epochen. Für das erste Jahr reicht das vollständig aus."
„Aber jeder von uns hat sich doch nur mit seiner eigenen Epoche beschäftigt!" riefen die Schüler aufgeregt durcheinander.
„Und die Erläuterungen gehört, die alle anderen für die neun Epochen gaben", fügte Torzow ergänzend hinzu.
„Was? Und das sollen wir alles noch wissen?" riefen wir erschrocken.
„Was denn sonst? Warum hätte man Ihnen das alles vorgetragen? Ist Ihnen das nicht gesagt worden?" fragte Arkadi Nikolajewitsch.
„Ja, das wohl ... Aber ... wir dachten ...", murmelten die Schüler, die Torzows Ankündigung in helle Aufregung versetzt hatte.
„Und was für Prüfungen sind außerdem vorgesehen?"
„In Architektur. Ähnlich wie bei den Kostümen werden Sie Ihre Modelle vorweisen und erzählen, was jeder über seine eigene Epoche und die eines anderen Schülers weiß", erklärte Arkadi Nikolajewitsch.
„Aber die meisten von uns können doch gar keine Modelle kleben!" wandten die Schüler ein.
„Das werden Sie noch lernen. Vorläufig kommt es uns darauf an, die Kenntnisse zu überprüfen, die Sie sich bei der praktischen Arbeit erworben haben", erklärte Arkadi Nikolajewitsch unerschütterlich.
Die Schüler gaben sich alle Mühe, noch mehr aus Torzow herauszukriegen: „Und was für Prüfungen noch? In Diktion, in Stimmbildung?"
„Das alles wird bei der Prüfungsvorstellung mitbewertet."
„Und in Tanz, Gymnastik und Fechten?" fragten die Schüler weiter.
„Auch das wird sich bei der Aufführung herausstellen. Die eigentliche Überprüfung erfolgt ja erst zu Beginn des nächsten Jahres. Dann werden wir uns intensiver mit dem Körper, mit dem Prozeß des Verkörperns beschäftigen müssen. Das jetzt abgeschlossene Jahr blieb fast ausschließlich dem inneren Prozeß des Erlebens vorbehalten und diente nur zum geringen Teil der Ausbildung des Körpers."

„Wissen ist gleich Empfinden, Empfinden ist gleich Handeln und Können. Also zeigen Sie uns, was Sie können. Danach werden wir überlegen, was wir in Zukunft mit Ihnen tun müssen.
Mit der Theorie des ‚Systems' können wir vorerst noch nichts anfangen. Sobald die Praxis festsitzt, werden wir auch von der Theorie sprechen. Sonst wird das eintreten, was so oft geschieht: Die Schüler beherrschen alle Begriffe ausgezeichnet, aber sobald sie versuchen, sie in die Tat umzusetzen, kommt nichts dabei heraus.
Lieber sollen die Schüler zunächst einmal lernen, richtig zu spielen und sich auf der Bühne wohl zu fühlen, auf die Terminologie und Theorie, auf die Definition der praktischen Methoden der Psychotechnik werden wir erst später zurückkommen."

Bemerkungen zum Programm der Schauspielschule[6]

Bewegung
Gymnastik. Fechten. Athletik.[7] Akrobatik.
Jonglieren.
Individuelle Mängel.[8]
Tanz, Rhythmik, Gehen. Bewegungsstudien.
Elemente der Anatomie und Physiologie (Atmen).

Sprechen
Stimmbildung, Diktion, Gesang, Orthoepie[9], Akzentuierung, Dialekt. (Provinzialismus).

Ausdrucksvolles Sprechen
Sprachgesetze. Logische und emotionale Intonation.
Theorie von Prosa und Vers (Stilistik, Rhetorik) (Scherwinski).[10]
Schauspielkunst (nach dem „System") (in konzentrischen Kreisen)[11].
Psychologie und Charakterologie (bis zum 4. Kurs).
Training und Drill.

Musikalische Ausbildung und allgemeinbildender Teil
Hören von Musik, Grundelemente der Musik (Musiktheorie).
Musikunterricht.
Betrachten von Gemälden und Skulpturen.
Malunterricht.
Konzertabende.
Besuche von Bildergalerien.
Theaterbesuche.
Museumsbesuche (Moskauer Künstlertheater und andere).
Wenn einer Musik betreiben will, soll man ihn gewähren lassen.
Dasselbe bei der Malerei.
Maske.

Maintien.[12]
Beleuchtungstechnik.
Bewegung auf der Bühne.[13]

Aus den Bemerkungen „Zum Programm des Studios für Oper und Schauspiel"[14]

Examen nach dem 1. Kurs

Gedrängte Inhaltsangabe von Erzählungen oder Reden, anschließend Vorlesen (Vortragen) derselben. Einen Gedanken darlegen, dann lesen. (Lesen derselben Werke.)
Üben von Handlungen mit vorgestellten Gegenständen, dazu eigene Worte auf der Grundlage physischer Handlungen.
Rhythmik und Gruppierung. Zu Musikbegleitung oder zum Metronom einzelne unkomplizierte Handlungen (Anziehen, Ausziehen), mit vorgestellten Gegenständen.
Eine Volksszene: in verschiedenen Rhythmen handeln: einer in Viertelnoten, ein anderer in Achtelnoten, der nächste in Sechzehntelnoten und so fort.
Dasselbe mit Sprechen ohne Handlung.
Danach alles zusammen.
Tanz (modern). Ein Ball.
Gymnastik und Bewegungsstudien. Zirkus.[15]

Examen nach dem 2. Kurs

Konzert. Vortrag von Erzählungen. Auf der Grundlage von Vorstellungsbildern. Die Vorstellungsbilder erzählen.
Vortrag von Gedichten. Zuvor kurze, kompakte Inhaltsangabe. Dasselbe mit Vorstellungsbildern. Mit und dann ohne Metronom.[16] Lesen von Szenen, Akten mit verteilten Rollen am Tisch. Mit eigenen Worten, nach physischen Handlungen.[17]
Etüden des vergangenen Jahres durch Überaufgabe und durchgehende Handlung vertieft.
Worte fixieren.[18]
„*Magazin*"[19], durchgehende Handlung: *(Innerer) Kampf menschlicher Leidenschaften* oder Mistschenkos Etüde: „*Erste Jugendenttäuschung*".[20]
Physische Handlungen mit vorgestellten Gegenständen. Romeo. Hamlet – nach physischen Handlungen („Türchen", die Linie des körperlichen und die des geistigen Lebens der Rolle).[21]
Volksszenen. Bau eines Hauses. Heimkehr aus dem Ausland, Bahnhof oder Markt, oder Ankunft und Festessen. Bis ins letzte ausarbeiten.
Mit Worten und Handlungen.
Mit und ohne Metronom.
Dasselbe wortlos zu Musikbegleitung.
Rhythmik. Kleine Episoden. Ballett („Der Floh"), einzelne (bereits gespielte), in Musik übertragene Etüden („Das Magazin").
Man soll danach trachten, Tänze in die Szenen einzubeziehen.

Ein Orchester (mit vorgestellten Instrumenten).
„Mikado"[22] – Tänze. Kasachstanische Tänze.
Maintien und tenue in Verbindung mit Rhythmik und Tanz.
Ankunft auf einem Ball. Sitten und Gebräuche. Zeremonien, Verbeugungen und Tänze aus acht Jahrhunderten. Ein alter Walzer, eine Polka, Mazurka, Quadrille, ein Lancier, eine Ecossaise und andere Tänze der zwanziger bis achtziger Jahre. Gruppen zu Musikbegleitung. Stillstehen. Lebende Bilder.
Gymnastik in Verbindung mit Bewegungsstudien.
Vervollkommneter „Zirkus".
„Marmormenschen" hinzufügen.[23]
Bühnenarrangements. Alte Etüden; die Bühne mehrmals „drehen" oder die Zuschauer „umsetzen". Dadurch das Beherrschen der Bühnenarrangements üben.[24]
Den ersten Akt oder mehrere Szenen eines neuen Stückes („Der Stier") erzählen und nach dem Ablauf der physischen Handlungen spielen.
Dasselbe aus einer Oper (den Jahrmarkt aus „Kromdeyer" oder „Der Komet").[25]
Bühnenwirksamkeit. Eintreten, sich umwenden; in Beziehung zu seinem Objekt treten. Mit am Boden festgeklebten Füßen ringen.
Wochenplakate...[26]
Oper[27], Etüden, kleine Szenen nach physischen Handlungen mit Gesang.
Etüden mit eigenen Worten.

Zum Unterrichtsprogramm für bühnengerechtes Sprechen

Lesen, Prosa.
Nicht lesen, sondern um eines *Objektes* willen, zu einem bestimmten Zweck *handeln* (ein lebendiges Objekt auf der Bühne oder im Zuschauerraum). Dazu vorher mit eigenen Worten, kurz und gedrängt, unter Wahrung von Logik, Folgerichtigkeit und der inneren Linie, den Inhalt einer Geschichte, eines Romans, eines komplizierten philosophischen Gedankens wiedergeben. Dabei sollte man sich die innere Linie notieren, die man beibehalten muß.
Diese Linie mit Hilfe einer Worthandlung verfolgen (nicht jedoch in Form eines Vortrags oder durch leeres Herunterplappern von Worten), das heißt, beim Lesen die vorher festgelegte Linie einhalten.
Dasselbe mit *Vorstellungsbildern.*
Diese Vorstellungsbilder in *Episoden* zergliedern und dabei, wenn nötig, nicht nur erzählen, sondern auch Pläne oder Entwürfe zeichnen, um die Vorstellungen besser zu veranschaulichen.
Episoden in ihre Bestandteile zerlegen.
Lesen (handeln) für jemanden oder um eines Zieles willen, und zwar mit Hilfe von Episoden, Vorstellungsbildern und vorgestellten Handlungen.
Dasselbe: lesen (erzählen) nach einem Buch in Episoden, Vorstellungsbildern und vorgestellten Handlungen.
Dasselbe: eine Erzählung, ein Vortrag von Prosa mit Metronom (Sprechrhythmus).

Dasselbe: Lesen eines Stückes mit verteilten Rollen. Die innere Linie anhand von Notizen oder des Buches erläutern. Dabei auf den Händen *sitzen*[28]. (Nur das Sprechen ist die Handlung.)

Inszenierung des Programms des Studios für Oper und Schauspiel[29]

Aufschrift für die Plakate:
„In unserer künstlerischen Sprache ist Wissen gleich Können."[30]

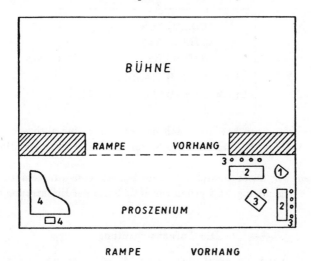

1. Pult des Sprechers; 2. Plätze für die Lehrer und Aspiranten; 3. Platz für den Lehrer, der den Unterricht leitet; 4. Flügel und Platz für den Pianisten;

Einführung

Sprecher: Unsere Schule ist keine Schauspielschule im althergebrachten Sinn. Sie bildet nicht den einzelnen Schauspieler aus, sondern ganze Gruppen von Schauspielern, die ein Ensemble bilden.
Zu dieser Ausbildungsform haben wir uns auf Grund der im Leben und in der praktischen Arbeit gemachten Erfahrungen entschlossen.
Das sogenannte Stanislawski-System, auf das sich unser Lehrprogramm stützt, wird nämlich durchaus nicht überall richtig verstanden und in seinen wesentlichen Grundzügen anerkannt. In einigen Theatern gilt zum Beispiel das Erleben als eine Art „Privileg" einzelner Schauspieler oder Bühnen in der Hauptstadt.
Wenn unsere Schüler in ein solches Theater verschlagen werden, das mit Vorurteilen gegen das „System" infiziert ist, so bekommen sie dort zu hören: „Spielen Sie bloß nicht im Stil des Künstlertheaters."

In welche Lage würden wir die Schüler bringen, die nun schon so viele Jahre hindurch nach unserm Programm ausgebildet worden sind?! Wenn sie nicht einzeln, sondern als Kollektiv, als geschlossene Gruppe die Schule verlassen, ist die Möglichkeit derartiger gefährlicher Mißverständnisse ausgeschlossen.
Wie berechtigt unsere Befürchtungen sind, wird Ihnen noch klarer werden, sobald Sie erst die Grundzüge unseres Unterrichtsprogramms kennengelernt haben.
Unsere Kunst kann man nicht in Form einer Vorlesung behandeln.

Ein Plakat wird herabgelassen, das folgende Aufschrift trägt:

> AGO, ACTION
> ACTEUR, AKT
> HANDLUNG
> $\Delta PA\Omega$ – ICH HANDLE
> DRAMA, DRAMATISCHE KUNST

Alle diese Bezeichnungen beweisen, daß unsere Kunst eine aktive, eine Kunst des Handelns ist, und daß man über sie am besten mit Hilfe einer Handlung sprechen kann.
Darum nennen wir unser heutiges Gespräch auch eine „Inszenierung des Programms". Wo es irgend angeht, werden wir diese Form der Erläuterung anwenden.

Die Aufnahmeprüfung

Sprecher: Schauspielschulen sind im Vergleich zu allgemeinbildenden Lehranstalten im Vorteil, weil viele junge Menschen zu uns kommen, die ihre Leidenschaft für die Schauspielkunst treibt. Die Aufnahme in die Theaterschule bedeutet für viele die Verwirklichung ihres sehnlichsten Wunsches, und umgekehrt bereitet ihnen eine Ablehnung oder ein Durchfall beim Examen eine tiefe Enttäuschung, oft fürs ganze Leben. Solche Menschen sind bereit, angespannt zu arbeiten und große Opfer zu bringen. Daran müssen wir immer denken.
Zugleich darf man aber nicht vergessen, daß auch andere Leute zu uns kommen, die am Theater eine leichte, mühelose Arbeit, ein amüsantes, lustiges Leben, reichen Verdienst und eine glänzende Karriere zu finden hoffen. Darum kommt es für uns darauf an, bei der Auswahl unserer Schüler die erstgenannten herauszufinden, nämlich diejenigen, denen es wirklich um die Kunst zu tun ist, und die andern Leute loszuwerden, die es einzig und allein auf eine leichte Verdienstmöglichkeit abgesehen haben.
Das bedeutet für die Prüfenden eine schwere Verantwortung. Darum müssen sie beim ersten Zusammentreffen mit den jungen Menschen, bei der Aufnahmeprüfung, auch besonders behutsam vorgehen.
Es war nicht leicht, unter den dreitausend Bewerbern sofort die echten Talente aufzuspüren, denn die offenbaren sich bekanntlich nur sehr selten gleich im ersten

Augenblick. In der offiziellen Prüfungsatmosphäre fühlen sie sich gehemmt und treten nicht zutage. Das Talent ist meist verlegen und schüchtern, überdies oft tief verborgen, und man muß verstehen, es hervorzulocken.
Ganz im Gegensatz dazu sind Mittelmäßigkeit und Talentlosigkeit oft verwegen und unverschämt. Sie lassen sich durch die Feierlichkeit der Aufnahmeprüfungen nicht einschüchtern. Darum haben Mittelmäßigkeit und Talentlosigkeit bei Aufnahmeprüfungen oft mehr Erfolg als die echte Begabung.
Darum Schluß mit dem offiziellen steifen Ton, der die jungen Menschen gleich bei ihrem ersten Auftreten einschüchtert! Fort mit dem grünen Tisch! Fort mit den nüchternen, gestrengen Mienen der Herren Examinatoren, mit ihrem herablassenden Lächeln, ihren verfänglichen Fragen und mit allem, was die jungen Menschen sonst noch verwirrt, was sie hindert, zu zeigen, was wirklich in ihnen steckt! Schluß mit der Eile, die uns zwingt, Dutzende von Menschen in ein paar Stunden abzufertigen!
Eine richtige Auswahl der geeigneten Menschen wird nicht in ein oder zwei Tagen getroffen. Dazu bedarf es einer intensiven, systematischen Arbeit. Sie beginnt mit einer allgemeinen Durchsicht und Sondierung. Bei der ersten, flüchtigen Auswahl werden nur Menschen abgelehnt, die ganz offensichtlich körperlich untauglich sind, die mit unkorrigierbaren Mängeln behaftet sind oder ausgesprochen schlechte körperliche Anlagen haben, die ihnen nicht gestatten, als Schauspieler zu arbeiten. Unter den Bewerbern findet sich immer eine große Anzahl solcher Menschen.
Bei der engeren Auswahl treten wesentliche innere Mängel zutage, wodurch die Zahl der abgelehnten Bewerber bedeutend größer wird.
Der Rest wird in Gruppen eingeteilt. In jeder Gruppe hält ein Aspirant mehrere Stunden unter der Oberaufsicht des leitenden Pädagogen ab.
Während dieser Arbeit wird eine erneute Auslese getroffen und damit die endgültige Auswahl der geeigneten Bewerber vorgenommen.
Diese umfangreiche Arbeit bei der Aufnahmeprüfung des ersten Jahrgangs unserer Schauspielschüler haben die verdiente Künstlerin Sinaida Sergejewna Sokolowa und ihre hier anwesenden ehemaligen Schülerinnen und Schüler, die heutigen Assistenten der Schule ....[31] durchgeführt.
Sie haben dreitausend Bewerber geprüft, die sich zur Aufnahmeprüfung eingefunden hatten.
Welche Verschwendung, wird man uns vielleicht sagen! Wie kann man denn soviel Zeit, Kraft und Geld lediglich für diese Prüfungen aufwenden?!
Das ist nicht nur möglich, sondern sogar notwendig; erstens, um später nicht viele Jahre umsonst für die Arbeit am untauglichen Objekt zu vergeuden, zweitens, um die jungen Menschen nicht auf den falschen Weg zu führen, dahin, wo man sie dann doch nicht brauchen kann, drittens, und das ist der entscheidende Grund, um in der Menge der Mittelmäßigen keine echten Talente zu übersehen.
Wir gehen nun weiter und verlangen eine sorgfältige Überprüfung der neuen Schüler nicht nur bei der Aufnahmeprüfung und beim Probeunterricht, sondern auch bei einer richtigen Aufführung auf der Bühne und vor Zuschauern.
Es ist uns nicht zuviel, noch einmal mehrere Tage oder eine Woche zu opfern, um eine solche Aufführung zu organisieren. Sie soll halböffentlich sein (das heißt für

das Lehrpersonal, für die Mitarbeiter des Studios und für die Verwandten der Schüler).
Es ist wichtig, die angehenden Schüler auch einmal auf der Bühne, vor der Rampe und im Angesicht der Zuschauer zu sehen. Häufig werden gerade dabei die Bühnenwirksamkeit, der Charme, die mitreißende Kraft oder andere, für ein öffentliches Auftreten wichtige Eigenschaften und Begabungen offenbar, oder man muß feststellen, daß sie dem einen oder andern Schüler fehlen oder daß er andere Mängel aufweist.
Bei diesen öffentlichen Vorstellungen sieht man den Schüler auch gleich in Kostüm und Maske. Dabei kann man feststellen, ob sein Gesicht und seine Figur dafür geeignet sind. Man kann seine Stimme, seine Diktion und seine Sprechweise in einem großen Raum hören und feststellen, ob die Stimme dort klingt oder an Klang verliert.
Die Prüflinge sollen sich das Programm für diese Probevorstellungen selbst auswählen. Dabei können sie ihren Geschmack, ihre Bildung, ihr literarisches Wissen und ihre schöpferische Initiative beweisen.
Ebenso ist es auch sehr wichtig, daß der Schüler bei seinem ersten Auftreten nicht eingeschüchtert wird; darum soll er sich mit dem vorstellen, was seinen Kräften entspricht und worin er sich sicher fühlt.

Abwandlung

Was aber soll mit denen geschehen, die noch nie Theater gespielt haben? Sie sollen uns vorführen, was sie miteinander bei sich daheim spielen: kleine Kunststückchen, Zirkus, Ballett oder selbsterdachte kleine Szenen.
Ein Musterbeispiel derartiger Vorstellungen wollen wir Ihnen jetzt demonstrieren, allerdings nicht mehr in seiner ursprünglichen, sondern bereits in der ausgefeilten Form.

Etüden. Zirkus und Menagerie.[32]

Eine solche öffentliche Vorstellung dient nicht nur dazu, die ausgewählten Schüler kennenzulernen, sondern sie verfolgt noch ein anderes, wichtigeres Ziel.
Es gilt, die jugendliche Leidenschaft, die flammende Begeisterung für die geliebte Sache, um derentwillen die jungen Menschen in die Schule gekommen sind, gebührend zu würdigen, zu unterstützen, zu entwickeln und richtig auszuwerten.
Wir fürchten das, was man so häufig an Schauspielschulen beobachten kann: die nüchterne Pädagogik, die den jugendlichen Enthusiasmus erkalten läßt; wir fürchten Alltäglichkeit und Langeweile anstelle der festlichen, freudigen Stimmung, die jede, selbst die schwerste künstlerische Arbeit in uns wachruft.
Wie soll man diese Fehler vermeiden und die wertvolle Gabe und Stärke der Jugend erhalten, die gerade in ihrem Feuer, ihrer Ursprünglichkeit und Begeisterungsfähigkeit liegen? Wir müssen den jungen Menschen schon in der ersten Zeit genau wie später das bieten, was sie zu uns gezogen hat.

Dann werden die Schüler mit Eifer und Arbeitsfreude ans Werk gehen und das Unmögliche möglich machen.
Was brauchen die jungen Menschen? Warum streben sie zu uns?
Am besten fragen wir sie selbst.

Etüde Nr. ...

Der Vorhang geht auf, und hinter ihm sitzen die Schüler in Reihen angeordnet. Oder eine andere Fassung für die Übung von kollektiven Handlungen.
Es wird dunkel, dann:
1. *geht der Vorhang auf;*
2. *treten die dahinter bereitstehenden Schüler schnell, lautlos und geordnet, jeder mit seinem Stuhl, aufs Proszenium hinaus und setzen sich dort in Reihen hin;*
3. *danach geht der Vorhang wieder zu;*
4. *der Lehrer tritt heran, alle erheben sich und nehmen auf ein Zeichen hin wieder Platz.*

Lehrer: (zu den Schülern gewandt) Iwanow! Warum sind Sie in unsere Schule gekommen?
Schüler: Um Theaterspielen zu lernen.
Lehrer: Und Sie, Petrow?
Schüler: Ebenfalls, um auf der Bühne zu spielen.
Lehrer: Und Sie, Sidorow?
Schüler: Um Schauspieler zu werden.
Lehrer: Erinnern Sie sich noch an das, was man Ihnen hier bei einer ähnlichen, ersten Umfrage gesagt hat?
Schüler: Man sagte uns: „Sie sind hergekommen, um zu spielen, ausgezeichnet! Kommen Sie herauf und spielen Sie!" „Aber was denn?" fragten wir. „Was Sie können, was Sie verstehen, was Ihnen gefällt, was Sie bei sich daheim oder wo immer sonst gespielt haben." „Daheim haben wir nicht richtig gespielt, sondern nur zu unserm Vergnügen einen Zirkus oder ein Ballett oder selbsterdachte kleine Szenen dargestellt", erwiderte ich. „Nun, dann spielen Sie jetzt dasselbe öffentlich auf der Bühne", gab man mir zur Antwort.
Petrow: Ich habe in Liebhaberaufführungen mitgewirkt.
Sidorow: Ich habe bereits in einer Schauspielertruppe mitgespielt.
Lehrer: Was hat man Ihnen damals bei der ersten Umfrage gesagt?
Schüler: Man sagte uns: „Spielen Sie das, was Sie sonst auch gespielt haben." – „Was aber sollen wir denn vorführen: etwa Tabletts heraustragen?" fragte ich.

Etüde Nr. ... (ohne Worte)

Sprecher: Nun wollen wir Ihnen noch eine andere Art der Etüde ohne Worte und ohne Musik zeigen, sie trägt die Bezeichnung
Das Puppenmagazin[33].
(Hier müßte man die Etüde noch ohne Musik zeigen, um eine allmähliche Steigerung

zu erzielen. Wenn es einem leid tut, gerade diese Etüde ohne Musik zu spielen, kann man sie durch eine andere ersetzen und diese später, an anderer Stelle anbringen.)

Sprecher: Soeben haben wir Ihnen bereits korrigierte Schüleretüden vorgeführt. Sicher können Sie sich alle mühelos vorstellen, wie die selbständige Arbeit der Schüler ausgesehen hat, ehe sie vom Lehrer überprüft wurde. Jeder von Ihnen hat seine Familie, hat Verwandte und Kinder. Das Spielen von Kindern ist undenkbar ohne ähnliche häusliche Theatervorstellungen.

Stanislawski sagte: „Ich liebe diese kindlichen, naiven, unverdorbenen Experimente, wenn sie nur aufrichtig und ursprünglich sind und aus reinem Herzen kommen. Diese ersten künstlerischen Versuche der künftigen Schauspieler lassen das echte Talent zutage treten, das die Natur in den jungen Menschen hineingelegt hat."

Das ist einer der Gründe, die uns veranlassen, auch die ersten selbständigen, noch naiven Arbeiten der neuen Schüler nicht unbeachtet zu lassen.

Diese ersten, dilettantischen Versuche gehen nur selten den richtigen Weg vom Inneren zum Äußeren, von zufällig aufgetauchten oder von andern angeregten Gedanken oder Gestalten zu deren Verkörperung im Bereich des Physischen und des Sprechens.

Meistens gehen die jungen Menschen in umgekehrter Richtung ans Werk: von der Form zum Inhalt, von der Fabel zur Idee, vom physischen Verkörpern zum seelischen Erleben.

Dabei spielen sie in der ersten Zeit nichts als die nackte Fabel und die sich daraus ergebende Etüde, die nichts weiter ist als eine illustrierte Anekdote. Um dieser Etüde einen Inhalt zu geben, raten wir unsern Schülern: Durchdringen Sie die von Ihnen erdachte einfache Fabel mit irgendeinem interessanten Gedanken, setzen Sie die handelnden Personen in komplizierte Lebensbedingungen und Situationen hinein. Das wird in Ihnen Erinnerungen an eigene Lebenserfahrungen wachrufen, die vielseitigere Empfindungen nach sich ziehen werden.

Aus diesem seelischen Material entsteht die Synthese von vielen, allgemein bekannten Lebenserscheinungen; aus ihm wird die Überaufgabe der Etüde geboren. Dadurch wird auch die zunächst nur wenig interessante Anekdote gehaltvoll, erregend und lehrreich. Die äußere Fabel wird allmählich mehr und mehr vom seelischen Gehalt durchdrungen und durch die endgültige innere Aufgabe der gesamten Etüde erweitert und vertieft.

Wir Pädagogen werden darauf achten, daß bei dieser Arbeit nicht etwa bloßer Formalismus oder kalte, unnatürliche, gleichsam an den Haaren herbeigezogene Einfälle um sich greifen; wir werden darauf achten, daß die Schüler sich nicht von ihren primitiven, dilettantischen, falschen technischen Vorstellungen leiten lassen, sondern sich ihre natürlichen, menschlichen Methoden, ihre persönliche Lebenserfahrung zunutze machen.

Um sich auf die eigenen, in der Wirklichkeit erworbenen Eindrücke zu besinnen, raten wir unsern Schülern immer wieder, sie sollen sich folgende Frage stellen: „Was würde ich tun, *wenn* ich mich hier, heute und jetzt in der Lage der von mir dargestellten Person befände?"

Spüren Sie nicht auch, wie von dem Augenblick an, in dem dieses „Wenn" eingeführt wird, in Ihrem Innern gleichsam ein Schalthebel betätigt wird, der Sie in das Bereich Ihrer persönlichen, menschlichen, realen Empfindungen versetzt?
In diesem Augenblick wird mit Hilfe der Phantasie (das „Wenn" und die *vorgeschlagenen Situationen*) die den Schauspieler auf der Bühne umgebende Wirklichkeit (Dekoration und Bühnenbild) dem Leben der Rolle angepaßt und in Gedanken gerechtfertigt.
Das „Wenn" regt die Phantasie an und läßt sie in Aktion treten.
Dadurch vollzieht sich ein doppelter Prozeß.
Einerseits wird die den Schauspieler auf der Bühne umgebende Wirklichkeit mit Hilfe der Vorstellungskraft gerechtfertigt, ergänzt und dem Leben der Rolle angepaßt.
Andererseits werden, ebenfalls mit Hilfe der Vorstellungskraft (der vorgeschlagenen Situationen), die im Innern wachgewordenen Erinnerungen an das reale, wirklich erlebte Leben gerechtfertigt und dem Leben der Rolle angepaßt.
Wenn diese beiden Prozesse und die gesamte Arbeit richtig durchgeführt werden, so entsteht im Schauspieler ganz natürlich der innere Drang zur logischen und folgerichtigen physischen Handlung. Dabei wird das Gefühl für Wahrhaftigkeit innerlich und äußerlich zufriedengestellt.
So verschafft die Vorstellungskraft zusammen mit der vollkommenen Illusion in bezug auf sein Handeln und Tun dem Schauspieler ein echtes, wahrheitsgetreues und glaubwürdiges Leben auf der Bühne, an dessen wirkliche Wahrheit er aufrichtig glauben und auf dessen Glaubwürdigkeit er vertrauen kann; denn wenn auch nicht an das Leben auf der Bühne selbst, so kann er doch in jedem Falle daran glauben, daß es in der realen Wirklichkeit wahrscheinlich und möglicherweise genauso hätte geschehen können. Dieses Moment ist so bedeutsam, daß ich es anhand eines anschaulichen Beispiels illustrieren will.
Sie sitzen jetzt, heute und hier vor den Zuschauern auf der Bühne und wirken bei der Illustration unseres Schulprogramms mit. Das mag bleiben, wie es in Wirklichkeit ist.
Aber plötzlich tut sich, wie auf den Wink eines Zauberstabes hin, eine Wand des Raumes auf, und durch den dabei entstandenen Bogen hindurch sehen wir eine große Zuschauermenge, die alles mitansieht, was hier bei uns vorgeht.
Was ist das, Kunst oder Wirklichkeit? Es ist reales Leben, ist Wirklichkeit.
Aber jetzt führe ich ein „Wenn" ein und frage Sie: „Was würden Sie tun, *wenn* dieser illustrierte Vortrag nicht hier, sondern auf einem amerikanischen Ozeandampfer während der Überfahrt in die Neue Welt stattfinden würde?"
Um diese Frage zu beantworten, brauchen wir eine Reihe zusätzlicher Vorstellungen der Phantasie, die alle mit den Gegebenheiten einer Seereise übereinstimmen müssen. Eine solche Vorstellung kann man ohne Schwierigkeiten rechtfertigen.
Erinnern wir uns zunächst daran, daß jeder Ozeanriese seinen eigenen Theatersaal besitzt, in dem die mitreisenden Künstler nach altem Brauch Konzerte oder Theateraufführungen zugunsten der Hinterbliebenen von auf See gebliebenen Seeleuten veranstalten.

Sie haben noch kein eigentliches Theaterrepertoire, darum werden wir die Illustrationen und Inszenierungen unseres Unterrichtsprogramms zeigen.
Und was das Ziel dieser Überfahrt anbetrifft – warum sollten wir nicht nach Amerika reisen, um unsere Unterrichtsmethode zu propagieren, um so mehr, als man sich dort für die russische Kunst interessiert.
Sie brauchen nun nichts weiter zu tun, als sich mit Hilfe Ihrer Vorstellungskraft die Vergangenheit und die zukünftigen Perspektiven Ihres Lebens auf dem Dampfer auszudenken.
Das heißt, Sie müssen sich ausmalen, wie es war, als Sie aus Moskau abgereist sind, als Sie an Bord gingen. Sie müssen sich vorstellen, daß man Ihnen nach Ihren Darbietungen ein Abendessen reichen wird, wie man Sie dabei ehren und Ihnen danken, wie der eine oder andere Zuschauer seinen Mitpassagieren einzelne unverständliche Stellen des Vortrags erläutern wird, und Sie müssen sich noch andere Episoden ausdenken, die sich während Ihrer Schiffsreise abspielen werden.
Sie müssen sich vor allem die folgende Frage stellen und sie ehrlich beantworten: „Wie würde ich mich hier, heute, jetzt und in nächster Zukunft verhalten, wenn ich mich tatsächlich auf einem Ozeandampfer befinden würde?"
Die Vorstellungen der Phantasie, mit denen das von uns geschaffene innere Leben der Rolle ergänzt wird, nennen wir die „vorgeschlagenen Situationen".
Dieser Begriff stammt aus einem unvollendeten Aufsatz Puschkins „Über das Drama".* Darin heißt es: „Die Echtheit der Leidenschaften, die Wahrscheinlichkeit der Empfindungen unter den vorausgesetzten Situationen – das ist es, was unser Verstand vom Dramatiker verlangt."
Wir möchten dem noch hinzusetzen, daß unser Verstand dasselbe auch vom Schauspieler fordert.
Diese von Puschkin geprägte Definition ist zu einer der wichtigsten Grundlagen unserer Kunst geworden. Sie dient uns als Richtschnur bei der Arbeit mit den Schauspielern an ihren Rollen und Stücken und genauso auch bei der Arbeit mit den Schülern an ihren Etüden.
Sobald das seelische Leben einer Rolle geschaffen ist, wird es mit Hilfe von Körper und Stimme des Schauspielers gestaltet und auf die Bühne übertragen.
Eine zweijährige praktische Erfahrung hat uns gezeigt, daß die Arbeit an selbsterdachten Etüden die Vorstellungskraft am wirksamsten fördert.
Wenn sich die Schüler erst einmal an den Etüden eine gewisse Fertigkeit erworben haben, macht es ihnen keine Mühe mehr, ihre Phantasie auch in einem richtigen Schauspiel in Aktion treten zu lassen, wo sie auf die Tätigkeit ihrer Vorstellungskraft angewiesen und von ihr abhängig sind.
Dabei kommt es nicht auf die Quantität, sondern allein auf die Qualität der Etüden an.
An dieser Stelle muß ich eine wichtige Einschränkung machen. Manche Lehrer legen zu großen Wert auf die Menge und nicht auf die Qualität der gespielten Etüden. Darum soll hier noch einmal nachdrücklich darauf hingewiesen werden, daß es allein auf die Qualität, und niemals auf die Quantität der Etüden ankommt. Es ist viel

---

* Siehe auch „Die Arbeit des Schauspielers an sich selbst", Teil I, S. 57 ff. (Anm. d. Hrsg.)

besser, nur an einer einzigen Etüde zu arbeiten und diese dafür bis ins letzte auszufeilen, als ein paar hundert Etüden lediglich äußerlich und oberflächlich einzustudieren. Eine einzige bis zur Vollkommenheit ausgebaute Etüde ist die Vorstufe zum echten schöpferischen Gestalten, während eine im Oberflächlichen steckenbleibende Arbeit die Schüler nur an Stümperei und bloßes Handwerk gewöhnt.
Der Inhalt solcher Etüden muß unkompliziert sein, und sie sollen den Gestaltungsmöglichkeiten des Anfängers angepaßt sein.
Man kann jedoch bei der Etüdenarbeit häufig folgende Beobachtung machen: Man fordert die Schüler auf, eine komplizierte Etüde mit einer spannenden Fabel einzustudieren, in der es von Todesfällen und Schrecknissen wimmelt. Um eine solche Etüde zu spielen, braucht man genausoviel Zeit wie zum Ausarbeiten einer großen Rolle. Wenn man dann zwei oder drei Stunden lang eine solche Etüde probiert hat, läßt man sie liegen und nimmt eine neue, noch schwerere und kompliziertere in Angriff.
Dadurch verleitet man den Schüler zur Nachlässigkeit beim Einstudieren seiner Rolle, und ungewollt gewöhnt er sich daran, seine Zuflucht zu allerlei falschen Tricks und zu rein handwerksmäßiger Routinearbeit zu nehmen.
Neben der Förderung der Vorstellungskraft hat die Gestaltung und Korrektur selbsterdachter Etüden auch noch einen anderen, nicht minder wichtigen Vorteil.
Bei dieser praktischen Arbeit macht man sich nämlich ganz von selbst und unmerklich die schöpferischen Gesetze der organischen Natur und die Methoden der Psychotechnik zu eigen.
Wenn wir soweit gekommen sind, können wir mit dem eigentlichen Studium des sogenannten Systems beginnen. Wenn die Schüler richtig an diese Arbeit herangeführt und genügend darauf vorbereitet sind, widmen sie sich ihr mit großer Bereitwilligkeit.
So gelangen wir allmählich zu den von unsern Schülern selbst gestalteten Etüden mit gesprochenem Text. Sie sehen jetzt ein Musterbeispiel einer solchen dramatischschöpferischen Arbeit unserer Schüler.

Etüde Nr. ...
Fische fangen (Angeln)[34]

Etüde Nr. ...
Kritik an der Etüde

Lehrer: Kommen Sie jetzt her und nehmen Sie Platz.
Die mitwirkenden Schüler setzen sich an den Tisch des Lehrers.
Lehrer: Leider muß ich feststellen, daß Sie die beiden Etüden viel schlechter gespielt haben als sonst in unserem regulären Unterricht. Wie erklären Sie sich das?
Schüler: Durch die ungewohnte Umgebung.
Lehrer: Was haben Sie denn dabei als besonders störend empfunden?
1. Schüler: Daß wir dieses Mal öffentlich spielten.

2. Schüler: Die anwesenden Zuschauer lenken uns ab und ziehen unsere Aufmerksamkeit auf sich. Dadurch waren wir aufgeregt.
3. Schüler: Wir wurden verwirrt und fühlten uns daher unbehaglich auf der Bühne.
Lehrer: Nun, das ist verständlich. Schauspielschüler, denen es noch an Technik fehlt, werden durch den ungewohnten Umstand des öffentlichen Auftretens aus dem Konzept gebracht, auch wenn sie sich bemühen, die ihrer Rolle gemäßen Aufgaben zu erfüllen und lebensecht zu handeln. Sie suchen sich aus lauter Angst und Verlegenheit bei den Zuschauern lieb Kind zu machen, sie wollen ihnen um jeden Preis gefallen, sie suchen ihre Angst und Verlegenheit zu verbergen oder sich in Pose zu setzen. Gott weiß, auf was für Einfälle solch ein vom Lampenfieber gepackter angehender Schauspieler kommen mag, wenn er plötzlich vor Zuschauern spielt.
4. Schüler: Selbstverständlich ist die Gegenwart des Publikums störend, aber andererseits ist sie doch auch hilfreich. So habe ich heute zum Beispiel auch ein paar sehr angenehme Augenblicke erlebt.
Lehrer: Wie hat sich das geäußert?
Schüler: Das ist schwer zu erklären. Auf einmal fühlte ich mich kurze Zeit ausgesprochen wohl auf der Bühne; es erschien mir gar nicht mehr so seltsam und ungewöhnlich, daß ich hier oben stehe und alle übrigen mein dilettantisches Spiel aufmerksam betrachten. Es kam mir vor, als sei das durchaus normal und notwendig und als sei ich berechtigt, hier zu stehen und all das zu tun, was ich tue.
Lehrer: Das ist ein sehr wichtiges Moment im Befinden des Schauspielers auf der Bühne. Es hat sogar seine eigene Bezeichnung. In unserem Schauspielerjargon nennen wir diesen Zustand das „Ich bin", das heißt, ich existiere, ich stehe jetzt, heute und hier auf der Bühne, mitten im Leben des Stückes.
Dieser Zustand ist die Vorstufe zu einer anderen, noch wichtigeren Phase unserer schöpferischen Arbeit, in der die organische Natur mit ihrem Unbewußten wie von selbst in Aktion tritt.
Das ist der Idealfall, den sich ein Schauspieler für seine Arbeit auf der Bühne nur wünschen kann.
Wie Sie sehen, kann man sich durch mehrere Vorstufen in diesen Zustand versetzen, wobei der einfachste und zugänglichste Weg über die logisch und folgerichtig durchgeführten physischen und psychischen Handlungen verläuft, die unmerklich auch alle andern „Elemente" zur Arbeit heranziehen. So entsteht die Wahrhaftigkeit des Handelns und Empfindens. Das Bewußtsein dieser Wahrhaftigkeit erzeugt natürlich auch den Glauben an die Echtheit der Handlung und Empfindung. All das zusammengenommen ergibt jenen Zustand, den Sie soeben in einigen Augenblicken empfunden haben und den wir das „Ich bin" nennen. Sobald dieser Zustand sich genügend gefestigt und durchgesetzt hat, greift die Natur mit ihrem Unbewußten in die Arbeit ein. Dann kann der Schauspieler voll freudiger Begeisterung von sich behaupten, daß ihn die *Inspiration* überkommen habe.
Um ihre selbsterdachten Etüden auszufeilen und zu korrigieren, müssen Sie alles bekämpfen, was Ihre Arbeit auf der Bühne behindert, das heißt, Sie müssen in sich ein für Ihre schöpferische Arbeit günstiges *Befinden* erzeugen; außerdem müssen Sie lernen, die *organische Natur und ihr Unbewußtes* zu dieser Arbeit heranzuziehen.

Sie werden sehen, wie das eine dem anderen dienlich und nützlich ist: Das richtige Befinden unterstützt die Arbeit der organischen Natur und des Unbewußten, während die Tätigkeit der Natur und des Unbewußten ihrerseits das richtige Befinden fördert.
Sprecher: Wir können an dieser Stelle nicht ausführlich darlegen, auf welche Weise das richtige Befinden auf der Bühne erzeugt wird, denn dazu würden eine ganze Reihe von Vorlesungen erforderlich sein.
Wir können Ihnen aber vorführen, was wir in unserm Jargon als das „Toilettemachen des Schauspielers" bezeichnen. Das sind Übungen, die tagtäglich zu Hause und vor Beginn des Unterrichts in der Schule durchgeführt werden, um die innere, schöpferische Technik zu entwickeln und zu festigen. Diese Übungen sind die Quintessenz aller der Methoden, die das richtige Befinden des Schauspielers vorbereiten.
Alle Bestandteile dieses Befindens, die wir als „Elemente" bezeichnen, werden beim täglichen „Toilettemachen des Schauspielers" immer von neuem überprüft und korrigiert. Anhand der Demonstration solcher Übungen werden Sie gleich erfahren und begreifen, aus welchen Bestandteilen sich das richtige Befinden auf der Bühne zusammensetzt. Sie werden auch die technischen Hilfsmittel kennenlernen, mit deren Hilfe es entwickelt wird.
Um trockene Vorlesungen zu vermeiden, wollen wir Ihnen an einem praktischen Beispiel erläutern, wann und wie der Prozeß unserer schöpferischen Arbeit beginnt:

Etüde Nr. ...

Lehrer: Iljinski und Tusikow[35]. Kommen Sie beide aus der hintersten Kulisse hierher auf die Vorbühne.
Die beiden treten vor, bleiben unschlüssig, was sie jetzt beginnen sollen, im Proszenium stehen und sehen verwundert zum Lehrer hinüber.
Lehrer: Was war das? Kunst? Schöpferische Arbeit?
Schüler: Von schöpferischer Arbeit kann keine Rede sein. Wir sind ganz einfach vorgekommen, genau wie im Leben.
Lehrer: Gut. Gehen Sie jetzt wieder zurück und kommen Sie dann noch einmal nach vorn, nur stelle ich Ihnen als Aufgabe das folgende „Wenn": *„Was würden Sie tun, wenn sich heute, hier und jetzt auf Ihrem Wege nicht der Fußboden der Bühne befände, sondern ein kleiner Fluß, den Sie überqueren müßten?"*
Die beiden Schüler krempeln sich nach dem Prinzip der Handlung mit vorgestellten Gegenständen die Hosenbeine auf, ziehen Schuhe und Strümpfe aus und waten durch das kalte Wasser aus der hinteren Kulisse nach vorn ins Proszenium. Hier angelangt, reiben sie sich mit vorgestellten Taschentüchern ihre nassen Beine ab und ziehen die Schuhe wieder an.

Etüde Nr. ...

„Toilettemachen"
Muskelentspannung[36]
Die Muskeln werden so weit entspannt, daß die Schüler beinahe hinfallen. Immer wieder hört man Rufe wie: „Fort mit 95 Prozent der Spannung!"

Alle Schüler treten (lautlos) mit ihren Stühlen auf und setzen sich hin, als ob sie hier zu Hause wären. Sie sitzen so da, daß die Zuschauer förmlich Lust verspüren, sich ebenfalls auf die Bühne zu begeben.[37]
Das spielt sich im Hintergrund der Bühne ab, während auf der Vorbühne die *drei Momente* gezeigt werden (Erklärung durch einen Aspiranten).
a) *Spannung.* Der Schüler liegt, sagt, wo die Spannung sitzt.
Der Aspirant tastet ihn ab, um die Spannung zu überprüfen.
b) *Entspannung.* (Stellung, Handlung.) Der Aspirant überprüft.
c) *Rechtfertigung.* (Stellung, Handlung.) Der Aspirant überprüft.[38]
Muskelentspannung in der Handlung:
a) Gladiatoren b) Pflücken eines Pfirsichs.[39]
Muskelentspannung in der Handlung.
Der Schüler hebt (vorgestellt) ein Pud, zwanzig Pfund, ein Glas Wasser hoch oder schiebt ein Klavier beiseite.
Demonstration einer Schlägerei ohne Spannung und ohne den Partner zu berühren[40]...
Sprecher: Noch ein weiteres Beispiel für eine solche Übung. Diese Etüde fördert nicht nur das Gefühl für die kollektive schöpferische Arbeit, sondern dient zugleich als Vorbereitung für bestimmte Massenszenen, die ebenfalls eine besondere Technik voraussetzen, um zu verhüten, daß sich die Schauspieler im Eifer des Gefechts auf der Bühne gegenseitig Schaden zufügen.
Volksszene eines Kampfes.
Das ganze Geheimnis besteht darin, daß die Schauspieler beim Kampf ihre Gegner nur mit einem Finger berühren dürfen, um auf diese Weise ihren Angriff anzudeuten. Der Partner hat die Aufgabe, diesen Hinweis, diese leichte Andeutung zu beachten und auszubauen, das heißt, er muß zeigen, wie er sich verhalten würde, wenn die starke Hand seines Gegners ihn gepackt hätte.
Aber auch der Unterlegene kann unvermutet die Initiative ergreifen und den Gegner auf die nämliche Weise attackieren und in die Enge treiben.
Um das Gefühl für die kollektive schöpferische Arbeit zu stärken und die künftigen Schauspieler auf Massenszenen vorzubereiten, haben wir die folgende Übung eingeführt: Häufig muß man mit nur wenig Menschen die Illusion einer großen Menge hervorrufen. Das wird meistens folgendermaßen gemacht:
Alle Schüler drängen sich zu einem dichten Knäuel zusammen und verdecken sich gegenseitig. Dadurch entsteht der Eindruck einer kleinen Gruppe.
„Und jetzt vermitteln Sie uns den Eindruck einer größeren Menschenmenge!"
Die Schüler formieren sich im Muster eines Damespiels.
Der Eindruck einer größeren Menschenmenge wird durch die Anordnung der Schüler im Muster eines Damespiels erzielt, weil auf diese Weise keiner durch einen andern verdeckt wird.
Diese Aufstellung verlangt die Aufmerksamkeit jedes Schauspielers und zugleich ein Gefühl dafür, wie er sich selbst harmonisch ins große Gesamtbild einfügt.
Mit der gleichen Absicht, nämlich um in den Schülern das Ensemblegefühl zu stärken und sie zugleich auf die Mitwirkung in Massenszenen vorzubereiten, führen wir noch

eine andere Übung durch. Sie soll den künftigen Schauspielern nicht nur das Gefühl dafür vermitteln, wie sich jeder einzelne in eine aus vielen Personen bestehende Gruppe harmonisch einfügen kann, sondern auch das richtige Gefühl für die ganze Gruppe.
Mein Gedankengang wird am praktischen Beispiel am ehesten verständlich.
Bitte Musik. Alle in der Volksszene Mitwirkenden werden sich im Rhythmus der Musik bewegen. Sobald die Musik jedoch aufhört, sollen sie in drei Phasen, bei den drei Anfangsnoten der drei letzten Takte, auf ein Zeichen hin, schrittweise zu einem lebenden Bild erstarren. Wie ich das meine, wird die Etüde selbst am besten zeigen.
Die Musik spielt, alle agieren.
Das erste und zweite Zeichen dient der Vorbereitung, beim dritten bleiben alle starr stehen.
Ein lebendes Bild. Eine nach den Gesetzen der Plastik angeordnete Gruppe ...
Diese Übung muß erklärt werden.
Eine plastische Gruppe ist nach bestimmten Gesetzen und Forderungen aufgebaut. Diese Gesetze müssen unsere Schüler kennenlernen.
Es sieht nicht schön aus, wenn die in einer Menschenmenge Mitwirkenden steif und starr wie Bohnenstangen vor der Rampe stehen. Auch dazu gehört eine gewisse plastische Linie und Zeichnung.
So kann die Menge zum Beispiel in mehrere Gruppen aufgeteilt werden, die zueinander in einem bestimmten Verhältnis stehen.
Die Menge kann aber auch zu einer einzigen großen Gruppe formiert werden, wenn sie nur eine schöne Linie bildet, die ihren Höhepunkt hat und von ihm aus, in mehreren Stufen an- und absteigend, sich bis zum tiefsten Punkt senkt, wodurch ein Bild entsteht.
Nur darf man unter keinen Umständen voneinander isolierte „Bohnenstangen" oder eine langweilige, eintönige Linie zu sehen bekommen.
Alle Schauspieler, die in solchen Volksszenen mit plastischen Gruppierungen mitwirken, müssen stets auf das Gesamtbild der entstehenden Gruppe achten und, unter Berücksichtigung der ihnen bekannten Gruppierungsgesetze, während der letzten drei Takte ihren Platz innerhalb der gesamten Komposition finden. Schon beim ersten Zeichen wird der höchste und der niedrigste Punkt der erwähnten Zeichnung festgelegt ...

Entwicklung des Ensemblegefühls

Die Arbeitsbedingungen hinter den Kulissen setzen strenge Disziplin und viel Selbstbeherrschung voraus. Ohne diese Disziplin wäre ein kollektives schöpferisches Arbeiten unmöglich. In unserer Kunst ist das aber notwendig. Im gewaltigen Apparat des Theaters mit seinen vielseitigen Funktionen ist strenge, beinahe militärische Disziplin unerläßlich, sowohl für die künstlerischen Belange der Aufführung, als auch für ihre gesamte Organisation, für die Aufrechterhaltung von Ruhe und Ordnung und zur Verhinderung von Mißverständnissen und Zwischenfällen, die unter den Zuschauern und den zahlreichen Mitwirkenden eine Panik auslösen könnten. Die Verhinderung eines Brandes oder anderer Katastrophen, wie das Herabstürzen von Dekorationen, Soffitten oder Beleuchtungskörpern, genausogut wie das Gelingen von Luftflügen, Versenkungen und anderen Bühneneffekten, Geräuschen, Massen-, Orchester-, Chor- oder Ballettauftritten und Volksszenen, der flinke Dekorationswechsel in den kurzen Pausen zwischen zwei Akten oder Bildern und endlich der flüssige Ablauf jeder Vorstellung – alles das ist abhängig von der Disziplin, der Ordnung und der allgemeinen Organisation hinter den Kulissen und im gesamten Theater.

Diese Disziplin stellt sich nicht mit einem Schlage und von selbst ein, man muß sie sich durch langjährige Gewohnheit und intensives Training erarbeiten. Wir müssen die angehenden Schauspieler schon von der Schulbank an daran gewöhnen und sie mit allen Gegebenheiten der kollektiven Arbeit vertraut machen.

Im Gegensatz zu andern Künstlern, wie Maler, Bildhauer, Schriftsteller oder Komponisten, die in ihren Ateliers oder Arbeitszimmern völlig unabhängig sind von Ort, Zeit und Mitarbeitern, sind die Schauspieler in allen Bereichen und Bedingungen ihrer schöpferischen Tätigkeit, angefangen von Ort und Zeit bis zum Thema ihrer Arbeit, abhängig von vielen andern Mitarbeitern auf und hinter der Bühne und sogar im Zuschauerraum. Wir halten es für sehr wichtig, die Schauspieler bereits von ihren ersten Schritten an auf die komplizierte kollektive Arbeit vorzubereiten. Mit allen uns zur Verfügung stehenden Mitteln bilden wir unsere Schüler dafür aus. Wir erklären ihnen die Bedingungen einer solchen Arbeit und fördern in ihnen das Ensemblegefühl.

Sie werden gleich ein paar Beispiele für ein solches Training sehen. Es ist eine unerläßliche Voraussetzung für jede Theateraufführung, daß hinter den Kulissen völlige Stille herrscht, obwohl dort oft größere Menschenmengen in wenigen Augenblicken umgruppiert werden müssen.

Stille. Das Licht geht aus.
Alle Schüler verschwinden mit ihren Stühlen in der Dunkelheit.
Licht.
Stille. Das Licht geht aus.
Die Schüler kehren mit ihren Stühlen auf ihre alten Plätze zurück.
Dasselbe bei voller Beleuchtung.

Es kann der Fall eintreten, daß in einer kurzen Pause zwischen zwei Szenen ein Tisch oder sogar mehrere Tische gedeckt werden müssen. Die Requisiteure allein können damit nicht rechtzeitig fertig werden, aber alle Mitwirkenden gemeinsam können es, wenn sie diszipliniert und genügend trainiert sind.

Stille. Das Licht geht aus.
Ein Tisch wird hereingebracht, dazu Stühle, Holzleuchter, Teller.
Bestecks und so weiter. Die Schüler nehmen Platz.
Dieselbe Prozedur, nur wird diesmal alles hinausgeschafft.
Dasselbe bei voller Beleuchtung.

Im Laufe des heutigen Abends werden noch verschiedene andere Übungen gezeigt werden, die alle der Stärkung des Ensemblegefühls in den Schülern dienen. Zur Erholung wollen wir jetzt noch eine Übung zur Ausbildung des Ensemblegefühls einschieben:

Militärische Ausbildung oder Orchester oder Ringkampf.
Und hier eine Übung, die nicht nur der Entwicklung des Ensemblegefühls dient, bei der die Schüler vielmehr auch lernen sollen, die Illusion zu erwecken, als ob sie *auf verschiedenen Musikinstrumenten spielten.* Schauspieler kommen sehr oft in diese Lage, während die richtige Musik hinter den Kulissen spielt. Nur selten sind dergleichen Momente so gut einstudiert, daß die Illusion entsteht, als ob auf der Bühne echte Musiker spielten.
Orchester (Mit Grammophon).
Jeder Schüler muß lernen, mit den gebräuchlichsten Instrumenten umzugehen, die er auf der Bühne in die Hand bekommen könnte.
Wir haben mit dieser Arbeit gerade erst angefangen und das Musizieren nur mit einigen Schülern durchgeführt.
Hier sehen Sie ein Beispiel für die Imitation von Kammermusik:
Klavier, Cello, zwei Geigen.
Der militärische Drill ist eine gute Schule für Disziplin. Wir benutzen ihn, um das Ensemblegefühl auszubilden.
Militärische Übungen.
Handlung: Verbarrikadieren einer Tür. Aus meinem Buch.[41]
Ausrufe: „Fort mit 95 Prozent der Spannung!"

Logik und Folgerichtigkeit

Lehrer: Zu den wichtigsten Elementen des inneren Befindens gehört *Logik und Folgerichtigkeit.*
Wie ist das zu verstehen?
Hierunter zählt alles: unser Denken, Fühlen, unsere inneren und äußeren Handlungen, unser Wollen, unsere Aufgaben, Bestrebungen, Vorstellungen der Phantasie und so weiter.
Abgesehen von wenigen Ausnahmen muß alles im Leben und also auch auf der Bühne logisch und folgerichtig sein.
Wie kann man aber die Schüler soweit bringen, daß sie selbst das Bedürfnis nach Logik und Folgerichtigkeit auf der Bühne verspüren?
Wir versuchen das mit Hilfe der physischen Handlungen. Warum ausgerechnet auf diese Weise und nicht durch psychische Handlungen oder andere innere Elemente?
Haben Sie nicht auch schon bemerkt, daß wir leichter definieren können, was wir in bestimmten vorgeschlagenen Situationen *tun,* als was wir dabei empfinden würden?
Warum ist das so?
Weil die physische Handlung leichter faßlich ist als die psychische, weil sie unserem Verstand eher zugänglich ist als die nicht greifbaren Empfindungen; weil sich die physische Handlung besser festhalten läßt, weil sie materiell und sichtbar ist und in Beziehung zu allen anderen Elementen steht. Es gibt ja keine physische Handlung ohne Wollen, Streben und Aufgaben, ohne eine innere Rechtfertigung durch das Gefühl; es gibt keine Vorstellung der Phantasie, die nicht irgendeine gedachte Hand-

lung enthält; es sollte in der schöpferischen Arbeit des Schauspielers keine physischen Handlungen geben ohne Gefühl für deren Wahrhaftigkeit und ohne Glauben an ihre Echtheit.

Das beweist die enge Verbindung der physischen Handlung mit allen inneren Elementen des Befindens.

Im Bereich der physischen Handlungen sind wir besser „zu Hause" als im Bereich der nicht greifbaren Empfindungen. Hier finden wir uns eher zurecht, hier sind wir einfallsreicher und sicherer als auf dem Gebiet der schwer faßbaren und schwer festzuhaltenden inneren Elemente.

Gerade diese bessere Zugänglichkeit der physischen Handlung veranlaßt uns, sie auch hier anzuwenden, wo es darum geht, das Bedürfnis nach Logik und Folgerichtigkeit in den Schülern zu wecken.

Sie werden gleich einige anschauliche Beispiele sehen, die unsere Methode besser als viele Worte erläutern und Ihnen zeigen, wie wir die physischen Handlungen für unsere Zwecke auswerten.

Handlungen mit vorgestellten Gegenständen

.... 42

Lehrer: Sie haben gerade eine physische Handlung durchgeführt. Haben Sie dabei irgend etwas empfunden?
Schüler: O ja, an einzelnen Stellen waren wir sogar ehrlich mitgerissen.
Lehrer: Wodurch?
Schüler: Durch das, was wir zu tun hatten.
Lehrer: Also hatten Sie Ihre Aufmerksamkeit unablässig auf eine ganze Reihe von Objekten, auf eine ununterbrochene Folge von Aufgaben konzentriert. Und wie funktionierte Ihre Vorstellungskraft?
Schüler: Sie war es ja, die mich dazu trieb, alle notwendigen Handlungen durchzuführen.
Lehrer: Haben Sie denn an das geglaubt, was Sie taten?
Schüler: Selbstverständlich. Sonst hätte ich gar nicht handeln können.
Lehrer: Haben Sie eigentlich einen Kontakt mit Ihren Partnern auf der Bühne verspürt? Nach Ihren Anpassungen zu urteilen, war eine echte Partnerbeziehung vorhanden.
Schüler: Ja, ich spürte diese Verbindung.
Lehrer: Da sehen Sie selbst, was Logik und Folgerichtigkeit erreichen können.
Schüler: Warum gerade sie und nicht die physische Handlung selbst?
Lehrer: Weil nur eine logische und folgerichtige Handlung den Glauben an die Echtheit und Wahrhaftigkeit dessen wachruft, was man auf der Bühne tut. Wahrhaftigkeit und Glaube ziehen dann auch alle anderen Elemente zur Arbeit heran. Wenn man das wirklich bis zur letzten Konsequenz durchführt, so entsteht jener Zustand, den wir als „Ich bin" bezeichnen, das heißt, ich existiere, ich lebe auf der Bühne und habe das Recht, hier zu stehen. In diesem Zustand treten auch die Natur und ihr Unbewußtes in Funktion.

Auf diese Weise führen uns die physischen Handlungen, die faßbar sind, auf natürlichem Wege zur schöpferischen Arbeit der organischen Natur und ihres Unbewußten, die nicht faßbar sind.
Zu diesem Resultat gelangen wir mit Hilfe von Logik und Folgerichtigkeit der physischen Handlungen.

Die Aufmerksamkeit, das Objekt

Elektrische Lampen, Objekte (aus dem Buch)[43]
Rufe: „Fort mit 95 Prozent der Spannung!"

Gefühl für Wahrhaftigkeit und Glaube

Wenn alle bisher genannten Elemente richtig funktionieren, entsteht das Gefühl für Wahrhaftigkeit und der Glaube daran.
Da, wo es zu einer richtigen, logischen, konsequenten physischen Handlung und demzufolge auch zum Gefühl für Wahrhaftigkeit gekommen ist, wird unausbleiblich auch der aufrichtige Glaube an die Echtheit dieser Handlung oder mindestens ihrer Möglichkeit im realen Leben wach.
Wahrhaftigkeit und Glaube sind die besten Erreger für das Gefühl. Und wo Gefühl ist, da ist auch Erleben, übertragen auf die Gegebenheiten der Bühne.

Emotionales Gedächtnis

Die besten Erreger für das emotionale Gedächtnis sind Wahrhaftigkeit und Glaube. Sobald man glaubt, fühlt man auch, und sobald man fühlt, gelangt man zum „ich bin".
Der Zustand des „Ich bin" führt zum Unbewußten; das Unbewußte regt die Natur zur Arbeit an.

Sprecher: Sie haben aus den Plakaten ersehen können, daß wir in unserer Kunst die Arbeit der schöpferischen organischen Natur und des Unbewußten am höchsten bewerten.
Eines der Prinzipien unserer Kunst lautet: „Durch die bewußte Psychotechnik des Schauspielers zur unbewußten Wirksamkeit der Natur" (das Unbewußte durch das Bewußte).
Darum ist es uns auch bei allen Übungen zur Entwicklung der Psychotechnik immer wieder darum zu tun, unsere Natur und das Unbewußte in die schöpferische Arbeit einzubeziehen.
Auch jetzt, beim „Toilettemachen des Schauspielers", das dazu dienen soll, die Elemente des richtigen Befindens auf der Bühne zu entwickeln und dadurch dieses Befinden selbst zu erzeugen, dürfen wir diese Grundlage unserer Kunst niemals aus den Augen verlieren.

Darum müssen wir auch in jeder einzelnen Übung ein solches Höchstmaß an Logik und Folgerichtigkeit erreichen, daß man die Wahrhaftigkeit der Handlung herausspürt. Die Wahrhaftigkeit erzeugt den Glauben; und diese beiden Elemente können das emotionale Gedächtnis am besten wachrufen. Durch das Zusammenwirken aller dieser Kräfte wird der Zustand des „Ich bin" hergestellt. Das ist der Moment, in dem der Schauspieler fühlt, daß er auf der Bühne wirklich lebt, daß er einen guten Grund und das Recht dazu hat, dort zu stehen und zu handeln.

Wenn dieser Zustand des „Ich bin" eingetreten ist, fühlen sich unsere Natur und das Unbewußte auf der Bühne besonders wohl. Dann sind sie am leichtesten zugänglich und lassen sich bereitwillig zur Mitarbeit heranziehen.

Darum führen Sie Ihre Übungen niemals formal durch, handeln Sie logisch und folgerichtig, bis Sie zur Wahrhaftigkeit, zum Glauben, zum „Ich bin" gelangt sind.

Ich werde Sie mit dem Zuruf „Fort mit 95 Prozent der Spannung!" immer wieder daran erinnern, weil ein Spiel, das durch übermäßige Anstrengung und zu großen Eifer unnatürlich geworden ist, nur zur Lüge führt, die Wahrhaftigkeit zunichte macht und uns demzufolge auch vom Glauben, vom Zustand des „Ich bin" und schließlich von der Natur und dem Unbewußten entfernt.

Wechselbeziehung. (Strahlen-Aussenden und Empfang)

....

Zurufe: „Fort mit 95 Prozent der Spannung!"

Anpassung

....

Andere Elemente

....

Bewegungsstudien

Gefühl für Bewegung (Prana)

....

Der Tempo-Rhythmus

Sprecher: Wie Sie wissen, gibt es einen inneren und einen äußeren Tempo-Rhythmus. Die leichteste Methode, ihn zu erlernen, führt vom äußeren zum inneren Tempo-Rhythmus.

Zunächst werden wir Ihnen die ersten, einfachsten Übungen zeigen, dann die komplizierteren.

Übungen

Der innere Tempo-Rhythmus ist noch wichtiger als der äußere. Ihn zu erlernen, kostet unvergleichlich größere Mühe.

Hier sehen Sie ein paar Beispiele für Übungen zur Entwicklung des inneren Tempo-Rhythmus.
Im Anfang werden sie mit Unterstützung eines Metronoms durchgeführt.

Übungen

(Im inneren Tempo-Rhythmus eines vorgestellten Lebens handeln.
Dasselbe im Hinblick auf die Aufmerksamkeit: Nach Viertel-, Achtelnoten und so weiter Gegenstände betrachten. Überlegen, welche Bekannten man zum Examen oder zur Schülervorstellung einladen muß.
Dasselbe im Hinblick auf die Muskelentspannung.
Dasselbe im Hinblick auf die Partnerbeziehung, das Strahlen-Aussenden und die Anpassung.)
Ein innerlich gerechtfertigter Tempo-Rhythmus ruft die Emotionen und die Antriebskräfte Verstand, Willen und Gefühl wach. Auf den Verstand wirkt der Gedanke ein, auf den Willen die Aufgabe, auf das Gefühl der Tempo-Rhythmus selbst ganz unmittelbar. . . .
Der Tempo-Rhythmus ist von Musik und Gesang nicht wegzudenken. Darum muß er in der Opernabteilung unserer Schule besonders gepflegt werden.
Um zu lernen, wie man ihn in der Praxis handhabt, nehmen wir wieder unsere Etüden zu Hilfe. Zuerst wird die Handlung im Rhythmus, zu Musikbegleitung, aber noch ohne Worte durchgeführt. Wir wollen Ihnen anschließend ein einfaches Beispiel für ein solches rhythmisches Mimodrama zeigen.

Etüde Nr. . . .

(mit den Schülern der Neshdanowa[44])

Sprecher: Es folgt die Etüde eines komplizierteren rhythmischen Mimodramas.

Etüde Nr. . . .

Jetzt sehen Sie das Musterbeispiel einer Etüde ohne Worte, aber mit Musik, wir nennen sie

Die Hirtin[45]

Sobald die Schüler das rhythmische Mimodrama bis zu einem gewissen Grade beherrschen, gehen wir zu Opernetüden über, das heißt zu einer szenisch-rhythmischen Handlung mit Musik, Gesang und Text. Die einfache Fabel und der Text dieser Etüden werden zunächst, ähnlich wie bei den dramatischen Etüden, von den Schülern selbst erdacht und vorgeführt. Dann wird der·Text festgelegt, eine zu Wort und Handlung passende Musik geschrieben, und schließlich wird dieselbe Etüde in ihrer neuen, opernhaften Form gespielt.

Etüde Nr. ...

(mit Musik und gesungenem Text)

Hier haben Sie das Beispiel für eine Opernetüde, die von den Schülern mit Unterstützung der Lehrer fertiggestellt wurde. Zuerst haben sie sich die Etüde ohne Musik erarbeitet, und dann hat einer unserer Lehrer die Musik dazu geschrieben.[46]

Sprecher: Die ausgefeilten und zur schöpferischen Arbeit bereiten Elemente des inneren Befindens, die aber noch nicht durch eine gemeinsame Handlung miteinander verbunden sind, gleichen einzelnen Perlen. Ziehen Sie diese Perlen auf eine Schnur, befestigen Sie als Abschluß eine kostbare Agraffe, so werden Sie ein herrliches Geschmeide erhalten.

Genauso verhält es sich in unserer Arbeit mit dem Befinden auf der Bühne. Alle Elemente (die einzelnen Perlen) müssen zu einem großen Ganzen verbunden und auf eine gemeinsame schöpferische Linie (die Schnur) gebracht werden, die wir im Schauspielerjargon als „durchgehende Handlung" bezeichnen, sie müssen schließlich durch ein wesentliches, endgültiges Ziel (die Agraffe) befestigt werden, das wir die „Überaufgabe des Stückes und der Rolle" nennen. Ist das geschehen, so gelangen wir in den inneren Zustand, den wir das „innere Befinden auf der Bühne" nennen.

Ohne durchgehende Handlung und Überaufgabe gibt es kein richtiges Befinden auf der Bühne, keine schöpferische Handlung, genau wie ein Perlenkollier ohne Schnur und Agraffe undenkbar wäre.

Etüde Nr. ...

Im Wald[47]

Sie beide, Shiwotowa und Nawrozki, konnten heute bei Ihrer Etüde nicht in das echte Befinden auf der Bühne hineinkommen, weil die Schnur Ihres „Perlenkolliers" (die durchgehende Handlung) schwach und uninteressant und die „Agraffe" (die Überaufgabe) dürftig war und niemanden mitreißen konnte.

Bei jungen Menschen kommt das häufig vor. Die Ansprüche, die sie an ihre Kunst stellen, sind zunächst noch bescheiden, und ihre Vorstellungskraft ist noch nicht genügend entwickelt. Darum interessieren sie sich fast nur für die äußere Fabel, sie gleiten lediglich an der Oberfläche entlang, ohne in die Tiefe einzudringen. Und die Fabel beschränkt sich bei ihnen in der Regel auf einen Flirt oder irgendwelche Liebesabenteuer. Anfänger halten es für produktiv, wenn sie nach der Devise: „Viel, aber möglichst wohlfeil" an den Etüden arbeiten. Wir dagegen fordern gerade das Gegenteil: „Wenig, dafür aber um so wertvoller."

Wir müssen aber auch noch einen andern Umstand in Betracht ziehen:

Der Begriff „Vertiefen" läßt die Schüler nämlich auf einmal mächtig „gescheit" werden, und dann kommt es zu einer Vorherrschaft des Verstandes über das Gefühl, die in unserer Arbeit durchaus fehl am Platze ist. In solchen Fällen verlegen sich die Schüler darauf, ohne Unterlaß zu reden und zu reden ... Es ist schlimm, wenn ein Schauspieler ins Philosophieren gerät, anstatt zu spielen. Das ist nichts anderes als

„leeres Stroh dreschen", um sich damit vor wirklich schöpferischer Arbeit zu drücken und um sein träges Gefühl nicht aufzustören, das ihm nichts zu sagen hat.
Es ist leichter, herumzuphilosophieren als wirklich zu empfinden.
Selbstverständlich dürfen wir unter keinen Umständen zulassen, daß unsere Schüler in diesen Fehler verfallen. Darum vermeiden wir konsequent das heimtückische Wort „Vertiefen" und bemühen uns stattdessen, die Schüler für das Ziel und die Aufgabe der Etüde zu begeistern.
Auch heute wollen wir es nicht anders halten; darum machen wir Ihnen den Vorschlag, sich selbst eine Aufgabe zu wählen, die Sie auf eine interessante, mitreißende Handlung und deren Endziel hinführen kann.
Lehrer: Sie haben uns etwas Zufälliges, eine Art Anekdote dargeboten. Allein zu diesem Zweck hätten wir aber die Zuschauer nicht extra ins Theater zu bitten brauchen. Lassen Sie alles bereits Erarbeitete wie es ist, aber bereichern Sie die Etüde durch irgendeinen Gedanken, eine lohnende Aufgabe, einen Zug, der menschliche Eigenschaften zutage treten läßt. Der Kampf zwischen dem männlichen und dem weiblichen Prinzip ist ewig und unerschöpflich.
In diesem Fall können Sie uns zeigen, welche Macht Ihr Geschlecht (das weibliche) über uns (Männer) besitzt.
Dieses Thema ist zweifellos lohnender und aufregender als ein bloßer Flirt. Oder vielleicht interessieren Sie sich auch für das gesellschaftspolitische Motiv und das Problem des Klassenkampfes. In diesem Fall können Sie uns zeigen, wie Sie einem jungen adligen Herrchen eine Lektion erteilen und ihm klarmachen, daß er im Vergleich zu Ihnen, einer ehrlichen Frau, ein nichtswürdiger Lump ist.
Dabei müssen Sie danach trachten, das ganze Problem nicht tendenziös, als bloße Agitation, sondern künstlerisch, lebensecht und wahrheitsgetreu zu gestalten.
Die Darsteller diskutieren: Worin liegt die Stärke der sowjetischen Frau? Wie kann sie einen Mann, insbesondere einen ehemaligen Junker, am schmerzlichsten treffen?
Sie finden die Überaufgabe und die durchgehende Handlung.
Sprecher: Jetzt fassen Sie alle schöpferischen Elemente zusammen, verbinden Sie sie mit der durchgehenden Handlung, lassen Sie dabei die Überaufgabe nicht aus den Augen, und dann wird in Ihnen das richtige innere Befinden auf der Bühne entstehen. *(Zum Publikum gewandt.)* Wenn wir nicht fürchten müßten, Ihre Aufmerksamkeit und Geduld über Gebühr zu beanspruchen, würden wir Ihnen die eben gespielte Etüde noch einmal wiederholen, damit Sie sehen, daß sie jetzt vertiefter, gehaltvoller, psychologischer und lebensechter geworden ist und ihren künstlerischen Aufgaben besser gerecht wird.

Die Teile unseres schöpferischen Instrumentes, aus denen sich das innere Befinden auf der Bühne zusammensetzt, bezeichnen wir als die seelischen Elemente des Befindens.
Während sich das innere Befinden allein aus seelischen Elementen zusammensetzt, ist das sogenannte allgemeine Befinden auf der Bühne die Folge nicht nur eines inneren, sondern auch eines äußeren, physischen Zustandes.

Darum müssen wir auch auf diesem Gebiet alles bekämpfen, was die Arbeit des Schauspielers behindert. Im physischen Instrument des Schauspielers finden sich noch mehr Mängel und Fehler als im inneren, seelischen Bereich.
Vergessen Sie nicht, daß wir uns diese ganze Arbeit machen, um die selbsterdachten Etüden besser spielen zu lernen. Wenn das Lernen durch ein praktisches und obendrein interessantes Ziel gerechtfertigt ist, kann man die Schüler leichter überzeugen und beeinflussen.
Darum beginnen wir unsere Ausbildung mit dem, was die Schüler brauchen, um ihre eigene, selbständige Arbeit zu vervollkommnen.
Sobald sich die Schüler im Lauf der Zeit anhand ihrer eigenen praktischen Erfahrung von der großen Bedeutung der schöpferischen Gesetze überzeugt haben, die sie zum unbewußten Gestalten führen, werden sie auch die Psychotechnik liebenlernen und sich ihr bereitwillig und bewußt widmen.
Dann werden sie überhaupt nicht mehr ohne die Kenntnis der Gesetze ihrer Natur und ohne die Hilfe des Unbewußten auf die Bühne kommen wollen. Dann werden sie überhaupt nicht mehr ohne die Psychotechnik sein wollen und sie liebgewinnen wie ihre beste Freundin und Gehilfin.
Ein guter Pädagoge muß es verstehen, seine Schüler ganz unmerklich so weit zu bringen.
Viele Theaterleute sind der Ansicht, man müsse anders vorgehen, sie fangen gleich mit der Theorie an, mit dem eigentlichen Studium, mit wissenschaftlichen Fächern, mit dem Rezitieren von Hexametern und so weiter.
Diese Methode erscheint uns unpraktisch, weil sie den kostbaren jugendlichen Elan in seiner höchsten Glut abkühlt.

Plakate und deren Verwertung in der praktischen Schularbeit

Sprecher: Es gibt keine Schauspieler mit makellosen Veranlagungen und mit idealen seelischen und körperlichen Voraussetzungen für die Bühne.
Jeder von uns hat den einen oder andern Fehler, den er auf der Bühne niemals außer acht lassen darf.
Bei dem einen äußern sich die Fehler im Erleben der Rolle und betreffen die inneren schöpferischen Elemente: So ist zum Beispiel die Aufmerksamkeit nicht imstande, sich unablässig auf ihr Objekt zu konzentrieren, oder die Vorstellungskraft ist zu träge und muß immer aufs neue gelockt und angefeuert werden; beim andern ist das Gefühl für Wahrhaftigkeit verkrüppelt oder der Glaube an die Echtheit des Geschehens zu schwach; vielleicht ist auch seine Wechselbeziehung zuwenig ausdrucksvoll, oder seine Anpassungsmittel sind nicht anschaulich genug. Bei den meisten Schauspielern fehlt den Aufgaben Saft und Kraft, die das schöpferische Streben anspornen könnten; oft sind auch die Handlungen auf der Bühne nicht aktiv genug.
Noch schlimmeren Mängeln begegnet man bei der äußeren Verkörperung; etwa beim Aussprechen der Vokale, die oft verwässert sind und denen es an klanglicher Wirksamkeit und Kraft gebricht. Auch die Konsonanten klingen häufig nicht, sie sind zu-

wenig ausgefeilt und auf Grund der schlaffen Lippenartikulation nicht markant genug.

Bei vielen Schauspielern ist die Stimme nicht richtig gebildet; viele haben eine schlechte Atmungstechnik und verstehen nicht die richtige Ausnutzung der Resonatoren. Zudem gibt es auch viele rein körperliche Mängel, wie nach innen verdrehte Füße, eine schlechte Armhaltung, ein krummer Rücken, ein übermäßig nach vorn geneigter Rumpf, eine zu starke Muskelanspannung, nervöse Zuckungen im Gesicht und so fort.

Es ist unmöglich, alle inneren und äußeren Mängel von Schauspielern hier aufzuzählen.

Die Arbeit zur Pflege von Körper, Stimme, Sprechen und so weiter ist gerade in unserer Kunst besonders wichtig, in der dem Körper die außerordentlich schwere Aufgabe zufällt, die subtilsten Regungen des unbewußten, geistigen Lebens der vom Schauspieler dargestellten Person wiederzugeben.

Wir werden Ihnen gleich anhand einiger Beispiele zeigen, wie wir versuchen, unseren Körper und seine Bewegungen zu kultivieren.

Mit welchen Methoden und Übungen kann man organische Körperfehler beseitigen?

Da gibt es zunächst einmal Körperfehler, die eine orthopädische Heilgymnastik erforderlich machen, die von Spezialisten durchgeführt wird.

Zur Haltungskorrektur benutzen wir die übliche Gymnastik.

Auftritt von Turnern und ein paar effektvolle Übungen.

Zum körperlichen Training verwenden wir auch akrobatische Bewegungen.

Auftritt von Akrobaten.

Wir bedienen uns der Ballettgymnastik an der Stange.

Ballettübungen und Übungen an der Stange.

Wir geben auch Tanzunterricht.

Einige Massentänze.

Wir benutzen sowohl althergebrachte als auch von uns neuentwickelte Methoden.
Zum Beispiel:
Liegen auf einem Brett, einem Tisch oder dem Fußboden, um Haltungsfehler zu korrigieren und das Rückgrat geradezubiegen.

Die Schüler unterhalten sich im Liegen.

(Eine Etüde dazu ausdenken.)

Wir lassen unsere Schüler mit nach außen gekehrten Fußspitzen stehen.

Die Schüler stehen auf und drehen die Füße nach außen.

(Etüde dazu finden.)

Zur Korrektur einer falschen Armhaltung, bei der die Ellenbogen nach innen, dem Körper zugekehrt sind, verwenden wir kleine Bälle aus Guttapercha, die unter die Achseln gesteckt werden.

Ein paar Schüler und Schülerinnen mit Kugeln treten auf.

Wir führen einen Kampf gegen die spitzen Ellenbogen.

Die Schüler klopfen mit einem Lineal gegen den Musikantenknochen.

Niemand stößt sich gern an dieser äußerst empfindlichen Stelle. Das gewöhnt die Schüler daran, ganz unbewußt und instinktiv auf ihren Fehler zu achten. Selbstverständlich kann man nicht jeden mit dieser rauhen Übung betrauen, die behutsam und einigermaßen sanft durchgeführt werden muß.

Etüde Nr. ...

Turnszene

Körperertüchtigung · Musik · Gymnastik an der Stange.

Es treten auf ein Turner, ein Akrobat, ein Fechter, es wird getanzt und geboxt. (Entweder jeder Mitwirkende einzeln oder alle gemeinsam.)

Übrigens dient die Akrobatik nicht nur der Förderung unserer körperlichen Geschicklichkeit, wir brauchen sie auch für die Höhepunkte des seelischen Erlebens. Wenn ein Schauspieler an solche Augenblicke herankommt, scheut er nicht selten davor zurück wie jemand, der sich beim Baden vor dem kalten Wasser fürchtet, und verpaßt daher den entscheidenden Moment. In der Akrobatik geht ein solcher Augenblick der Unschlüssigkeit niemals ungestraft durch. Wer bei einem „Salto mortale" erst lange zögern und überlegen wollte, der holt sich unweigerlich eine tüchtige Beule oder stößt sich den Kopf. Dergleichen Situationen verlangen Entschlußkraft. Die Akrobatik fördert diese Entschlußkraft, die in den Höhepunkten schauspielerischen Gestaltens einfach unerläßlich ist.

Etüde Nr. ...

Selbstkontrolle der Schüler während der Pause.
Klingelzeichen zum Schluß der Stunde.
Auf dem Boden liegen.
Nicht mit übereinandergeschlagenen Beinen dasitzen.
Fußspitzen nach unten, wenn man mit übereinandergeschlagenen Beinen dasitzt.
Bälle unter den Achseln halten.
Stehen mit nach außen gedrehten Füßen.

Viele Menschen halten es für falsch, daß wir unsere Schüler mit nach außen gedrehten Füßen stehen lassen, und sind der Ansicht, daß Beine mit parallel gestellten Füßen normal seien. Wir wollen dazu keine große Polemik vom Zaun brechen, sondern das ganze Problem von einer anderen Warte aus betrachten, und zwar: Jeder Schauspieler hat im Lauf der Zeit Rollen aus vielen verschiedenen Epochen und Gestalten aus vielen Nationalitäten, Lebensaltern, Ständen und so weiter darzustellen. Nun ist es leichter, sich eine ungeschickte typische Beinstellung oder Armhaltung zu erarbeiten und sie bei der Verkörperung einer komischen oder Charakterrolle beizubehalten als sich die gerade, korrekte Haltung eines Grafen oder Herzogs des 18. Jahrhunderts oder eines Adligen des 19. Jahrhunderts zu erwerben. Voraussetzung dafür ist die gründliche, ernsthafte und schwierige Korrektur der gesamten Körperhaltung. Dazu braucht man Zeit. Und Zeit ist bekanntlich bei der täglichen Arbeit des Schauspielers im Theater besonders knapp. Darum führen wir diese Korrektur in der Schulzeit durch und legen sie als die schwierigste und zeitraubendste Arbeit der gesamten körperlichen Erziehung zugrunde. Wenn wir diese Aufgabe gemeistert haben, sind alle übrigen Probleme der guten Haltung leicht zu lösen.

Schläge mit dem Lineal.
Hände (nur mit ihnen sprechen).
Kontrolle der geraden Rückenhaltung.
Gymnastik zum Schreiten.

Sprecher: Jetzt machen Sie sich einmal klar, an wie viele Dinge der Schauspieler bei seiner schöpferischen Arbeit auf der Bühne denken muß. Er muß unablässig auf alle seelischen Elemente des Befindens achten, auf die Aufmerksamkeit, die Vorstellungskraft, das Gefühl für Wahrhaftigkeit und den Glauben, auf das emotionale Gedächtnis, auf die Wechselbeziehung und die Anpassungsfähigkeit. Zugleich darf er aber auch seinen Körper, seine Arme, Hände und Beine, seinen Rumpf, Kopf und Gang, Bewegungen und Gebärden nicht vergessen.
Und wieviel Aufmerksamkeit verlangt das Regulieren der Atmung, die Stimmbildung, die Diktion und der gesamte Sprechprozeß!
Und die innere Linie, die Partitur der Rolle und die grundlegende Idee des ganzen Stückes, um derentwillen das Werk des Dichters geschrieben und inszeniert worden ist!
Und alle Forderungen des Autors und des Regisseurs!
Und die Notwendigkeit, auf alle Details auch der andern Mitarbeiter an dieser Aufführung zu achten! Und die Forderung, den ganzen Text wortwörtlich wiederzugeben!
Setzen Sie zu all diesen Sorgen noch den Kampf mit den schwierigen Arbeitsbedingungen des Schauspielers hinzu.
Und die Anpassung an die Akustik und alle Unvollkommenheiten des Zuschauerraumes, die es dem Zuschauer schwer machen zu hören und zu sehen, was sich auf der Bühne abspielt? Alle diese Dinge muß der Schauspieler während seines Auftretens einkalkulieren.
Und die falsche Beleuchtung oder die störenden Nebengeräusche hinter den Kulissen und im Zuschauerraum? Auch diese Dinge muß man bekämpfen. Sonst kann es geschehen, daß der Schauspieler ausgerechnet dann im Dunkeln steht, wenn die Zuschauer sein Gesicht deutlich sehen müßten, oder es kann ihm passieren, daß er die entscheidenden Worte seiner Rolle gerade dann spricht, wenn sie im Lärm hinter den Kulissen oder im Husten der Zuschauer untergehen.
Sie werden einsehen, daß der Schauspieler seine Aufmerksamkeit entlasten muß,

damit sie nicht von dergleichen kleinlichen Dingen absorbiert wird, sondern sich auf die Idee des Werkes und auf das Ziel der gesamten schöpferischen Arbeit konzentrieren kann.
Wie aber kann das geschehen?
Wir müssen in unserer Arbeit so weit kommen, daß uns das „Schwere zur Gewohnheit, das Gewohnte leicht und das Leichte schön" wird, wie es in dem Buch „Das ausdrucksvolle Wort" heißt.
Vieles, was zunächst noch bewußt ausgeführt wird, soll im Lauf der Zeit durch häufiges Wiederholen zur automatischen Gewohnheit werden, aber nicht im formalen, sondern im positiven Sinne.
Damit unseren Schülern das Schwere gewohnt, leicht und schön wird, sollen sie sich während der ganzen Schulzeit alle notwendigen Fertigkeiten erwerben, sie bis zur automatischen Gewohnheit und allmählich bis zur zweiten Natur entwickeln. Wir müssen ihnen dabei unablässig helfen.
Glücklicherweise fallen einige Dinge, die die Arbeit der Aufmerksamkeit belasten, im Lauf der Zeit und durch praktische Erfahrung von selbst weg. So lernt man es zum Beispiel, sich den akustischen Gegebenheiten und den architektonischen Mängeln von Zuschauerraum und Bühne, den störenden Nebengeräuschen und ähnlichem ganz instinktiv anzupassen.
Aber es gibt noch andere Momente in der schöpferischen Arbeit des Schauspielers, deren unerläßliches Hilfsmittel die Psychotechnik ist. Man muß sie sich durch ein besonderes Studium aneignen. Mit den entsprechenden Methoden sollten die Schüler bereits in den ersten Jahren bekannt gemacht werden, damit sie genügend Zeit haben, sich die notwendige Gewohnheit zu erwerben, die ihnen schließlich zur zweiten Natur wird und das „Schwere gewohnt, das Gewohnte leicht und das Leichte schön" werden läßt.
Trotz unserer Abneigung gegen jede mechanische Gewohnheit in der schöpferischen Arbeit müssen wir sie auf einigen Gebieten doch empfehlen, um die Aufmerksamkeit dadurch zu entlasten und sie für wichtigere Aufgaben innerhalb des schöpferischen Prozesses frei zu machen.
Eine solche mechanische Gewohnheit kann man sich jedoch nur in langwieriger und intensiver Arbeit erwerben. Wir müssen den Schülern bei dieser Arbeit helfen, wir müssen erreichen, daß sie diese Aufgabe noch während ihrer Ausbildung bewältigen. Wenn sie später erst einmal in die praktische Theaterarbeit eingespannt sind, finden sie nicht mehr genügend Zeit dazu.
Wie können wir den Schülern helfen, sich die Gewohnheiten anzueignen, mit deren Hilfe ihre naturgegebenen Fehler und Mängel beseitigt werden können?
In früheren Zeiten achteten Hofmeister und Gouvernanten auf die körperliche Erziehung der jungen Leute und sorgten dafür, daß schlechte Angewohnheiten ausgemerzt wurden und daß ihre Zöglinge sich gute Manieren aneigneten.
Sie sind jedoch viel besser dran, denn auf jeden einzelnen von Ihnen achten neunundneunzig „Hofmeister" und „Gouvernanten", nämlich Ihre neunundneunzig Mitschüler. Sie erinnern Sie unablässig an alles, was Sie sich allein gar nicht merken könnten.

Und Ihre „Hofmeister" werden dabei auch selbst die Bedeutung der Mechanisierung einzelner Momente der schöpferischen Arbeit begreifen und schätzenlernen. Skeptiker mögen einwenden, daß „viele Köche den Brei verderben", aber die Erfahrung beweist das Gegenteil. Viele Sorgen des Schauspielers werden auf diese Weise beseitigt, was zu einer wesentlichen Entlastung der Aufmerksamkeit führt.
Außer Ihren neunundneunzig Mitschülern haben Sie auch noch andere aktive Helfer. Auch sie rufen den Schülern unermüdlich ins Gedächtnis zurück, wie wichtig es ist, gewisse Momente der Arbeit zu mechanisieren, um die Aufmerksamkeit dadurch zu entlasten.
Hier sehen Sie einen von diesen Helfern.
Ein Plakat wird heruntergelassen. Es trägt die Aufschrift:
„Die nächsten fünf Tage stehen im Zeichen
des stimmhaften und des stimmlosen S,
der Korrektur der Beinhaltung in den Hüften,
der Stangengymnastik,
des Stehens mit auswärtsgedrehten Füßen."
Sprecher: Jedes Plakat bleibt fünf Tage lang hängen und erinnert die Schüler daran, daß sie in dieser Zeit bestimmte Übungen besonders intensiv betreiben sollen, um sich gewisse mechanische Gewohnheiten zu erwerben oder um Mängel des Körpers, der Aussprache, der Bewegung und so weiter auszumerzen.
In einem kleinen Sketch aus dem Alltagsleben der Schule wollen wir Ihnen unsere Methode der praktischen Selbsterziehung zeigen.

Etüde Nr. ...

Die Wandzeitung wird gebracht und angehängt.
Es klingelt. Die Stunde ist zu Ende, Pause.
Die Schüler drängen sich um die Wandzeitung, sie lesen
eine Kritik am falschen Verhalten eines Mitschülers.
Sie diskutieren darüber, sind empört.
Dabei korrigieren sie ab und zu untereinander die
Aussprache des S oder erinnern sich gegenseitig an
das Stehen mit auswärtsgedrehten Füßen.
Ein paar Schüler wollen vormachen, wie man
richtig sprechen oder stehen muß:
„Du brauchst uns nicht zu belehren, du sollst uns nur erinnern. Du bist kein Lehrer, sondern ein Verbotsschild: ‚Betreten der Rasenfläche verboten, Hunde an der Leine halten!' oder ‚Leise sprechen.' Du bist nichts weiter als dieses Plakat hier, du sollst uns nur erinnern. Vergiß nicht, wir sind hier neunundneunzig Schüler, die *dich* erinnern sollen. Wenn jeder von uns den andern belehren wollte, würde dabei nichts Gescheites herauskommen!
Ein neues Plakat wird heruntergelassen.
Sprecher: Ich muß Ihnen zunächst einmal den Sinn und die erzieherische Bedeutung dieser Plakate erklären:

Alle fünf Tage wird ein Plakat aufgehängt. Es soll die Schüler an die nächstliegende Aufgabe zur Mechanisierung bestimmter Teile ihres psychischen oder physischen Instrumentes erinnern.

Im allgemeinen ist man der Ansicht, daß Unterricht in Diktion, Gymnastik, Tanz und so weiter dazu notwendig sei. Normalerweise hat jeder Schüler zweimal in der Woche eine Viertelstunde Einzelunterricht in diesen Fächern; das heißt, eine halbe Stunde in der Woche spricht er richtig, die ganze übrige Zeit jedoch falsch. Muß man erst beweisen, daß eine halbe Stunde nichts gegen eine ganze Woche ausrichten kann?

Aber, könnte man mir entgegenhalten, nicht alle Schüler sind faul, es gibt ja schließlich auch fleißige Schüler, die zu Hause arbeiten. Aber wer garantiert denn, daß die Übungen daheim richtig durchgeführt werden und dem Schüler nützen, wenn sie nicht durch ein erfahrenes Ohr kontrolliert werden?

Um einen organischen Fehler auszumerzen – ganz gleich, ob es sich dabei um die Aussprache und Diktion oder um körperliche Mängel handelt –, braucht man nicht Stunden, sondern Jahre ununterbrochenen Trainings, bis einem das neu Erworbene zur zweiten Natur geworden ist.

Natürlich ist es unmöglich, dieser Arbeit seine ganze Aufmerksamkeit und Zeit zu widmen. Wäre es nicht besser, die Aufmerksamkeit so zu trainieren, daß sie selbst diese Kontrolle ununterbrochen, automatisch und unbewußt durchführt? Dann könnte sich die Korrektur der eigenen Mängel über das ganze Leben erstrecken und bliebe nicht länger auf einige wenige Unterrichtsstunden beschränkt.

Aber das ist eine schwere Aufgabe, die die Lehrer allein nicht bewältigen können. Darum ziehen wir das gesamte Schülerkollektiv zur Mithilfe heran.

Einzig und allein die Gewohnheit kann uns zu einer ununterbrochenen, unbewußten und automatischen Selbstkontrolle erziehen. Diese Gewohnheit zu erwerben, dazu ist ein jahrelanges unermüdliches Erinnern und Ermahnen notwendig.

Wir haben kein anderes Mittel, als das gesamte Kollektiv der Schule und, wenn es irgend angeht, auch noch die Angehörigen der Schüler zur Mitarbeit heranzuziehen.[48]

Werden diese neuen Helfer die Aufgabe lösen können?

Zweifellos! Diese Aufgabe ist ja nicht schwer. Sie sollen keineswegs belehren, sondern nur erinnern. Die Korrektur der Fehler bleibt dagegen den Schülern selbst und ihren Sprechlehrern überlassen. Auf diese Weise bildet sich durch ständige Gewohnheit in uns eine Art zweiter Natur aus, dadurch wird die Aufmerksamkeit entlastet und für andere, wichtigere Aufgaben innerhalb des schöpferischen Prozesses frei gemacht.

Das Sprichwort: „Viele Köche verderben den Brei" trifft jedoch auf unsere Situation nicht zu, unter der Voraussetzung allerdings, daß die Schüler bewußt und behutsam, mit vereinter Kraft daran gehen, sich die für einen Schauspieler unentbehrlichen mechanischen Gewohnheiten zu erwerben, die die Aufmerksamkeit entlasten. Wenn diese gegenseitige Hilfe freundlich, taktvoll, überlegt und unaufdringlich geleistet wird, so schlägt man damit gleich zwei Fliegen mit einer Klappe. Einmal wird die schwierige und für den Schauspieler so wichtige Aufgabe, die Gewohnheit zur zweiten Natur werden zu lassen, eher gelöst; zum andern wird dadurch eine weitere, für unseren Beruf notwendige Eigenschaft gefördert, nämlich die Fähigkeit, Kritik zu vertragen. Dadurch wird das Wachstum der Selbstgefälligkeit – dieses unter Schauspielern weitverbreiteten Lasters – wesentlich gehemmt.

Allwöchentlich werden mehrere Plakate aufgehängt. So wird in einer Woche zum Beispiel nicht nur besonders auf die Korrektur einiger Konsonanten geachtet, sondern zugleich auch auf irgendeinen anderen Fehler, etwa auf die Haltung der Beine, der Arme oder des Rumpfes.
Die Sprechwerkzeuge und die andern Organe des Körpers gehören zwar ganz unterschiedlichen Bereichen an, aber man kann die Arbeit an der Korrektur ihrer Mängel durchaus kombinieren.
Man sollte zuerst danach trachten, die richtige Körperhaltung zu erzielen, und dann seine ganze Aufmerksamkeit auf die Artikulation konzentrieren.
Dabei können Sie sicher sein: Die zahlreichen Beobachter lassen Ihnen keinen Fehler durchgehen, auf keinem Gebiet; sie erinnern Sie immer wieder an das, was Sie selbst etwa übersehen oder nicht beachtet haben.
Man kann aber auch auf verschiedene Bereiche seines Wesens gleichzeitig achten. Das ist eine für den Schauspieler äußerst nützliche Übung, denn sie trainiert und fördert die für den künstlerischen Prozeß so wichtige vielschichtige Aufmerksamkeit, die ebenfalls bis zur mechanischen Gewohnheit und zum unbewußten Funktionieren entwickelt werden muß.
Bei dieser Arbeit hängt alles davon ab, daß jeder Schüler seine individuellen Fehler erkennt, daß er weiß, auf welche Weise er sie bekämpfen kann und was für eine automatische Gewohnheit er sich aneignen muß.
Die dazu notwendigen Anweisungen gibt ihm ein Spezialist, dessen Unterricht zugleich der systematischen Kontrolle der Übungen dient, die von den Schülern in seiner Abwesenheit durchgeführt werden.
Nach einer Woche werden die alten Plakate entfernt und andere an ihrer Stelle aufgehängt. Als Beispiel wollen wir Ihnen ein paar Plakattexte zeigen.

Artikulation. Die Verschlußlaute b und w.
Körper: Nicht mit übereinandergeschlagenen
Beinen sitzen.
Bälle unter den Achseln (Rundung der Arme,
Kampf gegen spitze Ellenbogen).

Diese Übungen werden in regelmäßigen Abständen auch in das „Toilettemachen des Schauspielers" einbezogen. Sie dienen das ganze Leben hindurch zur Kontrolle und Unterstützung der durch die Plakate erworbenen Gewohnheit.

Mehrere Plakate mit wechselnden Texten für die wöchentlichen Übungen werden heruntergelassen. Auf einem Plakat steht: Füße nach außen drehen (man kann die Korrektur des Sprechens mit der Korrektur von schlechter Körperhaltung kombinieren).

Sprecher: Hier muß ich noch auf einen weiteren wichtigen Vorteil hinweisen, den die Benutzung von Plakaten und das gemeinsame Bekämpfen von Fehlern für die Schüler hat. Die ständigen gegenseitigen Ermahnungen gewöhnen die Schüler von Jugend auf daran, bewußte Selbstkritik zu üben und die Kritik von andern gelassen zu ertragen. Wenn Sie wüßten, wie wichtig das gerade für uns Schauspieler ist!
Dieses Verfahren gewöhnt uns daran, allmählich auf Hinweise zu hören, es lehrt uns, Kritik objektiv und gelassen hinzunehmen. Zugleich gewöhnt unsere Methode der gegenseitigen Erziehung und Vervollkommnung die Schüler daran, ihre Kameraden freundschaftlich und sachlich zu kritisieren, ohne jede überflüssige und schädliche Nörgelei. Ein Schauspieler muß imstande sein, seinen Berufskollegen freundschaftlich, taktvoll und unvoreingenommen seine Meinung zu sagen und sich durch seine Unparteilichkeit auf den Gebieten, in denen er beschlagen ist und sich ein Urteil erlauben kann, Autorität zu erwerben.
In unserem Beruf ist die richtige Einstellung zu Kritik und Selbstkritik besonders wichtig.
Die Kritik sollte uns wertvoller sein als ein bloßes Kompliment, an das sich der Schauspieler ohnehin viel zu schnell und leicht gewöhnt.
Wenn sich eine schwärmerische Psychopathin hinter die Kulissen stiehlt, einem Schauspieler Blumen überreicht und Komplimente macht, so kann das niemanden wundern. Schließlich möchte jeder gern einmal einen Blick hinter die Kulissen werfen und seinen Abgott in diesem Milieu sehen.
Wenn sich jedoch ein ehrwürdiger alter Mann aus Hochachtung für die Leistung eines Schauspielers darum bemüht, hinter die Kulissen gelassen zu werden, und allen Schwierigkeiten und Hindernissen zum Trotz bis in die Garderobe eines Schauspielers vordringt, nicht um ihm Komplimente zu machen, sondern um ihn schonungslos zu kritisieren, sollten wir dieses Verhalten unvergleichlich viel höher werten, denn es ist wichtiger für uns und zeugt von der Ehrfurcht des wirklichen Kenners vor der schöpferischen Arbeit des Schauspielers.

Etüde Nr. ...

Militärparade

Die Schüler spielen (mit vorgestellten Musikinstrumenten) in einem Militärorchester (zu Grammophonmusik).
Fahnen werden hereingetragen mit der Aufschrift:
a) Vorstellung (Verstand)
b) Urteilsvermögen (Verstand)
c) Einheit Wille–Gefühl
d) Durchgehende Handlung
e) Überaufgabe
Erläuterung: Wozu brauchen wir ein solches Spiel auf allerlei Musikinstrumenten und das Verständnis für die Noten und Partien, die jeder zu spielen hätte.
Schauspieler müssen imstande sein, das Spiel auf allen möglichen Musikinstrumenten (Requisiten) täuschend nachzuahmen, während die Musik in Wirklichkeit hinter den Kulissen spielt.

Etüde Nr. ...

Ballett

Alle Elemente tummeln sich durcheinander. Jedes einzelne von ihnen tanzt für sich. Sie wirbeln durcheinander, suchen nach einem schöpferischen Thema. Da erscheint der Dramatiker, der sein Stück bringt, er geht Arm in Arm mit der Überaufgabe. Er läßt die Überaufgabe zurück, sie verbirgt sich hinter dem Buch. Allgemeine Aufregung der Elemente. Sie wirbeln durcheinander. Die Antriebskräfte des psychischen Lebens kommen hinzu. Sie schaffen Ordnung und stellen sich in Reih und Glied auf. Sie gehen auf das Buch zu und lesen darin. Sie begreifen nichts.
Da entdecken sie auf einmal die Überaufgabe, die gleich darauf wieder verschwunden ist. Die Antriebskräfte suchen nach ihr in jedem der Elemente, wobei sie alle Augenblicke zum Buch zurückkehren, um sich zu vergewissern. Sie führen die Elemente zum Buch hin. Alle suchen gemeinsam.
Alle reihen sich ein und suchen die Überaufgabe auf der ganzen Bühne. Sie erscheint da und dort.
Sie reihen sich ein, ergreifen eine Fahne mit der Aufschrift „Durchgehende Handlung". Geordneter Umzug.
Sie finden die Überaufgabe, tragen sie im Triumphzug mit sich. Marsch. Lebendes Bild.
(Dabei fortwährende Erläuterungen durch den Pädagogen nach meinem Buch.)

Allgemeine Kultur

Sprecher: In der Wohnung eines bekannten Schauspielers, eines ehemaligen Schülers der Theaterschule, hing ein großes Papierbündel. Das waren seine alten Aufzeichnungen über die Vorlesungen in Kunstgeschichte, Kostümkunde und Literatur. Aus diesem Bündel wurden bei Bedarf einzelne Blätter herausgerissen und zum Einwickeln aller möglichen Gegenstände benutzt. Das also war das Ergebnis eines wissenschaftlichen Studiums, das im Herzen des Schauspielers, in seiner Kunst keine Spur hinterlassen hatte.
Ich kenne noch andere Fälle. So gibt es zum Beispiel unter den Schülern und Schauspielern Sammler, die Dekorationsentwürfe, Zeichnungen von Masken und Kostümskizzen oder Material zur Theatergeschichte liebevoll zusammentragen. Diese Menschen begreifen sehr wohl, welche Bedeutung die Wissenschaft für unsere Kunst hat. Warum aber habe ich in ihren Bibliotheken noch kein einziges Mal Aufzeichnungen ihrer Vorlesungen gefunden? Vielleicht erschienen ihnen die nicht interessant genug? Dabei wissen wir doch, daß an den Schauspielschulen die fähigsten Professoren unterrichten. Was also ist die Ursache für die Interesselosigkeit der Schüler gegenüber den wissenschaftlichen Fächern?
Sie ist darin zu suchen, daß Schauspieler nun einmal in erster Linie spielen und handeln wollen. Darum greifen sie alles begierig auf, was unmittelbar zur Gestaltung der Rolle, an der sie gerade arbeiten, beitragen kann.

Wissenschaftliche Kenntnisse und Aufzeichnungen der Vorlesungen können ihnen keinen unmittelbaren praktischen Nutzen bieten. Mit theoretischem Wissen können nur einige wenige etwas anfangen, die nebenbei gesagt durchaus nicht immer künstlerisch begabt zu sein brauchen.
Diese und andere Erfahrungen haben uns veranlaßt, an unserer Schule eine ungewohnte Unterrichtsmethode für wissenschaftliche Fächer einzuführen. Wir wollen den Schülern dieses Wissen nicht in Form von theoretischem Material vermitteln, sondern während des praktischen Rollenstudiums, auf eigens dafür bestimmten Proben. Dabei finden sich die Schüler, Schauspieler, Regisseure und alle Lehrer der wissenschaftlichen Fächer zusammen, um in gemeinsamer Arbeit ein Stück einzustudieren. Im Verlauf einer solchen Arbeit werden auch die theoretischen, wissenschaftlichen Kenntnisse von den Schülern begierig aufgegriffen, sofort in die Praxis umgesetzt und prägen sich so nicht nur dem Gedächtnis und Bewußtsein, sondern auch dem Gefühl für immer ein.
Wie groß ist die Freude eines Schülers, wenn er sich zum ersten Mal eine Perücke aufsetzt oder sich im historischen Kostüm mit Umhang und Degen sieht. Mit wieviel Interesse betrachten die Schüler Kostümskizzen für ihre künftigen Rollen. Solche Momente erleben junge Menschen innerlich leidenschaftlich bewegt. Diese Begeisterung muß man ausnutzen, um ihnen dabei wissenschaftliche Kenntnisse zu vermitteln.
Ist diese Methode praktisch durchführbar? Ich will versuchen, sie anhand eines Beispiels zu illustrieren. Wir wollen allerdings von der Voraussetzung ausgehen, daß man vom wissenschaftlichen Unterricht nichts Unmögliches verlangen und aus Schauspielern keine Professoren und Gelehrte machen soll. An den Schauspielschulen sollte man ihnen nur das vermitteln, was sie für ihre künstlerische Arbeit brauchen. Allgemeine Bildung sollte man nur in dem Maße lehren, wie sie für einen kultivierten Menschen erforderlich ist. Alles, was ein Schüler darüber hinaus lernen will, mag er sich im Lauf seines Lebens selbst aneignen. Das Unterrichtsprogramm der Theaterschulen ist, was das Studium der organischen Gesetze der schöpferischen Natur und der Psychotechnik des Schauspielers anbetrifft, bereits so umfangreich, daß es unmöglich auch noch die Aufgaben von Hochschulen übernehmen kann.
Gewisse Kenntnisse der Literatur, Geschichte, Kostümkunde, Architektur, Stilkunde und so weiter sind zur Arbeit an Stück, Rolle und Aufführung allerdings unerläßlich. Sie sollen jedoch unmittelbar während der Arbeit an Stück, Rolle und Aufführung vermittelt werden.
Die Kenntnisse auf verschiedenen wissenschaftlichen Gebieten müssen zu einer Einheit verbunden werden. Darum muß auch der Unterricht in diesen Fächern im Lehrplan richtig abgestimmt sein. Auf welche Weise kann das geschehen?
Nehmen wir an, es ist geplant, daß die Schüler eine antike Komödie von Aristophanes oder Plautus lesen oder aufführen sollen. Um ein solches Stück einstudieren zu können, muß man über die Epoche, die Kostüme, über Kunstgeschichte Bescheid wissen (um die Bühnenarrangements, Dekorationen und Kostüme entwerfen zu können, um sich richtig zu geben, um sich die Sitten und Gebräuche des Landes anzueignen und so fort). Das ist eine notwendige Voraussetzung und eine wesentliche

Hilfe für die Schüler und wird daher von ihnen begeistert aufgenommen. Um die wissenschaftlichen Fächer des Lehrplanes auf diese Weise zu behandeln, müssen die Pädagogen ihren Unterricht aufeinander abstimmen und an der Inszenierung des Stückes mitarbeiten. Dazu gehört ein gemeinsam erarbeitetes wissenschaftliches Unterrichtsprogramm, das dem praktischen, künstlerischen Zweck angepaßt ist. Dabei ist es unwichtig, ob eine solche Aufführung stattfindet oder nicht, ob man sie richtig inszeniert oder sich auf das Lesen des Stückes beschränkt. Wichtig ist allein die Tischprobe. Irgendwann einmal werden alle diese Vorbereitungen verwertet werden; diese antike Komödie wird im Spielplan einer neuen jungen Bühne das Rampenlicht erblicken. Bis dahin leistet uns diese Arbeit auch auf einem andern Gebiet gute Dienste: Sie bereichert das Wissen der Schüler und läßt es zu ihrem festen Besitz werden.

Das ist eine der Möglichkeiten, um den Schülern auf praktischem Wege die notwendigen wissenschaftlichen Kenntnisse zu vermitteln. Es gibt aber auch noch einen andern Weg: Ein Raum der Schule soll mit gepausten Bildern von Kostümen der verschiedensten Epochen und Nationen ausgeschmückt werden. Diesen Kostümkunderaum sollen die Schüler gemeinsam herstellen. Jeder Schüler bekommt einen größeren oder kleineren Bilderrahmen – je nach Bedeutung der Epoche –, in dem er Bilder besonders typischer Kostüme der betreffenden Periode und Nation unterbringen muß. Um jede dieser Epochen auf dem relativ kleinen Raum des Rahmens vorstellen zu können, muß man zuvor die gesamte Kostümkunde des betreffenden Landes und Jahrhunderts studieren, um aus der großen Menge der in Frage kommenden Kostüme die besonders typischen auszuwählen. Als Ansporn für eine solche Arbeit wird ein Wettbewerb zwischen den Schülern veranstaltet. Man gibt ihnen Hinweise zum Quellenmaterial und sagt ihnen, in welchen Bibliotheken sie es finden können; man stellt ihnen die zum Pausen notwendigen Gerätschaften zur Verfügung. Im Laufe eines Studienjahres tragen die Schüler in Diskussionen über Kostümkunde das Material zusammen; es wird ausgewertet, kritisiert, von den Schülern verteidigt und entweder als Reserve zurückgelegt oder in den Rahmen der jeweiligen Epoche und Nation getan. Diese Diskussionen finden in Anwesenheit aller Schüler statt, die angehalten sind, nicht nur bei den Erörterungen über ihre eigene Epoche aufmerksam zuzuhören, sondern sich genauso auch für das zu interessieren, was über die anderen, von ihren Mitschülern behandelten Epochen gesagt wird. Das alljährliche Examen besteht darin, daß die Schüler vor den Mitgliedern von Laienspielgruppen, vor Schülern anderer Schulen oder vor Kolchosbauern, die zur Besichtigung der Schulausstellung eingeladen worden sind, wie eine Art Fremdenführer die Kostüme der verschiedenen Epochen und Länder erläutern. Die Lehrer können sich dadurch ein Bild machen, wie weit die Schüler das jeweilige Fachgebiet beherrschen.

Damit ist das Examen jedoch noch nicht zu Ende, sondern jeder Schüler hat die Aufgabe, sich nach eigenem Gutdünken mit Hilfe der Theaterschneider ein Kostüm anzufertigen, das für seine Epoche besonders typisch ist, dazu die passende Perücke auszuwählen und in dieser Tracht die Tänze, Manieren, Verbeugungen und so weiter der jeweiligen historischen Periode zu zeigen und, wenn möglich, auch ein Lied aus jener Zeit vorzutragen.

Entsprechend diesem Kostümzimmer soll im Lauf der vierjährigen Ausbildungszeit auch ein Raum für Architektur und Lebensformen der Völker in den verschiedenen Epochen eingerichtet werden. Zur Theatergeschichte wäre es wünschenswert, Modelle von antiken Theatern, Jahrmarktsbühnen, Mysterienbühnen, Straßenbühnen und so weiter zu bestellen oder in der Schule anfertigen zu lassen.

Als praktisches Ziel des Literaturstudiums wird den Schülern die Aufgabe gestellt, ein klassisches Repertoire aller Epochen und Völker zusammenzustellen und den Spielplan ihres künftigen Theaters auf zwanzig Jahre im voraus festzulegen. Dazu werden Autoren wie Shakespeare, Schiller, Goethe, Gogol, Gribojedow und so weiter ausgewählt. Jeder Schüler bekommt eine bestimmte Anzahl von Stücken zugewiesen, die er durcharbeiten muß; dazu erhält er eine entsprechende Zahl von Karten, auf denen er konkrete Fragen beantworten muß, und zwar nach dem Inhalt des Stückes, nach seinem Urteil darüber, nach der Tauglichkeit des jeweiligen Schauspiels für unser Theater, nach der Rollenverteilung innerhalb des Ensembles, nach der durchgehenden Handlung, der Überaufgabe, nach den wesentlichen Abschnitten und Episoden, aus denen sich das Stück zusammensetzt, und so fort.
Die ausgefüllten Karten werden bei den literarischen Diskussionen der Schüler und Lehrer ausgewertet und kritisiert, und die Karte wird danach entweder gutgeheißen und in die Bibliothek der Schule oder des künftigen Theaters aufgenommen oder dem Schüler zur Korrektur zurückgegeben. Auf diese Weise kann man einerseits eine wesentliche Vorarbeit für die Spielplangestaltung eines neuen Theaters leisten; andererseits werden die Schüler dabei durch praktische Aufgaben veranlaßt, die Urteile ihrer Kameraden über die Werke der dramatischen Weltliteratur zu lesen oder anzuhören. Alle Schüler müssen über diese Werke gut Bescheid wissen, weil sie sich ja alle miteinander über die zwanzigjährige Spielplangestaltung ihres künftigen Theaters die Köpfe zerbrechen sollen.[49]

Schlußfolgerung

Die Illustration des Programms ist für uns alle, für Lehrer und Schüler, eine Form des Examens.
Sie werden verstehen, daß jeder Mitwirkende die Grundlagen des sogenannten „Systems" erfaßt haben und genau kennen muß, um eine solche Zusammenfassung vornehmen und den Aufbau des „Systems" demonstrieren zu können.
Doch das ist noch nicht alles. Die Schüler spielen ja, das heißt, sie müssen imstande sein zu zeigen, wie man es machen soll, aber auch, wie man es nicht machen darf.
Wir lassen die Schüler zuweilen die falsch verstandene Anwendung des „Systems" parodieren. Auch diese Methode ist zweckmäßig; dadurch lernen sie, auch das Falsche, Schlechte und Fehlerhafte zu begreifen und technisch zu beherrschen; sie sollen imstande sein, es jederzeit willkürlich hervorzurufen und dann wieder auszumerzen.
Das schauspielerische Handwerk hat sich alle erdenklichen Schablonen ausgetüftelt, damit sich der Schauspieler nur ja nicht in Unkosten zu stürzen braucht, sondern,

ohne das geringste dabei zu empfinden, nur die Worte seines Textes in konventioneller, routinierter Intonation herunterzuplappern braucht.

Inszenierung des Programms. 2. Teil

Wort und Sprechen[50]

Sprecher: Bisher haben die Schüler Gedanken und Empfindungen der in den Etüden dargestellten Personen mit ihren eigenen Worten wiedergegeben. Diese Worte kamen ihnen im Augenblick des Spielens in den Sinn. Die Spielenden sprachen Worte, die sich aus ihrem Untertext, das heißt aus ihrem seelischen Erleben ergaben. Dasselbe geschieht im wirklichen Leben. Genauso sollte es auch auf der Bühne sein. Aber hier sieht die Sache anders aus.
Im Theater spielen die Schauspieler nicht selbsterschaffene Werke wie in der Etüde, sie sprechen nicht ihre eigenen Worte, sondern den Text des Autors des Stückes. Aber auch bei der Etüdenarbeit wird den Schülern nur im Anfang gestattet, ihre eigenen, zufällig entstandenen Worte zu verwenden.
Auch hier kommt bald der Augenblick, wo man vom Improvisieren abgehen und den Rollentext festlegen muß. Er wird aufgeschrieben, korrigiert, festgelegt und schließlich auswendig gelernt.
Hier tritt jedoch etwas Unvorhergesehenes ein. Die selbstentwickelte Etüde und die selbsterschaffenen Worte kommen den Schülern auf einmal fremd vor und werden plötzlich nicht mehr wie lebendige menschliche Worte gesprochen, sondern mit unnatürlichen schauspielerhaften Intonationen vorgetragen.
Wie ist dieser Wandel zu erklären?
Erstens durch den Zwang, den festgelegten Text wortwörtlich wiederzugeben, und zweitens durch die beim Wiederholen der auswendig gelernten Worte hervorgerufene Gedächtnisanstrengung. Diese beiden Faktoren lenken die Aufmerksamkeit von der inneren, schöpferischen Linie der Rolle ab, und sobald man sich davon entfernt, werden die Worte nur noch um ihrer selbst willen, damit sie erklingen, gesprochen. Ein solches Dahinplappern behindert den normalen Ablauf des Sprechprozesses und hat Verzerrung zur Folge.
Leider verfallen die Schauspieler sehr rasch in den Fehler, den Text vom Untertext zu trennen, ja, es kommt vor, daß sie den Untertext vollkommen vergessen.
Im Lauf der Zeit und durch lange Gewöhnung werden die feststehenden Worte allmählich mechanisch ausgesprochen, sie „legen sich auf den Zungenmuskel", wie es im Schauspielerjargon heißt, sie werden vom Schauspieler nebenbei, ohne Bewußtsein dahergeredet. Dabei wird der Text von seinem Untertext losgelöst, wodurch die Worte leer, seelenlos, kalt und formal werden, weil sie nicht vom Gefühl erwärmt und nicht vom Gedanken gerechtfertigt worden sind. Die Folge davon sind Verzerrungen und unfreiwilliges Geplapper, das die Arbeit von Gedanke, Gefühl, Willen und allen andern seelischen Elementen zunichte macht. Diese Elemente schleppen sich mühsam hinter dem mechanisch gesprochenen Text hinterher wie ein Fußgänger hinter einem Eisenbahnzug, ohne die geringste Hoffnung, ihn jemals ein-

zuholen. Wenn eine solche Verzerrung bereits in einer Etüde eintritt, deren Text doch vom Spielenden selbst stammt und nur festgelegt worden ist, wieviel größer ist die Gefahr dann erst in einer richtigen Rolle! Die fremden Worte des Textes werden vom Schauspieler häufig gewaltsam und übereilt eingepaukt, ohne daß er sich zuvor einen inneren Untertext dazu geschaffen hat.

Je besser das mechanische Gedächtnis eines Schauspielers trainiert ist, desto eher verfällt er in diesen Fehler, und je mehr er in diesen Fehler verfällt, desto größeres Gewicht legt er auf die rein mechanische Seite des Sprechprozesses. Schließlich kommt es soweit, daß er nicht mehr imstande ist, auf der Bühne überhaupt noch natürlich zu sprechen, und das Ergebnis ist eine rein handwerkliche, routinemäßige Sprechmanier, die durch häufiges Wiederholen ganz von selbst mechanisiert wird.

Wir werden Ihnen gleich ein Beispiel dafür geben.

Die Schüler sollen nicht nur wissen und begreifen, was falsch ist, sie müssen auch imstande sein, es zu parodieren. Das ist die wirksamste Methode, um sich über Fehler klarzuwerden. Man muß auch zeigen können, wie man es nicht machen soll. Das Richtige wird besser erkannt, wenn man auch weiß, wie man es falsch macht.

Darum gestatten wir unseren Schülern, das falsche Sprechen zu parodieren.

Etüde Nr. ...

Lehrer: Iwanow! Sprechen Sie Gogols Gedicht „Herrlicher Dnepr"[51] so, wie Sie es nicht sprechen sollen!

Der Schüler leiert das Gedicht herunter wie der Küster in der Kirche. Dabei wird das aufrichtige Empfinden durch hohles Pathos ersetzt, und an die Stelle einer echten, produktiven, zielbewußten Handlung tritt outrierte Leidenschaft.

Lehrer: Was für eine Linie haben Sie soeben verfolgt?
Schüler: Gar keine. Ich habe die Worte mechanisch heruntergeleiert.
Sprecher: Die Ursache für die Zerstörung der natürlichen Sprechweise liegt meistens in einer inneren Verzerrung oder darin, daß man auf der Bühne einen falschen Weg einschlägt. Viele dieser Wege sind darum so verführerisch, weil sie leicht zugänglich sind. Da ist zum Beispiel die Linie der Bühnenarrangements, die überaus leicht zu behalten ist: Man kommt durch eine bestimmte Tür auf die Bühne, begrüßt einen Partner, legt Hut und Handschuhe an einen bestimmten Platz, wobei man ein paar Worte zu sagen hat, dann tritt man ans Fenster, riecht an einer Blume, hat noch ein paar Repliken zu sprechen und so fort.

Während sich der Schauspieler solcherart von einer Stelle zur andern bewegt und dabei die abgenutzten Worte seiner Rolle mechanisch herunterleiert, vollzieht er gleichsam ein „darstellerisches Ritual", das mit dem eigentlichen Wesen von Stück und Rolle so wenig gemein hat wie mit seinem Text und Untertext oder mit dem gesamten schöpferischen Prozeß überhaupt. Kann man unter solchen Bedingungen überhaupt noch richtig sprechen? Natürlich nicht.

Wir werden Ihnen jetzt eine Kostprobe für ein solches Spiel geben, wobei Ihnen ein Filmstreifen die inneren Vorstellungsbilder des Darstellers illustrieren wird.[52]

Etüde Nr. ...

Man spielt eine beliebige kleine Szene im Sinne des Bühnenarrangements, wie oben beschrieben, wobei auf Text, Sinn und Untertext nicht der geringste Wert gelegt wird.
Gleichzeitig mit diesen Darbietungen läßt man auf der Leinwand Bilder aus dem Privatleben des Darstellers abrollen (zum Beispiel Szenen aus dem Studentenwohnheim des Studios. Diese Bilder könnten zugleich Aufschluß über das Alltagsleben der Schüler geben. Der Conferencier kann die Illustrationen des Filmes erläutern.)
Es gibt eine noch leichtere und verführerische Methode, die von den Schülern ebenfalls nur zu gern benutzt wird: die Methode der *Bühnentricks*.
In jeder Rolle hat man sehr bald die Stellen herausgefunden, auf die das Publikum mit Lachen und Beifall reagiert. Die Schauspieler kennen und lieben diese Stellen der Rolle, auf die sich ihr sogenannter „Erfolg" gründet. Einige von ihnen widmen diesen Momenten auf Kosten der Grundidee und Logik des Stückes ihre ganze Aufmerksamkeit.
Manche Schauspieler gehen soweit, daß sie über den Tricks und dem gewohnten Herunterleiern des Textes die Gedanken, ja sogar die Fabel der Rolle vergessen. Alles das wird den kleinen Schauspieler-„Tricks" zum Opfer gebracht.
Auch diese Methode wird gar leicht zur Gewohnheit. Auf diese Weise entstehen Rollen, die sich sozusagen von allein spielen, in denen die Worte mechanisch gesprochen und die Handlungen auf Grund von Muskelgewohnheit und routinemäßigen Fertigkeiten mechanisch ausgeführt werden.
Mit Helfershelfern dieses Schlages bleibt der Schauspieler sich selbst überlassen. Er kann, auch während er auf der Bühne steht, an seine persönlichen Angelegenheiten denken und innerlich sein eigenes, privates Spießerdasein führen.
Wir wollen versuchen, Ihnen auch diese Möglichkeit zu illustrieren.

Etüde Nr. ...

Ein Schüler spielt eine kleine, nur auf Tricks aufgebaute Szene, ohne dabei auf die Worte und deren Sinn zu achten.
Unterdessen sieht man auf der Leinwand Bilder aus dem Leben hinter den Kulissen, aus dem Privat- und Familienleben des Schauspielers oder seiner Bekannten, Liebesszenen, unbekannte Gesichter, Landschaften, Straßen, völlig unerwartete Vorstellungsbilder und Gegenstände.
Dabei sollte man sich bemühen, jeden Unsinn zu illustrieren, der dem Handwerker-Schauspieler bei seinem mechanischen Spielen durch den Kopf gehen kann.
Das sind Beispiele für die falsche Linie in der Arbeit, die auf der äußerlichen, professionellen schauspielerischen Routine basiert.
Uns ist es jedoch um eine andere, richtige schöpferische Methode zu tun, die allein uns zum natürlichen Sprechen auf der Bühne befähigt. Diese Linie folgt den Gesetzen der organischen Natur; sie entsteht aus den durch aufrichtiges Wollen und Streben belebten seelischen Elementen des Schauspielers, von denen unser Handeln und Sprechen bestimmt wird. Ich meine damit die Linie des *Untertextes*.

Leider ist diese Methode unbeständig und schwer zu fassen, darum kann man sie sich auch, besonders bei den mannigfachen Ablenkungen des öffentlichen Auftretens, schwer zur Gewohnheit machen.

Auf der Suche nach Mitteln zur Festigung des unbeständigen Untertextes haben wir verschiedene Gebiete und Bereiche betrachtet, und zwar a) das innere Sehvermögen, b) den Bereich des Denkens und c) die inneren Handlungen.

Selbstverständlich üben die anderen Elemente wie Phantasie, Gefühl für Wahrhaftigkeit und der Glaube daran, Logik und Folgerichtigkeit, Wechselbeziehung und Anpassungsfähigkeit ebenfalls einen starken Einfluß auf die Festigung der Linie des Untertextes aus, aber sie spielen nicht die führende Rolle. So trägt die Phantasie lediglich dazu bei, die inneren Vorstellungsbilder hervorzurufen, das Empfinden für Wahrhaftigkeit und der Glaube daran sowie Logik und Folgerichtigkeit schweißen alle anderen Teile des Untertextes zusammen. Die Wechselbeziehung und Anpassungsfähigkeit sowie die durchgehende Handlung bewirken die Aktivität des Untertextes und so weiter.

Ich will eine trockene Vorlesung vermeiden und versuchen, Ihnen anhand von anschaulichen Beispielen zu zeigen, wie die verschiedenen Linien des Untertextes entstehen und miteinander verflochten werden.

Ich beginne mit den *inneren Vorstellungsbildern*, wie wir das in unserm Schauspielerjargon nennen.

Etüde Nr. ...

Film

(Zu diesem Zweck läßt man von den Schülern einen Film zusammenstellen.)
Auf der Leinwand sieht man eine Folge rasch wechselnder Aufnahmen des Dnepr.
Ein Schüler rezitiert: „Herrlicher Dnepr..."
Wieder ein neues Bild.
Der Vortrag geht weiter, und so fort.

Sprecher: Sobald der Spielende seine Aufmerksamkeit jedoch vom Untertext abschweifen und seinem Sprechmuskel die Zügel schießen läßt...

Der Schüler rattert die Worte auf einmal mit unglaublicher Geschwindigkeit herunter.

Der arme Film tut sein möglichstes, um mit dem Text Schritt zu halten, einzelne Bilder, oder richtiger Bildfetzen, huschen vorüber, geraten durcheinander, werden immer wieder von Bildern aus dem Alltag und dem Privatleben des Vortragenden überblendet, die nichts mehr mit der Schönheit des Dnepr gemein haben, bis sie schließlich die ursprünglichen inneren Vorstellungsbilder des Schauspielers völlig verdrängen.

Alle Vorstellungsbilder wirbeln durcheinander.

Sprecher: Ich möchte Ihnen jetzt ein paar Erläuterungen hierzu geben. Im Innern jedes Menschen entsteht zunächst die Vorstellung dessen, worüber er gern sprechen will.

Schüler: O ist das schwer!
Lehrer: Das Natürliche ist niemals schwer. Die dem Sprechprozeß vorausgehende innere Illustration des Untertextes ist im realen Leben ein durchaus gewohnter und normaler Vorgang. Denken Sie nur einmal daran, wie dieser Vorgang sich in Ihnen selbst vollzieht.
Im Menschen entstehen *Vorstellungen,* die entweder von allein aus dem Unbewußten zu uns dringen oder durch bewußte Ursachen ausgelöst werden. Diese Vorstellungen werden unverzüglich auf der Leinwand unseres inneren Sehvermögens widergespiegelt (als Vorstellungsbilder). Nehmen wir als Beispiel Sie, Iwanow. Rufen Sie eine beliebige Vorstellung in sich hervor. Denken Sie an irgend etwas.
Auf der Leinwand erscheint das Bild einer Ananas.
Schüler: Ich denke an eine Ananas.
Lehrer: Warum denn ausgerechnet an eine Ananas und nicht an irgend etwas anderes, das Sie rings um sich sehen?
Schüler: Ich weiß es nicht.
Lehrer: Auch ich weiß es nicht. Und niemand kann es wissen. Einzig und allein Ihr Unbewußtes könnte uns Aufschluß darüber geben, warum gerade diese *Vorstellung* in Ihnen entstanden ist.
Jetzt bemühen Sie sich einmal, sich über das klarzuwerden, was anschließend in Ihnen vorgegangen ist.
Schüler: Ich fing an, darüber nachzudenken, wie eine Ananas eigentlich wächst, aus dem Boden wie ein Radieschen oder auf irgendeine andere Weise.
Auf der Leinwand erscheint eine Palme, in deren Zweigen Ananasfrüchte hängen.
Schüler (lachend): Einen Augenblick lang kam es mir so vor, als ob die Ananas auf Palmen wüchse.
Lehrer (ebenfalls lachend): Warum denn ausgerechnet auf einer Palme?
Schüler: Wahrscheinlich weil die Ananas der Palme in gewisser Hinsicht ähnelt. Ihre Schale gleicht der Rinde und ihre Blätter den Blättern der Palme.
Lehrer: Alles, was Sie soeben erwähnt haben, gehört zur zweiten Phase des Sprechprozesses, es enthält nämlich Ihr *Urteil* über eine bestimmte Vorstellung. Hier tritt die erste Antriebskraft unseres psychischen Lebens, der *Verstand,* in Aktion. Wo sich eine *Vorstellung* bildet, entsteht unvermeidlich auch eine bestimmte Einstellung dazu, das heißt ein *Urteil* über sie. Mit dem Urteil treten zugleich auch *Wille* und *Gefühl* in Aktion.
Damit ist die alte Formel für die Antriebskräfte des psychischen Lebens: *Verstand, Wille und Gefühl* durch eine neue Formel ersetzt worden, die heißt: *Vorstellung, Urteil und die Einheit Wille–Gefühl.**
Nun ist jeder Mensch bemüht, diese inneren, unsichtbaren Empfindungen und Wechselbeziehungen von Verstand, Wille, Gefühl und sein Urteil den andern Menschen so zu vermitteln, wie er selbst es sieht und beurteilt.
Zu diesem Zweck treten alle unsere Ausdrucksmittel (wie Mimik, Bewegung, Stimme, Intonation und Sprechen) in Aktion. Von diesem Augenblick an ist das Sprechen

---

* Siehe hierzu: „Die Arbeit des Schauspielers an sich selbst", Teil I, S. 265 ff. *(Anm. d. Hrsg.)*

kein leeres Daherplappern von Worten mehr, sondern wird zur echten, produktiven, zielbewußten, menschlichen *Handlung*.

Wie wir sehen, sind die besten Waffen gegen das mechanische, routinemäßige Herunterleiern des Rollentextes ein aufrichtiges Wollen und Streben, richtige Aufgaben und das innere und äußere Bemühen, den anderen Menschen die eigenen Vorstellungsbilder mitzuteilen.

Das ist im wirklichen Leben bei jeder Unterhaltung der Fall. Genauso sollte es auch beim öffentlichen Auftreten auf der Bühne sein. Aber leider entstehen die inneren Vorstellungsbilder auf der Bühne beileibe nicht immer von selbst. In den meisten Fällen muß man sie künstlich in sich hervorlocken wie die Bilder, die soeben mit Hilfe des Bildwerfers auf die Leinwand projiziert worden sind.

Bei diesem inneren Prozeß gibt es einige Schwierigkeiten, mit denen es folgende Bewandtnis hat:

Der „Filmstreifen" unseres inneren Sehvermögens spiegelt ja durchaus nicht das reale Leben wider, sondern eine in Wahrheit gar nicht existierende Situation, die sich unsere schöpferische Phantasie nur erdacht hat, um den Anforderungen des Rollenlebens gerecht zu werden. Nun kommt es darauf an, daß wir diese erfundene Situation für uns selbst zur Wirklichkeit werden lassen. Häufig ist eine solche erdachte Wirklichkeit uns sogar wesensfremd, aber da sie sich aus unseren eigenen visuellen Erinnerungen oder anderen Assoziationen zusammensetzt, steht uns das erdachte Leben der Rolle trotzdem in einzelnen Abschnitten oder Elementen nahe.

Der dadurch entstandene „Filmstreifen" unserer Vorstellungsbilder rollt unaufhaltsam vor unserem inneren Auge ab; und was er zeigt, geben wir mit unseren Worten oder Handlungen bei jeder neuen Aufführung neu wieder.

Ich lege darum so großen Wert auf diesen „Filmstreifen" unserer inneren Vorstellungsbilder, weil mit seiner Hilfe alle *vorgeschlagenen Situationen* der Rolle geschaffen werden.

Diese vorgeschlagenen Situationen müssen wir beständig einkalkulieren. Wir müssen sie vor uns sehen, wenn wir an die Vergangenheit oder die angenommene Zukunft der Rolle denken, wenn wir die Bühne betreten oder verlassen. Es muß klar sein, woher man kommt und wohin man sich auf der Bühne wendet.[53]

Bei all diesen Gelegenheiten ruft der „Filmstreifen" unserer inneren Vorstellungsbilder visuelle Assoziationen in uns wach, wie es unser Gedächtnis auch im realen Leben tut.

Versäumen Sie nur nicht, vor jeder Wiederholung einer Rolle und ehe Sie ein Wort des Textes aussprechen, den vorbereiteten „Filmstreifen" Ihrer Vorstellungsbilder für das Leben der Rolle immer wieder in Gedanken vor sich abrollen zu lassen.

Sie müssen wissen, daß dieser „Filmstreifen" ein wichtiger innerer Untertext der Rolle ist, ohne den Ihre Worte und Ihr Sprechen tot und leblos bleiben.

Kurz gesagt, der „Filmstreifen" der inneren Vorstellungsbilder ist die Illustration aller „vorgeschlagenen Situationen" des Lebens der Rolle, die der Schauspieler zur inneren Rechtfertigung der Worthandlung und der anderen Handlungen der Figur benötigt.

Diese immer wieder von neuem abrollenden Vorstellungsbilder rufen bei jeder Auf-

führung des Stückes immer wieder neue Nuancen und Intonationen im sprecherischen Ausdruck des Schauspielers hervor. Auf das Wort „hervorrufen" lege ich in diesem Zusammenhang besonderen Wert, denn der innere „Filmstreifen" darf die Sprechintonation keineswegs festlegen, sondern sie lediglich auf natürlichem Wege hervorrufen und rechtfertigen.
Halten Sie sich auch vor Augen, daß der „Filmstreifen der Vorstellungsbilder" uns *nur das zeigt, was sich außerhalb der Bühne zuträgt, und niemals das, was auf der Bühne selbst geschieht,* was die Mitwirkenden darauf sehen.
Die Bühne ist für die Schauspieler echtes, reales Leben, ist Wirklichkeit, und wir müssen lernen, sie als solche zu betrachten.
Dieses Leben wird von uns in jeder Aufführung immer wieder neu erschaffen, während die Überaufgabe, die durchgehende Handlung und die vorgeschlagenen Situationen sich gleichbleiben. Dabei müssen die vorgeschlagenen Situationen jedesmal so gerechtfertigt und erfüllt werden, wie der Schauspieler sie an diesem Tage aufrichtig rechtfertigen und erfüllen kann, selbstverständlich in Übereinstimmung mit den Gegebenheiten der Rolle und dem allgemeinen Befinden des Schauspielers.
So entsteht die erste, mehr oder minder beständige Linie des Untertextes der Rolle, die sich aus den einzelnen Momenten der *inneren Vorstellungsbilder* zusammensetzt.
„Das ist ja Naturalismus!" werden die Ästheten schreien.
Sie mögen sich beruhigen. Das ist kein Naturalismus, sondern das Streben zum Natürlichen; es ist der Kampf für die Naturgesetze, und wir verwahren uns dagegen, daß sie durch die Konventionen des schauspielerischen Handwerks verletzt werden.
Die Methode, innere Vorstellungsbilder in sich wachzurufen und sie dem Partner auf der Bühne zu vermitteln, weist dem Schauspieler aber nicht nur in den ersten Anfängen seiner Arbeit an der Rolle den richtigen Weg. Sie ist bei der Korrektur einer verdorbenen oder abgespielten Rolle nicht weniger nützlich.
Jeder Schauspieler soll sich gerade dann, wenn ihm seine mechanisch ablaufende Arbeit auf der Bühne durch ständiges Wiederholen zur Gewohnheit zu werden droht, die Frage stellen und sie aufrichtig beantworten, ob er etwas vortäuscht oder ob er aufrichtig, produktiv und zielbewußt handelt. Wenn er erkennt, daß er etwas vortäuscht, dann soll er unversäumt seine eigene Lebenserfahrung zu Rate ziehen und entscheiden, wie er selbst sich im wirklichen Leben *heute, hier und jetzt* unter der Rolle entsprechenden Umständen verhalten würde.
Dieses Vorgehen wird dem Schauspieler dazu verhelfen, *sich selbst in der Rolle und die Rolle in sich zu finden.* Sobald das erreicht ist, wird sich die richtige innere Linie von Handlung und Untertext von selbst einstellen.
Beständiger als der Untertext ist die Linie des *Gedankens.* Ich will versuchen, Ihnen den Entstehungsprozeß dieser Linie wieder an einem Beispiel zu erläutern.[54]

Etüde Nr. ...

Lehrer: Erzählen Sie uns bitte, wie Sie die *gedankliche Linie* in Astrows Monolog über die Wälder aus dem ersten Akt von Tschechows „Onkel Wanja" *verstehen.* Halten Sie sich dabei nicht streng an den wörtlichen Text, sondern verfolgen Sie nur den wesentlichen Gedankengang.

Schüler: Der Mensch handelt sorglos und unüberlegt. Er bedenkt nicht, daß es zum Heizen der Öfen Torfmoore und zum Bau von Scheunen Lehm und Ziegelfabriken gibt.

Lehrer: Im Monolog heißt es: „... weil der Mensch zu faul und zu dumm ist, sich zu bücken und den Heizstoff von der Erde aufzuheben!"* Es wäre besser, wenn Ihre inneren Vorstellungen über die Ursachen, die die Katastrophe des Untergangs der Wälder heraufbeschworen haben, nicht von den Gedanken Astrows und des Autors abweichen würden. Die richtige Vorstellung wird Ihnen helfen, auch das richtige Textwort zu finden. Andernfalls würden Sie an dieser Stelle ständig ins Stottern geraten.

Bitte weiter.

Schüler: Aber Sie haben doch gerade gesagt, man solle sich nicht streng an den wörtlichen Text halten, und jetzt verlangen Sie von mir, auf ihn Rücksicht zu nehmen.

Lehrer: O nein, das verlange ich durchaus nicht. Rücksicht auf den Text nehmen und sich seine Worte einprägen ist etwas ganz anderes, als sich ein für allemal die richtige Vorstellung von dem Gedanken machen, den man vermitteln will. Das erste möchte ich Ihnen keineswegs empfehlen, auf dem zweiten muß ich allerdings bestehen.

Gehen Sie weiter.

Schüler: Selbst wenn man von der Annahme ausgeht, das Abholzen des Waldes sei unvermeidlich, so soll es wenigstens nur „aus Not" geschehen. Aber man darf den Wald nicht vollständig zugrunde richten. Die russischen Wälder fallen der Axt zum Opfer.

Lehrer: Finden Sie nicht auch, daß die Vorstellung des „Klirrens der Axt", wie es im Text des Autors heißt, anschaulicher und ausdrucksvoller ist? Auch diese innere Vorstellung bringt Sie auf natürliche Weise dem Text näher.

Schüler: Einverstanden. „Überall in Rußland hört man die Axt klirren." Tausende von Bäumen werden vernichtet.

Lehrer: Milliarden! Das kommt der Wahrheit und dem Text näher.

Schüler: Ja, das stimmt. Das ist noch entsetzlicher. Milliarden von Bäumen müssen fallen. Die Behausungen der Tiere, die Nester der Vögel und die Höhlen der Waldtiere, werden zerstört. Das Wild zieht fort, die Vögel fliegen davon.
Dabei ist dem Menschen Verstand und Schaffenskraft gegeben, er aber zerstört ... Wälder, Wild, Klima, Erde ... alles wird verdorben und vernichtet, alles wird arm und häßlich.

Man muß von alledem nicht die geringste Ahnung haben, um soviel Schönheit und all das, was wir selbst nicht wieder neu schaffen können, zu verbrennen und zu zerstören.

Freilich, du siehst mich an und lachst. Aber wenn ich die Wälder sehe, die ich gerettet habe, wenn ich sie rauschen höre, dann bin ich stolz in dem Gefühl, daß Klima und Glück der Menschen ein wenig auch von mir abhängig sind. –

---

* *Anton Tschechow, „Onkel Wanja", übersetzt von Hilde Angarowa, Verlag für fremdsprachige Literatur, Moskau 1947. (Anm. d. Hrsg.)*

Ich habe die einzelnen Teile manchmal verwechselt und umgestellt.
Lehrer: Das macht nichts. Hier kommt es nur darauf an, daß Sie klare und richtige Vorstellungen haben, die richtige Reihenfolge stellt sich durch häufiges Wiederholen von selbst ein. An die Reihenfolge kann Sie der Souffleur mit einem Wort erinnern. Und schließlich erübrigt sich diese Erinnerung durch den Souffleur, weil das mechanische Textgedächtnis an seine Stelle tritt.
Schüler: Ja, das stimmt. Ein einziges hingeworfenes Wort erschließt sofort das ganze Bild, und dann sieht man alles, was der Dichter vor sich gesehen hat, als er seinen Gedanken Ausdruck verlieh.
Lehrer: Also ist Ihnen klar, daß man auch *Gedanken sehen kann*. Und das ist tatsächlich so: Wir sehen die Gedanken mit unserem inneren Sehvermögen. Wir sehen nicht nur konkrete Gestalten, sondern auch abstrakte Ideen. Dadurch werden die Linien des Denkens und der Vorstellungen miteinander verflochten.
Logik und Folgerichtigkeit sind exakt und präzise. Sie offenbaren sich am deutlichsten im Bereich des Gedankens. Darum ist diese Linie auch am beständigsten, sie läßt sich am ehesten definieren und festhalten.
Manche Schauspieler haben jedoch Mühe, sich die Reihenfolge und Folgerichtigkeit der einzelnen Gedanken einzuprägen. Auch dieser Schwierigkeit kann man bis zu einem gewissen Grade mit Hilfe der Vorstellungsbilder des inneren Sehvermögens begegnen.
Wir sehen mit unserm inneren Auge nicht nur dann, wenn wir von konkreten Dingen (wie Landschaftsbilder, Aussehen von Menschen, Gegenständen und so weiter) sprechen, sondern auch dann, wenn von abstrakten Vorstellungen, von Ideen die Rede ist. Wenn wir zum Beispiel von Liebe sprechen, so haben wir die dunkle Vorstellung einer schönen Frau, eines lieben alten Mütterchens und so fort. Reden wir vom Haß, so zieht vor unserer Phantasie die Gestalt eines Bösewichts oder eines Lumpen vorüber und so weiter.
Genau wie im realen Leben jedes Menschen wird auch im Leben des Schauspielers auf der Bühne die Reihenfolge der Gedanken in den einzelnen Szenen oder im ganzen Stück von den Illustrationen der inneren Vorstellungsbilder begleitet.
Wir wollen Ihnen das Gesagte jetzt mit Hilfe des Films am Beispiel des Astrow-Monologs über die Wälder erläutern.

Etüde Nr. ...

Darlegen der inneren Linie der Gedanken mit vorhergehender Illustration durch den Film.

Film. Holzfällen. Ein riesiger Ofen wird geheizt, Bäume stürzen zu Boden, Vögel fliegen fort, Tiere laufen davon. Zerstörung. Eine steinerne Scheune. Baustelle, Arbeit am Torfmoor.
Text. „Du kannst den Ofen mit Torf heizen und die Scheunen aus Stein bauen. Aber gut, zugegeben, aus Not magst Du Holz im Walde schlagen – doch warum den ganzen Wald vernichten? Überall in Rußland hört man die Axt klirren, Milliarden von Bäumen müssen fallen, Tiere und Vögel werden aus ihren Nestern verjagt... und

alles, weil der Mensch zu faul und zu dumm ist, sich zu bücken und den Heizstoff von der Erde aufzuheben..."
Film. Eine prachtvolle, breitästige Fichte und ein riesiger Küchenherd mit lodernder Flamme.
Text. „Man muß ein unverständiger Barbar sein, um diese Pracht in seinem Ofen zu verbrennen, zu zerstören, was wir nicht schaffen können."
Film. Ein Porträt...
Text. „Dem Menschen wurden Vernunft und schöpferische Kraft gegeben, um zu vermehren, was er besitzt; bisher hat er aber nicht geschaffen, sondern nur zerstört."
Film. Eine dürre Wüste. Herbst, aufgeweichter, schlammiger Boden.
Text. „Die Wälder verschwinden mehr und mehr, die Flüsse vertrocknen, das Wild flieht, das Klima hat sich verschlechtert, und von Tag zu Tag wird die Erde ärmer und häßlicher..."
Film. Junge Baumsetzlinge werden gepflanzt. Schonungen, riesige, prächtige Wälder.
Text. „... aber wenn ich an einem Bauernwald vorübergehe, den ich vor dem Abholzen gerettet habe, oder wenn ich den von mir angepflanzten Forst rauschen höre, dann werde ich mir bewußt, daß ich auch etwas Gewalt über das Klima habe..."
Film. Glückliche Menschen, Wälder, der Wolga-Moskwa-Kanal, Erholungsheime.
Text. „... und daß, wenn der Mensch nach tausend Jahren glücklich sein wird, ein kleiner Teil des Verdienstes daran auch mir zukommt. Wenn ich eine Birke pflanze und sehe, wie sie grünt und vom Winde geschaukelt wird, dann empfinde ich einen großen Stolz, und..."

Lehrer. Auf diese Weise wird die Linie des Denkens, die das Leben von Herz und Verstand vermittelt, bei der Gestaltung auf der Bühne eng mit der Linie der Vorstellungsbilder verknüpft. Das Denken fürchtet nichts so sehr wie eine mechanische Ausführung. Sobald sich der Rollentext auf den Sprechmuskel legt, werden die Worte nur noch unwillkürlich aus den Sprechwerkzeugen des Schauspielers herausgeschleudert, um dann mit ungeheurer Geschwindigkeit vorwärtszustürmen. Der Untertext kann mit einem solchen Wortschwall nicht mehr Schritt halten und bleibt daher wesentlich hinter ihm zurück.
Die Aufmerksamkeit des Schauspielers und mit ihr alle übrigen inneren Elemente bleiben ebenfalls zurück.
Bei solchen Gelegenheiten poltern die Worte wie Erbsen auf den Boden, und das Sprechen dröhnt wie eine Trommel, denn es ist leer und bar jedes inneren Gehaltes.
Wie kann man das Ungestüm einer solchen Sprechweise bremsen, wie kann man ihr Inhalt und Leben verleihen?
Dazu nehmen wir das Bewußtsein, die Logik und Folgerichtigkeit zu Hilfe. Sie schaffen einen starken Untertext, der noch beständiger ist als die inneren Vorstellungsbilder. Der Intellekt ist ein guter Zement, um alle Elemente innerlich fest miteinander zu verbinden. Ein Gedanke erzeugt den nächsten, dieser den dritten und so fort, und sie alle zusammen bilden die Überaufgabe. Das Streben des Intellekts auf die

Überaufgabe hin läßt eine der Linien entstehen, die mit den anderen Elementen zur durchgehenden Handlung von Rolle und Stück verschmilzt.
Zuweilen gewinnt die Linie des Gedankens (die intellektuelle Linie) beim Sprechen so sehr die Oberhand, daß sie alle andern Linien verdrängt.
In anderen Fällen jedoch zieht die dominierende Linie des Gedankens die übrigen Linien aller anderen Elemente nach sich; dann erst wird das Sprechen lebendig und gehaltvoll. Doch auch die Vorstellungsbilder können dabei sehr wohl die führende Rolle übernehmen. In diesem Fall werden Wort und Sprechen zum Mittler, zum Ausdruck von inneren Bildern, von Vorstellungen, Empfindungen und Gedanken. Die Stärke eines solchen Sprechens liegt in seiner Anschaulichkeit und Bildhaftigkeit. Am günstigsten ist es, wenn diese beiden Linien, die des Denkens und die der Vorstellungsbilder, völlig ineinander aufgehen, sich gegenseitig ergänzen und alle übrigen Elemente nach sich ziehen. Die Frucht einer solchen Verbindung ist eine sehr wesentliche innere Handlung, die in der anschaulichen Wiedergabe der eigenen Gedanken an eine andere Person besteht.
Dabei wird das Sprechen zu einer aktiven Handlung, die durchaus imstande ist, die eigenen Gedanken, Empfindungen und Vorstellungsbilder des Sprechenden weiterzugeben, weil es ihm darauf ankommt, daß die anderen gleichsam mit seinen Augen sehen, daß sie ganz genauso fühlen und denken wie er selbst. Das ist eine sehr wichtige Voraussetzung für unsere Kunst. Warum es so ist, werde ich Ihnen gleich an einem praktischen Beispiel demonstrieren.

Etüde Nr. ...
Die dritte Linie – die Handlung

Lehrer: Iwanow! Nehmen wir einmal an, daß Sie sich die Linien der Vorstellungsbilder und des Denkens bereits geschaffen haben. Kommen Sie her und rufen Sie sich schweigend und unbeweglich die Folge der Gedanken und Vorstellungen in Astrows Monolog über die Wälder ins Gedächtnis zurück.
Sidorow, treten Sie ebenfalls an die Rampe und denken Sie schweigend und unbeweglich an Ihre Privatangelegenheiten.
Die beiden Schüler setzen sich schweigend hin und tun gar nichts.
Es folgt eine lange und langweilige Pause.
Sprecher: Gefällt Ihnen das?
Das Publikum erwidert wahrscheinlich: „Nein!"
Sprecher: Da sehen Sie selbst, wozu es führt, wenn der Schauspieler auf der Bühne lediglich mit sich selbst beschäftigt ist. In diesem Fall lohnte es sich für die Zuschauer gar nicht, ins Theater zu kommen.
Lehrer: Iwanow, jetzt versuchen Sie einmal, Sidorow mit Worten zu vermitteln, woran Sie denken. Bringen Sie ihn soweit, daß er genau dasselbe denkt und sieht, was Sie selbst denken und vor sich sehen.
Iwanow spricht den Monolog von den Wäldern und bemüht sich dabei mit Hilfe von Mimik, Intonation und Handlung nicht nur das wiederzugeben, was er denkt, sondern auch das, was er sieht.

Sprecher: Jetzt lohnt es sich schon eher, daß Sie ins Theater gekommen sind, nicht wahr?
Die Zuschauer erwidern wahrscheinlich: „Ja!"
Sprecher: Das geschieht im Theater immer dann, wenn auf der Bühne eine äußere und innere Handlung einsetzt, das heißt eine Wechselbeziehung zwischen zwei handelnden Personen.
Daher hat auch ein Sprechen nur um des Sprechens willen oder ein Vorstellungsbild lediglich um seiner selbst willen im Theater nichts zu suchen. Hier brauchen wir Gedanken und Vorstellungsbilder einzig und allein für die Handlung, das heißt für die Beziehungen der handelnden Personen.
Die beiden Linien gehen im Prozeß der Wechselbeziehung noch mehr ineinander über, wo es zu einer Handlung kommt, das heißt, wo man seinem Partner mitteilt, was man selbst sieht und denkt. Der Wunsch, der Partner möge das vermittelte Bild gleichsam mit den Augen des Sprechenden sehen oder den wiedergegebenen Gedanken genauso auffassen wie der Sprechende selbst, hat eine sehr wichtige und komplizierte Handlung zur Folge – die innere und äußere Wechselbeziehung.
Die Vorstellungsbilder des inneren Sehvermögens veranlassen uns zu handeln, und diese Handlung äußert sich darin, daß man seinen Partner mit den eigenen Vorstellungsbildern gleichsam ansteckt. Auch Wort und Sprechen müssen aktiv sein, sie müssen den andern veranlassen zu begreifen, zu sehen und zu denken, was der Sprechende selbst begreift, sieht und denkt.
Was verstehen wir nun unter dem Begriff der Worthandlung?
Das ist ein entscheidender Bestandteil des Sprechprozesses, der das bloße Sprechen zur echten, produktiven und zweckmäßigen Handlung werden läßt.
Wenn der Wechselbeziehung schon im alltäglichen Leben außerordentliche Bedeutung zukommt, so ist sie auf der Bühne noch wichtiger und notwendiger; denn wenn die Beziehungen der Schauspieler untereinander abreißen würden, wüßte das Publikum nicht mehr, was in ihrem Innern vorgeht, und dann lohnte es sich für die Zuschauer nicht, überhaupt ins Theater zu gehen ...
Wenn dieser Prozeß schon im realen Leben so wichtig ist, können wir auf der Bühne schlechterdings nicht ohne ihn auskommen, weil sich unsere aktive Kunst auf eben diese Wechselbeziehung gründet.
So entsteht die dritte Linie – die *Worthandlung*.
Diese drei Linien – a) das Denken, b) die Vorstellungsbilder und c) die Worthandlung – werden wir auch künftig zur Belebung der unveränderlichen und daher leblos gewordenen Worte des festliegenden Rollentextes verwerten.
Lehrer: Wir haben aber auch noch andere treue Helfer auf dem Gebiet des Wortes. Ich meine – die *Sprachgesetze*. Allerdings muß man vorsichtig mit ihnen umgehen, denn sie sind ein zweischneidiges Schwert, das nützen, aber auch schaden kann.
Ich weiß noch, wie mir einmal ein „superkluger" Regisseur im Text einer neuen Versrolle alle Betonungen und Pausen, jedes Heben und Senken der Stimme und alle auf Grund der Sprachgesetze notwendigen Intonationen sorgfältig einzeichnete. Daraufhin paukte ich mir nicht etwa die Regeln, sondern die jeweiligen Klangintonationen ein. Das nahm meine ganze Aufmerksamkeit in Anspruch, so daß sie nicht

mehr für das Wesentliche freiblieb, das hinter den Worten des Textes verborgen war. Auf diese Weise verpatzte ich die Rolle gerade wegen der „Sprachgesetze".
Es ist wohl jedem klar, daß die Anwendung der Sprachgesetze in dieser Form schädlich ist und daß man sich nicht die Ergebnisse der Regeln einpauken darf. Es kommt nur darauf an, daß die Regeln uns genauso selbstverständlich werden wie das Einmaleins oder wie die Regeln der Grammatik und Syntax, die wir nicht nur begreifen, sondern auch im Gefühl haben.
Wir müssen ein für allemal das richtige Gefühl für die Sprache, die Worte, Sätze und Sprachgesetze bekommen; sobald sie uns erst zur zweiten Natur geworden sind, müssen wir sie anwenden, ohne dabei überhaupt noch an irgendwelche Regeln zu denken. Dann werden wir auch ganz von selbst richtig sprechen.
Was unternehmen wir hier in der Schule, um die so kompliziert erscheinenden Sprachgesetze dem Bewußtsein und dem Unbewußten unserer Schüler zugänglich zu machen?
Zunächst einmal machen wir die jungen Menschen mit ihnen vertraut, um ihnen auf diese Weise das Schwierige zur Gewohnheit werden zu lassen. Wir hängen systematisch die einzelnen Regeln der Sprachgesetze auf unseren Wochenplakaten aus, damit sich Auge und Ohr an sie gewöhnen kann.
Sprecher: Hier sehen Sie ein Beispiel dafür.

Etüde Nr. ...

Die Schüler tragen, einer nach dem andern, Plakate mit Sprachgesetzen herein, lesen sie vor, erläutern sie und führen anschauliche Beispiele dazu an.
Sprecher: Um einige der wichtigsten und beliebtesten Regeln noch mehr zu popularisieren, haben ein paar Schüler sogar Gedichte auf sie gemacht.
Ein Plakat mit einem Gedicht wird hereingetragen, das vom Verfasser vorgetragen wird.
Ein paar Spaßvögel haben nicht nur Gedichte auf ihre Lieblingssprachgesetze gemacht, sondern sie auch noch in Musik gesetzt.
Ein Plakat wird hereingetragen, ein Schüler tritt auf und singt die betreffende Regel, etwa in Form eines scherzhaften, aber geistreichen Liedchens. Die Schüler treten nacheinander auf und singen unter Musikbegleitung Liedchen über besonders wichtige Regeln der Sprachgesetze, zum Beispiel über die Worte mit obligatorischer Betonung.
Wissen Sie aber auch, daß alle diese Hilfsmittel noch nicht ausreichen, um die festgelegten eigenen oder die fremden Worte des Dichters durch Gedanken, Vorstellungsbilder und Handlungen, unter strengster Beachtung der Sprachgesetze, zu beleben? Selbst diese uns wohlvertrauten Mittel können durchaus nicht immer verhüten, daß die Worte der Rolle abgedroschen werden, der Text sich von seinem Untertext löst und das Sprechen zu einem leeren, inhaltlosen Wortschwall, zu einem Wortgeklingel entartet.
Was ist der Grund für diese neue Schwierigkeit?
Wenn die Worte der Rolle nicht wirklich bis in die Seele des Schauspielers einge-

drungen sind und dort gleichsam feste Wurzeln geschlagen haben, tritt beim Aussprechen dieser Worte eine noch nicht endgültig geklärte, rätselhafte Erscheinung auf.
So wissen wir beispielsweise nicht, warum der Stimmumfang beim Sprechen eines Rollentextes dazu neigt, sich zu verengen, von Oktaven auf Terzen oder Quinten zurückzugehen. Es ist nicht nur falsch, „die Nase auf die Quinte hängen zu lassen", es ist genauso falsch, die Stimme auf die Quinte zu setzen, das heißt während der ganzen Vorstellung unaufhörlich immer dieselben verteufelten Intonationen wiederzukäuen: „tra-ta-ta-ta-ta" und wieder „tra-ta-ta-ta-ta" und noch einmal dieselben fünf Töne. Schließlich werden auch noch zwei oder drei vereinzelte hohe Töne hervorgestoßen, die sich gleich bis zur Oktave überschlagen. Dabei wird einem sofort leichter ums Herz, aber nicht für lange. Einen Augenblick später setzt schon wieder dasselbe unerträgliche „tra-ta-ta-ta-ta" mit seinen verteufelten fünf Tönen ein. Auf diese Weise entsteht eine monotone, farblose und langweilige Sprechmanier. Um sie wirkungsvoller oder lebendiger zu machen, sucht man ihr künstlich Farbe zu geben und fängt an, die Laute, Silben, Wörter und Sätze gewaltsam auszuschmücken. Die Folge davon sind falsche, theatralische Sprechmethoden, konventionelle, unnatürliche Intonationen, gekünstelte Schnörkel, falsches Pathos und andere deklamatorische Winkelzüge und Sprechschablonen, von denen die echte, menschliche Intonation völlig erschlagen wird.
Darum verwenden wir außer den bereits erörterten Waffen zum Kampf gegen dieses Übel (die Linien des Gedankens, der Vorstellungsbilder und der Handlung) noch ein anderes, einfaches, aber wirksames Mittel, das sogenannte „Tatatieren", wie Smolenski es genannt hat. Mit diesem seltsamen Begriff hat es folgende Bewandtnis:
Wir ersetzen dabei die Worte des Textautors oder die festgelegten eigenen Worte der Schüler durch willkürliche, nichtssagende Silben, wie man es etwa tut, wenn man eine Melodie singt, deren Text man nicht kennt. Dann singen wir wohl etwas Ähnliches wie „ta-ta-ti, ti-ra-ta-ti, ta-ra-ta-ta". Darum hat man diese Methode auch als „Tatatieren" bezeichnet.
Ich kann Ihnen nicht erklären, warum ein abgedroschener Rollentext die Intonation abtötet und den Stimmumfang verengt, während im Gegensatz dazu das „Tatatieren" die Intonation belebt, den Umfang der Sprache erweitert und sie von jeder Hemmung und Unnatürlichkeit befreit.
Ich kann Sie lediglich auf Grund unserer eigenen praktischen Erfahrungen davon zu überzeugen suchen, daß es wahrhaftig zu dieser wunderbaren Verwandlung kommt.
Darum lassen wir unsere Schüler, sobald der innere Untertext der Rolle festgelegt ist und sitzt, noch nicht den eigentlichen Rollentext sprechen, sondern ersetzen das Sprechen zunächst durch „Tatatieren". Oder, anders ausgedrückt, sobald die Linie des Untertextes festliegt, geben wir sie noch nicht mit Worten wieder, sondern nur durch natürliche Intonationen, die frei sind von jeglicher Schablone.
Zuerst wird das an einem fertigen, aus physischen Handlungen zusammengesetzten, selbstgeschaffenen Text praktiziert, der durch „Tatatieren" ersetzt wird.

Etüde Nr. ...

Die bereits bekannte Etüde „Der Fischfang" (Angeln) wird wiederholt. Dabei hat der Schüler den eigentlichen Text nur in Gedanken vor sich, der Untertext wird vom Gefühl durchlebt, und die Worte werden durch „Tatatieren" ersetzt. Nur auf diese Weise wird das innere Empfinden des Schauspielers wiedergegeben.

Sobald der Schauspieler die lebendigen Intonationen in der Rolle erst einmal erkannt und liebgewonnen hat, bildet sich in ihm nicht nur die Vorstellung, sondern auch das Empfinden für das echte, lebendige, natürliche Sprechen heraus. Warum? Beim „Tatatieren" werden die Worte beseitigt, und mit den Worten zusammen entfallen auch die schablonenhaften Klangintonationen und die ganze schauspielerische Routine, die das Sprechen auf der Bühne so leblos werden läßt. Nachdem diese Reinigung von den gefährlichen Verführungen der Stimmintonation erfolgt ist, erhält man freien Raum, um die eigenen Gefühle unmittelbar und unbewußt auszudrücken. Das Wort ist Ausdruck des Gedankens, die Intonation dagegen ist Ausdruck des Gefühls.

Beim „Tatatieren" wird das Wort nur in Gedanken, das Gefühl jedoch unverhüllt wiedergegeben.

Wenn man eine Etüde viele Male nur mit „Tatatieren" gespielt hat, nimmt die richtige Sprechintonation allmählich feste Gestalt an. Dadurch wird sowohl das Empfinden des Schauspielers in der Rolle wie auch der Zustand der Rolle im Schauspieler dem normalen menschlichen Leben nahegebracht.

Sobald man sich in diesem Stadium sicher fühlt, kann man zur nächsten Stufe übergehen. Sie besteht im folgenden:

Etüde Nr. ...

„Tatatieren" am Tisch

Es ist dunkel. Der Vorhang geht auf. Auf der Bühne steht ein großer, mit Tuch bespannter Tisch. Um den Tisch herum sitzen die Schüler mit ihrem Lehrer.

Lehrer: Setzen Sie sich auf Ihre Hände, um ihnen die Möglichkeit zur Bewegung zu nehmen. Auch Ihr Körper ist durch die sitzende Stellung wie gefesselt.
So ist es gut! Ersetzen Sie die Worte des Textes durch „Tatatieren".
Nun spielen Sie mir die Etüde „Der Fischfang" in der Reihenfolge der Gedanken, Vorstellungsbilder und Handlungen vor. Dabei dürfen Sie aber keine einzige Aufgabe, kein einziges Detail auslassen. Alles, was in Ihrem Innern vorgeht, dürfen Sie Ihren Partnern lediglich mit Hilfe der Stimmintonation vermitteln. Ihr allein ist freie Bahn gelassen, damit sie sich restlos entfalten kann. Dabei soll Ihre Intonation nach neuen Wegen, nach neuen Gestaltungsformen, nach einem neuen klanglichen Ausdruck für das innere Empfinden suchen.

Nach dieser Übung erklärt der Sprecher:
Ähnliche Übungen werden sehr häufig wiederholt, damit die echte Intonation, befreit von allem, was sie stört und hemmt, sich ungehindert offenbaren und in den Schauspielern festigen kann.

Es kommt darauf an, daß sich die Darsteller an diese Intonationen im Leben der
Rolle gewöhnen, daß sie sie liebenlernen und mit ihnen das allgemeine schöpferische
Befinden, das sich zugleich in ihnen einstellt.
Sobald dieses Stadium erreicht ist, kann man mit dem „Tatatieren" aufhören und
wieder auf die Worte der Rolle zurückkommen.

Etüde Nr. ...

Sprechen am Tisch

*Die Etüde „Der Fischfang" wird am Tisch wiederholt, dieses Mal mit dem Text der
Rolle, aber immer noch ohne Hände und Bewegungen.*

Die lebendige Intonation muß sich jetzt auch in den gesprochenen Worten einstellen.
Durch häufiges Wiederholen muß sie sich festigen, und die Ausführenden müssen sie
liebgewinnen.
Wenn auch diese schöpferische Phase durchlaufen ist, kann man zur nächsten übergehen.

Etüde Nr. ...

Spielen am Tisch

*Die Darsteller bleiben am Tisch sitzen wie zuvor. Aber jetzt sind ihre Hände und
Bewegungen befreit. Es macht nichts, wenn die Spielenden sich jetzt von ihren
Plätzen erheben oder wenn sie vor lauter Spieleifer näher an den Partner herangehen.*[55]

AUS DER EINFÜHRUNG ZUR RUSSISCHEN AUSGABE

Im Vorwort zu seinem Buch „Die Arbeit an sich selbst im schöpferischen Prozeß des Erlebens" teilt Stanislawski mit, daß er in nächster Zukunft den dritten Band* zusammenstellen wolle, in dem von der *Arbeit an sich selbst im schöpferischen Prozeß des ‚Verkörperns'* die Rede sein sollte. Es war ihm jedoch nicht mehr vergönnt, dieses Buch zu vollenden.
Das Stanislawski-Archiv enthält eine Reihe von mehr oder weniger fertigen Manuskripten, die als Material für den zweiten Teil der „Arbeit des Schauspielers an sich selbst" vorgesehen waren. Während Stanislawski einige dieser Manuskripte, wie „Das Sprechen und seine Gesetze", „Das Charakteristische" oder „Der Tempo-Rhythmus", wiederholt umgearbeitet hat, so daß sie jetzt durchaus einheitlich und folgerichtig sind, bleiben andere oft nur unzusammenhängende Fragmente, erste Vorentwürfe für die künftigen Kapitel des geplanten Buches.
Stanislawski hatte die Absicht, das Material noch weiter zu bearbeiten. Auch über den Aufbau des Buches war er sich noch nicht ganz klar. Im Gegensatz zu den beiden ersten Bänden der Gesammelten Werke, die Stanislawski noch selbst fertigstellen konnte, wird also hier lediglich das Material zu einem unvollendeten Buch veröffentlicht.
Aber dennoch haben die in den fragmentarischen Manuskripten zum zweiten Teil der „Arbeit des Schauspielers an sich selbst" aufgeworfenen Probleme grundsätzliche Bedeutung. Ohne Kenntnis dieses Materials würde man nur eine einseitige und unvollständige Vorstellung vom „Stanislawski-System" erhalten. Stanislawskis umfang-

---

* *Nach Stanislawskis Plan ist der 1. Band des Gesamtwerkes „Mein Leben in der Kunst" (deutsch: Henschelverlag, Berlin 1951). Der 2. Band ist „Die Arbeit des Schauspielers an sich selbst", Teil I (deutsch: Henschelverlag, Berlin 1961). Der 3. Band ist „Die Arbeit des Schauspielers an sich selbst", Teil II, der hier vorliegt. Der 4. Band ist „Die Arbeit des Schauspielers an der Rolle" (deutsch: Henschelverlag, Berlin 1955; diese Ausgabe entspricht einer 1950 erschienenen Veröffentlichung im Jahrbuch des Moskauer Künstlertheaters für 1948. Der 1957 erschienene 4. Band der posthumen sowjetischen Gesamtausgabe in 8 Bänden, die Stanislawskis Plan bis zum 4. Band folgt und zwei Bände Artikel, Aufsätze, Reden usw. und zwei Bände Briefe hinzufügt, umfaßt ein weitaus reichhaltigeres Material.) Da Stanislawskis Schriften im Deutschen in Einzelausgaben erscheinen, sprechen wir im folgenden immer von Teil I und II der „Arbeit des Schauspielers an sich selbst". (Anm. d. Hrsg.)*

reiche Vorarbeiten für den zweiten Teil sind ein wichtiger Bestandteil seines literarischen Vermächtnisses. Sie verdienen es, einem breiten Leserkreis zugänglich gemacht zu werden.

Der zweite Teil der „Arbeit des Schauspielers an sich selbst" behandelt die Ausbildung des physischen Instrumentes, das der Schauspieler zum Verkörpern einer Rolle braucht. Das Buch untersucht der Reihe nach die Elemente der körperlichen Ausdrucksfähigkeit auf der Bühne und zieht die Schlußbilanz unter den gesamten Fragenkomplex der Berufsausbildung des Schauspielers. Dieser Band knüpft als zweiter Teil unmittelbar an die „Arbeit des Schauspielers an sich selbst im schöpferischen Prozeß des Erlebens" an. In diesem zweibändigen Werk werden alle Probleme der Ausbildung beleuchtet, in deren Verlauf sich der Schauspieler die notwendigen Elemente der inneren und äußeren Technik aneignet, die er für die Arbeit an der Rolle braucht.

Im „Stanislawski-System" steht die Technik des Verkörperns gleichberechtigt neben der Technik des Erlebens. Für Stanislawski ist die Arbeit des Schauspielers eine Einheit von psychischen und physischen Prozessen, die in Wechselbeziehung zueinander stehen.

Aus der Beschäftigung mit dem ersten Teil der „Arbeit an sich selbst" wird deutlich, wie außerordentlich wichtig der Prozeß des Erlebens im schauspielerischen Schaffen ist. Aber darin erschöpft sich der Inhalt des „Stanislawski-Systems" noch nicht; echtes, tiefes Erleben im Augenblick des Gestaltens befähigt den Schauspieler, auch die *ausdrucksvollste äußere Form* für seine Rolle zu finden.

Und: Das Gestaltungsvermögen ist nicht allein davon abhängig, wie tief der Schauspieler in den inneren Gehalt seiner Rolle eindringt, sondern auch davon, in welchem Grade sein physisches Instrument überhaupt imstande ist, diesem Inhalt Ausdruck zu verleihen. Diese Schlußfolgerung ergibt sich aus dem zweiten Teil der „Arbeit an sich selbst". Stanislawski war überzeugt davon, daß eine ungenügende Technik die schönsten und tiefsten Absichten des Schauspielers beeinträchtigen und sogar bis zur Unkenntlichkeit entstellen kann.

„Es ist quälend, nicht richtig darstellen zu können, was man so herrlich im Inneren fühlt. Ich glaube, daß ein Stummer, der mit unartikulierten Lauten der geliebten Frau von seinem Gefühl sprechen will, dasselbe Unbefriedigtsein empfindet. Auch ein Pianist, der auf einem verstimmten oder verdorbenen Instrument spielt, erlebt das gleiche, wenn er die verzerrte Wiedergabe seines inneren künstlerischen Gefühls hören muß."*

Die erstrangige Bedeutung, die Stanislawski dem geistigen Gehalt der schauspielerischen Arbeit und der inneren Technik des Erlebens beimaß, geben also nicht die geringste Veranlassung zu der Annahme, daß er die äußere Technik des Verkörperns unterschätzt haben könnte. Stanislawski hat ja im Gegenteil immer wieder darauf hingewiesen, *daß die Ausbildung des physischen Instrumentes für die „Kunst des Erlebens" besonders wichtig ist, weil gerade diese Kunst keine mechanische oder konventionelle äußere Wiedergabe der Rolle zuläßt.*

---

* *Stanislawski „Mein Leben in der Kunst", Henschelverlag, Berlin 1951, S. 617. (Anm. d. Hrsg.)*

Den Inhalt des ersten Teils der „Arbeit des Schauspielers an sich selbst" faßte Stanislawski in folgenden Sätzen zusammen: „Die Abhängigkeit des körperlichen Lebens des Schauspielers auf der Bühne von seinem seelischen Leben ist gerade in unserer Kunstrichtung besonders wichtig. Deshalb muß ein Schauspieler unserer Richtung sich viel mehr, als es in anderen nötig ist, nicht nur um seinen inneren Apparat kümmern, der den Vorgang des Erlebens gestaltet, sondern auch um den äußeren Apparat seines Körpers, der die Resultate der schöpferischen Arbeit des Empfindens in der äußeren Form der Verkörperung richtig wiedergibt."*
Wir wissen, wie unermüdlich der Schauspieler Stanislawski an der Vervollkommnung seiner Technik, an seiner Stimme, an Diktion, Bewegung und Rhythmik, arbeitete, wie er sich darum bemühte, durch charakteristische äußere Züge und durch die Maske höchste Ausdruckskraft zu erreichen. Als Regisseur gab es nicht seinesgleichen, wenn es darum ging, das physische Verhalten der Schauspieler logisch aufzubauen und durch Bühnenarrangements, durch Licht und Ton die notwendige Atmosphäre auf der Bühne zu schaffen.
In der ersten Periode seiner Arbeit am „System" befaßte sich Stanislawski jedoch vor allem mit der *Psychologie* der schöpferischen Gestaltung, mit dem Prozeß des Erlebens der Rolle. Er hatte sich vorgenommen, den „Geheimnissen" der schauspielerischen Inspiration auf die Spur zu kommen, und er versuchte zunächst, in den Wesenskern des schöpferischen Prozesses einzudringen. Damals glaubte er, daß eine aus dem aufrichtigen, tiefen Erleben des Darstellers entstandene, richtige psychologische Anlage der Rolle auf natürlichem Weg auch zur richtigen äußeren Gestaltung – zu richtigen Intonationen, Bewegungen, Arrangements und so weiter – führen müsse.
In der Entstehungszeit des „Systems" standen Stanislawskis schauspieltheoretische Anschauungen noch unter dem Einfluß dualistischen Denkens, so daß er die geistigen Prozesse mitunter losgelöst von der Physis des Schauspielers betrachtete.
In den ersten Aufführungen, die er nach den Grundsätzen des „Systems" inszenierte, galt sein Interesse hauptsächlich der „inneren Handlung", der „seelischen Aktivität" und der „psychologischen Anlage der Rolle". So war es zum Beispiel in der Inszenierung von Turgenjews „Ein Monat auf dem Lande" im Jahre 1909. Schauspieler des Künstlertheaters berichten, daß Stanislawski damals seine ganze Aufmerksamkeit auf die innere Technik konzentrierte und daß es „geradezu verpönt war, das Wort ‚äußere Technik' auch nur in den Mund zu nehmen".**
Diese einseitige, lediglich auf das Innere gerichtete Beschäftigung mit dem schöpferischen Befinden des Schauspielers ließ Stanislawski bald darauf in eine schwere künstlerische Krise geraten: Sein Mißerfolg in der tragischen Rolle des Salieri in Puschkins Drama „Mozart und Salieri" (1915) ließ ihn erkennen, daß er die Bedeutung der äußeren Technik des Verkörperns für das schauspielerische Befinden unterschätzt hatte und einen „falschen Weg in der Kunst gegangen" war.
„Von diesem Augenblick an richtete ich meine ganze schauspielerische Aufmerksamkeit auf Ton und Sprache. Ich beobachtete sie sowohl im Leben als auch auf der

---

* *„Die Arbeit des Schauspielers an sich selbst", Teil I, S. 330. (Anm. d. Hrsg.)*
** *Aus den Erinnerungen B. M. Suschkewitschs („Über Stanislawski", WTO, Moskau 1948, S. 382, russ.). (G. K.)*

Bühne", schrieb Stanislawski in „Mein Leben in der Kunst" im Kapitel „Der Schauspieler muß sprechen können".* Einige Jahre später, bei der Arbeit am „Kain", hatte er dann bereits das Bedürfnis, sich auch mit den Gesetzen von Bewegung und Rhythmus gründlich zu befassen.
Stanislawskis gesteigertes Interesse für die Elemente der Ausdrucksfähigkeit war eines der Motive für seinen Entschluß, im Jahre 1918 die Leitung des Opernstudios des Großen Theaters zu übernehmen. In der Opernkunst suchte er Antwort auf viele Fragen der Ausdrucksfähigkeit von Sprechen und Bewegung (Atmung, Klang, Aussprache, Vortrag, Rhythmus usw.). Die Arbeit im Musiktheater, die Stanislawski bis an sein Lebensende weiterführte, regte ihn an und half ihm, viele Probleme bei der Verkörperung einer Rolle zu lösen.
Nach der Oktoberrevolution entwickelte Stanislawski das „System" weiter. Nun betrachtete er den Prozeß des Erlebens und den des Verkörperns, die Elemente des inneren (psychischen) und des äußeren (physischen) Befindens des Schauspielers gleichzeitig und in engster Abhängigkeit voneinander.
Das zeigte sich auch in der Aufteilung des „Systems", von der Stanislawski im letzten Kapitel seines Buches „Mein Leben in der Kunst" spricht: „Mein System zerfällt in zwei Hauptteile: die innere und äußere Arbeit des Schauspielers an sich selbst und die innere und äußere Arbeit an der Rolle."**
Die Aufmerksamkeit, die Stanislawski der Ausbildung der schauspielerischen Technik widmete, wurde in seiner letzten Schaffensperiode noch größer. Er überwand die dualistische Vorstellung von der schauspielerischen Arbeit endgültig und glaubte nicht mehr, daß man das Erleben allein mit Hilfe der Psychotechnik wachrufen und lebendig erhalten könne, ohne zugleich auch den Körper in den schöpferischen Prozeß einzuschalten.
Praktische Erfahrung und gründliches Eindringen in das Wesen des schöpferischen Befindens auf der Bühne ließen Stanislawski zu der Erkenntnis gelangen, daß der psychische und der physische Prozeß eine untrennbare organische Einheit sind und daß einer durch den anderen hervorgerufen wird. Das „Stanislawski-System" ist endgültig davon abgekommen, lediglich die Psychologie der schauspielerischen Arbeit zu berücksichtigen, und ist immer mehr in den Bereich der Psychophysiologie vorgedrungen, wobei die Erforschung der Physis des Schauspielers immer größere Bedeutung erlangte.
Und doch wird dieses wichtige Gebiet der Schauspielkunst in der praktischen Theaterarbeit und der Schauspielpädagogik auch heute noch häufig unterschätzt. Einige Schüler Stanislawskis, die sich das „System" in einer frühen Entwicklungsstufe zu eigen gemacht haben, neigen bis heute dazu, es ausschließlich als eine Psychologie der Arbeit des Schauspielers zu betrachten. Lange Zeit hindurch standen den Theaterschaffenden keine anderen Quellen über das „Stanislawski-System" zur Verfügung als das Buch „Die Arbeit an sich selbst im schöpferischen Prozeß des Erlebens", das viele für eine „erschöpfende Darlegung" des „Systems" hielten. Auch dieser Irrtum hat dem Verständnis für Stanislawskis Methode geschadet und deren

---

* „Mein Leben in der Kunst", S. 618. (Anm. d. Hrsg.)
** „Mein Leben in der Kunst", S. 682. (Anm. d. Hrsg.)

Anwendung in der Praxis erschwert. Ausgehend von Stanislawskis Erkenntnis, daß der Prozeß des Erlebens einer Rolle das wichtigste Fundament der Schauspielkunst sei, gelangten viele zu der irrigen Schlußfolgerung, Stanislawski habe das Problem der äußeren Verkörperung der Rolle mißachtet, und sein „System" setze sich gar nicht das Ziel, eine anschauliche und ausdrucksvolle Form für die Handlung des Schauspielers zu finden.
Es ist unschwer zu beweisen, daß diese leider relativ weit verbreitete Ansicht falsch ist. Stanislawskis leidenschaftlicher Kampf gegen den Formalismus, gegen die durch keinen inneren Gehalt gerechtfertigte konventionelle, äußerliche „Theaterschablone" stand keineswegs im Widerspruch zu seinem unablässigen Bemühen, eine möglichst eindringliche, auch äußere Rechtfertigung für den inneren Gehalt von Rolle und Stück zu finden, um sie anschaulich, mit überzeugender Ausdruckskraft zu gestalten. Seine Arbeit als Schauspieler und Regisseur zeichnete sich stets durch eine klare, bestimmte äußere Anlage, durch vielfältige Farben und unerwartete Formen aus.
Eine Unterschätzung dieser Seite der Bühnenkunst widerspricht den Grundsätzen des „Stanislawski-Systems", das sich eingehend mit der äußeren Ausdrucksfähigkeit beschäftigt, die sich ja nicht von selbst einstellt, sondern von Schauspieler und Regisseur eine systematische Vorbereitungsarbeit verlangt.
Man kann das „Stanislawski-System" nicht richtig verstehen, wenn man es nicht in der Gesamtheit aller Elemente des Erlebens und Verkörperns sieht, die sich bei der schöpferischen Arbeit an der Bühnengestalt zu einer Einheit verbinden.

Das Material, das Stanislawski für den zweiten Teil der „Arbeit des Schauspielers an sich selbst" vorgesehen hatte, umfaßt einen Fragenkomplex, der über den Rahmen des Themas „Die Arbeit an sich selbst im schöpferischen Prozeß des Verkörperns" hinausgeht. Neben den der Technik des Verkörperns gewidmeten Kapiteln wird auch Material veröffentlicht, das Stanislawskis Ansichten über allgemeinere Probleme enthält, die sich sowohl auf den Prozeß des Erlebens als auch auf den des Verkörperns beziehen. Die letzten Kapitel des Bandes fassen die Ergebnisse der gesamten „Arbeit des Schauspielers an sich selbst" zusammen, die im ersten und zweiten Teil behandelt werden.
In einem kurzen einführenden Kapitel, dem Stanislawski die Überschrift „Übergang zum Verkörpern" gegeben hat, ist von der Bedeutung des Verkörperns für die Arbeit des Schauspielers und von der Notwendigkeit die Rede, den Körper soweit zu entwickeln und zu trainieren, daß er für die ihm zugedachte Aufgabe tauglich wird.
Am Schluß dieses Kapitels umreißt Stanislawski in aphoristischer Form einen Gedanken, den man als Motto über alle seine das „System" behandelnden Schriften setzen könnte: „Je größer ein Talent ist und je subtiler es arbeitet, desto mehr Ausbildung und Technik verlangt es."
Das Kapitel „Die Entwicklung der körperlichen Ausdrucksfähigkeit" zerfällt in zwei Teile. Der erste befaßt sich mit den Nebenfächern, die dem körperlichen Training dienen. Hier entwickelt Stanislawski seine Ansichten über die Bedeutung von Gym-

nastik, Akrobatik und Tanz innerhalb des Schauspielunterrichts, hebt die positiven Seiten dieser Disziplinen hervor und warnt vor Fehlern, in die man bei der Beschäftigung mit ihnen verfallen kann. So vertritt er zum Beispiel die Auffassung, daß nicht alle gymnastischen und sportlichen Übungen für den Schauspieler nützlich sind. Manche von ihnen haben die einseitige Entwicklung einer bestimmten Muskelpartie zur Folge, während es für den Schauspieler doch gerade auf die harmonische Durchbildung des gesamten Organismus ankommt. Ein Mißbrauch des vom Ballett her entwickelten Bewegungsstudiums birgt seiner Meinung nach ebenfalls eine gewisse Gefahr in sich, weil dadurch die natürliche, schöne Gebärde leicht in eine gekünstelte, manierierte Geste ausarten kann. Interessant ist Stanislawskis Ansicht über die Bedeutung der Akrobatik, die, wie er sagt, nicht nur die körperliche Gewandtheit des Schauspielers fördert, sondern auch seine seelische Widerstandskraft stärkt.

Obwohl Stanislawski den verschiedenen bereits bestehenden Methoden und Arten der Körpererziehung die ihnen gebührende Anerkennung nicht versagte, richtete er doch einen besonderen Kursus für „Bewegung auf der Bühne" ein, der die eigens auf den Schauspielerberuf zugeschnittenen elementaren Übungen in Gymnastik, Akrobatik, Fechten, Jonglieren, Rhythmik und so weiter umfassen sollte. In diesen Lehrgang wollte Stanislawski durch Handlungen gerechtfertigte Übungen zur Muskelanspannung und -entspannung aufnehmen; er wollte Gruppenbewegungen auf der Bühne einstudieren, um das Empfinden für „Tuchfühlung" zu entwickeln; er wollte sinnvolle Stellungen erarbeiten, klassische Standbilder „beleben", wie es auch im Anhang des vorliegenden Buches angedeutet wird.

In dem der körperlichen Ausbildung des Schauspielers gewidmeten Abschnitt, wie auch in dem daran anschließenden Abschnitt „Bewegungsstudien", kehrt Stanislawski immer wieder zu seiner Idee der unlösbaren Einheit von physischen und psychischen Prozessen zurück. Er gibt sich nicht zufrieden mit den üblichen, der Technik des Balletts entlehnten Methoden, die lediglich schöne Posen und Gesten entwickeln wollen. „Mögen diese Gesten noch so anmutig sein, sie sind genauso leer und sinnlos wie die Armbewegungen, die manche Tänzerinnen um der bloßen Schönheit willen vollführen. Wir können weder mit den Kunstgriffen des Balletts noch mit schauspielerischen *Posen* und theatralischen *Gesten* etwas anfangen, die nur am Äußerlichen, an der Oberfläche klebenbleiben." Stanislawski verlangt von der Bewegung auf der Bühne keine konventionelle Schönheit, sondern eine natürliche, angeborene Schönheit, wie sie nur dann entsteht, wenn die Gebärde von innen heraus gerechtfertigt ist, wenn sie aufhört, *Geste* zu sein und zur produktiven, zielbewußten *Handlung* wird. Ausgangspunkt der ausdrucksvollen Bewegung ist für Stanislawski das Empfinden für den kontinuierlichen Strom der Muskelenergie („das Gefühl für die Bewegung"), die folgerichtig von einer Muskelgruppe zur andern weitergeleitet wird und sie in Aktion treten läßt. Ausführlich erörtert er seine Ansichten über das Wesen der ausdrucksvollen Bewegung und behandelt auch die Besonderheiten des natürlichen Gehens.

Der folgende Abschnitt des Buches beschäftigt sich mit den Problemen der Ausdrucksfähigkeit von Stimme und Sprechen. Diesem so wichtigen Gebiet der Schau-

spielkunst widmete Stanislawski stets besondere Aufmerksamkeit. Das heutige Theater könne, so meinte er, auf manchen Fortschritt der Schauspielkunst und der Schauspielertechnik mit Recht stolz sein, die Pflege der Sprache sei dabei jedoch zu kurz gekommen und sehr vernachlässigt worden. Stanislawski ging auch in dieser Hinsicht mit gutem Beispiel voran und arbeitete sogar dann noch an der weiteren Vervollkommnung seiner Stimme, Diktion und Sprechweise, als er schon nicht mehr als Schauspieler auf der Bühne stand. Von seiner Erfahrung in der Stimmbildung und der Entwicklung einer exakten Aussprache berichtet er im Kapitel „Gesang und Diktion". Hier betont Stanislawski, wie schon in „Mein Leben in der Kunst", daß er manche Erkenntnis auf dem Gebiet der Sprechtechnik aus seiner praktischen Arbeit am Opernstudio des Großen Theaters gewonnen habe. Dankbar nennt er die Namen von Sängern und Musikern, die ihm ihr Wissen mitgeteilt und ihm dadurch geholfen haben, sich diese Technik anzueignen. In Gesprächen mit seinen Schülern berief er sich immer wieder auf die Erfahrungen Schaljapins, den er als den größten Meister des ausdrucksvollen Sprechens bezeichnete.
Auf dem Gebiet der Sprechtechnik, die im Abschnitt „Das Sprechen und seine Gesetze" behandelt wird, ging Stanislawski nicht nur von seiner persönlichen Erfahrung aus, sondern zog auch Werke einiger Spezialisten heran. Das Stanislawski-Literaturarchiv enthält umfangreiche Auszüge aus Schriften verschiedener Autoren. Aber wenn Stanislawski sich auch auf mehrere theoretische Arbeiten über Sprechtechnik stützte, löste er das Problem des ausdrucksvollen Sprechens doch auf eigene, selbständige Weise.
Er schätzte zum Beispiel Wolkonskis Werk „Das ausdrucksvolle Wort" sehr hoch; er befaßte sich eingehend mit den darin aufgestellten Regeln für logische Betonungen, Pausen und Intonationen und nahm einen Kursus für die „Gesetze der Sprache" in den Lehrplan der Schauspielschule auf. Im Laufe der Zeit wurde dieser Kursus von Stanislawski jedoch wesentlich verändert und korrigiert, weil er die Gefahr erkannte, das aus dem Erleben des Schauspielers geborene natürliche Sprechen könne von einem starren, fest einstudierten Redeschema verdrängt werden. Auf einer bestimmten Entwicklungsstufe von Stanislawskis Lehrtätigkeit traten Widersprüche zwischen seinem System des Erlebens und Wolkonskis Deklamations-System hervor, das eher zur Kunst der Wiedergabe tendierte. Im letzten Abschnitt seines Wirkens erkannte Stanislawski das „System" Wolkonskis zwar noch als ein Nebenfach, als eine Art Training der sprachlichen Ausdrucksfähigkeit an; er warnte die Schauspieler jedoch vor einem Mißbrauch der äußeren technischen Hilfsmittel in der schöpferischen Arbeit und lenkte ihre ganze Aufmerksamkeit auf den Sinn des gesprochenen Wortes und auf die Handlung, die durch das gesprochene Wort ausgedrückt werden soll.
„Die Sprachgesetze muß man mit Vorsicht anwenden, denn sie sind ein zweischneidiges Schwert, das nützen, aber auch schaden kann", schrieb Stanislawski.
Die Grundlage seiner Hinweise zum ausdrucksvollen Sprechen auf der Bühne bildet die aktive und zielbewußte Worthandlung. Die Einwirkung auf den Partner geschieht durch das gesprochene Wort, das von „Vorstellungsbildern" ausgeht, die im eigenen Innern hervorgerufen werden. Stanislawski erläutert dieses Prinzip im Ka-

pitel „Das Sprechen und seine Gesetze"; außerdem wird es noch im Anhang, in dem auszugsweise wiedergegebenen Manuskript „Die Sprachgesetze" behandelt und *vor allem am Schluß des Unterrichtsprogramms für Schauspieler,* wo die Probleme der Worthandlung wohl am gründlichsten und konsequentesten gelöst worden sind.
Mit den Elementen des Verkörperns befassen sich auch die folgenden Kapitel „Der Tempo-Rhythmus", „Das Charakteristische" und „Selbstbeherrschung und Vollendung".
Stanislawskis besonderes Interesse für Tempo und Rhythmus, von Handlung und Sprechen auf der Bühne entspringt seiner Überzeugung, daß diese Elemente im Gegensatz zu allen anderen imstande seien, das Erleben des Schauspielers unmittelbar zu beeinflussen. Diese Eigentümlichkeit von Tempo und Rhythmus, die Stanislawski bereits während seiner Arbeit mit F. P. Komissarshewski (um 1885) entdeckt hatte, bewog ihn dazu, sich eingehend mit dem Zusammenhang zwischen dem äußeren physischen Rhythmus und dem inneren Rhythmus des Erlebens zu beschäftigen. In diesem Kapitel wird der Gedanke einer Wechselwirkung zwischen Physis und Psyche in abgewandelter Form wieder aufgegriffen. Ein natürlicher Weg führt vom inneren Rhythmus, der durch genaue Berücksichtigung der vorgeschlagenen Situationen und durch Aktivität der Handlung erzeugt wird, zum äußeren, physischen Rhythmus und umgekehrt: die Beherrschung des äußeren Rhythmus trägt dazu bei, den inneren Rhythmus zu wecken und das für den Schauspieler notwendige Befinden zu erzeugen.
Die Frage der Wandlungsfähigkeit und der Charaktergestaltung gehört zu den wichtigsten Problemen der Schauspielkunst. Die Lösung dieses Problems, das den Hauptinhalt der „Arbeit des Schauspielers an der Rolle" bildet, wird im vorliegenden Buch durch das Kapitel „Das Charakteristische" vorbereitet. Hier erläutert Stanislawski seine Ansichten über Bedeutung und Wesen der Wandlungsfähigkeit des Schauspielers. Er zieht dabei einen scharfen Trennungsstrich zwischen der bloßen Darstellung oder Wiedergabe und einer echten, lebendigen und typischen Gestaltung. Stanislawski verlangt, daß der Schauspieler sich niemals in seiner Rolle verliert, weist jedoch nachdrücklich darauf hin, daß er nicht etwa sich selbst dem Zuschauer zeigen darf, sondern immer eine Gestalt schaffen muß ...
Die in selbständige Kapitel aufgegliederten, von Stanislawski nicht mehr fertiggestellten Manuskripte „Selbstbeherrschung und Vollendung" und „Charme, persönlicher Zauber auf der Bühne" bilden eine wertvolle Ergänzung zum Material über die Verkörperung. Wenn Stanislawski von einer beherrschten und vollendeten Gestaltung spricht, dann meint er damit nicht allein die technische Fähigkeit des Schauspielers, seine Konzeption genau und vollendet durchzuführen. Er sieht in diesen Elementen auch Mittel, um die unbewußte Tätigkeit der schöpferischen Natur anzuregen, um die künstlerische Intuition wachzurufen. In diesem Zusammenhang ist der erstmalig veröffentlichte Schluß dieses Kapitels besonders interessant.
Man kann mühelos feststellen, daß Stanislawski sich niemals allein auf die äußere Technik des Schauspielers und auf die Ausbildung seines Körpers beschränkt, wenn er das Wesen der Elemente des Verkörperns erläutert. Wenn er zum Beispiel vom Rhythmus, vom Charakteristischen oder von anderen Elementen des schauspieleri-

schen Befindens spricht, stellt er die Begriffe zunächst einander gegenüber, um sie dann zu einer Synthese zu verbinden. So spricht er etwa vom „äußeren und inneren Tempo-Rhythmus", von der „äußeren und inneren Charakteristik" usw. Im Kapitel über das Sprechen auf der Bühne ist nicht sosehr vom Sprechapparat die Rede, als vielmehr von der Psychotechnik des Sprechvorganges. Dabei wird ein Kernproblem der Schauspielkunst erörtert: die Schwierigkeit, sich die Worte des Autors zu eigen zu machen. Auf dem Gebiet der Bewegung wird vor allem die Rechtfertigung von Stellung und Gebärde, das heißt die Verbindung von Äußerem und Innerem, behandelt.

Viele Elemente des „Systems" ordnete Stanislawski nur bedingt, auf Grund ihrer äußeren Merkmale, dem „Erleben" oder dem „Verkörpern" zu, weil sie ihrem Inhalt nach genausogut in den ersten wie in den zweiten Teil passen. Hierüber spricht er in der „Arbeit des Schauspielers an sich selbst im schöpferischen Prozeß des Erlebens" gegen Ende des Kapitels „Anpassung und andere Elemente". Er zählt dort eine Reihe von Elementen auf, die man sowohl vom Verkörpern als auch vom Erleben her betrachten kann. Zu ihnen rechnet Stanislawski den Tempo-Rhythmus, das Charakteristische, Selbstbeherrschung und Vollendung, Ethik und Disziplin, Charme auf der Bühne, Logik und Folgerichtigkeit. Er weist darauf hin, daß man sie besser erst später, im Zusammenhang mit dem Studium des Verkörperns, behandeln solle. In einigen Entwürfen hatte Stanislawski „Wechselbeziehung" und „Anpassung" ursprünglich den Elementen des Verkörperns, „Muskelentspannung" dagegen dem Prozeß des Erlebens zugeordnet.

Die verschiedenen Elemente des „Systems" tendieren lediglich mehr oder weniger stark zum Erleben oder zum Verkörpern; bei einigen kann jedoch noch nicht einmal diese bedingte Einteilung vorgenommen werden. Das gilt zum Beispiel für „Logik und Folgerichtigkeit", die ja zu jedem psychischen und physischen Element des Gestaltens gehören. Auch Ethik und Disziplin nehmen eine gewisse Sonderstellung ein. In der vorliegenden Ausgabe wird das Kapitel über „Logik und Folgerichtigkeit" zum ersten Mal veröffentlicht. Stanislawski spricht hier von der Möglichkeit, über logische und folgerichtige physische Handlungen zum logischen Empfinden zu gelangen. Dieses Kapitel bildet sozusagen den Übergang zur Arbeit an der Rolle. Dieser Abschnitt ist in Stanislawskis letzten Lebensjahren entstanden und gibt seine reifsten Erkenntnisse über den schöpferischen Prozeß wieder.

Zum ersten Mal wurde in diesen Band auch das Material über Ethik und Disziplin aufgenommen,* das zu den anderen Abschnitten in unmittelbarer Beziehung steht und für das Verständnis des gesamten „Stanislawski-Systems" ungeheuer wichtig ist...

Stanislawski zählt Ethik und Disziplin zu den Elementen des Befindens und betont, daß sie das Zustandekommen eines *vorschöpferischen Zustandes* fördern. Er ist überzeugt davon, daß wir „Ordnung, Disziplin und Ethik nicht nur für die gesamte Organisation unserer Arbeit, sondern vor allem für unsere künstlerischen Ziele" brauchen. Stanislawskis ethische Forderungen haben ihren Ursprung in seinem Glauben an die große gesellschaftliche Aufgabe des Theaters und in einem Grundsatz seines

---

* Siehe hierzu die Fußnote auf S. 438. *(Anm. d. Hrsg.)*

„Systems", der besagt: um bei einer Inszenierung einen vollen Zusammenklang des Ensembles zu erreichen, und eine organische Wechselbeziehung zwischen den Partnern auf der Bühne herzustellen, bei der die Darsteller einander wirklich schöpferisch unterstützen, bedarf es einer festen ethischen Grundlage. Bei einer auf Stanislawskis schöpferischer Methode aufgebauten Arbeitsweise sind Ethik und Disziplin von außerordentlicher, oft sogar von entscheidender Bedeutung.
Wenn sich Stanislawski in seinen Schriften der ideellen Aufgabe des Theaters zuwendet, vertritt er immer wieder den Standpunkt, daß die Ethik des Schauspielers im umfassenden Sinne überhaupt das Fundament seiner Kunst sei.
Der ideelle Wert der schauspielerischen Arbeit, der die wesentliche Voraussetzung eines realistischen Kunstwerkes bildet, wird auch in einigen anderen Abschnitten des Bandes behandelt. Diesem wichtigen Problem ist ein besonderes Kapitel über die Perspektive des Schauspielers und der Rolle gewidmet, das inhaltlich dem Kapitel „Stimme und Sprechen" nahesteht.
Das Kapitel über die Perspektive sprengt auf den ersten Blick den Rahmen einer folgerichtigen Darlegung der Elemente des Verkörperns. Als persönliches Gespräch zwischen Lehrer und Schüler angelegt, geht es inhaltlich über das Unterrichtsprogramm des ersten Kurses hinaus: Dieser kleine Abschnitt ist von grundsätzlicher Bedeutung für das Verständnis des „Systems"; denn hier bezeichnet es Stanislawski als eigentlichen Sinn der Kunst und des gesamten „Systems", daß der Schauspieler sich die Gesetze der durchgehenden Handlung und die Überaufgabe von Stück und Rolle zu eigen macht.
In dem Kapitel, das vom Befinden auf der Bühne handelt, werden der Abschnitt über das Verkörpern („Das äußere Befinden auf der Bühne") und der gesamte Kursus der Arbeit des Schauspielers an sich selbst („Das allgemeine Befinden auf der Bühne") noch einmal zusammengefaßt. Das allgemeine Befinden, oder, wie er es noch nennt, das Arbeitsbefinden des Schauspielers, ist nach Stanislawskis Überzeugung die Synthese aller Elemente der Schauspielertechnik und der verschiedenen inneren und äußeren Eigenschaften der schauspielerischen Begabung.
Wie weit ein Schauspieler sich das „System" zu eigen gemacht hat und das Befinden auf der Bühne besitzt, muß nach Stanislawskis Ansicht vor allem in der Praxis, beim öffentlichen Auftreten festgestellt und kontrolliert werden. Diesem Problem ist ein eigener Abschnitt gewidmet, „Die Kontrolle des Befindens auf der Bühne". Er bildet eine wichtige Ergänzung zu allem, was zuvor über das Befinden und seine Bestandteile gesagt ist. Nach Stanislawskis Ansicht kann das Befinden nicht in der den Schülern vertrauten Atmosphäre des Klassenraums ausgebildet und überprüft werden. Die Arbeit in der Schule soll ja den künftigen Schauspieler nur auf das vorbereiten, was er später vor den Augen des Publikums auf der Bühne selbst erproben und in sich festigen muß. Um das richtige Befinden auszubilden und zu überprüfen, zieht Torzow seine Schüler bereits zur Theaterarbeit heran und überträgt ihnen kleinere Rollen in der Aufführung des Schauspiels „Ein heißes Herz". Das Verhalten der Schüler auf der richtigen Bühne wird von einem im Zuschauerraum sitzenden Lehrer kontrolliert. Damit entsteht eine neuartige Form des Schauspielunterrichts – ein Unterricht in Gegenwart des Publikums.

Das letzte Kapitel behandelt die Frage, wie man das „System" praktisch anwenden kann. Stanislawski bekämpft entschieden das in Schauspielerkreisen weit verbreitete Vorurteil gegenüber jeder Theorie, jedem System und jeder Technik überhaupt, die angeblich allesamt die künstlerische Intuition und Ursprünglichkeit beeinträchtigten. Er beweist die Unsinnigkeit dieses dilettantischen und im Grunde sogar reaktionären Standpunkts und fordert im Gegensatz dazu, daß jeder Schauspieler durch gründliches und überlegtes Arbeiten, durch unermüdliches Lernen seine innere und äußere Technik immer weiter vervollkommnen müsse, um es zur Meisterschaft in seiner Kunst zu bringen. Ebenso weist Stanislawski darauf hin, daß er den Schauspielern nicht irgendein von ihm erfundenes System, sondern vielmehr das System der Natur selbst nahebringen wolle, das man weder widerlegen, noch nach eigenem Belieben abwandeln, höchstens bereichern und erweitern könne. Gerade die Erforschung der natürlichen Schaffensgesetze betrachtet Stanislawski als sein wesentliches Verdienst und seinen wichtigsten Beitrag zur weiteren Entwicklung der Theaterkultur.

Im Anhang zu diesem Band werden Texte veröffentlicht, die den Inhalt einiger Kapitel ergänzen und erweitern oder von einer anderen Seite aus beleuchten. Es handelt sich dabei meistens um selbständige Texte, die Stanislawski aufbewahrt hatte, um sie bei einer weiteren Überarbeitung des Buches möglicherweise zu verwenden.

Der Text über die Musikalität des Sprechens schließt sich inhaltlich an das Kapitel „Gesang und Diktion" an ...

Die zweite Publikation enthält Teile eines umfangreichen Manuskripts über die Sprachgesetze (Intonationen, Betonungen, Pausen) ... Dieses Material ist im Grunde nichts anderes als ein ausführlicher Kommentar zu Wolkonskis Buch „Das ausdrucksvolle Wort" ...

Das Fragment über die Perspektive des Sprechens berührt eine der wichtigsten Besonderheiten der Worthandlung.

In der ursprünglichen Fassung des Buches gehörte das Gespräch über die Ethik des Schauspielers in die erste Zusammenkunft der Schüler der Theaterschule mit ihrem Lehrer Torzow. Da Stanislawski beabsichtigte, der schauspielerischen Ethik einen besonderen Abschnitt (vielleicht sogar ein eigenes Buch) zu widmen, nahm er dieses Gespräch aus dem ersten Kapitel heraus ... Thema und Charakter dieser ersten Begegnung zwischen Lehrer und Schüler erinnern an Stanislawskis eigene Unterhaltungen mit den Schülern seines Studios.

Weiter wurden zwei Manuskripte in den Anhang aufgenommen, die unter der gemeinsamen Überschrift „Das Schema des ‚Systems'" veröffentlicht werden. Es sind Entwürfe zu einem der letzten Kapitel dieses Bandes (wahrscheinlich für das Kapitel „Die Grundlagen des ‚Systems'"). Sie ziehen Bilanz unter den durchgenommenen Lehrstoff über das „System" und stellen fest, daß zwischen allen Elementen des schöpferischen Prozesses eine Verbindung und Wechselwirkung besteht ... Zugleich wird auf die hervorragende Rolle von Überaufgabe und durchgehender Handlung für die Arbeit des Schauspielers hingewiesen ...

Neben diesem Anhang findet sich im vorliegenden Band noch ein besonderer Abschnitt über den Unterricht nach dem „System" und die Ausbildung des Schauspielers. Er bezieht sich auf den gesamten Lehrgang der „Arbeit des Schauspielers an sich selbst".

Stanislawski hatte die Absicht, ein Lehrbuch für den praktischen Unterricht nach dem „System" herauszugeben. Davon spricht er im Vorwort zur „Arbeit des Schauspielers an sich selbst", Teil I. „Gleichzeitig mit diesem Buch müßte ich eigentlich ein ‚Aufgabenbuch' mit empfehlenswerten Übungen (‚Training und Drill') ... herausgeben ... Sobald jedoch die wesentlichen Grundlagen des ‚Systems' veröffentlicht sind, werde ich mit der Arbeit an diesem ‚Aufgabenbuch' beginnen."

Dieses „Aufgabenbuch" hat Stanislawski nicht mehr zusammengestellt; während der Vorbereitung für „Die Arbeit des Schauspielers an sich selbst" waren jedoch viele Übungen entstanden und hatten sich methodische Anmerkungen zur praktischen Anwendung des „Systems" angesammelt, die er entweder gesondert aufzeichnete oder im Text einiger nicht verwerteter Manuskripte mit dem Hinweis „für das Aufgabenbuch" versah.

Dieser Abschnitt des Anhangs zur Schauspielpädagogik zerfällt seinerseits wieder in drei Unterabschnitte. Im ersten, als „Training und Drill" bezeichneten Teil bringen wir erstmalig veröffentlichte Beispiele für praktische Übungen nach dem „System". Der zweite Unterabschnitt enthält Muster von Übungen und Etüden für das geplante „Aufgabenbuch". Im dritten sind methodische Hinweise Stanislawskis zusammengestellt worden, die uns Aufschluß geben über seine Ansichten zur gesamten Ausbildung von Schauspielern; außerdem bringt er Entwürfe für Unterrichtspläne und Lehrprogramme der Schauspielschule.

Besonders gehaltvoll ist die illustrierte Inszenierung des Programms, die Stanislawski in den Jahren 1937 und 1938 für das Opern- und Schauspielstudio schrieb. Diese, in die Form kleiner Theaterszenen gefaßte Vorlesung über das „System" enthält einige Schlußfolgerungen über Ausbildungsmethoden, zu denen Stanislawski auf Grund seiner langjährigen pädagogischen Erfahrung gelangt ist. Außerordentlich interessant ist der zum ersten Mal veröffentlichte Abschnitt dieses Programms, der sich mit dem Unterricht im Sprechen auf der Bühne befaßt. In keinem anderen Werk hat Stanislawski die Grundlagen der Worthandlung des Schauspielers auf der Bühne so exakt formuliert wie hier.

Die im Anhang zusammengefaßten Ansichten Stanislawskis über die Ausbildung des Schauspielers und die Etüdenbeispiele sind kennzeichnend für den letzten Abschnitt seiner pädagogischen Tätigkeit. Dabei darf man allerdings nicht vergessen, daß er seine Arbeitsmethoden ständig veränderte und vervollkommnete, daß er niemals müde wurde, weiter zu suchen und zu forschen. Die Übungen und Etüden im Studio wurden gewöhnlich von den Schülern selbst erdacht und unter Kontrolle der Lehrer ausgeführt. Daher dürfen die veröffentlichten Beispiele nicht als von Stanislawski grundsätzlich festgelegte Etüden gelten und auf keinen Fall als starre Dogmen für die pädagogische Tätigkeit mißverstanden werden.

Dieser Teil des Anhangs, der Stanislawskis Absicht illustriert, ein Lehrbuch für Schauspieler und eine methodische Unterrichtshilfe zu schreiben, beendet die Publikation von Material zum ersten Teil des „Stanislawski-Systems" – der „Arbeit des Schauspielers an sich selbst", Teil I und II.

Die wesentliche Besonderheit der Vorarbeiten zur Herausgabe des vorliegenden Buches bestand darin, daß der zweite Teil der „Arbeit des Schauspielers an sich selbst" nicht mehr vom Autor selbst fertiggestellt worden war.

Ein bedeutender Teil des Materials zum zweiten Teil wurde im „Jahrbuch des Moskauer Künstlertheaters", Jahrgang 1946, veröffentlicht und kam schon 1948 als gesondertes Buch heraus, das von K. K. Alexejewa, T. I. Dorochina und G. W. Kristi (unter Redaktion von W. N. Prokofjew) zum Druck vorbereitet worden war.

Die Herausgeber dieser ersten Ausgabe hatten sich zum Ziel gesetzt, dem Leser das Verständnis der Gedanken zu erleichtern, die Stanislawski mitunter in Form von unfertigen Entwürfen oder in einzelnen lückenhaften Fragmenten niedergelegt hatte. Aus diesem Grunde wurden in der Ausgabe von 1948 einige von Stanislawski stammende Texte einer Bearbeitung unterzogen. Das widerspricht jedoch dem Grundsatz einer wissenschaftlichen Veröffentlichung authentischer Manuskripte; er wurde in der vorliegenden Ausgabe der Gesammelten Werke streng eingehalten.

Daher wurden die bereits gedruckten Texte neu durchgesehen und auf Grund eines Vergleichs mit den im Museum des Moskauer Künstlertheaters befindlichen Originalmanuskripten Stanislawskis revidiert. Der ursprüngliche Wortlaut ist in der vorliegenden Ausgabe unverändert erhalten und lediglich an einzelnen Stellen, wo es sich um die Wiedergabe unfertiger Entwürfe handelt, einer geringfügigen redaktionellen Korrektur unterzogen worden. Textumstellungen wurden nur in den Fällen vorgenommen, wo es in Hinweisen des Verfassers ausdrücklich verlangt wird. Überdies ist die vorliegende Ausgabe durch neue Texte erweitert worden.

Diese verbesserte und erweiterte Ausgabe stützt sich auf eine umfangreiche Arbeit, die von der Kommission zur Herausgabe der Werke Stanislawskis und Nemirowitsch-Dantschenkos durchgeführt wurde. Diese Vorarbeiten ließen uns zu einer neuen Lösung bezüglich der Komposition des Bandes und der Auswahl der zur Veröffentlichung geeigneten Texte gelangen.

Das schwierigste Problem, das Aufbau und Inhalt des Bandes betraf, wurde von uns anhand einiger Angaben des Verfassers gelöst.

Die vollständigste Aufzählung der Kapitel des Buches „Die Arbeit des Schauspielers an sich selbst" schrieb Stanislawski im Jahre 1935 ...

Da dieses Dokument für die Inhaltsbestimmung des zweiten Teils außerordentlich wichtig ist, zitieren wir hier die Aufzählung der Kapitel, die sich auf den zweiten Teil der „Arbeit des Schauspielers an sich selbst" beziehen (die ersten vierzehn Kapitel gehören zum ersten Teil):

15. Übergang zum Verkörpern
16. Körperkultur
17. Gesang, Diktion
18. Das Sprechen
19. Der Tempo-Rhythmus
20. Das Charakteristische
21. Selbstbeherrschung und Vollendung
22. Das äußere Befinden auf der Bühne
23. Das allgemeine Befinden auf der Bühne

24. Die Grundlagen des Systems
25. Die praktische Anwendung des Systems

Diese Kapitelübersicht kann jedoch nicht als endgültiger Plan angesehen werden, da sie aus dem Jahre 1935 stammt, in dem Stanislawskis Vorarbeiten für diesen Band noch nicht abgeschlossen waren.*

Zwischen 1935 und 1938 schrieb Stanislawski noch neue Kapitel, die in dieser Übersicht nicht enthalten sind, unter anderen die Kapitel „Logik und Folgerichtigkeit" und „Die Kontrolle des Befindens auf der Bühne", während einige der oben zitierten Überschriften, zum Beispiel „Die Grundlagen des Systems", später in keinem einzigen der uns bekannten Manuskripte mehr auftauchen.

Gleichfalls im Jahre 1935 beauftragte Stanislawski den Verfasser dieser Zeilen, ein Schema des „Systems" mit einer Kennzeichnung aller seiner Elemente zu entwerfen. Die damals von ihm diktierte Aufzählung der Elemente und deren Reihenfolge ist ebenfalls ein wichtiges Hilfsmittel für die Inhaltsbestimmung des zweiten Teils.**

Ein Vergleich aller uns erhaltener Pläne und Anmerkungen Stanislawskis läßt uns die Absichten des Autors über Inhalt und Aufbau des zweiten Teils mit relativer Genauigkeit rekonstruieren.

Entscheidend für Zusammenstellung und Aufbau des Bandes bleiben jedoch selbstverständlich die vorhandenen handschriftlichen und mit der Maschine geschriebenen Manuskripte zum zweiten Teil, die bei einer Durchsicht des Stanislawski-Archivs gefunden wurden. Viele von ihnen hat Stanislawski noch selbst numeriert und damit den Platz des Kapitels oder Abschnitts innerhalb des künftigen Buches festgelegt...

Bei der Vorarbeit zur Drucklegung des zweiten Teils sahen Herausgeber und Redakteur ihre vornehmste Aufgabe darin, die Konzeption des Verfassers möglichst uneingeschränkt und exakt zu verwirklichen.

Aus den vorhandenen Manuskripten konnte lediglich das ausgewählt werden, was Stanislawskis letzte Erkenntnisse über die eine oder andere Frage des „Systems" möglichst vollständig und geschlossen zum Ausdruck bringt. Das Buch sollte nicht mit Material belastet werden, in dem sich nur eine begrenzte, vorübergehende Etappe seines Forschens widerspiegelt. Dabei konnten wir allerdings nicht auf die Herausgabe einiger Texte verzichten, die uns zwar nur in ausgesprochen unfertiger Form erhalten sind, deren Inhalt jedoch sehr wichtig ist.

In diesen Fällen haben Herausgeber und Redakteur versucht, den ursprünglichen Wortlaut unangetastet zu lassen und doch zu vermeiden, daß der Leser sich einem mühsamen Studium von Archivdokumenten unterziehen muß.

Dieser Aufgabe suchten wir vor allem dadurch beizukommen, daß wir die Entwürfe und Fassungen der einzelnen Manuskripte sorgfältig miteinander verglichen und den Ablauf von Stanislawskis Arbeiten über die verschiedenen Themen zu rekonstruieren suchten. Diese Methode ermöglichte es uns, die jeweils letzte und am gründlichsten

---

* *Dieses Datum wurde angenommen auf Grund der Übereinstimmung zwischen Numerierung und Bezeichnung der ersten vierzehn Kapitel mit den aus dem Jahre 1935 stammenden Manuskripten zum ersten Teil, die sich im Museum des Moskauer Künstlertheaters befinden. Bei einer späteren Überarbeitung des ersten Teils wurde Zahl und Überschrift der Kapitel geändert. (G. K.)*

** *Museum des Moskauer Künstlertheaters, K. S., Nr. 263 und 368. (G. K.)*

überarbeitete Fassung eines Textes zu veröffentlichen. In Fällen, wo zwei oder mehrere Manuskripte sich mit ein und derselben Frage beschäftigen und einander ergänzen, wurden diese Texte nacheinander abgedruckt, was jedesmal durch einen entsprechenden Hinweis in den Anmerkungen kenntlich gemacht wurde.

Beim Zusammenstellen und der Redaktion des Bandes wurden Stanislawskis Hinweise und Notizen am Rand der Manuskripte oder im Text selbst berücksichtigt. Sie geben Aufschluß über geplante Umstellungen, Kürzungen und Korrekturen.

Im Original fehlende Wörter, die von Herausgeber und Redakteur in den Text eingefügt wurden, sind in eckige Klammern gesetzt.*

Entzifferte Abkürzungen, unbedeutende orthographische und stilistische Korrekturen wurden dagegen nicht besonders gekennzeichnet, um das Verständnis des Textes nicht unnötig zu erschweren...

Der Schluß des Buches ist Anmerkungen und wissenschaftlich-methodischen Hinweisen vorbehalten. Außer den Anmerkungen, die der im Text eingefügten Numerierung entsprechen, ist jedes Kapitel mit einer einleitenden Bemerkung versehen worden. Sie enthält Hinweise über die Manuskripte, von denen der betreffende Text übernommen wurde, Angaben über den Aufbewahrungsort und nach Möglichkeit auch die Entstehungsdaten. Wo im Original die Datierung fehlt, wird das auf Grund indirekter Angaben ermittelte mutmaßliche Datum genannt.

Die Durchsicht des Stanislawski-Archivs und die Auffindung bisher unbekannter Schriften gestattete uns, die Zusammenstellung und Redaktion der vorliegenden Ausgabe nach neuen Erkenntnissen vorzunehmen und den Inhalt des zweiten Teils wesentlich zu erweitern und zu präzisieren.

G. Kristi

---

* *Bei der deutschen Ausgabe erfolgte das nicht, weder in diesen Fällen noch bei den vom Herausgeber gewählten Kapitelüberschriften, da dieses Verfahren bei Übersetzungen weitgehend unergiebig bleibt und die sowjetischen Herausgeber größte Sorgfalt walten ließen. (Anm. d. Hrsg.)*

ANMERKUNGEN

I. Übergang zum Verkörpern

Veröffentlicht nach einem von K. S. Stanislawski handschriftlich korrigierten Schreibmaschinenmanuskript. (Museum des Moskauer Künstlertheaters, K. S., Nr. 251*)
Der Text dieses Kapitels ist mit dem Text des Kapitels „Das Charakteristische" in einem Heft zusammengefaßt. Die Titelseite des Heftes trägt einen Vermerk von R. K. Tamanzewa, Stanislawskis Sekretärin: „Frühjahr 1933." Die von Stanislawski im Text vorgenommenen Korrekturen stammen augenscheinlich aus einer späteren Zeit.

1 Im Original heißt Torzows Assistent nicht Rachmanow, sondern Rassudow, genau wie in allen andern anfänglichen Fassungen des Buches „Die Arbeit des Schauspielers an sich selbst." In den meisten zwischen 1933 und 1938 geschriebenen oder von Stanislawski durchgesehenen Manuskripten sind die alten Namen: Tworzow, Rassudow, Tschuwstwow, Junzow und andere durch die neuen: Torzow, Rachmanow, Schustow, Wjunzow und so weiter ersetzt worden.
Da im vorliegenden Band, wie in allen anderen Werken über das „System", immer wieder dieselben Lehrer und Schüler der Theaterschule auftreten, haben wir dem Willen des Verfassers gemäß die alten Namen überall durch die neuen ersetzt.

2 Der Autor geht hier von der Annahme aus, daß an der Wand des Theatersaales Fahnen und Plakate mit der Bezeichnung der bereits durchgenommenen Elemente des inneren Befindens auf der Bühne hängen (entsprechend dem ersten Teil der „Arbeit des Schauspielers an sich selbst"), und zwar: Phantasie, Abschnitte und Aufgaben, Aufmerksamkeit, Handlung, Gefühl für Wahrhaftigkeit und Glaube, emotionales Gedächtnis und so weiter.

3 Hier ist der Hinweis angebracht, daß von den ersten Unterrichtsstunden an in Torzows Schauspielschule (wie auch in den von Stanislawski geleiteten Theater-Studios) das prak-

---

* *Bei weiteren Hinweisen auf Material des Stanislawski-Archivs im Museum des Moskauer Künstlertheaters wird künftig nur noch die Inventarnummer des jeweiligen Dokuments angeführt. (Anm. d. russ. Red.) – Da sich diese Inventarnummer immer auf das bisher nicht ins Deutsche übertragene Original bezieht, verzichten wir darauf, dies in jedem einzelnen Fall besonders zu vermerken. (Anm. d. Hrsg.)*

tische Studium der Elemente des Erlebens und der Elemente des Verkörperns gleichzeitig und parallel zueinander betrieben wurde, wie es auch aus dem ersten Teil der „Arbeit des Schauspielers an sich selbst" hervorgeht. Dort heißt es beispielsweise in den letzten Zeilen des Kapitels „Bühnenkunst und Bühnenhandwerk": „Abschließend gab Torzow bekannt, daß wir ab morgen mit Unterrichtsstunden beginnen, die die Entwicklung unserer Stimme und unseres Körpers zum Ziel haben – also Unterricht in Gesang, Sprechen, Gymnastik, Rhythmik, plastischem Ausdruck, Tanz, Fechten und Akrobatik haben werden. Dieser Unterricht wird täglich sein, weil die Muskeln des menschlichen Körpers zu ihrer Entwicklung systematische, beharrliche und langdauernde Übung brauchen." („Die Arbeit des Schauspielers an sich selbst", Teil I, S. 43.) Dieser Unterricht wird bei der Erörterung der inneren Elemente des schöpferischen Befindens des Schauspielers immer wieder erwähnt. Zum Beispiel: „Leider mußten wir die interessante Stunde abschließen, da wir zum Fechtunterricht mußten." (Ebenda, S. 241.) „... damit Sie den Gymnastik-, Tanz-, Fecht- und Stimmbildungsunterricht ernster nehmen." (Ebenda, S. 260.)
Darum ist die hier von Stanislawski vorgenommene Aufteilung, nach der das erste Schuljahr dem Studium des *Erlebens*, das zweite dem Studium des *Verkörperns* gewidmet ist, nur bedingt zu verstehen. Diese Aufgliederung dient lediglich der bequemeren Erläuterung des „Systems", ist aber keineswegs kennzeichnend für seine eigene pädagogische Praxis. In diesem Zusammenhang ist das Material im Anhang über Stanislawskis Ansichten zur Schauspielerausbildung besonders interessant.

4 Das Schema für die Anordnung der Elemente des Befindens auf der Bühne steht im Anhang des vorliegenden Bandes auf den Seiten 317/318.
Die drei Fahnen ohne Aufschrift bedeuten Verstand, Wille und Gefühl.

II. Die Entwicklung der körperlichen Ausdrucksfähigkeit

Diese Bezeichnung findet sich in mehreren Entwürfen zum zweiten Teil der „Arbeit des Schauspielers an sich selbst" als Überschrift für das entsprechende Kapitel des Buches (Nr. 68, 73/1 und 663). Wir haben zwei Manuskripte Stanislawskis zu diesem Thema in das vorliegende Kapitel aufgenommen.

1. Gymnastik, Akrobatik, Tanz

Veröffentlicht nach einem „Körperkultur" betitelten Manuskript (Nr. 376). Unter dieser Gesamtüberschrift auf dem Titelblatt sind die Fächer aufgezählt, die in dem betreffenden Kapitel behandelt werden sollten: Gymnastik, Tanz, Akrobatik, Fechten, Florett- und Degenfechten, Kampf mit dem Dolch, Ringen, Boxen, maintien (das heißt gute Manieren, die Fähigkeit, sich in vornehmer Gesellschaft richtig zu benehmen). Dieser Plan wird im Text des Manuskripts nur teilweise verwirklicht. Offensichtlich ist das Kapitel „Körperkultur" ein Fragment geblieben. Unter „Körperkultur" versteht Stanislawski die Gesamtheit der genannten Disziplinen. Darum ist das vorliegende, unvollendete Kapitel vom Herausgeber mit einer Überschrift versehen worden, die den darin erörterten Problemen (Gymnastik, Akrobatik, Tanz) entspricht.

Auf dem Titelblatt des Manuskripts hat Stanislawski eigenhändig die Zahl XVI vermerkt, das entspricht der laufenden Nummer dieses Kapitels im chronologischen letzten Plan für den ersten und zweiten Teil der „Arbeit des Schauspielers an sich selbst" (Nr. 274). Demnach war das vorliegende Manuskript für das zweite Kapitel des zweiten Teils bestimmt.
Im Manuskript „Körperkultur" fand sich als Einlage die Beschreibung einer Unterrichtsstunde Torzows, in der er sich mit Stimmbildung befaßt. Diesen Text haben wir in das Kapitel „Stimme und Sprechen" übernommen.

1 Im Manuskript folgt auf diese Worte ein unvollendet gebliebener Abschnitt. Wir bringen ihn nachstehend:
„‚Bei diesem Problem wird Ihnen das Gerät hier gute Dienste leisten.' Arkadi Nikolajewitsch deutete auf einen mehr als menschengroßen Rahmen, den man soeben hereingebracht hatte. Im Innern dieses Rahmens waren senkrecht und waagerecht Drähte gespannt, die lauter Quadrate bildeten. An den Kreuzungsstellen der Drähte hingen kleine Nummernschilder..."
Hier folgt eine Notiz Stanislawskis: „Das Fehlende wird ergänzt, sobald ich das dazu erforderliche Material von der Gymnastiklehrerin Schwörer aus Badenweiler erhalten habe."

2 *Isadora Duncan* (1878–1927), berühmte Tänzerin und Tanzpädagogin. I. D. war mehrmals in Rußland. Nach der Großen Sozialistischen Oktoberrevolution lebte sie mehrere Jahre lang in der UdSSR und gründete ein eigenes Studio (1921). I. D. bemühte sich um die Wiedergeburt der natürlichen Schönheit in den Bewegungen des menschlichen Körpers, sie verwarf die klassischen Richtlinien des Balletts und versuchte, eine eigene choreographische Schule zu gründen. Stanislawski schätzte ihre eigenwillige Kunst außerordentlich hoch ein; er hat ihr mehrere Seiten seines Buches „Mein Leben in der Kunst" gewidmet. (Siehe das Kapitel „Duncan und Craig".)

3 Stanislawski meint hier wahrscheinlich den berühmten Schauspieler des Petersburger Alexandra-Theaters K. A. Warlamow, der für seine ausdrucksvolle Mimik bekannt war.

4 Diese „Glanznummer" demonstrierte Stanislawski selbst als Beispiel für mimische Übungen. Er illustrierte dabei nur durch seinen Gesichtsausdruck gleichsam den Wechsel von klarem Sonnenschein zu trübem Wetter und schließlich zum Ausbruch eines Gewitters, das heißt, er schilderte durch seine Mimik den allmählichen Übergang von Heiterkeit zum Zorn, von Gutmütigkeit zu wildem Grimm.

2. Bewegungsstudien

Gedruckt nach einem mit der Maschine geschriebenen Manuskript, das mit mehreren handschriftlichen Korrekturen Stanislawskis versehen ist und auf dem Titelblatt seine Unterschrift trägt. (Nr. 382) Bei einer solchen Korrektur wurde zum Beispiel der aus der Philosophie der indischen Jogis entlehnte Begriff „Prana" durch den leichter verständlichen und wissenschaftlichen Begriff „Muskelenergie" oder einfach „Energie" ersetzt.
In den uns erhaltenen Entwürfen für die Anordnung der Kapitel des zweiten Teils fehlt das Kapitel „Bewegungsstudien". Seinem Inhalt entsprechend paßt es am besten in den Abschnitt „Die Entwicklung der körperlichen Ausdrucksfähigkeit".

1 *Emile Jacques-Dalcroze* (1865–1950), bekannter schweizer Musikpädagoge und Komponist, begründete ein System für rhythmische Gymnastik, das er am Genfer Konservatorium und

in einer eigens dafür ins Leben gerufenen Schule in Hellerau bei Dresden lehrte. Sein System für rhythmische Erziehung war weit verbreitet, und Stanislawski hat sich eingehend damit befaßt. In den von Stanislawski in den zwanziger und dreißiger Jahren geleiteten Studios unterrichtete sein Bruder, W. S. Alexejew, nach dem System Dalcroze. Stanislawski hat den Schauspielern das System Dalcroze in seiner reinen Form nicht empfohlen, weil es in mancher Hinsicht zu mechanisch war. Er hat dieses System wesentlich verbessert und gefordert, daß jede zu Musikbegleitung durchgeführte Bewegung innerlich gerechtfertigt und sinnvoll sein müsse.

2 Auf dem Rand des Manuskripts steht an dieser Stelle ein Fragezeichen, das offensichtlich darauf hinweisen sollte, daß Stanislawski mit diesem Text nicht restlos zufrieden war.

III. Stimme und Sprechen

Diese Kapitelüberschrift findet sich in mehreren im Stanislawski-Archiv aufbewahrten Entwürfen für das Buch „Die Arbeit des Schauspielers an sich selbst" (Nr. 68, 73/1 und 663). In allen Fassungen folgt das Kapitel „Stimme und Sprechen" auf „Die Entwicklung der körperlichen Ausdrucksfähigkeit".

1. Gesang und Diktion

Der Unterabschnitt „Gesang und Diktion" besteht aus zwei Teilen: Der Anfang, das erste Gespräch Torzows mit den Schülern, entstammt dem Manuskript „Körperkultur", Kapitel „Die Entwicklung der körperlichen Ausdrucksfähigkeit", in dem auch das Problem der Stimmbildung behandelt wird (Nr. 376). Wir haben es in dieses Kapitel übernommen.
Der übrige Text, beginnend mit: „Heute erschien Arkadi Nikolajewitsch mit Anastassja Wladimirowna Sarembo zum Unterricht", folgt einem Schreibmaschinenmanuskript, das „Gesang und Diktion" betitelt und von Stanislawski korrigiert und unterschrieben ist (Nr. 385/1). Auf dem Titelblatt hat er die Ziffer XVII vermerkt und damit den Platz dieses Kapitels innerhalb des Bandes festgelegt.
Den zahlreichen Randbemerkungen Stanislawskis nach zu urteilen, sollte das Manuskript „Gesang und Diktion" noch überarbeitet werden. Einige Anmerkungen berechtigen uns zu dem Schluß, daß Stanislawski die Frage der Reihenfolge in diesem Kapitel noch nicht endgültig gelöst hatte.

1 Diese Stelle steht in einem gewissen Widerspruch zum ersten Teil der „Arbeit des Schauspielers an sich selbst", wo es heißt, das erste Unterrichtsjahr sei dem Prozeß des Erlebens, das zweite dem Prozeß des Verkörperns gewidmet.
So sagt Torzow, als er sich am Schluß des ersten Studienjahres von seinen Schülern verabschiedet, daß der größte Teil des kommenden Jahres dem Vorgang der Verkörperung gewidmet sein werde („Die Arbeit des Schauspielers an sich selbst", Teil I, S. 330), während doch der praktische Unterricht in Stimmbildung schon in den ersten Tagen des Studiums begann (Ebenda, S. 43).

2 Das heißt die Mittellage des Gesamtumfanges der Singstimme.

3 Hier steht eine Bleistiftnotiz Stanislawskis: „In einer Charakterrolle"; damit wollte er offensichtlich sagen, daß man einen solchen Schauspieler für eine Charakterrolle verwenden könne. (Stanislawski meint wahrscheinlich, daß eine „unsympathische Stimme" noch kein Kriterium für die schauspielerische Leistung sein kann, wohl aber die Verwendungsfähigkeit des Schauspielers einengt; Anm. d. Hrsg.)

4 Am Rand steht eine Notiz Stanislawskis: „Korrektur der Tonleiter. Kantilene". (Kantilene: gesangartig geführte Tonfolge, sanglich schöne Melodie; Anm. d. Hrsg.)

5 Stanislawski hatte als junger Mann bei dem bekannten Opernsänger und Gesangspädagogen F. P. Komissarschewski Gesangsunterricht gehabt. Stanislawski hat seine Kräfte an Opernpartien erprobt, er ist erfolgreich in Operettenrollen aufgetreten. 1918 übernahm er die Leitung des Opernstudios am Großen Theater. Dieses Studio wurde später zu einem Operntheater umgebildet und erhielt seinen Namen.

6 In S. M. Wolkonskis Buch „Das ausdrucksvolle Wort. Ein Versuch. Forschung und Lehre auf dem Gebiet der Mechanik, Psychologie, Philosophie und Ästhetik des Sprechens im Leben und auf der Bühne" (Spb., 1913, 57, russ.) heißt es: „Die Konsonanten... sind das Ufer, das das fließende Element der Vokale in seinen Schranken hält."

7 Dem Manuskript ist ein Blatt mit folgendem Text beigelegt: „Alles Lebende atmet. Auch der Mensch atmet. Das ist seine erste Handlung, sobald er das Licht der Welt erblickt. Aber davon bemerken seine Umgebung und diejenigen, die ihn ‚in Empfang nehmen' nichts. Er tut ihnen seine Existenz nicht durch Atmen, sondern durch Geschrei kund. Was ist denn eigentlich ein solches Geschrei? Ein mit lautem Geräusch verbundenes Ausatmen... Demnach ist, als Ausdrucksmittel betrachtet, die zweite Phase des Atmens wichtiger als die erste. Das Einatmen ist (im Sprechprozeß) erst die Vorbereitung, während die Durchführung dem Ausatmen vorbehalten bleibt. Die dritte Phase ist – die Pause..."
Dieser Textabschnitt ist eingerahmt, was in der Regel von Stanislawskis Absicht zeugt, an anderer Stelle des Buches noch einmal auf dieses Problem zurückzukommen.
Im Stanislawski-Archiv befand sich ein Manuskript mit der Überschrift „Gesang", in dem gleichfalls Fragen über die Atmung behandelt werden (Nr. 387). Nachstehend zitieren wir diesen ganzen Textabschnitt:
„Es gibt auf dem Gebiet der Atmung noch andere wichtige Methoden, die ich bisher noch nicht beherrsche, sondern nur abtaste, deren Bedeutung nicht allein für den Gesang, sondern auch für das Sprechen ich zunächst nur ahnen kann. Ich meine die Bauch-, Flanken- und Brustatmung und ihre Stützfunktionen sowie ihre Beeinflussung der Kehlkopffunktionen. Über das Zwerchfell, das beim Einatmen die Funktion des Blasebalgs erfüllt, will ich zunächst nicht sprechen, da seine Aufgabe jedermann gut bekannt ist.
Ich kenne die Haltepunkte und Atemstützen beim Singen, wenn ich sie auch selbst nicht beherrsche. Immerhin kann ich zuweilen, vorerst allerdings noch zufällig, feststellen, daß die Atemstütze auch bei mir richtig funktioniert. Wenn dieser Fall eintritt, arbeiten Atmung, Atemstütze und Resonatoren einmütig und in engem Kontakt miteinander. In solchen Augenblicken erscheint mir das Singen ungewöhnlich leicht und angenehm. Ich denke, daß es mir im Lauf der Zeit noch gelingen wird, diese Atmungstechnik zu erlernen, so daß ich sie nach Belieben anwenden kann.
Es gibt aber eine Frage, über die ich mir noch nicht restlos klar bin, und zwar inwieweit die obengenannten Stützen auch beim Sprechen notwendig sind.

Als ich vor einigen Tagen zu Hause, während ich den Hamlet-Monolog deklamierte, beim Sprechen auf einmal eine unendliche klangliche Linie fühlte, da nahm ich dieselben Atemstützen wahr, wie schon ein paarmal zufällig beim Singen. Mit ihrer Hilfe fiel es mir sehr leicht, klingend, gehaltvoll, mit einer schönen, natürlichen musikalischen Kantilene zu sprechen.
Dieses Erlebnis hat mir folgendes klargemacht: In der Komödie oder im reinen Kammerstück mag diese Atmungstechnik zwar nicht immer notwendig sein, in der Tragödie jedoch, wo im gehobenen Stil bei größerer Formgebung gesprochen wird, kann eine solche komplizierte Atmungstechnik sehr nützlich sein, und darum sollte man sie eingehend studieren."

8 Vor Beginn dieses Textabschnittes steht ein Bleistiftvermerk: „von der falschen *Kunst zu sprechen* müßte hier oder zu Beginn des Abschnitts ‚Sprechen' die Rede sein."

9 Im Original ist an dieser Stelle das Wort „Buchstabe" unterstrichen und dieser Vermerk auf dem Rand wiederholt worden. Daneben steht eine Bleistiftnotiz: „Die Begriffe *Buchstabe* und *Laut* nicht verwechseln. (Lebendiges Sprechen und geschriebenes Wort sind sehr unterschiedliche Dinge.) Es gibt eine besondere phonetische Tonaufnahme. Diese phonetische Aufnahme-Methode zeichnet nicht die Buchstaben, sondern die Laute auf. Bei dieser Aufnahme hat der Tonapparat die Vokale festgehalten (es gibt sechsunddreißig Vokale)." Das Stanislawski-Archiv enthält unter der Nummer 542 auch die Tabelle der sechsunddreißig Vokale, die Stanislawski D. N. Uschakows Werk „Kurze Einführung in die Sprachwissenschaft" (M., 1913, § 29, russ.) entnommen hat.
Wir sind diesem Hinweis Stanislawskis gefolgt und haben in vielen Fällen das Wort „Buchstabe" durch „Laut" ersetzt.

10 Veitstanz – eine Nervenkrankheit, die sich in krampfhaften Zuckungen einzelner Muskelgruppen äußert.

11 Hier findet sich eine eigenhändige Randbemerkung Stanislawskis: „Uschakow. § 27–31". In D. N. Uschakows Buch „Kurze Einführung in die Sprachwissenschaft" (M., 1929, russ.) sind die § 27 bis 31 der Analyse der Vokale gewidmet. Stanislawski widerspricht einigen Behauptungen Uschakows über die Bildung der Vokale und äußert seine eigenen Ansichten darüber. Zum § 28 etwa, in dem Uschakow die Meinung vertritt, daß beim Aussprechen von Vokalen der Zugang zur Nasenhöhle versperrt sei, vermerkt Stanislawski: „NB. Ich protestiere. Nicht versperrt, sondern sie resoniert und – sie gelangen in die Nasenhöhle." (Nr. 542)

12 Hier denkt Stanislawski offenbar an M. Battistini (1856–1928), mit dem er mehrmals zusammengetroffen ist. In Gesprächen mit Schülern hat Stanislawski wiederholt auf die Schönheit und Präzision von Battistinis Diktion hingewiesen. Das Musterbeispiel für eine gelungene Synthese von Klang und Aussprache sah Stanislawski in der Gesangskunst Schaljapins, den er in Fragen der Stimme und Diktion wiederholt zu Rate zog.

13 Zu diesem Textabschnitt ist ein Blatt an das Manuskript geheftet mit folgender Notiz Stanislawskis: „Der Buchstabe B aus dem P. Ziehen Sie den Kehlkopf zur Mitarbeit heran, während die Lippen geschlossen sind, mit anderen Worten, lassen Sie Ihr P klingen, ‚vokalisieren' Sie es – dann werden Sie das B erhalten."

14 Stanislawski hat beim Unterricht seine Schüler wiederholt auf Schaljapins Standpunkt hingewiesen: „Man muß singen, wie man spricht, und sprechen, wie man singt" (was die Lautbildung und Aussprache betrifft).

15 Stanislawski selbst zeichnete sich bis an sein Lebensende durch eine klangvolle, starke und anpassungsfähige Baßstimme aus. Er hörte niemals auf, seine Stimme auf Klang und Diktion zu trainieren. Neue Erfolge konnte er während seiner Tätigkeit im Opernstudio des Großen Theaters (1918–1922) und auf seiner Gastspielreise im Ausland (1922–1924) erringen.

2. Das Sprechen und seine Gesetze

Nach einem von Stanislawski im März 1937 korrigierten Schreibmaschinenmanuskript (Nr. 401). Auf der Titelseite sind zwei Überschriften für dieses Kapitel vermerkt: „Das Sprechen und seine Gesetze" und „Die Kunst zu sprechen". Hier findet sich auch der Hinweis, daß dieser Text aus der „Nizzaer" Fassung Nr. 2 (1934) übernommen worden ist, und dazu ein handschriftlicher Vermerk Stanislawskis „von mir durchgesehen – März 1937 (nach Barwicha)". Demzufolge ist der hier veröffentlichte Text die letzte Fassung des Kapitels „Das Sprechen und seine Gesetze"; er ist die Umarbeitung früherer Fassungen desselben Kapitels (Nr. 399 und 398) aus dem Jahre 1934. Außerdem enthält das Stanislawski-Archiv auch noch frühere Manuskripte zu Fragen des Bühnensprechens (Nr. 392, 409, 393/1, 408 und andere). Es gibt auch Auszüge Stanislawskis aus Werken der Autoren D. N. Uschakow, I. L. Smolenski, S. M. Wolkonski, J. E. Osarowski, D. D. Korowikow und anderer über verschiedene Gebiete der Sprachwissenschaft und des ausdrucksfähigen Sprechens.
Das hier veröffentlichte Manuskript „Das Sprechen und seine Gesetze" hat Stanislawski nicht mehr endgültig überarbeiten können. Zahlreiche Anmerkungen zeugen von seiner Absicht, die Arbeit an diesem Kapitel fortzusetzen. In einigen dieser Bemerkungen äußert er seine Unzufriedenheit mit dem bisher Geschriebenen („unklar", „Wiederholung", „hier trete ich auf der Stelle", „überflüssig, hinderlich", „enthält Wiederholungen", „schwer, unverständlich", „leichter, kürzer", „verworren", „Wiederholung" und so fort); andere geben Hinweise auf Stellen, die im Text geändert oder ergänzt werden sollen. Die wichtigsten Randbemerkungen werden in den Anmerkungen zitiert.

1 Im Vorwort zu seinem Buch „Das ausdrucksvolle Wort" weist Wolkonski auf folgende Werke hin, auf die er sich bei dieser Arbeit gestützt hat: *Dr. Rush,* Philosophy of the human voice; *Oscar Guttmann,* Gymnastics of the voice; *G. Stebbins,* Dinamic breathing and harmonic gymnastics.
Wolkonski war ein leidenschaftlicher Anhänger von F. Delsartes (1811–1871) Lehrsystem für Bewegung und Deklamation auf der Bühne.
Stanislawskis Einstellung zu Wolkonski und seinen ästhetischen Schriften hat sich im Lauf der Zeit in verschiedener Hinsicht gewandelt, worauf in der Einführung zur russischen Ausgabe hingewiesen wird. (Siehe hierzu auch Stanislawskis Ausführungen auf S. 461–463 von Gortschakows „Regie – Unterricht bei Stanislawski", Anm. d. Hrsg.)

2 An dieser Stelle machte Stanislawski auf der Rückseite des Blattes folgende Notiz, bei der er sich auf die Meinung W. S. A.'s (das ist sein Bruder Wladimir Sergejewitsch Alexejew, der sich mit dem Sprechen und der Aussprache beschäftigte) berief: „Das sind schon keine Sprachgesetze mehr, das ist Schauspielkunst. Ich glaube, daß zu den Sprachgesetzen

auch die Orthoepie* gehört, die nur am Theater gewahrt werden kann. Die Moskauer Sprache geht im Leben verloren.

Die Sprachgesetze haben zwei Seiten, erstens eine äußere, das heißt die richtige mechanische Aussprache der Wörter und Sätze, und zweitens eine innere.

Ein Musiker muß sein Instrument so beherrschen, daß die Noten richtig klingen. Überdies muß er alle Ausdrucksmöglichkeiten kennen, er muß wissen, was staccato, legato, forte, piano oder crescendo, was Pausen oder Fermaten sind. All das muß er wissen und spielen können, ehe er schöpferisch gestalten, die Seele des Werkes wiedergeben kann.

Beim Sprechen ist es nicht anders. Man muß die Laute, Wörter und Sätze richtig aussprechen können. Erst dann kann man schöpferisch arbeiten."

3 Hier steht eine Fußnote Stanislawskis: „ein Ausdruck von M. S. Stschepkin" (vgl. Stschepkins Brief an S. W. Schumski vom 27. März 1848. *M. S. Stschepkin*, Aufzeichnungen, Briefe, „Iskusstwo", M., 1952, S. 250, russ.).

4 Neben dieser Textstelle vermerkte Stanislawski: „Auch die physischen Handlungen fixieren die Aufmerksamkeit."

5 Hier sowie an einigen anderen Stellen, wo von den Vorstellungsbildern die Rede ist, finden sich Randbemerkungen, aus denen ersichtlich wird, daß Stanislawski mit dem Begriff *„Vorstellungsbild"* nicht restlos zufrieden war. Er notierte eine Reihe von Wünschen W. S. Alexejews, der vorschlug, noch hinzuzufügen: „und sonstige Empfindungen" (das heißt Gehör, Tastsinn und so weiter). Bemerkenswert ist ein Hinweis Stanislawskis auf der Rückseite von Seite 16 eines handschriftlichen Entwurfs (Nr. 399). Bei dem Wort „Vorstellungsbild" heißt es: *„visuelle Vorstellungen"* und etwas weiter unten: *„ein für allemal festlegen . . . mit den Vorstellungsbildern verbinden sich auch andere, durch Gehör oder Tastsinn wahrgenommene Vorstellungen".*

Auf diese Seite bezieht sich auch eine andere Notiz: *„Im Buch ist nichts gesagt über die beim Sprechen durch das Gehör hervorgerufene Wechselbeziehung."*

In seiner praktischen Arbeit verstand Stanislawski unter dem Begriff der *Vorstellungsbilder* die Gesamtheit aller unserer Vorstellungen und Empfindungen von einem Gegenstand, wie sie von allen unseren Sinnesorganen wahrgenommen werden.

6 Der Text des Othello-Monologs aus dem III. Akt wird in einer von Stanislawski verbesserten Übersetzung von P. Weinberg zitiert. Stanislawski selbst hat diesen Monolog im Unterricht und auf Proben wiederholt zu pädagogischen Zwecken vorgetragen. (Deutsche Übersetzung von Wolf Graf Baudissin; Anm. d. Hrsg.)

7 Offenbar war Stanislawski mit diesem Beispiel nicht zufrieden, denn am Rand der ersten Redaktion des Manuskripts steht ein Vermerk: „die Worte selbst jagen schon Angst ein".

8 In der Musik sind diëse (♯) und bémol (♭) das Erhöhungs- bzw. Erniedrigungszeichen, das einen Ton um einen halben Ton erhöht bzw. erniedrigt.

9 An dieser Stelle findet sich im Manuskript folgende Anmerkung Stanislawskis, bei der er sich auf W. S. Alexejews Ansicht stützt: „Ist das alles richtig? Wenn es wirklich ver-

---

* *Orthoepie ist die Lehre von der einheitlichen, richtigen Aussprache der Literatursprache, in Deutschland der Hochsprache, die durch Th. Siebs für die Bühne einheitlich geregelt wurde. (Anm. d. Hrsg.)*

bindliche phonetische Figuren für einen Satz gibt, so sind diese für den französischen wie für den russischen Autor, für Molière so gut wie Goldoni, verbindlich; nur das Heben und Senken des Stimmumfangs ist verschieden, zum Beispiel so:

Die Figur bleibt dieselbe, nur in vergrößerter Form ... Wenn dem Schauspieler sein Unbewußtes nicht zu Hilfe kommt, soll er sich bei solchen Gelegenheiten an die jeweilige Figur erinnern, die sich sein akustisches oder visuelles Gedächtnis bewahrt hat, und den Umfang dieser Figur ungescheut erweitern. Das hilft ihm, das erforderliche Temperament zu entwickeln (zu finden) und es sich so einzuprägen, wie er es für die betreffende Rolle braucht."

10 Unter diesem Abschnitt vermerkte Stanislawski mit Bleistift: „Mir scheint, in diesem Kapitel wird viel wiederholt, was bereits gesagt worden ist. Ich habe den Eindruck, daß ein Stillstand eingetreten ist und ich hier auf der Stelle trete."

11 Neben diesem Abschnitt steht eine Randbemerkung Stanislawskis: „W. S. A. schlägt vor, das alles wegzulassen, weil es unklar sei. Aber mir tut es leid darum."
Dem Manuskript ist hier eine Seite beigelegt, deren Inhalt eine Abwandlung des Textes darstellt. Wir zitieren diesen Abschnitt vollständig:
„Genau wie in der Musik sind ‚forte' und ‚piano' auch beim Sprechen relative Begriffe. Es gibt für sie kein absolutes, ein für allemal feststehendes Maß wie Meter oder Gramm. ‚Forte' und ‚piano' haben verschiedene Abstufungen, je nach der Lautstärke im vorausgegangenen oder nachfolgenden Teil des dargebotenen Werkes. Es kommt allein auf den Kontrast an. Was in dem einen Werk piano war, kann in einem andern durchaus als forte erscheinen, wenn dieses Werk nämlich insgesamt eine minimale Lautstärke verlangt. Die Übergänge von piano zu forte und umgekehrt können beim Sprechen genau wie in der Musik schnell, plötzlich oder allmählich erfolgen. Ehe man ein musikalisches oder literarisches Werk vorträgt, muß man Übersicht haben über das, was man darbieten will, und muß sich genau darüber klar sein, wie man die Lautstärken am günstigsten verteilen kann. Wenn man zu sehr in piano beginnt, kann man sich die Möglichkeit nehmen, den Klang bis auf pianissimo zurückzunehmen und umgekehrt, wenn man zu sehr mit forte einsetzt, beraubt man sich der Möglichkeit, den Klang bis zum fortissimo zu steigern, wenn es das betreffende Werk verlangt ... Was soll man tun, um nicht in das eine oder andere Extrem zu verfallen? Ich glaube, der Vortragende muß die Grenzen seiner Stimme im piano und forte genau kennen und sich in den meisten Fällen, vor allem zu Beginn seines Vortrags, an die goldene Mitte halten, damit er im weiteren Verlauf seiner Darbietung die verschiedenen Klangabstufungen erzeugen kann (soviel ich weiß, hat Wolkonski diesen Rat erteilt, und er hat recht). ... Der Vortragende muß wissen, wie in dem betreffenden Werk die klangliche Linie verläuft, wo und wie weit sie emporsteigt oder abfällt. Es kann auch mehrere solcher aufstrebenden oder absinkenden Linien geben, aber meistens ist an irgendeiner Stelle ein Gipfel, ein Höhepunkt. Man muß sich einprägen, wo dieser Höhepunkt und wo der tiefste Punkt liegt, und den Klang seiner Stimme so verteilen, daß man das eine wie das andere im rechten Augenblick hervorrufen kann."

12 Neben dieser Stelle steht eine Notiz Stanislawskis, in der er sich auf Bemerkungen W. S. Alexejews stützt. Wir zitieren hier einen Auszug: „Überhaupt bin ich mir nicht recht klar darüber, ob es richtig ist, von einer ‚Betonung der Worte oder einer auf den Worten' zu sprechen. Hier geht es ja nicht um eine *Betonung* der Wörter, sondern um ein *Hervorheben*, ein *Unterstreichen*, ein *Präsentieren*. Betonungen *müssen* auf jedes Wort gesetzt werden (selbstverständlich mit Ausnahme derjenigen Wörter, die keine eigenen Betonungen verlangen, sondern mit dem vorangegangenen oder nachfolgenden Wort gekoppelt sind, wie zum Beispiel: ‚Du, mein Lieber, bist ein Féigling', ‚er hat keine Áhnung', ‚déiner Meinung nach', ‚meiner Meinung nach'. Es können aber auch Fälle eintreten, in denen das Substantiv die Betonung verliert: по-мо́рю (auf dem Meer, zur See), зару́ки (an der Hand) во́ поле (auf dem Feld) и́з лесу (aus dem Wald) ......).“ (Besonderheit der russischen Sprache; Anm. d. Hrsg.)
In seiner praktischen Tätigkeit vermied Stanislawski den Begriff *Betonung* (udarenije), den man, wie er sagte, eigentlich aus dem Wortschatz der Schauspieler verbannen müßte. Das Wort *Betonung*, sagte er, weise auf einen lautlichen Stoß (udar) oder Druck hin, während das wesentliche Wort eines Satzes gar nicht so sehr durch eine Verstärkung des Lautes, als vielmehr durch die Veränderung der Intonation oder des Rhythmus und durch das Setzen von Pausen hervorgehoben werden solle. Es wird nicht betont (herausgestoßen), sondern *hervorgehoben* und dem Hörer liebevoll *dargereicht* „wie auf einem Präsentierteller".

13 Stanislawski zitiert hier einen Auszug aus I. L. Smolenskis Buch „Lehrbuch zum Studium der Deklamation. Über das logische Betonen" (Odessa, 1907, S. 76, russ.). Smolenski seinerseits verwandte an dieser Stelle ein Beispiel, das der bürgerliche englische Philosoph und Nationalökonom W. S. Jevons in seinem „Lehrbuch der Logik" (Spb., 1881, S. 97, russ.) angeführt hat. Der eine Satz, der sechsunddreißig Sätze in sich vereinigt, stammt aus W. Shakespeares Tragödie „Antonius und Cleopatra" (dritter Aufzug, zweite Szene). (Deutsche Übersetzung von Dorothea Thieck; Anm. d. Hrsg.)

14 An der Seite ein Vermerk Stanislawskis: „Über die Intonationen unbefriedigend. Zuwenig über sie."

15 An der Seite findet sich ein Vermerk, der Stanislawskis Unzufriedenheit über das Geschriebene ausdrückt: „Koordinierung, Perspektive, Tiefen – verworren".

16 Ein Vermerk Stanislawskis neben diesem Absatz: „Ausrede für Faule: nicht an der Sprache arbeiten."

IV. Die Perspektive des Schauspielers und der Rolle

Offenbar ist Stanislawski erst gegen Ende seiner Arbeit an diesem Buch auf den Gedanken gekommen, das Kapitel „Die Perspektive des Schauspielers und der Rolle" in „Die Arbeit des Schauspielers an sich selbst" aufzunehmen.

In keinem der uns erhaltenen Entwürfe für den ersten und zweiten Teil der „Arbeit des Schauspielers an sich selbst" wird ein eigenes Kapitel über die Perspektive erwähnt. Stanislawski hatte dieses Kapitel noch nicht endgültig formuliert, es sind lediglich einige Manuskripte erhalten. Diese sollten in ein von ihm geplantes ergänzendes Kapitel aufgenommen werden, in dem er die Perspektive des Sprechens und die Perspektive von Schauspieler und Rolle behandeln wollte.

Kein einziges dieser Manuskripte ist von Stanislawski mit einem Datum versehen worden. Er hat die Arbeit an der „Perspektive des Schauspielers und der Rolle" wahrscheinlich im Sommer 1934 begonnen, denn im August dieses Jahres las er den Schauspielern des Moskauer Künstlertheaters auf einer Probe des Stückes „Angst" bereits Auszüge aus diesem Kapitel vor (siehe *K. S. Stanislawski,* Artikel, Reden, Gespräche, Briefe, „Iskusstwo", M., 1953, S. 514, russ.).

Der erste Teil (bis zu den Worten „was er uns an sich noch vorenthalten wollte") bildet den Abschluß des Manuskripts „Das Sprechen und seine Gesetze" (Nr. 401).

Offensichtlich wollte Stanislawski zwischen beiden Kapiteln einen direkten inhaltlichen Zusammenhang herstellen. Im ersten Entwurf des Manuskripts „Das Sprechen und seine Gesetze" (Nr. 399) steht neben dem von uns in das Kapitel über die Perspektive verlegten Abschnitt eine Anmerkung Stanislawskis: „Über die Perspektive – noch zu früh, später ein ganzes Kapitel." Auf Grund dieses Hinweises und des Inhalts ist der Schluß des Manuskripts „Das Sprechen und seine Gesetze" an den Beginn des nächsten Kapitels „Die Perspektive des Schauspielers und der Rolle" verlegt worden.

1 Ein Ausspruch des berühmten italienischen Tragöden Tommaso Salvini (1829–1916), auf den sich Stanislawski oft berufen hat. Im Manuskript ist an dieser Stelle Platz für das Zitat freigelassen worden, wir haben es eingesetzt (siehe *T. Salvini,* Gedanken über die Bühnenkunst, Zeitschrift „Artist", M., 1891, Nr. 14, S. 60, russ.).

2 Bei diesen Worten steht eine Randbemerkung Stanislawskis: „er hat noch nicht davon gesprochen" (Nr. 401).

V. Der Tempo-Rhythmus

Veröffentlicht nach einem Schreibmaschinenmanuskript, das mit eigenhändigen Korrekturen und Anmerkungen Stanislawskis versehen ist (Nr. 438). Auf der Titelseite steht „Nizza, Mai 1934" und eine Notiz Stanislawskis: „Im März 1937 (nach Barwicha) nochmals gelesen." Unter dem vorbereitenden Material und den verschiedenen Manuskripten über Probleme des Tempo-Rhythmus ist das vorliegende Manuskript das chronologisch letzte und auch das vollständigste; aber Stanislawski betrachtete die Arbeit an diesem Kapitel noch nicht als abgeschlossen, wie seine Randbemerkungen beweisen.

1 Neben diesem Textabschnitt vermerkte Stanislawski: „Das ganze Kapitel erschien mir verworren."

2 Hier machte Stanislawski folgende Randbemerkung: „Diese Übung hat einen Anfang, jedoch überhaupt kein Ende. Entweder zu Ende bringen oder an eine spätere Stelle verlegen."

3 Randbemerkung Stanislawskis: „Zwei verschiedene Übungen."

4 Am Rand des Manuskripts eine Bemerkung Stanislawskis: „Sie können das mit vorgestellten Gegenständen durchführen."

5 Randbemerkung Stanislawskis: „Nicht noch zu früh über die Gestalt?"

6 Der Satz ist unvollendet. Am Rand die folgende Notiz Stanislawskis: „Hinweis, daß eine solche Verbindung verschiedener Rhythmen in Volksszenen notwendig ist."

7 Randbemerkung Stanislawskis: „Dies und das vorhergehende sind verschiedene Dinge." In der Tat paßt das Beispiel des seine Zweifel überwindenden Hamlet schlecht zu dem folgenden Beispiel (des betrunkenen Apothekers), das eine Übung für die mechanische Kombination von zwei verschiedenen Rhythmen darstellt.

8 Am Rand des Manuskripts steht die Notiz: „Die Weljaminowa bringt das nicht fertig. Vielleicht eher die Maloletkowa?"

9 Hier findet sich folgende Randbemerkung Stanislawskis: „Hinweis, daß dieses Sichselbstverraten gut für die Bühne ist."

10 Neben diesem Absatz steht die Randbemerkung: „Überflüssig. Das Folgende ist eine Wiederholung, das heißt, es spricht von der Notwendigkeit, den Rhythmus herabzumindern." Bei der Redaktion des Manuskripts ist dieser Absatz jedoch beibehalten worden, weil sonst der sinngemäße Zusammenhang mit dem nachfolgenden Text verlorengegangen wäre.

11 Wahrscheinlich denkt Stanislawski hier an die Inszenierung der Ballszene in Tschaikowskis „Eugen Onegin" im Opernstudio des Großen Theaters (1922). Die Inszenierung dieses Bildes zählte er zu seinen größten Regie-Erfolgen auf dem Gebiet der Massenszenen.

12 Dieses Gerät war im Auftrag Stanislawskis in den Werkstätten des Moskauer Künstlertheaters hergestellt worden. Mit einer Gruppe von Assistenten des Studios für Oper und Schauspiel führte er in den Jahren 1935 und 1936 ähnliche Übungen durch wie die nachstehend beschriebenen. Solche Übungen mit dem Blinkmetronom hat er auch in die Inszenierung des Programms seines Studios aufgenommen (siehe S. 372/3 des vorliegenden Bandes).

13 Hier steht als Randbemerkung Stanislawskis: „Unverständlich."

14 Unter diesen Worten steht eine Notiz: „... hinzufügen, was für Übungen vor der Vorstellung gemacht werden müssen."

15 Stanislawski vermerkte am Rand: „Einen besseren Übergang zum Sprechen finden." Ursprünglich hatte er den Tempo-Rhythmus des Sprechens als einen Teil des Kapitels „Sprechen" oder als ein selbständiges Kapitel angesehen. In der letzten, hier veröffentlichten Fassung hat Stanislawski jedoch den Tempo-Rhythmus der Handlung und den des Sprechens in einem einzigen Kapitel „Der Tempo-Rhythmus" zusammengefaßt.

16 Eine Luftpause ist die kürzeste Unterbrechung im Laut, während der man beim Singen oder Sprechen Atem schöpft.

17 Torzow zitiert Text aus Gogols „Revisor" (erster Akt, zweiter Aufzug). (Deutsche Bearbeitung von W. Lange, Verlag von Philipp Reclam Jun. Leipzig; Anm. d. Hrsg.)

18 Stanislawski denkt hier an den von T. Salvini gesprochenen Monolog aus dem zweiten Akt von P. Giacomettis Schauspiel „La morte civile", das von A. N. Ostrowski unter dem Titel „Die Familie des Verbrechers" ins Russische übersetzt worden ist.

19 Randbemerkung Stanislawskis: „Was für ein Spiel zur Musikbegleitung?" Die musikalischen Übungen, auf die Stanislawski in seiner pädagogischen Tätigkeit immer wieder zurückgriff, sind leider im Kapitel über den Tempo-Rhythmus nicht genügend erörtert worden.

20 *Arthur Nikisch* (1855–1922) – berühmter, aus Ungarn stammender Dirigent. (Seit 1895 Direktor des Gewandhauses zu Leipzig; Anm. d. Hrsg.) Er unternahm mehrere Gastspielreisen nach Rußland. Im Kapitel „Selbstbeherrschung und Vollendung" geht Stanislawski noch ausführlicher auf die Dirigentenkunst Nikischs ein.

VI. Logik und Folgerichtigkeit

Das Stanislawski-Archiv enthält drei inhaltlich miteinander verbundene Manuskripte, die als Entwürfe für das Kapitel „Logik und Folgerichtigkeit" angesehen werden müssen.
Das erste, ein von Stanislawski als „Logik und Folgerichtigkeit" betiteltes Rohmanuskript, hatte er zurückgelegt, um es im Sommer 1938 mit anderem Material zum zweiten Teil zu bearbeiten (Nr. 445). Die meisten Seiten dieses in einem Heft zusammengefaßten Manuskripts sind nicht numeriert und nichts weiter als einzelne Fragmente des Textes für das geplante Kapitel. Der Text dieses Manuskripts wird hier erstmalig, jedoch nur auszugsweise veröffentlicht, um die Gedanken nicht zu wiederholen, die Stanislawski im danach veröffentlichten Manuskript gründlicher und umfassender erörtert hat.
Das zweite Manuskript – ein von Stanislawski korrigierter Schreibmaschinentext (Nr. 447) – wurde von ihm als „Logik der Gefühle" betitelt und trägt auf dem Titelblatt das Datum „November 1937". Auch hier haben wir noch kein fertig gegliedertes Material vor uns. Das Manuskript enthält Wiederholungen, die wir fortgelassen haben.
Das dritte Manuskript, das ebenfalls die Logik der Gefühle behandelt, ist Bestandteil eines Heftes mit dem Titel „Sonstige Elemente". (Ursprünglich wollte Stanislawski die Logik und Folgerichtigkeit in die Zahl der „sonstigen Elemente" einbeziehen.) Da im dritten Manuskript (Nr. 489) ein Beispiel angeführt wird, das im zweiten fehlt, wodurch im Text eine Lücke entsteht, die eine Ergänzung erforderlich macht, haben wir das Manuskript (Nr. 489) ungekürzt in den Text des zweiten (Nr. 447) übernommen.
In einer aus dem Jahre 1935 stammenden Kapitelübersicht zum Buch „Die Arbeit des Schauspielers an sich selbst" fehlt das Kapitel „Logik und Folgerichtigkeit", das Stanislawski erst später schrieb. Stanislawski maß diesen Elementen des „Systems", vor allem in der letzten Periode seiner Tätigkeit, erstrangige Bedeutung bei.

1 „Die Arbeit des Schauspielers an sich selbst", Teil I, S. 155–156.

2 Hier vermerkte Stanislawski am Rande: „erklären" und setzte ein Fragezeichen.

VII. Das Charakteristische

Veröffentlicht nach einem Schreibmaschinentext, von Stanislawski mit Korrekturen und Anmerkungen versehen, die von seiner Absicht zeugen, das Manuskript noch zu überarbeiten (Nr. 251). Auf der Titelseite ist vermerkt: „Frühjahr 1933", daneben steht die Ziffer XV, die der Ordnungszahl dieses Kapitels entspricht, sowohl im Plan von 1933 (Nr. 68) als auch in anderen Entwürfen für die Aufteilung der Kapitel (Nr. 73/1 und 663).
Es ist noch ein weiterer korrigierter maschinengeschriebener Entwurf für das Kapitel „Das Charakteristische" erhalten (Nr. 485). Bei der Durchsicht des Materials für dieses Kapitel ist in Zweifelsfällen auch dieser zweite Entwurf berücksichtigt worden, auf dessen Umschlagseite Stanislawski die Zahl XX vermerkt hat, was der Ordnungsnummer des Kapitels „Das Charakteristische" im Entwurf von 1935 entspricht.

1 Stanislawski beschreibt seine Arbeit an der Rolle des Doktor Stockman aus Ibsens „Ein Volksfeind" in „Mein Leben in der Kunst", S. 422 ff.

2 Hier ist eine Lücke im Text. Ein Vermerk Stanislawskis gibt über den nicht zu Ende geführten Gedanken Aufschluß: „das Äußere wirkt auf das Innere ein" (Nr. 485).
Im Stanislawski-Archiv gibt es ein Fragment, das eine interessante Ergänzung zur Frage nach dem Charakteristischen darstellt und die Etüde mit dem Engländer gleichsam weiterführt.
Nachstehend zitieren wir diesen Text (Nr. 253, S. 257–258):
„Als Arkadi Nikolajewitsch heute zum Unterricht erschien, fiel uns allen sein veränderter Gang, sein merkwürdiges Benehmen und sein ungewöhnlicher Gesichtsausdruck auf. Er begrüßte uns so seltsam, gerade als seien wir ihm gänzlich unbekannt, und starrte uns durchdringend an. War Arkadi Nikolajewitsch ärgerlich, oder hatte er ein unangenehmes Erlebnis gehabt?!
Schließlich wandte er sich an die Maloletkowa und fing an, ihr merkwürdige Fragen zu stellen. So fragte er sie nach irgendeiner ‚Form', sprach dann von einem ‚Gesims' (?) und vom Drang der Gegenstände zur Erde und der Menschen zueinander. Er sprach von einer ‚Hyperbel und verglich sie mit einer Lupe. Genau wie die Hyperbel ein Wort vergrößere, so vergrößere die Lupe einen Gegenstand. Torzows Worte waren verworren, weder die Maloletkowa noch wir andern verstanden etwas ...
Als Arkadi Nikolajewitsch von der Maloletkowa keine Antwort erhielt, wandte er sich der Reihe nach an Schustow, an Goworkow, an Wesselowski und an mich.
Sein ernster, geschäftiger Ton, seine angespannte Aufmerksamkeit, seine innere Konzentration bezeugten, daß die Sache, von der er sprach, ihm sehr am Herzen lag. Alles das ließ uns an die Aufrichtigkeit von Arkadi Nikolajewitschs Verhalten glauben. Um so mehr strengten wir uns an zu begreifen, worüber er eigentlich sprach; um so aufmerksamer bemühten wir uns, hinter den Sinn seiner Worte zu kommen; um so sorgfältiger suchten wir in seiner Seele zu lesen; um so beflissener waren wir, uns ihm anzupassen, ihn zu beobachten, uns ganz auf ihn zu konzentrieren und die Ausstrahlungen seines Willens in uns aufzunehmen.
Plötzlich ging mit Torzow eine sichtbare Veränderung vor, er warf sozusagen die angenommene Maske oder Larve ab und wurde wieder er selbst.
‚Hat Sie diese Szene, die sich soeben zwischen Ihnen und mir abgespielt hat, nicht an Ihr berühmtes Zusammentreffen mit dem richtigen Engländer erinnert?' fragte Torzow.
‚Ja, ich habe wirklich daran denken müssen', gab ich zu.

‚In welcher Beziehung haben Sie denn eine Ähnlichkeit entdeckt?' forschte Torzow weiter.
‚Offenbar in dem Mißverständnis, in der Unfähigkeit, sich gegenseitig zu verstehen', suchte ich meine Gefühle zu analysieren.
‚Welche Szene spiegelt Ihrer Meinung nach das Zusammentreffen mit dem echten Engländer besser wider? Die sich soeben zwischen uns abgespielt hat oder die Etüde mit Wjunzow-Birmingham in der letzten Stunde?' fragte Arkadi Nikolajewitsch weiter.
Ich fand, daß die heutige Szene mit ihren Mißverständnissen und Anpassungsversuchen dem Original ähnlicher war, das heißt jenem *wahrhaften Erlebnis*, das wir vor ein paar Tagen bei der Bekanntschaft mit dem wunderlichen Engländer gehabt hatten.
‚Demnach geht es gar nicht um eine genaue Kopie, um einen Abklatsch des Originals, sondern um etwas anderes', pflichtete Torzow mir bei. ‚Worum geht es also? Darum, daß bei der Wiederholung der innerste Kern wiedergegeben wird und nicht nur die äußerlich ähnlichen Umstände. Eben diesen innersten Kern hätten Sie bei der Wiederholung des Zusammentreffens mit Wjunzow-Birmingham rekonstruieren müssen. Genauso wie Sie sich heute mir gegenüber verhalten haben, hätten Sie sich in der letzten Stunde Wjunzow-Birmingham anpassen müssen. Heute habe ich Sie ohne Ihren Willen veranlaßt, sich mir anzupassen, sich auf mich zu konzentrieren und jene Ihnen bekannten Empfindungen in sich wachzurufen, die Sie in der letzten Stunde im Verhältnis zu Wjunzow-Birmingham nicht hervorrufen konnten. Dabei habe ich mich nicht geziert wie Wjunzow, habe nicht krampfhaft versucht, mich für einen Ausländer auszugeben. Darauf kommt es auch gar nicht an, sondern eben auf das Mißverständnis, das ich heute erzeugen konnte.
So wie der tragische Sinn der Katastrophe auf der Wosdwishenka in der *Plötzlichkeit und Unabwendbarkeit des Todes bestand,* liegt das wesentliche Moment in der Begegnung mit dem Engländer im komischen Mißverständnis. Eben dieses Mißverständnis sollte in erster Linie wiedergegeben werden.' "

3 Tit Titytsch Bruskow – Figur aus A. N. Ostrowskis Komödien „Der bittre Rest beim fremden Fest" und „Schwere Tage".

4 Neben diesem Absatz vermerkte Stanislawski auf dem Rand des Manuskripts: „Es ist ein großer Unterschied, ob man die der Rolle gemäßen Empfindungen in sich sucht und auswählt, oder ob man sich selbst nicht verändert, sondern statt dessen die Rolle abwandelt und sie sich anpaßt."

5 Am Schluß des Entwurfs für das Kapitel „Das Charakteristische" (Nr. 485) heißt es: „*Hinzufügen:* wir haben bisher von Rollen gesprochen, die Sie sich selbst geschaffen haben; wie soll man sich aber verhalten, wenn nicht mehr Sie selbst sich die Rollen schaffen, sondern der Autor sie Ihnen gibt?
Vorerst kann ich darauf nur ganz allgemein eingehen. Ausführlicher werden wir darauf beim Studium der Arbeit an der Rolle zurückkommen."
Außerdem existiert im Stanislawski-Archiv noch ein Manuskriptblatt (Nr. 467), das offenbar als Material für eine weitere Überarbeitung dieses Kapitels gedacht war:
„Bekanntlich gibt es Schauspieler, die sich in ihrer Phantasie die vorgeschlagenen Situationen bis in die kleinsten Einzelheiten ausmalen. Sie sehen in Gedanken alles vor sich, was sich in ihrem vorgestellten Leben abspielt.
Es gibt aber auch einen andern Schauspielertyp. Diese Menschen sehen nicht, was rings um sie vorgeht, weder die Umgebung noch die vorgeschlagenen Situationen, sie sehen statt dessen die Gestalt, die sie darstellen, in der entsprechenden Umgebung und in den vorge-

schlagenen Situationen. Sie sehen diese Gestalt außerhalb ihres eigenen Ichs, betrachten sie und kopieren äußerlich, was die vorgestellte Gestalt tut.
Es gibt aber auch Schauspieler, für die die Gestalt zum ‚alter ego', zum Doppelgänger, zum zweiten ‚Ich' wird. Sie leben beständig mit dieser Gestalt und trennen sich niemals von ihr. Ein solcher Schauspieler sieht unablässig auf die Gestalt, aber nicht, um sie äußerlich zu kopieren, sondern weil er gleichsam unter ihrer Hypnose, unter ihrer Gewalt, steht. Er lebt mit der außerhalb seines eigenen Ichs geschaffenen Gestalt gleichsam ein Leben. Es gibt Schauspieler, die in diesem schöpferischen Zustand etwas Mystisches sehen und glauben, daß diese Gestalt eine Art ätherischer Verkörperung oder eine Art Astralleib ihres eigenen Ichs sei.
Während das Kopieren der außerhalb des eigenen Ichs geschaffenen Gestalt eine bloße Imitation, nur ein Nachäffen, ein Vortäuschen ist, bildet dagegen das gemeinsame Leben von Schauspieler und Gestalt eine besondere Form des Erlebens, wie sie einigen schöpferischen Schauspielerpersönlichkeiten eigen ist..."
An dieser Stelle bricht der Text ab.

VIII. Selbstbeherrschung und Vollendung

In diesem Kapitel sind veröffentlicht:

a) Ein als „Selbstbeherrschung und Vollendung" betitelter und von Stanislawski korrigierter Schreibmaschinentext, der mit anderem Material in einem Heft zusammengefaßt ist. Das Heft trägt die Aufschrift „Sonstige Elemente" (Nr. 489).

b) Der Schlußteil des Kapitels, der mit Tinte auf einzelne Blätter eines Notizblocks geschrieben ist (von den Worten: „Jetzt möchte ich Sie bitten" an, Nr. 463, von S. 6). Dieser ganze Text besteht aus Ergänzungen oder Abwandlungen des Entwurfs zum Kapitel „Selbstbeherrschung und Vollendung".

Im Stanislawski-Archiv befindet sich auch die ursprüngliche Fassung dieses Kapitels (Nr. 488/1); sie ist mit Stanislawskis Hinweisen über die Zusammenstellung und Reihenfolge des Textes versehen, die bei der Druckvorbereitung dieses Abschnitts berücksichtigt worden sind. Die Überschrift „Sonstige Elemente" und die Ziffer XII auf dem Titelblatt des Heftes beweisen, daß Stanislawski die „Sonstigen Elemente" ursprünglich als zwölftes Kapitel für den ersten Teil der „Arbeit des Schauspielers an sich selbst" vorgesehen hatte; diese Absicht wird auch durch den Plan von 1935 (Nr. 274) bestätigt. Im Verlauf seiner Arbeit an dem Buch änderte Stanislawski jedoch seine Absicht und verwandte nur einen geringen Teil des Entwurfs „Sonstige Elemente" im XI. Kapitel des ersten Teils. Stanislawski selbst begründete diesen Entschluß folgendermaßen: „Kann ich jetzt schon von Ausgewogenheit* sprechen, wo wir weder ein Stück noch eine Rolle haben, die bei der szenischen Wiedergabe Ausgewogenheit von uns verlangt hätten? Kann ich von Vollendung sprechen, wo wir noch nichts zu vollenden haben?
Mit der Zeit, wenn die Arbeit selbst uns an die noch nicht gelösten Fragen heranführt, werden wir jedes jetzt übergangene Element erst praktisch erfahren und erfühlen und dann auch theoretisch erfassen." (Teil I, S. 260 und 261.)

---

* Im I. Teil der „Arbeit des Schauspielers an sich selbst" wurde der Titel mit „Ausgewogenheit und Vollendung" übertragen. (Anm. d. Hrsg.)

Der Platz für das Kapitel „Selbstbeherrschung und Vollendung" ist von Stanislawski selbst im Plan von 1935 festgelegt worden. Es steht als selbständiges Kapitel unter den Elementen des schauspielerischen Befindens an letzter Stelle.

1 Hier steht die Randbemerkung Stanislawskis: „Kunst der Wiedergabe". Offenbar wollte er damit die Befürchtung ausdrücken, der Leser könnte zu dem falschen Schluß gelangen, daß die Aufrichtigkeit des Erlebens in der Schauspielkunst fehl am Platze sei. Während jedoch Diderot und Coquelin der Ältere, die größten Theoretiker der Kunst der Wiedergabe, das Erleben im Augenblick des Spielens ablehnen, fordern Stanislawski und T. Salvini lediglich eine Kontrolle der eigenen Emotionen im Augenblick des Spielens, bestehen jedoch auf dem Erleben. Nach Stanislawskis Ansicht muß der Schauspieler auf der Bühne den Zuschauern von seinem eigenen, wirklich erlebten Gefühl erzählen. Demnach geht es hier keineswegs um die Ablehnung des echten, aufrichtigen Erlebens auf der Bühne, sondern nur um eine künstlerische Auswahl der typischen Züge und um die Aussonderung aller zufälligen, naturalistischen Details. Diese Forderung ist eine unbedingte Voraussetzung für das Zustandekommen einer realistischen Gestalt.

2 Nach diesem Textabschnitt ist die Manuskriptseite nicht weiter beschrieben worden. Seitlich, am Heftrand, vermerkte Stanislawski jedoch: „Über die Gestenlosigkeit". Demnach sollte sich hier offenbar der Abschnitt über den sparsamen Gebrauch der Gestik anschließen; Stanislawski hatte darüber fünf Seiten geschrieben, die zu Beginn des Heftes „Sonstige Elemente" abgeheftet worden sind. Auf Grund dieses Hinweises wird dieser Text nachstehend abgedruckt.

3 Im Original sind die Worte Brüllows an dieser Stelle ausgelassen. Wir haben sie nach einer Aufzeichnung im Notizblock (Nr. 463) rekonstruiert. Diese Anekdote über Brüllow wird in Memoiren und in der kritischen Literatur in verschiedenen Fassungen wiedergegeben. So überliefert zum Beispiel L. N. Tolstoi die Worte Brüllows in der nachstehenden Variation: „Die Kunst beginnt dort, wo das *Bißchen* beginnt." *(L. N. Tolstoi*, Vollständige Ausgabe seiner Werke, Band 30, M., 1951, S. 127, russ.)

4 Hier vermerkte Stanislawski am Rande: „Beispiel Rachmaninow im Kohlfeld". Im Notizblock (Nr. 463) findet sich ein Textabschnitt, der diese Bemerkung verständlich macht: „Ich erinnere mich an einen Dirigenten, der mit seinem Stöckchen bei einem bunten Abend oder sogenannten Kabarett alle Programmnummern sehr gewissenhaft heruntertaktierte. Eines dieser Musikstücke hatte so großen Erfolg, daß die Zuschauer, die S. W. Rachmaninow in ihren Reihen bemerkt hatten, diesen baten, er möge das Orchester dirigieren und das beliebte Stück noch einmal wiederholen.
Der geniale Musiker willigte freundlich ein, er dirigierte ohne Probe, ohne überhaupt die Melodie dieser seiner Stegreifdarbietung richtig zu kennen, er übertrug dabei, ohne es selbst zu wissen, sein eigenes wundervolles ‚Bißchen' auf das Stück und machte so die gewöhnliche Kaffeehausmusik zu einem echten musikalischen Kunstwerk.
Auch auf der Bühne gibt es viele Schauspieler, die mit einer einzigen Handbewegung ganze Rollen und Stücke ‚abtun', ohne sich um das notwendige ‚bißchen' zu kümmern, das die Vollendung verleiht."
Stanislawski hat diesen Abschnitt im Notizblock durchgestrichen, was uns verbietet, ihn in das Kapitel aufzunehmen. Wahrscheinlich wollte er ihn zuvor noch überarbeiten.

5 Diese Seite ist im Manuskript nicht zu Ende geschrieben worden. Nachstehend bringen wir den Schlußteil über die Dirigentenkunst Nikischs, der von der Sekretärin beim Abschreiben

des Manuskripts (Nr. 488/1) offenbar ausgelassen oder von Stanislawski erst nachträglich beigelegt worden ist:
„Wenn meine Worte Ihnen klarmachen könnten, was der Name Nikisch bedeutet, so würden Sie auch verstehen, was die Sprache im Munde eines großen Schauspielers oder Rezitators ist. Dieser hat dasselbe großartige Lento wie Nikisch, dieselbe Klangfülle und dasselbe Piano, dieselbe unendliche Linie. Er ist genausoweit entfernt von jeglicher Hast, er spricht die Worte bis zum Ende mit vollendeter Präzision, mit allen Achteln, Punkten und Triolen, aber auch so beherrscht, genießerisch und ohne überflüssige Verzögerung oder Hast. Das ist Selbstbeherrschung und Vollendung."

6 Der nachstehende Abschnitt, dem Stanislawski die Überschrift „Tommaso Salvini der Ältere" gegeben hat, stimmt teilweise mit der Schilderung von Salvini in der Rolle des Othello überein, die Stanislawski ursprünglich in „Mein Leben in der Kunst" aufnehmen wollte. (Vgl. den Anhang zu „Mein Leben in der Kunst", 1954 als erster Band der Gesammelten Werke erschienen.)
(Der deutschen Ausgabe von 1951 fehlt dieser Anhang, da sie aus einer früheren sowjetischen Ausgabe übertragen wurde; Anm. d. Hrsg.)

7 Nachstehend zitieren wir eine andere Fassung dieses Schlußteils (Nr. 463):
„Wir wollen uns einmal darüber klarzuwerden suchen, was Sie eigentlich unter Begeisterung verstehen. Meinen Sie damit das Gefühl, das in schlechten Romanen so heuchlerisch und süßlich beschrieben wird oder einen anderen, stärkeren und weniger hysterischen Zustand? Bei der Analyse des Gefühls für Wahrhaftigkeit habe ich bereits mit Ihnen darüber gesprochen und als Beispiel den Scherz mit der Operation angeführt. Er sollte Ihnen den Zustand illustrieren, in dem der Schauspieler auf der Bühne am ehesten in ‚Begeisterung' gerät. Als wir dann über das richtige innere Befinden sprachen, habe ich mich wieder bemüht, Ihnen andeutungsweise zu erklären, wie der Schauspieler dieses Befinden in sich wahrnimmt.
Jetzt, bei der Erörterung von *Selbstbeherrschung und Vollendung*, wiederholt sich dasselbe, und Sie machen sich wieder eine falsche Vorstellung davon, wie man dieses Befinden in sich wahrnimmt. Sie lassen nur die Momente höchster Ekstase als Begeisterung gelten. Ich will gar nicht leugnen, daß es solche Momente gibt, aber ich muß betonen, daß die Begeisterung mannigfaltige Formen hat. Auch das gelassene Sichvertiefen kann Begeisterung sein, ebenso wie das leichte, unbeschwerte Spiel mit dem eigenen Gefühl. Auch das finstere, schwere Wissen um das Geheimnis des Lebens kann von Begeisterung getragen sein.
Wie soll ich Ihnen alle Formen der Begeisterung aufzählen, deren Ursprung doch im Unbewußten verborgen liegt und der menschlichen Vernunft nicht zugänglich ist?
Wir können hier nur über den Zustand sprechen, der ein guter Nährboden für die Begeisterung ist. *Selbstbeherrschung und Vollendung* sind dazu notwendig. Es ist wichtig, daß Sie diese neuen Elemente als vorbereitende Momente zur Entwicklung der Begeisterung kennen- und liebenlernen.
Auch wir brauchen jenes ‚bißchen', um die einzelnen Teile und die ganze Rolle zu *vollenden*. Ohne dieses ‚bißchen' bekommt die Rolle keinen Glanz.
Wie viele Rollen, denen dieses ‚bißchen' fehlt, haben wir auf der Bühne schon zu sehen bekommen. Alles ist gut, alles ist in Ordnung, aber das Wichtigste fehlt. Dann kommt ein Regisseur, der etwas kann; er braucht nur ein einziges Wort zu sagen, schon ist der Schauspieler entflammt, und seine Rolle funkelt in allen Farben seiner seelischen Palette."
Stanislawskis Literatur-Archiv enthält auch Material für das Kapitel „Selbstbeherrschung

und Vollendung" aus der Biographie Stschepkins, der sich die Ratschläge Gogols zu eigen gemacht und so die übermäßige Hast und zu große Empfindsamkeit in seinem Spiel überwunden und es zu „erhabener Ruhe" und Selbstbeherrschung gebracht hatte.

IX. Charme, persönlicher Zauber auf der Bühne

Veröffentlicht nach einem von Stanislawski eigenhändig korrigierten Schreibmaschinentext, der einen Teil des Manuskripts „Sonstige Elemente" (Nr. 489) bildet.
Bei verschiedenen Gelegenheiten hat Stanislawski den Charme, den persönlichen Zauber als Element des schauspielerischen Befindens bezeichnet, das gesondert betrachtet werden müßte („Die Arbeit des Schauspielers an sich selbst", Teil I, S. 260 oder Nr. 263). Aber in den uns erhaltenen Entwürfen zum zweiten Teil ist ein eigens diesem Element gewidmetes Kapitel nicht vorgesehen. Im Manuskript „Sonstige Elemente" findet sich jedoch an drei Stellen eine Aufzählung der Elemente, die Stanislawski zu diesen „sonstigen" oder „anderen" Elementen des schauspielerischen Befindens rechnet. In allen drei Fällen folgt „Charme, persönlicher Zauber auf der Bühne" auf „Selbstbeherrschung und Vollendung", was uns dazu berechtigt hat, den Platz für dieses Kapitel im vorliegenden Band festzulegen.

X. Ethik und Disziplin

In diesem Kapitel veröffentlichen wir zwei unvollendete Entwürfe Stanislawskis. Das erste Fragment, das mit den Worten „Ich hatte eine Nachricht... erhalten" beginnt (Nr. 453), ist bereits im „Jahrbuch des Moskauer Künstlertheaters", Jahrgang 1947, als Teil einer Publikation „Die ersten Schritte auf der Bühne" veröffentlicht worden. Wahrscheinlich ist es 1937 entstanden, was aus dem Zusammenhang mit dem Kapitel „Kontrolle des Befindens auf der Bühne" hervorgeht.
Das zweite, als „Ethik" betitelte Manuskript besteht aus einer Reihe einzelner Fragmente über Fragen der Ethik und Disziplin, die in einem Heft (Nr. 452) zusammengefaßt waren. Es wurde im „Jahrbuch des Moskauer Künstlertheaters", Jahrgang 1944, zum ersten Mal veröffentlicht.*
Seit den ersten Anfängen der Arbeit am „System" hat Stanislawski die Ethik und Disziplin als besonders wichtige Elemente und notwendige Voraussetzungen für die Arbeit des Schauspielers betrachtet. Es war seine Absicht, diesen Fragen im Buch über die Arbeit des Schauspielers an sich selbst ein besonderes Kapitel zu widmen; am Ende seiner Wirksamkeit dachte er sogar an ein eigenes Buch, das ein Bestandteil seines mehrbändigen Werkes über die Schauspielkunst werden sollte (vgl. die von Stanislawski zusammengestellte Übersicht seiner Werke, Nr. 75).
Da wir nicht genügend Material besitzen, das die Herausgabe eines eigenen Bandes zu Problemen der Ethik und Disziplin rechtfertigen würde, sind wir auf Stanislawskis ursprüng-

---

* *Stanislawskis „Ethik", Henschelverlag, Berlin 1950, war das erste Originalwerk, das nach dem „Deutschen Stanislawski-Buch" (Ottofritz Gaillard) und „Vom Stegreif zum Stück" (Maxim Vallentin) in der Schriftenreihe „Bühne der Wahrheit" erschien. Die Übertragung erfolgte nach der hier angeführten Ausgabe. (Anm. d. Hrsg.)*

liche Absicht zurückgekommen und haben den obenerwähnten Stoff in einem selbständigen Kapitel des vorliegenden Bandes zusammengefaßt.

Im ersten Teil der „Arbeit des Schauspielers an sich selbst" geht Stanislawski im Kapitel über die „Anpassung und andere Elemente" auf die Reihenfolge beim Studium der einzelnen Elemente des „Systems" ein. Hier stellt er „Ethik und Disziplin" zwischen die Elemente „Selbstbeherrschung und Vollendung" und „Charme, persönlicher Zauber auf der Bühne". Dementsprechend folgt auch im Manuskript „Sonstige Elemente" der Beginn des Abschnittes „Ethik und Disziplin" auf das Kapitel über „Selbstbeherrschung und Vollendung". Stanislawski schreibt hier:

„*Ich gehe jetzt zur Ethik und Disziplin über.*

Stellen Sie sich vor, Sie kommen als Schauspieler zur Vorstellung ins Theater, ziehen Ihren Mantel aus und wissen nicht, wo Sie ihn hinhängen sollen, weil die Garderobenfrau nicht da ist.

Ein paar Minuten später müssen Sie sich Ihren Mantel wieder suchen, er ist aber nicht mehr zu finden; Sie wollen ihn anziehen, weil es im Theater unerträglich kalt ist, denn der Heizer hat schlecht geheizt. Alle Schauspieler und Angestellten sind böse und gereizt über diese Unordnung. Es ist Zeit, Maske zu machen, aber es gibt kein Licht. Wegen dieser Störung sind auch Perücken und Schminke noch nicht bereitgestellt. Und zu allem Überfluß hat es schon zum ersten Mal geläutet, denn der Inspizient nimmt es mit seinen Obliegenheiten sehr genau. Hinter den Kulissen herrscht ein schrecklicher Wirrwarr, alles hastet durcheinander, jeder schimpft.

Glauben Sie, daß eine solche Stimmung dem künstlerischen Befinden vor Beginn der Aufführung und der Arbeit dienlich ist?"

Hier bricht dieser Text ab. Es folgt ein Abschnitt, in dem das Element „Charme, persönlicher Zauber" behandelt wird. Die in dem Heft „Sonstige Elemente" dreimal wiederkehrende, von Stanislawski eigenhändig niedergeschriebene Aufzählung dieser Elemente – die offensichtlich aus einer späteren Zeit stammt als der maschinengeschriebene Text – legt jedoch eine andere Reihenfolge fest. In allen drei Fällen schließt sich „Charme, persönlicher Zauber auf der Bühne" unmittelbar an das Kapitel über „Selbstbeherrschung und Vollendung" an. Überdies ist „Ethik und Disziplin" auch inhaltlich mit dem nächsten Abschnitt über das „Befinden auf der Bühne" verknüpft, wo gleichfalls vom ersten Auftreten der Schauspielschüler auf der Bühne des Theaters in der Aufführung von „Ein heißes Herz" die Rede ist. Diese beiden Umstände waren ausschlaggebend für die Plazierung des Kapitels im vorliegenden Band.

Stanislawski hat sich viele Jahre hindurch Notizen über Fragen der schauspielerischen Ethik und Disziplin gemacht. Darum stammen auch die meisten von ihm angeführten Beispiele aus dem Theaterleben vor der Revolution. Für den Inhalt des Kapitels „Ethik und Disziplin" gilt uneingeschränkt Stanislawskis Hinweis aus seinem Vorwort zum ersten Teil der „Arbeit des Schauspielers an sich selbst". Auch hier sind die Charakterisierungen, Beispiele und Ausdrücke häufig der Vergangenheit entnommen und können nicht mechanisch auf das heutige Theater und die neuen sowjetischen Menschen übertragen werden. Dessenungeachtet treffen viele Beobachtungen und Schlußfolgerungen Stanislawskis noch auf unsere heutigen Theatergepflogenheiten zu.

Das Manuskript „Ethik" ist nicht datiert. Auf Grund einiger Kennzeichen (Namen der Personen, Handschrift, Orthographie und so weiter) können wir annehmen, daß Stanislawski diesen Entwurf unter Verwendung älteren Materials und früherer Tatsachen ungefähr 1930 geschrieben und 1933 überarbeitet hat. Das letzte Fragment über die Aufgaben des Theaters ist augenscheinlich später als alle anderen Teile entstanden.

Stanislawski wollte das Kapitel über die Ethik wesentlich erweitern und überarbeiten; das wird vor allem aus einem Plan ersichtlich, der sich zwischen anderen Entwürfen über die Ethik fand. Wir zitieren diesen Plan ungekürzt:

„Plan (einer Ethik). Wenn alle sich im Theater wohlfühlen sollen, ist folgendes unerläßlich:

1. Die Autorität der Leitung, der Verwaltung, der Regisseure und ihrer Assistenten muß unterstützt und darf nicht untergraben werden. *Je schwächer sie sind, desto mehr Unterstützung brauchen sie.* An unserem Theater jedoch ist es gerade umgekehrt.

2. Ein Schüler oder ein junger Schauspieler kann von jedem erfahrenen Theatermenschen eine Menge lernen; unsere Schüler und die jungen Schauspieler haben jedoch an allem und jedem mehr *auszusetzen* als irgend jemand anderes. *Man muß verstehen, das Gute herauszufinden. Schlechte Eigenschaften nimmt man leicht an, gute dagegen nur schwer.*

3. Warum man sich bei einer gemeinsamen Arbeit nicht verspäten und die allgemeine Disziplin nicht verletzen darf. Das gilt für Verspätungen beim Auftritt wie bei den Pausen während der Proben, vor allem natürlich während der Vorstellung. Habt doch wenigstens Mitleid mit dem armen Inspizienten! Der Schauspieler versteckt sich in der Toilette und schwört, er sei schon längst da. Geh nur hin und such ihn!

4. Um der gemeinsamen Sache willen muß man seinen Charakter verbessern und sich der kollektiven Arbeit anpassen. Man muß in sich sozusagen einen korporativen Charakter ausbilden.

5. Hysterie im Theater... Dummheit, Überheblichkeit. Eitelkeit... Eigensinnigkeit. Den Aufrichtigen spielen. Schlechte Charaktereigenschaften... Schmierenkomödiantentum.

6. Bedeutung der häuslichen Arbeit. Auf der Probe soll man sich über das klarwerden, was man daheim tun muß.

7. Der Schauspieler beachtet und notiert nur die auf seine eigene Rolle bezüglichen Hinweise. Das ganze Stück dagegen scheint ihn nichts anzugehen.

8. Man muß Bemerkungen unbedingt mitschreiben. Erstens erhält man auf diese Weise die Geschichte der ganzen Rolle, die man dadurch leichter wiederherstellen bzw. wieder auffrischen kann. Zweitens ist es mit dem Aufschreiben noch nicht getan – man muß zu Hause darüber nachdenken und sich die Bemerkungen zu eigen machen.

9. Unkenntnis über die allgemeinen Grundsätze unserer Kunst macht die Probe zur Unterrichtsstunde – Zeitverlust.

10. Beim Probieren von Volksszenen – Ausnahmezustand, denn der Regisseur steht allein hundert Mitarbeitern gegenüber. Während des Ausnahmezustandes wird jeder Verstoß gegen die Disziplin strenger geahndet. Neunundneunzig warten nicht auf einen.

11. Der Regisseur muß Verständnis aufbringen für die Schwierigkeiten der in der Menge Mitwirkenden, und diese müssen auch die Lage des Regisseurs verstehen. Gegenseitige Rücksichtnahme.

12. Es ist unzulässig, daß man sich vor Beendigung der Probe beurlauben läßt. Kann denn der Regisseur voraussehen und berechnen, wie lang die Probe sein wird? So etwas desorganisiert die Probe und reibt die Nerven des Regisseurs auf.

13. Der Regisseur darf sich nicht aufspielen und die Schauspieler „schleifen". Aber auch der Schauspieler darf nicht auftrumpfen und die Nerven des Regisseurs unnötig strapazieren.

14. Die Verwaltung besteht auf der termingerechten Fertigstellung eines Stückes, ohne sich klarzumachen, daß sie den Schauspieler dadurch in eine ausweglose Situation bringt und ihn zum routinemäßigen Arbeiten zwingt, das Gelingen der Aufführung gefährdet und jede vernünftige Arbeit nur hemmt oder gänzlich unmöglich macht. Sobald sich die Verwaltung in die Angelegenheiten der Bühne einmischt, kommt irgendein Unsinn heraus. Allerdings

soll sich die Verwaltung aus Gründen der Rentabilität und aus anderen Ursachen um diese Dinge kümmern. Um Schwierigkeiten zu vermeiden, sollte der Schauspieler stets das Schicksal und das Interesse des Theaters vor Augen haben.
15. Der Schauspieler muß *um der andern willen mit voller Stimme spielen.* Allerdings müssen auch die Partner Verständnis dafür haben, daß niemand seine Rolle abnutzen kann, nur um einen faulen, schlecht arbeitenden und stumpfen Kollegen mitzureißen.
16. Man muß lernen, nicht nur auf den Proben an seiner Rolle zu arbeiten, wo man von seinen Partnern mitgerissen wird. Es ist ein Verbrechen, sich den Text erst auf den gemeinsamen Proben einzupauken.
17. Intrigen und Eitelkeit. Das beste Heilmittel dagegen ist, wenn man sich klarmacht, daß sich sowohl die sauberen als auch die häßlichen Beziehungen auf der Bühne sofort in den Zuschauerraum übertragen. Außerdem sollte man den Schauspielern die Vergänglichkeit ihres Ruhmes vor Augen halten. Das einzig Interessante an der Kunst ist, sie zu studieren und zu erarbeiten.
18. Es ist ein Vergehen gegen die gemeinsame Arbeit, wenn man schon nach der dritten Vorstellung zur Routine übergeht. So etwas verdirbt die ganze Aufführung.
19. Liebedienerei vor der Presse ist unkameradschaftlich.
20. Männliche und weibliche Kokotten am Theater.
21. Was hat es für einen Sinn, auf der Bühne eine Illusion zu schaffen, wenn man sie im Leben wieder zerstört?
22. Der Schauspieler trägt auch im Privatleben den Namen seines Theaters und ist für dessen guten Ruf mitverantwortlich. Daher auch im täglichen Leben – Rücksicht auf das Theater.
23. Pflichten des Schauspielers gegenüber Dichter und Regisseur.
24. Verspätete Benachrichtigungen von Regisseur und Betriebsbüro im Krankheitsfall.
25. Jagd nach Rollen – nicht schlecht. Man möchte an der geliebten Sache arbeiten. Wenn Sie diese Arbeitswut doch auch auf andern Gebieten an den Tag legen würden! Aber es ist falsch, wenn ein Schauspieler etwas spielen möchte, was ihm nicht liegt oder was ein anderes Mitglied des Ensembles besser kann als er. Man muß lernen, seine Fähigkeiten richtig einzuschätzen.
26. Die Schauspieler sagen: Ich habe keine Zeit, am „System" zu arbeiten. Sie sollen nur einmal zusammenrechnen, wieviel freie Zeit in der Pause (oder zwischen den Auftritten, wenn man nur im 1. und 4. Akt beschäftigt ist) nutzlos vergeudet wird. Was für eine Stimmung entsteht da hinter der Bühne? Man wird mir entgegenhalten, das lenke von der Rolle ab, die man in dieser Vorstellung spielt. Wählen Sie sich doch Übungen für die Rolle, aus der Rolle, die Sie gerade spielen. Sie werden dadurch nur besser spielen.
27. Wenn man sich ärgert, muß man auch einen Grund dazu haben.
28. Kampf gegen die Selbstüberschätzung. (Es gibt viele Ursachen für ihre Entwicklung auf der Bühne.) Man darf die Eitelkeit gar nicht erst groß werden lassen. Das eine wie das andere darf den wirklichen Wert des Schauspielers nicht übersteigen. Man muß lernen, seine Überheblichkeit und Eitelkeit zu überwinden. Man muß sich darin üben, die eigene Eitelkeit bewußt empfindlich zu treffen und diesen Schmerz tapfer ertragen. Richtige Selbsteinschätzung. Bei einer bestimmten Diskussion wird man über mich herziehen – also gehe ich hin und höre mir nicht nur an, was man mir vorwirft, sondern bemühe mich auch, die Berechtigung der Kritik einzusehen.
29. Schlechte Laune. Man mag seine schlechte Laune zu Hause auslassen, aber im Theater muß man ein freundliches Gesicht zeigen. Die Stärkeren sollen dabei mit gutem Beispiel vorangehen.

30. Man muß nachgeben können. Man soll immer fragen, was der Sache dient, und auf Versammlungen nicht unnötig herumstreiten. Schimpfen kann man zu Hause.
31. Es lohnt, um der gemeinsamen Sache willen Eigenliebe und Launenhaftigkeit, Verwöhntheit, Trotz, Empfindlichkeit, kleinbürgerliche Gewohnheiten und Disziplinlosigkeit aufzuzugeben."
Dieser Plan soll nicht etwa die Reihenfolge für die Anordnung des Stoffes und die Komposition des Kapitels festlegen. Er gibt lediglich eine Vorstellung von dem Fragenkomplex, den Stanislawski in diesem Werk behandeln wollte.

1 Das Schauspiel „Ein heißes Herz" wurde von Stanislawski im Jahre 1926 am Moskauer Künstlertheater inszeniert. Einige im vorliegenden Manuskript erwähnte Charakterisierungen und Bühnenarrangements entsprechen der Regiekonzeption Stanislawskis bei der Aufführung im Künstlertheater.

2 Im weiteren Verlauf entspricht das hier vorliegende Kapitel dem Inhalt des Manuskripts „Ethik" (Nr. 452), allerdings unterscheidet es sich in der Reihenfolge von früheren Veröffentlichungen. Der inzwischen aufgefundene Entwurf für das Kapitel auf Seite 72 und 73 des Manuskripts Nr. 452 hat uns veranlaßt, die einzelnen Fragmente nicht in der zufälligen Reihenfolge zu übernehmen, in der sie im Heft zusammengefaßt waren, sondern sie in der vom Verfasser gewünschten Anordnung zu drucken. Es muß darauf hingewiesen werden, daß Stanislawski selbst seine Arbeit an „Ethik und Disziplin" wie auch an einigen anderen Kapiteln des zweiten Teils keineswegs als beendet angesehen hat.

3 Auf diese Worte folgt im Manuskript der nachstehend wiedergegebene unvollendete Entwurf:
„Jeder Mitarbeiter am gemeinsamen Werk kann die Idee, das Wesen dieses Werkes verfälschen. Der Schauspieler, der Regisseur, der Bühnenbildner und alle anderen können das Wesentliche, das, worauf es dem Dichter bei seinem Stück ankam, darbieten, ergänzen, verändern oder entstellen.
Es ist ein eigen Ding um die schöpferische Arbeit des Schauspielers oder des Regisseurs. Der Dichter ist frei bei der Wahl seines Themas und dessen sprachlicher und literarischer Form. Der Schauspieler, der Regisseur und die übrigen Gestalter der Aufführung dagegen bekommen vom Dichter das fertige Thema, den wesentlichen inneren Gehalt, die sprachliche Form und sogar einige Hinweise zur Darstellung der Figuren.
Man könnte meinen, daß der Schauspieler dadurch völlig gebunden sei..."
Offensichtlich wollte Stanislawski hier unter anderem auch auf die Frage der Verantwortlichkeit des Theaters gegenüber dem Dramatiker eingehen, dessen ideale Konzeption mit aller Sorgfalt gewahrt und in der Aufführung zum Ausdruck gebracht werden muß. Wegen des ausgesprochen bruchstückhaften Charakters dieses Teiles haben wir ihn aus dem Text des Kapitels herausgenommen.

4 Der Gott des Reichtums.

5 Stanislawski denkt hier an A. Dumas' (des Vaters) Melodram „Kean oder Genie und Leidenschaft", das 1836 geschrieben wurde.

6 Der Satz ist nicht vollendet.

7 Embouchure – das Mundstück, durch das beim Spielen auf Blasinstrumenten die Luft geblasen wird. Außerdem die Bezeichnung für die Art der Lippenstellung, durch die man dem Instrument die Töne entlockt.

8 Der Text dieses Abschnittes ist im Stanislawski-Archiv auch in einer anderen, augenscheinlich späteren Fassung vorhanden (Nr. 543). Wir bringen diese Fassung nachstehend ungekürzt:

„*Es ist das grundlegende Ziel unserer Kunst, das innere Leben der handelnden Personen eines Stückes zu finden und dieses Leben auf der Bühne künstlerisch zu gestalten.*

Ausnahmslos jeder Mitarbeiter des Theaters muß in irgendeiner Form dazu beitragen, daß dieses *Ziel der Kunst und der Aufführung* erreicht wird.

Wenn jedoch die entsprechenden Bedingungen auf der Bühne, in den Schauspielergarderoben, hinter den Kulissen, im Zuschauerraum und im ganzen übrigen Theaterapparat nicht gegeben sind, können die gemeinsamen Schöpfer der Aufführung ihre Mission nicht erfüllen.

Wenn diesseits der Rampe Unordnung herrscht, wenn die Schauspieler sich undiszipliniert verhalten, wenn sie zu spät kommen, wenn sie sich nachlässig auf die Vorstellung vorbereiten, wenn sie nicht den Traditionen ihrer Kunst entsprechend spielen; wenn die für die Leitung der Vorstellung verantwortlichen Personen, die Maskenbildner, die Garderobiers, die Bühnenarbeiter und alle andern ihre Arbeit ohne Liebe und Verständnis verrichten – fällt die Stimmung hinter den Kulissen, und die Mitwirkenden können nicht mit der notwendigen Begeisterung spielen. Ohne diese Begeisterung kann man die Aufgaben der Kunst nicht lösen. Wenn jenseits der Rampe die Voraussetzungen für das Gelingen einer Aufführung und die notwendige Ordnung fehlen, sinkt zugleich auch die Stimmung im Zuschauerraum, und die Zuschauer können die Eindrücke der Bühne nicht nach Gebühr aufnehmen. Dabei ist doch auch der Zuschauer am Gelingen der Aufführung beteiligt, indem er auf der andern Seite der Rampe die richtige Atmosphäre schafft.

Stellen Sie sich zum Beispiel vor, daß Pförtner, Garderobenfrau, Schließerin oder Kassierer, mit denen der Zuschauer zuerst in Berührung kommt, ihn grob und unfreundlich empfangen. Die Zuschauer werden ärgerlich, ihre Stimmung ist verdorben, und sie können die Eindrücke der Vorstellung nicht richtig aufnehmen. Nicht anders ergeht es den Theaterbesuchern, wenn es im Theater unordentlich, schmutzig, feucht oder kalt ist, oder wenn die Vorstellung nicht pünktlich beginnt. Auch in diesem Fall ist der Zuschauer schlecht darauf vorbereitet, im Saal die notwendige Atmosphäre zu schaffen.

Unter all diesen Bedingungen können die Gestalter der Aufführung ihrer Arbeit nicht gerecht werden. Die Kunst kann ihre Mission nicht erfüllen, und das Theater verliert seine gesellschaftliche und kulturelle, seine künstlerische und erzieherische Bedeutung. Richtig gestalten und unsere wesentlichen Aufgaben erfüllen können wir nur in einer *entsprechenden Atmosphäre, und jeder, der das Zustandekommen einer solchen Atmosphäre stört, begeht ein Verbrechen an der Kunst, an der Gesellschaft, an der Regierung und am gesamten Kollektiv des Theaters.*

Darum sind strengste Ethik und Disziplin in unserem Beruf ganz unerläßliche Voraussetzungen."

9 Hier bricht der Text ab. In Klammern steht: „Klimentowa-Aufführung", was auf Stanislawskis Absicht hindeutet, an dieser Stelle als Beispiel seinen Konflikt mit dem Comptoir der Kaiserlichen Theater im Jahre 1898 anzuführen. Zu diesem Konflikt kam es anläßlich der Inszenierung von Opernausschnitten auf der Bühne des Großen Theaters mit Schülern von M. N. Klimentowa-Muromzewa (vgl. den Anhang zum 1. Band der Gesammelten Werke, „Mein Leben in der Kunst", S. 423, russ.).

XI. Das Befinden auf der Bühne

In diesem Abschnitt ist das zusammengestellt, was Stanislawski für die Kapitel „Das äußere Befinden auf der Bühne" und „Das allgemeine Befinden auf der Bühne" geschrieben hat (diese beiden Entwürfe tragen im Plan von 1935 die Nummern 22 und 23). Außerdem enthält er die Manuskripte, in denen Stanislawski die Kontrolle und Festigung des Befindens auf der Bühne unter den Bedingungen des öffentlichen Auftretens behandelt.
Die Manuskripte „Das äußere Befinden auf der Bühne" und das „Allgemeine Befinden auf der Bühne" sind nur unvollständige Entwürfe für die geplanten Kapitel. Dagegen sind die drei inhaltlich miteinander verbundenen Manuskripte über die Kontrolle und Festigung des Befindens vollständiger, wir haben sie unter dem Titel „Die Kontrolle des Befindens auf der Bühne" zusammengefaßt.

1. Das äußere Befinden auf der Bühne

Nach einem drei Seiten umfassenden, von Stanislawski korrigierten Schreibmaschinenmanuskript (Nr. 475). Auf der Titelseite steht die Ziffer XXII, die den Platz des Kapitels innerhalb des geplanten Bandes festlegt. Unter der Überschrift steht in Klammern: „Der letzte, abschließende Teil des gesamten Abschnitts über die Verkörperung", und darunter der Vermerk: „Anschließend kommt das Kapitel über das Triumvirat der Antriebskräfte des psychischen Lebens."

2. Das allgemeine Befinden auf der Bühne

Veröffentlicht nach einem von Stanislawski korrigierten Schreibmaschinenmanuskript (Nr. 274). Auf der Titelseite steht die Ziffer XXIII, die den Platz des Kapitels innerhalb des Bandes festlegt, und der Hinweis: „Der letzte, abschließende Teil des Kapitels ‚Das Triumvirat der Antriebskräfte des psychischen Lebens' und der Abschluß des Buches."
Das Manuskript für das Kapitel „Das allgemeine Befinden auf der Bühne" wurde von Stanislawski aus einem anderen, umfangreicheren Manuskript herausgenommen, in dem er auf das Schema der Wechselwirkung der einzelnen Elemente des „Systems" einging. (Vgl. im Anhang „Das Schema des ‚Systems'".)

1 Es ist eine Skizze erhalten, auf der Stanislawski die Elemente des „Systems" in Form senkrechter Pfeiler dargestellt hat, die ihn an Orgelpfeifen erinnerten. Die drei Musiker, die vor den zwei Orgeln – dem inneren und dem äußeren Befinden – Platz genommen haben, verkörpern Verstand, Willen und Gefühl des Schauspielers.

3. Die Kontrolle des Befindens auf der Bühne

Wir veröffentlichen hier drei Manuskripte, die dieser Frage gewidmet sind.
Das erste ist im Stanislawski-Archiv in zwei Exemplaren erhalten – ein Schreibmaschinentext, auf dessen Titelseite „Band III. Das allgemeine Befinden auf der Bühne" vermerkt ist (Nr. 498/1), und ein zweites Exemplar desselben Textes, den Stanislawski mit Korrekturen versehen und als „Nicht bis zu Ende mitgeschriebene Stunde" betitelt hat (Nr. 437). In diesen beiden Exemplaren ist der Text in unterschiedlicher Reihenfolge angeordnet.

Der vorliegende Band folgt dem ersten Exemplar unter Berücksichtigung der Korrekturen im zweiten Exemplar, wo die Namen Tworzow und Rassudow in Torzow und Rachmanow umgewandelt worden sind, was uns zu der Schlußfolgerung berechtigt, daß dieses Manuskript in der Zeit nach 1932 entstanden ist.

Das zweite und dritte Manuskript (Nr. 476 und 478) befanden sich unter dem von Stanislawski für den zweiten Teil vorgesehenen Material. Aus ihrem Inhalt kann man schließen, daß sie in der letzten Periode von Stanislawskis literarischer Tätigkeit entstanden sind. Stanislawski hat in seinen letzten Lebensjahren mehrfach den Gedanken geäußert, die angehenden Schauspieler auch unmittelbar bei der eigentlichen Theaterarbeit auf der Bühne auszubilden; das geht auch aus dem am 8. Mai 1937 in der „Iswestija" veröffentlichten Artikel „Der Weg zur Meisterschaft" hervor. Eine Schreibmaschinenkopie des Manuskripts Nr. 478 trägt das Datum: 27. November 1937.

In den uns bekannten Plänen für die Kapitelanordnung des zweiten Teils hat der Autor für den vorliegenden Text kein selbständiges Kapitel vorgesehen; aber unter den Schlußkapiteln des Bandes ist eines als „Das allgemeine Befinden auf der Bühne" (Nr. 274) bezeichnet, was dem Titel des ersten der drei in diesem Abschnitt veröffentlichten Manuskripte entspricht.

Das hier vorliegende Material zieht, wie Torzow im Gespräch mit seinen Schülern feststellt, die Schlußbilanz unter den gesamten Kursus der „Arbeit des Schauspielers an sich selbst" und leitet zum nächsten Kursus – der „Arbeit des Schauspielers an der Rolle" – über.

1 Solche viertelstündigen Übungen, in denen sich die Schauspieler auf den Beginn der Probe oder Aufführung vorbereiteten, wurden von Stanislawski oder seinen Assistenten an dem nach ihm benannten Studio für Oper und Schauspiel (1935–1938) durchgeführt. Stanislawski war bestrebt, dieses „Toilettemachen des Schauspielers" in die praktische Theaterarbeit einzubeziehen.

2 Hier und im weiteren Text ist die Rede vom dritten Akt von Ostrowskis Komödie „Ein heißes Herz", die Stanislawski 1926 mit Dekorationen von N. P. Krymow am Künstlertheater inszeniert hat. Im Stück steht folgende Anmerkung des Autors: „Ein Platz an der Ausfahrt aus der Stadt. Links vom Zuschauer das Haus des Stadthauptmanns mit einer Freitreppe; rechts das Arrestlokal, Fenster mit eisernen Gittern, vor dem Tor ein invalider Soldat; geradeaus ein Fluß und eine kleine Bootsanlegestelle; hinter dem Fluß eine dörfliche Landschaft."

3 Beim Durchsehen der Schreibmaschinenkopie machte Stanislawski an dieser Stelle eine charakteristische Randbemerkung: „Wie, nach einer Probe schon zur Aufführung? ... Pfuscherei."

XII. Abschließende Gespräche

Dieser Abschnitt enthält Material, das Stanislawski für den Schluß des zweiten Teiles der „Arbeit des Schauspielers an sich selbst" vorgesehen hatte. Den Hauptinhalt bildet das Manuskript „Wie man das ‚System' anwendet" (Nr. 482). In den Text dieses Manuskripts wurden, Stanislawskis Anweisung folgend, einige Seiten aus einem Entwurf eingefügt, der ursprünglich für das Kapitel „Die Perspektive" (Nr. 410) bestimmt war. Außerdem wurden

vier Entwürfe aufgenommen, die den gemeinsamen Titel „Dithyramben an die Natur" haben (Nr. 483).
Im Plan für die Kapitelanordnung aus dem Jahre 1935 (Nr. 274) heißt das Schlußkapitel des zweiten Teiles „Wie man das ‚System' anwendet". Die ersten beiden Manuskripte stellen das dafür gedachte Material dar.
Das dritte Manuskript „Dithyramben an die Natur" ist später als alle andern geschrieben worden (wahrscheinlich 1938), inhaltlich gehört es ebenfalls zum Schlußteil des Buches. Möglicherweise wollte Stanislawski diesem Thema ein eigenes Kapitel widmen, das im Plan nicht aufgeführt worden ist. Da wir jedoch keine direkten Hinweise Stanislawskis dazu haben und es sich bei diesem Entwurf um ausgesprochenes Rohmaterial handelt, sehen wir keine Veranlassung, diesen Text in einem eigenen Kapitel abzudrucken.
Die drei Manuskripte werden in der Reihenfolge veröffentlicht, in der sie im Stanislawski-Archiv aufbewahrt werden. Der später gewählte Titel „Abschließende Gespräche" stammt vom sowjetischen Herausgeber.

1 Die Punkte zu Beginn des Satzes deuten darauf hin, daß der Anfang dieses Abschnittes nicht entworfen wurde. Wahrscheinlich beabsichtigte der Verfasser, diesem der Sprechtechnik gewidmeten Abschnitt einen Passus vorauszuschicken, aus dem ersichtlich werden sollte, daß die technischen Betonungsregeln die Schüler zunächst noch beim Sprechen hemmen und sie daran hindern, ihre schöpferischen Ideen frei zu entfalten.

2 Volapük – Bezeichnung für eine 1879 von dem Deutschen Joh. Mart. Schleyer erfundene internationale Kunstsprache.

3 Der anschließende Textabschnitt bis zu den Worten „Um dieses Verstehen, um diese Art zu lesen und zu sprechen geht es in unserer Kunst" ist laut nachstehend zitierter Anmerkung Stanislawskis dem Manuskript „Die Perspektive" (Nr. 408) entnommen: „Weiter siehe im Kapitel über die Perspektive. Dort wird ein Artikel Stanislawskis vorgelesen. – Das Erforderliche auswählen und gesondert unterbringen, weil dieses Vorlesen hier gestrichen wird" (Nr. 482). Der Artikel, den der Schüler Naswanow vorliest, stimmt im Wortlaut mit keinem einzigen uns bekannt gewordenen Artikel Stanislawskis überein, erinnert dem Inhalt nach jedoch an viele seiner Artikel. Dieses Fragment beleuchtet Stanislawskis Einstellung zu den gerade in Mode befindlichen „ismen", die er im Grunde genommen alle nicht anerkannte. Aus taktischen Überlegungen räumte Stanislawski jedoch ein, daß er bereit sei, jede beliebige Richtung in der Kunst anzuerkennen, vorausgesetzt, daß sie die Unaufrichtigkeit auf der Bühne durch die echte Wahrhaftigkeit des Lebens ersetze. Stanislawski stellte an jede Kunstrichtung die Forderungen, die grundlegende Merkmale der realistischen Kunst sind.

4 Hier und im folgenden, wo vom weiteren Vorlesen des Artikels gesprochen wird, machte Stanislawski eine Randbemerkung, die darauf hinweist, daß der Text des Artikels „S. ..." noch ergänzt werden müsse.

5 Im Vorentwurf existiert eine Fortsetzung dieser Episode: „Am Schluß der Stunde, als Arkadi Nikolajewitsch sich bereits von uns verabschiedet hatte und gehen wollte, öffnete sich auf einmal die Tür des Zuschauerraumes und herein kam feierlichen Schrittes Iwan Platonowitsch, rührend in seiner Naivität. Er hielt ein schmales längliches Band ohne Aufschrift in der Hand, das offenbar für das neue Fähnchen bestimmt war – das Element der ‚Inneren Gewöhnung', von dem Torzow soeben gesprochen hatte." (Nr. 495/1, S. 475–475 a)

6 Von hier bis zum Schluß des Kapitels folgt der Abdruck von vier als „Dithyramben an die Natur" betitelten Manuskripten (Nr. 483).

7 Anschließend ist ein Passus ausgelassen, der den Vorentwurf für Gedanken darstellt, die in der ersten „Dithyrambe an die Natur" präziser ausgedrückt sind. Dieser herausgenommene Abschnitt enthält jedoch eine Reihe bemerkenswerter Formulierungen; darum zitieren wir ihn nachstehend ungekürzt:
„Zur Rechtfertigung sucht man sich mit Phrasen herauszureden: Begeisterung, Intuition, Unbewußtes, kommen ‚von oben' auf uns hernieder. Was aber dieses ‚von oben' bedeuten soll, weiß niemand, und niemand macht sich Gedanken darüber.
Demgegenüber gibt es andere, die alles wissen und alles erklären können. Wenn es dann aber ans Handeln geht und das Unbewußte in Gang gesetzt werden soll, dann enden ihre klugen Worte in der Praxis mit der schlimmsten und ausgefahrensten Routine.
Die, denen alles so klar und einfach erscheint, sagen: Das Bewußtsein ist eine Taschenlampe, die den Gedanken anstrahlt, auf den sich die Aufmerksamkeit richtet, alles Übrige bleibt im Dunkeln. Im Augenblick der Begeisterung beleuchtet diese Lampe die ganze Gehirnrinde, und dann sehen wir alles.
Schön und gut. Dann beleuchtet es doch recht oft, wenn das so einfach ist. Das Unglück will es nur, daß es keinen Elektriker gibt, der diese Lampe zu bedienen versteht, und darum funktioniert sie nach wie vor ausgerechnet in den Augenblicken nicht, wo man sie braucht, und flammt nur dann für einen Moment auf, wenn es ihr gerade einfällt. Ich will annehmen, daß dieses Beispiel stimmt und daß es in Wirklichkeit genauso vor sich geht. Aber kann das die praktische Seite der Angelegenheit voranbringen, gibt es irgend jemanden, der imstande wäre, diese Lampe des Unbewußten oder der Begeisterung oder der Intuition zu bedienen? Ich gehe sogar weiter. Bald wird die Zeit kommen, da die Wissenschaft uns beweist, daß alle diese scheinbar geheimnisvollen Vorgänge durch einfache materialistische und rationalistische Ursachen zu erklären sind.
Glauben Sie, daß wir daraus lernen werden, die Begeisterung zu beherrschen, wie wir beherrschen.... (dieser Satz ist unvollständig). Nein. Das gibt dem Schauspieler noch kein einfaches, praktisches Hilfsmittel in die Hand. Es lehrt ihn nicht, das entscheidende Zentrum der physischen Natur zu empfinden und zu beherrschen, so daß er im Bedarfsfall nur auf die Schalthebel eines Mechanismus zu drücken braucht, um sie in Gang zu setzen.
Die Anatomie weiß vieles... Auch die Psychologie hat manches aufgedeckt. Aber haben sie uns etwa lehren können, die Reflexe wenigstens in dem Maße zu beherrschen oder zu benutzen, in dem wir das Bewußtsein, die Aufmerksamkeit, den Willen oder den Rhythmus benutzen können (... Muskelreflexe werden durch Elektrizität hervorgerufen)"

8 Aus Puschkins Tragödie „Der geizige Ritter". – (Die deutsche Übertragung stammt von F. Fiedler; A. S. Puschkin: Dramen, Märchen, Aufsätze, SWA-Verlag, Berlin; Anm. d. Hrsg.)

ANMERKUNGEN ZUM ANHANG

I. Ergänzendes Material zum zweiten Teil

Hier sind Texte aufgenommen, die inhaltlich zu den Kapiteln des zweiten Teils gehören, jedoch nicht in die entsprechenden Abschnitte des Buches einbezogen werden konnten, da genaue Angaben des Verfassers darüber fehlen. Einige der hier veröffentlichten Texte sind eine Ergänzung zu den in den Kapiteln erörterten Problemen.

1. Über die Musikalität des Sprechens

Nach einem mit Stoff für das Kapitel „Der Tempo-Rhythmus" in einem Heft zusammengefaßten Manuskript (Nr. 427, S. 94).
Stanislawski hat den hier veröffentlichten Text nicht in das Kapitel über den „Tempo-Rhythmus" aufgenommen. In einem der frühen Entwürfe für das Buch „Die Arbeit des Schauspielers an sich selbst" (Nr. 514) steht er neben dem Kapitel „Gesang und Diktion".
Eindeutige Anweisungen Stanislawskis über den Platz dieses Textes innerhalb des Buches sind uns jedoch nicht erhalten.

1 Damit soll gesagt werden, daß die Schüler der Schauspielschule bei den Vorstellungen des Theaters zur Herstellung der Geräuschkulisse hinter der Szene herangezogen werden.

2 Viola d'amore (ital.) – altes Streichinstrument in Altlage.

2. Aus dem Manuskript „Die Sprachgesetze"

Auszüge aus dem Manuskript „Die Sprachgesetze", ursprünglich als selbständiges Kapitel vorgesehen, werden hier erstmalig veröffentlicht (Nr. 391 und 406).
Stanislawski hatte die Absicht, später auf diese Arbeit zurückzukommen und ein eigenes Lehrbuch über die Sprechtechnik zu schreiben. Er hielt die Sprachgesetze für ein wichtiges Nebenfach, das dem Schauspieler hilft, die Worthandlung zu meistern.

1 Hier und in der Folge zitiert Stanislawski ein Programm, das nach Wolkonskis Buch „Die Gesetze des lebendigen Sprechens und die Vortragsregeln" (Ausgabe für die dramatischen Kurse des Stadtbezirks des MZRK) aufgestellt worden ist.

2 Gogol schreibt in seiner Charakterisierung der handelnden Personen im „Revisor" über den Kreisrichter Ljapkin-Tjapkin: „Er spricht mit Baßstimme, zieht jedes Wort in die Länge, ächzt und schnauft wie eine alte Wanduhr, die erst lange schnarrt und surrt, ehe sie anschlägt."

3 Satz aus M. S. Stschepkins Brief an S. W. Schumski vom 27. März 1848 (vgl. *M. S. Stschepkin*, Aufzeichnungen, Briefe, 1952, S. 250, russ.)

3. Über die Perspektive des Sprechens

Veröffentlicht nach einem von Stanislawski korrigierten Schreibmaschinentext (Nr. 410), betitelt „Sprechen" und „Perspektive".
Diesen Text hatte Stanislawski offensichtlich als Bestandteil des geplanten selbständigen Kapitels „Die Perspektive des Schauspielers und der Rolle" vorgesehen. Das hier abgedruckte Bruchstück steht jedoch nicht in direktem Zusammenhang mit dem eigentlichen Text des Kapitels und stimmt in einigen Formulierungen nicht mit dem überein, was im Kapitel selbst gesagt wird.

1 *I. L. Smolenski*, Lehrbuch zum Studium der Deklamation, Odessa, 1907, S. 85, russ. Distributive Betonungen – ein Terminus, den Smolenski zur Kennzeichnung der zusätzlichen Betonungen innerhalb einer Phrase verwendet – sind Betonungen, die die Zahl der zum Bestand der Phrase gehörenden Sätze festlegen (vom lat. distributio – Verteilung).

2 Dieses Beispiel ist gleichfalls dem genannten Werk Smolenskis entnommen, S. 86, russ. Es handelt sich um den Schlußsatz von Boris Godunows Monolog im zweiten Bild des Prologs der Oper „Boris Godunow" von Modest Mussorgski.

4. Von der Ethik des Schauspielers

Dieser Abschnitt enthält Auszüge aus der Erstfassung eines Manuskripts, das als Einführung zum Buch „Die Arbeit des Schauspielers an sich selbst" gedacht war (Nr. 245). Stanislawski hat dieses erste Gespräch zwischen Torzow und seinen Schülern nicht in das Material über Ethik einbezogen, das wir im Kapitel „Ethik und Disziplin" des vorliegenden Buches veröffentlicht haben; darum bringen wir es im Anhang.

5. Das Schema des „Systems"

In diesem Abschnitt werden zwei Manuskripte veröffentlicht, und zwar:

1. Ein von Stanislawski korrigierter maschinengeschriebener Text, den er zunächst als „Das innere Befinden auf der Bühne" betitelt hatte, später taucht dann der Titel „Das Schema des Erlebens" auf (vgl. Schreibmaschinenmanuskript Nr. 659). Stanislawski hat dieses Material im Kapitel „Das innere Befinden auf der Bühne" („Die Arbeit des Schauspielers an sich selbst", erster Teil) nicht verwandt, sondern es nochmals überarbeitet und dabei dem Inhalt des zweiten Teils der „Arbeit des Schauspielers an sich selbst" Rechnung getragen (Nr. 495).

2. Ein Manuskript und ein von Stanislawski korrigierter Schreibmaschinentext mit den Titeln „Die inneren Linien", „Die Überaufgabe", „Die durchgehende Handlung" und „Die Perspektive" (Nr. 370). Auf dem Titelblatt steht als Datum: „Januar 1935", ein Vermerk Stanislawskis: „Gelesen am 20. Juli 1935", ein Hinweis darüber, daß die vorliegende Textfassung *endgültig* ist und Stanislawskis Unterschrift. Bei der anschließenden Bearbeitung des ersten Teils der „Arbeit des Schauspielers an sich selbst" benutzte Stanislawski jedoch nur einen Teil des erwähnten Manuskripts. Den Schluß mit der Beschreibung des Schemas des „Systems" wollte er nochmals überarbeiten und offenbar in einem eigenen Kapitel des zweiten Teils zusammenfassen.
Im Plan von 1935 folgt auf Kapitel 23 „Das allgemeine Befinden auf der Bühne" als Kapitel 24 „Die Grundlagen des ‚Systems' ". Das hier veröffentlichte Material hatte Stanislawski höchstwahrscheinlich für das Schlußkapitel des zweiten Teils bestimmt.
Da Stanislawski die Manuskripte Nr. 495 und 370 nicht mehr überarbeiten konnte und in diesen beiden Schriften im Grunde nur Bilanz unter die erste Hälfte der „Arbeit an sich selbst" (den Prozeß des Erlebens) gezogen wird, hielten Herausgeber und Redakteur es für richtiger, dieses Material nicht in den eigentlichen zweiten Teil, sondern in den Anhang aufzunehmen.
Der Titel „Das Schema des ‚Systems' " ist nachträglich gewählt worden, er stammt aus dem Text des Manuskripts. Der überaus verantwortungsvolle Titel „Die Grundlagen des ‚Systems' " hätte nur beibehalten werden können, wenn der Verfasser ihn selbst festgelegt und wenn er noch Zeit gefunden hätte, das gesamte Material zu diesem Fragenkomplex in einer folgerichtigen und geordneten Abhandlung zusammenzufassen.

1 In diesem Abschnitt stoßen wir auf einen gewissen Widerspruch: An einigen Stellen heißt es, daß lediglich Bilanz unter das erste Studienjahr gezogen werden soll, das dem Studium der Elemente des *Erlebens* gewidmet war, während die Elemente des *Verkörperns* erst in Zukunft behandelt werden sollen; an andern Stellen wiederum werden auch die Elemente des Verkörperns als bereits abgeschlossene Etappe des Unterrichtsprogramms erwähnt, und es wird Bilanz unter den gesamten Kursus der Arbeit des Schauspielers an sich selbst gezogen.

2 Die drei Fähnchen ohne Aufschrift sind, wie aus dem folgenden Text ersichtlich wird, den Antriebskräften des psychischen Lebens – Verstand, Wille und Gefühl – vorbehalten.

Hier wird noch nicht auf sie eingegangen, weil dieser Abschnitt ursprünglich einmal als Bestandteil des Kapitels „Das innere Befinden auf der Bühne" gedacht war, mit dem das Studium der Elemente des Erlebens abschließt; das Kapitel über die Antriebskräfte des psychischen Lebens wollte Stanislawski dagegen in den Schlußteil der gesamten „Arbeit des Schauspielers an sich selbst" einfügen.

3 Hier ist an das Prinzip der bewußten Annäherung an den unbewußten Bereich der schöpferischen Arbeit gedacht, von dem an dieser Stelle noch nicht gesprochen wird, weil das Kapitel über das Unbewußte im ersten Teil der „Arbeit an sich selbst" auf das Kapitel „Das innere Befinden auf der Bühne" folgt, für das der vorliegende Textabschnitt ursprünglich vorgesehen war.

4 Im Manuskript schließt sich hier ein von uns fortgelassenes Schema des ‚Systems' an, das die Schüler auf Papier aufzeichnen. Wir bringen statt dessen eine zweite Beschreibung des Schemas, die die Schüler durch Aufhängen von Fähnchen an der Wand des Studiosaales anfertigen. Beide Fassungen folgen im Manuskript aufeinander, außerdem vermerkte Stanislawski auf der Rückseite des letzten Blattes der zweiten Fassung: „Fassung zur Auswahl." Wir haben uns für die zweite Fassung entschieden, weil im weiteren Textverlauf von diesem Schema des „Systems" die Rede ist.

5 Stanislawski denkt hier an das Element der „Muskelentspannung", dem im ersten Teil der „Arbeit an sich selbst" ein eigenes Kapitel gewidmet ist; es gehört jedoch genauso auch zu den Elementen des Verkörperns.

6 In einigen im Stanislawski-Archiv erhaltenen Abwandlungen des Schemas ist ein antiker Tempel aufgezeichnet, dessen Säulen die Elemente des „Systems" darstellen. In andern Fassungen sind die Elemente als Orgelpfeifen dargestellt, mitunter auch als zu Schnüren zusammengeflochtene Fäden.

7 Nach diesen Worten vermerkte Stanislawski: „Zeichnung". Wir bringen anschließend das von Stanislawski gezeichnete Schema. Die Zahlen auf der Zeichnung haben folgende Bedeutung: 1 – der Streifen unten: „Die Arbeit an sich selbst"; 2, 3, 4 – die drei Grundlagen des „Systems": „Aktivität und Handlung", die Definition Puschkins und „durch das Bewußte zum Unbewußten"; 5 – das Erleben, 6 – das Verkörpern, 7, 8, 9 – Verstand, Wille und Gefühl; 10 – die Elemente des Erlebens; 11 – die Elemente des Verkörperns; 12, 13 und 14 – das innere, äußere und allgemeine Befinden auf der Bühne; das Rechteck oben bedeutet, wie sich später erweist – den Bereich des Unbewußten

8 Stanislawski verwandte in den letzten Jahren seiner pädagogischen Tätigkeit zwei verschiedene Methoden, nämlich „Training und Drill" und das „Toilettemachen des Schauspielers". Ersteres ist ein tägliches Training, das die Elemente des Befindens des Schauspielers in unterschiedlicher Kombination und Reihenfolge kräftigen und entwickeln soll. Die zweite Form des Trainings wurde vor Beginn der Probe oder der Vorstellung durchgeführt, es sollte das schöpferische Instrument des Schauspielers erwärmen und „geschmeidig machen" und den Schauspieler in das für den Beginn der Probe oder der Vorstellung erforderliche Befinden versetzen. Das Material für dieses „Toilettemachen" wurde dem jeweiligen Stück entnommen.

9 Hier endet der Text des ersten Manuskripts. Der Hinweis Stanislawskis „Schluß fehlt" sagt, daß dieser Abschnitt noch weitergeführt werden sollte. Nachstehend wird der Text des Manuskripts Nr. 370 abgedruckt.

10 Stanislawski gibt hier Puschkins Gedanken mit eigenen Worten wieder. A. S. Puschkin schreibt in dem Aufsatz: „Über das Volksstück und über die ‚Marfa Possadniza'": „Die Echtheit der Leidenschaften, die Wahrscheinlichkeit der Empfindungen unter den vorausgesetzten Situationen – das ist es, was unser Verstand vom Dramatiker verlangt."

11 Stanislawski erwähnt in einigen Schriften aus der Schlußperiode seiner Arbeit an dem Buch nicht nur drei, sondern vier Grundlagen der künstlerischen Arbeit. Die vierte Grundlage heißt – „Das Ziel der Kunst: das geistige Leben der Rolle zu erschaffen" (Nr. 445).

12 Stanislawski vermerkte am Rand des Manuskripts: „Anstelle der Punkte soll, sobald die Zeichnung fertig ist, die jeweilige Farbe genannt werden." Ursprünglich war das hier wiedergegebene Schema in verschiedenen Farben gehalten. Um größere Deutlichkeit zu erzielen, haben wir in der vorliegenden Ausgabe nur zwei Farben beibehalten: rot für alles, was sich auf die Rolle bezieht, und schwarz für alles, was sich auf den Schauspieler bezieht.
In einigen Varianten für die Aufzählung der Elemente des Befindens steht an erster Stelle die Linie der Episoden und Ereignisse, aus denen sich die Fabel des Stückes zusammensetzt (Nr. 263).

13 In einem im Stanislawski-Archiv erhaltenen Manuskript (Nr. 473) sagt Torzow bei der Erläuterung des Schemas des „Systems" zu seinen Schülern: „Nehmen Sie die durchgehende Handlung der Rolle, des Stückes oder der Etüde so gründlich und dauerhaft wie möglich in sich auf und durchdringen Sie damit, wie mit Nadel und Faden, alle geschmeidig gemachten Elemente Ihrer Seele, die vorbereiteten Abschnitte und Aufgaben der inneren Partitur der Rolle und richten Sie sie auf die *Überaufgabe* des Stückes aus. Verknüpfen Sie das alles zu einer einzigen Schnur. Kurz gesagt, tun Sie in der praktischen Arbeit dasselbe, was in der Zeichnung dargestellt ist."

14 H. Ibsens Schauspiel „Brand" wird im ersten Teil der „Arbeit des Schauspielers an sich selbst" auf S. 144 bis 147 erörtert.

15 In einem der Vorentwürfe steht ein Passus, den Stanislawski mit dem Vermerk „zur durchgehenden Handlung" versehen hat (Nr. 250). Wir zitieren ihn nachstehend:
„Was haben wir bisher getan? Ich will Ihnen mit einem anschaulichen Beispiel antworten. Wenn man eine gute, kräftige Bouillon bereiten will, muß man Fleisch, allerlei Wurzelwerk, Mohrrüben vorbereiten, Wasser dazugießen, einen Topf aufs Feuer setzen und alles gut kochen lassen, damit der Saft herauskommt. Dann wird man eine kräftige Bouillon erhalten.
Man kann aber nicht Fleisch und Wurzelwerk vorbereiten und auf den Herd stellen, ohne Feuer darunter zu machen. In diesem Fall würde man alles roh essen müssen: Das Fleisch für sich, das Wurzelwerk für sich, und das Wasser trinken, wie es ist.
Die Überaufgabe und die durchgehende Handlung – das ist das Feuer, das die Speise zu einer gehaltvollen Bouillon werden läßt."

II. Material zum Unterricht nach dem „System"

1. Training und Drill

In diesem Abschnitt ist Material zusammengefaßt, das für eine Sammlung praktischer Übungen nach dem „System" bestimmt war. Sie wurden von Torzows Schülern im Unterricht in „Training und Drill" unter Rachmanows Leitung durchgeführt.
Stanislawski hat die Anordnung dieses Stoffes, der für ein Übungsbuch „Training und Drill" bestimmt war, nicht mehr festlegen können.
Wir bringen ihn hier in der Reihenfolge, die sich aus dem sinngemäßen Zusammenhang der einzelnen Teile untereinander ergibt.
Stanislawski hielt sich in seiner praktischen Lehrtätigkeit beim Training der Elemente des Befindens an keine strenge Reihenfolge. Beim „Toilettemachen des Schauspielers" kombinierte er sie auf ganz verschiedene Weise, wobei er immer wieder auf das Kernproblem – die *Handlung* – zurückkam.
Die Schriften über „Training und Drill" werden hier erstmalig veröffentlicht (Nr. 528; 529; 491, S. 136–138).

1 Über die Beschreibung der Etüde des „Geldzählens" vgl. im ersten Teil der „Arbeit des Schauspielers an sich selbst", S. 155–156.

2 Die drei nachstehenden Abschnitte folgen dem Manuskript „IX. Wahrheit auf der Bühne, Glaube, Naivität", das Stanislawski im Jahre 1932 korrigiert hat (Nr. 211). Sein Vermerk auf der Titelseite deutet darauf hin, daß dieses Manuskript, außer dem für das Kapitel „Gefühl für Wahrhaftigkeit und Glaube" (Teil 1) bestimmten Teil auch Material für „Training und Drill" enthält.

3 Dieser Textabschnitt gehört zu einem Manuskript, das Ergänzungen zum Kapitel über die Handlung enthält (Nr. 129). Vor Beginn des hier wiedergegebenen Teiles heißt es im Manuskript: „Heute gab es Krach. Iwan Platonowitsch war sehr erschüttert. Ich hätte nie gedacht, daß Arkadi Nikolajewitsch so streng sein könnte! Das ging folgendermaßen zu..."
Diesem Anfang könnte man entnehmen, daß Torzow, der zum Schluß der Stunde dazukam, Rachmanow Vorwürfe machte wegen seiner übertriebenen Anforderungen an die Schüler, die dadurch unangebrachte Kritiksucht entwickelten.

2. Übungen und Etüden

In diesem Abschnitt werden Schriften Stanislawskis veröffentlicht, in denen er den Charakter der Übungen und Etüden, die er für den Unterricht in „Training und Drill" empfiehlt, genauer beschreibt. (Aus dem vorbereitenden Material zu einem von Stanislawski nicht mehr vollendeten Buch „Praktisches Lehrbuch zum Studium des ‚Systems' – das sogenannte ‚Aufgabenbuch'".) Einen Teil dieser Übungen und Etüden hatte er für den praktischen Unterricht im Studio für Oper und Schauspiel zusammengestellt.
Einige dieser Notizen sind offensichtlich nur in Stichworten gehaltene Rohentwürfe und sollten zweifellos später noch ergänzt und überarbeitet werden.

1 Die Beschreibung der Übungen und Etüden in den ersten drei Unterabschnitten (bis zur Überschrift „Die Handlung") folgt einem Manuskript, das Stanislawski mit dem Titel „Training und Drill" versehen hatte. Einen Teil des Textes hat er selbst geschrieben, den andern Teil schrieb – nach seinem Diktat – I. K. Alexejew (Stanislawskis Sohn); dieses Manuskript ist wahrscheinlich um 1930 entstanden.
Die hier wiedergegebenen Übungen mit einfachsten Handlungen (die im Lauf der besseren Rechtfertigung und Vertiefung immer komplizierter wurden) sind typisch für Stanislawskis praktische Lehrtätigkeit in den letzten Jahren.
In diesen Übungen sind alle Elemente des „Systems" zusammengefaßt, was jedoch nicht ausschließt, daß jedes Element für sich besonders erarbeitet und trainiert werden muß.

2 Das, was Stanislawski hier als „Übung Nr. 1" und „Übung Nr. 2" bezeichnete, hätte richtiger erster und zweiter Teil derselben Übung genannt werden sollen. Ihr pädagogisches Ziel ist es zu verhindern, daß eine Handlung „um ihrer selbst willen" ausgeführt wird (wie man aus der Aufzählung der Beispiele in „Übung Nr. 1" irrtümlich folgern könnte); sie muß unter allen Umständen „zu irgendeinem Zweck oder aus irgendeinem Anlaß" vollzogen werden (vgl. auch den Untertitel zur Übung Nr. 2).

3 Alte Bezeichnung für das Fernsehen.

4 Der Augenblick, in dem sich die Prinzessin an der Spindel sticht, war das Signal für alle bei dieser Etüde Mitwirkenden (das Gefolge der Prinzessin und die Dienerschaft), ihre Muskeln allmählich bis zur völligen Energielosigkeit zu entspannen.

5 G. Bergers Schauspiel „Die Sintflut" wurde 1915 vom Ersten Studio des Moskauer Künstlertheaters inszeniert. (Regie J. B. Wachtangow unter Mitwirkung von L. A. Sulershizki, Bühnenbildner M. W. Libakow. Anm. d. Hrsg.)

6 Maupassants Novelle „Le diable" („Der Teufel").

7 Stanislawski denkt hier an eine von W. W. Samoilow angewandte Methode, mit der dieser das Gefühl für Wahrhaftigkeit bei einem Schüler prüfen wollte (vgl. das Kapitel „Emotionales Gedächtnis" im ersten Teil der „Arbeit des Schauspielers an sich selbst", S. 190).

8 „Am Boden kleben" – Bewegungen durchführen, ohne die Sohlen vom Fußboden zu lösen. § 1 spricht von einer Bewegung der Augen, wobei der Körper, der Kopf und sogar die Gesichtsmuskeln völlig unbeweglich bleiben. Allmählich wird der Bewegungsradius erweitert.

9 Um das Gefühl für ausdrucksvolle Bewegung und Bühnenarrangements zu entwickeln, ließ Stanislawski auch das „Beleben" von (erfundenen oder klassischen) Statuen und Bildern üben. Derartige Übungen werden in mehreren Manuskripten erwähnt, so schreibt Stanislawski zum Beispiel in einem Manuskript (Nr. 531):
„Belebte Skulptur. Gruppen über das ganze Zimmer verteilt (das heißt den ganzen Bühnenraum ausfüllend – G. K.). Erklären, was man unter Gruppierung versteht, ihre Gesetze. Was ist eine Bühnenanordnung. Daß alle sehen können (das heißt, daß alle Schauspieler von der Bühne aus den Zuschauerraum sehen können – G. K.). Sich einen Platz suchen. ‚Bohnenstangen'. Spiel der Linien (Unter ‚Bohnenstangen' versteht Stanislawski einen

plastisch uninteressanten senkrechten Aufbau der Figuren auf der Bühne. Im Gegensatz dazu steht das ‚Spiel der Linien', das heißt Überschneidungen der Linien, Bewegungen und Stellungen der auf der Bühne befindlichen Schauspieler – G. K.). Rechtfertigen. Die Fähigkeit, seinen Platz (innerhalb der Gruppe) zu finden und (Übergänge oder Wechsel der Stellungen) zu rechtfertigen.
Rechtfertigung *klassischer Posen und Statuen*, entworfen nach Gemälden und Fotografien. Denkmäler.
Ausnahmslos alle Übungen über die Kontrolle des Gefühls für Wahrhaftigkeit leiten; die Phantasie – über die Rechtfertigung." Bei manchen Gelegenheiten unterteilte Stanislawski die Bewegungen in kleine (Bewegungen von Armen, Beinen, Händen, Fingern, Füßen oder des Kopfes), mittlere (Bewegungen unter Einbeziehung des Rumpfes) und große (Bewegungen mit einer Veränderung der gesamten Körperlage) (vgl. Nr. 544, Blatt 12).

10 In diesem Abschnitt sind „Übungen für die Opern- und Schauspielschule", das heißt für das Studio für Oper und Schauspiel, aufgeführt (Nr. 263, datiert vom 28. April 1935).

11 Stanislawski denkt an die Anordnung der Figuren im Schachbrettmuster bei einer Massen- oder Gruppenszene.
Der Text der Paragraphen 5, 6, 7 und 9 ist von Stanislawski eingerahmt und durchgestrichen, was wahrscheinlich auf seine Absicht hindeutet, ihn an anderer Stelle zu verwerten.

12 Den Schülern wurde die Aufgabe gestellt, die Pose einer Statue nachzuahmen, sie zu rechtfertigen und die in der Skulptur festgehaltene Handlung weiterzuführen (oder die Handlung herauszufinden, die der in der Statue dargestellten Handlung voranging).

13 Auf diese Weise wollte Stanislawski das Studium der Geschichte der Dramatik vorbereiten.

14 Als „Türchen" bezeichnete Stanislawski die Wendepunkte innerhalb der Rolle, die den Schauspieler von einer großen Handlung zur andern führen. Das Spielen des „Schemas einer Rolle" bestand in der Fähigkeit, das „Türchen" aus einem Abschnitt oder einer Episode in die andere zu öffnen und sich in den neuen Zustand hineinzuversetzen.

15 Diese Aufzählung erschöpft bei weitem nicht den Kreis von Übungen, die Stanislawski seinen Schülern empfahl; aber sie vermittelt doch einen Eindruck von den neuartigen Methoden, die er in das systematische Training aufnehmen wollte. Bei Stanislawskis Übungen im Studio für Oper und Schauspiel nehmen zum Beispiel Handlungen mit vorgestellten Gegenständen einen breiten Raum ein; sie sollten in den Schülern das Gefühl für Logik und Folgerichtigkeit, die Aufmerksamkeit, Vorstellungskraft, das Gefühl für Wahrhaftigkeit und einige andere Elemente entwickeln. Stanislawski hielt es für angebracht, Handlungen „ganz ohne Gegenstände" oder „teilweise ohne Gegenstände" ausführen zu lassen; zum Beispiel gab er den Schülern zwar Papier, aber keinen Federhalter (Nr. 544, S. 12).
Als notwendiger Bestandteil gehören zum Training des Schauspielers auch Übungen zur Schärfung und Entwicklung der Organe der sinnlichen Wahrnehmung (Sehvermögen, Gehör, Tastsinn und so weiter) oder Übungen, die das Gedächtnis des Schauspielers an früher durchlebte Empfindungen wachrufen und stärken. Als Illustration dazu bringen wir nachstehend einen Auszug aus dem Manuskript Nr. 531.

„Emotionales Gedächtnis" (Entwickeln)
Sich erinnern an den Geruch des Meeres, den Geruch eines frühen Sommermorgens.
Sich erinnern an das Stampfen eines Dampfers, an den Gesang der Vögel am Morgen und am Abend.
Sich erinnern an Gesicht, Bewegung, Manieren, Gebärden (eines Bekannten), an den Blick aus einem Fenster aufs Dorf.
Sich erinnern an den Geschmack von Erdbeeren mit Milch.
Sich erinnern an das Gefühl beim Berühren eines Frosches, einer Schlange, einer Maus.
Krankheit – sich erinnern an Migräne.
Freude – sich erinnern an die Freude nach bestandenem Abitur.
Trauer – sich erinnern an Tsushima (das heißt an die Niederlage der russischen Flotte in der Bucht von Tsushima 1905 – G. K.).
Stanislawski betont, daß man bei diesen Übungen nicht das „Gefühl als solches suchen soll, sondern die vorgeschlagenen Situationen, die das gewünschte Gefühl hervorrufen", um dann diesen Situationen gemäß zu handeln.

3. Programme der Theaterschule und Bemerkungen über die Erziehung zum Schauspieler

Dieser Abschnitt enthält Material, das Stanislawskis Ansichten über den Gegenstand der Arbeit einer Theaterschule, über die Methodik der Ausbildung zum Schauspieler und über die Grundsätze für die Zusammenstellung eines Unterrichtsprogramms erläutert. Viele der hier veröffentlichten Schriften waren nicht für das Buch „Die Arbeit des Schauspielers an sich selbst" vorgesehen, aber sie werfen ein bezeichnendes Licht auf Stanislawskis eigene praktische Lehrtätigkeit und auf seine Ansichten über den Schauspielunterricht und verschiedene Nebenfächer.

1 Unter der nachträglich eingesetzten Überschrift „Zum Problem der Gründung einer Akademie für Bühnenkunst" veröffentlichen wir zwei miteinander verbundene Schreibmaschinenmanuskripte, die Stanislawski abgezeichnet und mit dem Datum 13. Mai 1933 versehen hat (Nr. 547/1 und 546/1). Der erste dieser beiden Texte ist von Stanislawski korrigiert worden.
Im Jahre 1933 wurde die Frage der Gründung einer Akademie für Bühnenkunst aktuell. Zur Diskussion über diese Frage wurden Stanislawski und Nemirowitsch-Dantschenko herangezogen. Der hier abgedruckte Text ist wahrscheinlich ein Entwurf Stanislawskis für einen Artikel zu diesem Problem.

2 Stanislawski hat wiederholt darauf hingewiesen, daß nicht jede sportliche Betätigung für den Schauspieler dienlich sei; in den meisten Fällen hat er jedoch den Nutzen leichtathletischer Übungen oder Spiele wie Tennis nicht geleugnet.

3 Prana – ein Begriff, den Stanislawski der Philosophie der indischen Yogi entlehnt hat. In einer frühen Entwicklungsstufe des „Systems" verwandte Stanislawski das Wort „prana" als Arbeitsbegriff, um damit die Muskelenergie zu bezeichnen, ohne jedoch einen philosophischen oder mystischen Gehalt hineinzulegen (wie einige Kritiker des „Systems" behaupteten).

4 Anna Joudic (1846–1911) – bekannte französische Schauspielerin und Soubrette.

5 „Über das Programm der Theaterschule und die Zwischenprüfungen." Dieser Abschnitt bringt zwei Auszüge aus dem Manuskript „Material. Die Schwelle des ‚Systems' (der Psychotechnik) und des Unbewußten" (Nr. 250). Stanislawski hatte dieses Material in der Mitte der dreißiger Jahre geschrieben und zunächst für das letzte Kapitel des ersten Teils der „Arbeit des Schauspielers an sich selbst" vorgesehen. Später schrieb er jedoch einen anderen Schluß. Dieses Material wollte er in einem anderen Band verwerten.

6 Die Bemerkungen zum Programm der Schauspielschule folgen einem Manuskript, das zum Bestand des Heftes „Training und Drill" gehört (Nr. 527).

7 Stanislawski hat das Wort „Athletik" im Manuskript mit Tinte eingerahmt. Wahrscheinlich war er der Ansicht, daß die Einbeziehung der Athletik in den Bewegungsunterricht erläutert und mit gewissen Vorbehalten versehen werden müsse. Bekanntlich empfahl Stanislawski nur diejenigen Übungen der Leichtathletik, die eine allseitige Körperentwicklung gewährleisten.

8 Stanislawski denkt hier an eine Übungsreihe zur Korrektur individueller körperlicher Mängel der Schüler (schlechte Haltung, falsche Beinstellung beim Gehen, schlechte Kopfhaltung und so fort).

9 Orthoepie – Lehre von der einheitlichen richtigen Aussprache der Literatursprache.

10 Stanislawski meint die Verwertung von Prof. S. W. Scherwinskis Werken zur Theorie des Versbaus.

11 Hier ist an ein periodisches Zurückgreifen auf das bereits Durchgenommene gedacht, um die früher erworbenen Kenntnisse zu festigen.

12 Stanislawski dachte an einen besonderen Unterricht in Manieren, Haltung und Benehmen (maintien und tenue) in den verschiedenen sozialen und historischen Verhältnissen. Einen Begriff vom Inhalt dieser Disziplin vermittelt der Entwurf für ein Programm, den Stanislawski auf dem Titelblatt des Manuskripts „Körperkultur" niedergeschrieben hat. „Unterricht in Maintien. 1. Hereinkommen, alle ansehen, die Dame des Hauses herausfinden, sie begrüßen und sich verbeugen. 2. Verbeugung vor einer alten Frau, einer Dame, einem Fräulein; vor einem Greis, einem Mann in mittleren Jahren, einem jungen Mann, einem Altersgenossen. Verbeugung vor jemandem, der rangmäßig unter einem steht, einem Dienstboten, einem Bauern. 3. Seine Gefühle verbergen. Sich nicht beleidigen lassen (Würde bewahren). Ich kann alles, es kommt nur darauf an, *wie* ich es mache. Sich nicht demütigen lassen, andere nicht demütigen.
Es ist unschicklich, mit der ganzen Hand zu kommandieren, ein Finger genügt. Die Grundlage eines wahrhaft vornehmen Maintien liegt in der Achtung vor der menschlichen Persönlichkeit (ich achte dich, achte du auch mich). 5. Die Grundlage der nicht wirklich vornehmen, pseudoaristokratischen Traditionen (Emporkömmlinge). 6. Verbeugungen und Maintien des XVIII. und XV. Jahrhunderts. Verbeugungen mit Handreichen. Der Harnisch und seine Teile. Ritterliches Gebaren. 7. Verhalten bei Tisch und kultiviertes Essen. 8. Wann und wie trägt man einen Frack, einen Gehrock."

13 Stanislawski verstand unter dem Begriff „Bewegung auf der Bühne" bestimmte technische Mittel, die besondere Übung voraussetzen, wie zum Beispiel: Handgemenge, Ring-

kampf, Sprünge, Stürze und so weiter. In einem Entwurf für das Programm der Theaterschule ist uns eine Aufzählung solcher Übungen erhalten (Nr. 263, § 32–35): „Die Illusion, daß einer den anderen schlägt, ihm eine Ohrfeige versetzt, hinfällt, stolpert, ein Tuch oder einen Brief verliert, ein Zigarrenetui aus der Tasche stiehlt.
Alle möglichen Manipulationen mit Degen (tragen, sich hinsetzen, die Klinge ziehen). Wie man ein Schwert trägt.
Alle möglichen Manipulationen mit Mänteln der verschiedensten Schnittformen. Römische Togen."

14 Diese Aufzeichnungen (Nr. 263) entstanden 1936. Die Überschrift stammt von Stanislawski.

15 Die Fertigkeiten in Tanz, Rhythmik, Akrobatik, Gymnastik und Maintien, die sich die Schüler im Unterricht erworben haben, sollen nach Stanislawskis Absicht in Etüden mit dem Thema eines *Balls* oder eines *Zirkus* ausgewertet werden. Über Wesen und Bedeutung solcher „Zirkusvorstellungen" wird im „Illustrierten Programm" noch ausführlicher die Rede sein.

16 Stanislawski empfahl, Verse und Prosa zum Schlag eines Metronoms vorzutragen, um sich so an den richtigen Sprechrhythmus zu gewöhnen.

17 Um ein mechanisches Auswendiglernen des Textes bei der Arbeit an der Rolle zu vermeiden, empfahl Stanislawski als pädagogisches Hilfsmittel, die Arbeit am Stück nicht mit dem Studium des Rollentextes zu beginnen, sondern mit den im Stück enthaltenen Handlungen und Episoden. Sobald der Schauspieler die Handlungen beherrscht, soll er sich den Gedanken des Autors zuwenden, die er zunächst noch mit seinen eigenen Worten wiedergeben soll. Stanislawski war überzeugt, daß sich der Schauspieler nach einer solchen vorbereitenden Arbeit an der Rolle auch den Text des Autors leichter zu eigen machen kann, weil er die Worte für die bereits erarbeitete Handlung braucht.

18 Die Etüden werden zunächst mit improvisiertem Text gespielt. Beim späteren Überarbeiten und Vertiefen wird der Text von allem Überflüssigen befreit und „fixiert". Das ist die erste Stufe zum Erlernen des eigentlichen Rollentextes.

19 Die Etüde „Das Puppenmagazin" wurde im ersten Kursus des Studios gespielt und von Stanislawski in das „Illustrierte Programm" aufgenommen. Der Inhalt dieser Etüde erinnert an Delibes' Ballett „Coppélia".

20 M. Mistschenko, eine Schülerin des Studios, spielte im ersten Kursus eine Etüde „Am Flußufer". Ein Mädchen mit (gedachten) Eimern an einer Tragstange über der Schulter geht ans Flußufer, füllt die Eimer mit Wasser und blickt einem imaginären Boot nach, in dem ihr Liebster vorübergleitet. Sie will seine Aufmerksamkeit auf sich ziehen, bemerkt jedoch, daß sein Interesse von einem andern Mädchen gefesselt ist. Voller Kummer hebt sie die Eimer hoch und kehrt nach Hause zurück.

21 Stanislawski bezog auch das Studium klassischer Rollen in den Arbeitsplan der Theaterschule ein. Er verlangte von seinen Schülern die genaue Kenntnis der „Linie" der Rolle (der Logik der Handlungen) und die Fähigkeit, sich an das „Schema" der Rolle zu halten und sich auf diese Weise auf die Handlungen vorzubereiten.

22 Zur Zeit der Inszenierung der Operette „Der Mikado" im Alexejew-Kreis hatte Stanislawski sich eingehend mit der japanischen Bewegungskunst und japanischen Tänzen beschäftigt. Unter der Bezeichnung „Mikado" ist das Studium der Bewegungskunst und der Tänze der verschiedenen Völker zu verstehen.

23 „Marmormenschen" – dasselbe wie „belebte Statuen" (siehe Anm. 9 auf S. 455).

24 Um die innere Linie der Rolle zu festigen und um die mechanische Durchführung eines ein für allemal auswendig gelernten Bühnenarrangements zu bekämpfen, ließ Stanislawski die Arrangements der fertigen Etüde ändern oder setzte seinen Regisseur-Sessel an verschiedene Stellen des Probensaales, so daß sich die Schauspieler der veränderten Anordnung der Möbel und Dekorationen immer wieder aufs neue anpassen mußten.
Ein Arrangement „drehen" heißt, mit Hilfe der Drehbühne den Standort des Schauspielers im Verhältnis zum Zuschauerraum verändern (während die Dekorationen und Möbel unverändert stehen bleiben).

25 Die Schauspieler des Studios versuchten sich auch im Verfassen von eigenen Stücken oder Librettis, die entweder literarischen Vorbildern entlehnt wurden oder im Unterricht erarbeitete Etüden weiter ausbauten und vertieften. Stanislawski selbst betätigte sich als Autor von Sujets für künftige Stücke. „Der Stier" ist ein solches von ihm entworfenes Szenarium, in dem geschildert wird, wie sich eine Gutsbesitzerfamilie zur Revolution stellt. „Der Komet" ist ein phantastisches Sujet. Nach dem Zusammenprall eines Kometen mit der Erde bleiben nur ein paar Menschen am Leben, die den Aufbau eines neuen Lebens in Angriff nehmen.*
„Der alte Kromdeyer" ist ein Schauspiel von Jules Romains, das Stanislawski für ein Opernlibretto verwenden wollte.

26 In den Räumen des Studios wurden Plakate aufgehängt, die die Schüler an die periodisch wechselnden, für alle verbindlichen Pflichtübungen auf dem Gebiet der Sprechkorrektur, des Ganges und so weiter erinnern sollten. Darüber ist im „Illustrierten Programm" noch ausführlicher die Rede.

27 Im Programm nach dem „System" im Studio für Oper und Schauspiel (Nr. 540) sieht Stanislawski darüber hinaus noch einen besonderen Zyklus von Übungen für die Studenten der Opernabteilung vor. Er schreibt darüber:
„a) Alle aufgezählten inneren (seelischen) und äußeren (physischen) Arbeiten werden sowohl mit den Schauspielschülern als auch mit den Opernschülern durchgeführt.
b) Über die aufgezählten Arbeiten hinaus wird in der Opernabteilung noch ein spezieller Unterricht zur Korrektur von Stimmfehlern und zur Stimmbildung, im Sologesang, zur Bekanntschaft mit den Grundlagen der Musik, in Klavier und Theorie durchgeführt.
c) Außerdem existiert an der Opernabteilung noch eine besondere Klasse zum Hören von Musik. Dort sollen die Schüler lernen, beim Hören die seelischen und physischen *Handlungen* zu erraten und zu bestimmen, die dem Komponisten vorgeschwebt und seine schöpferische Arbeit geleitet haben.
d) Die Linie der in der Musik ausgedrückten Handlungen wird festgelegt."

---

* *Möglicherweise handelt es sich um eine Weiterentwicklung der gleichnamigen Posse in einem Akt von August Wilhelm Iffland (1759–1814), die das Verhalten von Kleinbürgern vor dem „Weltuntergang", in Erwartung des Zusammenstoßes eines Kometen mit der Erde zeigt. (Anm. d. Hrsg.)*

28 „Auf den Händen sitzen" – das heißt ohne Hilfe der Gestik.

29 Die „Inszenierung des Programms des Studios für Oper und Schauspiel" setzt sich aus folgenden Manuskripten zusammen: 1. Ein Schreibmaschinenmanuskript, das Stanislawski korrigiert und mit dem Titel versehen hat: „*Material*. Inszenierung und Illustration des ersten und zweiten Kurses des Musikalisch-dramatischen Studios ‚K. S. Stanislawski'. *Erster Kursus*" (Nr. 538. Dieses Manuskript ist eine Abschrift des Entwurfs Nr. 537). 2. Ein als „Inszenierung" betiteltes Manuskript (Nr. 541), das eine Ergänzung des ersten darstellt und 3. ein als „Wort, Sprechen," bezeichnetes Manuskript, das die unmittelbare Fortsetzung der beiden ersten ist (Nr. 411).
Der erste Teil dieser Veröffentlichung ist auf Stanislawskis Anweisung im Text der Manuskripte Nr. 1 und 2 (Nr. 538 und 541) zum Druck vorbereitet worden. Die Grundlage der gesamten Publikation bildet das Manuskript Nr. 1, in dem die Stellen angegeben sind, wo Einfügungen aus dem Entwurf Nr. 2 gemacht werden sollen (unter Hinweis auf die Seitenzahl).
Trotz des augenscheinlich unfertigen Charakters des Textes sind diese Manuskripte besonders interessant, da sie in Stanislawskis letztem Lebensjahr entstanden sind. Sie bilden den Entwurf zu einer geplanten öffentlichen Demonstration der Arbeit seiner Schule. Die Bezeichnungen der Etüden sind nur bedingt zutreffend (Stanislawski plante, die Beispiele der Übungen und Etüden zu wechseln, wie auch die Vorführung des Schulprogramms selbst von Zeit zu Zeit zu erneuern.).
Stanislawski hat noch selbst die praktische Vorbereitungsarbeit für dieses „illustrierte Programm" über die Ausbildung des Schauspielers in Angriff nehmen können. Er ließ sich in bestimmten Abständen die Schüleretüden und Übungen vorspielen, um die besten von ihnen für das „Programm" auszuwählen.
Das „illustrierte Programm" ging erst nach Stanislawskis Tod, im Herbst 1938, unter Kedrows Leitung über die Bühne. (Näheres über diese Inszenierung bringt Kristis Artikel „Stanislawski über die Ausbildung des Schauspielers" im „Jahrbuch des Moskauer Künstlertheaters", Jahrgang 1947, russ.)

30 Bei der Inszenierung des „Programms" war das Bühnenportal nach Stanislawskis Plänen auch noch mit anderen Plakaten dekoriert, wie zum Beispiel: „Wir müssen das Schwere zur Gewohnheit, das Gewohnte leicht und das Leichte schön werden lassen."
Nachstehend wird im Text Stanislawskis Entwurf für die Anordnung auf der Bühne wiedergegeben, der sich auf der ersten Seite des Manuskripts findet.

31 Anstelle der Punkte sollten die Namen der elf Assistenten des Studios eingesetzt werden.

32 Die Etüde „Zirkus" enthielt mehrere Nummern, in denen alle möglichen Zirkusdarbietungen wiedergegeben wurden, wie zum Beispiel eine „Tierdressur" (wobei die Tiere von den Schülern dargestellt wurden), eine Clownerie, „Jonglieren" mit imaginären Gegenständen, eine „Kunstreiterin" auf einem hölzernen Pferd, „Seiltänzer" und so weiter. Alles war im einheitlichen Rahmen einer Zirkusvorstellung gehalten, mit Stallmeister, Manegedienern und Musikbegleitung.
Die „Menagerie" war eine Etüde, in der jeder Schüler irgendein Tier im zoologischen Garten darstellte.

33 Diese Etüde handelte vom Traum eines Spielzeugmachers: Das von ihm hergestellte Spielzeug wird lebendig und beginnt, sich zu unterhalten. Diese Etüde wurde zu Musikbe-

gleitung gespielt. Stanislawski hat nachstehend darauf hingewiesen, daß es angebracht wäre, an dieser Stelle eine andere Etüde ohne Musik einzusetzen, um das allmähliche Fortschreiten der Arbeit an den Etüden zu demonstrieren.

34 Die Etüde „Fische fangen" (Angeln) ist aus dem Üben von Handlungen mit vorgestellten Gegenständen entstanden. In dieser Etüde kamen zwei begeisterte Angler auf die Bühne (dargestellt von N. N. Sidorkin und B. I. Lifanow), zwischen ihnen kam es zu einem Streit über die Wahl des besten Angelplatzes.
Im Entwurf für die Inszenierung des Programms (Nr. 541) ist an dieser Stelle eine andere Etüde „Im Wald" aufgeführt, die Stanislawski später vom Gesichtspunkt der durchgehenden Handlung aus analysiert. Wir beschreiben diese Etüde in der Anm. 47.

35 Unter den für die öffentliche Vorstellung ausgewählten Etüden war eine Etüde „Überqueren eines Flusses", die von den Schülern der Opernabteilung S. D. Iljinski und W. A. Tusikow gespielt wurde. Diese Etüde bildete die Antwort auf die Frage: „Was würden Sie tun, *wenn* Ihr Weg von einem Flußlauf durchschnitten würde?"

36 Auf Grund eines Hinweises im Hauptmanuskript (Nr. 538) wurde an dieser Stelle ein Textabschnitt aus dem Manuskript Nr. 2 (Nr. 541, S. 211, 219–234) bis zum Untertitel „Die Handlung" eingefügt.

37 Das heißt, die Schüler sollen sich auf der Bühne so gelassen und ungezwungen benehmen, daß die Zuschauer Lust bekommen, sich gleichfalls auf die Bühne zu begeben.

38 Diese Übung, im Text auch als „japanische Methode mit dem Stuhl" bezeichnet, besteht darin, daß der Schüler auf ein Kommando hin eine bestimmte Stellung auf dem Stuhl einnimmt, dann den Schwerpunkt herausfindet und sich allmählich von jeder überflüssigen Muskelanspannung befreit, bis er schließlich eine Rechtfertigung für seine Stellung findet und zur Handlung übergeht. Die Zurufe: „Fort mit 95 Prozent!" sollen die Schüler daran erinnern, daß, wie Stanislawski sagt, in der Regel jede Handlung auf der Bühne mit einem viel zu großen Aufwand an Muskelanspannung durchgeführt wird.

39 Die Übung „Gladiatoren" soll in den Schülern die Fähigkeit entwickeln, ohne physische Gewaltanwendung auf der Bühne zu ringen. Den imaginären Pfirsich muß man so abpflücken, daß man die dazu erforderliche, richtige Anspannung der Hand herausfindet und sie genau in dem Moment wieder entspannt, wenn der Pfirsich gepflückt ist.

40 Hier werden Übungen zur Muskelentspannung und -anspannung mit Übungen von Arrangements und Gruppierungen („Ellenbogengefühl") kombiniert.

41 Die Übung mit der Tür, die man aus Furcht vor dem Wahnsinnigen verbarrikadiert, ist im ersten Teil der „Arbeit des Schauspielers an sich selbst", S. 52, beschrieben.

42 Die Punkte kennzeichnen den freien Raum im Text, den Stanislawski in diesem Fall für die Aufzählung und Beschreibung der Übungen freigelassen hat.

43 Das heißt aus dem ersten Teil der „Arbeit des Schauspielers an sich selbst", im Kapitel „Aufmerksamkeit auf der Bühne", S. 87 ff.

44 Stanislawski denkt hier an die Schüler der Opernabteilung L. O. Grizenko und W. W. Belanowski (Gesangsklasse von A. W. Neshdanowa), die eine rhythmische Etüde über das Thema „Karneval" (mit Musik von Schumanns „Carneval") spielten.

45 Diese Etüde wurde von A. P. Grigorjewa, einer Schülerin der Opernabteilung, mit vorgestellten Gegenständen gespielt: Ein Bauernmädchen hütet auf der Wiese Kühe; die Sonne verdunkelt sich, es fängt an zu regnen, und das Mädchen muß die Kühe nach Hause treiben. Die Musik zu dieser Etüde wurde vom Konzertmeister des Studios W. I. Rachmaninow eigens hierfür komponiert.

46 Die Opernszene „Am Flußufer" wurde von den Schülern W. D. Andrijewski und M. A. Sokolowa dargeboten. Die Musik komponierte W. I. Rachmaninow, die Regie führte G. W. Kristi.

47 Der nachstehende Text, der die Etüde „Im Wald" analysiert, wurde aus dem ergänzenden Manuskript (Nr. 541) hierher übernommen. Diese Etüde wurde von den Schülern der Schauspielabteilung N. M. Shiwotowa und W. G. Nawrozki gespielt. Sie hatte folgenden Inhalt: Ein junger Mann, der in einem Landhaus seinen Urlaub verbringt, findet beim Spazierengehen auf einer Waldlichtung ein schlafendes Bauernmädchen. Die beiden werden miteinander bekannt. Das Mädchen weist alle Versuche des Sommerurlaubers, ihr den Hof zu machen, zurück und macht ihn lächerlich.

48 Am Rand des Hauptmanuskripts steht folgende Bemerkung: „Oh, wenn man solche Plakate auch in der Wohnung jedes Schülers aufhängen könnte! Oh, wenn doch ihre Männer, Frauen, Väter, Mütter und Kinder unsere Helfer werden würden!"

49 Das Ergänzungsmanuskript schlägt auf S. 225 die folgende Illustration zu diesem Abschnitt vor.
„*Literatur.*
Im Dunkeln werden ein Tisch und ein Stuhl hereingebracht. Besprechung. Referat über einige Karten und Diskussionen über sie im Hinblick auf den für zwanzig Jahre im voraus gestalteten Spielplan."
Stanislawski besteht in allen seinen Äußerungen über kunsthistorische und allgemeinbildende Fächer an der Theaterschule auf einer praktischen, anschaulichen Unterrichtsmethode, die den engsten Zusammenhang der einzelnen Fächer untereinander wahrt und in Beziehung zur schöpferischen Arbeit der Schauspieler stehen muß.
Wir zitieren noch eine Äußerung Stanislawskis zu demselben Problem (Nr. 671):
„Ich erinnere mich noch aus meiner Jugendzeit an das Pauken von Literaturgeschichte, Kostümkunde und so weiter. Wie kann man erreichen, daß dieser Unterricht den angehenden Schauspielern, die ja unter allen Umständen Kenntnisse über Literatur, Stilformen und so weiter haben müssen, unentbehrlich wird? Man muß sie vom bloßen sturen Pauken zu einer praktischen Arbeit hinführen. Sie sollen lernen, indem sie diese Arbeit leisten. Was für eine Arbeit? Ich stelle allen Schülern die folgende Aufgabe:
Bemühen Sie sich, mir zur Schulentlassung das Repertoire Ihres künftigen Theaters auf zwanzig Jahre im voraus vorzulegen. Dieser Spielplanentwurf wird einer schonungslosen Kritik standhalten müssen, denn die Literaturexperten werden über ihn diskutieren, ebenso wie die Regisseure über die richtige Rollenverteilung,' die Ausstattungsabteilung über die erforderlichen Kosten und Ausgaben für jede Ausstattung und schließlich die Haushalts-

abteilung über die Zugkraft der einzelnen Stücke und die zu erwartenden Einnahmen. Selbstverständlich wird dieser Spielplan im Leben selbst noch mehrmals verändert werden; aber trotzdem wird Ihnen die Ausarbeitung eines solchen Entwurfs und eine gewisse Zusammenstellung von Stücken im praktischen Theaterleben nur zugute kommen. Der hauptsächliche Nutzen besteht jedoch darin, daß Sie, um diesen Spielplan zusammenzustellen, das gesamte Weltrepertoire nicht nur oberflächlich lesen, sondern gründlich studieren müssen."
Endlich sagt Stanislawski in einem für das Studio für Oper und Schauspiel verfaßten Programm (1937, Nr. 540):
„Der wissenschaftliche Unterricht in Literatur, Geschichte, aber auch in politischen Fächern soll vom Leben ausgehen, das heißt, er soll in Beziehung stehen zu den praktischen Forderungen des Theaters, unserer Kunst und der Bühne.
Außerdem darf man nicht vergessen, daß wir Schauspieler das *geistige Leben von Figuren* aus allen Epochen und Völkern zu gestalten haben, und zwar aus wirklich existierenden wie auch aus solchen, die lediglich in unserer Phantasie leben.
Um das zu können, brauchen wir hervorragende Kenntnisse auf allen Gebieten. Man kann sogar sagen, daß es nichts auf der Welt gibt, was der Schauspieler nicht zu wissen brauchte, weil alles, was auf der Welt existiert, in irgendeinem Maße, in irgendeiner Form auf der Bühne dargestellt werden kann."

50 Der weitere Text folgt einem von Stanislawski als „Wort und Sprechen" betitelten Manuskript (Nr. 411). Außerdem stehen vor Beginn dieses Textes zwei Überschriften: „Wort. Zweiter Abend" und „Unterrichtsstunde auf der Bühne – Etüde". Die Numerierung der Seiten zeigt, daß Stanislawski dieses Manuskript als unmittelbare Fortsetzung des vorhergehenden betrachtete.
Das Manuskript stammt aus der letzten Periode von Stanislawskis pädagogischer Tätigkeit (aus den Jahren 1937 und 1938, wie aus den Bemerkungen zu einer Probe von „Madame Butterfly" auf der Rückseite des Blattes 85 hervorgeht) und bringt seine letzten Erkenntnisse über das Wesen des bühnengerechten Sprechens zum Ausdruck.

51 Auszug aus N. W. Gogols Erzählung „Furchtbare Rache".

52 Stanislawski empfahl, auch Film und Grammophon zur Illustration von Übungen nach dem „System" heranzuziehen. In einer frühen Variante des Vorworts zur „Arbeit des Schauspielers an sich selbst" (Nr. 75) heißt es darüber: „Ich hoffe, als *Anhang zum zweiten und dritten Band eine Art Chrestomathie* oder ein Aufgabenbuch* herauszubringen.
In diesem Buch sollen unter dem Titel ‚Training und Drill' alle Übungen zusammengefaßt werden, mit deren Hilfe sich die Schüler praktisch aneignen können, was sie in der Theorie gelernt haben. Außerdem empfehle ich, als anschauliche Illustration zum zweiten und dritten Band und zu ‚Training und Drill' einen *Film* zu drehen und eine Reihe von *Grammophonaufnahmen* zu machen.
In den Filmaufnahmen sollen Übungen von Handlungen gezeigt werden, die sich auf die ‚Arbeit an sich selbst und an der Rolle' beziehen, während die Schallplatten Übungen vermitteln sollen, die sich auf Klang, Stimme, Intonation und Sprechen beziehen."

53 Am Rand des Manuskripts ist vermerkt, daß an dieser Stelle folgende Etüde eingesetzt werden soll: „Die Mutter stirbt, die Tochter weint, der Mann ist betrunken", S. 98. Von Seite 98 wird nachstehend ein durchgestrichener Passus zitiert:

* *Chrestomathie: Auswahl einzelner beispielhafter Stücke. (Anm. d. Hrsg.)*

„Illustration irgendeiner Rolle, etwa:
Film: In rascher Folge huschen Ausschnitte einer Wohnung, einer Diele, einer Treppe vorüber (ohne handelnde Personen); eine Straße, Straßenbahn, Begegnungen mit Passanten und der Hauseingang von Iwan Iwanowitsch. Diele.
1. Schüler (der Iwan Iwanowitsch darstellt) sitzt und liest eine Zeitung.
2. Schüler: Ich bin gekommen, um Ihnen zu sagen...
Film. Eine kranke alte Frau, die weinende Tochter, der betrunkene Mann, ein erschrokkenes Kind.
2. Schüler: ... Ihre Tante liegt ohne jeden Beistand im Sterben.
1. Schüler: Wieso ohne jeden Beistand? Und ihre Tochter? Und der Bruder?
2. Schüler: Sie weint, er ist betrunken..."
Dieses Beispiel ist durchgestrichen, weil es Stanislawski offensichtlich nicht befriedigt hat. Wir haben es hier als einen Versuch Stanislawskis angeführt, auf der Leinwand die Vorstellungsbilder zu illustrieren, die während der Handlung im Bewußtsein des Schauspielers entstehen sollen.

54 Abschließend bringt das Manuskript ein Beispiel, das vom Vortrag von Lermontows Gedicht „Der Tod des Dichters" ausgeht. Der Text dieses Beispiels ist jedoch nicht fertig ausgearbeitet und von Stanislawski durchgestrichen worden.

55 Hier bricht im Manuskript der Text über die Worthandlung ab. Dann folgen in demselben Heft Entwürfe zu einem Programm für die Arbeit des Schauspielers an der Rolle, die im Anhang des 1957 erschienenen Vierten Bandes der Gesammelten Werke „Die Arbeit des Schauspielers an der Rolle", abgedruckt sind. (Die deutsche Ausgabe von 1955 ist die Übertragung einer früheren sowjetischen Teilveröffentlichung. Anm. d. Hrsg.)
In dem für das Studio für Oper und Schauspiel verfaßten Programm gibt es einen Abschnitt über die Worthandlung, der aller Wahrscheinlichkeit nach als Konspekt für die Abfassung der hier veröffentlichten „Inszenierung" gedient hat. Wir zitieren nachstehend einen Auszug aus diesem Programm (Nr. 540):
„Man muß sehr ernsthaft und behutsam an das Auswendiglernen des Rollentextes herangehen. Andernfalls läuft man Gefahr, das lebendige Sprechen der dargestellten Person in ein lebloses, mechanisches Plappern zu verwandeln.
Um diesen Fehler zu vermeiden, muß man sich vor Augen halten, daß die Seele der Worte im Untertext liegt. Man muß sich bemühen, diesen Untertext in den Worten der Etüde, in der Rolle und auch in sich selbst zu finden. Erst dann kann man sich dem festgelegten Rollentext zuwenden.
Wie aber vollzieht sich dieser Prozeß des Suchens nach dem Rollentext?
Er wird unsichtbar aus allen Fäden unserer seelischen Elemente geknüpft, die das innere Befinden auf der Bühne erzeugen. Alle diese Fäden laufen auf ein gemeinsames, grundlegendes Endziel zu, die Überaufgabe. Oder anders ausgedrückt, der Untertext der Rolle ist die durchgehende Handlung für den gestaltenden Schauspieler.
Demnach müssen die Worte der Rolle, genau wie ihre Handlungen auf der Bühne, unter allen Umständen aktiv sein. Der Schauspieler muß es verstehen, nicht allein mit Armen und Beinen zu handeln, sondern auch mit seinen Worten, seinem Sprechen und seiner Intonation. Dazu ist ein inneres *Bedürfnis* unerläßlich, das sowohl die eigenen als auch die fremden Worte des Autors auf natürliche Weise hervorruft. Dieses Bedürfnis entspricht demjenigen in den physischen Handlungen, mit dem einzigen Unterschied, daß es sich beim Sprechen besonders präzise und klar im Bereich des Denkens offenbart.

Wenn sich dieser Prozeß mit Hilfe eines bloßen mechanischen Einpaukens des Rollentextes oder des festgelegten Etüdentextes vollzieht, kann von einem inneren Bedürfnis oder vom Untertext ohnehin keine Rede mehr sein. Das Ergebnis ist dann kein lebendiges Sprechen, sondern ein lebloses, theatralisches Plappern.

Um das zu vermeiden, muß man auf anderm Wege an den Text herangehen, und zwar vom Prozeß der Wechselbeziehung aus, vom Wunsch, den Partnern die eigenen Gedanken, Empfindungen, vorgestellten Gestalten und inneren Vorstellungsbilder so mitzuteilen, wie sie der Sprechende selbst empfindet, wie er sie sich selbst denkt und vor sich sieht.

Oder anders ausgedrückt: man muß vom inneren Wunsch und dem Bedürfnis nach Wechselbeziehung ausgehen. Um den Partnern die eigenen Gedanken mitzuteilen, haben wir das gesprochene Wort. Um den andern die eigenen Vorstellungsbilder zu vermitteln, bedienen wir uns des bildhaften Sprechens, und um ihnen unsere Empfindungen mitzuteilen, benutzen wir die Stimmintonationen.

Daher müssen wir vor allem diese Linien des Untertextes, das heißt die Linien des Denkens und der Vorstellungsbilder schaffen, die Linie des Gefühls ergibt sich dann ganz von selbst.

Viele Schauspieler gehen den direkten Weg: sie versuchen, in die Seele der Rolle und in ihre eigene Seele einzudringen, um dort die Gedanken und Vorstellungsbilder ausfindig zu machen, um sich an ihre eigenen Gefühle und an die Gefühle der Figur heranzutasten.

Am leichtesten kann man die gedankliche Linie der Rolle anhand des Rollentextes verfolgen. Die Linie der Vorstellungsbilder findet man schon schwerer. Was jedoch die Linie des Gefühls betrifft, so ist sie kaum zu fassen, läßt sich schlecht fixieren und wird leicht verzerrt..."

INHALT

Vorbemerkung zur deutschen Ausgabe 5

DIE ARBEIT DES SCHAUSPIELERS AN SICH SELBST IM SCHÖPFERISCHEN PROZESS DES VERKÖRPERNS

I. Übergang zum Verkörpern 11
II. Die Entwicklung der körperlichen Ausdrucksfähigkeit 14
    1. Gymnastik, Akrobatik, Tanz 14
    2. Bewegungsstudien 23
III. Stimme und Sprechen 39
    1. Gesang und Diktion 39
    2. Das Sprechen und seine Gesetze 59
IV. Die Perspektive des Schauspielers und der Rolle 108
V. Der Tempo-Rhythmus 114
VI. Logik und Folgerichtigkeit 161
VII. Das Charakteristische 171
VIII. Selbstbeherrschung und Vollendung 193
IX. Charme, persönlicher Zauber auf der Bühne 200
X. Ethik und Disziplin 202
XI. Das Befinden auf der Bühne 231
    1. Das äußere Befinden auf der Bühne 231
    2. Das allgemeine Befinden auf der Bühne 232
    3. Die Kontrolle des Befindens auf der Bühne 235
XII. Abschließende Gespräche 264

ANHANG

I. Ergänzendes Material zum zweiten Teil 281
    1. Über die Musikalität des Sprechens 281
    2. Aus dem Manuskript „Die Sprachgesetze" 284
    3. Über die Perspektive des Sprechens 300
    4. Von der Ethik des Schauspielers 301
    5. Das Schema des „Systems" 304

II. Material zum Unterricht nach dem „System" 320
    1. Training und Drill 320
    2. Übungen und Etüden 333
    3. Programm der Theaterschule und Bemerkungen über die Erziehung zum Schauspieler 347
Aus der Einführung zur russischen Ausgabe 405
Anmerkungen 420
Anmerkungen zum Anhang 449